Suomalais-englantilainen
OPISKELUSANAKIRJA

Finnish-English
DICTIONARY

AINO WUOLLE

Finnish-English
DICTIONARY

PORVOO - HELSINKI - JUVA
WERNER SÖDERSTRÖM
OSAKEYHTIÖ

AINO WUOLLE

Suomalais-englantilainen
OPISKELUSANAKIRJA

PORVOO - HELSINKI - JUVA
WERNER SÖDERSTRÖM
OSAKEYHTIÖ

Toinen painos

© Aino Wuolle 1979

ISBN 951-0-09469-2

WSOY:n graafiset laitokset
Porvoo 1981

ALKULAUSE

Tätä sanakirjaa laatiessani ovat lähimpinä lähteinäni olleet Alanteen v. 1919 Amerikassa ilmestynyt suomalais-englantilainen sanakirja sekä Fowlerin »The Concise Oxford Dictionary». Käytettävissäni ovat myös olleet Cannelinin suomalais-ruotsalaisen sanakirjan viides painos, josta pääasiassa olen ottanut uudemmat suomalaiset hakusanat, Kataran suomalais-saksalainen sanakirja sekä useat muut hakuteokset.

Yleensä olen pyrkinyt sisällyttämään sanakirjaan runsaasti nykytärkeätä sanastoa, jota mm. olen poiminut aikakaus- ja sanomalehdistä. Sanakirja sisältää myös tavallisinta oppi- ja ammattisanastoa. Esim. kauppakielen sanoja olen pyrkinyt erikoisesti ottamaan huomioon.

Neiti Agnes Dawson on koko työn kestäessä antanut auliisti apuaan, mistä tässä pyydän esittää hänelle parhaat kiitokseni.

Helsingissä 1939.   A. W.

ALKULAUSE YHDEKSÄNTEEN PAINOKSEEN

Nyt ilmestyvä yhdeksäs painos, joka on kokonaan tarkistettu, on pyritty saattamaan ajan tasalle. Työssä on ollut apunani paitsi Nykysuomen sanakirja, myös viime vuosina ilmestyneet suomalais-englantilaiset sanakirjat (Alanne 1956, Halme) sekä uusimmat yksinomaan englanninkieliset sanakirjat, esim. Chambersin Twentieth Century Dictionary (1959) ja Oxford Illustrated Dictionary (1962).

Lehtori Philip Binham, M. A., ja Miss Mary Phelps ovat antaneet arvokasta apua, josta haluan tässä esittää heille parhaimmat kiitokseni. Samoin kiitän niitä ystäviä ja tuntemattomiakin, jotka ovat minulle auliisti antaneet neuvoja.

Helsingissä syyskuussa 1963.   A. W.

YHDETTÄTOISTA.

täysin tarkistettua ja laajennettua painosta valmistaessani ovat minua erikoisesti avustaneet Miss Irene McIlwraith. B. A., ja valant. kielenkääntäjä Heimo Tuomi nen. Jälkimmäinen on antanut käytettäväkseni suuren joukon arvokkaita lisäyksiä ja korjauksia sekä lukenut 1. korrehtuurin. Molempia haluan sydämellisesti kiittää.

Uuden ajan tekniikka on aiheuttanut kirjan painoasun muutoksia, jotka ovat valitettavia tekijän kannalta.

Helsingissä tammikuussa 1973.   A. W.

SANAKIRJAN KÄYTTÄJÄLLE

Tilan säästämiseksi on sanakirjassa usein käytetty apuna sulkumerkkejä.

Tavallisissa sulkeissa () annetaan vaihtoehto, jolla voidaan korvata edellinen sana tai sanonta, sekä verbien jäljessä niitten yhteydessä käytettävät prepositiot.

Hakasulkumerkeissä [] esiintyy sellaisia sanoja (tai sananosia), jotka voidaan jättää pois merkityksen muuttumatta. Sitä paitsi annetaan hakasissa joskus merkitystä selventäviä sanoja ja viittauksia.

Sulkumerkkejä on myös käytetty samoin kuin Cannelinin suomalais-ruotsalaisessa sanakirjassa tilan säästämiseksi seuraavanlaisissa tapauksissa:

> **luku** number; *jne....*
> ....**-kausi** term; (~**maksu**
> terminal fee; ~**todistus** termi-
> nal report). **-kirja** reader.

Sellaiset adverbit, jotka voidaan helposti muodostaa vastaavista adjektiiveista päätteellä *-ly*, on yleensä jätetty pois, (huom. esim. **automaattinen** automatic[al], *adv.* automatically). Myöskään ei ole lueteltu kaikkia *-ness* päätteellä vastaavista adjektiiveista muodostuvia substantiiveja. Esim. **pehmeys** softness *jne.* tarkoittaa siis, että muistakin pehmeä-sanan vastineista voidaan samalla tavalla muodostaa nimisana.

Kuten apuna käytetyissä suomalais- ja ruotsalais-englantilaisissa sanakirjoissa on tässäkin jätetty tähdellä merkitsemättä säännöttömästi taipuvat verbit, joita englanninkielessä onkin suhteellisen vähän. Sanakirjan loppuun on liitetty säännöttömien verbien luettelo.

Englanninkielen oikeinkirjoituksen mallina olen pitänyt edellä mainittua »The Concise Oxford Dictionarya». Siten olen esim. johdonmukaisesti käyttänyt *-ize*, *-ization*-päätteisiä muotoja (esim. civilize, civilization), vaikka *-ise*, *-isation*-päätteiset rinnakkaismuodot ovat Englannissa tavallisia. Nyt ilmestyvässä painoksessa tavutusta esiintyy vain aniharvoissa tapauksissa tietokoneen käyttöönoton takia.

a. adjektiivi
adv. adverbi
alat. alatyyliä
Am. Amerikassa
anat. anatomian alalta
ark. arkityylissä
biol. biologian alalta
bot. kasvitieteen alalta.
dipl. diplomatian alalta
ed. edellinen, edellä
elok. elokuva-alalta
Engl. Englannissa
et. etenkin, etupäässä
fem. feminiini
fil. filosofian alalta
fys. fysiikan alalta
fysiol. fysiologian alalta
geol. geologian alalta
geom. geometrian alalta
halv. halveksien
harv. harvoin
henk. henkilöstä
hist. historian alalta
ilm. ilmailun alalta
ilmat. ilmatieteen alalta
inf. infinitiivi
intr. intransitiivinen
kaupp. kauppa-alalta
keitt. keittotaidon alalta
kem. kemian alalta
kiel. kielitieteen alalta
kirjanp. kirjanpidon alalta
kirjap. kirjapainoalalta
kirk. kirkolliselta alalta
koll. kollektiivinen,
   ryhmäsana
ks. katso
kuv. kuvaannollisessa merki-
   tyksessä
leik. leikillisesti
lentok. lentokone|en, -tta
liik. liikealalta
luonn. luonnontieteen alalta
l. v. lähin vastine
lyh. lyhennys, lyhennettynä
lääk. lääketieteen alalta
maant. maantiedon alalta

mat. matematiikan alalta
mek. mekaniikan alalta
mer. merenkulun alalta
min(er). kivennäisopin alalta
mus. musiikin alalta
nyk. nykyään
parl. parlamentti
pilk. pilkallisesti
pl. monikko, monikollinen
pol. politiikan alalta
prep. prepositio
pron. pronomini
psyk. psykologian alalta
puh. puhuttaessa, puheen ollen
puhek. puhekielessä
puut. puutarhanhoidon alalta
raam. raamatussa
rad. radioalalta
rak. rakennusalalta
raut(at). rautatietermi
run. runokielessä
s. substantiivi
seur. seuraava(a) sana(a)
Skotl. Skotlannissa
sot. sotilaalliselta alalta
sähk. sähkötekniikan alalta
t. tai
taid., tait. taidealalta
tav. tavallisesti
teatt. teatterialalta
tekn. tekniikan alalta
tiet. tieteellinen
tr. transitiivinen
tähtit. tähtitieteen alalta
urh. urheilun alalta
usk. uskonnon alalta
v. verbi
valok. valokuvauksen alalta
valt. valtio-opin alalta
vanh. vanhentunut
vir. virallisessa tyylissä
voim. voimistelun alalta
vrt. vertaa
yhd. yhdistyksissä
yl. yleensä, yleinen
zo. eläinopin alalta

a p. = a person = *joku. jonkun. jotakuta*
sb.. sb.'s somebody. somebody's
sth. something
jku = joku: *jk* = jokin; *jkta* = jotakuta. *jtk* = jotakin:
jkn = jonkun: *jnk* = jonkin: *jkssa* = jossakussa. *jssk* = jossakin:
jkh = johonkuhun. *jhk* = johonkin: *jksta* = jostakusta. *jstk* = jostakin:
jklla = jollakulla: *jllak* = jollakin: *jklle* = jollekulle. *jllek* = jollekin:
jklta = joltakulta. *jltak* = joltakin jne.

AMERIKKALAINEN KIRJOITUSTAPA

Koska tässä sanakirjassa on yleensä annettu vain englantilainen kirjoitustapa, on sanakirjan käyttäjälle varsin tärkeätä tutustua alla oleviin esimerkkeihin, jotka valaisevat Yhdysvalloissa käytettyä kirjoitustapaa verrattuna englantilaiseen.

Englannissa	Amerikassa:	
ae	e	etiology, hemoglobin, hemorrhage.
	ae tai e	egis, eon, anemia, anesthetic, ym.
oe	e	fetus, esophagus, ym. (Sanakirjassa näissä tapauksissa yleensä h[a]emorrhage, an [a]emia, f[o]etus.)
our	or	armor, candor, color, favor, fervor, harbor, honor, humor, labor, neighbor, odor, rumor, splendor, tumor, valor, vapor, vigor ym.
ll tai l	ll	l:ään päättyvien verbien taivutusmuodoissa, esim. canceled, equaled, traveled, traveling, marvelous
l tai ll	ll	enroll, enthrall, install, instill enrollment, fulfillment, installment, fulfill, skillful, willful
pp	p	kidnaped, -ing: worshiped, -ing
tt	t	carbureted, carbureter, sulfureted
re	er	center, goiter, liter, meager, meter, (= metri), reconnoiter, saltpeter, scepter. theater. ym. (mutta acre. massacre. ogre)
c	s	defense, expense, offense, pretense
x tai ct	ct	connection, inflection, reflection
ize tai ise	ize	apologize, realize ym. (Sanakirjassa käytetty ize-, izer-, ization-loppuisia muotoja, jotka ovat myös Englannissa tavallisia.)

A

aakko|sellinen alphabetic [al].
-set alphabet; *kuv.* ABC,
elements. **-sjärjestys**
alphabetic [al] order. **-staa**
arrange in alphabetic [al]
order. **-sto** alphabet.
aallokko swell; surf; *merellä
käy kova* ~ the sea is very
rough, there is a heavy sea.
aallon|harja crest of a wave.
-murtaja breakwater, mole.
-pituus wavelength; *31 metrin
-pituudella* in the 31 metre
band. **-pohja** trough [of a
wave].
aallotar water-nymph.
aalto wave; billow; *(vyöry-)*
roller; *lyhyillä aalloilla on*
short wave [s]; *25 metrin
-pituudella* on 25 metres.
aaltoi|leva *(meri)* surging,
rolling; swaying; *(tukka)*
wavy. **-lla** undulate, *(tukka)*
wave; *(järvi ym.)* **-lee** there
are big waves. **-lu** heaving,
surge [of the sea], swell;
(esim. maan) undulation.
aalto|levy corrugated iron.
-liike wave-motion. **-mainen**
wavy, wave-like; undulating.
-pahvi corrugated cardboard.
-viiva wavy line.
aamiai|nen breakfast; *(lounas)*
lunch; *-sen aikaan* at
breakfast-time; *syömme -sta
kello 8* we have b. at 8; *he
ovat -sella* they are at b.,
they are eating breakfast.
aamiaistunti lunch hour.
aamu morning; ~*lla* in the m.;
kesäkuun 1 päivänä ~*lla* on
the morning of the 1st of
June; *maanantai* ~*na* on
Monday m.; *eräänä* ~*na* one
m.; *koko* ~*n* all m.; *tänä*
~*na* this m.; ~*lla varhain* in
the early m.; *varhain
seuraavana* ~*na* early next m.

-hartaus morning worship.
-hetki: ~ *kullan kallis* the
early bird catches the worm.
-hämärä morning twilight,
dawn. **-isin** in the morning.
-juna early train. **-kirkko**
morning service, matins.
-kylmä cool of a morning,
morning freshness. **-nkoitto**
dawn, daybreak. **-päivä**
forenoon, morning; *kello 10*
~*llä* at 10 [o'clock] in the
morning; *(~puku šaketti*
morning coat). **-rusko** aurora,
the red sky at dawn. **-takki**
dressing gown, *Am.m.*
bathrobe. **-uninen** sleepy in
the morning. **-yö:** ~*stä* after
midnight, in the small hours.
aapinen ABC-book, spelling
book.
aari *(mitta)* are (= 100 sq.
metres).
aaria *mus.* aria.
aarniometsä primeval forest.
aarre treasure; hoard. **-aitta**
treasury. **-löytö** treasure trove.
aarteen|etsijä treasure-seeker.
-kaivaja digger for treasures.
aarteisto treasury, treasure-house.
aasi donkey, *et. kuv.* ass, *kuv.*
dunce.
Aasia Asia; *Vähä* ~ Asia
Minor. **-lainen** *a. & s.*
Asiatic, Asian.
aasimainen ass-like.
aasin|ajaja donkey-driver.
-tamma she-ass.
aate idea; *(aatos)* thought.
aateli noble birth, *(-sto)*
nobility. **-nen** noble, ... of
noble family.
aatelis|arvo nobility. **-kartano**
manor. **-mies** nobleman.
-nainen noblewoman, lady of
rank. **-suku** noble family.
-sääty nobility.
aatelis|to nobility, *(päärit)* the

peerage. **-vaakuna** coat of arms, armorial bearings.
aatel|iton not of noble birth, commoner. **-oida** raise to the nobility, knight; *kuv.* ennoble. **-uus** nobleness, nobility.
aate|maailma world of ideas. **-piiri** sphere of ideas. **-rikas** rich in ideas **-rikkaus** richness of ideas. **-toveri** congenial spirit, fellow [pacifist etc.]; *(kannattaja)* supporter. **-virtaus** current of thought.
aatos thought; idea.
aatteelli|nen idealistic; ideal, non-real, *(esim. yhdistys)* non-profit-making; *(ylevä)* high-minded. **-suus** idealism.
aatto, -ilta eve; *jnk ~na* on the eve of...
aava *a.* open, wide; *(laaja)* vast, extensive; *~lla merellä* on the open sea *(t.* high seas).
aave ghost, spectre, spook; *(-näky)* apparition, phantom. **-mainen** ghostlike, ghostly, eerie. **-maisuus** ghostliness.
aavikko vast plain; *(hiekka-)* desert; waste; *(ruoho-)* prairie; *ks. aro.*
aavis|taa have a presentiment, have a feeling, foresee; *(epäillä)* suspect; *(odottaen)* anticipate; *-tin sitä* I thought as much; *enpä osannut silloin ~* little did I think then; *kukapa olisi voinut ~* who would have thought it. **-tamaton** unforeseen, unexpected. **-tamatta** unexpectedly; *mitään pahaa ~* suspecting no evil.
aavistus presentiment; *paha ~* foreboding, misgiving; *minulla ei ollut ~takaan siitä, että* I had no idea that...
abbedissa abbess.
Abessinia Abyssinia, Ethiopia. **a-lainen** *a. & s.* Abyssinian.
abnormi abnormal. **-suus** abnormality.
abortti abortion; *laiton ~* criminal a.
absolutis|mi *(raittius)* total abstinence. **-ti** total abstainer, teetotaller.
absoluuttinen absolute.

abstra|hoida, -ktinen abstract.
adjektiivi adjective.
adjutantti aide [-de-camp] *(lyh.* A.D.C), *jkn* to; adjutant.
adoptio adoption.
adoptoida adopt.
adressi greetings card; *suru ~* *(l.v.)* remembrance card.
Adrianmeri the Adriatic [Sea].
adventisti Seventh-day Adventist.
adventti Advent.
adverbi adverb. **-aali(nen)** adverbial.
aforismi aphorism.
Afrikka Africa. **-lainen** *a. & s.* African.
agaatti agate.
agen|tti *liik., kiel.* agent. **-tuuri** agency [-business]; representation.
agio *liik.* agio, [exchange] premium.
agit|aatio agitation. **-aattori** agitator. **-oida** agitate.
agraari agrarian.
agressiivinen aggressive.
agronomi agriculturist, agronomist.
ahavoi|tua get weather-beaten. **-tunut** weather-beaten; tanned.
ahdas narrow, *(talo, asunto)* cramped; *(kaita)* strait; *(rajoittunut)* limited; *(tiukka)* tight; *täällä on ~ta* there is very little space here, we are cramped for space, *(paljon väkeä)* it (the room) is [very] crowded, *puhek.* it's a tight fit here; *asua ahtaasti* live in overcrowded conditions; *olla ahtaalla* be in [financial] straits, be hard pressed [for money], *puhek.* be hard up; *joutua ahtaalle* get into difficulties (into a tight corner); *sanan ahtaammassa merkityksessä* in the strict sense of the word. **-mielinen** narrow-minded; strait-laced. **-mielisyys** narrow-mindedness.
ahde *(mäen~)* slope, hillside.
ahdinko crush, crowd[ing]; *(pula)* straits, difficulty; *~on asti täynnä väkeä* packed (crowded) with people. **-tila** straits, distress, straitened circumstances; *(pula)*

predicament.
ahdist|aa press; *(puristaa)*
pinch; be tight: *kuv.* harass,
beset, attack, oppress,
(kysymyksillä, m.) heckle;
(esim. kaupustelija) importune;
henkeäni ~ I am short of
breath; *kenkä ~* the shoe
pinches; *mieltäni ~* I am
anxious (distressed, oppressed
with anxiety); *-ava tunne*
feeling of oppression. **-aja**
pursuer. **-ella** molest, harass.
-us oppression, anxiety;
torment, agony; vexation;
(hengen-) difficulty in
breathing; *-tuksen alainen*
oppressed, distressed, troubled.
aher|rus striving; bustle;
toil[ing]. **-taa** work hard;
(raataa) toil; *kuv.* hammer
away.
ahjo forge; *kuv.* seat, nest.
ahker|a diligent, industrious,
hard-working; busy; *(oppilas,
m.)* studious. **-aan, -asti**
diligently, busily; hard; *(usein)*
frequently. **-oida** work hard,
be busy [at work]; exert
oneself, take pains; *~
edistyäkseen* strive to make
progress. **-uus** diligence,
industry.
ahkio [dog] sleigh.
ahma glutton, *Am.* wolverine.
-ista devour; eat voraciously.
-tti glutton, gormandizer.
ahmia eat ravenously;
gormandize; gorge (oneself
with): *m. kuv.* devour; feast
one's eyes on, gloat over.
ahnas voracious, ravenous;
gluttonous; greedy.
ahne greedy; *(halukas)* eager,
jnk for; *rahan ~* greedy for
money. **-htia** be greedy, *jtk*
for; *(haluta)* covet; have a
craving (for). **-us** greed[iness],
avidity: *(petomaisuus)*
voracity; *(saituus)* avarice;
rahan ~ love of money,
greed for money.
aho clearing, glade.
ahrain fish gig.
ahtaa stow; *~ täyteen* pack
full; stow, cram, *jtk* with.
ahtaa|ja stevedore. **-minen**
stowage, stowing.

ahtau|s narrowness; tightness;
cramped conditions; *mer.*
stowage; *tilan ~* lack of
space (of room); *asuntojen ~*
overcrowding, cramped
housing accommodation. **-utua**
narrow; crowd.
ahtojää pack-ice, ice pack.
ahven perch, bass.
ai oh! oh dear!
aidake rail[ing]; *(oikeussalin)*
bar.
aidan|pano fencing **-seiväs**
fence-post, stake.
aidata fence [in]; enclose [by
a fence].
aie intention; intent; purpose;
(tuuma) plan; *olin aikeissa
lähteä* I intended to leave, I
was going to (about to)
leave; *tappamisen aikeessa*
with intent to kill.
aiemmin *ks. aikaisemmin.*
Aigeianmeri the Aegean [Sea].
aihe *(syy)* reason, cause;
(kirjoituksen ym.) subject,
theme, topic; *(taulun)* motif;
(itu) germ; *jstk ~esta* on a
subject; *ei ole ~tta jhk* there
is no reason to; *sinulla ei
ole ~tta..* you have no cause
(no occasion) to ..; *naurun ~*
cause for laughter, *(esine)*
object of mirth; *antaa ~tta
jhk* give rise to; give ground
for; *vrt. aiheuttaa.*
aihee|llinen well-founded;
justifiable, *(suositeltava)*
advisable. **-ton** groundless.
(perätön) unfounded;
unjustified; uncalled for; *~
muistutus* unjustifiable
(uncalled-for) remark; *~
hälytys* false alarm; *oli täysin
~ (m.)* lacked any
justification. **-ttomasti** without
a *(t.* any) reason (cause).
-ttomuus groundlessness.
aihetodiste circumstantial
evidence.
aiheu|ttaa cause, bring about,
give rise to; *(johtaa)* lead to,
result in; *(tuottaa)* produce;
create; *..-tti keskustelua —*
provoked (called
forth) a discussion; *jnk
-ttama* caused by, due to,
called forth by. **-ttaja**

originator: *(syy)* cause; source. **-tua** be caused, be occasioned by, be induced by, be due to; *vrt.* **-ttaa;** *(syntyä)* come (rise) from, originate in; *mistä tämä -tuu?* what causes this? what is the cause of this? what is this due to? *siitä -tuu hänelle suuria kustannuksia* that will cause him a lot (a great deal) of expense.

aika 1. *s.* time; *(ajankohta)* hour, moment; *(-kausi)* day[s], time[s]; period; age; *(toimisto- ym)* [office] hours; *sadan vuoden ~* [a period of] a hundred years; *lepo~* a period of rest; *Neiti Aika* speaking clock; *onko sinulla ~a . .* can you spare me a moment . . ; *~a on runsaasti* there is plenty of time, . . *niukasti* time is short; *kun minulla on ~a* when I get (have) time; *tilata ~* make an appointment (with); *meidän ~namme* in our times; *uusi ~* the new age, *(hist.)* modern times; *minun on ~ lähteä* it is time for me to leave; *minun ~nani* in my time; *kuningatar Elisabetin ~na* in the age (the reign) of Queen Elizabeth; *~ ajoin* at times, from time to time; at intervals; *jksk ~a* for some time, for a while; *jnk ~a* some time, for a time; *sillä ~a* meanwhile, [in the] meantime; *sillä ~a kun* while; *mihin ~an* [at] what time? *kello 8 ~an* [at] about 8 o'clock; *samaan ~an* at the same time; *siihen ~an* at that time; *ei pitkään ~an* not for a long time; *jo oli ~kin* it was about time; *~naan* in due time, *(yhteen aikaan)* at one time, *(ajoissa)* in time; *~nani asuin siellä* at one time I used to live there; *vrt. aikoinaan; kaikella on ~nsa* there is a time for everything; *entisinä aikoina* in the old days; *kaikkina aikoina* at all times; *aikoja*

sitten long ago; *kahden viikon ajan* for two weeks; *ajan mittaan* with [the progress of] time, in [the] course of time; *ajan pitkään, ajan oloon* in the long run; *ajoissa* in [good] time; *tulla ajoissa (junalle ym.)* catch [the train]; *saada ~an ks. aikaansaada.*

aika 2. *adv.:* ~ *hyvä* pretty *t.* fairly good, *(huononpuoleinen)* rather good; ~ *paljon* [quite] a lot, a good deal; ~ *tavalla* a lot, a great deal; ~ *veitikka* a proper rascal.

aikaan|saada bring about, accomplish, *(aiheuttaa)* cause; effect; *(tuottaa)* produce; lead to; ~ *ihmeitä* work wonders; ~ *vahinkoa* do damage. **-saannos** achievement, accomplishment, *(teko)* deed.

aikaa|säästävä time-saving. **-viepä** time-consuming, *(hidas)* slow.

aikaihminen adult, grown-up.

aikai|lla delay; lag, loiter; *-li vastatessaan* hesitated before answering, was slow to reply. **-lu** delay. **-nen** early; *jkn ~ of the time of . .;* dating from. **-semmin** earlier; previously, formerly. **-sempi** earlier; previous. **-simmin** earliest. **-sin** early; ~ *aamulla* early in the morning, at an early hour. **-sintaan** at the earliest. **-suus** earliness.

aika|järjestys chronological order; *a-tyksessä (m.)* chronologically. **-kauppa** *liik.* contract for future delivery. **-kausi** period; *hist.* age, era, epoch. **-kauskirja (-lehti)** periodical, magazine, journal. **-kautinen** periodic[al]. **-kirja** chronicle; ~*t (m.)* annals, records. *raam.* [the Books of the] Chronicles. **-lainen** contemporary; *hänen -laisensa* his contemporaries. **-luokka** *kiel.* tense. **-merkki** time-signal. **-mitta** tempo.

aika|mies adult, grown-up man. **-moinen** [fairly] big, siz[e]able, considerable; ~ *nainen!* some woman!

aika|muoto tense. **-määrä** term. **-taulu** time-table: *Am.* schedule; *~n mukainen* scheduled; appointed. **-uttaa** *sot.* time. **-yksikkö** unit of time.

aikoa intend, be going to; *(suunnitella)* plan; *hän aikoo kauppiaaksi* he intends to become a merchant; *aiottu matkani* my proposed journey; *aioin juuri lähteä* I was just about to leave; *aikomatta(an)* unintendedly, without intention.

aikoinaan *(kerran)* at one time, once; *~ hän* in his day (in his time) he . .

aikomus intention; purpose; *(tuuma)* plan; *vahingoittamisen aikomuksessa* with intent to cause damage; *minulla on ~* . . I intend to . ., it is my intention to . .; *aikomuksetta* unintentionally.

aikuinen grown-up, adult; *sen ~ tapa* a custom of that time; *kivikauden ~* of *(t.* belonging to) the Stone Age.

aikuiskasvatus adult education.

aimo fair-sized: good. proper, thorough.

aina always; invariably; constantly; ever; *hän ~ vain lukee* he keeps on reading; *~ tähän asti* up to the present time; *~ siitä asti* ever since: *~ sieltä saakka* all the way from; *~ sen mukaan kuin* according as.

ainainen perpetual, continual, constant; *ainais-* permanent.

aina|kaan: *ei ~* at least not, at any rate not. **-kin** at least, *(vähintään)* at the [very] least; *(joka tapauksessa)* at any rate, anyhow.

aine matter, stuff, *kem.* substance; *(tarve-)* material; *(oppi-)* subject; *(-kirjoitus)* composition, essay.

aineelli|nen material; temporal; *~ etu* material benefit. **-staa** give substance to. **-stua** materialize. **-suus** materialism.

aineen|koetus testing of materials. **-mukainen:** *~ luettelo* general index. **-vaihdunta** metabolism;

(~taudit metabolic diseases.)

aineeton immaterial.

aineisto *(ainekset)* material. *(kirjan, m.)* subject-matter.

aine|kirjoitus composition. **-osa** component, constituent [part] **-osanen** particle.

aines material, stuff; matter; *(-osa)* element; *ainekset* material [s]; *(ruokalajin)* ingredients; *kansan parhaat ainekset* the pick of the people; *hänessä on ~ta jksk* he has got the makings of . . in him.

aine|sana material noun. **-yhdiste** compound. **-yhdistelmä** combination of subjects.

aini|aaksi for ever, for all time. **-aan** [for] always, eternally.

ainoa only; sole; *~ poika* only son; *~ perillinen* sole heir; *joka ~ (a.)* every single; *(s.)* every single one; *ei ~kaan (a.)* not a single; *(s.)* not a single one, no one; *tämän ~n kerran* [for] this once. **-laatuinen** unique. **-laatuisuus** uniqueness. **-staan** only; merely, solely; *ei ~ vaan myös* not only but also . . **ainutkertainen** *(vertaa vailla)* unique, unparalleled; *ks. kertakaikkinen.*

airo oar; *(lyhyt)* scull. **-nhanka** rowlock. **-nlapa** blade of an oar. **-nveto** stroke [of an oar].

airut messenger, herald; *(juhlassa)* usher: *run. m.* harbinger.

aisa shaft; pole; *(nuotan)* wing; *panna aisoihin* put in the shafts, *(valjastaa)* harness; *pitää aisoissa* keep in check, keep within bounds, curb; *pysyä aisoissa* keep oneself in check, restrain oneself.

aisti sense; *(maku)* taste; *aisti-* sensory. **-a** perceive, sense. **-hairahdus** illusion. **-harha** hallucination. **-kas** tasteful, *(tyylikäs)* stylish, elegant; *erittäin ~* (t. *-kkaasti)* in excellent taste; *hän on ~* she has style. **-kkuus** tastefulness, good taste; elegance. **-llinen**

sensual, *(aisti-)* sensuous.
-llisuus sensuality. **-mus**
perception; sensation. **-ton**
tasteless. **-ttomuus** lack of
taste. **-viallinen:** *-vialliset*
people with sensory defects.
-viallisuus sensory defect.
aita fence, *(pensas-)* hedge;
(pysty) paling; *urh.* hurdle;
(et. rakennusaikana) hoarding;
(kaide) railing. **-amaton**
unfenced, not fenced [in].
-aminen fencing [in]. **-juoksu**
hurdles, hurdling; *400 m.* ~
400 metres hurdles. **-us**
enclosure; *(karjapiha)* pen,
Am. corral.
aitio box.
aito true, genuine; real. **-hopea**
real silver, sterling silver. **-us**
genuineness.
aitta shed [for provisions],
storehouse; *(vilja-)* granary;
koota ~an garner.
aituri *urh.* hurdler, *(hevonen)*
jumper.
aivan quite; altogether; very;
(täysin) fully, perfectly;
wholly, entirely; *(ihan)*
exactly; *(juuri)* just; ~ *alusta*
(asti) from the very
beginning; ~ *heti* at once,
right away; ~ *huono* really
bad, altogether bad; ~ *hyvin*
perfectly well; ~ *ilman apua*
without any help whatever; ~
keskellä right in the middle;
~ *kuin* [just] as if; ~ *liian*
kallis much too dear; ~ *niin!*
exactly! quite right! that's it!
~ *pian* very soon; ~ *sama*
mies the very [same] man;
~ *terve (m.)* in perfectly
good health; ~ *äsken* just
now, a moment ago.
aivas|taa sneeze. **-taminen**
sneezing. **-tus** sneeze. **-tuttaa:**
minua ~ I feel like sneezing.
aivo *ks. aivot.* **-halvaus** stroke,
apoplexy. **-kalvontulehdus**
meningitis. **-kasvain** brain
tumour. **-koppa** brain-pan.
-kuori cerebral cortex. **-pesu**
brain-washing. **-t** brain (brains
tav. äly); *isot* ~ cerebrum;
pienet ~ cerebellum. **-tauti**
disease of the brain. **-tärähdys**
concussion [of the brain].

-vamma brain injury. **-vienti**
brain drain. **-verenvuoto**
cerebral h[a]emorrhage.
ajaa *tr.* drive; *(kuljettaa)*
convey, carry, take; *(riistaa)*
hunt; *intr.* drive; ride [a
bicycle; in a car, in a train];
go [by car, by train],
(autolla, m.) motor; *(kuv.,*
aatetta) advocate, champion;
~ *jkn asiaa (lak.)* plead a
p.'s cause in court; ~ *kilpaa*
race [a p.]; ~ *jku kumoon*
knock (run) down; ~ *läpi*
push (force) through; ~ *parta*
shave; ~ *pois* drive away; ~
takaa chase, pursue; *mitä hän*
~ *takaa* what is he driving
at? ~ *ulos* turn .. out,
send sb. packing; ~ *yhteen*
collide; ~ *yli* run over; *hän*
ajoi minut asemalle he took
me to the station [in his
car]; *hän ajoi autonsa* he ran
his car into [a stone, a tree].
ajaja driver; *(auton m.)*
chauffeur; *kuv.* champion,
advocate.
ajall|aan, -ansa in time; at the
right time; *sana* ~ a word in
season.
ajalli|nen temporal, *(maallinen)*
mundane **-suus** temporalness,
temporal life.
ajan|hukka loss of time; waste
of time. **-jakso** period; epoch.
-kohta point [of time],
moment in *(t.* of) time; ~*an*
nähden sopiva timely; *tuona*
kriitillisenä ~*na* at that
critical juncture. **-kohtainen** ..
of current interest, topical; ~
kysymys (m.) question of the
day. **-kohtaislähetys** current
affairs programme. **-kulu**
pastime; ~*ksi* to pass the
time. **-lasku** calendar, style;
vanhaa ~*a* old style. **-mittaan**
in [the] course of time, in
the long run. **-mukainen** up
to date, modern. **-mukaistaa**
bring .. up to date,
modernize. **-mukaisuus**
modernity. **-ottaja** time-keeper.
-pitkään in the long run.
-puute lack of time. **-viete**
pastime; (~*kirjallisuus* light
reading).

ajatel|la think (about, of); *(harkita)* consider; *ajattele ehdotustani* [Please] think about my proposal; *hän ajatteli lapsuusaikaansa* she was thinking about her childhood days; *ajattelehan kustannuksia* [just] think of the cost! *en voisi ~ kaan tehdä sellaista* I shouldn't think of doing such a thing! *~ hyvää jksta* think highly (well) of sb.; *ajattele asiaa!* think the matter over! *jtk tarkemmin -lessani* on second thoughts, on further consideration; *tulla -leeksi* happen to think (of); *kuinka tulit sitä -leeksi?* what made you think of that? what put the idea into your mind? *ajattelepas, jos* .. just fancy if; *ajattelepas, jos tekisin sen* suppose (supposing) I were to do it; *ajattelematta* without thinking, thoughtlessly; *älä enää sitä ajattele* put that out of your mind! dismiss that from your thoughts! *ei -tavissakaan* [it is] out of the question, it is not to be thought of; *~ uudestaan (kahdesti)* think twice. **-ma** aphorism; maxim. **-tava** worth thinking about, *(ajateltavissa oleva)* conceivable, imaginable. **ajaton** timeless, dateless; *(sopimaton)* inopportune. **ajattaa** have .. carted (hauled, taken), away *pois; ~ partansa* have oneself shaved, have a shave. **ajattele|maton** thoughtless, heedless, inconsiderate, indiscreet [word, *sana*]; *(kevytmielinen)* light-headed; hasty. **-mattomasti** inconsiderately, without consideration. **-mattomuus** lack of consideration, indiscretion, thoughtlessness. **-minen** thinking, consideration; *sen pelkkä ~kin* the mere thought of it; *se antoi minulle -misen aihetta* it set me thinking. **-vainen** thinking, reflective, thoughtful. **ajatte|lija** thinker. **-lu** thinking;

thought, reflection; *(mietiskely)* meditation.
ajatuksellinen pertaining to thought; logical.
ajatuksen|juoksu train of thought. **-vapaus** freedom of thought.
ajatus thought; idea; reflection, *Engl. m.* reflexion; *(merkitys)* meaning; *(mielipide)* opinion; *ajatuksiin vaipunut* absorbed in thought; *tein sen ajatuksissani* I did it absent-mindedly *(t.* without thinking). **-aika** *antaa jklle ~a* allow sb. time for consideration. **-kanta** standpoint, point of view. **-kyky** faculty of thought. **-maailma** world of ideas. **-peräinen** abstract. **-ponnistelu** mental effort. **-suunta** trend of ideas. **-tapa** way of thinking. **-tenlukija** mind-reader. **-tenvaihto** exchange of ideas. **-toiminta** mental activity. **-viiva** dash. **-voima** power of thought. **-yhtymä** association of ideas.
ajautua drift; be driven; *(rantaan)* be stranded.
ajelehti|a be adrift, drift; float; *-va laiva* a derelict ship.
aje|lla ride, drive; *(pää, parta)* shave [off, *paljaaksi*]. **-lu** drive, ride; *lähteä ~lle* go for a drive (a ride), go motoring.
aje|ttua swell [up], become swollen. **-ttuma** swelling. **-tus:** *on ajetuksissa* is swollen.
ajo driving; *(metsästys)* chase, hunt [ing]; *(jälkiä myöten)* track [ing]; *(kuorman)* hauling, haulage. **-hiekka** drift-sand.
ajoissa *ks. aika; tulla ~* be in time.
ajoittaa *urh.* time; *(löytö ym)* date.
ajoitt|ain at times; occasionally. **-ainen** occurring at intervals; periodical; *(satunnainen)* occasional; *(uusiutuva)* recurrent.
ajo|jahti *(poliittinen ym)* witch hunt. **-jää** drift-ice. **-kaista** lane. **-kielto:** *. . on -kiellossa* [the road] is closed to traffic. **-kki** vehicle. **-koe**

driving test. **-koira** hound
(*esim.* foxhound). **-kortti**
driving licence; *menettää ∼nsa*
be disqualified from holding a
d. l. **-maksu** (*taksi- ym.*) fare.
-metsästys hunt, chase. **-mies**
driver. **-neuvo** vehicle,
conveyance. **-nopeus** driving
rate, speed; *sallittu ∼* speed
limit. **-palkka** (*tavaran*)
haulage. **-retki** drive, ride.
ajos abscess.
ajo|tie drive; (*katu*) roadway.
-valot headlights.
ajuri cab driver, cabman.
-asema cab-stand.
ajuruoho thyme.
akaasia acacia.
akana husk; *∼t* chaff.
akateemi|kko academician. **-nen**
academic [al]; *∼ oppiarvo*
university degree; *saavuttaa ∼*
oppiarvo graduate, take one's
degree; *on -sesti sivistynyt*
has had a university
education.
akatemia academy.
akileija columbine.
akka old woman. **-mainen**
[old-] womanish; unmanly.
-maisuus [old-] womanishness;
cowardice. **-valta** petticoat
rule; *olla -vallan alla* be
henpecked.
akku accumulator. **-paristo**
storage battery.
akkuna window; *vrt. ikkuna.*
akkusatiivi accusative [case].
akordi chord; *liik.* arrangement.
akryyli acryl.
akseli *fys. ym.* axis (*pl.* axes);
mek. shaft, (*pyörän*) axle.
-väli (*auton*) wheel-base.
aksiisi excise, inland revenue.
-nalainen excisable, liable to
excise.
aktiivi *kiel.* active [voice].
-nen active. **-suus** activeness,
activity.
aktivoida activate.
aktuaari registrar; (*vakuutus-*)
actuary.
akustiikka acoustics, acoustic
qualities.
akvaario aquarium, tank.
akvarelli water-colour
[painting]. **-väri** water-colour.
ala area, (*tila*) space, (*alue*)

territory; (*ammatti-*)
occupation; trade, profession;
(*toimi-*) field, sphere, line;
(*haara*) branch; (*laajuus*)
extent; *laaja ∼ltaan* large in
extent; *elokuva- ∼lla* in the
film industry; *tieteellisellä*
∼lla within the field (domain)
of science; *voittaa ∼a* gain
ground; *pysyä ∼llaan* keep
within one's province,
(*kurissa*) keep quiet; *asia ei*
kuulu minun ∼ani this is not
in my line. **-arvoinen** inferior,
not up to the standard.
-arvoisuus inferiority, inferior
quality. **-hanka** lower oarlock.
-huone *Engl. parl.* the House
of Commons. **-huuli** lower lip.
-ikäinen *a.* under age; *s.*
minor. **-ikäisyys** minority.
alai|nen: *jnk ∼* subject to . . ;
käsittelyn ∼ . . under
consideration; *rangaistuksen ∼*
subject (liable) to punishment;
veron ∼ liable to duty; *hänen*
alaisensa (*virkamiehet*) his
subordinates; *saattaa* (*jnk*)
-seksi subject (to); *joutua jnk*
-seksi be subjected (to), be
exposed (to), (*naurun*) become
an object of ridicule; *hän*
joutui saman kohtalon -seksi
he suffered (met with) the
same fate. **-suus** subordination.
ala|jaotus subdivision. **-juoksu**
(*joen*) lower course. **-kerros,**
-kerta (*pohja-*) ground floor;
-kerrassa (*m.*) downstairs.
-kkain under each other, one
below another. **-kuloi|nen**
melancholy, . . in low
spirits; *tehdä a-seksi* depress,
discourage. **-kuloisesti** in a
downcast manner, dejectedly.
-kuloisuus low spirits,
melancholy. **-kunto:** *-kunnossa*
not quite well; *tunsin olevani*
a-ssa I felt out of sorts, I
felt bad. **-kuntoisuus** low
condition. **-kuu** the waning
moon. **-kynsi:** *joutua*
alakynteen be defeated
(beaten); *jouduin alakynteen*
(*hänestä*) he got the better of
me, I came off the loser.
-leuka lower jaw; mandible.
-luokka lower class; (*rahvas*)

the lower classes.
-luokkalainen pupil of a lower form. **-luomi** lower [eye]lid. **-maa** lowland. **-maailma** underworld.
alamai|nen *s.* subject; *(kansalainen)* national; *a.* subservient, humble, submissive, *jklle* to. **-suus** subjection; subserviency; *(uskollinen)* allegiance.
ala|mittainen under size; below standard, inferior. **-mäki** [downward] slope; *-mäkeä* downhill.
alanko low-lying land, lowland[s]. **-maalainen** *s.* Netherlander.
Alankomaat the Netherlands.
ala|osa lower part, lower portion, bottom. **-osasto** subdivision. **-otsikko** subhead -[ing]. **-puoli** lower side (part); bottom, foot; *-puolella, -lle* under[neath]; on, onto the lower side; beneath; below. **-puolinen** lower, bottom. **-puolisko** lower half. **-pää** lower end. **-raajat** lower extremities (limbs). **-reuna** lower edge; bottom, foot [of the page, *sivun*]. **-ruumis** lower part of the body.
alas down; downward[s]; ~ *portaita* down the stairs, downstairs; *jokea* ~ down the river; *mäkeä* ~ downhill: *laskea* ~ let down, lower; *mennä* ~ descend.
alasin anvil.
alas|päin downward[s], down. **-suin** upside down; *kaataa* ~ upset, overturn.
alas|ti: *olla* ~ be naked; *riisuutua* ~ undress, strip [to the skin] . **-tomuus** nakedness; nudity; bareness. **-ton** naked; *tait.* nude; *(paljas)* bare, uncovered; undressed.
alati always, constantly; *(yhä)* ever-; ~ *vaihteleva* ever-changing; *~vihreä* evergreen.
ala|va low [-lying]. **-viite** footnote. **-vuus** lowness; low situation. **-ääni** low tone; *alaäänet* the lower register.

albumi album.
alem|ma(ksi) lower, lower down, farther down. **-muus** lower position; *(huonommuus)* inferiority; *hinnan* ~ the lower price; *-muuden tunne* inferiority feeling; *(~kompleksi* inferiority complex). **-paa** [from] farther down. **-pana** farther down, lower down; *(kirjoituksessa)* below; ~ *mainittu* .. mentioned (stated) below. **-pi** lower; under; *(virassa ym)* inferior, subordinate.
alempi|arvoinen *ks. ed.;* .. of lower rank. **-palkkainen** lower paid.
alene|minen sinking; drop, decrease; *hintojen* ~ fall (decline) in prices. **-va** falling, dropping; *suoraan ~ssa polvessa* in direct descent.
alennus *(hinnan-)* reduction [in price], cut; *(myynti-)* discount; *(virka-)* degradation; *antaa ~ta* allow a discount; *5 %:n* ~ *sovitusta hinnasta* a reduction of 5 % on the price agreed upon; *myydä alennuksella* sell at a discount. **-lippu** reduced-fare ticket. **-merkki** *mus.* flat. **-myynti** sale. **-tila** state of abasement, degradation.
alen|taa lower, reduce; bring down, cut; *kuv.* degrade, debase; ~ *hintaa* reduce a price [by .. %]; ~ *arvoa (m.)* depreciate, *(rahan)* devalue, *(henkilön)* disparage, belittle; ~ *itsensä* humble oneself; ~ *sotamieheksi* degrade to the ranks; ~ *äänensä* lower (drop) one's voice; *alennettuun hintaan* at a reduced price. **-tava** degrading, debasing. **-tua** *ks. aleta; kuv.* condescend, to, *jhk.* **-tuvainen** *kuv.* condescending. **-tuvaisuus** condescension.
aleta fall, go down; sink, drop; *(vähetä)* decrease; *hinta alenee* the price falls (goes down, drops); *lukumäärä alenee (m.)* there is falling off in the number.

alge   10

Algeria Algeria. **a-lainen**
Algerian.
alhaa|lla [low] down, down
below; low; ~ *vasemmalla*
bottom left; *pysyä* ~ remain
low. **-lta**, ~ **päin** from below
(beneath).
alhai|nen low; *kuv.* mean, vile;
-simmillaan (kuv.) at its
lowest mark, at the lowest
ebb; *(oli -sta) sukua ..* of
modest origin, (he came)
from a humble family. **-so**
populace, the hoi polloi. **-suus**
lowness, *kuv.* baseness,
meanness.
ali- *vrt. ala-.* **-arvioida**
underrate, underestimate.
-arviointi underestimation.
-hankkija subcontractor.
-hinta: *myydä ~an* sell below
cost price. **-johtaja**
sub-director. **-käytävä**
underpass, *Engl. m.* subway
[crossing]. **-luutnantti** *meriv.*
sublieutenant. **-lääkäri** assistant
physician (surgeon). **-mmainen**
lower, *vrt. alin.* **-mmaksi**
lowest [down], farthest down.
ali|n lowest; undermost; ~
hinta lowest price, bottom
price. **-nen** lower. **-nna** lowest,
nethermost; *kaikkein* ~
underneath everything [else].
alin|omaa constantly,
perpetually, continually.
-omainen perpetual, continual.
ali|paino(inen) underweight,
short weight. **-palkattu**
underpaid. **-päällystö** *sot.*
non-commissioned officers,
meriv. petty officers.
-ravitsemus undernourishment,
malnutrition. **-ravittu**
undernourished, underfed.
alis|taa *(jnk ratkaistavaksi ym)*
submit to sb.'s decision, refer
(to); subordinate, subject (to);
~ *jtk valtaansa* subdue;
subjugate; *-teinen lause*
subordinate clause. **-tua**
submit (to); *(taipua)* yield;
resign oneself, *(mukaantua)*
reconcile oneself [to one's
fate, *kohtaloonsa*]. **-tumaton**
unsubmissive; unyielding.
-tuminen submission (to);
(nöyryys) resignation. **-tuvainen**

submissive. **-tuvaisesti**
submissively, with resignation.
-tuvaisuus submissiveness.
alitaju|inen subconscious. **-nta**
the subconscious [mind].
alitse under, below.
alittaa be (fall) below, fall
short of; *(tarjous)* underbid.
alitui|nen perpetual, continual;
(lakkaamaton) incessant,
continuous; *-sesti* constantly.
ali|työllisyys underemployment.
-upseeri non-commissioned
officer, *meriv.* petty officer.
-vuokralainen subtenant.
alkaa begin, start, commence,
(ryhtyä) set about, enter
upon; *(saada alkunsa)*
originate, *jstk* in; *(joesta)*
have its source; ~
toimintansa (m.) opens; ~
tulla kylmä it is getting cold;
jnk alkaessa at the beginning
of ..; *alkamaisillaan* about to
begin.
alkaen: *jstk* ~ since; from ..
on, [as] from; *(esim. jnk
voimaantulosta)* with effect
from; *siitä (ajasta)* ~ ever
since [that time]; *tästä* ~
(lähtien) henceforth, from now
on.
alka|ja beginner; originator,
author. **-jaiset** opening
[ceremony]. **-jaispuhe** opening
address.
alkali *ks. emäs.* **-nen** alkaline.
alka|maton not [yet]
commenced; unopened. **-minen**
beginning, commencement,
start[ing]; *odottaa puheen
-mista* wait for the speech to
begin.
alkeelli|nen primitive; *(alku-)*
primary; *(alkeis-)* elementary.
-suus primitiveness.
alkeet elements, rudiments,
ABC.
alkeis- elementary. **-hiukkanen**
elementary particle. **-kirja**
elementary book, primer.
-koulu preparatory school;
(Engl. kansakoulun ~) infant
school. **-kurssi** elementary
course. **-opetus** primary
education. **-tiedot** elementary
knowledge; *hänellä on hyvät*
~ *historiassa* he is well

grounded in history.
alkemi|a alchemy. **-sti** alchemist.
alkio embryo.
alkoholi alcohol; ~*n vaiku-*
tuksen alaisena under the
influence of a. **-juoma**
alcoholic drink. **-liike** liquor
store. **-nhimo** dipsomania.
-pitoinen alcoholic. **-pitoisuus**
percentage of alcohol. **-smi**
alcoholism. **-sti** alcohol addict,
alcoholic. **-ton** non-alcoholic;
~ *juoma* soft drink.
alkovi *(komero)* alcove.
alku beginning, start, outset,
commencement; *(synty)* origin,
rise; ~*aan* originally;
primarily; *aluksi, alussa* at
first, to begin with; *jnk*
alussa at the beginning of;
alusta pitäen from the very
beginning; from the first;
alusta loppuun from beginning
to end; *saada* ~*nsa* originate,
jstk in, from; arise, spring
(from), *(joki)* rise, have its
origin (source) in; *panna*
alulle start; *päästä* ~*un* get
started.
alku- initial, original. **-aika**
beginning; *jnk* ~*aikoina* in the
early days of .. **-aine**
element. **-aste** initial stage.
-asukas native; *-asukkaat*
aborigines, natives. **-eläin**
protozoon *(pl.* -zoa). **-erät**
urh. qualifying heats. **-ihminen**
primitive man. **-isin:** *olla* ~
jstk be derived from, derive
its origin from, originate in.
-(j)aan originally. **-juoksu**
headwaters. **-juuri** origin;
source, root. **-kantainen**
primitive. **-kesä** [the] early
part of [the] summer; ~*stä*
in early summer. **-kieli**
original [language]. **-kirjain**
initial [letter]; *-kirjaimet*
initials. **-lause** preface. **-liite**
prefix. **-lima** protoplasm.
-lähde *kuv.* source. **-nopeus**
initial velocity, *(ammuksen)*
muzzle v. **-perä** origin;
source. **-peräinen** original,
(väärentämätön) authentic; ~
kappale (kirjoitus) original.
-peräisesti originally.
-peräisyys originality. **-puoli**

first part, beginning; *ensi*
viikon -puolella early next
week. **-puolisko** first half.
-sointu alliteration. **-soitto**
prelude, overture **-tekijä** *mat.*
prime number. **-tila** original
state. **-tutkinto** preliminary
examination.
alkuun|**panija** initiator,
originator; *(pahan)* instigator.
alku|**valmistelut** preparatory
measures, preliminaries.
-viikko: *alkuviikosta* at the
beginning of the week. **-voima**
primitive strength. **-yö** early
part of the night.
alla *(jnk)* under, beneath;
(alempana) below; *joulun* ~
[just] before Christmas; ~
oleva (seuraava) .. given
(stated) below; ~*päin oleva*
downcast, dejected. **-mainittu**
.. mentioned below.
allas trough; *(pesu- ym.)*
basin; *(uima-)* pool; *WC*~ pan.
alle under; below, underneath;
~ *20 asteen* below 20
degrees; ~ *16-vuotias* under
16 [years of age]; *jäädä*
auton ~ be run over by a car.
allegoria allegory.
allekirjoi|**ttaa** sign [one's name
to]; ~ *kirje* sign a letter.
-ttaja signer; (~*valtio*
signatory power). **-ttaminen**
signing. **-ttanut** the
undersigned. **-tus** signing;
(nimi-) signature.
allergi|a allergy. **-nen** allergic.
alleviivata underline; *kuv.*
emphasize.
alli long-tailed duck.
alligaattori *zo.* alligator.
allikko (vesi-) pool, puddle;
joutua ojasta ~*on* fall out of
the frying pan into the fire,
go from bad to worse.
almanakka calendar, almanac.
almu alms *(pl.* alms). **-nantaja**
almsgiver. **-npyytäjä** beggar.
aloite intiative; *(eduskunta-)*
private member's bill; *jkn*
aloitteesta on a p.'s initiative;
omasta aloitteestaan of one's
own accord; *tehdä* ~ *jhk*
take the initiative (in ..
-ing). **-kyky,** ~**isyys** initiative,
enterprise.

aloi|ttaa begin; initiate, *ks.*
alkaa; korttip. lead; begin
[by .. -ing, .. -*malla*]; start,
lead off; set up; ~
neuvottelut open (enter into)
negotiations. **-tteentekijä**
initiator. **-ttelija** beginner.
alokas beginner; *sot.* recruit,
(varusmies) conscript;
(oppipoika) apprentice; *ottaa*
alokkaita recruit.
alppi alp; *Alpit* the Alps.
-aurinko *(hoito)* sun ray
treatment; (~**lamppu** sun
lamp). **-hiihto, -lajit** alpine
ski-ing. **-jono** chain of alps.
-kasvisto alpine flora. **-kauris**
Alpine ibex, steinbock.
-kiipeilijä Alpine climber,
Alpinist. **-maa** alpine country.
-maja chalet. **-ruusu**
rhododendron. **-sauva**
alpenstock.
alta from under .., from
below (beneath); *(alitse)*
under; *pois* ~! get out of the
way! ~ *valkoinen* white
underneath. **-päin** from
underneath (beneath, below).
altis *(taipuvainen)* willing,
inclined, disposed (to);
(vastaanottavainen) susceptible,
liable, sensitive (to); *(harras)*
devoted; *vaaralle* ~ exposed
to danger, endangered; *panna*
alttiiksi (jllek) expose (to),
imperil; risk [one's life];
joutua alttiiksi jllek be [come]
exposed to .., meet with;
olla alttiina lie open (to).
-taa *lääk.* predispose.
alttari altar. **-liina** altar-cloth.
-palvelus altar service, liturgy.
-taulu altarpiece.
alttiiksi|antava *(uhraava)*
self-sacrificing, self-effacing.
-antavaisuus sacrifice,
self-effacement.
alt|tiisti willingly, readily,
devotedly. **-tius** willingness,
inclination; liability, *jllek* to;
~ *(esim. taudille)* suscep-
tibility, predisposition
(to); *(antaumus)* dedi-
cation.
altto *mus.* alto. **-viulu** viola.
-ääni alto.
alue *(ala)* area; territory;

(seutu) region; *(piiri)* district;
kuv. = *ala; kaupungin* ~*ella*
within the city [limits];
tehtaan ~ factory grounds.
-ellinen territorial; regional.
-enluovutus cession of
territory. **-vesi:** *aluevedet*
territorial waters.
aluksi *ks. alku.*
alullepano initiative, starting.
alumiini aluminium, *Am.* -inum.
aluna alum. **-inen** aluminous.
alun|perin, -pitäen from the
first, originally.
alus *(laiva)* vessel, craft *(pl. =*
sg.). **-hame** underskirt,
petticoat, slip. **-housut**
underpants, drawers.
-kasvillisuus ground vegetation,
(alakasvos) undergrowth. **-maa**
dependency, possession,
(siirto-) colony. **-paita**
[under]vest.
alussa *ks. alku; vuosisadan* ~
at the beginning (in the early
part) of this century.
alusta base; foundation, *(auton)*
chassis; *rak.* bed [ding];
mount, *(teline)* stand; *(lasin*
ym.) coaster; mat.
alus|taa *(taikina)* knead, mix;
(aine) outline; ~ *keskus-*
telukysymys introduce a
subject for discussion. **-taja**
opening speaker, introducer.
-talainen tenant; *-talaiset*
tenantry. **-tava** preliminary;
provisional, tentative; ~*t työt*
preparations, preparatory
work. **-tavasti** preliminarily;
provisionally, tentatively. **-tus**
(kysymyksen) introduction.
alus|vaate undergarment;
-vaatteet underwear,
underclothes, *(naisen, m.)*
lingerie; *-vaatteisillaan* in
one's underclothes.
amanuenssi *l. v.* assistant.
amatsoni amazon.
amatööri amateur.
Ambomaa Ovamboland.
ambulanssi, -auto ambulance.
amerikatar American woman.
Amerikka America.
amerikkalai|nen American.
-sittain in American fashion.
-staa Americanize. **-stua** be
-[come] Americanized. **-suus**

Americanism.
ametisti amethyst.
amfetamiini amphetamine.
amfiteatteri amphitheatre.
amiraali admiral **-nlaiva**
[admiral's] 'flagship.
ammat|eittain by occupation.
-illinen occupational;
professional, trade.
ammatin|harjoittaja person
engaged in a trade (a
profession). **-valinta:** *-valinnan*
ohjaus vocational guidance.
ammatti occupation, *(käsityö)*
trade, craft, *(henkinen)*
profession; business;
ammatiltaan by trade, by
profession. **-ala** trade;
profession; speciality.
-diplomaatti career diplomat.
-entarkastaja factory inspector,
inspector of working conditions.
-kateus trade rivalry.
-kirjallisuus professional
literature. **-kokemus**
professional experience. **-koulu**
vocational school, trade
school. **-koulutu|s:** *a-ksen*
saanut [professionally]
qualified. **-kunta** craft, trade;
hist. guild; (**~laitos** guild
system). **-lainen** craftsman,
skilled workman; *urh.*
professional. **-laisuus**
professionalism. **-liitto** trades
union; *~jen keskusjärjestö*
Trades Union Congress
(T.U.C.). **-mainen** professional.
-mies craftsman, skilled
workman; *(tuntija)* expert,
specialist. **-muusikko**
professional musician. **-opetus**
vocational education.
-salaisuus trade secret.
-sanasto specialist *(t.*
technical) terminology.
-taidoton unskilled. **-taito**
[professional] skill,
craftsmanship. **-taitoinen**
skilled, trained. **-tauti**
occupational disease. **-tiedot**
professional knowledge. **-toveri**
colleague. **-työ** skilled work.
-työläinen skilled worker.
-urheilija professional.
-yhdistys trade union
[branch[, [local branch of]
t.u.; (**~järjestelmä**

trade-unionism; **~liike** t.u.
movement). **-ylpeys**
professional pride.
amme tub, vat; *kylpy~* bath.
ammentaa scoop, ladle;
(veneestä m.) bail [a boat];
kuv. procure, obtain, acquire;
~ runsaista lähteistä draw
from rich sources.
ammoi|n long ago. **-nen** very
ancient; *jo -sista ajoista* from
time immemorial.
ammollaan: *olla ~* be wide
open; *suu ~* gaping, agape;
katsella suu ~ gawp.
ammoniakki ammonia.
ammotta|a gape, be wide open,
(esim. kuilu) yawn; *-va haava*
gaping wound.
ammua low, moo.
ammu|nta shooting; fire. **-s**
shot; *ammukset* ammunition.
-skella shoot, keep on
shooting.
ampaista shoot; dash.
ampeeri ampere.
ampiai|nen wasp **-spesä** wasp's
nest. **-spisto** sting [of a
wasp].
ampu|a shoot (at); *(laukaista)*
fire (at); *(nuoli ym)*
discharge, *(ohjus ym)* launch;
~ kuoliaaksi shoot dead, gun
down; *~ laukaus* fire a shot.
-ja shot, marksman.
ampulli amp [o]ule.
ampuma|-ase gun; *-aseet*
firearms. **-haava** bullet wound.
-harjoitus rifle-practice,
target-practice. **-hiihto**
biathlon. **-kilpailu** shooting
competition. **-linja** line of
fire. **-matka** range; *~n päähän,*
päästä within r. **-rata**
rifle-range. **-taito** skill in
shooting, marksmanship. **-taulu**
target.
amputoida amputate.
amuletti amulet.
analogi|a analogy. **-nen**
analogical; analogous (to).
analysoida analyse.
analyy|si analysis *(pl. -yses).*
-tikko analyst. **-ttinen**
analytic [al].
ananas pineapple.
anarki|a anarchy. **-sti** anarchist.
anast|aa seize, lay hold of;

(valtaa, valtaistuin) usurp;
(jkn osuus) appropriate;
(valloittaa) annex; ~ *jklta jtk
(m.)* dispossess sb. of **-aja**
usurper. **-us** usurpation;
appropriation; annexation.
anatomi anatomist. **-a** anatomy.
-asali dissecting-room. **-nen**
anatomical.
Andit the Andes.
ane indulgence. **-kauppa** sale
of indulgences. **-kauppias**
pardoner. **-kirja** letter of
indulgence.
anemia an[a]emia; *(näivetys-)*
pernicious a.
angervo meadowsweet; *puut.*
spir[a]ea.
angiina *l. v.* tonsillitis.
anglikaaninen Anglican.
anglosaksinen *a. & s.*
Anglo-Saxon.
ani: ~ *harvoin* extremely
seldom, very rarely.
anis *(kasvi)* anise, *(mauste)*
aniseed.
anjovis anchovy.
ankar|a severe, stern; *(tiukka)*
strict; *(voimakas)* strong;
(tuima) violent, vehement;
(kova) hard; acute, sharp,
intense; ~ *kilpailu* keen
competition; ~ *kuri* rigid
(rigorous) discipline: ~
kuumuus intense heat; ~
pakkanen severe (bitter)
frost; ~ *taistelu* tough
struggle, hard fight; *tehdä*
~*mmaksi* aggravate. **-asti**
severely; ~ *kielletty* strictly
forbidden. **-uus** severity,
rigour; strictness; intensity.
ankea dismal, dreary, cheerless;
~ *aika* time of anxiety.
ankerias eel.
ankka duck, *(koiras)* drake;
(sanomal.) false report, hoax,
canard.
ankkuri anchor; *olla* ~*ssa* ride
at anchor; ~*ssa oleva*
anchored; *laskea* ~ drop
anchor; *nostaa* ~ weigh
anchor. **-kela** capstan.
-kettinki chain-cable. **-paikka**
anchorage; roadstead. **-touvi**
mooring cable.
ankkuroida anchor; ~ *laiva
(m.)* moor a ship.

anniske|lla retail intoxicants.
-lu [retail] sale of
intoxicants; (~**oikeus** licence
to sell intoxicants; ~**ravintola**
on-licence restaurant).
annos portion, *(kortti- ym.)*
ration; *(lääkettä)* dose *(m.
kuv.)*; *(ruokapöydässä)* serving,
puhek. helping; *annoksittain
(ravint.)* à la carte. **-tella**
ration out, apportion.
ano|a ask, *jklta jtk* sb. for ..,
petition; request; *(rukoillen)*
implore, entreat; ~ *apua* ask
for help; ~ *asian lykkäämistä*
apply for a postponement; ~
eläkettä petition for a pension.
anodi anode.
ano|ja petitioner; applicant.
-mus request; petition;
(hakemus) application;
anomuksesta on request;
hänen **-muksestaan** at his
request (at the r. of Mr X);
(~**kirjelmä** written application;
~**lomake** application form).
anoppi mother-in-law.
ansa snare, trap; *mennä* ~*an*
be trapped; *kuv.* fall into a
trap.
ansait|a earn, *(olla jnk
arvoinen)* deserve, merit, be
worthy of; *ei* **-se** you're
welcome *(et. Am.)*, [oh,] not
at all; ~ *rahaa* earn money
[by ..-ing], *(rikastua)* make
money, earn good money;
kirja ei **-se** *lukemista* the
book is not worth reading;
hyvin -tu well-earned;
well-deserved. **-sematon**
unmerited. **-sematta(an)**
undeservedly, without
deserving it.
ansari greenhouse. **-kasvi**
hothouse plant.
ansas *rak.* truss.
ansio *(siveellinen)* merit[s];
(työ-) earnings, income;
(virka-) qualification; ~*t ja
haitat* merits and demerits,
advantages and disadvantages;
hänen ~*staan* thanks to him;
lukea jkn ~*ksi* give sb. the
credit for; ~*n mukaan*
according to one's deserts; *se
oli hänen koulunsa* ~*ta* his
school deserves the credit for

. .; ~*tta* undeservedly; ~*ttani*
without my deserving it.
-itu|a: *a-nut mies* a man of
merit; *hän on a-nut isänmaan
palveluksessa* he has
distinguished himself in the
service of his country. **-kas**
meritorious, deserving,
praiseworthy. **-kkaasti** with
merit, with credit. **-kkuus**
meritoriousness; merit.
-luettelo [list of]
qualifications, curriculum
vitae. **-lähde** source of
income. **-mahdollisuus** means
of earning a livelihood.
-merkki medal. **-puoli** good
side, merit. **-ton** without
merit[s], undeserving;
(ansaitsematon) unmerited.
-ttomasti undeservedly. **-tulo**
earned income. **-työ** work for
wages, gainful employment;
~*ssä* gainfully employed. **-äiti**
working mother.
antaa give; *(ojentaa)* hand
[over], *(edelleen)* pass on;
(sallia) let, allow; *(lahjoittaa)*
present; *(suoda)* afford,
render; *(luottaa)* yield;
(käsitys ym.) convey; *(asetus,
määräys)* issue, make out [an
order]; ~ *apua* render help;
annoin korjata (korjautin) sen
I had it repaired; *annoin
hänen ymmärtää* I gave him
to understand; *ikkuna* ~
pohjoiseen the window faces
north; *anna minun olla!* leave
me alone!
antaja giver, donor.
antau|muksellinen devoted,
dedicated. **-mus** devotion;
dedication.
antautu|a give oneself up, *m.
sot.* surrender (to), capitulate;
yield oneself [prisoner,
vangiksi]; *(ryhtyä)* enter
[upon], enter into, take up;
(harrastuksella) devote oneself
to; ~ *jllek alalle* enter a
profession; ~ *jnk valtaan*
yield to [despair], abandon
oneself to [sorrow]. **-minen**
surrender; capitulation;
(alistuminen) submission.
-misehdot terms of surrender.
anteeksi: ~! excuse me! I beg

your pardon! [I am] sorry!
~, *en kuullut* I beg your
pardon! *anna* ~! forgive me!
suoda ~ *(m.)* make allowance
(for), excuse; *pyytää* ~ *jklta*
apologize to a p. (for), make
one's excuses (to). **-annettava**
pardonable, excusable.
-antamaton unpardonable,
inexcusable, indefensible.
-antamus forgiveness. **-antava**
forgiving; indulgent. **-antavasti**
forgivingly. **-pyydellen** with
many apologies, apologetically.
-pyyntö excuse; apology.
-pyytelevä apologetic.
anteli|aisuus open-handedness;
liberality, generosity. **-as**
open-handed, generous, liberal.
antenni *rad.* aerial.
antibioottinen, ~ *aine*
antibiotic.
antiikki *s.* antiquity. **-esine**
antique, curio. **-kauppa**
antique dealer's. **-nen** *a.*
antique.
antiikva roman type.
antikristus Antichrist.
antikvaari|nen *(kirjakauppa)*
second-hand [book-shop];
ostaa -sesta kirjakaupasta buy
[a book] second-hand.
antilooppi antelope.
antimet yield; gifts.
anti|podi *maant. (pl.)*
antipodes. **-septinen** antiseptic.
anto *(setelien)* issue of notes.
-isa productive, rich; *kuv.*
rewarding. **-isuus**
productiveness. **-lainaus**
lending. **-päivä** date of issue.
antologia anthology.
antrasiitti anthracite.
antropologi|a anthropology.
-nen anthropological.
antur|a sole. **-oida** sole,
(uudelleen) re-sole.
Antverpen Antwerp.
aortta aorta.
apa|attinen apathetic. **-tia**
apathy.
apea dejected, depressed.
Apenniinit the Apennines.
apeus dejectedness, low spirits.
apila clover, *(~n lehti)* trefoil.
apina monkey; *(hännätön)* ape.
-mainen apish; monkeyish.
apokryfinen apocryphal.

apostoli apostle; *A-en teot* the Acts [of the Apostles].
apostrofi apostrophe.
apotti abbot.
appelsiini orange. **-hillo** [orange] marmalade. **-nkuori** orange-peel.
appi father-in-law. **-vanhemmat** parents-in-law.
aprikoosi apricot.
aprilli|narri April fool. **-päivä** All Fools' day.
apteekkari [pharmaceutical *t.* dispensing] chemist, pharmacist; *Am.* druggist.
apteekki *Engl.* chemist's [shop], pharmacy; *Am.* drugstore; *(sairaalan, laivan)* dispensary. **-apulainen** dispenser. **-tavara** pharmaceutical preparation [s].
apu help; aid, assistance; succour; *(hyöty)* use, avail; *(parannus)* remedy; *(pelastava)* rescue; *(avustus)* relief; *(tuki)* support; *siitä ei ollut ~a* it did not help, it had no effect, it was of no avail; *jnk avulla* by [the] aid of, by means of, by; *jkn (henk.) avulla* with the help of: *hänen avullaan* with his assistance, assisted by him; *kiitoksia avusta* thanks for your [kind] help; *avutta* unaided. **-joukot** reinforcements; auxiliary troops. **-jäsen** auxiliary member. **-kassa** relief fund. **-keino, -neuvo** expedient, means, medium. **-koulu** *l.v.* school for retarded children. **-lainen** assistant, helper; *päivä~* daily help.
apulais|johtaja assistant manager. **-pappi** curate.
apu|lähde resource. **-mies** handy-man; assistant. **-raha** grant, subsidy; *(opinto-)* scholarship. **-ri** helper; hand. **-sana** *kiel.* particle. **-verbi** auxiliary [verb].
Arabia Arabia. **a-lainen** *s.* Arab; *a.* Arabian; Arabic. **a-n kieli** Arabic.
arabi|maat the Arab countries. **-ystävällinen** pro-Arab.
arast|aa *ks. aristaa;* shun;

shrink (from); *~ työtä* shun work, be work-shy. **-elematon** not timid, unshy. **-ella** *ks. arkailla.*
arbuusi *ks. arpuusi.*
areena arena.
arenti *ks. vuokra.*
aresti custody, *sot.* guardroom; *panna ~in* lock up.
Argentiina Argentina, the Argentine. **a-lainen** *a.* Argentine; *s.* Argentinean.
arina [fire-]grate. **-kivi** hearthstone.
aris|taa, -tella be shy, be timid; *(vältellä)* shirk; *jalkojani ~* my feet feel tender.
aristo|kraattinen aristocratic [-al]. **-kratia** aristocracy.
arit|meettinen arithmetical. **-metiikka** arithmetic.
arjalainen *a. & s.* Aryan.
arka sensitive, *jllek* to; *(hellä)* tender, sore; *(varova)* careful; *(pelokas)* timid, timorous, faint-hearted; *(ujo)* shy; *~ kohta (kuv.)* tender spot; *~ kunniastaan* jealous of one's honour; *~ kylmettymiselle* susceptible to colds.
arkai|lematon unshrinking, bold. **-lematta** unshrinkingly, boldly; *(kursailematta)* with perfect ease, unconcernedly. **-lija** coward. **-lla** be timid, be shy; be overcautious; hesitate; *en -le sanoa totuutta* I do not shrink from telling the truth. **-lu** shyness, timidity; hesitation; diffidence.
arkais|mi archaism. **-tinen** archaic.
arka|luonteinen delicate; *(ihmisestä)* sensitive. **-luonteisuus** delicacy; sensitiveness. **-mainen** faint-(chicken-) hearted; cowardly. **-maisuus** lack of courage. **-tunteinen** sensitive; considerate. **-tunteisuus** delicacy [of feeling], sensitiveness.
arkeologi arch[a]eologist. **-a** arch[a]eology.
arki week-day.
arki- *(yhd.)* everyday. **-elämä** everyday life. **-huone** *ks. olo-.*

-ilta week-day evening. **-kieli** colloquial language; *-kielessä* colloquially. **-nen** everyday, commonplace. **-olot** everyday conditions (affairs); *-oloissa käytettäväksi* for everyday use. **-puku** informal dress, everyday clothes, *(miehen, m.)* lounge suit. **-päivä** week-day, workday. **-päiväinen** everyday; *kuv.* commonplace, humdrum.-**päiväisyys** ordinariness; humdrum character. **-ruoka** everyday fare, homely fare. **-sin** on week-days.

arkisto records, archives, files. **-ida** file. **-kaappi** filing cabinet. **-nhoitaja** record-keeper, archivist.

arki|toimet daily occupations, daily routine. **-työ** daily work. **-vaatteet** everyday clothes.

arkki sheet [of paper]; *raam.* ark.

arkki|herttua archduke. **-hiippakunta** archbishop's diocese. **-piispa** archbishop.

arkkiteh|ti architect. **-toninen** architectural. **-tuuri** architecture.

arkku chest; *(matka-)* trunk; *(ruumis-)* coffin; *(merimiehen)* locker; *(sillan)* caisson.

arktinen arctic.

arkuus tenderness, soreness; sensitiveness; *(pelokkuus)* diffidence, timidity.

armahdus pardon; *(yleinen)* amnesty. **-oikeus** right of pardon, prerogative of mercy.

armah|taa have mercy, *jkta* on; pity; *(antaa armoa)* pardon; *(säästää)* spare; *Jumala -takoon (meitä)* God have mercy on us. **-tavainen** merciful; compassionate. **-tavaisuus** compassion, mercifulness, forbearance.

armas *a.* dear, beloved; *(suloinen)* sweet, charming; *s.* sweetheart, beloved, darling.

armeija army. **-kunta** army corps.

armeliaisuus mercifulness; charity. **-laitos** charitable institution. **-murha, -kuolema** euthanasia. **-työ** act of charity.

armelias merciful, charitable.

armias: *auta ~* good gracious!

armo grace; *(laupeus)* mercy, clemency, *sot m.* quarter; *~a!* mercy! have mercy on me! *~sta* out of mercy; *Jumalan ~sta* by the grace of God; *olla jkn ~illa* be at the mercy of; *päästä (jkn) ~ihin* find favour with; *~n vuonna* .. in the year of grace .. **-istuin** throne of grace. **-ittaa:** *armoitettu puhuja* a speaker by the grace of God. **-lahja** *usk.* gift of grace. **-leipä** bread of charity. **-llinen** gracious; merciful. **-llisesti** graciously, mercifully. **-nanomus** petition for pardon. **-naika** days of grace. **-nisku** coup de grace, finishing blow. **-nosoitus** mark (token) of favour. **-ton** merciless, pitiless; unmerciful, ruthless, uncharitable. **-ttomuus** mercilessness. **-vuosi** year of grace.

aro steppe; *Am.* prairie.

aromi flavour, aroma.

arpa lot; lottery ticket; *lyödä ~a* cast (draw) lots; *~ on heitetty* the die is cast; *~ lankesi hänelle* the lot fell upon him; *arvalla* by lot. **-jaiset** lottery.

arpajaisvoitto [lottery] prize.

arpa|kuutio *(-noppa)* die *(pl.* dice). **-lippu** lottery ticket, raffle ticket. **-peli** gamble; game of chance.

arpeutu|a cicatrize, scar. **-minen** scar formation.

arpi scar; *tiet.* cicatrix *(pl.* cicatrices). **-nen** scarred.

arpo|a draw lots: *jk esine* sell in a raffle, raffle .. away.

arpuusi water-melon.

arsenikki arsenic.

artikkeli *kiel. ym.* article.

artikla article.

artisokka: *maa- ~* Jerusalem artichoke; *latva-~* globe a.

arvaamaton incalculable; inestimable, invaluable; *(odottamaton)* unforeseen, unlooked-for.

arvai|lla guess. **-lu:** *pelkkää ~a* mere guesswork.

arvata guess, *jtk* at; *(aavistaa)*
anticipate, foresee; surmise; ~
oikeaan guess right, hit it;
arvaamalla by guessing, by
way of conjecture; *arvaamatta*
(odottamatta) unexpectedly,
unawares; *arvaahan vielä* have
another guess; *arvaan, että* ..
I expect ..

arva|tenkin, -ttavasti
presumably, probably; very
likely.

arvelevainen hesitating; cautious.

arvella think, *jstk* of, about;
(luulla) suppose; *(katsoa)*
consider; *(empiä)* hesitate; ~
parhaaksi deem it best;
keneksi minua arvelet whom
do you take me for;
vähääkään arvelematta without
the slightest hesitation.

arvelu thought, opinion;
surmise. **-ttaa:** .. ~ *minua* ..
fills me with apprehension, ..
makes me feel uneasy; *minua*
-tti lähteä I was quite
reluctant to leave. **-ttava**
precarious, risky; *(epäilyttävä)*
doubtful, suspicious;
-ttavuus precariousness, hazard;
seriousness, gravity.

arvi|o appraisal, estimate,
valuation, estimation; ~*lta* at
a rough estimate,
approximately, roughly
[speaking]. **-hinta** estimated
value.

arvioi|da estimate, evaluate,
appraise; assess; ~ *alhaiseksi*
value at a low price; *-tu* ..
hintaiseksi valued at £ ..; ~
liian pieneksi underestimate,
underrate; ~ *liian suureksi*
overestimate, overrate. **-nti**
[e]valuation, estimation,
assessment; *(esim. ohjelman)*
etukäteis- briefing (TV-
briefing); *vrt. arvostelu.*

arvio|kauppa: -kaupalla at
random; approximately.
-laskelma estimate, calculation.
-mies valuer, appraiser.
-nmukainen approximate,
rough.

arvo value; worth *(et. kuv.);*
(merkitys) importance,
consequence; *(-kkuus)* dignity;
prestige; *(virka-)* rank, title;

(oppi-) degree; *(arvonanto)*
esteem, regard; ~*ltaan*
suurempi of greater value;
antaa, panna ~*a jllk* value
[highly], attach great value
to .., appreciate; set great
store by; *pitää suuressa*
arvossa hold in high esteem,
esteem [a p.] highly; *se ei*
ole sinun ~*llesi sopivaa* it is
beneath your dignity, it is
unworthy of you; *tavaroita*
..:n ~*sta* goods to a value
of .. **-asema** rank, station.
-aste rank; *kohota* ~*issa* rise
in rank, be promoted. **-esine:**
~*et* valuables. **-henkilö**
dignitary; ~*t (m.)* notables.
-inen worth ..; *(ansaitseva)*
worthy; *5 punnan* ~ *(m.)*
valued at £ 5; *näkemisen* ~
worth seeing; *vähemmän* ~
of lesser value; *työ on*
tekemisen ~ the work is
worth the trouble; *hän on*
saanut -isensa vastustajan he
has met his match. **-isa**
honoured, esteemed, worthy;
dear; ~ *herra!* Dear Sir, ..;
~ *kirjeenne* your esteemed
letter; ~*t vieraat!*
distinguished guests!

arvoi|tuksellinen enigmatic
-[al], puzzling, problem-
atic[al]. **-tuksellisuus**
puzzling, nature, myste-
riousness. **-tus** riddle;
puzzle, enigma; *puhua -tuksin*
speak in riddles.

arvo|järjestys order of
precedence. **-kas** worthy;
dignified; *(kallis)* valuable, ..
of [high] value. **-kkaasti** with
dignity, in a dignified
manner. **-kkuus** dignity;
valuableness, *(arvo)* worth,
value. **-kirje** registered letter.
-luokka grade, class. **-lähetys**
registered postal matter.
-maailma *l.v.* set of values
-merkki badge [of rank];
(hiha-) chevron; *a-merkit*
marks of rank.

arvon|alennus decrease of (in)
value, depreciation. **-anto**
respect, esteem, regard.
arvo|nimi title. **-nmukainen**
fitting, proper, due. **-nnousu**

rise (increase) in value,
increment.
arvonta draw[ing] of lots,
raffle.
arvo|paperi security, stock;
(**~kauppa** stock-broking;
~ **pörssi** stock exchange).
-sana *(koulussa)* mark;
*suorittaa tutkinto hyvin
arvosanoin* pass an
examination with credit
(distinction). **-ssapidetty**
respected, esteemed, valued.
-ssapito: *jnk* ~ respect, regard
for. **-staa** appreciate, value.
arvoste|leminen criticizing;
criticism; judgment. **-leva**
critical; fault-finding. **-lija**
critic, reviewer. **-lla** criticize;
judge; *(arvioida)* estimate;
mikäli voin ~ as far as I
can judge; ~ *muita itsensä
mukaan* judge others by
oneself; ~ *väärin* misjudge.
-lu criticism, critique; *(kirjan)*
review; *hyvät* ~*t (m.)* good
notices, a good press; *sai
hyvän (huonon)* ~*n* was
favourably (unfavourably)
reviewed; (**~kyky** judg[e]ment,
discrimination; **~kykyinen** ..
having discrimination;
judicious; **~kyvytön**
undiscriminating;
~kyvyttömyys lack of
judg[e]ment; **~peruste:** *a-et*
basis of estimation, criteria of
evaluation).
arvo|ton valueless, .. of no
value, worthless;
(ansaitsematon) unworthy; ~
näyte sample of no value.
-ttomuus worthlessness;
insignificance. **-valta** authority;
prestige. **-valtainen** authori-
tative.
asbesti asbestos.
ase weapon; *(työ-)* tool; *ilma-*
~ air arm; *aseet* arms;
~*ihin!* to arms! *~issa* under
arms; ~ *kädessä* weapon in
hand: *nousta* ~*isiin* take up
arms (against); *riisua* ~*ista*
disarm; *tahdoton* ~ tool.
-ellinen armed.
aseen|kantaja armour-bearer.
-käyttö use of arms.
aseeton unarmed; *(riisuttu*

aseista) disarmed.
aseharjoitus training in the use
of arms.
aseistakieltäytyjä conscientious
objector, draft resister.
aseistariisunta disarmament.
aseis|tautua arm oneself. **-tus**
armament[s].
ase|kuntoinen ... fit for
military service, able-bodied.
-laji branch of service, arm.
-lepo truce; armistice; *vrt.
tulitauko.*
asema site, location; position;
rautat. ym. station, *Am. m.*
depot; *(tila, -nne)* state,
situation; *(yhteiskunn.)* status;
kaupungin ~ the site of the
town; *sinun* ~*ssasi* in your
place; *korkeassa* ~*ssa oleva*
.. of high standing (position);
asettua asemiin take up positions;
pysyä asemissaan remain at
their posts. **-alue** station
grounds. **-kaava** plan;
(**~suunnittelu** town-planning).
-laituri platform. **-piha** railway
yards. **-piirros** [ground-]plan.
-päällikkö station-master. **-silta**
platform. **-sota** trench warfare.
asemesta: *jnk* ~ instead of, in
place of.
asen|ne attitude; *ottaa jk* ~
adopt an a.; *vrt. seur.* **-noitua**
take a stand (position, view).
-taa instal[l], fit [up] ; mount;
~ *taloon vesijohdot* lay on
water [to a house]. **-taja**
fitter, mechanic; *(sähkö-)*
electrician. **-nus** installation,
fitting.
asento position, posture,
(teennäinen) pose; *(ryhti)*
carriage; ~*!* attention! *ottaa*
~ come to attention.
ase|palvelus military service;
kutsua a-ukseen call up **-puku**
hisl. armour. **-seppä** armourer;
gunsmith. **-takki** combat
jacket, tunic, coat of uniform.
-tehdas arms factory. **-teollisuus**
armaments industries *(pl.).*
asete *liik.* draft.
asetel|la arrange, adjust; *-tava*
adjustable. **-ma** *(taulu)* still
life.
asetta|a place, put, set, lay; ~
kello set a clock; ~ *ehdokas*

put up (run) a candidate; ~ *ehdoksi* make it a condition (that ..); ~ *entiselleen* restore; ~ *komitea* appoint a committee; ~ *paikalleen* place in position, *(takaisin)* replace; ~ *vekseli* make a draft, draw a bill (on a p.); ~ *virkaan* install [in office]. **-ja** *(vekselin)* drawer.

asettu|a place (station) oneself, take one's stand; *(pysyvästi)* settle down; *(lauhtua)* abate, subside; calm; ~ *asumaan jhk* settle [down] in (at) a place, take up one's residence at; ~ *ehdokkaaksi* present oneself as a candidate for, run for; ~ *jllek kannalle* take up a position [in a matter]; *pakkanen -u* the cold is breaking; *tuska -i* the pain was relieved.

asetus decree, *(laki)* statute; statutory regulation. **-kokoelma** statute-book.

asetyleeni acetylene.

ase|varasto store of arms; arsenal. **-varikko** arms depot. **-varustelut** armaments. **-veli** companion in arms. **-velvollinen** .. liable to military service; *s.* conscript, national serviceman.

asevelvollisuus conscription, national service [duty]; *suorittaa* ~ do one's military service.

asevoima armed might; ~*lla* by force of arms.

asfaltoida coat with asphalt.

asfaltti asphalt, bitumen. **-päällysteinen** asphalt, tarmac, *Am.* black-top [road]. **-huopa** asphalt roofing. **-tie** paved road.

asia matter, thing, affair; *(toimitettava)* errand, message; *(toimi-, liike-)* business; concern; *(juttu)* suit, case, cause; ~*an!* to business! *mennä suoraan* ~*an* go straight to the point; ~ *ei kuulu hänelle* it is no business of his; ~*in näin ollen* under the circumstances; ~*sta toiseen* by the way; *itse* ~*ssa* in [point of] fact; *mitä* ~*a Teillä on*

what can I do for you? *käydä asioilla* run errands; go shopping; *sinun* ~*si on päättää* it is up to you to decide; *rauhan* ~ the cause of peace; *valtakunnan* ~*t* affairs of state; *se on hänen* ~*nsa* that's his business (his worry.)

asiaa|harrastava: ~*t* those interested [in the matter]. **-nkuuluma|ton** irrelevant, not to the point; *a-ttomat* those not concerned. **-nkuuluva** pertinent [to the matter], relevant; due, appropriate. **-npuuttuminen** intervention.

asiain|hoitaja chargé d'affaires. **-kulku** course of events. **-tila** state of affairs, state of things.

asiakas customer; client. **-piiri** circle of customers, clientèle.

asiakirja document, deed; *lak. m.* instrument; ~*t* papers, *(seuran)* proceedings.

asialli|nen *a.* businesslike, matter-of-fact, *(käytännöllinen)* down-to-earth, *(asiaan kuuluva)* pertinent; matter-of-fact; *kysymys oli hyvin* ~ (was) very much to the point. **-sesti** to the point; in a matter-of-fact way. **-suus** pertinence; businesslike character.

asiamies [authorized] agent; representative; *(valtuutettu)* proxy, *(asianajaja)* attorney.

asianajaja lawyer; solicitor, attorney, *(oikeudessa, Engl.)* barrister; *kääntyä* ~*n puoleen* consult a lawyer. **-nammatti** legal profession.

asianajo pleading. **-toimisto** solicitor's office, law practice.

asian|haara circumstance; *riippuu -haaroista* [well,] that depends .. **-harrastus** interest, *jhk* in. **-laita** case; situation; *vrt. asiaintila; jos näin on* ~ if such be the case; ~ *on aivan toinen* the matter is entirely different. **-mukainen** due, proper; fitting. **-mukaisesti** duly, in due form. **-mukaisuus** fitness, propriety. **-omainen** the [party *t.* person] concerned; *(-mukainen)* due, proper; *kaikille -omaisille* to all whom it may concern. **-omistaja** *(kantaja)* the plaintiff. **-osainen** *-osaiset* parties concerned. **-tila** state of things, situation. **-tuntemus** [expert] knowledge; informed opinion. **-tunteva** competent; expert; *~lta taholta kerrotaan* well-informed sources state .. - **-tuntija** expert, specialist, *jnk* in; authority (on). **asia|paperi** *ks. -kirja.* **-poika** errand boy, office boy. **-ton** irrelevant; *(epäolennainen)* immaterial; *(aiheeton)* unjustified. **-ttomasti** without sufficient cause; unjustifiably. **asioi|da** transact (do) business. **-misto** agency. **-tsija** agent. **askar|e** work; job, duty; *koti- ~et* household chores. **-rella** busy oneself, be busy; *~ kotitoimissa* be busy about the house. **-ruttaa** occupy. **-telu** hobby crafts, hobbies; *~huone* hobbies room. **askeetti, -nen** ascetic. **askel** step, pace; *(jälki)* footstep; *(pitkä)* stride; *~ ~eelta* step by step; *joka ~eella* at every step. **-ma** *(askel)* step. **aspi** *(salparauta)* hasp. **aspiriini** aspirin. **assimil|aatio** assimilation. **-oitua** *(yhtäläistyä)* be assimilated (with). **Assyria** Assyria. **a-lainen** Assyrian. **aste** degree; grade; *(arvo- ym.)* rank; *(kehitys-)* stage; *(korkeus-)* level; *~ ~elta* step by step, by degrees; *10 ~en pakkanen* 10 degrees (C.) below freezing-point; *alhaisella ~ella* on a low level (plane). **-ikko** scale; *et. kuv.* gamut; *-ikolla varustettu* graduated; *(~levy* protractor). **asteittai|n** gradually, by degrees. **-nen** gradual; progressive. **-suus** gradation. **astella** step, pace; walk, stroll. **asteri** *bot.* aster. **astevaihtelu** consonantal gradation.

asti: *jhk ~ (ajasta)* till, until; *(paikasta)* as far as, [up] to *ks. saakka.* **astia** vessel; container; *(tynnyri)* cask; *(ruoka-)* dish. **-inpesukone** dish[-]washer. **-kaappi** *(ruokahuoneen)* sideboard; cupboard; *(keittiön)* dresser. **-mitta** cubic measure. **-pyyhe** drying-cloth. **-sto** set, service. **astinlauta** carriage-step, *(auton)* running-board; *kuv.* stepping stone. **astma** asthma. **-atikko, -attinen** asthmatic. **astro|logi** astrologer. **-logia** astrology. **-nomia** astronomy. **astua** step; *(käydä)* tread, go, walk; *~ alas* step down, descend; alight (from); *~ esille* step forward; *~ jhk* step (get) into; enter [a p.'s service, *jkn palvelukseen*]; *(nousta)* ascend; *~ huoneeseen* enter a room; *~ laivaan* go on board; *~ maihin* land, go ashore; *~ jkn sijalle* take a p.'s place; *astukaa sisälle* come in, please! *~ virkaan* take office; enter office; *~ voimaan* come into force, take effect. **astuin** step. **astunta** stepping, treading; *(käynti)* gait; step, pace; walk. **astu|skella** step along, wander. **-ttaa** *(esim. tamma)* have (a mare) served. **-tus** service. **asu** appearance; *(muoto)* form, shape; *(puku)* dress; *urheilu- ~* sportswear. **asua** *intr.* live, reside; *(tilapäisesti)* stay; *tr.* inhabit, occupy (a house); *hän asuu veljensä luona* he lives at his brother's; *voit ~ luonani* you can stay with me, I can accommodate you [for two days, *kaksi päivää*]; *~ vuokrahuoneessa* live in lodgings; *pitää .. asumassa* lodge a p.; *jkn asuma* inhabited by; *tiheään asuttu* densely populated. **asuin|huone** living-room. **-kumppani** room-mate. **-paikka** place of residence, domicile, abode. **-rakennus** dwelling-house. **-sija** dwelling-place, habitation.

asujaimisto population, inhabitants.

asukas inhabitant; *(kaupungin, m.)* resident. **-luku** population.

asukki boarder; lodger; *(hoidokas)* inmate.

asumalähiö suburb, *(yhden järjestön ym. suunnittelema)* housing estate, *(puutarhakaupunki)* garden city.

asumaton uninhabited; unoccupied, vacant; *(autio)* waste.

asumis|jätteet residential waste. **-tiheys** residential density.

asumus dwelling; lodging, quarters. **-ero** separation.

asunno|nmuutos change of residence. **-ton** houseless, homeless.

asunto residence, dwelling; *(vuokrahuone)* lodgings, living quarters; home; accommodation; *vuotteko antaa minulle asunnon viikoksi* can you accommodate me for a week? **-alue** residential area. **-kanta** housing. **-la** dormitory. **-olot** housing conditions. **-osake** flat; *ks. seur.* **-osakeyhtiö** house-owning company, build-and-buy company. **-pula** housing shortage. **-vaunu** caravan, trailer.

asustaa dwell, reside; stay.

asusteet clothing; *(lisä-)* accessories; *urheilu~* sportswear.

asusteliike clothing store.

asu|ttaa populate; colonize, settle [in a place]. **-ttava** habitable, fit to live in; *~ksi kelpaamaton* unfit for habitation **-ttu** inhabited; *harvaan ~* sparsely populated.

asutus settlement, colonization. **-alue** settled area. **-keskus** population centre.

Ateena Athens. **a-lainen** *a. & s.* Athenian.

ateis|mi atheism. **-ti** atheist. **-tinen** atheistic.

ateljee studio.

ateri|a meal; *(vauvan)* feed; *~n*

aikaan at mealtime; *olla ~lla* be having one's meal; *(pöydässä)* be at table. **-oida** have a meal, eat.

Atlantti the Atlantic Ocean.

atleetti athlete. **-nen** athletic.

atomi atom. **-kausi** atomic age. **-kärki** *(ohjuksen)* atomic [war]head. **-käyttöinen** atom-powered. **-oppi** atomic theory. **-paino** atomic weight. **-pommi** atom[ic] bomb. **-voimala** nuclear power station.

attentaatti attempt upon a p.'s life, attempted assassination. *(pommi-)* bomb outrage.

attribuutti *kiel.* attribute.

audienssi audience.

auer haze.

aueta open; become unfastened, become untied, come loose; *(esim. napista)* come undone; *(puhjeta)* unfold; *(levitä)* spread.

aukaista open; *(lukosta)* unlock; *~ solmu* untie (unfasten) a knot.

aukea *a.* open; *s.* plain. **-ma** open place; *(metsän)* glade; *(kirjan)* double page; *keski~* ~ centre pages, centre spread.

auki open; *kiertää ~* unscrew; untwine; *repiä ~* tear (rip) open; *virka on ~* the post is vacant. **-o** open place, square. **-oloaika:** *konttorin ~* office hours; *pankin ~* banking hours.

aukko opening, aperture *(m. valok.);* gap; *(esim. rintaman)* break, breach; blank.

aukoa open [again and again]: unfold, unwind.

auktoriteetti authority.

aula assembly hall.

aul|is liberal, generous, bounteous; willing, ready; *auliisti (m.)* freely. **-ius** generosity, liberality; willingness.

auma, **-ta** rick, stack.

aura, **-ta** plough, *Am.* plow.

auringon- *(yhd.)* .. of the sun; solar. **-jumala** sun-god. **-kukka** sunflower. **-lasku** sunset, sundown. **-lämpö** heat of the sun. **-nousu** sunrise. **-paahde** blaze of the sun. **-paahtama**

tanned, sunburnt. **-paiste**
sunshine. **-paisteinen** sunny.
-palvoja sun-worshipper.
-palvonta sun-worship. **-pilkku**
sunspot. **-pimennys** eclipse of
the sun. **-pisto** sunstroke.
-säde sunbeam. **-valo** sunlight.
aurinko sun; *auringon
noustessa* at sunrise; *auringon
valaisema* sunlit. **-inen** sunny.
-kello sun-dial. **-kunta** solar
system. **-kylpy** sun-bath; *ottaa
~ä (m.)* sun-bathe, take a
sun-bath, sun oneself. **-vuosi**
solar year.
auskult|antti *(koulussa) l. v.*
student teacher attending
classes. **-oida** attend classes as
an observer.
Australia Australia. **a-lainen** *a.
& s.* Australian.
autereinen hazy.
auti|o waste, desolate;
uninhabited; *~ksi jätetty*
deserted, abandoned; *(~maa*
desert). **-oittaa** lay waste;
depopulate. **-us** desolateness,
desolation.
auto [motor-]car, *et. Am.*
auto [mobile]; *(vuokra-)* taxi;
ajaa ~a drive; *ajaa ~lla*
travel (go) by car, motor;
menin sinne ~lla I went
there by car. **-asema** taxi
stand. **-asentaja** motor
mechanic. **-gangsteri**
hit-and-run driver. **-hurjastelija**
reckless motorist, road-hog,
Am. speedster. **-ilija** motorist.
-ilu motoring. **-jono** line of
cars. **-kolari** car crash.
-korjaamo motor-car repair
shop, garage. **-koulu** driving
school. **-kuljetus** road haulage.
-kuorma lorry *(Am.* truck)
load. **-lautta** car ferry.
-liikenne motor traffic. **-matka**
car drive *(pitempi:* trip).
automaatio automation.
automaatti *(itsetoimiva koje)*
automaton; slot-machine,
vending-machine, *(firman).*
ruoka~ food machine;
makeis~ candy m.; *raha-*
coin m. **-kivääri** automatic
rifle. **-nen** automatic [al].
-puhelin dial telephone.
-sesti automatically.

-vaihteisto automatic
transmission.
automatisoi|da automate,
(puhelin) automatize. **-nti**
automatization, automation.
automerkki make (of car).
auton|ajaja driver; *vrt. seur.*
-alusta chassis *(pl. = sg)*
-katsastaja motor vehicle
examiner. **-katsastus** [annual]
motor vehicle inspection.
-kuljettaja *(henkilö-)* chauffeur;
(vuokra-) taximan; bus-driver.
-kori [motor]car body. **-myyjä**
car salesman.
autonomi|a autonomy. **-nen**
autonomous.
autonomistaj|a car owner; *-ien
lukumäärä* car-ownership.
auto|onnettomuus motor[-car]
accident.
autoritaarinen authoritarian.
auto|talli, -vaja garage. **-tie**
motor road. **-varas** car thief,
joy-rider. **-vuokraamo** car hire
firm, car rental agency.
auttaa help; assist, aid; lend a
[helping] hand; *(tukea)*
support; *(korjata)* remedy;
(hyödyttää) be of use;
auttaisitteko .. I wonder if
you could help me? *on
helposti autettavissa* that's
easily remedied (put right); *se
ei auta asiaa* that won't do
any good, that won't help
matters; *minun ei auta viipyä*
it won't do for me to stay;
*minun ei auta muu kuin
totella* I cannot but obey.
autta|ja helper; *(avustaja)*
assistant. **-maton** past
(beyond) help; irreparable;
incurable; incorrigible.
-mattomasti beyond help; *~
menetetty* irrecoverable,
irretrievable. **-mattomuus**
incurability. **-minen** helping,
aiding. **-va** *(joltinen)* passable,
fair. **-vainen** helpful, ready
(willing) to help. **-vaisuus**
helpfulness. **-vasti** tolerably,
fairly; *hän puhuu englantia ~*
he speaks English fairly well.
autuas blissful; blessed.
autuu|s blessedness, bliss,
beatitude; *usk.* salvation. **-ttaa**
save; make blessed, beatify.

avaamaton unopened, *(kirja)* uncut; closed.
avaimenreikä keyhole.
avain key, *jnk* of, to; *(ulko-oven)* latchkey; *(salakielen ym.)* key [to the code, to the puzzle]; *säilykepurkin* ~ tin-opener. **-kimppu** bunch of keys. **-lapsi** latch-key child.
avajais|et opening [ceremony], inauguration. **-puhe** opening address.
avanne *lääk.* fistula.
avanto hole in the ice. **-uimari** winter bather.
avar|a wide; vast; extensive; *(leveä)* broad; *(tilava)* spacious; .. *vaikuttaa ~lta* gives a feeling of space. **-taa** widen, expand; extend. **-tua** widen [out], expand.
avaruus wideness; volume; tähtit. [outer, *ulko-*] space; *avaruudessa* in space; *ampua avaruuteen* launch into space. **-alus** spacecraft. **-aika** the Space Age. **-asema** space station. **-matka** space flight. **-mies** space-man, astronaut, *(venäläinen)* cosmonaut. **-puku** space-suit. **-raketti** space rocket. **-tekniikka** space technology. **-tiede** space research.
avata open; *(käärö)* unwrap; *(hana)* turn on; *rad., sähk.* switch on; *(lukko)* unlock; *(päästää irti)* unfasten; *(solmu)* untie, undo; *(napista)* unbutton, *(haka)* unhook; *(hihna)* unstrap, *(solki)* unbuckle; *(pullo, m.)* uncork; *(julkinen rakennus ym.)* inaugurate; ~ *liike* establish a business; ~ *jkn silmät (kuv.)* disenchant; *milloin pankki avataan?* when does the bank open?
ava|us opening *jne.;* *(~puhe* opening address). **-utua** open, unfold.
avio marriage; *avio-* marital, matrimonial. **-ehto** marriage settlement. **-elämä** married life. **-ero** divorce. **-este** impediment [to marriage]. **-lapsi** legitimate child.

avioliitto marriage; matrimony; *mennä ~on* marry [a p. *jkn kanssa*]; *purkaa* ~ dissolve a marriage; *a-liiton edellinen* premarital; *a-liiton ulkopuolinen* extramarital, .. [born] out of wedlock; *ovat onnellisessa -liitossa* have a happy married life. **-lainsäädäntö** marriage laws. **-neuvoja** marriage counsellor. **-neuvola** marriage guidance centre, matrimonial advice bureau. **-neuvonta** marriage guidance. **-romaani** story of married life.
avio|llinen matrimonial; conjugal; marital. **-lupaus** promise of marriage. **-mies** husband; married man. **-onni** matrimonial happiness. **-pari** married couple. **-puoliso** marriage partner, *lak.* spouse; ~*t* husband and wife. **-rikos** adultery. **-suhde** marital status. **-sääty** married state; matrimony. **-ton** illegitimate. **-vaimo** [wedded] wife.
avoimesti openly; frankly.
avoin open; *(virasta)* vacant; ~ *luotto* blank credit; ~ *valtakirja* unlimited power of attorney; ~ *virka (m.)* vacancy.
avo|jalkainen barefoot [ed]. **-jaloin** barefoot. **-kaulainen** *(puvusta)* low [-necked]. **-kätinen** open-handed. **-meri** open sea; *-merellä* on the high seas [s]. **-mielinen** open [-hearted], frank, candid. **-mielisyys** open-heartedness, frankness, candour. **-nainen** open. **-päin(en)** bare-headed. **-silmin** with open eyes; open-eyed. **-suin** with one's mouth open; agape. **-sylin** with open arms. **-takka** fireplace. **-vesi** open water; *ensi avovedellä* [per] first open water *(lyh. f. o. w.).*
avu *(hyve)* virtue; *(ominaisuus)* [good] quality, *(ansio)* merit.
avu|ksi, -lla *ym. ks. apu.*
avuli|aisuus helpfulness. **-as** helpful; obliging; willing to help.
avullinen: *olla jklle* ~ *(jssk)*

avut

help, assist a p. (in . . -ing).
avun|anto assistance, help, aid;
lak. aiding and abetting.
-huuto cry for help. **-pyyntö**
request for help. **-pyytäjä**
beggar. **-tarve:** *olla -tarpeessa*
be in need of help. **-tarvitsija**
. . needing help, needy.
avus|taa *(auttaa)* assist, aid,
help; *(kannattaa)* support;
(valtiosta) subsidize; *(juhlassa,*
ohjelmassa ym.) assist,
co-operate (in), lend one's
services (at); ~ *sanomalehteä*
contribute to a newspaper; ~
teatterissa take part in a
play; *hänen -taessaan* with his

co-operation. **-taja** helper;
assistant; *(sanomalehden)*
contributor (to); *(lähetystössä)*
attaché; *toimia jkn ~na (lak.)*
hold a brief for. **-tus** support;
help, assistance; *(hätä-)*
relief; *(-osuus)* contribution,
subscription; *(vuotuinen ym.*
raha-) allowance; *(apuraha)*
grant; *(valtion tukipalkkio)*
subsidy. **-retkikunta** relief
expedition. **-toimi(nta)** relief
action (operations); *vrt.*
pelastus-.
avu|ton helpless; incapable. **-tta**
without help, unassisted.
-ttomuus helplessness.

B

Baabelin torni the tower of Babel.

baari bar. **-kaappi** drink cupboard.

babylonialainen *a. & s.* Babylonian.

Baijeri Bavaria. **b-lainen** *a. & s.* Bavarian.

bakeliitti bakelite.

bakteer|i bacterium, *pl.* bacteria; *-eja tappava* bactericidal, antibacterial. **-iton** abacterial. **-iviljelys** bacterial culture.

bakterio|logi bacteriologist. **-logia** bacteriology. **-loginen** bacteriological.

baletti ballet. **-tanssijatar** ballet-dancer, ballerina. **-tyttö** chorus girl.

Balkan Balkan; *~in maat* the Balkans.

balladi ballad, lay.

ballistinen ballistic.

balsam|i balsam; *et. kuv.* balm. **-oida** embalm.

Baltian maat the Baltic countries.

bambu *(-ruoko)* bamboo.

banaali banal, commonplace.

banaani banana.

baptisti Baptist.

barbaari barbarian. **-nen** barbarous, barbaric. **-suus** barbarism.

barokki baroque.

barrikadi barricade.

barytoni, -laulaja baritone.

basaari bazaar.

basilli bacillus *(pl. bacilli).* **-kauhu** bacteria scare. **-nkantaja** [germ] carrier.

baskeri beret.

baskilainen *a. & s.* Basque.

basso, -laulaja, -ääni bass. **-viulu** bass, double bass.

bataatti sweet potato.

batisti batiste, cambric.

beduiini Bedouin.

Belgia Belgium. **b-lainen** *a. & s.* Belgian.

ben(t)siini petrol; *Am.* gasol|ine, -ene, *puhek.* gas. *(et. puhdistus-)* benzine. **-asema** petrol station, filling station. **-säiliö** petrol tank.

bentsoli *kem.* benzene, benzol.

Berliini Berlin. **b-läinen** *s.* inhabitant of Berlin, Berliner; *a.* Berlin.

Bernin alpit Bernese Alps.

bernhardilaiskoira St. Bernard [dog].

betoni concrete. **-laatta** panel of precast concrete.

biisami musk-rat.

biisonihärkä bison, buffalo.

bilanssi balance-sheet.

biljardi billiards. **-keppi** [billiard] cue. **-peli** [game of] billiards.

biljoona *Engl.* billion, *vrt. miljardi.*

biokemia biochemistry.

biologi biologist. **-a** biology. **-nen** biological.

Biskaijan lahti the Bay of Biscay.

Boden-järvi Lake of Constance.

blanko *liik.* [in] blank. **-tunnuste** blank acceptance.

blokki *(valtio-)* bloc.

bofoori Beaufort *(esim. 6 ~a* strong breeze; *8 ~a* fresh gale).

boheemi Bohemian.

boikotoida, boikotti boycott.

boksi digs, diggings.

boksiitti bauxite.

bolševi|kki Bolshevik. **-smi** Bolshevism. **-stinen** Bolshevist **-[ic].**

boori *kem.* boron. **-happo** boric acid. **-salva** boracic ointment. **-vesi** boracic acid solution.

bordelli brothel.
Bospori the Bosp[h]orus.
Brasilia Brazil. **-lainen** a. & s. Brazilian.
bravuuri mus. bravura. **-numero** star turn.
Bretagne Brittany.
Britannia Britain.
Brittein saaret the British Isles.
brittiläi|nen a. British. s. Briton; b-läiset (m.) the British.
brokadi brocade.
bromi kem. bromine.
bronkiitti bronchitis.
brošyyri brochure, leaflet.
brutaalinen (raaka) brutal.
brutto gross. **-arvo** gross value. **-paino** gross weight. **-tulo** gross income; (-tuotto) gross proceeds.
Bryssel Brussels.
budhalai|nen a. Buddhist[ic] s. Buddhist. **-suus** Buddhism.

budjetoida budget for, prepare (draw up) a budget.
budjetti budget. **-esitys** budget [proposals]. **-vuosi** financial (fiscal) year.
bufetti refreshment room.
buldogi bulldog.
bulevardi boulevard, avenue.
Bulgaria Bulgaria. **b-lainen** a. & s. Bulgarian.
bulla (paavin) bull.
bulvaani kuv. dummy, straw man.
bumerangi boomerang.
bunkkeri concrete dugout, pill-box.
buuata boo.
buuri Boer. **-sota** Boer war.
byrokr|aattinen bureaucratic. **-atia** bureaucracy, red tape.
bysanttilainen Byzantine.
Böömi Bohemia. **b-läinen** a. & s. Bohemian.

C

Celsius ks. lämpömittari.
cembalo harpsichord.
Chile Chile. **c-läinen** a. & s. Chilean.
cif c.i.f. (cost, insurance and freight).

D

daalia dahlia.
daami [lady-, girl-] partner; *korttip.* queen; *hieno ~* elegant lady.
dalmatialainen *a. & s.* Dalmatian *(m. d-nkoira)*.
damaski|t gaiters. -teräs Damascus steel.
damasti *(kangas)* damask.
Damokleen miekka sword of Damocles.
Dardanellit the Dardanelles.
darvinis|mi Darwinism. -tinen Darwinian.
datiivi *kiel.* dative.
debet debit. -puoli debit side.
debyytti debut.
deeki|s: *mennä -kselle* go to the dogs; *olla -ksellä* be down on one's luck.
deflaatio deflation, disinflation.
degeneroitua degenerate.
dekaani dean.
dekkari *puhek.* whodunit.
deklinaatio declension; inflection.
delfiini *zo.* dolphin.
delta delta, estuary.
dementoida deny.
demobilisoida demobilize *(puhek.* demob).
demo|kraatti democrat; (~nen democratic). -kratia democracy. -kratisoida democratize.
demoni demon. -nen demoniac.
demonstratiivinen *kiel.* demonstrative.
demoralisoida demoralize.
denaturoi|da denature; *-tu sprii* methylated spirits.
deodorantti deodorant; antiperspirant.
desi|gramma decigramme. -litra decilitre. -maali decimal. -metri decimetre.
desinf|ektio disinfection. -ioida disinfect. -ioimisaine

disinfectant.
despootti despot. -nen despotic.
determinatiivinen *kiel.* determinative.
devalv|aatio devaluation. -oida devalue.
diadeema diadem.
diagnoosi *lääk.* diagnosis; *tehdä ~* diagnose. -ntekijä diagnostician.
diagrammi diagram, graph.
diakoni deacon. -ssa deaconess; (~laitos deaconess institution).
dialogi dialogue.
diapositiivi (kuva) colour transparency *(t.* slide).
diatermia diathermy.
dieetti diet. -nen dietetic.
diesel|käyttöinen diesel-operated (-propelled). -moottori d. engine.
diftongi diphthong.
diiva *(operetti- ym)* prima donna; *~maiset eleet* airs and graces *-illa* act the prima donna.
dikta|attori dictator. -torinen dictatorial. -tuuri dictatorship.
dilli dill.
diplomaatti diplomat [ist]. -ala: *hän on ~lla* he is in the diplomatic service. -kunta diplomatic corps.
diplom|aattinen diplomatic; *d-ttiset suhteet* d. relations -atia diplomacy.
diplomi diploma. -insinööri graduate engineer, diploma engineer.
diskantti *mus.* treble; descant.
diskont|ata *pankk.* discount.
diskontto discount. -korko discount rate, *(keskuspankin)* bank rate. -liike discount business.
diskoteekki discotheque.
divisioona division.
dogi *ks. buldogi; tanskan~*

Great Dane.
dogm|atiikka dogmatics. **-i** dogma.
dokumenttielokuva documentary film.
dollari dollar *(lyh. $)*. **-laina** dollar loan. **-nseteli** dollar bill.
dominikaani (-munkki) Dominican [friar], Black Friar.
domino domino; *(-peli)* dominoes.
dominoi|da dominate; *-va (määräämishaluinen)* domineering.
doorilainen Doric, Dorian.
dosentti *l.v.* senior lecturer, docent, *Am.* assistant professor.

draama drama. **-llinen** dramatic.
dramaattinen dramatic [al].
dramat|isoida dramatize. **-urgi** dramaturg [e].
dreeni drain.
dresyyri training.
dritteli cask.
dromedaari *zo.* dromedary.
dšonkki junk.
duetto *mus.* duet.
duralumiini duralumin, hard aluminium.
duuri *mus.; C~* C major.
dynaaminen dynamic.
dynamii|kka dynamics. **-tti** dynamite; *räjäyttää -tilla* dynamite; *(~mies* dynamiter).

E

eboniitti ebonite, vulcanite.
edelle *(eteen)* ahead; *jkn ~*
ahead of, in front of, *(ennen)*
before . ., *(sivuitse)* past . .;
päästä ~ get ahead (of).
edelleen further; furthermore,
moreover; *(eteenpäin)* on,
onward [s], ahead; *(yhä)* still;
lue ~ read on! go on
[reading]! *~ toimitettavaksi*
to be forwarded; *jksk aikaa
~* for a while longer; *~(kin)
tehdä jtk* continue to do sth.,
go on (keep on) doing sth.;
on ~ voimassa continues in
force, is still valid.
edelli|nen previous, foregoing;
(lähinnä ~) preceding;
pre [war *sodan-*]; *~ —*
jälkimmäinen the former —
the latter; *-senä päivänä* the
day before; *-senä iltana* on
the previous evening;
viimeisen ~ the last but one;
sunnuntain ~ yö Saturday
night.
edelly|ttää presuppose; *(olettaa)*
assume, presume; postulate;
(varmana asiana) take . . for
granted; *-ttäen, että* provided
[that], granted that; *tämä ~
että* this preconceives [the
idea] that; *hänen -tetään
tulevan* it is understood that
he will come; *kuten nimikin
(jo) ~* as the name implies;
edellyttäkäämme . . let us
assume. **-tys** presupposition;
(ehto) [pre] condition,
prerequisite; *(tarvittava
ominaisuus)* qualification; *sillä
-tyksellä, että* provided [that],
on condition that; *lähtien jstk
-tyksestä* assuming that; *luoda
-tykset jllek* create the
necessary conditions for;
*meillä on kaikki -tykset
onnistua* we have every

chance of succeeding.
edellä *prep., postp.* ahead of,
in front of; *adv.* before;
(yllä) above; *kelloni on (viisi
minuuttia) ~* my watch is
[five minutes] fast; *on jksta,
jkta ~ (parempi)* has the
advantage of, is ahead of;
aikaansa ~ ahead of the
times; *mene sinä ~* you go
first; *pää ~* head first
(foremost). **-kävijä** predecessor;
precursor, forerunner; *(~kansa*
pioneer nation). **-käypä,**
-käyvä preceding; previous.
-mainittu . . mentioned
(stated) above, aforesaid,
(yllä) above-mentioned. **-oleva**
foregoing, previous; preceding.
edeltäjä predecessor.
edeltä|käsin, -päin beforehand,
in advance; *~ määrätty*
predestined. **-vä** preceding.
edeltää precede.
edem|mäksi farther on;
(kauemmaksi) farther off.
-pänä farther on; *(kauempana)*
farther off. **-pää** from farther
off.
edentää remove farther.
edes *(ainakin)* at least; even;
ei ~ not even. **-mennyt**
(vainaja) deceased, late.
-ottamus doing; undertaking.
-päin forth, forward;
(edelleen) further; *ja niin ~
(jne.)* and so forth, and so
on, etc. (= et cetera).
edessä in front (of); ahead
(of); before; in the front;
sellainen tehtävä on ~ni such
a task awaits me; *meillä on
vaikeuksia ~mme* there are
difficulties ahead.
edestakaisin to and fro, back
and forth; *(matkasta)* there
and back.
edestä *(-päin)* from the front

(of); ~ *otettu kuva* a front view (of); ~ *auki (oleva)* open at the front; *minun ~ni (sijastani)* in my place, instead of me.

edesvastuu responsibility; *olla ~ssa jstk* be responsible (answerable) for; *~n uhalla (lak.)* under penalty of the law. **-llinen** responsible. **-llisuus** responsibility. **-ntunne** sense of responsibility. **-ton** irresponsible. **-ttomuus** irresponsibility.

edetä advance, proceed, move on, pass on; progress; *(loitota)* draw away; *sotajoukko etenee* the army advances (pushes forward); *kuinka pitkälle asia on edennyt* how far has the matter progressed.

edisty|ksellinen progressive. **-minen** advance, progress, headway; improvement.

edistys progress *ks. ed.;* *(uudistus)* reform. **-askel** step forward; *~eet* progress *(sg.),* strides. **-mielinen** progressive. **-työ** reform work.

edis|tyä [make] progress; advance, proceed; get on; *(parantua)* improve; ~ *(maailmassa)* get on in the world; *pitkälle -tynyt* far advanced; *oppilas on -tynyt hyvin* the pupil has made good progress; ~ *huonosti* make little progress, be backward; ~ *suuresti (jllak alalla) m.* make great strides in .. **-täjä** promoter, furtherer. **-täminen** promotion, advancement; *myynnin ~* sales promotion. **-tämiskeino** means of furthering. **-tää** further, promote, advance; *(vaurastuttaa)* improve; contribute to [the welfare of, *jnk hyvinvointia*]; *(kello)* be fast, gain.

edulli|nen advantageous, *(hyödyllinen)* useful; *(tuottava)* profitable, remunerative; *(suotuisa)* favourable; *(ulkonäkö)* prepossessing; *(puollettava)* advisable; ~ *kauppa* [good] bargain; ~

tarjous (m.) liberal offer; *on Suomelle taloudellisesti -sta* it is in Finland's economic interest (to, that); *olla jkta -semmassa asemassa* have the advantage over. **-semmin** to greater advantage, more profitably. **-sesti** to [one's] advantage, profitably. **-suus** advantage [ousness]. profitableness.

eduskunta [national] parliament; *e- kunnan jäsen* member of [the] parliament, deputy. **-aloite** bill. **-ehdokas** candidate for parliament. **-katsaus** parliamentary report. **-laitos** system of representation. **-talo** Parliament building. **-vaalit** general election.

edus|mies representative; *lak.* proxy, attorney. **-ta** place in front (of), front; *jnk ~lla, -lle* in front of; *(lähellä, -lle)* [close] by; *paidan ~* shirt front; *Helsingin ~lla* off H. **-taa** represent; stand for.

edustaja representative; *(ilmentymä)* exponent; *(valtuutettu)* delegate; *(kansan-)* member of the parliament, *(puolestapuhuja)* spokesman; *~in huone (U.S.A.)* House of Representatives. **-kamari** *(Ranskan)* Chamber of Deputies. **-kokous** meeting of delegates. **-npaikka** seat [in the parliament].

edusta|jisto representatives. **-va** *a.* representative [of]; *(huomattava)* distinguished. **-vuus** representativeness.

edustus representation. **-kulut** entertainment expenses. **-to** representation, *(jnnek lähetetty)* mission. **-velvollisuus:** *-llä on paljon e-suuksia* .. has to entertain a great deal.

eebenpuu ebony.

eekkeri acre (0.405 ha).

eeppinen, eepos epic.

eetteri ether.

eettinen ethical.

Egypti Egypt. **e-läinen** *a. & s.* Egyptian.

ehdit: *kun* ~ when you get

time (an opportunity); *ks.*
ehtiä.
ehdo|kas candidate; *asettaa jku
-kkaaksi jhk* put sb. up as a
candidate for, nominate a p.
for; *asettuu -kkaaksi* will
stand as a (*esim.* Liberal)
candidate; (~**lista** list of
candidates). **-kkuus** candidacy,
candidature.
ehdollepano nomination.
ehdolli|nen conditional;
~ *tuomio* suspended sentence
(judgment); *sai -sen tuomion
(m.)* was given a conditional
discharge, *(nuoresta Engl.)*
was put on probation. **-staa**
condition.
ehdonalai|nen conditional;
laskea -seen vapauteen release
on parole (Am.), *vrt. ed.*
ehdoton unconditional;
absolute; positive; categorical;
~ *kuuliaisuus* implicit
obedience; ~ *raittius* total
abstinence; .. *täytyy
ehdottomasti* it is imperative
that ..
ehdo|ttaa propose; suggest;
(tehdä esitys) move; ~
hyväksyttäväksi recommend ..
for adoption. **-ttaja** proposer;
mover. **-ttomasti** absolutely;
positively; ~ *paras (m.)*
decidedly (unquestionably) the
best. **-ttomuus** absoluteness;
positiveness. **-tus** proposal, *et.
Am.* proposition; suggestion;
(kokouksessa, m.) motion;
tehdä ~ make (submit) a
proposal; *hyväksyä* ~ accept
a p.; *hänen ehdotuksestaan* at
his suggestion.
ehe|ys wholeness; soundness;
unity; *(koskemattomuus)*
integrity. **-yttäminen** *m.*
integration. **-yttää** make
whole; unite. **-ä** whole, sound;
unbroken, undamaged, intact;
~ *kokonaisuus* a harmonious
whole.
ehjä = *ed.*; *ehjin nahoin*
[escape] unhurt, unscathed,
[get off] with a whole skin.
ehkä perhaps, maybe;
(mahdollisesti) possibly; *hän
sanoi* ~ *tulevansa* she said
she might come; *ehken*

menekään perhaps I shan't
go; ~*pä niin on* I suppose
so.
ehkäi|semätön unchecked,
unrestrained. **-sevä** *(ennakko-)*
preventive. **-sevästi:** *vaikuttaa*
~ *jhk* have a preventive
(checking) effect on. **-styä** be
checked (restrained, arrested).
-stä check; restrain; *(estää)*
prevent, hinder; impede,
obstruct; *(hankaluuttaa)*
hamper; ~ *kasvussaan* stunt;
~ *kehitystä* arrest the
development; ~ *jkk tuumat*
thwart sb.'s plans.
ehkäisy checking; prevention;
(raskauden) contraception.
-keino preventive [means];
method of contraception.
-pilleri contraceptive pill *(t.
tablet)*, the Pill. **-väline**
contraceptive. **-tulli** prohibitive
duty.
ehost|aa (»*meikata*») make up.
-us make-up.
ehtimiseen again and again;
constantly; ~ *kysellä* keep
asking.
ehtiä have time, find time;
(tulla ajoissa) arrive in time;
en ehdi I have no time; *en
ehdi tulla* I can't manage to
come; *ehdittekö puhua hetken
kanssani?* can you spare me
a minute? *kun ehdin siihen
asti* when I get that far; ~
junalle catch a train, be in
time for the train.
ehto condition; *(sopimuksessa)*
stipulation, provision; *ehdot
(liik.)* terms; *millä ehdoilla* on
what terms? *ehdoin tahdoin*
deliberately, intentionally;
ehdoitta unconditionally; *ei
millään ehdolla* on no
condition (account); *sillä
ehdolla, että* on condition
that; *panna ehdoksi* make it
a condition [that]; *saada
ehdot (koulussa)* be moved up
conditionally.
ehtoo evening, night. **-llinen**
kirk. Holy Communion, the
Lord's Supper; the Eucharist;
jakaa -llista administer
Communion; *käydä -llisella*
partake of Holy Communion.

ehtoollis|kalkki chalice, Communion cup. **-leipä** sacramental bread, the host. **-vieras** communicant. **-viini** sacramental wine.

ehtotapa *kiel.* conditional [mood].

ehty|minen running dry, drying [up]. **-mätön** *kuv.* inexhaustible, unfailing. **-ä** stop giving milk; *kuv.* be exhausted, run dry.

ehyt *ks. eheä.* **-laitainen** *bot.* entire.

ei no; *(en, et, ei jne.)* not; *ei — eikä* neither — nor; *ei hänkään ole sen parempi* nor is he any better; *eiköhän ole parasta* wouldn't it be best; *hän on sisaresi, eikö olekin?* she is your sister, isn't she? *ethän ole väsynyt* your aren't tired, are you? ~ *kukaan* nobody; no one; ~ *mikään* no, none; nothing; *ei-kenenkään maa* no-man's-land; *ei-sosialistinen* non-Socialist.

eikä *(enkä, etkä, emmekä jne)* and .. not; *(hän ei mennyt) emmekä mekään* nor *(t.* neither) did we.

eikö *ks. ei.*

eilen yesterday; ~ *aamulla* yesterday morning; *vrt. eilis-.*

eili|nen [.. of] yesterday; ~ *sanomalehti* yesterday's paper; *-sestä lukien* beginning with yesterday; *-sestä viikko* yesterday week.

eilis|aamu ~*na* yesterday morning. **-ilta** ~*na* yesterday evening, last night. **-iltainen** yesterday evening's; ~ *tapaus* the event last night. **-päivä** yesterday; ~*n* of yesterday.

einestuotteet cooked foods.

ei- |sosialistinen *ks. ei* **-toivottu** unwanted.

eittä|mättä undeniably, beyond dispute. **-mättömyys** incontestability. **-mätön** indisputable, incontestable. **eittää** deny; dispute, contest.

ekologi|a ecology. **-nen** ecologic -[al].

eksy|ksissä, -ksiin astray; *on* ~ is lost. **-minen** losing one's way; erring. **-nyt** stray. **-ttävä**

misleading; ~ *yhdennäköisyys (m.)* bewildering likeness. **-ttää** lead .. astray, mislead; *eksytetty* .. led astray, misguided; ~ *jäljiltä* put off the scent.

eksyä go astray, get lost, lose one's way; *(hairahtua)* err; ~ *totuudesta* stray (wander, deviate) from the truth; ~ *yksityisseikkoihin* lose oneself in details.

ekumeeninen [o]ecumenic [al].

elanto living, livelihood; *vrt. elatus.*

elatus subsistence, maintenance, sustenance; *(elanto)* living, livelihood; *ansaita elatuksensa* make a living (by *-lla).* **-apu** maintenance money. **-velvollisuus** duty of maintenance.

ele gesture; *(kasvojen)* expression. **eleetön** expressionless; *(vaatimaton)* unassuming, demure.

elefantti elephant. **-tauti** elephantiasis.

elegia *run.* elegy.

ele|htiä gesticulate.**-kieli** gesture language, sign language.

elektro|di electrode. **-lyysi** electrolysis. **-ni** electron; *(~putki* electronic valve, electron tube). **-niikka** electronics.

elellä live; ~ *huolettomana* lead a carefree life.

elementti prefabricated unit; *(betoni-)* precast concrete block.

elenäytelmä dumb show, pantomime, *vrt. pantomiimi.*

eli or.

eliitti élite.

eli|mellinen organic. **-metön** inorganic. **-mistö** organism, system.

eliminoida eliminate.

elin organ; body; *elimet (m.)* system; *hallinto* ~ governing body.

elin|aika lifetime; *-ajaksi* for life. **-aikainen** .. for life, lifelong. **-ehto** vital condition. **-ikä** lifetime; *-iäksi* for life. **-ikäinen, -kautinen** lifelong; ~

vanki life prisoner, prisoner for life.
elinkeino source of livelihood; occupation, trade, industry. **-elämä** economic life. **-vapaus** freedom of trade and industry.
elin|korko [life] annuity. **-kustannukset** cost of living. **-kustannusindeksi** c. of l. index. **-kykyinen** viable. **-kysymys** question of vital importance. **-neste** life fluid. **-tapa** manner (mode) of living. **-tarvike:** *-tarvikkeet* provisions, foodstuffs; (~**kortti** ration card; ~**pula** scarcity of food).
elintaso standard of living. **-kilpailu** keeping up with the Joneses, *(häikäilemätön)* rat race.
elin|toiminto vital function. **-voima** vital power, vitality. **-voimainen** .. full of vitality, vital; vigorous; robust. **-voimaisuus** vitality.
eliö organism.
elje: *elkeet* pranks, tricks.
ellei *(ellen, ellet jne.)* if not, unless; ~ *heitä olisi ollut* .. if it had not been for them .., but for them ..
ellip|si ellipse. **-tinen** elliptic [al].
ellott|aa: *minua* ~ I feel sick, I have a feeling of nausea. **-ava** sickening, nauseating.
elo life; *(vilja)* corn, *Am.* grain; *(sato)* crop; *olla* ~*ssa* be alive; ~*ssa oleva* living; *jäädä* ~*on* survive [a p.]; ~*on jääneet* the survivors, those surviving; *antaa* ~*a* invigorate. **-hopea** mercury, quicksilver.
eloi|sa lively, full of life, sprightly, vivacious; *(esim. kuvaus)* vivid; animated. **-sasti** in a lively manner, vivaciously, vividly. **-suus** liveliness, animation, vivacity.
elo|juhla harvest festival. **-kuu** August.
elokuva film, [motion] picture; ~*t* cinema, the pictures, *Am.* the movies. **-esitys** cinema show. **-kamera** cine-camera, movie camera. **-kone** *(-heitin)*

cinema projector. **-osa** screen role. **-ta** film. **-taide** cinematographic art. **-teatteri** cinema, picture theatre *(t. house)*.
elollinen living; organic.
elon|kipinä spark of life. **-korjuu** harvest [ing]. **-leikkuukone** harvester. **-merkki** sign of life. **-päivät** days of [one's] life; *jos minulle -päiviä suodaan* .. if I am spared ..
elos|telija fast man; rake, rip (an old rip). **-tella** lead a loose life. **-telu** dissipation, loose living.
elo|ton lifeless; inanimate; inert; *(ilmeestä ym)* vacant. **-ttomuus** lifelessness. **-virna** *bot.* vetch.
elpy|minen revival; *(m. kaupan)* recovery. **-ä** revive, recover; *(toipua)* pick up, rally.
eltaantu|a turn rancid. **-nut** rancid.
elukka beast, animal, creature.
elvy|ke stimulus, incentive. **-tys** revival; restoration; recovery. **-ttää** animate, enliven, stimulate, quicken; restore [to life], revive, *(esim. hukkunut)* resuscitate.
elähdyttä|ä enliven, invigorate, stimulate; *aatteen -mä* inspired by an idea. **-vä** life-giving, animating, inspiring.
elähtänyt past one's prime, passé [e], worn-out [through dissipation].
eläimelli|nen animal; *(raaka)* bestial, brutal, brutish. **-syys** bestiality, brutality.
eläimistö the animal world; *zo.* fauna.
eläin animal; beast; *(luontokappale)* creature. **-kunta** animal kingdom. **-laji** species of animal. **-lääketiede** veterinary science. **-lääkäri** veterinary surgeon *(lyh.* vet). **-oppi** zoology. **-rata** zodiac. **-rutto** cattle plague. **-rääkkäys** cruelty to animals. **-satu** fable. **-suojelu(s)** protection of animals; (~**yhdistys** society for the prevention of cruelty to animals). **-tarha** zoological

garden [s] *(lyh.* zoo).
-tenkasvattaja breeder of
animals. **-tiede** zoology.
-tieteellinen zoological.
-tieteilijä zoologist.
eläk|e pension; *asettua -keelle*
retire on a pension; *joutua*
-keelle be pensioned [off];
-keelle siirtyminen retirement;
-keellä oleva pensioned,
retired; *-keeseen oikeutettu*
entitled to a pension. **-ikä:**
lähestyy ~ä .. is nearing
retirement. **-ikäinen** of
pensionable age. **-kassa**
pension society. **-läinen**
pensioner. **-vakuutus** old-age
pension insurance.
eläköön hurrah! ~ .. long live
... **-huuto** cheer; *kolmin-*
kertaines ~ jllek three cheers
for ...
elämi|nen living; *-sen taito* art
of living; *-sen oikeus* right to
live.
elämys experience; *se oli ~!* it
was quite an e.
elämä life *(pl.* lives); *(melu)*
noise; *koko ~ni aikana*
during all my time, all my
life [long]; *~ä kokenut* ..
who has seen a great deal of
life, experienced; *~än*
kyllästynyt tired (sick) of life.
-kerralli|nen biographical; *e-set*
tiedot curriculum vitae. **-kerta**
biography, life; *oma ~*
autobiography; *-kerran*
kirjoittaja biographer.
elämän|halu will to live; zest
for life. **-haluinen** *(ks. ed.)*
hän on ~ (m.) she loves life.
-ilo joy of living. **-iloinen**
high-spirited, cheerful. **-juoksu**
kuv. race. **-katsomus** outlook
on life, view of life, life
attitude. **-kohtalo** lot in life,
fate. **-kokemus** experience [of
life]. **-kulku** course of life.
-kumppani *ks.* -*toveri*.
-kutsumus calling, vocation.
-myönteinen positive. **-nautinto**
enjoyment of life. **-ohje**
maxim, rule of life. **-taistelu**
struggle for life. **-tapa** way of
life, way of living; *-tavat*
living habits. **-tarina** life
story. **-tehtävä** aim of life,

purpose in life. **-tie** course of
life. **-toveri** life-companion.
-työ life-work. **-ura** career.
-vaiheet events of life; career.
-vesi elixir of life. **-viisaus**
philosophy of life.
elämöidä be noisy, make a
noise.
elät|täjä *(perheen)* bread-winner,
supporter. **-tää** *(ylläpitää)*
support, maintain, provide
for; ~ *itsensä jllak* support
oneself by, earn one's living
by; *hänellä on perhe*
-ettävänä he has a wife and
family to keep; *olla jnk*
-ettävänä depend on sb. [for
support].
eläv|yys liveliness, animation;
vivacity. **-ä** living; *(eläin)*
live; *(vilkas)* lively; animated,
vivid; *~ltä, ~nä* alive; *~t ja*
kuolleet the living and the
dead; *se (tapaus) on vielä*
~nä mielessäni it is still
fresh in my mind. **-ästi**
vividly, in a lively manner.
-öittää animate; inspire. **-öitys**
elok. animation.
eläyty|minen *l.v.* (deep *t.* vivid)
insight. **-ä:** ~ *jhk* put one's
soul into; *(jkn tunteisiin)*
enter into (sb.'s feelings).
elää live; *(olla elossa)* be
alive; *(elättää itsensä)* support
oneself; ~ *jstk, jllak* live,
subsist on [fruit], live on
[one's salary], live by (..
-ing, *jtk tekemällä); eläessään*
when he was alive; ~
onnellista elämää lead a
happy life; ~ *yli aikansa*
outlive one's (its) time; *hän*
eli .. *-vuotiaaksi* he lived to
the age of; *joka ~, näkee* he
who lives will see.
emakko sow.
emal|ji, -joida enamel.
emi *bot.* pistil.
emigrantti emigrant.
emi|lehti carpel. **-ö**
gyn [o] ecium.
emo dam.
empi|minen hesitation. **-vä**
hesitating, hesitant. **-ä**
hesitate; be doubtful, be in
two minds; *-mättä* without
[any] hesitation.

emul|gaattori emulsifying agent.
-goida emulsify. **-sio** emulsion.
emä dam. **-karhu** she bear.
-ksinen basic, alkaline. **-laiva**
mother ship; (lentokoneiden)
aircraft carrier. **-lammas** ewe.
-lippu counterfoil, Am. stub.
-maa mother country.
emän|nyys household
management; housewifery;
duties of a hostess. **-nöidä**
manage the household, keep
house; act as a hostess.
-nöitsijä housekeeper.
emäntä hostess, lady of the
house; (perheen-) housewife;
(esim. koiran) mistress;
(vuokra-) landlady; emännän
velvollisuudet duties of a
hostess. **-koulu** rural
homemaking school.
emäs kem. base, alkali.
en, et, ei, emme, ette, eivät
not; (vastauksissa) no; ks. ei.
emätin anat. vagina.
endokrinologia endocrinology.
enemmistö majority; the
greater part (of); hän sai 10
ääntä ~n he gained a m. of
10 votes. **-hallitus** majority
government. **-päätös** majority
resolution.
enem|myys greater amount,
preponderance. **-män** more;
kolme kertaa ~ three times
as much; ~ kuin more than,
(yli, m.) upwards of [esim.
. . . 300 miles] ; pitää
jstk ~ kuin . . like sth.
better than, prefer sth. to;
tarjota ~ kuin jku outbid a p.
ei -pää kuin no more than; ~
tai vähemmän more or less.
-pi more; further, hintojen ~
nousu a further rise in
prices; -pää en minä voi I
can do no more; ei -pää
eikä vähempää neither more
nor less; älkäämme puhuko
siitä -pää don't let us talk
any more about it; sen -mittä
without any more ado; [he
got up and left] just like
that; -mältä osalta for the
most part; -män arvoinen
worth more, of greater value.
enen|eminen increase. **-evä**
increasing; yhä ~ ever-i-.

energia energy, power.
enetä increase; grow; rise.
englanni|nkielinen [. .in]
English; ~ sanomalehti an
English-language newspaper.
-npeninkulma mile. **-tar**
Englishwoman (pl. -women).
Englanti England; vrt. Iso
Britannia; Englannin kanaali
the [English] Channel; E-n
suurlähetystö the British
Embassy; e~ (kieli) English;
englannin kielellä in English;
englannin opettaja teacher of
English.
englantilai|nen a. English. s.
Englishman, Englishwoman;
-set Englishmen, English people;
(koko kansa) the English, the
British. **-s-amerikkalainen**
Anglo-American.
enimmäis|hinta top price.
-määrä maximum.
enim|mäkseen most commonly,
mostly, for the most part;
chiefly. **-män** most; ~
tarjoava the highest bidder.
enin most; ~ kaikista most of
all; enimmät heistä most of
them; enimmät äänet the
most votes, the majority of
votes. **-tään** at [the] most.
eniten most; pidän tästä ~ I
like this best [of all]; ~
rahaa [he has] the most
money.
enkeli angel. **-mäinen** angelic.
ennakko (-maksu) advance
[money]; maksaa ~a pay in
advance. **-arvio** budget. **-ehto**
precondition. **-esitys**
(kutsuvieraille) preview.
-ilmoitus prior notice.
-laskelma preliminary
calculation.
ennakkoluulo prejudice, bias.
-inen prejudiced, bias[s]ed.
-isesti with prejudice. **-suus**
prejudice. **-ton** unprejudiced,
unbias[s]ed. **-ttomasti** withou⊤
prejudice. **-ttomuus** freedom
from prejudice.
ennakko|maksu advance
payment. **-mielipide**
preconceived opinion. **-näytös**
preview. **-odotu|s**: vastasi -ksia
came up to expectations.
-osto advance booking; Am.

reservation. **-tapaus** precedent.
-tieto advance information.
-tilaus advance subscription.
-varaus advance booking.
-vero advance amount of tax.
ennako|ida foreshadow; *(arvata
-lta)* anticipate. **-lta**
beforehand, in advance; ~
määrätty predestined,
foreordained; *maksaa* ~ pay
in advance; *odottaa* ~
expect; anticipate. **-npidätys**
(veron) pay-as-you-earn
(P.A.Y.E), tax at the source;
vrt. pidätys.
ennal|laan, -leen as before;
unchanged; *saattaa -leen*
restore [to its former
condition]. **-talaskematon**
unforeseeable. **-tamääräys**
predestination.
enne omen, portent, augury.
ennemmin earlier;
(mieluummin) rather; ~ *tai
myöhemmin* sooner or later.
ennen *prep.* before, previous
to; *adv.* before [now];
previously; *(mieluummin)*
rather; ~ *aikaan, muinoin*
formerly, in the old days; ~
aikojaan too early,
prematurely; ~ *kaikkea* above
all; first of all; ~ *pitkää*
before long, by and by; *sitä*
~ before that, before then; ~
kuin before; [not] until; *ei
kestänyt kauan* ~ *kuin hän
tuli* it was not long before
he came; ~ *kuulumaton*
unheard of; *tässä oli* ~ *talo
(m.)* there used to be a
house here. **-aikainen**
premature; untimely [death,
kuolema], overhasty
[conclusion, *johtopäätös*].
-aikaisesti prematurely. **-kuin**
ks. ennen.
ennestään *ks. entuudestaan;
tiesin sen* ~ I already knew
it.
ennus|merkki omen,
[premonitory] sign. **-taa**
predict, foretell, forecast;
prophesy; *(et. pahaa)*
forebode; foreshadow; *(jklle
korteista ym)* tell a p.'s
fortune; *se* ~ *(ei ennusta)
hyvää hänelle* it augurs well

(it bodes no good) for him.
-taja prophet; seer; *(povari)*
fortune-teller. **-taminen**
foretelling, prophesying. **-te**
forecast; *lääk.* prognosis *(pl.
-oses).* **-tus** prophecy,
prediction.
ennä|ttää have time;
(saavuttaa) reach; arrive,
jnnek at, in; ~ *ennen jkta*
get ahead of, forestall,
anticipate a p.; *-tätkö tulla
(m.)* can you manage (find
time) to come? *-titkö junaan?*
were you in time for the
train? did you catch the
train? **-tyksellinen** record,
unprecedented. **-tys** record;
(saavutus) achievement; *lyödä*
~ break (beat) a r.;
ennätysvauhtia at r. speed.
eno [maternal] uncle.
ensi first; *(tuleva)* next;
(aikaisin) earliest; ~ *aluksi* to
begin with; ~ *hetkestä asti*
from the first, from the very
beginning; ~ *kerralla* next
time; ~ *kerran* [for] the first
time; ~ *kerran, kun* the first
time (I saw her ..); ~ *käden
tiedot* first-hand knowledge; ~
sijassa in the first place; ~
työkseni luin .. the first
thing I did was to read ..;
~ *viikolla* next week; ~
vuonna next year. **-apu** first
aid; (~**asema** first-aid
station). **-arvoinen** *(tärkeä)*
vital, of the first importance.
-asteinen *(alku-)* primary.
-esiintyjä *(fem.)* debutante.
-esiintyminen debut. **-ilta** first
night. **-kertainen;** ~ *rikkomus*
first offence. **-kertalainen**
beginner, first-timer; first
offender *vrt. ed.* **-kesäinen** ..
[of] next summer. **-ksi** [at]
first, firstly; primarily; ~ —
toiseksi first [ly] — second
-[ly]; ~*kin* in the first
place, first and foremost, for
one thing; *(aluksi)* to begin
with. **-luokkainen** first-class,
first-rate; prime. **-mmäi|nen**
first; foremost; principal; *e-set
kaksi* the first two; *e-stä
kertaa* [for] the first time; ~
mitä näin .. the first thing I

saw; *hän nai -sen, joka tielle osuu* she'll marry the first [man] that comes.

ensin first, in the first place; at first; *ei ~kään* not at all; not in the least; *ei ~kään liian aikaisin* none too soon; *~ mainittu* [the] first mentioned; [the] former. **-nä(kin)** first, firstly, in the first place; for one thing; *(aluksi)* to begin with; *(alkujaan)* originally.

ensi|rakastaja *teatt.* juvenile lead. **-sijaisesti** in the first place, primarily.

ent|eellinen ominous. **-eillä** forebode, foretoken.

enti|nen former, ex-, one-time; *(aikaisempi)* earlier, previous; *~ kuningas* ex-king; *-seen aikaan* in the old days, in past times; *-stä parempi* better than [ever] before; *-seen tapaan* [in the same way] as before; *hinnan vähennys -sestään* a further fall in price; *on varjo -sestään* (she) is a shadow of her former self.

entis|aika olden times; past [times]; *~an (m.)* in the past, in days gone by. **-aikainen** old, ancient. **-elleen:** *jäädä ~* remain unchanged; *saattaa ~* restore, re-establish. **-ellään** as before, unchanged. **-estään** further. **-tys, -täminen** restoration. **-tää** restore.

entisyy|s past; *ulottuu pitkälle -teen* extends (goes) far back in time.

entsyymi enzyme.

entuudesta(an) in advance; *(ennen)* previously; *vrt. ennestään, vanhastaan.*

entä: *~ hän* what about him? *~ jos* what if ..? suppose [I were to go, *menisin*]; *~ sitten* so what? what then!

enää more, further; *(kauemmin)* longer; *ei ~ no* more, no longer; *ei koskaan ~* never more, never again.

epidemia epidemic.

epilogi epilogue.

episodi episode.

epistola epistle.

epuuttaa withdraw, take back, cancel.

epä|aistikas .. in bad taste. **-asiallinen** unbusinesslike. **-demokraattinen** undemocratic. **-edulli|nen** disadvantageous, unfavourable; unprofitable; *jklle ~ (m.)* to sb.'s disadvantage; *olla e-sessa asemassa* be at a disadvantage; *vaikuttaa e-sesti jhk* have an unfavourable influence on. **-edullisuus** disadvantage [ousness]; unprofitableness. **-hedelmä** accessory fruit. **-hieno** ill-mannered, unpolished, discourteous; ungentlemanly, unladylike; *(karkea)* rude. **-hienous** rudeness; indelicacy. **-huomio** oversight, slip; *~ssa* inadvertently, by oversight, absent-mindedly.

epähygieeninen insanitary.

epäilem|inen doubting. **-ättä** no doubt, without any doubt, undoubtedly, doubtless; unquestionably. **-ätön** undoubted, unquestionable, indubitable; unmistakable.

epäilevä suspicious, distrustful; sceptical; *olla ~llä kannalla* be doubtful (be in doubt) about .. **-isyys** suspiciousness, distrust [fulness].

epäilijä doubter; sceptic.

epäil|lä doubt; *(jkta jstk)* suspect (a p. of); *(ei luottaa)* distrust, be suspicious of; *(epäröidä)* hesitate; *alkaa ~ jkta* become suspicious of a p.; *häntä -lään murhasta* he is suspected of murder; *-en häntä valehtelijaksi* I suspect him to be (him of being) a liar; *en epäile, etteikö* I have no doubt that ..; *epäillen* with suspicion; doubtfully; *-tynä jstk* on suspicion of having (+ pp.) **-tävä** doubtful, dubious; suspicious.

epäily|(s) doubt; suspicion; *(arvelu)* misgiving; scruple; *epäilyksen alainen* suspect [ed], *s.* suspect; *saattaa epäilyksen alaiseksi* bring .. under suspicion; *siitä ei ole ~täkään* there is no doubt

about that. **-ttävyys**
suspiciousness; doubtfulness.
-ttävä suspicious, suspect;
doubtful; ~ *kunnia* dubious
distinction. **-ttää** make ..
doubtful; *minua* ~ I have my
doubts (about); *asia* ~ *minua*
the matter looks suspicious to
me, I am doubtful about the
matter.
epä|inhimillinen inhuman.
-isänmaallinen unpatriotic.
-itsekkyys unselfishness.
-itsekäs unselfish; altruistic.
-itsenäinen .. lacking in
independence, dependent on
others, not self-reliant.
-johdonmukainen inconsistent.
-johdonmukaisuus
inconsistency. **-jumala** idol;
(~**nkuva** idol; ~**npalvoja**
idolater; ~**npalvonta** worship
of idols, idolatry). **-järjesty|s**
disorder, confusion; disarray;
puhek. mess: *e-ksessä* in
disorder, out of order;
saattaa e-kseen disarrange.
-kelpo good-for-nothing.
-kiitollinen ungrateful. **-kohta**
fault, defect; drawback;
epäkohdat (m.) bad
conditions, ills, abuses,
(valituksen aiheet) grievances,
(yhteiskunnalliset, m.) social
evils. **-kohteliaisuus**
discourtesy, impoliteness.
-kohtelias impolite,
discourteous, rude,
ill-mannered. **-kunnioittava**
disrespectful. **-kunto** disorder;
joutua ~*on* go wrong, get out
of gear, break down; *olla
-kunnossa* be out of
[working] order. **-kuntoinen**
.. out of order; useless; bad,
poor. **-kypsä** unripe; *kuv.*
immature. **-käytännöllinen**
unpractical, *Am.* impractical.
-käytännöllisyys lack of
practical sense. **-lojaali**
disloyal; ~ *kilpailu* unfair
competition. **-looginen**
illogical. **-lukuinen**
innumerable. **-lukuisuus**
countless number.
-luonnollinen unnatural.
-luotettava unreliable,
untrustworthy. **-luotettavuus**

unreliability, untrustworthiness.
epä|luottamus lack of
confidence (in), distrust (of);.
-lause vote of censure (on);
antaa ~ *(m.)* pass a vote of
no-confidence in sb.
epäluulo suspicion; distrust;
joutua ~*n alaiseksi jstk* be
suspected of. **-inen** suspicious;
distrustful. **-sesti** with
suspicion, suspiciously. **-isuus**
suspiciousness, distrust [fulness].
epä|metalli metalloid. **-miehekäs**
unmanly. **-miellyttävyys**
unpleasantness, disgree-
ableness. **-miellyttävä**
unpleasant, disagreeable,
displeasing, unattractive,
distasteful. **-mieltymys**
dissatisfaction (with sb., at
sth.). **-mieluinen** undesirable;
unwelcome, unwanted; *ks. ed.*
-mieluisasti reluctantly,
unwillingly. **-mieluisuus**
unpleasantness. **-mukainen** not
uniform, irregular,
asymmetric [al]. **-mukava**
uncomfortable; inconvenient.
-mukavuus discomfort,
inconvenience. **-muodostuma**
deformity, malformation.
-muotoinen deformed,
misshapen. **-murtoluku**
improper fraction. **-määräi|nen**
indefinite, undetermined,
indeterminate; nondescript;
(häilyvä) vague, hazy,
(sanonta, m.) woolly;
uncertain; *e-seksi ajaksi*
indefinitely. **-määräisyys**
indefiniteness, vagueness,
uncertainty. **-naisellinen**
unwomanly, unfeminine.
-normaali(nen) abnormal.
epäoikeudenmukai|nen unjust,
unfair, wrongful. **-suus**
injustice; unfairness.
epä|oikeutettu unjustified;
unjustifiable. **-oikeutus**
unjustifiableness.
epäolennai|nen unessential;
immaterial; *-set seikat*
unessentials. **-suus**
immateriality.
epäonni bad luck. **-stua** fail,
not succeed, have no success,
be unsuccessful. **-stuminen**
failure. **-stunut** unsuccessful;

-stuneesti unsuccessfully, without success; ~ *yritys (m.)* failure.

epä|orgaaninen inorganic. **-puhdas** unclean; *kem. ym* impure. **-puhtaus** uncleanness; impurity. **-pätevä** unqualified, imcompetent. **-realistinen** unrealistic. **-rehellinen** dishonest; deceitful, false; ~ *peli* foul play. **-rehellisyys** dishonesty. **-ritarillinen** unchivalrous. **-ritarillisuus** lack of chivalry.

epäröi|dä hesitate, be undecided, be irresolute, be in doubt, waver; *-den* hesitatingly. **-minen** hesitation, indecision, indetermination, hesitancy, wavering. **-mättä** unhesitatingly, without hesitation. **-vä** hesitating, wavering, doubtful; irresolute, undecided.

epä|selvyys indistinctness; obscurity. **-selvä** not clear, indistinct; *(sekava)* hazy, confused; obscure; *(jota ei voi lukea)* illegible. **-siisteys** untidiness. **-siisti** untidy; *(likainen)* dirty; *(huolimaton)* slovenly, sloppy, *(siivoton)* bedraggled. **-sikiö** monster. **-siveellinen** immoral. **-sointu** discord [ant note]; disharmony. **-sointuinen** discordant, dissonant. **-sopu** disagreement, discord; *olla epäsovussa* be at variance, disagree [with]. **-sopuinen** .. at variance, .. on bad terms; *ks. ed.* **-sosiaalinen** antisocial. **-sovinnainen** unconventional **-suhde, -suhta** disproportion. **-suhtainen** disproportionate; .. out of proportion. **-suopea** ill-disposed (towards), unkind; *(arvostelu ym.)* harsh, severe **-suopeus** averseness. **-suora** indirect; ~ *esitys* indirect speech. **-suosio** disfavour, disgrace; *joutua ~on* fall into disfavour; *(yleisön) ~ssa oleva* unpopular. **-suosiollinen** unfavourably disposed (towards), unfavourable. **-suosiollisuus** unfavourableness. **-suotuisa** unfavourable,

unpropitious; disadvantageous. **-suotuisuus:** *sään* ~ the unfavourable weather. **-symmetrinen** asymmetric [al]. **-säännöllinen** irregular. **-säännöllisyys** irregularity. **-säätyinen:** ~ *avioliitto* mésalliance.

epä|tahti: *-tahdissa* out of time; out of step. **-taiteellinen** inartistic. **-taloudellinen** uneconomic; uneconomical. **-tarkka** inaccurate, inexact; *kelloni on* ~ my watch keeps bad time. **-tarkkuus** inaccuracy. **-tasainen** uneven; *(jako)* unequal; ~ *luku* odd number. **-tasaisuus** unevenness, inequality. **-tavallinen** unusual, uncommon. **-terve** morbid. **-terveellinen** unhealthy, *(ruoka)* unwholesome. **-terveellisyys** unhealthiness, unwholesomeness. **-tietoinen** uncertain; dubious, doubtful. **epä|tietoisuus** uncertainty; suspense, doubt; doubtfulness. **-todellinen** unreal; untrue to life. **-todennäköinen** unlikely, improbable. **-toivo** despair, desperation; despondency; ~*n partaalla* on the verge of despair; *saattaa ~on* drive .. to desperation. **-toivoinen** desperate, despairing; *olla* ~ *(jnk suhteen)* despair of. **-toivoisuus** hopelessness, desperateness. **-toverillinen** uncompanionable. **-tyydyttävä** unsatisfactory. **-täsmällinen** inexact; unpunctual. **-täydellinen** incomplete; imperfect. **-täydellisyys** incompleteness; imperfection. **-usko** disbelief; *raam.* unbelief. **-uskoinen** unbelieving; incredulous, sceptical. **-uskottava** incredible. **-vakainen** unsteady, unstable; *(ihmisestä)* inconstant; *(vaihteleva)* changeable, variable. **-vakaisuus** unsteadiness, instability; changeableness; fickleness. **-varma** uncertain, not sure; *(turvaton)* insecure; doubtful; *(käsi)* unsteady; ~ *itsestään* unsure of oneself. **-varmuu|s**

uncertainty; insecurity; *e -den
tunne* feeling of insecurity
(uncertainty). **-viisas**
imprudent., unwise,
inadvisable; ill-advised.
-virallinen unofficial. **-vire:**
~*essä* out of tune.
-yhdenmukainen incongruous.
-yhtenäinen disconnected;
incoherent.
epäys refusal, denial.
epäystävälli|nen unfriendly,
unkind. **-sesti** unkindly. **-syys**
unkind [li]ness, unfriendliness.
epäämä|ttömyys indisputability.
-tön indisputable,
incontestable, unquestionable;
(-ttömän selvä) unmistakable.
erakko hermit, recluse. **-elämä**
secluded life. **-maja** hermitage.
ereh|dys mistake;
(epähuomiosta joht.) oversight,
slip; error; *erehdyksestä* by
mistake, as a result of a
mistake, inadvertently. **-dyttävä**
misleading, *(petollinen)*
deceptive, fallacious. **-dyttää**
mislead; deceive, delude.
-tymättömyys infallibility.
-tymätön infallible; unerring.
-tyväinen liable to err,
fallible. **-tyväisyys** liability to
err, fallibility. **-tyä** make a
mistake, be mistaken (about),
be wrong; *ellen -dy* if I am
not mistaken; ~ *oikeasta
ovesta* mistake the door; ~
tiestä take the wrong road; ~
henkilön suhteen (kuv.)
misjudge a p.; ~ *laskuissa*
misreckon, count up wrong;
~ *sanomaan* make a slip of
the tongue ~ *välimatkasta*
miscalculate the distance; *ei
voi erehtyä..* there is
no mistaking (what ought to
be done, *oikeasta menette-
lystä).*
erheellinen misleading;
erroneous, incorrect.
eri separate; *(-lainen)* different;
~ *syistä* for various reasons;
~ *maksusta* against extra
payment; *olla ~ mieltä*
disagree, *jkn kanssa* with, *jstk
about,* on; *se on kokonaan ~
asia* it is quite another matter.
-arvoisuus inequality. **-kielinen**

.. speaking a different
language. **-koinen** separate;
(-tyinen) particular, special;
(poikkeava) extraordinary;
(omituinen) peculiar; *-koisen
sopiva* particularly suited,
singularly adapted.
erikois|ala special line,
speciality; ~*ni on ..* I
specialize in .. **-artikkeli**
(sanomal.) feature. **-asema**
privileged position. **-esti**
particularly, .. in particular,
especially; *(nimenomaan)*
specially, expressly. **-etu**
[special] privilege. **-harrastus**
special interest, hobby. **-kieli**
jargon. **-kirjeenvaihtaja** special
correspondent. **-laatuinen** [of]
extraordinary [character],
special. **-leima** peculiar
characteristics. **-luettelo** special
catalogue; specifications.
-luokka special unit (in an
ordinary school). **-lupa** special
licence, special leave. **-lääkäri**
specialist, *(nimenomaan)* special
studies. **-seikka** particular. **-taa**
specialize. **-tapaus** separate
case, *(poikkeus-)* exceptional
case; *kussakin -tapauksessa* in
each individual case. **-tarjous**
special offer. **-tua** specialize
(in). **-tuntemus** expert
knowledge. **-tuntija** specialist
(in), expert (on). **-uus**
peculiarity; peculiar character;
special feature.
erikokoi|nen: *(ovat) -sia*
unequal in size, of different
(various) sizes.
erikseen separately;
individually; *(syrjään)* aside.
eri|laatuinen dissimilar;
heterogeneous; *-laatuiset aineet*
different kinds of substances.
-lainen different (from),
dissimilar (to); *aivan ~ kuin
tämä* entirely unlike (different
from) this. **-laisesti** in various
ways; *(toisin)* differently, in a
different way, otherwise.
-laistua become different;
differentiate. **-laisuus**
dissimilarity (to), difference.
erilleen apart; asunder; *joutua
~ jstk* become separated
(detached) from; *(toisistaan,*

m.) drift apart; *panna* ~ set apart, put aside; *päästä* ~ *jstk* get rid of.

erill|inen separate; detached; ~ *tapaus* isolated case; ~ *huoneisto* self-contained flat. **-isosasto** *sot.* detachment. **-israuha** separate peace. **-ään** apart; *asua* ~ live apart; *he asuvat* ~ they have separated; *pysyä* ~ *jstk* keep aloof from.

eri|mielinen .. divided in opinion, .. not at one; *he ovat -mielisiä (m.)* they do not agree. **-mielisyy|s** difference of opinion, disagreement; *on olemassa e-ttä siitä, miten* opinions differ as to how .. **-muotoi|nen:** *e-sia* .. differing (varying) in shape, irregular.

erinomai|nen excellent, splendid, capital, fine **-sen** particularly; exceedingly, extremely; ~ *kaunis (m.)* most beautiful. **-sesti** excellently, very well; *voin* ~ I'm fine, I feel fine. **-suus** excellence.

erinäi|nen: *e-siä, -set* certain, some; *'e-siä kertoja* [quite] a number of times.

erinäköi|nen unlike [in appearance], dissimilar (to). **-syys** dissimilarity.

eri|oikeus privilege. **-painos** offprint, excerpt.

eripurai|nen divided, disagreeing; .. at variance, .. at odds. **-suus** disagreement; discord; friction.

eriseura|nen separatistic. **-suus** separatism.

eriskummalli|nen curious, strange; peculiar; queer, odd; extraordinary; bizarre; ~ *henkilö* eccentric. **-suus** strangeness, peculiarity; queerness, oddness, oddity.

erisnimi proper noun.

eristin insulator.

eristyneisyys isolation.

eristys isolation; *tekn.* insulation; (~**aine** insulating material; ~**nauha** insulating tape).

eris|täytyä keep aloof, keep apart, keep oneself to oneself.

-tää separate [from others], *m. kem.* isolate; *sähk., fys.* insulate; *(sulkea pois)* cut off; exclude.

erisuuntai|nen diverging, divergent. **-suus** divergence.

erisuurui|nen .. of different size[s]. **-suus** inequality [of size].

eritaso|liittymä, -risteys interchange; *ks. ali-, ylikäytävä.*

erite excretion, *(sisä-)* secretion.

eritellä analyse; *(erottaa)* set apart, separate; *(luetella)* specify.

eritoten particularly, especially; in particular; notably.

erittely analysis *(pl. -yses)*; specification.

erittyä *fysiol.* be secreted.

erittäin very, exceedingly; in particular; *kukin* ~ each one separately (individually); ~ *hyvin* extremely well; ~ *kiintoisa (m.)* highly interesting. **-kin** *ks. ed.;* in particular; chiefly; *ks. semminkin.*

erittää *fysiol.* excrete, secrete.

erityi|nen particular, [e]special; *(eri)* separate, specific; *ei mitään -stä* nothing [in] particular. **-sesti** especially, particularly; *(varta vasten)* specially. **-skoulu** school for handicapped children. **-sluokka** special unit for handicapped children.

eritys *fysiol.* excretion, *(sisä-)* secretion. **-elin** secretory organ.

eritä part; differ; *mielipiteet eriävät* opinions differ; *eriävät mielipiteet* disagreement, divergence (division) of opinion.

eriuskolainen *a.* heterodox; *s.* dissenter, nonconformist.

erivapautu|s exemption; *kirk.* dispensation; *antaa jklle* ~ exempt a p. from; *-ksen saanut* exempt [ed].

erivärinen .. of a different colour.

eriyttää differentiate.

eriyty|ä become differentiated; *-nyt* differentiated.

eriävä separable; *(poikkeava)*

differing, diverging; different;
.. *esitti ~n mielipiteen* ..
expressed a dissenting
(dissentient) opinion.
ero parting, separation; *(avio-)*
divorce; *(erotus)* difference,
distinction; disparity [in age,
ikä-]; *(virka-)* discharge;
(eroaminen) resignation,
retirement; *~n hetki* the hour
of parting; *antaa ~ jklle*
discharge, dismiss; *ottaa ~*
retire, resign; leave [one's
job]; *hän on saanut ~n
miehestään* she has divorced
her husband; *päästä ~on jstk*
get rid of.
eroa|maton inseparable.
-mattomuus inseparability.
eroavai|nen separable;
(erilainen) different. **-suus**
difference, divergence;
dissimilarity; discrepancy,
disparity.
ero|hakemus resignation; *jättää
~ hand in one's r.* **-(jais)juhla**
farewell. **-nhetki** hour of
parting. **-nnut** retired,
(puolisosta) divorced. **-npyyntö**
resignation.
eroottinen erotic.
eroraha severance pay.
ero|ta part, *jksta* from, *jstk*
with; separate (from); *(ottaa
avioero)* divorce [one's
husband *t.* wife], get a
divorce, *(asumusero)* separate;
(olla erilainen) differ from;
diverge; *~ kirkosta* leave the
Church; *~ koulusta* leave
school; *~ jstk (liitosta ym.)*
withdraw from, resign one's
membership of; *~ työpaikasta*
leave one's job; *~ virasta*
resign, *(asettua eläkkeelle)*
retire; *virasta eronnut* retired;
he ovat eronneet they are
divorced. **-todistus** leaving
certificate, report [on
leaving school].
erotiikka sex; *(eroottisuus)*
eroticism.
erottaa separate, part;
(irrottaa) detach; *(osata
erottaa)* distinguish; *(virasta,
työpaikasta)* dismiss,
discharge, *arkik.* fire, sack; *~
koulusta* expel from school,

(jksk ajaksi) suspend; *hän ei
voi ~ hyvää pahasta* he
cannot distinguish between
good and evil; *en voi
silmilläni mitään ~* I
am unable to discern
anything.
erott|amaton inseparable;
(viranhaltijasta) irremovable.
-amattomuus inseparability.
-aminen separation, parting;
(toimesta) removal, dismissal;
(koulusta) expulsion; *kuv.*
discernment. **-autua** *(näkyä)*
stand out [clearly]; *vrt.*
erottua. **-elu** *(tavaran)* sorting;
(rotu- ym.) discrimination,
segregation.
ero|ttua *(näkyä)* be discerned
(distinguished), stand out;
(erota) differ from. **-tuomari**
referee, *(tennis ym.)* umpire.
-tus difference, distinction;
inequality; disparity;
erotukseksi jstk as distinct
(distinguished) from; *ilman
~ta* without distinction;
indiscriminately; **~kyky**
discrimination). **-vuoro**: *~ssa
oleva* retiring.
erä *(tili-)* item, entry; *(määrä)*
amount; *(ainetta)* quantity;
(tavara-) lot, consign-
ment, *(osuus)* share;
urh. heat, *(tennis)* set,
(nyrkk.) round, *(jääkiekkoilu)*
period; *(maksu-)* instalment,
part-payment; *vähin erin* in
small quantities, a little at a
time; *tällä ~ä* this time, for
the time being, for now.
erämaa wilderness, *(korpi)* the
wilds; *(autiomaa)* desert.
erän|kävijä hunter. **-käynti**
hunting, woodcraft.
eräs *a.* one, *(tietty)* a certain;
s. a [certain] person,
somebody; *eräät muut* certain
other people; *eräänä päivänä* .
one day; *tässä eräänä päivänä*
the other day; *eräässä
tapauksessa* in one instance.
eräänlainen .. of a certain
kind; some kind of,
something of a .. ; *e-laiset
ihmiset* certain [kinds of]
people; *vrt. jonkinlainen.*
erään|tymispäivä day (date) of

maturity. **-tyä** mature, become due, fall due; *-tynyt* payable, *(vekseli)* mature; *-tynyt korko* accrued interest. **esi-** *(yhd.)* pre-. **-historiallinen** prehistoric.
esiin forward; forth, out; *astua* ~ come forward, step forth; *pistää* ~ project, *(ulos)* stick out. **-huuto** call; *teatt. m.* curtain-call. **-pistävä** projecting, protruding. **-tuoda** *(lausua)* state, express. **-tyjä** performer. **-tyminen** appearance; *(käytös)* behaviour, bearing; occurrence; *(sokerin)* ~ *veressä* the presence of .. in the blood; *päättävä* ~ firm action, determined stand taken (by a p.).
esiintymis|kelpoinen presentable. **-tapa** *(seurustelu-)* manners. **-tottumus** experience of appearing in public.
esiintymä deposit.
esiintyä make one's appearance, appear; present oneself; *(käyttäytyä)* conduct oneself; *(jonakin)* pose (as), *(toimia)* act; *(sattua)* occur, happen; *(esiintyy, tavataan)* is met with, is found; ~ *edukseen* make a favourable impression; ~ *julkisesti* appear in public; ~ *jssk osassa* appear as .., act (perform) the part of; *saattaa* ~ *seikkoja, jotka* .. things may turn up that; *esiintyy selvemmin* stands out more clearly.
esi|isä ancestor; *~t (m.)* forefathers, forbears. **-kartano** ante-chamber. **-kaupunki** suburb. **-kko** cowslip, primrose. **-koinen** *a.* firstborn [child].
esikois|oikeus [right of] primogeniture; *raam. ym* birthright. **-teos** first work. **-uus** primogeniture; birthright.
esi|kristillinen pre-Christian. **-kunta** *sot.* staff; *-kunnassa* on the *s.;* *(~upseeri* staff officer). **-kuva** *(malli)* pattern, model, example; prototype; *(ihanne)* paragon; *ottaa jku ~kseen*

take a p. as a pattern (an example); *hyveen* ~ paragon (pattern, model) of virtue; *brittiläisen ~n mukaan* on the British model. **-kuvallinen** exemplary. **-kuvallisuus** exemplariness. **-lehti** *(liimaamaton)* fly-leaf. **-liina** apron; pinafore, *(lasten, leik.)* pinny; *kuv.* chaperon. **-liite** *kiel.* prefix.
esille forward, forth, out; to the front; *vrt. esiin; ottaa* ~ take (bring) out, produce; *(käsiteltäväksi)* bring up; *panna* ~ put out; *päästä* ~ stand out [clearly], be brought out, *(menestyä)* get on; *kysymys tulee* ~ the question will come up; *jättää (kaikki) esille* leave things about.
esillä on hand, *(käsillä)* at hand, ready; *(nähtävänä)* on view; ~ *oleva (tapaus)* the present case, *(asia)* the matter in hand *(t.* under consideration); .. *oli* ~ .. had been set out; *kysymys on* ~ the question is up for discussion, *(oikeudessa)* the question is before the court.
esi|lukija reader. **-maku** foretaste (of). **-merkillinen** exemplary. **-merkki** example, *jstk* of; instance; *(valaiseva)* illustration; *(lasku-)* problem, sum; *kuvaava ~ (tapaus)* a case in point; *esimerkiksi (esim.)* for instance, for example *(lyh.* e. g.); *-merkin vuoksi* by way of an example; *näyttää jklle hyvää ~ä* set sb. an example; *olla ~nä* serve as an example. **-miehys** leadership, chairmanship. **-mies** superior; *(johtaja)* chief; principal; *(työnjohtaja)* foreman.
esine object; thing; *(kauppa-)* article; *olla jnk ~enä* be the object of, be subjected to .. **-ellinen** concrete.
esi|opinnot preparatory studies. **-puhe** preface. **-rippu** curtain. **-rukous** intercessory prayer, intercession. **-taistelija** champion.

esitel|lä present; *(vieras ym)*
introduce. **-mä** lecture;
discourse (on). **-möidä** give
(deliver) a lecture, lecture;
read a paper (on). **-möitsijä**
lecturer, reader of a paper.
esit|telijä introducer; presenter
[of a case], person reporting
on a case; civil servant who
prepares matter for discussion
and refers it to minister for
decision. **-tely** presentation,
introduction; (**~lehti(nen)**
leaflet, brochure, prospectus).
-täjä proposer; introducer;
(šekin kirjeen) bearer. **-täytyä**
introduce oneself.
esittää put forward, set forth,
present; *(mainita)* give, state;
express; *(näyttää)* produce,
show; *(jku toiselle)* introduce
to; *(esittelijänä)* refer .. [for
decision]; *(puhe ym)* deliver;
(kiitos, anteeksipyyntö) extend,
offer; *(soitosta ym)* execute,
render; ~ *(kysymys)*
keskusteltavaksi propose (bring
up) .. for discussion; ~
kysymys put a question to a
p.; ~ *maksettavaksi* present
.. for payment; ~
mielipiteenään advance the
opinion that; ~ *näytelmä*
perform (produce) a play; ~
jtk osaa play *(t. act)* a part;
~ *soittoa* perform [on the
piano]; ~ *todisteita* submit
evidence; ~ *vastalauseensa*
raise a protest against; ~
väärin misrepresent; *edellä
esitetyn nojalla* on the basis
of what has been stated; *ketä
kuva* ~? who [m] does the
picture represent?
esitys presentation; *(kokouksen)*
motion; *(näytös)* performance;
(puheen) delivery; *(soiton ym)*
execution; *vrt. tulkinta.* **-lista**
agenda. **-taito** interpretative
ability, [art of] description.
-tapa way of presenting;
rendering, *(suullinen)* delivery;
(kirj. ym) style.
esi|vaalit primary [election].
-valta the authorities, the
government. **-vanhemmat**
ancestors, forbears.
eskaaderi squadron; fleet.

eskadroona [cavalry] troop.
eskimo Eskimo *(pl. -s).*
Espanja Spain. **e-lainen** *a.*
Spanish; *s.* Spaniard. **e-n kieli**
Spanish. **e-ntauti** Spanish
influenza. **e-tar** Spanish
woman.
esplanadi esplanade, avenue.
essee *(tutkielma)* essay.
este obstacle, obstruction;
hindrance; impediment;
(pidäke) check, restraint; *urh.*
hurdle, fence; *vrt. aita,
-juoksu; minulle sattui* ~ I
was prevented from appearing
(attending): *laillinen* ~ lawful
excuse; *~ttä ilmoittamatta*
without explaining one's
absence; *~en sattuessa Teille*
in case you are prevented.
esteelli|nen having a lawful
excuse; *(jäävi)* disqualified;
incompetent. **-syys** incapacity,
incompetence.
esteettinen [a] esthetic.
este|ttömyys liberty; (**~todistus**
licence). **-ttömästi** without
impediment, unchallenged. **-tön**
free; .. at liberty; ~ *todistaja*
competent witness.
este|juoksu steeplechase. **-llä**
[try to] hinder, raise
difficulties; *(etsiä tekosyitä)*
make excuses. **-ly**
(anteeksipyytävä) excuse;
(tekosyy) pretence, pretext;
(vastaväite) objection.
-ratsastus steeplechase.
estetiikka [a] esthetics.
esto *psyk.* inhibition. **-ton**
uninhibited, free.
estyä be hindered, be
prevented; *hänen matkansa
estyi* he was prevented from
making the trip.
estäminen prevention,
obstruction *jne.*
estää prevent, hinder; *(olla
esteenä)* block, obstruct,
impede; preclude; *(lakkauttaa)*
check; suppress; ~
lankeamasta prevent from
falling; ~ *liikennettä* block
(obstruct) the traffic; ~
tekemästä jtk (m.) keep a p.
from [doing] a th., hold ..
back.
etana slug; *(kuori-)* snail; *~n*

vauhdilla at a snail's pace.
etappi stage; *vrt. seur.* **-tie**
sot. supply line.
eteen to the front; *(tielle)* in
the way; *(esille)* forward; *jnk,*
jkn ~ in front of . . ,
before, at the front of;
pysähdyin ikkunan ~ I
stopped at the window; *älä*
mene ~*i* don't get in my
way; *katsoa* ~*sä* look ahead
(m. kuv.); ~ *katsomatta*
without looking ahead. **-päin**
ahead; on, forward [s],
onward [s]; *siirtykää* ~ move
along please, pass along (the
car, *vaunussa);* (~**pyrkivä**
ambitious, aspiring).
eteinen [entrance-]hall;
vestibule; *(porstua)* porch.
etelä south; ~*ssä* in the south;
~*stä* from the south, from a
southerly direction; ~*än* to
the south, southward [s], *jstk*
[to the] south of; ~*mmä*|*ssä,*
-ksi farther [to the] south.
Etelä-Amerikka South
America. **e-amerikkalainen**
South-American. **-Eurooppa**
southern Europe.
etelä|**inen** southern; south;
southerly; *-isin* southernmost.
-maalainen *a.* southern; *s.*
inhabitant of the south.
E~manner Antarctica. **-myrsky**
southerly gale. **-napa** South
pole; ~*seudut* antarctic
regions, the Antarctic. **-osa**
southern part, south. **-puoli**
south side; *jnk* -*puole*|*lla, -lle*
[to the] south of . .
-rannikko south coast. **-tuuli**
south wind, southerly wind.
-valtiot *(U.S.A)* the Southern
States, the South; *E-valtioiden*
asukas Southerner.
etene|**minen** advance, progress,
(edistyminen) advancement,
headway. **-misliike** *sot.*
advance.
etenkin in particular,
especially, above all; *vrt.*
etupäässä; ~ *kun* especially
as, all the more [so] as.
ete|**vyys** proficiency, [great]
ability; *(taito)* skill. **-vä**
proficient, able; prominent,
distinguished, [pre-]eminent;

(mainio) excellent; ~*mpi*
superior [to *kuin*]; *on*
muita paljon ~*mpi* is far
superior to the others; excels
the others. **-vämmyys**
superiority; eminence. **-västi**
in an able manner, ably;
excellently.
ethän *ks. -han, -hän;* ~ *mene*
sinne you are not going
there, are you?
etiikka *(siveysoppi)* ethics.
etiketti etiquette; *(nimilippu)*
label.
etikka vinegar. **-happo** acetic
acid. **-kurkku** pickled
cucumber.
Etiopia Ethiopia. **e-lainen** *a. &*
s. Ethiopian.
etnografi|**a** ethnography. **-nen**
ethnographic.
etruskilainen *a. & s.* Etruscan.
etsa|**ta** etch. **-us** etching.
etsi|**jä** seeker, searcher.
-kkoaika visitation. **-minen**
seeking, search [ing], quest.
etsimätön unsought [-for].
etsin *valok.* view-finder.
etsintä search, *(ratsia)* raid.
etsintäkuulu|**ttaa** post a p. as
wanted [by the police]; *-tettu*
wanted by the police.
etsiske|**llä** search for, hunt. **-ly**
search, hunt, inquiry.
etsivä detective; *yksityis* ~
Am. private eye; ~ *poliisi* d.
force.
etsi|**ä** look for, seek; search
(for); be on the lookout for;
(kirjaa, luettelosta) look up
(in); ~ *käsiinsä* hunt out,
seek out, *(rikollinen)* hunt
down; *ketä etsit?* who [m] are
you looking for; *etsimässä,*
-mään jtk in search (in quest)
of.
ette you don't; ~ *saa* you
must not.
ettei *(etten, ettet jne)* [so]
that . . not, so as not to . .
; *siltä varalta* ~ in case.
että that; *sekä hän* ~ *minä*
both he and I, he as well as
I; *siksi* ~ because.
etu advantage; profit; interest;
(hyöty) benefit; *se on minulle*
suureksi eduksi it is of great
advantage (benefit) to me; *on*

eduksi jllek is to the advantage of, is beneficial (profitable) to; *se olisi asialle eduksi* the matter would benefit (profit) by that; *valvoa ~aan* look after one's own interest; *omaa ~ani silmälläpitäen* in my own interest; *on Ranskan ~jen mukaista* it lies in the French interests; *muuttua edukseen* change for the better; *asia päättyi sinun eduksesi* the case was decided in your favour.

etu- front; *tiet.* anterior.

etu|ajo-oikeus priority, *Am.* right of way. **-ala** foreground; *~lla* in the f.; *astua ~lle* come to the front (the fore). **-anti** advance [-money]. **-hammas** front tooth; *tiet.* incisor. **-huone** anteroom. **-ilija** pusher, climber. **-illa** *(jonossa ym)* jump the queue.

Etu-Intia India.

etu|istuin front seat. **-jalka** front leg, foreleg. **-joukko** vanquard. **-järjestö** *l.v.* union. **-kansi** *(laivan)* foredeck. **-kumara:** *~ssa* bent forward. **-käpälä** front paw. **-käteen** beforehand, in advance; ~ *maksettu* paid in advance; prepaid; *antaa ~* advance; ~ *sovittu* [previously] agreed upon; prearranged; ~ *kiittäen* thanking you in anticipation. **-lasti:** *~ssa* down by the head. **-liite** *kiel. ks. esi-*. **-lukko** padlock. **-lyhty** headlight. **-mainen** first, foremost; the forward [one]. **-masto** foremast. **-matka** start; *saada ~ jstk* get the start of; *10 yardin ~* a lead of 10 yards. **-merkintö** *mus.* signature. **-mus** front. **-nenä:** *olla jnk ~ssä* be at the head of .., lead; *asettua jnk ~än* place oneself at the head of, assume the leadership of; *jku ~ssä ..* leading the way. **-nimi** first name, Christian name. **-oikeudeton** unprivileged. **-oikeus** privilege; right of precedence, priority; *(hallitsijan ym)* prerogative.

-oikeutettu privileged; preferential; *e-tetut osakkeet* preference shares, preferred stock. **-osa** front [part]. **-permantopaikka** seat in the stalls. **-puoli** front; face; *(rahan)* obverse; *jnk etupuolella* at the front of, in front of; *tiet.* anterior (to). **-purje** foresail. **-pyörä** front wheel; (~**veto** front-wheel drive). **-pää** front; *~ssä* at the head (of); *(erittäin)* chiefly, mainly, principally. **-rivi** front rank; front (first) row; *~ssä (kuv.)* in the forefront; *~n miehet (kuv.)* leading men. **-rauhanen** prostate. **-ryhmä** interest group. **-sija** preference; precedence, priority; *asettaa jku ~lle* place .. first. **-sivu** front [side]; front page. **-sormi** forefinger, index [finger]. **-tavu** prefix.

etuus advantage.

etu|vartio outpost, advance guard; (~**kahakka** outpost skirmish; ~**palvelus** picket duty). **-varustus** entrenchment; breastwork, bulwark.

etymologi|a etymology. **-nen** etymologic [al].

etäi|nen distant, remote. **-simpänä** farthest away, most distant. **-syys** distance; remoteness; *3 mailin etäisyydellä jstk* at a distance of 3 miles from. **-syysmittari** rangefinder, *tekn.* telemeter.

etää|lle -llä far [away], far off. **-ltä** from [a]far, from a distance. **-mmällä** at a greater distance, farther [away]. **-ntyä** draw [farther] away.

eukko old woman.

eunukki eunuch.

Eurooppa Europe. **e-lainen** *a. & s.* European.

evakuoida evacuate; *evakko* evacuee; *vrt. siirtoväki.*

evankeli|nen evangelical. **-lioida** evangelize. **-sluterilainen** Evangelical-Lutheran. **-sta** evangelist. **-umi** gospel.

eversti colonel. **-luutnantti** lieutenant-colonel.

evp. *(eronnut vakinaisesta*

palveluksesta) retired from active service.
evä fin. **-llinen** finned, finny.
-jalka flipper.
eväs: *eväät* box lunch, sandwiches, provisions; *vrt. seur.* **-kori** lunch- (tea-) basket. **-laukku** lunch-box,

(sotilaan) haversack. **-tys** *kuv.* instruction, directive; **(~keskustelu** preliminary discussion). **-tää** provide [with] food; *kuv.* instruct, brief.
evätä refuse, *(hylätä)* reject; ~ *pyyntö* decline a request.

F

fagotti *mus.* bassoon.
fajanssi glazed earthenware, faience.
fakiiri fakir.
faktori *kirjap.* foreman.
fak|turoida, -tuura invoice.
falangi phalanx.
falsetti *mus.* falsetto.
fanaat|ikko fanatic. -tinen fanatical. -tisuus fanaticism.
fanfaari fanfare.
fantas|ia fantasy; fancy. -tinen fantastic.
farao Pharaoh.
fariinisokeri brown sugar.
farisealai|nen *s.* Pharisee; *a.* Pharisaic [al]. -suus Pharisaism.
farmakologi pharmacologist.
farmari farmer. -auto estate car, *Am.* station wagon. -housut jeans.
farma|seutti dispenser. -seuttinen pharmaceutical. -sia pharmacy.
farmi farm.
farssi (*ilveily*) farce.
fasaani pheasant.
fasadi (*etupuoli*) front, facade, face.
fasisti *pol.* Fascist.
fasetti (*hiottu pinta*) facet.
fatalisti fatalist. -nen fatalistic.
feminiini, -nen feminine.
fenkoli (*-mauste*) fennel.
fenoli phenol.
feodaali *hist.* feudal. -järjestelmä, -laitos feudal system, feudalism.
fermaatti *mus.* fermata, pause.
fermentti *kem.* ferment.
fetišši (*taikaesine*) fetish.
fetsi fez.
fiasko fiasco, failure.
fideikomissi *l.v.* entailed estate.
fiikus india-rubber tree.
fiksu *ark.* clever, bright.
filantrooppi philanthropist. -nen philanthropic.

filee fillet, tenderloin.
Filippiinit Philippine Islands.
filmata film, shoot.
filmi film. -kamera cine-camera, *Am.* movie camera. -kasetti film cartridge. -rulla roll of film; film cartridge. -tähti film star.
filologi philologist. -a philology. -nen philological.
filosofi philosopher. -a philosophy; ~*n* kandidaatti cand. phil., Bachelor of Arts (B.A.); ~*n* maisteri mag. phil., Master of Arts (M.A.); -antohtori Doctor of Philosophy (Ph. D.). -nen philosophic [al].
filtraatti *kem.* filtrate.
finaali *mus.* finale; *urh.* final [s].
finanssi financial; ~*t* finances. -mies financier. -tiede finance.
finiitti- *kiel.* finite.
finni pustule, pimple; ~*t* (*m.*) spots.
Firenze Florence.
firma firm.
fisteli *lääk.* fistula.
flaami Fleming; ~*n* kieli Flemish. -lainen *a.* Flemish.
Flanderi Flanders.
flanelli flannel.
flegmaattinen phlegmatic.
floretti foil.
fluor|i fluoride [s], (*alkuaine*) fluorine. -oida fluoridate.
flyygeli *mus.* grand piano.
foinikialainen Ph [o]enician.
folio (*alumiini- ym*) foil. -koko folio.
fone|ettinen *kiel.* phonetic. -tiikka phonetics.
forelli brown trout.
formaliini *kem.* formalin.
fosfaatti *kem.* phosphate.
fosfori *kem.* phosphorus. -happo phosphoric acid.

fraasi *(puhetapa)* phrase.
frakki dress coat. **-pukuinen** . . in evening dress.
fraktuura Gothic type.
frangi franc.
fregatti frigate.
frekvenssi frequency.
fresko fresko *(pl. -es)*.
friisi *(otsikko)* frieze. **-läinen** Frisian.
frotee terry cloth. **-pyyhe** Turkish towel.
fuksi freshman.

futuuri *kiel.* future [tense].
fuuga fugue.
fuusio fusion, *liik.* merger. **-ida** merge.
fysi|ikka physics. **-kaalinen** physical; ~ *hoito* physio-therapy.
fysiologi physiologist. **-a** physiology. **-nen** physiologic [al].
fyysi|kko physicist. **-nen** physical.
Färsaaret the Faroe Islands.

G

Galilea Galilee. **g-lainen** Galilean.

galleria gallery.

Gallia Gaul. **g-lainen** *a*. Gallic. *s*. Gaul.

gallupkysely Gallup poll.

galva|aninen *fys*. galvanic. **-noida** galvanize.

gamma: ~*säteily* g. radiation.

gaselli gazelle.

gastronomi gastronome.

geeni gene.

gemssi chamois.

generaattori generator.

genetiivi *kiel*. genitive, possessive [case].

Geneve Geneva; ~*n järvi* Lake of Geneva.

Genova Genoa. **g-lainen** Genoese.

geodeetti geodesist. **-nen** geodesic.

geologi geologist. **-a** geology. **-nen** geologic [al].

geometri|a geometry. **-kko** geometrician. **-nen** geometric [al].

gepardi cheetah.

germaani Teuton. **-nen** *a*. Teutonic, Germanic.

Gibraltarin salmi the Strait [s] of Gibraltar.

giljotiini guillotine.

glaseehansikkaat kid gloves.

glykoosi (*rypälesokeri*) glucose.

glyseriini glycerine.

glögi *l.v.* mulled wine.

gobeliini gobelin tapestry.

golf (*-peli*) golf; ~*in pelaaja* golfer. **-housut** plusfours. **-kenttä** golf links.

golf virta the Gulf-stream.

Golgata Calvary.

gondoli gondola; ~*n kuljettaja* gondolier.

gonggongi gong.

gootti Goth. **-lainen** Gothic. **-laistyyli** Gothic style.

Gotlanti, *g-lainen* Got [h]land.

graafinen graphic; ~ *kuvio* diagram, diagrammatic drawing, graphic representation.

grafiitti *miner*. graphite, black lead, plumbago.

gramma gramme, *Am.* gram.

gramofoni gramophone. *Am.* m. phonograph. **-levy** [gramophone] record, disc.

granaatti (*kivi*) garnet. **-omena** pomegranate.

graniitti granite.

gratinoi|da: *-tuna* au gratin.

greippi grapefruit.

grilla|ta grill, [spit-]roast; barbecue; *-ttu pihvi* steak.

grilli *ks. paahdin; ulko*~ (*Am.*) barbecue grill.

grogi whisky and soda, *Am.* highball.

groteski grotesque.

grynderi *l.v.* developer.

Grönlanti Greenland.

gynekologi gyn [a]ecologist. **-a** gyn [a]ecology.

Göteborg Gothenburg.

H

Haag The Hague.
haahka eider. **-nuntuva, ~peite** eiderdown.
haaksirikko shipwreck. **-inen** [ship]wrecked. **-utua** be shipwrecked; *h-tunut alus* wreck.
haalari dungarees, overalls. **-työntekijä** blue-collar worker.
haale|a tepid, lukewarm. **-ta** cool [off]. **-us** tepidity.
haalia *(koota)* gather, scrape together, bring .. together, rustle up, *(värvätä)* drum up.
haalis|taa *(väriä)* bleach. **-tua** *(väreistä)* fade, become faded; *-tunut* faded, discoloured. **-tuneisuus** faded condition.
haamu ghost, apparition. **-kirjoittaja** ghost writer.
haapa aspen.
haara branch; *(oksa)* bough; *(joen ym)* fork; *(suunta)* direction; *~t* legs; *eri haaroille* in different directions. **-antua** *ks. -utua.* **-asento** standing astride. **-inen** branched; *kaksi ~* two-branched. **-konttori, -liike** branch [office]. **-kynttilä** branched candle. **-osasto** branch. **-pääskynen** swallow. **-rata** branch line. **-utua** branch *(us.* off, out), ramify. **-utuma** branch, *(et. pieni)* ramification. **-utumiskohta** fork; *(kahtia)* bifurcation.
haaremi harem.
haarikka tankard.
haarniska armour.
haarukka fork; *(-purje)* gaff.
haasia drying-hurdle.
haaska carcass; *~t (m.)* carrion. **-aja** wasteful person. **-antua** be wasted. **-ta** waste; squander. **-us** wasting, waste; squandering.
haasta|a speak; *lak.* summon;

(kuv. & otteluun) challenge; *~ jku oikeuteen* bring an action against, sue a p.; *~ todistajaksi* call (summon) as a witness; *~ riitaa* pick a quarrel. **-tella** interview. **-ttelija** interviewer. **-ttelu** interview.
haaste *lak.* writ, [writ of] summons; *kuv.* challenge; *antaa jklle ~* serve a writ on sb. **-lla** talk, chat [together], have a chat.
haava 1. wound; *(leikkuu-)* cut; *(ammottava)* gash; *(sääri-, maha- ym)* ulcer. 2.: *tällä ~a* this instant, *(nykyään)* at present; *yhtä ~a* simultaneously.
haava|inen sore. **-side** dressing; gauze bandage. **-utuma** sore; ulcer. **-voide** ointment, salve.
haave fancy, fantasy, illusion. **-ellinen** dreamy; fanciful, fantastic. **-ellisesti** dreamily, in a dreamy manner. **-ellisuus** dreamy (romantic) disposition. **-ilija** dreamer. **-illa** [day-]dream. **-ilu** [day-]dreaming, reverie. **-kuva** vision, illusion. **-mielinen** dreamy; sentimental.
haavi [hoop] net, *(perhos-)* butterfly net.
haavoi|ttaa wound; inflict a wound, *jkta* on; *~ kuolettavasti* wound fatally. **-ttua** be wounded, *jhk* in; *-ttuneet* the wounded. **-ttumaton** invulnerable. **-ttumattomuus** invulnerability. **-ttuva** vulnerable. **-ttuvaisuus** vulnerability.
haeskella search, seek, hunt (for).
haettaa: *haetti sen minulla* had me bring it, sent me for it.
hahmo shape, figure, form;

(ääriviivat) outline; *jnk ~ssa* in the guise (shape) of ..; *ihmisen ~ssa* in human guise. **-tella** sketch, outline; trace [out]. **-ttua** take shape.
hahtuva tuft; flock; *(pilven)* wisp of cloud.
hai shark.
haihat|ella day-dream; *-televa* erratic; fanciful. **-telija** dreamer, utopian. **-telu** [vapid] day-dreaming; *(häälyminen)* shilly-shallying, toing and froing; *nuoruuden ~t* vagaries of youth.
haih|duttaa evaporate, vaporize; *kuv.* dispel; *~ jkn haaveet* disillusion. **-dutus** evaporation. **-tua** evaporate, [be] volatilize [d]; *(hälvetä)* be dispersed, be scattered; *suru -tuu* sorrow is dispelled; *~ muistista* be obliterated from memory; *sumu -tuu* the fog is lifting (clearing); *~ kuin tuhka tuuleen* vanish into thin air. **-tumaton** nonvolatile. **-tuminen** evaporation; exhalation. **-tuva(inen)** volatile; ethereal; *kuv.* fleeting, passing, fugitive, evanescent. **-tuvaisuus** volatility; *kuv.* fugitiveness.
haikala *ks.* hai.
haikara heron, *(katto-)* stork.
haike|a sad; poignant. **-us** sadness; poignancy.
haiku *(tuprut)* puff, whiff.
hailakka pale, faded.
haili Baltic herring.
haima *anat.* pancreas. **-neste** pancreatic juice.
hairah|dus error, fault; slip; *nuoruuden ~* a youthful indiscretion. **-duttaa** lead .. astray, mislead. **-tua** commit an error (indiscretion); err; be misled.
hais|kahtaa smell, *jltk* of; *kuv.* savour of. **-ta** smell, *jltk* of; *~ hyvältä* smell good, have a sweet smell; *~ pahalta* smell bad, have an offensive smell, *(löyhkätä)* stink; *~ palaneelta* smell of burning. **-taa** smell; *(vainuta)* scent; *-toin heti käryn* I smelled a rat. **-tella** sniff, *jtk* at. **-ti** [sense of]

smell. **-unääta** skunk.
haitalli|nen injurious, harmful, noxious; *(turmiollinen)* detrimental; deleterious; *~ vaikutus (m.)* adverse effect; *terveydelle ~* injurious to health. **-suus** injuriousness, harmfulness.
haitata inconvenience; [give] trouble; *(ehkäistä)* hamper, impede; *(vahingoittaa)* hurt; *ei se haittaa (mitään)* that won't do any harm, it does not matter! never mind! *työtä haittaavat puutteet* the work suffers from defects; *huono sää haittasi kilpailua* the bad weather spoilt (marred) the match.
haitta disadvantage, drawback; trouble; *(vahinko)* injury, harm; detriment; *(esim. vamma)* handicap; *olla jklle haitaksi* put sb. to inconvenience, give a p. trouble. **-aste** degree of disability. **-puoli** drawback. **-vaikutus** ill-effect, injurious effect.
haituva down, *vrt.* seur.
haiven *(karva)* hair, down; *(kasvissa)* floss, *(persikan ym)* fur; *vrt.* hahtuva.
haja *ks.* hajalla, -lle.
hajaannus dissolution, disintegration; *(eripuraisuus)* split, division, *usk. ym* schism. **-tila** state of dissolution; *~ssa oleva* disorganized, disintegrated.
hajaan|nuttaa cause to scatter (to disintegrate), cause a split (a division). **-tua** break up, dissolve; *(eri tahoille)* scatter, disperse; *kokous -tui* the meeting broke up; *äänet -tuivat* the votes were scattered. **-tuminen** breaking up, dissolution.
haja|lla: *olla ~* lie [scattered] about, be spread out; *~an oleva* scattered, dispersed; *hiukset ~* with one's hair brushed out (hanging down); *sääret ~* with one's legs astride. **-lle:** *mennä ~* break up, go apart; *(rikki)* go to pieces; *ottaa ~* take .. apart,

take .. to pieces; *laskea,*
päästää ~ *(sot.)* disband,
demobilize. **-mielinen**
absent-minded; preoccupied.
-mielisyys absent-mindedness.
-n: *hujan* ~ *lattialla* lying
about on the floor. **-nainen**
scattered; *(puhe ym)*
incoherent; disconnected;
desultory. **-naisuus**
incoherence, disconnectedness;
(esim. opintojen) desultoriness.
-reisin astride. **-sijoitus**
decentralization **-taitteisuus**
astigmatism. **-tapaus** isolated
case. **-ääni** stray vote.
hajoa|maton indissoluble.
-minen breaking [up],
dissolution; disintegration;
scattering, dispersion; *kem.*
decomposition. **-mistila** state
of decomposition; *kuv.* state
of dissolution (of disinteg-
ration).
hajonta dispersion.
hajo|ta break up, dissolve.
-ttaa disperse, scatter; *(parl.*
ym) dissolve; *(repiä alas)* tear
down, demolish; *(kone)* take
to pieces; ~ *ainesosiinsa*
break up, decompose; ~
kokous break up a meeting;
~ *maan tasalle* level (raze) to
the ground; ~ *vihollinen*
scatter the enemy; ~
voimiaan dissipate one's
strength. **-ttajalinssi** concave
lens. **-ttaminen, -tus** *(esim.*
parl.) dissolution; dispersal.
haju smell; odour, *(hyvä)*
scent; *(löyhkä)* stink, foul
smell. **-aine** scent. **-aisti** sense
of smell. **-elin** organ of smell.
-hermo olfactory nerve. **-herne**
sweet pea. **-inen:** *jnk* ~ ..
with a (having a) .. smell;
miellyttävän ~
pleasant-smelling. **-lukko**
drain-trap. **-pihka** asaf[o]etida.
-staa *(parfymoida)* scent.
-suola smelling-salts, sal
volatile. **-ton** odourless; *on* ~
has no smell. **-ttomuus**
absence of odour. **-vesi** scent,
perfume. **-voide** pomade. **-öljy**
essence.
haka 1. hook; clasp; bolt; *ovi*
on haassa the door is

hooked. **2.** pasture [ground],
(pieni) paddock. **-nen** hook;
(sinkilä) staple; *-set (sulkeet)*
[square] brackets; *panna -siin*
hook, *(sulkeisiin)* put (enclose)
in brackets; *päästää -sista*
unhook. **-neula** safety-pin.
-risti, ~**lippu** swastika.
hakata hew; *(kiveä ym)* cut;
(pilkkoa) chop; ~ *maahan*
hew down; ~ *metsää* fell
trees; ~ *poikki* cut off, chop
off, *(oksia)* lop.
hake|a seek, look, *jtk* for;
search (for); *(käsiinsä)* hunt
.. up, look .. up; *(noutaa)*
fetch; *(virkaa ym)* apply for;
(oikeustietä) sue for; ~
lohdutusta seek consolation
in; ~ *muutosta päätökseen*
appeal the case; ~
saatavaansa sue .. [for a
debt]; ~ *jtk (ilmoittamalla)*
advertise for; *tulen -maan*
sinua I'll call (come round)
for you, I'll pick you up.
-misto index. **-mus** application
[for a job]; *(anomus)*
petition; *hylätä* ~ refuse an
application; *jättää* ~ make an
a.; (~**lomake** application form).
hakija applicant; *(pyrkijä)*
aspirant; candidate (for).
hakkai|lla *jkta* flirt with, pay
court to, make love to. **-lu**
flirting, flirtation.
hakkaus cutting, hewing;
(metsän) felling timber,
logging.
hakkauttaa have .. hewn (cut
down, felled).
hakkelus chopped meat.
hakku pick, pickaxe.
hakkuu logging, felling.
hako sprig of spruce (of pine).
-teillä off course, off the
track.
haksahdus blunder.
haku search, quest; *olla työn*
haussa be in search of work,
be looking for work; *mennä*
puun ~*un* go for wood. **-aika**
period of application.
-kelpoinen qualified (for).
-kelpoisuus qualification[s].
-paperit written application.
-sana headword. **-teos**
reference book.

halailu necking, hugging.
halata embrace, hug; *(haluta)* desire; long, yearn (for).
halava *(-puu)* bay willow.
haljeta split, cleave; crack, burst; *nauraa* ~*kseen* split one's sides [with laughter], burst with laughter; *sydän halkeaa* the heart breaks; *haljennut lasi* a cracked glass.
halkai|sematon unsplit. **-sija** *mat.* diameter; *mer.* jib. **-sta** cleave, split; slit.
halke|ama split, cleft, *(rako)* crevice, chink; *(pienempi)* crack; *tiet.* fissure; *(et. jäätikössä)* crevasse. **-illa** crack; *(iho ym)* chap.
halki through; *(yli)* across; *(kahtia)* in two; *(rikki)* asunder; *mennä* ~ split, crack; ~ *aikojen* through the ages; ~ *elämäni* all [through] my life; ~ *torin* across the marketplace; ~ *vuoden* throughout the year; *puhua asiat* ~ speak plainly, tell sb. in so many words. **-leikkaus** longitudinal section. **-nainen** cracked, cleft; broken. **-o:** *huuli*~ cleft lip.
halko stick of [fire]wood, log; *halot* firewood. **-a** cleave, split; *(paloittaa)* cut up. **-kauppias** dealer in firewood. **-pino** pile of firewood. **-syli** *l.v.* cord of wood. **-tarha** wood-yard. **-vaja** wood-shed.
halla frost; ~*n panema* damaged by frost, *(vikuuttama)* nipped by frost. **-narka** sensitive to frost. **-nkestävä** frost resistant, hardy. **-yö** frosty night, night of frost.
hallava pale grey.
halli hall, *(kauppa-)* market hall; *(hylje)* grey seal.
hallinnollinen administrative; governmental.
hallinta *lak.* occupancy, tenancy; *jkn hallinnassa* under a p.'s control; ~*an ottaminen* taking possession [+ seizin]. **-oikeus** right of possession.
hallinto administration; management. **-alue** administrative district. **-elin**

governing body. **-kustannukset** costs of administration. **-neuvosto** supervisory board,
hallit|a rule; *(kuningas ym)* reign (over); govern; control; dominate; *hän -see englanninkieltä* he has [a good] command of *(t.* he commands) the English language; ~ *tilannetta* control the situation; ~ *omaisuuttaan* be in control of one's property; ~ *valtakuntaa* rule (govern) a state; *Yrjö VI:n -essa* during the reign of George VI; *hän ei hallinnut osaansa (tunteitaan)* he did not master his part (his feelings). **-seva** ruling *jne;* [pre]dominating; *on* ~*lla paikalla* has a commanding position.
hallitsija ruler; sovereign; monarch. **-nvaihdos** change of ruler. **-suku** reigning house, ruling family; dynasty.
hallitus government; cabinet; *(esim. Nixonin)* [the Nixon] administration; *(yhtiön)* [board of] directors; *Suomen* ~ the Finnish government; *Saigonin* ~ the Saigon regime; *h-tuksen jäsen* cabinet-member; *mennä h-tukseen* enter the government; *muodostaa (uusi)* ~ build a new government; *h-tuksesta (kruunusta) luopuminen* abdication. **-aika** reign, rule. **-järjestelmä** system of government; régime. **-kaupunki** seat of the government. **-kausi:** . . *-n -kautena* in the reign of. **-mielinen:** ~*lehti* a paper supporting the government. **-muoto** [form of] government; *(valtiosääntö)* constitution. **-pula** cabinet crisis. **-puolue** party in power. **-suunta** government policy.
hallussa: *jkn* ~ in a p.'s possession, *vrt. haltu.*
halonhakkaaja woodcutter.
halpa cheap, inexpensive; *kuv.* humble; *ostaa halvalla* buy cheap (at a low price, at a bargain); *halvalla* cheaply;

myydä halvemmalla kuin undercut a p. **-arvoinen** .. of little value; humble, lowly. **-arvoisuus** low value; humbleness. **-hintainen** cheap, inexpensive; ~ *näytäntö* performance at popular prices. **-korkoinen:** ~ *laina* low-interest loan. **-mainen** mean, base, ignoble; *(halveksittava)* despicable. **-mielinen** base-minded, mean. **-mielisyys** baseness. **-sukuinen** .. of humble origin. **halpuus** cheapness; humbleness; *hinnan* ~ lowness of the price, the low price.

halstar|i gridiron. **-oida** broil.

haltija 1. occupant, holder; possessor, owner; *~lle asetettu* made payable to bearer; *viran* ~ holder of an office. **2.** *(-tar)* fairy; *(paha)* goblin, *(maahinen)* gnome; *(henki)* genius *(pl.* genii), guardian spirit.

haltio: *olla ~issaan* be exultant, be in an ecstasy [of joy]; *joutua ~ihinsa* go into ecstasies; *ks. -itua.* **-issaolo** ecstasy. **-ittaa** thrill; make .. wild with enthusiasm. **-itua** become exalted, become highly enthusiastic. **-ituminen** exaltation.

haltu: *pitää hallussaan* have in one's possession, occupy, hold; *(hoidossaan)* keep in one's care; *jkn ~un* into a p.'s possession (keeping); *antaa jkn ~un* hand over to, deliver; commit to the care of, entrust to, *(käsiin)* leave in the hands of; *ottaa ~unsa* take possession of; *(huolekseen)* take over, take charge of; *Jumalan ~un* God be with you!

halu desire (for), *(kaipuu)* longing (for), *(toivo)* wish; *(taipumus)* tendency, bent, inclination; *(himo)* lust; *(mieli-)* eagerness; *~lla, ~sta* with pleasure, willingly; *hänellä ei ole ~a lukea* he does not like to read; *minulla on hyvä* ~ .. I have a good mind to ... **-inen:**

jnk ~ desirous of, eager (to do sth.); in the mood, in a humour for. **-kas** willing; ready; disposed, inclined (to); *erittäin* ~ eager, anxious (to), desirous; ~ *ostaja* prospective buyer; *halukkain silmin* with longing glances. **-kkaasti** willingly, readily, gladly; *(himokkaasti)* covetously. **-kkuus** willingness, readiness; eagerness.

halu|ta wish, want, desire; feel inclined; *(kielt. & kys. lauseissa)* care for; *-aisin tietää* I should like to know; *-atteko kupin teetä* would you like a cup of tea? ~ *mieluummin prefer; -aisin mieluummin* I would rather have (a cup of tea); *hän tekee niinkuin -aa* he does as he pleases; *aivan kuten -at* just as you wish (choose); *mitä -atte?* what do you want? *haluttu* desired; *haluttua tavaraa* goods in great demand. **-ton** unwilling; reluctant, disinclined; *(välinpitämätön)* listless, apathetic; *olen* ~ *menemään sinne (m.)* I dislike to go there, I don't want to go there. **-ttomuus** unwillingness, disinclination, listlessness, apathy.

halva|antua be paralysed; *-antunut* paralysed. **-ta** paralyse. **-us** paralysis; *(-kohtaus)* stroke, apoplexy, *(aivoveritulppa)* cerebral thrombosis.

halvek|sia despise, disdain; scorn, look down upon. **-sija** scorner (of). **-siminen** contempt (for), disdain (of); disrespect (of). **-sittava** contemptible, despicable. **-sittavuus** despicableness. **-siva** scornful, contemptuous.

halvemmuus lower price.

halven|taa disparage; belittle; *(hintaa)* cheapen, reduce. **-taminen** disparagement, detraction; reduction; *oikeuden* ~ contempt of court. **-tava** disparaging, derogatory.

halveta cheapen, become cheaper.

hama: ~*an* unto; ~*sta* ever since.

hamara back (of an axe, a knife).

hame skirt; *(puku)* dress. **-kangas** dress-material.

hammas tooth *(pl.* teeth); *(rattaassa)* cog; ~*tani särkee* I have toothache; *vetää pois* ~ extract a tooth; *(vauva) saa hampaita* is cutting teeth; *hampaiden puhkeaminen* teething; *hampaiden oikominen* orthodontics; *ajan* ~ the ravages of time; *on joka miehen hampaissa (kuv.)* is on everyone's tongue. **-harja** toothbrush. **-jauhe** tooth-powder. **-kiille** dental enamel. **-kirurgi** dental surgeon. **-kivi** tartar. **-kuoppa** tooth-socket; alveolus. **-laitainen** *bot.* dentate. **-luu** dentine. **-lääketiede** dentistry; dental science. **-lääkäri** dentist; *-n ammatti* dentist's profession, dentistry. **-mätä** caries. **-pihdit** [dental] forceps. **-pora** dentist's drill. **-proteesi** denture. **-puikko** toothpick. **-rata** rack railway. **-ratas** gearwheel, cogwheel. **-rivi** row of teeth. **-särky** toothache. **-taa** tooth, indent. **-tahna** toothpaste. **-teknikko** dental technician, dental mechanic. **-tenkiristys** gnashing of teeth. **-tikku** toothpick. **-vesi** liquid dentifrice. **-ydin** pulp. **-äänne** *kiel.* dental.

hampaan|juuri root of a tooth. **-kolo** cavity [in a tooth]; *minulla on jtk* ~*ssa häntä vastaan* I have an old score to settle with him. **-puhkeaminen** teething; dentition. **-täyte** filling.

hampaaton toothless.

hampaisto teeth; *(et. teko-)* denture.

hamppu hemp. **-köysi** hempen rope.

hamstrata hoard.

-han, -hän why; *onkohan hän kotona* I wonder if he is at home; *siellähän sinä olet*

why, there you are! *sinullahan on auto* you have got a car, haven't you? *tunnethan hänet* you know him, don't you?

hana tap; faucet; *(pyssyn)* hammer, cock.

hangata rub; chafe, gall; *kenkä hankaa* the shoe chafes; ~ *kirkkaaksi* rub up, polish.

hangoitella: ~ *vastaan* struggle against .., make resistance; be refractory.

hanhen|kynä quill. **-maksa(pasteija)** goose-liver (paste). **-marssi** single file. **-paisti** roast goose. **-poika** gosling.

hanhi goose *(pl.* geese), *(koiras-)* gander. **-lauma** flock of geese.

hanka(in) rowlock, oarlock.

hankal|a difficult; troublesome; inconvenient; ~ *käsitellä* awkward [to handle], cumbersome. **-asti** with difficulty. **-oittaa** render .. more difficult; hamper. **-uus** difficulty, trouble; inconvenience.

hankauma chafed place; abrasion.

hankaus rub[bing]; *(kitka)* friction *(m. kuv.).* **-äänne** spirant, fricative.

hankautua be rubbed, be chafed.

hanke plan, project; design; undertaking; *(valmistus)* preparation; *(aie)* intention, intent; *(vehkeily)* design; *olla hankkeessa lähteä* prepare to go, get ready to leave.

hanki crust of [frozen] snow, crust[ed snow]; *(kinos)* snowdrift; ~ *kantaa* the snow bears.

hankinta procuring, acquiring, acquisition; *kaupp.* delivery; *hankinnan laiminlyöminen* nondelivery. **-aika** date of delivery. **-kykyinen** capable [of delivering], strong. **-sopimus** delivery contract. **-tarjous** offer for delivery, tender.

hankki|a get, procure; *(varustaa)* provide, supply,

furnish (with), *kaupp.* deliver;
(itselleen) acquire; obtain,
secure; ~ *apua* find help; ~
jklle auto get a taxi for; ~
lupa secure a permit; obtain
permission; ~ *rahoja (m.)*
raise money; ~ *tietoja jstk*
obtain information about; *hän
on -nut omaisuuden* he has
made a fortune; *hän hankkii
(ansaitsee) hyvin* he gets good
money by it; *hankkii sadetta*
it looks like rain. **-ja** *kaupp.*
supplier, *(ruoka-)* purveyor,
caterer. **-utua** prepare oneself,
get ready (for).
hanko fork, pitchfork.
hansa|kaupunki Hanse town.
-liitto the Hanseatic league.
hansikas glove. **-kauppa**
glover's.
hanuri accordion.
hapahko sourish, somewhat
sour.
hapan sour; *kem.* acid;
happamen näköinen
sour-looking, surly; *olla ~
(kuv.)* sulk; *happamia, sanoi
kettu sour* grapes [said the
fox]. **-imelä** sour-sweet. **-kaali**
sauerkraut. **-leipä** sour
[black] bread.
haparoida grope, *jtk* after, for;
fumble (for).
hapa|ta turn sour. **-ttaa** sour;
leaven. **-tus** souring; *m. kuv.*
leaven.
hape|ton free from oxygen.
-ttaa *kem.* oxidize. **-ttua**
[become] oxidize[d].
-ttumaton inoxidizable. **-tus**
oxidization.
happa|maton unleavened. **-muus**
sourness; acidity. **-neminen**
turning sour.
happi *kem.* oxygen. **-kaasu**
oxygen [gas]. **-laite** oxygen
apparatus. **-nen:** *runsas ~*
rich in oxygen. **-säiliö** oxygen
container.
happo acid. **-inen** [containing]
acid. **-isuus** acidity; *liika ~*
hyperacidity. **-marja** barberry.
hapsi: *hapset* hair.
hapsottaa *ks. harottaa.*
hapsut tassels.
hapuil|la grope, fumble, *jtk*
for; ~ *sanoja* fumble for

words, be at a loss for a
word; *-len* by feeling one's
(its) way; *-eva* fumbling,
groping; uncertain; *kuv.*
tentative.
hara *(karhi)* harrow; *~llaan*
spread out.
harakan|pesä *kuv.* ramshackle
house. **-varpaat** scrawl, »hen
scratches».
harakka magpie.
harata harrow.
hara|va, -voida rake.
harha s. = *seur.; vrt. -luulo;
yhd.* mis-. **-aistimus** delusion,
hallucination.
-haan astray; *ampua ~* miss
[the mark]; *astua ~* make a
false step, stumble, *(portaissa)*
miss a stair; *johtaa ~* lead
astray, mislead; *osua ~* miss;
~ osunut misdirected.
-johdettu misguided, misled.
-johtava misleading, delusive.
-nuttaa mislead. **-tua** lose
oneself; *-tunut* gone astray.
harha|askel false step, lapse,
mistake. **-illa** stray, wander
[about]; *(samoilla)* rove,
roam. **-isku** misdirected blow,
miss. **-kuva** distorted picture;
ks. seur. **-kuvitelma** illusion.
-laskelma miscalculation. **-luoti**
stray bullet. **-luulo** wrong
idea; illusion, delusion;
(eksymys) error; *~n vallassa*
labouring under a delusion.
-näky optical illusion. **-oppi**
heresy. **-oppinen** *a.* heretical;
s. heretic. **-oppisuus** heresy.
-päätelmä fallacy. **-tie** wrong
way, wrong path; *johtaa
-teille* lead astray; *joutua
-teille* get on the wrong
track. **-usko** false opinion,
misbelief. **-uttaa** mislead.
harja brush; *(vuoren ym)*
ridge; *(aallon, linnun)* crest,
comb; *(huippu)* top; *(hevosen)*
mane.
harjaan|nus practice; exercise.
-nuttaa train. **-tua** become
trained, have practice (in);
-tunut trained; practised,
experienced, skilled. **-tumaton**
untrained, unpractised,
inexperienced. **-tuneisuus**
training; experience.

harja|hirsi ridge pole. **-ksinen** bristly. **-nne** ridge. **-nnostajaiset** topping- out celebrations (after reaching roof level of building).

harjas bristle; *nostaa harjakset* bristle up.

harjata brush; ~ *pois* b. off.

harjoi|tella practise; *(näytelmää, osaa)* rehearse; ~ *kirjoitusta* practise writing; ~ *soittamaan pianoa* practise on the piano; ~ *jssak ammatissa* be learning a trade. **-telma** *taid.* study; sketch. **-ttaa** practise, exercise; carry on, pursue; do; *(jtk pahaa, m.)* commit; *(harjaannuttaa)* train, drill; rehearse; ~ *jtk ammattia* carry on (follow) a trade; ~ *kauppaa* carry on (do, transact) business, *(jnk)* engage in a trade, deal (in); ~ *opintoja* pursue [one's] studies; ~ *sotamiehiä* drill soldiers; ~ *vilppiä* practise cheating; ~ *väkivaltaa* commit an outrage, use violence. **-ttaja:** *jnk* ~ person engaged in . .; instructor, trainer. **-ttamaton** untrained, unpractised. **-ttava:** *tointaan* ~ *lääkäri* a practising doctor, practitioner. **-ttelija** learner of a trade; apprentice. **-ttelu** training, practice; (~**aika** period of training).

harjoitus practice, exercise; training; *(ase-)* drill; *teatt.* rehearsal. **-tehtävä** exercise; *mat.* example, sum.

harju ridge; *geol.* eskar.

harjus *zo.* grayling.

harki|nta deliberation, consideration; reflection; *tarkan -nnan jälkeen* on mature deliberation, on reflection *t.* close consideration; (~**kyky** judg[e]ment). **-ta** consider, deliberate, think [it] over, reflect upon; ponder, *(punnita)* weigh [in one's mind]; ~ *parhaaksi* consider (deem) it best; ~ *tarkemmin* think .. over, reconsider; *asiaa -ttuani* after thinking the matter over, on second thoughts; *olla*

-ttavana be under consideration; *-tseva* reflecting; prudent, circumspect. **-tsematon** unconsidered; inconsiderate; heedless, rash. **-tsemattomasti** without considering, heedlessly. **-ttu** premeditated, deliberate; *hyvin* ~ well-considered; *huonosti* ~ ill-advised, ill-judged. **-tusti** deliberately, with deliberation.

harkki drag; grapnel.

harkko bar; [gold, silver] ingot, bullion; *(rauta-)* pig. **-rauta** pig-iron.

harmaa grey, *Am.* gray. **-haikara** heron. **-hapsinen** grey-haired. **-nkirjava** mottled grey. **-ntua** turn grey. **-päinen** greyhaired; grizzled.

harma|htava greyish, grizzly. **-us** greyness.

harmi annoyance, vexation; trouble; displeasure; *olla* ~*ssaan* feel vexed. **-llinen** annoying, vexatious, provoking; *sepä -llista* how annoying! what a nuisance! **-llisuus** vexatiousness; annoyance. **-stua** be annoyed, be vexed, feel indignant *(jklle* with, *jhk* at). **-stuminen** indignation, resentment. **-tella** fret (about). **-ton** harmless. **-ttaa** annoy, vex; *(ärsyttää)* provoke; *minua -tti* I was annoyed at [him *t.* his saying so]. **-ttomuus** harmlessness.

harmonia harmony.

harmoni harmonium. **-kka** accordion.

harott|aa: *-ava tukka* straggling hair.

harp|ata stride; *(loikata)* leap.

harpikko set of drawing instruments.

harppaus stride; leap.

harppi [pair of] compasses; dividers.

harppu harp.

harppu|una, -noida harpoon.

harpun|kieli harp string. **-soittaja** harpist.

harras devoted; warm, fervent; *usk. ym* devout; *(kiihkeä)* ardent; ~ *kuulija* earnest listener; ~ *rukous* fervent prayer; ~ *toivomus* ardent

wish. **-taa** take an interest,
be interested (in); ~ *urheilua*
go in for sports; ~ *kansan
parasta* devote oneself to
(look after) the best interests
of the people; *asiaa -tavat* all
those interested; *alkaa* ~ *jtk*
become interested in, take to.
-te hobby. **-telija** amateur,
dilettante. **-tus** interest, *jhk*
in; *(erikois-, m.)* hobby;
kirjalliset -tukset literary
pursuits; *hänellä on laaja
~piiri* his interests range
widely.

harsia baste, tack.

harso gauze, *(kasvo-)* veil
-kangas gauze. *(suru- ym)*
crepe.

harta\|asti earnestly; ardently,
devoutly; with great interest.
-udenharjoitus devotions.

hartaus devotion; earnestness;
warmth, fervour. **-hetki**
prayers, devotions. **-kirja**
religious book. **-kirjallisuus**
devotional literature. **-kokous**
prayer-meeting.

hartei\|lla on [one's] shoulders.
-lta: *karistaa vastuu ~an*
shuffle off responsibility.

harteva *ks. hartiakas.*

harti\|a shoulder; *siirtää vastuu
toisten -oille* shift the blame
to other shoulders.

hartia\|huivi shawl. **-kas** broad
-shouldered.

hartsata rosin.

hartsi resin; *(kova)* rosin.
-mainen resinous.

harva sparse, not dense; *(~t)*
few; *(tukka m.)* thin; *(kangas)*
loose, coarse; ~ *se päivä*
nearly every day; *olla ~ssa*
be scarce, be rare; *puut ovat
~ssa* the trees are far apart;
sellaisia miehiä on ~ssa (m.)
such men are few and far
between; *~an (hitaasti)*
slowly; *~an asuttu* sparsely
(thinly) populated; *~kseen*
slowly; at long intervals; now
and then; *(yksitellen)* one by
one.

harvainvalta oligarchy.

harva\|kudontainen coarsely
woven. **-lukuinen** .. few
(small) in number; ~ *yleisö*

the *(t. a)* small attendance.
-lukuisuus small number,
paucity. **-puheinen** taciturn,
uncommunicative; ~ *mies* a
man of few words. **-puheisuus**
taciturnity.

harve\|neminen thinning [out].
-nnus thinning [out]; *kirjap.*
spacing out. **-ntaa** make ..
thinner; *(metsää ym)* thin;
kirjap. space [out]. **-ta** get
thinned, thin [out];
(lukumäärältään) be reduced
in number.

harvinai\|nen rare, uncommon,
unusual; infrequent; *-sen suuri*
unusually (exceptionally) large.
-suus rareness, rarity;
infrequency; *(esine)* rare thing.
curiosity.

har\|voin seldom, rarely; ~
tapahtuva [of] infrequent
[occurrence]; *harvemmin* less
commonly, less frequently.
-vuus thinness; scarcity.

hasis hash [ish].

hassahtava not in his (her)
right senses, not all there,
dotty, cracked.

hassu silly, foolish; crazy, mad.
-nkurinen funny, comical,
droll; ludicrous. **-nkurisuus**
ludicrousness, funniness. **-sti**
foolishly; *ks. hullusti.* **-tella**
act the fool, play the fool;
play about. **-ttelu** foolery,
clowning. **-us** foolishness.

hatar\|a flimsy, poorly
constructed, unsubstantial;
ramshackle [house]; *kuv.*
vague; *(löyhä)* loose; ~ *muisti*
poor memory; ~ *puolustus*
flimsy excuse; *~t tiedot*
superficial knowledge. **-uus**
flimsiness; looseness;
vagueness; *(heikkous)* poorness.

hattara wisp of cloud, cloudlet.

hattu hat; *nostaa ~aan* raise
one's hat; *panna ~ päähänsä*
put on one's hat. **-kauppa**
(naisten) milliner's, *(miesten)*
hatter's. **-rasia** hatbox. **-tukki**
[hat-] block.

hatun\|koppa crown of a hat.
-lieri brim of a hat. **-tekijä**
hatter.

haudan\|kaivaja grave-digger,
sexton. **-ryöstäjä** grave-robber.

-takainen: ~ *elämä* life beyond.

haudata bury, inter.

haud|e *(kääre)* compress; *(lämmin)* fomentation; *(puuro-)* poultice; *(vesi)* bath. **-ella** bathe [with hot water]; apply hot fomentations (to). **-onta** bathing; fomentation; *(munien)* brooding, *(koneessa)* incubation. **-uttaa** *(ruokaa)* stew.

hauislihas biceps.

haukahtaa yelp.

haukata bite, take a bite; snap (at).

hauki pike; *(nuori)* pickerel.

haukka hawk; falcon. **-metsästys** hawking, falconry. **-metsästäjä** falconer.

haukkoa: ~ *henkeään* gasp [for breath], pant; ~ *ilmaa* gasp for air.

haukku bark[ing]. **-a** bark, *jkta* at, *(kimakasti)* yelp, *(ulvoen)* bay; *kuv.* abuse; ~ *pataluhaksi* haul sb. over the coals, heap abuse (upon); *koirat -ivat kuin hullut* the dogs barked their heads off. **-masana:** ~t abuse, invective. **-manimi** nickname.

hauko|tella yawn. **-tus** yawn[ing]. **-tuttaa** make .. yawn; *minua* ~ I feel like yawning.

haukunta bark[ing]; yelp[ing].

hauli: ~t shot, *(isot)* buckshot. **-kko** shotgun; fowling-piece.

haura|s brittle; fragile, *kuv. ym* frail. **-us** brittleness, fragility.

haureelli|nen lewd. **-suus** lewdness, licentiousness.

haureus lewdness, immorality; *raam.* adultery.

hauska pleasant, pleasurable, delightful; jolly; amusing; ~ *kuulla* I am [very] glad (pleased) to hear it; *meillä oli hyvin* ~*a* we had a good time; *pidä* ~*a* have a nice time, enjoy yourself; ~*a joulua* merry Christmas! **-nnäköinen** good-looking, handsome. **-sti** pleasantly, agreeably.

hausku|ttaa amuse, entertain.

-tus amusement, diversion, entertainment.

hauskuus pleasure, enjoyment; *(huvi)* amusement, fun, merriment.

hauta grave; tomb; *haudan hiljaisuus* deathlike silence; *Pyhä* ~ the Holy Sepulchre. **-amaton** unburied. **-antua** be buried (in). **-holvi** [burial] vault, tomb; crypt.

hautajais|et funeral *(-issa* at), burial. **-puhe** funeral oration. **-saatto** funeral procession.

hauta|kammio sepulchre. **-kappeli** cemetery chapel; *(ensim. sairaalan)* mortuary; *(krypta)* crypt. **-kirjoitus** inscription on a tombstone. **-kivi** tombstone, gravestone, headstone [on sb.'s grave]. **-kumpu** [burial] mound. **-patsas** monument.

hautaus burial, interment. **-apu** aid towards funeral expenses; *(*~*kassa* burial fund). **-kustannukset** funeral expenses. **-maa** cemetery, *(vanhempi)* burial-ground. **-menot** burial service, funeral rites. **-toimisto** undertaker's, firm of undertakers, *Am. m.* mortician.

hautautua be buried (in).

hautoa bathe, apply [hot] compresses to; foment; *(linnuista)* sit on eggs, brood; *(esille)* hatch; ~ *kostoa* harbour thoughts of revenge; ~ *mielessään* brood (on, over), ponder (over).

hautoma|aika brooding time, incubation period. **-koje** incubator.

hautua *lääk.* be fomented, be bathed; *(ruoka)* steam, stew, *(tee)* draw.

havah|duttaa wake, [a]rouse. **-tua** awake, wake up. **-tuminen** awakening.

Havaijin saaret the Hawaiian Islands.

havainno|itsija observer. **-llinen** graphic; clear, lucid **-llistaa** make clear; illustrate. **-llisuus** clearness, clarity.

havainto perception; *(huomio)* observation; finding. **-kyky**

perceptive faculty. **-opetus**
[teaching by] object-lessons.
-virhe error in observation.
-välineet audio-visual aids.
havait|a observe; perceive;
(huomata) notice, note, see,
become aware of; discover;
realize; *-tiin tarpeelliseksi* was
found necessary. **-tava**
perceptible; noticeable.
havit|ella desire; *(tavoitella)*
aspire (to, after), hanker
(after, for), be after [sb.'s
money]. **-telu** aspiration (for).
havu: *kuusen ~t* spruce twigs.
-metsä coniferous forest.
-nneula needle [of fir]. **-puu**
conifer.
he they; *heidät, heitä* them;
heille to them; for them;
heiltä from them; *heistä* of
(t. about) them.
Hebridit the Hebrides.
hede *bot.* stamen. **-kukka**
staminate *(t.* male) flower.
hedelmä fruit; *~t* fruit;
(joskus) fruits; *~stä puu
tunnetaan* a tree is known by
its fruit. **-hyytelö** jelly.
-kauppa fruit shop, [the]
fruiterer's. **-kauppias** fruiterer.
-llinen fertile, *kuv. m.*
fruitful; *(maaperä)* rich,
productive. **-llisyys** fruitfulness,
fertility. **-nkorjuu** fruit harvest.
-nraakile unripe fruit. **-puu**
fruit-tree. **-puutarha** orchard.
-salaatti fruit salad. **-sokeri**
fructose. **-säilykkeet** preserved
fruit, tinned *(Am.* canned)
fruit. **-ttömyys** infertility;
sterility. **-tön** infertile;
unfruitful; *(maa m.)* barren;
kuv. fruitless. **-viljelys**
fruit-growing.
hedelmöi|dä bear fruit. **-minen**
fructification; *(viljan)*
blossoming. **-ttää** fertilize;
fecundate; *kuv.* inspire,
stimulate; *h-ävä (kuv.)*
inspiring, fruitful. **-tyminen,
-tys** *zo., bot.* fertilization,
(naisesta) conception. **-tyä** be
fertilized, *(naisesta)* conceive.
hegemonia hegemony.
hehke|ys bloom, blossom,
(uhkeus) luxuriance. **-ä**
blooming, fresh.

hehku blow, *kuv. m.* ardour,
fervour. **-a** glow; *(esim.
raudasta)* be red-hot; *hänen
kasvonsa -ivat vihasta* his
face glowed (was flushed)
with anger. **-lamppu**
incandescent lamp (bulb). **-ttaa**
heat to incandescence, bring
.. to a red heat; *tiet.* ignite;
-tettu viini mulled wine. **-va**
glowing; *(esim. rauta)* red-hot;
kuv. burning, ardent, fiery;
(hiilet) live. **-vasti** glowingly;
ardently.
hehtaari hectare (2.471 acres).
hehtolitra hectolitre (26.42
gallons).
hei hallo! hello! *Am.* hi!
heid|än their; theirs. **-ät** *ks.
he;* *jos näen ~* if I see them.
heijas|taa throw back; reflect;
(säteillä) radiate. **-te** *lääk.*
reflex, jerk. **-tin** reflector;
(pimeässä, tiellä käyt.)
luminous badge. **-tua** be
reflected. **-tuma** reflex.
heijastus reflection, reflex. **-koje**
projector. **-kulma** angle of
reflection. **-liike** reflex action.
heike|ntyä *ks. heiketä.* **-ntää**
weaken; *(ruum. m.)* debilitate,
enfeeble; *(huonontaa)* impair.
-tä weaken, grow weaker;
lose strength; abate, die
down; decrease; *tuuli
heikkenee* the wind is
dropping.
heikkeneminen weakening;
decline; *(tuulen ym)*
abatement.
heikko weak; *(ääni ym)* faint;
(voimaton) feeble, infirm;
(hento) frail, delicate; slight;
(kehno) poor; *heikompi jkta
(kyvyiltään)* inferior to; *~
puoli* failing, shortcoming,
weak point; *~ terveys*
delicate (weak, poor) health;
~ tuuli light wind; *heikot
perusteet* slender grounds.
-hermoisuus neurasthenia.
-lahjainen .. of limited
intelligence. **-mielinen** moron.
-mielisyys moronism.
-näköinen weak(poor)-sighted.
-näköisyys poor sight.
-rakenteinen of slender
build. **-tahtoinen** weak-minded.

heikko|us weakness; feebleness, infirmity; *(et. äkillinen)* faintness; *(hentous)* frailty; *(luonteenvika)* weak point, foible, failing; *yleinen ~* general debility. **-virta** low-voltage current.
heikommuus inferiority.
heikon|taa, -tua *ks. heikentää*
heikäläinen one of them.
heila girl- (boy-)friend, sweetheart.
heilah|della sway, swing; fluctuate; *fys.* oscillate. **-dus** swing; *(heilurin)* oscillation. **-taa** sway, swing. **-telu** oscillation; fluctuation.
heilimöidä *(ruis)* be in flower.
hei|lle *ks. he: kirjoitin heille* I wrote them [a letter]. **-ltä** *ks. he.*
heilua swing, *(huojua)* sway, rock *(m. mer.); (heilurin tap.)* oscillate.
heiluri pendulum; *~n lyönti* stroke of a p. **-liike** oscillation.
heiluttaa swing, sway; rock; *(kättä)* wave; *(häntää)* wag; whisk.
heimo tribe; *(Skotl.)* clan; *(zo. bot. ym)* family; *(rotu)* race. **-kuntaisuus** tribalism. **-lainen** kinsman; *(suku-)* relative; *-laiset* kinsfolk. **-laisuus** kinship. **-npäällikkö** tribal chief, chieftain. **-sota** tribal war.
heimoushenki spirit of kinship.
heinikko grass; *(niitty)* meadow.
heinä hay; *(ruoho)* grass; *olla ~ssä* be hay-making, make hay. **-hanko** hay-fork, pitchfork. **-kasvi** grass. **-kuu** July. **-lato** haybarn. **-mies** haymaker. **-niitty** hayfield. **-nteko** haymaking; *(~aika* haymaking time, mowing time). **-nuha** hay fever. **-ruko** haystack, hayrick. **-seiväs** haypole. **-sirkka** grasshopper; *(iso)* locust. **-suova** stook of hay.
heisimato tapeworm.
heistä *ks. he.*
heitellä throw, fling; toss [a ball, *palloa*]; *~ sinne tänne* throw about; *olla jnk*

heiteltävänä be a plaything of . .
heitte|ille: *jättää ~* abandon, *(uhri, m.)* leave the scene of the accident. **-lehtiä** toss, *(auto, l.v.)* skid, swerve.
heittiö scoundrel, rascal.
heitto throw, fling, cast[ing], toss. **-ase** missile. **-istui|n** ejector-seat; *pelastautui -men avulla (m.)* managed to eject his catapult seat. **-keihäs** javelin. **-merkki** apostrophe. **-pussi** pushover. **-vapa** spinning rod. **-vuoro** throw.
heittäytyä throw oneself; *(syöksyä)* plunge (into); *(antautua)* give oneself up [to despair] ; *~ (juomaan yms.)* indulge in [drink], take to . .
heittää throw; cast; fling; toss; *(singota)* hurl; *~ arpaa* cast lots, *(rahalla)* toss up; *~ henkensä* draw one's last breath, pass away; *~ hyvästi jklle* take leave of; *~ jkta kivellä päähän* throw a stone at a p.'s head; *~ mielestään* dismiss; *~ pois* throw away, dispose of, discard; *~ sikseen* let be, let alone, *(toivo)* abandon; *~ vetensä* make (pass) water.
heitä *ks. he; en nähnyt ~* I didn't see them.
heiveröinen very slender, weak [-looking], puny.
heksametri hexametre.
hekuma voluptuousness, lust. **-llinen** voluptuous, lascivious.
hekumoi|da indulge in sensual pleasure, indulge oneself (in); *(jllak)* gloat over, revel in. **-tsija** voluptuary; sensualist.
hela ferrule; *~t* mountings, *(oven ym)* fittings.
helakan|punainen scarlet. **-sininen** bright blue, clear blue.
helatorstai *(t.-lauantai)* Ascension Day.
heleys brightness, clearness.
heleä bright, clear. **-ääninen** clear-voiced.
Helgolanti Heligoland.
helikopteri helicopter. **-satama, -asema** heliport, helidrome.
heli|nä tinkle; jingle. **-stellä**

jingle, tinkle; jangle. **-stin**
rattle; *(kolmio)* triangle. **-stä**
clink; jingle, tinkle; *olla
-semässä* be up against it, be
at one's wits' end; *-sevä
vaski* sounding brass.
helki|kyä ring, sound;
(kielisoittimesta) twang. **-ytellä**
twang; ~ *hiljaa harppuaan*
touch one's harp. **-ytys**
twang [ing].
hella range, stove; *sähkö~
(m.)* electric cooker.
helle heat, hot weather. **-aalto**
heat wave. **-kypärä** [sun- *t.*
tropical] helmet.
helleeni Hellene. **-nen** Hellenic.
hellitellä fondle, pet; coddle.
hellittä|mättömyys persistency,
perseverance. **-mätön**
persistent; persevering *(luja)*
firm; insistent; untiring.
helli|ttää loosen, slacken, relax;
(päästää) let go; ease [up];
(antaa perään) yield; ~
otteensa let go (release) one's
hold. **-tä** come loose, loosen,
slacken, relax; *(antaa perään)*
give way, yield.
helliä [fondly] cherish; fondle.
helluntai Whitsuntide; *~n
aikana* at W. **-lainen** *usk.*
Pentecostal. **-päivä** Whit
Sunday.
hell|yttää soften, make ..
relent; ~ *itkemään* move to
tears. **-yys** tenderness;
affection.
hellä tender; affectionate; *(arka
m.)* sore; *jalkani tuntuu ~ltä*
my foot is tender. **-kätinen:**
hän on ~ he has a gentle
touch (a light hand).
-sydäminen tender-hearted.
-sydämisyys tender-heartedness.
-tunteinen tender; sensitive.
-tunteisuus tenderness;
sensitiveness. **-varainen** gentle;
careful; *(hieno-)* considerate.
-varoin gently; *(varovasti)*
with care.
helma hem; *(syli)* lap; *luonnon
~ssa* out in the open. **-synti**
besetting sin.
helmeillä *(juoma)* sparkle;
bubble.
helmenpyynti pearl fishery.
helmi pearl; *(lasi-, puu- ym.)*

bead. **-kana** guinea-fowl
(-hen). **-kirjailu** bead-work.
-kuu February. **-nauha** pearl
necklace, string of pearls;
[string of] beads. **-simpukka**
pearl-oyster. **-taulu** abacus.
-äinen mother-of-pearl.
-äisnappi pearl button.
helottaa shine.
helpo|sti easily; readily;
without difficulty; *mitä
-immin* with greatest ease; ~
sulava easily digested,
digestible; ~ *tunnettava*
recognizable. **-ttaa** make
easier, facilitate; *(huojentaa)*
ease; *(kipua)* soothe, relieve;
~ *hintaa* moderate the price;
sade ~ the rain is lessening;
tuska ~ the pain is abating.
-ttua be facilitated; be
relieved; abate. **-tus** relief;
alleviation, remission; *(hinnan)*
reduction; *-tuksen huokaus* a
sigh of relief.
helppo easy; *(halpa)* cheap,
low; *päästä helpolla* get off
easily. **-heikki** cheapjack.
-hintainen *et. kuv.* cheap, *vrt.
huokea-.* **-käyttöinen** easy to
operate, handy. **-pääsyinen**
easy of access, easily
accessible. **-tajuinen** easy to
understand, *(kansan-)* popular.
-us ease, easiness, facility.
helskyttää [make a] clatter,
rattle; jingle.
heltei|nen sultry, hot. **-syys**
sultriness.
heltta wattle; *(sienien ym)* gill.
helty|mätön unrelenting,
inexorable, unmoved. **-ä**
soften, relent; ~ *itkemään* be
moved to tears.
helve|tillinen infernal, hellish.
-tinkone infernal machine. **-tti**
hell.
hely trinket; spangle.
helä|hdys ring; clang. **-dyttää**
[cause to] ring; sound;
(harppua) twang. **-tää** ring,
clang; sound; *(kilahtaa)* clink.
hemaiseva gorgeous, stunning.
hemmot|ella spoil; pamper,
coddle. **-telu** coddling,
overindulgence.
hempe|ys sweetness, charm,
loveliness; *(vienous)* gentleness.

-ä sweet, charming; gentle.
-ämielisyys tenderness [of
heart], soft-heartedness;
sentimentality.
hemppo linnet.
hempukka bird, doll, *halv.* tart,
Am. broad.
hengelli|nen spiritual; ~ *sääty*
the clergy. **-syys** spirituality.
hengen|ahdistus difficulty in
breathing. **-heimolainen**
soulmate, kindred spirit.
-heimolaisuus congeniality of
mind, affinity (between). **-hätä**
mortal terror. **-lahjat**
intellectual gifts. **-pelastus**
lifesaving, rescue. **-pitimiksi** to
keep body and soul together.
-ravinto spiritual food. **-rikos**
capital crime. **-vaara** deadly
peril; *oli* ~*ssa* his life was in
danger, he was in mortal
danger. **-vaarallinen** perilous,
highly dangerous; *(sairaus)*
grave, *(tila)* critical. **-veto**
breath. **-viljely** intellectual
culture.
henge|ttömyys lifelessness. **-tär**
genius (*pl.* genii). **-tön** lifeless,
dead; . . lacking spirit.
hengi|ttää breathe; *(esim.
kasveista)* respire; ~ *sisään*
breathe in, inhale; ~ *ulos*
breathe out, exhale. **-tys**
breathing, respiration; breath;
sisään ~ inspiration; *(~elimet*
respiratory organs; *~laite*
respirator; *~tiet* respiratory
tract; *~vaikeus* difficulty in
breathing).
hengäh|dys breath, gasp; *(~
-tauko* breathing spell.). **-tää**
take breath.
hengäs|tyminen shortness of
breath, breathlessness. **-tyttää**
make breathless. **-tyä** get out
of breath, become breathless.
henke|vyys esprit; *(vilkkaus)*
animation. **-vä** animated,
(keskustelu) . . on a high
level; bright-minded; spirituel;
(kasvot) soulful. **-västi** in an
animated manner.
henkeäsalpaava breathtaking.
henki spirit; *(elämä)* life;
(henkilö) person; *(ilma)* air;
(hengitys) breath; *henkeni
edestä* for my life; *henkeä*

kohti per head; *ajan* ~ the
spirit of the time; *pyhä* ~
the Holy Spirit; *jäädä* ~*in*
survive; *(olla, pysyä, päästä)*
hengissä (be, keep, escape)
alive; *ottaa (jku) hengiltä* do
away with, *sl.* bump off;
pelätä henkeään go in fear of
one's life; *pidättää henkeään*
hold one's breath; *vetää
henkeä* take [a deep] breath;
vetää henkeensä inhale;
henkensä kaupalla at the risk
of his life. **-hieverissä:** *olla* ~
have only a spark of life left.
henkiin|herättäminen
restoration [to life];
resuscitation; *kuv.* revival.
-jäänyt *a.* surviving. *s.*
survivor.
henki|kirja census list.
-kirjoittaja registrar. **-kirjoitus**
census. **-lääkäri** personal
physician.
henkilö person; ~*t (näytelmän)*
cast. **-auto** [passenger] car.
-idä personify; impersonate.
-itymä personification. **-ityä** be
personified. **-kohtainen**
personal; individual.
-kohtaisesti personally, in
person. **-kohtaisuu|s:** *mennä
-ksiin* become personal, make
personal remarks. **-kunta** staff,
personnel, employees. **-liikenne**
passenger traffic. **-llinen**
personal. **-llisyys** identity;
näyttää toteen h-syytensä
establish one's i.; *(~todistus*
i. card).
henkilö|npalvonta personality
cult. **-puhelu** personal call.
-tiedot personal details,
biographical data.
henki|maailma spirit[ual]
world. **-nen** mental;
intellectual; ~ *työ* intellectual
work; *-sen työn tekijä*
non-manual worker,
white-collar worker; *viisi* ~
toimikunta a committee of
five. **-olento** spirit. **-patto** *a.*
outlawed; proscribed; *s.*
outlaw. **-raha** poll-tax,
capitation. **-reikä** air-hole,
vent-hole. **-rikos** felonious *(t.*
criminal) homicide. **-syys**
spirituality; intellectuality.

-toreet: *olla -toreissa* be breathing one's last. **-torvi** windpipe, trachea. **-vakuuttaa** insure. **-vakuutus** life insurance, life assurance; *ottaa ~* insure one's life, take out a life-insurance policy; (~**yhtiö** life-insurance company). **-vartija, -vartio** body-guard, life guard. **-ystävä** close friend, bosom friend. **-ä** breathe.

henkäi|stä breathe, draw breath; gasp. **-sy** breath; gasp. **henkäys** breath; *(tuulen)* puff, whiff; *tuulen ~* breath of air, puff of wind.

hennoa have the heart to ..

hento delicate, *(-kasvuinen)* slender; *(pieni)* tiny; weak. **-mielinen** tender- (soft-) hearted. **-rakenteinen** [.. of] slender [build]. **-us** delicacy, tenderness; slenderness.

hepen|et frills, finery, gewgaws; *parhaissa -issä* in full fig. **heppu, -li** *sl.* bloke, guy.

heprea Hebrew; *oli ~a minulle* .. was Greek to me. **-lainen** *a.* Hebraic, Hebrew; *s.* Hebrew.

hera whey. **-htaa** trickle; *vesi ~ kielelleni* my mouth begins to water. **-inen** wheyey.

hereillä awake; *~ oleva* waking. **heristää:** *~ nyrkkiä jklle* shake one's fist at ..

herjaa|ja reviler, blasphemer. **-va** abusive; libellous.

herjata abuse, revile; *(jtk pyhää)* blaspheme.

herjaus abuse, revilement; *lak.* libel. **-kirjoitus** libel[lous article]. **-puhe** abusive speech. denunciation. **-sana** abusive (insulting) word.

herjetä cease, stop, *jstk ..* -ing.

herkeä|mättä incessantly, without intermission *(t.* stopping). **-mätön** incessant, unceasing; *(alituinen)* steady; continuous.

herkis|tyä become sensitive. **-tää** sensitize.

herkku delicacy, dainty; *(-pala)* titbit, *Am.* tidbit; *herkut (m.)* goodies. **-pala** dainty bit,

titbit. **-sieni** mushroom. **-silava** bacon. **-suu** gourmet.

herkkyys sensitiveness (to), sensitivity.

herkkä sensitive, *jllek* to; *(taipuvainen)* apt, inclined (to); *(vastaanottavainen)* susceptible (to); *(vaikutteille)* impressionable; *hyvin ~, yli- ~ highly strung; ~ loukkaantumaan* easily offended, [too] quick to take offence; *~ uni* light sleep. **-itkuinen** easily moved to tears. **-kuuloinen** .. with a keen sense of hearing. **-tunteinen** sensitive, easily affected, impressionable. **-tunteisuus** sensibility. **-uninen** *s.* light sleeper. **-uskoinen** credulous; unsuspecting; *(helppo pettää)* gullible. **-uskoisuus** credulity.

herkulli|nen delicious, choice. **-suus** deliciousness, daintiness.

herku|tella eat well; *(jllak)* feast upon .. **-ttelija** gourmet. **-ttelu** sumptuous fare; gormandizing.

hermo nerve; *käydä jkn ~ille* get on sb.'s nerves. **-jännitys** nerve strain. **-keskus** nerve centre. **-kimppu** bundle of nerves. **-lääkäri** nerve specialist. **-romahdus** nervous breakdown. **-sairas** neuropath [ic]; *(neurootikko)* neurotic. **-sairaus** *ks.* **-tauti**. **-sota** war of nerves. **-sto** nervous system. **-stollinen** nervous, neurological.

hermostu|a get nervous; *-nut* nervous; irritable. **-minen** nervous irritability, *m.* frayed nerves, tense nerves. **-neisuus** nervousness. **-ttaa** set [one's] nerves on edge; irritate; *-ttava* trying to the nerves, *(tärisyttävä)* nerve-racking. **hermo|särky** neuralgia. **-tauti** nervous disorder, neurological disease. **-väre** spasm.

herne pea; *~en palko* pea-pod. **-kasvi** leguminous plant. **-keitto** pea soup.

herpaantu|a go limp, slacken. **-maton** unweakened.

herpaista unnerve; weaken;

(halvata) paralyse *(m. kuv.)*.

herra gentleman, man; *(isäntä)* master; *(nimen ed.)* Mr [*äänt.* mistö]; *(puhuttelusana)* Sir; ~*n rukous* the Lord's Prayer; ~*n tähden!* for goodness' (heaven's) sake! *hyvät ~t!* Dear Sirs, Gentlemen; *elää herroiksi* live like a lord; *olla oma ~nsa* be one's own master.

herrain|vaatteet men's clothing. **-vaatehtimo** men's outfitters.

herras|kartano manor house, country house. **-mies** gentleman. **-nainen** gentlewoman. **-tella** live like a lord. **-väki** people of good family; gentry, *(harvemmin)* gentlefolk, *(palvelijan puh.)* master and mistress.

herruus authority; superiority; domination; *(ylivalta)* supremacy.

hertta *(maa)* hearts. **-kortti** heart. **-kuningas** king of hearts.

herttai|nen sweet, nice; lovable, pleasant. **-suus** sweetness; pleasantness.

herttua duke. **-kunta** duchy, dukedom. **-llinen** ducal. **-tar** duchess.

heru|a trickle; *(tihkua)* ooze [out].

hervo|ta *ks. herpaantua; (irtautua)* fall inert, drop. **-ton** limp, inert; numb. **-ttomasti** limply, inertly. **-ttomuus** limpness.

herännäi|nen pietist. **-syys** pietism.

herä|te impulse; stimulus. **-ttää** wake [up], [a]waken; *kuv.* arouse; call forth; ~ *epäilyksiä* arouse suspicion; ~ *eloon* revive; ~ *kauhua* inspire .. with awe (terror); ~ *kuolleista* raise from the dead; ~ *jk kysymys* raise a question; ~ *toiveita* raise hopes; *-ttäkää minut kello 7* please, call me at seven; *älä -tä vauvaa* don't wake the baby.

herätys waking; *kuv.* awakening, *usk.* revival. **-kello** alarm-clock. **-kokous** revival meeting. **-saarnaaja** revivalist preacher.

herä|tä wake [up], awake; *herätessä(än)* on waking [up]; *en herännyt ajoissa* I overslept; *onko vauva jo -nnyt* has the baby waked (woken) yet? *herää kysymys* the question arises (whether). **-äminen** awakening.

hetale fringe; shred.

hete spring; morass, swamp.

heti instantly, immediately; at once, directly, in a minute; ~ *(kohta) kun* as soon as; ~ *paikalla (m.)* this very moment, straight away. **-mmiten** [as] soon [as possible], at the first opportunity.

hetiö *bot.* the stamens.

hetkelli|nen momentary; temporary; *(haihtuva)* transitory. **-sesti** momentarily; *(hetkeksi)* for a moment (a while). **-syys** short duration, momentariness; transitoriness.

hetki moment, instant; while; *hetkeksi* for a while; ~ *hetkeltä* every moment; ~ *on lyönyt* the hour has struck; *oikealla hetkellä* at the right moment; *tällä hetkellä* [at] this [very] moment; at present, at the moment, for the time being; *viime hetkessä* at the last minute; only just in time; *on hetken lapsi* lives for the moment, is a spontaneus person; *onnen hetket* happy hours. **-nen** *s.* little while; ~ *(olkaa hyvä)!* just a moment (a minute)! one moment, please! **-ttäin** at [odd] times, by fits and starts.

hetula *zo.* whalebone.

hevillä easily, readily; *ei* ~ *(m.)* only with difficulty.

hevo|nen horse; *voim.* side-horse; *-sen selässä* on horseback; *nousta -sen selkään* mount a horse; *astua -sen selästä* dismount; *pudota -sen selästä* fall off a horse. **hevosen|harja** [horse's] mane. **-hoitaja** groom. **-kengittäjä** farrier, blacksmith. **-kenkä** horseshoe.

hevos|jalostus horse-breeding (-raising). **-kaakki** hack, jade. **-kauppias** horse-dealer. **-mies** horseman. **-näyttely** horse-show. **-rotu** breed of horses. **-siittola** stud. **-suka** curry-comb. **-urheilu** horse-racing, the turf. **-voima** horse-power (= h.p.); *130 ~inen moottori* a 130 horse-power engine.

hiaisin *(partaveitsen)* strop.

hidas slow; leisurely; *(myöhäinen)* tardy, *(~televa)* dilatory; ~ *tekemään työtä* slow [at one's work]; *hitain askelin* slowly, at a slow pace. **-ajatuksinen** slow of thought, dull-witted. **-kulkuinen** slow. **-luontoinen** phlegmatic. **-oppinen** slow to learn. **-taa** slow down, retard; *-tettu (elok.)* slow-motion. **-telija** laggard. **-tella** be slow, delay, linger; loiter. **-telu** slowness; loitering; dawdling. **-tua** become slow[er], slow up; be delayed; *vauhti -tuu* the speed slackens. **-tus** delay[ing], retardation; *~lakko* slow-down, *ks. jarrutus-.* **-tuttaa** slow down, slow up; ~ *askeleitaan* slacken one's pace.

hieho heifer.

hiekka sand; *(karkea)* gravel; *valua ~an* come to nothing. **-aavikko** [sandy] desert, sands. **-harju** sandy ridge. **-inen** sandy. **-jyvänen** grain of sand. **-kivi** sandstone. **-kuoppa** sand-pit. **-käytävä** gravel path. **-laatikko** *(lasten)* sand pit. **-maa** sandy soil. **-paperi** sand-paper. **-pohja** sandy bottom. **-ranta** sandy beach, sands. **-särkkä** sand-bank.

hiekoittaa sand.

hieman [just] a little; somewhat, slightly.

hieno fine; chic, elegant, finely dressed; *(ohut)* thin; delicate; *(maku ym)* exquisite, choice; *(ylevä)* noble; *(-stunut)* refined; ~ *käytös* good manners; ~ *nainen* gentlewoman; *~n hieno* very fine, exquisite; *~n näköinen* of distinguished appearance;

~ssa seurassa in polite society. **-hipiäinen** .. with a soft skin, fine-complexioned. **-makuinen** fine-tasting, delicious. **-mekaanikko** precision-tool maker. **-ntaa** grind fine; powder, pulverize; crush; *(murentaa)* crumble. **-piirteinen** fine-featured. **-pyykki** delicates. **-rakeinen** fine-grained. **-rakenteinen** finely built. **-stelija** snob; *(keikari)* fop, dandy. **-stella** show off, give oneself airs. **-stelu** showing off; snobbery, snobbishness. **-sti** finely; elegantly; delicately; ~ *sivistynyt* highly cultured. **-sto** the smart set, smart people, people of fashion, Society. **-stua** become refined; *-stunut (esim. maku)* subtle. **-stuneisuus** refinement; *liika ~* over-refinement. **-takeet** cutlery. **-tunteinen** considerate, thoughtful of others, tactful. **-tunteisuus** delicacy [of feeling], considerateness, consideration. **-us** fineness; delicacy; elegance; thinness. **-varainen** considerate, delicate.

hiero|a rub; *lääk.* massage; *(rikki)* grate; ~ *kauppaa* bargain (for), try to come to terms (with sb.): ~ *rauhaa* negotiate for peace. **-ja** masseur, *(nais-)* masseuse. **-makoje** massage machine. **-nta** massage; rubbing. **-ttaa** have .. massaged. **-utua** rub, chafe, gall.

hiertymä abrasion, chafed spot.

hiertää chafe, abrade.

hies|tyä be covered with perspiration; *-tynyt* perspiring, sweaty.

hiesu silt.

hiet|a [fine] sand. **-ikko** [stretch of] sands.

hievah|taa move, stir, budge; *-tamatta* immovably, firmly; *paikaltaan -tamatta* without stirring [from the spot], without budging.

hiha sleeve. **-inen:** *lyhyt~* short-sleeved. **-llinen** .. with sleeves. **-naukko** arm-hole,

-nsuu wristband; *(käänne)* cuff. **-ton** sleeveless.
hihi|tää giggle, titter. **-tys** giggling, snicker, snigger.
hihk|aista let out a yell. **-aisu** yell. **-ua** yell; scream; shriek.
hihna strap, [leather] band, *(kapea)* thong; *(kone-)* belt; *(kiväärin)* sling; *talutus ~* lead; *vrt. kytkeä, taluttaa.* **-kuljetin** belt conveyor. **-käyttöinen** belt-driven. **-pyörä** pulley.
hiidenkirnu pothole.
hiihto skiing *(m. ski'ing.* ski-ing). **-hissi** ski lift. **-housut** ski trousers. **-joukot** skiborne troops. **-keli:** *hyvä ~* good skiing. **-kisat** winter games. **-puku** ski[ing] suit. **-retki** skiing trip. **-urheilu** skiing. **-varusteet** skiing outfit; *(pukineet)* ski wear.
hiih|tää skier. **-tää** ski; *mennä -tämään* go skiing.
hiilestää coal.
hiili *(kivi-)* coal; *(puu-)* charcoal; *kem.* carbon; *hiilet* coals, *(hehkuvat)* embers; *ottaa ~ä* bunker, coal. **-hanko** poker.
hiilihappo carbonic acid, *(dioksidi)* carbon dioxide. **-inen** carbonated; *(vesi)* aerated. **-jää** dry ice.
hiili|hydraatti carbohydrate. **-kaivos** coal-mine, colliery. **-kerros** coal stratum, coal-bed. **-murska** slack; *(-rata)* cinder-track. **-paperi** carbon paper. **-piirustus** charcoal drawing. **-säiliö** coal-bin; *(laivan)* bunker. **-vety** hydrocarbon.
hiil|los embers, dying fire, live coals. **-lyttää** char, carbonize. **-tyminen** carbonization. **-tyä** be [come] charred; *-tynyt* charred.
hiipi|ä sneak; *(huoneeseen m.)* slip, steal, *(pois)* slink away; *-vä* sneaking, lurking, *(tauti)* insidious.
hiippa mitre. **-kunta** diocese, bishopric.
hiipua fade; die down.
hiiren|korva: *koivu on ~lla* the birch is budding. **-pyydys**

mouse-trap.
hiiri mouse *(pl.* mice). **-haukka** buzzard. **-lavantauti** mouse typhus.
hiisi troll; *mitä hiidessä* what the dickens!
hiisk|ahdus sound; whisper. **-ua** *ei ~ sanaakaan* not breathe a word, not tell a soul.
hiiva yeast. **-sieni** yeast fungus.
hiiviskellä sneak about, lurk about.
hiki perspiration, sweat; *olla hiessä* be in a sweat, be perspiring [all over], *(ikkuna)* be steamed. **-helmi** bead of sweat. **-hihna** sweat-band. **-huokonen** pore. **-nen** sweaty. **-rauhanen** sweat gland. **-syys** sweatiness.
hikoi|lla perspire, sweat. **-lu** perspiration, sweat [ing].
hiljaa quiet[ly], still; softly; *~!* be quiet! *~ hyvä tulee* gently [does it]! take it easy! *ajakaa ~* drive slowly; *kulkea ~* go slowly, travel at a slow pace; *olla ~* keep quiet; *(ääneti)* be silent; *puhua ~* speak softly (in a soft *t.* low voice).
hiljai|nen low; *(rauhallinen)* quiet, still; *(äänetön)* silent, taciturn; *liik.* dull; *~ aika (liik.)* dead season; *-sella tulella* over a slow fire. **-suus** stillness, quiet [ness]; silence; *(äänen)* lowness; *vaatia -suutta* ask for silence.
hilja|kkoin recently, lately, of late. **-kseen, -lleen** slowly, at a leisurely pace; without hurrying. **-n, -ttain** recently; not long ago.
hilje|mmin more slowly; in a lower voice. **-neminen** subsidence, abatement. **-ntyä** quiet [en] down; *vrt. -tä.* **-ntää** quiet [en], still; calm; *(ääntä ym)* subdue, muffle, hush, *(virittää -mmäksi)* tone down; *~ vauhtia* slacken the speed, slow down, slow up. **-tä** become quiet, become calm; *(asettua)* subside, abate; *vauhti -nee* the speed slackens.
hilkka hood, cap.
hilleri *zo.* polecat.

hilli|ke check, *jllek* upon; restraint. **-ntä** restraint, control. **-tty** restrained, controlled; composed; *(väri)* subdued, quiet; *-tyllä äänellä* in a quiet voice; *hänen esiintymisensä oli ~ä* he appeared composed.

hilli|ttömyys lack of restraint; unruliness. **-ttömästi** unrestrainedly. **-tä** check, restrain; repress, suppress, curb; *(hallita)* master, control; calm; hold back; *-tse mielesi* control your temper! control yourself! ~ *nauruaan (m.)* refrain from laughing. **-tön** unchecked, unrestrained, ungovernable, uncontrollable, unmanageable; *(raju)* unruly, wild.

hillo jam; preserve. **-ta** make jam; preserve.

hilpeys cheerfulness, gaiety, mirth, merriment.

hilpeä cheerful, merry, gay, jolly; *(eloisa)* animated, lively, brisk; *(pirteä)* bright; *~llä mielellä* in high spirits, in a gay mood.

hilse dandruff. **-illä** scale off, peel [off]; *iho -ilee* the skin is peeling.

Himalaja the Himalayas.

himmen|nin *valok.* diaphragm. **-ntymätön** unobscured, undimmed. **-ntyä** become dark[er], become [more] obscure, grow dim; *(metalli)* tarnish. **-ntää** dim; darken, obscure; blur; *(auton valot)* dip the lights; *valok.* stop down, screen off; *(kuv. loistollaan)* eclipse, outshine. **-tä** *ks. -ntyä; (kalveta)* fade. **-ys** dimness, obscurity; dullness.

himmeä dim; obscure; *(kiilloton)* lustreless, dull, *(tummunut)* tarnished, *(pinta)* matt; *~n kiiltävä* dull-lustre [satin]; *~ksi hiottu lasi* ground glass.

himo lust (for); desire (for); craving, greed, thirst (for); *(alkoholin)* addiction to drink. **-inen** covetous; greedy (for); addicted to. **-ita** feel a desire

(for), covet; desire; have a craving (for). **-kas** greedy. **-ruoka** favourite dish.

hina|aja tug[boat]. **-ta** tow, have .. in tow; *ottaa -ttavaksi* take .. in tow.

hinaus towing, towage. **-köysi** towline, towrope; trail rope.

hindulai|nen *a. & s.* Hindu. **-suus** Hinduism.

hinkalo bin; *(lehmän)* stall.

hinku|a whoop. **-yskä** whooping-cough.

hinnan|alennus price reduction (cut); *suuri ~* slashed price[s]. **-ero** difference in price, margin. **-lasku** fall (decline) of prices. **-nousu** rise (advance, increase) in price[s]; *(äkillinen)* boom.

hinnasto price-list, catalogue.

hinnoi|tella, -ttaa fix the price, set a price (on), price [at £ 3]. **-ttelu** fixing of prices.

hinta price; rate, *(joskus)* figure; *(jhk) ~an* at [3sh.], at the price of; *mistä hinnasta* at what price? *hinnasta mistä hyvänsä* at any price, at all costs; *matkalipun ~ fare.* **-ilmoitus** quotation. **-inen**: *viiden markan ~* costing five marks; *minkä ~ on ..* what is the price of? how much is ..? *halpa ~* low-priced. **-lappu** [price-] label. **-luettelo** price list, catalogue. **-luokka** price range. **-politiikka** prices policy. **-sota** price[-cut] war. **-sulku** freezing of prices. **-säännöstely:** *~n alainen* price-controlled. **-tarjous** quotation. **-taso** price level.

hinte|lyys slimness, delicate build. **-lä** slender, slim; lanky.

hio|a grind; *(lasia ym)* cut; *(teroittaa)* sharpen, whet; ~ *kirkkaaksi* polish. **-ke** mechanical pulp.

hioma|kone grinding-machine. **-ton** unground; uncut; *kuv.* unpolished, crude. **-ttomuus** dullness, *kuv.* lack of polish.

hiomo *(puu-)* mechanical pulp mill.

hios|taa cause perspiration; *-tava (ilma)* sultry. **-tua** get sweaty.

hiota perpire, sweat.

hiottu ground, cut; sharpened; *kuv.* smooth, polished.

hioutu|a be ground; *(kulua)* wear smooth; become polished. **-neisuus** polish.

hipaista touch .. lightly, graze; *(ohimennen)* brush past, skim by.

hipat party, celebration; spree, fling, [wild] blast.

hipiä skin; complexion. **-inen:** *tumma* ~ dark-complexioned.

hipoa almost touch, verge on.

hippa touch-last; *olla* ~*silla* play tag.

hirmu|hallitsija tyrant; despot. **-hallitus** reign of terror. **-inen** dreadful, frightful, terrible; horrible. **-isen** dreadfully, frightfully. **-isuus** dreadfulness, frightfulness. **-lisko** dinosaur.

-myrsky hurricane, *Am.* tornado, *(Itä-Aasiassa)* typhoon. **-työ** atrocity. **-valta** tyranny, despotism; terrorism. **-valtainen** tyrannical, despotic; terroristic. **-valtias** tyrant, despot.

hirnu|a neigh, whinny. **-nta** neighing, whinnying.

hirsi log; beam, balk; *hirret* timber; *joutua hirteen* be hanged. **-maja** log cabin. **-puu** gallows. **-rakennus** log house, timbered house.

hirssi millet.

hirtehi|nen gallows-bird. **-spila** grim humour.

hirtto|nuora halter. **-paikka** the gallows.

hirttäytyä hang oneself.

hirttää hang, execute by hanging.

hirven|ajo deer-stalking, elk-hunting. **-liha** venison. **-nahka** deerskin. **-sarvensuola** volatile salt. **-sarvet** antlers.

hirveä dreadful, terrible; awful; heinous; ~*n näköinen* hideous [-looking].

hirvi elk, *(koiras)* stag, hart; *Am.* moose. **-eläin** deer.

hirvi|ttävyys horribleness. **-ttävä** horrible, horrid, grievous, hideous. **-ttää** terrify; *minua* ~ I am scared. **-tä** dare,

venture. **-ö** monster; (~**mäinen** monstrous).

hissi lift; *Am.* elevator. **-aukko** lift-well.

historia history. **-llinen** historical; ~ *aika* historic times; ~ *hetki* a historic moment. **-nkirjoittaja** historian, historiographer. **-nkirjoitus,** historiography. **-ntakainen** prehistoric. **-ntutkija** historian. **-ntutkimus** historical research.

histo|riikki history; *(yleiskatsaus)* survey. **-rioitsija** historian.

hita|asti slowly; ~ *vaikuttava* slow [-acting]; ~ *mutta varmasti* slow but sure. **-us** slowness; sluggishness, *(velttous)* sloth; *fys.* inertia.

hitsa|ta weld. **-aja** welder. **-us** welding.

hitto [the] devil; ~ *soikoon* hang it! [well,] I'll be blowed; *hitosti* like blazes; *hitonmoinen (mies)* a devil of a fellow.

hitu|nen a little (a tiny) bit; particle; *ei* -*stakaan* not a bit, not a whit.

hiukai|sta: *minua* -*see* I feel hungry [for something salty].

hiukan a little, a bit, a trifle, *(jonkinverran)* somewhat; ~ *parempi (m.)* slightly better; ~ *liian tumma (m.)* a shade too dark.

hiukka(nen) particle; grain; *h-sen* a little, a bit, a trifle.

hiuksen|halkominen hairsplitting. **-hieno:** ~ *ero* a very fine distinction. **-verta** a hair's breadth.

hius hair; *hiukset (tukka)* hair; ~*ten leikkuu* hair-cut, *(tasoitus)* trimming. **-huokoinen** capillary. **-huokoisuus** capillarity, capillary attraction. **-karva** hair; ~*n verta* a hair's breadth; *hänen henkensä oli* ~*n varassa* his life hung by a hair, it was touch and go [with him]. **-kiinne, -lakka** hair spray. **-laite** coiffure, *puhek.* hair-do. **-marto** scalp; *punastua* ~*a myöten* blush to the roots of one's hair.

-nauha [hair-]ribbon. **-neula** hairpin. **-palmikko** plait. **-pilli** *anat.* capillary. **-solki** hair slide. **-suoni** capillary [vessel]. **-vesi** hair tonic, hair lotion. **-voide** hair cream. **-väri** hair dye.

hiutale flake.

hive|llä touch gently; stroke; *ääni -lee korvia* the voice delights the ear; *se -lee hänen turhamaisuuttaan* it flatters (tickles) his vanity.

hiven: *~en verran* a trifle, a bit. **-aineet** trace elements.

hivutta|a *(kalvaa)* wear away, consume; *-ttava* wasting. **-utua** *(eteenpäin)* shuffle along, *(alas)* slither down.

-hko, -hkö: *vanhahko* rather old; *pienehkö* smallish.

hohde shimmer, gleam; lustre; sheen.

hohkai|nen porous; spongy. **-suus** porosity, porousness.

hohkakivi pumice [-stone].

hoho|ttaa guffaw, roar with laughter. **-tus** horse-laugh, guffaw.

hoht|aa shine, gleam, shimmer; *(säteillä)* radiate; *taivas ~ punaisena* there is a red glow in the sky; *-avan valkoinen* glistening white.

hohtimet pincers.

hohtokivi brilliant; *~llä koristettu* .. set with brilliants.

hoi hollo[a]! *mer.* ahoy!

hoidokki ward; inmate.

hoike|ntaa make [more] slender, make a p. look slimmer. **-ta** become more slender, get thinner.

hoikka slender, slim; thin; *(hoilakka)* lank. **-säärinen** thin-legged.

hoikkuus slenderness, slimness; thinness.

hoilata *ark.* yell, shout, *Am.* holler.

hoiper|rella stagger, reel; totter; *-teli alas portaita* (he) staggered down the steps.

hoippu|a totter; *(huojua)* sway; *-va käynti* unsteady walk.

hoita|a take care of, look after, see to; attend [to a

matter]; *(hoivata)* tend, nurse; *(johtaa)* manage, run; *lääk.* treat; *~ huonosti* take bad care of; mismanage; neglect; *~ sairasta* nurse a patient; *~ jkn taloutta* keep house for; *ottaa ~kseen* take charge of; *hänellä on .. hoidettavanaan* he is in (he has) charge of. **-ja** keeper, caretaker; *(esim. pesän)* administrator; *(lapsen, sairaan)* nurse. **-jatar** nurse. **-maton** uncared for; *(esim. ulkoasu)* unkempt. **-mattomuus** lack of [proper] care; neglect.

hoito care; attendance; management; *(lapsen ym)* nursing; *lääk.* treatment, therapy; *(hallinto)* administration. **-henkilökunta** nursing *(t.* medical)staff. **-la, -laitos** home, institution; *-laitoksessa* in care. **-menetelmä** method of treatment, cure. **-tapa** [course of] treatment, *vrt. ed.*

hoiva care; *ottaa jku hoiviinsa* take care (charge) of. **-ta** nurse, tend, take good care of; *(suojata)* shelter. **-ton** unprotected.

hokea say again and again.

hokki calk; *(kengän)* spike.

hoks|ata grasp, tumble to (sth.); *on -aavainen* is quick-(ready-) witted.

holhooja guardian. **-hallitus** regency.

holho|ta take care of; be a guardian (of). **-tti** ward. **-us** guardianship; *on -uksen alainen* .. has been declared incapable of managing his (her) own affairs.

holkki holder; *tekn.* sleeve.

hollan|ninkieli Dutch. **-nitar** Dutchwoman. **H-ti** Holland. **-tilainen** *a.* Dutch. *s.* Dutchman.

holti|ton irresponsible. **-ttomuus** irresponsibility.

holvata arch, vault.

holvi vault. **-hauta** vault, tomb. **-kaari** arch. **-katto** vaulted roof. **-käytävä** arcade, archway. **-mainen** vaulted.

home mould; mildew. **-htua** become mouldy. **-htunut, -inen**

mouldy, mildewed; musty.
-sieni mould fungus.
homma duty, care[s]; *(touhu)*
bustle; *(yritys)* undertaking;
olla ~ssa be busy; *paljon ~a*
much to do, a great deal on
one's hands. **-kas** busy, active.
-ta be busy; bustle; *(järjestää)*
arrange; *(hankkia)* get,
procure; *mitä siellä -taan?*
what is going on there?
homo|geeninen homogeneous.
-genisoida homogenize.
-seksuaalisuus homosexuality.
honka [tall] pine. **-puu**
redwood.
hono|tus nasal voice quality.
-ttaa talk through the nose.
hontelo lank[y], scraggy,
gangling.
hopea silver; *~t* silver[ware].
-haapa white poplar. **-hapset**
silver hair. **-harkko** ingot of
silver. **-hela** silver mounting.
-häät silver wedding. **-nharmaa**
silver-grey. **-nhohtoinen** [. .
with a] silvery [sheen]. **-raha**
silver coin. **-seppä** silversmith.
-tavarat silver [articles],
silverware.
hopeinen silver.
hopeoida silver-plate.
hoppu haste, hurry, scurry.
hoputtaa urge . . on, hurry . .
on; hustle.
horisontti horizon.
horjah|dus stumbling, stumble;
kuv. false step. **-taa** stagger;
(kompastua) stumble.
horju|a stagger, totter; *kuv.*
vacillate, waver, falter; *~*
päätöksessään be irresolute;
kielenkäyttö -u usage varies;
hänen terveytensä -u her
health is giving way *(t.*
declining). **-maton** unshaken;
immovable; unwavering.
-mattomuus firmness,
steadfastness. **-ttaa** cause . . to
totter; shake, sway *(m. kuv.);*
kuv. cause to waver,
(suunnastaan) deflect a p.
from his course. **-va** tottering;
wavering; *(päättämätön)*
undecided; *(epävakaa)*
unsteady, unstable; *(terveys)*
uncertain, failing. **-vuus**
unsteadiness; indecision,

vacillation.
horkka ague; *puhek.* the
shivers.
hormi flue.
hormoni hormone.
horna abyss, the bottomless pit.
horros torpor, stupor, lethargy;
(kevyt) doze, drowse.; *olla*
talvihorroksissa lie dormant,
hibernate. **-tila** *(uni-)* trance;
coma. **-uni** lethargic sleep.
horsma willow herb.
hortensia hydrangea.
hosua lay about one; *(lyödä)*
strike; *~ käsillään (m.)* throw
one's arms about; gesticulate;
~ pois jtk fight off . .
hotelli hotel. **-nomistaja** hotel
proprietor. **-poika** buttons,
page boy, *Am.* bell boy,
bellhop.
hotkia gorge, gulp, wolf down.
houkk|a, -io *s.* fool, idiot,
dupe.
houku|tella allure; entice,
inveigle (into); *(kiusata)*
tempt; *(kehotella)* persuade; *~*
(mielistelemällä) coax; *~ jku*
puhumaan draw a p. into
talk; *-tteleva* tempting,
attractive, beguiling. **-tin**
allurement, enticement;
attraction. **-ttelu** alluring,
tempting. **-tus** allurement;
temptation; *kuv.* lure; *(~lintu*
decoy; *kuv. m.* decoy-duck;
~ääni call note).
hourai|lla be delirious, wander;
(raivoten) rave; *-leva*
delirious. **-lu** delirium,
wandering.
houre: *~et* ravings, delirium;
kuv. fancies. **-kuva**
hallucination.
hourupäinen crazy, mad, out
of one's mind.
housun|kannattimet [a pair of]
braces, *Am.* suspenders. **-lahje**
trouser-leg. **-prässit** trouser
creases. **-tasku** trouser[s]
pocket.
housupuku trouser *(Am.* pants)
suit.
housut [pair of] trousers,
pants; *(alus-)* drawers;
(naisten) underpants, *(pikku-)*
panties, *(esim. villa-)* knickers;
(polvi-) shorts, breeches; *tehdä*

housuihinsa foul one's pants; *olla jkn housuissa (kuv.)* be in sb.'s shoes.

hovi court; ~*ssa* at court. **-hankkija** purveyor to H.M. the King (Queen). **-herra** courtier. **-marsalkka** master of the royal household. **-mestari** butler; *(ravintolassa)* head-waiter. **-mies** courtier. **-nainen** lady-in-waiting. **-narri** court jester. **-neiti** maid of honour. **-niiaus** curtsey.

hovi|oikeus Court of Appeal. **-poika** page. **-runoilija** poet laureate. **-saarnaaja** court chaplain. **-suru** court mourning.

huhmar mortar.

huhtikuu April.

huhu rumour; ~*na kerrotaan* it is rumoured. **-illa** rumour.

huija|ri swindler; cheat. **-ta** swindle; cheat; *sl.* diddle. **-us** swindle, swindling; cheating.

huikea *(tavaton)* huge.

huiken|nella be fickle; be reckless. **-televainen** fickle, flighty; gay, fast. **-televaisuus** fickleness, flightiness; gaiety, gay life.

huilu flute. **-niekka** fluteplayer, flutist.

huima *(hurja)* reckless, wild; ~ *yritys* a daring attempt; *(hinta) nousee* ~*sti* sky-rockets. **-ava** giddy, dizzy; ~ *ero* vast difference; ~*summa* fantastic sum; ~*a vauhtia* at a breakneck speed; ~*n korkealla* at a dizzy height. **-päinen** daring, dashing; foolhardy. **-päisyys** daring, recklessness; foolhardiness. **-pää** madcap. **-ta** make .. dizzy; *päätäni* ~*a* I feel giddy (dizzy). **-us** giddiness, dizziness; *lääk.* vertigo.

huipen|taa *kuv.* bring to a head; *hän -si sanottavansa kolmeen kohtaan* he made three points. **-tua** *kuv.* culminate (in), reach its climax.

huippu top, peak, *(vuoren, m.)* summit; *(kärki)* apex; *hulluuden* ~ the height of folly;

kaiken huipuksi on top of everything else; *kohota* ~*unsa* reach its culmination, culminate; *tornin* ~ spire; *valtansa huipulla* at the height of one's power. **-hinta** top price. **-kohta** peak, climax, culmination, acme; *saavuttaa* ~*nsa* reach a maximum, reach its peak. **-kuormitus** peak load. **-kurssi** peak quotation. **-nopeus** top speed. **-taso** top level; ~*n kokous* summit conference. **-urheilija** top-ranking athlete. **H-vuoret** Spitzbergen.

huiputtaa fool, dupe, cheat, *sl.* diddle.

huiskin: ~ *haiskin* helter-skelter, pell-mell.

huisku *(pöly-)* feather duster. **-ttaa** wave, *(huiskauttaa)* swish.

huitoa fling, wave [one's arms about], fight with one's arms, *(jkta kepillä)* lay about .. with a stick.

huivi scarf, head scarf, *(hartia-)* shawl.

hukassa: *olla* ~ be lost, *(kadoksissa)* be missing; *olemme* ~ we are undone.

hukata lose; *(turhaan)* waste; *aikaa hukkaamatta* without loss of time, without delay.

hukka *(turmio)* destruction, ruin; *(tappio)* loss, waste.

hukkaan in vain, to no purpose; ~ *joutunut* lost; ~ *mennyt* wasted, useless, fruitless; *mennä* ~ be wasted, be in vain.

hukkua be lost, get lost; *(veteen)* drown, be drowned.

hukutta|a drown. **-utua** drown oneself.

huligaani hooligan, rough, rowdy, *Am.* hoodlum.

hulin|a hullabaloo; *mennä* ~*ksi* end in general disorder. **-oida** be unruly, riot. **-ointi** disorderly conduct, disturbance.

hulivili madcap, gay (happy-go-lucky) fellow.

huljuttaa wash, rinse (off); swill [to and fro].

hullaan|tua go mad; ~ *jhk* become infatuated with a p.; *-tunut* mad on, mad about,

Am. crazy about; *olla -tunut jkh (m.)* love a p. to distraction.

hullu *a.* mad, crazy; insane; *s.* lunatic; *elokuva* ~ film fan; *ulkoilu* ~ fresh-air fiend; *tulla* ~*ksi* go mad, go off one's head; *hän ei ole* ~*mman näköinen* he is not at all bad-looking; *ei olisi* ~*mpaa* it wouldn't be such a bad idea; *tästä ei tule* ~*a hurskaammaksi* I cannot make head or tail of this.

hullunkuri|nen extremely funny; absurd, bizarre; *(lystikäs)* ludicrous, droll, comical. **-suus** ludicrousness, drollery; absurdity.

hullunmylly *kuv.* bedlam, hurly-burly.

hullu|sti wrong [ly], the wrong way, amiss; *hänen kävi* ~ things went badly with him; *sepä oli* ~ too bad! **-tella** play the fool. **-ttelija** madcap, practical joker. **-ttelu** folly, frolic, gay pranks, clowning. **-tus** foolishness; *-tuksia!* nonsense! don't be silly! *se olisi* ~*ta* it would be madness.

hulluus madness, insanity; *(mielettömyys)* foolishness, folly.

hulmah|dus flutter. **-taa** flutter, *(tuli)* flare up.

hulmuta flutter, fly, *(tukka ym)* wave.

hulpio selvage, selvedge.

hulttio wastrel, waster, good-for-nothing [fellow]. **-mainen** worthless, good-for-nothing.

humaaninen humane.

humahdus whir [r], whiz.

humala hop; *(juopumus)* [state of] intoxication; *olla* ~*ssa* be drunk, be intoxicated, *(lievästi)* be tight. **-inen** *a.* intoxicated; *a & s.* drunk. **-päissään** under the influence [of drink]. **-salko** hop pole.

humal|isto hop-garden, hopfield. **-luttaa** intoxicate, make .. drunk. **-tua** get intoxicated, get drunk, *jstk* with.

humanis|mi humanism. **-tinen:** *-tiset aineet (yliop.)* Arts subjects, the humanities.

humi|na murmur [ing], humming, *(korvien)* buzzing. **-sta** murmur, hum; *(tuuli, m.)* whisper, sigh.

hummeri lobster.

humoristinen humorous.

humpuuki humbug.

humu *(pauhu)* rumble, din; *elämän* ~*ssa* in the whirl (bustle) of life; *elää* ~*ssa ja sumussa* lead a fast life.

hunaja honey. **-inen** [.. of] honey; *kuv.* honeyed. **-kenno** honeycomb.

hunnin|ko: *joutua -golle* go to rack and ruin; *on -golla* is down and out; *(asiasta)* is in a bad way.

hunnit *hist.* the Huns.

hunnuttaa veil.

huntu veil.

huoah|dus sigh; breath. **-taa** sigh; *(henkäistä)* get one's breath; ~ *helpotuksesta* give a sigh of relief.

huoata sigh; *(valittaen)* groan.

huohottaa pant, breathe heavily.

huojen|nus relief, ease; *(hinnan)* reduction. **-taa** ease, lighten; ~ *ehtoja* modify the terms; ~ *hintaa* lower (reduce) the price; ~ *sydäntään* unburden one's heart, get .. off one's chest, talk one's troubles out. **-tua** become easier; be relieved; *(hinta)* get cheaper; go down, fall.

huoju|a rock; *(heilua)* swing, sway; *-vin askelin* with tottering steps. **-ttaa** rock; shake, swing, sway.

huoka|ista sigh; ~ *syvään* heave a deep sigh. **-us** sigh.

huokea cheap; low; *myydä* ~*sta* sell cheap, sell at a low price; ~*t ehdot* easy terms. **-hintainen** cheap; ~ *painos (m.)* popular edition. **-hintaisuus** cheapness, popular price.

huokeus *(hinnan)* cheapness.

huoko|inen porous, spongy. **-isuus** porosity. **-nen** *anat.* pore.

huokua exhale; *kuv.* breathe.

huolehti|a take care (of), look

after, attend to; see to;
(toimittaa) arrange; (olla
huolissaan) be anxious, worry
(about); ~, että .. see to it
that. **-vaisuus** solicitude.
huolelli|nen careful; (siisti)
neat; (viimeistelty) elaborate;
-sesti carefully, with care;
thoroughly. **-suus** carefulness,
care.
huolen|alainen distressing,
alarming; (huolestunut) .. full
of care, anxious. **-pito** care;
charge.
huoles|tua get anxious, get
worried; -tunut anxious,
concerned, uneasy; worried;
oltiin -tuneita jstk concern
was felt about . . .
-tuneesti anxiously, with
anxiety; katsahti häneen ~
gave him a worried look.
-tuneisuus anxiety. **-tuttaa**
make .. anxious, alarm;
-tuttava alarming.
huole|ti unconcerned [ly];
(turvallisesti) safely;
confidently; ole ~ set your
mind at rest; don't worry!
-ton free from care [s],
care-free, non-caring;
light-hearted, happy-go-lucky;
unconcerned, careless. **-ttaa**
worry; make .. uneasy; jk ~
minua I am worried about.
-ttomasti unconcernedly;
carelessly, negligently.
-ttomuus unconcern; freedom
from care, carelessness.
huol|i care; worry; anxiety;
(huolellisuus) carefulness; olla
~ssaan (jstk) feel anxious,
worry (about); ottaa jtk
-ekseen undertake to .., take
.. in hand; pitää -ta jstk
take charge of, look after,
look to [it that], attend to,
(esim. perheestään) provide
for, (itsestään, m.) shift for
oneself; jätä se minun -ekseni
leave it to me. **-ia** care
(about), mind (about); älä -i
never mind! älä -i mennä you
had better not go; en -i sitä
I don't care to have it, I
don't want it.
huoli|maton careless; needless;
(leväperäinen) negligent;

slipshod, slapdash, slovenly
[work], sloppy. **-matta** (jstk
~) in spite of, despite,
notwithstanding; siitä seikasta
~, että .. (m.) irrespective of
(apart from) the fact that;
siitä ~ (sittenkin) none the
less, nevertheless, for all that;
hänen vioistaan ~ pidämme
hänestä for all his faults, we
like him. **-mattomuus**
carelessness; negligence. **-nta**
liik. forwarding; (~liike f.
agency). **-tsija** forwarding (t.
shipping) agent. **-tella** take
pains (with); -teltu neat,
elaborate, carefully finished,
(miehen ulkoasu) well-groomed.
huollettava s. dependant.
huol|taa take care of; (auto
ym) service; (elättää) provide
for, support. **-taja** supporter,
(perheen) breadwinner,
(holhooja) guardian; olla jkn
~na have the custody of.
-tamo garage.
huolto care; welfare; (palvelu)
service; servicing; sot. ym.
maintenance, supply; sot.
logistics; huollon varassa
on national assistance;
lähettää auto ~on
send the car in for service.
-alue trust territory. **-alus**
supply ship. **-apu** public
welfare. **-asema** service
station, garage, Am.
gas [oline] station. **-joukot**
logistical troops, Engl. army
service corps. Am.
maintenance and supply
troops. **-konttori** welfare
department. **-laitos** [welfare]
institution. **-muodot** supportive
(t. welfare) services. **-työ:**
yhteiskunnallinen ~ welfare
work. **-työntekijä** social
welfare worker. **-yhteydet** sot.
supply lines. **-yksikkö** supply
unit.
huoma: jättää jkn ~an leave
in a p.'s care (charge); uskoa
jkn ~an entrust to . .
huomaama|ton unnoticeable,
imperceptible; inconspicuous;
(ei huomattu) unnoticed;
(tarkkaamaton) inattentive. **-tta**
unnoticed; (epähuomiossa)

inadvertently; *se jäi minulta* ~ I overlooked it. -**ttomasti** imperceptibly; inconspicuously. -**ttomuus** imperceptibility; inattention; *(epähuomio)* oversight; blunder.
huomaavai|nen attentive; considerate, *(kohtelias)* polite. -**suus** attention, attentiveness.
huoma|ta notice, observe, note, become aware of, perceive; catch sight of; discover, detect; *kuv.* see, find; *huomaa* note; *huom.* N.B. (= *nota bene*); ~ *erehdyksensä* realize one's mistake; *jäädä -amatta* pass unnoticed, be overlooked, *(jklta)* escape a p.'s notice; *ei* ~ overlook, take no notice (of). -**ttava** noticeable, perceptible; *(selvästi)* marked; *(melkoinen)* considerable; *(etevä)* outstanding, prominent; remarkable, notable, noteworthy; *(näkyvä)* conspicuous; ~ *henkilö (m.)* a distinguished person; ~ *parannus* a decided improvement; ~*ssa määrin* in *(t.* to) a noticeable degree; *olla* ~*lla sijalla* occupy a prominent place. -**ttavasti** perceptibly, noticeably, appreciably, markedly, considerably. -**ttavuus** conspicuousness, prominence. -**ttu** prominent; *kohota* ~*un asemaan* rise to distinction.
huomau|ttaa point out, remark; *(muistuttaa)* remind. -**tus** remark; comment.
huomen *(aamu)* morning; ~*na* tomorrow; *hyvää* ~*ta* good morning! -**aamu:** ~*na* tomorrow morning. -**ilta:** ~*na* tomorrow night (evening).
huominen *a.* tomorrow's, [. . of] tomorrow; *huomiseen* till tomorrow.
huomio attention, notice; *(havainto)* observation; ~*n arvoinen* worth noticing; *ottaa* ~*on* take into consideration, pay attention to, bear in mind; consider; allow for, make allowance for; *ottaen* ~*on* in view of, considering, in consideration of, having

regard to; *jättää* ~*on ottamatta* pay no attention to, disregard, ignore; *pyydän tulla* ~*on otetuksi* I should like to be considered; *herättää* ~*ta* arouse attention, attract notice, *(tavatonta* ~*ta)* create a sensation; *kiinnittää* ~*ta* *(*~*nsa) jhk* give attention to, take notice of, *(jkn huomio)* call (draw) attention to; *älä kiinnitä häneen* ~*ta* pay no attention to him.
huomi|oida observe. -**oitsija** observer, commentator.
huomio|kyky [power of] observation. -**onotettava** .. worthy of consideration; considerable. -**taherättävä** striking, conspicuous; sensational.
huomispäivä tomorrow.
huone room; ~ *kadulle (pihalle) päin* front (back) room; *tilata* ~ reserve a room [at a hotel]. -**enlämpö** room temperature. -**entaulu** catechism. -**isto** flat, *et. Am.* apartment.
huonekalu piece of furniture; ~*t* furniture. -**kangas** upholstery material. -**kauppias** furniture dealer. -**sto** [suite of] furniture.
huone|kasvi house plant. -**kumppani** room-mate. -**kunta** household; house; *(perhe)* family.
huono bad; *(kehno)* poor; *(paha)* wicked, *(kurja)* wretched; ~ *kohtelu (m.)* rough treatment, ill-usage; ~*lla menestyksellä* with little success, with poor results; ~*lla tuulella* in a bad humour (mood); ~ *puoli* weak point, drawback; ~ *terveys* poor health, ill-health; ~*ssa kunnossa* in bad condition; *olla* ~*na sairaana* be very ill. -**kuuloinen** hard of hearing. -**kuuloisuus** [partial] deafness. -**laatuinen** of poor quality, inferior. -**maineinen** .. of bad reputation; notorious, disreputable. -**maineisuus** bad reputation, notoriety, disrepute. -**mmuus** inferiority;

(laadun) inferior quality. **-mpi** worse; inferior (to); *-mpaan päin* for the worse. **-muistinen;** *on* ~ has a bad memory, is forgetful. **-nlainen** rather poor. **-nnus** deterioration.

huonont|aa make .. worse, impair. **-ua** deteriorate, get worse. **-uminen** deterioration. **huono|näköinen** weak-sighted. **-onninen** unlucky, ill-fated (-starred). **-päinen** unintelligent, not bright; *on* ~ has a poor head [for mathematics *etc*]. **-sti** badly, ill, poorly; *asiat ovat* ~ things are bad (in a bad way, in a sad state); *hänen oli käydä* ~ he very nearly came to a sad end, he had a narrow escape.

huono|ta get worse; deteriorate; *-nemaan päin* on the decline. **-tuulinen** moody. **-tuulisuus** bad temper. **-us** badness; poorness; *(tavaran)* inferior quality. **-vointinen** indisposed, unwell. **-vointisuus** indisposition.

huopa felt; *(-peite)* blanket; *(esim. matka-)* rug. **-hattu** felt hat. **-kynä** felt pen.

huor|a harlot, prostitute; whore. **-in;** *tehdä* ~ commit adultery. **-uus** adultery.

huosta possession; *(hoito)* care, charge; custody; *ottaa ~ansa* take charge of.

huotra scabbard.

huovata back the oars, back water; *soutaa ja* ~ shilly-shally.

hupa|ilu comedy, farce. **-isa** jolly, amusing. **-isuus** pleasantness, jolliness.

hupakko scatterbrained [girl].

hupeneminen decrease; vanishing.

hupi fun; *~hahmo* figure of f.

hupsu *a.* foolish, silly; crazy, idiotic; *s.* simpleton, dunce. **-tella** play the fool. **-us** foolishness.

huristaa speed, fly, let go at a good speed.

hurja wild; *(hillitön)* unrestrained; *(raivokas)* furious, frantic, violent.

-nrohkea foolhardy. **-päinen** fierce, ferocious; *(pelkäämätön)* reckless. **-päisyys** ferocity; recklessness. **-pää** madcap; *(yltiö-)* fanatic. **hurjaste|lija** madcap; *auto~* dangerous driver. **-lla** lead a wild life. **-lu** wild life, *(elostelu)* dissolute life; *(auto-ym)* reckless driving.

hurj|istua become furious, fly into a rage; *h-tunut* frenzied, infuriated. **-uus** wildness, recklessness; fury.

hurma ecstasy, rapture; fascination [of speed, *vauhdin*]. **-antua** be [come] fascinated (charmed, infatuated). **-ava** charming. **-henki** fanatic. **-henkinen** fanatic [al]. **-henkisyys** fanaticism. **-ta** charm, fascinate, captivate, enrapture. **-us** charm; enchantment, fascination.

hurme gore. **-inen** gory.

hurmio ecstasy. **-itua** go into ecstasies (raptures); *vrt. huuma, -ta.*

hurraa hurrah! **-huuto** cheer, *jklle* for; *-huudot* cheering.

hurrata cheer [a p., *jklle*].

hursk|as pious, *(harras)* devout; *s.* devotee. **-astella** make a show of piousness; *~televa* sanctimonious. **-astelu** sanctimoniousness; bigotry. **-aus** piety; saintliness.

hursti sacking; burlap.

husaari hussar.

huti|loida do .. carelessly; scamp, bungle; *-loiva* slovenly, careless, slipshod. **-lus** careless fellow.

huudah|dus exclamation, *(-sana)* interjection. **-taa** exclaim, cry out, call out; ~ *ilosta* cry out for joy, give a cry of delight.

huuh|della rinse [out]; wash; *(esim. W.C.)* flush. **-donta** rinsing; rinse; *kullan* ~ panning for gold.

huuhkaja eagle-owl.

huuhtelu rinse, wash; *lääk.* irrigation; *(esim. W.C:n)* flushing. **-ruisku** douche.

huuhto|a rinse [out], wash; ~

kultaa pan for gold; ~ *pois* wash off (away). **-utua** *(yli laidan)* be washed overboard.
huuli lip; *(sutkautus)* quip, [wise]crack, witticism; *heittää huulta* banter, joke; *painaa ~lleen* press to one's lips. **-harppu** mouth-organ, harmonica. **-kukkainen** *bot.* labiate. **-nen:** *paksu~* thick-lipped. **-parta** moustache. **-puikko** lip-stick. **-puna** lip-stick; *panna ~a* put on l. **-voide** lip salve. **-äänne** *kiel.* labial [sound].
huuma *(ilon, voiton)* ecstasy. **-antua** *(et. iskusta)* be stunned; be stupefied; *~ntunut (m.)* dazed, dizzy. **-ta** stun; stupefy; *(urheilija ym.)* dope; intoxicate; *menestyksen -ama* intoxicated by success; *onnen -ama* drunk with happiness; *riemun -ama* giddy *(t.* transported) with joy.
huumaus daze, *kuv.* intoxication; *lääk.* [light] an[a]esthesia; *riemun ~* an ecstasy of delight. **-aine** drug, narcotic, *sl.* dope; *~en käyttäjä* drug addict (abuser), *(et. heroinin)* junkie; *~en myyjä* drug peddler; *~en vaikutuksen alaisena* under the influence of drugs, high [on pot ym].
huume *ks. ed.; ~itten käyttäjät* narcotic addicts. **-laki** narcotics act.
huumori humour. **-ntaju** sense of humour; *on ~inen* has a s. of h.
huur|re white frost, hoarfrost, rime. **-teinen** .. white (rimed) with frost.
huuru vapour, steam.
huut|aa call [out], shout, yell, shriek; ~ *apua* call for help; ~ *jkta avuksi* call a p. to one's aid; ~ *jku kuninkaaksi* proclaim .. king. **-ava** *kuv.* glaring, flagrant; *(hätä)* crying.
huuto cry, call, shout; yell; *(huutokaupassa)* bid; *ihmettelyn ~* a cry of astonishment; *päästä ~on* come into vogue; *olla huonossa huudossa* have a

bad reputation; *joutua huonoon ~on* fall into disrepute; *saattaa huonoon ~on* bring discredit on. **-kauppa** auction, public sale; *-kaupan toimittaja* auctioneer; *myydä -kaupalla* sell by auction, auction off; *ostaa jtk -kaupasta* buy at an auction; *(~kamari* auction rooms). **-matka:** *~n päässä* within call. **-merkki** exclamation mark. **-torvi** megaphone. **-äänestys** acclamation.
huveta dwindle; decrease, shrink; *hupeni puoleen* was reduced to [one] half.
huvi pleasure, fun; *(huvitus)* amusement, entertainment; *~n vuoksi* for [the] fun [of the thing]; *omaksi ~kseen* for one's own pleasure. **-ala** entertainment industry, show business. **-kausi** season.
huvila villa, cottage, bungalow, country-house. **-kaupunki** garden suburb. **-yhdyskunta** suburban community.
huvi|lennätys joy flight. **-linna** pleasure palace. **-maja** summer-house. **-matka** pleasure-trip. **-matkailija** excursionist. **-näytelmä** comedy. **-puisto** amusement park. **-pursi** luxury yacht. **-retkeilijä** excursionist. **-retki** excursion; *tehdä ~* go on an e. **-tella** amuse oneself, enjoy oneself; celebrate; *-ttelimme perusteellisesti (puhek.)* we had a high old time. **-tilaisuus** entertainment. **-ttaa** amuse, divert; interest; *(hauskuttaa)* entertain; *minua -tti* I was amused at *(t.* by) .. **-ttava** amusing, entertaining. **-ttelu** amusement; merry-making; *~nhaluinen* fond of amusement, pleasure-loving. **-tus** amusement, entertainment, diversion; pleasure. **-vero** entertainment duty, *Am.* amusement tax.
hyasintti hyacinth.
hydraulinen hydraulic.
hyeena hyena.
hygi|eeninen hygienic; sanitary.

-enia hygiene.
hyi fie! ~ *häpeä* for shame!
hyinen icy.
hykertää: ~ *käsiään* rub one's hands.
hylje seal.
hylkeen|nahka sealskin. **-pyynti** sealing. **-pyytäjä** sealer. **-rasva** seal blubber.
hylki|ä despise; reject; *vettä -vä* water-repellent. **-ö** good-for-nothing, wastrel; *yhteiskunnan* ~ social outcast.
hylky refuse, waste; *mer.* wreck; *joutua hylyksi* become a wreck. **-joukko** dregs, scum. **-puu** waste timber. **-tavara** defective goods, rejects; *mer.* wreckage; *(maihin ajautunut)* stranded goods, *(vedessä uiskenteleva)* flotsam [and jetsam].
hylk|ääminen rejection; abandonment, desertion; refusal, declining (of an offer); *ehdotti esityksen h-mistä* moved the rejection of the proposal. **-äävä:** ~ *päätös* rejection.
hylly shelf (*pl.* shelves); *(junassa ym)* rack. **-kaappi** cupboard. **-kkö** shelves, shelving. **-stö** *(yhdistelmä)* storage unit.
hyllyä shake, *(maa)* quake.
hylsy [cartridge] case.
hylättävä unacceptable, . . to be condemned.
hylätä reject; *(jättää)* forsake, leave, abandon, desert; *(ei tunnustaa)* disown; *(evätä)* refuse, decline; *(esim. äänestyslippu)* cancel; *(jk kelvottomana)* discard; *(maali, urh.)* disallow, *(syyte)* dismiss; ~ *kutsu* decline an invitation; ~ *pyyntö* refuse a request; ~ *tarjous* reject an offer; ~ *jku tutkinnossa* fail [to pass] a p., *sl.* Engl. plough; *(anomus ym)* hylättiin was turned down; *(lääkärintark ym.)* reject; ~ *vaimonsa* desert one's wife; *tunsi itsensä hylätyksi* had a feeling of rejection.
hymi|nä murmur [ing]; *laulun* ~ humming of a tune; *(tuulen)* sighing. **-stys** *kuv.*

[songs of] praise; eulogy.
hymni hymn; anthem.
hymy smile; *(teennäinen)* smirk. **-huuli:** ~*n* with a smile on one's lips, smilingly. **-illä** smile (at, on); *(typerästi)* simper, smirk, *(leveästi)* grin, smile all over one's face; *(ivallisesti)* sneer (at); *(kuv., suosia)* smile [up]on. **-ilyttää** make . . smile; *(huvittaa)* amuse. **-kuoppa** dimple.
hymähtää smile [slightly], *(ivallisesti)* sneer at.
hypellä jump, hop, skip; frisk.
hypistellä: ~ *jtk (sormin)* finger at, fiddle with.
hypno|osi hypnosis. **-ottinen** hypnotic. **-tismi** hypnotism. **-tisoida** hypnotize.
hypoteekki mortgage. **-laina** mortgage loan.
hypotee|si hypothes|is, *pl.* -es. **-ttinen** hypothetic [al].
hyppiä jump, hop; skip.
hyppy jump, leap, bound. *(veteen ym)* plunge. **-ri** take-off [board *t.* platform].; *(~mäki* ski jump). **-sellinen** a pinch (of).
hyppä|ys jump; leap; bound; *yhdellä -yksellä* at a bound.
hypäh|dys bound. **-tää** bound; give a jerk; ~ *pystyyn* jump to one's feet, start up.
hypätä jump; leap, spring; ~ *asiasta toiseen* skip from one subject to another; ~ *veteen* plunge into the water; ~ *yhdellä jalalla* hop on one leg; ~ *(sivun) yli* skip [a page].
hyrin|ä hum [ming], buzz [ing]. **-stä** hum, buzz.
hyrrä [spinning-] top. **-liike** gyration. **-tä** gyrate.
hyrsky surge, spray. **-tä** surge.
hyrähtää *(itkuun)* burst out crying.
hyräillä hum, croon.
hyssyttää hush; ~ *lasta uneen* lull a child to sleep.
hysteerinen hysteric [al].
hytistä shiver [with cold].
hytkyä shake, rock.
hytkähtää [give a] jump; *(vavahtaa)* start, give a start; *sydämeni hytkähti* my heart

stood still.
hytti cabin; *(loisto-)* stateroom. **-paikka** berth.
hytty|nen mosquito *(pl. -es)*, gnat; *siivilöidä -siä* strain at a gnat; *-sen purema* mosquito-bite. **-sverkko** mosquito-net.
hyve virtue. **-ellinen** virtuous. **-ellisyys** virtue, virtuousness.
hyvi|lleen, -llään *(jstk)* delighted, pleased (with, at).
hyvin well; *(sangen)* very; *(kovin)* very much; ~ *järjestelty* well-organized, well-arranged; ~ *kiinnostunut* much *(t.* greatly) interested (in); ~ *tehty* well-made; well done [!]; ~ *moni heistä* a great many of them; ~ *paljon* very much, a great deal; ~ *paljon kirjoja* plenty of books, lots of books. **-ansaittu** well-deserved (-earned). **-hoidettu** well cared for, well-kept, *(esim. puisto)* neatly kept; *(esim. tukka, parta)* well-groomed. **-kasvatettu** well brought up; *(sivistynyt)* well-bred. **-kin** quite, rather. **-varustettu** well-stocked.
hyvinvointi well-being; health; *(aineellinen)* prosperity. **-valtio** *(huolto-)* welfare state. **-yhteiskunta** [the] affluent society.
hyvinvoipa *(varakas)* prosperous, well-to-do.
hyvi|ttää make up (to sb. for), make good, compensate (for); make amends for; *(tileissä)* credit; *(maksaa takaisin)* reimburse; ~ *jkn tiliä* credit [an amount] to a p.'s account, credit a p.'s account (with). **-tys** compensation *(m. raha-)*; recompense; *(tileissä)* crediting; *(alennus)* allowance; *-tykseksi jstk* as compensation for, in return for; *antaa ~tä (m.)* rehabilitate a p.; *vaatia ~tä* demand satisfaction for.
hyvyys goodness; kindness; *tämän maailman* ~ the good things of this world.
hyvä *a.* good; kind; *s.* good, welfare; *(etu)* benefit; ~ *herra (kirjeessä)* Dear Sir; ~t

herrat Dear Sirs, *Am.* Gentlemen! ~ *on!* good! all right! *no* ~*!* very well! well then! *ole, olkaa* ~ please (harvoin tarjottaessa); *ole* ~ *(tässä saat,* jtk annettaessa) here you are! there you are! *(Kiitoksia paljon! —) ole* ~ *(pidä ~näsi)* you're welcome! [Oh,] not at all! *ole* ~ *ja sulje ikkuna* shut the window, please *(t.* will you?) *olkaa* ~ *ottakaa leipää* will you have some bread? *ei oikein ~ä (kuulu)* (How are you? —) not too well, I am afraid; *ei* ~*llä eikä pahalla* neither by fair means nor foul; *~llä syyllä* with good reason; *~llä tuulella* in good humour, in a good mood; *~n aikaa* a good while; *~n joukon yli 100* well over a hundred; *~n matkaa* quite a long way, quite a distance; *pitää ~nään* put up with; *pidä ~näsi* you are welcome to it! *sillä* ~ there is no more to be said; *~ä matkaa* [have] a pleasant journey! **-enteinen** auspicious, propitious. **-huuto** cheer, acclamation.
hyväi|llä caress, fondle; pet; *-levä (m.)* gentle, soft. **-ly** caress [es]; *(~sana* term of endearment).
hyväksi: *jnk (jkn)* ~ for . ., for the benefit (the good) of; *hänen -kseen* in his favour, for his good; *hyväksemme (liik.)* to our credit; *nähdä* ~ see fit. **-käyttö** utilization; exploitation.
hyväksy|jä *(vekselin)* acceptor. **-minen, -mys** approval, approbation; acceptance; *(myöntymys)* consent; *(vekselin, m.)* endorsement; acknowledgement; *(äänekäs)* applause. **-täävyys** acceptability. **-ttävä** acceptable. **-västi** approvingly; *nyökkäsi* ~ *(m.)* gave a nod of approval. **-ä** approve (of); *(kutsu ym.)* accept; *(tutkinnossa)* pass; *(tunnustaa)* recognize, acknowledge; sanction; *(jäseneksi ym.)* admit; ~

ehdot accept the terms; ~ *laki* adopt a law; *hänet -ttiin (tutkinnossa)* he passed [the examination]; *häntä ei -tty* he failed [in] the examination; *ei ~ (m.)* disapprove (of); *ehtoja ei voida ~ (m.)* the terms are unacceptable; *lakiehdotus -ttiin* the bill was passed.

hyvä|kuntoinen in good condition. **-lahjainen** talented. **-luontoinen** good- (sweet-) tempered. **-luontoisuus** good nature. **-maineinen . .** of good repute (reputation). **-nahkainen** *kuv.* good-natured.

hyvänen: ~ *aika!* goodness [me]! my goodness! good heavens!

hyvän|hajuinen sweet-scented (-smelling); fragrant, aromatic. **-laatuinen** *(kasvain)* benign, nonmalignant. **-nlaatuisuus** benignancy. **-lainen** fairly good; fair, middling. **-makuinen . .** of good flavour, palatable; *on ~* tastes good. **-suopa** benevolent, benign; kindly disposed. **-suopuus** goodwill, kindliness.

hyvänsä: *kuka ~* anybody, *(jokainen joka)* whoever; *kuka ~ heistä* any one of them; *mitä ~* whatever; anything; *mitä ~ hän tekeekin . .* whatever he does; *hän näyttää sietävän mitä ~* he seems to stand anything; *olipa sen laita miten ~* be it as it may, however it may be; *mitä laatua ~* of any kind.

hyvän|tahtoinen kind, benevolent; well-meaning. **-tahtoisesti** kindly; ~ *lähettänette minulle* would you please (would you be good enough to) send me . . **-tahtoisuus** kindness, benevolence, goodwill. **-tapainen** well-behaved (-mannered). **-tekeväinen** charitable. **-tekeväisyys** charity; charitableness; *(~laitos* charitable *(t.* charity) institution; *~myyjäiset* charity bazaar). **-tekijä** benefactor;

(~tär) benefactress.

Hyväntoivonniemi the Cape of Good Hope.

hyväntuuli|nen good-humoured, cheerful. **-suus** good humour.

hyvä|onninen fortunate. **-oppinen** quick to learn. **-palkkainen** well-paid. **-päinen** clever, quick-witted, bright. **-stellä** take leave of a p., bid a p. farewell. **-sti** good-bye! *(illalla* good night); *arkik.* bye bye; *(~jättö* parting; farewell).**-sydäminen** kind-hearted. **-sydämisyys** kind-heartedness, kindness. **-tekoinen** well made, . . a good make. **-tuloinen** *(toimi)* lucrative, remunerative; *hän on ~* he has a good income. **-työ** kind *(t.* charitable) deed; *hyvät työt* good works. **hyvää|tarkoittava** well-meaning. **-tekevä** beneficial.

hyydyttää [cause to] congeal, coagulate.

hyytelö jelly. **-ityä** [turn to] jelly. **-mäinen** jelly-like, gelatinous.

hyyty|minen congelation; *(veren ym)* clotting, coagulation. **-ä** congeal; *(maksottua)* coagulate, clot; *(hyytelöstä ym)* set; *-nyt* congealed, jellied, *(veri ym)* clotted, coagulated.

hyödyk|e commodity. **-sikäyttö** utilization.

hyödylli|nen useful, . . of benefit, . . of [great] use; profitable. **-syys** usefulness, utility, use; profitability; *(~periaate* utilitarian principle).

hyöty|tää benefit, profit, be of use (to); *mitä se ~* what is the use [of it]? what good is it? *se ei -tä mitään* it is no use, it is of no avail; *ei -ttäisi* it would serve no purpose. **-ttömyys** uselessness, futility; fruitlessness. **-ttömästi** uselessly, to no purpose. **-tön** useless, . . of no use (avail); *(hukkaan mennyt)* fruitless, futile; *on ~tä yrittää* it is no use trying.

hyökkäys attack, assault (on);

(rynnäkkö) charge; *(maahan)* invasion; *(-retki)* raid (on). **-haluinen** aggressive. **-kanta:** *olla -kannalla* take the offensive. **-sota** war of aggression. **-suunnitelma** plan of attack. **-vaunu** tank.

hyökkää|jä aggressor; assailant, attacker; *(maahan-)* invader; *urh.* forward, *(jääkiekk.)* attack man. **-mättömyyssopimus** non-aggression pact. **-vä** attacking *jne.;* aggressive.

hyöky surge; swell. **-aalto** tidal wave; *(tyrskyt)* breakers.

hyökätä attack; assault [a p. *jkn kimppuun*]; *(maahan ym)* invade; *(syöksyä)* rush, dash; *~ jkn kimppuun (m.)* fall upon a p.; *~ ovelle* make for the door; *poliisi hyökkäsi mielenosoittajia vastaan* the police charged the demonstrators.

hyönteinen insect. **hyönteis|myrkky** insecticide. **-syöjä** insect-eater; *a.* insectivorous. **-tiede** entomology. **-tieteellinen** entomological. **-tutkija** entomologist.

hyöri|nä flurry, bustle; hurry. **-ä** be busy; bustle.

hyöty use; benefit; *(etu)* advantage; *(voitto)* profit; *käyttää hyödykseen* make use of, utilize, *(riistää)* exploit; *olla hyödyksi* be useful, be helpful, be of use (of value); *se ei ole kenellekään hyödyksi* it is no good (it is of no use) to anyone. **-ajoneuvo** commercial vehicle. **-kuorma** payload. **-mansikka** strawberry. **-näkökohdat** utilitarian considerations. **-suhde** *tekn.* efficiency.

hyötyä benefit, profit (by); *(voittaa)* gain (by); *~ jstk (m.)* derive advantage (benefit) from.

hyöt|lää force. **-ö** forcing.

hädintuskin narrowly, just; with a narrow margin; *hän pelastui ~* he had a narrow escape, he escaped by the skin of his teeth.

hädissään: *olla ~ jstk* be

distressed (alarmed) about.

hädänalainen distressed; destitute, needy; *~ asema* distress.

häijy bad, malicious, evil; *(et. lapsesta)* naughty. **-nilkinen** malicious, malevolent. **-nilkisyys** maliciousness, malice. **-ys** malice, ill will.

häikäilemä|ttä unscrupulously, regardless of others; inconsiderately. **-ttömyys** unscrupulousness; lack of consideration. **-tön** unscrupulous; inconsiderate; *(julkea)* arrogant; *.. on ~ ..* has no scruples.

häikäi|llä have consideration (for); have scruples (about .. -ing); *(empiä)* hesitate; boggle at. **-ly** consideration; hesitation, scruples.

häikäis|tä dazzle. **-evä** dazzling, *kuv.* brilliant. **-ysuoja** *(auton)* sun-shield.

häil|yä swing, sway; *(horjua)* waver; *-yä* wavering, faltering; *(epävakaa)* inconstant, fickle.

häipy|minen vanishing; *rad.* fading, *elok. m.* fade-out. **-mätön** ineffaceable, indelible. **-vä** *(kestämätön)* fugitive, transitory. **-ä** vanish; fade [out]; *vrt.* hälvetä.

häiri|intymätön undisturbed. **-intyä** be disturbed; *h-tynyt* disturbed. **-tsevästi** disturbingly; *vaikuttaa ~* have a disturbing effect. **-tä** disturb; interfere (with); *(vaivata)* [cause] inconvenience, trouble; *rad.* jam; *-tty lepo (m.)* broken rest.

häiriö disturbance; disorder; *(haitta)* inconvenience; *rad.* interference, atmospherics. **-tön** undisturbed; *rad.* interfer-ence-free.

häiv|e, -ähdys trace (of a smile, *hymyn);* shade.

häkel|tyä get confused, get flurried; *hän ei -tynyt* he was not put out.

häkil|ä, -öidä hackle.

häkki *(linnun ym)* cage; *(kana-)* coop; *panna ~in*

cage; coop in.
häkä carbon monoxide; *kuolla* ~*än* be asphyxiated. **-myrkytys** carbon monoxide poisoning.
häli|nä noise, tumult, hubbub, clamour, *(turha)* fuss; *mikä* ~ what a to-do! **-stä** make a noise, clamour; *-sevä* noisy, clamorous.
hälve|neminen dispersion. **-ntää** dispel, disperse. **-tä** be dispelled; disappear, fade [away]; *sumu -nee* the mist is clearing.
häly commotion, stir, excitement; *kyllä tästä* ~ *nousee* this will create a sensation; *pitää suurta* ~*ä jstk* make a great fuss about .. **-tin** alarm *(esim.* burglar a.). **-ttää** give the alarm, sound the alarm; alert [the police].
hälytys alarm; *väärä* ~ false alarm. **-ajoneuvo** emergency vehicle. **-laite** alarm [system]; *vrt.* hälytin. **-tila, -valmius** alert.
hämi: *olla* ~*llään* be embarrassed; *saattaa* ~*lleen* embarrass, disconcert sb. **-llinen** *(-llään oleva)* ks. ed.; *(ujo)* shy, self-conscious, ill at ease.
hämmen|nys embarrassment, bewilderment, perplexity; *olla* *-nyksissä* be confused, be disconcerted; *käsitteiden* ~ confusion of ideas. **-nyttävä** bewildering, *(ajatusta)* distracting. **-tymätön** undisturbed, *(henk.)* unperturbed. **-tyä** *(henk.)* be [come] confused (bewildered, perplexed); *olin -tynyt heidän seurassaan* felt embarrassed (abashed) in their presence. **-tää** mix, stir; *kuv.* confuse; upset; *vrt. ed.*
hämmin|ki confusion; disorder; *-gin vallassa (m.)* flustered.
hämmäs|tys surprise, astonishment, amazement; *suureksi -tyksekseni* to my great surprise, to my astonishment. **-tyttävä** surprising, amazing, astounding. **-tyttää** surprise;

astonish, amaze. **-tyä** be astonished, be surprised (at); be amazed; be taken aback.
hämy twilight, *(ilta-)* dusk. **-inen** dusky, dim.
hämähäkinseitti cobweb, spider's web, *(hieno kuin* ~*)* gossamer.
hämähäkki spider.
hämär|tää darken, grow dusky; *alkaa* ~ it is getting dark; *silmiäni* ~ my eyes are growing dim. **-yys** dimness, darkness; obscurity.
hämärä *a.* dark; dim, obscure; dusky; hazy; *s.* dusk, twilight; *(aamu-)* the grey dawn; ~ *aavistus* vague idea; *hämärin sanoin* in veiled language; ~*n peitossa* shrouded in mystery. **-peräinen** shady; obscure. **-peräisyys** shadiness; obscurity. **-sokeus** night blindness. **-sti** dimly, faintly, vaguely.
hämä|tä, -ys bluff.
hämäännyttää confuse, perplex, puzzle, disconcert.
hän he, *fem.* she; *hänet, häntä* him, *fem.* her; *hänelle* to (for) him, her; *häneltä* from him, her; *hänestä* of (about) him, her.
-hän ks. **-han.**
hänen his; *fem.* her, hers.
hännys tail. **-takki** swallowtail coat, tails; *-takissa* in [full] evening dress. **-telijä** sycophant. **-tellä:** ~ *jkta* cringe before, fawn upon, curry favour with.
hännä|llinen tailed. **-tön** tailless.
häntä tail; *(ketun)* brush; ks. **hän.**
häpeissään: *olla* ~ *jstk* be ashamed of.
häpeä shame, disgrace; dishonour; *(hyi)* ~*!* for shame! ~*kseni* to my shame; *on* ~*ksi jklle* is a disgrace to; *joutuu* ~*än* is put to shame; *saattaa* ~*än* bring shame upon, disgrace. **-llinen** shameful, disgraceful; infamous, ignominious; ~ *juttu (m.)* scandalous affair. **-llisyys** shamefulness, disgracefulness. **-mättömyys** shamelessness, effrontery;

impudence, brazenness. **-mätön** shameless, brazen, unashamed. **-paalu** pillory. **-pilkku** stain, taint, blot.

häpäi|sevä insulting; defamatory. **-stä** disgrace; dishonour; *(jtk pyhää)* profane; *(loukata)* violate; *(lippua)* desecrate.

härkä ox *(pl.* oxen); *(nuori)* steer. **-jyvä** ergot. **-päinen** pigheaded, obstinate. **-päisyys** obstinacy. **-taistelija** bullfighter. **-taistelu** bull fight.

härmä white frost, rime, *bot.* mildew.

härnätä tease, chaff.

här|ski *ks. eltaantunut.*

härän|häntä(liemi) oxtail (soup). **-liha** beef. **-paisti** joint *(t.* sirloin) of beef. **-rinta** brisket of beef.

häthätää in a hurry, hastily.

hätiköi|dä be in [too great] a hurry, *(työssä)* scamp; *tehdä -mällä* scamp, *(pilata)* boteh sth. **-ty** rash; [over]hasty, precipitate; *~ työ* a botched piece of work; *älä tee -jä johtopäätöksiä* don't jump to conclusions.

hätistää chase away, shoo [away].

hätkäh|dyttää startle; *-dyttävä* startling. **-tää** start, give a start.

hätyy|tellä *(esim. tyttöjä)* molest. **-ttää** harass, assail; molest; *(esim. velan takia)* press (.. for payment of a debt).

hätä distress; *(pula)* trouble; *(vaara)* danger; *(huoli)* anxiety; *(kiire)* hurry; *hädän tullen* in the hour of need; *ei ~ lakia lue* necessity knows no law; *mikä ~nä?* what is wrong? what's the trouble? what is the matter [with you]? *ensi ~än* to tide a p. over, for the time being; *rientää ~än* hasten to the rescue. **-apu** relief. **-huuto** cry of distress.

hätäi|lemättömyys calm [ness], composure. **-lemätön** calm, composed, collected. **-llä** hurry [too much]; act rashly; be

anxious; *älä -le* don't worry! *(älä kiirehdi)* take your time. **-ly** hurrying; fussing; anxiety. **-nen** hasty, hurried; impatient; anxious; *~ silmäys* a hurried (a cursory) glance. **-syys** haste, hastiness, hurry; impatience.

hätä|jarru emergency brake. **-kaste** emergency christening. **-keino** emergency measure; makeshift, expedient. **-kello** alarm-bell. **-merkki** distress signal. **-pikaa** in a hurry. **-satama** port of distress, *kuv.* haven of refuge. **-tila:** *~ssa* in case of need, in an emergency, *(äärimmäisessä)* in case of extreme urgency. **-valhe** white lie; fib. **-vara** makeshift. **-varjelus** self-defence. **-äkärsivä** distressed, destitute.

hätään|tyä become alarmed; *-tynyt* alarmed, anxious; startled; *-tyi suunniltaan* got scared out of his (her) wits.

häveli|äisyys modesty, diffidence. **-äs** modest; bashful, coy, diffident.

häve|ttää make .. feel ashamed; *minua ~* I am ashamed (of). **-tä** be (feel) ashamed (of); *etkö häpeä* are you not ashamed [of yourself]? *häpeämättä* shamelessly, unblushingly.

hävinnyt: *(kadonnut)* lost, missing.

hävi|ttäjä destroyer, *ilm.* fighter. **-ttää** destroy; *(autioksi)* lay .. waste, devastate; ravage; *(tyystin)* annihilate; *(varoja)* misappropriate; *~ juurineen* destroy root and branch, root out; eradicate; *~ maan tasalle* level to the ground, raze; *~ omaisuutensa* run through one's fortune; *~ sukupuuttoon* exterminate.

hävitys destruction, ruin; devastation; ravage [s]; *(joskus)* havoc. **-sota** war of extermination.

hävi|tä disappear, vanish; *(pelissä ym)* lose; incur (suffer, sustain) a loss; *~*

kaupassa lose in a
transaction; ~ *näkyvistä (m.)*
pass out of sight. **-ämätön**
indestructible; ineffaceable,
indelible.

häviö ruin; destruction;
(kukistuminen) fall, downfall;
(tappio) loss; *(taistelussa)*
defeat; *joutua ~lle* lose; meet
with defeat; *joutua ~ön* be
ruined; *saattaa ~ön* ruin.

hävy|ttömyys shamelessness;
effrontery, impudence;
insolence. **-tön** shameless;
impudent, insolent.

häväistys insult, affront;
violation. *(jkn pyhän)*
profanation; blasphemy. **-juttu**
scandal. **-kirjoitus** libel,
lampoon. **-puhe** slander.

hää|joukko bridal party. **-lahja**
wedding present.

häälyä hover; waver.

hää|matka honeymoon trip.
-menot wedding ceremony,
marriage service. **-puku**
wedding dress.

häämöttää be dimly visible;
loom; be [dimly] outlined.

hääriä bustle, be busy.

hää|t wedding; *häissä* at a w.
-tavat marriage customs.

häätää evict; turn out.

häätö eviction. **-oikeus** right to
evict.

hökkeli hovel, hut; shack.

höl|kkä jog-trot. **-kyttää** *(juosta
~)* jog [along].

höllen|tyä get loose [r],
slacken; relax. **-tää** make ..
loose [r], loosen; slacken.

höll|yys looseness, slackness;
kuv. laxity. **-ä** loose.

hölläsuinen babbling.

hölmis|tys amazement,
stupefaction. **-tyttää** amaze,
puzzle, dumbfound. **-tyä**
be [come] amazed
(dumbfounded, stupefied).

hölmö [silly] fool, simpleton,
kuv. m. idiot.

hölty|minen loosening;
relaxation. **-ä** get loose, work
loose, loosen.

hölynpöly nonsense; *puhua ~ä*
talk nonsense, drivel;
puhdasta ~ä! [pure] nonsense!

höper|tyä *(vanhuuttaan)* become
senile, grow childish; *-tynyt* in
his dotage.

höperö muddled [in the head],
cracked [up]; *vanha ~* old
fool, dotard.

höpistä mumble; *(laverrella)*
prattle.

höpsiä talk nonsense, drivel;
älä höpsi! don't be silly!

höristää: ~ *korviaan* prick up
one's ears.

hörppiä drink noisily, *sl.* slurp.

hörö: *korvat ~ssä* with ears
pricked up.

höyhen feather. **-huisku**
feather-duster. **-inen** feathered.
-patja feather mattress. **-puku**
plumage. **-saaret** Land of
Nod. **-sarja** feather-weight.
-tää pluck; *kuv.* lick, give ..
a good licking. **-töyhtö** plume.

höylä plane. **-nlastut** shavings.
-penkki carpenter's bench. **-tä**
plane; dress. **-ämö** planing
works.

höyry steam, vapour; *täyttä
~ä* at full steam; *muuttaa
(-ttua) ~ksi* evaporate. **-jyrä**
steam roller. **-kaappi**
vapour-bath. **-kattila** boiler.
-kone steam-engine. **-laiva**
steamer, steamship; *(~liikenne*
steamship traffic). **-pilli**
hooter. **-stää** *tekn.* vaporize.
-ttää, -tä steam. **-veturi**
steam-engine. **-voima**
steam-power. **-ävä** steamy,
steaming.

höys|te seasoning, flavour[ing];
(mauste) spice; relish *(m.
kuv.).* **-teinen** seasoned,
flavoured; spiced. **-tämätön**
unspiced, unseasoned. **-tää**
spice, season; enrich; *vahvasti
-tetty* highly seasoned; *kuv.*
spiced; interspersed [with
stories etc.]

höyty web, fane [of a
feather]; down.

I

iankaiken for ever [and ever].
iankaikki|nen eternal;
  everlasting. **-sesti** eternally, for
  ever. **-suus** eternity.
idealis|mi idealism. **-ti** idealist.
idempänä farther east.
iden|tifioida identify. **-ttinen**
  identical.
ideologi|a ideology. **-nen**
  ideological.
idiootti idiot.
idylli idyll. **-nen** idyllic.
idänpuoleinen eastern, east.
idät|tää [make] sprout,
  germinate. **-ys** germination.
ien gum; *ikenet* gums, *tiet.*
  gingivae.
ies yoke; *panna ikeeseen* yoke,
  put a yoke on; *karistaa
  yltään* ~ throw off the yoke.
ihai|lija admirer; (*~posti* fan
  mail). **-lla** admire; have [a
  great] admiration (for);
  ihaillen admiringly. **-ltava**
  admirable. **-lu** admiration.
ihan *ks. aivan;* ~ *uusi*
  perfectly (entirely) new; *se on*
  ~ *mahdotonta* it is utterly
  (absolutely) impossible.
ihana lovely, delightful, fine;
  glorious, marvellous,
  wonderful; *iki-~ (m.)*
  exquisite. **-sti** beautifully.
ihanne ideal.
ihannoi|da idealize. **-nti**
  idealization.
ihanteelli|nen ideal;
  (*aatteellinen*) idealistic.
  -smieli|nen idealistic. **-suus**
  idealism.
ihanuus loveliness; gloriousness,
  glory; *ihanuudet* lovely
  (delightful) things.
ihast|ua be charmed (with),
  become delighted (*jhk* with,
  jstk at); be taken with; *on
  -unut (rakastunut) jkh* is
  sweet on, has a crush on. **-us**

delight; enchantment. **-uttaa**
  delight; fascinate; charm;
  -uttava charming, lovely.
ihka(sen): ~ *uusi* brand new.
ihme wonder; marvel; (*-työ*)
  miracle; *~ekseni* to my
  astonishment; *~en hyvin*
  wonderfully well, extremely
  well, splendidly; *~kös, jos* ..
  no wonder if; *kuin ~en
  kautta* as by a miracle; *mitä
  ~essä ..!* what on earth [do
  you mean?]; *miten ~essä ..?*
  how did you ever [manage
  to do that?]; *tehdä ~itä*
  work wonders, perform
  miracles.
ihmeelli|nen wonderful,
  marvellous; (*yliluonnollinen*)
  miraculous; (*kummallinen*)
  odd, strange; *-stä kyllä*
  curiously enough, strange to
  say. **-syys** wonderfulness;
  curiousness; *-syydet* curiosities,
  marvels, wonders.
ihmeidentekijä miracle-worker.
ihmeitätekevä wonder-working.
ihme|lapsi infant prodigy.
  -lääkäri [miraculous] healer;
  (*puoskari*) quack. **-maa**
  wonderland. **-tellä** wonder,
  marvel (at); be surprised,
  astonished (at); *ei ole
  -ttelemistä* .. it is no
  wonder that ... **-teltävä**
  wonderful, surprising,
  astonishing; ~ *yhdennäköisyys*
  striking likeness; *-teltävän
  hyvin* remarkably well; *ei ole
  ~ä* is not to be wondered at.
  -ttely wonder[ing];
  astonishment, surprise. **-tys:**
  täynnä ~tä filled with
  wonder. **-tyttää** fill (strike) ..
  with wonder; astonish; *se ei
  minua ensinkään -tytä* it does
  not surprise me in the least.
  -työ miracle.

ihminen man (*pl.* men), human being, *puhek.* human; (*henkilö*) person; *ihmiset* people; *Ihmisen Poika* the Son of Man.

ihmis|apina anthropoid [ape]. **-arka** shy, timid. **-arvo** human dignity; (*~inen elämä* a worthwhile existence *t.* life). **-asunto** human habitation. **-elämä** life, life of man. **-hahmo** human guise. **-henki** [human] life; *~en menetys* loss of life. **-ikä** lifetime. **-joukko** crowd [of people]. **-kunta** mankind, humanity. **-luonto** human nature. **-oikeudet** human rights. **-olento** human creature. **-rakkaus** love of mankind. **-ravin|to:** *-noksi kelpaamaton* not fit [for man] to eat. **-ruumis** human body. **-suhteet** human relations. **-suku** mankind, the human race (species). **-syöjä** cannibal; (*tiikeri ym*) man-eater. **-tavat** [good] manners. **-tiede** anthropology. **-tuntemus** knowledge of human nature. **-tuntija** [a good] judge of people. **-tyä** learn manners; become civilized. **-viha** misanthropy. **-vihaaja** misanthrope. **-ystävä** philanthropist. **-ystävällinen** philanthropic; humane, charitable; humanitarian. **-ystävällisyys** philanthropy, humanitarianism.

ihmisyys humanity; humaneness.

iho skin; (*hipiä*) complexion. **-inen** (*yhd.*) -skinned, complexioned; *hieno~* with delicate skin. **-huokonen** pore. **-jauhe** face powder. **-karva** hair; *haitalliset ~t* superfluous hair; *-karvojen poistoaine* depilatory. **-maali** paint, make-up; (*punainen*) rouge. **-mato** blackhead.

ihon|alainen subcutaneous. **-siirto** skin grafting. **-väri** complexion. **-värinen** flesh-coloured.

iho|paita vest. **-saippua** toilet soap. **-tauti** skin disease; (*~lääkäri* dermatologist; *~oppi*

dermatology). **-ttuma** eczema, eruption; rash. **-voide** face cream, cold cream.

ihra [animal] fat; *sian ~* (*puhdistettu*) lard.

iilimato leech (*m. kuv.*).

ikenet gums; *~ irvissä* grinning [ly].

iki- (*yhd.*) (*vanha*) primeval; (*ylen*) over-; (*iäinen*) eternal; (*iäksi*) ever-. **-ihastunut** overjoyed. **-ilo** everlasting joy. **-liikkuja** perpetual motion machine. **-maailmassa:** *en ~* not for the whole world [would I ..]. **-muistettava** never-to-be-forgotten. **-muistoinen** immemorial; *-muistoisista ajoista* from time i. **-nen:** *joka ~* every single [one]. **-nä:** *ei ~* never, not for anything; not for the life of me! *en ~ni ole sellaista roskaa kuullut* never in all my life have I heard such nonsense! *kuka ~* whoever; *niin paljon kuin ~ voin* as much as I possibly can. **-oma** very own. **-päivä:** *ei ikipäivinä* never in the world. **-uni** eternal sleep. **-vanha** ancient, very old, (*tapa ym*) time-honoured.

ikkuna window; (*sivusta avattava*) casement-w., (*työntö-, Engl.*) sash-w.; (*hytin*) porthole; *~n ääressä* at the w.; *saanko avata ~n* do you mind if I open the w.? *katsoa ulos ~sta* look out of the w. **-komero** window recess. **-lauta** window-sill, (*-penkki*) window ledge. **-luukku** shutter. **-nkehys** window frame. **-npieli** window jamb. **-nsomistaja** window-dresser. **-ruutu** [window-]pane. **-verho** curtain.

ikoni icon.

ikui|nen eternal, everlasting; (*alituinen*) perpetual, (*pysyvä*) permanent. **-sesti** for ever, eternally. **-staa** perpetuate; immortalize. **-suus** eternity.

ikä age; (*elämä*) life; (*elinikä*) lifetime; *iäksi* for life; for ever; *eli 80 vuoden ~än* lived to be 80 [years old]; *koko*

~nsä all his life, his whole life long; *10 vuoden iässä* at the age of 10 [years]; *parhaassa iässään* in his prime, in his best years; *nuorella iällä* early in life. **-aste** stage of life. **-erotus** difference in age. **-inen:** *minun ikäiseni* [of] my age; *10 vuoden ~ 10 years* of age, aged 10 [years], *(attrib.)* ten-year-old; *ikäisekseen* for his age; *50 vuoden ~ mies* a man of fifty. **-järjes|tys:** *i-tyksessä* according to age. **-kausi** period of life. **-lisä** *l.v.* seniority bonus. **-loppu** worn with years, decrepit. **-luokka** age class. **-mies** elderly man. **-neito** spinster. **-raja** age limit. **-toveri** age-mate. **-vuosi:** *kolmanella ikävuodellaan* in his third year.

ikävysty|minen boredom, ennui. **-nyt** bored; weary (of). **-ttävä** boring; dull; tiresome; ~ *ihminen* bore. **-ttää** weary; bore. **-ä** get tired, get weary (of); *lopen -nyt* bored to death.

ikävyy|s tedium, tediousness; trouble; *joutua -ksiin* get into trouble; *aiheuttaa -ksiä (m.)* cause difficulties; *nyt saamme -ksiä* we are in for it (in for trouble).

ikävä *a.* tedious, tiresome, dull, uninteresting; unpleasant; *s.* tedium, boredom; *(mielipaha)* regret; *(kaipaus)* longing; *kuinka ~ä* what a pity! how sad! *~kseni* to my regret; *minun tulee sinua ~* I shall miss you; *~ kyllä* regrettably, unfortunately; *on ~ kuulla, että* .. I am sorry to hear that ..

ikävöidä long, yearn (for), *(kaivata)* miss; *~ kotiin* be homesick; *ikävöity* longed for, wished for.

ikään: *niin ~* likewise, also. **-kuin** as though; as it were; *~ en tietäisi* as if I didn't know.

ikäänty|ä grow old; *-nyt* advanced in age (years); *-minen* aging.

ilahdutt|aa gladden, cheer [up]; *minua ~ kuulla, että* I am delighted (pleased, glad) to hear that; *-ava* pleasing, joyful.

ilakoi|da be in high spirits, make merry, frolic. **-nti** merry-making.

iljanne sheet of ice.

ilje|ttävyys nauseousness; loathsomeness. **-ttävä** disgusting, loathsome, sickening; nauseous, repulsive. **-ttää** fill .. with disgust, nauseate, sicken; *minua ~* I am disgusted (with, at), it sickens me (to). **-tys** loathing, nausea. **-tä** *(tehdä jtk)* have the face (the impudence) to ..

ilkamoi|da jest, banter; make fun of. **-nti** jesting, bantering; *(epäkunnioittava)* flippancy. **-va** bantering, facetious, *(pilkkaava)* mocking.

ilkeys wickedness; malice; *ilkeyksissään* out of malice, out of spite.

ilkeä bad, wicked, evil; vicious, malicious; *(haju ym)* loathsome, nasty; *(et. lapsi)* naughty. **-mielinen** evil-minded; malevolent. **-mielisyys** malice, spite. **-sti** maliciously.

ilki|alaston stark naked. **-mys** villain, rascal. **-teko, -työ** evil deed; outrage. **-valta** mischief, outrage [s]; disorderly conduct; *harjoittaa ~a* do mischief. **-valtainen** mischievous, outrageous; *(esim. nuorisojoukko)* disorderly [crowd]. **-valtaisuu|s:** *-det* outrages, mischief. **-ö** *ks. ilkimys.*

ilkku|a scoff (at), jeer (at), mock; *-va* mocking, gibing, derisive. **-ja** scoffer, mocker.

illalli|nen supper; *-sen aikaan* at supper-time, at dinner-time (klo 19—21); *olla -sella* have supper; *~ on pöydässä* supper is served.

illan|suussa towards evening. **-vietto** evening entertainment, social evening.

illastaa have [one's] supper.

illemmällä later in the evening.

ilma air; *(sää)* weather; *(vatsassa)* flatus, wind; *on kaunis* ~ the weather is fine, it is a beautiful day; *tuntua* ~*ssa (kuv.)* be in the air.

ilmaan|tua appear, make one's appearance, *kuv.* emerge, turn up, arise; *kun sopiva tilaisuus -tuu* as opportunity arises. **-tuminen** appearance.

ilma|hyökkäys air-raid. **-hälytys** air-raid alarm, alert.

ilmailu aviation, flying.

ilmai|nen free, free of charge, gratuitous; *-seksi (m.)* for nothing.

ilmais|ematon unexpressed. **-eminen** disclosure. **-in** indicator. **-ta** reveal, disclose; *(paljastaa)* expose; *(osoittaa)* show, indicate; *(lausua)* express; *kuten hän asian -i* as he put it; ~ *itsensä* reveal (betray) oneself; ~ *läsnäolonsa* make one's presence known; ~ *salaisuus (m.)* divulge a secret, *jklle (m.)* let a p. into a secret; *verbi -ee toimintaa* the verb denotes action; *jtk -eva* expressive of, indicative of.

ilmaisu manifestation; *(ilmaus)* expression; utterance; *saa* ~*nsa jssk* finds expression in. **-keino** means of expression. **-tapa** mode (manner) of expression.

ilma|johto overhead line. **-kartoitus** aerial mapping. **-kehä** atmosphere; ~*n paine* atmospheric pressure. **-kelpoinen** airworthy. **-kerros** air layer, aerial region. **-kirje** air letter. **-kivääri** airgun. **-kuljetusjoukot** airborne troops. **-kuoppa** air-pocket. **-laiva** air-ship.

ilman without; ~ *aikojaan* for no reason at all, for [the] fun [of the thing]; ~ *muuta* without any more ado; offhand, straightway, right off; *(hän nousi) ja lähti* ~ *muuta pois* and left just like that; *hyväksyn* ~ *muuta* I accept without question; ~ *häntä olisi voinut käydä hullusti* but for him things might have

gone wrong; *jäädä* ~ go without; *olla* ~ do without.

ilman|ala climate; *totuttaa, tottua* ~*an* acclimatize, become acclimatized. **-herruus** air supremacy. **-kostutin** humidifier. **-muutos** change of weather. **-paine** atmospheric pressure. **-pitävä** air-tight. **-pitävästi** hermetically. **-puhdistuslaite** air filter. **-suunta** point of the compass, cardinal point. **-vaihto** ventilation.

ilma|pallo balloon. **-patsas** air column. **-piiri** atmosphere. **-pommitus** air raid. **-posti** *ks. lento-.* **-puntari** barometer, weather-glass. **-purjehdus** aerial navigation. **-rata** elevated railway; *(köysi-)* cableway. **-rengas** pneumatic tyre. **-silta** airlift. **-rosvous** *(kaappaus)* air piracy, hijacking. **-sota** aerial warfare.

ilmasto climate; *tottua* ~*on* acclimatize oneself. **-ida:** *-itu* air-conditioned. **-inti** air-conditioning. **-llinen** climatic. **-oppi** climatology. **-suhteet** climatic conditions.

ilma|taistelu aerial battle. **-teitse** by air. **-tiede** meteorology. **-tiehyt** air-channel. **-tieteellinen** meteorogical. **-tiivis** airtight; *-tiiviisti pakattu* vacuum packed. **-tila** airspace; *lentok.* air territory. **-ton** void [of air]. **-torjunta** air raid defence; *(~tykki* anti-aircraft gun). **-tyynyalus** hovercraft.

ilmaus expression; *(merkki)* sign, evidence; *taudin* ~ *(m.)* symptom; *voiman* ~ manifestation of strength.

ilma|va airy; *(tilava)* spacious, roomy. **-vaivat** flatulence. **-valokuva** aerial photograph. **-virta** current of air. **-voimat** *sot.* air force [s]. **-vuus** airiness.

ilme expression; look, air. **-etön** expressionless; vacant, inexpressive. **-ikkyys** expressiveness. **-ikäs** expressive; full of expression.

-inen obvious; apparent, plain, evident; manifest. **-isesti** obviously, evidently, clearly. **-isyys** obviousness, plainness. **-kieli** play of features. **-nemismuoto** [form of] manifestation. **-ntää** express.

ilmestymi|nen appearance. **-späivä** date of publication.

ilmestys revelation; *(näky)* vision. **-kirja** The Revelation.

ilmestyä appear; *(julkaisuista, m.)* be published, be issued, come out; ~ *näkyviin* come in [to] sight, *jstk* emerge (from).

ilme|tty veritable; ~ *isänsä* the very image of his father, a chip off the old block. **-tä** appear; *(osoittauttua)* prove, turn out; *(käydä ilmi)* be revealed; become evident; *tästä -nee, että* from this it is apparent that; *-ni, että hän oli* he turned out to be; *saattaa* ~ *seikkoja* things may turn up [that . .]; *tileissä -ni vajaus* the accounts showed a deficit.

ilmi: *käydä* ~ be evident, be seen, *jstk* from; transpire, emerge; *tulla, joutua* ~ be brought to light, be discovered; *tuoda* ~ reveal; express; *saattaa* ~ bring . . to light; reveal. **-antaa** inform (against a p.), report (a p., for). **-antaja** informer. **-anto** information; *jkn -annon nojalla* on the i. of / . . . **-elävä** living, life-like; . . in the flesh. **-kapina** open rebellion. **-liekki** full blaze; *-liekissä* all ablaze; *puhjeta ~in* burst into flame, *(kuv.)* flare up. **-sota:** *-sodassa keskenään* at open war with each other. **-tulo** discovery; detection.

ilmiö phenom|enon, *pl.* -ena. **-mäinen** phenomenal.

ilmoi|ttaa inform (a p. of, *jklle jtk)*, notify; make known, let . . know; *(juhlallisesti)* announce; *(sanomalehdessä)* advertise; *liik. m.* advise; *(esim. poliisille)* report (to); ~ *eroavansa* resign from,

(yhdistyksestä) withdraw one's membership (of); ~ *nimensä* give one's name, tell a p. one's name; ~ *uutinen varovasti* break the news; *hän -tti olevansa kirjan tekijä* he declared himself to be the author; *täten -tetaan, että* notice is hereby given that . . . **-ttaja** informant; *(sanomal.)* advertiser. **-ttamaton** unannounced; unstated. **-ttaminen** notifying *jne;* announcement; *(sanomalehd.)* advertising, *(julisteilla)* bill-posting. **-ttautua** report [oneself]; *(kilpailuun ym)* enter [one's name] for; ~ *hakijaksi* put in an application (for); ~ *tutkintoon* enter [oneself] for an examination.

ilmoittautumi|nen announcement; entrance. **-svelvollisuus** duty to report.

ilmoitus announcement; notice; notification; *(tieto)* information; *(sanomalehd.)* advertisement; *(lausuma)* statement; *panna ~ lehteen* insert an advertisement in a paper; *saada* ~ *jstk* receive notice of; *ilman edelläkäypää ~ta* without previous notice; *~ten liimaaminen kielletty* stick no bills! **-osasto** advertisement section. **-taulu** advertising board, notice board. **-teline** hoarding, *Am.* billboard. **-toimisto** advertising agency.

ilo joy; delight, pleasure; *(riemu)* rejoicing; *~kseni* to my delight; *~lla* with pleasure; *~sta* with joy, for joy. **-huuto** cry (shout) of joy.

iloi|nen gay, cheerful, merry; *(mielissään)* delighted, pleased (at); *olin* ~ *siitä* I was [so] glad [of that, to hear that]; *-sta joulua* Happy Christmas; ~ *veitikka* a jolly fellow (chap). **-suus** cheerfulness, gaiety. **-ta** be glad (at, about), rejoice (at, in), [have] delight (in), be delighted, be happy (about); *-tsen tulostanne* *(etukäteen)* I am looking forward to your arrival. **ilo|kaasu** laughing gas, nitrous oxide. **-mieli:** ~*n* cheerfully, gladly, with pleasure. **-mielinen** gay, cheerful. **ilon|aihe** cause for rejoicing. **-kyynelet** tears of joy. **-pito** merrymaking, amusement. **ilo|sanoma** good news. **-stua** be delighted (at, with). **-ton** joyless, cheerless. **-ttelu** merriment, jollity. **-ttomuus** cheerlessness. **-tulitus** fireworks. **-tyttö** streetwalker, prostitute.

ilta evening; *illalla* in the e.; *(eilisiltana)* yesterday e., last night; *(maanantai)~na* on Monday evening, on the e. of [June 1st]; *tänä ~na* tonight; *illempänä* later in the e.; *hyvää ~a* good evening! **-aurinko** evening sun, setting sun. **-hämy** twilight. **-isin** in the evening [s]. **-juna** night train. **-kirkko** evening service. **-koulu** night school. **-kutsut** evening party. **-ma(t)** social evening, evening entertainment. **-myöhä:** ~*llä* late in the evening. **-puoli** afternoon; *-puolella* towards evening. **-puku** evening dress. **-päivä** afternoon; ~*llä* in the a.; *tiistai~nä* on Tuesday a. **-rukous** evening prayer. **-rusko** sunset glow. **-uninen** sleepy in the evening. **-yö:** ~*stä* towards midnight.

ilve prank, antic [s]. **-htijä** jester, wag. **-htiä** jest; play tricks (on); make fun of. **-iljä** jester; clown. **-illä** *(ilkamoida)* banter; act the clown. **-ily** *(näytelmä)* farce.

ilves lynx.

imar|rella flatter. **-telija** flatterer. **-telu** flattery.

imeltää sweeten.

ime|lyys sweetness; *kuv.* blandness. **-lä** sweet; ~ *hymy* bland smile; ~*t sanat* sugary words.

ime|ttäjä wet nurse. **-ttäväinen** *ks. nisäkäs.* **-ttää** nurse, suckle, breast-feed. **-tys** breast feeding. **-väinen** suckling.

infant. **-väiskuolleisuus** infant mortality. **-yttää** impregnate, saturate. **-ytyminen** absorption. **-ytyä** be absorbed, soak (into); *(tunkeutua)* penetrate. **-ä** suck; ~ *sisäänsä* absorb, take up, *(kuv. m.)* imbibe; ~ *kuiviin* drain.

immuuni immune (against, to). **-us** immunity.

imper|atiivi imperative [mood]. **-fekti** past tense, imperfect.

impi maid [en], virgin.

improvisoida improvise.

imu suction. **-ke** mouthpiece; [cigar-, cigarette-] holder. **-kuppi** suction pad. **-kyky** power of absorption. **-kykyinen:** ~ *aine* absorbent. **-neste** lymph. **-paperi** blotting-paper. **-pumppu** suction pump. **-ri** blotting-pad, blotter. **-roida** vacuum. **-suoni** lymph vessel.

indefiniitti- indefinite.

indeksi index; *-luku* i. number.

indikatiivi indicative [mood].

indo|eurooppalainen *a. & s.* Indo-European. **I~kiina** Indo-China.

induktio *fys.* induction.

infinitiivi infinitive.

inflaatio inflation. **-kierre** inflationary spiral.

inflatorinen inflationary.

influenssa influenza *(lyh. flu).*

informoida inform, give .. information (on, about).

inhimilli|nen human; *(ihmisystävällinen)* humane. **-sesti** humanly, humanely; ~ *katsoen* humanly speaking. **-styä** become more humane. **-syys** humaneness, humanity.

inho disgust (at, for), loathing (for), detestation, abhorrence (of). **-ta** detest, abhor, abominate, loathe, have a loathing for. **-ttaa:** *minua ~ jk* I loathe. **-ttava** detestable, abominable, loathsome, hideous; disgusting. **-ttavuus** detestableness; repulsiveness.

inistä whimper, whine.

inkivääri ginger.

inkvisitio inquisition.

innoi|ttaa inspire; *-ttava* inspiring. **-tus** inspiration.

inno|kas eager, enthusiastic; keen; ardent; *(innostunut)* interested; *(uuttera)* zealous; ~ *keskustelu (m.)* animated conversation. **-kkuus** eagerness, enthusiasm; keenness, ardour, zeal.

innos|taa inspire [with enthusiasm], animate, enliven. **-tua** become greatly interested (in), get enthusiastic (about), become inspired (by); ~ *liiaksi* get excited. **-tuneesti** eagerly, enthusiastically, with great interest. **-tunut** interested (in), enthusiastic (over, about); keen (on). **-tus** interest (in); enthusiasm (for, about). **-tuttaa** rouse a p.'s enthusiasm, make . . . interested.

innoton half-hearted; uninterested.

insinööri engineer, graduate in engineering. **-tiede** engineering. **-upseeri** engineer officer.

inspiraatio inspiration.

intendentti superintendent, *(museon)* curator.

inter|jektio interjection. **-naatti(koulu)** boarding school. **-noida** intern. **-rogatiivi-** interrogative.

Intia India; *~n valtameri* the Indian Ocean; *~n-Pakistanin sota* the Indo-Pakistan [i] war.

intiaani Red *(t. American)* Indian. **-vaimo** squaw.

intialainen *a. & s.* Indian.

into eagerness, keenness; enthusiasm; ardour, zeal; fervour; *olla innoissaan* be enthusiastic, be excited. **-himo** passion. **-himoinen** passionate. **-himoisesti** passionately; with emotion. **-himoton** dispassionate.

intoi|lija enthusiast; zealot. **-lla** be enthusiastic; *(liiaksi)* be overzealous. **-lu** enthusiasm.

intomielinen enthusiastic, zealous.

intoutua be filled with enthusiasm; ~ *liiaksi* be over-enthusiastic.

intransitiivinen intransitive.

inttää insist [upon]; ~ *vastaan* argue against; contradict.

invalidi disabled person, *(sota-)* disabled soldier; *(sairas, raihnainen)* invalid. **-soida** disable; *-soitunut* disabled. **-teetti** disability; *~aste* degree of d.

ionosfääri ionosphere.

irlannitar Irishwoman.

Irlanti Ireland; *(valtio)* Republic of Ireland, Eire; *Pohjois-* ~ Northern Ireland. **i-lainen** *a.* Irish; *s.* Irishman; *i-laiset* the Irish.

irrall|aan loose; *olla* ~ be loose, be unfastened; *(eläin ym)* be at large. **-een** *ks. irti;* *päästää* ~ let . . loose, loosen; *(vapaaksi)* release, *(esim. koira)* let . . off the lead, unleash. **-inen** loose; detached, separate; disconnected, isolated; *(suhde)* irregular.

irro|ta loosen, be unfastened, come loose, come off. **-tettava** detachable. **-ttaa** loosen, unfasten, detach; *(solmu ym)* untie; unbind; undo; disconnect; remove, free; ~ *otteensa* let go one's hold; *-tettava* detachable. **-ttautua** disengage oneself, free oneself.

irstai|lija libertine, debauchee. **-lla** lead a dissolute (a loose) life. **-lu** debauchery; dissipation. **-suus** dissoluteness.

irstas loose, dissolute, licentious.

irtai|misto movables. **-n** loose; ~ *omaisuus* personal estate (property), movable property.

irtautu|a come loose, become unfastened, loosen. **-maton** undetachable; fixed, firm.

irti loose; *ottaa kaikki* ~ *jstk (kuv.)* make the most of; *päästä* ~ become (get) unfastened, *(liikkuessa)* work loose; *päästää* ~ unfasten, loosen, let loose, let go [one's hold]; *(eläin ym)* unloose, unleash, *(koira)* let off the lead, unchain; *tuli on ~!* fire! *sanoa* ~ give notice, *(velka)* call in; *hänet on sanottu* ~ he has been given notice; *sanoa* ~ *sopimus* cancel a contract, *(et. valtiol.)*

denounce a treaty; *sanoutua*
~ give notice of leaving.
-sanominen notice.
-sanomis|aika [period of]
notice; *3 kuukauden i-ajalla*
subject to 3 months' notice.
irto|kaulus [loose] collar.
-kukat cut flowers. **-lainen**
vagrant, vagabond, layabout.
-laisuus vagrancy. **-laisväestö**
drifters, people on the loose.
-nainen loose, unfastened;
separate; *(vapaa)* free; *(kävely
ym)* slack, limber. **-numero**
single copy. **-pohja** insole.
-ripset false lashes. **-seinä**
movable partition; screen.
-takki: ~ *ja housut* odds.
irvi: ~*ssä suin* grinning [ly].
-hammas mocker. **-kuva**
distorted picture, caricature.
-stys grin; grimace. **-stää** grin;
make faces (a face), *jklle* at.
irvokas grotesque, burlesque.
iskelmä [musical *t.* song] hit,
pop tune. **-laulaja** pop singer,
crooner.
iske|vä sharp, incisive. **-ytyä:**
fasten on to; *(esim. auto)*
crash into; *(mieleen)* be
imprinted on the mind. **-ä**
strike, hit hard, deliver a
blow; knock; bump; *(tutustua)*
pick up; ~ *jkta (m.)* deal a
p. a blow, hit out (at a p.);
~ *haava* inflict a wound; ~
naula jhk drive a nail into; ~
kiinni jhk grab, clutch; ~
kyntensä jhk pounce upon,
(linnusta) swoop [down]
upon; ~ *maahan* knock down;
~ *päänsä jhk* bump (knock)
one's head against; ~ *silmää
jklle* wink at; *on iskenyt
silmänsä jhk* has his eye on;
~ *suonta* let (*t.* draw) blood;
~ *tulta* strike a light, *(kuv.)*
flash; ~ *yhteen* come to
blows, *(autot)* collide, crash;
(mielipiteet) clash; *salama iski
puuhun* the tree was struck
by lightning.
iskias sciatica.
isku blow, stroke; knock;
impact; *(puukon)* stab; *raskas
~ (kuv.)* hard blow, severe
shock; *yhdellä ~lla* at one (*t.*
a) blow; all at once. **-joukko**

striking-force. **-nvaimennin**
shock absorber. **-ri** firing pin.
-sana catchword, slogan.
islannitar Icelandic woman.
Islanti Iceland. **i-lainen** *a.*
Icelandic; *s.* Icelander;
islannin kieli Icelandic.
iso big, large; *Iso-Britannia*
Great Britain; ~ *kirjain*
capital [letter]. **-hko** fairly
big (large). **-isä** grandfather;
~*n isä* great g. **-kasvuinen**
tall. **-kokoinen** large-sized.
-nlainen siz[e]able, .. of
considerable size. **-purje**
mainsail. **-rokko** smallpox.
-ruutuinen large-checked.
-töinen laborious.
isotooppi isotope.
iso|täti great aunt. **-vanhemmat**
grandparents. **-varvas** big toe.
-äiti grandmother.
israelilainen *a.* & *s.* Israeli *(pl.*
-s); *hist. raam.* Israelite.
istahtaa sit down [for a
while]; *(lintu ym)* perch.
istua sit; be seated; *ks.*
istuutua; (oikeus ym) sit, be
in session; *(lintu)* be perched;
~ *valveilla (odottaen jkta)* sit
up [for a p.]; *hyvin istuva*
.. of good fit; *(tapa ym)*
istuu lujassa has deep roots.
-llaan in a sitting position,
sitting. **-lleen:** *nousta* ~ sit
up.
istuin seat; chair; *piispan* ~
bishop's throne.
istuk|as *(-oksa)* cutting, slip.
-ka placenta, *tekn.* chuck,
socket.
istuma|kylpy hip bath. **-lakko**
sit-down strike. **-paikka** seat;
-ssa on 500 ~a [the hall]
can seat 500 people (has a
seating capacity of 500). **-työ**
sedentary work.
istunto session. **-kausi** term.
-sali [session] hall.
istuskella sit about.
istu|ttaa plant; set; *(tauti)*
inoculate [with a disease].
-tus planting; plantation;
(~puikko dibble). **-utua** sit
down; take a seat, seat
oneself; *istuutukaa!* take a
seat, please! sit down, please!
isyys fatherhood; paternity.

isä father; *(lapsen puh.)* dad -[dy]. **-llinen** fatherly, paternal. **-llisyys** fatherliness. **-meidän** the Lord's Prayer, Our Father.

isänmaa native country. **-llinen** patriotic. **-llisuus** patriotism. **-nkavaltaja** traitor [to one's native land]. **-nrakkaus** patriotism. **-nystävä** patriot.

isän|istö [board of] directors; *(laivan-)* shipowners. **-yys** management; *(valta)* dominion; *(isännän tehtävät)* duties as host. **-öidä** be the master, be in charge, *(juhlassa)* act as host. **-öitsijä** [general] manager.

isänperintö patrimony.

isäntä master, head of the house; *(vieraitten)* host; *(maatalon)* farmer; *(vuokra-)* landlord; *(työnantaja)* employer; *ravintolan* ~ restaurant proprietor. **-eläin, -kasvi** host. **-väki** master and mistress; host and hostess.

isä|puoli stepfather. **-tön** fatherless. **-ukko** dad[dy], the old man.

Italia Italy. **i-lainen** *a. & s.* Italian. **i-n kieli** Italian. **italiatar** Italian woman.

itar|a stingy, close [-fisted], niggardly, miserly. **-uus** stinginess, niggardliness.

itikka insect.

itiö *bot.* spore.

itke|ttynyt: *hän oli -ttyneen näköinen* her face was tear-smudged; *-ttyneet silmät* tearful eyes. **-ttää** make .. cry, cause to weep; *minua* ~ I feel like crying. **-ä** cry, weep, *jtk* over; ~ *ilosta* weep for (with) joy; ~ *kovaa kohtaloaan (m.)* bewail one's sad fate; ~ *katkerasti (m.)* cry one's heart out; *hän ei voinut olla -mättä* she could not help weeping.

itku crying, weeping. **-silmin** with tearful eyes; amid tears. **-virsi** dirge, lamentation.

itse *s.* self; *pron.* myself, yourself, himself, herself, itself; oneself; ourselves, yourselves, themselves; *näin*

hänet ~ I saw him myself, I myself saw him; *saanko puhutella herra N:ää itseään* may I speak to Mr. N. himself; ~*kseen* by oneself, *(puhua ym.)* .. to oneself; ~*ssään* [in] itself, .. as such; ~*stään* of itself, *ks. hakus,; hänen* ~*nsä tähden* for his (her) own sake; ~ *puolestani* as fas as I am concerned; I for my part; *hän ei ole oma* ~*nsä* he is not himself; *hän on* ~ *rehellisyys* he is the soul of honesty; *en saanut ketään uskomaan* ~*äni* I couldn't get anyone to believe me. **-aiheuttama** self-caused, self-inflicted.

itseensä|sulkeutunut uncommunicative, reserved. **-tyytyväinen** self-satisfied, complacent.

itse|hallinnollinen autonomous. **-hallinto** self-government. **-hillintä** self-control, self-command. **-keskeinen** self-centred, egocentric. **-kieltämys** self-denial. **-kkyys** selfishness, egotism; egoism. **itsekohtai|nen** subjective; *kiel.* reflexive. **-suus** subjectivity.

itse|kritiikki self-criticism. **-kukin** each one. **-kunnioitus** self-respect. **-kylläinen** self-sufficient. **-käs** selfish, egoistic, self-seeking. **-luottamus** self-confidence (-reliance). **-merkitsevä** self-recording. **-murha** suicide; *tehdä* ~ commit s.; (~**yritys** suicidal attempt). **-murhaaja** suicide. **-määräämisoikeus** [right of] self-determination.

itsensä|alentaminen self-abasement. **-elättävä** self-supporting.

itsenäi|nen independent; self-governing, autonomous, sovereign; *saada -sen valtion asema* reach statehood. **-styä** become independent; *vasta -stynyt* newly independent (emancipated).

itsenäisyys independence. **-pyrinnöt** struggle for independence. **-päivä**

Independence Day.
itse|oikeutettu .. as a matter
of course; *(virkansa*
perusteella) ex officio.
-opiskelu private study.
-oppinut self-educated. **-palvelu**
self-service. **-petos**
self-deception.
itsepintai|nen persistent;
stubborn. **-suus** persistence.
stubbornness.
itsepuolustus self-defence.
-päinen stubborn; obstinate,
headstrong; self-willed.
-päisesti obstinately, wilfully.
-päisyys stubbornness,
obstinacy, insistence. **-rakas**
conceited, self-satisfied.
-rakkaus conceit,
self-importance.
itsestään of itself, by itself;
spontaneously; of one's own
accord; ~ *selvä* self-evident;
on ~ *selvää* it goes without
saying; ~ *syntyvä*
spontaneous; ~ *virittyvä*
self-winding.
itse|suggestio auto-suggestion.
-suojeluvaisto instinct of
self-preservation. **-sytytys**
spontaneous combustion.
-syytös self-reproach. **-tarkoitus**
end in itself. **-tehostus**
self-assertion. **-tiedoton**
unconscious. **-tietoinen**
self-assertive (-important).
-tietoisuus self-assertion
(-importance). **-toimiva**
self-acting, automatic.
-tuntemus self-knowledge.
-tunto self-esteem. **-tutkistelu**
self-examination. **-valaiseva**
luminous. **-valtainen** *(oma-)*
arbitrary; *(yksin-)* autocratic.
-valtaisuus arbitrariness.
-valtias autocrat; sovereign.
-valtius autocracy; absolutism.
-varma self-confident
(-assured). **-varmuus**
[self-]assurance.
itu shoot, *(m. perunan)* sprout.
itä east; *idässä, -stä* in, from
the e.; *aurinko nousee idästä*
the sun rises in the e.; ~*än*
(päin) to the e., eastwards;

Itä-Suomi eastern Finland;
idempänä father [to the] east.
Itä-Eurooppa eastern Europe.
-eurooppalainen East-European.
itä|inen eastern, east. **-isin**
easternmost; *itäisimpänä*
farthest east.
Itä|-Intia the East Indies.
i-lainen East Indian.
itä|koillinen east-north-east.
-maalainen *s.* Oriental. **-maat**
the Orient, the East. **-mainen**
oriental, Eastern.
Itämerenmaat the Baltic
countries.
Itämeri the Baltic.
itämi|nen sprouting,
germination. **-saika** time of
germination; *(taudin)*
incubation period.
itä|osa eastern part; *Suomen*
~*ssa* in the east of Finland.
-puoli east side; *jnk -puolella*
[to the] east of, eastward of.
-raja eastern frontier.
-rannikko east coast.
Itä-Saksa East Germany, the
Democratic Republic of
Germany.
itätuuli east (easterly) wind.
Itävalta Austria. **i-lainen**
Austrian.
itävyys germinative capacity.
itää germinate, sprout.
iva mockery; derision; irony;
joutua ~*n esineeksi* become
the butt of ridicule (an object
of derision); *kohtalon* ~ irony
of fate. **-aja** mocker, scoffer.
-huuto jeer, hoot. **-hymy**
sneer. **-kuva** caricature.
ivalli|nen mocking; derisive;
ironic [al]; sarcastic; *-sesti*
scornfully, ironically. **-suus**
scornfulness; sarcasm.
iva|mukailu parody, *jstk* on.
-nauru derisive laughter. **-runo**
satire. **-sana** gibe, taunt.
ivata scoff, jeer (at); deride,
ridicule.
iäi|nen eternal, everlasting.
-syys eternity.
iäksi for life, for ever.
iäkäs aged; advanced in years.
iäti eternally, for ever.

J

ja and; *vrt. edespäin.*

jaa yes; *(-ääni)* ay *(pl. ayes).*

jaala yawl.

jaari|tella prate [on] about
(sth. *jstk).* **-tus** babbling;
turhaa -tusta idle talk,
nonsense.

Jaava Java. **j-lainen** *a. & s.*
Javanese.

jae *raam.* verse; *kem.* fraction.

jae|lla distribute; *(esim.
muonaa)* serve out; ~ *käskyjä*
issue orders. **-ttava** *mat.*
dividend. **-ttavuus** divisibility.
-ttu divided; *tuli -tulle
kolmannelle sijalle* was joint
third.

jahka as soon as; *(kun)* when.

jahti yacht.

jakaa divide (into *jhk,* by *jllk,
(halkoa)* split [up]; *(jkn t.
jdenk kanssa)* share; *(usealle)*
distribute, portion out,
(maata) parcel out; *korttip.*
deal; *(palkinnot)* give away;
(postia) deliver; ~ *kahtia*
divide in two, halve; ~
luokkiin divide into classes,
classify; ~ *osuus, tehtävä*
allot, assign; ~ *tasan* divide
equally.

jaka|ja divider; distributor;
mat. divisor. **-maton**
undivided. **-us** parting;
kammata hiukset -ukselle part
one's hair. **-utua** be divided,
divide; fall ♦nto [. . parts].
-utuma distribution. **-utumaton**
undivisible.

jake|lija distributor. **-lu**
distribution, dealing out;
(postin) delivery.

jakkara footstool.

jakku jacket. **-puku** suit, suit
costume.

jako division; sharing;
distribution. **-avain** adjustable
spanner; monkey-wrench.

-inen: *kaksi* ~ bipartite.
-lasku division. **-mielitauti**
schizophrenia. **-osuus** dividend.
-taulu *sähk.* switchboard.

jaks|aa be able to, have
strength enough to; *(voin
jne.)* can; *miten -at* how are
you? *en -a tehdä sitä* it is
too much for me, I can't
manage it; *en -a enempää* I
can do no more, I cannot go
on any longer; *huusi minkä
-oi* shouted at the top of her
voice; *löi minkä -oi* hit as
hard as he could; *en -a
hänen kanssaan* he has
exhausted my patience, I
can't do with him.

jakso succession, sequence;
series; cycle *(m. sähk.); (ajan)*
period; *(vaihe)* phase; *(osa)*
section; *yhteen ~on* in
[unbroken] succession; at a
stretch. **-ittain** serially; *(ajan-)*
periodically. **-ittainen**
periodic [al]. **-luku** frequency,
cycles [per second].

jalan on foot. **-jälki** footprint;
(saappaan) bootprint. **-kulkija**
pedestrian, walker.
-kulkutunneli subway. **-rinta**
instep, metatarsal arch. **-sija**
footing, foothold; *saada* ~
gain a footing (a foothold).

jalas runner; *(keinutuolin)*
rocker; *(lentok.)* skid.

jalava elm.

jalka leg, *(-terä)* foot *(pl.
feet); (lasin)* stem; *(lampun
ym)* stand; base; *panna
kengät ~ansa* put on one's
shoes; *riisua jalasta* take off;
10 jalan pituinen ten feet
long; *auttaa jaloilleen (kuv.)*
set . . on his feet [again];
jkn ~in juuressa at a p.'s
feet. **-inen:** *neli~* four-footed.
-isin on foot, afoot; *kulkea* ~

walk; leg it. **-käytävä**
footway, pavement, *Am.*
sidewalk. **-lamppu** standard
lamp. **-lista** skirting board.
-matka walking-tour, hike.
jalkapallo, -ilu football. **-ilija**
football-player, footballer.
-joukkue football team. **-kenttä**
football ground. **-ottelu**
football match.
jalka|patikassa on foot; *leik.*
on Shank's mare. **-pohja** sole.
-puu stocks. **-terä** foot. **-tuki**
instep support, *vrt. tuki.*
-vaimo mistress, concubine.
-vaivainen footsore.
-väensotilas infantryman. **-väki**
infantry.
jalkei|lla: *olla* ~ be up [and
about], be on one's feet. **-lle:**
päästä ~ be able to get up.
jalkine: ~*et* footwear; boots
and shoes. **-korjaamo** shoe
repair shop. **-liike** shoe shop.
jalko|jenhoito pedicure. **-pää:**
vuoteen ~ foot of a bed.
jalo noble (*m. metallista*);
high-minded, (*ylevä*) lofty,
sublime, high.
jaloi|tella take a walk, stretch
one's legs; *mennä -ttelemaan*
go for a stroll. **-ttelu** walk.
jalokaasu noble (inert) gas.
jalokivi precious stone, jewel,
gem; ~*korut* jewellery.
-kauppias jeweller. **-sormus**
ring set with jewels.
jalo|luontoinen .. of noble
nature. **-mielinen**
noble-minded, generous,
liberal, magnanimous.
-mielisyys noble-mindedness,
generosity; magnanimity.
jalopeura lion.
jalo|puu precious wood,
hardwood [s]. **-rotuinen**
thoroughbred [horse],
pedigree [dog etc].
jalos|taa ennoble; (*kasveja ym*)
cultivate, improve, (*puita*)
graft, (*rotua, m.*) breed; ~
raaka-ainetta refine, work up,
process. **-te** processed (worked
up) product. **-tua** be [come]
ennobled, refined *jne.*
-tumaton unrefined,
unimproved. **-tus** ennobling;
refining; working up; (~*aste*

degree of working up; ~*laitos*
manufacturing plant).
jalo|sukuinen [.. of] noble
[family], high-born. **-sukuisuus**
noble birth (lineage). **-us**
nobleness.
jalus|ta stand, pedestal; base.
-tin stirrup.
jana segment of a line.
jankko subsoil.
jankuttaa harp on the same
string, nag.
jano thirst; *minun on* ~ I am
thirsty. **-inen** thirsty. **-ta** thirst
(for, after). **-ttaa:** *minua* ~ I
feel thirsty.
jao|llinen divisible (by); *tasan*
~ divisible evenly [by 5].
-llisuus divisibility. **-sto**
section, division. **-tella** divide;
apportion. **-ton** indivisible; ~
luku prime number. **-ttomuus**
indivisibility.
Japani Japan **j-lainen** *a. & s.*
Japanese (*m. pl.*) **j-n kieli**
Japanese.
japanitar Japanese woman.
jarru brake; *kuv.* drag. **-laitteet**
brake equipment. **-mies**
brakeman. **-ttaa** brake, put on
the brake, apply the brake;
kuv. obstruct. **-ttaja** *kuv.*
obstructionist.
jarrutus braking, *kuv.*
obstruction. **-lakko** go-slow,
slow-down, work-to-rule.
-politiikka policy of
obstruction.
jarru|raketti retro-rocket. **-valo**
stop light.
jasmiini jasmine, jessamine.
jaspis jasper.
jatkaa continue; proceed, go
on, keep on [.. -ing]; carry
on; (*tauon jälk.*) resume;
(*pidentää*) lengthen; extend;
(*panna jatkos*) add a piece
to, *tekn.* join, scarf; ~
lukemista read on, go on
reading; ~ *matkaa(nsa)*
continue, proceed on one's
journey; ~ *työtä* go on
working, go on with one's
work; .. *hän jatkoi* he went
on to say, he continued by
saying ..
jatke extension.
jatko continuation; sequel;

(pidennys) extension; *(lisäys)* addition; *kirja on* ~*a jhk* the book is a sequel to; ~*a seuraa* to be continued. **-aika** *urh.* extra time, *(ravintolassa)* extension. **-johto** extension flex. **-kertomus** serial story. **-kurssi** extension course, follow-up course. **-s** lengthening piece; *(liitos)* seam, joint.

jatku|a be continued; *(kestää)* continue, last, be going on, go on; *(ulottua)* extend, run; *keskustelun -essa* in the course of the conversation. **-maton** discontinuous. **-minen** continuation; extension; *(kestäminen)* continuance. **-va** continued, continual; *(yhtä mittaa* ~*)* continuous, uninterrupted; constant; ~ *kättentaputus (m.)* prolonged applause. **-vasti** continually, *(herkeämättä)* continuously, without interruption; *lisääntyy* ~ continues to increase. **-vuus** continuity; permanence.

jauha|a grind; *(myllyssä, m.)* mill; ~ *samaa asiaa* harp on the same string. **-ttaa** have . . ground. **-tus** milling, grinding.

jauh|e grist; powder; *(*~*liha* minced meat). **-ennus** pulverization. **-entaa** pulverize, powder. **-inkivi** millstone.

jauho *(*~*t)* meal; *(hieno, et. vehnä)* flour. **-inen** mealy; floury. **-mainen** mealy, floury; farinaceous. **-velli** gruel.

Jeesus Jesus; *-lapsi* the Child J.

jengi gang.

jenkki yankee. **-tukka** crew cut.

jesuiitta Jesuit.

jo already; *tiedän sen* ~ I already know it; ~ *silloin* as early as that; ~ *lapsena* even as a child; ~ *nyt* by now; *näyttää* ~ *nyt ilmeiseltä* already it seems clear [that] ~ *vuonna 1920* as early as 1920; ~*ko olet lounastanut?* have you had lunch already?

jodi iodine. **-suola** iodized salt.

joen|haara fork of a river. **-suu** mouth of a river; *(laaja)* estuary. **-uoma** river bed.

jogurtti yoghurt.

johan ~ *nyt!* nonsense! indeed! ~ *nyt jotakin* well, I declare! well, well! really? you don't say so? ~ *olet sen nähnyt* you have seen it, haven't you?

johda|nnainen *kiel.* derivative. **-nnos** *kiel.* derivation. **-nto** introduction; *-nnoksi* as an (by way of) i. **-ttaa** lead, conduct; *(opastaa)* guide; ~*jtk (jkn)* mieleen remind . . of, suggest [. . to a p.]. **-tus** guidance; *(kirjan)* introduction.

johdettava: *helposti* ~ easily led, tractable.

johdin conductor; [electric] wire; *kiel.* suffix; *anat.* duct. **-auto** trolley bus.

johdonmukai|nen consistent; *-sesti* logically, consistently. **-suus** consistency.

johdosta *(jnk)* in consequence of, on account of, because of, owing to; *tämän* ~ because of this.

johonkin somewhere.

johtaa lead, *mus., fys.* conduct; *(suunnata)* direct; *(olla etunenässä)* head, lead the way; *(opastaa)* guide; *(liikettä ym)* manage; *kiel. ym* derive; ~ *alkunsa jstk* derive its origin from, *(sukujuurensa)* trace one's descent back to; ~ *huomio toisaalle* divert someone's attention; ~ *puhetta* occupy (be in) the chair, preside; ~ *työtä* superintend the work; *tie* ~ . . the road runs to . .

johtaja leader; *(liikkeen ym)* manager, *(johtokunnan jäsen)* director; *Am. m.* president; *(laitoksen ym)* head, superintendent, principal; *(päällikkö)* chief; *(koulun)* headmaster, head; *jkn* ~*na ollessa* under a p.'s management (leadership). **-ntauti** manager sickness. **-tar** manageress; *(koulun)* head [mistress]; *(sairaalan)* matron.

johta|minen leading *jne; fys.* conduction; *kiel.* derivation.

-va: ~ *asema (m.)* managerial position.

johto leadership, direction, lead; *(liikkeen ym)* management; *(johdatus)* guidance; *(vesi- ym)* pipe, conduit, *(sähkö-)* wire; *(liitäntä-)* cord, flex; *(puhelin-ym)* line; *jkn johdolla* under the direction of; *opiskella jkn johdolla* study under; *olla johdossa (urh.)* lead, *(jnk)* head .. have charge of [affairs]; *mennä ~on (kilpailussa ym)* take the lead; *ryhtyä ~on* assume the leadership, take over. **-aate** leading principle. **-aihe** *mus.* leitmotif. **-elin** governing body. **-henkilö(t)** executive [s]. **-kunta** [board of] management, trustees, council; *(koulun)* school board; *(yhdistyksen)* executive committee; *-kunnan kokous* board meeting. **-lanka** *kuv.* clue. **-pääte** suffix. **-päätös** conclusion, inference; *tehdä ~* draw (reach, form) a conclusion, conclude, infer, deduce. **-tähti** guiding star.

joht|ua: ~ *jstk* be caused by; come from, arise from *(t.* out of), be due to; *(saada alkunsa)* originate in; *(seurata)* follow, be a consequence of; ~ *jkn mieleen* come into a p.'s mind, occur to a p.; *ajatus -ui mieleeni* the idea suggested itself to me; *sana -uu latinasta* the word is derived from Latin; *mistä -uu, että* .. why is it that? *tästä -uu, että* .. from this it follows that; *-uiko se siitä että* .. was it because ..

joiden whose, .. of which, ~ *avulla* with whose help, by aid of which.

joidenkin: ~ *mielestä* in the opinion of some.

joka 1. *indef. pron.* every, each; *(kaikki)* all; ~ *kerran kun* whenever, each time; ~ *paikassa* everywhere; ~ *puolella* on every side, all around; ~ *päivä* every day, daily; ~ *tapauksessa* at all events; ~ *toinen* every other *(t.* second); ~ *kolmas vuosi* every three years. **2.** *relat. pron.* which, *(henkilöstä)* who; that; (jää usein kääntämättä, esim.: *onko tämä kirja, jota tarkoitat?* is this the book you mean? *mies, jonka kanssa puhuit eilen* the man you spoke to yesterday ..); *jonka, joiden (gen.)* whose, .. of which; *jonka johdosta* as a result of which; *jota* whom, which; *ne, jotka* .. those who ... **-hetkinen** hourly. **-inen** *a.* every, *(kukin)* each; *s.* every one, each [one]; ~ *ken* .. *(m.)* whoever; ~ *meistä* each of us; we all, all of us. **-kesäinen** .. [recurring] every summer. **-päiväinen** everyday; daily; *(kulunut)* commonplace, ordinary; trite; ~ *lehti* daily [paper]; *-päiväisessä puheessa* colloquially. **-viikkoinen** weekly. **-vuotinen** yearly, annual.

jokel|lus babble, crowing, baby-talk. **-taa** babble, gurgle, crow.

joki river; *(puro)* stream; *joen varrella* on the river, *(talo)* by the r.; *jokea ylös (alas)* upstream, downstream. **-alue** [river] basin. **-alus** river-craft. **-laakso:** *Reinin ~* the Rhine valley. **-liikenne:** *harjoittaa ~ttä* ply a river.

jokin some, any; *s. pron.* something, anything; *joksikin aikaa* for a *(t.* some) time; ~ *päivä sitten* a day or two ago; *onko sinulla jotakin sanottavaa* have you anything to say? *joissakin suhteissa* in some respects.

joki|uoma river-bed. **-varsi** riverside. **-äyriäinen** crayfish. **-äyräs** bank [of a river].

joko 1. already? ~ *hän on tullut* has he come already? *(jokohan)* I wonder whether he has come already; ~ *postinkantaja on käynyt?* has the postman already been? **2.** ~ — *tai(kka)* either .. or ..

jokseenkin fairly, *(lähes)* almost.

joku *s.* somebody, someone; *(kys. laus.)* anybody, anyone; *a.* some; any; *jotkut* some [people]; ~ *heistä* one of them; *jotkut heistä* some of them; *jotkut harvat (heistä)* a few [of them]. **-nen** a few, some.

jollainen [such] as, the like of which.

jollei if not, unless.

jolloin when; at which [time]; ~ *kulloin* once in a while. **-kin** some time.

joltinen(kin) tolerable, passable, fair; *(jonkinlainen)* a certain; *joltisella varmuudella* with reasonable certainty.

jompikumpi one or the other, *(kumpi tahansa)* either; ~ .. *-sta (-stä)* one of ..

jonkalainen *ks. jollainen.*

jonkin: ~ *verran ks. verran.*

jonkinlai|nen some kind of, .. of some sort, a sort of; something of a .. *teki -sen vaikutuksen* made some sort of impression; *kuulin jos -sta* I heard all sorts of things.

jonne where; *paikka* ~ *he aikoivat muuttaa* the place they intended to move to.

jono line, queue. *sot. (pari-)* file, *(vuori-)* range, *(jakso)* succession; *seisoa* ~*ssa* stand in a line (a queue). **-ttaa** queue [up].

jopa *(vieläpä)* even; [or] indeed; ~*han nyt* you don't say [so]! indeed! well, well!

Jordania Jordan. **j-lainen** Jordanian.

jos if; in case; provided that, supposing that; ~ *jo(ta)kin* all sorts of things; ~ *kohta* even if; even though; ~ *tapaisin hänet, puhuisin hänelle* if I met him, I would speak to him. **-kin** even if, even though, although. **-kus** sometimes, at times; ~ *tulevaisuudessa* some time in the future. **-pa** if; ~ *hän pian tulisi* if only he would come soon! ~ *hän tulisi* I wish he would come; ~ *hän ei tulekaan* what if he doesn't come?

jossa where. **-kin** somewhere, [in] some place or other; *(kys.)* anywhere.

josta *ks. joka;* about which; *asia* ~ *soitin* the matter I telephoned about.

jota: ~ — *sitä* the — the. **-kin** something; *luulee olevansa* ~ .. thinks he is somebody; *vrt. jokin.* **-kuinkin** fairly. **-vastoin** while, whereas.

joten [and] so, and thus. **-kin** fairly; rather; ~ *samanlainen, -sia* much the same. **-kuten** somehow; in some way. **-sakin** fairly, *(likimain)* something like; ~ *entisellään* much as before.

jotkut some.

jott|a in order that, so that; in order to (+ *inf.*); ~ *saisin* so as to get. **-ei** in order that .. not, so as not to, *(joskus)* lest.

jouduttaa hasten, hurry, *(työtä)* speed up; accelerate; *(hoputtaa)* urge .. on; ~ *askeleitaan (m.)* quicken one's steps.

jouhi: *jouhet* [horse]hair. **-patja** [horse]hair mattress.

joukko crowd, multitude, mass, *(järjestynyt)* body, troop, *sot. m.* force; *(iso)* host; *joukot (sot.)* forces, troops; ~ *talonpoikia* a number of peasants; *joukossa* among [st], *(-mme)* among us, in our midst; *kuulua* .. ~*on* belong to .., be numbered among ..; *joukolla* in a body, in force; *suurin joukoin* in great numbers, *koko joukon* a great deal; *joukon jatkona* to swell the number. **-jenkuljetusalus** troopship. **-kokous** mass meeting. **-liike** mass movement. **-murha** wholesale murder; massacre. **-osasto** unit. **-sidontapaikka** regimental aid post, *Am.* first aid station. **-tiedotusvälineet** *ks. -viestimet.* **-tuotanto** mass production. **-viestimet** mass media [of communication].

joukk|ue *urh.* team; *sot.* platoon; troop, body; *(rikos-)*

band, gang.
joukoittain in great numbers, in masses.
joulu Christmas; ~*na* at C.; *viettää* ~*a* celebrate C., *(jossak.)* spend C. (at, in). **-aatto** Christmas Eve; ~*na* on C.E. **-juhla** Christmas festival. **-kuu** December. **-kuusi** Christmas-tree. **-lahja** Christmas present. **-lehti** Christmas publication. **-loma** Christmas holidays. **-npyhät** Christmas [tide]; *j-n pyhinä* during C. **-pukki** Santa Claus, Father Christmas. **-päivä** Christmas Day; *toinen* ~ Boxing Day.
jousen|jänne bowstring. **-käyttö** bowing. **-veto** stroke of the bow.
jousi bow *(m. mus.); (-pyssy)* cross-bow; *(joustin)* spring; *jouset (mus.)* strings. **-ammunta** archery. **-kvartetti** string quartet [te]. **-mies** archer. **-patja** spring mattress. **-soitin** stringed instrument. **-ttaa** spring. **-vaaka** spring balance.
joust|aa be elastic *jne*. **-amaton** inelastic. **-ava** elastic, springy, resilient; *(henk.)* flexible; *hän kävelee* ~*sti (m.)* there is a spring in his step. **-avuus** elasticity, resilience; flexibility. **-tin** spring.
joutaa have time, find time; *en jouda tulemaan* I cannot [spare the time to] come; ~*ko tämä sinulta* can you spare this?
joutav|a idle, useless, needless; ~ *asia* trifle, bagatelle, mere nothing; ~ *jaaritus* empty talk, idle chatter; ~*n pieni* trifling, trivial; *-ia!* rubbish! nonsense! **-uus** triviality, futility.
jouten disengaged; *olla* ~ be free; *(toimetonna)* be idle, be doing nothing;~ *ollessa* at leisure.
joutil|aisuus inactivity. **-as** free, at leisure; inactive, unoccupied, at liberty; *kulkea -aana* idle [away one's time], dawdle.

jouto|aika free time, leisure; spare time, time off. **-hetki** leisure hour, spare moment. **-käynti** *ks. tyhjä-*. **-päivä** day off.
joutsen swan. **-laulu** swan-song.
joutu|a get, fall, come (into), get (to); be involved in; *(kohteeksi)* come under [criticism etc]; *(jklle)* fall to; *joutukaa* make haste, hurry up! ~ *epäkuntoon* get out of [working] order; ~ *kiinni* be caught; ~ *jkn korviin* reach a p.'s ears; ~ *jkn käsiin* fall into the hands of; ~ *näkemään* happen to see; ~ *sairaalaan* be taken to (*t.* enter) hospital; ~ *sotaan (maasta)* be involved in war; ~ *jnk uhriksi* fall victim to; ~ *vaikeuksiin* get into (get involved in) difficulties; ~ *vankilaan* be sent to prison, land in jail (gaol); ~ *velkaan* incur debts; *jouduin paikalle ajoissa* I arrived there in time; (.. *yritin sanoa), mutta P. -i ennen* but P. anticipated me; *-i epätoivoon* was driven to despair; *minne hän on -nut?* what has become of him?
joutui|n quickly. **-sa** quick, speedy, rapid, prompt. **-suus** swiftness, promptness, quickness, speediness.
jugoslaavi Yugoslav.
Jugoslavia Yugoslavia.
juhannu|s Midsummer; *juhannuksena* at M. **-aatto** Midsummer ['s] eve. **-kokko** Midsummer bonfire.
juhla festival; celebration; *kirkollinen ym)* feast; *(huvi)* entertainment, party; *viettää jnk .. -vuotisjuhlaa* celebrate the .. th anniversary of ... **-asu** festival attire. **-ateria** banquet. **-hetki** great occasion. **-ilo** festivity. **-kulkue** [festival] procession.
juhlalli|nen solemn; grand. **-suus** solemnity; *-suudet* ceremonies, festivities.
juhla|menot ceremonies; *-menojen ohjaaja* master of c. **-näytäntö** gala performance.

-puhe festival oration, speech for the occasion. **-puku** full dress, evening dress; *sot.* full-dress uniform. **-päivä** festival [day]; red-letter day; *(pyhä)* holiday, holy day. **-päivälliset** banquet, gala dinner. **-sali** great hall, *(koulun)* assembly hall. **-tilaisuus** social *(t. festive)* occasion. **-tunnelma** festival spirit. **-valaistus** illumination, *(julkisivun)* flood lighting.

juhli|a celebrate; go out [to parties], be celebrating; *voittajaa -ttiin* the winner was fêted, the winner was given a terrific reception; ~ *muistopäivää* celebrate the anniversary of, commemorate ... **-ja** *(vapun* May day) celebrant. **-nta** celebration[s], tribute [s]; *(nuorison)* high jinks. **-staa** solemnize.

juhta beast of burden, draught animal.

jukuripäinen pig-headed.

julis|taa declare; *(virall.)* proclaim; announce; ~ *oppia* preach a doctrine; ~ *sota* declare war (on); ~ *tuomio* pronounce sentence; ~ *virka avoimeksi* advertise a vacancy. **-te** placard, poster, bill; *seinä~* wall sticker. **-tus** [public] notice; declaration, proclamation; *(-kirja)* manifesto *(pl. -es)*.

juljeta have the impudence (the effrontery) to ..

julkai|sematon not made public, unpublished. **-seminen** publication; announcement. **-sija** publisher. **-sta** make public; *(kirja ym)* publish; *(kihlaus ym)* announce; *(laki ym)* promulgate. **-su** publication; ~*t (seuran)* transactions, proceedings.

julke|a insolent, arrogant; *(esim. vääryys)* gross; *(hävytön)* impudent, brazen; *miten ~a!* what cheek! how cheeky (beastly) [of him]! that was pretty cool! ~ *roisto* a cool customer. **-us** impudence, effrontery.

julki: *lausua* ~ express

[publicly]; *tulla* ~ get (become) known; *tuoda* ~ disclose; *nyt salat* ~*! * out with it! *he ovat* ~ *kihloissa* their engagement has been announced. **-lausuma** declaration, communiqué.

julki|nen public; open; ~ *mielipide* public opinion; ~ *sana* the press. **-pano** public notice. **-sesti** publicly, in public, openly. **-sivu** front, facade, frontage; *(talon)* ~ *on* .. *päin* .. faces, fronts (upon), *(esim. etelään)* fronts south; *vrt. päin.* **-staa** make known (public); release. **-suus** publicity; *saattaa -suuteen* bring before the public, make public; *-suuden henkilö* public figure, *(julkkis)* celebrity, pop figure.

julma cruel; ferocious, fierce. **julm|istua** become infuriated, be enraged. **-uri** tyrant; *(hirviö)* beast. **-uus** cruelty, *(petomainen)* ferocity.

jumala god; *J-n kiitos* thank God! *jos J* ~ *suo* God willing; *J* ~*a pelkäävä* God-fearing; ~*n selän takana ks. selkä.*

jumalais|olento deity, divinity. **-taru** myth.

jumalalli|nen divine. **-suus** divineness.

jumalan|hylkäämä God-forsaken **-kieltäjä** atheist. **-kieltämys** atheism. **-kuva** image of God; *(epä-)* idol. **-palvelus** [divine] service. **-pelko** fear of God. **-pilkka** blasphemy. **-pilkkaaja** blasphemer.

jumala|tar goddess. **-ton** godless, ungodly; irreligious; wicked. **-ttomuus** godlessness, ungodliness.

jumali|nen godly; religious, devout. **-suus** piety.

jumal|oida idolize; adore, worship. **-olento** deity.

jumaluus divinity. **-opillinen** theological.

jumaluus|oppi theology; *-opin tohtori* Doctor of Divinity. **-oppinut** theologian.

juna train; *ajaa* ~*ssa* travel (go) by t.; *mennä* ~*lla* take

the t., catch a t.; *nousta ~an*
get into the t.; *poistua ~sta*
get off the t. **-ilija** train guard,
Am. conductor. **-laituri**
platform. **-lautta** train ferry.
-nkuljettaja train driver.
-nvaihto change of train.
-onnettomuus railway accident.
-vuoro train service.

junkkari young rascal.

junt|ata ram; drive [piles]. **-ta**
ram, pile-driver; *(esim.
sotilas-)* junta, junto.

juoda drink; *~ lasi pohjaan*
drain one's glass [to the
bottom]; *ratkesi juomaan*
took to drink.

juok|sennella run about. **-seva**
flowing; current; *(nestemäinen)*
liquid, fluid; *~ tili* current
account; *~t asiat* current
matters, routine business; *~t
menot* running expenses. **-sija**
runner; *(-hevonen)* trotter.

juoksu run [ning]; flow [ing];
course; *100 metrin ~*
100-metre event; *täyttä ~a* at
full speed. **-aika** heat;
(koira)lla on ~ (the bitch) is
in season, she has come on
heat. **-hauta** trench. **-jalka:** *~a*
running, at a run. **-kilpailu**
running race. **-poika** errand
boy, office boy. **-solmu**
slip-knot. **-tin** *(maidon)* rennet,
(metallin) flux. **-ttaa** make ..
run, *(nestettä)* draw,
(vähitellen) drain off; *(maitoa)*
curdle.

juolah|taa: *mieleeni -ti* it
occurred to me, it struck me,
it entered my mind.

juolavehnä couch-grass.

juolukka bog whortleberry.

juoma drink, beverage. **-astia**
drinking vessel. **-himo** craving
for drink, addiction to drink.
-lasi drinking-glass, *(jalaton)*
tumbler. **-nlaskija** cup-bearer.
-raha tip, gratuity; *antaa jklle
~a* tip a p.; *tässä on ~a*
this is for you. **-ri** drunkard,
hard drinker. **-veikko** fellow
toper.

juomingit drinking-bout, spree,
binge, booze[-up].

juoni intrigue, plot, design;
(kepponen) trick; *näytelmän ~*

plot of a play; *virittää ~a*
lay plots, intrigue. **-kas**
plotting, scheming, crafty.
-kkuus craft[iness], guile.
-tella plot. **-ttelija** schemer,
plotter. **-ttelu** plotting;
intrigues, machinations *(pl.)*.

juont|aa *(ohjelma)* compère;
juurensa jstk derive its origin
from. **-aja** compère,
announcer, *(tietokilpailun)*
quiz-master. **-ua** spring, arise
(from); date [from the 14th
century].

juopa gulf, breach.

juopo|tella drink; *sl.* booze.
-ttelija drinker; tippler. **-ttelu**
sl. boozing.

juoppo *s.* drinker, drunk,
drunkard; *a.* addicted to
drink. **-hulluus** delirium
tremens. **-lalli** habitual
drunkard, toper, sot. **-us**
drunkenness, hard drinking,
insobriety.

juopu|a become intoxicated, get
drunk. **-mus** intoxication;
drunkenness.

juoru gossip. **-akka** gossip,
scandalmonger. **-kello** gossip-
monger. **-nhaluinen** gossipy.
-ta gossip; *(kannella)* tell
tales. **-teitä** by the grape-vine.

juosta run; *(virrata)* flow; *~
tiehensä* run away.

juotava *a.* drinkable, fit to
drink; *s.* drink; *anna minulle
~a* give me something to
drink.

juote *tekn.* solder.

juo|tin soldering-iron. **-tos**
soldered joint.

juottaa make .. drink;
(metallia) solder; *~ (hevosta
ym)* water.

juotto watering; soldering.
-paikka watering place.
-vasikka fattened calf.

juov|a streak, stripe. **-ainen**
streaked; striped; *kelta~* ..
with yellow streaks (stripes).
-ikas *ks. ed.; (puu)* veined,
grained; *~ kangas* striped
material. **-ittaa** stripe, streak.

juovu|s: *-ksissa (oleva)*
intoxicated, drunk; *~ päissään*
under the influence of drink.
-ttaa intoxicate, make drunk.

-**tusjuoma** intoxicant.
jupakka squabble, altercation.
jupista murmur, mutter; grumble.
juridinen judicial, juridical.
juro sullen, surly, sulky; morose, unsociable. -**ttaa** be in the sulks, sulk. -**us** sullenness, sulkiness.
jutella talk, chat.
juttelu talk, chat. -**nhaluinen** talkative, chatty.
juttu story, tale, *(kasku)* anecdote; *(oikeus-)* case, lawsuit; *hieno (mainio)* ~ a fine thing! *ikävä* ~ a sad business, an unpleasant affair; *se on pikku* ~ that's nothing (a small matter); *siinä koko* ~ that's all there is to it; *se on toinen* ~ that's [quite] another matter.
juurakko root-stock, rhizome.
juure|kset *(oikeus-)* roots. -**llinen** rooty. -**notto** *mat.* extraction of a root. -**ton** rootless. -**ttomuus** rootlessness.
juuri 1. *adv.* just; *(täysin)* fully, quite; *(äsken)* newly, freshly; *ei* ~ *mitään* scarcely anything; ~ *nyt* right now; *ei* ~ *niin paljon* not quite so much; *riittää* ~ *ja* ~ barely suffices; ~ *sillä hetkellä* at that very moment; *olin* ~ *kertomaisillani* .. I was on the point of telling; *ei ollut* ~ *ketään liikkeellä* there was no one much about.
juuri 2. *s.* root; *(vuoren ym)* foot; *kiskoa* ~*neen* pull up by the roots, uproot; *jnk juurella* at the foot of; *puun juurella* at the root of a tree; *(jnk) jalkain juuressa* at [a p.'s] feet; *hävittää* ~*neen* destroy root and branch.
-**harja** scrubbing-brush. -**kas** beet[root]. -**kasvi** edible root; (~**viljelys** cultivation of root-crops). -**kori** wicker-basket. -**mukula** corm, *(m. varsi-)* tuber. -**sana** root-word. -**vesa** sucker.
juur|ruttaa root; *kuv. (mieleen)* imprint [on a p.'s mind], impress [on a p.]. -**tajaksaen** circumstantially, at length, in detail.
juur|tua take root *(m. kuv.)*, root, spring roots; *kuv.* become ingrained; ~ *lujaan (kuv.)* be firmly established (fixed), become rooted; *syvälle* -*tunut* deep [ly] rooted.
juusto cheese. -**aine** casein. -**kupu** cheese-cover. -**mainen** cheesy, caseous. -**maito** curdled milk. -**utua** curdle.
juutalainen *s.* Jew; *a.* Jewish.
juutalais|kortteli Jewish quarter, ghetto. -**nainen** Jewess. -**uus** Judaism. -**vaino** Jew-baiting. -**viha** anti-Semitism.
juutti jute.
juuttua stick, *jhk* in.
jyke|vyys heaviness; sturdiness. -**vä** sturdy, robust; massive, stout.
jylh|yys wildness; desolateness. -**ä** wild, rugged, rough; *(synkkä)* gloomy.
jyli|nä, -stä *ks. jyri|nä, -stä.*
Jyllanti Jutland.
jymy rumble, din, roar. -**vaikutus** sensational effect.
jymäh|dys boom, bang; thud; detonation. -**tää** boom; thud.
jymäyttää *(puijata)* fool, take .. in.
jyri|nä rumble, thunder, *(ukkosen jyrähdys)* clap (peal, roll) of thunder. -**stä** thunder.
jyrk|entää make steeper; *kuv.* make more radical. -**etä** become steep [er]; *kuv.* become [more] radical. -**kyys** steepness; *kuv.* sharpness; radicalism.
jyrkkä steep, precipitous; sharp, abrupt *(m. kuv.)*; *(ankara)* strict; ~ *ero* sharp distinction (contrast); ~ *uudistus* radical reform; ~ *vasemmistolainen* pronounced left-winger; ~ *vastaus* categorical answer; *ryhtyä jyrkkiin toimenpiteisiin* adopt rigorous measures. -**piirteinen** [very] marked, pronounced, sharply defined. -**sanainen** sharply worded.
jyrkä|nne bluff, precipice. -**sti** steeply; sharply, strictly; ·categorically; *kieltää jtk* ~ deny flatly; *mitä jyrkimmin*

most decidedly, most emphatically.
jyrsi|jä rodent. **-n** *(terä)* cutter. **-nkone** *tekn.* milling-machine. **-ä** gnaw, *jtk* at.
jyrä roller; *(höyry-)* steamroller. **-hdys** [peal of] thunder. **-htää** thunder. **-tä** roll.
jysk|e noise; crash; *(tykkien ym)* boom, *(koneen)* pounding, thud. **-yttää** pound, *jtk* on; thump; *(sydän)* throb.
jysäh|dys thud, thump. **-tää** thump, bump, *(pudota)* fall down with a thud.
jyvä grain; ~*t (vilja)* corn, *Am.* grain; *päästä* ~*lle jstk* get wise to. **-aitta** granary. **-hinkalo** bin. **-nen** granule. **-sin** *(pyssyn)* bead, front sight.
jähme|piste solidifying point. **-ttyä** solidify; *(kangistua)* become stiff; *hän* **-ttyi** *kauhusta* he was paralysed with terror, his blood froze. **-ys** solidity; stiffness, rigidity.
jähmeä solid; *(kankea)* stiff.
jäidenlähtö breaking-up of ice.
jäinen icy, .. of ice.
jäkkärä: *aho* ~ cudweed.
jäkälä lichen.
jälje|kkäin one after another (the other). **-lle** left; *(yli)* over; *jäädä* ~ *(muista)* be left behind, fall behind; *(tähteeksi)* be left [over], remain. **-llä** left; *(yli)* over; *hänellä ei ole rahaa* ~ he has no money left; ~ *oleva(t)* remaining, the rest (of).
jäljen|nös copy; reproduction; **-nöksen** *oikeaksi todistaa* .. certified by .., certified correct, certified to be a true copy. **-tää** copy; reproduce.
jälje|ssä after, behind; *olla* ~ *(kuv.)* be behindhand [with one's work], *(m. maksuissa)* be in arrears; *kelloni käy* ~ my watch loses, my watch is [5 minutes] slow; *olla ajastaan* ~ be behind the times. **-stä** after; *(~päin* afterwards, subsequently). **-ttömiin** leaving no trace. **-tön** trackless; traceless.
jälji|tellä imitate, copy; *(matkia)* mimic; ape; *-ttelevä*

imitative. **-telmä** imitation; *(petoll. tark.)* counterfeit.
jäljitte|lemätön inimitable. **-lijä** imitator, mimic. **-ly** imitation; mimicry; (~**taito** mimicry).
jälji|ttää track, trace. **-tys** tracking.
jälkeen after; *(taakse)* behind; *toinen toisensa* ~ one after another; *jättää* ~*sä* leave [behind], *(kilpailussa ym)* outdistance, outstrip; *jonka* ~ after which, whereupon; *sen* ~ *kun* after; *tämän* ~ upon this; *sodan* ~ *(siitä alkaen)* [he has lived in L.] since the war. **-jättämä** left [behind]; ~ *omaisuus* estate (property) left. **-jäänyt** backward; *(eloon)* surviving; ~ *teos* posthumous work; *-jääneet* those left behind, the survivors. **-päin** afterwards; later. **-tuleva** coming; ~*t sukupolvet* generations to come.
jälke|inen subsequent, *jnk* to; *jnk* ~ after .., following ..; *sodan* ~ post-war. **-läinen** descendant; *(toimessa)* successor; *-läiset* descendants, offspring.
jälki trace; track; *(jalan-)* footprint, *(merkki)* mark; imprint, impression; *jälkeäkään jättämättä* leaving no trace; *olla jnk (jkn) jäljillä* be on the track (trail) of; *(koira)* get the scent; *päästä jäljille (kuv.)* get a clue; *seurata jkn* ~*ä* track a p., *(kuv.)* follow in the steps of; *kulkee isänsä* ~*ä* follows in his father's footsteps; *joutua jäljiltä* get off the track; *(koira)* lose scent; *hänen jäljilleen ei ole päästy* he has not been traced.
jälki|hoito after-care (-treatment). **-istunto:** *jättää* ~*on* keep in; *jäädä* ~*on* be kept after school. **-joukko** rear [-guard]; *-joukossa* in the rear. **-katsaus** retrospect; *luoda* ~ *jhk* review, look at .. in retrospect. **-kesä** Indian summer. **-kirjoitus** postscript *(lyh.* P.S.). **-lasku**

after-reckoning. **-liite** *kiel.*
suffix. **-maailma** after-world,
posterity. **-maku** aftertaste.
-mmäinen latter; ~ *osa
(kirjan)* second part; *edellinen*
.. ~ the former .. the latter.
-näytös *kuv.* sequel. **-painos**
reprint; ~ *kielletään* all rights
reserved. **-polvi:** *-polvet* future
generations, posterity.
-puolisko latter part, second
half. **-ruoka** sweet, dessert; ~
lusikka dessert spoon. **-sato**
kuv. aftermath [of war].
-seuraus after-effect.
-syntyinen posthumous. **-säädös**
will; (~**lahjoitus** legacy,
bequest). **-tauti** complication.
-vaatimus: *-vaatimuksella* cash
on delivery *(lyh.* C.O.D.).
-vaikutus after-effect. **-viisaus**
wisdom after the event,
hindsight.
jälleen again, .. once more;
re-; *asettaa* ~ *paikalleen*
replace; *elvyttää* ~ revive;
voittaa, saavuttaa ~ regain.
-asutus resettlement.
-elpyminen revival. **-myyjä**
retailer, retail dealer. **-myynti**
retail. **-näkeminen** meeting
[again], reunion. **-rakennus**
reconstruction. **-vakuuttaa**
reinsure.
jänis hare; *(matkustaja)*
stowaway. **-emo** she-hare.
-koira harrier, beagle. **-tää**
kuv. show the white feather,
funk.
jänne tendon; sinew; *(jousessa)*
string; *mat.* chord. **-side**
ligament. **-väli** span.
jänni|te tension, *(sähk. m.)*
voltage. **-ttyneesti** tensely, with
strained attention, intently.
-ttyä be stretched; be
strained; tighten; *-ttynyt (m.)*
tense, excited. **-ttävä** *kuv.*
exciting, thrilling. **-ttää** strain;
stretch; *(pingottaa)* tighten; ~
jousi draw a bow; ~ *jtk
äärimmilleen* strain .. to
breaking-point; ~ *liikaa*
overstrain; *älä -tä!* take it
easy! **-tys** tension, strain;
(odotus) suspense; *(kiihtymys)*
excitement; (~*romaani* thriller,
suspense story).

jännäri thriller, »whodunit».
jänte|vyys muscularity, vigour.
-vä muscular, vigorous,
springy.
jäntterä thick-set; sturdy.
jänö bunny.
järeä coarse; rough; *(tykistö)*
heavy. **-tekoinen** crude, coarse.
järi|stys shaking, quaking,
quake. **-stä** shake, quake;
(vapista) tremble. **-syttää**
cause to quake (to tremble).
järjelli|nen reasonable; ~
olento rational being. **-syys**
reasonableness; rationality.
järjen|juoksu line (train) of
thought. **-mukainen** rational.
-mukaisuus rationality.
-vastainen unreasonable.
järjeste|lijä organizer. **-llä** put
in order, arrange; adjust;
(säännellä) regulate; ~
asioitaan settle one's affairs.
järjestelmä system. **-llinen**
systematic; planned. **-llisesti**
systematically. **-llistää**
systematize. **-llisyys** system.
-tön unsystematic.
järjestely arrangement;
regulating; organizing; ~*t (m.)*
measures, adjustments; ~*n
alaisena* under process of
organization. **-kyky** organizing
ability. **-raide:** *-raiteet*
shunting tracks.
järjestykse|llinen orderly. **-npito**
maintenance of [law and]
order. **-nvalvoja** peace officer,
ks. järjestysvalta.
järjesty|minen organization.
-mättömyys lack of
organization. **-mätön**
unorganized. **-nyt** organized.
järjesty|s order; *(vuoro)*
succession, sequence; *(-aisti)*
orderliness; *panna -kseen* put
.. in order, arrange; *valvoa
~tä* keep (maintain) order;
luetella -ksessä enumerate in
succession; *-tyksen mies*
orderly person. **-aisti** sense of
order. **-luku** ordinal. **-mies**
(huvitilaisuudessa) usher,
attendant. **-numero** running
number. **-rikos** breach of the
peace. **-sääntö** regulation [s].
-valta the police.
järjes|tyä get into order;

(järjestöksi) organize, get organized; ~ *riviin* line up; *-tykää riviin!* fall in! **-täjä** arranger, organizer; *(koulussa)* monitor. **-täminen** putting in [to] order, arrangement, organization. **-tämätön** not arranged, unregulated. **-tänsä:** *kaikki* ~ every one [without exception]. **-täytyä** organize; *(kokous)* come to order. **-tää** put (set) in order, adjust, settle; arrange, organize, stage [a demonstration, *mielenosoitus*]; *Am. m.* fix; ~ *asiansa kuntoon* settle one's affairs; ~ *huone* put things straight in a room. **-tö** organization.

järje|ttömyys unreasonableness, absurdity. **-tön** unreasonable; irrational; *(mieletön)* senseless, absurd; nonsensical; *puhua -ttömiä* talk nonsense.

järkei|llä reason, argue; philosophize. **-stää** rationalize. **-susko** rationalism.

järke|vyys reasonableness, common sense. **-vä** sensible, reasonable; ~ *harkinta* sober judgment; *hän on* ~ he has his head screwed on the right way; *hän oli kyllin* ~ . . *-kseen* he had the [good] sense to . .

järki reason; sense; understanding; *joutua järjiltään* go out of one's mind; *oletko järjiltäsi* have you taken leave of your senses? *saattaa jku ~insä* bring . . to his senses; *tulla ~insä* come to one's senses; *täydessä järjessään* in charge of one's faculties; *siinä ei ole mitään järkeä* it doesn't make sense. **-avioliitto** marriage of convenience. **-ihminen** sensible person. **-olento** rational being. **-peräinen** rational; ~ *maanviljelys* scientific farming. **-syy** rational argument.

järkkymä|ttömyys immovability. **-tön** immovable; firm, steadfast.

järkkyä shake; tremble; *(horjua)* falter.

järky|ttyneisyys agitation. **-ttyä**

be upset, upset oneself. **-ttää** *(paikaltaan)* dislodge, *kuv.* upset, unsettle; ~ *mieltä* agitate; *-ttävä* shocking, upsetting. **-tys** shock.

järkähtämä|ttömyys immovableness; firmness; inflexibility. **-tön** unshaken, immovable; firm; *(taipumaton)* inexorable; *(pettämätön)* unfailing.

järsiä crop, nibble.

järvi lake; *on hauskaa olla järvellä* it's fun being out in a boat. **-alue** lake district. **-kalastus** fresh-water fishing. **-rikas** rich in lakes.

jäsen member; *(raaja)* limb; *(nivel)* joint; *ottaa ~eksi* admit as a member, *(merkitä)* enrol (in). **-inen:** 5- ~ *valiokunta* a committee of five; *vahva* ~ strong-limbed. **-kortti** membership card. **-maksu** membership fee. **-määrä** membership. **-nellä** analyse; *(aine)* outline. **-tely** analysis; *(aineen)* outlining. **-yys** membership. **-äänestys:** *alistaa j-tykseen* put to the vote (compel a ballot) [among the members].

jäte remnant, residue; waste; *ks. jätteet.* **-huolto** refuse *(Am. garbage)* disposal. **-kasa** refuse heap. **-paperi** waste paper. **-tuote** waste product. **-vesi** waste water; effluent, sewage.

jätkä *(tukki-)* lumber|man, -jack; loafer.

jätte|et refuse, rubbish, *Am.* garbage; *(tähteet)* leavings, table scraps; offal; *-iden hävittäminen* refuse disposal.

jättiläinen giant.

jättiläis- gigantic. **-askel** gigantic stride; . . *edistyy ~in* is making tremendous progress. **-kokoinen** gigantic, enormous. **-mäinen** gigantic, giantlike. **-nainen** giantess.

jättäytyä surrender [oneself], resign oneself (to, into); ~ *jälkeen* fall behind.

jättää leave; *(antaa)* deliver, hand over; *(~ sisään)* hand in, present; *(lähteä pois, m.)*

quit; *(luopua)* give up, *(virasta)* retire from; *(perintönä)* leave .. to sb.; ~ *asiakirja jhk* hand in, submit; file, lodge [a complaint]; ~ *jälkeensä* leave [behind], *älkimaailmalle)* hand down; ~ *oman onnensa nojaan* leave .. to [his] fate, *(selviytymään omin päin)* leave to [his, their] own resources; ~ *pois* leave out, omit, exclude; ~ *sanomatta* leave .. unsaid; ~ *sikseen* give up, drop; ~ *jtk tekemättä* leave a th. undone, fail to do a th; *jätettiin kolmanneksi (urh.)* was beaten into third place.
jätättää: *kello* ~ the clock is slow, the watch loses.
jäykis|te stiffening; ~*kangas* buckram. **-tyä** be [come] stiff, stiffen; *(jähmettyä)* become petrified (paralysed). **-tää** make stiff, stiffen.
jäykkyys stiffness, rigidity; *kuv. m.* constraint, formality.
jäykkä stiff, rigid; *(taipumaton)* inflexible, unbending; stubborn; ~ *oppimaan* slow to learn. **-kouristus** lock-jaw, tetanus. **-luonteinen** stubborn. **-niskainen** stiff-necked, obstinate.
jäytää gnaw (at); *kuv.* prey upon, undermine.
jää ice; *olla* ~*ssä* be frozen, be covered with ice; ~*ssä oleva* frozen [up], *(satama, laiva)* ice-bound; *hän putosi jäihin* he fell through the ice. **-dyttää** freeze; ice. **-dytys** *(syvä-)* quick-freezing.
jäädä remain, stay; stop; ~ *huomaamatta* escape notice; ~ *ilman* be left without; ~ *istumaan* remain sitting; ~ *kesken* be left unfinished, remain uncompleted; ~ *pois* stay away; ~ *päivälliselle* stay for dinner; ~ *tulematta* fail to appear (to arrive); ~ *yöksi* stay overnight; *asia jäi sikseen* the matter was dropped, it came to nothing.
jää|este ice obstruction. **-etikka** glacial acetic acid.
jäähdy|tellä cool off. **-tin, -ttäjä**

cooler; refrigerator; *(auton)* radiator. **-ttämö** refrigerating plant. **-ttää** cool, chill; refrigerate. **-tys** cooling; refrigeration; *(~huone* refrigerating room; cold-storage chamber; ~*kaappi* refrigerator; ~*laitos* cooling plant).
jäähile: ~*et* frostwork.
jäähtyminen cooling [down].
jäähtyä cool, get cool.
jäähy: ~*llä (urh.)* on the penalty bench, in the penalty box.
jäähyväis|et parting; farewell; *jättää* ~ take one's leave. **-juhla** farewell entertainment. **-käynti** farewell visit. **-lahja** parting gift. **-näytäntö** farewell performance.
jää|juoma iced drink. **-kaappi** refrigerator, »fridge». **-karhu** polar bear. **-kausi** Ice Age, glacial epoch. **-kautinen** glacial. **-kenttä** field of ice. **-kiekkoilu** ice-hockey. **-kylmä** ice-cold, icy; ~*sti* icily.
jääkäri light infantryman.
jää|lautta *(ajelehtiva)* [ice] floe. **-lohkare** block of ice. **-meri** polar sea; *Pohjoinen J*~ the Arctic Ocean; *Eteläinen J*~ the Antarctic Ocean.
jäämistö estate [of a deceased person], property left (by *jkn), (kirjallinen)* remains.
jään|lähtö breaking-up of [the] ice. **-murtaja** ice-breaker.
jäänne relic, rudiment; survival.
jäännös remainder *(m. mat.),* the rest; *(jäte)* remnant; *kirjanp.* balance; *maalliset jäännökset* mortal remains. **-erä** remainder, remnants; old stock. **-pala** remnant. **-varasto** remaining stock.
jää|palloilu bandy [-ball]. **-peite** coating of ice; *(-kalotti)* icecap. **-peitteinen** covered with ice. **-puikko** icicle.
jäärä|päinen stubborn. **-pää** mule, bullhead; *(vanhoillinen)* diehard.
jää|röykkiö mass of ice, ice pack. **-sohjo** sludge; slush. **-suhteet** ice conditions.
jäätelö ice, ice[-]cream. **-tikku,**

-tötterö ice-cream stick (cone).
jäätikkö sheet of ice, ice field;
(vuorilla) glacier.
jäätymispiste freezing-point.
jäätymätön unfrozen;
non-freezing.
jääty|ä freeze; ~ *kiinni*
maahan f. to the ground; *-nyt*
frozen.
jäätä|ä convert into ice, freeze;
chill; *-vä* chilling; *-vä kylmyys*
icy cold, *(kuv.)* icy coldness.
jää|tön free from ice; open.

-vuori iceberg.
jäävi *a.* disqualified; not legally
competent. **-tön:** ~ *todistaja*
unchallengeable witness. **-ys**
legal incapacity.
jäävä|tä challenge the validity
of; *(todistaja)* take exception
to; disqualify sb. [from acting
as a witness]. **-äminen**
disqualification. **-ämätön**
unchallengeable.
jörö sullen, sulky. **-jukka** sulky
fellow.

K

kaaderi cadre.
kaakao cocoa. -papu cacao
bean. -puu cacao-tree.
kaakattaa cackle, cluck,
(ankka) quack.
kaakeli [glazed] tile, Dutch
tile. -uuni tiled stove.
kaakko south-east. -inen
southeast [erly].
kaakku ks. kakku.
kaali cabbage. -nkupu cabbage
head.
kaame|a ghastly, gruesome,
grisly, uncanny. -us ghastliness.
-kaan -kään: ei hänkään not
even he; hän ei tullut, etkä
sinäkään he did not come,
nor did you; et sinä tullut~
you did not come after all;
.. tuleeko hän~ [I don't
know] whether he will come
either.
kaaos chaos.
kaapata mer. capture, (et.
lentokone) hijack, Am.m. skyjack.
kaapeli, -köysi cable. -sähke
cable, Am. cablegram.
-televisio cable television.
kaapia scrape; (hevosesta) paw.
kaapp|arilaiva privateer. -aus
capture; (vallan-) coup;
(lentokoneen) hijacking (of a
plane, of planes).
kaappi cupboard, Am. closet;
(vaate-) wardrobe; (kirja-)
bookcase; (ruokahuoneen)
sideboard; (koriste-) cabinet.
-juoppo bedroom drinker.
-kello grandfather clock.
kaapu gown, (munkin) frock;
(viitta) cloak.
kaare|illa bend, curve. -utua
arch, be arched. -va bent,
curved; arched. -vuus curve,
curvature, arched form, arch.
kaari curve; rak. ym. arch; et.
tiet. arc; (jousen) bow;
kaaressa in a curve. -asteikko

protractor. -holvi arched vault.
-ikkuna arched window.
-lamppu arc-lamp. -pyssy
[cross-]bow. -silta arch
bridge. -viiva curved line.
kaarna bark, rind.
kaar|re (tien-) bend, curve.
-roke (puvun) yoke. -ros
bend; turn. -taa bend, turn a
curve; (auto äkkiä, m.)
swerve; (tehdä kierros) make
a circuit, go round.
kaarti guards. -lainen
guardsman.
kaarto bend; (lankaa) skein.
-liike sot. [out]flanking attack.
kaartua curve; wind; (holviksi)
arch.
kaasu gas; lisätä ~a (autossa)
accelerate; vähentää ~a
throttle down. -hana gas-tap.
-johto gas pipe, (pää-) g.
main. -kammio gas chamber.
-kello gasometer. -laitos
gas-works; -laitoksen asentaja
gas-fitter. -liekki gas-jet. -liesi
gas-range (cooker). -mainen
gaseous. -mittari gas-meter.
-myrkytys gas poisoning;
saada ~ be gassed. -naamari
gas-mask. -poletti gas-meter
disc. -poljin (auton)
accelerator [pedal]. -säiliö
gasholder, gas reservoir, gas
tank. -ttaa gasify, convert into
gas; (huone) fumigate;
(tappaa) gas. -tin carburettor,
-valaistus gas lighting.
kaataa overturn; (vene, lasi
ym) upset; (maahan) fell;
(iskemällä) knock down, strike
down; (nestettä) pour,
(läikyttää) spill: ~ kahvia
(kuppeihin) pour out coffee;
~ hallitus bring down
(overthrow) the government;
~ puu fell (cut down) a tree;
satoi kaatamalla it was

pouring, the rain came down in sheets.

kaato|allas sink. **-paikka** refuse tip, dumping-ground, rubbish dump. **-sade** downpour, cloudburst.

kaatu|a fall; be upset, be overturned, overturn, *(veneestä)* capsize; *(suistua)* fall down, collapse; ~ *kuolleena maahan* drop dead; ~ *taistelussa* be killed in action; *loukkaantui -essaan* was injured in a fall. **-matauti** epilepsy; *(~nen* epileptic).

kaava pattern, model; *mat.* formula. **-illa** outline; *kuv. m.* figure, forecast, envisage. **-ke** form. **-mainen** formal; stiff; set [in one's ways]. **-maisuus** formalism, formality, stiffness.

kaavio scheme, diagram. **-mainen** schematic. **-kuva** diagrammatic drawing, diagram.

kabaree cabaret.

kabinetti *(hallitus)* cabinet; *(huone)* small private room.

kade envious; *hänen kävi kateeksi* he envied [me my success]. **-hdittava** enviable.

kadeh|tia envy; *(ei suoda)* [be] grudge; *hän -ti ystävänsä menestystä* he envied his friend's success, *vrt. ed.*

kadetti cadet. **-koulu** Military Academy.

kadoksi|in: *joutua* ~ be lost; disappear; *olla -ssa* be missing.

kado|ta disappear; be lost; *(haihtua)* vanish; *minulta katosi hattu* I lost my hat; ~ *näkyvistä (m.)* pass out of sight; *kauneus katoaa* beauty fades. **-ttaa** lose; *-tettu (usk.)* damned, lost. **-tus** damnation, doom.

kadun|kulma street corner. **-lakaisija** street sweeper. **-lasku** paving. **-puoleinen:** ~ *huone* room facing the street, front room. **-risteys** street crossing.

kaduttaa: *minua* ~, *että* .. I regret that ..

kaha|kka skirmish. **-koida** skirmish, fight.

kahdeksan eight. **-kertainen** eightfold. **-kulmainen** octagonal. **-kulmio** octagon. **-kymmentä** eighty. **-nes** eighth [part]; *(~nuotti* quaver). **-toista** eighteen. **-tuntinen:** ~ *työpäivä* eight-hour day.

kahdeksas [the] eighth. **-kymmenes** [the] eightieth. **-toista** [the] eighteenth.

kahden: *me* ~ we two by ourselves; *olemme* ~ *kesken* we are alone, we are by ourselves; *olla* ~ *vaiheilla* be in two minds. **-kertainen** double, twofold. **-keskinen** confidential. **-laatuinen** .. of two kinds. **-maattava:** ~ *vuode* double bed. **-puoleinen** mutual. **-taa** double. **-tua** [be] double [d].

kahdeskymmenes [the] twentieth. **-osa** twentieth.

kahdes|ti twice; ~ *viikossa* twice a week; ~ *kuussa ilmestyvä* biweekly. **-toista** [the] twelfth.

kahdis|taa double. **-tua** [be] double [d].

kahdestoista [the] twelfth. **-osa** twelfth [part].

kahi|na rustle, *(hameen)* swish -[ing]; *(nujakka)* scuffle. **-nointi** *(kadulla)* rioting. **-sta** rustle.

kahla|aja wader. **-amo** ford. **-ta** wade. **-uspaikka** fording place, ford.

kahle|et irons, *et. kuv.* fetters, shackles; *(siteet)* bonds; *-issa* in irons; fettered; *panna -isiin* put in irons. **-htia** chain; fetter, shackle; ~ *(esim. vuoteeseen)* confine to .. **-koira** watch-dog.

kahmaista grab, grasp.

kahna|ta rub; chafe. **-us** rubbing; *kuv.* rub; *-uksetta* without a hitch, without friction.

kahta: ~ *parempi* doubly good, twice as good; ~ *innokkaammin* with redoubled zeal. **-alla** on two sides. **-alle** in two different directions. **-lainen** two sorts (kinds) of

. .; dual. **-laisuus** duality.
kahtia in two [parts[, in half.
-jako division in [to] two
[equal parts].
kahva handle, *(miekan)* hilt,
(nuppi) knob.
kahveli *mer.* gaff.
kahvi coffee; *keittää ~a* make
c.; *olla ~lla jkn luona* have
c. (at . .'s, with sb.).
-aamiainen breakfast with
coffee. **-kalusto** coffee set.
-kannu coffee-pot. **-kestit**
coffee party. **-kupillinen** cup
of coffee. **-kuppi** coffee-cup.
-la café, coffee bar, cafeteria.
-leipä buns, cakes (to serve
with coffee). **-nkeitin** coffee
percolator, c.-maker. **-nkorvike**
coffee substitute. **-nporot**
coffee grounds. **-nselvike**
clarifier. **-pannu** coffee-pot.
-pensas coffee-shrub.
kai perhaps, probably, *(ehkä,
m.)* maybe; *minun ~ täytyy
mennä* I suppose I must go.
kaide *(kaiteet)* balustrade,
banisters, *(sillan)* railing,
parapet; *(pirta)* reed. **-puu**
handrail; *~t* banisters.
kaihdin curtain; *(alas
vedettävä)* blind; *(ulko-)*
canvas blind.
kaihi cataract; *(viher-)*
glaucoma.
kaiho longing; yearning. **-isa**
longing, wistful; languishing.
-mielisyys wistfulness;
melancholy. **-ta** long (for,
after), yearn (for), pine,
languish (for).
kaihtaa shun; avoid.
kaiken|kokoinen . . of all
sizes. **-lainen** all kinds (sorts)
of; . . of every description.
kaiketi probably, presumably;
(varmaankin) surely.
kaikin|puolin in every respect.
-puolinen universal, general.
(yleis-) all-round.
kaikkein very, . . of all; *~
enimmän* most of all; *~
kaunein rakennus* the most
beautiful building; *~ suurin*
the very largest, the biggest
of all. **-pyhin** the holy of
holies.
kaikkeus universe, cosmos.

kaikki all; *(jokainen)* every;
(koko) whole entire; *s.* all,
everything; *~ kaikessa* the
whole world (to, *jklle*); *~,
mitä minulla on* all [that] I
have; *me ~* we all, all of
us; *ota ~!* take the [whole]
lot! *siinä ~* that is all, that
is the long and the short of
it; *kaiken aikaa* all the time,
all along; *kaiken päivää* all
day long; *kaiket päivät* for
days on end; *kaikkea muuta
kuin* . . anything but; *tehdä
kaikkensa* do all in one's
power, do one's utmost;
kaikkea vielä! nonsense! *~en
aikojen (suurin* the greatest
. .) ever, *(tilaisuus)* the chance
of a lifetime.
kaikki|aan in all, taken all
together, all told; *vieraita oli
~ 130* the visitors totalled
130; *kerta ~ (ei)* just (not).
-alla everywhere; *(missä
tahansa)* anywhere; throughout
[Europe], *(maailmassa, m.)*
all over the world, the world
over; *vähän ~* here, there
and everywhere.
kaikki|näkevä all-seeing.
-ruokainen omnivorous.
-tietävyys omniscience. **-tietävä**
omniscient. **-valtias** almighty,
omnipotent; all-powerful.
-valtius omnipotence. **-voipa**
almighty, omnipotent.
kaiku echo; resonance. **-a**
echo, resound; reverberate;
jnk sävelten -essa to the
strains of; *naurun -essa* amid
peals of laughter. **-luotaus**
echo-sounding. **-pohja**
sound [ing]-board. **-va** echoing;
sonorous; loud.
kaima namesake.
kainalo armpit; . . *~ssa* . .
under his (her) arm; *pistä
kätesi ~oni* take my arm.
-kuoppa armpit. **-sauva** crutch.
kaino shy, bashful, coy.
kainos|telematon unconstrained.
-tella be shy, be embarrassed;
lainkaan -telematta quite at
one's ease. **-telu** bashfulness;
timidity.
kainous bashfulness, shyness.
kaipaus longing; regret.

kaira drill, auger; *(salomaa)* backwoods. **-nreikä** bore-hole. **-ta** drill.

kaisl|a club-rush, *(järvi-)* bulrush. **-ikko** bulrushes.

kaista *(ajo-)* lane, *sot.* sector. **-le** strip. **-päinen** foolish, cracked. **-pää** madcap, fool.

kaita *a.* narrow; *v.* tend. **-filmikamera** cine camera; 8 (16) mm. movie camera. **-liina** table-runner.

kaits|elmus Providence. **-ija** *(vartija)* guardian, *(puiston)* attendant, keeper, *(paimen)* shepherd; *lasten ~* baby-sitter.

kaiu|tin loud-speaker; (**~laitteet** amplifiers). **-ttaa** *(säveltä)* strike up a song.

kaiva|a dig, *(joskus)* delve; *(hampaita ym)* pick; *(myyrä ym)* burrow; *(etsien)* dig out, excavate; *(haudasta)* exhume, disinter; *(tunneli)* drive, cut; *~ maata jnk alta (kuv.)* undermine; *~ maahan* bury, dig in. **-nto** canal.

kaiva|ta long (for); miss; *(tarvita)* require, need; *(olla vailla)* lack; *kaipaa korjausta* needs mending (fixing); *me olemme -nneet sinua* we have missed you; *~ katkerasti* miss sorely; *-ttu* longed for; *kauan -ttu* long-needed.

kaiva|ttaa have .. dug; *~ ruumis maasta* have a body disinterred (exhumed). **-us** excavation. **-utua:** *~ maahan (sot.)* dig in.

kaivella pick; *mieltäni kaivelee* it frets me, it worries me ..

kaiver|rus engraving; inscription. **-ruttaa** have .. engraved. **-taa** engrave; inscribe. **-taja** engraver.

kaivinkone excavator.

kaivo well; *etsiä ~* dowse; *kaivaa ~* sink a w.; *nostaa vettä ~sta* draw water from a w. **-nkatsoja** water-diviner.

kaivos mine; pit; *(avo-)* opencast mine. **-alue** mining area (district). **-aukko** pithead. **-insinööri** mining engineer. **-kuilu** [mine-]shaft. **-mies** miner; collier. **-onnettomuus** mine disaster. **-pölkky** pit

prop. **-teollisuus** mining [industry]. **-työ** mining.

kajah|dus, -taa clang, ring.

kajas|taa shimmer; loom; be reflected; *päivä ~* the day is breaking (dawning). **-tus** shimmer, gleam; *(päivän)* dawn.

kajota touch; *kuv.* touch upon.

kajuutta cabin.

kakara *leik.* kid, *halv.* brat.

kakistella: *~ kurkkuaan* clear one's throat.

kakko|nen two; *korttip.* deuce.

kakku cake. **-lapio** cake slice. **-lautanen** cake dish. **-paperi** cake doily. **-vuoka** baking tin.

kaksi two; *~ kertaa* twice, two times; *~ sen vertaa* twice as much; *kahden puolen jtk* on both sides of; *kahden hengen (huone* double room, *auto* two-seater). **-jakoinen** bipartite. **-jalkainen** two-legged; biped. **-kerroksinen** two-storey [ed]; *(bussi)* double-decker. **-kielinen** bilingual. **-kymmentä** twenty. **-mielinen** ambiguous, equivocal. **-mielisyys** ambiguity; double entendre. **-naamai|nen** two-faced; *~ peli* double-dealing, duplicity; *pelata -sta peliä* double-cross. **-nainen** twofold; dual. **-naisuus** duality. **-neuvoinen** hermaphrodite. **-toista** twelve.

kaksin|kerroin: *kääntää ~* fold .. double. **-kertainen** double, twofold; *~ ikkuna* double-glazed window. **-kertaistaa** double. **-kertaistua** [be] double[d]. **-kertaisuus** doubleness. **-naiminen** bigamy. **-nos** doubling; duplication. **-peli** *(tennis)* singles. **-puhelu** duologue, *(keskustelu)* dialogue. **-taistelija** duel[l]ist. **-taistelu** duel; single combat.

kaksi|näytöksinen .. in two acts. **-o** two-room flat[let]. **-osainen** .. in two parts, *(-niteinen)* .. in two volumes. **-piippuinen** double-barrelled. **-rivinen** *(takki)* double-breasted. **-raiteinen** double-track. **-sataa** two hundred. **-selitteinen**

ambiguous. **-suuntainen**
two-way [traffic].
-tahtimoottori two-stroke
engine. **-taso** biplane.
-tavuinen dissyllabic. **-teräinen**
two-(double-)edged. **-toista**
twelve. **-ttain** in twos, two by
two, two at a time; in
couples. **-vaiheinen** two-phase.
-valjakko carriage and pair.
-vuotias two years old; ~
(lapsi ym) a two-year-old
[child]. **-vuotinen** biennial,
(kurssi) two-year. **-ääninen**
two-part.
kaksois|elämä double life.
-kappale duplicate; replica.
-kerake double consonant.
-leuka double chin. **-olento**
double. **-piste** colon.
-sisar, -veli twin sister
(brother). **-ääntiö** diphthong.
kakso|nen twin; *-set* twins.
kaktus cactus *(pl. m.* cacti).
kala fish; *kuin ~ kuivalla
maalla* like a fish out of
water; *mennä ~an* go fishing;
olla ~ssa be out fishing;
pyytää kaloja catch fish.
-haavi landing-net. **-halli**
fishmarket. **-inen, -isa** ..
abounding in fish. **-kauppias**
fishmonger. **-kukko** bread with
pork and muikku (fish)
cooked inside. **-lampi**
fish-pond. **-lokki** common gull.
-mies fisherman.
kalan|istutus planting of fish,
fish-breeding. **-kutu** spawning.
-maiti soft roe, milt.
-maksaöljy cod-liver oil.
-poikaset fry. **-pyydykset**
fishing tackle. **-pyynti** fishing.
-ruoto fish-bone. **-saalis** catch
[of fish]. **-viljely** fish-breeding.
kala|onni fisherman's luck.
-porras fish ladder.
kalast|aa fish, catch fish. **-aja**
fisherman; *(urheilu-)* angler.
kalastus fishing; fishery,
catching of [herring etc.].
-alus fishing craft. **-kausi**
fishing season. **-tarvikkeet**
fishing tackle. **-urheilu** fishing.
kala|säilykkeet tinned *(Am.*
canned) fish. **-sääski** osprey.
-talous fishing industry. **-vedet**
fishing ground, *(suuret)*

fisheries. **-velka:** *on vanhoja
-velkoja maksettavanaan* has
old scores to settle. **-verkko**
fishing net.
kalenteri calendar; *~vuosi* c.
year.
kalevan|miekka Orion. **-tuli**
summer lightning.
kali *kem.* potash, potassium
oxide.
kaliberi calibre.
kalifi caliph.
Kalifornia California. **k-lainen**
a. & s. Californian.
kalikka stick, billet.
kali|na, -sta rattle, clatter;
(hampaista) chatter. **-stella**
rattle, clatter; clank, jangle.
kalium potassium.
kalja beer.
kaljaasi *(m. kaleeri)* galley.
kalju bald; *(paljas)* bare.
-päinen bald [-headed].
-päisyys baldness.
kalke rattling, clatter; *vasaran
~* hammering.
kalkio|ida trace. **-paperi** carbon
paper; *(läpinäkyvä)*
tracing-paper.
kalkita *(maata)* lime; *(seinää
ym)* whitewash.
kalkkarokäärme rattle-snake.
kalkki 1. lime;
(sammuttamaton) quick-lime;
sammutettu ~ slaked l.; **2.**
(malja) chalice, cup. **-kivi**
limestone; *(~louhos* quarry).
-laasti mortar. **-maalaus**
fresco. **-nen** limy. **-pitoinen**
calcareous. **-utua** be calcified,
calcify. **-utuminen** calcification;
suonten ~ arteriosclerosis.
-uuni lime kiln. **-väri**
lime-wash, whitewash.
kalkkuna turkey. **-kukko** turkey
cock. **-npaisti** roast turkey.
kalku|tella pound, hammer. **-tus**
clatter; *(vasaran)* pounding,
hammering.
kallell|aan, -een tilted, .. at
an angle, .. on one side;
olla ~ lean, incline, *(esim.
hattu)* be tilted.
kalleus 1. expensiveness,
costliness; **2.** *(esine)* valuable.
kalliinajanlisä cost-of-living
increment (allowance).
kallio rock; *(et. ranta-)* cliff.

-inen rocky. **-maalaus** rock painting. **-perusta, perä** bedrock. **-seinämä** rock-face.

K~vuoret the Rocky Mountains.

kallis dear; expensive; *kalliista hinnasta* at a high price, dear, dearly; *se voi käydä sinulle kalliiksi* you may have to pay for it dearly. **-arvoinen** precious, valuable, costly; .. of [great] value, priceless. **-arvoisuus** costliness; high value. **-hintainen** expensive, dear, costly.

kallis|taa 1. *(hintaa)* raise, increase the price (of); **2.** lean, incline; *~ korvansa jllek* lend an ear to. **-tua 1.** rise [in price]; *hinta -tuu* the price is going up; **2.** lean, incline; *(laiva)* [give a] list, heel. **-tuma** inclination, tilt; *(laivan)* heel, list, *(keinuessa)* lurch. **-tuminen 1.** *(hintojen)* rise in prices; **2.** *m. kuv.* leaning, inclination.

kallo skull, cranium. **-nmurtuma** skull fracture, fractured skull.

kalm|a death. **-ankalpea** deathly pale. **-isto** graveyard.

kalori calorie.

kalossi galosh.

kalotti skull-cap; *(jää-)* icecap.

kalpa sword; *(miekkailu-)* épée.

kalpe|a pale, pallid; *käydä ~ksi* turn pale. **-us** pallor, paleness.

kalsea *(sää)* raw, chilly *(m. kuv.)*, bleak.

kals|kahdus clang. **-kahtaa** clank. **-ke** clatter, clanking; *aseiden ~* clash of arms.

kaltai|nen like; *olla jnk ~* be like; resemble; *saman ~* similar (to); *he ovat toistensa -sia* they are [much] alike.

kaltev|a leaning, inclined [plane, *pinta*], slanting; sloping. **-uus** inclination, declivity; *.. -n asteen -uudella* at an angle of .. degrees.

kaltoin: *kohdella ~* treat cruelly.

kalu thing, article; object; *(siitin)* penis; *mennyttä ~a* lost, gone for good.

kalus|taa furnish, fit up. **-tamaton** unfurnished. **-to** *(huone-)* furniture; *(kiinteä)* fixtures; *(kalut)* implements; equipment, outfit; *(~luettelo* inventory; *~vaja* tool shed). **-tus** furnishing [s].

kalvaa gnaw *(m. kuv.); kenkä ~* the shoe rubs (chafes); *(loukkaus) kalvoi hänen mieltään* .. still rankled in his mind.

kalvakka wan, pale.

kalveta turn pale; *hän kalpeni kauhusta* she went white with fear.

kalvo film; *anat., bot.* membrane; pellicle. **-mainen** filmy, membranous.

kalvosin cuff. **-nappi:** *-napit* cuff-links.

kama junk.

kamal|a ghastly; dreadful, frightful. **-uus** ghastliness, dreadfulness.

kamana lintel.

kamara surface; *(kuori)* crust; *isänmaan ~* native soil.

kamari chamber. **-herra** chamberlain. **-musiikki** chamber music. **-neiti** lady's maid, waiting maid, *(prinsessan ym)* maid in waiting. **-palvelija** valet. **-rouva** lady in waiting.

Kambodsa Cambodia; **k-lainen** Cambodian.

kamee *(-koriste)* cameo.

kameleontti chameleon.

kameli camel; *(yksikyttyräinen)* dromedary. **-nkarva** camel hair.

kamferi camphor.

kamiina stove, heater *(esim.* oil-heater).

kammata comb; *~ tukkansa (m.)* do one's hair.

kammio chamber; room; *(koppi)* cell; *(sydän-)* ventricle; *munkin ~* monk's cell.

kammo dread; horror, *(inho)* abhorrence. **-ta** dread. **-ttaa:** *se minua ~* it fills me with dread; *-ttava* dreadful; uncanny.

kampa comb, *(tiheä)* tooth comb. **-aja** hairdresser, hair stylist. **-amo** hairdresser's.

-lanka worsted [yarn].
kampanja campaign.
kampata trip [sb. up].
kampaus hairstyle, hairdo; *pesu ja* ~ shampoo and set. **-neste** setting lotion.
kampela flat-fish, flounder.
kamppai|lla struggle (against). **-lu** struggle, combat.
kampurajalka club-foot.
kamreeri chief accountant.
kana hen, *(lajina)* domestic fowl; ~*t (m.)* poultry; *paistettua* ~*a* roast chicken.
Kanaali: *Englannin* ~ the [English] Channel.
Kanada Canada. **k-lainen** *a.* & *s.* Canadian.
kana|haukka goshawk. **-häkki, -koppi** hen-coop. **-la** poultryhouse; poultry farm. **-lintu** gallinaceous bird.
kanan|hoito poultry-rearing (-farming). **-liha** *kuv.* goose pimples. **-muna** [hen's] egg. **-poika** chicken, broiler.
kanaria|lintu canary. **K-n saaret** the Canary Islands.
kanava channel; *(kaivettu)* canal; *anat., m.* meatus. **-kangas** canvas. **,verkko** canal system, network of canals.
kanavoi|da canalize. **-nti** canalization.
kandidaatti candidate.
kaneli cinnamon. **-nkuori** cinnamon bark.
kanerva heather. **-kangas** heath, *(suuri)* moor.
kangas 1. material, stuff, [woven] fabric, *(villainen)* cloth; *kankaat* textiles. **2.** *(-maa)* moor, heath. **-kantinen** .. bound in cloth. **-kauppa** draper's [shop]. **-kenkä** cloth shoe. **-malli** sample of cloth. **-pala** piece of cloth. **-puut** handloom.
kangas|taa loom. **-tus** mirage.
kangertaa stumble in one's speech; *(änkyttää)* stammer, stutter.
kangis|taa stiffen. **-tua** stiffen; become stiff; *kaavoihin -tunut* set in one's ways, fixed in one's habits, *(ahdasmielinen)* hidebound.
kaniini rabbit. **-nkoppi, -tarha**

rabbit hutch. **-nnahka** cony.
kankea stiff, rigid; *(kylmästä)* numb [with cold]; *(esim. käännös)* wooden. **-jalkainen** stiff-legged.
kankeus stiffness, rigidity.
kanki bar. **-rauta** bar (rod) iron.
kankuri weaver.
kannalta *ks. kanta.*
kannanmuutos change of one's attitude; *(hallituksen)* change of policy.
kannas neck of land, isthmus.
kannatin support, prop. **-pylväs** supporting pillar, buttress.
kanna|ttaa 1. *(tukea)* support *(m. kuv.)*, sponsor, second; back [up]; *(pitää ylhäällä)* hold up, carry; **2.** *(olla tuottava)* pay, be profitable; *(ansaita)* be worth; *jää* ~ the ice bears; *liike* ~ the business pays well; *minun ei -ta ostaa autoa* I cannot afford [to buy] a car; *siitä ei -ta puhuakaan* it's no use even speaking about that; *sinun ei -ta mennä sinne* it is not worth your while going there; *asiaa* ~ *ajatella* the matter deserves consideration; *-tan edellistä puhujaa* I agree with the previous speaker; *-tetaan!* I second it! **-tettava** worthy of support. **-ttaja** supporter, adherent; *(aatteen, m.)* advocate. **-ttamaton** unremunerative, unprofitable, uneconomic. **-ttava** paying, profitable. **-ttavuus** profitableness. **-tus** support; approval.
kanne case; *(syyte)* action; *(valitus)* complaint; *nostaa* ~ *jkta vastaan* bring a legal action against, prosecute.
kannella tell tales, bear tales; *koul. sl.* peach against.
kannellinen provided with a lid, covered; *(laiva)* decked.
kannike *(ripa)* handle; *(-nauha)* sling.
kannikka crust [of bread].
kannu jug, pitcher; *(tee- ym)* pot; *(esim. viini-)* flagon; *~ja on valettu innokkaasti* there has been a great deal of

speculation about . .. **-nvalaja**
pilk. dabble in politics.
kannus spur; *kannuksen pyörä*
rowel. **-taa** spur on, *kuv.*
stimulate, incite; *-tava*
encouraging, stimulating. **-tin**
spur, *kuv. m.* stimulus.
kanootti canoe.
kansa people, *(-kunta)* nation;
Suomen ~ the Finnish
people; *yhteinen* ~ *(rahvas)*
the common people; *siellä oli
paljon* ~*a* there were a lot of
people.
kansain|liitto the League of
Nations. **-vaellus** migration of
peoples. **-välinen** international.
-välisyys internationality.
-yhteisö [the British]
Commonwealth [of Nations].
kansakoulu primary school,
elementary school.
kansa|kunta nation. **-lainen**
national; citizen; *(saman
maan)* fellow-citizen;
fellow-countryman.
kansalais|kokous mass meeting.
-luottamus *vanh.* civil rights.
-oikeudet civil rights. **-sota**
civil war. **-taa** naturalize.
-tieto civics. **-tua** become
naturalized. **-uus** citizenship.
-velvollisuudet civic duties.
kansallinen national.
kansallis|eepos national epic.
-kiihko nationalism.
-kiihkoilija nationalist;
chauvinist. **-kiihkoinen**
nationalist; chauvinistic.
-kokous national convention.
-laulu national anthem.
-mielinen *a. & s.* nationalist.
-mielisyys national spirit;
nationalism. **-omaisuus**
national wealth. **-puku**
national dress, regional
costume. **-päivä** national day.
-ruoka national dish. **-sankari**
national hero. **-sosialismi**
Nazism. **-sosialisti** national
socialist, Nazi. **-taa**
nationalize. **-taminen**
nationalization. **-tunne** national
spirit. **-uus** nationality.
kansan|auto people's car.
-edustaja member of the
parliament, *Am. l.v.*
congressman. **-eläke** national

old-age pension. **-eläkelaitos**
National Pensions Office.
-heimo tribe. **-huoltoministeriö**
Ministry of Supply *(t.* Food).
-johtaja popular leader.
-joukko crowd. **-juhla** popular
festival. **-kerros** stratum *(pl.*
strata) of population. **-kieli**
vernacular. **-kiihottaja** agitator,
demagogue. **-kokous** mass
meeting. **-konsertti** popular
concert. **-korkeakoulu** people's
college, adult education
college. **-laulu** folk song.
-luokka class. **-mies** man of
the people. **-murha** genocide.
-nousu [up]rising. **-omainen**
popular, *puhek.* folksy.
-omaisuus simplicity,
democratic ways. **-opetus**
education of the people.
-opisto people's college.
-paljous multitude. **-perinne**
folklore. **-puhuja** stump orator.
-puisto public park. **-rintama**
popular front. **-runo** rune,
traditional poem. **-runous** folk
poetry; *k-uden tutkija*
folklorist. **-satu** folk-tale.
-suosio popularity. **-tajuinen**
popular; *tehdä k-uiseksi*
popularize. **-tajuisuus**
simplicity. **-taloudellinen**
economic; politico-economic.
-talous(tiede) economics,
national economy. **-tanhu**
folk-dance, country dance.
-tasavalta people's republic.
-tulo national income. **-tuote**
national product. **-valistus**
public education.
kansanvalta democracy. **-inen**
democratic. **-isuus** democracy.
kansan|villitsijä demagogue.
-äänestys referendum,
plebiscite.
kansa|tiede ethnology.
-tieteellinen ethnological.
kansi lid, cover; *(laivan)* deck;
(kirjan) cover; binding; *kannet
(kansio)* folder, file; *kannella*
on deck; *kannesta kanteen*
from cover to cover.
-kuvatyttö cover girl. **-lasti**
deck cargo. **-lehti** cover.
-matkustaja deck passenger.
kansio file, *(kannet)* folder.
-ida file.

kansleri chancellor.
kansli|a [secretarial] offices.
-**sti** government clerk.
kansoittaa populate.
kanssa with, together with.
-**ihminen** fellow-man
(-creature). -**käymi|nen**
dealings, communication
[between people]; *olla k-sissä*
jkn kanssa associate with a
p. -**perilli|nen** coheir; *k-set*
(*m.*) joint heirs.
kanta (*suhtautumis-*) attitude,
stand; standpoint; (*näkö-*)
point of view; (*raha- ym*)
standard; (*auto-, lintu- ym*)
population; (*~osa, tyvi*) base;
(*kengän*) heel; (*naulan*) head;
(*kuitin, lipun*) counterfoil,
stub; (*varsi*) stalk; *asettua*
jllek kannalle take a stand
(a position) [in a matter];
tältä kannalta katsoen from
this point of view; *juridiselta*
kannalta from a juridical
aspect; *sivistys on korkealla*
kannalla the standard of
education is high; *asiain*
nykyisellä kannalla as matters
stand now; *pysyä kannallaan*
stand one's ground.
kantaa carry, *kuv. m.* bear; ~
hedelmää bear fruit; ~
seuraukset take the
consequences; ~ *veroja* levy
taxes; *jää ~* the ice bears;
niin kauas kuin silmä ~ as
far as eye can reach; *ääni ~*
kauas the voice carries far.
kanta-**asiakas** regular
[frequenter]. -**isä** progenitor.
-**ja** porter; *lak.* plaintiff;
(*hautajaisissa*) pallbearer.
-**kaupunki** down-town section.
-**kirja** pedigree book. -**lippu**
counterfoil, stub. -**maton:**
silmän k-ttomiin beyond the
range of vision, out of sight.
-**muoto** original (basic) form.
-**mus** load. -**pää** heel; *kiireestä*
~hän from top to toe.
-**pääoma** initial capital. -**sana**
root-word, radical. -**sormus**
signet ring. -**utua:** ~ *jkn*
korviin reach a p.'s ears.
-**vieras** regular visitor
(frequenter). -**vuus** carrying
capacity; *kuv.* scope. -**äiti**

kuv. mother.
kantele Finnish zither, kantele.
kante|lija talebearer, telltale.
-**lu** talebearing, blabbing; *lak.*
complaint.
kanto stump, stub; (*veron*)
collection. -**inen:** *on .. -n ~*
has a carrying capacity of ..
-**matka** range. -**raketti** carrier
(*t.* booster) rocket. -**siipialus**
hydrofoil ship. -**tuoli** sedan
[-chair].
kanttori precentor, cantor.
kanuuna gun; cannon (*pl.* =
sg).
kaoliini kaolin, china-clay.
kapakala dried fish.
kapak|ka pub (*lyh.* = public
house); restaurant; *Am.*
saloon; (*~kierros* pub crawl).
-**oitsija** public-house (*Am.*
saloon-)keeper.
kapalo|ida swaddle. -**lapsi** baby,
infant.
kapasiteetti capacity.
kapea narrow. -**raitainen**
narrow-striped. -**raiteinen**
narrow-gauge.
kapeikko narrow pass,
(*pullonkaula*) bottleneck.
kapellimestari orchestral
conductor, band-leader.
kapeus narrowness.
kapina rebellion, revolt,
insurrection; *sot., mer.*
mutiny; *nousta ~an* rise in
rebellion. -**henki** spirit of
rebellion. -**llinen** *a.* rebellious,
insurgent; *s.* rebel, insurgent;
mutineer.
kapine thing, object; *~et*
things.
kapinoi|da rebel, revolt,
mutiny. -**tsija** rebel.
kapiot trousseau.
kapitalis|mi capitalism. -**ti**
capitalist.
Kap|kaupunki Cape Town.
-**maa** the Cape [Province].
kappa coat, cloak; (*mitta, l.*
v.) gallon.
kappalainen curate; (*hovi- ym*)
chaplain.
kappale piece, bit; (*esine*)
object; (*tekstissä*) paragraph;
section; (*kirjaa ym*) copy; *fys.*
body; (*näytelmä*) play; 2
shillingiä ~ 2 sh. apiece, 2

sh. each; *saan maksun ~elta*
I am paid by the piece;
hajosi ~iksi went to pieces;
kirjaa on 5 ~tta there are 5
copies of the book. **-ittain** by
the piece. **-tavara** piece
goods. **-työ** piece-work.
kappeli chapel.
kapris capers.
kapsahtaa *(pudota)* plump
[down]; *~ jkn kaulaan* hug.
kapse clatter; *kavion ~* c. of
hoofs.
kapseli capsule.
kapteeni captain;
(kauppalaivan) master.
kapula stick; *(viesti-)* baton;
(suu-) gag.
kara *tekn.* spindle.
karaatti carat.
karah|taa: *-ti punaiseksi*
blushed suddenly; *~ pystyyn*
jump up.
karahvi decanter, *(vesi-)* carafe.
karais|ta harden, temper;
inure; *(terästää)* steel. **-tua**
become hardened; *(kylmää kestämään)*
hardened, inured to cold.
karamelli sweet; *~t* sweets,
bonbons, *Am.* candy.
karanteeni quarantine.
karata run away; *sot.* desert;
(vankilasta ym) escape;
(rakastunut pari) elope; *~ jkn
kimppuun* rush at.
karavaani caravan.
karbidi carbide.
karbolihappo carbolic acid.
kardemumma cardamom.
kardiaaniakseli *(auton)* drive
(propeller) shaft.
kardinaali cardinal.
karehtia ripple; *kuv.* play.
karhe|a rough; *~ ääni* hoarse
(husky, rasping) voice. **-us**
roughness; hoarseness.
karhi, -ta harrow.
karhu bear. **-makirje** dunning
letter. **-najo** bear-hunting.
-npentu [bear] cub. **-ntalja**
bearskin. **-ta** dun.
kari rock; *(-kko)* reef;
(matalikko) shallow; *ajaa ~lle*
run aground, strike a rock;
irrottaa ~lta refloat.
karikkeet [forest] litter.
karikkoinen rocky, reefy.

karilleajo running aground,
grounding.
karis|ta fall off, drop off. **-taa**
shake [off]; *~ harteiltaan
vastuu* shuffle off responsibi-
lity.
karitsa lamb.
karja livestock, *(nauta-)* cattle.
-aura *Am.* cow-catcher.
karjaista roar.
karja|kko dairymaid, milkmaid,
(mies-) cowman.
Karjala Karelia; *~n kannas*
the Karelian Isthmus.
karjalainen Karelian.
karja|lauma herd [of cattle].
-nhoito livestock rearing,
animal husbandry,
cattle-farming. **-nkasvattaja**
livestock farmer, stockbreeder.
-näyttely cattle show. **-piha**
farmyard. **-rotu** breed of
cattle. **-talous** animal
husbandry.
karju boar. **-a** roar; bawl.
karkaaminen running away;
flight; escape; *sot.* desertion;
(parin) elopement.
karkai|sta harden; *(päästää)*
temper; *vrt. karaista; ~
luontonsa* steel one's heart.
-su-uuni hardening furnace.
karkaus|päivä Leap Year Day.
-vuosi leap-year.
karkea coarse, *(pinta)* rough;
kuv. rude, harsh; *~ työ*
rough work; *~n työn tekijä*
unskilled workman; *~ pila*
coarse joke; *~ virhe* grave
error. **-karvainen** *(koira)*
wire-haired. **-käytöksinen**
ill-mannered, unmannerly.
-piirteinen coarse-featured.
-puheinen rough-tongued.
-puheisuus coarseness of
speech. **-tekoinen** roughly
made.
karkeissepppä blacksmith.
karkelo dance, *(leikki)* play.
-ida dance.
karkeus coarseness, roughness.
karko|ttaa drive away; turn
out; *(koulusta ym)* expel; *kuv.*
dispel; *(ulkomaalainen)* deport,
expel; *~ mielestään* banish
from one's mind. **-tus**
banishment, expatriation;
deportation; *(koulusta ym)*

expulsion; (~**paikka** place of exile).

karku: *lähteä* ~*un* run away; *päästä* ~*un* [manage to] escape; get away; *täytyä* ~*a* at full gallop. **-lainen, -ri** runaway; *sot.* deserter; *vankikarkuri* escaped prisoner. **-retki** flight; *(harha-askel)* escapade.

karm|**aiseva** spine-chilling. **-ea** grisly, gruesome; harsh, bitter.

karm|**ia** feel raw; *selkääni -ii sitä ajatellessani* it gives me the shivers to think of it.

karmosiini, -punainen crimson.

karnevaali carnival.

karpalo cranberry.

karppi *zo.* carp.

karsa|**asti** askew; *kuv.* unkindly. **-s** unkind; *katsoa -in silmin* look askance (at), regard with disapproval, be unfavourably disposed towards. **-staa** squint. **-stus** distortion, *(silmien)* squint. **-us** wryness; averseness.

karsia *(oksia)* lop [off], prune; *(poistaa)* strike .. out, eliminate; *kirjoitusta on paljon karsittu* the article has been severely edited.

karsina pen.

karsinta pruning, lopping, *(tasoittaminen)* trimming; elimination. **-kilpailu** trial. **-kurssi** elimination course. **-ottelu** qualifying (eliminating) match.

karski harsh, stern, rough, gruff, *(reima)* brisk. **-us** harshness, sternness.

karsta *(villa-)* card; *(noki)* soot, *lääk.* crust. **-ta** card.

kartano estate; *(piha)* yard. **-nomistaja** estate-owner.

kartan|**piirtäjä** cartographer. **-piirustus** map-drawing, mapping, cartography.

kartasto atlas.

kartelli *liik.* cartel.

kartio cone. **-mainen** conical.

kartoi|**ttaa** map; draw a map of, [make a] chart. **-tus** mapping.

kartonki paper board; *(-rasia)* carton.

kartta map, *(kaupungin)* street-map; *(meri-)* chart.

karttaa avoid [..-ing], evade; *(pysyä loitolla)* keep [away] from; *hän* ~ *seuraa* he keeps to himself, he shuns company.

kartta|**laukku** map-case. **-luonnos** sketch map.

karttaminen avoidance.

karttapallo globe.

kartteleva evasive; *ihmisiä* ~ shy of people; *työtä* ~ workshy.

karttu *(maila)* bat; stick.

karttu|**a** grow, increase; accumulate; *hänelle -u ikää* he is getting on in years; *-nut korko* the interest accrued. **-isa** ample, abundant. **-minen** increase.

kartuttaa increase, augment, add to; heap [up], pile [up], accumulate; ~ *tietojaan* improve one's knowledge.

karu barren, sterile; *(kuiva)* arid, *(paljas)* bare.

karuselli roundabout, merry-go-round.

karuus barrenness, sterility.

karva hair; *oikeassa* ~*ssaan (kuv.)* in its true colours; *(turkista) lähtee karvoja* the fur is coming out, *(koirasta ..)* the dog is shedding (losing) fur. **-inen** hairy. **-isuus** hairiness. **-lakki** fur cap. **-lankamatto** hair carpet. **-npoistoaine** depilatory, hair remover. **-peite** fur. **-peitteinen** covered with hair, hairy, hirsute.

karvas bitter; *se oli* ~*ta nieltävää* it was a bitter pill to swallow; ~ *kokemukseni on ollut* my harsh experience has been .. **-manteli** bitter almonds. **-pippuri** black pepper. **-suola** Epsom salt [s]. **-tella** smart; *mieltäni -telee* it vexes me [to think that ..].

karvaton hairless.

karvaus bitterness, acridity.

karviaismarja gooseberry. **-pensas** gooseberry bush.

kas look! look here; why, [there he is!] ~ *niin* now then! well! ~ *tässä (saat)* here you are! ~ *vain* just look! well, I never! why [,did you ever!] ~, *asia on*

niin, että .. you see, ..
kasa stack, heap, pile; *(joukko)*
mass, lot. **-antua** accumulate;
(lumi, hiekka) drift. **-antuma**
accumulation.
kasakka Cossack.
kasari saucepan.
kasarmi barracks. **-majoitus**
quartering in barracks.
kasata heap [up], pile [up];
accumulate, amass.
kasetti casette, *valok.*
cartridge.
kaskelotti *(-valas)* sperm-whale.
kaski 1. *(-maa)* burnt-over
clearing; *polttaa kaskea ks.*
kulottaa **2.** *(päähine)* helmet.
kasku anecdote, story.
kasoittain in heaps, heaps of ..
Kaspianmeri the Caspian Sea.
kassa cash; *(myymälän)*
paydesk, *(konttorin)* pay-office;
(rahasto) funds. **-alennus** cash
discount. **-holvi** strong-room.
-kaappi safe, strong box.
-kappale, -magneetti box-office
draw. **-kirja** cash-book. **-kone**
cash register. **-kuitti** cash
receipt, sales slip. **-lipas**
cash-box. **-nhoitaja** *(pää-)*
cashier. **-säästö** cash in hand.
-tili cash account. **-vaillinki**
deficit; *(kavallus)* defalcation.
kassi *(kanto-)* shopping-bag,
tote bag; *(verkko-, muovi-)*
string (plastic) bag.
kast|aa wet; *(kastella)* water;
(upottaa) dip, immerse; *kirk.*
baptize, christen; *hänet -ettiin*
Kaarloksi he was christened
Charles. **-aja:** *Johannes ~*
John the Baptist.
kastanja, -nruskea chestnut.
kastanjetit castanets.
kaste dew;· *kirk.* baptism,
(lapsen) christening. **-helmi**
dewdrop. **-inen** dewy.
kaste|lla water; *(suihkulla ym)*
sprinkle, spray [with water];
(märäksi) wet; *(kosteaksi)*
moisten; *(viljelysmaata)*
irrigate; *-lin jalkani* my feet
got wet; *lapsi -lee* the baby
wets its bed.
kastelu *(kukkien ym)* watering;
sprinkling [with water];
(viljelysmaan) irrigation. **-laitos**
system of irrigation. **-vaunu**

street-sprinkler.
kaste|malja font. **-mato**
earthworm. **-todistus** certificate
of baptism. **-toimitus** baptism.
kasti caste. **-jako, -laitos** caste
system.
kastike sauce, dressing, *(kirpeä,*
m.) ketchup; *(liha-)* gravy.
-kauha sauce-ladle, gravy
spoon. **-malja** sauce boat.
kastua become wet, get wet; *~*
likomäräksi get drenched, get
soaked [to the skin].
kasukka chasuble.
kasva|a grow; *(lisääntyä)*
increase; *~ isoksi* grow up;
~ korkoa yield interest; *~*
umpeen (haavasta) heal over;
-va nuoriso the rising
generation; *ruohoa -va*
grass-grown. **-in** growth; *lääk.*
tumour. **-ttaa** *(viljaa ym)*
grow, raise; *(et. lapsia)* bring
up; rear; *(tiedollisesti)*
educate; *(karjaa)* breed;
raise; *~ partaa* grow a beard.
-ttaja grower; *(karjan ym)*
breeder; *(nuorison)* educationist,
pedagogue. **-ttava** educative.
-tti foster-child; *(~poika*
foster-son).
kasvatuksellinen educational.
kasvatus upbringing, rearing,
raising, *(eläinten, m.)*
breeding, *(viljely)* growing;
(tiedollinen) education;
training. **-isä** foster-father.
-järjestelmä educational
system. **-laitos** reform *(Engl.*
approved) school, training
school. **-opillinen**
pedagogic [al]. **-neuvola** child
guidance clinic. **-oppi**
pedagogy. pedagogics.
kasvi plant. **-aine** vegetable
matter. **-heimo** plant family.
-huone greenhouse, hothouse.
-kokoelma collection of plants;
herbarium. **-kset** vegetables.
-kunta vegetable kingdom.
-lava hotbed, forcing-bed.
-llisuus vegetation. **-maailma**
vegetable world. **-maantiede**
botanic geography. **-neste** sap.
-njalostus plant improvement.
-nkumppani companion from
childhood. **-o** flora. **-opillinen**
botanic [al]. **-oppi** botany.

kasvis|rasva vegetable fat. **-ravinto** vegetable food. **-ruokalaji** vegetable dish. **-syöjä** vegetarian; *(eläin)* herbivore. **-to** flora.
kasvitarha kitchen garden. **-nviljely** horticulture.
kasvi|tiede botany. **-tieteellinen** botanic [al]. **-tieteilijä** botanist.
kasvojen|hieronta face massage. **-ilme** expression of the face. **-piirteet** features.
kasvopyyhket *(paperi)* facial tissue.
kasvot face; *harv.* countenance.
kasvu growth; *(lisääntyminen)* increase; *hoikka ~ltaan* of slender build. **-ikäinen** *(nuori)* adolescent. **-kausi** period of growth. **-voima** growing power.
kataja juniper. **-nmarja** juniper berry; *(~viina* gin).
katal|a mean, base, vile, ignoble. **-uus** meanness, baseness.
katarri catarrh.
katastrof|aalinen catastrophic. **-i** catastrophe.
kate cover [ing]; *liik.* cover.
katederi teacher's desk.
katedraali cathedral.
kateelli|nen envious, *jklle* of; jealous (of). **-suus** envy, jealousy.
kateenkorva thymus [gland], *(ruokalaji)* sweetbread.
kateu|s envy; *-desta* out of envy (jealousy).
katgutti catgut.
katinkulta mica.
katiska fish trap.
katkai|sin *tekn.* switch. **-sta** break; break off; *(leikata)* cut off; *(kiskomalla)* tear off; ~ *puhe* interrupt a speech; ~ *vihollisella paluumatka* cut off the enemy's retreat; ~ *virta (sähk.)* switch off (cut off) the current; ~ *välinsä jkn kanssa* sever (break off) connections with ..
katkarapu shrimp.
katkea|ma break, breach; *lääk.* fracture. **-maton** unbroken; uninterrupted; continuous; **-minen** breaking; rupture.
katkelma *(kirjasta)* fragment. **-llinen** fragmentary.

katker|a bitter; ~ *mieli* resentment; ~ *pala* bitter pill; *~t sanat* harsh words. **-o** *bot.* gentian. **-oittaa** embitter; ~ *jkn mieltä (muisto ym)* rankle in . .'s mind. **-oitua** be [come] embittered. **-uus** bitterness.
katke|ta break, be cut off; snap; *(keskeytyä)* be interrupted; *minulta -si käsi* I broke my arm; *neuvottelut -sivat* the talks broke down.
katko|a break off, cut. **-nainen** broken, fragmentary; *(sekava)* disconnected, incoherent. **-naisuus** brokenness; incoherence. **-viiva** broken line.
katku smell.
kato *(viljan)* failure of crops; *viljasta tuli ~* the crops failed. **-amaton** imperishable; unfading; ineffaceable. **-amattomuus** imperishableness. **-aminen** disappearance; vanishing. **-ava(inen)** perishable; transitory. **-avaisuus** perishableness, transitoriness.
katodi cathode.
katoli|nen *a. & s.* [Roman] Catholic. **-suus** Catholicism.
katon|harja ridge of a roof. **-pano, -peiteaine** roofing. **-räystäs** eaves.
katos roof, canopy; *(vaja)* shed, *(kylkiäinen)* lean-to.
katovuosi bad year.
katsahtaa [have a] look, [take a] glance (at).
katsanto sight; *ensi katsannolta* at first sight. **-kanta** point of view, viewpoint. **-tapa** way of looking at things.
katsas|taa inspect, survey; *sot.* review. **-taja** inspector. **-tus** inspection; *mer.* survey; *(~todistus* registration certificate; *vrt. auton-).*
katsaus review, *(yleis-)* survey; *(silmäys)* look, glance; *luoda ~ jhk* survey.
katse look, glance; *(kiinteä)* gaze; *irrottaa ~ensa jstk* take one's eyes off, look away from; *kohdata jkn ~* meet a p.'s eye. **-lija** spectator, onlooker, looker-on. **-lla** look, *jtk* at; regard, *(tarkaten)*

watch; *(olla katselijana)* look on, be looking on; ~ *jkta epäluuloisesti* eye (view) .. with suspicion; ~ *ulos ikkunasta* look out of the window; ~ *ympärilleen* look about one, look round. **-lmus** survey; *sot.* review.

katso|a look (at), *(pitkään)* gaze (at), watch; *(pitää jnak)* consider; regard as, look upon as; *(huolehtia)* see to it that ..; ~ *hyväksi* see fit; ~ *viisaaksi* deem (think) it wise; *anna minun* ~ let me have a look [at it]; *katso ohjetta sivulla .. !* for instructions see page .. ; *katso vain ettet (vilustu)* mind you don't (catch cold), be careful not to .. ; *-kaamme* let us see; *tee kuten parhaaksi -t* do as you think best.

katso|en: *jhk* ~ in view of, considering; *tarkemmin* ~ looking [at the matter] more closely. **-ja** spectator; *(~lava* stand for spectators). **-matta:** *jhk* ~ regardless of, irrespective of. **-mo** *vrt. ed.;* auditorium, house; *pää* ~ grand stand; *täysi* ~ full house.

kattaa *(pöytä)* lay [the table]; *(talo)* roof; *(peittää)* cover; *valmiiksi katettu* ready laid; *pöytä on katettu* dinner (lunch) is served.

katteeton *(šekki)* dud, not covered; *(lupaus)* empty.

kattila pot; *(kala-)* fish-kettle; *(hillo-)* jam pot; *(höyry-)* boiler. **-huone** boiler-house. **-kivi** fur.

katto roof; *(sisä-)* ceiling; *(vaunun ym)* top; *(suoja)* shelter. **-huopa** roofing felt. **-ikkuna** skylight. **-parru** beam, rafter. **-teline** *(auton)* roof rack. **-tiili** tile. **-tuoli** roof truss. **-valaisin** ceiling light.

katu street; *(valtaväylä)* thoroughfare; *(puisto-)* avenue; *(ajotie)* roadway; *kadulla* in the street; *N:n kadun varrella* in *(Am.* on) N. street; *kadun toisella puolella* across the street; *kadun mies* the man

in the street.

katua repent, *jtk* [of] sth.; regret; be sorry (for).

katu|kahvila pavement (kerbside) café. **-kaupustelija** street vendor, hawker. **-kiveys** paving. **-kivi** paving stone. **-koroke** [safety] island. **-käytävä** pavement; *Am.* sidewalk. **-lamppu** street lamp.

katum|aton unrepentant, impenitent. **-us** repentance; penitence; *-uksen tekijä* penitent; *-uksen teko* penance; *(~päivä* day of penance).

katu|nainen street-walker. **-oja** gutter. **-poika** street arab, guttersnipe. **-sulku** road block; barricade.

katuvainen repentant, remorseful.

kauan long, [for] a long time; *(jo)* ~ *sitten* long ago; *niin* ~ *kuin* as long as; while; *miten* ~ *siitä on* how long ago was it? *(.. kun)* how long is it since ..?

kauas far [away]. **-kantava** *kuv.* far-reaching. **-kantoinen:** ~ *tykki* long-range gun.

kauem|maksi further [off]. **-min** longer; *elää jkta* ~ survive a p. **-paa** from further away; *en voi viipyä* ~ *kuin* I cannot stay for more than [two days]. **-pana** further away.

kauha ladle; *(nosturin)* lifting bucket. **-kuormaaja** loader.

kauhe|a terrible, awful; dreadful, frightful, horrible; ~*n* terribly. **-us** dreadfulness.

kauhis|taa strike .. with terror; *-tava* terrifying, appalling, ghastly. **-tua** be terrified, be stricken with terror; *-tuin (m.)* I was scared. **-tus** terror, horror. **-tuttaa** terrify; *minua ~jk* I am appalled (shocked) at ..

kauhtana caftan; *(papin)* gown, cassock.

kauhtua *(väristä)* fade.

kauhu horror; terror, fright; ~*kseni* to my horror; ~*n tasapaino* balance of terror. **-kakara** enfant terrible, young savage. **-kertomus** atrocity *(t.*

horror) story.

kauimpana furthest away.

kaukaa from far away, from [a]far, from a great distance; *(syytä) ei tarvitse etsiä* ~ is not far to seek.

kaukai|nen distant; remote; far-away; ~ *sukulainen* distant relation. **-suus** remoteness.

kaukalo trough.

kaukana far [away], far off, a long way off, at a great distance, in the distance; ~ *oleva* distant; ~ *siitä* far from it; ~ *toisistaan* wide *(t. far)* apart.

Kaukasia Caucasia. **k-lainen** *a. & s.* Caucasian.

Kaukasusvuoret the Caucasus.

kauko|itä the Far East. **-juna** long-distance train. **-kirjo|itin** teleprinter; *välittää k-ittimella* teletype. **-näköinen** long-sighted, *kuv.* far-sighted. **-näköisyys** far-sightedness; foresight. **-objektiivi** telephoto lens. **-ohjaus** remote control. **-puhelu** trunk call, *Am.* long-distance call; *(maaseutu-)* toll call. **-putki** telescope. **-valot** high *(t.* headlight) beam.

kaula neck; *(kurkku)* throat; ~*ni on kipeä* I have a sore throat; *huivi* ~*ssa* with a scarf round one's neck. **-aukko** neckline; *puvussa on iso* ~ the dress has a low neckline. **-hihna** collar. **-huivi** scarf *(pl. m.* scarves). **-inen:** *pitkä* ~ long-necked. **-koru** necklace. **-liina** scarf *(pl. m.* scarves), neckerchief. **-nauha** necklace, necklet. **-panta** collar. **-puuhka** [fur] boa, fur. **-rauhanen** jugular gland.

kauli|a roll. **-n** rolling pin.

kauluks|ennappi [collar] stud. **-inen:** *korkea* ~ *(puvusta)* high-necked.

kauluri *(paidan)* collar band.

kaulus collar; *kova (pehmeä)* ~ stiff (soft) c. **-nappi** collar stud.

kauna grudge, ill will, resentment; *kantaa* ~*a jklle* have a grudge against, bear a p. a grudge.

kauneuden|aisti sense of (eye for) beauty. **-hoito** beauty treatment; *(~aine* cosmetic).

kauneus beauty, loveliness. **-kilpailu** beauty contest. **-salonki** beauty parlour.

kaunis beautiful; handsome, good-looking; *(joskus)* fair; *(ihana)* lovely; fine; *ilma on* ~ it is fine; ~ *juttu (pilk.)* a fine (pretty) business! **-muotoinen** well-shaped (-modelled), shapely. **-sanainen** well-worded. **-staa** embellish, beautify; *(koristaa)* adorn. **-telematon** unembellished; ~ *totuus* the plain [unvarnished] truth. **-tella** *kuv.* colour. **-tua** improve in looks, become more beautiful. **-tus** embellishment; adornment.

kauno|kirjailija writer of fiction. **-kirjallinen** literary. **-kirjallisuus** [imaginative] literature, belles lettres; *(romaani-)* fiction. **-kirjoitus** penmanship; calligraphy. **-luistelu** *ks. taito-*. **-luku** elocution. **-puheinen** eloquent. **-puheisuus** eloquence, oratory. **-puhuja** orator. **-sielu** [a]esthete; idealist. **-taiteet** the fine arts. **-tar** beauty; belle.

kaupaksi|käymätön unsalable, unmarketable. **-käypä** salable, marketable.

kaupalli|nen commercial; mercantile; ~ *avustaja* commercial attaché. **-staa** commercialize. **-suus** commercial character.

kaupan|hieronta bargaining. **-hoitaja** manager [of a shop]. **-käynti** trading (in, *jllk);* business. **-päällisiksi** into the bargain; for good measure; *antaa jtk* ~ *(m.)* throw .. in.

kaup|ata, -itella offer for sale. *(kadulla)* peddle.

kauppa trade; commerce; business; *(osto-)* bargain; *(myymälä)* shop, *Am.* store; *(liiketoimi)* transaction, deal; *(et. huon. merk.)* traffic; *kotimaan (ulkomaan)* ~ home (foreign) trade; *hieroa* ~*a* bargain; *käydä* ~*a* do (carry on, transact) business (with), trade (with); *harjoittaa (esim. turkis)* ~*a* do business in, deal in [furs]; *Venäjän* ~*mme on laaja* we do a lot of trade with Russia; *päättää* ~ close a deal; *mennä kaupaksi* sell well; *tarjota kaupaksi* offer for sale, put up for sale; *on kaupan* is for (on) sale; *tein hyvän kaupan* I made a [good] bargain. **-ala:** *ruveta* ~*lle* go into business. **-apulainen** shop-assistant, salesman, -woman. **-arvo** market value. **-edustaja** commercial traveller. **-halli** market-hall. **-hinta** selling *(osto-* purchase) price. **-huone** commercial firm (house). **-kamari** Chamber of Commerce. **-katu** shopping street. **-kaupunki** commercial city. **-kirja** deed of purchase. **-kirje** business letter. **-kirjeenvaihto** commercial correspondence. **-koju** stall. **-korkeakoulu** School of Economics. **-koulu** commercial school. **-kumppani** trade (trading) partner. **-la** market town, urban district, *Am.* township. **-laiva** merchant ship, merchantman. **-laivasto** merchant fleet, mercantile marine. **-liike** business. **-lippu** merchant flag. **-maantiede** commercial geography. **-matkustaja** [commercial] traveller, travelling salesman. **-mies** tradesman, trader. **-ministeri** minister of commerce; *Engl.* President of the Board of Trade. **-neuvos** councillor of commerce (Finnish title). **-neuvottelut** trade talks. **-opisto** commercial college. **-oppi** business science. **-politiikka** trade policy. **-puoti** shop, *Am.* store. **-puutarha** market garden, *Am.* truck farm. **-sopimus** trade agreement (pact, treaty). **-suhteet** trade relations. **-summa** purchase-money. **-tase** balance of trade, foreign-trade balance. **-tavara** commodity;

~*t (m.)* merchandise, goods. **-tori** market [-place], market square. **-tuttava** business friend. **-vaihto** turnover. **-vajaus** trade deficit. **-yhteydet** trade links (connections). **-yhtiö** [trading] company, firm.

kauppias merchant, tradesman; dealer (in, *jnk); (myymälän omistaja)* shopkeeper, *Am.* storekeeper.

kaupungin|hallitus city government. **-johtaja** city manager. **-lääkäri** city medical officer. **-oikeudet** town charter. **-osa** part (quarter) of a town. **-talo** town (city) hall. **-valtuusto** town council. **-valtuutettu** town councillor, *Am.* city council man.

kaupungistu|a be [come] urbanized. **-minen** urbanization.

kaupunki town; *(suurempi)* city; *Helsingin* ~ the town of H.; *lähteä* ~*in (kaupungille)* go [in]to town; *matkustaa* ~*in* go up to town. **-kunta** municipality, township. **-lainen** town resident; *-laiset* townspeople. **-laistua** become urbanized. **-laisväestö** town (urban) population. **-talo** town house.

kaupuste|lija *(huumausaineiden ym)* peddler; pedlar, hawker. **-lla** hawk, peddle.

kaura oats. **-hiutaleet** oat flakes. **-jauho** oatmeal. **-puuro** [oatmeal] porridge. **-suurimot** rolled (hulled) oats. **-velli** oatmeal gruel.

kauris [mountain] goat; *vrt. metsä*~; *Kauriin kääntöpiiri* the Tropic of Capricorn.

kausi period, age; *(huvi- ym)* season. **-alennus** seasonal discount. **-juoppo** spree drinker. **-lippu** season ticket. **-luonteinen** seasonal.

kautsu caoutchouc; gum elastic, natural rubber.

kautta through, by [means of]; *Helsingin* ~ via H., by way of H.; *toista* ~ by another route; *meidän* ~*mme* through us, through our mediation; ~ *maailman* throughout the

world. **-altaan** thoroughly,
altogether, all over; ~ *kypsä*
ripe throughout. **-kulku**
passage through; (~*juna*
through train; ~**tavara** transit
goods).
kavah|taa (*pystyyn*) start up;
(*taapäin*) shrink back; ~ *jtk*
boggle at, (*varoa*) beware
[of]; *hän* **-ti** *unestaan* he
awoke with a start.
kavala treacherous, deceitful,
false, (*juoni*) underhand;
(*sala-*) insidious.
kavaljeeri chivalrous man: *hist.*
cavalier; (*tanssi-*) partner.
kaval|lus embezzlement,
misappropriation, defalcation;
maan ~ treason. **-taa** betray;
(*varoja*) embezzle. **-taja**
traitor, *jnk* to; (*varojen*)
embezzler, defaulter. **-uus**
treacherousness, perfidiousness,
falseness, fraudulence.
kave|ntaa narrow; (*pukua*) take
in. **-ntua, -ta** narrow (*m.* off *t.*
down); (*kärki*) taper [off].
kaveri chum, pal; fellow, *Am.*
guy.
kaviaari caviar [e].
kavio hoof. **-nkapse** pounding
of hoofs.
kavuta climb, clamber;
scramble [up the hill,
vuorelle [.
kehdata not be ashamed; have
the face [to].
kehitellä develop; elaborate.
kehitty|mättömyys undeveloped
state. **-mätön** undeveloped
-neisyys advanced state,
development. **-nyt** developed,
advanced; mature.
kehi|ttyä develop, *jksk* into,
-ttää develop (*m. valok.*);
(*lämpöä ym*) generate;
(*parantaa*) improve; ~ *auki*
unwind.
kehitys development, (*tiet. m.*)
evolution; (*edistys*) progress.
-alue development area. **-apu**
development aid. **-aste** stage
of development. **-kulku** stage
(process) of development.
-kykyinen capable of
development, likely to
develop. **-kykyisyys** capacity to
develop. **-maa** emergent *t.*

[newly] developing country.
-oppi theory of evolution.
-vammainen (*vajaamielinen*)
mentally handicapped
(deficient). **-vammaisuus**
mental deficieney, mental
subnormality.
kehkeytyä develop; arise.
kehno bad, poor; ~ *mies* a
mean fellow; ~*t vaatteet*
shabby clothes. **-us** badness,
poorness.
keho body.
keho|ttaa urge, tell, advise [a
p. to], (*rohkaista*) encourage;
(*taivuttaa*) persuade. **-tus**
exhortation, request, (*rohkaisu*)
encouragement; *jkn -tuksesta*
at a. p.'s suggestion.
-tushuuto cry of encourage-
ment.
kehruu spinning. **-kone**
spinning jenny.
kehrä wheel; disc. **-sluu**
malleolus. **-tä** spin; (*kissasta*)
purr. **-varsi** spoke; (*värttinä*)
spindle. **-äjä** spinner; (*-lintu*)
nightjar. **-ämö** spinning mill.
kehto cradle. **-laulu** lullaby.
kehu|a praise; (*kerskata*) boast
(of), brag (about); **-matta**
without boasting; *ei ole*
-mista nothing to boast of.
-skelija blusterer, swaggerer,
braggart. **-skella** bluster,
swagger.
kehy|s frame, framework;
(*reuna*) border; **-kset** (*kuv.*)
limits. frame[work].
kehä circle; periphery; (*leikki-*)
pen; (*ympärys*) circumference.
-antenni frame aerial. **-kalvo**
anat. iris. **-kukka** marigold.
-llinen peripheral. **-nmuotoinen**
circular. **-tie** ring road.
-tuomari referee.
keidas oasis (*pl.* oases).
keihäs spear; lance; *urh.*
javelin. **-mies** *sot.* lancer. **-tää**
spear.
keihään|heitto *urh.*
javelin-throw. **-kärki**
spearhead. **-varsi** shaft of a
spear.
keijukainen fairy, elf.
keikahtaa rock, tumble,
(*kumoon*) tip over, topple
over.

keikai|lla show off; behave like a dandy. **-lu** foppishness; *(pöyhkeily)* snobbishness.

keikari fop, dandy; snob. **-mainen** foppish, dandyish.

keikka job.

keikkua swing, rock, *(vene, m.)* toss; *(tasapainoilla)* balance.

keikuttaa swing, rock; ~ *tuolia* tilt a chair; ~ *päätään* toss one's head.

keila [ten]pin, skittle [pin]. **-ilija** bowler. **-illa** play skittles, *Am.* bowl. **-ilu** *Am.* bowling, tenpins. **-nmuotoinen** conical. **-pallo** skittle-ball; bowling ball. **-peli** *Am.* tenpins. **-rata** skittle-alley, *Am.* bowling-alley.

keille *ks. kenelle.*

keimai|lija coquette, flirt. **-lla** flirt. **-lu** coquetry; flirtation.

keino means, way; expedient; *jollakin* ~*in* in some way; *tällä* ~*in* by this means; ~*lla millä hyvänsä* by hook or by crook; *viimeisenä* ~*na* as a (in the) last resort. **-emo** incubator. **-siemennys** artificial insemination. **-tekoi|nen** artificial; *k-set helmet* imitation pearls. **-tella** speculate (in); ~ *itselleen jtk* get sth. by cunning. **-ttelija** speculator; *(sota-ajan)* profiteer. **-ttelu** speculation.

keinu swing. **-a** swing; *(laiva)* roll, *(huojua)* sway; *(laudalla)* seesaw; *(tuolissa ym)* rock. **-hevonen** rocking-horse. **-ttaa** swing; rock. **-tuoli** rocking-chair.

keisari emperor. **-kunta** empire. **-leikkaus** caesarean section. **-llinen** imperial. **-nna** empress. **-nvihreä** Paris green.

keit|e decoction. **-in** cooker, cooking apparatus; *kahvin* ~ coffee-maker. **-os** boiling; concoction.

keittiö kitchen. **-astiat** kitchen utensils. **-kasvitarha** kitchen garden. **-kone** *ks. yleiskone.* **-liesi** [kitchen] range. **-mestari** chef. **-nportaat** back stairs.

keitto boiling, cooking; *(liemi)* soup. **-astiat** cooking utensils.

-kirja cookery-book, cook-book. **-komero** kitchenette. **-koulu** cookery-school. **-levy** hot-plate. **-taito** culinary art, cookery.

keittäjä cook.

keit|tää *(vedessä)* boil; *(valmistaa ruokaa)* cook; ~ *kahvia, teetä* make coffee (tea); *kovaksi -etty* hard-boiled; *ei kypsäksi -etty* underdone.

keitä *ks. kuka.*

kekkerit feast; celebration.

keko rick, stack; *kantaa kortensa* ~*on* add one's mite to the pile. **-sokeri** loaf sugar.

kekseli|äisyys inventiveness, power (capacity) of invention. **-äs** [. . of an] inventive [turn of mind]; *(neuvokas)* resourceful; ingenious.

keksi *(vene-)* boat-hook; *(leivos)* biscuit; cracker.

keksi|jä inventor. **-ntö** invention. **-ä** invent, devise, *(havaita)* detect, find [out]; discover; *en voi* ~ . . *(m.)* I can't think of . .

kekäle firebrand; ~*et* embers.

kela reel; *sähk.* coil; *(laivan)* winch, capstan. **-ta** reel [in, up], wind up; coil.

keli going; state of the roads; ~ *on huono* the going is bad. **-rikko** bad state of the roads.

keiju unpleasant, *(kiero)* crooked, fishy; *kuinka* ~*a!* how annoying!

kelkka toboggan, sledge; *kääntää* ~*nsa (kuv.)* reverse one's policy, change horses [in midstream]. **-illa** toboggan. **-ilu** bobsleigh [ing], bobsled [ding], *(ohjas-)* tobogganing. **-mäki** toboggan slide.

kellari cellar. **-kerros** basement.

kellastu|a [turn] yellow; *paperi on -nut* the paper has yellowed [with age, *vanhuuttaan*].

keller|tää be tinged with yellow; *-tävä* tinged (shot) with yellow, yellowish.

kello clock; *(tasku- ranne-)* watch; *(soitto-)* bell; ~*n* *rannehihna* watch strap, *(metallinen)* w. bracelet; ~ *10 at ten o'clock; kello on viittä vailla (yli) kuusi* it is five [minutes] to (past) six; *paljonko ~ on* what time is it? what is the time? [Excuse me, but] could you tell me what time it is? *soittaa ~a* ring the bell; *käy kuin ~* runs like clockwork; *täsmällisesti kuin ~* with clockwork precision, like clockwork; *katsoa ~sta aika* tell the time. **-laite** clockwork.

kellon|avain clock key. **-jousi** watch spring. **-kieli** clapper. **-koneisto** works of a clock (watch). **-kuori** watch-case. **-lasi** watch-glass. **-lyömä:** *~llä* on the stroke of the hour. **-osoitin** hand [of a clock]. **-perät** watch-chain. **-pidin** watch-stand. **-soittaja** bell-ringer. **-soitto** tolling [of bells], bell-ringing.

kello|seppä watchmaker. **-sepänliike** watchmaker's [shop]. **-taulu** dial. **-torni** belfry.

kellu|a float, *(valuutta, m.)* fluctuate. **-ke** pontoon, *lentok.* float; *(koru)* drop.

kelmeä pale.

kelmu film, *(eräs laatu)* cellophane.

kelpaa|maton useless; *(lippu ym)* not valid; *(ei sopiva)* unfit [for use, *käytettäväksi*]; *asuttavaksi ~* unfit for habitation;; *syötäväksi ~* not fit to eat; *tehdä -mattomaksi* incapacitate (for). **-mattomuus** uselessness, unfitness. **-va** valid; *(virkaan)* qualified (for); *(sopiva)* fit; *käytettäväksi ~* fit for use.

kelpo decent; excellent; ~ *lailla* quite a lot, considerably; ~ *mies* a fine fellow. **-inen** fit (for), *(pätevä)* valid; *(virka-)* qualified [for a post]. **-isuus** qualifications; validity; (*~vaatimukset* required qualifications)

keltai|nen yellow; *-sen ruskea* fawn [-coloured].

kelta|kuume yellow fever. **-multa** yellow ochre. **-narsissi** daffodil. **-nokka** *kuv.* freshman. **-sieni** chanterelle. **-sirkku** yellowhammer. **-tauti** jaundice.

kelttiläinen *a.* Celtic; *s.* Celt.

keltuainen yolk.

kelvata do, be good enough, be fit (for); *(lippu ym)* be valid; *se ei kelpaa* that won't do; *se ei kelpaa mihinkään* it is no good; *kelpaako tämä?* will this do? *sitä kelpasi katsella* it was worth looking at.

kelvo|llinen fit, good, *jhk* for; proper, *(henkilöstä)* capable, competent. **-llisuus** fitness; *(henkilön)* ability, competence. **-ton** worthless, useless, good-for-nothing; *julistaa -ttomaksi* declare invalid, invalidate. **-ttomasti** not properly, incompetently. **-ttomuus** worthlessness, unfitness.

kemia chemistry. **-llinen** chemical; ~ *pesu (kuiva)* dry cleaning; *pesettää -llisesti* have . . dry-cleaned.

kemikaali: *~t* chemicals. **-kauppa** *ks. rohdos-.*

kemisti [scientific] chemist.

kemut celebration, party; *hienot ~* a marvellous feast.

ken who? *(se joka)* he (she) who, whoever.

kene|lle who, [to] whom; ~ *sen annoit?* who did you give it to. **-ltä:** ~ *tuon sait?* who did you get that from? **-nkään:** *ei ~* nobody's; *ei ~ maa* no man's land.

kengittää shoe.

kenguru kangaroo.

kengän|antura sole. **-kiiloke** shoe polish. **-kiillottaja** shoeblack. **-kärki** toe. **-nauha** [shoe]lace.

kenkä shoe; *(varsi-)* boot; *kengät jalassa* with shoes on; *panna kengät jalkaan* put on one's shoes; *riisua kengät* take off one's shoes. **-in** *(kepin)* ferrule. **-kauppa** shoe-shop. **-lusikka** shoe horn. **-muste** blacking. **-pari** pair of shoes. **-raja** worn-out shoe.

-tehdas [boot and] shoe factory. **-voide** shoe polish, shoe cream.

kenno honeycomb; *sähk.* cell. **keno:** *pää ~ssa* with one's head thrown back.

kenraali general. **-harjoitus** dress-rehearsal. **-kuvernööri** governor-general. **-luutnantti** lieutenant-general. **-majuri** major-general.

kenties maybe, perhaps.

kenttä field. **-keittiö** field kitchen, mobile kitchen. **-kiikari** field-glass [es], binocular [s]. **-sairaala** field hospital. **-tykistö** field artillery. **-tykki** field-gun (-piece). **-urheilu** *ks. yleis-vuode* camp bed.

kepeä light.

kepittää beat, cane; *(kasveja)* stake.

keppi stick; *(ruoko-)* cane; *antaa jklle ~ä* give .. a whipping. **-hevonen** hobby-horse; *kuv.* fad. **-kerjäläi|nen:** *joutua k-seksi* be reduced to beggary.

kepponen trick, practical joke; *tehdä (jklle) ~* play a trick (on).

kerake consonant.

kera(lla) with.

keramiikka pottery, ceramics.

kerettiläi|nen *s.* heretic; *a.* heretical. **-syys** heresy.

kerho club; *(opinto- ym)* circle.

kerinpuut reel.

keripukki scurvy.

keri|tsimet *(lampaan)* shears. **-tä 1.** cut, clip; *(lampaista)* shear; **2.** *(ehtiä)* arrive in time; *en kerkiä* I have no time.

keriä wind [into a ball], *(kiertää)* coil; *~ auki* unwind.

kerjuu begging; *käydä ~lla* go begging. **-kirje** begging letter.

kerjäläi|nen beggar. **-spoika** beggar boy. **-ssauva** beggar's staff.

kerjätä beg, *jtk* for.

kerkeä quick, prompt, ready.

kerma cream *(m. kuv.)*. **-inen** creamy. **-kannu, -kko** cream jug. **-nvärinen** cream-coloured. **-vaahto** whipped cream.

kermoa skim off the cream.

kernaa|sti willingly, readily; with pleasure; **-mmin** rather.

kerra|kseen: *riittää ~* it's enough for now. **-llaan** at a time. **-n** once; *~ päivässä* once a day; *tämän ~* this time, *(ainoan ~)* just this once; *vielä ~* once more; *viimeisen ~* for the last time; *oli(pa) ~ .. (sadussa)* once upon a time there was .. **-nkin** for once, *(vihdoin)* at last. **-ssaan** entirely, altogether; perfectly; simply; *~ mahdoton* utterly impossible; *~ mainio* just splendid, *ei ~ mitään* absolutely nothing. **-sto** set of underwear.

kerrata repeat; *koul. ym* revise; *(pääkohdittain)* recapitulate.

kerroin coefficient.

kerroksi|nen *(yhd.)* -storeyed, -storied; *viisi ~* a five-storey [building]. **-ttain** in layers.

kerronta narration.

kerros layer, *(maa-)* stratum *(pl. strata)*; *rak.* stor [e]y; *toisessa kerroksessa* on the second floor. **-hyppy** high dive; *-hypyt* high diving. **-sänky** bunk bed. **-taa** deposit in layers, stratify. **-talo** block of flats. **-tu|a** be stratified; *-nut* stratified. **-tuma** stratum *(pl. strata)*; deposit.

kerrottava *mat.* multiplicand.

kersantti sergeant.

kerskai|leva boastful; vainglorious. **-lija** boaster, braggart. **-lla** boast, brag (of, about); swagger; *puhek.* swank; **-llen** boastfully.

kersk|ata, -ua, -uri *ks. ed.*

kerta time; *(kierto-)* turn; *~ kaikkiaan* once for all; *~ kaikkiaan ihana* just lovely; *~ kaikkiaan ei* definitely not; *~ kerralta* every time; *~ toisensa jälkeen* time and again, time after time; *kaksi ~a niin suuri* twice as big; *kolme ~a* three times [three is nine]; *moneen ~an* repeatedly, many times; *tällä ~a* this time; for now; *ei ~akaan* not *(t.* never) once.

-alleen once. **-heitolla** at one go. **-inen:** *monen* ~ manifold. **-kaikkinen** once-and-for-all; absolute, thorough; lump [sum, *summa*]. **-käyttö(inen)** disposable.

kertaus repetition; *koul.* revision; *(pääkohdittain)* recapitulation. **-kurssi** refresher course.

kerto|a tell (about, of), narrate, relate; *(selostaa)* describe; report; state; *mat.* multiply, *jllak* by; ~ *satuja* tell stories; *kerrotaan, että* it is said (reported) that; *minulle on kerrottu* I have been informed; *kerrottu (kukka)* composite. **-ja** narrator; *(ilmoittaja)* informant; *mat.* multiplier. **-lasku** multiplication.

kertoma|runo epic. **-runous** narrative poetry. **-tapa:** *suora* ~ direct speech.

kertomus story, tale, narrative; account; report.

kerto|säe refrain, chorus. **-taulu** multiplication table.

kertyä gather, flow in; accumulate.

keruu collection, gathering.

kerä ball; *(kaalin)* head.

keräi|lijä collector. **-llä** collect; gather. **-ly** collecting.

keräkaali cabbage.

kerätä collect, gather; assemble; *(kasaan)* amass [a fortune, *omaisuus*]; ~ *rahaa (esim. lahjaan)* whip round (for); ~ *kolehti* take up a collection; ~ *tilauksia* take subscriptions; ~ *ääniä* canvass [for votes].

keräys collection; whip-round. **-lista** list of contributions (subscriptions).

kerääntyä collect, gather, assemble; accumulate.

kesakko freckle. **-inen** freckled.

kesanto fallow; *olla ~na* lie f.

kesiä scale off, peel off.

keske|inen central; *(olennainen)* essential; *meidän ~ asia* a matter between us. **-isyys** central position. **-lle** in [to] the middle of. **-llä** in the middle of, amid [st]; ~*mme*

in our midst; ~ *kaupunkia* in the centre *(t.* heart) of the city; ~ *(kirkasta) päivää* in broad daylight; ~ *talvea* in midwinter. **-ltä** from the middle of; *meni* ~ *poikki* broke in the middle.

kesken among, amongst; *(välillä)* between; *työ on* ~ the work is unfinished; ~ *aterian* in the middle of the meal; ~ *kaiken* in the midst of all, *(~ puheen)* by the way; *meidän* ~ between you and me. **-eräinen** unfinished, half done. **-meno** miscarriage. **-ämme:** *vietimme illan* ~ we spent the evening by ourselves; *jaoimme sen* ~ we divided it among ourselves, *(kahden)* between us. **-ään** together, with each other; *he sopivat* ~ they agreed [among themselves]; *kommunikoida* ~ intercommunicate.

keskey|ttää interrupt, break off; discontinue; ~ *matkansa* break one's journey; ~ *vihollisuudet* suspend hostilities; . . *-tti kipailun* . . dropped out of the race. **-tymätön** uninterrupted, unbroken; continuous. **-tys** interruption; break; *(väliaika)* interval; *on -tyksissä* is at a standstill; ~ *katuliikenteessä* disruption of the traffic. **-tyä** be interrupted, be discontinued; *-tymättä* without a break, without intermission (stopping).

keski: *keskessä* in the centre, in the middle; ~*-Suomi* central Finland. **-aika** the Middle Ages; *-ajalla* in medieval times. **-aikainen** medieval. **-arvo** average, mean [value], *(todistuksen)* average grade. **-Eurooppa** Central Europe. **-hinta** average price. **-ikä** average age; middle age. **-ikäinen** middle-aged, . . of middle age. **-itä** the Middle East; *vrt. Lähi-.* **-juoksu** middle course. **-kesä:** ~*llä* in the middle of the summer. **-kohta** middle, centre. **-koko**

medium size. **-kokoinen** medium-sized, *(henk.)* .. of medium height. **-koulu** middle school, lower forms of secondary school; *Am.* junior high school. **-laatu** medium quality. **-luokka** middle class. **-lämpötila** mean temperature. **-mmäinen** [the] middle [one], .. in the middle. **-määrin** on an average; *on* ~ .. averages .. **-määrä** average, mean. **-määräinen** average, mean. **-nkerta|inen** medium; moderate; mediocre; *k-ista huonompi* below the average. **-nkertaisuus** mediocrity. **-näinen** mutual; reciprocal; ~ *suhde* interrelation [ship]. **-näisyys** mutuality; reciprocity. **-olut** *l.v.* lager; medium-strength beer. **-osa** central part. **-pakoisvoima** centrifugal force. **-piste** centre, central point. **-pituus** average length, *(henk.)* a. height; *lautojen* ~ *on* .. the boards average .. in length. **-päivä** middle of the day; noon, midday; ~*llä* at noon. **-sarja** middle weight. **-sormi** middle finger. **-taivas** zenith. **-talvi** midwinter; *-talvella* in m. **-taso:** ~*a parempi* above the average. **-tie** middle course; *kultainen* ~ *(m.)* the happy mean. **-ttyminen** concentration. **-ttyä** concentrate (on, upon), be centred, centre (on, in). **-ttää** concentrate, centre (in, on); centralize; ~ *huomio* focus attention (on). **-tys** concentration; centralization; *(tykistö-)* concentrated fire; *(~kyky* power of concentration); *~leiri* concentration camp). **-vaihe:** *jnk ~illa* in the middle of .. **-verto** average, mean. **-viikko** Wednesday; ~*na* on W.; *ensi ~na* next W. **-väli:** *(jnk) ~ssä, ~stä* midway (halfway) between. **-yö** midnight; ~*llä* at m.; ~*n aurinko* the midnight sun.

keskonen premature infant.

keskus centre; *kuv. m.* focus, hub; *puhelin~* telephone exchange. **-antenni** communal TV aerial. **-keittiö** central kitchen. **-hermosto** central nervous system. **-hyökkääjä** centre forward. **-lämmitys** central heating; (~**laitteet** c.-h. installation). **-merkki** *(puhelimen)* dialling tone.

keskusta centre, *Am.* center; *Lontoon* ~ the centre of London. **-puolue** centre party.

keskuste|lla converse, talk; discuss; ~ *jstk* dicuss a th., talk .. over; ~ *(neuvotella) jkn kanssa* consult a p. **-lu** conversation, talk; discussion; *on ~n alaisena* is under discussion; (~**kerho** debating club; ~**kysymys** subject *t.* topic of discussion).

keskusvirasto Central Administrative Board.

keskuude|ssa among, amid [st]; *perheen(sä)* ~ in the family circle. **-sta** from among.

kesti: ~*t* celebration, party. **-kievari** inn. **-tys** entertainment, treat. **-tä** entertain, treat, *jllak* to.

kesto duration. **-kampaus** permanent [wave], *puhek.* perm. **-kulutustavarat** durable consumer goods. **-päällysteinen** surfaced, paved, *(sepeli-)* metalled, *(asfaltti m.)* tarmac. **-päällystää** pave.

kestä|mättömyys impermanence. **-mätön** not durable, not lasting, *kuv.* untenable. **-vyys** durability, *kuv.* staying power, endurance, perseverance; (~**juoksija** long-distance runner). **-vä** durable; sturdy; *(väri)* fast, *(kasvi)* hardy; *(pysyvä)* lasting, permanent; *(esim. ystävyys)* enduring; ~ *perusta* a solid basis; *(puku) on* ~ .. will wear well; *kuukausia* ~ lasting for months.

kestää last; *(sietää)* endure, bear, stand; withstand; *(vaatteista)* wear; *(kärsiä)* undergo, suffer; ~ *koetus* stand the test; *tämä kangas* ~ *vuosia* this material will wear for years; *ei kestä (kiittää)* you're welcome!

[oh,] not at all; *jnk kestäessä* during; *kuinka kauan luulet kestäväsi* how long will you be able to hold out; *matka ~ viikon* the trip takes a week; *se ei kestä kauan* it won't take long. **kesy** tame; domestic. **-ttäjä** [-]tamer. **-ttämätön** untamed, *(hevonen)* unbroken. **-ttää** tame; *(kotieläimiä)* domesticate. **-tön** untamed; wild. **-yntyä** become tame (domesticated).

kesä summer; *~llä* in [the] summer; *viime ~nä* last s., *(ensi)* next s.; *kaiken ~ä* all [the] s.; *viettää ~ä* spend the s. **-asunto** *(komea)* summer residence. **-helle:** *-helteellä* in the summer heat. **-huvila** summer villa (cottage). **-inen** summery, summer. **-isin** in [the] summer. **-kausi** summertime, summer season. **-kuu** June. **-käyttö:** *~ön* for summer wear. **-loma** summer holidays (vacation). **-mökki** country cottage. **-puku** summer dress (suit). **-päivä** summer ['s] day; *(~nseisaus* summer solstice). **-sijainen** [summer] substitute. **-sydän:** *~nä* at the height of summer. **-vieras** summer guest. **-yliopisto** university summer course.

ketju chain; *sot.* line, cordon. **-kirje** snowball letter. **-kolari** multiple collision, *(iso)* mass pile-up. **-polttaja** chain-smoker.
ketkä ks. **kuka.**
keto field. **-orvokki** wild pansy.
kette|ryys agility, nimbleness. **-rä** agile, nimble, alert.
kettinki chain, cable.
kettu fox. **-mainen** foxy, foxlike; cunning.
ketun|ajo fox-hunt[ing]. **-häntä** foxtail, brush. **-leipä** *bot.* wood sorrel. **-poika(nen)** fox-cub.
ketä ks. **kuka:** *~ tarkoitat?* who do you mean? *ei ~än* nobody, no one.
keuhko lung; *~t* lungs, *(teuraseläinten)* lights. **-katarri** bronchitis. **-kuume, -tulehdus**

pneumonia. **-pussintulehdus** pleurisy. **-putki** bronch|us, *pl.* -i; *-putken tulehdus* bronchitis. **-syöpä** lung cancer. **-tauti** pulmonary tuberculosis; *(~parantola* sanatorium).
keula bow [s]; *~n puolella* ahead, afore. **-kansi** foredeck. **-kuva** figure-head. **-masto** foremast. **-matkustaja** foredeck passenger. **-osa** prow. **-purje** foresail. **-vannas** stem.
keve|nnys relief, alleviation. **-ntyä** ks. *kevetä; -tynein mielin* with a feeling of relief. **-ntää** lighten, ease; relieve; *~ sydäntään* unburden oneself (to). **-tä** become lighter, be lightened; be relieved. **-ys** lightness; ease. **-ä** light; easy; *ottaa asiat ~ltä kannalta* take things easy; *~llä mielellä* light at heart, in buoyant spirits.
kevyt light [in weight]; *vrt. ed.* **-aseinen** light-armed. **-jalkainen** light of foot. **-kenkäinen:** *~ nainen* lady of easy virtue. **-mielinen** frivolous; *(irstas)* wanton, loose, fast. **-mielisyys** frivolity; wantonness. **-sarja** lightweight class.
kevä|inen springlike; spring; vernal; *~ sää* spring weather. **-sin** in [the] spring.
kevät spring; *keväällä* in the s., in s.; *tänä keväänä* this s. **-aika** springtime. **-ilma** *(sää)* spring [like] weather. **-juhla** spring fête. **-kesä:** *~llä* in early summer. **-kylvö** spring sowing. **-lukukausi** spring term. **-päivä** spring day; *(~ntasaus* vernal equinox). **-talvi** early spring. **-tulva** spring flood. **-tuulahdus** vernal *(t.* spring) breeze.
kide crystal. **-rakenteinen** crystalline. **-sokeri** granulated sugar, caster sugar.
kidnappaus kidnapping, abduction.
kidukset gills.
kidu|ttaa torture; *(kiusata)* torment; *~ lihaansa* mortify one's flesh; *-ttava* excruciating, racking. **-tus**

torture.

kieha|htaa boil up; *hänen verensä -hti* his blood boiled. **-uttaa** bring to the boil, parboil.

kiehkura coil, ringlet, *(kutri)* lock, curl.

kiehtoa captivate, fascinate.

kiehu|a boil; *-van kuuma (m.)* piping hot. **-mispiste** boiling point. **-ttaa** boil.

kiekko disk; *urh.* discus; *jää~* puck; *savi~* clay pigeon.

kiekon|heitto discus-throw. **-heittäjä** discus-thrower.

kieku|a crow. **-minen** crow[ing]; *kukon ~* cock's crow.

kiele|ke *(kallion)* projecting rock, projection. **-llinen** linguistic; *-lliset vaikeudet (m.)* language difficulties.

kielen|kärki point of the tongue. **-käyttö** [linguistic] usage; language. **-kääntäjä** translator. **-puhdistaja** purist. **-tuntija** linguist. **-tutkija** philologist. **-tutkimus** philological research.

kiele|vyys garrulity; glibness. **-vä** garrulous, voluble, glib.

kieli *anat.* tongue; *(puhuttu)* language, tongue; *(soittimen)* string, chord; *millä kielellä* in what language; *kielestä toiseen* from one language into another. **-kello** *kuv.* telltale. **-kuva** metaphor. **-kysymys** language question. **-mies** linguist. **-minen** tale-bearing. **-nen:** *suomen~* in Finnish, *(henkilöstä)* Finnish-speaking; *englannin~ sanomalehti* an English-language newspaper. **-niekka** language adept. **-opillinen** grammatical. **-opinnot** linguistic studies; *harjoittaa -opintoja* study languages. **-oppi** grammar. **-soitin** stringed instrument. **-taistelu** language feud. **-taito** knowledge of languages, linguistic abilities. **-taitoinen** *on ~ ..* speaks many foreign languages, *(erittäin ~)* has a great command of languages, is an accomplished linguist.

-taju [natural] language sense. **-tiede** philology. **-tieteellinen** philological, linguistic. **-tieteilijä** philologist, linguist. **-virhe** mistake, error [in language].

kieliä tell tales [out of school]; *älä kieli!* don't blab! don't let on.

kielo lily of the valley.

kieltei|nen negative. **-sesti** in the negative, negatively. **-syys** negative attitude.

kielten|opettaja teacher of languages. **-sekoitus** confusion of tongues.

kielto prohibition, ban (on, *jnk)*; refusal, denial. **-laki** prohibition. **-lause** negative sentence. **-sana** negative. **-tavara** contraband.

kieltä|minen forbidding; denial; negation. **-mättä** undeniably, unquestionably. **-mätön** undeniable; indisputable, incontestable; unchallenged. **-ymys** abstinence (from); self-denial, self-effacement. **-ytyminen** refusal. **-ytyä** refuse; decline; *(luopua)* give up; *(pidättyä)* abstain, refrain (from); *~ hyväksymästä* refuse to accept; *~ tarjouksesta* decline (turn down) an offer. **-vä** negative: *~ vastaus (m.)* refusal.

kieltää *(ei sallia)* forbid; prohibit; *(ei myöntää)* deny; *vrt. kieltäytyä; ~ jklta jtak* refuse a p. sth; *~ lapsensa* disown; *kielsi jyrkästi (sanoneensa)* denied flatly (categorically) [that he had said so]; *ei voi ~, että ..* it cannot be denied that; *kielletty* prohibited; *on ankarasti kielletty* is strictly forbidden; *pääsy kielletty* no admittance.

kiemur|a coil, curl; *(mutka)* bend. **-rella** *(esim. mato)* wriggle *(m. kuv.); (tie ym)* wind, twist; *(tuskissa)* writhe; *(joki)* meander; *-televa (m.)* tortuous.

kieppua swing; *(roikkua)* dangle.

kieriskellä wallow, roll about.

kieri|ttää, -ä roll.
kiero not straight; wry,
twisted; crooked, distorted;
(*esim. lauta*) warped; *katsoa*
~*on* squint, have a cast in
one's eye; ~ *menettely*
crooked conduct; ~*peli* foul
play. **-illa** scheme; palter
(with sth.). **-silmäinen**
squint-eyed. **-silmäisyys** squint.
-us crookedness; distortion.
-utua become warped
(distorted), *henk.* become
perverted (twisted).
kierre (*ruuvin*) thread, worm;
(*langan* twist); (*pallon*) spin.
-kaihdin blind. **-llä** circle
(round), circulate; (*kuljeksia*)
wander about; *kuv.* evade;
beat about the bush; *-llen
kaarrellen* in a roundabout
way, (*vältellen*) evasively;
kiertelemättä straight out.
-portaat winding stairs.
kierros round, circuit; turn;
(*pyörän ym*) revolution;
(*kiertotie*) detour;
(*kilparadalla*) lap, (*erä*) round,
(*satelliitin*) orbit.
kierto circulation, round; cycle;
(*pyörintä*) rotation. **-ajelu**
sightseeing tour. **-kirje** circular
[letter]. **-koulu** *vanh.*
ambulatory school. **-kulku**
circulation. **-kysely**
questionnaire; *lähettää* ~ send
[round] an inquiry. **-liike**
rotary motion, rotation.
-matka round trip (tour).
-palkinto challenge cup.
-portaat winding stair[s],
spiral staircase. **-teitse** in a
roundabout way. **-tie** detour,
circuitous route. **-tähti** planet.
kiertue touring company; *hän
on maaseutu~ella* he is
touring the countryside.
kier|tyä twist, wind, get
twisted; coil; ~ *vääräksi*
become distorted. **-tävä**
itinerant, circulating,
travelling; ambulatory. **-tää**
turn, twist; wind; *intr.* circle,
rotate, go around; (*tehdä
mutka*) make a detour; (*veri
ym*) circulate; (*lakia ym*)
evade; (*veroja*) dodge, evade;
~ *auki* unscrew, unwind; ~

hihansa ylös roll up one's
sleeves; ~ *kaasu pienemmälle*
turn down the gas; ~ *kätensä
jkn kaulaan* put one's arms
round a p.'s neck; (*satelliitti*)
~ *Maata* circles (orbits)
[round] the Earth; ~ *samaa
rataa* go round and round, go
round in the same groove,
(*ajatuksista, m.*) be obsessed
(with an idea); *hän -si
kysymykseni* he avoided
(dodged) my question; *hän -si
mäen* he went round the hill;
maa ~ *auringon ympäri* the
earth revolves round the sun;
panna jk -tämään pass round.
-ukka spiral, coil; (*ehkäisy-
väline*) diaphragm,
intrauterine device (IUD).
-teinen spiral.
kieto|a wind, twine; (*kääriä*)
wrap up; *kuv.* involve (in);
auki unwrap; ~ *jku
pauloihinsa* catch .. in one's
toils, ensnare. **-utua** wind;
become entangled (*kuv.* in-
volved) in, [be] intertwine[d].
kihara *s.* curl, lock; *a* curly,
wavy. **-tukkainen** curly-haired.
kihar|rin curler. **-tua** curl, wave.
kihelmöidä itch; tingle.
kihistä fizz, sizzle; (*vilistä*) be
alive (with), be teeming
(with).
kihl|a: *mennä -oihin jkn
kanssa* get engaged to; *olla
-oissa* be engaged [to be
married]. **-attu** engaged [to
be married]; *s.* fiancé, *fem.*
fiancée.
kihla|jaiset betrothal party.
-kortti announcement of [the]
engagement. **-kunta**
jurisdictional district [in rural
areas]. **-sormus** engagement
ring. **-us** engagement. **-utua**
become engaged (to); *-utuneet*
the engaged couple.
kihokki *bot.* sundew.
kihomato pinworm.
kihota trickle; ooze [out]; *vesi
kihoaa kielelleni* my tongue
waters.
kihti gout.
kiidättää hurry, speed.
kiihdy|ke stimulus. **-ksissä** in a
state of excitement. **-ttää**

excite, inflame; *(nopeuttaa)*
accelerate; speed up; *(sotaa)*
escalate.
kiihke|ys *ks. kiihko.* **-ä**
impetuous, violent; hot,
ardent, passionate; ~
keskustelu a heated discussion.
kiihko impetuosity; fury, heat;
mania. **-ilija** zealot, fanatic,
usk. m. bigot. **-isänmaallinen**
chauvinistic. **-kansallinen**
nationalist. **-mielinen** fanatical.
-mielisyys fanaticism. **-ton**
dispassionate.
kiiho|ke stimulus. *pl.* **-li;** *kuv.
m.* incentive, incitement. **-ttaa**
excite; agitate; *(yllyttää)* stir
up, incite; *(virkistää)*
stimulate; ~ *hermoja* excite
(irritate) the nerves; ~
mielikuvitusta excite the
imagination; ~ *ruokahalua*
whet the appetite; *-ttava*
stimulating. **-ttaja** agitator.
-ttua *ks. kiihtyä.* **-ttuvaisuus**
excitability. **-tus** agitation;
stimulation; (~*aine* stimulant;
~*puhe* inflammatory speech;
~*työ* agitation).
kiihty|mys excitement;
agitation. **-vyys** *fys.*
acceleration.
kiihty|ä get excited, become
agitated; *(tulistua)* flare up;
(yltyä) increase [in violence];
-neessä mielentilassa in an
agitated frame of mind; *-vä
liike (fys.)* accelerated motion;
tuuli -y (m.) the wind is
getting up.
kiikari field-glasses; binoculars;
(teatteri-) opera-glasses.
-kivääri rifle with telescopic
sight.
kiikastaa: *mistä* ~? where does
the shoe pinch? where's the
rub?
kiikkerä easily rocked,
unsteady.
kiikki: *joutua* ~*in* get into a
fix (a pinch), be cornered.
kiikku, -a swing. **-lauta** seesaw.
kiikuttaa swing, rock.
kiila wedge; *(kankaasta)* gusset.
-ta wedge [in]; *(esim. auto)*
cut in.
kiille mica.
kiillo|ke polish. **-ton** dull;

lustreless. **-ttaa** polish;
(metallia, m.) burnish;
(vahalla) wax. **-tus** polishing;
(~*aine* polish; ~*vaha* polishing
wax; ~*voide* [shoe-]polish).
kiilto lustre; gloss; polish.
-kuva *l.v.* sticker.
-mato glow-worm. **-nahka**
patent leather, lacquered
leather. **-pintainen** glossy;
glazed.
kiiltä|vyys glossiness; lustre,
brilliancy. **-vä** shiny; glossy;
(kirkas) bright.
kiiltää shine, glisten; glitter,
gleam.
kiilua glimmer; glow, glint.
kiima rut, *(naaraalla)* heat,
estrous cycle. **-aika**
mating time; *vert. juoksuaika.*
Kiina China. **k-lainen** *a. & s.*
Chinese *(pl. = sg.)* **k-n kieli**
Chinese. **k-nkuori** cinchona
bark. **k-tar** Chinese woman.
kiinne|kohta hold. **-laastari**
adhesive *(t.* sticking) plaster.
-laina mortgage loan.
kiinni fast; *(suljettu)* closed,
shut; *joutua* ~ be caught
[-ing. *jstk*]; *liimata* ~ gum
on [to]; *ommella* ~ sew on;
ottaa ~ catch, *(vangiksi, ym.)*
capture; *panna* ~ close; *pitää*
~ hold on [to], *(jstk, m.)*
keep hold of, *(kuv.)* adhere
to, stick to; *saada* ~ catch
up [with]; *lehdet ovat* ~
toisissaan the leaves stick to
each other; ~ *veti!* it's a
deal! **-ke** fastening. **-ttää**
fasten, *jhk* [on] to, fix *(m.
valok.),* attach (to); *lak.*
mortgage; *(laiva)* moor;
(koukulla) hook, *(liimalla)*
stick [on], *(naulalla)* nail,
(neulalla) pin, *(postimerkki)*
affix; ~ *huomiota jhk* pay *(t.*
direct) attention to; ~
katseensa jhk fix one's eyes
on; ~ *mieltä* interest. **-tys**
fastening; *lak.* mortgage;
(~*kohta* hold, attachment).
kiinnos|taa interest; *se ei -ta
minua* I am not interested
[in it], I take no interest in
it. **-tava** interesting. **-tua**
become interested in, take an
interest in; *-tunut* interested.

-tus interest; *herättää ~ta*
arouse (stimulate) [a p.'s] i. in.
kiint|eistö real estate. **-eys**
firmness, solidity. **-eä** firm;
fixed; *(jähmeä)* solid;
(tarkkaavaisuus) close; *(tilaus)*
firm; *~t hinnat* fixed prices;
hinnat pysyivät -einä prices
remained firm. **-iö** quota.
kiinto|jää solid ice. **-nainen**
fixed. **-pallo** captive balloon.
-tähti fixed star.
kiinty|mys attachment, devotion
(to), fondness (for). **-ä**
become attached (to); *-nyt jkh
(m.)* devoted to, fond of.
kiipeli fix, dilemma.
kiipijä climber *(m. kuv.).*
kiiras|torstai Maundy Thursday.
-tuli purgatory.
kiire hurry, haste; rush;
minulla on kova ~ I am in
a great hurry, I am extremely
busy; *asialla on ~* the matter
is urgent; *ei ole ~ttä* there
is no hurry; *~essä* in a
hurry, hurriedly; *lähtö~essä* in
the hurry *(t. scurry)* of
leaving. **-ellinen** urgent,
pressing, hasty; *(pikainen)*
speedy, prompt; *k-llisesti*
hurriedly. **-ellisyys** *(asian)*
pressing nature, urgency. **-esti**
in haste, hastily, quickly.
-htiä hurry, hasten; make
haste; *(työtä)* expedite, hurry
on; *-hdi!* hurry up! come on!
buck up! *-hdi hitaasti!* take
your time! **-immiten** as quickly
as possible. **-inen** hurried,
rushed; *-iset askeleet* hurried
steps; *-iset tehtävät* pressing
business; *olin niin ~ että* I
was in so much of a hurry,
I was so busy [that].
kiiruhtaa hurry, hasten, make
haste.
kiiruna [rock] ptarmigan.
kiiski ruff.
kiisseli thickened fruit juice.
kiista controversy, dispute,
(riita) quarrel, strife. **-kirjoitus**
polemic [al] article. **-naihe**
bone of contention. **-nalainen**
disputed, contested,
controversial; *~ kysymys* the
question at issue (in dispute).
kiist|aton *ks. kiistämätön.* **-ellä**

argue, dispute; *(asiasta) ~än
(vielä) kiivaasti . .* is [still]
hotly argued about. **-ämätön**
indisputable, undisputed,
incontestable, unchallenged; *on
~tä . .* is beyond dispute.
kiistää dispute, *(kieltää)* deny;
~ väite challenge the truth of
a statement.
kiisu pyrites.
kiite|llä thank; *(ylistää),* praise,
commend. **-ttävyys**
praiseworthiness. **-ttävä**
praiseworthy, laudable;
(arvosana) excellent.
kiitolinja-auto freight-liner,
long-distance lorry.
kiitolli|nen grateful; thankful;
~ maaperä good ground; *~
tehtävä* a rewarding task; *~
yleisö* a grateful public, *(esim.
teatt.)* an appreciative
audience; *olen Teille hyvin ~*
I am very much obliged to
you (for). **-suuden|velka** debt
of gratitude; *olla k-velassa
(jklle)* be indebted to . . **-suus**
gratitude; *-suudella (m.)*
gratefully, with thanks.
kiito|rata runway. **-ratsastus**
flat race. **-tavara** express
goods.
kiitos thanks; *(ylistys)* praise;
kiitoksia paljon many thanks,
thank you very *(t. so)* much;
Jumalan ~ thank God; *ei ~*
no, thank you; *kyllä, ~* yes,
please; *~ hyvää* (t. *hyvin)*
very well, thank you; fine,
thanks; *kiitokseksi jstk* in
return for. **-jumalanpalvelus**
thanksgiving service. **-kirje**
letter of thanks.
kiittämä|ttömyys ingratitude.
-tön ungrateful.
kiittää thank, *jstk* for; *(ylistää)*
praise; *kiitä onneasi* you may
thank your [lucky] stars!
kiitän sydämestäni thank you
ever so much! *minun on
kiittäminen häntä* I am
indebted to him (for).
kiit|ää speed, fly; *~ ohi* speed
by; *(ohi)-ävä hetki* fleeting
moment.
kiivailla be zealous, *(jkta
vastaan)* declaim against.
kiivas violent, vehement;

(henkilöstä) quick-tempered (-headed); irascible; hot; *kiivaat sanat* sharp words. **-luontoinen** hot-tempered (-blooded), of violent temper. **-tua** lose one's temper, get into a temper. **-tus** burst of temper.

kiivaus violence; hot temper.

kiivetä climb; *vrt. kavuta;* ~ *puuhun* climb a tree; ~ *tikapuita* climb [up] a ladder.

kikattaa giggle, titter.

kikka *(niksi)* gimmick.

kilahtaa clink, tinkle.

kili|nä, -stä jingle, tinkle, clink, jangle. **-stää** jingle; ~ *laseja* clink (touch) glasses.

kilj|ahdus yell, squeal. **-ua** yell; roar; *(aasi)* bray. **-unta** yelling, roar [ing].

kilo|(gramma) kilogram [me]. **-haili** sprat. **-metri** kilometre. *Am.* -meter; *(~patsas* kilometre stone). **-watti** kilowatt.

kilpa contest; *juosta, ajaa* ~*a* run (ride) a race; *(jkn kanssa)* race a p. **-ajo** horse race; *(~hevonen* racehorse; ~*rata* race-course). **-auto** racer, racing car. **-autoilija** racing driver. **-autoilu** car racing. **-hakija** rival applicant, competitor. **-ileva** competing, rival.

kilpai|lija competitor; rival; *urh. m.* entrant. **-lla** compete (with sb.), for *jstk.*

kilpailu competition; contest; *urh. m.* event, *(kilpailut)* match, meeting, tournament; *(nopeus-)* race; *kuv.* rivalry. **-kelvoton** disqualified. **-kielto** suspension; *julistaa* ~*on* suspend. **-kyky** competitiveness. **-kykyinen** competitive, able to compete. **-sarja** series of events.

kilpa|juoksija runner, sprinter; *(hevonen)* race-horse. **-juoksu** [running] race; *(~rata* running-track). **-kenttä** [athletics] field, ground, *kuv.* arena. **-kosija** rival suitor. **-purjehdus** regatta. **-rata** race-track. **-ratsastus** horse-race. **-silla:** *olla -silla*

compete [with one another]; *haastaa -sille* challenge .. [to a contest] . **-soutu** boat-race. **-urheilu** competitive sports. **-varustelu** armaments race, arms race.

kilpi shield; *(vaakuna-)* escutcheon; coat of arms; *(kyltti)* sign [board], *(esim. autossa)* [number-] plate. *(ovessa)* door-plate. **-konna** tortoise; *(meri-)* turtle; (~**nkuori** tortoise-shell). **-kuva** device. **-rauhanen** thyroid gland.

kilpisty|ä rebound; *yritys -i jhk* failed, broke down (because of).

kilta guild.

kiltti good-natured, good, kind.

kilv|an *ks. kilpaa.* **-oitella** contend; *(jtk saadakseen)* strive for. **-oittelu** striving; *vrt. seur.* **-oitus** struggle, effort [s]; *raam.* fight.

kimakka shrill; *vrt. kimeä.*

kimalainen bumble-bee.

kimal|lus glimmering, glittering. **-taa** glimmer, glitter, sparkle.

kime|ys shrillness. **-ä** shrill, high-pitched; piercing.

kimmo|inen elastic, springy, resilient. **-isuus** elasticity. **-ta** be elastic; *(takaisin)* rebound, bounce back; *(luoti)* ricochet. **-ton** inelastic.

kimo roan.

kimpaantua flare up.

kimpale chunk, piece; lump.

kimppu bunch; bundle, cluster; *käydä (jkn)* ~*un* attack; *he olivat kimpussani* they were on me.

-kin also, too; *(vieläpä)* even.

kina squabble, wrangle. **-stella, -ta** argue; bicker, quarrel.

kiniini quinine.

kinkku ham.

kinnas mitten; *viitata kintaalla* snap one's fingers (at).

kinnerjänne Achilles tendon.

kinos [snow-] drift.

kintereillä: *jkn* ~ at a p.'s heels.

kinttu leg, *(eläimen)* hock.

kioski kiosk, stall.

kiperä *kuv.* complicated, tricky, sticky, knotty.

kipeä ill; *et. attr.* sick; *(arka)* sore; ~ *jalka* sore foot; ~ *kohta (m. kuv.)* tender spot; ~ *tarve* urgent (pressing) need; *tehdä* ~*tä* hurt. **-sti** sorely; *sitä kaivataan* ~ it is badly needed.

kipin kapin helter skelter; straight away.

kipin|ä spark *(m. kuv.)*. **-öidä** emit sparks, spark.

kippi (auto) tip-up lorry, *Am.* dump truck.

kippis cheers!

kippura: *mennä* ~*an* curl.

kipsi gypsum; plaster [of Paris]; *panna* ~*in* put in plaster. **-jäljennös** plaster cast. **-nen** [. . . of] plaster. **-nvalaja** plasterer. **-side** plaster cast *(t. jacket.*

kipu pain. **-rahat** damages; smart money.

kirahvi giraffe.

kire|ys strain, tenseness; *(rahamarkkinain)* stringency. **-ä** tight, *(köysi)* taut; *et. kuv.* tense; *(kova)* strict; *raha on* ~*llä* money is tight (scarce); ~*t välit* strained relations.

kiri spurt.

kiris|tys strain; *(rahan)* extortion, *(uhkauksin)* blackmail; (~**yritys** attempt at blackmail). **-tyä** tighten; *kuv.* become strained; *asema -tyy yhä* the situation is growing more and more critical. **-täjä** extortioner, blackmailer. **-tää** tighten; *(puristaa)* be too tight; ~ *ehtoja* make stipulations more stringent; ~ *hampaitaan* gnash one's teeth; ~ *jklta lupaus* wring a promise from; ~ *rahoja* extort money, blackmail; ~ *tietoja* extract information (from).

kirja book; *(paperia)* quire; *ilmestyä* ~*na* appear in book form; *viedä kirjoihin* enter [in a book]; *pitää* ~*a jstk* keep accounts; *olla huonoissa kirjoissa* be in [. .'s] bad books. **-aja** registrar. **-aminen** booking, entry; *(kirjeen)* registration. **-hylly** book-shelf.

kirjai|lija writer, author;

(~**nimi** pen name; ~**tar** authoress). **-lla** write, be a writer; *(ommella)* embroider; *kullalla -ltu* embroidered with gold. **-mellinen** literal; *k-llisesti* literally, to the letter. **-misto** alphabet. **-n** letter; *isoilla -milla* in capitals, in upper case; *pienet -met* lower case.

kirja|kaappi bookcase. **-kauppa** book-shop. **-kauppias** bookseller. **-ke** type. **-kieli** literary language. **-llinen** literary; *(kirjoitettu)* written; ~ *anomus* application in writing; ~ *tutkinto* written examination.

kirjallisuuden|arvostelija literary critic. **-arvostelu** review. **-historia** history of literature.

kirjallisuus literature. **-luettelo** bibliography, [list of] references. **-viite** recommended literature.

kirjaltaja typographer.

kirja|myymälä *(esim. asemalla)* bookstall. **-nen** booklet.

kirjan|kansi cover; binding. **-kustantaja** publisher. **-merkki** book-mark. **-nimi** title [of a book]. **-oppinut** scribe. **-painaja** printer. **-pito** book-keeping; *yksin-, kaksinkertainen* ~ book-keeping by single (double) entry. **-pitäjä** book-keeper, accountant. **-päällys** jacket. **-päätös** closing of the books. **-sidonta** bookbinding. **-sitoja** bookbinder. **-sitomo** bookbinding business.

kirja|paino printing office; (~**taito** [art of] printing; typography). **-rengas** book-club. **-sin** type. **-sivistys** book-learning. **-toukka** bookworm.

kirjasto library. **-nhoitaja** librarian.

kirja|ta *(kirje ym)* register; *(viedä kirjaan)* book. **-us** registration; booking.

kirjav|a multi-coloured, many-coloured, variegated, *(sekalainen)* heterogeneous, varied; *kuv. m.* miscellaneous;

~*n korea* gaudy; ~ *seura* motley crowd; ~ *silkkikangas (m.)* printed silk; ~*t vaiheet* varying fortunes; *mustan ja valkoisen* ~ black and white. **-uus** diversity [of colours].
kirje letter. **-ellinen** . . by letter; written. **-ellisesti** by letter.
kirjeen|kantaja postman. **-kirjoittaja** letterwriter. **-saaja** addressee. **-vaihtaja** correspondent. **-vaihto** correspondence; *olla -vaihdossa* correspond (with); (~**toveri** pen friend, pen pal; correspondent).
kirje|itse by letter. **-kortti** postcard. **-kuori** envelope. **-kurssi** postal course. **-kyyhkynen** homing pigeon. **-lippu** note. **-lmä** letter, [written] communication, *lak.* writ. **-opisto** correspondence school. **-painin** paperweight. **-paperi** letter (note-) paper. **-vaaka** letter-balance. **-velka:** *olla (jklle) ~a* owe a letter to . .
kirjoa embroider.
kirjoi|ttaa write; *(lehtiin)* contribute to; ~ *koneella* type; *koneella -tettu (teksti)* typescript; ~ *käsin* write [by hand]; *käsin -tettu* hand-written; ~ *lasku* make out a bill; ~ *muistiin* make a note of, write down; ~ *musteella* write in ink; ~ *nimensä jhk* sign; ~ *puhtaaksi* make a clean (a fair) copy; *-tin saadakseni kirjan* I wrote for the book; *-tan kirjeen hänelle* I will write him a letter (a letter to him); *miten se -tetaan?* how do you spell it? *tätä -tettaessa* at the time of writing. **-ttaja** writer. **-ttamaton** unwritten; blank. **-ttautua** *(jhk)* put one's name down, be enrolled, enter one's name, register [*esim.* at the university].
kirjoitus writing; article. **-harjoitus** writing exercise. **-kirjai|n** written character; *-min kirjoitettu* cursive. **-kone**

typewriter; *kirjoittaa ~ella* type. **-kouristus** writer's cramp. **-neuvot** writing set. **-pöytä** writing-table, desk. **-salkku** brief-case. **-taito** art of writing. **-tapa** manner *(t.* style) of writing. **-tarvikkeet** stationery, writing materials. **-vihko** copy book. **-virhe** mistake in spelling, clerical error.
kirjoituttaa have . . written (typed).
kirjolohi rainbow trout.
kirjonta embroidery.
kirjopyykki coloureds.
kirjuri clerk.
kirkai|sta [give a] scream, shriek. **-su** scream; shriek.
kirkas clear; bright; *(kiiltävä)* shiny; *run.* limpid; ~ *päivä (m.)* sunny day. **-taa** make bright, brighten; clarify; *(valaista)* make clear; *usk.* transfigure. **-tua** become clear, *(esim. sää)* clear up, *(kasvot ym)* brighten [up]; *-tunut (kuv.)* transfigured. **-värinen** bright-coloured. **-ääninen** clear-voiced.
kirkkaus clearness; brightness.
kirkko church; *kirkossa (jumalanpalveluksessa)* at c. *(muuten)* in the c.; *käydä kirkossa* go to c. **-herra** rector, vicar, parson; (~**nvirasto** church registry office). **-historia** church history. **-isä:** ~*t* Fathers of the Church. **-juhla** church festival. **-kansa** church-goers. **-konsertti** church concert. **-käsikirja** [book of] ritual, *Engl.* Prayer Book. **-laki** canon law. **-laulu** *(veisuu)* congregational singing. **-maa** churchyard. **-musiikki** sacred music. **-neuvosto** vestry. **-vuosi** canonical year.
kirkolli|nen ecclesiastical, church. **-skokous** synod, Church Assembly. **-vero** church tax.
kirkon|isäntä churchwarden. **-kello** church-bell. **-kirjat** church *(t.* parish) register; *olla -kirjoissa jssak* be registered in [the parish of].

-kirous ban, excommunication; *julistaa -kiroukseen* excommunicate. **-kylä** village [with a church]. **-menot** church service; ritual. **-penkki** pew. **-torni** church tower, *(huippu)* steeple. **-vahtimestari** verger.

kirkossakävijä church-goer.

kirku|a shriek, scream; yell. **-na** screech, *(lokin ym)* squawk.

kirm|ailu frolicking. **-ata** frolic.

kirnu, -ta churn. **-piimä** buttermilk.

kiro|illa swear, use bad language. **-ta** curse; *-ttu* damned, confounded. **-us** curse; *(kirosana)* swear-word.

kirpeys bitterness, pungency.

kirpeä bitter, pungent, *kuv. m.* trenchant.

kirppu flea.

kirsi frost in the ground.

kirsikka cherry. **-puu** cherry-tree.

kirstu *ks. arkku; (ruumis-)* coffin.

kirurgi surgeon. **-a** surgery. **-nen** surgical.

kirva plant-louse *(pl. -lice)*.

kirveen|isku blow with an axe. **-terä** head of an axe.

kirve|llä smart; *-levin sydämin* with an aching heart. **-ly** smarting [pain].

kirves axe, *Am. m.* ax; *iskeä kirveensä kiveen (kuv.)* be wide of the mark. **-mies** carpenter.

kirvo|ittaa loosen, relax; release. **-ta:** ∼ *kädestä* slip out of one's hand [s].

kisa play; ∼*t* games. **-illa** play; frolic. **-kenttä** playground; athletic field.

kiskaista snatch; ∼ *itsensä irti* wrench oneself away, break away (from).

kisko bar, *(rata-)* rail; ∼*ilta suistuminen* derailment. **-auto** rail-car. **-ttaa** lay rails.

kisk|oa pull, jerk, tug; ∼ *jkta hihasta* pull .. 's sleeve (.. by the sleeve); ∼ *irti* tear off; ∼ *korkoa* practise usury; ∼ *tiikaa (maksua)* overcharge, *(nylkeä)* fleece; ∼ *pois hammas* extract (pull out) a

tooth. **-uri** *(koron-)* usurer; *(∼korko* usurious interest; ∼*vuokra* extortionate rent).

kissa cat. **-mainen** feline, catlike. **-nkello** hare-bell. **-nnaukujaiset** caterwaul [ing]. **-npoikanen** kitten.

kisälli journeyman.

kita jaws *(pl.).* **-kieleke** uvula. **-laki** [hard] palate; *pehmeä* ∼ soft palate; *(∼halkiö* cleft palate). **-risa** adenoids.

kitara guitar; *soittaa* ∼*a* play the g. **-nsoittaja** guitarist.

kitata cement; putty.

kite|inen crystalline. **-yttää, -ytyä** crystallize. **-ytyminen** crystallization.

kitistä *(esim. ovi)* creak; *(lapsi ym)* squeak, whine.

kitka friction.

kitkerä bitter, acrid; harsh.

kitkeä weed, pull up weeds; *(pois)* weed out; ∼ *maata* weed the garden.

kitsas niggardly, stingy; *(pikkumainen)* mean. **-telija** niggard. **-tella** be niggardly, be stingy. **-telu** stinginess.

kitsaus niggardliness, parsimony.

kitti cement, *(ikkuna-)* putty.

kitu|a suffer pain; linger, languish. **-kasvuinen** stunted. **-uttaa: elää** ∼ scrape a precarious living.

kiuas bathhouse stove.

kiukku crossness; anger; *olla kiukuissaan* fume. **-inen** cross, angry, irate. **-päinen** ill-tempered; irascible.

kiuku|stua get angry. **-tella** be in a tantrum, be peevish. **-ttelija** crosspatch.

kiulu pail.

kiuru lark, skylark.

kiusa annoyance, vexation; nuisance, bother, bore; ∼*lla* out of spite; ∼*llani* to spite .., to get even with .. ; *tehdä* ∼*a* tease. **-aja** tempter. **-antua** be annoyed, be vexed (with). **-antunut** worried, irritated. **-llinen** troublesome, vexatious, irksome; *sepä -llista* how annoying! what a nuisance! **-nhenki** tormentor, pest. **-nkappale** nuisance. **-ntekijä** teaser, mischief-maker.

-ta torment, harass, *(vaivata)* annoy, trouble, worry; *(ärsyttää)* vex; tease; *(viekoitella)* tempt; *jnk -ama* tormented with .., annoyed by ... **-us** temptation; *johdattaa -ukseen* lead into t.; *joutua -ukseen* be tempted (to).

kiusoitella tease, chaff.

kiva jolly good, jolly nice, funny; ripping, *et. Am.* cute; *~a!* fine!; *meillä oli ~a* we had great fun.

kivahtaa snap, *jklle* at.

kiven|ammunta blasting. **-hakkaaja** stone-cutter. **-heitto** stone's throw. **-kova** hard as stone, stony. **-louhinta** quarrying.

kivennäi|nen *a. & s.* mineral. **-slähde** mineral spring, spa. **-stiede** mineralogy. **-svesi** mineral water.

kives *anat.* testicle.

kivetty|mä fossil. **-ä** be petrified, turn into stone; fossilize; *kauhusta -neenä* petrified with terror.

kive|tä pave [with stones]; *laakakivillä -tty* metalled with flagstones. **-ys** [stone] paving, pavement.

kivi stone; *kivestä tehty* [.. of] stone. **-astiat** stoneware, earthenware. **-hiili** coal; *(~alue* coal-field; *~kaivos* coal-mine, colliery; *~kerros* coal-bed). **-jalka** stone foundation. **-kausi** the Stone Age. **-kko** stony soil. **-kunta** mineral kingdom. **-kynä** slate-pencil. **-laatta** slab [of stone], flagstone. **-lohkare** block of stone; boulder. **-louhos** quarry. **-murska** crushed stone, rubble. **-muuri** stone wall. **-nen** stone; *~ maaperä* stony soil. **-painos** lithograph. **-pora** rock-drill. **-reunus** *(käytävän)* kerb. **-ruukku** earthenware jar, crock. **-rikko** *bot.* saxifrage. **-röykkiö** heap of stones.

kivis|tys ache, pain. **-tää** ache; *päätäni ~ (kovasti)* I have a [racking] headache.

kivi|talo stone house, *(tiili-)*

brick house. **-taulu** stone tablet, *(lasten)* slate. **-ttää** pelt with stones; *~ kuoliaaksi* stone to death. **-työmies** stone-mason. **-veistämö** stone-masonry. **-öljy** petroleum, rock oil.

kivu|lloinen ailing, sickly; *on hyvin ~* is an invalid. **-lloisuus** ill-health. **-ton** painless.

kivääri rifle; gun. **-nlaukaus** report [of a gun]. **-nluoti** bullet. **-npiippu** rifle barrel. **-tuli** rifle fire.

klarinetti clarinet.

klassi|kko classic; classicist. **-llinen, -nen** classical, classic.

klikki clique.

klinikka clinic; hospital.

klisee cut, printing-block; *kuv.* cliché.

kloori chlorine.

kloroformi chloroform.

klosetti lavatory, toilet, W.C., *(vessa)* loo. **-paperi** toilet tissue.

knalli bowler.

-ko, -kö if, whether; *saitko sen?* did you get it? *hänkö sen sai?* was it he who got it? *kysy, tuleeko hän* ask whether he will come [along].

kodi|kas cosy, snug, homely. **-kkuus** cosiness. **-nhoitaja** home aid. **-nhoito** household management, homecraft. **-ton** homeless; *-ttomat lapset* waifs and strays, deprived children.

koe trial; *(kokeilu)* experiment, test *(m. koul.)*; *kokeeksi* on trial, on probation, *(tavarasta)* on approval. **-aika** [period of] probation. **-ajaa** test. **-ajo** trial *(t.* test) run. **-erä** trial heat. **-kaniini** guinea pig. **-kirjoitus** written test. **-lento** test flight. **-lentäjä** test pilot. **-poraus** exploratory drilling. **-putki** test tube; *(~lapsi* test-tube baby).

koet|ella try; *~ jkn kärsivällisyyttä* try a p.'s patience; *~ voimiaan (jkn kanssa)* pit oneself against .. **-inkivi** touchstone, *kuv. m.* test, criterion.

koett|aa try [out]; attempt,

endeavour, *(joskus)* seek; *(jnk laatua)* test, *(esim. maistaa)* sample; ~ *onneaan* try one's luck; ~ *parastaan* do one's best; ~ *pukua* try on a dress (suit); ~ *valtimoa* feel the pulse. **-elemus** trial, ordeal.

koe|tus trial, test; *(puvun)* fitting; *panna koetukselle* put to the test; *kestää* ~ stand the test. **-vuosi** year of probation.

kofeiini caffeine.

koha|hdus stir. **-uttaa:** ~ *olkapäitään* shrug one's shoulders.

kohdakkoin in the near future; *ks. piakkoin.*

kohdata meet; encounter; *(sattumalta)* run across, come across; *kuv.* meet with; *häntä kohtasi onnettomuus* he met with an accident, he had (he was involved in) an accident; *sopia kohtaamisesta* make an appointment.

kohd|e *kiel. ym* object; *sot.* objective, *(tutkimuksen)* subject. **-ella** treat; ~ *huonosti* treat badly, ill-treat. **-en** toward [s], to; *tässä kohden* at this place, *(asiassa)* on this point, *(suhteessa)* in this respect.

kohdis|taa direct; turn; ~ *huomionsa jhk* direct one's attention to [wards] ; ~ *sanansa jklle* adress one's remarks to .. **-tua** be directed, be turned (to, towards); apply to, *(esim. tutkimus)* be concerned with, *(vahinko)* affect; *epäilys -tui. häneen* suspicion fell on him.

kohentaa *(parannella)* touch up, furbish up; ~ *tulta* poke the fire; ~ *pielusta* shake [up] a cushion.

kohi|na rush, roar. **-sta** murmur; *(pauhata)* roar.

kohju hernia. **-vyö** truss.

kohme: *olla ~essa* be numb, be stiff with cold. **-lo** hangover. **-ttua** grow stiff (numb) with cold; *-ttunut* numb.

koho *(ongen ym)* float; *käsi ~lla* with one's arm raised.

-aminen rising, *(virassa)* promotion. **-illa** swell, heave. **-kas** soufflé. **-kohta** *kuv.* highlight. **-kuva** relief.

kohota rise; increase, go up; *(hinnat, m.)* advance; *lentok.* ascend, climb; *(korkeampaan asemaan)* be promoted *(esim.* to the position of a manager); ~ *jnk yli* surpass; *kuume -aa* (his, her) fever is going up. **-ttaa** raise; *(nostaa)* lift up; elevate; *(arvoa ym)* enhance; *mieltä -ttava* elevating, [soul-] inspiring; *vrt. korottaa.* **-uma** elevation; protuberance.

kohta 1. *adv.* soon; *(heti)* at once, directly, straight away; *heti* ~ on the spot, immediately. 2. *s.* point; place; *(kappale)* paragraph, section *(m. laissa)*; *(kirjoituksessa, m.)* passage; *omalta kohdaltani* as far as I am concerned; *sain sen kohdalleen* I got it put straight; *osua kohdalleen* hit the mark; *kohdalleen osuva* well put; *kaikissa kohdin* on every point, in every respect.

kohtaan toward [s]; to; *olla ystävällinen jkta* ~ be kind to

kohtalai|nen medium; moderate; fair, passable; *-sen* fairly; *-sen hyvä (m.)* reasonably good; *-sen suuri ..* of medium size, fairly big. **-suus** mediocrity.

kohtalo fate, lot; destiny. **-kas** fateful, *(kuolettava)* fatal. **-toveri** companion in misfortune.

kohtaus meeting; *(sovittu)* appointment; *teatt.* scene, *elok. TV (m.)* footage; *(taudin)* attack; fit. **-paikka** meeting-place, rendezvous.

kohte|liaasti politely. **-liaisuus** politeness, courtesy; compliment; *(~käynti* courtesy call). **-lias** polite, courteous. **-lu** treatment, usage; *huono* ~ mistreatment.

kohti: *jtk* ~ toward [s], *-wards; itää* ~ to [wards] the east; *kotia* ~ homewards; *10 markkaa henkilöä* ~ 10 marks

each *(t.* per person). **-suora**
perpendicular; *(pysty)* vertical;
-suoraan (m.) at right angles
(to).

kohtu womb, uterus.

kohtuulli|nen moderate,
reasonable; fair; ~ *elämässään*
temperate in one's way of
life; ~ *toimeentulo* a decent
living; *-seen hintaan* at a
reasonable price, at moderate
cost; *kuten -sta olikin* as was
only fair (reasonable). **-uus**
moderation.

kohtuu|s moderation;
reasonableness, justice; *se on
oikeus ja* ~ it is only just;
-della ei voi enempää vaatia
more cannot reasonably be
demanded; *-den rajoissa*
within reason. **-hinta:** ~*an* at
a moderate price, fairly
cheap. **-ton** unreasonable,
unfair; immoderate; *(liiallinen)*
exorbitant, excessive; *(esim.
vuokra)* extortionate; *käyttää
-ttomasti (alkoholia ym)*
overindulge in . .

kohu sensation, rumpus,
hullabaloo; *siitä nousi* ~ it
created a sensation. **-ta:**
maailma -aa jstk the world is
in an uproar about.

koi [clothes] moth; *(aamun)*
dawn.

koilli|nen north-east. **-stuuli**
north-east [erly] wind.

koinsyömä moth-eaten.

koipi shank, leg.

koira dog; *(ajo-)* hound; *siihen
on* ~ *haudattuna* there is
something behind this, *puhek.*
I smell a rat.

koiran|heisipuu guelder-rose.
-ilma beastly weather.
-kasvattaja dog-breeder. **-koppi**
kennel. **-kuje** dog's *(t.* dirty)
trick. **-leuka** practical joker,
wag. **-pentu** pup [py]. **-pommi**
toy torpedo. **-putki** wild
chervil. **-uinti:** *uida* ~*a*
dog-paddle.

koira|näyttely dog show. **-pari**
brace of dogs. **-rotu** breed of
dogs. **-tarha** kennels. **-vero**
dog-licence.

koiras male; *(linnusta)* cock.
-karhu he-bear. **-kettu** dog

fox. **-kissa** tom-cat.

koiravaljakko dog team.

koiruus: *tehdä jklle koiruutta*
play a dirty trick on . .

koittaa: *päivä* ~ the day
breaks; *päivän koittaessa* at
dawn, at daybreak.

koit|ua: *siitä ei koidu mitään
hyvää* no good will come of
that; *siitä -uu kuluja* it will
involve expense; *minulle -ui
menoja* I incurred expense
[through this]; *se -uu hänelle
kunniaksi* it will redound to
his credit.

koivikko birch grove,
birchwood.

koivu birch. **-inen** birch.
-nmahla birch sap. **-nvarpu**
birch twig.

koje apparatus; instrument;
(laite) appliance, device;
(vekotin) gadget; ~*et*
apparatus; equipment. **-lauta**
dashboard, instrument panel.

koju *(kauppa-)* stall, booth;
(makuu-) bunk, berth; *(maja)*
cabin.

kokaiini cocaine.

kokardi cockade.

koke|a experience; suffer, meet
with; undergo; ~ *verkko*
examine [and empty] a net.
-ellinen experimental. **-ilija**
experimenter. **-illa** try [sth.
out on], make experiments,
experiment, *jllak* on, with;
antaa jkn ~ give . . a chance
to try; *-iltavaksi* on trial; ~
autoa give the car a trial
run (spin). **-ilu**
experiment [ation], trial;
(~**nluonteinen** tentative,
experimental). **-las** candidate;
aspirant.

kokema|ton inexperienced.
-ttomuus inexperience.

koke|mus experience; *-muksesta*
from e.; *oppia -muksesta*
learn by e.; *katkerasta
-muksesta tiedän* I know out
of my own bitter (harsh) e.;
(~**peräinen** empiric [al]). **-nut**
experienced; . . *on kovia* ~
. . has endured many
hardships.

kokka bow. **-puhe** joke,
witticism. **-puu** bowsprit.

kokkar|e lump; *(myky)* dumpling; *(maa-)* clod. **-oitua** get lumpy; *kem.* coagulate.
kokkeli *(muna-)* scrambled eggs.
kokki cook.
kokko *(-tuli)* bonfire, midsummer pyre.
koko 1. *a.* whole, the whole (of), entire; *adv.* rather; fairly; ~ *päivän (m.)* all day long; ~ *talven* all the winter; ~ *joukon* a good deal, *(puhek.)* quite a lot; ~ *joukon parempi* considerably better; ~ *Helsinki* all H., the whole of H.; ~ *hyvä* fairly good, *(huonohko)* rather good; ~ *maailmassa* throughout the world, all over the world. **2.** *s. (suuruus)* size; *(ruumiin)* stature; *(mitat)* dimensions; *(tilavuus)* volume; *pientä ~a* .. of small size. **-aminen** collection; *(koneen)* assembling. **-elma** collection.
kokoo|lija collector. **-lla** collect; gather. **-nen:** *jnk* ~ [of] the size of ..; *minun -seni* of my size; *eri -sia* of various sizes.
koko|jyväleipä whole-meal bread. **-kuva** full-length portrait. **-käännös** about-turn; *tehdä* ~ turn about, turn round. **-lattiamatto** wall-to-wall carpet [ing]. **-naan** wholly, entirely, completely, totally; ~ *toinen* quite another. **-nainen** whole, entire, total; *-naista 10 vuotta* all of ten years.
kokonais- overall, total. **-luku** *mat.* whole number, integer. **-määrä** total amount. **-ratkaisu** *ks. nippu-*. **-summa** [sum] total; *voitto nousee* .. *~an* the profits total .. **-tulo** gross income. **-uus** entirety, totality; whole; *-uudessaan* in its entirety, as a whole, altogether; *ehjä* ~ an integrated whole. **-vaikutelma** general impression. **-valtainen** all-inclusive.
kokonuotti semibreve.
kokoomus composition, *fys.* consistency. **-hallitus** coalition government. **-puolue** conservative (coalition, union) party.

kokoon together; up; *kutsua* ~ call together; *kääriä* ~ roll up; *panna* ~ put together, *(laatia)* compose, draw up, *tekn.* assemble; *taittaa* ~ fold up; ~ *pantava* collapsible, folding [seat, *tuoli*]. **-kutsuminen** convocation, calling [together]. **-pano** composition. **-pantu** composed, made up (of); *olla* ~ *jstk* consist of. **-tua** assemble, meet; come together, gather. **-tuminen** *m.* get-together. **-työnnettävä** folding, collapsible.
kokous meeting; assembly, conference; *(kansainvälinen)* congress; *(esim. koulutoverien)* reunion; *kutsua kokoukseen* summon a meeting, convene. **-paikka** meeting-place, *(huone, sali)* assembly room (hall).
koksi coke.
kola|htaa bump; *pääni -hti seinään* I bumped my head against the wall. **-ri** *(auto-)* collision, crash. **-uttaa** knock, strike.
kolea raw, bleak, chilly.
kolehti collection; *kantaa ~a* take a collection. **-haavi** collection bag.
kolera cholera.
kolesteroli cholesterol.
kolh|aista knock, hit. **-aisu** bruise. **-ia** batter; damage.
kolhoosi kolkhoz, collective farm.
kolhu knock; *elämän ~t* buffetings of life; *vrt. kolhaisu.*
kolibakteeri colon bacillus.
kolibri humming-bird.
kolikko [large] coin.
koli|na noise; clatter. **-sta** make a noise; clatter. **-stella:** ~ *ovea* rattle the door.
kolja *zo.* haddock.
kolkata *sl.* clobber, *(tappaa)* bump off.
kolkka corner; *(seutu)* parts.
kolkko gloomy, dismal, dreary; *(kaamea)* gruesome; *(kolea)* raw; *(autio)* desolate.
kolku|ttaa knock, rap (at), *(hiljaa)* tap; *ovelle -tettiin* there was a knock at the door. **-tus** knock [ing].

kollaasi *ks. kooste.*
kollationoida collate.
kolle|ga colleague. **-ginen**
collegiate. **-gio** college;
(opettaja-) teachers' council.
kollektiivinen collective.
kolli package, piece [of
goods]. **-kissa** tom-cat.
kolm|annes third [part]; *kaksi*
~*ta* two thirds. **-as** [the]
third; *pää -antena jalkana*
helter-skelter; *kolmanneksi*
third [ly]; (~**kymmenes** [the]
thirtieth; ~**osa** [one-]third).
-asti three times. **-astoista**
[the] thirteenth.
kolme three; ~*na kappaleena*
in triplicate; *me* ~ we three,
the three of us. **-kymmentä**
thirty. **-nlainen** . . . . of
three kinds. **-sataa** three
hundred. **-sti** three times.
-toista thirteen.
kolmi- three-, tri-, triple; *jakaa*
~*a* divide into three parts.
-haarainen three-branched.
-jako tripartition. **-jalka**
tripod. **-kerroksinen**
three-storey [ed]. **-kko** trio.
-kulma triangle. **-kulmainen**
triangular. **-kymmenvuotinen**
of thirty years [duration]; ~
sota the Thirty Years' War.
-liitto Triple Alliance. **-loikka**
triple jump. **-mastolaiva**
threemaster. **-nainen** threefold,
treble, triple. **-naisuus** [the]
Trinity. **-nkertainen** threefold;
triple, treble; three-ply.
-nkertaisesti threefold, trebly.
-kertaistua treble, be trebled.
-o triangle; ~*n muotoinen*
triangular. **-osainen** consisting
of three parts; *(kirja)* . . in
three parts, *(näytelmä)* in
three acts. **-pyörä** *(polku-)*
tricycle. **-päiväinen** lasting
three days. **-sen:** ~ *vuotta*
about three years. **-sin** in a
group of three; *menimme*
sinne ~ the three of us went
there. **-sivuinen** three-sided,
trilateral. **-sointu** triad,
common chord. **-särmäinen**
triangular. **-tavuinen**
trisyllabic; ~ *sana* trisyllable.
-ulotteinen three-dimensional.
-vuotias *a.* three years old;

atr. & s. three-year-old.
-vuotinen lasting three years,
triennial. **-yhteinen** triune.
kolmo|is- triple; (~**kappale**
triplicate). **-nen** three, *(pelissä,*
m.) trey. **-set** triplets.
kolo hole; cavity, hollow.
kolonna column
koloratuuri coloratura.
kolo|ttaa ache. **-tus** ache, pain.
kolpakko tankard.
kolttonen trick, prank.
kolvi soldering-iron.
kome|a fine, grand; splendid,
magnificent; stately, imposing;
(hauskannäköinen)
good-looking. **-illa** make a
display, parade, show off. **-ilu**
show, parade, ostentation.
komen|nella push around, order
about. **-nus** command;
jkn-nuksesta at a p.'s c.;
(~**kunta** command,
detachment).
koment|aa command; be in
command of; *-ava kenraali*
the general in c. **-aja**
commander.
komento command; *(järjestys)*
order; *jkn komennossa* under
command of. **-sana** word of
command. **-silta** bridge. **-torni**
conning tower.
komero built -in cupboard
(vaate- wardrobe), *Am. m.*
closet; recess, alcove.
komeus magnificence,
stateliness, state, splendour.
komi|ssaari commissioner,
(poliisi-) inspector; *(Neuv.*
Ven.) commissar. **-tea**
committee.
kommellus mishap; slip.
komment|aari, -oida comment
(on). **-oija** commentator.
kommunikea communiqué.
kommunis|mi communism. **-ti**
communist. **-tinen**
communist [ic].
kompa quip. **-kysymys** tricky
question. **-runo** epigram. **-sana**
sarcasm.
kompara|atio comparison. **-tiivi**
comparative [degree].
kompassi compass. **-neula**
compass needle.
kompas|tua stumble (against,
over). **-tus** stumbling; (~**kivi**

stumbling-block).
kompensoida compensate.
kompleksi complex.
komposti compost.
komppania company.
kompromissi compromise.
kompuroida crawl, scramble.
konditionaali conditional [mood].
konditoria confectioner's, pastry shop.
kone machine; engine; *höyry* ~ steam engine; *~et* machinery.
koneelli|**nen** mechanical. **-sesti** by machine, mechanically. **-staa** mechanize.
koneen|**hoitaja, -käyttäjä** machine-(engine-)man, *mer.* engineer, machinist.
kone|**huone** *(laivan)* engine-room. **-insinööri** mechanical engineer. **-isto** machinery; *(pienempi)* mechanism; *(kellon)* works. **-kirjoittaja** typist. **-kirjoitus** typing. **-kivääri** machine-gun. **-käyttöinen** mechanically operated. **-mainen** mechanical. **-mestari** engineer. **-oppi** science of machinery, [general] engineering practice. **-paja** engineering shop (works). **-pelti** bonnet, *Am.* hood. **-pistooli** sub-machine gun. **-rikko** breakdown. **-seppä** mechanic. **-tehdas** machine factory. **-teollisuus** engineering [industry]. **-tykki** A-gun. **-työ** machine work; *se on ~tä* it is machine-made. **-vika** engine failure, breakdown. **-öljy** engine oil.
konferenssi conference (on).
Kongo the Congo. **k-lainen** *a. & s.* Congolese.
kongressi congress.
konjakki brandy.
konjugaatio conjugation.
konjunk|**tiivi** subjunctive [mood]. **-tio** conjunction. **-tuuri** *ks. suhdanne.*
konkreettinen concrete; palpable.
konkurssi bankruptcy, failure; *tehdä* ~ become bankrupt. fail. **-pesä** bankrupt's estate. **-rikos** fraudulent bankruptcy.
konna scoundrel, villain; *zo.*

toad. **-mainen** villainous, knavish. **-nkoukku** dirty trick. **-ntyö** villainous deed, knavery.
konossementti bill of lading (B/L).
konsepti rough draft; *(puhujan)* notes.
konsertti concert, recital; *pitää* ~ give a c. **-flyygeli** concert grand. **-matka** concert tour. **-sali** concert hall.
kon|**servatorio** conservatoire. **-sistori** consistory; *(yliop.)* council. **-sonantti** consonant.
konstaapeli policeman, constable; *yli~* police sergeant.
konsti trick. **-kas** intricate; complicated; tricky.
konstruoida construct.
konsu|**laatti** consulate. **-lentti** counsellor, adviser; *maatalous* ~ agricultural expert. **-li** consul; *(~nvirasto* consulate).
konsultti consultant.
kontata crawl, creep.
kontra|**amiraali** rear-admiral. **-basso** double-bass.
kontrahti contract, agreement; *tehdä* ~ [make a] contract (for).
kontroll|**i** control; supervision. **-oida** control, check.
kontta: *kontassa* numb with cold.
kontti knapsack; container.
konttokurantti account current.
konttori office. **-aika** office hours; *~na* in (during) business hours. **-apulainen** office employee, clerk. **-henkilökunta** office staff. **-huoneisto** office [premises]. **-neiti** woman clerk. **-paikka** office job, clerical job. **-päällikkö** office manager. **-sti** clerk.
kontu homestead; *koti ja* ~ hearth and home.
koodi code.
kookas big, large; *(-kasvuinen)* tall.
kookos|**matto** coconut matting. **-palmu** coconut palm. **-pähkinä** coconut.
koo|**lla** assembled. **-lle:** *tulla* ~ come *(t.* get) together, assemble; *kutsua* ~ convene, summon.

koomi|kko comedian. **-llinen** comic [al].

koommin: *ei sen* ~ never since.

koossa: *pitää (pysyä)* ~ hold .. together; ~ *pysyvä* coherent.

kooste collage.

koostu|a be composed (of), consist (of). **-mus** composition.

koota collect, gather; *(kone ym)* assemble; amass; *(varastoon)* lay up, store up, hoard up; ~ *ajatuksensa* collect one's thoughts, pull oneself together; ~ *rahaa (hankkia)* raise money, *vrt. rahankeräys; kootut teokset* complete works.

kope|a haughty, arrogant, overbearing. **-illa** be haughty, ride a high horse; *-ileva* arrogant, high and mighty. **-ilu** arrogance, haughtiness.

kopeloida grope after, fumble; *(omavaltaisesti)* tamper with.

kopeus haughtiness, arrogance.

kopina stamp [ing], tramp; pattering.

kopio copy; *valok.* print; *valo~* photocopy. **-ida** copy, *(käsin, m.)* transcribe; *valok.* print; *vien filmit -itavaksi* I'll take the films to be printed.

kopistella make a noise; rattle (with); ~ *lunta kengistään* shake the snow off one's shoes.

kopla *(varas- ym)* band, gang.

koppa basket; *(hatun)* crown.

koppava haughty, high and mighty.

koppelo wood-grouse, hen capercaillie.

koppi cell; *urh.* catch; *sain kopin käteeni* I caught the ball.

kopu|ttaa knock, rap (at). **-tus** knock, rap.

koraali choral [e], hymn.

koraani [the] Koran.

korahdus rattle.

koralli coral. **-npunainen** coral. **-riutta** coral reef.

kore|a fine; showy; garish; *~t värit* gaudy colours. **-illa** *(jllak)* show off, make a show (a parade) of; *(pukeutua*

koreilevasti) overdress, dress up. **-ilu** ostentation, show -[iness]; vanity; (*~nhalu* love of fine clothes, vanity; *~nhaluinen* vain, fond of show).

korento cowlstaff.

koreus *(koristus)* show, finery; *(hienous)* elegance; smartness.

kori basket, *(kala-, pullo-)* crate; *(auton)* [car] body. **-huonekalut** wicker furniture.

kori|na rattle. **-sta** have a rattle in one's throat.

koripallo basket-ball.

koris|taa decorate, adorn *(m. kuv.)*; *(hattua, pukua jllak)* trim; *(ruokia)* garnish. **-tamaton** unadorned. **-tautua** dress up, adorn oneself.

koriste ornament; *(hatun, puvun)* trimming; *(koru)* trinket. **-ellinen** decorative. **-esine:** *~et* fancy goods; bric-a-brac, knick-knacks. **-kasvi** ornamental plant. **-lematon** *kuv.* natural, artless, unaffected. **-lla** decorate; ornament; deck [out]. **-lu** decoration. **-maalari** decorator.

koristus ornament; adornment; *(koru)* finery; *(huoneen ym)* decoration.

kori|teos wickerwork. **-tuoli** cane (wicker) chair.

korjaa|maton not repaired; uncorrected. **-mo** repair shop, *(auto-, m.)* garage.

korja|ta repair, *Am.* fix; *(parsia ym)* mend; correct, put right; rectify, amend; *(koe)* mark; *(huoneisto)* do up; ~ *epäkohta* redress a grievance; ~ *pois* clear away, remove; ~ *puku* alter a dress; ~ *ruoka pöydästä* clear the table; ~ *sato* harvest [the crop], reap the harvest; ~ *tekstiä* revise, edit; *viedä -ttavaksi* take .. to be repaired; .. *ei ole -ttavissa* is irreparable, is beyond repair; *-ttu painos* revised edition **-us** repair [s]; correction; *(muutos)* alteration; *-uksen alaisena* under repair; *huoneisto on -uksen alaisena* the flat is being [re]decorated; .. *on*

-uksen tarpeessa .. needs doing up; (~**arkki** proof sheet; ~**luku** proof-reading; ~**mies** repair man, mechanic; ~**paja** repair-shop; ~**vedos** proof). **-uttaa** have .. repaired. **-utua** be repaired; be remedied.

korjuu: *hyvässä* ~*ssa* in safe keeping.

korkea high; *(puu ym)* tall; elevated; *kuv.* lofty, exalted; *(jnk) korkein määrä* maximum; *elää* ~*an ikään* live to a great age, reach an advanced age. **-arvoinen** .. of high rank (position). **-kantainen** *(kengästä)* high-heeled. **-kaulainen** high-necked. **-kirkollinen** High Church. **-korkoinen** high-interest. **-koulu** institute of university standing, college, School *(esim.* S. of Economics). **-lentoinen** high-flown. **-lla** high [up]; *sijaita* ~ lie high, have a high situation. **-lle** high [up], to a height. **-lta** from a [great] height. **-mpi** higher; superior; *-mmalle* higher [up], to a greater height. **-paine** high pressure, *ilmat.* anti-cyclone, high pressure. **-suhdanne** boom. **-sukuinen** high-born.

korkei|n highest, topmost; supreme; ~ *hinta* top price; ~ *määrä* greatest amount, maximum; ~ *oikeus* Supreme Court; *on -mmillaan* is at its peak. **-ntaan** at most, .. at the outside.

korkeus height; altitude; *(äänen)* pitch; *veden* ~ level of water, *(merenpinnan)* sea level; *Teidän Korkeutenne* Your Highness. **-hyppy** high jump. **-mittari** altimeter.

korkita cork.

korkki cork, *(pullon, m.)* stopper, bottle top. **-matto** linoleum. **-ruuvi** corkscrew. **-vyö** cork belt.

korko *(kengän)* heel; *(raha-)* interest; *kiel.* stress; *5 %* ~*a vastaan* at 5 % interest; *kasvaa* ~*a korolle* bear

compound interest; ~*a kasvava* interest-bearing; *lainata* ~*a vastaan* lend at interest; *tuottaa* ~*a* yield interest. **-kanta** rate of interest. **-kartta** relief map. **-kuva** relief. **-merkki** accent. **-tappio** loss of interest. **-tulo** income from interest.

korkuinen: *metrin* ~ one metre high (in height); *minun korkuiseni* .. of my height.

kornetti cornet.

koroillaeläjä person of independent means.

koro|ke platform, *(puhuja-, m.)* rostrum; dais; *(pienempi)* stand, podium; *(katu-)* [safety] island; *(~**keskustelu** panel discussion). **-llinen** *ks. painollinen;* ~ *laina* loan at interest.

koron|kiskonta usury. **-kiskuri** usurer.

koros|taa stress, emphasize, lay stress on; *(esim. kauneutta)* highlight; *vrt. painottaa.* **-tus** stress, emphasis; *hienoinen vieras* ~ a slight foreign accent.

koroton *kiel.* unstressed; *liik.* free of interest.

koro|ttaa raise; *(lisätä)* increase, heighten, *(hintaa, m.)* advance; enhance; *(jhk arvoon)* promote; *hänet -tettiin everstiksi* he was promoted colonel; ~ *äänensä* raise one's voice, speak up. **-tus** rise, increase; (~**merkki** *mus.* sharp).

korpi backwoods; wilderness. **-lakko** wildcat *(t.* unofficial) strike.

korppi raven. **-kotka** vulture.

korppu rusk. **-jauho** [golden] breadcrumbs.

korpraali lance corporal.

korrehtuuri proof.

korrelaatti *kiel.* antecedent.

korroosio corrosion.

korruptio corruption.

korsi culm, straw, stem of grass; *kantaa kortensa kekoon* do one's bit, add one's mite to the pile.

Korsika Corsica. **k-lainen** *a.* & *s.* Corsican.

korskea haughty.
korsku|a, -nta snort.
korsu dugout.
korte *bot.* horse-tail.
kortinpelaaja card-player.
kortisoni cortisone.
kortisto files, card-index.
kortteli *(taloryhmä)* block.
kortti card; *(leipä ym)*
rationing-card; *peli* ~
playing-card; *pelata* ~*a* play
cards; *panna kaikki yhden
kortin varaan* put all one's
eggs in one basket.
-järjestelmä card-index
[system]. **-pakka** pack of
cards, *Am.* deck. **-peli**
card-game. **-temppu** card-trick.
koru ornament, trinket; *(riipus)*
pendant; ~*t* jewellery. **-kieli**
flowery (florid) language.
-lause high-sounding phrase;
tyhjät ~*et* empty phrases
(words), balderdash. **-lipas**
trinket box, jewellery case.
-ompelu fancy needle-work,
embroidery. **-painos** de luxe
edition. **-sähke** greetings
telegram. **-tavara** fancy goods,
trinkets. **-ton** simple; artless;
unaffected. **-ttomuus** simplicity.
korva ear; *hyvä (sävel)* ~ a
good ear for pitch; *antaa
jkta korville* box (cuff) sb.'s
ears; *kallistaa* ~*nsa jllek* lend
an ear to; *olla pelkkänä* ~*na*
be all ears; *velassa korviaan
myöten* over head and ears
in debt; *hän ei ota kuuleviin
korviinsa* he turns a deaf ear
to . .
korvaamaton irreplaceable;
irreparable; *(mahdoton saada
takaisin)* irrecoverable.
korva|-aukko aural orifice.
-kuulo hearing; ~*n mukaan*
[play] by ear. **-käytävä**
auditory meatus. **-lehti** auricle.
-llinen: *kynsiä* -*llistaan* scratch
one's ear. **-lääkäri** otologist,
ear specialist. **-nnipukka** ear
lobe. **-nsuhina** buzzing in the
ear. **-nsuojus** ear shield, ear
protector, *(talvella)* ear muff.
-rengas ear-ring. **-sieni**
Gyromitra esculenta.
-särky ear-ache.
korva|ta compensate, *(asettaa*

sijalle) replace (with, by),
substitute (for); balance; ~
tappio jklle compensate a. p.
for loss, make up a loss; ~
vahinko make good a
damage; *-amme Teidän
kustannuksenne* we will refund
(reimburse) your expenses; *ei
ole -ttavissa* is impossible to
replace.
korvatillikka box (cuff) on the
ear.
korvau|s compensation;
remuneration; indemnity;
-kseksi jstk as a compensation
for: *(hän tekee sen)* ~*ta
vastaan* [he will do it] for a
consideration. **-svaatimus** claim
[for damages].
korventaa singe, scorch.
korviasärkevä ear-splitting,
(-huumaava) deafening.
korvike substitute; *isän* ~
father s. *(t.* surrogate).
kosi|a propose, *jkta* to. **-ja**
suitor. **-nta** proposal [of
marriage]. **-skella** court, woo
(m. kuv., yleisöä ym); ~ *jkn
suosiota* court a p.'s favour.
koska when? [at] what time?
(sentähden että) because, as,
since; ~*an* ever; *ei* ~*an*
never.
koske|a touch; *(tarkoittaa)*
refer to, concern, apply to;
(kipeästi) hurt; *se koski
minuun kipeästi (kuv.)* it gave
me pain; *se ei koske minua*
that does not concern me; ..
koski pikkuasioita .. related
to minor details. **-maton**
untouched, intact;
(loukkaamaton) inviolable.
-mattomuus inviolability; *dipl.*
immunity; *alueellinen* ~
territorial integrity.
koskenlask|ija rapids-shooter. **-u**
shooting the rapids.
koske|tella touch; *kuv.* touch
upon, treat (of). **-tin** key;
sähk. contact; *seinä~ ks.
pistorasia.* **-ttaa** touch, *kuv.*
touch upon. **-ttimisto**
keyboard. **-tus** touch *(m.
mus.);* contact; *joutua -tuksiin
jkn, jnk kanssa* get (come)
into contact with;
vähäisimmästä -tuksesta at the

least touch, on the slightest manipulation; (~**kohta** point of contact). **-va:** *jtk* ~ regarding, as regards.
koski rapids; *(putous)* water-fall.
kosme|ettinen: *k-ttiset aineet* cosmetics. **-tologi** beauty specialist, cosmetician.
kosminen cosmic.
kosmopoliitti cosmopolitan.
kosmoskynä copying pencil.
kosolti copiously, . . in abundance.
kosta|a avenge; *(jklle jk)* revenge oneself on a p. for, take revenge on a p. for; ~ *hyvä pahalla* repay good with evil.
koste|a damp; moist, humid. **-ikko** *(keidas)* oasis. **-us** dampness, humidity; moisture; *suojeltava -udelta* keep dry.
kosto revenge, vengeance; *(-toimet)* retaliation. **-nhalu, -nhimo** desire for revenge. **-nhimoinen** vindictive, revengeful. **-toimenpiteet** *(valtion)* reprisals; retaliatory measures.
kostu|a get damp, get moist; *ei siitä paljon kostu* there is little to be gained by that. **-ttaa** moisten, damp [en].
kota [Laplander's] hut, tepee; *bot.* capsule.
kotelo case, container; *(pistoolin)* holster; *zo.* chrysa|lis *(pl. -lides)*. **-itua** be encapsulated. **-koppa** *zo.* cocoon.
koti home; *~ni (m.)* my place; *kodissani* in (at) my home. **-apulainen** home help. **-aresti:** *~ssa* under house arrest. **-askareet** household duties, housework. **-eläin** domestic animal. **-elämä** home life. **-etsintä** house search. **-hartaus** family worship. **-ikävä** home-sickness.
kotiin home; *jäädä* ~ stay at h.; *tulla* ~ come h.; *jättää jtk* ~ leave . . at home. **-kanto** delivery. **-kutsuminen** recall. **-lähetys** delivery. **-päin** homeward [s]. **-tulo** return home, home-coming.

koti|kaupunki home town. **-kieli** language of [one's] home. **-kissa** house-cat; *kuv.* stay-at-home. **-kudonnainen** hand-woven [goods], *(kansallinen)* folkweave. **-kutoinen** hand-woven; ~ *kangas (m.)* homespun. **-liesi** [domestic] hearth; fireside.
kotilo *zo.* gastropod.
koti|lääkitys household remedy; self-medication. **-lääkäri** family doctor. **-maa** home country, homeland; *~n* . . domestic, home, inland; *~n uutiset* home news. **-mainen** native; home, domestic; ~ *teollisuus* home industry; *-maista (suomalaista) valmistetta* . . of Finnish make. **-markkinat** home market. **-matka** journey home; way back; *~lla* on the way home; *~lla oleva (et. laiva)* homeward bound. **-mies** *(lastenkaitsija)* baby-sitter. **-opettaja** [private] tutor. **-opettajatar** governess. **-paikka** place of residence; domicile. **-rauhanrikkominen** *l.v.* invasion of privacy. **-rouva** housewife. **-seutu** home area. **-takki** smoking jacket. *(naisen)* house-dress (-coat). **-talous** home economics; (~**opettaja** home economist; ~**opettajaopisto** college for teachers of home economics). **-tarkastus** house search; *toimittaa* ~ *jssk* search a house. **-tarve** household use. **-tehtävä** homework, task. **-tekoinen** home-made. **-teollisuus** hand [i]craft, homecrafts, home industries. **-uttaa** disband; demobilize. **-utua** come (arrive) home; *(tottua olemaan)* make oneself at home, feel at home; become acclimatized; ~ *kieleen* be accepted in a language. **-väki:** *-väkeni* my people, my family.
kotka eagle. **-nnenä** aquiline nose. **-npesä** eagle's nest. **-npoika** eaglet, young eagle. **-nsilmä** eagle eye.
kotkata clinch.
kotko|ttaa, -tus cluck; cackle.

kotletti cutlet, chop.
koto home; ~a from h. **-inen** homelike, cosy; .. on -sta it is quite like home, it is nice and comfortable; ~ sävel a breath of home. **-isin:** ~ jstk a native of . .; hän on ~ ..sta he is (he comes) from ..; se ei ollut paljon mistään ~ it did not amount to much. **-na** at home; ~ni at home, in my home; hän ei ollut ~ ajoissa he was not home in time; ole kuin ~si! make yourself at home!
kottaraïnen starling.
kottikärryt wheelbarrow.
kotva: ~n aikaa a while.
koukata hook; snatch; sot. outflank; (jääkiekk.) hook.
koukerïo flourish, curlicue. **-oinen** winding, sinuous. **-rella** wind, meander.
koukisïtaa bend, bow. **-tua** bend; become crooked (bent); ~maahan stoop down.
koukkaus (äkkikäännös, esim. auton) swerve; urh. hooking.
koukku hook; (ripustin) hanger; koukussa bent, crooked. **-inen** crooked; curved, bent. **-nenäinen** hook-nosed. **-selkäinen** round-shouldered, bowed.
koulu school; käydä ~a attend s.; ~ssa in (t. at) s.; mennä ~un go to s.; olla (luvatta) poissa ~sta play truant, stay away from school. **-aine** school subject. **-ateria** school lunch. **-esimerkki** typical example; object-lesson. **-hallitus** National Board of Education. **-ikä** school age. **-kasvatus** education, schooling. **-kirja** school-book. **-koti** approved school, community home, Am. reform school, training school. **-kunta** school. **-lainen** pupil, school-boy, -girl. **-laitos** school system. **-laiva** training ship. **-maksu** school fee [s].
koulunïjohtaja head [master], principal. **-johtajatar** head [-mistress]. **-käynti** attending school, school attendance. **-käynyt** educated;

trained. **-opettaja** school-teacher, schoolmaster, (~tar) schoolmistress.
kouluïnuoriso school-children, those of school age. **-painos** school edition. **-pakko** compulsory school attendance. **-poika** schoolboy. **-radio** school broadcasting (~ohjelma school programme). **-ratsastus** dressage. **-sivistys** school education. **-talo** school building. **-tieto** book learning. **-todistus** school report. **-toveri** schoolfellow, schoolmate. **-ttaa** educate; train; (taimia) prick out (t. off), transplant; (-tettu sairaanhoitaja trained (Am. graduate) nurse. **-ttaja** instructor. **-tus** education, schooling; training. **-tyttö** schoolgirl. **-vuosi** school year.
koura fist, [hollow of the] hand; kovin kourin with a firm hand; jnk kourissa in the grip of. **-antuntuva** palpable, tangible. **-ista** grasp, kuv. grip. **-llinen** handful.
kourisïtaa: sydäntäni ~ .. it wrings my heart (to). **-tus** convulsion; cramp; -tuksenomainen spasmodic, convulsive.
kouru channel; (katto-) gutter; (lasku-) spout.
kova hard; (ankara) severe; strict; stern; harsh, unfeeling; (äänestä) loud; ~ isku heavy (hard) blow; ~ jano, nälkä severe thirst (hunger); ~t kannet (kirjan) boards; ~ kilpailu severe (keen) competition; ~ kuumuus intense heat; ~ myrsky [strong] gale, storm; ~ onni hard luck; ~ raha hard cash, coin; ~ tuuli strong wind; ~ vauhti great (high) speed; ~ksi keitetty hard-boiled; ~lla äänellä in a loud voice, loud [ly]; ~n linjan mies hard-liner; (oppia) ~ssa koulussa [learn] the hard way; hän on kokenut kovia he has endured many hardships; jos ~lle ottaa if it comes to a pinch. **-kourainen** heavy-handed; rough; pidellä

k-aisesti handle roughly. **-kumi** vulcanite. **-levy** hardboard, *(puolikova)* medium board. **-kuoriainen** beetle. **-naamainen** hard-faced. **-osainen** unlucky, hapless. **-pintainen** *kuv.* hard-boiled. **-päinen** thick-headed, dull-witted. **-pää** blockhead. **-sin** whetstone; hone. **-sti** severely, heavily, very much; *tehdä työtä (yrittää)* ~ work (try) hard; ~ *mielissään* greatly pleased, very [much] pleased. **-sydäminen** hard-hearted, uncharitable. **-vatsainen** constipated. **-ääninen** loud, noisy; *vrt. kaiutin.*

kove|mmin harder *jne.;* louder; *puhua* ~ speak louder. **-ntaa** make harder, make heavier, *(esim. ehtoja)* harden; *(lisätä)* increase.

kover|a hollow; concave. **-taa** hollow [out], scoop out, gouge [out]. **-uus** concavity.

kove|ta harden, become hard; become solid. **-ttaa** harden *(m. kuv.)* **-ttua** ks. *koveta; (paatua)* become callous. **-ttuma** *(kädessä ym)* callus, induration.

kovike *(-kangas)* buckram.

kovin very; *(ylen)* extremely, exceedingly; *ei ~kaan suuri* not particularly big.

kovistaa *(jkta)* bring pressure to bear upon .., press; *(nuhdella)* take .. to task.

kovuus hardness; severity; *(äänen)* loudness.

kraatteri crater.

kranaat|ti shell; *(käsi-)* hand-grenade. **-inheitin** mortar.

krapu *ks. rapu; Kravun kääntöpiiri* the Tropic of Cancer.

krapula hangover. **-ryyppy** hair of the dog.

krassi nasturtium, *(vihannes-)* garden cress.

kravatti *ks. solmio.*

kreditiivi letter of credit.

Kreeta Crete.

kreikan kieli Greek.

Kreikka Greece. **k-lainen** *s.* & *a.* Greek; *a.* Grecian; **k-laiskatolinen kirkko** [the

Greek] Orthodox Church.

kreivi count; *Engl.* earl *~n aikaan* in the nick of time. **-kunta** *Engl.* county. **-tär** countess.

krematorio crematory.

Kreml the Kremlin.

kreppi crepe, crêpe. **-nailon** crepe nylon, stretch nylon. **-paperi** crepe paper.

kretonki cretonne; *(kiilto-)* chintz.

kriikuna bullace.

kriisi crisis *(pl.* crises).

kriit|illinen, -tinen critical.

krike|tti cricket; *-tin pelaaja* cricketer.

Krim the Crimea; *~n sota* the Crimean war.

kriminnahka Persian lamb.

krinoliini crinoline.

kristalli crystal; cut glass. **-nkirkas** crystal [-clear], crystalline.

kristi|kunta Christendom. **-llinen** Christian. **-llisyys, -noppi** Christianity. **-nusko** Christian faith; *käännyttää ~on* convert to Christianity.

Krist|us Christ; *ennen -uksen syntymää* before C. (B.C.); *jälkeen -uksen syntymän* anno Domini (A.D.).

kriteeri criter|ion *(pl.* ia).

kritiikki criticism; critique.

kroketti croquet. **-nuija** mallet.

krokotiili crocodile.

kromi chromium. **-keltainen** chrome yellow. **-tettu** chromium-plated.

kronikka chronicle.

kronometri chronometer.

krooninen chronic.

kruuna|amaton uncrowned. **-jaiset** coronation [ceremony] **-ta** crown; *hänet -ttiin kuninkaaksi* he was crowned king. **-us** coronation.

kruunu crown; *(aatelis-)* coronet; *(katto-)* chandelier, *(kristalli-)* lustre; *luopua ~sta* abdicate; ~ *vai klaava* heads or tails.

kruunun|perillinen successor to the throne. **-perimys** succession [to the throne]. **-prinssi, -prinsessa** Crown Prince (Princess). **-tavoittelija**

claimant to the throne,
pretender. **-vouti** bailiff.
kud|e weft; *panna kangas
kuteelle* loom a web. **-elma**
woven fabric. **-in** knitting.
-onn|ainen textile [fabric];
-aiset textiles. **-os** woven
fabric; weave, texture; *anat.*
tissue.
kuha pike-perch. **-nkeittäjä**
[golden] oriole.
kuherrus cooing. **-kuukausi**
honeymoon.
kuhertaa coo.
kuhilas [corn] shock.
kuhista *(vilistä)* swarm.
kuhmu bump, lump. **-inen**
bumpy, *(lommoinen)* buckled.
kuhn|ailla loiter, lag; dawdle;
-aileva loitering, dilatory,
sluggish. **-uri** *zo.* drone; *vrt
seur.* **-us** sluggard.
kuih|duttaa wear away, wear
down. **-tua** wither [away],
wilt; *(ihmisistä)* pine [away];
-tunut withered, faded.
kuikka black-throated diver,
Am. arctic loon.
kuilu cleft, gorge; *(syvä)* abyss,
chasm; *(hissin)* shaft; *(kuv.
esim. luottamus~)* gap.
kuin as; like; *(komp. jälj.)*
than; *(ikäänkuin)* as if, as
though; *niin suuri ~* as big
as; *kolme kertaa enemmän ~*
three times as many as;
toisenlainen ~ different from;
hän ei muuta ~ itki she did
nothing but weep. **-ka** how;
~ ikävää! what a pity! *~
niin?* why? how so? *~ voit? how*
are you? *~ hän koettikin*
however he tried, no matter
how much he tried; *vaikka
suuttuisin ~* however cross I
get; *sehän on tarkoituksesi,
vai~?* that's what you mean,
isn't it?
kuiska|aja *teatt.* prompter. **-illa**
whisper. **-ta** whisper; *teatt.
ym* prompt; *-ten* in a
whisper. **-us** whisper.
kuisti porch. **-kko** veranda [h].
kuita|ta receipt; *-ttu* receipted;
-taan (maksetuksi) paid;
received [with thanks]; *asia
on on sillä -ttu* that squares
(settles) the matter.

kuiten|kaan: *ei ~* not . .
however, not . . anyway; *(hän
lupasi) eikä ~ tullut* . . and
yet he did not come. **-kin**
however; *(sittenkin)* still,
[and] yet; *(siitä huolimatta)*
nevertheless, for all that;
kiitoksia ~ thank you just
the same.
kuitti receipt, acknowledgement
[in writing]; *nyt olemme
kuitit* now we are quits.
kuitu fibre, *Am.* fiber.
-kangas non-woven fabric. **-levy**
[wood] fibreboard, fibre
[-building] board, wallboard,
(eristys-) insulating board.
kuiv|a dry *(m. kuv.); (seutu)*
arid; *~ ruoka* solid food; *-in
jaloin* with [my] feet dry;
päästä ~lle (maalle) reach dry
land; *kuin kala ~lla maalla*
like a fish out of water;
juosta -iin run dry, be
drained; *kiehua -iin* boil dry;
joki on -illaan the river has
dried up. **-aa:** *suutani ~* my
mouth feels parched.
kuiva|kiskoinen dry,
uninteresting, dull. **-ta** dry;
(ojittamalla) drain; *(pyyhkiä)*
wipe. **-telakka** dry-dock. **-ttaa**
dry; *(ojittamalla)* drain;
(lihaa) cure. **-tus** drying;
draining.
kuivaus|laite dryer. **-linko** spin
dryer. **-teline, -hylly** *(astiain)*
draining board.
kuiv|ettua dry [up], become
parched; *(jäsen ym)* wither,
atrophy. **-ua** become dry; dry;
(joki ym) dry up; *(ehtyä)* run
dry. **-uus** dryness; *(kuiva sää)*
drought.
kuja lane; alley [way]. **-nne:**
muodostaa ~ (kadulle) line
[the street].
kuje prank; trick, lark;
~et trickery. **-illa**
banter, be up to tricks (to
mischief). **-ilu** tricks, mischief;
(~nhaluinen mischief-loving).
kuka who; *ketkä* who *(pl.);
keitä siellä oli?* who was
there? *~ siellä* who is there?
who is it? *olipa ~ tahansa*
whoever it may be; *~ heistä*
which of them? **-an** anybody,

any one; *ei* ~ no one; nobody; *ei* ~ *heistä* none of them; ~ *muu* anybody else.

kukallinen flowered; flowery.

kukin everybody, everyone, each; ~ *heistä* each [one] of them; *he lähtivät* ~ *taholleen* they went their several ways.

kuki|nta flowering, bloom. **-nto** blossom, inflorescence.

kukis|taa subdue; subjugate; *(kapina)* suppress, quell; *(kaataa)* overthrow; *(voittaa)* vanquish. **-tua** be overthrown; fall; *-tunut* overthrown. **-tuminen** fall, overthrow.

kukittaa strew with flowers, *(koristaa)* adorn with flowers.

kukka flower, blossom; *olla kukassa* be in bloom (flower); *puhjeta ~an* burst *(t.* come) into blossom. **-kaali** cauliflower. **-kauppa** florist's, flower shop. **-kauppias** florist. **-kimppu** bunch of flowers, bouquet. **-laite** basket of flowers. **-maa** flower-bed. **-näyttely** flower show.

kukkaro purse; *jos* ~ *sallii* if I can afford it; *se on liikaa minun kukkarolleni* it is beyond my pocket.

kukka|ruukku flower-pot. **-seppele** wreath; garland. **-vihko** bunch of flowers, bouquet.

kukkas|kieli flowery language. **-viljelys** floriculture.

kukk|ea flourishing; fresh, rosy; *on -eimmillaan* is in full bloom. **-ia** flower, bloom, *(et. hedelmäpuista)* blossom; . . *-ivat* . . are out.

kukko cock. **-kiekuu** cock-a-doodle-doo. **-poikanen** cockerel. **-taistelu** cock-fight.

kukkua cuckoo; *käki kukkuu* the cuckoo is calling.

kukkul|a hill; *valtansa -oilla* at the height of one's power.

kukkura *~llaan* brimful; *kaiken ~ksi* to crown the lot. **-inen** *(lusikka)* heaped.

kukois|taa bloom, *kuv.* flourish, prosper, thrive; *-tava* blooming, *kuv.* thriving, flourishing. **-tus** bloom [ing], *kuv. m.* prime; *(~kausi*

period of prosperity; golden age).

kukon|harja cockscomb. **-kannus** cockspur. **-laulu** crow of a cock; *~n aikaan* at cock-crow,

kulaus draught, gulp, pull [at the bottle].

kulho bowl, basin; [deep] dish.

kulissi scene, *(sivu-)* wing; *~t* scenery; *-en takana* behind the scenes.

kulje|ksia wander [about]; roam, rove; stroll, ramble; *-skeleva* wandering.

kuljetta|a transport; carry, convey, haul. **-ja** *(auton)* driver; *(junan)* train driver.

kuljetus transport [ation], carriage, conveyance, hauling; *(maantie-)* road haulage; ~ *maksetaan perillä* carriage forward; ~ *ovelta ovelle* door-to-door transport. **-hihna** conveyor belt. **-kirja** consignment note. **-kustannus** cost of transport. **-lentokone** transport airplane. **-liike** *(yhtiö)* carriers, haulage company. **-maksu** transport charges; carriage, freight. **-välineet** means of transport.

kulkea go; walk; *(matkata)* travel; *(kuljeskella)* stroll, ramble; *(~ohi)* pass; ~ *jalan* go on foot, walk; ~ *toista kautta (tietä)* take another road; *katu -ee idästä länteen* the street runs east and west; *laiva -ee A:n ja B:n väliä* the steamer plies between A. and B.; *kuljettu matka* the distance covered; drift. **-eutua** be carried; drift. **-ija** wanderer; vagabond.

kulku going; course; run; *(läpi-)* passage; *joen* ~ the course of the river; *junain* ~ *on muuttunut* the train schedules have been changed; *tapausten* ~ the course of events; *asian* ~ *oli seuraava* it happened in the following way. **-e** procession. **-kauppias** pedlar, huckster. **-kelpoinen** fit for traffic; *(joki)* navigable. **-kelvoton** impassable, untrafficable. **-laitos** communications; (~

ministeriö Ministry of
Transport.). **-nen** sleigh-bell.
-neuvo(t) [means of]
conveyance. **-nopeus** speed.
-puhe idle talk; *(kuulema)*
hearsay. **-ri** tramp; vagabond,
vagrant. **-tauti** epidemic.
-vuoro(t) service. **-väylä**
passage, thoroughfare,
navigable waterway; *(liike-)*
traffic route.
kullan|himo thirst for gold.
-huuhdonta gold-washing.
-kaivaja gold-digger. **-keltainen**
golden. **-muru** dear, darling,
ducky. **-tekijä** alchemist. **-teko**
alchemy. **-värinen** golden,
gold-coloured.
kullata gild; *kullattu* gilt,
[silver] overlaid with gold.
kulloin|enkin at a (at any)
given time. **-kin** at each time;
at the time.
kulma angle; *(nurkka)* corner;
katsoa ~insa alta frown,
scowl (at). **-hammas** canine.
-inen *(yhd.)* -angled;
-cornered. **-karvat** eyebrows.
-kivi corner-stone. **-rauta**
angle-iron. **-talo** corner house.
-us corner. **-viivoitin** set
square.
kulmi|kas angular. **-o** *(yhd.)*
-gon; *kuusi ~* hexagon. **-ttain**
cornerwise.
kulo forest fire; *~n'orjunta*
fighting of forest fires. **-ttaa**
burn over. **-valkea** *kuv.*
wildfire. **-varoitus** forest fire
warning.
kulta gold; *kuv.* darling,
sweetheart; *~seni (m.)* love,
sweetie, honey; *lapsi ~* dear
child! **-aika** golden age. **-ehto**
gold clause. **-harkko** gold
ingot. **-häät** golden wedding.
-inen gold, golden. **-jyvä** grain
of gold. **-kaivos** gold-mine.
-kala gold-fish. **-kanta** gold
standard; *luopua -kannasta* go
off the g. s. **-kello** gold
watch. **-kuume** gold-fever.
-mitali gold medal. **-pitoinen**
. . containing gold. **-pitoisuus**
gold content. **-raha** gold coin.
-sankainen gold-rimmed.
-seppä goldsmith; *(myymälä)*
jeweller's. **-silaus** gilding.

-sormus gold ring. **-us** gilding;
gilt. **-vitjat** gold chain.
kulttuuri culture; civilization.
-elämä cultural life. **-historia**
history of culture (civilization).
kulu: *ajan ~ksi* to pass the
time.
kulu|a be worn, wear [away];
(ajasta) pass, go by, elapse;
(tulla käytetyksi) be used up;
~ loppuun wear out, become
worn out; *~ umpeen* draw to
a close, *(päättyä)* expire; *kuta
pitemmälle yö -i* as night
drew on; *siihen -u aikaa* it
takes time. **-essa:** *aikojen ~*
in the course (process) of
time; *matkan ~* during the
trip; *vuoden ~* within a year;
(tämän vuoden) in the course
of this year. **-minen** wear
[and tear].
kulunki cost; expense; *kulungit*
expenditure. **-tili** expense
account.
kulunut worn-out, shabby,
threadbare; *kuv.* hackneyed,
stale, well-worn; *viimeksi ~
vuosi* the past year.
kulut cost [s], expenses; *(omat)
kulunne* your charges; *kuluista
välittämättä* regardless of cost.
kulu|ttaa consume; *(vaatteita)*
wear; *(käyttää)* use; *(et.
rahaa)* spend, expend, *jhk* on;
(aikaa) pass, spend; *~
hukkaan* waste; *~ loppuun*
wear out; use up, exhaust.
-ttaja consumer; *~valistus*
consumer guidance. **-ttava**
(työ) exhausting. **-ttua** after;
tunnin ~ in an hour ['s
time]; *vuoden ~* after a year,
a year from now. **-tus**
consumption; use; *(kuluminen)*
wear [and tear];
(~osuuskunta consumers'
co-operative society; *~pinta*
[tyre] tread *~tavarat*
consumer goods; *kesto~*
durable consumer goods). **-va:**
~ kuu the current month,
this month; *~ vuosi* the
current year.
kumah|dus dull sound; boom.
-taa boom, *(kello)* toll.
kumar|a bent, bowed;
round-shouldered. **-rus, -taa**

bow. **-tua** bow [down], stoop [down]; *(äkkiä)* duck.
kumea dull, hollow.
kumi rubber, *(pyyhe-, m.)* india-rubber; gum. **-hansikas** rubber glove. **-kangas** rubber cloth. **-liima** gum; rubber glue.
kumina caraway.
kumi|nauha elastic; rubber band. **-nen** [.. of] rubber. **-pallo** rubber ball. **-pihka** gum resin. **-pohja** rubber sole. **-puu** rubber tree. **-rengas** *(pyörän)* tyre, *Am.* tire. **-saappaat** rubber-boots. **-tossu** rubber-soled shoe, gym shoe.
kumma: ~ *kyllä* oddly (curiously, strangely) enough; *~ko, jos* .. no wonder if; *mitä ~a sinä puhut* what ever are you talking about? *sepä ~a* how odd! how strange! **-ksua, -stella** be surprised, be astonished (at), wonder (at). **-llinen** curious; strange, odd, queer; *-llisen* curiously, peculiarly. **-llisuus** strangeness, oddness. **-stua** be surprised, be astonished (at). **-tus** astonishment, amazement. **-ttaa** surprise, astonish, fill with wonder.
kummi godfather, godmother; sponsor; *olla jkn ~na* stand sponsor for ..
kumminkin yet, nevertheless.
kummi|nlahja christening present. **-poika** godson. **-setä, -täti** *ks. kummi.* **-tytär** goddaughter.
kummi|tella haunt [a house, *talossa*]; *tässä talossa -ttelee* this house is haunted. **-tus** ghost; spook; *(~juttu* ghost-story).
kummuta: ~ *esiin* well forth (out, up).
kumoam|aton irrefutable. **-inen** annulment.
kumo|llaan upside down, overturned, *(vene)* capsized. **-on:** *ajaa (joku)* ~ knock down, run down; *kaataa* ~ upset, overturn; *mennä* ~ turn over; *purjehtia* ~ capsize; *äänestää* ~ vote down.
kumo|ta cancel, annul, nullify,

(laki) repeal, revoke, *(väite)* refute; ~ *päätös* overrule a decision; ~ *uutinen* deny a piece of news; ~ *vaali* declare an election invalid. **-uksellinen** *a.* subversive, *a. & s.* revolutionary. **-us** overthrow, *(vallan-)* revolution.
kumpi which [of the two]? ~ *on vanhempi* which is the older one? ~ *tahansa* either [one], whichever [you like]; *kumman haluat* which [one] do you want? **-kaan:** *ei* ~ *heistä* neither of them. **-kin** each [of the two]; *(molemmat)* both; *kummallakin puolen* on either side, on both sides; ~ *on yhtä hyvä* one is as good as the other; *yksi kumpaakin lajia* one of each kind.
kumppa|ni companion; *(liike-)* partner; *N. ja* ~ N. & Co. **-nus:** *he ovat -nukset* they are [close] companions, *ark.* they are chums. **-nuus** fellowship; *(liike-)* partnership.
kumpu hill, knoll, hillock.
kun when; as; ~ *sitä vastoin* whereas; ~ *taas* while, whereas; *sillä aikaa* ~ while; ~ *olin tullut kotiin* .. after reaching home, on getting home.
kuningas king. **-kunta** kingdom. **-mielinen** royalist. **-mielisyys** royalism. **-suku** line of kings; royal family.
kuningatar queen.
kuninkaalli|nen royal, regal; *-set (henkilöt)* royalty.
kuninkaan|kruunu royal crown. **-linna** royal castle. **-poika** royal prince.
kuninkuus royalty, kingship.
kunnallinen municipal; [local] council, corporation; ~ *koulu* council school; ~ *asuintalo* council house.
kunnallis|asetus local-government act. **-hallinto** local government. **-koti** *(vanhain-)* local authority home. **-tekniikka** public utilities. **-vaalit** local government elections. **-verot** *Engl.* rates. *Am.* local taxes.

kunnan|lääkäri Medical Officer
of Health. **-valtuusto** local
government council, municipal
council. **-virkailija** local
government officer.
kunnas hill [ock], knoll.
kunnes till, until; ~ *toisin
ilmoitetaan* until further
notice.
kunnia honour; glory; *jnk (jkn)*
~*ksi* in honour of; *hänen
~kseen (m.)* to his credit;
se on hänelle ~ksi it does
him credit; *kautta ~ni* upon
my honour! *pitää ~ssa* hold
in respect, honour; *tehdä ~a*
salute, *(kiväärillä)* present
arms; ~*a loukkaava* libellous,
slanderous; *(suorittaa jtk) ~lla*
[perform a task] creditably;
sain kuulla ~ni häneltä he
gave me a piece of his mind.
-asia matter (point) of
honour. **-jäsen** honorary
member. **-kas** glorious;
illustrious; ~ *rauha* an
honourable peace. **-kierros** lap
of honour. **-kirja** diploma.
-komppania guard of honour.
-konsuli honorary consul.
-kuja: *muodostaa* ~ form a
guard of honour, be lined up
[in the street]. **-laukaus**
salute; *ammuttiin 21 ~ta* a
21-gun s. was fired. **-legioona**
Legion of· Honour. **-llinen**
honourable; honest, decent; ~
mies (m.) a man of honour.
-llisuus honourableness; .
honesty, respectability.
-maininta honourable mention.
-merkki decoration; *saada* ~
be decorated.
kunnian|arvoinen venerable;
worthy. **-arvoisuus**
venerableness. **-himo** ambition;
ambitiousness. **-himoinen**
ambitious. **-loukkaus** libel;
(suullinen) slander. **-osoit|us**
honour, homage; *suurin
k-uksin* with great honours.
-teko *sot.* salute; *seistä
~asennossa (haudalla ym)*
stand to attention, *(sot.)* stand
at the salute. **-tunto** sense of
honour.
kunnia|paikka place (seat) of
honour. **-palkinto** highest

honours. **-portti** triumphal
arch. **-porvari** honorary
citizen. **-päivä** day of glory.
-sana word of honour; ~*lla*
on one's [word of] honour,
(sot.) on parole. **-tohtori**
doctor h. c. (honoris causae);
hänet vihittiin ~ksi he
received the honorary degree
of Ph.D., D.Ph[il.] *ym.* **-ton**
infamous; dishonourable.
-ttomuus infamy, dishonour.
-vartio guard of honour.
-velka debt of honour. **-vieras**
guest of honour. **-virka**
honorary office.
kunnioi|tettava honoured,
respected, esteemed. **-ttaa**
honour; esteem, respect;
(juhlia) do homage to. **-ttava**
respectful; ~*sti* with respect,
(liik.) yours faithfully,
(tutummalle) yours sincerely,
Am. respectfully yours, very
truly yours. **-tus** respect,
esteem, regard; *(syvä)*
reverence, veneration; *-tuksen
osoitus* homage, tribute;
kaikella -tuksella with due
respect.
kunnolli|nen good, decent;
respectable; *(oikea)* proper.
-sesti ably; properly.
kunnon: ~ *ateria* a square
meal; ~ *mies* a fine (decent)
fellow. **-ssa** *ks.* **kunto**; *(~pito*
maintenance, upkeep).
kunnos|taa recondition, do up;
repair, adjust, put in order,
overhaul. **-tautua** distinguish
oneself, make one's mark.
kunnoton good-for-nothing;
wretched, worthless.
kunpa if only! ~ *hän tulisi!* I
wish she would come!
kunta local authority [area],
municipality, urban *(maalla
rural)* district; *Am. m.*
township; ~ *maksaa* the local
authorities pay; *kunnan
palveluksessa oleva* local
government employee.
kunto *(tila)* condition, state;
order; *urh.* form; *hyvässä
kunnossa* in good condition,
in good shape (repair), *(terve)*
fit, *(urh.)* in good form;
mainiossa kunnossa splendidly

fit, *(urh.)* in fine (excellent) form; *huonossa kunnossa* in bad condition, in bad repair, out of repair, *(urh.)* off form; *en tunne olevani kunnossa* I don't feel [quite] up to the mark; *laittaa ~on* put in [working] order, put right; *pitää kunnossa* keep in good repair; *hänellä ei ole kunnon nuttua* he has not a decent coat. **-isuus** condition, fitness; (~**luokka** fitness class, *(paras)* highest category). **-koulu** keep-fit school. **-pyörä** exercise [bi]cycle. **-uttaa** rehabilitate. **-utus** rehabilitation.

kuohah|dus agitation; *vihan ~* fit of anger. **-taa** boil; *(kiivastua)* flare up.

kuohi|las eunuch. **-ta** castrate.

kuohkea loose, light, mellow; *vrt. möyheä.*

kuohu foam; *(hyrsky)* surge; *kevät~t (joen)* spring spate. **-a** surge; *(kiehua)* boil [over]; *(juomasta)* effervesce. **-kerma** whipped cream. **-s:** *olla -ksissa* be agitated, be worked up. **-ttaa:** *~ mieliä* stir up emotion. **-va** foaming; bubbling, sparkling.

kuokk|a hoe; (~**vieras** uninvited guest, gate-crasher). **-ia** hoe [up weeds].

kuola slobber, slaver. **-imet** bit. **-lappu** bib. **-ta** slobber, dribble.

kuolema death; *(poistuminen)* decease; *~n kielissä* at the point of death, at death's door; *en ~kseni voi ..* I cannot for the life of me ..

kuoleman|pelko fear of death. **-rangaist|us** capital punishment; *k-uksen uhalla* under pain (penalty) of death. **-sairas** mortally ill (sick). **-sairaus** fatal illness. **-synti** deadly sin. **-syy** cause of death; *~n tutkimus* [coroner's] inquest. **-tapaus** [case of] death. **-tuomio** death-sentence; *(allekirjoittaa) ~* sign a death-warrant. **-tuottamus** [involuntary] manslaughter.

kuolema|ton immortal. **-ttomuus**

immortality.

kuole|ttaa deaden; *vrt. puuduttaa; (laina ym)* amortize; *(maksaa)* pay off; *(asiakirja)* cancel, declare invalid. **-ttava** deadly; mortal, fatal, lethal. **-ttavasti** mortally, fatally. **-tus** *(lainan ym)* amortization, paying off; *vrt. puudutus;* (~**laina** loan repayable by instalments; ~**rahasto** sinking fund). **-utua** become numb (insensitive). **-vainen** *a. & s.* mortal. **-vaisuus** mortality; *vrt. kuolleisuus.*

kuoliaaksi: *ampua ~* shoot .. dead; *lyödä ~* strike .. dead, slay; *paleltua ~* freeze to death.

kuolin|haava mortal wound. **-ilmoitus** obituary *(t. death)* notice. **-isku** mortal blow. **-kamppailu** death-struggle. **-kello** passing-bell. **-naamio** death-mask. **-pesä** estate of a deceased person. **-päivä** *(muisto)* anniversary of a p.'s death. **-todistus** death certificate. **-vaate** shroud. **-vuode** death-bed.

kuolio *lääk.* gangrene, necrosis; *joutua ~on (lentok.)* stall.

kuolla die; pass away, expire; *~ jhk (tautiin)* die of (from); *(luonnollinen kuolema)* die a natural death; *~ haavoihinsa* die from one's wounds; *~ sukupuuttoon* die out; *kuolemaisillaan* dying, at the point of death.

kuolleisuus death-rate, mortality.

kuollut dead; deceased; *kuolleena syntynyt* still-born; *oli kuolleessa pisteessä* had reached deadlock, was at a stalemate; *nousta kuolleista* rise from the dead; *on ~* is dead, *(perf.)* has died; *K~meri* the Dead Sea; *Kuolleen meren kääröt* the D.S. scrolls.

kuolon|enkeli angel of death. **-hiljaisuus** dead silence. **-kalpea** deathly pale. **-tuska** mortal agony.

kuomu hood, [collapsible] top.

kuona slag, *m. kuv.* dross.

kuono muzzle; nose; *(kärsä)* snout. **-inen:** *tylppä~* blunt-nosed. **-karvat** whiskers. **-koppa** muzzle; *varustaa -kopalla* muzzle.

kuontalo [unkempt] mop of hair.

kuopia dig, burrow; ~ *maata (hevonen)* paw the ground.

kuoppa pit; *(pieni)* hole; *(poskessa)* dimple; *(syvennys)* hollow; *kuopalla olevat posket* hollow cheeks. **-inen** *(tie)* bumpy; *(merimatka, tie)* rough. **-silmäinen** hollow-eyed.

kuopus youngest child.

kuore *zo.* smelt.

kuori 1. *(kirkon)* chancel, choir. **2.** *(munan ym)* shell; *(hedelmän)* peel, fruit skin; hull, husk; crust; *(puun)* bark; *(kellon)* case; *(perunan)* peel, jacket; *keittää perunat ~neen* boil potatoes in their skins; *kovan kuoren alla (kuv.)* under (his) hard exterior. **-a** peel, *(omena, m.)* pare, *(muna ym)* shell; hull, *(viljaa)* husk, *(puu)* bark, *(maitoa)* skim [the cream off the milk]; **-ttu maito** skim milk **-ainen** beetle. **-kerros** *lääk.* cortex. **-maton** unpeeled; *(maito)* unskimmed, whole [milk]. **-utua** hatch out.

kuorma load; *(taakka)* burden; *purkaa ~* unload. **-aja, -in** loader. **-auto** [motor] lorry, *Am.* truck; *(umpi-)* motor van. **-hevonen** draught-horse. **-sto** transport [column]. *Am.* baggage; *(huolto)* service corps. **-ta** load. **-us** loading.

kuormi|ttaa load, charge. **-tus** load[ing]; *(~kyky* load capacity).

kuoro choir; *(oopperan ym)* chorus. **-lainen** member of a choir. **-laulu** choral singing. **-njohtaja** leader of a choir. **-poika** choir-boy.

kuorru|ttaa *keitt.* ice. **-tus** icing.

kuorsa|ta snore. **-us** snoring, snore.

kuosi pattern, design; *(muoti)* fashion; style; *tämä on viimeistä ~a* this is the newest style (latest fashion).

-kas elegant; fashionable, stylish. **-kkuus** stylishness.

kuovi *zo.* curlew.

kupari copper. **-kaivos** coppermine. **-lanka** copper wire. **-nen** [. . of] copper. **-piirros** copperplate. **-raha** copper [coin].

kupata cup.

kuper|a convex. **-keikka** somersault; *heittää ~a* turn a somersault. **-uus** convexity.

kupillinen cupful, a cup of . .

kupla bubble.

kupletti comic song.

kupo sheaf *(pl.)* sheaves).

kupoli cupola, dome.

kuponki coupon.

kuppari cupper.

kuppatauti syphilis. **-nen** syphilitic.

kuppi cup. **-kunta** clique. **-la** [coffee] bar, café.

kupsahtaa: *kaatua ~* tumble down, *(pyörtyneenä)* keel over; *kuolla ~* kick the bucket.

kupu *(linnun)* crop, craw; *(lampun)* shade; *(kaalin)* head; *(kupoli)* dome; *(hatun)* crown. **-kaali** cabbage. **-katto** cupola, dome.

kura mud; mire. **-inen** muddy; miry. **-isuus** muddiness. **-suojus** mudguard. **-ta** dirty, soil.

kureliivi corset, stays.

kuri discipline; *ruumiillinen ~* corporal punishment; *pitää ~ssa* hold in check; *pitää kovaa ~a* maintain strict discipline; *totella ~a* toe the line; *~llaan* for a joke, for fun; out of mischief.

kuriiri courier; *~postissa* by diplomatic bag.

kurikka club.

kurimus maelstrom, whirlpool.

kurin|alainen disciplined. **-pidollinen** disciplinary. **-pito** discipline; *(~rikkomus* breach of d.). **-pitäjä** [strict] disciplinarian.

kurista croak; *(vatsa)* rumble.

kuris|taa strangle; *tekn.* throttle; *rintaani ~* I feel choked. **-tus** strangling; *(~läppä* throttle; *~tauti* croup).

kuri|ton undisciplined; unmanageable, unruly. **-ttaa** discipline; *(lyödä)* thrash, whip; *kuv.* chastise. **-ttomuus** want of discipline, indiscipline.

kuritus [corporal] punishment; *kuv.* chastisement. **-huone** convict prison, *(-rangaistus)* imprisonment [with hard labour], *Am.* penitentiary; (~**vanki** convict).

kurja miserable, wretched; pitiable; ~ *ilma* nasty weather.

kurjen|miekka iris. **-polvi** *bot.* crane's-bill, geranium.

kurjuus misery, wretchedness; *(köyhyys)* poverty, destitution.

kurki crane; *(auran)* handles. **-hirsi** ridge-pole.

kurkis|taa peep; peer, have a look. **-tusreikä** peep-hole.

kurkku 1. *(kasvi)* cucumber. **2.** *anat.* throat; ~*ni on kipeä* I have a sore throat; *täytä* ~*a* at the top of one's voice; *kiljuivat täytä* ~*a* screamed their heads off; *itku kurkussa* on the verge of tears. **-ajos** quinsy **-mätä** diphtheria. **-ääni** guttural sound; *kiel.* guttural.

kurkottaa stretch [one's neck to see ..], reach out (for, *jtk ottaakseen);* crane [forward, out of the window]; ~ *päätänsä ym* stretch up [one's head, one's arm].

kurkun|kansi epiglottis. **-pää** larynx.

kurlata gargle.

kurn|ia: *vatsaani -ii* my stomach is rumbling. **-uttaa** croak.

kuro|a gather, pucker [up]. **-utuma** stricture, strangulation.

kurpitsa gourd, pumpkin.

kurppa woodcock.

kursai|lematon unceremonious, free and easy. **-lla** stand on ceremony, *(turhia)* be unduly formal; *-lematta* without [any] ceremony. **-lu** ceremony.

kursi|ivi italics. **-voida** italicize, print in italics.

kurssi course; *(kauppa-)* [rate of] exchange, rate; *päivän* ~*in* at the current rate of exchange; *virallisen* ~*in* at

the official rate; *mikä on punnan* ~ what is the rate of exchange for the pound. **-ilmoitus** quotation. **-kirjat** set books. **-lainen** person attending a course. **-nalennus** fall in rate. **-nnousu** advance in rate. **-tappio** loss on exchange. **-vaihtelu** exchange fluctuation.

kurttu *(ihossa)* wrinkle; *(vaatteessa ym)* crease; *olla kurtussa* be wrinkled; *mennä* ~*un* get wrinkled, *(otsa)* pucker up. **-inen** wrinkled; *(puku ym)* creased, crumpled.

kurvikas *leik.* curvaceous.

kustannus expense, cost; *k-ukset* charges, expenditure; *jnk k-uksella* at the cost (expense) of; *jnk välittömät k-ukset* prime cost; *kirja ilmestyy S:n k-uksella* the book is published by S. **-arvio** [cost] estimate. **-hinta:** ~*an* at cost. **-liike** publishing firm. **-oikeus** copyright, publishing rights.

kustan|taa pay for,, pay the cost of; defray the expenses of; *(kirja)* publish; *sen voin itselleni* ~ I can afford that; *-nan sinulle päivällisen* I shall treat you to dinner. **-taja** *(kirjan)* publisher. **-tamo** publishing house.

kuta: ~ .. *sitä the* .. the. **-kuinkin** fairly, tolerably; ~ *toivoton* rather hopeless.

kutea spawn.

kuten as, like; ~ *ennen* as before; ~ *isäsi* like your father .; ~ *haluat* as you like, [you can do the job] how you like, the way you like; ~ *(oli) sovittu* as agreed upon.

kuti: *ei pidä* ~*aan* does not hold good.

kuti|ava ticklish. **-na** itch[ing]. **-sta** tickle, itch.

kutis|taa shrink. **-tua** shrink; *(vähiin)* dwindle; *lääk. ym* contract; *-tunut* shrunk, shrunken **-tumisvara** allowance for shrinkage.

kutittaa tickle.

kutku tickling, tickle;

itch [ing]. **-ta** feel ticklish; itch.

kuto|a weave; *neuloa* knit. **-ja** weaver, *(käsin)* handloom weaver; *(sukan)* knitter.

kutoma|kone [machine] loom, *(neuloma)-* knitting machine. **-teollisuus** textile industry.

kutomo textile mill.

kutri lock, curl.

kutsu invitation; call; *(määräävä)* summons: ~*t* party; *pitää* ~*t* give a party. **-a** call; *(virallisesti)* summon; *(vieraaksi)* invite, ask [to dinner etc.]; ~ *sisälle* ask sb. in; ~ *kotiinsa* invite sb. home; ~ *koolle (kokous)* convene; ~ *lääkäri* call in a doctor; ~ *nimeltä* call .. by name; ~ *takaisin* call .. back, recall; *-in hänet luokseni* I invited him to my house, I asked him to come and see me. **-kortti** invitation card. **-maton** uninvited. **-merkki** call-sign. **-mus** calling, vocation; ~*tietoisuus* sense of mission. **-nta** enrolment for military service, draft [call]. **-ääni** *(eläimen)* mating call.

kutteri cutter.

kutu spawning. **-aika** spawning time.

kuu moon; *(-kausi)* month; *tässä* ~*ssa* [during] this month; ~*n kehä* lunar halo; ~*hun lasku* moon landing; ~*hunlaskeutumisalus* lunar module.

Kuuba Cuba; **k-lainen** Cuban.

kuuden|kertainen sixfold; sextuple. **-nes** sixth [part].

kuudes [the] sixth. **-kymmenes** [the] sixtieth. **-toista** [the] sixteenth.

kuukausi month; *12 puntaa k-udessa* £ 12 a month; *kolmeksi k-udeksi* for three months. **-jul-kaisu** monthly [publication]. **-määrä:** *-määriä, -määriin* for months. **-palkka** monthly salary. **-raha** monthly allowance. **-ttain** monthly, every month.

kuukauti|nen monthly; *-set* menses, menstruation.

kuula *(luoti)* bullet; *työntää* ~*a* put the shot.

kuula|kas, -kka transparent; limpid. **-kkuus** transparency; limpidness.

kuula|kärkikynä ballpoint pen. **-laakeri** ball-bearings. **-ntyöntö** shot-put.

kuule|ma hearsay; ~*n mukaan* according to h. **-mma** according to what I have heard, for all I know; *häntä ei* ~ *hyväksytty* I hear he did not pass.

kuuliai|nen obedient; dutiful. **-suudenvala** oath of allegiance. **-suus** obedience.

kuulija hearer, listener; ~*t* = seur. **-kunta** audience.

kuul|la hear; *(saada tietää)* learn, be told; *-ehan!* look here! I say! *jkn -len* in a p.'s hearing; ~ *väärin* mishear *(esim.* I misheard him to say . .); *hän -ee huonosti toisella korvalla* he is deaf in one ear; *oletko -lut hänestä (häneltä)?* have you had any news of (from) him? *olin kuulevinani* I thought I heard; *hän ei ollut kuulevinaan* he pretended not to hear.

kuulo hearing. **-aisti** [sense of] hearing. **-elin** organ of hearing. **-hermo** auditory nerve. **-inen:** *hyvä* ~ with good hearing. **-ke** *rad.* headphone, receiver. **-koje** hearing aid. **-kuva** *rad.* radio sketch. **-matka:** ~*n päässä* within earshot (hearing). **-puhe** hearsay. **-staa** sound. **-torvi** *(puhelimen)* receiver, *(-koje)* ear trumpet; *(lääkärin)* stethoscope. **-vika** hearing loss. **-vikainen** hard of hearing.

kuultaa be dimly visible; ~ *läpi* be translucent.

kuultokuva transparency, slide.

kuulu far-famed.

kuulu|a be heard; be audible; *(jklle, jhk)* belong to; [ap]pertain to; *(joihinkin)* be among; *-i laukaus* a shot was heard; *-n heidän joukkoonsa* I am one of them; *se ei k. asiaan* it is irrelevant (is

beside the point); *asia ei k.
minuun* the matter does not
concern me; *mitä -u?* how's
life, how are you getting on,
(kuinka voitte) how are you?
anna ~ go ahead! *puhe oli
näin -va* the speech ran as
follows; *hän -u olevan rikas*
he is said to be rich, they
say he is a rich man. **-isa**
famous, well-known; noted,
famed (for), renowned;
celebrated, illustrious;
(surullisen) notorious. **-isuus**
renown; fame; *(pah. merk.)*
notoriety; *(-sa henkilö)*
celebrity. **-maton** inaudible;
(ennen-) unheard-of,
unprecedented; *-mattomissa*
out of hearing. **-miset** news.
kuuluotain moon probe.
kuulus|taa *(tiedustella)* inquire,
make inquiries (after, for).
-tella examine *(m. kokelasta)*,
interrogate, *(todistajaa ym)*
question; *(läksyä)* hear. **-telu**
examination, hearing [of
witnesses].
kuulu|ttaa announce, make
known; advertise;
(avioliittoon) publish the
banns; *(julistaa)* proclaim,
declare; *heidät -tettiin viime
pyhänä* their banns were
announced last Sunday. **-ttaja**
rad. ym announcer. **-tus**
announcement; advertisement,
notice; *(avioliittoon)* banns;
ottaa ~ [ask to] have one's
banns called. **-va** audible; *(jhk
~)* belonging to,
[ap]pertaining to; *hänelle ~*
(tuleva) due to him. **-vuus**
audibility; *rad.* reception.
kuuma hot; *~ vyöhyke* torrid
zone; *meni kaupaksi kuin
kuumille kiville* sold like hot
cakes. **-verinen** hot-blooded,
hot-tempered. **-vesisäiliö**
hot-water reservoir.
kuume fever; *on ~essa (m.)*
has a temperature; *mitata ~*
take a p.'s temperature.
-houre delirium. **-inen**
feverish. **-käyrä** temperature
curve. **-reuma** infectious
arthritis. **-mittari** clinical
thermometer. **-ntaa** heat [up].

-ta become hot; become
heated.
kuum|oittaa: *poskiani ~* my
cheeks are burning. **-uus** heat.
kuunari schooner.
kuunne|lla listen (to); *(luentoa)*
attend; *(oppituntia)* sit in [on
a lesson [; *(salaa)* eavesdrop,
(puhelinta) tap [the telephone
wires] ; *hänen puhelintaan -ltiin*
his telephone was tapped; *kuun-
tele tarkemmin* be more attentive.
-lma radio play (sketch).
kuun|pimennys eclipse of the
moon. **-sirppi** crescent.
kuuntelija listener.
kuuntelu listening (to). **-lupa**
radio licence.
kuuperä lunar soil.
kuuri regimen, *(lääke-)* course.
kuura hoarfrost, [white] frost.
kuuro 1. deaf; **2.** *(sade)*
. shower; *~ jkn rukouksille*
deaf to the entreaties of;
kaikua ~ille korville fall on
deaf ears; *~jen koulu* deaf
school. **-mykkä** a. deaf and
dumb. **-us** deafness. **-utunut**
deafened.
kuusama *bot.* honeysuckle.
kuusen|havut spruce twigs.
-käpy spruce cone.
kuusi 1. *(puu)* spruce, fir. **2.**
(luku) six. **-kko** spruce wood.
-kulmainen hexagonal. **-kulmio**
hexagon. **-kymmentä** sixty.
-kymmenvuotias *s.*
sexagenarian. **-peura** fallow
deer. **-puu** *liik.* whitewood.
-toista sixteen.
kuutamo moonlight, moonshine;
~lla in the moonlight; *on
kirkas ~* there is a bright
moon. **-ilta** moonlight night.
-maisema moonlit landscape.
kuutio cube. **-mainen** cubic [al].
-metri cubic metre. **-sisällys**
cubic content. **-tilavuus** cubic
capacity.
kuva picture, image; figure
(lyh. fig.); *otin hänestä ~n* I
took a photograph (a photo *t.*
snapshot) of her. **-aja**
portrayer; *valok.* camera-man.
-amataiteet the fine arts.
-amaton indescribable, . .
beyond description. **-annollinen**
figurative; metaphorical.

-arvoitus rebus. -ava
descriptive; (jllek ~)
characteristic of. -elma
tableau (pl. -x); näytelmässä
on 8 ~a the play has 8
scenes.
kuvailla describe; set forth,
portray; kuvaileva descriptive.
kuvainpalvonta image worship.
kuva|kieli imagery,
metaphorical language. -kirja
picture-book. -kudos tapestry.
-laatta block, cut. -lehti
pictorial, illustrated magazine.
-llinen illustrated. -nauha
videotape; ottaa ~lle
videotape. -nauhuri videotape
recorder. -nheitin projector.
-nkaunis pretty as a picture.
-nveisto, ~taide sculpture.
-nveistäjä sculptor. -patsas
statue. -pinta, -ruutu television
screen. -postikortti picture
post-card. -staa reflect, mirror.
-stin looking-glass, mirror.
-stua be reflected; (ilmetä) be
manifested; ~ selvästi jtk
vastaan stand out clearly
(against).
kuva|ta describe; depict,
portray; (esittää) represent;
elok. film, photograph; (olla
kuvaava) be characteristic of;
~ matkaansa describe (give
an account of) one's trip; ~
sanoin ja kuvin portray in
words and pictures. -taide
visual arts. -teos illustrated
work. -tus fright. -us
description; elok. photography
(selostus) account;
[re]presentation.
kuve waist, loins; kantaa
miekkaa kupeellaan carry a
sword at one's side.
kuvernööri governor.
kuvio figure. -inti pattern.
-llinen figured, patterned;
printed. -ton unfigured, plain
kuvi|tella imagine, figure to
oneself; en voi ~ .. I cannot
imagine (conceive of, envisage,
picture) [myself doing .. teke-
väni]; -teltu imaginary, fancied,
fictitious. -telma fancy;
daydream; illusion. -tettu
illustrated. -ttaa illustrate.
-tteellinen imaginary. -ttelu

imagination; se on pelkkää
~a it is idle fancy; (~kyky
imaginative power). -tus
illustration [s].
kuvo|ttaa: minua ~ I feel
sick. -tus nausea.
kvartetti quartet [te].
kvartsi quartz.
kveekari Quaker, Friend.
kybernetiikka cybernetics.
kyetä be able (to), be capable
[of -ing]; en kykene I
cannot, I am not up to
[-ing].
kyhmy boss, knob; anat.
nodule, protuberance. -inen
bumpy, knotty; nodular.
kyhä|elmä article;
(vähäpätöinen) scribble. -ilijä
halv. scribbler. -illä
(kirjoittaa) write, scribble;
draw. -tä (kokoon) draw up,
construct.
kykene|mättömyys (jhk)
inability, incapacity,
incompetence; (sukup.)
impotence. -mätön incapable
[of -ing], unable (to),
incompetent; incapacitated;
saattaa -mättömäksi jhk
incapacitate .. for. -vä able
(to), capable [.. -ing];
competent; ~sti ably, capably.
kyky ability, capacity (for);
capability, aptitude; sielun
kyvyt faculties [of the mind];
parhaan ~ni mukaan to the
best of my ability.
kyljys chop, cutlet.
kylki side, flank; kyljellään on
its side; kyljittäin, kyljessä
alongside. -luu rib. -rakennus
wing.
kylkiäinen (kaupan mukana)
free gift, (vaja) lean-to.
kyll|iksi, -in enough;
sufficiently; -in suuri big
enough; saada -ikseen have
enough. -yys fullness; plenty.
kyllä yes; (tosin) certainly;
indeed; ~ kai I think so;
probably; ~, kiitos yes,
please! niinpä ~ quite so!
yes, indeed! minä ~ tulen I
will certainly (I'll be sure to)
come. -inen satisfied. -isyys
repletion.
kylläste impregnant.

kyllästy|mys satiety; surfeit.
-mättömyys insatiability.
-mätön insatiable. **-nyt:** ~ *jhk*
tired of, sick of. **-ttää** satiate;
sicken; *(ikävystyttää)* bore . .
to death.

kylläs|tyä get tired, tire (of);
olen lopen -tynyt jhk I am
sick to death of, I am fed
up with. **-tää** saturate;
impregnate; *-tetty, -tämätön*
impregnated, not i.

kylme|ntää make . . cool [er],
cool. **-ttyminen** cold. **-ttyä**
catch [a] cold; *-ttynyt*
chilled; *on* ~ has a [bad]
cold. **-tä** become cold, cool.

kylmyys cold, coldness.

kylmä cold; chilly; *(ihmisestä)*
cold, frigid; *minun on* ~ I
am (I feel) cold; *on* ~
ulkona it is cold outside;
kylmi|llään, -lleen unheated.
-hkö rather cold, cool.
-kiskoinen cold, chilly.
-kuljetusauto cold-storage van.
-narka sensitive to cold,
(kasvi) not hardy. **-nhaava**
chilblain. **-nvihat** gangrene.
-verinen cold-blooded; *(tyyni)*
cool. **-verisesti** in cold blood;
coolly. **-verisyys**
cold-bloodedness; coolness,
self-possession.

kylp|eä bathe; *(ammeessa)* have
a bath; *kylvin eilen (saunassa)*
I was in the sauna yesterday.
-ijä bather.

kylpy bath; *(järvi- ym)* bathe.
-amme bath, [bath-]tub.
-huone bathroom. **-kausi**
bathing season. **-laitos** baths.
(rannalla) bathing place. **-lakki**
bathing cap. **-lä** health resort,
spa. **-paikka** bathing-resort,
spa. **-pyyhe** bath towel. **-ranta**
[bathing] beach. **-suola**
bath-salts. **-takki** bath-robe.
-vaippa bathing wrap.

kyltymätön insatiable.

kylve|ttäjä bath attendant. **-ttää**
bath.

kylvää sow; ~ *eripuraisuutta*
sow [the seeds of]
dissension; *minkä ihminen* ~,
sen hän myös niittää a man
reaps what he sows.

kylvö sowing. **-aika** sowing

season. **-kone** sowing machine,
seed-drill. **-mies** sower.
-siemen seed.

kylä village; *(pieni)* hamlet;
mennä (jkn luokse) ~*än* pay
a visit (to), call upon. **-illä:**
olla -ilemässä be on a visit
(to), be visiting a p. **-ily**
visit [ing]. **-kunta** village
[community]. **-läinen** villager.

kymmen: ~*iä tuhansia* tens of
thousands; *muutamia* ~*iä*
some thirty or forty.

kymmen|en ten; ~ *tuhatta* ten
thousand. **-es,** ~*osa* tenth
[part]. **-ittäin** by the dozen;
dozens, scores (of).
-järjestelmä decimal system.
-kertainen tenfold. **-kulmio**
decagon. **-kunta** about ten,
some ten; ~ *vuotta* ten years
or so. **-luku:** . . *-luvulla* in
the [nineteen-]tens.
-murtoluku decimal fraction.
-ottelu *urh.* decathlon. **-vuotias**
ten years old (of age), *(attr.)*
ten-year-old. **-vuotisjuhla** tenth
anniversary, decennial
celebration. **-vuotiskausi**
ten-year period.

kymmenys decimal;
kymmenykset tithes. **-luku**
decimal. **-pilkku** decimal
point. **-vaaka** decimal balance.

kymppi ten.

kyniä pluck.

kynnys threshold. **-matto**
doormat.

kynsi nail; *(eläin-)* claw;
(petolinnun) talon; *(taistella)*
~*n hampain* [fight] tooth and
nail; *pitää kiinni* ~*n hampain*
hold on [to . .] with hook
and claw; *iskeä kyntensä*
pounce [upon *jhk*]; *joutua*
jkn ~*in* get into sb.'s
clutches; *jos vain kynnelle*
kykenen if I am able to
stand up. **-ajos** felon, whitlow.
-enhoito manicure. **-harja**
nail-brush. **-lakka** nail polish.
-laukka garlic. **-rauta** nail
cleaner. **-sakset** nail-scissors
(-clippers). **-viila** nail file. **-ä**
scratch.

kynttelikkö *(katto)* chandelier,
(pöytä-) candela|brum *(pl.*
-bra).

kynttilä candle; *(ohut)* taper. **-njalka** candlestick. **-npäivä** Candlemas. **-npätkä** candle-end. **-nsydän** candle wick. **-nvalo** candlelight. **-sakset** snuffers. **kyntä** plough, *Am.* plow. **kyntö|aika** ploughing time. **-mies** ploughman. **kynä** pen; *(lyijy-)* pencil; *(sulka)* quill. **-ilijä** writer; *halv.* scribbler. **-kotelo** pencil-case. **-nteroitin** [pencil] sharpener. **-nterä** [pen] nib. **-nvarsi** penholder. **-nveto** stroke of a pen. **-sota** polemic. **-teline** penrack. **-veitsi** penknife.

Kypros Cyprus; *kyproslainen* Cypriot.

kyps|entää mature; *(leipää)* bake. **-yminen** maturation. **kypsymä|ttömyys** immaturity. **-tön** unripe, not ripe; *et kuv.* immature.

kyps|yttää ripen, mature. **-yys** ripeness; *et. kuv.* maturity. **-yä** ripen, mature. **-ä** ripe, mature; *(paistunut)* baked; well done; *paisti ei ole* ~ the roast is underdone; ~*ksi keitetty* well done.

kypärä helmet.

kyse: ~*essä oleva asia* the matter in question, the matter concerned (involved, at issue); *henki on* ~*essä* it is a question of life and death; *kun on* ~*essä* .. when it is a question of, when it comes to .. **-en|alainen** questionable; *pitää -alaisena* [call in] question; *on -alaista (m.)* it is doubtful [whether]. **-inen** .. in question. **-liäs** inquisitive.

kyse|llä ask, *(tiedustella)* inquire (for, about); interrogate; *-lin häneltä tietä* I asked him the way. **-ly** inquiry; interrogation; *(*~*lomake* questionnaire). **kyssäkaali** kohlrabi. **kysymy|s** question; query; inquiry; *tehdä* ~ put a question (to); *se ei tule -kseenkään* it is out of the question; *asia josta on* ~ the matter in question; *mistä on*

~ what is it all about? what is the matter? *-ksen ollessa jstk* in the case of; *tämä herättää -ksen* this raises (poses) the question (of); *Berliinin* ~ the Berlin problem. **-slause** interrogative sentence. **-smerkki** question-mark; query. **-ssana** interrogative.

kysyntä demand, *jnk* for; ~ *ja tarjonta* demand and supply; ~ *on suuri* there is a great demand for ..

kysyvä inquiring; *kiel.* interrogative.

kysy|ä ask; inquire; *(vaatia)* require; ~ *jklta* ask a p. about, inquire of a p. about; ~ *lupaa* ask permission; ~ *neuvoa* ask a p.'s advice, consult a p.; *voidaan* ~ it is pertinent to ask [whether]; *hän -i minua* he asked (he inquired) for me; *hän -i vointiani* he inquired after me; *sitä tavaraa ei -tä* there is no demand for that article, that article is not in demand; *se -y aikaa* it takes time; *se -y kärsivällisyyttä* it requires patience; *teitä -tään* you are wanted [on the telephone].

kyteä smoulder [on] *(m. kuv.)*

kytk|eytyä *kuv.* be associated with, be linked to. **-eä** tie [up] (to), *(koira)* put on the lead, *tekn.* connect, couple; *(ketjuun)* chain up; *-ettynä (sähk.)* on; *(hihnaan)* put on a lead. **-in** coupling; *sähk.* switch; *(auton)* clutch. **-yt** tie [chain], *(hihna)* leash; *panna, päästää -yestä* unleash.

kyttyrä hump, hunch. **-selkä** hunchback. **-selkäinen** hunchbacked, humpbacked.

kyvy|kkyys ability. **-käs** able, capable. **-ttömyys** incompetence. **-tön** incapable (of -ing); unable (to); incompetent.

kyyditys *(koululaisten)* busing; *(muilutus)* abduction.

kyyditä drive, *vrt. ed,;* ~ *jnnek ja tappaa* take .. for a ride.

kyyhky|nen dove, pigeon. **-slakka** dovecote.

kyyhöttää huddle.
kyykistyä crouch, squat.
kyykky: *olla kyykyssä* [be] squat[ting]; *laskeutua ~yn* squat [down].
kyykäärme viper, adder.
kyynel tear. **-einen** tearful. **-kaasu** tear-gas. **-kanava** tear-duct. **-silmä:** *-silmin* with eyes filled with tears. **-tyä** fill with tears; water.
kyyni|kko cynic. **-llinen** cynical. **-llisyys** cynicism.
kyynär|pää elbow; *käytellä -päitään* elbow one's way. **-varsi** forearm. **-ä** ell.
kyyr|istyä squat, *m. urh.* crouch; *(pelosta)* cower. **-y:** *käydä selkä ~ssä* walk bent (bowed).
kyyti ride, *(peukalo-)* lift; *aika ~ä* at a good speed; *yhtä ~ä* at a stretch, at one sitting. **-hevonen** post-horse. **-maksu** fare. **-mies** driver. **-väli** stage.
kyömynenä Roman nose.
käden|käänne: *-käänteessä* in [less than] no time, in the twinkling of an eye. **-liike** gesture. **-lyönti:** *vahvistaa jtk -lyönnillä* shake hands on .. **-puristus** handshake. **-sija** handle, *(nuppi)* knob. **-vääntö** wrist-wrestling.
kädestä|katsoja palmist. **-katsominen** palmistry.
käen|kaali *bot.* wood-sorrel. **-piika** *zo.* wryneck.
käher|rys waving; wave; *(~pihdit* curling-irons (-tongs). **-täjä** hair-dresser. **-tää** wave, curl.
käh|eys hoarseness. **-eä** hoarse, *(ääni, m.)* husky. **-istä** wheeze; hiss.
kähmiä *(rahaa)* cash in.
kähveltää pinch, pilfer, filch.
käki cuckoo.
käly sister-in-law.
kämmekkä *bot.* orchid.
kämmen palm, flat of the hand.
kämppä [log] cabin.
känsä callosity, callus, *(varpaan)* corn. **-inen** callous. **-laastari** corn plaster.
käpertyä curl up, roll up; *(kurtistua)* shrivel; *kuv.* draw

up, *(itseensä)* be wrapped up in oneself.
käppyrä: *olla ~ssä* be curled up; be shrivelled (shrunk).
käpy cone. **-rauhanen** pineal gland.
käpälä paw. **-mäki:** *lähteä -mäkeen* take to one's heels; bolt.
käris|tä sizzle, sputter. **-tää** fry, frizzle, broil.
kärj|ekäs pointed. **-etön** not pointed, blunt. **-istyä** *kuv.* become acute (critical); be aggravated. **-istää** make [more] critical, bring to a head; sharpen, heighten; *-istäen voi sanoa* to put it very strongly, to put it at its crudest.
kärkevä *(moite)* pointed. *(pureva)* incisive, cutting, sharp.
kärki point *(m. kuv.):* geom. ym apex *(pl.* apices): *(kielen ym)* tip; *(pää)* end; *(ivan)* edge; *niemen kärjessä* at the end of the cape; *olla kärjessä (urh.)* head [a race]; *mennä kärkeen* take the lead. **-joukko** vanguard. **-piste** apex.
kär|kkyä hang about (after sth.), be after sth, *(jklta)* bother a p. for; ~ *tietoja* hang about hoping to get news. **-käs** desirous (of), greedy (for); ~ *uutisille* eager for news; *kärkkäin silmin* with greedy eyes.
kärppä stoat, *(talvella)* ermine.
kärpä|nen fly; *(harrastus)* hobby; *keräily~* the collecting bug; *tehdä -sestä härkänen* make mountains out of molehills.
kärpännahka ermine.
kärpäs|haavi fly-net. **-läiskä**, **-lätkä** fly-flap, swatter. **-paperi** fly-paper. **-sieni** fly agaric.
kärryt cart; *(esim. kotti-)* barrow.
kärsimys suffering; affliction. **-näytelmä** passion-play. **-viikko** Holy Week.
kärsi|mättömyys impatience. **-mätön** impatient. **-vä** suffering, afflicted. **-vällinen** patient, forbearing. **-vällisyys**

patience, forbearance.
kärsiä suffer; *(kestää)* endure,
go through; *(sietää)* bear,
stand; *(suvaita)* tolerate; ~
janoa suffer from thirst; ~
kustannukset bear the cost; ~
puutetta suffer want, *(jnk)*
have to go without; ~
rangaistus undergo
punishment; pay the penalty;
~ *vahinkoa* suffer damage
(by), suffer a loss; *en voi* ~
häntä I cannot bear (stand)
him.
kärsä snout; *(norsun)* trunk.
kärttää *(jklta jtk)* pester,
bother [a p. for]; beg.
kärtyi|nen cross; peevish;
petulant. **-syys** crossness;
petulance.
kärven|tyä get scorched;
become singed. **-tää** scorch,
(tukkaa ym) singe.
käry [smoky] smell; *ruoan* ~
smell of cooking. **-tä** smell;
reek; *lamppu -ää* the lamp is
smoking.
käräjä|juttu lawsuit. **-t** Assizes,
district court session; *kansan~*
Popular Assembly.
käräjöi|dä carry on a lawsuit;
ruveta -mään (jkn kanssa)
take legal proceedings against,
go to law with. **-nti** litigation.
käsi hand; ~ *kädessä* h. in h.;
ottaa jkta kädestä take .. by
the h.; *elää kädestä suuhun*
live from h. to mouth; *joutua*
jkn ~in fall into the hands
of; *saada jtk ~insä* get hold
of; lay one's hands on;
joutua toisiin ~in change
hands; *käydä ~ksi* attack,
(tehtävään) get down to, get
to grips with; *päästä ~ksi*
jhk get hold of; get at; *~llä*
at hand; *~llä oleva asia* the
matter in hand; *aika on ~ssä*
the time has come, the time
is on; *saada jtk ~stään*
get a th. off one's hands;
suoralta kädeltä offhand,
straight off; *käteen jäävä*
palkka take-home pay. **-ala**
[hand-]writing, hand; *hänellä*
on selvä ~ he writes a
legible hand; *(~ntutkimus*
graphology). **-kirja** handbook,

manual, guide. **-kirjasto**
reference library. **-kirjoitus**
manuscript *(lyh. M. S.)*;
(elokuva-) script. **-kkäin** hand
in hand. **-koukku, -kynkkä:**
-koukussa arm-in-arm, with
arms linked. **-kranaatti**
hand-grenade. **-kähmä**
hand-to-hand fight, scuffle;
joutua ~än come to blows.
-laukku hand-bag.
käsin by hand; ~ *tehty* made
by h., hand-made; ~
kosketeltava tangible, palpable;
täältä ~ from this direction.
-kirjoitettu written by hand.
-kudottu hand-woven.
-maalattu hand-painted.
käsine glove.
käsi|noja *(tuolin)* arm; *(kaide)*
hand-rail. **-puoli** *a.* one-armed;
tarttua jkta -puolesta take ..
by the arm. **-puu** hand-rail.
-puuhka muff. **-pyyhe** towel.
-raha deposit. **-rattaat**
handcart. **-raudat** handcuffs;
panna rautoihin handcuff.
-rysy rough-and-tumble.
käsi|te concept, idea. **-tellä**
treat; *(käsin)* handle,
manipulate; *(kosketella, kuv.)*
deal with, treat of;
(tietokoneella ym) process;
ottaa -teltäväksi take up [for
discussion]; *asianne on -telty*
your matter has been
considered; *mahdoton (t.*
vaikea) käsitellä
unmanageable; *mitä kirja*
-ttelee? what does the book
deal with? what is the book
about?
käsiteollisuus handicrafts in-
dustries.
käsitesekaannus confusion of
ideas.
käsitettävä comprehensible;
intelligible.
käsitteellinen abstract.
käsittely treatment;
management, handling; *parl.*
reading, discussion; *~n*
alaisena under consideration.
käsittämä|ttömyys
incomprehensibility. **-tön**
incomprehensible,
unintelligible; inconceivable.
käsi|ttää comprehend;

understand, grasp; *(huomata)* realize; *(sisältää)* comprise, include; *(minun)* ~kseni according to my opinion, as far as I can see; *minun järkeni ei sitä -tä* I can't make sense of it, it passes my comprehension, it is beyond me; *huoneisto ~ 4 huonetta* the flat has (consists of) four rooms; ~ .. *alueen* covers an area of ..; ~ *30 % Suomen viennistä* accounts for 30 % of Finnish exports; *koko maan -ttävä* country-wide. **-tys** comprehension; idea; view; *(mielipide)* opinion; *hänellä ei ole siitä* ~*täkään* he has no idea of it; *-tykseni mukaan* in my view; *olin siinä -tyksessä* I was under the impression [that]; (~**kanta** standpoint; ~**kyky** [power of] comprehension).

käsituliaseet small arms.
käsityö handwork, handicraft, *(naisten)* needlework; *on* ~*tä* is hand-made. **-koulu** school of needlework. **-laukku** workbag. **-läinen** artisan, craftsman.
käsi|varsi arm. **-voima** handpower; strength of arm; *käy* ~*lla* is worked by hand. **-välitteinen** operator-connected.
käske|ä order, command; *(kutsua)* invite; ~ *jkn tehdä jtk (m.)* tell .. to do sth.; *minut -ttiin sisälle* I was told (invited) to come in; *-mätön* unbidden, unasked; *-vä* commanding, imperious, authoritative.
käsky order [s], command; *usk.* commandment; *kenen* ~*stä on* whose orders? **-kirje** edict. **-läinen** *halv.* underling, stooge. **-nalainen** *a. & s.* subordinate. **-nalaisuus** subordination. **-nhaltija** governor. **-tapa** *kiel.* imperative [mood]. **-valta** authority, command.
kätei|nen cash; *-sellä* [in] cash, in ready money; *maksaa -sellä* pay cash; *myönnämme 3 %:n alennuksen -sellä maksettaessa* we allow 3 %

for cash. **-salennus** cash discount. **-smaksu** down payment. **-svarat** cash in hand.
kätellä *(jkta)* shake hands (with).
kätev|yys handiness, dexterity. **-ä** handy, *(näppärä, m.)* deft, dexterous, clever with one's hands; *-ästi* deftly; easily.
kätilö midwife *(pl. -wives)*.
kätke|ytyä hide, conceal oneself; be hidden in. **-ä** hide, conceal, *jklta* from; *(varastettua tavaraa)* receive; *-tty iva* covert (hidden) sarcasm.
kätkyt cradle.
kätkö hiding-place; cache; *olla* ~*ssä* be hidden; *panna* ~*ön* hide [away].
kätten|päällepaneminen laying on of hands. **-taputus** applause.
kättely shaking hands.
kätyri tool, cat's paw.
käve|llä walk, take a walk; *(kuljeskella)* stroll. **-ly** walk, stroll; *lähteä* ~*lle* go for a walk; *olla* ~*llä* be out taking a walk; (~**kansi** promenade deck; ~**katu** pedestrian street; ~**keppi** walking-stick; ~**matka** walk; ~**paikka** walk; promenade; ~**puku** coat and skirt, suit; ~**retki** walking tour, hike).
käv|ijä visitor; caller; *ahkera* ~ *jssak* frequenter (of); *teatterissa* ~ theatre-goer. **-äistä** *(jssak)* pay a [short] visit to; *(jkn luona)* drop in [to see], drop in on a p.
käydä go; *(kone)* work; *(juoma)* ferment; *(astua)* tread; *(lääkäri, postinkantaja ym)* call; ~ *jksk* become, grow, get; ~ *jssk* visit, call at a place; *hän kävi täällä tänään* he was (he called) here to-day; *hän kävi luonani* he came to see me; *oletteko käynyt Lontoossa* have you been to London? *onko postinkantaja (jo) käynyt?* has the postman been? ~ *laatuun* do; ~ *läpi* go through, *(tarkastaa, m.)* look over; *se ei käy päinsä* that won't do;

ei käy (kelpaa)! that won't wash! *käyden* at a walk, *(jalan)* on foot; *käykää sisälle* come in! step in! *miten asian on käynyt* how has it turned-out? what was the outcome? *miten hänen käy* what will become of him! *hänen kävi hyvin* he did very well, *(paremmin kuin ..n)* he fared better than ..; *kävi miten kävi* come what may, for better or for worse; *kelloni ei käy* my watch is not going, my watch has stopped; *kello käy kahta* it is past one.

käy|minen *(nesteen)* fermentation. **-mälä** lavatory, toilet, *(vessa)* loo. **-mätön** *(juoma)* unfermented.

käynnis|tin starter. **-tää** start.

käynti visit, call; *(kävely)* walk, gait, step; *olla käynnissä* be running, be in operation; *panna ~in* start [up], set .. going; *on täydessä käynnissä (kuv.)* is in full swing; *tunnen hänet käynnistä* I know him by his gait. **-inpano** starting. **-kortti** [visiting-]card, *Am.* calling card; *jättää ~nsa jklle* leave a card on ..

käypä *(raha ym)* current, *(hinta ym)* going; *(tavara)* marketable.

käyristyä become crooked *(t.* curved); bend.

käyrä *a.* crooked, curved; *s.* curve, diagram, graph. **-selkäinen** round-shouldered. **-torvi** horn.

käyskennellä wander; stroll.

käyte ferment.

käytetty used; second-hand; *ostaa ~nä* buy s.-h.

käytettäv|ä: *-issä oleva* available, .. at hand; *olla jkn ~nä* be at sb.'s disposal; *antaa jkn ~ksi* place at a p.'s disposal; *~näni olleet lähteet* the sources I have had access to.

käyttä|mätön unused, not in use; *(esim. huone)* spare. **-ytyminen** behaviour, conduct. **-ytymis-** behavioural. **-ytyä**

behave [oneself], conduct oneself.

käyttää use, make use of, employ; apply; exercise, *(esim. vaikutusvaltaa)* exert; *(pukua)* wear; *(kuluttaa)* consume, *(aikaa)* spend; *(konetta)* run, operate, work, drive; *~ hyvin* put to good use, *(mahdollisimman hyvin)* make the most of; *~ hyväkseen* make use of, utilize, avail oneself of; take advantage of, exploit; *~ loppuun* use up, *(kuluttaa)* wear out; *~ tilaisuutta* seize the opportunity; *~ väärin* misuse, abuse; *minä en voi sitä ~ (m.)* I have no use for it; *vrt. käyte|ttävä, -tty.*

käyttö use, utilization, employment; wear; operation. **-arvo** utility value. **-hihna** driving belt. **-inen:** *diesel~* diesel-operated (-propelled); *atomi~* atom-powered. **-jousi** mainspring. **-kelpoinen** useful, serviceable, fit for use. **-kelvoton** useless, unfit for use, unserviceable. **-kunto:** *-kunnossa* in working order. **-kustannukset** running costs. **-ohjeet** directions [for use]. **-oikeus** right to use; enjoyment. **-varat** liquid assets. **-voima** motive power, *(esim. auton)* propelling power.

käytännölli|nen practical; handy; *-sesti katsoen* practically [speaking]. **-syys** practicalness, *(henkilön)* good practical sense; *~ syistä* for practical reasons.

käytän|tö practice; *(käyttö)* use; *(tapa)* custom, usage; *-nössä* in practice; *-nössä mahdollinen (toteuttaa)* practicable; *-nössä mahdoton* impracticable; *ottaa ~ön* adopt, introduce, bring into use; *sovelluttaa ~ön* put into practice; *tulla ~ön* come into use; *joutua pois -nöstä* go out of use, fall into disuse; *poistaa -nöstä* abolish.

käytävä corridor, passage; *(puiston ym)* walk, path.

käytös behaviour, conduct;

manners; *huono* ~ bad behaviour, misbehaviour. **-tapa** manners.

käämi coil. **-ä** spool, wind up. **-kään** ks. *-kaan.*

käänne turn; *(mutka)* bend, curve; *(muutos)* change; *(taudin)* crisis, turning-point; *(puvun)* lapel, *(housunlahkeen)* turn-up, *(hihan)* cuff; *sai uuden käänteen* took a new turn; ~ *parempaan* change for the better. **-kohta** turning-point; *muodosti ~n* marked a t.-p. **-llä** turn over. **-ttävä** *(esim. takki)* reversible.

käännynnäinen convert.
käänny|ttää *usk.* convert; ~ *takaisin* turn away. **-tys** conversion.

käännös turn; *(kielellinen)* translation; ~ *oikeaan (komennuksena)* right turn *(t. face)!* *täys* ~ about turn! **-harjoitus** translation exercise. **-kirjallisuus** translated literature. **-toimisto** translation bureau. **-virhe** error in translation.

käänteentekevä epoch-making.
käänty|mys conversion. **-nyt** *usk. a.* converted; *s.* convert. **kään|tyä** turn; *usk.* be converted; ~ *kristinuskoon (m.)* become a Christian, embrace Christianity; ~ *oikealle* turn [off] to the right; ~ *jkn puoleen* turn to (approach) a p., *(esim. lääkärin)* consult [a physician]; ~ *parempaan päin* take a turn for the better; ~ *syrjään* turn aside, strike off; *asia -tyi toisin* the matter took a different turn; *onni on -tynyt* the luck has turned (changed); *tauti on. -tynyt pelottavaksi* the illness has taken an alarming turn; *tuuli on -tynyt* the wind has changed (shifted). **-täjä** translator. **-tää** turn; *(taittaa)* fold; *kiel.* translate; *usk.* convert; ~ *jkn huomio jhk* draw a p.'s attention to; ~ *jllek kielelle* translate into; ~ *kaulus pystyyn* turn up one's

collar; ~ *pois* turn away, *(ajatukset)* distract, *(katse)* avert; ~ *selkänsä jklle* turn one's back on; ~ *toisaalle* divert; *käännä!* P.T.O. (please turn over), *Am.* over.

kääntö|filmi reversal film. **-piiri** tropic. **-puoli** reverse side, back; *jatkuu -puolella* continued overleaf; *kirjoittaa nimensä (šekin) -puolelle* endorse. **-silta** swing bridge, *rautat.* turntable.

kääpiö dwarf, pygmy. **-mäinen** dwarfed. **-sarja** bantam weight.
kääpä fungus growth.
käär|e wrapper; *lääk.* compress, *(side)* bandage, dressing; *kylmä* ~ cold compress; *panna* ~*eseen* bandage; *hänellä on pää* ~*essä* he has a bandage round his head; (~*paperi* wrapping paper). **-inliina** shroud. **-iytyä** wrap oneself up (in). **-iä** wind, twine; wrap [up]; *(kokoon)* fold up; ~ *auki* unwrap; ~ *hihat ylös* roll up (tuck up) one's sleeves; ~ *paperiin* wrap [up] in paper.

käärme snake; serpent. **-enlumooja** snake-charmer. **-enmyrkky** venom. **-enpurema** *s.* snake-bite. **-mäinen** snake-like, snaky.

käärö bundle, *(paketti)* parcel, package; *(rulla)* roll; *panna* ~*ön* bundle up, make up into a bundle (a parcel).

köh|inä [dry] cough. **-ä** cough.
kököttää squat; *istua* ~ *kotona* sit at home and mope.
köli keel.
Köln Cologne.
kömmähdys blunder, faux pas, bloomer; *Am.* boner.
kömpe|lyys clumsiness. **-lö** clumsy, ham-handed; *kuv.* awkward; ~*sti tehty* bungled.
kömpiä crawl, shuffle [along].
köntistyä stiffen, grow numb with cold.
köpittää stump [along].
körttiläinen pietist.
köyden|punoja rope-maker. **-pätkä** rope-end. **-veto** *urh.* tug of war.

köyh|dyttää reduce to poverty, impoverish. **-tyä** become poor; *(perin)* be reduced to beggary; *-tynyt* impoverished. **-yys** poverty; want.

köyhä poor; *(puutteessa oleva)* indigent, needy; ~*t* the poor, the destitute. **-aatteinen** poor (lacking) in ideas. **-inhoito** relief of the poor. **-listö** proletariat. **-napu** public assistance, poor relief. **-sisältöinen** poor (meagre) in content.

köykkyselkäinen bowed.

köykäinen light.

köynnös *(viini-)* vine; *(koriste-)* garland, festoon. **-kasvi** creeper, climbing plant, climber.

köyr|istää bend, bow; arch. **-y:** *kulkea selkä ~ssä* walk bent.

köysi rope, cord, *mer. m.* line; *vetää yhtä köyttä* pull together. **-luuta** mop, swab. **-portaat** rope ladder. **-rata** cable railway, cableway. **-stö** rigging, tackle.

köyttää [tie with a] rope; tie, secure [with a rope], lash, *jhk* [on] to.

Kööpenhamina Copenhagen.

L

laadinta drawing up, preparation, *(sanakirjan ym)* compilation.

laadullinen qualitative.

laah|ata drag [along with]; trail; *(perässään)* tow. **-autua** be dragged [along]. **-uksenkantaja** train-bearer. **-us** train; *(~nuotta* trawl). **-ustaa** drag, trail; *käydä* ~ drag one's feet, shuffle along.

laaja extensive; wide, vast; large, *kuv.* comprehensive; *sanan laajimmassa merkityksessä* in the broadest (widest) sense of the word; *~lle levinnyt* widespread. **-kangas** *elok.* wide screen. **-kantoinen** far-reaching. **-kantoisuus** wide scope. **-kulmaobjektiivi** wide-angle lens. **-lti** widely, extensively; *~ tunnettu* widely known, known far and wide.

laajen|eva expanding. **-nus** expansion, extension, enlargement; dila[ta]tion. **-taa** widen, expand; extend, enlarge; *anat. ym* dilate; *~ valtaansa* extend one's power. **-tua** widen, extend, expand; *fys.* distend, dilate; *-tunut* enlarged, dilated, distended. **-tuma** *anat.* dila[ta]tion. **-tuminen:** *sydämen* ~ enlargement of the heart. **-tumiskyky** expansive power.

laaj|eta expand, spread; become dilated; *vrt. -entua.* **-uinen:** *5 mailin* ~ 5 miles wide, 5 miles in width (in extent); *teos on 400 sivun* ~ the work comprises 400 pages. **-uus** width; extent; extensiveness, comprehensiveness; range *(esim. tietojen)* scope; *koko -uudessaan* in its whole extent.

laaka|kivi flagstone, slab.

-paino offset.

laakea flat; level; *(laaja)* wide.

laakeri 1. laurel, bay. **2.** *tekn.* bearing; *niittää laakereita* win laurels; *seppelöidä ~lla* crown with laurels. **-nlehti** bayleaf. **-seppele** laurel wreath.

laakio plateau, table-land.

laakso valley; *run.* vale, dale.

laama *zo.* llama.

laapis lunar caustic.

laari bin.

laastar|i plaster. **-ilappu** piece (strip) of plaster, plaster band. **-oida** plaster.

laatia draw up; prepare; compose; *(esim. sanakirja)* compile; make [out], work out; *~ kontrahti* draw up a contract; *~ lakeja* make laws; *~ jkn nimelle* make out in the name of; *~ pöytäkirja (valmiiksi;* write up) take down the minutes; *~ suunnitelma (m.)* work out a plan; *lausunto oli hyvin laadittu* the report was well formulated (worded).

laatikko box; *(iso, pakka-)* case, *(harva)* crate; *(veto-)* drawer; *(pakka-, m.)* chest; *(ruoka)* casserole [dish].

Laatokka Lake Ladoga.

laatta plate, slab; *(kaakeli-)* tile; *vrt. levy; muisto* ~ plaque, tablet, *Am.* marker; *(seinässä)* wall plaque. **-kiveys** flagstone pavement.

laatu quality; *kaupp. m.* brand; *(laji)* kind, sort; *laadultaan hyvä(ä)* [.. of] good quality; *paras ~aan* the best of its kind; *yksityistä ~a* of a private nature; *käydä ~un* do. **-ero** difference in kind. **-inen:** *minkä* ~ of what kind? **-kuva** genre picture. **-sana** adjective. **-tavara** quality goods. **-tuote**

quality product. **-unkäypä** passable.

laava lava.

laboratorio laboratory.

labyrintti labyrinth; maze.

ladata load; charge.

ladella place in a row (in rows), *kuv.* rattle off, reel off, enumerate.

lad|elma composition. **-onta** type-setting.

laguuni lagoon.

lahde|ke, -lma bay; *(pieni)* cove.

lahja gift, present; *(avustus)* contribution; *(-kkuus)* talent; *antaa ~ksi* give as a present, make. . a present of. ., present. . with; *saada ~ksi* get as *(t.* for) a present, be presented with. **-inen:** *runsas~* richly endowed. **-kappale** presentation copy. **-kas** talented, gifted; intelligent. **-kirja** deed of gift. **-kkuus** talent (for). **-kortti** gift voucher (token). **-näytäntö** benefit [performance]. **-paketti** gift parcel. **-pakkaus** gift wrapping. **-palkkio** bonus, gratuity. **-ton** not talented. **-ttomuus** lack of talent.

lahje *(housun)* leg.

lahjoa bribe; corrupt; *puhek.* grease . .'s palm.

lahjoi|ttaa present [a p. with, a th. to]; give, bestow (upon); donate; *(et. laitokselle, koululle)* endow; *hän -tti 100 dollaria . .n rakentamiseen* he contributed £ 100 towards the building of. **-ttaja** donor. **-tus** donation; presentation.

lahjo|maton incorruptible. **-mattomuus** incorruptibility. **-nta** bribery. **-ttav|a:** *-issa. .* open to bribes, corruptibility.

lahjus bribe.

lahko *luonn.* order; *usk.* sect, denomination. **-lainen** sectarian; *Engl.* nonconformist, dissenter. **-laisuus** sectarianism.

lahna bream.

laho *a.* decayed; rotten; *s.* decay; *kuiva ~* dry rot. **-ta** [become] decay[ed], rot. **-us** decayed state.

lahti bay, *(iso, meren-)* gulf; *(lahdeke)* cove; *lahden pohjassa* at the head of the bay.

laide side, edge; *(laivan)* gunwale.

laidun pasture, pasturage; *(pieni)* paddock, *(laaja)* grazing ground; *olla laitumella* be out to grass, be grazing; *päästää laitumelle* put out to grass. **-taa** pasture, graze.

laiha thin, *(m. lihasta)* lean; spare; *(kehno)* meagre, scanty; *~ maa* poor soil, barren soil.

laih|duttaa make. . thinner, reduce [in weight]; *hän ~ (puhek.)* she is slimming (reducing). **-dutus** slimming; *»~kuurilla»* on a s. diet.

laiho standing crop.

laih|tua get thin[ner], lose weight, reduce; *-tunut* thin, *(lopen)* emaciated; *-duin 5 kiloa* I lost 5 kilos. **-uus** thinness, leanness.

laikku fleck, patch, spot.

lailla: *aika ~* a good deal; *millä ~* in what way (manner)? *tällä ~* in this way, thus.

lailli|nen lawful; legal; *(pätevä)* valid; *(oikea)* legitimate; *~ este* lawful impediment; *lawful excuse [esim.* for non-appearance]; *~ perillinen* legitimate heir; *tulee -seen ikään* comes of age; *-sessa järjestyksessä* in due order. **-staa** legitimate; *-stettu* registered. **-suus** lawfulness, legality; legitimacy.

laime|a weak, *liik. m.* dull, *(veltto)* slack, languid, *(välinpitämätön)* indifferent, lukewarm; *~ yritys* feeble (lame) attempt. **-ntaa** weaken; lessen; *(juomaa)* dilute. **-ta** become weak[er], weaken, lose its strength, *(olut ym)* go flat; *kuv. m.* slacken, flag. **-us** weakness, feebleness.

laimin|lyödä neglect; *(jättää tekemättä)* fail [to do sth.]; *~ hyvä tilaisuus* miss a good opportunity. **-lyönti** neglect, failure [to do sth.]; omission; negligence. **-lyöty**

neglected, uncared for.
laina loan; *on* ~*ssa* is [out]
on loan; *antaa* ~*ksi* lend,
give a p. the loan of; *saada*
~*ksi* have sth. on loan,
obtain as a loan; *saanko.* .
~*ksi?* may I have the loan
of. .? **-höyhenet** *kuv.* borrowed
plumes. **-kirjasto** lending-
library, circulating library.
lainalainen bound (regulated)
by law.
laina|lause quotation. **-nantaja**
lender. **-nottaja** borrower.
-sana loan-word. **-summa**
amount of loan. **-ta** lend,
Am. loan; *(ottaa lainaksi)*
borrow, *jklta* from; *(kirjasta
ym)* quote, cite. **-tavara**
borrowed property. **-us** loan;
lending; borrowing; *(kirj.)*
quotation; (~**liike** lending
business; ~**merkit** quotation
marks, inverted commas).
laine wave, billow. **-htia**
billow; undulate.
-lainen *tämän* ~ of this kind;
kahden ~ of two kinds;
huonon ~ rather bad;
tamperelainen from Tampere,
inhabitant of T.; *SAK-*~
SAK-connected *(t.* associated).
lain|haku action for debt.
-huudatus legal confirmation
of possession, registration,
legalization [of purchase].
lainkaan: *ei* ~ not at all, not
in the least.
lain|kohta passage, paragraph
[in a section of law].
-kuuliainen law-abiding.
-kuuliaisuus obedience to the
law **-käyttö** application of
law. **-laatija** legislator.
-mukainen according to law,
lawful. **-opillinen** juridical,
judicial, legal, law. **-oppi** *ks.*
oikeustiede. **-oppinut** jurist.
-rikkoja lawbreaker. **-rikkomus**
breach of the law. **-suoja|ton**
s. outlaw; *julistaa l-ttomaksi*
outlaw, proscribe.
-säädännöllinen legislative.
-säädäntö legislation,
law-making; (~**valta** legislative
power). **-säätäjä** legislator.
-vastainen contrary to law;
illegal. **-voima** legal force;

saada ~ become legal,
become valid.
laipio *mer.* bulkhead.
laippa flange.
laiska lazy; idle; indolent.
-nlinna easy chair. **-nläksy**
punishment lesson. **-npäivät**
easy life. **-nvirka** sinecure;
soft job.
laisk|iainen *zo.* sloth. **-otella** be
lazy, idle [away one's time].
-ottelu dawdling. **-uri** idler,
drone, loiterer. **-uus** idleness,
laziness.
laita 1. *(sivu)* side, edge;
(reuna) brim; *laitoja myöten
täynnä* brimful; *metsän
laidassa* at the edge of the
woods; *yli laidan* overboard.
2. *(asian-)* state [of affairs];
niin on ~ that's how it is,
such is the case; *miten hänen
~nsa on* how is he? *hänen
~nsa on huonosti* he is in a
bad way; *kuinka on* ~*si?*
how is it with you? how are
you? *minun* ~*ni on samoin*
it's the same with me.
-kaupunki outskirts of the
town; (~**lainen** suburban).
-vastai|nen: *l-sta* by (on) the
wind.
laitattaa have. . made
(prepared; repaired); ~
kuntoon have. . put in order,
have. . fixed.
laite appliance, device;
apparatus; *(vekotin)* gadget;
laitteet equipment, apparatus,
(esim. valaistus) fittings.
laiton illegal, unlawful; illicit.
laitos establishment, institution;
institute; *tekn.* plant. **-tua** be
institutionalized.
laitta|a make; prepare;
(järjestää) arrange; *(korjata)*
repair, mend, *Am.* fix; ~
ruokaa cook, prepare food; ~
päivällinen (valmiiksi) get the .
dinner ready. ~**utua** *(kuntoon)*
get ready; ~ *tiehensä* make
off.
laitteisto equipment; apparatus;
outfit; facilities (for).
laittomuus illegality,
unlawfulness; wrongfulness.
laituri quay, pier, *(lastaus-)*
wharf *(pl.* ~s, -rves), *(et.*

uiva) landing-stage, *(pieni)* jetty; *rautat. ym* platform; ~*lla,* ~*ssa* at the quay; *laskea* ~*in* dock.

laiva ship; *(alus)* vessel; *(höyry-)* steamer; liner; *(kirkon)* nave; ~*an,* ~*ssa* on [ship]board; *astua, nousta* ~*an* go on board [a ship], board a ship; embark; *viedä* ~*an* take.. on board. **-aja** shipper. **-annousu** embarkation. **-kulku** navigation. **-laituri** quay. **-liike(nne)** steamship service. **-linja** [steamship] line. **-lääkäri** ship's doctor. **-maksut** shipping dues. **-matka** voyage. **-miehistö** [ship's] crew. **-mies** seaman.

laivan|hylky wreck. **-isäntä** shipowner [s]. **-kansi** deck. **-kapteeni** captain, *(kauppalaivan, m.)* master. **-lasti** shipload, cargo. **-päällystö** ship's officers. **-rakennus** shipbuilding, naval architecture. **-rakentaja** shipbuilder [s], *(insinööri)* naval engineer. **-runko** hull. **-selvittäjä** shipbroker [s]. **-selvitys** clearance. **-varustaja, -varustamo** shipowner [s]. **-veistämö** shipyard.

laiva|paperit ship's papers. **-poika** ship-boy, cabin-boy. **-päiväkirja** log-book. **-silta** landing-stage. **-sto** fleet; *(merivoimat)* navy; (~*asema* naval station; ~*tukikohta* naval base).

laiva|ta ship, dispatch. **-tarvikkeet** ship's stores. **-telakka** shipbuilding yard, dock. **-us** shipment, shipping; (~*satama* port of shipment; ~*sopimus* shipping contract, charterparty). **-vene** ship's boat, launch. **-vuoro** steamship service; ~*t* sailings. **-väki** ship's company. **-väylä** channel. **-yhteys** steamship connection.

laivu|e flotilla; *ilm.* squadron. **-ri** master; skipper.

laji kind, sort, *(merkki)* make, brand; *luonn.* species; *urh.* event, *sport.* **-ke** variety. **-tella** sort [out], assort, grade.

-telma assortment; *(valikoima)* selection.

lakais|ta sweep; *-ematon* unswept.

lakana sheet. **-kangas** sheeting.

lakastua wither [away], fade.

laka|ta 1. cease, *jstk* [from] -ing, stop (-ing); leave off [smoking etc.]; *on -nnut satamasta* it has stopped (ceased) raining, the rain has stopped; ~ *ilmestymästä* cease to appear; ~ *työstä* stop (cease) working, stop work; **2.** lacquer, varnish; *(sinetöidä)* seal.

lakea level; *(aava)* open.

lakeija footman, lackey.

lakeus plain.

laki 1. law, act, statute; *säätää lakeja* make laws, enact laws; *laissa säädetty* established by law. **2.** *(korkein kohta)* top, crown, summit. **-asiaintoimisto** lawyer's office. **-ehdotus** bill; *hyväksyä* ~ pass a b. **-kieli** legal language. **-kirja** code of laws, statute-book. **-mies** lawyer. **-määräinen** fixed (prescribed) by law, lawful, legal. **-määräys** provision in a law. **-pykälä** section of an act. **-sana** legal term. **-säteinen** statutory. **-tiede** science of law; jurisprudence; *opiskella* ~*ttä* read law. **-tieteellinen** juridical.

lakka lacquer, varnish; *(kirje-)* sealing-wax; *(marja)* [arctic] cloudberry. **-puikko** stick of sealing-wax.

lakkaa|maton incessant, unceasing; uninterrupted. **-matta** without stopping, without intermission, ceaselessly, continuously.

lakkau|ttaa stop; *(esim. sanomalehti)* suppress; *(määräraha ym)* withdraw; *(ei jatkaa)* discontinue, suspend; *(poistaa)* abolish; ~ *maksut* suspend payment; ~ *työt (tehtaassa)* shut down. **-tus** withdrawal; suppression; suspension; abolition.

lakki cap.

lakko strike; *olla lakossa* be on s.; *ryhtyä* ~*on* go [out]

on s. (*jstk syystä* in protest
against. .); *lopettaa* ~ call off
a s. **-avustus** strike pay. **-illa**
strike. **-lainen** striker. **-tila:**
julistaa ~*an* declare a strike.
-vahti strike picket.
lako: *lyödä (laihot)* ~*on* lay
[crops] flat; *olla laossa* lie
flat, be beaten down.
lakonrikkuri strike-breaker,
blackleg, rat, *Am. m.* scab.
lakoninen laconic; concise.
lakritsi liquorice.
lama: *mieleni on* ~*ssa* I am
depressed; *kauppa on* ~*ssa*
trade is slack (dull). **-annus**
depression. **-kausi** period of
depression. **-antua** become
paralyzed; grow dull, slacken.
-uttaa paralyze; *(esim. isku)*
stun; *(lannistaa)* dishearten,
discourage; depress.
lammas sheep *(pl.* sheep);
(liha) mutton. **-koira**
sheep-dog, collie. **-lauma** flock
of sheep. **-mainen** sheepish.
-paisti leg of mutton,
(paistettu) roast mutton.
-tarha [sheep]fold.
lammikko pond, pool.
lampaan|hoito sheep-farming
(-breeding). **-kyljys** mutton
chop. **-lapa** shoulder of
mutton. **-liha** mutton,
(karitsan) lamb. **-nahka**
sheepskin. **-villa** sheep's wool.
lampetti sconce, bracket
candlestick.
lampi pond; *(esim. metsä-)*
small lake, *(vuoristo-)* tarn.
lamppu lamp; *(hehku-)* bulb.
-öljy *ks. palo-*.
lampun|jalka lamp-stand. **-kupu**
lamp-globe. **-lasi**
lamp-chimney. **-sydän** wick.
-valo lamplight. **-varjostin**
lamp-shade.
langaton wireless.
lange|nnut fallen, *(makset-
tavaksi)* due, *(vekseli)*
mature. **-ta** fall, have a fall;
(kompastua) stumble;
(hairahtua) lapse into;
(maksettavaksi) fall (become)
due, mature; *(jkn tehtäväksi)*
devolve upon; ~ *jkn hyväksi*
fall to. **-ttaa** *(tuomio)*
pronounce sentence, pass

judg[e]ment.
lanka thread; *(puuvilla-)*
cotton; *(villa- ym)* yarn;
(metalli-) wire. **-kerä** ball of
yarn (thread). **-rulla** reel [of
cotton], spool. **-vyyhti** skein
of yarn.
lankeem|us fall; *ylpeys käy
-uksen edellä* pride goes
before a fall.
lankku plank, *liik.* deal.
lanko brother-in-law.
lanne loin, *(lonkka)* hip; *kädet
lanteilla* with hands on
[one's] hips, with one's arms
akimbo.
lannis|taa *(jkn mieli)*
discourage, dishearten, crush a
p.'s spirit; *(jkn valta)* subdue,
overcome. **-tua** be
discouraged; *mieleni -tui* I
became disheartened, I lost
heart. **-tumaton** indomitable,
undaunted.
lannoi|te fertilizer. **-ttaa**
manure; fertilize. **-tus**
manuring; *(~aine* fertilizer.)
lanta manure, dung; *(linnun
ym)* droppings. **-tadikko**
dung-fork, manure fork.
lantio pelvis.
lantti coin.
lanttu swede *Am.* rutabaga.
lapa shoulder; *(airon)* blade.
-luu shoulder-blade. **-mato**
broad tapeworm. **-nen** mitten.
lape flat; *lappeellaan* flatwise
(airo) at rest.
lapikas boot.
lapio spade, shovel. **-ida** shovel.
lappalai|nen s. Laplander,
Lapp; *a.* Lappish, Lapp.
lander's hut, tepee. **-snainen**
-skoira Lapp dog. **-skota** Lap-
Lapp woman. **-spuku**
Laplander's dress.
Lappi Lapland; *lapin kieli*
Lappish, Lapp.
lappu piece, bit; *(laastari- ym)*
pad; *(paikka)* patch; *(kangas-,
m.)* shred; *(paperi-)* [paper]
slip; *(hinta- ym)* label;
silmä~ eye patch. **-liisa**
[woman] traffic warden,
parking attendant, *Am.* meter
maid.
lapselli|nen childish, puerile;
(lapsen kaltainen) childlike;

(yksinkertainen) naïve. **-suus** childishness.
lapsen|hoitaja nurse. **-lapsi** grandchild. **-leikki** child's play. **-murha** infanticide. **-rattaat** children's push chair. **-tyttö** nurse-maid. **-usko** childhood faith. **-vaunut** perambulator, *(lyh.)* pram; *Am.* baby carriage.
lapse|ton childless. **-ttomuus** childlessness.
lapsi child *(pl.* children); *(syli-)* baby, infant; *lapsena ollessani* when a child; *lapsesta asti,* from *(t.* since) childhood; *ottaa lapsekseen* adopt; *~lle sallittu* for children also; *~lta kielletty* for adults only. **-halvaus** infantile paralysis, polio [myelitis]. **-lauma:** *hänellä on suuri ~* he has a large family. **-lisä** child allowance. **-puoli** stepchild. **-rakas** fond of children. **-vuode** childbed, childbirth; *(~kuume* puerperal fever).
lapsuuden|koti childhood home. **-ystävä** friend of one's childhood.
lapsuus childhood; *(varhainen)* infancy; *lapsuuteni aikana* in my childhood days. **-ikä** childhood.
laputtaa *(tiehensä)* beat it, make oneself scarce; *ala ~!* off you go!
lasi glass; *~ vettä* a g. of water. **-astia** glass dish; *~t* glassware. **-kaappi** glass case. **-kuitu** fibreglass. **-kupu** glass cover. **-llinen** glassful; glass. **-maalaus** stained glass. **-mainen** glassy. **-mestari** glazier. **-nen..** [made] of glass, glass. **-nhionta** glass-grinding. **-nleikkaaja** glass cutter. **-npuhaltaja** glass blower. **-nsirpale:** *~et* broken bits of glass, glass fragments. **-ruutu** pane [of glass]. **-tavara** glassware. **-te** glaze. **-tehdas** glassworks. **-ttaa** glaze. **-ttaja** glazier. **-tus** glazing. **-tölkki** glass jar. **-villa** glass wool.
laske|a *tr. (alas)* lower; let down; *(asettaa)* lay; *(päästää)*

let, *(irti)* let go; *mat.* count, calculate, compute, reckon, *(mukaan)* include; *(arvioida)* estimate; *intr. (aleta)* fall, go down, decrease, drop; *(aurinko)* set; *(joki)* empty, discharge [itself] (into); *~ kauppaan* put on the market; *~ koskea* shoot the rapids; *~ kulut* calculate the expenses; *~ leikkiä* joke, jest; *~ lippu* lower a flag, strike one's colours; *~ maihin* land, *(matkustajia)* put ashore; *~ mukaan* include, count.. in, reckon among; *~ päässään* figure (work out) in one's head; *~ seppele jkn haudalle* lay a wreath on a p.'s grave; *~ jku sisälle* let.. in, admit; *~ vettä kylpyammeeseen* run the bath water; *~ väärin* miscalculate, miscount; *~ yhteen* add [up], add together; *hinta on -nut* the price has dropped (gone down); *joki -e mereen* the river empties (discharges) into the sea; *-ttu (arvioitu)* expected, calculated. **-lma** calculation; estimate; *erehtyä -lmissaan* miscalculate; *ottaa -lmissaan huomioon* take into account. **-lmallinen** calculating. **-lmoida** calculate. **-maton** incalculable. **-nta** calculation, calculus. **-nto** arithmetic. **-tella** reel off; *(suksilla)* ski downhill; *~ omiaan* stretch the truth; *~ sukkeluuksia* crack jokes. **-ttelurinne** slalom *(t.* ski) slope. **-uma** *(veren)* sedimentation rate; *(radioaktiivinen ~)* fall-out. **-utua** go down, descend; *(painua)* sink; *(rakennus ym)* settle; *(tulla alas)* get down, come down, alight; *(lentokone)* land; touch down; *~ pitkälleen* lie down; *~ pohjaan (sakka)* settle.
laskiai|nen Shrovetide. **-spulla** Shrove bun. **-stiistai** Shrove Tuesday.
laskimo vein. **-veri** venous blood.
laskos fold, pleat; tuck; *(vasta-)* box-pleat; *laskoksissa*

oleva folded; pleated. **-taa** fold; pleat.

lasku *(maksettava)* bill, note, *Am.* check; *(faktuura)* invoice; *(tili-)* account; *(laskelma)* calculation; *ottaa ~issa huomioon* take into account, make allowance for [delay, *viipyminen*] ; *laatia ~* make out a bill; *merkitkää se minun ~uni* charge it to my account; *omaan ~un* on his (her) own account; *ostaa ~un* buy on credit. **-esimerkki** problem, sum, example. **-haara** *(joen)* outlet. **-kausi** period of decline; *liik. m.* recession. **-kone** calculating machine. **-opillinen** arithmetical. **-oppi** arithmetic. **-porras** gangway. **-putki** wastepipe, *lääk.* drain. **-pää:** *hänellä on hyvä ~* he has a good head for arithmetic. **-sana** numeral, number. **-silta** drawbridge. **-suhdanne** downward trend, recession, *vrt. lamakausi.* **-suunta** *liik.* decline, fall [in prices]. **-tapa:** *neljä ~a* the four rules of arithmetic. **-teline** landing gear. **-ttaa** *liik.* invoice. **-varjo** parachute; *hypätä ~llä* parachute, *(pelastautua)* escape [unscathed] by p., bale out; *(~hyppääjä* parachutist; *~joukot* paratroops). **-vesi** low water. **-viivoitin** slide rule. **-virhe** error in calculation, miscalculation.

lasta splint; *(muurarin)* trowel; *keitt. ym* spatula. **-ta** load, lade; *laiva on -ttavana* the ship is loading (taking in freight); *-ttu* laden. **-us** loading; *(~laituri* quay, wharf; *~työntekijä* dock-labourer; stevedore).

lasten|hoitaja children's nurse. **-hoito** care of children. **-huolto** child welfare. **-huone** nursery. **-kaitsija** baby-sitter. **-kasvatus** bringing up [of] children, upbringing, rearing of children. **-koti** children's home. *(orpo-)* orphanage. **-lääkäri** p [a]ediatrician. **-seimi** day nursery. **-suojelu** child

welfare. **-tarha** kindergarten, nursery school. **-tauti** children's disease. **-vaunut** *ks. lapsen-.*

lasti load; *(laivan)* cargo; *täydessä ~ssa* fully loaded. **-laiva** cargo (freight) steamer. **-npurkaus** unloading. **-ruuma** hold.

lastoittaa put in splints.

lastu chip, *(höylän)* shaving. **-levy** [wood] particle board, chipboard. **-villa** wood-wool, *Am.* excelsior.

lata|amaton unloaded, *(akku)* uncharged. **-us** charging, *(aseen)* loading.

latina, -lainen Latin.

latkia lap [up].

lato barn, shed.

lato|a *(kasaan)* pile [up], *(päällekkäin)* stack; heap, pack, stow; *kirjap.* set [up], put in type, compose; *~ riviin* place in a row. **-ja** type-setter, compositor. **-makone** type-setting machine. **-mo** composing-room. **-mus** set matter.

lattea flat, *kuv.* insipid.

lattia floor; *panna ~* floor. **-luukku** trap-door. **-nkiillotuskone** floor polisher. **-vaha** floor polish.

latu track; trail.

latuskajalka flat-foot.

latv|a top; *(joen)* upper course, headwaters. **-apurje** topsail. **-oa** top, *(oksia)* poll.

latvialainen Latvian.

lauantai Saturday.

laudanpätkä end of [a] board.

laudatur honours [course].

laudoi|ttaa board, line with boards; *(panelilla)* wainscot. **-tus** boarding; wainscot [ing].

laueta go off, *(räjähtäen)* explode; *jännitys laukesi* the tension relaxed.

lauh|a mild; temperate. **-duttaa** appease, soothe; *(jäähdyttää)* cool [off] ; *tekn.* condense. **-kea** temperate; mild; *(säyseä)* meek. **-keus** mildness; gentleness, meekness. **-tua** be appeased, soften, relent; *sää -tuu* the weather is getting milder; *pakkanen -tuu* the

cold is abating.
laukai|sta fire [off], discharge, *(ohjus ym)* launch; *(jännitys)* relieve, ease, relax. **-sualusta** *(ohjuksen)* launching pad.
laukata gallop.
laukaus shot; *(pamahdus)* report. **-tenvaihto** shooting, exchange of shots.
laukka gallop; *(lyhyt)* canter; *täyttä ~a* at full gallop.
laukku bag; *(koulu-, m.)* satchel; *(kartta- ym)* case.
laul|aa sing; *(lintu, m.)* warble; *puhtaasti ks. t.; ~ jkn ylistystä* sing a p.'s praises. **-aja(tar)** [professional] singer. **-ajaiset** [vocal] concert. **-elma** song, air. **-ella** sing, *(hyräillä)* hum.
laulu song; air, melody, tune; *(oppiaineena ym)* singing. **-juhla** choral festival. **-kirja** song-book. **-kuoro** choir, choral society. **-lintu** song-(singing-) bird, songster. **-llinen** vocal. **-nopettaja** singing-master (-mistress). **-npätkä** snatch of song. **-näytelmä** musical, musical comedy. **-rastas** song-thrush. **-seura** glee club. **-taide** art of singing, vocal art. **-tunti** singing lesson. **-ääni** singing-voice.
lauma herd, *(et. lammas-, m. kuv.)* flock; drove; swarm, host, *(esim. susi-)* pack; *(hunni- ym)* horde; *keräytyä laumoihin* flock together; *laumoittain* in flocks, in crowds. **-eläin** gregarious animal. **-vaisto** the herd instinct.
laupeuden|sisar sister of charity. **-työ** act of charity.
laup|eus mercy, mercifulness, charity. **-ias** merciful, charitable; *~ samarialainen* the good Samaritan.
lause sentence, *(lyhyt)* clause. **-enjäsennys** analysis [of a sentence]. **-enosa** part of sentence. **-jakso** period. **-korko** sentence stress. **-opillinen** syntactic. **-oppi** syntax. **-parsi** idiom, idiomatic expression; phrase. **-tapa** phrase. **-yhdistys** complex sentence. **-yhteys**

context.
lausu|a utter, say; state; *(ilmi)* express; *(ääntää)* pronounce; *(runo)* recite, read poetry; *~ ajatuksensa jstk* give one's opinion about. **-ja** reciter, elocutionist. **-ma** utterance, statement. **-nta** pronunciation; *(runon)* poetry reading, recitation; *(~ilta* recital; *~taide* art of elocution). **-nto** statement; *(virall.)* report; opinion.
lauta board; *lyödä jku laudalta* displace, cut. . out. **-kunta** board, committee, commission; *lak.* jury. **-mies** juryman, juror, lay member of a court. **-nen** plate; *lentävä ~* flying saucer; *-set (mus.)* cymbals. **-sliina** [table] napkin.
lauta|ta *(yli)* ferry; *tukkeja* float. **-tarha** timber *(Am.* lumber) yard. **-vuoraus** [weather] boarding; wainscot.
lauteet platform in a sauna.
lautt|a ferry [-boat]; raft; *juna- ~* train ferry. **-asilta** floating bridge. **-aus** floating; *(~väylä* waterway for timber-floating). **-uri** ferryman.
lava platform, *(katsoja-)* stand, *(näyttämö)* stage; *(kukkas-)* bed; *(lasinalainen)* cold frame, *(lämmin)* hotbed.
lavantauti typhoid fever.
lavas|taa stage. **-taja** stage *(t.* scenic) designer. **-teet** set [s]. **-tus** staging, stage decor, [stage] scenery.
lavea wide; extensive; *(seikkaperäinen)* circumstantial, exhaustive; *~sti (m.)* at great length.
laventeli lavender.
laver|rella, -rus jabber, babble; *älä -tele asiasta* don't blab. **-telija** chatterbox.
laveri [sleeping] bunk.
lavetti gun-carriage.
lavitsa bench.
legenda legend.
legioona legion.
lehah|taa flit, *ohi* by; *~ lentoon* take wing; *hänen kasvonsa -tivat punaisiksi* her face flushed.
lehd|etön leafless, bare. **-istö**

foliage; *(sanoma-)* the press; (~**tilaisuus** press conference). -**ittyä** put forth leaves.
lehmus lime, linden, *Am.* basswood.
lehmä cow. -**kauppa,** *-kaupat* log-rolling, deal [between political parties]. -**nliha** beef.
lehteillä leaf [in a book].
lehteri gallery.
lehtevä leafy, rich in foliage.
lehti leaf *(pl.* leaves); *(sanoma-)* [news]paper; *(avaimen)* bit; *puu on lehdessä* the tree is in leaf; *puhjeta lehteen* burst into leaf. -**kala** kale. -**kasvi** foliage plant. -**kuja** avenue. -**kulta** gold-leaf (-foil). -**kuusi** larch. -**maja** arbour, bower. -**metsä** broad-leaved deciduous wood [land]. -**mies** journalist. -**myymälä** news-stand, book-stall. -**mäinen** leaflike. -**puu** broad-leaved deciduous tree. -**saha** fret-saw. -**salaatti** lettuce. -**täi** plant-louse *(pl. -lice).* -**vihreä** chlorophyll. -**ö** [writing] pad, *(piirustus-)* drawing pad, sketch-block.
lehto grove, coppice, copse. -**kerttu** garden warbler. -**kurppa** woodcock. -**pöllö** tawny owl.
lehtori *l. v. (koul.)* senior teacher, *(yliop.)* lecturer.
lehvä spray, twig.
leija kite. -**illa** hover, float; soar.
leijona lion, *(naaras)* lioness. -**nkita** *bot.* snapdragon.
leik|ata cut; *(esim. puku)* cut out; *(paistia ym)* carve; *(saksilla, m.)* clip; *(lyhyeksi)* crop; *(hedelmäpuita)* prune; *lääk.* operate; *jku* on; *(puhkaista)* lance; *geom.* intersect; *(tukka, tasoittaa)* trim, *(kynnet)* cut, pare; ~ *poikki, pois* cut off; *lyhyeksi -attu* [cut] short, *(tukka, m.)* closely cropped. -**e** *(lehti-)* [press] cutting, *(liha-)* steak; (~**kirja** scrap-book). -**ellä** cut, clip; *(pieneksi)* cut up; *(ruumiita)* dissect.
leikilli|nen joking, jocular, playful, humorous. -**syys**

humour [ousness], jocularity.
leikin|laskija joker. -**lasku** joking, jest. -**teko** child's play; *elämä ei ole* ~*a* life is no joke; *se on hänelle vain* ~*a* for him it is the easiest thing.
leikitellä play (with).
leikk|aaja cutter, *(elon)* reaper; *elok.* editor -**aus** cutting; cut, incision; *lääk.* operation; *elok.* editing; *(poikki*~) section; *(koriste-)* carving; (~**piste** [point of] intersection; ~**pöytä** operating-table; ~**sali** operating-room, -theatre). -**auttaa** *(tukkansa)* have one's hair cut, have a haircut, *(hyvin lyhyeksi)* have a close crop.
leikkele *ks. leike;* ~*et* cold cuts. -**liike** delicatessen shop (store)
leikki game; *(pila)* joke, jest, fun; *leikillä(än)* in fun, in play, by way of a joke; ~ *sikseen* joking apart; *siitä on* ~ *kaukana* it is no joking matter; *kääntää leikiksi* turn.. into a joke; *laskea* ~*ä* joke, jest, make fun [of a p.]; *lasketko* ~*ä? (narraatko)* are you kidding?. -**kalu** toy. plaything. (~**kauppa** toyshop). -**kehä** play pen. -**kenttä** playground. -**puhe** joke, jest. -**sota** sham fight. -**syys** playfulness. -**sä** playful. -**toveri** playmate, play-fellow. -**ä** play, be at play; ~ *sotaa* play at being soldiers, play war-games.
leikkokukat cut flowers.
leikkuu *(elon)* harvest. -**aika** reaping time. -**kone** *(tukan)* clippers; *(elon-)* harvester. -**lauta** cutting-board. -**mies** harvester, reaper. -**puimuri** combine harvester.
leili flagon.
leima stamp; *(sinetti)* seal; *painaa* ~*nsa jhk* leave its mark (stamp) on; ~*a antava* characteristic. -**amaton** unstamped.
leimah|dus flash; flash of lightning. -**taa** flash, flare; ~ *ilmituleen* burst into flame [s],

(kuv.) blaze up, flare up.
leima|maksu stamp-duty.
-merkki [revenue]stamp.
-paperi stamped paper. **-sin**
[rubber] stamp, stamper, die;
(**~väri** stamping ink). **-ta**
stamp, *jksk* as, *(petturiksi
ym)* brand as; *oli jnk -ama
(kuv.)* bore the imprint of,
was marked by. **-uttaa** have. .
stamped. **-vero** stamp-duty.
leimu, -ta flame, blaze; *-ava*
flaming, *(kuv.)* burning,
glowing, fiery.
leini gout, rheumatism.
leinikki *bot.* buttercup.
leipo|a bake; ~ *kakku* make
(kypsentää bake) a cake. **-mo**
bakery, baker's [shop].
leipuri baker. **-liike** bakery,
baker's business; pastry shop.
leipä bread; loaf *(pl.* loaves);
ansaita ~nsä earn one's
living; *lyödä leiville* be worth
while, pay. **-kori** bread-basket.
-kortti bread ticket. **-myymälä**
baker's [shop]. **-puu**
bread-fruit tree; *kuv.* means
of livelihood. **-työ** daily
bread and butter stint,
day-to-day job. **-viipale** slice
of bread. **-vilja** food grain.
leiri camp, encampment;
asettua ~in encamp. **-elämä**
camping; *viettää ~ä* camp.
-ntä camping; (**~alue** camping
site *t.* ground). **-paikka**
camping place. **-tuli** camp
fire. **-ytyä** encamp.
leivin|jauhe baking powder;
-lauta pastry board. **-uuni**
baking oven.
leiviskä *kuv.* talent.
leivo [sky]lark.
leivonnai|nen *-set* pastries.
leivos pastry, cake. **-lapio** cake
slice. **-pihdit** cake tongs.
leivän|kuori crust of bread.
-muru breadcrumb. **-pala** piece
(bit) of bread. **-puute** scarcity
of bread.
leivätön breadless.
lejeerinki *tekn.* alloy.
lekkeri [small] keg.
lekotella bask [in the sun].
lelli|kki, -poika pet, favourite.
-tellä coddle, pamper; ~
pilalle spoil by coddling.

-ttely pampering, fondling.
lelu toy, plaything.
lemmekäs amorous.
lemmen|juoma love potion,
philtre. **-laulu** love-song.
-seikkailu love-affair.
lemmi|kki darling; favourite;
bot. forget-me-not; (**~eläin**
pet). **-skellä** make love. **-skely**
love-making, *(halailu)* cuddling,
Am. necking. **-tty** beloved;
sweetheart.
lempe|ys mildness; leniency;
kohdelle liialla -ydellä
overindulge. **-ä** mild, sweet;
gentle; (**~luontoinen** gentle,
sweet-tempered).
lempi love. **-ajatus** pet idea.
-harrastus hobby. **-lapsi**
favourite [child]. **-nimi** pet
name. **-runoilija** favourite
poet. **-ä** love; make love.
lemu, -ta smell; stink.
leninki dress, frock.
lenkki loop; *(kiinnitys-)*
fastening; *lähteä lenkille* go
for a run (a walk).
lenn|ellä fly about, hover.
-okas winged, eloquent, lofty.
-okki model aeroplane.
lennon|johtaja air control
officer. **-johto** airfield control.
lennätin telegraph. **-kuva**
telephoto. **-lanka** telegraph
wire. **-toimisto** telegraph
office. **-tieto** telegraphic
message.
lento flight; *lähteä ~on* take
wing; *nousta ~on (kone)* take
off; *ampua lennosta* shoot. .
on the wing. **-aika** flying
time. **-ase** air arm. **-emäntä**
air hostess, *Am.* air
stewardess. **-hiekka** driftsand.
-hyökkäys aerial attack,
(-pommitus) air-raid. **-kala**
flying fish. **-kenttä** airfield,
airport, aerodrome.
-kirje: ~*enä* by airmail.
lentokone aeroplane, plane,
aircraft *(pl.* = *sg.), Am,*
airplane. **-suoja** hangar.
-mekaanikko air mechanic.
lento|lehti leaflet **-linja** air-line
(-route), aerial service. **-lippu**
flight ticket. **-matka** trip by air,
flight. **-näytös** flying display.
-onnettomuus air crash

(accident). **-pallo** volleyball.
-pommi [aerial] bomb. **-posti**
airmail; ~*tse* by a. **-suukko:**
heittää ~blow a kiss. **-teitse**
by air. **-tukialus**
aircraft-carrier. **-tukikohta** air
base. **-tähti** shooting star,
meteor. **-vuoro** flight, aerial
service. **-yhtiö** air line.
lentue flight.
lentäjä flyer, airman, aviator,
(*ohjaaja*) pilot.
lentää fly; (*matkustaa*
lentokoneella, m.) go (travel)
by air.
leopardi leopard.
lepakko bat.
lepattaa flutter, (*liekki*) flicker;
(*räpytellä*) flap.
leper|rellä, -tely babble, gurgle.
lepinkäinen *zo.* shrike.
lepo rest, (*rauha*) quiet; *mennä*
levolle go to bed; *levossa* at
rest; ~! (*sot.*) at ease. **-asento**
resting position. **-hetki** hour
of rest. **-koti** convalescent
home. **-paikka** resting-place.
-päivä day of rest. **-sohva**
couch, divan. **-tasanne** landing.
-tuoli easy chair.
lepp|eä, -oisa mild, sweet;
gentle, placid.
leppymä|ttömyys implacability.
-tön implacable, unappeasable,
relentless, irreconcilable.
leppyä be conciliated
(appeased); (*sopia*) be
reconciled (with).
leppä alder. **-kerttu** ladybird.
-lintu redstart.
lepra leprosy.
lepuu|ttaa rest; *-ttava* restful.
lepyttää conciliate, propitiate;
appease.
lerppa: *olla lerpallaan* hang
loose, slouch. **-huulinen** with
drooping lips.
leseet bran.
lesemätön (*jauho*) whole meal.
leskenlehti *bot.* coltsfoot.
leskeys widowhood, (*miehen*)
widowerhood.
leski widow; (*-mies*) widower;
jäädä leskeksi (*naisesta*) be
left a widow, be widowed.
-kuningatar Queen dowager.
-mies widower.
lesti: ~*t* shoe-trees; *panna* ~*lle*

(*venyttää*) tree; *pysyä* ~*ssään*
stick to one's last.
lestyjauhot sifted flour.
letka|us gibe, (*vastaus*) retort;
a dig [at me, *minulle*].
-uttaa make a sarcastic
remark, taunt.
letku hose; tube, tubing.
letti plait.
letukka hussy.
leuka chin; (*-pieli*) jaw.
-kuoppa dimple. **-lappu** bib.
-luu jawbone.
leukoija stock.
leuto mild; ~ *ilmasto*
temperate climate. **-us**
mildness.
leve|ntää broaden, widen. **-tä**
broaden, widen [out]. **-ys**
breadth, width; (~**aste** [degree
of] latitude; ~**piiri** parallel).
leveä broad, wide. **-harteinen**
broad-shouldered, square-built.
-lierinen wide-brimmed.
-raiteinen broad-gauge.
levi|kki circulation. **-ttää**
spread, spread out; (*laajentaa*)
extend; *kuv. m.* propagate,
disseminate; ~ *perättömiä*
huhuja spread (circulate) false
reports. **-tä** spread; (*ulottua*)
extend; *sanomalehti -ää*
laajalle the newspaper has a
large circulation; *laajalle -nnyt*
widely distributed, widespread.
-äminen spread[ing], (*esim.*
kasvin) propagation.
levolli|nen calm, unperturbed;
composed, self-possessed. **-suus**
calmness; coolness, composure;
equanimity.
levo|ton restless; uneasy (about,
for a p.), anxious (about);
olla ~ *jstk* (*m.*) worry about;
saattaa -ttomaksi make. .
uneasy, fill. . with anxiety;
-ttomat ajat turbulent times.
-tto|muus restlessness;
uneasiness, anxiety;
disturbance; *-muutta herättävä*
alarming, disquieting.
levy plate, (*ohut metalli-*)
sheet, (*kova- ym*) board, (*iki-*
ym) lacquered board, *vrt.*
kuitu- ym; (*et. pyöreä*) disk;
(*pöydän*) top, (*irto-*) leaf;
(*ääni-*) record, disc; *ottaa*
(*laulaa, soittaa*) ~*lle* record.

-inen: *metrin* ~ one metre wide (in width). **-ke** plaque. **-seppä** sheet-iron worker, tinsmith. **-soitin** record player; (~**automaatti** jukebox). **-ttää** record. **-tys** recording.
levä 1. *olla* ~*llään* be spread [out]; *siivet* ~*llään* with widespread wings. **2.** *bot.* alga (*pl.* algae).
leväh|dys rest; (~**hetki** breathing-spell). **-tää** rest [oneself], take a rest.
leväperäi|nen negligent, neglectful. **-syys** negligence.
levä|tä rest, have a rest; repose; *olen* -*nnyt kyllikseni* I have had a good rest; -*tköön rauhassa* may he rest in peace.
leyhytellä fan.
liata dirty, soil; smear; mess [up], make a mess of; (*housunsa, lapsesta*) foul.
Libanon the Lebanon; *l-ilainen* Lebanese.
liberalisoi|da liberalize. **-nti** liberalization.
liehakoi|da fawn upon; ~ *jkn suosioon* (*m.*) curry favour with, insinuate oneself into a p.'s good graces; -*va* fawning. **-tsija** fawner; flatterer.
liehi|tellä make much of, pay court to. **-ttely** exaggerated attentions.
liehu|a flutter, flap, (*lippu*) fly; -*vin lipuin* with colours flying. **-ttaa** make.. flutter; wave.
lieju slime, mud, mire, ooze. **-inen** muddy, miry. **-maa** miry ground; (*hyllyvä*) quagmire. **-pohja** mud [dy] bottom.
lieka tether; *panna* ~*an* tether.
liek|ehtiä flame, blaze, flash. **-inheitin** flame-thrower. **-ki** flame; *olla* ~*en vallassa* be ablaze.
liemi soup; »*liemessä*» in the soup, in a spot. **-kauha** soup scoop. **-lautanen** soup plate. **-malja** tureen. **-ruoka** liquid food.
lienee may; *hän* ~ *tullut* he has probably come; ~*kö se totta* I wonder whether it is true.

lieri brim. **-ö** cylinder. **-ömäinen** cylindrical.
liero worm.
liesi range, (electric) cooker.
liete silt; (*maatuma*) alluvium; *lietteet* sludge. **-hiekka** alluvial sand.
lietsoa blow; *kuv.* fan the flame of, foment; ~ *uutta rohkeutta* inspire new courage.
liettualainen, -nkieli Lithuanian.
lieve hem, (*reuna*) border; *jnk liepeillä* close to, on the outskirts of. **-ilmiö** fringe phenomenon.
lieven|nys relief, ease; alleviation. **-tyä** become less severe, be relieved, ease (up *t.* off). **-tää** relieve, allay; (*rangaistusta*) mitigate, reduce; relax; -*tävät asianhaarat* extenuating circumstances; ~ *ehtoja* moderate (modify) the terms.
lievetakki frock-coat.
lievike relief.
lievi|mmin: ~ *sanoen* to say the least of it, to put it at its mildest. **-ttää** ease; soothe. **-tys** relief, ease.
liev|yys slightness; lightness, leniency. **-ä** mild; slight; (*rangaistus ym*) light; lenient.
liha flesh; (*teuras-*) meat; ~*a syövä* (*eläimistä*) carnivorous; *hyvässä* ~*ssa* well fed. **-inen** fleshy; meaty. **-kappale** cut of meat, (*iso*) chunk of meat. **-karja** beef (store) cattle. **-kauppa** butcher's [shop]. **-kauppias** butcher. **-ksinen** muscular. **-ksisto** muscular system. **-ksitulo** *usk.* incarnation. **-liemi** broth, clear soup; (~**kuutio** stock cube). **-llinen** carnal, fleshly. **-mehuste** beef extract. **-muhennos** stewed meat. **-mylly** mincing machine. **-nkidutus** asceticism. **-nsyöjä** *zo.* carnivore. **-nvärinen** flesh-coloured. **-piirakka** meat pie. **-pyörykkä** meat ball. **-ruoka** (*-laji*) meat course, meat [dish]. **-säilykkeet** tinned (canned) meat.
lihas muscle. **-kudos** muscular tissue. **-säie** muscular fibre.

-toiminta muscular action.
-voima muscular strength.
lihav|a fat, (henk., m.) stout,
corpulent. **-ahko** inclined to
stoutness, somewhat stout.
-uus fatness; stoutness,
corpulence.
liho|a gain [weight]; *hän -i 7
kiloa* he gained (put on) 7
kilos. **-ttaa** make. . fat;
(*syöttämällä*) fatten.
liiaksi too much, too; *~kin*
more than enough, enough
and to spare; *syödä ~*
overeat; *veloittaa ~*
overcharge.
liialli|nen excessive;
superfluous, surplus;
(*kohtuuton*) inordinate; *~
kohteliaisuus* excessive
(exaggerated) politeness. **-suus**
excess[iveness]; extravagance;
superfluity; *mennä -suuksiin*
go to extremes.
liian too; *~ suuri* too big
(large); excessive; *~kin hyvin*
only too well; *~ herkkä,
kohtelias* (m.) oversensitive,
overpolite.
liidellä float, soar.
liietä: *liikeneekö sinulta 20
markkaa* can you spare me
twenty marks; *liikenemään
asti* [enough and] to spare.
liika *a* (*tarpeeton*) superfluous,
surplus; excess[ive]; *se on
~a* it is too much; *maksaa
~a* pay too much; *syödä ~a*
overeat; *minä olen täällä ~a*
I am one too many here.
-asutus overpopulation.
liikah|dus movement. **-duttaa**
[cause to] move, stir. **-taa**
move, stir, (*hievahtaa*) budge;
-tamatta without stirring,
motionless.
liika|herkkyys over-sensitiveness.
-herkkä over-sensitive, highly
strung. **-hienostus** over-re-
finement. **-kuormitus** overload.
-lihavuus obesity. **-maksu**
overpayment; *ottaa ~a*
overcharge. **-määrä** excess
[amount], surplus. **-nainen**
superfluous; surplus;
(*liiallinen*) excessive. **-naisuus**
superfluity; superabundance.
-nimi by-name, nickname.

-paino overweight, excess
weight. **-rasitus** overstrain,
over-exertion. **-tuotanto**
over-production. **-varvas** corn.
-väestö surplus population,
overspill.
liike motion, movement;
(*kauppa-*) business, [business]
firm, concern, (*myymälä*)
shop; *käden~* (*m.*) gesture;
lopettaa ~ wind up business;
panna liikkeelle set . . going (in
motion), (*kuv. koota*) muster
up; start; *liikkeessä* in
motion, (*raha ym*) in
circulation; *laskea liikkeeseen*
issue, put in circulation **-aika:**
~na during business hours.
-ala: *antautua ~lle* adopt a
business career, go into
business. **-apulainen**
shop-assistant. **-asia** business
matter; *-asioissa* on business;
olla -asioissa jkn kanssa
transact (do) business with.
-elämä business [life]; *~ on
lamassa* business is dull
(slack). **-hermo** motor nerve.
-htiä stir, move about, *sot.*
manoeuvre. **-huoneisto** business
premises. **-kannallepano**
mobilization. **-kanta:** *asettaa
-kannalle* mobilize. **-keskus**
business centre. **-kirje** business
letter. **-kumppani** partner;
ottaa ~ksi take. . into
partnership. **-laajuus** range of
movement. **-laskenta**
accountancy. **-maailma** world
of business. **-matka** business
trip. **-mies** business [-] man;
(*~mäinen* businesslike).
-nainen business woman. **-nevä**
available, spare; surplus.
liikenne traffic; service;
välittää ~ttä run, ply
[between A. and B.]. **-este**
obstacle to traffic; *~en takia*
on account of the traffic
being blocked **-häiriö**
disruption of traffic. **-kone**
passenger plane. **-kulttuuri**
road manners. **-kuolema**
death-toll on the roads. **-laitos**
public transport [service].
-lentäjä commercial pilot.
-merkki traffic sign.
-onnettomuus traffic accident.

-poliisi constable on
point-duty. -rikkomus traffic
violation, motoring offence.
-seisaus traffic jam. -säännöt
traffic regulations. -turvallisuus
traffic safety. -valo traffic
light. -väline means of
conveyance. -väylä traffic
route, (katu) thoroughfare.
-yhteys connection[s]. -ympyrä
[traffic] roundabout (t. Am.
circle).

liikennöi|dä run [a line, linjaa,
to jnnek], maintain traffic,
operate [between.. and..].
-tsijä traffic contractor. -tävä
trafficable.

liikenteenjakaja divisional
island.

liike|pankki commercial bank.
-pula business crisis. -pääoma
working capital. -salaisuus
trade secret. -suhteet business
connections; olla -suhteissa
jkh have business relations
(with), be connected with.
-talo commercial house.
firm. -toimi [business]
transaction. -toiminta business
activity. -toimisto office.
-tuttava business acquaintance,
b. friend; (asiakas) customer;
client. -vaihto turnover;
(~vero purchase tax). -voima
motive power, propelling pow-
er. -voitto profit. -yhteys ks.
-suhteet. -yritys business
enterprise.

liikkeellepaneva motive; kuv.
impelling.

liikkeellä about, on the move;
huhuja on ~ rumours are
going around, (voimia. .)
forces are at work.

liikkeen|harjoittaja business
man, shopkeeper. -hoitaja
manager of a business.

liikkeeseenlasku issue.

liikkiö ham.

liikku|a move, stir; (hievahtaa)
budge; (olla liikkeessä) be in
motion; be in circulation;
(huhu ym) be afloat, be
current. -matila space to
move, elbow-room. -maton
immobile, motionless.
-mattomuus immobility. -va
moving; mobile; ~ kalusto

(rautat.) rolling stock. -vaisuus
mobility.

liikunta movement; [physical]
exercise. -kasvatus physical
training. -kyky ability to
move. -vapaus freedom of
movement.

liiku|skella move about. -tella
move; (käsitellä) handle;
-teltava movable. -ttaa move
(m. kuv.), stir (m. kuv.); kuv.
touch; (koskea) concern; se ei
-ta minua it does not concern
me, it is no business of
mine; -ttava moving, touching;
-ttunut moved, touched. -tus
emotion.

liima glue. -inen gluey. -nauha
gummed tape. -ta glue; ~ jhk
(m.) stick, paste, paste. . up
(in, on). -us gluing. -väri
distemper.

liina (-vaate) linen; (pää-) head
scarf; pöytä~ table-cloth.
-inen linen. -vaate: -vaatteet
linen; (~kaappi linen
cupboard). -öljy linseed oil.

liioin: ei ~ not. . either,
neither.

liioi|tella exaggerate, overdo; ~
osassaan (näyttelijästä)
overact; -teltu exaggerated;
extravagant. -ttelu exaggeration.

liipais|in trigger. -ta pull the
trigger.

liister|i paste. -öidä paste;
gum, stick.

liite (kirjaan) appendix;
(asiakirjaan) supplement;
(kirjeeseen) enclosure. -kohta
joint, junction. -kuva plate.

liitin (paperi-) paper clip.

liitolento gliding. -kone glider.

liitos joint; join, seam; (jatkos)
scarf; aueta liitoksistaan burst
seams. -alue l.v. suburban
area. -paperi gummed tape.

liitto alliance; league, union;
federation; (sopimus) treaty;
olla liitossa jkn kanssa be
allied with; tehdä ~ enter
into an alliance. -hallitus
federal government. -kansleri
[Federal] Chancellor. -kunta
league; [con]federation.
-lainen ally. -utua form
(enter into) an alliance; ally
themselves; join forces, be

leagued together (against),
gang up (on, against).
-utumaton non-aligned. **-utunut**
allied; *-utuneet* the allies.
-tasavalta federal republic.
liitt|yä join; attach oneself to;
(jäseneksi) become a member
of; enter; ~ *puolueeseen* join
a party; *hänen nimensä -yy. .*
his name is associated with;
siihen -yy kustannuksia it
involves expense; *-yen*
(edelliseen puhujaan) in
agreement with.
liittää join; enclose [in a
letter, *kirjeeseen*]; attach;
(lisäksi) add; *(yhteen)* unite;
(osana kokonaisuuteen)
incorporate.
liitu chalk. **-kallio** chalk cliff.
-palanen piece of chalk.
-paperi enamelled paper.
liitän|näisjäsen associate
member. **-täjohto** cord, flex.
liitää glide; float, soar.
liivate gelatine.
liivi(t) waistcoat, *Am.* vest;
(naisen) [elastic] corset,
(kapeat) girdle, suspender
(Am. garter) belt, *(lasten)*
under-bodice, *(kansallispuvun
ym)* bodice; *housu~*
panti-girdle.
liivihame petticoat dress.
lika dirt; filth. **-antua** get
dirty, become soiled, soil;
(esim. vesi) be polluted. **-inen**
dirty, soiled; unclean, impure,
filthy. **-isuus** dirtiness;
impurity, unclean [li]ness.
-kaivo cesspool. **-pilkku** spot
of dirt. **-sanko** slop bucket.
-vesi *(pesu- ym)* slops;
sewage. **-viemäri** sewer.
likei|nen intimate. **-syys**
intimacy; *vrt. läheinen, -syys.*
liki near, close [to]. **-arvo**
approximate value. **-main**
approximately, very nearly;
(noin) about; *ei ~kaan* not
nearly, nothing like. **-määrin**
approximately, roughly.
-määräinen approximate,
rough. **-näköinen** near-(short-)
sighted.
likis|tyä be jammed, get
squeezed. **-tää** *(jkn kättä)*
squeeze; jam; *(olla ahdas)*

pinch.
liko: *olla liossa* [be]
soak [ing]; *panna ~on* put to
soak, *kuv.* risk. **-märkä**
soaked, wet through.
likvidoida liquidate.
likööri liqueur.
lilja lily.
lima mucus, phlegm; *(esim.
kalan)* slime. **-inen** slimy;
mucous. **-kalvo** mucous
membrane.
limittäin [with edges]
overlapping; *olla ~* overlap.
limonaati lemonade.
limppu [round] loaf.
lingota sling; fling, hurl;
(pyykkiä) spin-dry.
linja line; *koul.* course.
-auto bus; *(kauko-)* coach;
(~pysäkki bus stop). **-jako**
l.v. division into lines *(tason
mukaan;* streams), choice of
line (course). **-laiva** liner.
linkkitorni television
transmission tower.
linkkuveitsi clasp-knife.
linko sling; *pyykki~* spin dryer.
linna castle; *(palatsi)* palace;
(vankila) prison; *(linnoitus)*
fortress; *istua ~ssa* be
imprisoned, be in prison. **-ke**
fort. **-mainen** palatial.
linnan|herra lord of the castle.
-kirkko palace chapel. **-piha**
castle yard. **-päällikkö**
commandant. **-rouva** chatelaine.
linnaväki *sot.* garrison.
linnoi|ttaa fortify. **-tus**
fortification; *(linna)* fortress,
citadel, stronghold; *(~laitteet*
fortifications).
linnun|laulu song of birds.
-muna bird's egg. **-pelätti**
scarecrow. **-pesä** bird's nest.
-poika young bird, fledgling.
L~rata the Milky Way,
galaxy. **-silmä:** *~llä nähty(nä)*
a bird's-eye view of. . **-tie:**
~tä as the crow flies.
linnus|taa fowl. **-taja** fowler.
linoli, -matto linoleum.
linssi lens.
lintsata play truant, cut
[lessons, a lesson].
lint|ta: *kengät ovat -assa* the
shoes (heels) are worn down
one side.

lintu bird. **-häkki** bird-cage. **-kauppias** poulterer; (*häkki-*) bird-fancier. **-koira** bird dog, pointer, setter. **-lauta** bird table. **-nen** birdie. **-parvi** flock of birds. **-pyssy** fowling-piece. **-tiede** ornithology. **-tieteilijä** ornithologist.

lio|ta soak, get soaked. **-ttaa** soak.

lipas box, case. **-to** chest of drawers; (*kirjoitus-*) desk.

lipeä lye. **-kala** [dried] codfish soaked in lye solution. **-kielinen** glib-tongued. **-kivi** caustic soda.

lippa peak. **-lakki** peaked cap.

lippo landing-net, scoop-net.

lippu flag, banner, standard, colours; (*piletti*) ticket; (*äänestys-*) ballot paper; (*paperi-*) slip; *nostaa ~* (*mer.*) hoist one's flag; *laskea ~* lower (strike) one's flag. **-kangas** bunting. **-kunta** company. **-laiva** flagship. **-myymälä** ticket-office (-window), *teatt.* box-office. **-tanko** flagstaff, flag pole.

lipsah|dus slip [of the tongue]. **-taa** (*luiskahtaa*) slip; *se -ti huuliltani* it slipped out, it [just] escaped me.

lipun|kantaja standard-bearer. **-myyjä** booking-clerk.

liputtaa flag; *tänään liputetaan* the flags are flying today [in honour of.. *jkn kunniaksi*]; *liputettu* decorated with flags.

liristä purl, ripple.

lirkuttaa (*mielistellä*) coax.

lisensiaat|ti: *lääketieteen ~* Licentiate in Medicine.

lisenssi licence; *~lla on* (*t.* under) l.

lisko lizard; (*herneen*) *l.v.* pod.

Lissabon Lisbon.

lista 1. *rak.* lath, (*piena*) moulding. **2.** list, catalogue, *Am.* catalog; register.

lisä addition; increase; *tämän ~ksi* besides this, in addition to this; *ehdotan ~ksi I* further propose; *kaksi ~ä* two more; *haluitteko ~ä teetä* would you like some more tea? *ota vähän ~ä!* have some more! **-aine** (*ruoan*)

additive. **-arvovero** value-added tax (*lyh.* VAT). **-edut** fringe benefits. **-joki** tributary. **-ke** appendage, appendix. **-kulu** extra expense. **-laite** accessory [equipment]. **-lehti** supplement; special edition. **-maksu** additional charge, *rautat.* excess fare. **-merkitys** secondary meaning. **-munuaiset** adrenal glands. **-nimi** nickname. **-osa** accessory part. **-rakennus** extension, annex[e]. **-tauti** complication. **-tieto** further information; *~ja antaa..* for further particulars apply to.. **-tulo** extra income. **-tä** add, *jhk* to; (*enentää*) increase, bring.. up to; heighten; (*esim. ponnistuksia*) intensify; (*täydentää*) supplement; augment; *haluan vielä ~ I* wish to add [that]. **-varuste** (*auton ym*) accessory, extra; *~et* optional equipment. **-vero** additional tax, surtax. **-voimat** reinforcements. **-ys** addition; increase; (*kasvu*) growth; *palkan ~* increase (rise) of salary. **-äntyminen** increase; (*esim. solun*) multiplication; (*suvun*) propagation, reproduction. **-änt|yä** increase; multiply; (*esim. ihmiset*) reproduce themselves, (*eläin*) breed; *yhä -yvä liikenne* the steadily increasing (growing) traffic.

litis|tyä be flattened. **-tää** flatten [down], squash.

litra litre (1.76 pints), *Am.* liter.

litteä flat.

liturgia liturgy.

liue|ntaa, -ta dissolve.

liukas slippery; (*ovela*) smart. **-kielinen** glib. **-tua** slip, lose one's footing.

liukene|maton insoluble. **-va** soluble.

liukkaus slipperiness.

liuku|a slide, slip; glide; *ks. luisua.* **-hihna** conveyor belt; assembly line; *kuin ~lta* in a steady stream. **-objektiivi** zoom lens. **-portaat** escalator, moving staircase. **-rata** chute;

slide.
liuo|s solution. **-tin** solvent,
(esim. öljyn) emulgator. **-ttaa**
dissolve.
liuska *(paperi- ym)* slip, strip,
(siru) piece; chip; *anat.*
lobule. **-kivi** slate.
liuske slate, *(kiteinen)* schist.
liuta crowd, swarm.
livahtaa slip; ~ *jkn käsistä* s.
through. . 's fingers; ~
karkuun escape, slip away; ~
kuin koira veräjästä get away
with it.
liveri livery. **-pukuinen** liveried.
liver|rys warble, twitter. **-tää**
trill; *(linnusta)* warble, chirp.
live|ttää: *jalkaa* ~ it is
slippery. **-tä** slip.
livistää bolt, make off, *sl.*
hook it.
loata soil, dirty, mess. . up.
logaritmi logarithm.
logiikka logic.
lohdu|llinen comforting,
consoling; *on -llista ajatella.*.
it is a comfort to think. .
-ton inconsolable, disconsolate.
-ttaa comfort, console.
-ttautua *(jllak)* console oneself
with, take comfort in.
-ttomuus disconsolateness. **-tus**
comfort; consolation, solace;
laiha ~ cold comfort;
(~palkinto consolation prize).
lohen|poika young salmon.
-punainen salmon-coloured.
-pyynti catching salmon.
lohi salmon *(pl. = sg.)*.
-käärme dragon. **-nen**
abounding in salmon. **-pato**
salmon-weir. **-perho** salmon-fly.
-portaat salmon-ladder.
lohjeta split, cleave; be broken
off, split off.
lohk|aista break off; *(erottaa)*
separate, detach; *(halkoa)*
split. **-are** block, boulder. **-o**
sector; section; *(esim.
keuhkon)* lobe. **-oa** separate;
partition; *(paloittaa)*
dismember. **-ominen** *(tilusten)*
partitioning of landed
property.
lohtu consolation, solace.
loihtia conjure; *(lumota)* cast
a spell on; *(esiin)* conjure up
loik|ata leap, bound, jump; *pol.*

defect. **-kaus** leap, bound.
-kia leap, bound; spring.
loikoilla loll, lie out-stretched;
sprawl.
loimi *(hevos-)* blanket;
(kankaan) warp.
loimu blaze, flare. **-koivu** flamy
birch. **-ta** blaze.
loinen parasite.
lois|eläin, -kasvi parasitic
animal (plant).
loiskah|dus splash; plunge.
-taa splash; ~ *mereen* splash
down.
loisk|e splash [ing] ; lap [ping] .
-ua, -utella splash.
loist|aa shine; *(säteillä)* beam;
~ *tiedoillaan* excel in; *hänen
silmänsä -ivat ilosta* her eyes
gleamed with joy; ~
kirkkaammin kuin jk
outshine. **-ava** shining, *m.
kuv.* bright; *kuv.* splendid,
magnificent, glorious *(~n
älykäs ym)* brilliant. **-e** shine;
light; lustre; *(säihky)* sparkle.
-elamppu fluorescent lamp.
-elias resplendent; *(upea)*
splendid, grand; *(pramea)*
showy, gorgeous; *(ylellinen)*
luxurious; sumptuous.
loisto brilliancy; splendour;
magnificence, grandeur;
(ylellisyys) luxury; show;
(majakka) beacon; *koko
~ssaan* in all its glory. **-auto**
luxury car. **-juna** de-luxe
train. **-kausi** flourishing
period, heyday, golden age.
-painos de-luxe edition.
loito|lla far away, far off; at
a distance; *pitää jkta* ~ keep
a p. at a distance (at arm's
length); *pysyä* ~ *(jstk)* keep
one's distance, stand aloof
(from). **-mma|lla, -lle** farther
away *(t. off)*. **-ntaa** remove
(bring) farther away; *(sot.
joukkoja)* disengage. **-ntaminen**
sot. disengagement. **-ta** draw
away; drift farther away.
loit|sia conjure, practise magic;
(lumota) enchant; *(manata)*
call up. **-sija** magician;
sorcerer. **-su** incantation;
spell, charm; *(~luku* charm,
magic formula. **-runo** magic
verse).

loiva gently sloping; (*esim. katto*) slanting.

lojaali loyal.

lojua loll.

loka mud, dirt; *vetää ∼an (kuv.)* drag in the dirt. **-inen** muddy. **-kuu** October. **-suojus** mudguard, (*auton*) wing.

lokero compartment; (*kaapin*) pigeon-hole; (*talle-*) safe-deposit box.

lokikirja [ship's] log.

lokki gull; sea-gull.

lokomobiili traction-engine.

loksu|a, -ttaa (*kengistä*) fit loosely, flap [up and down] (*hampaista*) be loose; clack.

loma (*väli*) gap; interval; (*kesä- ym*) holidays, vacation; *sot.* leave, furlough; (*virkavapaus*) leave [of absence]; *jnk ∼ssa, ∼sta* between; *työn ∼ssa* between working hours; *∼lla* on leave; *hän on ∼lla* he is away on holiday (*pitkällä:* for his holidays); *∼ni on kesäkuussa* I have my holiday in June; *päästää ∼lle* (*sot.*) furlough; *minulla on 3 tuntia ∼a* I have three hours off. **-hetki** moment of leisure; *∼nä* in spare hours. **-ilija** holiday-maker. **-ke** form, *Am.* blank. **-kurssi** vacation course, (*kesä-*) summer school. **-kylä, -leiri** holiday village (camp). **-matka** holiday tour. **-päivä** day off; holiday, day of recreation. **-uttaa** furlough, lay off.

lomit|se between, from among. **-taja** vacation replacement, holiday assistant.

lommo dent; *∼ille painunut* [completely] buckled.

lompakko wallet, *Am. m.* billfold, pocket-book.

lonkero (*rönsy*) runner; *zo.* arm, tentacle.

lonkka hip; haunch. **-luu** hipbone. **-särky** sciatica.

Lontoo London. **l-lainen** *s.* Londoner; *a.* London.

logiikka logic.

loogi(lli)nen logical.

looši (*seuran*) lodge; *ks. aitio.*

lootus lotus, Chinese water-lily.

lopen quite, altogether; *∼ kulunut* [completely] worn out, (*puheenparsi*) hackneyed; *∼ väsynyt* tired out, dead tired, worn out, *sl.* dead beat.

lopetta|a end; finish, conclude, close; (*lakata*) stop; (*koulunsa*) leave, complete; (*eläin*) put down, put to sleep, destroy; *∼ liike* discontinue (close) a business; *∼ maksut* suspend payment; *∼ toimintansa* cease its activities, (*yhtiö*) go out of business, (*tehdas*) close down; *∼ tupakoiminen* leave off (give up, stop) smoking. **-jaiset** closing festivity, breaking up.

loppiai|nen Epiphany. **-saatto, -späivä** Twelfth-night.

loppu end, close, finish; conclusion, termination; (*jäännös*) rest, remainder; *tehdä ∼ jstk* put an end to; (*jnk*) *lopulla* towards the end of; *lopulta* in the end, finally; *lopussa* at an end; over; *jnk lopussa* at the end of; *varat ovat lopussa* the funds are exhausted; *kaikki on lopussa* all is finished; *lopussa kiitos seisoo* all is well that ends well; *se on hänen ∼nsa* that will be the end of him. **-a** end, *jhk* in; come to an end; (*lakata*) cease, stop; (*päättyä*) terminate; *olla ∼maisillaan* be drawing to a close; *häneltä -ivat rahat* he ran out of money, his money gave out; *viini -i* the wine ran out; *sodan loputtua* after the end of the war. **-erä** final [heat]. **-ikä** the rest of one's life. **-kilpailu** final. **-kiri** spurt. **-lause** concluding sentence, conclusion. **-liite** suffix. **-ma|ton** endless, interminable, never-ending; *l-ttomiin* indefinitely, endlessly. **-näytös** final act, closing scene. **-puoli** latter part; *jnk -puolella* toward the end of. **-pää** [tail-]end. **-sanat** closing words, epilogue. **-sointu** rhyme. **-summa** total amount.

-suora *kuv.* homestretch; *~lla* in the final straight. **-tili:** *antaa* pay off. **-tulos** final outcome, end result. **-tutkinto** final examination.
loppuun to an (to the) end; *palaa* ~ burn out; *puhua* ~ speak to the end, conclude; *saattaa* ~ bring . . . to completion (to an end), carry. .through, complete. **-käsitelty** concluded. **-myydä** sell off, sell out, clear stock. **-myynti** clearance sale. **-myyty** sold out, out of stock; *(kirja)* out of print.
lopuksi finally; at last, in the end; *loppujen* ~ *(kuitenkin)* after all.
lopu|llinen final, ultimate; definitive; ~ *voitto (m.)* decisive victory. **-lta** at last; in the end, finally, eventually, ultimately. **-ssa** *ks. loppu.* **-ton** endless, interminable; infinite.
lorista gurgle, bubble, purl.
loru idle talk, babble; *~a* nonsense! **-ta** jabber, talk nonsense.
lossi ferry.
loti|na, -sta splash, swash, squelch.
lotja barge, lighter.
louh|ia quarry, *(ampumalla)* blast. **-ikko** [jagged] rocks. **-os** quarry, stone-pit.
loukata hurt *(m. kuv.)*, injure; *(solvata)* insult, offend; *(esim. lakia)* violate, infringe; ~ *jkn oikeutta (m.)* encroach upon a p.'s rights; *se loukkaa korvaa* it offends the ear; *se loukkasi minua* it gave me offence, *(kunniaani, ylpeyttäni)* it piqued (wounded) my pride.
loukkaa|maton inviolate. **-mattomuus** inviolability; integrity. **-ntua** be hurt *(m. kuv.)*, be injured; *kuv.* take offence (at), be offended; resent, feel resentment; take sth. as a personal affront; *helposti -ntuva* quick to take offence. **-va** insulting.
loukkaus offence, insult, affront; ~ *tunteitani vastaan* an outrage to my feelings; *oikeuksieni* ~ an infringement

of my rights. **-kivi** stumbling-block.
loukko corner, nook; cranny.
loukku trap; *(hamppu-)* brake.
lounai|nen south-west [erly], south-western. **-stuuli** south-west wind, south-wester.
lounas lunch, luncheon; *vrt. lounainen.* **-taa** lunch; *voisimmeko* ~ *yhdessä* could we have lunch together? can you meet me for lunch? **-tauko** lunch break.
lovi score, dent; notch; *(aukko)* gap; *leikata* ~ notch; *langeta loveen* fall into a trance.
lude bed-bug.
luen|noida lecture [certain subjects], *jstk m.* on; give a lecture. **-noitsija** lecturer. **-to** lecture; *käydä -noilla* attend lectures; *(~sali* lecture room, auditorium).
luet|ella enumerate, give [a list of]; ~ *järjestyksessä* give. . in order; ~ *yksityiskohtaisesti (m.)* specify. **-tava** . . worth reading, readable; *s.* reading; *minulla ei ole mitään ~a* I have nothing to read. **-telo** list; catalogue; *merkitä (esim. jäsen) ~on* enrol. **-teloida** list. **-telointi** listing; enrolment.
luhistua fall in, tumble down; be shattered; collapse; *(suunnitelma)* come to nothing, fall through.
luhti loft.
luihu insinuating; sly.
luikerrella wriggle.
luimistaa *(hevosesta)* flatten his (her) ears.
lui|nen [. . of] bone. **-seva** bony, scrawny.
luis|kahtaa slip. **-taa** slide; *(solua)* glide; *(sujua)* run; *työ* ~ the work is progressing [well]. **-telija** skater. **-tella** skate. **-telu** skating. **-tin** [ice] skate. **-rata** skating rink.
luisu *(auton)* skidding.
luisua glide, slip; *(auto)* skid; slither [off the road]; *(alaspäin, kuv.)* go downhill.
luja firm; strong, stout;

(vankka) steady; *(kestävä)* durable; *(jyrkkä)* decided, resolute; *(järkähtämätön)* steadfast; stable; ~a fast, at high speed, *(kovalla äänellä)* loud; *pysyä ~na* stand firm, be steadfast, persevere; *olla ~ssa* be securely (firmly) fixed. **-luonteinen** firm, determined; strong-minded. **-rakenteinen** strongly built; sturdy, solid. **-sti** firmly, securely; hard *jne.* **-tahtoinen** strong-willed. **-tekoinen** of solid make, *(kestävä)* hard-wearing.

luji|lla: *olla ~* have a hard time, be hard pressed (hard put to it); *pitää ~* keep a firm hand over; *panna -lle* press hard; *se otti -lle* it was a tough job.

lujitt|aa make.. firmer; *kuv.* strengthen, cement. **-ua** grow firmer; *kuv.* be strengthened (fortified), grow [more] stable; *(esim. vastarinta)* stiffen.

lujuus firmness; strength; steadiness; steadfastness.

luke|a read; *(opiskella)* study; *(laskea)* count; ~ *kirjasta* read in a book; ~ *rukous* say a prayer; ~ *jnk ansioksi, jstk johtuvaksi* attribute (ascribe).. to; *kaikki siihen luettuna* all included; *tästä päivästä lukien* from this day *tammik. 1. päivästä lukien* [as] from January 1; *hänen päivänsä ovat luetut* his days are numbered. **-ma** reading. **-ma|ton** innumerable; countless, untold; *l-ttomia kertoja* times without number. **-minen** reading. **-misto** reader. **-neisuus** wide reading. **-nut** well-read, erudite. **-utua** count oneself, *jhk* among, *(kuulua)* be among.

lukija reader. **-kunta** [circle of] readers.

lukio *(Suomessa)* sixth, seventh and eighth forms of secondary school, *Engl.* sixth form [s], sixth form college, *Am.* senior high school. **-luokat** *ks. ed.*

lukit|a lock [up]. **-sematon** unlocked.

lukkari precentor.

lukkiintua jam, be jammed.

lukko lock; latch; *(aseen)* breech; *lukon kieli* latch; *panna ~on* lock; *avata ~* unlock; *lukon takana* under lock and key; *lukossa* locked, *(korva)* blocked. **-laite** locking device. **-neula** safety-pin. **-seppä** locksmith.

luku number; figure; *(kirjan)* chapter; *luvultaan..* in number; *luvut (opinnot)* studies; *ottaa ~un* take into account, *(huomioon)* allow for; *rahti ~un otettuna* including the freight; *~un ottamatta* excluding.., with the exception of; *pitää ~a jstk* keep an account of; *jkn ~un* for account of; *1800-luvulla* in the 19th century, in the eighteenth-hundreds; *1920-luvulla* in the 1920's. **-halu** taste for study. **-inen:** *kuusi~* a six-figure [phone number]; *suuri~* large [in number]. **-isa** numerous; *olla ~mpi kuin..* outnumber, be superior in numbers to.. **-järjestys** timetable, schedule. **-kammio** study. **-kappale** reading passage. **-kausi** term; *Am.* semester; *(~maksu* term fee; *~todistus* term report). **-kirja** reader. **-lasit** reading glasses. **-määrä** number; *~ltään..* in number; *on ~ltään* numbers.. **-sali** reading-room. **-sana** numeral. **-suunnitelma** plan of study. **-taidoton** *(ja kirjoitus-)* illiterate. **-taito** ability to read, literacy. **-taitoinen** able to read, *(ja kirjoitus-)* literate. **-tie:** *antautua ~lle* go in for an academic career. **-vuosi** school year, academic year.

lume(ilmiö) delusion.

lumen|luonti snow clearing. **-tulo** snowfall.

lumeton snowless.

lumi snow; *sataa lunta* it is snowing; *peittyä lumeen* be snowed up; *lumen peittämä* covered with snow, snowbound. **-aura** snow plough. **-este** stoppage (block) owing to snow. **-hiutale** snowflake. **-kenkä** snowshoe. **-kiitäjä** snowcat. **-kinos** snowdrift. **-kko** weasel. **-lapio** snow shovel. **-linna** snow castle. **-mies** snowman. **-myrsky** snowstorm, blizzard. **-nen** snowy. **-pallo** snowball. **-peitteinen** covered with snow, (*vuori*) snow-capped. **-pyry** whirling (driving) snowstorm; *kovassa* ~ssä in driving snow. **-räntä** sleet. **-sade** fall of snow. **-sohjo** slush. **-sokea** snowblind. **-sota** snowball fight. **-ukko** snowman. **-valkea** snow-white. **-vyöry** avalanche.

lumme water-lily.

lumo: *olla jnk* ~*issa* be charmed by; *joutua jnk* ~*ihin* fall under. .'s spell; *päästää* ~*ista* break the spell. **-ava** charming, fascinating. **-ta** enchant, bewitch; charm; *-ttu* enchanted; spellbound. **-us** enchantment; spell; (*-voima*) charm.

lumppu rag. **-ri** rag-and-bone man.

lunas|taa redeem (*m. usk.*); buy. . out; (*vekseli*) pay, honour, meet; ~ *matkalippu* buy a ticket; ~ *pantista* take out of pawn; ~ *velkakirja* redeem a promissory note. **-taja** redeemer. **-tus** redemption; (*-maksu*) (*kirjeen*) surcharge, (*leima-*) stamp fee.

lunnaat ransom.

luntata *l.v.* cheat.

luo to.

luoda create; ~ *katseensa jhk* look at, glance at; ~ *katseensa maahan* look down; ~ *lunta* shovel (shift, clear) snow; ~ *nahkansa* shed its skin; ~ *valoa jhk* shed (throw) light on; *kuin luotu jhk* cut out for.

luodata sound.

luode north-west; (*pakovesi*) ebb; low tide, low water; ~ *ja vuoksi* ebb and flow. **-tuuli** north-west [erly] wind.

luodinkestävä bullet-proof.

luoja creator; *L*~ the Creator.

luoki|tella, **-ttaa** classify; grade.

-tus classification, grading.

luokka class; *Am. koul.* grade, *Engl. m.* form; category; *luokanvalvoja* class-teacher, form-master; *jäädä luokalle* not be moved up; *on omaa* ~*ansa* is in a class by itself. **-erotus** class distinction. **-huone** classroom. **-taistelu** class struggle. **-tietoinen** class-conscious. **-toveri** classmate.

luokse to; ~*ni* to me; *otti hänet* ~*en* took him in. **-pääsemätön** inaccessible, unapproachable. **-päästävä** accessible,. . easy of access, approachable.

luola cave, grotto; (*eläimen*) den, lair; hole. **-ihminen** cave -man. **-tutkimus** speleology.

luomakunta creation.

luomi (*silmä-*) eyelid; (*ihossa*) birth-mark, mole.

luominen (*maailman*) creation; *lumen* ~ clearing of snow.

luomis|historia the creation story. **-kyky**, **-voima** creative ability (power).

luomus creation.

luona: *jnk* ~ near [to], close to; by, close by; *asua jkn* ~ live (stay) with a p.; *syödä päivällistä jkn* ~ dine with . .

luonne character; personality, disposition; *luonteeltaan* by nature; of a [military, social etc.] nature. **-htia** characterize. **-näyttelijä** character actor. **-vikainen** *a.* psychopathic *s.* psychopath. **-vika(isuus)** disorder of character, psychopathy.

luonnis|taa, **-tua:** *-tuu hyvin* is a success, turns out well.

luonnolli|nen natural; (*teeskentelemätön*) unaffected, unstudied; ~ *asia* a matter of course; **-sta kokoa** (*oleva*) life-size. **-sesti** naturally; of course; certainly. **-suus** naturalness.

luonnon|este physical impediment; *ellei* ~*itä satu* [wind and] weather permitting. . **-historia** natural history. **-ihana** beautiful,. . of great natural beauty; ~*lla* *paikalla* beautifully situated; ~ *paikka* a beauty-spot. **-ilmiö** natural phenomenon. **-kansa** primitive people. **-kauneus** natural beauty, scenic beauty. **-kuvaus** description of nature. **-laatu** disposition, turn of mind. **-lahja** gift of nature, talent. **-laki** law of nature; ~*en mukaisesti* in the course of nature. **-oppi** physical science [s]. **-pakko** physical necessity. **-parannus** nature healing *(t.* cure). **-raikas** fresh; unaffected, unsophisticated. **-rikkaus** natural wealth, *(-varat)* n. resources. **-suojelija** conservationist. **-suojelu** [nature] conservation; (~*alue* [nature] preserve). **-tiede** natural science; *-tieteiden tohtori* Doctor of Science (D. Sc.). **-tieteellinen** pertaining to natural science, natural history *(attr.).* **-tieteilijä** naturalist, [natural] scientist. **-tila** natural state. **-tuote** natural product. **-tutkija** naturalist. **-varai|nen:** *l-sena* in the wild state. **-vastainen.** . contrary to nature. **-voima:** ~*t* forces of nature, the elements.

luonnos sketch, [rough] draft. **-kirja** sketch-book. **-taa** sketch, draw in outline.

luonnostaan naturally, by nature, from its nature.

luonno|ton unnatural; abnormal; *(teennäinen)* affected. **-ttomuus** unnaturalness; abnormality.

luontai|nen natural; *(synnynnäinen)* innate, inherent; *se on hänelle -sta (m.)* it comes natural to him. **-setu** ks. *luontois-.* **-shoito** nature cure.

luonteen|kasvatus character-building. **-kuvaus** character drawing. **-laatu** temperament, disposition, temper. **-lujuus** strength of character. **-omainen, -ominaisuus** characteristic. **-piirre** trait [of character], character feature.

luonte|inen: *on syytöksen* ~ is in (of) the nature of an accusation. **-va** natural; *(vapaa)* unconstrained, easy [-going]. **-vuus** naturalness; ease.

luonto nature; *luonnossa (tavarana)* in kind. **-inen:** *sen* ~ of such a nature (character); *hyvä* ~ good-natured, good-tempered. **-isetu** payment in kind, *m.* fringe benefits. **-kappale** creature.

luopio renegade, turncoat, *(uskon-)* apostate, backslider.

luopu|a give up, abandon; relinquish; desist (from); *(tavasta)* leave off; ~ *aikeestaan* give up (abandon, desist from) one's purpose; ~ *kilpailusta* give up the contest, drop out of the race; ~ *kruunusta* abdicate; ~ *taistelusta* give up [the fight]; ~ *uskostaan* renounce one's faith; ~ *virastaan* resign [one's office]. **-minen** withdrawal, retirement; *kruunusta* ~ abdication. **-mus** *(uskosta)* apostasy; *(petollinen)* desertion, defection.

luostari *(nunna-)* convent; *(munkki-)* monastery; *mennä* ~*in* enter a convent. **-kammio** cell. **-laitos** monasticism. **-lupaus:** *tehdä* ~ take the vow [s]. **-nesimies** prior, father superior. **-npiha** *(t.* **-käytävä)** cloister. **-veli** friar, monk.

luota: *jnk (jkn)* ~ from; *lähteä jkn* ~ leave. **-antyöntävä** forbidding.

luotain *(esim. kaiku-)* sounder; *kuu~* moon probe.

luotaus sounding.

luotei|nen north-west [erly]; north-western. **-stuuli** northwest [erly] wind. **-sväylä** northwest passage.

luotetta|va reliable; trustworthy, dependable; *(varma)* safe; ~*t lähteet ilmoittavat* well-informed sources state; *olen kuullut* ~*lta taholta* I have it on good authority, I am responsibly told, I am reliably informed. **-vuus**

reliability, trustworthiness.
luoti bullet; *(kellon)* weight;
(muurarin ym) plumb; *mer.*
lead. **-lanka** plumb-line. **-suora**
vertical. **-viiva** vertical line.
luoto rock; *(matalikko)* shoal;
(-saari) rocky islet.
luoton|antaja lender; creditor.
-anto lending. **-tarve** demand
for credit.
luotsa|ta pilot. **-us** piloting,
pilotage.
luotsi pilot. **-asema** pilot
station. **-maksu** pilotage fee.
luotta|a *(jhk)* trust, have
confidence in; depend upon,
rely on; count upon; *en luota
häneen* I do not trust him;
ei luota omiin kykyihinsä
mistrusts his (her) own
powers; ~ *Jumalaan* put one's
trust in God; *siihen voit* ~
depend upon it! ~ *sokeasti
jhk* have blind confidence in;
-en lupaukseenne trusting to
your promise. **-mukse|llinen**
confidential; *l-llisesti* in
[strict] confidence. **-mus**
confidence (in), trust (in),
reliance (on); *~ta herättävä.*.
inspiring confidence; *~ta
nauttiva* [highly] trusted;
-muksen puute mistrust, lack
of confidence; *(~lause* vote of
confidence; *~mies* trustee,
(pää-) shop-steward; *~toimi*
position of trust). **-vainen**
trusting, trustful, confident;
-vaisesti (m.) with confidence.
luotto *liik.* credit; *luotolla* on
c.; *myöntää ~a* give c.; *trust
a p.; hänellä on ~a* he
enjoys c. **-kortti** credit card.
-laitos credit company.
-tietotoimisto mercantile
agency.
luova creative.
luovia tack.
luovu|ttaa surrender, give up;
yield; *(alue)* cede; *(antaa)*
deliver; relinquish; hand over,
make over; *(siirtää)* transfer;
lak. m. convey; *(rikollinen)*
extradite; *(šakki ym)* resign.
-ttamaton inalienable. **-tus**
surrender, cession; delivery,
transfer, conveyance.
luovuus creativity, creative

ability.
lupa permission, leave;
(käyttö-) licence; *(myöntymys)*
consent; *(loma)* holiday; *antaa*
~ grant permission, permit;
jkn luvalla with (by)
permission of. .; *omin lupinsa*
on one's own authority;
without permission; *onko
täällä ~ polttaa* is smoking
allowed here? may I smoke
here? *tekijän luvalla* with
permission of the author;
tänään on ~a koulusta there
is no school today, we have
a holiday today. **-ava**
promising. **-kirja** licence.
-päivä holiday. **-us** promise;
(juhlallinen) vow; *antaa ~*
make a promise. **-utua**
promise; *(esim. maksamaan)*
pledge [£20]; *(suostua)*
consent to; *olen jo -utunut
muualle* I have a previous
engagement.
luppakorva lop-eared.
lupsakka jovial.
lurjus rascal, scoundrel, knave.
lusikallinen spoonful.
lusikka spoon. **-ruoka** liquid
food. **-uistin** spoon-bait.
luterilai|nen *a. & s.* Lutheran.
-suus Lutheran doctrine,
Lutheranism.
lutikka bug, bedbug.
lutka slut, hussy.
luu bone.
luudanvarsi broomstick.
luu|jauhot bone-dust. **-kudos**
bone (osseous) tissue.
luukku *(ikkuna-)* shutter;
(uunin) door; *(laivan)* hatch.
luulevainen suspicious,
distrustful.
luulla think, believe; suppose;
(luulotella) imagine; ~ *jkta
toiseksi* take (mistake) a p.
for; *miksi minua luulet?* what
do you take me for? *hän
luulee olevansa jtk* he thinks
he is somebody; *luulisin niin*
I should think so.
luulo belief; thought; *tein sen
siinä ~ssa, että.*. I did it
under the impression that;
vastoin ~a contrary to
expectation. **-sairas**
hypochondriac. **-sairaus**

imaginary illness;
hypochondria. **-tella** imagine,
fancy; *(uskotella itselleen)*
persuade oneself. **-teltu**
imaginary, fancied. **-ttelu**
imagination, fancy.
luultava probable, likely; *on
~a, että hän tulee* he is
likely to come; *se ei ole ~a*
it is improbable. **-sti**
probably, presumably; in all
probability; *tapaan hänet ~
kaupungissa* I am likely to
meet him in town.
luumu plum; *(kuivattu, m.)*
prune. **-puu** plum-tree.
luunmurtuma fracture.
luuranko skeleton. **-inen** *zo.*
vertebrate.
luusto bones, skeleton, frame.
luuta broom.
luutnantti lieutenant.
luu|ton boneless. **-tua** ossify.
-valo gout. **-ydin** bone
marrow.
luva|llinen permissible; allowed;
(laillinen) lawful. **-ta** promise;
(juhlallisesti) pledge [oneself];
vow; *(sallia)* allow; *se lupaa
hyvää* it promises well; *-ttu
maa* promised land. **-ton** not
allowed; illicit; **-ttomasti**
without permission.
lyhde sheaf *(pl.* sheaves).
lyhenn|elmä abstract, summary;
~jstk condensed from. **-ys**
abbreviation; abridgment;
(~ote extract).
lyhen|tää shorten, curtail;
(sana) abbreviate; *(teosta)*
abridge; *(typistää)* cut short,
(häntää) dock; *(velkaa)* pay
off; *-tämättä* in full. **-tämätön**
unabridged.
lyhetä grow shorter, shorten.
lyhty lantern; *(katu-)* lamp;
(auton ym) headlight. **-pylväs**
lamp-post.
lyhye|nläntä stumpy, stubby.
-sti briefly, in brief, in short.
lyhyt short; brief; *loppua lyhy-
een (äkisti)* come to a sudden
end. **-aalto** short-wave; *(ula)*
VHF. **-aikainen** . of short
duration, *(esim. laina)*
short-term; *(hetkellinen)*
transitory. **-ikäinen** short-lived;
vrt. ed. **-jännitteinen**

(ihmisestä) not capable of
sustained effort. **-kasvuinen**
short of stature, undersized,
stumpy. **-näköinen**
short-sighted, *(liki-, m.)*
near-sighted. **-sanainen** curt,
short; *(suppea)* succinct.
-tavarat haberdashery, odds
and ends, *Am.* notions.
-tukkainen short-haired.
lyhyys shortness; briefness,
brevity.
lyijy lead. **-inen** lead; leaden.
-kynä pencil. **-nharmaa**
lead-coloured, leaden. **-paino**
lead weight. **-ttää** lead.
-valkoinen lead paint, white
lead. **-vesi** lead lotion.
lykkäy|s postponement;
(vara-aika) respite. **-tyä** be
postponed; lie over.
lykätä push; *(kuv.,
tuonnemmaksi)* postpone, put
off; defer; *(siirtää)* adjourn;
(ratkaistavaksi) refer, *jkn* to;
~ syy jkn niskoille lay the
blame on.
lymyillä hide oneself, lie low,
keep in hiding.
lynkata lynch.
lypsy milking. **-inen:** *hyvä ~
lehmä* a good milker. **-karja**
dairy-stock. **-kone** milking
machine. **-lehmä** milker.
lypsää milk; *intr.* yield milk.
lyriikka lyric poetry.
lyseo lycée, secondary school,
state grammar school.
lysoli lysol.
lysti *s.* amusement; fun. **-käs**
amusing; jolly; droll; funny.
lysähtää collapse, flop down.
lyyhistyä collapse.
lyyra lyre.
lyyri|kko lyric poet. **-(lli)nen**
lyric [al].
lyödä strike, hit, beat *(m.
sydämestä); (läimäyttää)* slap;
~ maahan knock down; *~
rahaa* coin money; *~ rikki*
break, *(esim. ikkuna)* smash;
~ ennätys (m.) break a
record; *~ kortti pöytään* play
a card; *~ naula (jhk)* drive a
nail (into); *~ päänsä seinään*
knock (bump) one's head
against the wall; *~ takaisin*
hit back; beat back, repulse;

kello on lyönyt 12 the clock has struck 12; *aallot löivät yli kannen* the waves swept over the deck; *liekit lyövät ulos ikkunoista* the flames are bursting out from the windows; *heidät lyötiin (voitettiin)* they were beaten. **lyöjä** *urh.* batsman.
lyömäsoitin percussion instrument.
lyönti blow; stroke *(m.urh.) lyönnilleen kello 12* on the stroke of 12.
lyöttä|ytyä *(jkn seuraan)* join; ~ *yhteen* combine, join forces, *(us. pah. merk.)* band (gang) together. **-ä** *(rahaa)* mint, coin; *(mitali)* strike, have a medal struck [in honour of..].
lähde spring, fountain [-head]; *kuv. ym* source; *lähteet (kirjan)* references. **-kirjallisuus** works of reference.
lähei|nen near, close; *(lähellä oleva)* adjacent, near-by; *(tuttavallinen)* intimate; ~ *sukulainen* near (close) relation; ~ *ystävä* close (intimate) friend; *he ovat -stä sukua* they are closely related. **-syys** nearness; vicinity, neighbourhood; *aivan jnk -syydessä* in the immediate vicinity of, in close proximity to.
lähe|kkäin near (close to) each other. **-lle** near; close to. **-llä** near, *jtk* [to], close (to); close by, near by; at a short distance; *tässä* ~ near here; ~, *oleva* neighbouring, near-by. **-ltä** from near (close) by, at close quarters; from close range; ~ *ja kaukaa* from far and near; *se koskee häntä aivan* ~ it concerns him most closely. **-mmin** nearer, closer; *ajatella asiaa* ~ think the matter over. **-mpi** *ks. ed.;* ~ *selonteko* a more detailed account; ~*ä tietoja antaa..* for further particulars apply to... **-nnellä** approach; *(tungetella)* make advances to; ~ *totuutta* come near to the truth; *hän -ntelee 50:tä* he is

approaching *(t.* getting on for) 50. **-ntää** bring nearer *(t.* closer to). **-s** nearly; *(melkein)* almost; *ei ~kään* not nearly, nothing like [so, *niin*]; ~ *200 henkeä* nearly 200 people. **-styä** approach, draw near.
lähe|te *(raha-)* remittance; *(~***keskustelu** preliminary debate [preceding referral of bill to committee]. **-tin** transmitter, sender.
lähetti *sot.* orderly, *(toimistossa)* office boy (girl), messenger; *kirk.* missionary; *(šakkip.)* bishop. **-läs** envoy, *(suur-)* ambassador.
lähett|yvillä: *jnk* ~ somewhere near. ., in the neighbourhood of. . . **-äjä** sender; *kaupp.* consigner.
lähet|ttää send; send off, dispatch; *kaupp. m.* consign; *(et. rahaa)* remit; *(edelleen)* send on, forward, *(pöydässä)* pass on; ~ *ohjelmaa (rad.)* be on the air; ~ *takaisin* send back, return; *-än sinulle..* I'll let you have.
lähetys dispatch; *kaupp.* consignment; *rad.* transmission; *kirk.* mission. **-aika** broadcasting time. **-asema** broadcasting station, transmitter, *kirk.* mission station. **-saarnaaja** missionary. **-työ** missionary work.
lähetystö legation, *(suur-)* embassy; *(henkilöryhmä)* delegation, deputation. **-sihteeri** secretary of legation.
lähetä approach, draw near; near; *(esim. viivat)* converge.
lähi|aika: *-aikoina* at an early date, shortly; *aivan -aikoina* in the immediate future. **-itä** the Middle East. **-kuva** *valok.* close-up, close shot. **-main** *ks. liki-; on* ~ approximates; *ei ~kaan* not nearly, far from.
-mmä|inen *s.* neighbour, fellowman; *l-isen rakkaus* charity. **-n** *a.* nearest, closest; *(-nnä seuraava)* next; ~ *naapuri (m.)* next-door neighbour; ~ *ympäristö* immediate neighbourhood.
-nnä nearest; next; *(ensi*

sijassa) mainly, in the first place; ~ *edellinen.* . immediately preceding; ~ *paras* the next (the second) best; ~ *seuraava* the [very] next,. . immediately following. **-omaiset** next of kin. **-pitäjä** neighbouring parish. **-seutu, -stö** vicinity, neighbourhood. **-tulevaisuus:** *-suudessa* at an early date, in the near future. **-valot** *(auton)* dipped *(Am.* dimmed) lights.

lähtemätön ineffaceable; indelible.

läht|eä go; *(jnnek)* leave (for), depart; *(matkaan)* start, set out; *(irti)* come off; come loose; *(esim. väri)* come out; ~ *ajelulle, kävelylle* go for a drive (a walk); ~ *juoksemaan* start to run; ~ *jkn luota* leave; ~ *matkalle* set out (start) on a journey; *(tahra)* *-ee bensiinillä* it will come off with petrol; *hän on -enyt Englantiin* he has left for England; *hänen lähdettyään* after his departure; *minun on lähdettävä* I must be off, *puhek.* got to be going; *juna -ee pian* the train will leave soon; *-emäisillään* about to leave; *-evät junat* departures. **-jen:** *jstk ~* since; *joulusta ~* [ever] since Christmas; *siitä ~* since [then], ever since; *tästä ~* from now on, henceforth; *mistä ~ ?* since when? *ensi maanantaista ~* [as] from next Monday.

lähtö departure; start [ing]; *ilm.* take-off, *urh.* start; *ennen ~ä* before leaving; *olla lähdössä* be about to leave. **-aika** time of departure. **-isin:** *olla ~ jstk* derive one's (its) origin from, come from, originate in. **-kohta** starting-point. **-laskenta** count-down. **-merkki** starting signal. **-passi:** *antaa jklle ~t (erottaa)* give. . the sack; *saada ~t* get the sack, be sacked *(Am.* fired). **-päivä** date of departure. **-teline** *urh.* starting block. **-valmis** ready to leave. **-viiva** starting post.

läik|kyä splash; *(maahan ym)* spill, be spilled. **-yttää** splash; *(maahan)* spill.

läimäy|s *(piiskan)* crack, lash; *(kädellä)* slap, smack. **-ttää** slap, smack; *(hevosta)* lash.

läisk|e crack [s]; smack [s]; *(läike)* splash.

läiskä blot, stain, smear.

läjä heap, *(pinottu)* pile; *panna ~än* heap [up]; pile [up].

läkkipelti tin plate.

läksy lesson; *lukea ~nsä* learn (prepare) one's lesson [s], do one's home-work. **-ttää** lecture, take a p. to task. **-tys** lesson; rating, rebuke.

läkähtyä choke; suffocate.

lämmetä become warm [er], get warm, warm up; *hän lämpeni (puhuessaan)* he warmed to his subject.

lämmin *a.* warm; *(kuuma)* hot; *s.* warmth; ~ *ruoka* hot dish; *lämpimät terveiset* warm (cordial) greetings; *hänellä on* ~ he is warm; *minun tuli* ~ I got warm; *viisi astetta ~tä* five degrees above freezing point (above zero). **-sydäminen** warm-hearted. **-vesisäiliö** hot-water cistern.

lämmi|tellä warm oneself. **-ttäjä** *vanh.* stoker, *(veturin)* fireman. **-ttämätön** unheated. **-ttää** warm, warm up; *(kuumentaa)* heat; *(höyrykattilaa)* fire; ~ *uunia* heat an oven. **-tys** heating; *(~laite* heating apparatus). **-tä** get warm, warm up; *sauna lämpiää* the sauna is getting warm, we are heating the s.

lämmön|johtaja conductor of heat. **-nousu** slight fever.

lämpi|myys warmth. **-mästi** warmly; *aurinko paistaa* ~ the sun is warm. **-ö** *(teatterin)* foyer.

lämpö warmth; *fys.* heat; *(-tila)* temperature; *lämmöllä* with warmth, with enthusiasm; *lämmön lasku* fall in temperature. **-aalto** heat wave. **-aste** degree of heat, degree above zero. **-halvaus** heat-stroke. **-hoito** [radiant] heat. **-inen** warm. **-johto**

central heating system.
-kaappi warming cupboard,
(laboratorion ym) incubator.
-mittari thermometer;
Celsiuksen ~ the centigrade
(t. Celsius) t. **-määrä**
temperature. **-patteri** radiator.
-tila temperature. **-yksikkö**
thermal unit.
länget collar, hames.
länkisäärinen bow-legged.
lännenfilmi Western
länsi west; *lännestä* from the
west; *länteen päin* (to)
towards the west,
westward [s]; *(jstk)* west of;
länteen menevät junat trains
going west; *aurinko laskee
länteen* the sun sets in the
west; *tuulee lännestä*
the wind is in the west.
L-Eurooppa Western
Europe. **-eurooppalainen** West
European. **L-Intia** the West
Indies. **-intialainen** West
Indian. **-maat** the West.
-mainen western, occidental.
-osa western part. **-puoli** west
side; *jnk ~tse* west of. .
-rannikko west coast.
L~Saksa West Germany.
-tuuli west [erly] wind. **-vallat**
the Western Powers.
läntinen western, west;
(suunnasta) westerly.
läpeensä throughout, all
through, thoroughly.
läpi *s.* hole; *adv.* through; ~
vuoden [all] the year round; ~
yön throughout the night;
käydä ~ pass through; *(kuv.)*
go through, undergo,
(tarkastaa) go over, look
over. **-kotaisin** thoroughly,
throughout. **-kulkeva. .** going
through; ~*t junat* through
trains. **-kulku** passage through;
transit; ~ *(t. -ajo) kielletty*
no thoroughfare. **-kuultamaton**
opaque. **-kuultava** translucent;
transparent. **-kuultavuus**
translucence; transparency.
-käydä *ks. käydä.* **-käytävä**
passage. **-leikkaus**
[cross-]section. **-matka** journey
through. **-mitaten** in diameter.
-mitta diameter. **-murto**
break-through; *sot. m.* breach

[in the enemy's line]. **-märkä**
wet through, drenched,
soaked. **-näkymätön** not
transparent; opaque. **-näkyvä**
transparent. **-pääsemätön**
impassable; impenetrable.
-pääsy passage through; *ks.
-kulku.* **-tunkema:** *jnk* ~
instinct with, *(aatteen)* ~
imbued with, [the book is]
shot through with . .
-tunkematon impenetrable.
-tunkeva penetrating; *(huuto
ym)* piercing. **-valaisu**
fluoroscopy.
läppä valve; *(kellon)* clapper.
läpäi|semätön impenetrable,
impermeable; impervious, *jtk*
to. **-stä** penetrate; pierce;
(mennä läpi) go through,
pass; *et. fys.* permeate;
(tutkinto) pass, get through.
läpättää beat, *(sydämestä, m.)*
palpitate.
läski pork; fat of pork.
läsnä present; *(paikalla)* on the
spot; *olla läsnä (jssk)* be
present (at), attend. .; *minun
~ ollessani* in my presence;
kaikkien ~ ollessa in the
presence of all. **-oleva:** ~*t*
those present. **-olo** presence.
lättä|hattu teddy-boy. **-jalkainen**
flat-footed.
lätäkkö pool, puddle.
lävis|tin [paper] perforator,
punch [ing apparatus]. **-täjä**
mat. diagonal. **-tää** pierce
[through]; *(pistää läpi)* prick
[through]; *tekn.* perforate;
puncture;. punch; *(esim.
tikarilla)* stab.
lävitse through.
läähä|ttää pant; breathe
heavily; *(haukkoa ilmaa)* gasp.
-tys pant [ing].
lääke medicine; *(parannuskeino)*
remedy. **-aineet**
pharmaceuticals. **-kasvi**
medicinal plant. **-määräys**
prescription. **-oppi**
pharmacology. **-pullo** medicine
bottle. **-hoito** medication.
-tiede [science of] medicine;
-tieteen kandidaatti Bachelor
of M. *(lyh.* B. M.); *-tieteen
ylioppilas* medical student.
-tieteellinen medical.

lääkinnällinen medicinal.
lääkintä treatment, cure.
-aliupseeri medical NCO.
-henkilökunta medical staff.
-huolto medical service. **-olot**
(terveydenhoidolliset) sanitary
conditions. **-upseeri** medical
officer. **-voimistelija**
physiotherapist. **-voimistelu**
physiotherapy.
lääkintöhallitus National Board
of Health.
lääki|tä medicate. **-tys**
medication.
lääkäri physician; doctor;
(virka- ym) medical officer;
(kirurgi) surgeon; ~*n hoidossa*
under medical treatment.
-kirja doctor book. **-kunta** the
medical profession. **-napu**
medical aid; *etsiä* ~*a* seek
medical aid, consult a doctor.
-nhoito medical treatment.
-npalkkio doctor's fee.
-ntarkastus, -ntutkimus medical
examination. **-ntodistus**
medical certificate.
lääni administrative district;
department; *(maakunta)*
province. **-nhallitus** provincial
government. **-tys** fief; (~**laitos**
feudal system, feudalism).
lääppi|ä paw; *hän ei pidä*
-misestä she doesn't like
being pawed about; *ole*
-mättä! cut it out!
läävä cow-shed.
lönky|ttää trot, jog. **-tys**
jog-trot.
lörp|pö s. babbler, chatterbox;
a. garrulous. **-ötellä** babble,
blab. **-ötys** babble, idle talk.

löydös find; finding.
löyhentää loosen; slacken, relax.
löyhkä stink, stench. **-tä** stink;
-ävä stinking, malodorous,
fetid.
löyh|tyä get loose, come loose;
loosen, slacken. **-ytellä** fan.
-yys looseness; slackness.
löyhä loose, *(höllä)* slack; *kuv.*
lax; *(suhde)* irregular; *löyhin*
perustein on flimsy grounds;
(..llä) on ruuvi ~*llä* has a
screw loose.
löyly steam; *heittää* ~*ä* throw
water on hot stones (in
Finnish sauna). **-nlyömä**
cracked; *hän on hiukan* ~ he
is not all there. **-ttää** dust a
p.'s jacket, give. .a [good]
thrashing. **-tys** thrashing.
löysä loose; ~ *panos* blank
cartridge; ~ *vatsa*
diarrh[o]ea; ~*ksi keitetty*
soft-boiled; *ohjakset ovat* ~*llä*
the reins are slack; *ottaa*
asiat löysin rantein take
things easy.
löyt|yä be found, be
discovered; *ehkä se vielä* -*yy*
perhaps it will turn up. **-äjä**
finder; discoverer. **-ää** find;
(keksiä) discover; *(jnnek)* find
one's way (to); *on*
löydettävissä is to be found;
en löydä sopivaa sanaa I am
at a loss for the right word.
löytö find; discovery. **-lapsi**
foundling. **-palkka** reward.
-retkeilijä explorer. **-retki**
exploring expedition, voyage
of discovery. **-tavaratoimisto**
lost property office.

M

maa earth; *(vastak. vesi)* land; *(valtakunta)* country *(m. maaseutu); (-npinta)* ground; *~lla* in the country; *~lle* [in]to the country; *jkn ~lla* on sb.'s land; *~lla ja merellä* (by) land and sea; *~mme* our country, this land of ours; *~n päällä* on the earth; *pudota ~han* fall to the ground; *nousta, astua maihin* go ashore, disembark; *uida maihin* swim ashore; *maissa* ashore, on shore; *kuuden maissa* [at] about six o'clock; *~ta omistava* land-owning; *~ta omistamaton* landless. **-alue** territory; area [of land]; *(tilus)* domain.

maadoittaa *ks. maattaa.*

maaginen magic [al].

maahan|hyökkäys invasion. **-muuttaja** immigrant. **-muutto** immigration. **-tulolupa** entry permit, visa. **-tuonti** import [ation].

maaherra [district] governor.

maailma world; *~lle* out into the wide world; *ennen ~ssa* in the old days, in olden times. **-llinen** worldly.

maailman|avaruus space. **-ennätys** world record. **-historia** history of the world. **-kaikkeus** [the] universe. **-kansalainen** cosmopolitan. **-katsomuksellinen** ideological. **-katsomus** attitude to life, outlook on life, ideology. **-kauppa** international trade. **-kaupunki** metropolis. **-kieli** universal *(t.* world) language. **-kuulu** world-renowned. **-loppu** end of the world. **-maine** world-wide fame. **-matkaaja** globetrotter. **-mestari** world champion. **-mestaruus** world championship. **-mies, -nainen** man (woman) of the world. **-näyttely** world fair. **-pyörä** Ferris wheel. **-rauha** world peace. **-sota** world war. **-valta** world-power. **-ympäripurjehdus** circumnavigation of the world.

maa|johto earth, ground [connection]. **-joukkue** [inter]national team. **-kaasu** natural gas. **-kartano** country estate. **-kiinteistö** landed property. **-krapu** *leik.* landlubber. **-kunnallinen** provincial. **-kunta** province.

maalaamaton unpainted.

maalai|nen rustic, country, provincial; *s.* peasant; *~set* country people, peasantry.

maalais|elämä country life, rural life. **-kunta** rural district, rural local authority area **-liitto** agrarian party. **-mainen** rustic. **-nuoriso** young people in the country. **-olot** country conditions. **-talo** farm-house. **-tua** become countrified, rusticate. **-väestö** rural population.

maalari painter; *(taiteilija)* artist. **-mestari** master painter.

maala|ta paint; *~ uudelleen* repaint, paint over; *keltaiseksi -ttu* painted yellow; *~ttu!* wet paint! **-uksellinen** picturesque. **-us** painting, picture; *(~taide* art of painting; *~teline* easel). **-uttaa:** *~ kuvansa* have one's picture painted.

maali 1. *(väri)* paint; **2.** *(pilkka)* target; *urh.* goal; winning-post, finish; *~ssa urh.* at the finish; *hän saapui ~in toisena* he came in second. **-inammunta** target-practice. **-kamera** photo-finish camera.

maaliskuu March.

maali|suora the home stretch.

-taulu target. -vahti
goalkeeper. -viiva finishing
line, goal line.
maallikko s. layman; a. lay;
maallikot the laity. -saarnaaja
lay preacher.
maalli|nen earthly, mundane;
temporal; (*vastak. kirkollinen*)
secular. -smielinen
worldly-minded. -stunut
secularized.
maaltapako rural depopulation,
migration from country to
town.
maa|mies farmer; (~koulu
school of agriculture). -myyrä
zo. mole. -nalainen
underground, subterranean; ~
rautatie [the] Underground,
the Tube, *Am.* the Subway.
maanantai Monday.
maan|järistys earthquake, earth
tremor. -kavallus treason.
-kavaltaja traitor [to one's
country]. -kiertäjä tramp,
vagabond, vagrant, bum.
-kuulu far-famed, widely
known. -laatu soil. -mies
[fellow] countryman,
compatriot. -mittari surveyor.
-mittaus surveying; (~tiede
geodesy). -moukka country
bumpkin, rustic. -omistaja
landowner. -omistus
landownership. -osa continent.
-pako exile; *ajaa ~on* banish
[from a country], exile.
-pakolainen exile. -pakolaisuus
exile, banishment.
-petoksellinen treasonable.
-petos [high] treason. -pinta
surface of the earth.
-puolustus defence [of the
country]. -siirtokone earth
mover. -suru national
mourning. -teitse by road.
maantie high road, main road.
-gangsteri *(auto)* hit-and-run
driver. -kuljetus road haulage.
-rosvo highwayman.
maan|tiede geography.
-tieteellinen geographical.
-tieteilijä geographer. -tuote
product of the soil. -vaiva
scourge; *kuv.* public nuisance.
-vieremä landslide. -viljelijä
farmer.
maanviljelys farming;

agriculture. -kalut agricultural
implements (tools). -koulu
agricultural school. -näyttely
agricultural fair. -oppi
agronomy; agriculture. -työ
farm work.
maanvuokra [ground-]rent. -aja
tenant, lessee.
maa|omaisuus landed property,
land. -orja serf. -orjuus
serfdom. -ottelu international
match. -pallo globe; ~*n
puolisko* hemisphere. -palsta
parcel of land. -perä soil,
ground, earth; *valmistaa ~ä
jllek* prepare the ground for.
-pihka bitumen. -pähkinä
groundnut, peanut.
maaseutu country [side [;
maaseudulla in the country,
in rural areas. -kaupunki
provincial town. -lainen
provincial,. . from the country.
-lehti provincial newspaper.
-väestö rural population.
maasilta viaduct.
maasta|muutto emigration.
-vienti export [ation].
maasto terrain, ground. -auto
jeep. -juoksu cross-country
race. -utua take cover. -vaunu
cross-country vehicle.
maasälpä feldspar.
maata lie; *(nukkua)* sleep;
panna ~ lie down, *(yöksi)* go
to bed; ~ *sairaana* be down
[with *jssak taudissa*], be laid
up (with). -meno: ~*n aika*
bedtime, time to go to bed.
maa|talo farmhouse.
-taloudellinen agricultural.
maatalous agriculture, farming.
-ministeriö ministry of
agriculture. -näyttely
agricultural show. -tiede: *m-
ja metsätieteiden kandidaatti*
Bachelor of Agriculture and
Forestry. -tuote farm product.
maatiaisrotu: ~*a* of a native
stock (breed).
maa|tila farm; *(suuri)* [landed]
estate; (~nomistaja owner of
a farm (an estate). -tilkku
patch of land. -ton landless.
maattaa *tekn.* earth.
maatua decay, moulder.
maa|työ agricultural work.
-työläinen farm labourer

(worker, hand). **-vara** road
clearance. **-voimat** land forces.
made burbot.
madella crawl. creep; *kuv.*
cringe (before).
madonna, -nkuva madonna.
madonsyömä worm-eaten.
magneetti magnet. **-nen**
magnetic. **-neula** magnetic
needle. **-suus** magnetism.
magneetto magneto.
magnet|ofoni tape recorder,
recording machine. **-oida**
magnetize.
maha stomach. **-haava** gastric
ulcer. **-lasku:** *tehdä ~*
belly-land. **-laukku** stomach.
-neste gastric juice. **-syöpä**
cancer of the stomach.
mahdolli|nen possible;
potential; *(tuleva)* prospective;
hyvin -sta very likely; *mikäli*
-sta if possible; *niin pian*
kuin -sta as soon as possible,
at [my, your] earliest
convenience; *minulle ei ole*
-sta (m.) I am not in a
position to. .; *kaikilla -silla*
keinoilla by every possible
means; *~ panna toimeen*
feasible, practicable; *tehdä*
-seksi render possible, *(jklle)*
enable [a p. to]; **-simman**
hyvin in the best possible
way, as well as possible;
-simman halvalla at the
lowest possible price [s]. **-sesti**
possibly; *~ olen väärässä* I
may be wrong. **-suus**
possibility; chance; *on pieni*
~ there is a slight chance
[that]; *-suuden mukaan* as
far as possible; *minulla ei*
ole muuta -suutta I have no
other choice; *elämäni ~* the
chance of a lifetime.
mahdo|ton impossible;
(mieletön) absurd; *aivan ~ta*
utterly impossible; *~ ajatella*
unthinkable; *~ lukea* illegible;
~ saada takaisin
irrecoverable; *~ toteuttaa*
impracticable; *~ tuntea*
unrecognizable; *~ ymmärtää*
unintelligible; *-ttoman suuri*
enormous, huge; *vaatia*
-ttomia demand the
impossible. **-ttomuus**

impossibility.
mahduttaa make. . go in.
mahla sap.
mahonki mahogany.
mahtaa *(voida)* be able to;
hän ~ olla kaunis she must
be pretty; *mitä hänestä ~*
tulla I wonder what will
become of him; *ei mahda*
mitään there is nothing to be
done about it, it can't be
helped.
mahta|illa show off; *-ileva,*
high and mighty, *(määräilevä)*
domineering. **-va** powerful,
high, mighty; *(suuri)* great;
maailman ~t the great ones
of the earth. **-vuus**
mightiness; greatness; *vrt.*
seur.
mahti power; might. **-pontinen**
bombastic. **-pontisuus** bombast,
grandiloquence.
mahtua have room; go in [to];
astiaan mahtuu 5 litraa the
vessel holds 5 litres; *saliin*
mahtuu. . the hall has a
seating capacity of. .
[people]; *sinne ei mahdu*
kovin monta henkeä there is
not room for very many
people there.
maihin. . to land. **-lasku**
landing. **-nousu** landing,
disembarkation; *~alus,*
~alukset landing craft.
maila bat; *(tennis)* racket;
(golf-) club; *(esim. kroketti-)*
mallet; *(jääkiekko-)* stick.
maili mile.
main: *niillä ~* thereabouts,. .
or so.
maine reputation; *(kuuluisuus)*
fame, renown; *on hyvässä*
(huonossa) ~essa has a good
(bad) reputation; *huono ~*
disrepute; *saattaa huonoon*
~eseen bring discredit on;
saavuttaa ~tta win fame.
-eton undistinguished. **-ikas**
celebrated, renowned, famous,
illustrious. **-ikkuus** renown,
celebrity, illustriousness.
-mainen, -mäinen -like;
poika~ boyish.
mainingit [ground-]swell,
rolling sea.
maininta mention [ing];

quotation.

mainio excellent, fine, splendid; ~*!* fine! excellent! *jaksan ~sti* I am very well, I feel first-rate, I am doing splendidly.

maini|ta mention; *(tuoda esiin)* give, state, say; *(esimerkki)* quote; ~ *jku nimeltä* mention. . by name, name; *jättää -tsematta* not· mention, pass over in silence; *minulta jäi -tsematta* I omitted to mention; *muita -tsematta* to say nothing of the others; *-ttakoon* it may (should) be mentioned. . **-ttava**. worth mentioning, noteworthy; *ei ~a (m.)* nothing to speak of. **-ttu** the said. ., *(edellä)*. . mentioned before *(t.* above).

mainonta advertising; publicity.

mainos advertisement. **-juliste** poster, bill, sticker. **-kilpi** advertising sign; *(-teline)* billboard, hoarding. **-lehtinen** advertising leaflet. **-mies** publicity man. **-pala** advertising snippet (spot). **-taa** advertise. **-temppu** publicity stunt. **-toimisto** advertising agency. **-tus** advertising; publicity. **-valot** advertising lights, neon signs.

mairi|tella flatter; cajole; *-tteleva* flattering. **-ttelu** flattery, cajolery.

maisema landscape, scenery. **-kortti** picture postcard. **-maalari, -maalaus** landscape painter (painting).

maiskuttaa smack [one's lips]; ~ *kieltään* click one's tongue.

maissi maize, *Am.* corn. **-hiutaleet** corn flakes. **-jauhot** cornflour.

maistaa taste; *(koettaa)* sample.

maisteri *ks. filosofian* ~. **-narvo** university degree of mag. phil. (of Master of Arts). **-nvihkiäiset** conferment of masters' degrees, degree ceremony.

maistraatti administrative council [of a town].

maist|ua taste; ~ *hyvältä* taste good (nice), have a nice taste; *miltä tuo -uu?* what

does that taste like?

maiti milt. **-aisneste** latex.

maito milk; *lasi ~a* a glass of m. **-hammas** milk-tooth, deciduous tooth. **-happo** lactic acid. **-kannu** milk-can, *(kaadin)* milk-jug. **-kauppa** milkshop, dairy. **-pullo** *(lapsen)* feeding-bottle. **-pystö** milk can. **-rupi** infantile eczema. **-talous** dairy industry; *(~tuotteet* dairy produce).

maitse by land.

maitt|aa: *hänelle ei maita ruoka* he has no appetite; *-ava* appetizing, palatable.

maja cottage, cabin, hut. **-illa** lodge, stay (at a p.'s), *Am.* room (at).

majakanvartija lighthouse keeper.

majakka lighthouse, light; beacon. **-laiva** lightship.

maja|paikka quarters, lodgings. **-talo** inn.

majava, -nnahka beaver.

majeste|tillinen majestic. **-tti** majesty; *Teidän ~nne* Your Majesty; *Hänen ~nsa kuningas* His Majesty, the King; *(~rikos* lese-majesty).

majoi|ttaa accommodate, *puhek.* put [a p.] up; lodge; *sot.* billet [on, *jkn luo*], quarter. **-ttua** take lodgings. **-tus** accommodation; quartering.

majoneesi mayonnaise.

majuri major, *ilmav.* squadron leader.

makaroni macaroni.

makasiini storehouse, *(kiväärin)* magazine.

make|a sweet; ~ *nauru* a good laugh. **-iset** sweets, confectionery, *Am.* candy. **-iskauppa** sweet shop, confectioner's, *(koulun)* tuckshop; *Am.* candy store. **-us** sweetness. **-uttaa** sweeten. **-uttamisaine** sweetening [agent].

makkara sausage.

makrilli mackerel.

maksa liver.

maks|aa pay, *jstk* for; *(olla hintana)* cost; ~ *kallis hinta* pay dear; ~ *kustannukset* pay (defray) the expenses; ~ *lasku, velka (m.)* settle a bill (a debt); ~ *vähitellen* pay in instalments; *mitä se ~?* how much is it? what is the price? *-an tavarat saadessani* the goods will be paid for on delivery; *ei -a vaivaa* it is not worth the trouble; *-oi mitä -oi* at all costs; *-ettava Helsingissä* payable at H. **-aja** payer. **-ama|ton** unpaid, unsettled, owing; ~ *kirje* unstamped letter; *m-ttomat saatavat* outstanding claims. **maksa|ruoho** stonecrop, sedum **-tauti** liver complaint. **maksimimäärä** maximum [amount]. **maksoittua** coagulate, clot. **maksu** payment; *(koulu-, pysäköinti- ym)* fee; *(ajo-)* fare; *(palkka)* pay; *(veloitus)* charge; *(suoritus)* settlement; ~*t (m.)* dues; ~*ksi jstk* in payment (settlement) of; ~*n laiminlyöminen* non-payment; ~*tta* free of charge. **-aika:** *lainan* ~ *on 10 vuotta* the loan is repayable over ten years; *3 kk. -ajalla* on 3 months' credit. **-ehdot** terms (conditions) [of payment]; *edullisilla -ehdoilla* on favourable terms. **-erä** instalment; *(tilissä)* item. **-kyky** ability to pay; solvency. **-kykyinen** solvent. **-kyvyttömyys** insolvency. **-kyvytön** insolvent. **-määräys** order for payment. **-osoitus** money order, draft. **-päivä** date of payment, *(palkan)* pay-day. **-tapa** mode of payment. **-tase** balance of payments. **-ton.** . free of charge, gratuitous. **-valmius** liquidity. **-väline:** *laillinen* ~ legal tender. **maku** taste; flavour; *se ei ole minun ~uni* it is not to my taste; *kullakin on oma ~nsa* tastes differ. **-aisti** [sense of] taste. **-asia:** *se on* ~ it is a matter of taste. **-inen:** *minkä* ~ *se on* what does it taste like? **-pala** titbit, delicacy. **makulatuuri** waste paper. **makuu:** *mennä* ~*lle* retire, go to bed; *(lepäämään)* lie down

[for a rest] ; *olla ~lla* be in bed; be lying down. **-haava** bedsore. **-halli** sun balcony, solarium. **-huone** bedroom. **-paikka** *(laivassa ym)* berth. **-sali** dormitory. **-säkki** sleeping bag. **-vaunu** sleeping-car, *Am.* sleeper. **malajilainen** *a. & s.* Malay [an]. **maleksi|a** hang around, loiter [about], loaf. **-ja** loafer, loiterer. **Malesia** Malaysia. **malja** bowl, *raam.* chalice; cup; *(jkn kunniaksi)* toast; ~*nne* your health! here's to you! *esittää jkn* ~ propose a p.'s health; *juoda jkn* ~ drink to the health of, toast a p. **-kko** bowl; *(kukka-, m.)* vase. **malka** beam. **mallas** malt. **-juoma** malt drink, beer. **malli** pattern, *(tait. ym, koneen)* model, *(piirros ym)* design; *(näyte)* specimen, sample; *olla ~na (tait.)* pose for an artist; *jkn ~n mukaan* according to a pattern, on the *(esim.* British) model; *tehdä jnk ~n mukaan* model. . (after, on, upon); *uusinta ~a* of the latest pattern *t.* style *(esim. auto* model *t.* make). **-kelpoinen** exemplary. **-koulu** model school. **-npiirtäjä** [pattern-] designer. **-npiirustus** [pattern-] designing. **-nukke** lay figure, *(ompelu-)* dummy. **-tapaus** a case in point. **-tila** model farm. **-tilkku** sample. **Mallorca** Majorca. **malmi** ore. **-kaivos** ore mine. **-pitoinen** ore-bearing. **-rumpu** gong. **-suoni** vein of ore, lode. **maltalainen** Maltese. **malti|llinen** calm, collected, self-possessed; *(kohtuullinen)* moderate; sober; level-headed; **-llisuus** calmness, composure, moderation. **-ton** impatient. **-ttomuus** impatience; immoderation. **maltta|a** have patience; ~ *mielensä* compose oneself; stop to think. **-maton** hasty, impatient.

maltti presence of mind;
composure, self-possession;
menettää ~*nsa* lose one's
head (one's temper); *säilyttää*
~*nsa* keep one's temper,
control oneself.

malva *bot.* mallow.

mammona mammon.

mammutti mammoth. **-petäjä**
sequoia.

mana: ~*lle mennyt* deceased.
-la abode [s] of the dead.
Hades.

mana|aja sorcerer; *henkien* ~
(pois) exorcist. **-ta** drive out,
exorcise; *(kirota)* curse; ~
esiin conjure up, call forth *(t.*
up). **-us** conjuration.

mandariini mandarin; *(hedelmä)*
mandarin [e], *(amerikk.)*
tangerine.

mandaatti(alue) mandated
territory.

mandoliini mandolin [e].

maneeri manner [ism].

maneesi riding-school.

maneetti *zo.* jelly-fish.

mangaani manganese.

manifesti manifesto.

mankel|i, -oida mangle.

mankua whine.

mannaryynit semolina, *Am.*
farina.

mannekiini mannequin,
[fashion] model.

manner mainland **M~eurooppa**
the Continent [of Europe].
-ilmasto continental climate.
-jalusta continental shelf. **-maa**
continent. **-mainen** continental.

mansikka strawberry; *aho~*
wild s.; *oma maa* ~, *muu*
maa mustikka east, west,
home is best **-maa** strawberry
bed.

manteli almond. **-puu** almond
tree.

mantere *ks.* manner.

manttaali assessment unit for
land [tax].

mantteli cloak; *(virka-)* robe;
(sotilaan) greatcoat.

manööveri manoeuvre, *Am.*
maneuver.

mappi *(asiakirja-)* file.

marakatti guenon, *kuv.* monkey.

maratonjuoksu Marathon race.

margariini margarine, *puhek.*

marge.

marginaali margin.

marhaminta halter.

marianpäivä Lady Day,
Annunciation Day.

marihuana marijuana.

marista be peevish.

marionetti puppet.

marja berry; *mennä* ~*an* go
berrying. **-hillo** jam. **-kuusi**
yew. **-mehu** fruit juice. **-staa**
pick berries.

markiisi marquis, marquess;
(verho) sun blind, awning.
-tar marchioness, *(ei Engl.)*
marquise.

markka mark; *Suomen* ~*a*
Finnmarks.

markkina|arvo market value.
-hinta market price. **-katsaus**
market survey. **-koju** market
stall (stand).

markkin|at market; fair; *-oilla*
on (in) the market; *tuoda*
-oille put on the market.
-oida market. **-ointi** marketing.

marmelaati jelly sweets, *(hillo)*
jam, *(appelsiini-)* marmalade.

marmori marble. **-kuva** marble
bust (statue). **-levy** marble
slab, *(esim. pöydän)* marble
top. **-nen** marble.

marmoroida marble.

Marokko Morocco.

marraskuu November.

mars: ~ *matkaan!* off you go!

marsalk|ka marshal; *(juhlissa,*
m.) usher. **-ansauva** marshal's
baton.

marseljeesi the Marseillaise.

marsipaani marchpane,
marzipan.

marssi march; *lähteä* ~*in* m.
away *(t.* off). **-a** march.
-järjestys marching order.
-käsky marching orders.

marsu guinea-pig.

marttyyri martyr. **-kuolema** a
martyr's death; *kärsiä* ~
suffer martyrdom. **-us**
martyrdom.

masen|nus depression, low
spirits; *olla -nuksissa* be
depressed. **-taa** discourage,
dishearten; *-tava (m.)*
depressing, be discouraged;
-tunut depressed. **-tumaton**

indomitable.
maskotti mascot.
maskuliini masculine.
massa mass; bulk; *(paperi-ym)* pulp; ~*t* the masses.
masto mast. **-nhuippu** mast-head.
masuuni blast furnace.
matal|a low; *(vedestä)* shallow; (~**hyökkäys** *ilm.* ground attack; ~**kantai|nen:** *-set kengät* flat shoes; ~**korkoinen** low-interest; *vrt. ed;* ~**paine** low pressure, *ilmat.* depression, low; ~**suhdanne** depression; ~**vesi** low tide, low water). **-ikko** shoal, shallow; *olla -ikolla* be aground. **-uus** lowness; shallowness.
mate|leva *kuv.* servile, cringing. **-levaisuus** servility. **-lija** reptile. **-lu** cringing, crawling.
matema|atikko mathematician. **-attinen** mathematical. **-tiikka** mathematics.
materialis|mi materialism. **-ti** materialist. **-tinen** materialist -[ic].
matinea matinee.
matka journey, *(lyhyempi)* trip; *(kierto- ym)* tour; *(meri-)* voyage; *(jnk yli)* passage, crossing; *(etäisyys)* distance; *(tie)* way; ~*lla* on the way; ~*lla jhk* on the way to, en route to, *(laivasta)* bound for; *minne* ~? where are you going; *jnk* ~*n päässä* at a distance of; *sinne on pitkä* ~ it is a long way off; *sinne on tunnin* ~ it is an hour's journey from here; *hän on matkoilla* he is away from home, he is [away] on a trip, *(ulkomailla)* he is abroad. **-apuraha** travel grant [for study], travelling scholarship. **-arkku** trunk. **-eväs** provisions [for a journey]. **-huopa** travelling rug.
matka|lija traveller; *(huvi-)* tourist; (~**yhdistys** tourist association). **-lla** travel, journey.
matkailu tourism; touring, travel [ling]. **-auto** touring car. **-halu** wanderlust. **-keskus**

tourist centre.
matka|kertomus report [of a journey]. **-kirjoituskone** portable typewriter. **-kreditiivi** letter of credit. **-kustannukset** travelling expenses. **-kuvaus** travel sketch, *(kirja)* book of travel [s]. **-laukku** suitcase, travelling-bag. **-lippu** ticket; *-lipun hinta* fare, passage money. **-mies** traveller. **-muisto** souvenir. **-njohtaja** tour conductor, guide, *Engl. m.* courier. **-opas** guide [-book]. **-puku** travelling-dress (suit). **-radio** portable radio, transistor set. **-rahat** fare, passage-money, *(korvaus)* travelling allowance. **-reitti** route.
matka|seurue party of tourists. **-šekki** travellers' cheque. **-suunnitelma** itinerary.
matkatavara, ~*t* luggage, *Am.* baggage; ~*in säilytys (huone)* cloakroom. **-säiliö,** **-tila** *(autossa)* boot, *Am.* trunk. **-toimisto** luggage office; weighing desk. **-hylly** rack. **-vaunu** luggage van (wagon).
matka|toimisto travel bureau, travel agent [s]. **-toveri** travelling companion, fellow traveller.
matki|a imitate; mimic **-mistaito** imitative ability.
matkus|taa travel, journey; *(jnnek)* go (to); *hän* ~ *Amerikkaan* he is going to America; *milloin -tatte* when are you leaving? *hän on -tanut Lontooseen* he has left for London; *Suomessa -taessani* when travelling in (when touring) Finland.
matkustaja traveller; *(juna-, laiva- ym)* passenger. **-kone** passenger plane. **-koti** lodging-house. **-laiva** passenger boat (ship, steamer). **-liikenne** passenger traffic.
matkus|tella travel; *paljon -tellut* [widely] travelled. **-tus** travelling; (~**kielto** ban on travel).
mato worm, *(toukka)* maggot. **-kuuri** worming. **-lääke** vermifuge.

matonkude carpet rag.
matrikkeli register, roll[s];
panna ~in register, enrol[1].
matruusi seaman; sailor.
matto carpet, *(pieni)* rug;
kynnys~ door-mat; *vrt.*
kokolattia-.
mauk|as savoury, appetizing,
tasty, palatable. **-kuus**
tastiness, deliciousness.
maurilainen *a.* Moorish; *s.*
Moor.
maustaa season, spice.
mauste spice *(m. kuv.),*
seasoning, flavour[ing],
condiment. **-kasvi** aromatic
herb. **-neilikka** clove. **-pippuri**
Jamaica pepper, allspice.
mau|ton tasteless *(m. kuv.);*
unsavoury; *kuv..* in bad
taste. **-ttomuus** tastelessness;
lack of taste.
me we; *meidät, meitä* us;
meille to us, for us; *vrt. hän,*
he.
medaljonki *(kaulassa*
kannettava) locket.
meedio [spiritual] medium.
mehe|vyys juiciness. **-vä** juicy
(m. kuv.); succulent; ~
kuvaus rich (spicy) account.
mehikasvi succulent plant.
mehiläi|nen bee; *-sen pisto*
bee-sting.
mehiläis|hoitaja bee-keeper.
-hoito bee-keeping. **-kenno** cell
[of a honeycomb].
-kuningatar queen bee. **-pesä**
beehive.
mehu juice. **-kas** juicy. **-linko,**
-npuristin juice extractor. **-ste**
extract.
meidän our; ours; ~
kanssamme with us.
meijeri dairy, *Am.* creamery.
-kkö dairy|woman, **-maid.** **-sti**
dairyman.
meikäläinen one of us.
meirami marjoram.
meisseli chisel.
meistää punch.
mekaani|kko mechanic,
mechanician. **-nen** mechanical;
-set lelut mechanical *(t.*
clockwork) toys.
meka|niikka mechanics. **-nisoida**
mechanize.
mekastaa romp, make a noise.

meklari broker.
Meksiko Mexico; *~n lahti*
Gulf of M.; **m-lainen** *a. & s.*
Mexican.
mela paddle.
melkein almost, nearly; ~
isompi almost bigger; ~ *liian*
hyvä almost too good; ~
musta almost black; ~ *500*
henkeä nearly 500 people;
~pä toivoisin I almost wish;
~ *yhtä iso (m.)* much the
same size (as).
melko fairly; ~ *paljon* a good
deal (of). **-inen** considerable;
substantial, sizable; *-isella*
menestyksellä quite
successfully; *-isella*
varmuudella with reasonable
certainty; *-ista enemmän* much
more. **-sesti** considerably.
mella|kka riot, disturbance, *m.*
street violence, clash. **-koida**
riot. **-koitsija** rioter. **-staa**
(esim. lapset) be noisy, romp.
-stelu *(kadulla)* disturbance,
disorderly conduct.
mellottaa refine, *(putlata)* puddle.
melo|a paddle, canoe, scull.
-nta canoeing.
melodinen melodious.
meloni melon.
melske clamour; uproar,
turmoil. **-inen** turbulent.
meltorauta malleable iron.
melu noise; *kadun* ~ noise
from the traffic; *pitää ~a*
jstk raise a row; *paljon ~a*
tyhjästä much ado about
nothing. **-ava, -isa** noisy,
boisterous. **-ta** make a noise,
be noisy.
meneh|tyä perish, *jhk* with;
succumb [to a disease];
break [down] under; ~
häpeästä be overwhelmed with
shame; ~ *janoon* die of
thirst; *väsymyksestä*
-tymäisillään ready to drop
with fatigue, utterly exhausted.
meneillään in progress.
menekki sale[s], market;
tavaroilla on hyvä ~ the
goods sell readily, the goods
are in demand; *ei ole ~ä*
there is no market for, there
is little sale for. **-kirja** best-
seller.

menestykselli|nen successful.
-syys success [fulness].
menes|tys success; *saavuttaa* ~*tä* succeed, achieve (meet with) success; *huonolla* -*tyksellä* with little success; *(näytelmästä) tuli* ~.. went down well. **-tyä** succeed, be successful; be a success; *(viihtyä)* thrive; *(vaurastua)* prosper; *hän -tyy hyvin* he is doing well, he is getting on nicely; -*tyi (onnistui) paremmin* came off the better.
mene|tellä act, proceed; deal [with a matter, *jssk asiassa*]; *(käyttäytyä)* conduct oneself; *näin -tellen* in (by) doing so; -*ttelit oikein niin sanoessasi* you did right to say so; *se -ttelee näinkin* it will do this way, too. **-telmä** procedure; method.
menettely practice, action; *hänen* ~*nsä* the way he acted. **-tapa** manner of proceeding; course of action; policy.
mene|ttää lose; *(tuhlata)* waste; *lak.* forfeit; *(jättää käyttämättä)* miss [an opportunity, *tilaisuus*]; ~ *henkensä* lose one's life; ~ *maineensa* (»*kasvonsa*») lose face; *julistaa jk -tetyksi* declare a th. forfeited. **-tys** loss.
menneisyys [the] past.
mennessä: *kello yhteen* ~ by one o'clock; *tähän* ~ till now, up to now, up to the present, so far.
menninkäinen earth sprite, gnome.
mennyt gone, *(aika)* past; ~ *aika (kiel.)* past tense; ~ *vuosi* the past year; *menneinä vuosina* in past years, in years gone by; *hän on* ~*tä miestä* he is undone; *-tä kalua* lost [forever]; *se on ollut ja* ~ it is past and gone; *let bygones be bygones*; *olkoon menneeksi* very well, then!
menn|ä go; ~ *ohi* pass, pass over, *(jkn ohi)* pass a p.; ~ *pois* go away, leave, depart;

~ *jnk yli (esim. kadun)* cross, *vrt. ylittää; menetkö sinne?* are you going there? *siihen menee paljon aikaa* it takes (requires) much time; -*en tullen* on the way there and back.
meno *(kulku)* course; *(raha-)* expense; ~*t* expenses, expenditure; *(juhla-)* ceremonies; *tulot ja* ~*t* income and expenditure; ~ *ja paluu* there and back, *(-lippu)* return ticket, *Am.* two-way ticket; *entistä* ~*aan* on the old lines; *yhteen* ~*on* at a stretch, at a sitting, without a check; *olin juuri* ~*ssa ulos* I was just about to go out. **-arvio** estimate of expenditure. **-erä** item of expenditure. **-lippu** single ticket; (~ *ja paluu)* return t. **-matka** the journey there; the way there. **-puoli** debit side.
meren|alainen submarine. **-kulkija** seafarer, navigator. **-kulku** navigation, seafaring. **-käynti** [heavy] sea, rough sea [s]; *on kova* ~ there is a heavy roll of the sea. **-lahti** bay, gulf. **-neito** sea-nymph, mermaid. **-pinta** surface of the sea; *-pinnan yläpuolella* above sea-level. **-pohja** sea-bed, sea floor. **-rannikko** sea coast, sea-board; *-rannikolla* at the seaside, on the coast. **-takainen** overseas, transmarine. **-tutkimus** oceanography. **-vaha** meerschaum.
meri sea; *lähteä* ~*lle* go to sea; *olla* ~*llä* be at sea; *lähteä merelle (laiva)* put to sea; *aavalla merellä* out at sea, on the high seas; ~*tse* by sea. **-antura** *zo.* sole.
meridiaani meridian.
meri|eläin marine animal. **-hirviö** sea monster. **-hätä** peril at sea; *-hädässä* in distress. **-ilmasto** maritime climate. **-jalkaväki** marines. **-kadetti** naval cadet. **-kapteeni** sea captain, master. **-karhu** sea-dog. **-kartta** chart. **-kauppa** maritime trade. **-kelpoinen**

seaworthy. **-kipeä** seasick.
-kortti chart. **-koulu**
navigation school. **-kuntoisuus**
seaworthiness. **-kylpylä** seaside
resort. **-levä** seaweed. **-liikenne**
navigation. **-maisema**
(maalaus) seascape. **-matka**
voyage; passage, crossing.
-merkki buoy; light buoy; *vrt.*
reimari; (maalla) sea-mark;
beacon. **-metso** cormorant.
-mies sailor, seaman; *(~koti*
sailors' home; **~solmu** reef
knot, square knot. **-ministeri**
Engl. First Lord of the
Admiralty, *Am.* Secretary of
the Navy. **-ministeriö** *Engl.*
Admiralty, *Am.* Navy
Department. **-näköala** sea
view. **-onnettomuus** disaster at
sea. **-pelastus** life-saving,
salvage. **-peninkulma** nautical
mile. **-pihka** amber. **-puolustus**
naval defence. **-rosvo** pirate,
buccaneer; *(~radio* pirate
radio). **-rosvous** piracy. **-sairas**
seasick. **-sankari** naval hero.
-satama seaport. **-selitys** sea
protest. **-sota** naval war[fare];
(~koulu naval academy).
-sotilas naval seaman; *(jalka-,*
tykkimies) marine. **-suola** sea
salt. **-taistelu** naval battle.
-tauti seasickness. **-teitse, -tse**
by sea, by water. **-tähti**
starfish. **-upseeri** naval officer.
-vahinko sea damage, average.
-vakuutus marine insurance.
-valta naval (sea, maritime)
power. **-vartiosto** coastguard.
-vesi seawater, salt water.
-voima; ~*t* navy, naval
troops, *(jalkaväki)* marines.
-väki navy.
merkata mark.
merkeli marl.
merkilli|nen remarkable;
(kummallinen) peculiar,
strange; extraordinary; *-stä*
kyllä strangely (oddly) enough.
-syys remarkableness;
peculiarity; *(-nen esine)*
curiosity.
merkinanto signalling.
-järjestelmä signal code.
merki|ntä note, annotation,
(tili-) entry. **-tsevä** significant;
(jtk ilmaiseva) expressive,

indicative, suggestive (of).
-ttävä noteworthy, notable;
remarkable, outstanding, *ks.*
seur. **-tyksellinen** significant;
(tärkeä) important. **-tyksetön**
insignificant, of no account.
-tys meaning, sense; *(tärkeys)*
significance, importance;
ahtaammassa -tyksessä in a
narrower sense; *tällä on*
vähän ~tä this is of little
consequence; *(~oppi*
semantics).
merki|tä *(panna merkki)* mark
(usein off); *(muistiin)* write
down, make a note of;
(tarkoittaa) mean, signify;
(ilmaista) indicate, denote;
liik. subscribe [for shares,
osakkeita]; ~ *kirjaan* enter
[in the books], make an
entry; ~ *luetteloon* list,
catalogue, record, enter.. on
the list, *(jäseneksi)* enrol; ~
nimensä jhk sign one's name;
~ *jk (avustus)summa*
contribute (subscribe) a sum
(to); *se ei -tse mitään* it
does not matter; *-tty mies* a
marked man.
merkki mark, sign, token,
indication; *(esim. auto~)*
make; *jnk merkiksi* as a sign
(token) of; *antaa* ~ *(jstk)*
give the signal (for), *(laivalle)*
signal a ship; *panna merkille*
notice, [take] note [of];
merkillepantava noteworthy,..
worth noticing; *on*
merkillepantavaa it should be
noted. **-kieli** sign language.
-mies outstanding man, man
of note (distinction). **-päivä**
memorable day. **-tapaus**
noteworthy event. **-teos**
outstanding work; standard
work. **-tuli** beacon.
merta fish-trap, [lobster *t.*
crayfish] pot; *nyt on piru*
merrassa the fat is in the
fire.
mesenaatti patron.
mesi nectar; honey. **-marja**
arctic bramble.
messi mess room.
Messias Messiah.
messinki, -nen brass.
messu mass; ~*t* fair. **-halli**

exhibition hall. **-kasukka**
chasuble. **-puku** vestment. **-ta**
chant, intone; *katol.* say mass.
mestari master; *(jssk taidossa)*
expert, adept (in); *urh.*
champion; *mus.* maestro.
-llinen masterly; *-llisesti* in a
m. way. **-näyte** specimen of
skilled work, *(-teko)*
master-stroke. **-teos**
masterpiece.
mestaruus mastery; *urh.*
championship. **-kilpailut**
championship [s].
mesta|ta behead; guillotine. **-us**
execution; *(~lava* scaffold;
~pölkky block).
metalli metal. **-arvo** *(rahan)*
intrinsic value. **-lanka** wire;
(~verkko wire netting, *hieno*
wire gauze). **-nen** metal. **-raha**
coin. **-rasia, -tölkki** tin, *Am.*
can. **-seos** alloy. **-teollisuus**
metal industry.
metel|i row, uproar; *(mellakka)*
riot. **-öidä** make a noise (a
racket); riot.
meteor|i meteor. **-ologi**
meteorologist.
metku trick; dodge.
metri metre, *Am.* meter.
-järjestelmä metric system.
-mitta metric measure.
metsi|kkö wood; coppice. **-ttyä**
revert to forest. **-ttää** afforest.
metso capercaillie, wood grouse.
metsä wood, woods, woodland,
(iso) forest; *~n peittämä*
forested, wooded; *lähteä ~lle*
go hunting. **-inen**
[well-]wooded. **-kana** grouse.
-karju wild boar. **-kauris**
roe-deer. **-lampi** woodland
pond. **-lintu** wild fowl. **-maa**
woodland. **-maisema** woodland
scene. **-mies** hunter;
woodsman.
metsän|haaskaus deforestation.
-hakkuu cutting, felling,
-hoitaja certified forester,
forest officer. **-hoito** forestry.
-istutus afforestation. **-raja**
timber-line. **-reuna** edge
of the wood. **-riista** game.
-vartija forester, *Am.* forest
ranger.
metsä|palo forest-fire.
-peitteinen wooded. **-polku**

trail, forest-path.
metsästys hunting. **-aika**
hunting (-shooting) season.
-kivääri sporting gun. **-koira**
sporting dog, hound. **-laki**
game act. **-lupa** shooting
licence. **-maat** hunting
ground [s]. **-maja** hunting-
(shooting-) box.
metsäs|täjä hunter. **-tää** hunt,
(kiväärillä) shoot, *Am.* hunt;
olla -tämässä be [out]
hunting (shooting).
metsä|talous forestry economics.
-tiede forestry. **-työmies** forest
worker, lumberjack. **-työmaa**
lumbering *(t.* logging)
site. **-tön** woodless,. . devoid
of forest [s]. **-varat** forest
resources.
miedontaa dilute.
miehe|kkyys manliness. **-käs**
manly; masculine.
miehi|nen male; masculine; *~*
väestö male population;
kymmen~. . consisting of ten
men. **-stö** men; *mer., lentok.*
crew; *neljä ~ön kuuluvaa*
four crew. **-ttää** man,
(anastaa) occupy. **-tys**
occupation; *(~joukot* troops of
occupation).
miehuuden|ikä manhood.
-voima virility.
miehuulli|nen manly,
courageous, brave. **-suus**
bravery, valour; manliness.
miehuus manhood; manliness;
parhaassa miehuuden iässä in
one's prime.
miekan|isku sword-cut; *~tta*
without striking a blow. **-terä**
edge (blade) of a sword.
miekka sword. **-ilija** fencer.
-illa fence. **-ilu** fencing;
(~nopettaja fencing-master;
~taito [art of] fencing,
swordsmanship). **-kala**
sword-fish.
miele|inen pleasing, agreeable;
minun -iseni. . to my liking,
to my taste.
mielekäs meaningful; *ei ole*
~tä there is no sense in. ..
mielell|ään willingly, with
pleasure, gladly; *haluaisin -äni*
I should like to; *olisin ~äni*
tavannut hänet I would like

miel 212

to have seen him.
mielen|häiriö mental
disturbance; ~ssä while
mentally disordered. **-kiinnoton**
uninteresting. **-kiinto** interest;
herättää ~a arouse (stimulate)
interest, interest [a p.];
yleistä ~a herättävä. . of
general interest. **-kiintoinen**
interesting. **-laatu** turn of
mind; disposition. **-liikutus**
emotion. **-lujuus** strength of
mind. **-maltti** presence of
mind. **-muutos** change of
mind; usk. ym change of
heart. **-osoittaja** demonstrator.
-osoituksellinen demonstrative.
-osoitus demonstration. **-rauha**
peace of mind. **-terveys**
mental health. **-tila** state of
mind. **-vika** mental
derangement. **-vikainen** a.
mentally deranged, insane.
-vikaisuus insanity. **-ylennys**
usk. edification.
miele|ttömyys absurdity; folly.
-tön. . out of one's senses;
senseless; foolish, crazy; ~
hinta absurd (fantastic) price;
~ ilosta delirious with joy.
mieli mind; (mielentila) frame
of mind, mood; mielestäni in
my opinion, to my mind, in
my view; onko hän mielestäsi
kaunis do you consider her
beautiful; olen sitä mieltä,
että. . I am of the opinion
that; olen eri mieltä I
disagree, I take a different
view (of); olla samaa mieltä
kuin agree with; olla ~ssään
jstk delighted (at, with),
be pleased (with); hyvällä
mielellä in good spirits; tehdä
~ wish, have a mind to;
panna mieleensä remember,
take note of; pitää mielessä
keep (bear) in mind; sinun
~ksesi to please you; tehdä
jklle ~ksi humour a p.; ~n
määrin as much as one
pleases, at will; olla jklle
mieleen please; tulee mieleen
comes to mind; siinä mielessä
kuin in the sense that; tässä
mielessä with this in mind.
-aine favourite subject. **-ala**
mood, humour. **-halu** desire;

appetite. **-harmi** worry;
annoyance, vexation. **-harrastus**
hobby. **-hyvin** willingly, gladly,
with pleasure. **-hyvä** pleasure,
delight; satisfaction; tuotti
minulle ~ä it gave me
pleasure, it pleased me.
-johde impulse; omituinen ~
whim, caprice, quirk; hetken
-johteesta toimia impulsive;
äkillisestä -johteesta on the
spur of the moment. **-kuva**
idea, [mental] image.
-kuvituksekas imaginative.
-kuvituksellinen fantastic,
fanciful, imaginary.
-kuvitukseton unimaginative.
-kuvitus imagination, fancy.
-lause motto. **-nen** (yhd.)
-minded; ystävällis~ kindly
disposed. **-paha** regret;
displeasure; (-harmi)
resentment, annoyance; ~kseni
kuulin. . I was sorry to hear
. . **-pide** opinion, view;
(~tutkimus opinion survey,
public-opinion poll). **-puoli** a.
insane, demented; s. lunatic,
madman. **-puolisuus** insanity.
-ruoka favourite dish. **-sairaala**
mental hospital, home for
mental cases. **-sairas** mentally
ill; s. mental patient. **-sairaus**
mental disorder (disease).
mielis|televä fawning; flattering.
-tellä (jkta) fawn upon, try to
ingratiate oneself with; -tellen
(salavihkaa) voittaa jkn
luottamus insinuate oneself
into the confidence of. **-tyä**
ks. mieltyä.
mieli|suosio ~lla willingly, of
one's free will. **-tauti** mental
disease; ~en erikoislääkäri
psychiatrist; (~oppi
psychiatry). **-teko** desire,
craving. **-tietty** sweetheart.
-työ favourite occupation.
-valta discretion; (~isuus)
arbitrariness; olla jkn -vallassa
be left to a p.'s discretion.
-valtainen arbitrary;
high-handed.
mielle conception, idea.
-yhtymä association of ideas.
mielly|ttävyys pleasantness;
charm. **-ttävä** pleasing;
pleasant, agreeable, attractive,

lik[e]able. **-ttää** please; catch a p.'s fancy; appeal (to), attract; *se ei -tä minua (m.)* I do not like it.
mieltenkuohu excitement, agitation.
mielty|mys liking; *(kiintymys)* affection (for), attachment (to). **-ä** *(jhk)* take to, become fond of; *on -nyt jhk (m.)* has a liking for.
mieltä|järkyttävä agitating, shocking. **-ylentävä** elevating, uplifting.
mielui|mmin preferably; *kävelen ~ I* prefer to walk. **-nen, -sa** welcome; *~ tehtävä* a pleasant (an agreeable) task.
mieluummin rather, sooner; preferably; *jään ~ kotiin* I prefer to stay at home, I would rather stay at home.
miero: *joutua ~n tielle* be reduced to begging.
mies man *(pl.* men); *(avio-)* husband; *miehissä (kaikki)* to the last man, all together; in force; *miesten ~* a splendid fellow, one in a thousand; *5 shillinkiä mieheen* 5 sh. each; *onko sinussa ~tä siihen?* are you man enough for that? **-henkilö** man, male. **-hukka** losses, casualties. **-kohtainen** personal. **-kuoro** male choir. **-luku** number [s]; *suurempi ~* superior n.; *vihollinen oli -luvultaan meitä paljon voimakkaampi* the enemy greatly outnumbered us. **-lukuinen** numerous. **-muistiin** in living memory. **-mäinen** manly, masculine; *(naisista)* mannish. **-palvelija** valet; butler. **-polvi** generation. **-puoli** *(suvun)* spearside. **-puolinen** male, masculine. **-tenhuone** *puhek.* gents. **-voima** *(-vahvuus)* man-power. **-väki** men, *ark.* menfolk.
miete thought, reflection; idea; *olla mietteissään* be lost in thought. **-lmä** aphorism.
mieti|ntö report. **-skellä** meditate, *jtk* on; ponder (on), *(hautoa)* brood (on, over); **-skelevä** contemplative, meditative. **-skely** meditation;

contemplation.
mieto weak; mild; *~ viini* light wine.
mietti|minen contemplating *jne.* **-misaika** time for considera- tion. **-vä** thoughtful, reflective.
miettiä think, *jtk* about, of; reflect (on), consider, think over; *(tuumailla)* contemplate.
migreeni migraine.
mihin where? *~ aikaan* at what time? *~ tuota käytetään?* what's that for? **-kään:** *hänestä ei ole ~* he's good for nothing.
miilu charcoal-pit.
miina mine; *(jalkaväki-)* antipersonnel m.; *ajaa ~an* strike a m. **-laiva***(-nlaskija)* mine-layer. **-nraivaaja** mine-sweeper. **-vyöhyke** mine-field.
miinoittaa mine, *(laskea miinoja)* lay mines.
miinus minus, less.
mikro|aaltouuni micro-wave oven; **-auto** [go-]kart. **-bi** microbe. **-filmi** microfilm. **-foni** microphone, *(puhelin~)* mouthpiece. **-housut** hot pants. **-skooppi** microscope; *(~nen* microscopic, *(pieni)* microscopical).
miksi why? for what reason? wherefore? *~pä ei* why not.
mikä which; what; *~ kirja* what book? which book? *~ niistä?* which of them? *~ nyt on (hätänä)* what's the matter? what's wrong? *~ kaunis taulu* what a beautiful picture! *~hän tämä on* I wonder what this is; *mistä syystä* for what reason?;. . *kuin se mikä. .* [her coat is as long] as the one [I am wearing]; *~pä siinä (voin mennäkin)* I don't mind [if I go].
mikäli as far as, in so far as; *(jos)* if; *~ tiedän* as *(t.* so) far as I know, for all I know.
mikään any; anything; *ei ~* no; nothing; *ei millään ehdolla* not for anything, on

no account.
Milano Milan.
miliisi militia; militiaman.
militantti militant.
milj|ardi milliard, *Am.* billion.
-oona million; ~ *miestä* a m.
men; *kaksi* ~*a* two million
[people], *(puntaa)* £ 2
million; (~**mies** millionaire).
millainen what kind (sort) of,
of what kind; ~ *hän on*
what is he like? ~ *mies*
what kind of [a] man?
milli|gramma milligramme.
-metri millimetre.
milloin when? [at] what time?
(jolloin) when; ~ — ~ now
— now, sometimes —
sometimes; ~ *missäkin* now
here, now there; ~ *tahansa*
at any time, no matter when;
whenever [you wish]. **-kaan**
ever; *ei* ~ never.
milläänkään: *hän ei ollut* ~ he
did not turn a hair.
miltei almost; ~ *samankokoisia*
much the same size.
mimiikka play of expressions.
miner|aali mineral. **-alogia**
mineralogy.
miniatyyri miniature.
minim|aalinen minimal. **-i**
minimum [price, *hinta*]. **-oida**
minimize.
ministeri [government] minis-
ter; *Engl.* cabinet minister. **-stö**
government, cabinet. **-ö**
ministry; *Engl. m.* office
(esim.: Home O., *sisäasiain*
~*:* War O., *sota~);*
department.
minkki mink. **-turkki** mink
coat.
minkä which; .. ~ *haluat*
which [ever] you like, the
one you like; *(kysymyksenä)*
which [of these] do you
want? ~ *takia* for what
reason? why? *(relat.)* for
which reason, because of
which.
minkä|lainen *ks. millainen.*
-näköinen: ~ *mies oli?* what
did the man look like?
-tähden why? for what
reason? **-än|lainen:** *ei ollut*
-laista mahdollisuutta there
was no chance whatever.

minne where? where to? ~
matka where are you going
(t. off to)? ~*päin* in what
direction? which way? **-kään:**
ei ~ nowhere.
minttu mint.
minua, minut *ks. minä.*
minun my; mine; ~ *kanssani*
with me; ~ *takiani* because
of me, for my sake; *vrt.*
minä.
minuutti minute; *minuutilleen*
to the minute. **-osoitin** *m.*
long hand.
minä I; *psyk.* the ego; *minua,*
minut me; *minulle* to me;
liian paljon minulle too much
for me; *minusta* in my
opinion, to me; *minusta hän*
on oikeassa I think he is
right.
mirhami myrrh.
mirri pussy [-cat], puss.
mis|sä where? ~ *hyvänsä*
anywhere, *konj.* wherever; ~
maassa? in what country? *ei*
~*än* nowhere; *siellä jos* ~*än*
there if anywhere. **-tä** from
where? from what place? ~
tulet where do you come
from? ~ *sen tiedät* how do
you know that? ~ *olet sen*
löytänyt where did you find
it? *ei* ~*än* [from] nowhere;
ei ~*än hinnasta* not.. at any
price.
misteli *bot.* mistletoe.
mitali medal; ~*n toinen puoli*
kuv. the reverse of the m.
mitata measure [out]; gauge;
(maata) survey; *(askelin)* pace
off [a distance]; ~ *runsaasti*
give good measure.
mitellä: ~ *voimiaan jkn kanssa*
measure one's strength against.
miten how? in what way? *oli*
~ *oli* be that as it may;
tiedän ~ *hänet saan käsiini* I
know how to find him; ~
ihana taulu! what a beautiful
picture! ~ *kuten* somehow or
other. **-kä** *(mitä sanoitte)*
sorry, what did you say? I
beg your pardon? **-kään:** *ei* ~
in no way; by no means! on
no account! *jos* ~ *voin* if I
possibly can.
mitoittaa dimension.

mitta measure; measurement; *mitan mukaan tehty* made to measure (to order), *Am.* custom [-made]; *ottaa jksta ~* take a p.'s measurements, measure a p. [for a suit etc.]; *ottaa toisistaan ~a (kuv.)* take their measure; *täyttää ~ (kuv.)* be up to standard; *ajan ~an* in the long run; *vuoden ~an* in the course of the year; *maksaa samalla mitalla* pay sb. in his own coin. **-amaton** immeasurable. **-asteikko** scale. **-illa** *kuv.: ~ lattiaa* pace; *(jkta katseellaan)* size. . up. **-inen** [5 metres] in length; *olla sanansa ~* be as good as one's word. **-kaava** measure; scale; *suuressa ~ssa* on a large scale. **-lasi** graduated glass. **-nauha** tape measure. **-puku** suit made to measure, *Am.* custom-made suit. **-puu** [foot-]rule, *m. kuv.* yardstick; *kuv.* standard. **-ri** *(yhd.)* -meter; gauge; *kaasu~* gas-meter; *sade~* rain-gauge. **-suhde** proportion; *-suhteet* dimensions. **-us** measurement; measuring; *(~oppi* geometry). **-yksikkö** measuring unit. **mitä** what; *(superl. vahv.)* most; *~ kuuluu* what news? *(kuinka voitte)* how are you? *paras ~ tiedän* the best [that] I know; *~ — sitä* the — the; *~ pikemmin sitä parempi* the sooner the better; *~ mielenkiintoisin kirja* a most interesting book; *~ varovaisimmin* with the utmost care; *~pä siitä* it doesn't matter! never mind! **mität|tömyys** insignificance; unimportance. **-öidä** cancel. **-ön** insignificant, inconsiderable trifling, trivial; *(kelpaamaton)* not valid, invalid, [null and] void; *~ summa* trifling sum; *-tömän pieni* negligible [quantity, *määrä*] ; *julistaa -ttömäksi* annul, cancel, nullify. **mitään** anything; *ei ~* nothing. **-sanoma|ton** uininformative;

m-ttomat kasvot (ilmeettömät) poker face.
modaalinen modal.
modisti milliner.
moduuli module, *mat.* modulus.
moinen such; *oletko moista kuullut?* did you ever hear the like of that?
moite blame, censure; reproof.
moit|ittava blameworthy, blamable, reprehensible;. . open to blame (criticism). **-teenalai|nen** *ks. ed.; saattaa m-seksi* compromise. **-teeton** blameless; irreproachable; faultless. **-teettomuus** blamelessness. **-tia** blame, *jstk* for; find fault with; criticize; *(nuhdella)* reproach; *~ testamenttia* dispute a will. **-timishaluinen** fault-finding.
mokkatakki suede coat.
mokoma: *en ole ~a kuullut* I never heard anything like it; *kaikin mokomin* by all means, don't mention it; *hän tahtoi kaikin mokomin tietää* he insisted on knowing.
molekyyli molecule.
molemm|at both; *me ~* b. of us, the two of us; *-in puolin* on b. sides, on either side (of). **-inpuolinen** mutual; reciprocal.
molli *mus.* minor.
momentti *lak.* subsection, clause, item.
monen|kertainen manifold; multiple. **-keskinen** multilateral. **-lainen** *-laisia.* . of many kinds,. . of various kinds, many kinds of. ., a great variety of. . **-laisuus** diversity. **-muotoinen** multiform.
mones: *kuinka ~* which [in order]? *~ko päivä tänään on* what date is it today? **-ti** many a time, many times; often.
mongolilainen *s.* Mongol [ian]; *a.* Mongol.
moni many [a]; *~ mies* many a man; *(monta miestä)* many men; *moneen vuoteen* for years; *monen monta kertaa* over and over again, *(puhek.)* heaps of times; *monin verroin*

far,.. by far; *monet* many,
several. **-avioinen** polygamous.
-avioisuus polygamy. **-arvoinen**
pluralistic. **-kansallinen**
multinational, *(sopimus)*
multilateral. **-kielinen** multi-
lingual; ~ *henkilö* polyglot.
-kko, **-kollinen** plural. **-kulmio**
polygon. **-lapsinen** *perhe* a
large family. **-lukuinen**
numerous. **-miljoonikko**
multimillionaire. **-muotoinen:**
on ~ (it) takes many forms..
-mutkainen complicated,
complex; ~ *kysymys* an
intricate question. **-mutkaisuus**
complicated nature,
complexity, intricacy. **-nainen**
various, diversified, manifold,
varied. **-naisuus** [great]
variety, diversity; multiplicity.
-nkertainen multiple.
-nkertaistaa manifold, multiply
[many times over].
-numeroinen: ~ *luku* number
of several figures (digits).
-puolinen many-sided;
versatile, diversified.
-puolisuus many-sidedness;
versatility. **-sanainen** wordy,
verbose. **-sanaisuus** wordiness,
verbosity. **-staa** *(kojeella)*
duplicate. **-ste** duplicate.
monistus [office] duplicating,
(valokopioimalla ym)
reprography. **-kone** duplicator.
-laitteet reprography facilities.
moni|tahoinen many-faceted.
-tahokas polyhedron.
-tavuinen polysyllabic. **-tuinen:**
monen -tuista kertaa ever so
many times. **-tyydyttymättömät**
rasvahapot polyunsaturates.
-vaiheinen eventful. **-vuotinen**
many years'; *(kasvi)*
perennial; ~ *ystävyys* a
friendship of many years'
standing. **-väri-** multicolour.
-värinen multicoloured.
-ääninen: ~ *laulu* part-song;
laulaa -äänisesti sing in parts.
mono|grammi monogram. **-kkeli**
eye-glass, monocle. **-logi**
monologue. **-poli** monopoly.
monsuuni monsoon.
monta many; ~ *kertaa* many
(several) times. **-ko?** how
many?

moottori motor, engine.
-ajoneuvo motor vehicle.
-kelkka snowmobile. **-pyörä**
motor-cycle. **-pyöräily**
motor-cycling. **-saha** motor
saw, *Am.* chain saw. **-tie**
motorway, *Am.* motor
(express) highway, freeway; *(4
-kaistainen)* dual carriageway.
-vene motorboat. **-vika** engine
trouble, breakdown; *autoon
tuli* ~ the car broke down
[on the way].
moottoroida motorize.
mopo moped.
mopsi pug [-dog].
moraali morals, *(opetus)* moral,
(esim. sotajoukon) morale.
-nen moral. **-ton** immoral,..
of loose morals.
moreeni moraine.
morf|iini morphia, morphine.
-inisti morphine addict.
mormoni Mormon, Latter-day
Saint.
morsian bride; *(kihlattu)*
fiancée.
morsius|huntu bridal veil. **-lahja**
wedding present. **-neito**
bridesmaid. **-pari** bride and
bridegroom. **-puku**
wedding-dress.
mosaiikki mosaic [work].
Mosambik Mozambique.
moskeija mosque.
Moskova Moscow.
motelli motel.
motiivi *(perustelu)* motive.
moukari sledge-hammer.
-nheitto hammer-throw.
moukka lout; boor. **-mainen**
loutish, boorish; unmannerly.
muassa: *muun* ~ among other
things, inter alia; *eräs syy oli
muun* ~ one reason, among
many, was..
muhammetti|lai|nen *a.*
Mohammedan, Moslem,
Muslim; *s.* Mohammedan,
Moslem. **-suus**
Mohammedanism; Islam.
muhen|nos stew; *vrt. seur.* **-taa**
stew; *-nettu*.. cooked in white
sauce.
muhke|a stately, imposing;
grand, impressive. **-us**
stateliness, magnificence.
muhvi muff.

muija old woman.

muinai|nen old, ancient; *-sina aikoina* in ancient (olden) times; *muistella -sia* recall memories of the past.

muinais|aika antiquity, ancient times. **-aikainen** antique. **-esine** antique. **-jäännös** relic [of antiquity]. **-löytö** arch[a]eological find. **-muisto** ancient monument. **-suomalainen** *a.* old Finnish; *s.* ancient Finn. **-taru** ancient tradition, legend. **-tiede** arch[a]eology. **-tieteellinen** arch[a]eologic [al]. **-tieteilijä** arch[a]eologist. **-uus** antiquity.

muinoin: *ennen ~* in days long past, in olden times.

muis|taa remember, recollect, recall; *-kseni* as far as I can remember, to the best of my recollection, if my memory does not fail me; *en -ta tavanneeni* I don't remember having met; *en -ta nimiä* I have a bad (poor) memory for names; *en -ta hänen nimeään* I can't think of his name [at the moment]; *-tettakoon* it should be kept in mind that. . **-tamaton** forgetful, oblivious. **-tella** recollect, recall, call [back] to mind, think back [to a period]. **-telma** recollection, reminiscence; *~t (m.)* memoirs. **-tettava** memorable. **-ti** memory; *kaksi ~in (lask.)* carry two; *merkitä ~in* write down; *pitää ~ssa* bear in mind; *~sta* from memory; *minun ~ni aikana* within my recollection. **-tiinpano** note; *tehdä ~ja* make (take) notes.

muisti|kirja note-book. **-lehtiö** memo pad. **-lista** memo. *(t.* shopping) list, check list. **-o** memoran|dum, *(pl.* -da). **-virhe** slip of the memory.

muisto memory; *(-esine)* souvenir, keepsake; *~ksi* as a remembrance; *jnk (jkn) ~ksi* in commemoration of; *lapsuuden ~t* recollections of childhood; *viettää jtk ~a* commemorate [an event]. **-esine** souvenir, memento.

-hetki, -jumalanpalvelus memorial service. **-juhla** memorial festival, commemoration; *viettää 100-vuotis~a* commemorate the centenary (of). **-kirja** album. **-lahja** souvenir, parting gift. **-levyke** plaque. **-merkki** memorial. **-mitali** commemorative medal. **-patsas** statue, monument. **-puhe** commemoration speech, memorial address. **-päivä** anniversary. **-raha** medal. **-rikas** memorable. **-runo** commemorative poem. **-sanat** obituary. **-taulu** memorial tablet.

muistu|a: *-u mieleeni* I remember. **-ttaa** remind (of), *(yhtäläisyytensä kautta)* resemble; *(huomauttaa)* remark (on, upon), point out, call [a p.'s] attention to; *(moittien)* reprove, *(vastaan)* object (to); *onko Teillä mitään -ttamista* have you any objections. **-tus** reminder; *(huomautus)* remark, comment; *(nuhde)* reproof, reprimand; *(vastaväite)* objection.

muka supposed[ly], alleged[ly]; *hän on ~ sairas* he says *(t.* he pretends) he is ill; *hän on ~ varakkaampi* he is supposed to be wealthier; *sitä ~a kuin* in proportion as.

mukaan: *jnk ~* according to, by; *laskunne ~. . päivältä (m.)* as per your invoice of. .; *painon ~* by weight; *sen ~ kuin* [according] as, in so far as; *sen ~ mitä hän sanoo* according to what he says; *tarpeen ~* as needed, as required; *lukea ~* include; *~ luettuna* including. ., inclusive of; *ottaa ~* take along, take. . with one; *ota minut ~* take me with you; *tule ~!* come along! **-satempaava** captivating, compelling; gripping; *puhe oli ~* the speech carried the hearers away (along). **-tua** accommodate oneself, adapt oneself (to); adjust oneself.

muka|elma imitation;

(muunnelma) adaptation. **-illa** imitate; adapt. **-inen** *(jnk). .* in accordance with; consistent, compatible (with); *olla jnk ~ (m.)* be in keeping with, agree with, coincide with. **-isesti** *(jnk)* according to, in accordance (conformity) with, *sen ~* accordingly.

mukana with; *~ seuraava* accompanying, enclosed, attached; *~ni tulevat. .* I shall be accompanied by; *olla jssk ~ (läsnä)* be present at; *minulla ei ole rahaa ~ni* I have no money with me; *tuoda ~an* bring along, *(kuv.)* bring in its train, *(seurauksena)* entail, involve.

mukau|ttaa *(jhk)* suit . . (to), gear. . (to). **-tua** adapt oneself, adjust oneself (to), *(esim. pol. järjestelmään)* conform; *(noudattaa)* comply (with); *ks. mukaantua.* **-tumaton** not adaptable, unaccommodating. **-tumiskyky** adaptability, ability to adapt oneself. **-tuva** adaptable, accommodating; compliant. **-tuv(ais)uus** adaptability, compliance.

mukav|a comfortable, nice, *(sopiva)* convenient, handy; *(hauska)* pleasant. **-uus** comfortableness, comfort, ease, convenience; *nykyajan mukavuuksin varustettu* with every modern convenience; *(~laitos* toilet, lavatory, public convenience.)

muki mug.

mukiin: *menee ~* will do. **-menevä** passable; fairly good, tolerable; not bad.

mukiloida belabour, beat up, mug.

mukula *(juuri)* corm, *(varsi-, m.)* tuber; *(lapsi)* kid. **-kivi** cobblestone.

mulatti mulatto.

mulko|illa roll one's eyes; glare, stare, glower (at). **-silmäinen** . . with protruding eyes.

mullata cover, earth over, *(perunaa)* earth up.

mullikka heifer, *(sonni ~)* bull calf.

mullin: *~ mallin* upside down, topsy-turvy.

mullis|taa turn upside down; overthrow, upset; *(kokonaan, m.)* revolutionize. **-tava** revolutionizing. **-tus** upheaval; revolution.

multa soil, earth; *muuttua mullaksi* moulder, turn into dust. **-sieni** truffle.

mumista mumble; mutter.

mummo old woman; *(isoäiti)* grandmother, *(mummi)* granny.

muna egg; *tiet.* ovum *(pl. ova).* **-kas** omelet[te]. **-kokkeli** scrambled eggs. **-kuppi** egg cup. **-lukko** padlock. **-nkeltuainen** yolk [of egg]. **-nkuori** eggshell. **-nvalkuainen** white [of egg]; *tiet.* albumen, *vrt.* valkuaisaine. **-sarja** ovary. **-solu** egg cell. **-ta:** *~ itsensä* put one's foot in it, make a blunder. **-us** blunder; howler.

muni|a lay eggs; *hyvä -maan (kanasta)* a good layer. **-tusmuna** nest-egg.

munkki monk; *(leivos)* doughnut. **-kunta** monastic order. **-likööri** Benedictine. **-luostari** monastery.

munuai|nen kidney. **-skivi** kidney-stone, renal calculus. **-srasva** suet. **-stauti** kidney disease. **-stulehdus** nephritis.

muodikas fashionable, stylish; up-to-date.

muodolli|nen formal. **-suus** formality, form; *ilman -suuksia* without ceremonies, informal [ly]; *pelkkä ~* a mere formality.

muodon|muutos change in form, transformation. **-vaihdos** metamorphosis.

muodos|taa form; fashion, shape; *(hallitus)* build; *(tehdä)* constitute; make up; *(perustaa)* establish; *~ toisenlaiseksi* remodel; *12 henkilöä ~ valamiehistön* a jury consists (is composed of) 12 people. **-tella** fashion, shape, *(laatia)* formulate. **-telma** *sot.* formation. **-tua** be formed; be composed, *jstk* of; *~ jksk* become, turn into, *(esim. tavaksi)* grow into;

niin, ettei -tu savua so that no smoke is produced; *vesi -tuu höyryksi* water is transformed (converted) into steam. **-tuma** formation.
muodo|ton shapeless; deformed, misshapen. **-ttomuus** shapelessness; deformation.
muok|ata work up; *(viljellä)* till, prepare [the soil], break up; *(nahkaa)* dress, curry. **-kaamaton** untilled; ~ *maaperä* unprepared (unbroken) ground. **-kaus:** *maan* ~ tilling.
muona food, provisions. **-nhankkija** caterer. **-mies** farm labourer. **-varat** provisions.
muoni|ttaa supply with provisions, victual. **-tus** provisioning; catering.
muoti fashion, style; *olla muodissa* be the fashion, be in vogue; *jäädä muodista* go out of fashion; *määrää muodin* sets the fashion. **-kuva** fashion-plate. **-lehti** fashion-paper (-magazine). **-liike** ladies' outfitters, *(hattu-)* milliner's. **-näytös** mannequin show. **-salonki** fashion house. **-sana** vogue word. **-taiteilija** fashion designer, *(liike)* couturier. **-tavarat** fashionable articles, ladies' wear.
muoto form, shape; *muodon vuoksi* for form's sake, pro forma, *(näön)* for the sake of appearances; *ei millään* ~*a* by no means, under no circumstances; *älä millään* ~*a* for goodness' sake don't; *muodoltaan samanlainen* similar in form; *asia saa sen kautta aivan toisen muodon* that gives the matter an entirely different aspect. **-illa** design, *(laatia)* formulate; *hyvin -iltu* well designed, *(puhe)* well-worded. **-ilu** design. **-inen** *(jnk)* in the form (shape) of. **-kuva** portrait, likeness; (~*maalari* portrait painter). **-oppi** morphology. **-puoli** deformed, shapeless, irregular. **-seikka** matter of form. **-valmis** perfect in form, finished.

muotti mould; *tekn.* die, matrix.
muovai|lla mould, model, shape; *(kirjallisesti)* adapt, revise; *(sovitella)* modify, *(muodostella)* formulate. **-lu** modelling.
muova|ta shape, mould, give shape to. **-utua** shape (form) itself; *-utuva* plastic.
muovi plastic; ~*pussi* p. bag.
murahtaa growl, snarl.
muratti ivy.
murea crisp; *(esim. liha)* tender.
mureh|duttaa grieve. **-tia** grieve *(jkta* for, *jtk* at, over); *(olla huolissaan)* be anxious, worry.
mure|ke stuffing; *(liha-)* forcemeat. **-leipä** crisp bread.
muren|taa crumble, *m. kuv.* crush; ~ *hienoksi* reduce to powder. **-tua** crumble [away]; *(rapautua)* disintegrate.
murha murder. **-aja** murderer. **-mies** murderer, assassin; cut-throat. **-poltto** arson. **-ta** murder; *(sala-)* assassinate; *-ava arvostelu* crushing criticism. **-yritys** attempt on a p.'s life, attempted murder.
murhe grief, sorrow, *(huoli)* care; *olla* ~*issaan jstk* be grieved, grieve (about). **-ellinen** sad, sorrowful, melancholy. **-ellisuus** sadness. **-enlaakso** vale of tears. **-mieli:** ~*n* with sadness in one's heart. **-näytelmä** tragedy.
muri|na, **-sta** growl, snarl.
murjo|a maul; *maailman -ma* ill-used by the world. **-ttaa** mope.
murju hovel, shack.
murmeli marmot.
murre dialect.
murros break[ing]. **-ikä** [age of] puberty; ~*iässä* at puberty. **-ikäinen** pubertal adolescent. **-kausi** crisis, critical period.
murska: *lyödä* ~*ksi* dash. . to pieces, smash [up]; *mennä* ~*ksi* go to pieces. **-ta** shatter; break; ~ *jkn toiveet* shatter a p.'s hopes.
mursu walrus.

murt|aa break; *puhuu -aen englantia* speaks English with a foreign accent, *(huonosti)* speaks halting English; ~ *ovi* break a door open, force a door; ~ *rintama* break through [the enemy's] lines; *vesi mursi padon* the water burst the dam; *se mursi hänen terveytensä* it ruined his health. **-autua** break *(jhk* into, *jkn läpi* through). **-ee|llinen** dialect [al]; *puhuu -llisesti* speaks [a] dialect. **-eellisuus** provincialism.
murto breaking, *jhk* into; *(-varkaus)* house-breaking, *(näyteikkuna-)* smash-and-grab raid. **-luku** fraction. **-maahiihto** cross-country ski-ing. **-osa** fraction. **-vakuutus** burglary insurance. **-varas** burglar, house-breaker. **-varkaus** burglary. **-yritys** attempted burglary.
murtu|a break, *(pato ym)* burst; *(luu)* be fractured; *hän -i (kuv.)* he collapsed, he broke down; *-nut* broken, *(terveys)* shattered, *(luu, m.)* fractured. **-ma** break, breach, *(luun)* fracture. **-maton** unbroken; unbreakable.
muru crumb.
museo museum.
muser|taa crush *(m. kuv.); (esim. hedelmä)* squash, mash; *-tava* overwhelming, *(arvostelu)* crushing. **-tua** be crushed; be overwhelmed; be struck all of a heap.
musikaalinen musical.
musiikki music. **-arvostelu** musical criticism. **-kauppa** music shop, music-seller's. **-opisto** college (academy) of music, conservatoire. **-oppi** music.
muskettisoturi musketeer.
muskotti nutmeg, nutmeg-tree, mace.
musliini muslin.
musta black; ~ *hevonen* dark horse; ~ *pörssi* b. market; ~*n pörssin kauppias* b.-marketeer (market dealer); ~*lla listalla* black-listed; ~ *taulu* blackboard; ~*n ruskea*

b. brown. **-aminen** *kuv.* mud-slinging. **-ihoinen** black, dark-skinned. **-lainen** gipsy, Romany. **-naan:** ~ *väkeä* packed with people. **-pukuinen** dressed in black. **-rastas** blackbird. **-sukkainen** jealous (of). **-sukkaisuus** jealousy. **-ta** blacken, *kuv.* smear. **-tukkainen** black-haired. **-valkoinen** black and white.
muste ink; ~*ella* in ink; ~*essa oleva* [all] inky. **-kala** octopus; cuttlefish. **-kumi** ink eraser. **-lma** bruise, *(silmä mustana)* a black eye; *on -lmilla* is black and blue. **-pullo** ink-bottle, inkstand. **-ta** blacken, grow black; *(maailma) -ni silmissäni* everything went black for me. **-tahra** ink blot.
mustikka bilberry, whortleberry, *Am,* blueberry.
mustua grow (turn) black, blacken; *(hopeasta)* tarnish.
muta mud, mire. **-inen** muddy. **-kylpy** mud bath. **-pohja** mud bottom.
mutista mumble, mutter.
mutka bend, curve; detour; ~*t (kuv.)* ins and outs; *tien* ~*ssa* at a bend of the road; *muitta mutkitta* without further (any more) ado, straight away. **-inen** winding, tortuous. **-llinen** *kuv.* complicated, involved, intricate. **-ton** plain, simple.
mutki|kas winding; *m. kuv.* sinuous, tortuous; *se tekee asian -kkaaksi* that complicates matters. **-stua** *kuv.* become more complicated. **-tella** wind [in and out]; *(joesta)* meander; *-tteleva (m.)* serpentine.
mutta but; ~ *kumminkin* still, yet.
mutteri nut. **-avain** spanner.
mutustaa munch.
muu *(joku, jokin, mikään ~)* [somebody, something, anything] else; *(toinen)* other, *(epäm. art. varust.)* another; *(jäljelläoleva)* the rest [of]; *kaikki* ~*t* all the others, everybody else; *me* ~*t* the

rest of us; ~*lla tavalla* otherwise; *millä ~lla(kaan) tavalla* how else [can I. .]; *mitä ~ta* what else? *ei kukaan ~ kuin hän (m.)* no one but he, no one besides him; *en voi ~ta kuin* I cannot but; *hän ei tee ~ta kuin itkee* she does nothing but cry; *ilman ~ta* ks. *ilman;* *en anna ilman ~ta periksi* I won't give in as easy as all that; *älä ~ta sano* you said it! **-alla** elsewhere, somewhere else; *enemmän kuin missään* ~ more than anywhere else. **-alle** *ks. ed.* **-alta** from elsewhere. **-an** a, an, a certain.

muukalai|nen *s.* stranger; *(ulkomaalainen)* foreigner, alien; *a.* foreign; alien. **-slegioona** foreign legion.

muuli mule. **-najaja** muleteer.

muulloin at another time; *joskus* ~ some other time.

muumio mummy.

muun|lainen. . of another (of a different) kind. **-nella** *(sovitella)* adapt; *(lieventäen)* modify; *(vaihdella)* vary. **-nelma** adaptation; *mus.* variation. **-nos** modification; *luonnont.* variety; *(kertomuksen)* version. **-taa** transform; convert, *jksk* into. **-taja** transformer.

muurahai|nen ant. **-shappo** formic acid. **-skeko** ant hill.

muurain cloudberry.

muura|ri mason, bricklayer. **-ta** do masonry work, wall [up]. **-us** brickwork, masonry; *(~lasta* trowel).

muuri wall; *(uuni)* fireplace.

muus|a a muse. **-ikko** musician.

muutama some, a few; ~*t* some, a few; ~*t ihmiset* some people; ~*n kerran* a few times; ~*n päivän* [for] a few days.

muute: *muutteeksi* for a change. **-lla** change, alter; shift [one's position, *asentoaan*].

muut|en otherwise, or [else], else, *(sen lisäksi)* besides; *(ohimennen)* incidentally; ~

vain for no special reason; *kuinkas* ~ naturally. **-oin** *ed.;* *jotenkin* ~ in some other way; for that matter.

muutos çhange, alteration; *(vaihtelu)* variation; *(lain)* amendment; *(järjestelmän ym)* change-over; ~ *parempaan päin* a change for the better.

muutt|aa move; *(asuntoa)* move [house]; *(siirtää)* remove; *(toisenlaiseksi)* change, alter, turn, *jksk* into; transform; *tekn. ym* convert; *(linnuista)* migrate; ~ *maahan, maasta* immigrate, emigrate; ~ *mielensä* change one's mind, *(kantansa)* shift one's ground; ~ *pois (m.)* leave; ~ *rahaksi* convert into money, *(käteiseksi)* cash; ~ *taloon* move into a house, move in; *muutamme ensi˙viikolla* we are moving house next week; ~ *vaatteita* change [one's clothes]; *N:ään matkustavien on muutettava junaa. ..ssa* passengers for N. change at. .; *kaulusta pitää vähän* ~ the collar must be altered a little; *se* ~ *asian* that alters the case; *se ei muuta asiaa* that makes no difference.

muutto moving, removal; *(lintujen)* migration. **-lintu** migratory bird, migrant. **-mies** removal man. **-kuorma** vanload [of furniture]. **-vaunut** furniture van.

muuttu|a change, alter, be changed; turn [into [; *et.* *tekn.* be converted; *(vaihdella)* vary; ~ *muodoltaan* change [in] form; ~ *huonommaksi* change for the worse; *hän on suuresti -nut* he is much changed. **-maton** unchangeable, unalterable; *(entisellään)* unchanged. **-va** changeable, variable.

myhäi|llä smile [contentedly]. **-ly** self-satisfied (smug) smile.

mykerökukkainen composite.

mykis|tyä fall silent; be dumbfounded [with amazement, *hämmästyksestä*]. **-tää** silence.

mykiö lens.

mykkä dumb; *(joskus, kuv.)*
mute, tongue-tied; ~ *filmi*
silent [film].
myller|rys tumult. **-tää** stir up,
throw into confusion.
mylly mill. **-nkivi** millstone.
-nratas mill-wheel. **-teollisuus**
milling industry.
mylläri miller.
mylv|iä bellow; *myrsky -ii* the
tempest is roaring (howling).
München Munich.
myrkky poison; *(et. käärmeen)*
venom; *lääk.* toxin. **-hammas**
fang. **-kaasu** poison gas.
-käärme poisonous snake.
-sieni toadstool.
myrkylli|nen poisonous,
venomous. **-syys** poisonous
qualities; *kuv.* venom.
myrky|ttää poison. **-tys**
poisoning; *(~oire* toxic
symptom). **-tön** non-poisonous.
myrsky [strong] gale,
(yleisemmin, kuv.) storm,
tempest; ~ *n kourissa* caught
in a storm; ~*n enne* a sign
of an approaching gale. **-inen,**
-isä stormy, tempestuous,
(suosio) thundering. **-keskus**
storm centre. **-npuuska** squall.
-sää: ~*llä* in stormy weather.
-tuuli gale. **-tä** storm; *-ää* a
storm is raging; *-ävä* stormy,
turbulent, storm-tossed [sea,
meri]. **-varoitus** gale-warning.
myrtti myrtle.
myski musk.
myssy cap; *(nauha-)* bonnet,
(teekannun) cosy.
myst|eeri mystery. **-iikka**
mysticism. **-ikko** mystic.
-illinen mystical; *(salaperäinen)*
mysterious.
mytologia mythology.
mytty bundle; *mennä ~yn*
come to nothing, fall through.
myy|dä sell [at, *jhk hintaan*];
(panna menemään) dispose of;
~ *halvalla, kalliilla* sell cheap
(dear); ~ *loppuun* sell out
(off), clear one's stock; ~
tukuittain sell in lots; *helposti*
myytävä saleable; *myytävänä*
for sale, *et. Am.* on sale. **-jä**
seller, salesman, *lak.* vendor.
-jäiset bazaar, sale of work.
-jätär saleswoman, shopgirl.

-mälä shop, *Am.* store;
(~apulainen shop-assistant;
~*pöytä* counter; ~*nhoitaja*
shop manager; ~*varas*
shop-lifter).
myynti sale, sales; selling;
(liikevaihto) turnover. **-hinta**
selling price. **-koju** stall.
-osasto sales department.
-palkkio commission.
-päällikkö sales manager.
-taito salesmanship. **-tarjous**
tender, offer.
myyrä *(pelto-)* vole; *(maa-)*
mole.
myöhem|min later [on];
afterwards; subsequently;
vuotta ~ a year later; the
following year. **-pi** later,
subsequent.
myöhä late; *~än illalla* late in
the night; *~än yöhön* till late
at night; *olla ~ssä* be late,
(juna ym) be overdue. **-inen**
late. **-isintään** at the latest.
-styminen being late; delay.
-styä be late, *jstk, jltk* for;
miss, come [too] late;
(viivästyä) be delayed; ~ *junasta*
miss the train; *juna -styi . .*
minuuttia the train was late
by. . minutes; *hän on -stynyt*
maksuissaan he is behind-hand
(in arrears) with his
payments. **-än** late.
myönnyty|s admission;
concession; *(helpotus)*
allowance; *tehdä -ksiä* make
concessions.
myöntei|nen affirmative; *-sesti*
in the affirmative; *odottaen*
-stä vastausta hoping for a
favourable reply.
myönty|mys consent, assent;
hän nyökäytti päätään
-myksen merkiksi he nodded
assent; *vaikeneminen on*
-myksen merkki silence is a
sign of consent. **-mätön**
unyielding. **-väinen** compliant,
yielding; accommodating;
(liian) indulgent, permissive.
-väisyys yielding disposition;
submissiveness; compliance
(with).
myön|tyä consent, *jhk* to;
assent, give one's consent
(to); *(suostua)* agree (to),

accept. **-tää** admit, concede, *(tunnustaa)* recognize, acknowledge; *(antaa)* grant, *(esim. alennusta)* allow; ~ *laina* grant a loan; ~ *eläke* grant a pension to; *hän -si sen todeksi* he admitted (acknowledged, owned) [that] it was true; *jos aika* ~ if time permits.
myös also,.. too; *(-kin)*.. as well; *ei ~kään*.. not.. either; *ei.., eikä ~kään* not.., nor..; *en minä sitä saanut, etkä ~kään sinä* I did not get it, neither *(t.* nor) did you.
myöten along; *antaa* ~ *(suostua)* give in, yield; *polviaan* ~ up to one's knees, knee deep; *sitä* ~ so far, thus far; *sitä* ~ *kuin* in proportion as.
myötä [along] with; ~ *tai vastaan* for or against; ~ *mäkeä* downhill; ~ *seuraava* accompanying; enclosed, attached. **-illä** accompany. **-ily** accompaniment. **-inen** favourable; propitious; ~ *onni* [good] luck, good fortune; ~ *tuuli (m.)* fair wind. **-jäiset** dowry, marriage portion. **-käyminen** success; *m- ja vastoinkäymisessä* in weal and woe, *(vihkikaavassa)* for better for worse. **-mielinen** sympathetic; *olla* ~ *jklle* be favourably disposed towards; *suhtautua -mielisesti jhk* sympathize with, be in sympathy with. **-mielisyys** favourable attitude, sympathy. **-päivään** clockwise, with the sun. **-tunto** sympathy; *ilmaista ~nsa* sympathize (with). **-tuntoinen** sympathetic (towards). **-tuntolakko** sympathy strike. **-tuuli** fair wind, favourable wind; *purjehtia -tuuleen* sail before the wind. **-vaikuttaa:** ~ *jhk* contribute to, conduce to. **-vaiku|tus** cooperation; *jkn -tuksella* with the c. of..
mädä|nnyttää cause to rot, decompose. **-nnäisyys** rottenness, putridity; *kuv.* depravity. **-ntyä, -tä** decay,

rot [away], putrefy.
mäen|lasku tobogganing; *(mäkihyppy)* ski jump. **-rinne** hillside, slope. **-törmä** bluff.
mäki hill, *(kumpu)* knoll; *laskea mäkeä* toboggan. **-hyppy** ski jump. **-hyppääjä** ski jumper. **-kelkka** bobsleigh. **-nen** hilly.
mäkärä buffalo gnat.
mämmi Finnish Easter dish, made of rye meal and malted.
männikkö pine wood.
männyn|havu: ~*t* pine twigs; *(~öljy* pine-needle oil).
mänty pine, Scotch fir; *(puulaatu)* pine, redwood. **-metsä** pine forest.
mäntä *tekn.* piston, plunger.
märeh|tijä *zo.* ruminant. **-tiä** chew the cud; *tiet. & kuv.* ruminate.
märk|iminen suppuration. **-ivä** suppurative, purulent. **-iä** suppurate. **-yys** wetness; moisture. **-iä** *a.* wet; *s.* pus; *vuotaa ~ää* discharge; *(~inen* purulent, discharging; *~pesäke* abscess; *~vuoto* purulent discharge).
märssy *mer.* top.
mäski mash.
mässä|tä gorge oneself, eat [and drink] to excess, gormandize. **-ys** eating [and drinking] excessively. **-äjä** gormandizer.
mäsä: *lyödä ~ksi* smash; *mennä ~ksi* go to pieces.
mäti roe; *laskea ~nsä* spawn.
mätkähtää flop [down].
mätä *a.* rotten; decayed; *koul. sl.* lousy; *s.* rot, decay; *(märkä)* pus; ~ *muna* bad egg. **-haava** ulcer; *kuv.* rankling sore. **-kuu** *l.v.* dog days. **-neminen** rotting, decay; putrefaction. **-nemistila** state of decomposition.
mätäs hummock, tussock.
mäyrä badger. **-koira** dachshund, badger-dog.
määkiä bleat.
määre qualifier; adjunct, attribute, qualification.
määri|tellä determine, fix; *(lähemmin)* specify. **-telmä** definition. **-ttelemätön**

undefined; indefinable. **-ttää** determine; *(tauti)* diagnose. **määrä** amount; quantity; *(luku-)* number; *(summa)* sum; *(aste)* degree, extent; *(suhde)* proportion; *suuri ~ kirjoja* a great number (a lot) of books; *jossakin määrin* to some (to a certain) extent, in some measure (degree); *suuressa määrin* to a great extent, *(huomattavassa)* to a considerable extent; *suurin määrin* in great numbers, in great quantities; *olla ~* be to; *heidän oli ~ tavata* they were to meet; *(laivan) on ~ saapua* is due [at 1 o'clock]; *~ltään.* for [£ 10], to the amount of; *~ltään rajoitettu* limited in quantity. **-aika** fixed time; *~na* at the appointed time; *-ajan kuluessa* within the fixed (prescribed) period; *~ kului umpeen* deadline was reached; *~ on käsillä* the time is on. **-aikainen** held (occurring) at stated intervals; *(säännöllinen)* regular. **-hetki:** *-hetkellä* at exactly the appointed time (the predetermined moment). **-illä** order [sb.] about; *-ilevä* domineering. **-npää** goal; *vrt. seur.* **-paikka** [place of] destination. **-päivä** day set, date fixed. **-raha** grant, allowance, *(valtion)* appropriation.; *myöntää ~* make a g., authorize *(äänestämällä* vote) a sum for... **-tietoinen** purposeful, purposive; *-tietoisesti* with a sense of purpose. **-tietoisuus** purposefulness, [consistency of] purpose. **määr|ätty** fixed; specified; *(tietty)* certain. **-ätä**

determine; fix; *(käskeä)* order, direct, *(laki, m.)* provide, lay down, prescribe; *lääk.* prescribe; *(nimittää)* appoint; assign; *kiel.* qualify, modify; *~ ehdot* lay down (dictate) the terms; *~ hinta* fix the price [at.. *jksk*]; *~ päivä* set a date (a day) for; *vaikuttimet, jotka -äsivät hänen toimintansa* the motives governing his action; *niinkuin laki -ää* as the law directs; *laissa -ätty* prescribed (provided) by law; *tarkoin -ätty* definite. **-ätön** boundless. **määräys** *(käsky)* order [s], instruction, direction; *(virkaan-)* appointment; *(lääke-)* prescription; *(lain ym)* provision, regulation; *kiel. ks. seur.; tein ~ten mukaisesti* I did as directed; *äyksestä on* sb.'s orders (instructions). **-sana** *ks. määre.* **-valta** right of determination, authority; *hänellä on ehdoton ~* he is in absolute control. **määrää|mätön** undetermined, indefinite. **-vä** determining, determinative; *vrt. määräilevä; ~ artikkeli* definite article; *~ tekijä (ratkaiseva)* decisive factor. **möhkäle** chunk, lump. **möhl|iä**, **-äys** fumble, bungle. **mökki** cottage, hut. **-läinen** cottager. **-pahanen** hovel; *hänen -pahasensa* his shack of a habitation. **mökä** hullabaloo. **möly** roar [ing]; bawling. **mönjä** red lead. **mörkö** bugbear, bogey. **möyhe|ntää** *(maata)* break up, loosen [up]. **-ä** loose, fluffy, porous

N

naakka jackdaw, daw.
naali arctic fox.
naama face; *vasten ~a* to one's face. **-ri** mask.
naamiais|et masked ball, masquerade. **-puku** fancy dress.
naamio mask; *riisua ~* unmask, (*~nsa*) throw off the mask. **-ida** mask, *kuv. m.* disguise; *teatt.* make up; *sot.* camouflage. **-inti** *sot.* camouflage.
naapuri neighbour. **-maa** neighbouring country. **-sopu** neighbourliness; *hyvässä -sovussa* on friendly terms. **-sto** neighbourhood; vicinity.
naara drag, grapnel.
naaras female. **-hirvi** doe. **-kissa, -koira** she-cat (-dog). **-leijona** lioness. **-susi** she wolf. **-tiikeri** tigress.
naarata drag, *jtk* for.
naarmu, **-ttaa** scratch. **-inen** scratched.
naatit tops.
naava hanging moss, tree lichen.
nafta (*vuoriöljy*) naphtha, petroleum. **-liini** naphthalene. **-lähde** oil well.
nahanmuokkaus leather-dressing, currying.
nahistua get leathery.
nahjus sluggard, laggard; drifter. **-mainen** sluggish, slow. **-tella** be slow, lag [behind].
nahka skin, (*parkittu*) leather. **-hihna** leather strap. **-inen** [.. of] leather, leathern. **-kantinen** .. bound in leather. **-kotelo** leather case. **-mainen** leathery, leatherlike. **-selkäinen** (*kirja*) .. with a leather back. **-tavarat** leather goods. **-tehdas** leather factory; tannery. **-teollisuus** leather industry.
naida marry; get married,

(*joskus*) wed.
naiivi naïve, naive.
naima|este impediment to marriage. **-haluinen** anxious to get (keen on getting) married. **-ikä** marriageable age, marrying age. **-ikäinen** .. of marriageable age. **-ilmoitus** matrimonial advertisement. **-lupa** marriage licence. **-tarjous** proposal of marriage. **-ton** unmarried, single. **-ttomuus** unmarried state; (*miehen*) bachelorhood.
naimi|nen marriage; *-sen kautta* by m.; *mennä -siin* (*jkn kanssa*) marry. ., get married (to); *mennä uusiin -siin* marry again, remarry; *joutua hyviin -siin* marry well, make a good match, (*rikkaisiin*) marry money. **-skauppa** match; *-skauppojen välittäjä* (*kuv.*) match-maker.
nainen woman (*pl.* women); *hyvät naiset ja herrat!* Ladies and Gentlemen!. . *naisineen*. . and their ladies.
naisasia women's rights; (*äänioikeus-*) woman suffrage. **-liike** feminist movement, (*naisten vapautus-*) women's liberation movement, Women's Lib.
naiselli|nen womanly, feminine. **-suus** womanliness, femininity.
naisen|nimi woman's name. **-puku** woman's dress. **-ääni** female voice.
nais henkilö woman, female. **-istua** (*esim. yliopisto*) become feminized. **-kirjailija** woman writer. **-kuoro** women's choir. **-lääkäri** woman doctor. **-maailma** feminine world. **-mainen** effeminate. **-opettaja** woman teacher. **-puolinen** female, woman; *kiel.*

feminine. **-pääosa:** ~*n esittäjä* leading lady. **-sukupuoli** female sex.

naisten|huone ladies' room. **-hurmaaja** *puhek.* lady-killer. **-lehti** women's magazine. **-pukimo** ladies' outfitters. **-satula** side-saddle. **-tauti** women's disease; (~**lääkäri** gyn [a] ecologist; ~**oppi** gyn [a] ecology). **-vihaaja** woman-hater, misogynist.

nais|työläinen woman worker. **-voimistelu** women's gymnastics. **-väki** womankind, women [folk]. **-ylioppilas** woman student.

naittaa marry sb. [off], *jklle* to.

nakertaa gnaw.

nakkimakkara [Frankfurt] sausage.

naks|ahdus snap, click. **-ahtaa** [give a] snap, click. **-uttaa** (*esim. kellosta*) tick.

naku|ttaa knock. **-tus** knocking, tap [ping], (*vasaran*) hammering.

naljailu joking, teasing.

nalkuttaa nag.

nalli detonator, percussion cap.

namuset sweets.

napa pole; (*pyörän*) hub, nave; *anat.* navel. **-jää** polar ice. **-nuora** umbilical cord. **-piiri** polar circle; *pohjoinen* ~ arctic c.; *eteläinen* ~ antarctic c. **-retkeilijä** polar explorer. **-retki(kunta)** polar expedition. **-seutu** polar region. **-tanssija** belly-dancer.

napina grumbling.

napinreikä buttonhole.

napista grumble, murmur.

napittaa button [up].

Napoli Naples.

nappi button; *päästää napista* unbutton; *aueta napista* come undone, come unbuttoned. **-rivi** row of buttons.

nappula pin, peg. **-takki** duffle-coat.

napsah|dus, -taa snap; click.

napsia pick at; (*ampua*) pick off.

napu|ttaa knock, *jhk* at; (*kevyesti*) tap; *joku* ~ (*oveen*) there is a knock [at the door]. **-tus** knock [ing]; tap.

narah|dus, -taa creak.

nari|sta creak; (*kitistä*) squeak; grate; *-sevat kengät* squeaky shoes.

narko|maani drug (narcotic) addict, drug abuser; junkie (*et. heroinisti*). **-osi** [general] an [a] esthesia. **-ottinen:** ~ *aine* narcotic.

narr|ata cheat; take in; (*vetää nenästä*) fool, dupe. **-i** fool; clown; *pitää* ~*naan* make a fool of; (~**mainen** foolish; foppish).

narsissi narcissus; *kelta*~ daffodil.

narsku|a crunch; (*narista*) creak. **-ttaa:** ~ *hampaitaan* grind (grate) one's teeth.

narttu bitch.

naru string, cord.

naseva.. to the point, telling, smart.

naskali awl; (*pojan-*) young scamp, young rascal.

nasta tack; stud; (*paino-*) drawing-pin; (*jää-*) spike; *sl.* (*kiva*) jolly good. **-hammas** pivot crown. **-rengas** [steel-] studded tyre.

natista: ~ *liitoksissaan* creak at the joints.

natrium *kem.* sodium.

natsa stub, butt.

natsi Nazi.

naudan|liha beef. **-paisti** [joint of] beef; roast beef.

nauha ribbon; tape; band; (*koriste-, m.*) braid, (*kengän ym*) lace. **-kenkä** laced shoe. **-ruusuke** bow.

nauh|oittaa [tape-] record, (*etukäteen*) prerecord. **-oite, -oitus** taped recording. **-uri** tape recorder.

naukua mew.

naula 1. nail; (*piikki*) spike; (*kengän*) hobnail; (*naulakon*) peg; **2.** (*paino*) pound (*lyh.* lb.); *osua* ~*n kantaan* hit it, hit the nail on the head. **-kko** coat-rack. **-nkanta** nail head. **-ta** nail, *jhk* on [to]; to. |

nauli|ta nail, *jhk* to; *kuv.* fix; *paikalleen -ttuna* rooted to the spot.

naur|aa laugh, *jllek, jklle* at; *(hihittää)* giggle; ~ *partaansa* snigger, snicker, laugh up one's sleeve, chuckle to oneself; *en voi olla -amatta* I cannot help laughing; *-oin makeasti* I had a good laugh. **-ahtaa** give a laugh. **-attaa** make. . laugh; amuse; *mikä sinua* ~ what do you find so amusing? **-ettava** ridiculous; ludicrous; *älä tee itseäsi ~ksi* don't make yourself ridiculous.
nauris turnip.
nauru laughter, *(naurahdus)* laugh; *herättää ~a* cause amusement; *se ei ole mikään ~n asia* it is no laughing matter. **-hermo:** *kutkuttaa ~jani* it tickles me. **-nalai|nen:** *joutua n-seksi* make a fool of oneself, become a laughing-stock; *saattaa jku n-seksi* make a p. look ridiculous. **-npuuska** paroxysm of laughter. **-nremahdus** burst of laughter.
nauta cattle; *sata ~a* 100 head of cattle. **-karja** cattle.
nautinno|llinen enjoyable, full of enjoyment. **-nhimo** love of pleasure. **-nhimoinen** pleasure-loving, self-indulgent.
nautinta usage. **-oikeus** usufructuary right, right of enjoyment.
nautinto enjoyment; pleasure; *antautua ~ihin* overindulge [oneself]. **-aineet** stimulants.
nauttia enjoy; *(lääkettä ym)* take; ~ *jstk* enjoy a th., take pleasure in, delight in; ~ *arvonantoa* enjoy high esteem, stand in high esteem; ~ *eläkettä* have (get) a pension; ~ *opetusta jssak* receive instruction in; *nautittava* enjoyable, *(n-ksi kelpaava)* fit to eat (drink).
navakka: ~ *tuuli* fresh wind.
navetta cow-house, cow-shed.
ne they; ~ *jotka. .* those who; *niiden* their; theirs; *niissä tapauksissa (joissa)* in those cases [in which], in cases [where]; *niitä näitä* this and that.
neekeri negro; ~*t* negroes,

blacks, *(Afrikassa)* Africans; *(värilliset)* coloured people. **-nainen** negress, negro woman.
nefriitti(kivi) jade.
negatiivi, -nen negative.
neilikka pink, *(iso)* carnation; *(mauste-)* cloves.
neit|i *(nimen edessä)* Miss. **-o,** ~**nen** [young] girl; *run.* maid[en]. **-seellinen** virginal. **-syt** virgin; ~ *Maria* the Virgin Mary; (~**matka** maiden voyage; ~**puhe** maiden speech). **-syys** virginity.
neli gallop; ~*ä* at a gallop. **-jalkainen** *a.* four-footed; *s. & a.* quadruped. **-kko** firkin (8—9 gallons). **-kulmainen** four-cornered, four-square. **-kulmio** quadrangle. **-kätinen** four-handed. **-lehtinen** four-leaved. **-nkertainen** fourfold, quadruple. **-nkertaistaa** quadruple. **-nkontin** on all fours. **-npeli** *(tennis)* double [s]; *seka~* mixed doubles; *(golf ym)* foursome. **-näytöksinen.** . in four acts. **-pyöräinen** four-wheeled. **-skulmainen** square. **-stys** full speed; gallop. **-stää** gallop. **-taitekoko** quarto. **-täin** four at a time. **-vuotias** *a.* four years old, *attrib.* four-year-old; ~ *lapsi* a child of four. **-ääninen** four-part.
neliö square *(m. mat.);* *korottaa ~ön* square. **-jalka, -metri** square foot (metre). **-mitta** square measure.
neljä four; *jakaa ~än osaan* quarter. **-kymmentä** forty. **-nneksi** in the fourth place, fourthly. **-nnes** fourth [part], quarter; *kello on ~tä yli kaksi* it is a quarter past two; (~**tunti** a quarter of an hour). **-s** [the] fourth. **-sataa** four hundred. **-skymmenes** [the] fortieth. **-sosa** quarter; (~**nuotti** crotchet).
-sti four times. **-stoista** [the] fourteenth. **-toista** fourteen.
nelo|nen four. **-set** quadruplets.
nenä nose; *(kärki)* point; ~*n selkä* bridge of the nose; *aivan ~ni edessä* under my

[very] nose; *puhua ~änsä* talk through one's nose; *vetää ~stä* fool. **-kkyys** impertinence. **-käs** impertinent, pert, saucy; *-kkäästi* saucily. **-liina** handkerchief. **-luu** nasal bone. **-njuuri** base of the nose. **-npää** tip of the nose. **-nvarsi** ridge of the nose. **-verenvuoto** nosebleed [ing]. **-äänne** nasal.

neonvalo neon sign.

nero genius. **-kas** *(laite, keksintö ym)* ingenious; *~ mies* a man of genius; *~ ajatus* a brilliant idea. **-kkuus** ingenuity, ingeniousness; *(nero)* genius. **-nleimaus** stroke of genius.

neste liquid; fluid. **-kaasu** bottled gas, liquid gas. **-mitta** measure of capacity. **-mäinen** liquid. **-yttää, -ytyä** condense, liquefy.

netto net. **-hinta, -paino, -voitto** net price (weight, profits).

neula needle, *(nuppi-)* pin. **-kotelo** needle-case. **-nen** needle. **-nkärki** point of a needle, pin point. **-npisto** stitch; prick of a needle (a pin); *kuv.* pinprick. **-nsilmä** eye of a needle; *kuv.* needle's eye. **-tyyny** pincushion.

neule knitting. **-kangas** jersey. **-puikko** knitting needle. **-puku** knitted dress, jersey dress. **-pusero** jumper, sweater. **-teollisuus** knitwear industry. **-vaatteet** knitwear.

neula sew; *(puikoilla)* knit; *vrt.* ommella. **-nnaiset** knitwear.

neutr|aloida neutralize. **-i** neuter. **-oni** neutron.

neuroo|si neurosis. **-tikko, -ttinen** neurotic.

neuvo advice *(pl. = sg.);* *(keino)* way [out], expedient; *se oli hyvä ~* it was a good piece of advice; *~a antava* advisory; *kysyä ~a jklta* ask a p.'s advice, consult a p.; *kenen ~sta* on whose advice? *ei ole muuta ~a* there is no other way, I have no choice.

neuvo|a advise, counsel;

(sanoa) tell; *(tietä ym)* show. **-ja** adviser; counsellor; consultant; **karjanhoidon ~** expert in stock-raising. **-kas** resourceful; inventive. **-kkuus** resourcefulness. **-la** *(lasten)* child health centre. **-nantaja** adviser, counsellor. **-nta** counselling; advice; *ammatti~* vocational guidance; *(~asema* consulting centre). **-s, -mies** councillor. **-sto** council, board.

Neuvosto|liitto the Union of Soviet Socialist Republics, *lyh.* U.S.S.R., the Soviet Union. **-n-tasavalta** Soviet republic.

neuvo|tella *(jkn kanssa jstk)* consult [a p. about]; discuss, confer (with); negotiate; *~ rauhanehdoista* negotiate [the] terms of peace; *-tteleva jäsen* consulting member. **-ton** irresolute, indecisive; at a loss [what to do], in a state of indecision. **-ttelija** negotiator. **-ttelu** consultation, conference; negotiation; *olla ~issa* carry on negotiations (talks); *ryhtyä ~ihin* open negotiations (with); *(~pöytä* negotiating table; *~ratkaisu* negotiated settlement).

neva marsh, swamp, fen.

nid|e, -os binding, *(osa)* volume. **-ottu:** *~ kirja* paperback; *~na* in paper covers, limp.

niel|aista gulp down; swallow, *(esim. peto)* devour. **-aisu** gulp. **-lä** swallow *(m. kuv.);* *(ahnaasti)* wolf [down], *vrt.* nielaista; *(varoja ym)* swallow up, absorb; *~ solvaus* swallow (pocket) an insult; *katosi kuin maan -emänä* vanished as if swallowed up by the earth; *kaikki -evä (intohimo)* [all-] devouring.

nielu throat; *anat.* pharynx. **-risa** tonsil.

niemi cape; promontory, *(kallio-)* headland. **-maa** peninsula; *Intian ~* the Indian subcontinent.

nieriä char; *puro~* brook trout.

nietos drift [of snow].

nihkeä damp, moist.

nii|ata, -aus curtsey.

niidet heddle.

niikseen: *jos ~ tulee* if it comes to that, come to that.

Niili the Nile.

niin so; *(siten)* thus; *(vastauksissa, esim. ~ olen)* so I am; yes, I am; ~ *että.* . so that; ~ *hyvä kasvatus* such a good education, so good an education; ~ *kai* presumably; [yes,] I daresay; ~ *kauan kuin* as long as; ~ *kuin* as [he does]; ~ *kuin isänsä, hän on.* . like his father, he is. .; ~ *kuin haluan* [I wear my hair] how *(t. the way)* I like; *tee ~kuin sanon* do as I tell you; *niinkö?* is that so? really? ~ *ollen* such being the case; *oli ~ tai näin* either way; ~ *päin* that way; ~ *sanottu* so-called; *aivan ~, niinpä* ~ exactly, quite so; certainly! *eikö ~* isn't that so? *sitä sinä tarkoitat, eikö* ~ you mean that, don't you? *ei niinkään pieni* not so [very] small; ~ *hän kuin muutkin* he as well as the others; ~ *(ainakin) toivon* I hope so. **-ikään** likewise; also;. . too.

niini bast.

niinmuodoin consequently, accordingly; thus; then.

niisi *ks.* niidet.

niiskuttaa snuffle.

niistää blow [one's nose].

niitata, niitti rivet.

niitto mowing, cutting. **-kone** mowing machine, mower.

niitty meadow. **-maa** meadowland.

niittää mow; mow down; *vasta niitetty* new-mown.

nikama vertebra *(pl. -e).*

nikkel|i nickel; *(~kaivos* nickel mine). **-öidä** nickel-plate.

nikotiini nicotine.

niko|ttaa: *minua ~* I have the hiccups. **-tus** hiccup [ing].

niksi trick; gimmick.

nilja|inen, -kas slimy; *(liukas)* slippery.

nilkka ankle. **-imet** gaiters. **-sukat** ankle socks, bobby-socks, *Am. m.* anklets.

nilkuttaa limp, hobble.

nilviäinen mollusc.

nimelli|nen nominal. **-sarvo** nominal value, face value; *myydä ~sta* sell at par (at face value). **-sesti** nominally; *vain ~* in name only.

nimen|huuto roll call; *pitää* ~ call the roll, call the names. **-muutto** change of name. **-omaan** expressly, specially,. . in particular. **-omainen** express, explicit.

nime|tä [mention by] name, *(ehdokas)* nominate. **-tön** nameless; anonymous; ~ *sormi* ring-finger. **-äminen** nomination, naming.

nimi name, *(kirjan)* title; *nimeni on.* . my name is, I am called. .; *nimeltään.* . by [the] name of, called. .; *tuntea nimeltä* know by name; *jnk ~ssä, nimessä* on behalf of; *antaa jklle ~ jkn mukaan* name. . after; *nimittää asioita niiden oikealla nimellä* call a spade a spade. **-ke** title; *(otsikko)* heading. **-kilpi** sign; nameplate. **-kirja** register, roll. **-kirjain:** *-kirjaimet* initials. **-kirjoitus** signature; autograph. **-kko:** *jkn ~* named after. .; adopted. **-kortti** [visiting-]card. **-kristitty** nominal Christian. **-lehti** title-page. **-lippu** label; *varustaa -lipulla* label. **-lista** list of names. **-luettelo** list of names; roll; *(aakkosellinen)* index of names. **-merkki** pseudonym. **-nen** by the name of. ., called. ., *(esim. kirja)* entitled. .; *minkä ~* by (of) what name? **-osa** title-role. **-päivä** nameday. **-sana** *kiel.* noun.

nimismies head of the constabulary, rural police chief, *Am. l.v.* sheriff.

nimitellä *(haukkua)* call. . names.

nimistö terminology, nomenclature.

nimi|ttäin namely *(lyh. viz.);* that is; *olin ~ sairaana* I was ill, you see. **-ttäjä** *mat.*

denominator. **-ttää** name; *(kutsua)* call; term; *(virkaan)* appoint; *(ehdokkaaksi)* nominate; ~ *jkn mukaan* name after. **-tys** name, term; designation; *(virka)* appointment. **-ö** title; (~*sivu* title-page).

nipin: ~ *napin* barely, only just; by a narrow margin; *hän pelastui* ~ *napin (m.)* he had a narrow escape.

nipisti|n *(pinne)* clip, *(-met)* tweezers, pincers.

nipistää pinch; nip [off, *poikki*].

nippu bundle; bunch. **-ratkaisu** package deal.

nipu|kka tip; *(kärki)* point. **-ttaa** make up into bundles, bundle.

nirso fastidious, choosey.

niska nape of the neck; *kosken* ~*ssa* above the waterfall; *lykätä syy jkn niskoille* lay the blame on a p.'s shoulders; *vääntää* ~*t nurin (jltk)* wring. .'s neck.

niskoi|tella be refractory; be insubordinate. **-ttelu** insubordination, refractoriness.

nisä teat. **-käs** mammal.

nito|a stitch, sew; *(sitoa)* bind. **-makoje** stapler.

nitraatti nitrate.

niuk|alti, -asti scantily, sparingly; *minulla on* ~ *rahaa* I am short of money. **-entaa** reduce, curtail; cut down.

niukk|a scanty; scarce; ~ *mitta* short measure; ~ *toimeentulo* scanty (bare) living; ~ *ravinto* poor (meagre) fare. **-uus** scantiness; scarcity.

nivel joint; articulation; *bot.* node; *(rengas)* link. **-jalkainen** arthropod. **-raitiovaunu** articulated tramcar. **-reuma** rheumatoid arthritis. **-tää** articulate.

nivoutua *(toisiinsa)* inter|twine, **-twist.**

nivus|et groin. **-taive, -tyrä** inguinal bend (hernia).

Nizza Nice.

no well! now! ~ *niin!* well! all right! so there!

Nobel-kirjailija Nobel

prize-winning writer, Nobel laureate.

noeta soot, make sooty.

noidannuoli lumbago.

noin about, *Am. m.* around; circa; ~ *3 tai 4 (m.)* some three of four; ~ *paljon* so much; ~ *kaunis kuva* such a fine picture; ~ *kello kaksi* [at] about two o'clock; ~ *iso! (m.)* that big! *kas* ~ there now! that's it!

noita magician, sorcerer. **-akka** witch. **-vaino** persecution of witches, *kuv.* witch hunt.

noit|ua cast a spell (on); bewitch. **-uus** witchcraft, sorcery.

noja support, prop, *(pohja)* ground; *kuv.* basis; *jnk* ~*lla* by virtue of, on the strength of; *minkä* ~*lla* on what ground [s]? *pää käden* ~*ssa* resting one's head against one's hand; *jäädä oman onnensa* ~*an* be left to one's fate. **-puut** *voim.* parallel bars. **-ta** lean, recline, *jhk* against, on; ~ *keppiin* support oneself with a stick. **-tuoli** armchair; easy-chair. **-utua** lean; *-utuu (perustuu)* is based (founded) on; *jhk* *-utuen* on the strength of; *hän -utui lausunnossaan lakiin* he based his statement on the law.

nokare pat [of butter].

noki soot; *(viljan)* blight, smut; *olla noessa* be sooty. **-luukku** soot-hole. **-nen** sooty. **-pilkku** smut, smudge. **-valkea** chimney fire.

nokka bill, *(et. petolinnun)* beak; *(astian)* spout, lip; *(auton ym)* nose; *autot törmäsivät yhteen nokat vastakkain* the cars crashed head on; *pistää* ~*nsa jhk* stick one's nose into; *ottaa nokkiinsa* take offence (at). **-huilu** recorder. **-kolari** head-on collision. **-viisas** impertinent.

nokkel|a quick [-witted], ready-minded, clever; ~ *sanainen* ready with an answer. **-uus** resourcefulness;

(puheessa) ready wit.
nokkia peck, *jtk* at.
nokko|nen nettle. **-skuume**
nettle-rash, hives.
nola|ta snub, discomfit; take a
p. down [a peg or two]; ~
itsensä put one's foot in it, .
make a fool of oneself. **-us**
snubbing.
nolla nought, nil, *(asteikossa)*
zero; *(puhelinnumerossa)* 0
[*äänt.* ou]; ~n *arvoinen* of
no value at all; *hän on
täydellinen* ~ he is a nobody;
lämpömittari on ~*ssa* the
thermometer is at zero;
kolmella pisteellä ~*a vastaan*
by three points to nought.
-piste zero.
nolo baffled, embarrassed,
discomfited; ~ *asema* an
awkward position; *sai* ~*n
lopun* came to a sorry
(ignominious) end; *oli* ~*n
näköinen* looked blank
(foolish). **-stua** be baffled.
-ttaa: *minua -tti* I felt cheap.
-us discomfiture.
nominatiivi nominative [case].
nopea fast; rapid [growth,
kasvu], swift; quick, prompt;
(kiireellinen) speedy; ~
palvelu speedy service.
-kulkuinen fast. **-mmin** faster,
more quickly; *en halua ajaa*
~ I don't want to go any
faster. **-sti** fast; rapidly;
speedily, quickly. **-älyinen**
quick of understanding,
sharp-witted.
nopeus speed; rapidity;
swiftness, quickness;. .
nopeudella tunnissa at the
speed *(t.* rate) of. . per hour;
lisätä nopeutta accelerate;
tuulen ~ wind velocity.
-mittari speedometer. **-rajoitus**
speed limit, restriction of
speed.
nopeuttaa speed up.
noppa die *(pl.* dice). **-peli** dice.
nopsa agile, nimble. **-jalkainen**
swift-footed.
norja lithe, supple.
Norja Norway. **n-lainen** *a.* &
s. Norwegian. **n-n kieli**
Norwegian.
norjentaa make [more] supple.

norkko *bot.* catkin.
normaali normal; standard.
-koko regular size. **-koulu**
normal school, teacher-training
secondary school. **-olot:**
-oloissa under normal
conditions. **-proosa** standard
prose. **-raiteinen**
standard-gauge. **-staa**
normalize.
normi norm.
norppa ringed seal.
norsu elephant. **-nluu** ivory.
nost|aa raise; lift [up]; *(esim.
rahaa)* draw; *(maasta)* take
up, pick up; *(kojeella)* hoist;
~ *hintaa* raise the price; ~
kapina raise a rebellion; ~
purjeet hoist sail; ~ *pystyyn*
set. . up, *(auttaa jaloilleen)*
help. . to one's feet. **-attaa**
rouse, raise; *(synnyttää)* cause,
call forth; produce.
nosto|kanki lever. **-koje**
hoisting apparatus. **-kurki**
crane. **-mies** [a] conscript
who has either not yet served
his period of military service
or has completed his periods
of active and reserve service.
-silta vertical-lift bridge,
(yl. lasku-) drawbridge.
-väki *l.v.* auxiliary reserve.
nosturi crane; *(laivan)* winch.
nota|ari notary; *julkinen* ~ n.
public. **-riaattiosasto** trust
department.
noteera|ta quote; *-taan
pörssissä* has a noting on
'change. **-us** quotation;
(valuutan) rate [of exchange].
notk|ea pliant; supple; agile;
(taipuisa) flexible. **-eus** agility,
suppleness. **-istaa** bend; ~
polviaan bend the knee.
-istua bend, get bent.
notko hollow, dell. **-selkäinen**
sway-backed.
notkua *(taipua)* bend; sag.
noudattaa observe; *(käskyä)*
obey; ~ *esimerkkiä* follow [a
p.'s] example; ~ *kutsua*
accept an invitation; ~ *lakia*
keep (obey, observe) the laws;
~ *jkn neuvoa* follow (take) a
p.'s advice; ~ *jkn pyyntöä*
comply with a p.'s request; ~
sääntöä ym keep a rule; ~

varovaisuutta be careful, observe caution; *verbi* ~ *subjektin persoonaa ja lukua* the verb agrees with its subject in person and number.

noukkia pick; *(koota)* gather.

nousta rise, arise; get up, *(seisomaan, m.)* stand up; *(bussiin)* get into; *(hinta, m.)* increase; ~ *jhk määrään* amount to, *(luku-, m.)* number; ~ *hevosen selkään* mount a horse; ~ *(ilmaan, lentokone)* take off; ~ *laivaan* go on board; ~ *pystyyn* get up, stand up; ~ *pöydästä* rise from table; ~ *valtaistuimelle* ascend the throne; ~ *vuorelle* ascend (climb) a mountain; ~ *yli* exceed [a sum, *jnk summan*]; *aurinko nousee idästä* the sun rises in the east; *hinnat nousevat* prices will go up; *hän nousee aikaisin* he gets up (he rises) early; *siitä voi* ~ *riita* a quarrel may arise about it, a dispute may ensue over it; *nouseva polvi* the rising generation.

nousu rise; ascent; *(maan, m.)* [upward] slope; *(hintojen, m.)* increase, advance; *ilm.* take--off; *(kansan-)* [up]rising; *vuorelle* ~ ascent of a mountain; ~*(suunna)ssa* on the increase. **-kas** upstart, parvenu; (~**mainen** upstart). **-suhdanne** boom. **-suunta** upward trend. **-vesi** rising tide, flood [-tide]; *on* ~ the tide is rising (coming in); *korkein* ~ high tide, high water.

nouta|**a** fetch; bring; call for; *lähettää -maan* send for; *tulla -maan* come for; *voitko tulla minua -maan* can you call for me? *onko hän käynyt sen -massa* has he been for it? has he been to get it? *noudetaan* to be called for.

novelli short story; *(pienoisromaani)* novelette. **-kokoelma** collection of short stories.

nuha [common] cold, cold in the head, *lääk.* rhinitis;

minussa on ~ I have [caught] a cold. **-kuume** feverish cold.

nuhde reproach; reproof; admonition [s]. **-lla** reproach [sb. with, *jstk*]; reprove, *(torua)* rebuke; remonstrate (with a p. about); *(varoitellen)* admonish. **-saarna** sermon, lecture.

nuhr|**aantua** get smudged. (soiled). **-uinen** bedraggled.

nuhtee|**ton** irreproachable, above reproach, blameless. **-ttomuus** blamelessness.

nuija club; hammer; *(esim. kroketti-)* mallet.

nuiji|**a** hammer, *(esim. kuoliaaksi)* club; *puheenjohtaja n. pöytään (päätöksen)* the chairman brought the hammer down [on the decision].

nujakka rough-and-tumble.

nujertaa break; crush; suppress.

nukahtaa fall asleep, go to sleep; ~ *hetkiseksi* have a nap, drop off, have a snooze.

nukka nap, *(sametin ym)* pile. **-matto** [thick] pile carpet. **-vieru** threadbare; shabby, seedy-looking.

nukke doll. **-hallitus** puppet government. **-kaappi** doll's *(Am.* doll) house. **-teatteri** puppet-show *(t.* theatre).

nukku|**a** sleep, be asleep; *(vaipua uneen)* fall asleep, go to sleep; *mennä -maan* go to bed; ~ *sikeästi* sleep soundly; ~ *liian pitkään* oversleep; *menen (säännöllisesti) aikaisin -maan* I keep early hours; *olla -vinaan* feign sleep. **-ma**|**lähiö** dormitory town. **-matti** sandman.

nuku|**ksissa** asleep. **-ttaa** *lääk.* an [a]esthetize; *minua* ~ I feel sleepy; *minua alkoi* ~ I got sleepy. **-tus** *lääk.* [general] an [a]esthesia; (~**aine** general an [a]esthetic; ~**lääkäri** an [a]esthetist).

nulikka scamp, young rascal.

numero number *(lyh.* No., *pl.* Nos.), figure; *(suuruus-)* size; *(sanomalehd.)* copy, issue; *(ohjelman)* act, item; *(auton, rekisteri-)* number plate. **-ida**

number. **-imaton** unnumbered.
-inen *(yhd.)* in .. figures; *viisi-*
~ *luku* a five-figure
number. **-järjestys** numerical
order. **-levy** number plate;
(puhelimen) dial.
nummi moor; *(kangas)* heath.
nunna nun. **-luostari** convent.
nuo those.
nuoho|oja chimney-sweep. **-ta**
sweep.
nuokkua nod; *(lerppua)* droop;
hang down.
nuolaista lick; *älä nuolaise*
ennenkuin tipahtaa don't
count your chickens before
they are hatched.
nuolen|kärki arrow-head.
-pääkirjoitus cuneiform.
nuoli arrow; *et. kuv.* shaft;
(heitto-) dart; *nuolen*
nopeudella swift as an arrow.
-viini quiver.
nuolla lick.
nuora string, twine, cord;
(kuivaus- ym) line. **-llatanssija**
tight-rope walker. **-npunoja**
rope-maker. **-npätkä** piece of
rope. **-tikkaat** rope-ladder.
nuore|hko rather young,
youngish. **-kas** youthful; ~
ikäisekseen young for one's
years. **-kkuus** youthfulness.
-mpi younger; *(virassa ym)*
junior; *K.* ~ K. Junior *(lyh.*
Jun., Jr) *hän on minua*
vuotta ~ *(m.)* he is a year
my junior; *15 vuotta -mmat*
lapset children under 15
[years]; *hän näyttää -mmalta*
kuin mitä hän on (m.) he
does not look his years.
-nnus rejuvenation; *(~leikkaus*
r. operation). **-ntaa** make..
younger, rejuvenate. **-ntua** get
younger, grow young again,
be rejuvenated.
nuori young; juvenile;
(kasvuikäinen) adolescent;
nuoret young people,
youngsters, the young;
nuorena when young, in my
(his) youth, early in life; ~
henkilö (lak.) minor. **-herra**
master. **-kko** bride. **-so** youth;
(nuoret) young people;
(~kirjallisuus juvenile
literature; **~rikollisuus** juvenile

delinquency; **~vankila** *Engl.*
borstal).
nuor|tea youthful; supple. **-tua**
ks. nuorentua.
nuorukai|nen youth, young
man. **-sikä** adolescence.
nuoruuden|aika days of youth,
early life. **-erehdys** youthful
indiscretion. **-into** youthful
ardour. **-rakkaus** early love,
early attachment. **-ystävä**
school-day friend; **~ni** friend
of my youth.
nuoruus youth; ~ *ja hulluus*
youth will have its fling, boys
will be boys.
nuosk|a(ilma) thaw; mild
weather. **-ea:** ~ *lumi* damp
(t. wet) snow.
nuotio camp fire.
nuotta seine. **-kalastus** seine
fishing.
nuotti note; *(sävel)* tune;
melody; *nuotit* music; *soittaa*
suoraan nuoteista play
[music] at sight. **-avain** clef.
-laukku music case. **-paperi**
music-paper. **-teline**
music-stand. **-viiva** line of a
staff. **-viivasto** staff *(pl.*
staves).
nupi, -naula tack.
nuppi *(kepin ym)* head, knob;
button; *(kellon)* crown. **-neula**
pin.
nuppu bud; *olla nupulla* be in
bud.
nupukivi cobblestone.
nureksia complain, grumble.
nurin inside out; *(kumoon)*
over; ~ *niskoin* head over
heels, headlong; topsy-turvy;
~ *päin* inside out, upside
down; *kääntää* ~ turn..
inside out; turn upside down;
reverse; *mennä* ~ overturn,
(liike) fail.
nuri|na grumbling. **-sta**
grumble; complain.
nurinkuri|nen.. all wrong,
perverted, *(mieletön)*
preposterous. **-sesti** the wrong
way, absurdly. **-suus** absurdity.
nurja wrong; *kuv.* adverse; ~
puoli wrong side; ~ *katse*
cross look; **~t** *olot* adverse
conditions; *neuloa* **~a** purl.
-mielinen averse, ill-disposed.

-mielisyys unfriendliness; illwill.
nurkka corner; *(kulma)* angle; *(soppi)* nook. **-kunta** clique. **-us** corner.
nurku|a grumble; complain; *-matta* without a word of complaint. **-maton** uncomplaining.
nurmi grass; *(-kko)* lawn.
nutipää hornless.
nuttu coat; jacket.
nuttura bun [of hair], chignon.
nuuhkia sniff, snuff (at).
nuusk|a snuff. **-anruskea** snuff-coloured. **-arasia** snuff-box. **-ata** take snuff. **-ia** sniff (at) *kuv.* pry [into]; *(selville)* ferret out. **-ija** spy.
nyhtää tear, pull [out]; *(kulmakarvoja ym)* pluck.
nykerönenä snub nose; pug nose; (~**inen** snub-nosed).
nykiä jerk, twitch; pull (at); *(kalasta)* bite; nibble; *nykii* I have a bite; *nykien* by fits and starts; *nykivä* jerky; *nykiminen (hermostunut)* twitch, spasm[s], tic.
nyky: *tätä* ~*ä* nowadays. **-aika** the present [time]; our time[s]; ~*na* nowadays, at the present time, in these days; *-ajan keksinnöt* modern inventions. **-aikai|nen** present-day; *(uuden-)* modern, up-to-date; *n-sesti* modernly [furnished]. **-aikaistaa** modernize. **-englanti** modern English. **-hetki:** *-hetkeen asti* up to the present [time], to date. **-inen** present, present-day; *(vallitseva)* prevailing, existing, current; ~ *asiaintila* the present state of affairs. **-isellään** as it is now; *(muuttamatta)* unchanged. **-isin** at [the] present [time], today, *ks.* nykyään. **-isyys** the present. **-kieli** modern language. **-maailma** the world of today. **-musiikki** contemporary music. **-olot** existing conditions; *-oloissa* under the e. c. **-polvi** present generation. **-päivä:** *-päivien Pariisi* the Paris of our day; *-päivien Englanti* contemporary England. **-tärkeä.** . of current interest,

topical, of contemporary concern. **-ään** at present; nowadays, currently, these days.
nykäi|stä jerk [at a p.'s sleeve, *jkta hihasta*]; pull. **-sy** jerk; tug, pull; twitch; *yhdellä* ~*llä* at one go.
nylk|eä skin, flay; *kuv.* fleece, *(kiskoa)* overcharge. **-yhinta** extortionate price.
nyplä|tä *(pitsiä)* make lace. **-ys** bobbin lace-making; (~**tyyny** lace-pillow).
nyppiä pick; *(esim. kulmakarvoja)* pluck.
nyppy *(ihossa)* pimple.
nyrjäh|dys sprain. **-dyttää** sprain; *(väännähdyttää)* twist. **-tää:** *jalkani -ti* I sprained my foot.
nyrkinisku blow with the fist.
nyrkkei|lijä boxer, pugilist. **-llä** box. **-ly** boxing; *(harjoitus-)* sparring; (~**hansikas** boxing-glove; ~**kehä** ring; ~**ottelu** boxing-match; prize fight).
nyrkki fist; *puristaa kätensä* ~*in* clench one's fist; ~*in puristettu käsi* clenched hand; *puida* ~*ä* shake one's fist (at). **-oikeus** mob law. **-sääntö** rule of thumb.
nyrp|eä sullen, surly, glum, morose; *(äreä)* cross; *olla* ~ [be in a] sulk. **-istää:** ~ *nenäänsä jllek* turn up one's nose at.
nyst|ermä, -yrä node, nodule.
nyt now; ~ *heti* right away, at once; ~ *kun.* . now that . .
nyt|kiä, -kähdellä twitch, jerk.
nyttemmin now, nowadays.
nyyhky|ttää sob. **-tys** sob; sobbing.
nyytti bundle. **-kestit** Dutch party *(t.* treat).
nyök|käys nod. **-yttää** nod; ~ *päätään* n. one's head. **-ätä** nod; ~ *hyväksymisen merkiksi* nod assent.
nyöri string, cord; twine. **-ttää** lace; tie up.
näennäinen seeming, apparent; ostensible.
näet you see, you know; *vrt. nimittäin.*

nähden: *jhk* ~ in view of, considering; in respect of; *siihen* ~ *että* in view of the fact that; *ikäänsä* ~ for his age; *(maan asema) kuuhun* ~ in relation to the moon; *meihin* ~ *paremmassa asemassa* in a favourable position compared with us.

nähdä see; *(erottaa)* discern; *(huomata)* find; ~ *parhaaksi* see fit; *minun* ~*kseni* as far as I can see; *muiden nähden* in the presence of others; *hänet nähdessäni* at the sight of him; *ei olla näkevinään* pretend not to see, cut. . dead; *olin näkevinäni* I thought I saw; *nähtäväksi jää* it remains to be seen.

nähtä|vyys sight; *katsella (kaupungin ym)* -*vyyksiä* see the sights [of the town], go sightseeing. -**vä** worth seeing; *(näkyvä)* visible; ~*ksi (liik.)* oh approval. -**västi** seemingly, apparently; *(ilmeisesti)* evidently.

näi|hin: ~ *aikoihin* about this time; ~ *asti* until now. -**llä:** ~ *main* hereabouts.

näin in this way, like this; so; thus; ~ *korkea* so high, that high; ~ *ollen* under the [se] circumstances; ~ *paljon* this much, so much; ~ *pitkälle* thus far; ~ *hän selitti asian* that's the way he explained it. -**muodoin** thus, this being the case.

näive|ttyä wither [away]; -*ttynyt (m.)* dried up, shrunken.

näke|minen sight; *sen pelkkä* ~ the mere s. of it. -**miin** see you later, see you soon, *(joskus)* so long. -**mys** view[s], outlook. -**mä:** *ensi* ~*ltä* at first sight. -**mätön** unseeing; *(ei nähty)* unseen.

näkijä *(näkyjen* ~*)* visionary; seer; *(silmin* ~*)* eye-witness.

näkinkenkä mussel; *(kuori)* shell.

näkkileipä crispbread, hard [rye] bread.

näky sight; vision; *nähdä* ~*jä* have visions. -**mä** view. -**mättömyys** invisibility. -**mätön**

invisible. -**vyys** visibility; *TV:n* ~*alue* TV coverage area. -**vä** visible; -*vissä* in view; *on* -*vissä* is in sight, is visible; *jkn* -*vissä* within sight of; *kadota* -*vistä* pass out of sight, disappear from sight; *hän hävisi* -*vistäni* I lost sight of him; *tulla* -*viin* come into view; come into sight, appear; *saada jtk* -*viinsä* catch sight of.

näkyä be seen, be visible; appear; *(erottua)* be discerned; *näkyy olevan.* . appears to be; *tästä näkyy (,että)* it can be seen from this [that]; *talo ei näy tänne* the house cannot be seen from here; *tahraa ei näy* the stain does not show; *seuraukset alkavat* ~ *the consequences begin to show themselves.

näkö [eye]sight, vision; *(ulko-)* appearance, looks; *näöltä(än)* in appearance; *tuntea näöltä* know by sight; *näön vuoksi* for the sake of appearance; *hänellä on heikko* ~ his eyesight is poor. -**aisti** [sense of] sight. -**aistimus** visual perception. -**ala** view; scene; *kuv.* prospect, outlook; *(kokonais-)* panorama; . . *josta on* ~. . -*lle* overlooking. .; *(~***kortti** picture post-card; *~***vaunu** panoramic car). -**harha** optical illusion. -**hermo** optic nerve. -**inen:** *jnk* ~ like . ., . .-looking; *minkä* ~ *se on* what does it look like? how does it look? *hän on isänsä* ~ he looks like his father, he bears a resemblance to his father; *kuva on (mallin)* ~ it's a good likeness; *he ovat hyvin toistensa* -*isiä* they are very much alike. -**ispainos** facsimile. -**isyys** likeness; *vrt. yhden* ~. -**kanta** [point of] view; *siltä* -*kannalta katsoen* from that point of view. -**kenttä** *fys.* field of vision, visual field. -**kohta** point of view, point, consideration; aspect. -**kulma** visual angle. -**kuulo** speech reading. -**kyky**

visual capacity, eyesight. **-piiri** range of vision, horizon; *poissa ~stä* out of sight. **-puhelin** picture phone. **-torni** outlook tower.

nälkiin|tyä be starved; *-tynyt* starving, starved, famished.

nälkä *s.* hunger; *minun on, tulee ~* I am (I am getting) hungry; *nähdä ~ä* hunger; *kuolla ~än* starve to death. **-inen** hungry. **-kuolema** starvation. **-palkka** starvation wages. **-vuosi** year of famine.

nälviä carp (at).

nälänhätä famine.

nämä these; *näinä päivinä* one of these days; any day now.

nänni nipple.

näper|rellä tinker (with, at), potter about (with). **-tely** tinkering; finicky job.

näpiste|lijä pilferer. **-llä** pilfer, filch. **-ly** pilfering; *lak.* petty larceny; *~yn taipuvainen* light-fingered.

näppy, **-lä** pimple, pustule.

näppäi|llä pluck; *-lysoittimet* plucked instruments. **-mistö** keyboard, *(urkujen)* manual. **-n** key.

näppär|yys handiness, dexterity. **-ä** handy, dexterous, deft; clever [with one's fingers]; *(kekseliäisyyttä osoittava)* ingenious.

näp|säyttää flip, snap [one's fingers], flick.

näreikkö cluster of young spruces or firs.

närhi jay.

närkäs|tys resentment; indignation. **-tyttää** offend, annoy; cause irritation. **-tyä** become indignant (at; with a p.); *(loukkaantua)* take offence. *jstk* at; *-tyin hänen käytöksestään* I resented his behaviour.

närästys heartburn; acid dyspepsia.

näveri gimlet.

näykkiä nag (at); snap.

näyte specimen; *(kaupp. ym)* sample; *(todiste)* proof; *näytteeksi jstk* as a sample; as a proof of; *näytteillä on*

view, on display; *panna näytteille* exhibit, display, put on public show. **-ikkuna** show window. **-kaappi** *(lasikko)* show case. **-kappale** sample, specimen.

näytel|lä show; *(panna nähtäväksi)* display; *teatt.* play, act; *(esittää)* present; *~ jkn osaa* appear as, play (act) the part of; perform; *~ tärkeätä osaa jssk* play an important part (role) in;. . *-tiin 20 kertaa. .* had a run of 20 nights. **-mä** play; drama; show; *(joskus)* spectacle; *~n henkilöt* characters in a play, cast; *(~esitys* performance; *~kappale* play; *~kirjailija* playwright, dramatist; *~kirjallisuus* dramatic literature; *~llinen* dramatic; *~musiikki* incidental music; *~taide* dramatic art).

näyte|numero sample copy. **-tilkku** sample.

näytteille|panija exhibitor. **-pano** exhibition, display.

näyttelijä actor; *ruveta ~ksi* go on the stage. **-seurue** theatrical company. **-tär** actress.

näyttely exhibition, fair, *(karja-, kukka-)* show; *Am.* exposition. **-alue** exhibition grounds. **-esine** exhibit. **-huoneisto** showrooms.

näyttämö *teatt.* stage; *kuv.* scene, theatre *(esim.* t. of war, *sota~)*; *sovittaa ~llä esitettäväksi* dramatize. **-koristeet**, **-laitteet** scenery, stage décor. **-llepano** staging. **-llinen** scenic. **-nmuutos** change of scene; scene-shifting. **-taide** scenic art. **-tottumus** stage experience.

näyttäy|tyä show oneself (itself); appear; *(näkyä)* be seen; *hän ei -tynyt (täällä)* he did not show up.

näyt|tää *tr.* show; *intr.* appear; seem; *(olla näköinen)* look, have the appearance of; *-ettäessä* upon presentation, *(pankk.)* at sight; *~ toteen* prove; demonstrate the truth

of; *hän ~ olevan sairas* he
seems (appears) to be ill,
(sairaalta) he looks ill; *~
siltä kuin.* . it looks as
though; *minusta ~ siltä,
että.* . it seems to me that. .;
~ tulevan sade it looks like
rain; *hänestä ~ tulevan hyvä
laulajatar* she shows promise
of becoming a good singer.
-tö *lak.* substantiation, proof.
näyt|äntö performance; show;
(~kausi theatrical season). **-ös**
show; display; *teatt.* act;
kolminäytöksinen [a play] in
three acts.
nään|nys: *olla näännyksissä* be
exhausted. **-nyttää** exhaust;
prostrate. **-tymys** exhaustion.

-tyä grow faint, *jhk* with;
become exhausted; *(taakan
alle)* sink [under a burden];
~ nälkään starve [to death].
näärännäppy sty.
näätä [pine-]marten.
nöyhtä fluff.
nöyr|istellä be servile; *(jklle)*
cringe, truckle (to), fawn
upon; *-istelevä* servile. **-istely**
servility. **-tyä** humble oneself,
grow humble. **-yys** humility,
humbleness. **-yyttää** humiliate,
humble. **-yytys** humiliation;
kärsiä ~ be humiliated. **-ä**
humble; lowly [in spirit],
meek; *(alistuvainen)*
submissive; *(kuuliainen)*
obedient.

O

oas thorn, *(pieni)* prickle.
obduktio autopsy.
objekti object. **-ivi** indirect object; *valok.* lens. **-ivinen** objective. **-lasi** slide.
obligaatio bond, debenture; ~*t* *(m.)* stocks. **-laina** bond[ed] loan.
odotella be waiting (for).
odote|ttavissa: *muuta ei ollut* ~ what else could you expect. **-ttu** expected; *kauan* ~ long-expected; *heitä oli paljon* ~*a vähemmän* their number was far short of expectation. **-tusti** according to expectations, as expected.
odotta|a wait (for, for sb. to) *(jnk tapahtuvan)* expect; *(toivoen)* look forward (to); hope (for); *(aavistaa)* foresee; *odota vähäsen* wait a bit! *-kaa hetkinen* just a moment, please! ~ *kauan* wait a long time; *odotan kirjettä* I am expecting a letter; *antaa jkn* ~ keep sb. waiting. *-en vastaustanne* awaiting your [early] reply; *jäädä -valle kannalle* await developments; *on odotettavissa* is to be expected; *sitä odotinkin* that's what I expected, I thought as much; *emme tiedä, mikä meitä* ~ we do not know what is in store for us; *vastausta ei tarvinnut kauan* ~ the answer was not long in coming; *kuten saattoi* ~*kin* as might have been expected. **-maton** unexpected, unlooked-for. **-matta** unexpectedly; *(vastoin luuloa)* contrary to [all] expectation[s]. **-va** waiting; expectant [mother, *äiti* [; *jäädä* ~*lle kannalle* wait and see, adopt an attitude of waiting.
odotus waiting; expectation, anticipation, *(jännitys)* suspense; *vastaa odotuksia* comes up to [a p.'s] expectations. **-aika** time of waiting, waiting period. **-sali** waiting-room.
ohda|ke thistle. **-kkeinen** *kuv.* thorny.
ohe|en by; *(mukaan)* with; *liittää* ~ enclose. **-isena** enclosed; herewith. **-istaa** enclose; **-istettu,** *m.* appended, attached. **-lla** with, along with; *(lisäksi)* besides; *jonka* ~ besides which; *sen* ~ besides [that], in addition [to that]; *tämän* ~ besides [this], moreover.
ohen|taa [make] thin[ner], thin down. **-tua** become (grow) thinner, thin; *-tunut (ilma)* rarefied.
ohessa [close] by; *tien* ~ *(ohesta)* by the wayside (roadside).
ohi by, past, *(lopussa)* over; ~ *kulkiessani* when passing by; *päästää* ~ let . . pass, allow . . to pass; *se menee* ~ it will pass; *kaikki vaara on* ~ all danger is past *(t.* over). **-kiitävä** fleeting. **-kulkeva** . . passing by. **-kulkija** passer-by. **-kulku** passing by; (~**tie** bypass). **-marssi** march-past. **-matka:** ~*lla* when passing by. **-menevä** passing; *kuv.* transient, transitory; ~*ä laatua* of a temporary nature. **-mennen** in passing; ~ *sanoen* by the way.
ohimo temple. **-luu** temporal bone.
ohi|tse by; *kulkea* ~ pass. **-ttaa** pass, *(auto)* overtake; *ryhtyä -ttamaan* carry on to

overtake. **-tus** overtaking;
(**~kielto** no overtaking).
ohj|aaja leader, *(neuvoja)*
instructor; *(auton)* driver,
chauffeur; *teatt. & elok.*
director; *(lentokoneen)* pilot.
-aamo *lentok.* cockpit;
(nosturin) cab.
ohjaks|et reins; *vrt. suitset; -issa
oli. . (kuv.). .* was at the
helm; *tiukentaa -ia* tighten
one's hold.
ohjat|a lead, guide; direct;
conduct; *(laivaa)* navigate;
steer; *(autoa)* drive; *lentok.*
pilot; *-tava* guided. **-tavuus**
manoeuvrability; control [of a
car].
ohjaus guidance, direction,
(opintojen) tuition; *tekn.*
control, steering. **-hytti** *lentok.*
cockpit. **-kyky;** *menetti ~nsä*
lost control (of). **-laitteet**
steering gear, *lentok.*
controls. **-pyörä** steering
wheel; *olla ~ssä* be at the
wheel. **-sauva** control stick.
-tanko *(polkupyörän)*
handle-bars. **-virhe** navigational
error.
ohje direction, instruction;
(sääntö) rule, precept;
(ruoka-) recipe; *dipl.* directive;
ääntämis~(et) guide to the
pronunciation; *sinulle ~eksi*
for your guidance; *antaa ~ita*
instruct [a p.]; *~iden
mukaisesti* as directed. **-hinta**
recommended price.
ohjelm|a programme, *Am.*
program; *(puolueen, m.)*
platform; *illan ~* the
programme for the evening.
-allinen: *~ illanvietto* social
gathering with entertainment.
-isto repertoire, repertory.
-oida program [me]. **-ointi**
programming.
ohje|nuora guiding principle.
-sääntö regulations, rule [s],
sot. m. order [s]; *(esim.
kaupungin, yhtiön antama)*
bylaw; *-säännön vastainen*
contrary to rules and
regulations.
ohjus missile; *mannerten
välinen ~* intercontinental m.;
torjunta ~ anti-missile m.

-alus missile-launching vessel.
-tiede rocketry.
ohra barley. **-jauhot** barley
flour. **-jyvät** barley. **-ryynit**
pearl barley.
ohukas small pancake.
ohut thin; *(ilmasta)* rarefied; *~
takki (m.)* light coat; *ohueksi
kulunut* worn thin; *ohuessa
puvussa* thinly dressed.
-kuorinen thin-skinned. **-suoli**
small intestine.
ohuus thinness, *(ilman)* rarity.
oieta straighten [out]; unbend;
(esim. tukka) come uncurled.
oikai|sta straighten; *(korjata)*
correct; rectify, put right;
take sb. up [for -ing, *jstk*];
(pitkälleen) stretch oneself, lie
down; *~ metsän läpi* take a
short cut through the woods.
-su correction.

oikea right; true, *(aito)*
genuine; *(-mielinen)* just;
(virheetön) correct; *(todellinen)*
real; *(asianmukainen)* due,
proper; *~lla* on the right
[hand], at the right; *~lle* to
the right; *olla ~ssa* be right;
olet ~ssa you are [quite]
right; *~an aikaan* at the
right time; opportunely; *~lla
hetkellä lausuttu* well-timed,
[a word] in season; *~ puoli,
sivu* right side, *(laivan)*
starboard; *jnk ~lla puolella*
on the right side of, to the
right of; *~lla puolellani* on
my right; *hänen oikea
kätensä (kuv.)* his right-hand
man. **-kielisyys** grammatical
correctness, correct language.
-kätinen right-handed.
-mielinen just, upright.
-mielisyys justice, integrity.
-mmin more correctly; *~
sanoen* to put it more
exactly. **-npuoleinen**
right-hand,.. on the right; *~
liikenne* right-hand traffic.
-oppinen orthodox. **-peräinen**
authentic. **-peräisyys**
authenticity; *todistaa jnk ~*
authenticate. **-staan** really;
properly; *(todellisuudessa)* in
reality, in point of fact.
-uskoinen orthodox.
oikein right, rightly; correctly;

(todella) really; *(hyvin)* very; *(sangen)* quite; ~ *päin* the right side up *(t.* out*)*; the right way; *onko* ~, *että..* is it right that..*? onko se* ~ *totta* is it really true? *teit* ~ *kun tulit* you did right to come; *aivan* ~ quite so; *menetellä* ~ act in the right way, do [the] right [thing]; *~ko totta?* really? *se oli sinulle* ~ that served you right! **-kirjoitus** spelling; *(~virhe* spelling error*)*.

oikeisto the Right. **-lainen** *a.* right-wing; *s.* right-winger.

oikeude|llinen legal, juridical; judicial; *naisen* ~ *asema* the legal status of women; *-llisesti pätevä* valid in law, legal.

oikeudenkäynti lawsuit; action, [legal] proceedings; *(käsittely)* trial; *panna alulle* ~ bring an action, take proceedings (against), go to law. **-avustaja** counsel. **-järjestys** procedure. **-kulut** court fees, costs. **-laitos** judiciary. **-tietä** by legal proceedings.

oikeuden|käyttö administration of law; jurisdiction. **-loukkaus** violation of justice. **-mukainen** just; *(oikea)* rightful, legitimate; *(kohtuullinen)* fair; *ollakseni täysin* ~ in all fairness [to, *jklle]* **-mukaisesti** justly, with justice. **-mukaisuus** rightfulness, justness; justice. **-omistaja** assignee. **-palvelija** officer of the court, bailiff. **-tunto** sense of justice.

oikeudeton lawless; contrary to justice.

oikeus right, *jhk* to; justice; *(-istuin)* court [of justice]; *(etu-)* privilege; *millä oikeudella?* by what right? *päästä oikeuksiinsa* come into one's own; *saattaa jku oikeuksiinsa* restore a p. to his rights; *pitää kiinni oikeuksistaan* stick up for one's rights; *tehdä jklle oikeutta (kuv.)* do justice to; *hänellä ei ole oikeutta..* he has no right to, he has no

authority to. .; *oikeutta myöten* in justice, by rights; *oikeuden istunto* session of the court; *vedota korkeampaan oikeuteen* appeal to a court of higher instance; *minulla on* ~ *puolellani* I have a just cause. **-apu** legal aid. **-asia** legal matter, case; *(~mies* Ombudsman*)*. **-aste:** *ensimmäinen* ~ court of first instance. **-istuin** court, lawcourt. **-juttu** case, lawsuit. **-kansleri** attorney general. **-laitos** judicial system. **-lääketiede** forensic medicine. **-lääketieteellinen** medicolegal. **-ministeri** minister of justice. **-murha** judicial murder. **-oppinut** jurisprudent. **-piiri** jurisdiction. **-tie:** *~tä* by legal means; *periä ~tä* sue. **-tiede** jurisprudence, law; *-tieteen kandidaatti* Bachelor of Laws, LL.B. **-turva:** *(kaikille) sama* ~ equality of justice. **-valtio** constitutional state.

oikeu|ttaa entitle, *jhk* to; justify; *-tettu (jhk)* entitled to; *-tetut vaatimukset* just (rightful, legitimate) claims; *huomautus oli* ~ the remark was justified. **-tus** justification; authority.

oikku whim, caprice; *luonnon* ~ a freak of nature; *oikut (m.)* whimsies, quirks. **-illa** be whimsical, be capricious.

oiko|a set right, rectify; *(suoraksi)* straighten; ~ *jäseniään* stretch oneself. **-lukija** proof-reader. **-luku** proof-reading. **-sulku** short circuit. **-tie** short cut; *mennä ~tä* take a s. c.

oiku|kas, **-llinen** capricious, whimsical. **-llisuus** capriciousness; whimsicality. **-ttelu** whims, caprices.

oinas wether.

oire *(esim. taudin)* symptom; *(merkki)* sign. **-ellinen** symptomatic.

oivalli|nen excellent; fine; splendid, first-rate. **-suus** excellence; splendidness.

oival|llus insight. **-taa** see, perceive, recognize; *-lan sen*

täydellisesti I am fully aware of that.
oja ditch; *(lasku-)* drain; *vrt. allikko.*
ojen|nus straightening; *(rivin)* alignment; *(nuhteet)* reproof, reprimand; *(~nuora* guiding principle). **-taa** extend, hold out; *(pitkäksi)* stretch out; *(antaa)* hand, *(edelleen)* pass, *(kurottaa)* reach; *(nuhdella)* rebuke; ~ *jklle (lahja)* present. . with; *-netuin käsin* with outstretched arms. **-tautua** *(suoraksi)* stretch oneself. **-tua** straighten; *hän ei ota ~kseen* he is incorrigible.
oji|ttaa ditch; *(sala-)* drain. **-tus** ditching, draining, *(sala-)* underground drainage.
ojossa: *käsi* ~ with one's hand outstretched.
oka thorn, spine, prickle. **-inen** prickly, thorny.
okra ochre.
oksa branch; *(haara)* bough; *(pieni)* twig, sprig; *(esim. kukkiva)* spray; *(laudassa)* knot, snag. **-inen** branchy; *(laudasta ym)* knotty. **-s** *puut.* scion. **-saha** pruning saw. **-staa** graft, bud. **-stus** grafting; *(~vaha* grafting wax). **-ton** clear [of knots].
okse|nnus vomiting; vomit. **-nnuttaa:** *minua* ~ I feel sick. **-ntaa** vomit, throw up.
oksia prune; trim.
oksidi oxide.
oktaani octane.
oktaavi *mus.* octave.
okulaari eye-piece.
olankohautus shrug.
oleelli|nen essential; material. **-sesti** essentially; substantially. **-suus** essential nature.
olemassa|oleva existing, existent. **-olo** existence; *(esiintyminen)* occurrence; *taistelu ~sta* struggle for existence.
ole|maton non-existent. **-mattomuus** non-existence; nullity. **-mus** being; *(luonne)* nature; substance; *olemukseltaan* in essence; intrinsically. **-nnainen**

essential; material, substantial; *(sisäinen)* inherent, intrinsic; ~ *osa (m.)* essence. **-nnaisesti** *m.* in essence. **-nnoida** personify, impersonate, embody. **-nnoituma** personification, embodiment. **-nto** being, creature; person.
oleske|lla stay; sojourn; *(asua)* live, reside. **-lu** stay; sojourn, visit [to, *jssk*]; *(~lupa* sojourn permit, residence visa).
ole|ttaa suppose; *(edellyttää)* presume; assume; *olettaen, että* . . on the presumption that; *oletetaan kaksi pistettä, A ja B* given two points, A and B; *oletettu* hypothetical. **-ttamus** supposition, presumption, assumption; *tiet.* hypothesis. **-va** existing; *(vallitseva)* prevailing.
olevinaan: *olla* ~ be haughty, ride the high horse; *he olivat* ~ . . they made believe (made out) that they were. .
oliivi olive. **-öljy** olive oil.
olinpaikka whereabouts.
olio thing; being, creature.
olipa: ~ *niin tai näin* either way.
olisi *ks. olla;* ~*npa tiennyt* I wish I had known.
oljen|keltainen straw-coloured. **-korsi** straw; *tarttua -korteen* clutch (catch) at a straw.
olka shoulder. **-in** shoulder-strap; *-imet* braces, *Am.* suspenders. **-kivi** console, bracket. **-nauha** shoulder-strap. **-pää** shoulder. **-varsi** upper arm.
olki straw; *oljet* straw. **-hattu** straw hat. **-katto** thatched roof. **-lyhde** bundle of straw.
olkoon: ~ *niin (mutta)* that may be so (,but); ~ *sää millainen tahansa* whatever the weather is like.
olla be; *(pystyssä)* stand; *(pitkällään)* lie; *(olemassa)* exist; *(esiintyä)* occur; *(sijaita)* be situated; *(olla tehty jstk, koostua)* be [made] of; consist of; *minulla on, oli* I have, I had; *pöydällä on kirjoja* there are books on the table; *olipa (asia) kuinka*

tahansa be that as it may;
olkoonpa, että granting that;
*olkoonpa se kuinka hyvä
tahansa* no matter how good
it is; *minusta on kuin.. it
seems* to me as if; *olin
putoamaisillani* I was about
to fall, I was on the point
of falling, I nearly fell; ~
vastaamatta fail to answer;
en voi ~ nauramatta I
cannot help laughing; *päätin
~ menemättä* I decided not
to go; *hän ei ollut
tietävinään* he pretended not
to know; *olla (kokouksessa
ym) mukana* attend [a
meeting]; *kotona ollessani*
while at home; *hänen täällä
ollessaan* while [he was]
here, during his stay here;
mikä sinun on what is the
matter with you? *minun on
paha ~* I feel uncomfortable;
minun oli se maksettava I
had to pay it; *sinun olisi
oltava* you ought to (you
should) be. .

ollenkaan.. at all; *ei ~* not in
the least, not in the slightest
degree.

olletikin particularly, notably,
the more so as.

olo existence; *(oleskelu)* stay;
~t conditions, circumstances;
state of things (of affairs);
hyvissä ~issa in easy
circumstances; *näissä ~issa* in
(t. under) these circumstances;
sellaisissa ~issa under such
conditions; *~jen
tuntemattomuus* unfamiliarity
with the conditions. **-huone**
lounge, sitting-room,
living-room. **-muoto** form of
existence. **-suhde:** *-suhteet*
circumstances, conditions; *hän
voi -suhteisiin nähden hyvin*
he is as well as can be
expected under the
circumstances; *-suhteiden
pakosta* by force of
circumstances. **-tila** state,
condition.

oluen|panija brewer. **-pano**
brewing.

olut beer, *(varasto-)* lager.
-panimo brewery. **-ravintola**

beerhouse.

olympiakisat Olympic games.

oma own; *onko tämä teidän
~nne* is this yours? *kenen ~
tämä on* who [m] does this
belong to? *saanko sen ~kseni*
may I have it for my own?
hänellä on ~ talo he has a
house of his own; *ota sinä
tuo kirja, minä otan ~ni* you
take that book, I will take
mine; ~ *kiitos* self-praise;
olemalla ~ itsemme by being
ourselves; *-llä on ~ lehmä
ojassa. .* has an axe to grind;
omin neuvoin, omin päin on
one's own, of one's own
accord, by oneself; *olla
omiansa jhk* be suited, be
adapted for, be appropriate;
omiaan ks. t.; päästä omilleen
break even. **-apu** self-help.
-ehtoinen spontaneous.
-elämäkerta autobiography.
-hyväinen self-satisfied,
[self-]complacent. **-hyväisyys**
self-satisfaction, conceit.

omai|nen close relative,
relation; *(lähi) -iset* next of
kin. **-suus** property; *et. lak.*
estate; *(varallisuus)* wealth;
(~rikos crime involving
property; *~tase* balance-sheet;
~vero property tax).

oma|kohtainen subjective;
(henkilö-) personal. **-kotitalo**
[small] single-family house.
-ksua adopt; ~ *jk aate*
embrace an idea, *(asia)*
espouse a cause, *(mielipide)*
adopt a view. **-kuva**
self-portrait. **-kätinen**.. by
one's own hand,.. in one's
own hand [writing]. **-kätisesti**
with one's own hand.
-laatuinen peculiar. **-leimainen**
characteristic. **-narvontunto**
self-respect. **-nkädenoikeus**
mob law; *harjoittaa o-oikeutta*
take the law into one's own
hands.

omantunnon|arka overscrupu-
lous; *(aseistakieltäytyjä)*
conscientious objector. **-asia**
matter of conscience. **-vaivat**
pangs *(pistot* pricks) of
conscience *vrt. tunnon-*.

omanvoiton|pyynti selfishness,

self-interest. **-pyyntöinen**
self-seeking.
oma|peräinen original,
(itsenäinen) independent.
-peräsyys originality. **-päinen**
self-willed, wilful. **-ta** own;
hold, possess, have. **-tekoinen**
home-made. **-toimisesti** on
one's own. **-tunto** conscience;
huono ~ bad (guilty) c.; *hyvä*
~ clear c.; *hyvällä*
omallatunnolla in good c.
-valoinen self-luminous.
-valtainen arbitrary. **-valtaisuus**
arbitrariness. **-varainen**
self-suffícient; independent.
-varaisuus [economic]
self-sufficiency, autarky.
omeletti omelet [te].
omena apple. **-hillo** stewed
apples. **-puu** apple-tree. **-sose**
apple sauce. **-torttu** apple
tart. **-viini** cider.
omiaan: *on* ~ *jhk* is of a
nature to, lends itself to; *on*
~ *osoittamaan* goes to show;
tämä on tuskin ~ .. this is
hardly likely to. .; *panna* ~
stretch the facts, embroider
[the truth].
ominai|nen characteristic, *jllek,*
jklle of; peculiar (to); *olla*
jklle *-sta (m.)* mark,
distinguish a p. **-slämpö**
specific heat. **-spaino** specific
gravity. **-spiirre** characteristic;
jnk ~ *(m.)* a feature of.
-suus quality, property; *jssak*
-suudessa in the capacity of.
omintakei|nen independent;
(alkuperäinen) original. **-suus**
independence; originality.
omis|taa own, possess, have;
(jklle, jhk tarkoitukseen)
dedicate; ~ *aikansa jllek*
devote one's time to; ~
huomiota jllek give a matter
one's attention; ~ *omakseen*
acknowledge; ~ *hyvä terveys*
enjoy good health. **-taja**
owner, proprietor; *(haltija)*
possessor; holder. **-tautua**
(jllek) devote oneself to. . **-tus**
possession; ownership; *(jklle)*
dedication; (~**oikeus** right of
possession, proprietary rights;
~**sanat** dedication).
omitui|nen strange, queer, odd;

extraordinary; ~ *ihminen* a
queer person; *minulla oli* ~ *olo*
I felt queer; *-sta kyllä* oddly
(strangely, curiously) enough.
-suus peculiarity; strangeness,
oddness, queerness; oddity;
eccentricity.
ommel seam; *lääk.* suture. **-la**
sew; do needlework; *(puku,*
m.) make; ~ *kiinni (esim.*
nappi) sew on; *(haava)* stitch,
suture.
ompe|lija, ~*tar* needlewoman,
dressmaker. **-limo** dressmaker's
business.
ompelu sewing, needlework.
-kehys embroidery frame.
-kone sewing-machine. **-lipas**
work-box. **-rihma** sewing
cotton, thread. **-seura** sewing
circle. **-silkki** sewing-silk.
ongelma puzzle; problem.
-llinen problematic, puzzling,
involved.
ongen|koukku fish-hook. **-siima**
[fishing-]line. **-vapa** fishing-
rod.
onginta angling, line-fishing.
onkalo cavity, hollow.
onki hook and line,
[fish]hook; *(kalastaa ongella)*
catch on hook and line;
tarttua onkeen (kala) bite,
kuv. swallow the bait; *saada*
onkeensa hook. **-a** *m. kuv.*
angle (for), *Am.* fish [with
hook and line]. **-ja** angler.
-mato angling worm.
onnekas lucky; successful.
onnelli|nen happy; lucky
[chance *sattuma*]; fortunate.
-sesti happily *jne.; hän saapui*
~ *perille* he arrived safely
(safe and sound). **-staa**
make. . happy; bless, *jllak*
with. **-suus** happiness.
onnen|kauppa hazard; *oli* ~*a* it
was a matter of luck. **-onkija**
fortune-hunter; adventurer.
-poika lucky fellow. **-potkaus**
lucky stroke, stroke of good
fortune. **-päivä** lucky day.
-toivo|tus congratulation;
o-tukset best wishes, good
wishes; *(syntymäpäivän*
johdosta) many happy returns
of the day.
onnetar Lady Luck.

onneton unhappy; unfortunate, unlucky.

onnettomuus misfortune; *(-tapaus)* accident; disaster; *(pienempi)* mishap, misadventure; *(turmio)* calamity; *(onnellisuuden vastakohta)* unhappiness. **-paikka** scene of the accident. **-päivä** fatal day.

onni luck; fortune; *(menestys)* success; *(onnellisuus)* happiness; *onneksi* fortunately, luckily [enough]; *paljon onnea!* best wishes, *(sulhaselle)* congratulations, *(morsiamelle)* I wish you every happiness; *vrt. toivottaa; huono* ~ bad luck; *onnen poika* lucky man, lucky fellow.

onnis|taa: *häntä -ti* he had luck. **-tua** be successful, succeed, meet with success; *(asioista)* be a success; ~ *tekemään jtk* succeed in doing, manage to do sth.; ~ *keksimään (esim. ratkaisu)* hit [up]on; *onnistui mainiosti. .* was a great success,. . came off very well; *ei -tunut. .* was (. . proved) a failure. **-tuminen** success. **-tunut** successful, *(sattuva)* apt, appropriate.

onni|tella congratulate, *jkta jstk a p.* upon; *vrt. toivottaa.* **-ttelu** congratulation; *(~kortti* greetings card; *~sähke* greetings telegram.).

ontelo *s.* cavity, hollow.

ontto hollow; *kuv.* empty.

ontu|a limp, walk lame, be lame, *kuv.* halt. **-minen** limp[ing]. **-va** lame, limping.

oodi *run.* ode.

oopiumi opium.

ooppera opera. **-laulaja,** ~*tar* opera-singer. **-musiikki** operatic music.

opaali *min.* opal. **-nvärinen** opalescent.

opas guide *(m. -kirja).* **-koira** guide dog [for the blind], *Am.* Seeing Eye dog. **-taa** guide; *(näyttää tietä)* show. . the way; *(johtaa)* lead, conduct; direct; *(neuvoa)*

instruct; *(sisään)* show in, *(tutustuttaa)* introduce into. **-tin** signal. **-tus** guidance; direction; instruction.

operetti musical comedy, operetta, light opera.

ope|tella learn, be learning; *(harjoitella)* practise. **-ttaa** teach; instruct (sb. in); *(harjoittaa)* train; ~ *hevosta* break a horse; *opetettu* trained, *(siistiksi, koira)* house-trained, *(temppuja tekemään)* performing. **-ttaja** teacher; *(mies-, m.)* master; instructor; *(koti-)* tutor; *(~kokelas* student teacher; *~kunta* teaching staff; *~nvirka* teaching post; *~tar* woman teacher; schoolmistress). **-ttajisto** staff of teachers. **-ttamaton** untrained, untaught, *(hevonen)* unbroken. **-ttavainen** instructive.

opetus teaching; instruction, training; lesson, moral; *(kansan-)* education; *antaa jklle ~ta jssk* give. . instruction in, teach. . **-aine** subject [taught]. **-elokuva** educational film, *(dokumentti-)* documentary [film]. **-lapsi** disciple. **-menetelmä** method of teaching. **-ministeri** minister of education. **-olot** educational conditions. **-runo** didactic poem. **-suunnitelma** curriculum. **-taito** teaching ability. **-toimi** education. **-tunti** lesson, class, period. **-välineet** educational equipment.

opillinen scholastic; theoretical; ~ *sivistys* education, book-knowledge, scholarship.

opin|ahjo seat of learning. **-halu** eagerness to learn. **-haluinen** eager to learn; studious. **-käynyt** trained. **-näyte** *l.v.* test.

opinto, *opinnot* study, studies; *harjoittaa ~ja* study; *olla työssä kustantaakseen ~nsa* pay one's way through an outside job, work one's way through [the course etc.]. **-aika** years of study, college years. **-aine** subject, study. **-kerho** study circle. **-kirja**

study report book. **-laina** loan
for study expenses. **-matka**
study trip; *olla ~lla* travel
for purposes of study.
-neuvonta educational
guidance. **-suunnitelma** plan of
studies, *(tietyssä aineessa)*
syllabus. **-toveri** fellow-student.

opiske|lija student;
(yliopistossa) university
student, undergraduate. **-lla**
study, pursue studies; read;
-len (maan) kieltä I am
learning the language [of the
country]. **-lu** study; *(~aika:
o-nani* in my undergraduate
days).

opisto institute; school, college;
academy.

oppi doctrine; *(oppineisuus)*
learning; *(tieto)* knowledge;
ottaa ~a jstk learn by, take
a lesson from; *olla (jklla)
opissa* be learning a trade
with. ., serve one's
apprenticeship; *se oli hänelle
opiksi* it was a lesson to
him; *~a ikä kaikki* [we] live
and learn.

oppi|a learn, acquire, pick up;
~ tekemään jtk learn how to;
~ pahoille tavoille acquire
bad habits; *~ tuntemaan* get
to know;. . *voi ~* can
master [this method, a
language etc.]; *~kseen, ~kseni*
so as to learn. **-aine** subject;
branch of study. **-arvo**
academic degree; *saavuttaa ~*
take one's degree, graduate.
-isä master, teacher. **-jakso**
course. **-kirja** text-book. **-koulu**
secondary school, *Am.* high
school. **-laitos** educational
institution; school. **-las** pupil;
(ammatti-) apprentice. **-lause**
dogma. **-maton** uneducated,
unlettered, untutored; *(luku-
ja kirjoitustaidoton)* illiterate;
ignorant. **-mattomuus** lack of
education, ignorance. **-neisuus**
learning, scholarship,
erudition. **-nut** *a.* learned,
(korkeasti-) scholarly; *s.*
learned man. **-poika**
apprentice. **-sali** lecture-room
(-hall). **-sanasto** [technical]
terminology. **-sopimus**

indenture [s].
-suunta school. **-tunti**
lesson; *(koulu-, m.)* class.
-tuoli chair. **-vainen** ready to
learn, docile. **-vaisuus**
readiness to learn.
-velvollisuus compulsory
education. **-vuosi** year of
apprenticeship.

oppositio opposition; *~halu*
love of o. **-puolue(et)** the
Opposition.

opt|iikka optics. **-ikko** optician.
-inen optic [al].

optimisti optimist. **-nen**
optimistic [al].

orakkeli oracle. **-mainen**
oracular.

oranki *zo.* orang-outang.

ora|pihlaja hawthorn. **-tuomi**
sloe, blackthorn.

oras shoot, sprout; *on oraalla*
has sprouted, has come up.
-taa sprout, shoot up, spring
up.

orava squirrel.

orgaaninen organic.

organis|aatio organization.
-atorinen organizational. **-mi**
organism. **-oida** organize.

ori stallion. **-varsa** colt.

orja slave; *olla jnk (pahan
tavan)* ~ be a slave to,
overindulge in; *alkoholin
(narkoottisten aineiden)* ~
drink (drug) addict; *tehdä
työtä kuin* ~ slave, drudge.
-kauppa slave-trade. **-kauppias**
slave-trader. **-llinen** slavish.
-nruusu short-pedicelled rose.
-ntappura = *ed;*
(~inen thorny; *~kruunu* crown
of thorns). **-työ** slave labour.
-tar female slave.

orjuu|s slavery, servitude,
bondage; *-den lakkauttaminen*
abolition of slavery. **-ttaa**
enslave. **-tus** enslavement.

orkesteri orchestra; *sovittaa
~lle* orchestrate. **-njohtaja**
orchestral conductor. **-soitto**
orchestral music.

orkidea orchid.

orpo *a.* orphan [ed], *(turvaton)*
forlorn; *s.* orphan; *jäädä
orvoksi* be orphaned. **-kassa**
orphan fund. **-koti** orphanage.
-lapsi orphan child. **-us**

orphanhood.

orsi rafter; *(kana- ym)* perch, roost.

ortodoksi, -nen [Greek] Orthodox.

orvaskesi epidermis.

orvokki violet, *(puutarha-, ym)* pansy.

osa part *(m. kirjan)*, portion; *(osuus)* share; *(suhteellinen)* proportion; *(kokonaisuuden)* component; *(kirjan)* volume; *(rooli)* role, rôle; *(kohtalo)* fate; lot; ~ksi partly; partially, in part; ~ltani for my part; *(omalta)* ~ltaan vaikuttaa jhk contribute to; suurelta ~lta, suureksi ~ksi in large part, largely, to a great extent; ottaa ~a jhk take part in, participate in, *(suruun)* sympathize with; ~a ottaen *(suruun)* with my sympathy; tulla jkn ~ksi fall to a p.'s lot; saada jtk ~kseen meet with, *(kokea)* experience, gain [favour, suosiota], attract [notice, huomiota]. **-aika (-päivä)** part-time. **-aottavainen** sympathizing. **-inen** *(yhd.).*. in.. parts,.. in.. volumes. **-jako** cast[ing]. **-kas** partner; *(osakkeenomistaja)* shareholder, Am. stockholder; *(osaomistaja)* part-owner.

osake share, Am. stock; osakkeet *(m.)* stock[s]. **-anti** issue of shares. **-enemmistö** share majority. **-huoneisto** flat in house-owning company. **-keinottelija** speculator in stock; *(lasku-)* bear; *(nousu-)* bull. **-kirja** share certificate. **-markkinat** stockmarket. **-merkintä** subscription for shares. **-pankki** joint-stock bank. **-pääoma** share capital. **-yhtiö** limited company *(lyh.* Ltd), joint-stock company, Am. [stock] corporation, incorporated company (Inc.)

osakkeenomistaja shareholder, stockholder.

osakkuus partnership.

osakunta students' union.

osalli|nen a. participant, concerned, interested (in); s.

party, partner (in); ~ jhk *(m.)* a party to; päästä -seksi share in, become a participant in.. **-stua** *(jhk)* participate, take part (in), attend [a meeting, kokoukseen], be accessory to [a crime, rikokseen], *(tahattomasti)* be involved in; -stuva committed, engaged, participatory. **-minen** participation. **-suus** participation; part, share; *(rikokseen)* complicity.

osa|maksu part payment; *(maksuerä)* instalment. **-määrä** mat. quotient. **-nen** small part; particle. **-nottaja** partaker, participator. **-notto** participation (in); *(suruun)* sympathy; lausua ~nsa express one's s.; (~maksu subscription). **-puilleen** about. **-puoli** party. **-päivätyö:** ~tä tekevä part-time worker.

osasto department; section; *(vuode-)* ward; *(jaosto)* division; *(sotilas-)* body, detachment, *(yksikkö)* unit; *(rautatievaunun)* compartment. **-nhoitaja** *(sairaan-)* ward sister, head-nurse. **-päällikkö** chief of a department, departmental manager.

osata be able to; *(tuntea)* know; osaa *(voi)* can; hän osaa englantia he knows English; hän osaa uida hyvin he can swim well; ~ jonnekin find one's way to; ~ käyttäytyä know how to behave; ~ maaliin hit the mark; oikein osattu that's a good hit; hän ei osaa.. *(m.)* he does not know how to..

osa|ton without a [ny] share in; jäädä -ttomaksi *(jstk)* be left without sth. **-toveri** companion in misfortune. **-valtio** [confederate] state; Am. tav. State. **-voitto** liik. percentage of profit.

osingonjako payment of dividends.

osinko liik. dividend; jakaa ~a pay a d. **-lippu** coupon.

osittai|n partly, partially, in part. **-nen** partial. **-smaksu**

partial payment, instalment.
osoite address. **-kalenteri**
directory. **-lippu** label;
(sidottava) tag, tie-on label.
-paikka destination. **-toimisto**
address and information
service.
osoitin *(kellon)* hand; pointer.
osoi|ttaa show, display; ·
(sormella) point (at);
(ilmaista) indicate; *(tuoda
esiin)* express; *(todistaa)*
prove; demonstrate, denote;
(kirje ym) address; ~ *jkta
(joukosta)* point. . out; ~
huomiota pay attention (to);
~ *mieltään* demonstrate; show
one's feelings; *tämä* ~
selvästi. . this proves clearly;
*hän -tti minut tänne,
luoksenne* he directed me
here, he referred me to you;
kuten sen nimikin ~ as its
name implies; *jtk -ttava (m.)*
indicative of. . **-ttaja** *mat.*
numerator. **-ttau|tua** show
oneself, show itself; ~ *jksk*
prove, turn out [to be,
olevan]; *se o-tui oikeaksi* it
proved correct; it proved
true; *se o-tui tarpeettomaksi*
it proved unnecessary;
jälkeenpäin o-tui it appeared
afterwards. **-tus** evidence,
proof; *(ilmaus)* expression;
(merkki) sign, indication,
token.
ost|aa buy [at. . *jhk hintaan*],
purchase; *(tyhjiin)* buy up; ~
jtk itselleen buy oneself a
th., buy sth. for oneself. **-aja**
buyer, purchaser; *(asiakas)*
customer; *(~piiri* circle of
customers).
osteri oyster. **-npyynti**
oyster-fishing.
osto buying; purchase. **-halu**
demand. **-haluinen** willing
(inclined) to buy. **-hinta** cost
price, prime cost; *-hinnalla* at
cost price; *alle -hinnan* below
cost. **-kyky** purchasing power.
-kykyinen able to buy. **-
pakko:** *ilman* ~*a* without
obligation to buy. **-s**
purchase; *käydä -ksilla* do
one's shopping, be out
shopping; *lähteä -ksille* go

[out] shopping; *(~keskus*
shopping centre; *(~laukku*
shopping bag).
osu|a hit, strike; ~ *maaliin* hit
the mark; ~ *oikeaan* strike
home; hit the nail on the
head; *laukaus ei osunut* the
shot missed [the mark]; *arpa
osui minulle* I won the draw;
katse osui häneen [his] eyes
fell on her; *he osuivat yhteen*
they chanced to meet. **-ma**
hit; *saada* ~ score a hit;
(~tarkkuus accuracy of aim).
osuus share; *(osa)* part,
portion; *(panos)* stake. **-kassa**
cooperative fund. **-kauppa**
cooperative shop *(Am.* store).
-kunta co-operative society.
-meijeri co-operative dairy.
-toiminnallinen co-operative.
-toiminta co-operation; *(~liike*
co-operative movement).
osuva . to the point,
appropriate, apt; *(huomautus)*
pertinent.
osviitta hint; pointer.
otaksu|a suppose; assume;
(varmaksi) take. . for granted.
-ma supposition, assumption.
-ttava presumable; *(luultava)*
probable. **-ttavasti** presumably,
supposedly.
Otava Charles's Wain, the
Plough, *Am.* the [Big *t.*
Great] Dipper.
ote hold, *(luja)* grip, grasp;
(kirjasta ym) extract. **-lla**
fight, *urh.* contend, compete.
otolli|nen acceptable, *(sovelias)*
convenient, proper,
appropriate; ~ *vastaus*
acceptable answer; *-seen
aikaan* at a favourable (an
opportune) moment. **-suus**
opportuneness; convenience.
otos sample.
otsa forehead, *run.* brow; *~nsa
hiessä* by the sweat of one's
face; ~ *rypyssä* with knitted
brows, frowning. **-ke** heading;
(nimiö) title. **-koriste**, **-ripa**
diadem, tiara. **-luu** frontal
bone. **-tukka** fringe.
otsik|ko heading, headline,
head, title; *rak.* pediment; *jnk
-on alla* under the title of,
entitled; *julkaista suurin -oin*

splash. **-oida** head.

ottaa take; *(pois)* take away (from); take off, remove; *(esim. rahaa pankista)* draw [money from the bank]; ~ *esille* bring out, produce, *(kysymys)* bring up; ~ *huostaansa* take charge of; ~ *kiinni jstk* catch hold of, seize, grasp; ~ *käsiteltäväksi* take up [for consideration, for discussion]; ~ *laina* raise a loan; ~ *maksua* charge; ~ *osaa (kongressiin ym)* attend; ~ *pois (jklta jtk)* take .. away from, *(lupa ym)* withdraw, *(ajokortti)* suspend, *(yltä)* take off; ~ *tehdäkseen jtk* undertake [to do] a th.; take on [a work, *työ*]; ~ *jtk vakavasti, totisesti* take .. seriously, take .. in earnest; ~ *vastaan* receive, *(hyväksyen)* accept; *hän ei ottanut sitä uskoakseen* he would not believe it.

ottelu fight, contest, encounter; *(peli)* match.

otto *(tililtä ym)* withdrawal. **-lapsi** adopted child. **-poika, -tytär** adopted son (daughter).

-vanhemmat adoptive parents.

otus *(riista)* game; *(elukka)* beast.

oudo|ksua think (consider). . strange. **-nnäköinen** . of an unusual (a strange) appearance, queer [-looking], odd [-looking]. **-stuttaa** surprise.

outo unfamiliar; *(harvinainen)* unusual; strange, odd; peculiar. **-us** oddness, strangeness; unfamiliarity.

ovel|a shrewd; *(kekseliäs)* clever, smart; subtle. **-uus** shrewdness, cunning.

oven|kamana door frame. **-pieli** door-post. **-ripa** door handle, *(pyörä)* door-knob. **-suu:** *seisoa ~ssa* stand at the door. **-vartija** door-keeper; janitor; *(hotellin)* porter.

ovi door; *ovesta* through the d.; *ovella* at the d.; *on ovella (kuv.)*. . is imminent; *ovelta ovelle* from door to door. **-aukko** door-way. **-kello** door-bell; ~ *soi* there is a ring at the door. **-raha** admission [fee]. **-verho** door curtain.

P

-pa, -pä *(loppuliite): jospa (kunpa) tietäisin* if I only knew; *sanopa minulle* just tell me; *lähdetäänpä* let's go; *enpä tiedä* oh, I don't know.

paaduttaa harden [one's heart, *sydämensä*].

paah|de heat [of the sun]. **-din** grill, roaster, *(leivän)* toaster, *(varras-)* [rotating] spit roaster; rotisserie. **-taa** *(kuumentaa)* heat; *(korventaa)* be blazing hot, scorch; *keitt.* grill, [spit-]roast, barbecue; *(leipää)* toast. **-toleipä** toast. **-topaisti** roast beef.

paali *(pakka)* bale, pack.

paalu pile; pole. **-juntta** piledriver. **-rakennus** pile-dwelling. **-ttaa** drive piles (into); *(tontti, raja)* stake [out *t.* off]. **-tus** piling, pile-work. **-varustus** palisade.

paanukatto shingle roof.

paari: ~*t* stretcher, litter; *(ruumis-)* bier. **-nkantaja** stretcher-bearer. **-vaate** [funeral] pall.

paarma gadfly.

paasata rant.

paasi rock face, *(laakea)* flat rock.

paasto fast. **-naika** *kirk.* Lent. **-najan:** *3.* ~ *sunnuntai* third Sunday in Lent. **-ta** fast.

paatu|a be [come] hardened; *-nut (m.)* unrepentant, obdurate, inveterate. **-mus, -neisuus** hardness [of heart], obduracy.

paavi pope. **-llinen** papal, pontifical; popish. **-nistuin** papal chair, Holy See. **-nvaali** papal election. **-nvalta** papacy.

padota dam [up].

paeta flee; *(päästä pakoon)* escape; *(lähteä pakoon)* take to flight; ~ *velkojiaan* run

away from one's creditors; ~ *vihollisen tieltä* flee before the enemy.

paha *a.* bad; evil; *(ilkeä)* wicked, *(et. lapsesta)* naughty; *(vaikea)* severe, serious; *s.* evil; *puhua, ajatella* ~*a jksta* speak (think) ill of a p.; *olla pahoillaan jstk* be sorry [about], *(valittaa)* regret; *panna* ~*kseen* take it ill, take offence (at), *(kovin)* take it as a personal affront, take a thing to heart; *tehdä* ~*a jklle* [do a p.] harm, hurt, *(esim. ruoka)* disagree (with); ~*a aavistamaton* unsuspecting; ~*n päivän varalle* ks. *vara; on* ~*sta* will have a bad effect; *hänellä on* ~ *mielessä* he is up to mischief; ~*n ilman lintu (kuv.)* bird of ill omen. **-enteinen** ominous. **-maineinen** notorious. **-maineisuus** notoriety.

pahan|hajuinen bad-smelling, evil- (foul-)smelling, malodorous. **-ilkinen** spiteful, wicked; malicious. **-ilkisyys** malice, spite. **-kurinen** mischievous; unruly. **-laatuinen** *lääk.* malignant. **-laatuisuus** malignancy. **-suopa** ill-disposed; malevolent. **-suopaisuus** ill will, malevolence. **-tapainen** ill-mannered; wicked. **-tekijä** evil-doer, malefactor; *(rikoksen-)* offender. **-teko** evil deed, misdeed; *(ilkivalta)* mischief. **-ntuulinen** bad-tempered,. . in a bad temper.

pahasti ks. *pahoin.*

pahas|tua take it ill, be offended, take offence at; *jollette -tu (m.)* if you don't mind.

pahe vice. **-ellinen** profligate; vicious, depraved. **-ellisuus** immorality.

paheksu|a disapprove (of), view with disfavour, find fault with, *(ankarasti)* deprecate; *-va katse* a glance of reproof. **-nta** disapproval, disapprobation.

pahe|mmin worse. **-mpi** worse; *sen ~* so much the w. [for him, *hänelle*]; unfortunately. **-nnus** offence; reproach; *~ta herättävä* offensive; scandalous, shocking; *herättää ~ta* give offence. **-ntaa** make.. worse, aggravate; *(huonontaa)* impair. **-ntua** get (grow) worse, be aggravated; *(pilaantua)* be spoiled; *vrt. pilaantua.*

pahin [the] worst; *pahimmassa tapauksessa* if the worst comes to the worst.

pahka lump, node, protuberance; *(puussa ym)* gnarl, gall.

pahnat litter, straw.

pahoi|llaan: *olla ~* be sorry (about), regret.

pahoin badly; *(joskus)* ill; *~ sairaana* seriously ill; *pelkään ~, että..* I am very much afraid that.. **-pidellä** maltreat; assault. **-pitely** maltreatment; lak. assault [and battery]; *(lasten)* baby bashing (battering). **-vointi** nausea; *tuntea ~a* feel sick, **-voipa** unwell, indisposed.

pahoi|tella be sorry (for, about), regret, deplore. **-ttaa** *(jkn mieltä)* give offence to, hurt [a p.'s feelings]. **-ttelu** regret.

pah|olainen the Evil One, the devil. **-us** good heavens! darn it! *pahuksen kärpäset* those damned (confounded) flies! **-uus** badness, wickedness, evil.

pahvi [paste]board, cardboard. **-kantinen** *(kirja)* bound in boards. **-rasia** cardboard box, carton.

paidan|kaulus shirt collar. **-nappi** shirt-button; *(irtonainen)* stud. **-rinta** shirt-front.

paikalla at the place, *(itse ~)*

on the spot; *(heti)* there and then; immediately, at once, outright; *~ (paikan päällä) tapahtuva tarkastus* on-site inspection; *~an seisova..* standing still; stationary; *(esim. vesi)* stagnant.

paikallinen local.

paikallis|juna stopping train. **-leima** *kuv.* local colour. **-puudutus** *lääk.* local an[a]esthesia. **-taa** localize, *(paikantaa)* locate; *-tunut* localized. **-tuntemus** local knowledge. **-vaisto** sense (bump) of locality. **-väri** local colour.

paikalta from the place; *poistua ~* leave [the place *t.* scene, *us.* of the accident].

paikan|hakija applicant. **-määräys** *kiel.* adverb of place. **-nimi** place-name. **-taa** locate. **-välitystoimisto** employment agency.

paikata patch [up]; *(korjata)* mend, repair; *(hammas)* fill, stop.

paikka 1. place; *(tila)* room; *(seutu)* locality; *(kohta)* spot, point; *(sijaitsemis-)* site, situation *(m. palvelus-);* *(toimi)* position, post, job; *parl. ym.* seat; 2. patch; *hakea ~a* apply for a job; *on paikallaan* it is proper, it is quite in order; *paikoillaan* in position; *pysyä paikoillaan* stay in place; *asettaa paikoilleen* put in position; *työntää paikoiltaan* displace; *pitää ~nsa* hold good; *se pitää ~nsa* that is so, quite right; *kaupunki on ihanalla paikalla* the town is beautifully situated; *vrt. paikalla.* **-kunnallinen** local. **-kunta** place, locality; neighbourhood, region, parts. **-kunta|inen:** *p-laiset* local people *(t. residents).* **-lippu** seat ticket. **-nsapitämätön** not valid, untenable. **-nsapitävä** tenable; accurate, correct;.. *on ~..* holds good. **-varaamo** booking-office.

paikkeilla about.

paikoi|n in places; *niillä ~*

something like that, thereabouts. **-tellen, -ttain** in [some] places; *(siellä täällä)* here and there. **-ttaa** park. **-tusalue** parking lot.
paimen herdsman; *(yhd.)* -herd *(esim. lammas~* shepherd). **-koira** sheepdog; *skotlannin~* collie; *saksan~* Alsatian. **-runo** pastoral [poem]. **-taa** tend; *et. kuv.* shepherd. **-tolainen** nomad.
paina|a press; *kirjap. & tekn.* print; *intr.* weigh; *~ alas (m.)* force down [prices, *hintoja*]; *painettuna* in print; *astia ~ paljon* the vessel weighs a great deal, the vessel is heavy; *~ mieleen(sä)* imprint on one's mind, impress on a p.; *se ajatus ~ minua* that thought weighs on my mind; *mikä häntä (hänen mieltään) ~?* what is on her mind? what is worrying her? *huolten -ma* weighed down by cares, care-worn. **-jai|nen** nightmare; **-smainen** nightmarish. **-llus:** *pelkällä napin -lluksella* at the push (press) of a button. **-ttaa** have. . printed. **-tus** printing; impression. **-utua** press oneself; *(hellästi jtk vastaan)* nestle [against, close to]; *(toisiinsa)* huddle together. **-va** heavy; weighty; *(tärkeä)* pressing, momentous; *~t syyt* weighty (grave) reasons. **-vuus** weight[iness].
paine pressure, *kuv. m.* stress. **-ilma** compressed air. **-keitin** pressure cooker.
paini wrestling. **-a** wrestle. **-ja** wrestler. **-ottelu** wrestling-match. **-skella** wrestle; grapple, struggle.
paino weight; *(taakka)* load; *(kirja-)* printing press; *(sana-)* stress, *(korostus, kuv.)* emphasis; *ilmestyä ~sta* appear in print; *~ssa* in [the] press; *panna ~a (sanoihinsa)* lay emphasis on, emphasize [one's words]; *panna jhk suurta ~a* attach great weight (importance) to. **-arkki** printed sheet. **-inen:**

jnk ~. . weighing. . **-kanne** action for libel [against a newspaper]. **-kas** emphatic. **-kirjain** block letter. **-kkaasti** with emphasis; emphatically, forcibly. **-kkuus** emphasis. **-kone** printing press. **-kunto:** *-kunnossa* ready for the press. **-kustannukset** cost of printing. **-laki** *fys.* law of gravity. **-lasti** ballast, *kuv.* burden. **-llinen** stressed. **-muste** printing ink. **-nappi** press-stud, *Am.* snap fastener. **-nasta** drawing-pin. **-nnosto** weight-lifting. **-nvähennys** loss of weight. **-paikka** place of printing. **-piste** centre of gravity.
painos edition; impression; *uusi ~ (korjaamaton)* printing; *eri ~* reprint; *parannettu ~ (kuv.)* improved version. **-staa** press [sb. to do sth.], put pressure on, bring pressure to bear on; *(ahdistaa)* oppress, weigh on sb.'s mind; *~ jkta vastaamaan* press sb. for an answer; **-stava** oppressive; sultry. **-stunut** depressed. **-stus** pressure; *harjoittaa ~ta* bring pressure [to bear] on a p.; (**~ryhmä** pressure group). **-ton** weightless, imponderable, *kiel.* unstressed. **-ttaa** stress. **-ttomuu|s:** *p-den tila* weightlessness, zero gravity. **-tuote:** *-tuotteet* printed matter *(t.* papers). **-valmis** ready for the press. **-vapaus** freedom of the press. **-virhe** misprint; *~iden luettelo* errata. **-voima** gravity, force of gravitation. **-vuosi** year of publication. **-yksikkö** unit of weight.
painu|a sink; settle; droop; *(laskea)* drop; *(veden alle)* submerge; *(kokoon)* collapse; *~ mieleen* imprint (fix) itself in the mind; *~ muistiin* be impressed on the memory; *pää -neena* with drooping head. **-ksissa** *(mieliala)* depressed; *(kähes)* hoarse. **-ma** depression.
paise boil, abscess.
paiskata throw, fling; *(singahduttaa)* hurl, toss, send. . flying; *~ (ovi) kiinni*

slam [the door], shut [the door] with a bang.
paist|aa 1. *(loistaa)* shine; **2.** *tr.* roast, *(uunissa, m.)* bake; *(pannussa)* fry; *(paahtaa)* grill; *(tulella)* broil; *liiaksi -että* overdone. **-atella:** ~ *päivää* bask in the sun, sun oneself. **-e** shine, glare.
paisti roast; *(-pala)* joint [of beef etc.]. **-npannu** frying-pan. **-nrasva** cooking-fat. **-nuuni** oven.
paist|okelmu [transparent] baking wrap. **-os** baked dish, pie. **-ua** to be roasted, be roasting *jne.; hyvin -unut* well *(t.* evenly) baked, *(liian vähän)* underbaked, underdone.
paisu|a swell; *(laajeta)* expand; *-u ylpeydestä* swells with pride; *-nut* swollen. **-ma** swelling. **-ttaa** swell; *kuv.* exaggerate.
paita shirt; *(naisen)* vest. **-hihasillaan** in one's shirt-sleeves. **-kangas** shirting.
paitsi except, excepting, except for; apart from; *(joskus)* save; but; *(jnk lisäksi)* besides; *jota* ~ besides which; *kaikki* ~ *kolme* all but three.
paitsio *urh.* offside.
paja *(sepän)* smithy; *(työ-)* workshop.
pajatso clown, buffoon; *(peli-)* coin machine.
paju willow, osier. **-kuoppa** wicker basket. **-lintu** willow warbler. **-nköysi:** *syöttää -nköyttä* draw the long bow, pull [sb.'s] nose, kid.
pakahtua burst; break; *olin ~ nauruun* I nearly burst [my sides] with laughter; *sydämeni oli* ~ I thought my heart would break.
pakana heathen, pagan. **-kansa** heathen people. **-llinen** heathen, pagan. **-maailma** heathendom.
pakanuus heathenism, paganism.
pakarat buttocks.
pakas|taa freeze. **-e:** *~et* frozen foods. **-ettu** frozen; *~ kala* [prepacked] frozen fish. **-tin** freezer.
paka|ta pack; *-ten täynnä*

packed (with); chock-full; ~ *tavaransa* pack [up] one's things; *kauniisti -ttuna* decoratively wrapped up.
paketti parcel, packet; *(pikku-)* small package; *kuv. (= nippu)* package; *lahja* ~ (= gift parcel; *panna ~in* wrap .. up. **-auto** [delivery] van. **-laiva** packet boat. **-osoitekortti** address card [accompanying a parcel]. **-paperi** wrapping [paper]. **-posti** parcel post. **-ratkaisu** package deal. **-toimisto** parcels office.
paki|na chat, talk; *(sanomalehden)* causerie. **-noida** [have a] chat (with). **-noitsija** causerie writer, columnist. **-sta** chat.
Pakistan: *~in hallitus* the Pakistani government. *p~ilai|nen* Pakistani; *p-set* the Pakistanis.
pakka bundle, pack; *(kangasta)* roll. **-huone** [customs] warehouse.
pakka|nen cold, frost; *on* ~ it is freezing. **-saste** degree of frost. **-skausi** cold period. **-slokero, -ssäilö** freezer. **-sneste** antifreeze. **-ssää** sub-zero weather.
pakkaus packing; package. **-laatikko** packing case, box.
pakko compulsion, constraint; *(tarve)* necessity; *(väkivalta)* force; *käyttää ~a* use force; *hänen oli* ~ *lähteä* he was compelled (forced) to leave, he had to leave, he was obliged to go; *pakosta* from necessity, under compulsion. **-huutokauppa** compulsory auction. **-keino** coercion, force. **-lasku** *ilm.* forced landing, emergency landing. **-lomauttaa** lay off. **-lunastaa** purchase compulsorily, expropriate. **-lunastus** compulsory purchase; expropriation *(m. = pakko-otto).* **-mielle** obsession. **-paita** strait-jacket. **-syöttö** forced feeding. **-toimen|pide:** *ryhtyä p-piteisiin* resort to force, *(äärimmäisiin* to extremes). **-työ** hard

labour, penal servitude; (~leiri forced labour camp). -verottaa levy tribute on, raise a levy. **pako** flight; escape; *ajaa ~on* put.. to flight; *lähteä ~on* take to flight; *päästä ~on* escape. -illa keep in hiding; avoid. -kaasu exhaust fumes. -kauhu panic; *yleisö joutui ~n valtaan* the audience was panic-stricken. -lainen refugee; (*pakeneva*) fugitive.

pakolais|hallitus government in exile. -kysymys, -leiri refugee problem (camp).

pakolli|nen compulsory; enforced, obligatory. -sesti by compulsion, forcibly.

pako|paikka [place of] refuge; shelter. -putki exhaust pipe. -retki flight. -stakin: ~ *on*.. there is (are) bound to be.. **pako|te**: -*tteet* sanctions. -ton unconstrained; free, voluntary. -ttaa force, compel, constrain; (*saada*) make; bring [oneself to do a th. *itsensä jhk*]; (*metallia*) beat, emboss; (*särkeä*) ache; ~ *jku tunnustamaan* force (wring) a confession from a p.; -*ttava* compulsive, imperative; -*ttava tarve* urgent need; -*ttavat syyt* compelling reasons. -tus compulsion; (*kipu*) ache, pain. **pakovesi** ebb, low tide. **paksu** thick; dense; (*ruumiiltaan*) stout; ~ *takki* (*m.*) a heavy coat; ~ *sumu* thick (dense) fog. -inen: *kahden tuuman* ~ two inches thick (in thickness). -kuorinen thick-skinned; (*esim. muna*) thick-shelled. -nahkainen thick-skinned. -ntaa make.. thicker, thicken. -pohjainen (*-anturainen*) thick-soled, heavy-soled. -päinen thick-headed, thick-witted. -suoli large intestine. -ta become thicker, thicken. -us thickness *jne.*

pala bit, piece; (*esim. liha-*) cut [of meat], (*paksu*) chunk; (*saippua*) tablet; (*esim. sokeri-*) lump; ~ ~*lta* piece by piece, bit by bit, piecemeal.

pala|a burn; (*olla tulessa*) be on fire; ~ *loppuun* burn out; ~ *poroksi* burn down; *mieleni* ~ *sinne* I long (yearn) to go there; -*nut bussi* (*ym*) burnt-out bus. -minen burning; *kem.* combustion. **pala|nen** bit, [little] piece; fragment; lump [of sugar]. -peli jig-saw puzzle. -sokeri lump sugar. **palat|a** return, come back, get back; recur [to a p., *mieleen*]; revert [to the subject, *aineeseen*]; (*astua jälleen*) re-enter; ~ *työhönsä* resume one's work, go back to one's work; *kotiin -tuani* after my return home, when I am back home. **palatsi**. palace. -mainen palatial. **palauttaa** return; restore; send.. back; ~ *ennalleen* restore [to its former condition], reestablish; ~ *mieleen* recall, call to mind; ~ *jkn kunnia* rehabilitate a p. **palava** burning; ardent; ~ *innostus* glowing enthusiasm; ~ *rukous* fervent prayer; ~*t aineet* combustibles. **pale|lla** be cold, be freezing; feel chilly. -lluttaa freeze. -ltua freeze; *poskeni ovat -ltuneet* my cheeks are frost-bitten; -*ltunut* frozen, injured by frost. -ltuma frostbite.

Palestiina Palestine; *p~lainen a.* Palestine, Palestinian; *s.* Palestinian. **paletti** (*värilasta*) palette. **palikka** stick; (*leikki-*) brick. **paljas** bare, uncovered; naked; (*kalju*) bald; (*pelkkä*) mere; ~ *taivas* open sky; *paljaalla silmällä* with the naked eye; *paljain päin, jaloin* bare-headed, barefoot [ed]; ~*ta lorua* sheer nonsense. -jalkainen barefoot [ed]; *kuv.* born and bred (in). -taa uncover, bare; *kuv.* lay.. bare, expose; (*jnk laatu*) show.. up [for what it is]; (*muistopatsas*) unveil; (*ilmaista*) reveal, disclose; (*miekka*) draw; *vaatia jkta*

-tamaan aikeensa call for a show-down. **-tua** be exposed; be revealed. **-tus** exposure; *(muistopatsaan)* unveiling; *(ilmituonti)* disclosure.
palje: *palkeet* bellows.
paletti sequin.
paljo|n much, many; *(et. myönt. laus.)* a lot of; plenty of; *(komp. edessä, m.)* far [better, *parempi*]; *aika ~* quite a lot (of); *aivan liian ~* far too much, too many by far; *~ko* how much? *(.. kello on?)* what is the time? *~ puhuva* meaning [look, *katse*]. **-us** quantity, great number [s]; volume, mass, multitude.
palkan|korotus wage increase, pay rise; salary increase; *sain -korotuksen (Am.)* I had a raise. **-nauttija** salaried person; wage-earner. **-pidätys** stoppage; *(veron-)* tax deduction; *ks. pidätys.*
palka|ta hire; engage [a p. for]. **-ton** unsalaried, unpaid. **-ttomasti** without pay; without a reward. **-ttu** salaried, paid.
palkinnonsaaja prize-winner.
palkinto prize; *(korvaus)* reward; *saada ~* win (be awarded) a prize; *~jen jako* prize-giving. **-lautakunta** judging committee. **-obligaatio** government bond, *Engl.* premium bond. **-palli** *urh.* winners' rostrum. **-tuomari** judge.
palkita reward; *(kilpailussa)* award a prize (to); *(hyvittää)* recompense, repay; *~ paha hyvällä* requite evil with good.
palkka salary, *(ruum. työstä)* wages; pay; payment, *(ansiot)* earnings; *(palkinto)* reward; *sama ~ ks. sama.* **-asteikko** wage-scale. **-ehdot** terms of employment. **-kiista** pay dispute. **-lainen** hired man, hireling. **-luokka** wage *(t. salary)* class. **-lista** payroll; wages-sheet. **-neuvottelut** pay talks. **-politiikka** pay policy. **-pussi** pay-packet. **-ratkaisu** wage settlement. **-sopimus** wage agreement. **-soturi**

mercenary. **-taso** level of wages. **-työläinen** wage earner, worker. **-us** wages, salary; payment **-vaatimu|s** pay claim, wage claim (demand); *ilmoittaa -ksensa* state [the] salary required.
palkki beam, baulk.
palkkio *(lääkärin, asianajajan ym)* fee; *(hyvitys-)* bonus; *(tekijä-)* royalty; *(korvaus)* reward.
palko pod, legume. **-kasvi** leguminous plant.
palkollinen servant, hired man.
pallas *zo.* halibut.
palle hem, border.
pallea diaphragm, midriff.
pallero toddler; *~ikäisille* for toddlers.
palli stool.
pallo ball; *(kuula)* bowl; *mat.* sphere. **-illa** play ball. **-ilu** playing ball. **-kartta** globe. **-nmuotoinen** spherical, globular. **-npuolisko** hemisphere. **-peli** ball game. **-salama** ball lightning.
palmi|kko, -koida plait.
palmu palm. **-sunnuntai** Palm Sunday.
palo fire; *(suuri, m.)* conflagration. **-auto** fire-engine. **-haava** burn; *(veden, höyryn aiheuttama)* scald. **-hälytys** fire-alarm.
paloi|tella cut up; *(jakaa)* divide.. up; *(tonteiksi)* parcel out. **-ttelu** cutting up; partitioning.
palo|kalusto fire-fighting equipment. **-katselmus** fire inspection. **-keilo** fire-alarm. **-kunnantalo** fire-station. **-kunta** fire-brigade; fire service. **-kuntalainen** fireman. **-muuri** fire-proof wall.
palon|sammutus, -torjunta fire-fighting; *(~harjoitus* fire-drill).
palo|pommi incendiary bomb. **-posti** hydrant, fireplug. **-puhe** inflammatory speech. **-päällikkö** fire chief. **-ruisku** fire-engine. **-sotilas** fireman. **-tikkaat** fire-escape. **-torni** fire-station tower. **-vahinko** damage by fire. **-vakuuttaa**

insure against fire. **-vakuutus** fire-insurance; (**~yhtiö** fire-insurance company). **-viina** spirits. **-öljy** paraffin [oil], *Am.* kerosene.

palst|a parcel [of land], plot, site; *(kirjan ym)* column. **-akorrehtuuri** galley proof. **-atila** small farm. **-oittaa** parcel [out], divide into lots.

palttaa hem.

palsternakka parsnip.

palttina linen.

palttu black-pudding; *antaa ~a jllek* not care a fig (a hoot) about. .

palturi: *puhua ~a* talk nonsense.

paluu return. **-lippu:** *meno- ja ~ return (Am.* round-trip) ticket. **-matka** return journey; way back; *lähteä ~lle* start back, start for home. **-posti:** *~ssa* by return [of post]. **-tie** way back.

palvata cure.

palve|levainen obliging, eager to help. **-lija** servant; (*~tar*) domestic [servant], maid; *kirkon ~* minister of the church. **-lla** serve; attend on *(asiakasta* to); *(pöydässä)* wait on; *(Jumalaa)* worship; *miten voin ~* how can I help you; *valmiina (teitä) -lemaan* at your service; *joko Teitä ~an?* are you being attended to? **-lu** service; (**~ammatti** service occupation; **~raha** tip; **~talo** block of service flats, *Am.* apartment hotel).

palvelu|s service; employment; duty; *ilmoittautua -kseen* report to duty; *-ksesta vapaa(na)* off duty; *-kseen halutaan* situations vacant, *Am.* help wanted; *olla jkn -ksessa* be in a p.'s service (employ), be employed by a p.; *ottaa jku -kseensa* take. . into one's employment, engage; *tehdä jklle ~* do (render) a p. a service, do a p. a favour; *-kseenastumismääräys* draft card.

palvelus|koira working dog.

-kunta staff of servants. **-paikka** situation, place. **-todistus** testimonial. **-tyttö** maid. **-väki** servants.

palvo|a worship; adore. **-ja** worshipper. **-nta** worship; adoration.

pamah|dus bang; *vrt. seur.* **-taa** *(ovi)* bang; *laukaus -ti* a gun was fired, *(kuului)* a report was heard.

pamfletti pamphlet.

pamppailla throb, beat.

pamppu truncheon, staff; *(puhek., esim. teollisuus~)* tycoon.

paneeli panel [ling], wainscot [ing]. **-keskustelu** *ks. koroke-*.

pane|tella slander; backbite, malign; *-tteleva* slanderous. **-ttelu** slander.

panimo brewery.

pankin|johtaja [bank] manager. **-kamreeri** bank accountant. **-ryöstö** bank robbery.

pankki bank;. . *on rahaa pankissa.* . has money in the b.; *ottaa rahaa pankista* withdraw from the b.; *panna ~in* deposit at the bank; *hoitaa ~asiansa jssk* bank at (in). **-iri** banker; *~liike* banking-house. **-kirja** bankbook, passbook. **-korko** bank rate of interest. **-liike** banking. **-osake** bank share. **-saldo** bank balance. **-siirto** bank giro service. **-talletus** deposit. **-tili** bank account. **-valtuusmies** supervisor of government bank [appointed by parliament] . **-virkailija** bank official, bank clerk.

panna 1. *(asettaa)* put, set, place; *(tav. pitkälleen)* lay; *(jku tekemään jtk)* get (a p. to . .), make (a p.. .), cause (a p. to do sth.); *~ kiinni* fasten; *(sulkea)* close; *~ alkuun* initiate; introduce [a habit, *tapa*], *(kuv.)* launch; *~ olutta* brew beer; *~ sanomalehteen* put (insert) in a newspaper; *~ toimeen* execute, effect, carry out; *~ vastaan* raise objections; *~ ylleen, päähänsä* put on; *mitä* *aiot* ~ *yllesi* what are you going to wear? *panee arvelemaan* makes one hesitate.

panna 2. *s.* ban, excommunication; *julistaa* ~*an* excommunicate; *(kieltää)* prohibit, ban.

pannu pan; pot; *(höyrykattila)* boiler; *kahvi* ~ coffee-pot; *vesi*~ kettle. **-huone** boiler-room, boiler-house. **-kakku** [thick] pancake, batter pudding; *siitä tuli* ~ it fell flat.

pano *(pankkiin)* deposit.

panos contribution; *(pelissä)* stake; *(pyssyn)* charge; round. **-taa** charge, load.

panssari armour. **-auto** armoured car. **-levy** armour-plate. **-paita** coat of mail. **-torjuntaraketti** anti-tank rocket. **-torjuntatykki** anti-tank gun. **-vaunu** tank.

panssaroi|da armour; *-tu* armoured, ironclad.

pantata pawn.

pantomiimi dumb show. **-taiteilija** mimer.

pantteri panther, leopard.

pantti pawn; pledge; *(kiinteistö-)* mortgage; *(takuu)* security; *(leikeissä-* forfeit; *lunastaa* ~ redeem a pledge; *antaa, jättää pantiksi* pledge, leave as a pledge, lodge as a security; *panen pääni pantiksi!* I'll stake my head [on it]! **-kuitti** pawn-ticket. **-laina** pawn-money; (~**konttori** pawnbroker's office; (~**laitos** pawnshop; ~**liike** pawnbroking). **-leikki** game of forfeits. **-vanki** hostage; *ottaa -vangiksi* seize as a hostage.

paperi paper; *panna* ~*lle* commit to p., write down. **-arkki** sheet of paper. **-kauppa** stationer's [shop]. **-kauppias** stationer. **-kone** paper machine. **-kori** waste-paper basket. **-lippu** slip of paper. **-massa** *ks. -vanuke.* **-nen** [. .of] paper. **-nvalmistus** paper manufacture. **-palanen** bit (scrap) of paper. **-pussi** paper bag. **-puu** pulp

wood. **-raha** paper money, paper currency. **-tehdas** paper mill. **-teollisuus** paper industry. **-vanuke** paper pulp. **-veitsi** paperknife.

paperoida paper.

papiksivihkiminen ordination.

papiljotti curler, curling-pin.

papillinen clerical; priestly.

papin|todistus extract from the church register; *(syntymä-)* birth certificate. **-vaali** church election. **-virka** ministry.

pappi clergyman, pastor; chaplain, *(ei anglikaanisen kirkon)* minister; *(et. katol.)* priest. **-la** rectory, vicarage, *Skotl.* manse. **-smies** clergyman, ecclesiastic. **-sseminaari** theological college, seminary. **-ssääty** clergy; *(katol.)* the holy orders.

papu bean; *(herne)* pea.

papukaija parrot; *laulu*~ *ks. undulaatti.*

paraati parade; *(ohimarssi)* march-past; *ottaa vastaan* ~ take the salute. **-puku** *sot.* full-dress uniform.

paradoksaalinen paradoxical.

parafiini paraffin wax. **-öljy** *(puhdistettu)* [medicinal] paraffin.

parafoida initial.

para(h)iksi just right; ~ *pitkä, suuri* [just] the right length (size); *se on hänelle* ~ it serves him right; *tulin kotiin* ~ *illalliselle* I came home just in time for dinner.

par|aikaa, -aillaan just; just now; ~ *kestävä (pidettävä)* . . now in progress; *vrt. parhaillaan.*

parakki hut.

parane|maton *(taudista)* incurable. **-minen** recovery.

paran|nella *ks. parantaa; (esim. kirjaa)* revise, edit, *(taideteosta ym)* retouch, touch up. **-nus** improvement; betterment; *usk.* repentance; *lääk.* cure; *(keino-)* remedy; *tehdä* ~ become a reformed character; (~**keino** remedy, cure). **-taa** improve; ameliorate, amend; *(tauti)* cure, heal; *(poistaa vika)* remedy; ~ *tapansa* mend one's ways; ~ *tietojaan* improve one's knowledge; *se ei -na asiaa* it does not help (improve) matters; *-nettavissa (oleva)* curable; remediable. **-taja** healer; *yhteiskunnan* ~ reformer. **-tola** sanator|ium *(pl. -ia)*. **-tua** get better, improve; *(toipua)* recover, get well, *(esim. haava)* heal; *ks. parata.* **-tumaton** incorrigible, *(tauti)* incurable. **-tuminen** improvement; recovery.

paras best; *tehdä parhaansa* do one's best, try one's [very] best; *parhaansa mukaan* to the best of one's ability; *katsoa parhaaksi* think it best; *sinun olisi ~(ta) lähteä* you had better go; *en parhaalla tahdollanikaan voinut* no matter how hard I tried I could not; *parhaassa tapauksessa* at best.

par(ast)aikaa just now (then). **para|ta** *ks. -ntua; toivottavasti -net pian* I hope you soon get well again.

paratiisi paradise. **-lintu** bird of paradise.

paratyfus paratyphoid.

paremmanpuoleinen fairly good.

parem|min better; *hän ei käsitä tätä sen ~ kuin minäkään* he does not understand it any more than I do. **-muus** superiority, superior (better) quality. **-pi** better; *(laadultaan)* superior; *(muutos) -paan päin* [a change] for the better; *pitää jtk (jtk muuta) -pana* prefer . . (to); *-pana pidettävä* preferable (to); *sen, sitä ~* so much the better; *olla ~* be superior (to), surpass; *(~osainen.* . in better circumstances, . . better off, well off).

parh|aastaan mostly, for the most part; chiefly. **-aillaan** just now, [just] at the time; *hän ~ lounasti* he was having lunch. **-aimmillaan** at one's (its) best. **-aimmisto** élite; the flower (of). **-aiten** best.

pari *(kenkä- ym)* pair;

(muuten) couple; *avio~* married couple; ~ *päivää* a couple of days, a day or two; *kaksi ~a hansikkaita* two pairs of gloves; *missä on tämän hansikkaan* ~ where is the other glove; *ihmisten ~ssa* among people; *kaksi kenkää (jotka ovat) eri ~a* two odd shoes. **pari|arvo** par value, face value. **-kurssi:** ~*in* at par.

Pariisi Paris. **p-lainen, p-tar** Parisian.

parikymmentä a score of. ., about twenty.

parila gridiron; grill.

parillinen. . forming a pair; *(tasainen)* even [number, *luku*].

pariloi|da broil, roast; *-tu (m.)* barbecued [steak *pihvi*].

pari|nen: *-sen viikkoa* a couple of weeks. **-ovi** double door, folding door. **-puoli** odd. **-sataa** about two hundred. **-skunta** married couple. **-sto** *fys.* battery. **-tella** copulate, *(eläimestä, m.)* mate. **-ton** odd. **-ttaa** mate; procure. **-ttain** in pairs, in couples; two by two. **-ttaja** procurer, *(nainen)* procuress, bawd. **-ttelu** copulation. **-utua** pair [off], mate. **-utumisaika** mating season. **-valjakko** span [of horses].

parja|ta defame; slander; malign; *-ttu* much-maligned. **-us** slander, abuse; *(~kirjoitus* libel, libellous article).

parka *a.* poor; *s.* poor fellow; *(naisesta, lapsesta)* poor thing.

parkai|sta cry out; [give a] scream; shriek. **-su** cry; scream, shriek.

parketti parquet. **-lattia** parquet floor.

parkita tan.

parkki *(kuori)* bark; *(laiva)* barque. **-happo** tannic acid, tannin. **-intua** be tanned *(kuv.* hardened).

parku screaming; howl [ing]. **-a** bawl, *(kirkua)* scream, *(ulvoa)* howl.

parlamen|taarikko parliamentarian. **-taarinen**

parliamentary. **-tarismi**
parliamentarianism. **-tti**
parliament; *-tin jäsen* member
of parliament *(lyh.* M.P.):
(**~rakennus** parliament
building; *Engl.* Houses of
Parliament).
parodi|a, -oida parody.
paroni baron. **-tar** baroness.
parra|kas bearded. **-najo**
shaving; a shave; (**~kone**
safety-razor, electric shaver;
~välineet shaving outfit).
-nkasvu growth of beard.
-nsänki stubble.
parras brink, verge *(et. kuv.);*
edge; *(astian)* brim; *(aluksen)*
rail; *jyrkänteen partaalla* on
the brink (edge) of a
precipice; *olla haudan
partaalla* have one foot in
the grave; *perikadon partaalla*
on the verge of ruin. **-valo**
footlight; *joutua ~on (kuv.)*
come into the limelight.
parraton beardless.
parru small square timber; *~t*
(liik.) balks, beams.
parsa asparagus.
parsi|a darn; *(korjata)* mend.
-nlanka darning-cotton,
(villainen) darning-wool.
-nneula darning-needle.
parta beard; *ajaa ~(nsa)* shave.
-saippua shaving-soap. **-suti**
shaving-brush. **-vaahdoke**
shaving-cream. **-veitsi** razor.
-vesi shaving lotion.
partio *sot.* patrol. **-johtaja**
scout-master. **-lainen** scout.
-puku scout uniform. **-poika**
boy scout. **-päällikkö** chief
scout. **-retki** excursion; *sot.*
commando raid [behind the
enemy lines]. **-tyttö** girl
guide, *Am.* girl scout. **-työ**
scouting.
parti|saani guer[r]illa. **-siippi**
participle. **-tuuri** score.
parturi barber. **-liike** barber's
shop.
parveilla *(esim. kaloista)* shoal;
(mehiläisistä) swarm; *(linnuista*
ym) flock.
parveke balcony; *teatt.* circle;
ylin ~ gallery. **-paikka** seat
in the balcony (circle
t. gallery), *vrt. seur.*

parvi 1. swarm; *(lintu- ym)*
flock; *(kala-)* shoal, school;
(joukko) crowd; *(teatt.) ks.*
ed.; ensi~ dress circle. **2.**
(ullakko) garret, attic.
pasaatituuli trade-wind.
pasianssi patience.
pasma *(lanka-)* skein.
passata *(jkta)* fetch and carry
for, wait [hand and foot] on.
(korttip.) pass.
passi passport; *antaa ~ (jklle)*
issue a p. (to).
passiivi passive [voice].
-muoto passive [form]. **-nen**
passive. **-suus** passivity.
passi|maksu passport fee.
-ntarkastus examination of
passports. **-pakko** compulsory
passport system. **-toimisto**
passport office, alien office.
-ttaa send.
pastelli pastel. **-maalaus** pastel
drawing. **-väri** pastel colour.
pastilli lozenge, pastil[le].
pastori pastor, parson,
minister; *(esim. kirjeessä,*
nimen ed.) Rev. *(lyh. =*
reverend).
pastöroida pasteurize.
pasuuna trombone.
pata pot; *(-kortti)* spade,
(-maa) spades. **-juoppo** chronic
drinker. **-kortti** spade. **-lappu**
kettle-holder. **-rouva** queen of
spades. **-suti** scourer.
pataljoona battalion.
pata|paisti braised joint.
-rumpu kettledrum. **-ässä** ace
of spades.
pateettinen high-flown,
(liikuttava) pathetic.
patent|inhaltija patentee. **-oitu**
patented.
patentti patent; *saada, ottaa ~*
jllek obtain (take out) a p.
for.. **-anomus** application for
a patent. **-kirja** letters patent.
-lääke patent (proprietary)
medicine. **-toimisto** patent
agency. **-virasto** patent office.
patikkaretki hiking tour.
patja mattress. **-kangas**
tick[ing]. **-npäällinen** tick.
pato dam; barrage; *(suoja-)*
dike, dyke, embankment.
patologi pathologist. **-a**
pathology. **-nen** pathologic[al].

pato|luukku sluice [-gate].
-**utua** be dammed; *-utunut (esim. tunne)* pent-up, repressed.
patriarkka patriarch.
patriisi patrician.
patruuna cartridge. -**vyö** cartridge-belt.
patsas statue; *(pylväs)* pillar; column; *(puu-)* post.
patteri *sot.* battery; *(lämpö-)* radiator.
patti spavin; *(šakkip.)* stalemate.
patukka truncheon, staff.
pauh|ata roar; rumble. -**ina, -u** roll; rumble; din, noise.
paukah|dus bang, *(pamaus)* report. -**taa** *ks. pamahtaa;* ~ *kiinni* shut with a bang.
pauke noise, din; *tykkien* ~ roar (booming) of guns, cannonade.
paukku|a crack; *(ryskää)* crash; *on -va pakkanen* it is bitterly cold. -**panos** blank cartridge.
paukuttaa *(ovia ym)* bang, slam; ~ *käsiään* clap one's hands.
paul|a *(nyöri)* string, *(kengän ym)* lace; *(ansa)* snare, trap; *saada jku -oihinsa* get a p. in one's toils; *(~kenkä* laced shoe.). -**oittaa** lace up; tie up.
paussi rest, pause.
paviaani *zo.* baboon.
paviljonki pavilion.
pedaali *(poljin)* pedal.
pedago|gi educationalist. -**giikka** pedagogy, pedagogics.
pegamoidi leatherette.
pehku(t) litter.
pehme|ntää make.. soft [er], soften. -**tä** soften, become soft[er]; *(heltyä)* relent. -**ys** softness *jne.* -**ä** soft; *(hento)* tender; *~t kannet (kirjan)* limp covers; *tehdä ~ lasku* soft-land; ~ *maa* loose soil.
pehm|ike cushion, pad. -**ittää** soften; *kuv. (piestä)* lick, beat. -**itä** soften. -**ustaa** cushion, pad, upholster. -**uste** padding.
pehtori steward, bailiff.
peijakas darn it!
peikko [hob]goblin, troll, *(mörkö)* bugbear.
peilata *mer.* take the bearings.

peili looking-glass; mirror. -**kirkas** glassy [surface, *pinta*]. -**kuva** mirror image; reflection. -**lasi** plate glass.
peipponen chaffinch.
peite cover[ing], coat, cloak; *(vuode-)* quilt; *(untuva-)* eiderdown, downie; *(huopa)* blanket.
peite|llä cover [up]; conceal, hide; *(lapsi)* tuck up [in bed]; ~ *jkn vikoja* gloss over.. *.'s* faults; *peittelemättä* unreservedly; *(suoraan)* in plain words, straight out.
peitenimi code name.
peitsi spear; lance, pike.
peitte|inen: *lumi~* covered with snow, snow-covered. -**lemätön** undisguised, plain; *(avomielinen)* unreserved, frank.
pei|tto cover[ing]; *vrt. peite; olla jnk peitossa* be covered (by *t.* with). -**ttyä** become covered (with); be wrapped [up] (in); be coated (with). -**ttää** cover, cover up; *(verhota)* envelop; *kuv.* disguise, cloak; *tekn.* coat; ~ *jk näkymästä* hide.. from view; *se ~ menot* it covers the expenses.
pekoni bacon.
pelaaja player.
pelargoni geranium.
pelas|taa save; *(vaarasta ym)* rescue [from drowning, *hukkumasta*], *(tavaraa)* salvage. -**taja** rescuer. -**tautua** save oneself. -**tua** be saved; escape; be delivered (from).
pelastus rescue (from); *mer. ym* salvage; *(vapahdus)* salvation. -**armeija** Salvation Army. -**keino** [means of] rescue. -**köysi** life-line. -**laite** life-saving apparatus. -**miehistö** *mer.* lifeboat crew, *(tavaran)* salvage men. -**rengas** *(-poiju)* life-buoy; *vrt. -vyö.* -**toiminta, -työ** rescue work (operations), *(tavaran)* salvage work. -**vene** lifeboat. -**vyö** life-belt, cork jacket. -**yhtiö** salvage company.
pelata play; *(uhkapeliä)* gamble; ~ *korttia* play cards;

menettää pelaamalla gamble away.

peli game; *(leikki)* play; *(ottelu)* match; *panna ~in* stake. **-erä** round. **-himo** passion for gambling.

pelikaani zo. pelican.

peli|kortti [playing-] card. **-kumppani** partner. **-luola** gaming club, gambling hall (den). **-markka** chip, counter. **-nappula** man, piece. **-seura** card party. **-velka** gambling debt. **-voitto** winnings at cards.

pelkistää kem. reduce.

pelkkä mere, nothing but; *(puhdas)* pure; sheer; *minulla on ollut ~ä iloa hänestä* he has brought me nothing but joy; *~ä pötyä* sheer nonsense.

pelk|o fear, dread; apprehension; *(pelästys)* fright; *jnk pelosta* for fear of; *olla peloissaan* be afraid, be frightened, *(jnk puolesta)* be afraid for, be anxious about; *herättää ~a jkssa* inspire. . with fear. **-uri** coward; *(~mainen* cowardly; *~maisuus* cowardliness). **-uruus** cowardice.

pelkästään merely, only; simply; *~ jo. . syystä* if for no other reason than. .

pelkää|mättä without fear, fearlessly. **-mätön** fearless.

pellava flax; *(liina)* linen. **-inen** flax [en]; linen. **-lanka** linen thread. **-nsiemen** flax seed, lääk. linseed. **-pää** flaxen-haired child. **-tehdas** linen factory. **-tukka** flaxen hair. **-öljy** linseed oil.

pelle, -illä clown, lark about. **-ily** larking.

pelo|kas timid, timorous; fearful, apprehensive. **-kkuus** timidity. **-naihe** cause for alarm. **-nsekainen** mingled with fear. **-tella** give. . a fright; *ei antanut itseään ~* refused to be intimidated. **-ton** undaunted, undismayed, fearless, intrepid.

pelott|aa frighten, scare; *(säikähdyttää)* startle; *(tekemästä jtk)* deter (from +

-ing); *(synnyttää pelkoa jkssa)* inspire. . with fear, intimidate, *(kunnioituksen sekaista)* fill with awe, *(kauhistuttaa)* terrify; *minua ~* I am afraid, I feel frightened, I dread [to go there, *mennä sinne*]; *-ava* frightening; terrifying.

pelottelu scaring, intimidation. **-ase, -keino** deterrent.

pelottomuus fearlessness.

pelti *(levy)* plate, *(ohut)* sheet *(esim. rauta~* sheet-iron); *(uunin)* damper. **-katto** galvanized iron roof. **-rasia** tin, Am. can. **-seppä** tinsmith, sheet-iron worker.

pelto field; *(-maa)* cultivated ground; *ajaa jku pellolle* turn. . out; *heittää pellolle (kuv.)* chuck [it] out. **-hiiri** [striped] fieldmouse. **-kana** partridge. **-maa** arable land. **-pyy** ks. -kana **-tilkku** patch.

peluri gambler.

peläs|tys fright. **-tyttää** frighten, scare. **-tyä** be (get) frightened, be scared, take fright; *-tynyt* frightened, scared; startled.

pelätä fear; be afraid, *jtk* of; *~ henkeään* be (go) in fear of one's life; *hän pelkäsi putoavansa* he was afraid of falling; *on pelättävissä, että. .* it is to be feared that; *älä pelkää* don't be frightened! *pelkäänpä, että niin on* I am afraid so; *(kahden miehen) pelätään kuolleen* are feared dead.

penger bank, embankment, *(pato)* dike; *(~mä)* terrace; *rata~* railway embankment. **-mä** terrace. **-mäinen** terraced. **-rys** embankment. **-tää** bank up, embank; terrace.

peni|kka *(koiran)* puppy, pup; *(karhun, leijonan ym)* cub; *(~mainen* puppyish; *~tauti* distemper). **-koida** whelp.

peninkulma 10 kilometres, league.

penisilliini penicillin.

penkki bench, seat; *(kirkon-)* pew. **-rivi** row [of benches], *(kohoava)* tier [of seats]. **-urheilija** sports fan.

penkoa rummage (in), *(tonkia)*

grub (in), *(esim. taskuja)*
fumble (in).

penni penny *(pl. pence,*
pennies). **-tön** penniless.

pensai|kko thicket [of bushes],
bush; brushwood, *(matala)*
scrubland. **-nen** bushy.

pensas bush; shrub. **-aita** hedge.

penseä lukewarm, half-hearted.

pens|seli brush. **-lata** paint
[the throat, *kurkkua*].

pentu cub, *(koiran)* pup[py],
(kissan) kitten; *halv. (lapsesta)*
brat; *saada ~ja* bring forth
young, whelp.

perata *(puutarhaa ym)* weed,
(kuokalla) hoe [up]; *(raivata)*
clear; *(marjoja)* pick over,
(karviais-) top and tail;
(kaloja) clean, gut.

pereh|dyttää *(jhk)* make. .
acquainted (familiar) with;
initiate into. **-tymätön** *(jhk)*
unfamiliar with, not
conversant with; *asiaan ~*
(m.) uninitiated. **-tynyt** *(jhk)*
[well] acquainted with,
familiar with, [well] versed
in, well up on, steeped in.
-tyä become familiar with, get
acquainted with, *(päästä*
perille) get into.

perfekti perfect [tense].

pergamentti parchment. **-käärö**
roll of parchment.

pergamiini greaseproof paper.

perhe family; household;
~ittäin by families; *hyvästä*
~estä of good family, well
connected; *nelihenkinen ~* a
family of four. **-asiat** family
affairs. **-ellinen:** *~ mies* man
with a family, family man.
-elämä family life.

perheen|emäntä housewife.
-huoltaja breadwinner. **-isä**
father of a (the) family.
-jäsen member of the family;
asua ~enä kodissa live with
the family.

perhe|hauta family tomb.
-huolet domestic trouble.
-kasvatus *l. v.* homemaking.
-kunta family; household.
-onni domestic happiness.
-piiri family circle. **-riita**
domestic quarrel. **-suhteet**
family circumstances. **-syyt:**

-syistä for family reasons.
-tuttava family friend.

perho *(onki-)* fly. **-nen**
butterfly, *(yö-)* moth.

perhos|onki fly-hook. **-uinti**
butterfly stroke.

peri|aate principle; *-aatteesta*
on p.; *-aatteen mies* a man
of principle. **-aatteellinen**. . of
principle; *~ kysymys* question
of principle. **-aatteellisesti** in
principle; on principle; *olen*
~ samaa mieltä I agree in p.
-aatteeton unprincipled.

perijä inheritor, *(nainen)*
inheritrix; heir, *jnk* to. **-tär**
(rikas) heiress.

peri|kato ruin; destruction;
joutua ~on be ruined; *~on*
tuomittu doomed. **-ksi:** *antaa*
~ yield, give in. **-kunta** heirs.
-kuva prototype, *(malli)*
paragon, model. **-kuvallinen**
typical.

perille to the destination;
there; *~ saakka* all the way
there; *ajaa asia ~* carry
(push) the matter through;
saapua ~ reach one's
destination, arrive; *päästä jstk*
~ find out; *en voi päästä*
tuosta ~ I can't make that
out; *~ toimittamaton*
undelivered.

perilli|nen heir, *vrt. perijä;*
kuoli ilman -stä died without
issue.

perillä at one's destination;
there; *milloin olemme ~*
when are we there? *olla ~*
jstk be familiar with; *hän on*
~ niistä asioista he is well
informed on such matters;
asioista ~ olevien lähteiden
mukaan according to informed
sources.

perimmäinen hindmost;
farthest, utmost, extreme.

perimys inheritance. **-järjestys**
succession.

perimä|tapa established custom.
-tieto tradition. **-tön**
uncollected; unclaimed.

perin thoroughly; *(ylen)*
extremely; exceedingly; *~*
harvoin very rarely; *~ tärkeä*
highly important. **-juurin**
thoroughly, radically, root and

branch.
perin|ne tradition. **-näinen** traditional. **-näistapa** traditional custom. **-näistieto** tradition.
perinnölli|nen hereditary; *(peritty)* inherited. **-syys** heredity; (**~tiede** genetics).
perinnönjako division of inheritance.
perinnö|tön disinherited; *tehdä -ttömäksi* disinherit.
perinpoh|jainen thorough; *(seikkaperäinen)* circumstantial, detailed. **-jaisuus** thoroughness. **-jin** thoroughly, radically;. . in detail, minutely.
perinteellinen traditional; conventional.
perintä *(maksun)* collection.
perintö inheritance; legacy; *jättää ~nä jklle* leave to; *luopua perinnöstä* renounce one's inheritance; *saada perinnöksi* inherit; *tila on mennyt ~nä isältä pojalle* the farm has passed (descended) from father to son. **-kaari** laws of inheritance. **-osa,** **-osuus** share of an inheritance. **-tila** family estate. **-vero** inheritance tax.
peri|synti original sin. **-vihollinen** arch enemy. **-ytyä** be inherited, *(perinne)* be handed down, pass [from father to son]; *(tauti) -ytyy* is hereditary, can be transmitted (from. . to. .); *-ytyy (jltk ajalta)* goes back to; *-ytyvä (m.)* heritable.
periä inherit, come into [a fortune, *suuri omaisuus*]; *(kantaa)* collect; levy [taxes, *veroja*]; *(oikeuden kautta)* recover [damages, *vahingonkorvausta*].
perjantai Friday; *~na* on F.
perk|aamaton uncleaned; *(puutarha)* unweeded; *vrt. perata.* **-aus** cleaning *jne.; (maan)* clearing. **-eet** *(kalan)* guts.
perkele the devil.
permanto floor; *teatt. etu~* stalls; *taka~* pit. **-paikka** stall, seat in the stalls; seat in the pit.

perna spleen, milt. **-rutto** anthrax.
Persia Persia. **p-lainen** *a. & s.* Persian.
persikka peach. **-puu** peach-tree.
persilja parsley.
perso greedy, extremely fond (of); *puhek.* a pig for [ice-cream etc].
personoida personify.
persoona person. **-llinen** personal. **-llisuus** personality; *ks. henkilökohtaisuus.* **-pronomini** personal pronoun. **-ton** impersonal. **-ttomuus** impersonality.
perspektiivi perspective.
peru inheritance.
peruk|ka out-of-the-way corner; *Pohjan -koilla* in the Far North.
Peru Peru. **p-lainen** *a. & s.* Peruvian.
peruna potato *(pl. -es).* **-jauhot** potato flour. **-lastut** chips. **-maa** potato field, *(pieni)* potato patch. **-nistutus** potato planting. **-nnosto** potato lifting. **-rutto** potato blight. **-sose** mashed potatoes.
perunkirjoitus inventory of a deceased person's estate.
perus|aine primary matter, elemental substance. **-aineenvaihdunta** basic metabolic rate. **-ajatus** fundamental idea. **-asento** attention; *seisoa -asennossa* stand at a. **-edellytys** essential condition. **-kallio** ground-rock. **-kirja** charter. **-kivi** foundation stone. **-koulu** »basic school», *l. v.* comprehensive school (covering 4 years of primary and 5 of secondary education). **-korjaus** primary repairs. **-luku** cardinal number. **-piirre** fundamental characteristic; essential feature. **-pääoma** initial capital. **-syy** primary cause. **-sävel** key-note.
perusta foundation; base; *kuv.* basis.
perus|taa found; establish; *(panna alulle)* set up, start; *(nojata)* base (on); *~ professorinvirka* create a university chair; *ei siitä*

kukaan -ta nobody cares
about that; *-tava kokous*
constitutive meeting; *vrt.*
perustella. **-taja** founder. **-te**
ground, basis; *(syy)* reason,
argument; *sillä ~ella, että* on
the ground that; *tällä ~ella*
on this basis; *millä ~illa?* on
what grounds? **-teellinen**
thorough [-going]; *(syvällinen)*
profound. **-teellisuus**
thoroughness. **-teeton**
groundless; unfounded.
-telematon unaccounted for.
-tella give reasons for, state
arguments for, account for;
make out a case for; *tarkoin*
-teltu closely argued; *-telee*
(jtk) hyvin makes out a good
case for; *onko -teltua, että*
Suomi. . is there a case for
Finland [. . -ing]; *heidän*
asiansa oli heikosti -teltu they
put forward a weak case.
-telu argument, line of
argument. **-tua** *(jhk)* be
founded (based) on.
perustus foundation, base;
groundwork; *kuv.* basis;
laskea ~ jllek lay the
foundation of, found; *paloi*
perustuksiaan myöten burnt to
the. ground. **-kustannukset**
initial expenses. **-lainvastainen**
constitutional. **-lainvastainen**
unconstitutional. **-laki**
constitution [act], basic law;
(~**valiokunta** constitutional
committee).
peruukki wig.
peruu|ttaa back, reverse [a
car, *auto*]; *kuv.* revoke, call
off; *(tehdä mitättömäksi)*
cancel; *~ hakemus* withdraw
an application; *~ sanansa*
take back one's word; *~*
tilaus cancel an order; *~*
(uutinen) sanomalehdessä
deny. **-ttamaton** irrevocable.
-ttamattomasti irrevocably;
positively [the last time,
viimeinen kerta]. **-tua** be
cancelled; *kauppa on -tunut*
the deal is off. **-tus**
withdrawal; cancellation,
annulment; (~**peili** driving
mirror; ~**vaihde** reverse,
reversing gear).

perä rear, back [end], tail
end; *(aluksen)* stern; *(pyssyn)*
butt; *~n puolella* astern (of);
pitää ~ä steer; *huhussa ei*
ole ~ä the rumour has no
foundation. **-aukko** anus. **-hytti**
aft [er] cabin. **-isin:** *olla ~*
(jstk) come from, derive
from, originate in, *(ajalta)*
date from; *~ Ranskasta* of
French origin. **-kansi** quarter
deck. **-kkäin** one after
another; *(yhtä mittaa).* . in
succession; *kolmena päivänä*
~ on three successive days,
for three days running (in
succession). **-kkäinen**
consecutive, successive. **-lasti:**
~ssa overloaded by the stern.
-lle to the rear, towards the
back; *huoneen ~* to the far
end of the room. **-llä** in the
rear; in the background.
-mies mate; *ensimmäinen ~*
first mate, first officer.
-moottori outboard motor.
-npitäjä steersman, helmsman.
-puikko suppository. **-pukamat**
piles, h [a] emorrhoids. **-ruiske**
enema. **-ruisku** enema syringe.
-sin rudder, helm, steering
gear; *olla -simessä (m. kuv.)*
be at the helm. **-ssä** in the
rear, *(laivan)* aft; *(jäljessä)*
after; behind. **-stä** after;
behind; *jonka ~* after which,
whereupon; (~**päin** afterwards;
later). **-suoli** rectum. **-ti** quite,
altogether; *(täysin)* wholly;
extremely; *~ turmeltunut*
utterly corrupted, rotten to
the core. **-täinen** successive,
consecutive. **-ttömyys**
groundlessness. **-tysten** one
after another. **-tön** groundless,
baseless; unfounded;
osoittautui -ttömäksi proved
groundless. **-valo** *(auton)*
backlight, tail-light. **-vannas**
stern-post. **-vaunu** trailer.
-yttää back. **-ytyä** back [out
of, *jstk*]; *sot.* retreat, fall
back; *~ tarjouksestaan*
withdraw one's offer, pull out.
perään behind; *antaa ~* give
way; give in, yield, submit
(to); *katsoa jnk ~* look after.
-antavainen compliant.

-antavaisuus compliance.
-tyminen backing out; *sot.*
retreat. **-tyä** *sot.* retreat.
pese|ttää have. . washed, have. .
cleaned. **-ytyä** wash [oneself],
have a wash.
pesijä washerwoman, laundress.
pesimis|aika nesting-time.
-pönttö bird house, bird box.
pesi|ytyä *kuv.* establish itself
(in), gain a hold (on). **-ä**
nest.
pessimistinen pessimistic.
pest|ata engage, hire; *sot.*
recruit. **-aus** engagement; *sot.*
enlistment. **-autua**
(sotapalvelukseen) enlist;
(laivaan) ship (on board. .). **-i**
hire; *ottaa* ~ enlist.
pestä wash; ~ *astioita* wash
dishes, wash up; ~ *auto* give
the car a wash [-down]; ~
kätensä wash one's hands
(kuv. of. .); ~ *lattia* mop,
(harjalla scrub) the floor; ~
pyykkiä wash, do [the]
washing, launder; *-vä*
washable; *onko tätä helppo*
~? does this *(t.* will it)
launder well?
pesu wash[ing]. **-aine** *(jauhe)*
washing powder, detergent.
-allas wash-basin; *(keittiön)*
sink. **-istuin** bidet. **-karhu** *zo*
raccoon. **-kone**
washing-machine, washer. **-la,**
-laitos laundry; *(itsepalvelu-)*
launderette; *(kemiall.)* the
cleaners. **-nkestävä** washable;
fast [colour, *väri*]. **-sieni**
sponge. **-vaatteet** washing.
-vati washbasin.
pesä nest *(m. kuv.)*;
(maanalainen) lair, hole;
(kuolin-) estate; *(liesi)* grate;
(esim. paheen) hotbed. **-ero**
settlement of property
[between husband and wife].
-ke *(taudin)* nest, seat of
disease, *lääk.* focus;
konekivääri~ machine-gun
nest. **-muna** nest-egg. **-njako**
distribution of an estate
[among the heirs]. **-nselvittäjä**
administrator; executor.
-nselvitys winding up of a
deceased person's estate.
-paikka nest, seat; *(et.*

paheiden) hotbed, sink [of
vice]. **-pallo** Finnish baseball.
petku|ttaa cheat, swindle, take
in; fool, trick, pull a p.'s leg.
-ttaja cheat, swindler; *(toisena
esiintyvä)* impostor. **-tus**
cheating, swindle; fraud.
peto [wild] beast. **-eläin** beast
of prey, predator. **-lintu** bird
of prey.
petolli|nen deceitful, false,
treacherous; fraudulent;
(asioista, m.) deceptive,
delusive [hope, *toivo*]. **-suus**
deceitfulness, falseness;
fraudulence.
peto|mainen brutal. **-maisuus**
brutality.
petos deceit, deception,
betrayal, fraud; *(vilppi)*
treachery; *petoksella* by
cheating.
petroli: *valo~* ks. paloöljy.
petsata *(puuta)* stain.
petturi traitor; betrayer.
petty|mys disappointment;
(turhauma) frustration; *tuottaa
jklle* ~ *(m.)* let. . down. **-ä**
be disappointed; be frustrated;
~ *jnk suhteen* be mistaken
(in, as to, about); *-nyt*
disappointed; *-neet toiveet*
thwarted (frustrated) hopes.
pettä|mätön unfailing; *(varma)*
infallible. **-vä** deceitful;
deceptive, fallacious.
pettää deceive; *(kavaltaa)*
betray; *(ystävä)* let. . down;
(johtaa harhaan) delude; ~
kaupassa cheat. . in a
bargain; ~ *jkn luottamus* play
a p. false; ~ *sanansa* break
(go back on) one's word;
hänen rohkeutensa petti his
courage deserted (failed) him;
hänen laskunsa pettivät he
miscalculated; *perustus petti*
the foundation gave way.
peuhata romp, be boisterous.
peukalo thumb; *hänellä on* ~
keskellä kämmentä his fingers
are all thumbs; *pidä* ~*a
pystyssä!* thumbs up! **-ida**
tamper (with). **-inen**
Hop-o'-my-Thumb; *zo.* wren.
-kyyti: thumbed ride; [give,
get] a lift; *pyytää* ~*ä* thumb
a lift. **-sääntö** rule of thumb.

peukku *ks. peukalo; pitää ~a*
cross one's fingers, keep one's
fingers crossed.

peura [wild] reindeer; *Am.*
caribou; *laukon~* white-tailed
deer.

piakkoin soon, shortly; at an
early date.

pian soon, in a little while; ~
sen jälkeen shortly after
[that]; *niin ~ kuin* as soon
as.

piano [upright] piano; *soittaa
~a* play the piano. **-kappale**
piece for the piano. **-konsertti**
piano recital. **-nkieli** piano
string. **-nkosketin** key.
-nsoittaja piano player,
pianist. **-nvirittäjä** piano tuner.
-sovitus arrangement for the
piano. **-tuoli** piano stool.

pidellä hold [a p. by, *jkta
jstk*]; *(käsitellä)* handle,
(kohdella) treat; ~ *pahoin*
ill-treat, treat cruelly, use..
roughly.

pide|nnys extension,
prolongation; *(lykkäys)* respite.
-ntää lengthen; extend; *(et.
ajasta)* prolong. **-tä** become
longer, lengthen; be prolonged.

pidi|ke holder, catch, clamp. **-n**
(yhd.) -holder; *lampun ~*
lamp socket.

pidot banquet; feast.

pidä|ke clog; *kuv.* bar, *psyk.*
control, restraint; *vapautua
-kkeistä* break loose from all
restraint. **-tellä** hold back;
henkeään -tellen with bated
breath. **-ttyväinen** abstemious;
reserved. **-ttyväisyys**
abstinence; continence,
restraint; *kuv.* reserve. **-ttyä**
restrain oneself, check oneself;
contain oneself; ~ *jstk* refrain
from, abstain from [drinking,
juomasta], *(esim. väkivalt.
teosta)* withhold one's hand;
esiintyä -ttyvästi keep one's
distance. **-ttyä, -ttäytyä**
(äänestämästä) abstain [from
voting]. **-ttää** hold back, keep
back; restrain; *(vangita)*
arrest, detain, take.. into
custody; *(ei antaa, ei maksaa)*
withhold; *(oikeus jhk)* reserve;
~ *henkeään* hold one's

breath; ~ *nauruaan* keep
back one's laughter, refrain
from laughing; *en voinut ~
nauruani (m.)* I could not
help laughing; ~ *jkn tuloista*
stop.. out of sb.'s income; ~
virantoimituksesta suspend..
from office; *kaikki oikeudet
p-tetään* all rights reserved;
-tettynä in detention. **-tys**
arrest, detention, *(veron ym*
stoppage; *-tykset [esim.* social
insurance contribution]
stoppages. *(~kyky* continence
[of urine etc.]).

piehtaroida roll [about],
tumble [about]; wallow,
welter.

pieli post, *(oven)* doorpost,
(ikkunan ym.) jamb; *oven
pielessä* at the door; *mennä
pieleen* go wrong, go off the
rails, go to the devil, go
phut.

piena fillet, moulding; lath.

pien|ehkö rather small,
smallish. **-eliö** micro-organism.
-eneminen diminution. **-enevä**
diminishing. **-ennys** reduction;
decrease. **-entyä, -etä** decrease
[in size], diminish, become
smaller. **-entää** make..
smaller; *(vähentää)* diminish,
cut down [expenses, *kuluja*],
reduce; *(vaatekappale)* take
in; *(alentaa)* lower, lessen;
(paloitella) cut up, chop.

pieni small; little; *pienen ~*
tiny, minute; ~ *lapsi* little
child, baby; ~ *muutos* slight
change; *pienet rahat* change;
se on ~ asia it it a trifling
matter; *pienempi* smaller;
(joskus) lesser, minor;
(vähempi) less; *pienin*
smallest, least; *pienemmässä
määrin* to a less extent.
-kasvuinen small [in stature].
-kokoinen small-sized. **-ruutui-
nen** small-checked, fine-checked.

pien|jännite *sähk.* low tension.
-kuluttaja small-scale consumer.

piennar *(pellon)* edge.

pienois|bussi minibus. **-kivääri**
small-bore rifle. **-koko**
miniature; *~a* in m. **-kuva**
miniature. **-malli** scale model.

pien|okainen baby, little one.

-tenlastenkoulu infant school *(lastentarha)* nursery s.
pien|teollisuus small [-scale] industry. -tila small-holding.
-viljelijä small farmer, smallholder.
pienuus smallness, small size.
piestä whip, lash; flog; *(lyödä)* beat; ~ *jku pahanpäiväiseksi* beat. . black and blue.
piha yard; ~*lla* in the y. -maa [court]yard; *(koulun, m.)* playground. -npuoleinen: ~ *huone* room facing the courtyard.
pihdit [pair of] tongs; *(laakaym)* pliers; *(katko-)* nippers; *lääk. ym* forceps.
pihistä fizz, sizzle.
pihistää pinch.
pihka resin, gum; *olla* ~*ssa jkh (kuv.)* have a crush on, be sweet on. -antua *kuv.* get stuck (on). -inen resinous, pitchy.
pihlaja rowan [-tree], mountain ash. -nmarja rowan-berry.
pihti *ks. pihdit.* -liike *sot.* pincer movement.
pihvi beefsteak.
pii flint, silicon; *kova kuin* ~ flinty. -happo silicic acid. -kivi flint.
piika hired girl.
piikitellä taunt.
piikki thorn, *(pieni)* prickle, *(esim. siilin)* spine; *(ampiaisen)* sting; *(-langan)* barb; *(haravan ym)* prong; *(kamman)* tooth; *(naula)* spike; *(pistosana)* prick, fling, taunt. -kampela turbot. -kenkä spiked shoe. -korko stiletto heel. -lanka barbed wire; (~-aita barbed-wire fence; ~este barbed-wire entanglement). -nen thorny, prickly. -sika porcupine. -syys prickliness.
piil|eksiä hide, lie in hiding, lie hidden, *(esim. rikollinen)* lie low. -lä be hidden, be concealed; *siinä -ee suuri vaara* a great danger lurks there; -*evä (lääk.)* latent.
piilo hiding-place; *olla* ~*ssa* be hidden, be in hiding, hide; *mennä* ~*on* hide; *panna* ~*on*

hide [away]. -kamera candid camera. -lasit contact lenses.
-paikka hiding-place, *(eläinten, m.)* covert; *(kätkö)* secret place; *(sopukka)* recess, cranny. -silla: *olla* ~ play hide-and-seek. -tajunta the unconscious. -ttaa hide, conceal; *(esim. pakolaista)* shelter. -utua hide, *jklta* from.
piilu hatchet.
piimä sour milk, *(kirnu-)* buttermilk.
piina torture; agony, torment. -llinen painful, *(kiusallinen)* embarrassing, awkward. -penkki rack.
piinty|ä become fixed [in a habit]; -*nyt* inveterate; confirmed.
piipittää cheep, chirp.
piippu pipe; *(kiväärin)* barrel. -hylly pipe-rack; *teatt.* gallery. -tupakka pipe tobacco.
piipun|pesä pipe bowl. -polttaja pipe smoker. -varsi pipe stem.
piirakka, piiras pie; pasty; *(marja-)* tart.
piiri circle; *(rengas)* ring, *geom. ym* circumference; *(alue)* district; *(ulottumis-)* scope, range; *asettua* ~*in jkn ympärille* form a circle around. .; *hienoissa piireissä* in elegant circles; *koko maan* ~*n käsittävä* global; *leviää kansan* ~*in* spreads among the people. -kunta district. -leikki round game. -lääkäri district physician. -ttää besiege *(m. kuv.)*, lay siege to; *(ympäröidä)* surround; *(estääkseen ulospääsyn)* blockade. -tys siege; *lopettaa* ~ raise the siege; (~*tila* state of siege).
piir|re feature, *(luonteen-, m.)* trait; *suurin piirtein* on the whole, by and large. -ros drawing, design; sketch; diagram. -to score, mark, *(viiva)* line; *(esim. kynän)* stroke. -tyä be delineated; *(jtk vastaan)* be outlined against. -täjä drawer; *(ammatti-)* designer, draughtsman. -tää draw; design; *(luonnostaa)* outline, sketch; ~ *viiva* draw

(trace) a line; -*retty elokuva* animated film.

piiru mark, (*kompassin*) point; (*puu*) spar, pole.

piirustaa draw.

piirustus drawing; design; sketch. -**hiili** charcoal. -**lauta** drawing-board. -**lehtiö** sketch block. -**liitu** crayon; pastel. -**nasta** drawing pin. -**sali** art room. -**taito** draughtsmanship.

piisami musk-rat.

piiska whip. -**auto** radio patrol car. -**nisku** lash with the whip. -**nsiima** lash. -**ta** whip, (*mattoja*) beat.

piispa bishop. -**llinen** episcopal. -**nistuin** see, bishop's throne. -**nsauva** crosier.

piitata concern oneself, trouble oneself (about); *siitä minä vähän piittaan* I don't care a rap! I don't give a damn!

piittaamat|on unconcerned [about other people's feelings]. -**tomuus** lack of consideration.

pika: *tuota ~a* instantly, at once, in no time.

pikai|nen quick, rapid; speedy; prompt; ~ *luonne* quick (hot, hasty) temper. -**stua** lose one's temper, flare up. -**stus** rashness; -*stuksissa* (*lak.*) without premeditation. -**isuus** quickness; hastiness.

pika|jakelu special delivery. -**juna** express [train], fast train, non-stop train. -**juoksija** sprinter. -**kirje** express letter. -**kirjoittaja** stenographer; *kone- ja ~* shorthand-typist, *Am.* stenographer. -**kirjoitus** shorthand, stenography. -**kivääri** light machine-gun, rapid-fire rifle. -**kurssi** crash course. -**käynti** lightning visit. -**luistelu** speed skating. -**luistin** racing skate. -**lähetti** express messenger; courier. -**marssi** forced march. -**moottori** speedboat.

pikantti piquant; cute.

pika|oikeus drumhead court martial. -**posti:** ~*ssa* by special delivery. -**puhelu** priority call. -**päinen** hot-headed; rash.

pikari cup; goblet.

pika|tavara express goods; (~**toimisto** express delivery office). -**tie** clearway, expressway. -**tuli** rapid firing. -**tykki** rapid-fire gun. -**viesti** express message, *urh.* sprint relay. -**vihainen** quick to take offence, touchy, irascible. -**vihaisuus** quick temper.

pikee (*kangas*) piqué.

pikemmin quicker, sooner; (~*kin*) rather; ~ *kuollut kuin elävä* more dead than alive.

piki pitch; (*suutarin-*) cobbler's wax. -**intyä** *kuv.* get sweet, get stuck (on). -**lanka** waxed thread, wax thread.

pikimmin: *mitä ~* as soon as possible, at an early date.

piki|musta pitch black; jet black [hair, *tukka*]. -**nen** pitchy.

pikkelsi pickles.

pikku little, tiny. -**asia** trifle, trifling matter. -**auto** [passenger *t.* private] car; taxi. -**joulu** *l.v.* (*esim. firman*) Christmas staff party. -**kauppias** small tradesman. -**kaupunki** small town; country town. -**leivät** biscuits, cookies. -**mainen** mean; overparticular. -**maisuus** meanness. -**piru** imp. -**raha** [small] change. -**ruinen** tiny, minute, *Skotl.* wee. -**seikka** trifle; minor point. -**serkku** second cousin. -**sormi** little finger. -**tavarat** small wares, haberdashery, fancy goods. -**tunnit** small hours. -**vanha** precocious. -**varvas** little toe.

pila (*leikki*) joke, jest; fun; *mennä ~lle* be ruined; *vrt. seur.; on ~lla* is spoilt; *tehdä ~a jstk* make fun of; *piloillaan* for (*t.* as) a joke, for the fun of the thing, jestingly. -**antua** be ruined; -*tunut* damaged, (*liha ym*) tainted, (*hedelmä*) decayed; *on -tunut* has gone bad; *helposti p-tuva* perishable. -**antumaton** unspoilt, undamaged; in good condition. -**hinta** *ks. pilkka-.* -**illa** banter, chaff; make fun (of sb.). -**juttu** anecdote. -**kuva**

cartoon, caricature. **-lehti** comic paper. **-npäiten** for [the] fun [of it]. **-nteko** joking; fooling. **-piirros** caricature, (*et. poliittinen*) cartoon. **-piirtäjä** caricaturist, cartoonist. **-puhe** joking.

pilari pillar; column. **-sto** colonnade.

pilata spoil; (*turmella*) ruin; mar; (*vahingoittaa*) damage; ~ (*lapsi*) *hemmottelemalla* spoil [a child].

piletti ticket; *ks. lippu.*

pilkah|dus glimpse; *toivon* ~ a glimmer of hope. **-taa** (*välähtää*) glimmer, (*esille*) peep out; *näin. .n -tavan esille* I caught a glimpse of.

pilkalli|nen mocking, derisive; (*ivallinen*) scornful, sneering, ironical. **-suus** derisiveness.

pilkata scoff; mock (at), deride; ~ *Jumalaa* blaspheme; *Jumalaa pilkkaava* blasphemous.

pilkistää peep [out].

pilkka 1. ridicule; mockery; scoffing, derision; (*leikki*) jest, fun; *pitää jkta ~naan* make fun of, make a fool of; *joutua pilkan esineeksi* become a laughing-stock (an object of derision). **2.** (*merkki*) blaze; (*maali*) target; *osua keskelle ~a* hit the bull's eye. **-aja** scoffer, mocker; (*Jumalan-*) blasphemer. **-anammunta** target-practice. **-hinta** ridiculously low price; *-hinnasta* at a great bargain; for a song. **-huuto** sneer, jeer, hoot. **-kirves** joker, wag. **-nauru** derisive (scornful) laugh [ter]. **-nimi** nickname. **-runo** lampoon. **-sana** taunt, gibe.

pilkki|onginta ice fishing. **-onkija** ice fisherman.

pilkkoa split; (*puita*) chop; *maa on pilkottu* the country has been dismembered.

pilkkopimeä *a.* pitch dark; *s.* pitch darkness.

pilkku dot; speck; (*täplä*) spot; (*välimerkkinä*) comma; *i:n* ~ dot over i; *pilkulleen* exactly

[the same size, *yhtä suuret*], to a T. **-kuume** typhus.

pilku|llinen dotted, spotted. **-ttaa** dot; punctuate [a sentence, *lause*].

pillahtaa: ~ *itkuun* burst out crying.

pillas|tua run away, bolt; *-tunut hevonen* runaway [horse].

pilleri pill.

pilli (*vihellys-*) whistle; (*juoma-*) straw; (*tehtaan*) hooter. **-stö** (*urku-*) pipes. **-tää:** *itkeä* ~ snivel, blubber.

pilttuu stall, box.

pilven|hattara speck of cloud. **-peittämä** overclouded. **-piirtäjä** skyscraper.

pilve|ttyä cloud over. **-tön** cloudless, unclouded.

pilvi cloud; *olla pilvessä* be overclouded, be cloudy, be overcast; *mennä pilveen* cloud over, become overcast; *~ä hipova .* reaching to the skies, sky-high. **-linna** castle in the air. **-nen** cloudy, dull [day, *päivä*] ; overcast.

pime|nnys (*auringon, kuun*) eclipse; (*sodanaikainen*) black-out. **-ntää** darken; obscure; *kaupunki on pimennettynä* there is a black-out in the town. **-tä** grow dark, [be] darken [ed]; (*himmetä*) be obscured. **-ys** darkness, dark; obscurity. **-ä** *a.* dark; *kuv.* obscure; *s.* dark [ness]; *~n tullen* at nightfall, with the fall of darkness; *~n tultua (m.)* after dark; ~ *turvin* under cover of night; *~ssä* in the dark.

pimittää darken, obscure; dim; (*tulojansa*) withhold information on one's income; (*jklta rahaa*) cheat; (*uutinen*) *-tettiin* was kept [in the] dark.

pimu bird, birdie, *Am.* baby, chick, doll.

pinaatti spinach.

pingo|tin (*kangaspuissa*) temple. **-ttaa** stretch; strain, tighten [a rope, *köyttä*] ; (*esim. opiskellessa*) overdo it; *älä -ta!* slack off a bit! *-tettu* stretched, taut. **-ttua** be stretched; tighten; *(jännittyä)* grow tense; *-ttunut* strained, tense. **-tus** strain, tension.

pingviini *zo.* penguin.

pinkka stack, pile; bundle.

pinko, -ja swot, grind.

pinna|llinen superficial, surface, *kuv. m.* shallow. **-nmitta** square measure. **-nmuodostus** topography.

pinna|ri *ark.* shirker. **-ta** shirk, *(tunnilta)* cut [a class], play truant [from school].

pinne *(liitin)* clip; *olla pinteessä* be in a fix, be in a tight place.

pinnis|tellä exert oneself. **-tys** tension; strain. **-tää** strain; exert; ~ *kaikki voimansa* exert all one's strength, strain every nerve.

pinnoi|ttaa *(rengas)* retread. **-te** surfacing, coating.

pino, -ta stack, pile.

pinsetit tweezers, small forceps.

pinta surface; *(taso)* plane; *kuv.* exterior; *pinnalta katsoen* on the surface, on the face of it; *maan ~ (m.)* the face of the Earth; *pitää ~nsa* hold out, hold one's ground. **-ala** area. **-kiilto** veneer, gloss. **-käsittely** finish, surface coating. **-liitäjä** hovercraft. **-puolinen** superficial, shallow; ~ *tutustuminen kirjaan* a cursory reading of the book. **-puolisuus** superficiality. **-vesi** surface-water.

pioneeri engineer, sapper. **-joukot** the Engineers.

pioni peony.

pipar|juuri horse-radish. **-kakku** gingerbread biscuit. **-minttu** peppermint.

pippur|i pepper; *(~nen* peppery). **-oida** pepper.

pirahdus sprinkle; *sateen ~* a sprinkle (spurt) of rain.

piris|tys stimulation; *(~pilleri* pep-pill).* **-tyä** brighten up, cheer up. **-tää** refresh, stimulate; liven. . up; *-tävä (sää)* bracing.

pirskeet *sl.* feast, spree, wild blast.

pirskottaa sprinkle.

pirst|ale splinter; ~*et (m.)* debris; *(esim. armeijan)* scattered remnant [of an army]. **-oa** break to shivers, smash; *(hajottaa)* shatter; *(valtakunta)* dismember; *(riitojen) -oma* divided by. **-ominen, -onta** *(maatilojen)* land fragmentation. **-outua** break into shivers, [be] shatter [ed].

pirta [weaver's] reed.

pirte|ys liveliness, briskness. **-ä** lively, spirited, alert, agile, *puhek. (esim. potilas)* perky.

pirtti living-room [in Finnish farm-house]; log cabin.

piru devil. **-llinen** devilish, diabolical. **-llisuus** devilry; devilishness.

pisama freckle. **-inen** freckled.

pisar|a drop. **-oida** drip; *(sateesta)* sprinkle. **-oittain** in drops, drop by drop.

piste point *(m. kilpailu-);* *(välimerkki)* full stop, period; *(pilkku)* dot; *(tutkinnossa, koul.)* mark; *hän sai 45 ~ttä* he scored 45 points. **-lakko** selective strike. **-lasku** reckoning by points.

piste|liäs *kuv.* cutting; sarcastic. **-llä** sting; *(neulalla ym)* prick; *kuv.* be sarcastic.

piste|määrä [number of] points, marks; score. **-viiva** dotted line. **-voitto** points victory; *saada ~* win on points.

pistin *(hyönteisen)* sting; *sot.* bayonet.

pisto sting, prick; *(ompelu-)* stitch; *hän sai ~n sydämeensä* his conscience pricked him. **-haava** puncture wound, stab. **-kas** slip, cutting. **-koe** random sample, sample test. **-kosketin** plug, *Am. m.* jack.

pistooli pistol.

pisto|rasia wall socket; *kytkeä ~an* put the plug in the socket, plug in. **-s** *(hyönteisen ym)* sting, bite; *(injektio)* injection, shot; *(kyljessä)* a stitch (a stabbing pain) in the side. **-sana** sarcastic remark; sarcasm, gibe. **-tulppa** plug.

pist|äytyä: ~ *jkn luona* drop

in (pop in, look in) [to see a p.], *Am.* stop in *(t.* by), drop by. **-ää** *(neulalla ym)* prick; stick *(m. pistää jhk); (hyönteisestä)* sting, bite; *(panna)* put; ~ *esiin* project, jut out, *(reiästä)* stick out; ~ *kuoliaaksi* stab to death; ~ *lauluksi* strike up a song; ~ *lävitse* pierce through; ~ *silmään* be conspicuous; *pistin sormeeni* I pricked my finger; *päähäni pisti. .* it occurred to me; *-ävä* cutting, sarcastic, *(esim. haju)* pungent.
pitki|n: ~ *jtk* along; ~ *vuotta* throughout the year; ~ *matkaa* all the way through; ~ *ja poikin* throughout [the length and breadth of]. **-ttyä** be prolonged (protracted, drawn out). **-ttäin** lengthways, lengthwise, longitudinally. **-ttäinen** lengthwise; longitudinal. **-ttää** lengthen; extend; prolong; *(viivyttää)* delay.
pitko long wheat loaf, bun loaf.
pitkulainen oblong, elongated.
pitkä long; *(ihmisestä ym)* tall; ~*n ajan,* ~*ksi aikaa* for a long time; *ei* ~*än aikaan* not for a long time; ~*stä aikaa* after a long time, after all this time; ~ *elokuva* feature film; *sinne on* ~ *matka* it is a long way off; *ennen* ~*ä* before long; *vuoden* ~*än* in the course of the year; *mennä liian* ~*lle* go too far; *näyttää* ~*ä nenää jklle* cock a snook at, thumb one's nose at; *panna* ~*kseen* lie down; ~*llekö?* how far? **-aikainen. .** of long duration; ~ *laina* long-term loan; *vrt.* **-llinen.** **-hkö** rather long, longish, *(henkilö)* fairly tall. **-ikäinen** long-lived. **-ikäisyys** longevity. **-jännitteinen** sustained. **-karvainen** long-haired. **-kasvuinen** tall. **-koipinen** long-legged. **-lle** far; *aika on kulunut* ~ the time is far advanced; ~ *päässyt* advanced. **-llinen** long; lengthy; prolonged; lingering

[illness, *sairaus*]; *onni ei ollut* ~ the happiness was short-lived. **-llisyys** long duration. **-llä** far. **-llään:** *olla* ~ be lying down, lie outstretched. **-lti** far, a long way; *(esim. puhua* ~*)* at [great] length; *onko sinne* ~ is it far off? **-matkainen:** ~ *vieras* a guest from far away. **-mielinen** long-suffering, forbearing. **-mielisyys** forbearance. **-nlainen** fairly long; ~ *matka* quite a distance; ~ *puhe* a rather lengthy speech. **-nomainen** oblong, elongated. **-npyöreä** oval. **-näköinen** long-sighted. **-perjantai** Good Friday. **-piimäinen** long-winded, long-drawn-out. **-siima** trawl line. **-sti** at great length. **-styä** grow tired [of waiting, *odotukseen*], be fed up, get bored (with); **-styttävä** boring. **-vartinen** long-handled; *(saapas)* long-legged. **-veteinen** long-winded, lengthy, *(ikävä)* tedious. **-veteisyys** tediousness. **-vihainen** unforgiving; slow to forget.
pitkään far; *katsoa* ~ *jtk* take a good *(t.* long) look at; *puhua* ~ speak at great length; *hän nukkuu* ~ *aamuisin* he is a late riser.
pito|nen *(yhd.)* containing. .; *(esim.) malmi*~ ore-bearing. **-isuus** *(yhd.)* percentage of. .; *kulta*~ gold content. **-vaatteet** everyday clothes.
pitsi lace. **-nnypläys** [bobbin] lace-making.
pitui|nen: *jnk* ~. . long,. . in length; *minun -seni mies* a man of my height; *sormen* ~ of a finger's length; *sen* ~ *se* that's the end of the story; *viiden jalan* ~ *seiväs* a fivefoot pole, a pole measuring five feet.
pituus length; *(ihmisen ym)* height; *pitkin pituuttaan* [at] full length; *kasvaa pituutta* grow in height. **-akseli** longitudinal axis. **-aste** [degree of] longitude. **-hyppy** long jump. **-mitta** linear

measure, long measure.
-suunta: ~*an* lengthwise,
longitudinally.
pitäen: *siitä* ~ ever since;
since then.
pitäjä parish, *Am.* county.
-läinen parishioner.
pitäisi should; ought to; *vrt.
ed; (hän työskentelee liian
ahkerasti,) vaikka sanon, ettei
hänen* ~ though I tell her
not to.
pitää keep; hold; *(säilyttää)*
retain, maintain, *(jnak)*
consider, regard (as), look
upon (as); ~ *jstk* like, have
a liking for; ~ *jstk enemmän
kuin. .-sta* prefer . . to . .; ~
autoa keep a car; ~ *jkta
kädestä* hold. . by the hand;
~ *kiinni jstk* keep hold of,
(kuv.) keep to, stick to,
adhere to, *(muodollisuuksista)*
stand on form; ~ *kokous*
hold a meeting ~ *lupauksensa*
keep one's promise; ~ *puhe*
make (deliver) a speech; ~
päivälliset give a dinner party
[for, *jkn kunniaksi*]; ~
ravintolaa run a restaurant
[business]; ~ *yhtä* agree;
hänestä pidetään paljon he is
very popular; *pidin paljon
kirjasta (m.)* I enjoyed the
book very much; *kenenä
minua pidät* whom do you
take me for? *astia ei pidä
vettä* the vessel does not hold
water; *hänen piti tulla jo
eilen* he was to come
yesterday; *sinun pitäisi* you
ought to; *minun olisi pitänyt
mennä* I should have gone;
minun ~ *mennä* I must go, I
have to go, I must be off;
mitä pidät tästä? how do you
like this? what do you think
of this? *jarrut eivät pitäneet*
the brakes failed to grip;
pitäkää passinne esillä! have
your passports ready!
piukka tight; *(köysi, m.)* taut.
plagi|aatti plagiarism. **-oida**
plagiarize.
plaketti plaque.
planeetta planet.
platina platinum.
platoninen platonic.

pleksilasi perspex.
pluskvamperfekti pluperfect
[tense].
plusmerkki plus sign.
plyysi *(-kangas)* plush.
pohatta magnate.
pohdi|nta discussion. **-skelu**
speculation.
pohja bottom; foundation, basis
(et. kuv.); (kanta) base;
(antura) sole; *jnk* ~*lla* at the
bottom, *kuv. m.* at the root
of, *(perusteella)* on the
ground (basis) of; ~*ltaan*
fundamentally, at bottom;
pohjiaan myöten thoroughly;
paloi ~*an* got burnt [at the
bottom]; *sydämen* ~*sta* from
the bottom of one's heart;
with all one's heart; *juoda*
~*an* drain [one's glass];
maljat ~*an!* bottoms up!
sininen risti valkoisella ~*lla* a
blue cross on a white field.
-hinta rock-bottom price.
-kerros substratum;
(rakennuksen) ground floor,
Am. first floor; *(kellari-)*
basement. **-lainen**
Ostrobothnian. **-lasti** ballast.
-llinen *(kengän)* loose sole.
-maali priming.
Pohjan|lahti the Gulf of
Bothnia. **-maa** Ostrobothnia,
East Bothnia. **-meri** the North
Sea.
pohjantähti pole star.
pohja|nuotta trawl. **-palkka**
basic salary *(t.* pay). **-piirros**
ground plan, plan. **-raha**
subscription. **-rahasto** initial
fund. **-sakka** sediment; *(viinin
ym)* dregs, lees; *(kahvin ym)*
grounds. **-sävel** key-note. **-ta**
intr. reach bottom; *maal.*
prime, ground; ~ *kenkiä* sole
(resole) shoes. **-tiedot**
foundation;. . *lla on hyvät* ~
jssk. . is well grounded in. .
-ton bottomless, fathomless.
-tuuli north (northerly) wind.
-uttaa: ~ *kenkänsä* have one's
shoes resoled. **-utua:** ~ *jhk*
be based on. **-vesi** ground
water; *(laivassa)* bilge-water.
-virta undercurrent. **-väri**
ground colour.
pohje calf *(pl.* calves).

pohjimm|ainen. . [situated] nearest to the bottom; lowest; *-aisena* at the [very] bottom; *-iltaan* basically.

pohjoi|nen *a.* northern, north; *s.* [the] north; *-seen päin* to [wards] the north; northwards; *-seen menevät junat* trains going north.

Pohjois-|Amerikka North-America; **p-lainen** North-American. **-Eurooppa** Northern Europe; **(p~lainen** North-European). **-kalotti** the Scandinavian shield.

pohjois|in northernmost; *-impana* farthest [in the] north. **-koillinen, -luode** north-northeast (-west). **-maalainen** *a.* Nordic; *s.* (*l.v.*) northerner. **-maat** the Nordic countries. **-mainen** northern, Nordic; *P~ Neuvosto* the Nordic Council. **-napa** North pole; (**~retkeilijä** arctic explorer; **~retki, -kunta** arctic expedition). **-osa** northern part. **-puoli** north side; *jnk -puolella* [to the] north of, on the north side of. **-suomalainen** North-Finnish. **-tuuli** north [erly] wind.

pohjola the North.

pohju|kaissuoli duodenum **-kka** bottom; *lahden -kassa* at the bottom of the bay. **-staa** ground; (*maalilla*) prime.

pohtaa winnow.

pohtia deliberate (upon), discuss, (*harkita*) think. . over, consider.

poiju buoy.

poika boy, lad; (*jkn ~*) son; *vrt. poikanen.* **-koulu** boys' school. **-lapsi** male child; baby boy. **-mainen** boyish. **-maisuus** boyishness; (*-kuje*) boyish trick. **-mies** bachelor; single man. **-nen** little boy; lad [die [; (*eläimen*) young (*pl. = sg.*); *mustarastaan ~* a fledgling blackbird; *vrt. pentu.* **-nulikka** young rascal, scamp. **-puoli** stepson.

poiketa turn off, turn aside; deviate, digress, diverge (from), (*erota*) differ; *~ aineesta* digress from the

subject; *~ suunnastaan* deviate from its course; *~ jkn luo(na)* drop in [to see a p.]; *laiva poikkeaa jhk* the steamer calls (touches, puts in) at; *jstk poiketen* as distinct (distinguished) from. .

poikia bring forth young, produce young; (*lehmä*) calve; (*hevonen*) foal; (*lammas*) lamb; (*sika*) farrow; (*kissa*) have kittens, (*villieläin*) have cubs.

poiki|ttain crosswise, transversely; across [the road, *tiellä*]. **-ttainen** crosswise, transverse.

poikke|ama deviation; *fys.* deflection, *tähtit.* declination. **-ava** divergent; deviant; *tavallisuudesta ~* exceptional, abnormal,. . out of the ordinary. **-avuus** divergence; deviation. **-uksellinen** exceptional; *p-llisesti* exceptionally, by way of an exception. **-us** exception; (*miltei*) *-uksetta* [almost] without exception, [almost] invariably.

poikkeus|laki emergency law. **-tapaus** exceptional case; *p-tapauksessa* (*m.*) exceptionally. **-tila** state of emergency.

poikki off; *jnk ~* across; *hakata, leikata ~* cut off; cut in two; *keppi on ~* the stick is broken. **-juova** transverse stripe (*t.* line). **-katu** cross street; *toinen ~ vasemmalla* the second turning on the left. **-leikkaus** cross-section, transverse section. **-nainen** broken. **-parru** cross beam, cross-bar. **-puu** cross-piece, cross-bar. **-teloin** across [the road, *tiellä*]; *asettua ~ (kuv.)* set one's face against [it], oppose. **-tie** crossroad. **-viiva** cross-line; *mat.* transversal.

poikue litter; (*linnun*) brood, hatch.

poimi|a pick [up], (*valita*) pick out, (*keräillä*) gather; (*tähkäpäitä*) glean; (*otteita*) extract. **-nto** *kirj.* extract, excerpt; *~ja* (*m.*) gleanings

(from).
poimu fold; *(laskos)* pleat, *(pienempi)* tuck; *(kure)* gather. **-inen** pleated. **-ttaa** pleat, tuck, *(rypyttää)* gather; *(esim. verhot)* drape.
pois away, off; *jäädä* ~ stay away, fail to appear, absent oneself; *jättää* ~ omit, leave out, *(esim. tupakka)* leave off smoking; *lähteä* ~ go away, leave; *sormet* ~! hands off; *sano* ~! fire away! **-päin** away; *ja niin* ~ and so forth; *kääntää katseensa* ~ *(m.)* avert one's eyes.
poissa away, absent; *olla* ~ be away [from home, *kotoa*], be absent (from); *jkn* ~ *ollessa* in a p.'s absence. **-oleva** absent; ~*t* those a. **-olo** absence; nonattendance, nonappearance; *loisti* ~*llaan* was conspicuous by its (his, her) absence.
pois|taa remove; eliminate; *(sulkea pois)* exclude; *(käytännöstä)* withdraw [from use], do away with; abolish [slavery, *orjuus*]; *(tileistä)* write off; *(vähentää)* deduct; *(pyyhkiä)* strike out *(t.* off), delete; *(tahra, m.)* take out. **-to** *liik.* depreciation [charge], ~*t* depreciation; (~**putki** exhaust pipe). **-tua** go away, leave; *(junasta ym)* get off [the train]; *(vetäytyä)* withdraw; ~ *paikkakunnalta* leave the locality.
pojan|poika grandson. **-tytär** granddaughter.
pokaali [prize] cup.
pokeri poker.
pokkuroida bow and scrape [before.. *jklle*], kowtow (to).
polemiikki controversy; polemic.
poletti [gas-meter] disc *(t.* disk); *(vastamerkki t.-lippu)* check.
poliisi police; *(-mies)* policeman, *koll.* police. **-asema** police-station, police-office. **-koira** police dog. **-konstaapeli** [police] constable. **-laitos** the police, police force. **-mestari** Chief Constable. **-tutkinto** police-court examination.

-viranomaiset police authorities. **-voima** police force.
polii|tikko politician. **-ttinen** political.
poliklinikka out-patient department *(t.* service), *Am.* Clinic.
politiikka politics; *(et. henkilön, puolueen noudattama)* policy.
politi|koida take part in politics, talk politics. **-koitsija** [petty] politician. **-soida** politicize.
poljen|ta tramp[ing], stamping *jne.* **-to** rhythm.
polj|in treadle; *(soittokoneen, auton)* foot pedal, *(polkupyörän)* pedal; *-ettava* treadle [sewing machine, *ompelukone*].
polkea trample; tread [on the pedal], *(tömistäen)* stamp [one's foot, *jalkaansa*]; *(polkupyörää ym)* pedal; *kuv.* tread down, trample on; ~ *jalkoihinsa* trample under foot; ~ *jnk hintaa* force down the price of; ~ *paikallaan* mark time; ~ *rikki* crush under one's feet; ~ *tahtia* beat time with one's foot.
polkka polka.
polku path *(m. kuv.)*, footpath. trail; *kuv.* track. **-hinta** very low price; *vrt. pilkka-; myydä -hinnasta (esim. ulkomaille)* dump. **-myynti** dumping.
polkupyörä bicycle, *puhek.* bike; *ajaa* ~*llä* ride a bicycle, cycle. **-ilijä** [pedal]cyclist. **-ily** cycling. **-tie** bicycle track. **-retki** cycling tour.
polku|ratas tread-wheel. **-sin** pedal.
pollari bollard; *(sl. = poliisi)* cop.
poloinen poor; *(kurja)* wretched, unlucky.
polskuttaa splash.
polt|e sharp pain; ache. **-in** burner; (~**rauta** branding-iron; marking-iron; *merkitä* ~*raudalla* brand).
poltt|aa burn; *(kuumalla vedellä)* scald; *(korventaa)*

scorch; *(tupakkaa)* smoke; *(ruumis)* cremate; *(esim. haava)* cauterize; *(intr. kirveltää)* smart; ~ *pohjaan* [let. .] burn; ~ *poroksi* burn. . to the ground; ~ *posliinia* fire; ~ *tiiliä* bake; ~ *viinaa* distil spirits; *auringon -ama* sunburnt; *nokkonen* ~ the nettle stings; *vatsaani* ~ I have a [sharp] pain in my stomach; *-ava kysymys* a burning question; *-ava jano* a burning (parching) thirst. **-imo** distillery.

poltto burning; *(palaminen)* combustion; *(polte)* pain; *(synnytys)poltot* labour pains. **-aine** fuel; *ottaa ~tta* refuel. **-hautaus** cremation. **-lasi** burning glass. **-merkki** brand. **-moottori** internal-combustion engine. **-neste** liquid fuel. **-piste** focus, focal point. **-puut** firewood, fuelwood. **-rovio** ks. *rovio*. **-sprii** methylated spirits. **-turve** peat. **-uhri** burnt offering. **-väli** focal distance. **-öljy** fuel oil.

polve|illa wind, zigzag. **-ke** bend, angle, loop. **-utua** *(jstk)* descend from; be descended from, derive [its (one's) origin] from; trace one's family back to. **-utuminen** descent. **-utumisoppi** theory of evolution.

polvi knee; *(mutka)* bend; *(suku-)* generation; *olla ~llaan* kneel; *suoraan alenevassa polvessa* in direct descent. **-housut** shorts, short trousers, *(~en alapuolelle kiinnitetyt)* [knee-]breeches. **-lumpio** knee-cap. **-nivel** knee-joint. **-stua** kneel [down].

polyyppi *zo.* polyp; *(kasvain, m.)* polypus.

pomeranssinkuori orange-peel.

pommi bomb; *kuv.* bombshell; *~en purkaminen* bomb disposal. **-attentaatti** bomb outrage. **-hyökkäys** bombing raid. **-kone** bomber. **-nkestävä** bomb-proof. **-nsirpale** bomb splinter (fragment). **-suoja** bombproof shelter. **-ttaa**

bombard *(m. kuv.)*, shell, *(ilmasta)* bomb. **-tus** bombardment, shelling, *(ilma-)* bombing.

pomo boss, *puhek.* big gun, *(esim. teollisuus~)* tycoon.

poni pony.

ponnahdus bound, spring. **-lauta** *m. kuv.* springboard, diving board; *(~hypyt* springboard diving).

ponnahtaa bound, spring; ~ *auki* fly (spring) open; ~ *pystyyn* spring up; ~ *takaisin* rebound.

ponne|kas emphatic, strong. **-kkaasti** with emphasis, emphatically. **-kkuus** stress, emphasis; force. **-ton** lame, feeble.

ponni|staa exert [oneself], strain; make an effort; *(pyrkiä)* struggle, strive; *urh.* take off; ~ *eteenpäin* strive forward; ~ *kaikkensa* exert all one's strength; ~ *vastaan* make resistance. **-stautua:** ~ *pystyyn* struggle to one's feet. **-stella** struggle, *(jtk vastaan, m.)* try hard not to. . **-stus** exertion, effort, strain[ing]; *urh.* take-off; *omien ~tensa tuloksena* by his own efforts; *(~lauta* springboard, take-off board).

ponsi *bot.* anther; *(paino)* stress, emphasis; *siinä ei ole pontta eikä perää* there is neither rhyme nor reason in it; *antaa pontta puheelleen* emphasize one's words; . . *asetti seuraavat ponnet. .* made the following points. **-ehdotus** proposed *(t.* draft) resolution. **-lause** resolution.

pontev|a vigorous, forcible; *(tarmokas)* energetic. **-uus** vigorousness, vigour; energy.

pontikka moonshine. **-tehdas** illicit still.

ponttoni pontoon.

popliini poplin.

poppamies magician; medicine-man.

poppeli poplar.

pora drill; bore. **-kone** boring (drilling) machine; *~en terä* bit. **-ta** drill; bore. **-us**

boring, bore; (~reikä borehole).

pore, -illa bubble.

porkka ski stick, ski pole.

porkkana carrot.

pormestari Am. & Engl. mayor; (Hollannissa ym) burgomaster; Cityn yli~ Lord Mayor.

porno porn. **-grafia** pornography. **-grafinen** pornographic.

poro 1. (sakka) sediment, dregs; (esim. kahvin) grounds; polttaa ~ksi lay. . in ashes. **2.** (eläin) reindeer. **-erotus** round-up (for marking reindeer). **-mies** herder. **-nliha** reindeer meat.

poro|peukalo a. ham-fisted; s. bungler. **-porvarillinen** petty bourgeois.

porras step; stair; (-silta) footbridge; portaat [flight of] stairs, staircase, (et. ulko-) steps; portaita ylös, alas up-(down)stairs. **-käytävä** staircase. **-taa** terrace; kuv. stagger; scale (up t. down).

porsaan|kyljys pork chop. **-reikä** kuv. loophole.

pors|as pig. **-ia** farrow.

porstua [entrance] hall.

port|aat ks. porras. **-aikko** staircase.

portieeri (hotellin) receptionist.

portinvartija gate-keeper, porter.

portteri porter.

portti gate, gateway; portista through the gate. **-käytävä** gateway.

portto harlot, whore; prostitute.

Portugali Portugal. **p-lainen** a. & s. Portuguese (pl. = sg.). **p-n kieli** Portuguese.

portviini port.

porukka crowd, gang.

porvari bourgeois; citizen; vanh. burgess. **-llinen** bourgeois, middle-class. **-luokka** middle class. **-ssääty** estate of burgesses. **-sto** bourgeoisie.

poseerata pose.

positiivi barrel-organ.

positiivi kiel. positive. **-nen** positive.

poski cheek. **-hammas** molar. **-luu** cheekbone. **-parta**

[side-]whiskers, sideboards, Am. sideburns. **-pää** cheek-bone.

posliini china[ware], porcelain. **-astiasto** china set; dinner set, tea set jne. **-maalaus** porcelain painting. **-nen** [. . of] china. **-tehdas** china factory. **-teollisuus** porcelain manufacture.

possessiivi|nen kiel. possessive. **-pronomini** possessive pronoun.

posti post, et. Am. mail; panna ~in post; vien kirjeen ~in I'll take a letter to the post; tänään ei tule ~a there is no post today; ensi ~ssa by the next post. **-auto** post-office van. **-ennakko** C.O.D. (= cash on delivery). **-hallitu|s** Post-Office Department; p-ksen pääjohtaja Postmaster-General. **-juna** mail train. **-kortti** postcard. **-laatikko** post-box, letter-box; Am. mail-box; Engl. m. pillar-box. **-laitos** postal system (t. services). **-laiva** mail-boat. **-leima** postmark. **-lokero** post-office box (P.O.B.). **-luukku** letter-box. **-lähetys** postal matter. **-maksu** postage; ~t postal charges, postage rates; ~tta free of postage. **-merkki** [postage] stamp; varustaa -merk(e)illä stamp; (~kokoelma collection of stamps). **-mestari** postmaster. **-myynti** mail order business. **-nhoitaja** postmaster(-mistress). **-nkantaja** postman. **-nkanto** delivery. **-nkuljetus** forwarding by post. **-numero** post code. **-osoite** postal address. **-osoitus** postal order. **-paketti** parcel; ~na by parcel post. **-siirto** Post Office Giro: (~tili postal giro account). **-säkki** mail bag. **-säästöpankki** post-office savings bank. **-talo** (pää-) General Post-Office. **-taksa** postage rates. **-toimisto** post-office; pää~ General P.-O. (lyh. G. P. O.). **-tse** by post, by mail. **-ttaa** post, Am. tav. mail. **-vaunu** mail van. **-vaunut** vanh. stage-coach. **-virkailija** post-office clerk.

-yhteys postal communication.
potaska potash.
potea *(jtk)* be ill (with), suffer (from).
potenssi *mat.* power, degree; *korottaa* ~*in* raise to a power, *(toiseen)* square.
potilas patient.
potk|aista kick; *(ampuma-aseesta, m.)* recoil.
-ia kick. **-u** kick; *onnen* ~ stroke of good luck; *antaa* ~*t* sack; *saada* ~*t* be fired; *(~housut* rompers; *~kelkka* kick sledge; *~lauta* scooter; *~pallo* football). **-uri** *(laivan ym)* screw, propeller; *ilm.* air-screw; ~*n akseli* screw shaft; ~*n siipi* blade [of a propeller].
poukama inlet, bay, cove, creek.
pouta dry weather. **-inen** rainless. **-sää** dry weather.
pov|ari fortune-teller. **-ata** tell fortunes [by the cards, *korteista*]; ~ *jklle* tell sb. his fortune, *(kädestä, m.)* read a p.'s hand.
povi bosom, breast. **-nen:** *pyöreä* ~ curvaceous, full-bosomed. **-tasku** inside pocket.
Praha Prague.
praktiikka practice.
prame|a ostentatious, showy. **-illa** show off, parade [one's finery]; ~ *uudessa hatussa* sport a new hat. **-ilu** ostentation, show[iness]. **-us** pomp, display, show.
predikaa|tti *kiel.* predicate. **-tintäyte** predicate complement.
preeria prairie.
preesens *kiel.* present [tense].
preludi prelude.
preparaatti preparation; specimen.
prepositio *kiel.* preposition.
presbyteeri(nen) Presbyterian.
presidentin|linna presidential residence. **-vaali** presidential election. **-virka** office of president, presidency.
presidentti president. **-ehdokas** presidential candidate. **-kausi** presidency.
pressu tarpaulin.

Preussi Prussia.
priima first-class; *(et. ruokatavarasta)* prime; *(erinomainen)* fine, choice; ~ *laatu(a)* prime quality.
prikaati brigade.
priki brig.
primadonna prima donna; leading lady.
prins|essa princess. **-si** prince; *(~puoliso* prince consort).
probleema problem.
profee|tallinen prophetic. **-tta** prophet.
professori professor [of, in, *jnk aineen*]. **-nvirka** professorship, [professor's] chair.
profiili profile.
progressiivinen progressive; ~ *tulovero* graded income tax.
prok|uristi managing clerk. **-uura** procuration, proxy; *merkitä* ~*lla* sign per pro.
promemoria memorandum.
promootio conferment of degrees, degree ceremony, *Am. m.* commencement.
pronomini *kiel.* pronoun.
pronssi bronze. **-kausi** Bronze Age. **-nen** [.. of] bronze.
proomu barge, lighter.
proosa prose. **-llinen** prosaic.
propaganda|a propaganda; *tehdä* ~*a (jnk puolesta)* carry on p. for. **-istinen** propagandist [ic].
prosen|tti per cent, %; *viiden prosentin korolla* at five per cent interest; *-tteina (jstk)* in terms of percentage, [expressed] as per cent of. **-luku, -määrä** precentage. **-tuaalinen** percentage, per cent.
prosessi *lak.* lawsuit.
prospekti prospectus.
prostit|uoitu prostitute. **-uutio** prostitution.
proteesi prosthesis, *(raaja, m.)* artificial limb (leg, arm), *(hammas-)* denture.
protestantti, -nen Protestant. **-suus** Protestantism.
protestoida protest (against), lodge a protest.
protokolla minutes, *dipl.* protocol.
protoni proton.
proviisori *l.v.* head dispenser,

qualified chemist.
provo|kaattori provocateur.
-kaatio provocation. **-soida**
provoke.
präss|it *(housun)* trouser
creases. **-ätä** press.
psalmi psalm. **-nkirjoittaja**
psalmist.
psykiatri psychiatrist. **-a**
psychiatry. **-nen** psychiatric.
psyko|analysoida psychoanalyse.
-analyysi psychoanalysis.
-analyyttinen psychoanalytic.
-logi psychologist. **-logia**
psychology. **-loginen**
psychological.
psyko|osi psychosis. **-paatti(nen)**
psychopath(ic). **-terapia**
psychotherapy.
psyyk|e psyche, soul, mind.
-kinen psychic, mental.
pudistaa shake [one's head,
päätänsä] ; *(jtk jstk)* shake . .
off. .; ~ *hihastaan (kuv.)*
produce sth. off-hand (off the
cuff); ~ *ies niskoiltaan* throw
off the yoke.
pudo|ta fall [down], drop;
(suistua) tumble [down]; ~
hevosen selästä be thrown
from one's horse, fall off
one's horse;. *minulta putosi jk*
I dropped something; *olla putoamaisillaan*
be on the point of falling, be
about to fall. **-ttaa** drop, let. .
fall.
puhal|lettava inflatable. **-lin**
tek. blower, *mus.* wind
instrument; *-timet* the wind,
puu~ woodwind.
puhallus blow[ing]. **-lamppu**
blow-lamp. **-soitin** wind
instrument.
puhaltaa blow; ~ *jtk ilmaa*
täyteen blow up, inflate; ~
sammuksiin blow out.
puhdas clean; pure [air, *ilma;*
heart, *sydän*] ; *(puhtautta*
harrastava) cleanly; ~
omatunto clear conscience; ~
voitto clear profit, *(netto-)*
net profit; ~ *paperi*
(kirjoittamaton) blank paper;
kirjoittaa puhtaaksi make a
clean (fair) copy; *puhua*
suunsa puhtaaksi speak one's
mind, speak out. **-henkinen**

pure. **-kielinen** *(oikea-)*
correct. **-kielisyys** correct
language; purism. **-oppinen**
orthodox. **-rotuinen**
pure-blooded; *(eläimistä)*
thoroughbred; ~ *hevonen*
thoroughbred. **-sydäminen** pure
in heart.
puhdetyö(t) spare-time
activities, hobby crafts.
puhdis|taa clean, cleanse,
purify *(m. kuv.)*; clear;
(siivota) clear up, tidy up;
(kirkastaa) polish; *tekn.*
refine; *kuv.* purge (from); ~
rikkaruohoista weed; ~ *syystä*
clear. . of a charge. **-tautua**
kuv. clear oneself [of guilt,
syystä], be exonerated [from
a charge, *syytöksestä*]; *vrt.*
seur. **-tua** become clean
(pure), be purified; *kuv.* be
cleared [of . . *jstk*]; *-tunut*
purified. **-tus** cleaning,
cleansing, purification;
(poliittinen) purge; *(~aine*
cleanser; detergent; *~jauhe*
cleansing powder).
puhe speech, address; *(juhla-.*
m.) oration; *(puhelu)* talk,
chat; *~essa ja kirjoituksessa*
in speech and in writing, in
spoken and written language;
pitää ~ make a speech, give
an address; *johtaa ~tta*
preside; *ottaa (jk) ~eksi* bring
up, introduce [a subject];
tulla ~eksi come up [in
conversation]; *siitä asiasta*
~en ollen speaking of that;
~ena oleva. . in question,. .
under discussion; *antautua*
~isiin jkn kanssa enter into
conversation with a p.;
päästää jku ~illeen grant
(give). . an interview; *siitä ei*
ole ~ttakaan that is out of
the question. **-elin** organ of
speech.
puheen|aihe subject of
conversation, topic; *on*
yleisenä ~ena is the talk of
the town. **-alainen** . . in
question,. . under discussion.
-johtaja chairman, *et. Am.*
president; *olla ~na* be in the
chair, preside, take the chair;
hänen ~na ollessaan under

his chairmanship; ~*n äänen
ratkaistessa* by exercise of the
chairman's vote. **-parsi** phrase,
(sanantapa) saying; *(jllek
kielelle ominainen)* idiom.
-sorina hum [of voices].
-vuoro: *teillä on* ~ it is your
turn to speak; *saivat 3
minuutin* ~*ja* (speakers) could
not have the floor for more
than 3 minutes.

puhe|kieli spoken language;
conversational [English,
Finnish *jne*.], *(arki-)*
colloquial language; *-kielessä*
colloquially. **-kyky** faculty
(power) of speech; *saada
*~*nsä takaisin* recover one's
speech. **-liaisuus** talkativeness,
loquacity. **-lias** talkative,
loquacious.

puhelimitse by telephone, on
the (over the) telephone.

puhelin telephone, *puhek.*
phone; *puhelimessa!* speaking!
puhua puhelimessa jkn kanssa
speak to. . on the telephone;
älä sulje ~*ta* hold
on, hold the line.
-johto telephone line. **-koppi**
call-box, telephone box.
-keskus telephone exchange.
-koje telephone [apparatus].
-lanka telephone wire.
-luettelo telephone directory.
-numero telephone number;
valita ~ dial a number.
-soitto telephone call. **-torvi**
receiver. **-välittäjä** telephone
operator. **-yhteys** telephone
connection; *päästä -yhteyteen*
get through (to).

puhe|lla talk (with, to),
(pakinoida) chat; ~ *jkn
kanssa* have a talk with, talk,
chat, converse (with). **-lu** talk;
(keskustelu) conversation;
(puhelin-) [phone] call;
telephone conversation;
lopettaa ~ hang up, ring off.
puhe|miehistö presiding officers.
-mies *(eduskunnan)* Speaker;
(~ *Mao)* Chairman;. . *oli jkn
-miehenä* acted as spokesman
for. **-näytelmä** drama.
-näyttämö [dramatic] stage.
-taito oratory; rhetoric. **-tapa**
manner of speaking; mode of

expression. **-tekniikka**
technique of speech, elocution.
-torvi speaking-tube; *kuv.*
mouthpiece. **-valta** right to
speak; *hänellä ei ole* ~*a
asiassa* he has no voice in
the matter. **-vapaus** liberty of
speech. **-vika** speech defect,
impediment in [one's] speech.
-ääni [speaking] voice.

puhjeta burst; *(aueta)* open;
(kukista) burst into flower,
blossom [out], come out;
(alkaa) break out; ~ *itkuun*
burst out crying; *nuppu
puhkeaa* the bud opens;
(ruusut) ovat puhjenneet are
out; *sota puhkesi* the war
broke out; *sodan puhjetessa*
at the outbreak of war;
*rokko puhkeaa (tulirokossa
ym)* the rash comes out;
rengas puhkesi a tyre was
punctured, one of the tyres
went flat; ~ *sanomaan* burst
out, exclaim.

puhk|aista *(tunkea läpi)* break
through; *(lävistää)* pierce
[through], puncture [a tyre,
rengas]; *lääk.* lance [a boil,
paise]. **-i** through; *lyödä* ~
knock a hole in; *(ulkoa)*
knock in; *(sisältä)* knock out;
mennä ~ burst open, *(kumi)*
blow out.

puhkuisuus *lääk.* flatulence.

puhtaaksi: ~*kirjoitettu teksti* a
fair (clean) copy. **-kirjoittaja**
copyist, copying clerk.
-kirjoitus copying.

puhtaanapito *(katujen)* street
cleansing. **-laitos** municipal
cleansing department.

puhtaasti cleanly, purely; *laulaa*
~ keep in tune, sing in
(vastak. out of) tune.

puhtaus cleanness; *m. kuv.*
purity; cleanliness.

puhu|a speak, *jklle* to, *jstk* of,
about; talk; *(sanoa)* say; ~
itsekseen talk to oneself; ~
jnk, jkn puolesta speak for;
speak in favour of; *jstk
-mattakaan (saati)* let alone;
-mattakaan siitä, että. . to say
nothing of *(t.* not to mention)
the fact that. .; *olen kuullut
siitä -ttavan* I have heard

about it, I have heard it mentioned; *hän ei tahdo kuulla siitä -ttavan(kaan)* he will have none of it; *jstk -en* on the subject of; *realistisesti -en* in realistic terms; *-tteko englantia?* do you speak English? *älkäämme puhuko enää siitä* we will say no more about it. **-ja** speaker; *(kauno-)* orator; (**~lava** platform; rostrum). **-ma|ton** speechless, tongue-tied; *mennä p-ttomaksi* become speechless, lose one's tongue. **-tella:** ~ *jkta* speak to (with) a p., address a p.; *miksi häntä ~an* how does one address him? **-ttelu** address; (**~sana** term of address).

puhveli buffalo.

puida thresh, *kuv.* thrash.

puijata trick, cheat, *sl.* diddle.

puikahtaa ks. *pujahtaa.*

puikkelehtia thread one's way [through, *jnk läpi*], thread [in and out].

puikkia: ~ *tiehensä* make off.

puikko pin, *(neule-)* knitting needle; *(tikku)* stick *(m. esim. lakka-)*; *(lääke-)* suppository.

puima|kone threshing-machine. **-la** threshing floor.

puinen wooden,. . of wood.

puista|ttaa: *minua* ~ I shudder, *(et. kylmästä)* I am shivering; *minua* ~ *sitä ajatellessani* I shudder to think of it, I shudder at the thought. **-tus** shudder.

puistikko [small] garden, small park.

puisto park; *(iso, esim. koulun, sairaalan)* grounds. **-istutus** public garden, park. **-katu, -tie** avenue. **-nvartija** park attendant, park-keeper.

puite: *puitteet* frame, framework; *(ikkunan)* casement, sash; *jnk puitteissa (kuv.)* within the framework (limits) of.

pujah|taa slip, slide; *(tiehensä)* slip away; *siihen on -tanut virhe* an error has crept in there.

pujo|a, -s splice. **-liivi** pullover, slipover.

pujott|aa thread (through); ~ *neulaan* thread a needle; ~ *helmiä lankaan* string beads. **-elu(hiihto)** slalom.

pukama lump, *(paise)* boil.

puke|a dress; clothe *(m. kuv.);* ~ *ylleen* put on [a dress, *puku*]; *vrt. pukeutua;* ~ *ajatuksensa sanoiksi* clothe (couch) one's thought in words; *hattu -e häntä* the hat is very becoming to her; *jhk puettu* dressed in; *miten tyttö oli puettu (m.)* what did she wear? *jksk puettu* dressed [up] as, *(eksyttäkseen)* disguised as. **-maton** undressed. **-utua** dress [oneself], put on one's clothes, get dressed; ~ *koreisiin* dress up, make oneself smart; *naiseksi -utunut mies* a man dressed up as a woman; *miten olit p-tunut?* what did you wear? **-utumispöytä** dressing-table. **-va** becoming.

puki|met dress; *täysissä -missa* fully dressed. **-ne** article of clothing, garment.

pukinnahka goatskin, buckskin.

pukki billy-goat, buck; *(teline)* trestle; horse. **-silta** trestle-bridge.

puku dress; *(miehen)* suit; *(naisen, m.)* gown, frock; *(et. historiallinen, kansallinen)* costume; *(vaatteet)* clothes, garments; *run. ym* attire, apparel, garb. **-huone** dressing-room. **-inen** *(yhd.)* dressed in. .; *suru~* [dressed] in mourning, wearing mourning. **-kangas** suiting; *(hame-)* dress-material. **-neulomo** dress-maker's [establishment]. **-näytelmä** costume piece. **-näytös** mannequin show. **-pussi** mothproof bag. **-tanssiaiset** fancy-dress ball.

pula shortage [of, *jnk*]; *(pulma)* predicament, pinch, mess, fix; *(liike- ym)* crisis; *joutua ~an* get into difficulties, get into a tight place; *jättää ~an* leave in the lurch; *olla ~ssa* be in a pinch; *pahassa ~ssa* in a sad

plight, in sore straits. **-aika,
-kausi** depression, recession,
slump.
pulisongit [side-] whiskers,
sideboards, *Am.* sideburns.
pulittaa *puhek.* fork out.
puliukko *puhek.* meths drinker.
pulkka pulka, Laplander's sled.
pull|ea plump, chubby. **-eus**
plumpness, chubbiness.
pullistaa distend;
(puhaltamalla) inflate;
(paisuttaa) swell. **-tua** distend,
expand; bulge, swell [out]; ~
esiin protrude. **-tuma** swelling,
bulge, protuberance.
pullo bottle, *(pieni, esim.
tasku-)* flask; *olla ~llaan*
bulge. **-kori** crate [for
bottles]. **-mainen**
bottle-shaped. **-nkapseli** bottle
top *(t.* cap). **-nkaula**
bottleneck. **-ntulppa** stopper.
-ruokinta: *aloittaa* ~ put the
baby on the bottle. **-ttaa**
bulge out, *(panna pulloon)*
bottle.
pullukka *(tyttö)* dumpling,
(nainen) tubby woman.
pulma difficulty, dilemma;
problem. **-llinen** difficult, hard
[to solve]; complicated;
puzzling; ~ *asema* awkward
position. **-llisuus** difficulty;
awkwardness; complexity.
pulpahtaa well up, come up;
spring, well [forth, *esille*].
pulpetti desk.
pulputa well [up, forth];
gurgle, bubble [up]; *(virrata)*
flow.
pulska fine-looking; *(komea).* .
of fine physique, fine.
pulssi pulse.
pultti bolt, pin, peg.
pulveri powder.
pumm|ata sponge. **-i** bum.
pumppu pump. **-laitos** pumping
plant.
pumpuli cotton; *vrt. puuvilla.*
pumpunmäntä pump piston.
pumputa pump; ~ *tyhjäksi*
pump. . out.
puna red; *(helakka)* scarlet;
(poski-) rouge. **-hilkka** Little
Red Riding-Hood. **-inen** red;
-isella (musteella) in red ink;
-isen ruskea red [dish] brown,

auburn [hair, *tukka*]; ~ *lanka
(kuv.)* main thread; *kuin ~
vaate* like a red rag; *hänen
kasvonsa lehahtivat -isiksi* she
went red in the face. **-juuri**
beetroot. **-kampela** plaice.
-keltainen orange, reddish
yellow. **-kettu** red fox. **-kka**
red-faced, ruddy, florid. **-kkuus**
ruddiness. **-multa** red ochre.
-nahka redskin. **-nenäinen**
red-nosed. **-poskinen.** . with
red (rosy) cheeks,
rosy-cheeked. **-rintasatakieli**
robin [redbreast]. **-silmäinen**
red-eyed. **-sinervä** violet. **-stua**
blush, flush, redden, colour.
-stus blush. **-ta** redden;
colour. . red, stain. . red;
(ihomaalilla) paint. . red.
-tauti dysentery. **-tukkainen**
red-haired. **-tulkku** *zo.*
bullfinch. **-viini** red wine,
claret.
puner|rus red glow. **-taa** have
a shade of red [in it];
-tava. . tinged with red,
reddish.
punkki mite, tick.
punnerrus *urh.* press. **-puu**
balancing bar.
punni|ta weigh; *kuv.* weigh [in
one's mind], ponder, think. .
over, consider; ~ *(jklle)
hedelmiä* weigh out [a pound
of] fruit (for); ~ *sanojaan*
weigh one's words; *tarkoin
asiaa -ttuani* on mature
deliberation. **-tus** weighing.
punnus weight.
punoa twist; *(kiertää)* twine,
(yhteen) intertwine, interlace;
~ *juonia* intrigue, plot; ~
köyttä make rope, *(pujoa)*
splice.
punoi|ttaa be red, be flushed;
-ttavat posket rosy (flushed)
cheeks; *taivas ~* the sky is a
glowing red.
puno|s twist; twine; *(nyöri)*
cord; *kehittää -ksesta* untwist.
-utua get twisted; twine;
keskustelu -utui pitkäksi the
discussion became long
drawn-out.
punssi punch.
punta pound [sterling]; *2 ~a*
£ 2. **-blokki** sterling area.

puntari steelyard.
puntavaluutta sterling.
puntti bundle.
puola spool; bobbin; *(pyörän)* spoke; *(tikapuissa)* rung.
Puola Poland. **p-lainen** *a.* Polish; *s.* Pole. **p-n kieli** Polish.
puola|puu *(tikkaissa)* rung, round; ~*t (voim.)* wall bars. **-ta** spool, wind.
puoleen *kääntyä jkn* ~ turn to; *neuvoa kääntymään jkn* ~ refer a p. to. . **-savetävä** attractive.
puole|inen *jnk* ~ situated on the. . side;. *järven*~ *(ikkuna)*. . looking [out] towards the lake, *(huone)* facing the lake; *kadun (pihan)* ~ *huone* front (back) room; *hyvän*~ fairly good; *pienen*~ on the small side. **-ksi** half; ~ *läpikuultava* semi-transparent; *onnistuin vain* ~ I succeeded only in part; ~ *leikillään* half in fun. **-lla:** *tällä* ~ *jtk* on this side of; *olla jkn* ~ be on the side of; *olen ehdotuksen* ~ I am in favour of the proposal; *olla voiton* ~ have the upper hand. **-lle:** *tälle* ~ to this side (of), over here; *mennä vihollisen* ~ go over to the enemy; *saada jku* ~*en* win. . over. **-lta:** *joka* ~ from every side; from every angle; *äidin* ~ on the mother's side; *jkn* ~ *(taholta)* on the part of, at the hands of; ~ *päivin* at noon. **-n:** *toisella* ~ *(jtk)* on the other side (of), beyond. .; *kahden* ~ on either hand, *(jtk)* on either side of. **-sta** *(edestä)* for; *(nimessä)* on behalf of; *muodon* ~ as to (as regards) form; *omasta* ~*ni* for my part, as far as I am concerned; *sekä* ~ *että vastaan* both for and against; ~ *ja vastaan puhuvat seikat* pros and cons.
puoli *s.* side; *(puolikas)* half; *(osa)* part; *(seutu)* neighbourhood; *(lak., asianosainen)* party; *a.* half; *vrt. puolella, -lle, -lta, -n;* ~ *vuotta* half a year; *kaksi ja* ~ *mailia* two miles and a half, two and a half miles; *kello* ~ *yhdeksän* at half past eight; *saat puolet siitä* you will get half of it; *puolta isompi (kahta)* twice as large; *puolta vähemmän* less by [a] half; *hyvä* ~ good point, *(etu)* advantage; *heikko, paha* ~ drawback, disadvantage; *asiassa on toinenkin* ~ there are two sides to the matter; *asiaa voidaan katsoa eri* ~*lta* there is more than one way to look at the matter; *harkita asiaa* ~*n ja toisin* consider the matter from all angles; *toiselta puolen* on the other hand; *pitää jkn puolta* take a p.'s side, side with, *(puolustaa)* stand up for; *pitää* ~*ansa* hold one's own, stand one's ground; *vetää puoleensa* attract. **-aika** half; *(väli-)* half-time. **-alaston** half-naked. **-apina** lemur. **-automaattinen** semi-automatic. **-avoin** half open. **-jumala** demigod. **-kas** half. **-kasvuinen** half-grown. **-kengät** shoes. **-ksi:** half; *panna* ~ halve. **-kuollut** half dead. **-kuu** half moon; crescent; ~*nmuotoinen* crecent-shaped. **-kypsä** half ripe; halfbaked; *(liha ym)* underdone, *Am.* rare. **-lippu** half-fare ticket. **-llaan** half filled (with), half full. **-lleen** half full. **-matkassa** half-way. **-nainen** half done, half-finished; *-naiset toimenpiteet* half measures. **-naisuus** *kuv.* half-heartedness. **-nen:** *-sen vuotta* about half a year. **-nuotti** half note, minim. **-pallo** hemisphere. **-pimeä** *s.* semidarkness. **-piste** semicolon. **-pohja** [half-] sole. **-pohjata** sole, resole. **-pukeissa** half-dressed, in dishabille. **-päivä** noon, noontide; *ennen* ~*ä* before noon, *lyh.* a.m. (ante meridiem); *jälkeen puolenpäivän* after noon *(lyh.* p. m.). **-sivistynyt** half-educated, semicivilized. **-sko** half. **-so** spouse; *(miehen)* wife, *(naisen)*

husband; *(kuningattaren ym)*
consort. **-sokea** half-blind;
partially blind. **-sotilaallinen**
para-military. **-sukka** sock.
-tanko: *liput olivat -tangossa*
flags were flown at half-staff
(-mast). **-tekoinen** half done.
-tie: ~*hen,* ~*ssä* half-way,
midway. **-toista** one and a
half, a. . and a half. **-totuus**
half-truth. **-ttaa** halve; divide
into halves. **-ttain** half, by
halves. **-valmis** half finished.
-valmiste semimanufactured
article; ~*et* half-finished
goods. **-verinen** half-breed,
(hevonen) half-bred. **-virallinen**
semiofficial. **-vuosittain**
semiannually. **-vuotias** six
months old. **-vuotinen**
half-yearly; semiannual.
-väkisin half forcibly. **-väli**
middle; ~*ssä* in the middle
(of); *(matkaa)* half-way (from),
midway (between); *kesäkuun*
~*ssä (m.)* in mid-June;
1930-luvun ~*ssä* in the middle
nineteen-thirties. **-ympyrä**
semicircle. **-ympyräinen**
semicircular. **-yö** midnight; ~*n*
aikaan at m., about m.
-ääneen in an undertone,
under one's breath.
puol|taa *(suosittaa)* recommend;
(kannattaa) support; speak in
favour (in support) of;
(puolustaa) defend; ~
anomuksen hyväksymistä
favour the granting of a
request; *-tava lausunto*
favourable opinion. **-taja**
supporter; *(jnk asian ajaja)*
advocate. **-tolause**
recommendation.
puolu|e party; *(~en ryhmä)*
faction; ~*en jäsen* party
member. **-eellinen** partial,
bias [s]ed, prejudiced;
-eellisesti partially, with
partiality. **-eellisuus** partiality;
prejudice; bias. **-eenjohtaja**
party leader.
puoluee|ton impartial;
unbias [s]ed; uncommitted,
disinterested, *(valtio)* neutral;
fair; *-ttomasti* impartially.
-ttomuus impartiality;
neutrality; *(~politiikka* policy

of neutrality).
puolue|edut party interests.
-henki party spirit. **-kanta**
(jkn) [a p.'s] political views.
-kiihko party zeal, partisan
spirit. **-kokous** [party]
congress, *Am,* convention.
-kuri party discipline. **-lainen**
member of a party; *(jkn)*
follower, supporter. **-ryhmä**
faction. **-taistelu** party conflict.
-toveri fellow party-member.
puolukka red whortleberry.
puolus|taa defend; *(suojella)*
safeguard; *(lieventää)* be an
excuse (for); *(pitää jkn*
puolta) stand up for; ~
erehdystään excuse one's
mistake; ~ *kantaansa*
maintain one's position; ~
oikeuksiaan defend (stand up
for) one's rights; ~
vaatimuksiaan vindicate one's
claims; *-tettavissa oleva*
excusable, justifiable, *(esim.*
sot.) defensible. **-taja**
defender; *urh.* [full] back.
-tautua defend oneself;
(sitkeästi) stand out [against
the enemy, *vihollista vastaan*];
excuse oneself [by . . -ing, *jllak*],
plead. . as an excuse. **-tella**
(anteeksipyydellen) apologize
(for).
puolustus defence; excuse;
vedota jhk puolustukseksi
plead . . as an excuse (for);
hänellä ei ollut mitään
sanottavaa p-tukseksi he had
nothing to say for himself.
-ase weapon of defence.
-asema position of defence.
-asianajaja counsel for the
defence. **-järjestelmä** [system
of] defences. **-kanta:** *pysyä*
-kannalla be on the defensive.
-keino means of defence.
-kirjoitus apology. **-kyvytön**
incapable of defence,
defenceless. **-laitos** defence
forces. **-laitteet** defence works.
-liitto defensive alliance.
-ministeri minister of defence.
-ministeriö ministry of
defence. **-puhe** [speech for
the] defence. **-sota** defensive
war. **-toimi:** *ryhtyä* ~*in* take
defence action. **-voima** ~*t*

defence forces, armed forces.
puomi boom; bar, barrier; *voim.* [balance] beam.
puoska|ri quack [doctor]. **-roida** practise quackery.
puoti shop, *Am.* store.
purai|sta bite; *(koirasta, m.)* snap, jkta at. **-su** bite.
pure|ksia chew. **-ma** bite. **-nta** bite, occlusion. **-skella** chew, masticate; *(rouskutella)* munch. **-skelu** chewing, mastication. **-utua** *jhk* sink its teeth in, *sot.* dig itself in. **-va** biting; sharp; incisive, mordant; ~ *iva* caustic satire; ~ *pakkanen* bitter cold.
puris|taa press, *(kokoon)* compress, squeeze; *(likistää)* jam; *(olla tiukka)* be [too] tight; ~ *jkn kättä* shake hands with; ~ *rintaansa vastaan (m.)* clasp to one's breast; *kenkä* ~ the shoe pinches (is too tight); *siitä se kenkä ~kin* that's where the shoe pinches. **-tin** press; *(ruuvi-)* clamp. **-tua** be pressed, get squeezed, get jammed, *(kokoon)* be compressed, constrict. **-tus** pressing; pressure; *(kokoon-)* compression; *(likistys)* squeeze, jam.
puritaani Puritan.
purje sail; *nostaa* ~*(et)* set sail; *vähentää* ~*ita* shorten sail; *täysissä* ~*issa* [in] full sail. **-ala** spread of canvas. **-alus** sailing-boat *(t.* vessel).
purjehdus sailing, navigation, *(huvi-)* yachting; *Välimeren* ~ Mediterranean cruise. **-kausi** sailing-season. **-kelpoinen** *(väylä)* navigable; *(alus)* seaworthy. **-retki** yachting trip.
purjeh|tia sail; *lähteä -timaan (veneellä)* go for a sail; *(laivasta)* set sail; ~ *väärällä lipulla* sail under false colours. **-tija** sailor; *(huvi-)* yachtsman.
purje|kangas canvas. **-laiva** sailing ship (vessel). **-lanka** twine. **-lento** gliding, soaring; *(~kone* sailplane, glider). **-tuuli** fair wind. **-vene** sailing-boat; yacht.

purjosipuli leek.
purk|aa undo, *(esim. ommel)* unpick, take out; *(talo ym)* pull down, demolish; *(kone ym)* dismantle; *(osiinsa)* take apart, take to pieces; *(lasti ym)* unload, discharge; unpack; unbox; ~ *avioliitto* dissolve a marriage; ~ *kauppa* cancel a deal; ~ *kihlaus* break off an engagement; ~ *kuorma (autosta)* unload [a lorry]; ~ *sopimus* annul (cancel, dissolve) a contract; ~ *kiukkunsa jkh* take it out on; ~ *miina, pommi* defuse; ~ *pahaa tuultaan, sisuaan* vent one's anger (spleen); ~ *sydäntään* unburden one's heart; ~ *jtk, joka painaa mieltä* get a th. off one's chest; ~ *jtk toimintaan* act.. out. **-amaton** indissoluble. **-aminen** *(rakennuksen)* demolition; *(lastin)* unloading; *(kaupan ym)* cancellation; *(liiton ym)* dissolution; *(pommin ym)* disposal. **-aus** discharge; *(raju)* outburst; *(tulivuoren)* eruption; *vihan* ~ outburst of hate; *(~paikka* port of discharge).
purkaut|ua come undone; *(joki ym)* discharge; *(kauppa ym)* be cancelled; *(kihlaus ym)* be broken off; *(tulivuori)* erupt; *(tulivuori) -uu ym)* .. is discharging; *joki -uu mereen* the river empties (discharges) into the sea; *ajatukset -uivat säveliksi* the thoughts found expression in music; *katkeruus -ui sanoiksi* bitterness burst into words. **-uminen** discharge. **-utumistie** *psyk.* outlet.
purkki *(lasi-)* jar; *(pelti-)* tin, can.
purnata grouse, grumble.
puro brook, stream. **-nieriä** brook char. **-taimen** brown trout.
purppur|a, -ainen purple.
purra bite; *(pureskella)* chew; ~ *hammasta* set one's teeth.
pursi craft, vessel; *(huvi-)* yacht. **-mies** boatswain. **-seura**

yacht club.

purskah|dus: *naurun* ~ burst (peal) of laughter. **-taa:** ~ *itkuun* burst into tears; ~ *nauruun* burst into laughter.

purs|kua spurt out, gush out. **-otin** squeezer. **-ottaa** squeeze out. **-uta** *(tihkua)* trickle; *(esiin, hitaasti)* ooze out; *pursuaa yli laitojen* runs over, overflows; *-uva elinvoima* sparkling (bubbling) vitality.

purtilo trough.

purukumi chewing-gum.

pusero blouse; *(paidan mallinen)* shirt; *(neule-)* jumper.

puser|rin press, squeezer. **-rus:** *-ruksissa oleva* squeezed (jammed) in; *joutua -ruksiin* get jammed. **-taa** press, *(kokoon)* compress; squeeze; *(likistää)* jam; pinch; ~ *mehu jstk* press (squeeze) the juice out of; ~ *rikki* crush. **-tua** get squeezed, *kuv. (esiin)* burst [from her lips], *(kokoon)* constrict [with fear].

pusk|ea butt; *(sonnista)* toss, *(haavoittaen)* gore; *(iskeä)* ram [into, *jhk*]; ~ *työtä* work hard; ~ *päänsä seinään* ram (knock) one's head against the wall. **-utraktori** bulldozer. **-uri** *rautat.* buffer; *(auton)* bumper; *taka*~ rear b.; *(*~*valtio* buffer state).

pussi bag; *zo. ym* pouch; *anat. & bot.* sac. **-eläin** marsupial. **-lakana** fitted sheet. **-tauti** *(siko-)* mumps.

puti|puhdas: *hänet ryöstettiin -puhtaaksi* he was robbed of every penny he had.

putka jail; lock-up; *joutua* ~*an* land in jail, be locked up.

putki *(johto)* pipe; tube; *(radio-)* valve, *Am.* tube; *(talon) putket* plumbing; *varustaa (talo)* ~*lla* plumb, *(uusilla)* replumb. **-johto** piping, pipe, conduit. **-lo** *(tuubi)* tube. **-mainen** tubular. **-posti** pneumatic dispatch. **-sto** piping, pipe layout. **-työläinen** plumber. **-vastaanotin** *rad.* valve set.

putous *(vesi-)* falls, waterfall.

puu tree; *(-aine)* wood; *(poltto-)* firewood; *(tarve-)* timber; *puhua* ~*ta heinää* talk nonsense, drivel; *joutua puille paljaille* be left penniless (empty-handed); *oli kuin* ~*sta pudonnut* was struck all of a heap. **-aine** wood; ~*et* timber. **-astia** wooden vessel, wooden dish; **-dus:** *on puuduksissa* is numb, is asleep. **-duttaa** *lääk.* an [a] esthetize. **-dutus** local an [a] esthesia; *(*~*aine* local an [a] esthetic).

puuh|a ks. *homma; hänellä on liian paljon* ~*a* he is too busy, he has too many things on his hands; *olla* ~*ssa* be busy, be occupied. **-akas** active, busy; *(yritteliäs)* enterprising. **-ata** be busy; bustle; *(jnk hyväksi)* work for.

puu|hiili charcoal. **-hioke** mechanical pulp.

puuhka muff; *(kaula-)* fur collar, boa.

puu|jalka: *-jalat* tilts. **-jaloste:** ~*et* woodworking products. **-kaasu** producer gas. **-kaasutin** wood gas producer. **-kenkä** wooden shoe; clog, sabot.

puukko [sheath-]knife. **-tappelu** knife-fight.

puukottaa stab [with a knife], knife.

puu|laatikko wooden box (case); *(säle-)* crate. **-laji** kind of wood, *(kasvava)* species of tree. **-leikkaus** wood carving. **-lusikka** wooden spoon. **-lämmitys** heating with wood.

puuma puma.

puu|massa ks. *-vanuke.* **-merkki** mark.

puun|hakkaaja wood-cutter. **-jalostusteollisuus** wood-working (-processing) industries.

puu|piirros woodcut. **-pino** pile of wood. **-raja** timber line. **-rakennus** ks. *-talo.*

puuro porridge; cooked cereal; *(joskus, m.)* pudding.

puuseppä joiner; *(kirvesmies)* carpenter; *(huonekalu-)* cabinet-maker.

puusepän|liike carpenter's

business. **-oppilas** carpenter's apprentice. **-työ** carpentry, joinery. **-verstas** joinery shop.
puusk|a gust [of wind]; *(tovi)* spell; *(kohtaus)* bout, attack. **-ainen** gusty, squally. **-assa:** *kädet* ~ with hands on hips. **-ittain** in spells, by fits and starts; at intervals. **-ittainen** gusty; fitful; paroxysmal.
puu|sprii wood-spirit, methyl alcohol. **-talo** wooden house; *(valmisosista koottava)* prefabricated house.
puutarha garden; *(hedelmä-)* orchard; *suunnitella (ja laittaa)* ~ lay out a garden. **-kalu** garden tool. **-kasvi** garden plant. **-kaupunki** garden city. **-koulu** gardening school. **-maa** garden-plot. **-mansikka** strawberry. **-neuvoja** gardening instructor. **-nhoito** gardening, horticulture. **-näyttely** gardening exhibition, flower show. **-ruisku** garden syringe. **-sakset** pruning (lopping) shears. **-tuotteet** garden produce. **-työ** gardening.
puutarhuri gardener.
puutavara timber [products], *Am.* lumber; *kova* ~ hardwood, *pehmeä* ~ softwood, **-ala, -kauppa** timber *(Am.* lumber) trade. **-kauppias** timber merchant. **-liike** timber business.
puute lack, want; deficiency; *(vähyys)* shortage; *(puutteellisuus)* defect; *(heikko puoli)* shortcoming, failing; *(menetys)* deprivation; *tilan* ~ lack of space; *olla jnk puutteessa* lack; be in need of; *kärsiä ~tta* suffer want; *opettajista on* ~ there is a shortage of teachers; *paremman puutteessa* in the absence of anything better.
puu|teollisuus timber industry. **-teokset** wooden goods. **-ton** treeless, bare.
puuter|i [face-] powder; *(~huisku* powder-puff; *~rasia* compact). **-oida** powder.
puutostauti deficiency disease.
puutteelli|nen defective,

imperfect; *(riittämätön)* inadequate, insufficient; ~ *sanavarasto* a limited vocabulary. **-suus** defectiveness; *(puute)* lack, deficiency, defect.
puutteenalai|nen needy, destitute. **-suus** need, poverty, destitution.
puuttu|a be lacking, be deficient, be wanting [in, *jtk*]; *(olla kateissa)* be missing; *minulta -u jtk* I lack. .; *se vielä -isi* well, I never! *kun sanoja -u* when words fail; ~ *asiaan* interfere (intervene) in a matter; ~ *puheeseen* interrupt, break in; ~ *yksityiskohtiin* go into details; *summasta -i yksi dollari* the sum was one dollar short; *-va* deficient; missing; *-va halu* lack of interest. **-minen** lack [ing]; absence.
puutua grow numb, go numb, get stiff.
puu|työ woodwork. **-vanuke** wood-pulp. **-veistos** wood carving.
puuvilla cotton. **-inen** [. . of] cotton. **-istutus** cotton plantation. **-kangas** cotton material. **-lanka** cotton thread, [sewing] cotton. **-nsiemenkakku** cotton-cake. **-pensas** cotton-plant. **-tehdas** cotton mill.
puvusto wardrobe.
pyhiin|vaellus pilgrimage; *(~paikka* place of pilgrimage; shrine). **-vaeltaja** pilgrim.
pyhimys saint; *julistaa pyhimykseksi* canonize. **-kehä** halo. **-taru** legend.
pyhi|ttää sanctify; *(vihkiä)* dedicate, consecrate; ~ *lepopäivä* keep the sabbath; observe Sunday; *jkn muistolle -tetty* sacred to the memory of; *tarkoitus* ~ *keinot* the end justifies the means. **-ttäminen:** *lepopäivän* ~ Sunday observance. **-tys** sanctification.
pyhyys holiness; sanctity; *(esim. muiston)* sacredness; *pyhyyden loukkaus* sacrilege;

lain ~ sanctity of law.
pyhä *a.* holy; sacred; *s.*
(-päivä) holy day, feast[day];
(loma-) holiday; *(sunnuntai)*
Sunday; ~ *henki* the Holy
Spirit; ~ *lehmä (kuv.)* sacred
cow; *kaikkein pyhin* the holy
of holies; ~ *Yrjö* St (Saint)
George. **-aatto** eve of a
holiday.
pyhäin|jäännös relic. **-päivä** All
Saints' Day.
pyhä|isin on Sundays. **-kkö**
sanctuary; shrine. **-koulu**
Sunday school. **-päivä**
feast-day, holy day;
(sunnuntai) Sunday. **-sti:**
luvata ~ solemnly promise;
vannoa ~ take a solemn
oath, vow. **-vaatteet** *leik.*
Sunday best.
pyjama pyjamas, *Am.* pajamas.
pykälä *(lovi)* notch; dent; nick;
(§) section; paragraph;
(sopimuksessa ym) clause.
-inen notched; indented,
jagged. **-merkki** section-mark.
pykälöidä notch, indent.
pylväi|kkö, -stö colonnade;
(kuistin tapainen) portico.
pylväs pillar; column; *(patsas)*
post. **-käytävä** colonnade.
-pyhimys stylite. **-rivi** row of
pillars, colonnade. **-sänky**
fourposter.
pyramidi pyramid.
Pyreneet the Pyrenees;
Pyreneiden niemimaa the
[Iberian] Peninsula.
pyrintö aspiration;
endeavour[s], effort[s];
(tarkoitus) aim.
pyristellä struggle; *(kala)*
flounder; *(siivillä)* flutter.
pyrki|jä aspirant; candidate.
-mys endeavour[s], effort[s];
aspiration; *(suunta)* tendency;
rauhan -mykset efforts to
achieve peace.
pyrkiä strive (for); *(koettaa)*
try, endeavour, seek [to do a
th., *jtk tekemään*], aim (at);
(tavoitella) aspire (to); ~
kouluun apply for admission
to a school, *(korkeakouluun)*
seek entrance to the
university; ~ *jhk päämäärään*
strive for an end, aim at. .;

~ *rantaan* try to reach land;
~ *sisälle* try to get in; ~
täydellisyyteen aim at (aspire
to) perfection; *hinnat -vät
nousemaan* prices tend to
rise; *mihin hän -i?* what is
he driving at? *mihin sillä
pyrit?* what are you aiming at
by that?
pyrkyri climber, careerist.
pyrstö tail. **-tähti** comet.
pyry, -ilma whirling (driving)
snow; *pyryssä* in whirling
snow. **-ttää** whirl [about];
(ulkona) ~ there is a whirling
snowstorm (a flurry of snow).
pyrähtää flutter; ~ *lentoon* fly
away, take wing.
pyssy gun; rifle; *ks. kivääri.*
pysty erect. **-asento** upright
(erect) position. **-kaulus**
stand-up collar. **-myynti** sale
of standing timber. **-mätön**
incompetent, incapable.
-nenäinen snub-nosed. **-päinen**
. . with ones's head erect.
-ssä: ~ *(oleva)* upright,
erect; *kaulus* ~ with one's
collar turned up; *nenä* ~
with one's nose in the air;
tukka ~ with one's hair
standing on end; *pitää* ~
(kuv.) keep up, sustain,
maintain; *pysyä* ~ stand,
(jaloillaan) keep on one's feet,
keep one's balance. **-suora** *a.*
& s. vertical; *~an, ~ssa*
vertically.
pystyttää put up, erect; set up;
pitch [a tent, *teltta*]; ~
muistopatsas jklle erect a
monument (a statue) to. .
pysty|viiva vertical [line]. **-vä**
able, *jhk* to; capable (of),
competent. **-yn** into an
upright position; up; *asettaa*
~ put. . upright; put. . on
end; *auttaa* ~ help a p. to
his feet; *nostaa* ~ set. . up,
stand. . up; *nousta* ~ get up,
stand up, rise; *tie nousi* ~
insurmountable obstacles
arose; *panna* ~ *(liike)* start,
(juhlat) throw a party.
pysty|ä be able (to), be
capable (of . .-ing); *(terä)* cut;
ei ~ *(ei tehota)* have no
effect on; *häneen ei p.*

imartelu he is not susceptible to flattery; *hän ei p. siihen* he is not capable of doing it; *hän ei p. tehtävään* he is not equal to the task; *näytä, mihin -t* prove yourself! *niin hyvin kuin -n* as well as I can.
pystö: *maito~* [large] milk can.
pysy|tellä keep [away, *poissa*]; *~ loitolla* keep aloof. keep one's distance, stand off; *~ sisällä* stay in, keep indoors; *hinta on -tellyt. . markassa* the price has remained steady at. . marks. **-ttää** keep; *(entisellään)* maintain, keep. . unchanged; *~ voimassa* retain [in force]. **-vä** permanent; *(luja)* fixed, stable; enduring, lasting; *jäädä ~ksi* remain permanent. **-v(äis)yys** lasting quality, permanence.
pysyä stay; *(jäädä)* remain; *(pysytellä)* keep (to); *jos sää pysyy tällaisena* if it stays like this; *~ asiassa* keep (stick) to the subject, keep to the point; *~ erillään jstk* stand (hold oneself) aloof from, keep away from; *~ huoneessaan* keep to one's room; *~ jyrkkänä* persist, persevere; *~ kiinni jssak* stick to; *~ koossa* hold together, cohere; *~ lujana* remain firm, *(päätöksessään)* stick to one's resolve; *~ paikoillaan* stay in one's place, keep in position; *~ pinnalla* keep afloat, *(kuv.)* keep on the top; *~ rauhallisena* keep cool, remain calm; *~ sanassaan* keep one's word, stand by one's promise; *~ tasoissa jkn kanssa* keep up with, *(rinnalla)* keep pace with; *~ totuudessa* keep (adhere) to the truth; *~ virassaan* remain in office; *~ voimassa* remain in force; *~ vuoteessa* keep to one's bed, stay in bed.
pysäh|dys stop, halt; standstill; *(liikenteessä)* block; *(keskeytys)* pause; *on -dyksissä* is at a standstill;

liikenne oli -dyksissä lumiesteiden takia the traffic was blocked by snowfall; *(~paikka* stopping-place). **-dyttää** stop, *kuv.* set a stop to; *vrt. pysäyttää.* **-tyä** stop, halt; draw up; come to a standstill (to a stop); *(lakata)* cease; *(kesken)* break off [in the middle of a sentence, *keskellä lausetta*]; *~ äkkiä* stop short, stop dead.
pysä|kki stop, stopping-place. **-köidä** park. **-köimispaikka** car park.
pysäköinti parking; *~ kielletty* no parking, no waiting; *pysäköinnin valvoja* parking (car-park) attendant; traffic warden. **-maksu** parking fee. **-mittari** parking meter. **-paikka** car park, *(bussien)* coach park.
pysäyttää stop; bring to a standstill, *(esim. liikenne, m.)* hold up; *(hillitä)* check, arrest; *(hevonen)* rein in, pull up [one's horse]; *(kone, m.)* cut [the engine] off; *~ (filmin) liike* freeze the action.
pyy hazel-grouse; *parempi ~ pivossa kuin kymmenen oksalla* a bird in hand is worth two in the bush.
pyyde *(pyrkimys)* aspiration, ambition; interest; *(halu)* desire. **-llä** ask, keep asking; *~ jkta jäämään* urge. . to stay. **-ttäessä** *ks. pyytää.*
pyydys trap, *(ansa)* snare. **-tys** catching; *(ansoilla)* trapping; *linnun~* bird-catching (snaring). **-tää** catch; *(ansoilla)* trap, snare.
pyyhe towel; *kylmät pyyhkeet* a cold rub-down; *kosteus~* facial blotter. **-kangas** towelling. **-kumi** eraser.
pyyhinliina towel.
pyyhk|iä wipe; mop; *(pois)* wipe off, *(jtk kirjoitettua)* strike out, cross out, delete, *(esim. velka)* cancel; *(kuivata)* dry; *~ kyynelensä* dry (wipe away) one's tears. **-äistä** wipe; *(lakaista)* sweep; *aalto -äisi hänet mereen* the wave

washed him overboard.
pyykinpesu washing.
pyykittää mark boundaries, demarcate.
pyykki 1. *(pesu)* wash [ing]; *pestä ~ä* wash, do the washing. **2.** *(raja-)* boundary stone *(t.* mark*)*, landmark. **-nuora** clothes-line. **-poika** clothes peg *(Am.* c.-pin). **-päivä** washing day.
pyyle|vyys plumpness, corpulence. **-vä** plump, [rather] stout.
pyynti *(kalan ym)* catching, *(metsästys)* hunting.
pyyntö request; *(anomus)* petition; *pyynnöstä* on request, on application, *(jkn)* at a p.'s request.
pyyteetön disinterested.
pyytää ask, request; *(hartaasti)* beg; *(pyytämällä ~)* entreat, urgently request; *(pyydystää)* catch; ~ *jklta jtk* ask. . for; ~ *apua* ask [a p.] for help; ~ *jku lounaalle* invite sb. to lunch; *pyydämme Teitä. .* we would ask you to; *(lähetetään) pyydettäessä* on (by) request; on application; *pyytämättä* unasked, without being asked; *(kutsumatta)* uninvited.
pyökki beech.
pyöre|ys roundness. **-ä** round, rounded, *(joskus)* rotund; circular; *(mitään sanomaton)* non-committal; woolly; ~ *(iso) summa* round sum; *silmät -inä* wide-eyed; *-in luvuin* in round figures; *~sti* roughly.
pyöri|ntä rotation; revolving *jne.* **-stää** round, round off. **-ttää** roll; wheel [a hoop, *vannetta*] ; *et. tekn.* rotate; *(kiertää)* turn. **-ä** *(kiertää)* revolve. rotate; turn; *(vieriä)* roll; circulate (round. .); circle; *(esim. hyrrä)* spin; *sana -i kielelläni* the word is on the tip of my tongue; *maailma -i silmissäni* my head is spinning; *-vä* rotating; rotary; *vrt. kiertää.* **-äinen** *zo.* porpoise.
pyörre whirl; *(vedessä)* eddy, *(iso)* whirlpool; vortex;

taistelun pyörteessä in the tumult of battle; *maailmansodan pyörteessä* in the maelstrom of world war; *vallankumouksen pyörteessä* in the throes of revolution; *joutui tahtomattaan tapahtumien pyörteeseen* was caught up in events. **-myrsky** tornado, cyclone; *vrt. hirmu-.* **-tuuli** whirlwind.
pyörry|ksissä be in a faint (a swoon). **-ttää:** *minua, päätäni* ~ I feel giddy (dizzy), my head is swimming; *päätä -ttävä* dizzy. **-tys** giddiness, dizziness; *lääk.* vertigo.
pyörty|mys swoon, faint. **-ä** faint, swoon, pass out; *-nyt* fainted.
pyöry|kkä *(liha- ym)* [meat] ball. **-lä** circle.
pyörä wheel; *(polku-)* bicycle; *pyörillä varustettu* wheeled; *panna jkn pää ~lle* bewilder; *menestys saattoi hänen päänsä ~lle* success went to his head. **-hdys** swing, turn; *tekn. ym* revolution. **-htää** *(ympäri)* swing round. **-ilijä** cyclist. **-illä** [ride a] bicycle, cycle. **-ily** cycling. **-inen:** *kaksi~* two-wheeled.
pyörän|akseli axle; *(koneessa)* shaft. **-jälki** wheel track, *(syvä)* rut. **-napa** hub. **-puola** spoke. **-rengas** tyre, tire. **-vanne** rim [of a wheel].
pyörästö gearing.
pyörö|kaari round arch. **-näyttämö** revolving stage. **-ovi** revolving door.
pyöveli executioner.
pähkinä nut; hazel-nut; *kova ~ (kuv.)* a hard nut to crack. **-nkuori** nutshell. **-nsärkijä** nut-cracker. **-puu** hazel, hickory.
pähkähullu stark mad.
päihde, -aine intoxicating agent; *(huume)* drug.
päih|dys: *olla -dyksissä* be intoxicated, be drunk. **-dy|ttää** intoxicate; *p-ttävät juomat* intoxicants. **-tymys** intoxication. **-tyä** become intoxicated, get drunk; *-tynyt* intoxicated, drunk, *(lievästi)*

tipsy, tight.
päihittää beat, *(hakata)*
clobber, *koul. sl.* wallop.
päin in the direction of.., towards, to; *etelään ~* to[wards] the south, southwards; *ikkuna on etelään ~* the window faces south,.. *pihalle ~* gives on [to] the courtyard; *mihin ~* in what direction? which way? *mistä ~* from what direction? *juosta ~ jtk* run against; *~ kasvojani* to my face. **-en:** *kaksi~* two-headed. **-nkään:** *ei sinne ~* nothing of the kind. **-nsä:** *käy ~* may be done, is possible; is proper, is fitting; *ei käy ~ että menet sinne* it won't do for you to go there. **-nvastai|nen** opposite, contrary (to); *~ järjestys* reverse order; *p-seen suuntaan* in the opposite direction; *mikään ei todista p-ista* there is no evidence to the contrary. **-nvastoin** on the contrary; *ja ~* and vice versa; *asia on aivan ~* it is just the opposite (the reverse), it is just the other way; *~ kuin* contrary to, unlike; *vrt. sitä vastoin.* **-ssään:** *olla ~* be drunk. **-stikkaa** head first, headlong. **päitset** headstall, halter.
päive|ttyä get sunburnt, get tanned; *-ttynyt* sunburnt. **-tys** sunburn, sun tan.
päivi|neen: *vaatteineen päivineen* clothes and all. **-sin** by day, in the daytime. **-tellä** *l.v.* bemoan, complain (of).
päivittäi|n daily, day by day; *matkustaa ~ työhönsä (lähiöstä)* commute between home and work. **-nen** daily.
päivyri wall *(t.* table) calendar.
päivys|tys duty. **-täjä:** *olla ~nä* be on duty. **-tää** be on duty [for the day]. **-tävä:** *~ apteekki* pharmacy on duty, *~ota* pharmacy; *~ lääkäri* doctor on call.
päivä day; *(aurinko)* sun; *~llä* by day, in the day-time; *~ssä* a day, per day; *kaksi kertaa ~ssä* twice a day, twice

daily; *3 dollaria ~ssä* three dollars a day; *elokuun 4. ~nä* on the fourth of August; *kirjeenne huhtikuun 7. ~ltä* your letter of April 7th; *joka ~* every day, daily; *~ päivältä* day by day, day after day; *~stä toiseen* from day to day; *eräänä ~nä* one day; *tässä eräänä ~nä* the other day; *jonakin ~nä (tulevaisuudessa)* some day; *näinä päivinä* one of these days; *kaiken ~ä* all day long; *~t pitkät* day in, day out; *edellisenä ~nä* the day before; *tähän ~än mennessä* till now, up to date; *(en ole nähnyt häntä) kahteen ~än* [I have not seen him] for two days; *monesko ~ tänään on?* what date is it today? *hyvää ~ä (e.p.p.)* good morning! *(j.p.p.)* good afternoon! *(usein m.)* hello, how are you? *(= hauska tutustua)* how do you do? **-hoito** *(lasten)* day care. **-juna** day train.
-järjes|tys programme *(t.* order) of the day, *(lista)* agenda; *viime aikoina p-tykseen tulleet asiat* matters which have recently come to the fore. **-kausi:** *~a* day in, day out; for many days.
-kirja diary; *(luokan)* register; *kirjanp.* journal, daybook; *kirjoittaa ~an* enter sth. in one's diary, *(koul.)* mark the register. **-koti** day nursery.
-käsky order of the day.
-lehti daily [paper]. **-lleen:** *~ kaksi vuotta* two years to a day, exactly two years. **-llinen** dinner; *syödä -llistä* dine; *milloin syötte -llistä?* what time do you have dinner?
päivällis|aika dinner-time.
-kutsut dinner-party. **-pöytä** dinner-table. **-uni** after-dinner nap. **-vieras** guest [at dinner], guest for dinner; diner.
päivä|läinen day-labourer.
-matka day's journey. **-määrä** date.
päivän|kakkara ox-eye daisy, marguerite. **-koitto** dawn,

daybreak (*p-koitteessa* at d.).
-kohtainen topical; *on* ~
has been much in the news.
-kysymys question of the day.
-paahtama sunburnt. **-paiste**
sunshine. **-polttava.** . of
current (of topical) interest;
~ *kysymys* burning question
of the day. **-puoleinen.** .
situated on the sunny side,
sunny. **-seisaus** solstice. **-selvä**
clear as day, evident, obvious.
-tasaaja equator. **-tasaus**
equinox. **-valo** daylight; ~*ssa*
by d.; *tulla* ~*on* come to
light; *saattaa* ~*on* bring to
light. **-varjo** sunshade, parasol.
päivä|näytäntö matinee. **-palkka**
day's wages, daily pay;
-palkalla by the day.
-palkkalainen day-labourer.
-peite bedspread, counterpane,
coverlet. **-raha** daily
allowance. **-sakko** daily
fine [s]. **-sydän** middle of the
day, noon, midday; ~*nä* at
noon, at midday. **-työ** day's
work; day-to-day job; *olla*
~*ssä* work by the day;
(~*läinen* day-labourer). **-tä**
date; *kirje on -tty maaliskuun*
1 p:nä the letter is dated
March 1st;. . *-tty kirjeenne*
your letter of [March 1st]; ~
myöhemmäksi, aikaisemmaksi
postdate, antedate. **-ys** date.
-ämätön undated.
pälkä|htää: *päähäni -hti* it
occurred to me, it entered
my head. **-hässä** in a
dilemma; *auttaa jku -hästä*
help a p. out.
pälyillä gaze [suspiciously],
peer [to either side], glance
[furtively], give . . sidelong
glances.
päntätä: ~ *päähänsä* grind
away [at Latin, *latinaa*].
päre (*katto-*) shingle; (*kori-*)
splint. **-katto** shingle roof.
-koppa splint basket.
pärinä rattle; (*herätyskellon*
ym) buzzing; (*torven*) blaring;
rumpujen ~ beating of drums.
-stä buzz; (*rämistä*) rattle.
pärjätä do well (in), get on;
manage [well], cope (with);
pärjäätkö ilman apua? can you

manage without help?
pärsky|ttää, -ä spatter, splash.
pässi ram. **-npää** *kuv*.
blockhead.
pätem|isentarve desire (need)
to assert oneself. **-ättömyys**
imcompetence, incapacity;
disqualification; invalidity.
-ätön incompetent, incapable;
(*kelpaamaton*) invalid; *julistaa*
-ättömäksi declare invalid (*t*.
null and void).
päte|vyys competence, ability;
qualifications; (~*vaatimus*
qualifications required). **-vä**
competent; capable; qualified;
(*kelpaava*) valid; (*pitävä*)
tenable; ~ *virkaan* qualified
for the position; ~*t syyt*
good grounds; *ei* ~*ä syytä* no
just cause; ~ *este* valid
excuse.
päteä be valid; hold good; *ei*
päde enää is not valid (in
force) any longer.
pätkä stump, end.
pää head; (*loppu*) end; (*kärki*)
point; (*latva*) top; *hattu* ~*ssä*
with one's hat on; *ottaa*
hattu ~*stä* take off one's hat;
pahalla ~*llä* in a bad humour
(temper); *alla päin* in low
spirits;. . *-lla on hyvä* ~ is
brainy; *menestys nousi hänelle*
~*hän* success went to his
head; *saada* ~*hänsä* get [it]
into one's head; *pöydän* ~*ssä*
at the head (at the end) of
the table; *jkta* ~*tään pitempi*
(*kuv*.) head and shoulders
above. .
pää|aine main (*t*. major)
subject; *opiskella jtk* ~*enaan*
Am. major in. . **-aines** chief
ingredient. **-ajatus** leading
idea. **-asia** main thing; main
point; ~*ssa* in the main,
mainly. **-asia|llinen** principal,
main, chief; (*oleellinen*)
essential; *-llisesti* chiefly,
principally; predominantly,
primarily; (*enimmäkseen*)
mostly, for the most part.
-elinkeino principal (main)
industry. **-esikunta** general
staff. **-harjoitus** dress
rehearsal. **-henkilö** principal
character; hero, heroine. **-hine**

head-dress. **-hyve** cardinal virtue. **-hänpiintymä** fixed idea. **-hänpisto** notion, idea; *(oikku)* whim. **-ilmansuunnat** cardinal points. **-jakso** *zo.* phylum, *bot.* division. **-johtaja** general manager, director general. **-johto** main. **-joukko** main body. **-kallo** skull, cranium. **-katsomo** grand stand. **-katu** main (principal) street. **-kaupunki** capital; *(~lainen* inhabitant of the capital). **-kieli** principal language. **-kirja** ledger. **-kirjoitus** leading article, leader, *(toimituksen)* editorial. **-kohdittain:** *selostaa ~ jtk* give the main points of; give an outline of. . **-kohta** main point. **-konsuli** consul general. **-konttori** head-office. **-laki** crown of the head. **-lause** principal sentence (clause). **-liike** head business. **-liina** head scarf.

päälle: *jnk ~ on.* ., on top of. ., *(yli)* over, above; *~ päätteeksi* over and above that; moreover, besides. **-kirjoitus** heading, title. **-kkäin** one on top of another (the other); *(~menevä, ~meno* overlapping).

päälli|kkyys command; leadership. **-kkö** chief, *Skotl. ym* chieftain; *(liikkeessä, m.)* head, principal; *sot.* commander, *(linnan)* commandant; *(laivan)* ship's master. **-mmäinen** topmost, uppermost. **-nen** covering; *(huonekalun)* cover; spread; *(tyynyn)* tick, *(irto-)* case, slip; *-sin puolin* superficially. **äällys** coat[ing], cover; *(-paperi)* wrapper; *(kirjan, suojus-)* [dust-]jacket. **-kenkä** overshoe. **-lakana** top sheet. **-mies** foreman; *puhek.* boss. **-paperi** wrapping-paper. **-puoli** top side; outer side, outside. **-takki** overcoat, greatcoat. **-te** coating, covering; *(tien)* surface, top. **-tää** cover, coat (with), *(esim. julkisivu)* face (with). **-tö** officers. **-vaatteet** uter garments, outdoor

clothes.

pää|llä: *jnk ~ on.* ., on top of; *(yläpuolella)* above. ., *(yli)* over. **-ltä:** *riisua ~än* take off [one's clothes]; *~ katsoen* externally, in outward appearance, *(ensi näkemältä)* on the face of it; *moni on kakku ~ kaunis.* . fine feathers do not always make fine birds. **-päin** *ks. ed.*

pää|luokka *kiel.* voice. **-luottamusmies** shop steward. **-maali** aim, object, goal. **-maja** headquarters. **-mies** head; *lak.* client; principal. **-ministeri** prime minister, premier. **-määrä** aim, object; goal; *saavuttaa ~nsä* gain one's ends; *ilman ~ä* aimlessly, with no object in view; *(~tön* aimless, purposeless). **-nahka** scalp.

pään|alus pillow; cushion. **-nyökkäys** nod. **-särky** headache. **-tie** neckline. **-vaiva** bother, trouble; *nähdä ~a (jstk)* bother one's head (about).

pää|oma capital; *kiinteä ~* fixed c.; *muuttaa ~ksi* capitalize; convert into capital. **-nomistaja** capitalist. **-npako** flight of capital. **-nsijoitus** investment. **-tili** capital *(t.* stock) account. **pää|osa** main part, bulk (of); *teatt.* leading role, the lead. **-ovi** main entrance, front door. **-paino:** *panna ~ jhk* lay the main stress on, attach primary importance to. **-periaate** leading principle. **-perillinen** principal heir. **-piirre** main feature; *-piirteittäin* in broad outline, in a general way. **-rakennus** main building; *(tilan)* farmhouse. **-rata** main line, trunk line.

päärí peer.

päärm|e, -ätä hem.

päärynä pear. **-nmuotoinen** pear-shaped. **-puu** pear-tree.

pää|sana headword. **-sihteeri** secretary-general. **-sisällys** essence, substance. **-sisäänkäytävä** main entrance.

pääsiäi|nen Easter; *-senä* at E.

-sjuhla Easter festival; *(juutalaisten)* Passover.
-slammas paschal lamb. **-slilja** daffodil. **-sloma** Easter holiday. **-smuna** Easter egg.
-späivä Easter Sunday; *toinen* ~ Easter Monday.
pääskynen swallow.
päässä: *jnk matkan* ~ at a distance of;. . away; *kilometrin* ~ *jstk (m.)* one kilometre from. . **-lasku** mental arithmetic.
päästä 1. *v.* get; *(saapua jhk)* arrive at *t.* in; *(jstk, m.)* escape; *pääseekö hän mukaan* can he come along? *(saako)* may he come along? ~ *jnnek* get into, *(jäseneksi, oppilaaksi)* be admitted to; ~ *jstk (pois)* get out of, *(esim. sairaalasta)* be discharged; ~ *eroon jstk* get rid of; ~ *helpolla* get off easily; ~ *käsiksi jhk* get at, *(esim. ongelmaan)* get to grips with; ~ *lähtemään* get away; ~ *sisälle* get in; ~ *sopimukseen* arrive at (come to) an agreement; ~ *tuloksiin* reach results; *varomaton sana pääsi hänen suustaan* an incautious word escaped him; *(kengännauha) pääsi auki* came undone; *tuskin oli hän päässyt sitä sanomasta, kun. .* he had scarcely uttered that when. .; *siitä ei pääse mihinkään* there is no escaping (getting away from) that; *pääseekö sinne autolla?* can you get there by car? *pääsin (sinne) menemästä* I did not need to go, I escaped going [there]; *mieluummin pääsisin siitä* I'd rather not [do that]; *~kseen vaivasta* to avoid (to be spared) trouble; *pyydän ~ tästä* can I be excused?
päästä 2. after; *tunnin* ~ *(m.)* in an hour; *jnk matkan* ~ at *(t.* from) a distance of. .
päästäinen *zo.* shrew.
päästää let go, *(irti)* release, let loose, *(irrottaa)* unfasten, disengage (from); *(sairaalasta ym)* discharge; *(terästä)*

temper; ~ *auki* open, undo, *(napeista)* unbutton, *(nyöri)* untie, unlace; ~ *huuto* utter a cry, give a scream, cry out; ~ *irti (kätensä)* release one's hold; ~ *käsistään* let go, *(esim. tilaisuus)* let slip; ~ *jku sisälle* let. . in, admit; ~ *vapaaksi* release, set. . free; ~ *yliopistoon* admit. . to the university; ~ *jku vähällä, helpolla* let. . off easily; *päästä minut* let me go! *päästä meidät pahasta (raam.)* deliver us from evil.
päästö|todistus school-leaving certificate. **-tutkinto** school-leaving examination.
pääsy *(jhk)* access to; admission [in]to, admittance to; *vapaa* ~ entrance free; ~ *(asiattomilta)* kielletty no admittance [except on business]; *(paikkaan) on helppo* ~ (the place) is easily accessible. **-kortti** admission card. **-lippu** ticket [of admission]. **-maksu** admission, entrance fee. **-tutkinto** entrance examination. **-vaatimukset** entrance requirements.
pää|syy main (chief) reason. **-sääntö** principal rule. **-tarkoitus** main purpose, chief object.
pääte ending. **-asema** terminal station, terminus. **-kohta** terminal point, *(rautatien)* railhead.
pää|tehtävä principal task. **-tekijä** chief factor. **-teos** principal work.
päätellä draw conclusions (from), conclude, infer; *jstk -llen* judging by. . **-lmä** deduction, conclusion.
pääteos principal work.
päätepiste end point.
päätoiminen full-time.
päätoimittaja editor-in-chief.
päätty|minen termination, conclusion; *(loppu)* end, close; *(umpeenkuluminen)* expiration, expiry. **-misaika** [time of] expiration. **-mätön** unfinished; *mat.* recurring [decimal].
päättyä end, terminate; be

concluded, close; come to an end; (*kulua umpeen*) expire; (*lakata*) cease; ~ *jhk* end with, end (terminate) in; ~ *huonosti* turn out badly; ~ *onnellisesti* turn out well, prove successful, be a success, (*kertomus ym*) have a happy ending; *tauti -i kuolemaan* the illness proved fatal; *kokous -i* the meeting came to an end, the meeting closed; *hakuaika -y huomenna* the time set for application expires to-morrow. **päättä|jäiset** breaking up [of school], *Am*. commencement. **-mätön** (*tili*) unbalanced; (*ratkaisematon*) not [yet] decided; (*epäröivä*) undecided, irresolute. **-väinen** resolute, determined. **-väisyys** resolution, determination. **päät|tää** end, bring.. to an end (to a close); conclude, terminate; (*valmiiksi*) finish, complete; (*tili*) make up, close; (*tehdä päätös*) decide, determine; make up one's mind; ~ *asia* decide a question, settle a matter; ~ *jtk jstk* conclude, infer from; ~ *tili* strike a balance, balance an account; *asia on -etty* the matter is settled; *hän on -tänyt saattaa työn loppuun* he has made up his mind (he is determined) to finish the work; *-tävät elimet* deciding bodies; *siitä -täen* judging from that; *kaikesta -täen* evidently, apparently. **päätuote** principal (main) product. **pääty** gable. **-kolmio** tympanum; pediment. **päätyä** [finally] come to, end [up] in; ~ *jhk tulokseen* arrive at a result. **päätäpahkaa** headlong, precipitately; head over heels. **päätöksentekijä** decision-maker. **päätön** headless; *kuv*. foolish, mad, senseless, absurd; *puhua päättömiä* talk nonsense. **päätös** decision; *lak*. judgment, (*rikosasiassa*) sentence. (*valamiehistön*) verdict;

(*arviomiesten ym*) award; (*päätelmä*) conclusion; *antaa* ~ *asiassa* (*lak*.) pronounce (give, render a) verdict; rule [that..]; (*kokouksessa*) *tehty* ~ the resolution passed; *panna päätöksensä toimeen* carry one's resolution into effect; *saattaa päätökseen* bring to a conclusion, complete; *tehdä* ~ decide, determine, resolve; make up one's mind; *tulla jhk päätökseen* come to a decision. **-lasku** proportion, rule of three. **-lauselma** resolution. **-valta** authority (power) to decide. **-valtainen:** ~ *jäsenluku* quorum. **pää|vahti, -vartio** main guard. **-vaikutin** chief motive, mainspring. **-vastuu** main responsibility. **-voitto** the first prize. **-vuokralainen** principal tenant. **-äänenkannattaja** leading organ. **pöhö** [o]edema. **-ttymä** swelling. **-ttyä** swell; *-ttynyt* swollen, puffy. **pöhkö** *a*. nuts; *joku* ~ (*Am*.) some kind of a nut. **pöker|rys** stupefaction; *-ryksissä* stupefied, dazed. **pölkky** log, (*alasin ym*) block. **-pää** blockhead, dunce. **pölländys, -tää** puff. **pöllö** owl. **pöly** dust; *olla ~ssä* be covered with d., be dusty. **-hiukkanen** particle of dust. **-inen** dusty. **-kapseli** (*pyörän*) hub-cap. **-nimuri** vacuum cleaner. **-riepu** duster. **-ttyä** get dusty. **-sokeri** icing sugar. **-ttää** dust; (*nostaa p-ä*) raise (stir up) the dust; *bot*. pollinate. **-tys** *bot*. pollination. **pönkittää** prop [up]. **pönkkä** prop; support; strut. **pönttö** can, tin; (*linnun*) bird-house; (*poliisin*) box; *leik*. (*puhujan*) pulpit; *vrt. allas*. **pörrö|inen** ruffled up, rumpled; tousled, dishevelled; (*takkuinen*) shaggy. **-ttää** ruffle, rumple; (*tupeerata*) back-comb.

pörssi stock exchange; *(Ranskassa ym)* bourse. **-hinta** exchange price. **-keinottelija** speculator on the exchange. **-noteeraukset** stock exchange quotations. **-välittäjä** stockbroker, jobber.

pötkiä: ~ *pakoon* take to one's heels, run for it; ~ *tiehensä* bolt, make off.

pötkö stick.

pöty [stuff and] nonsense; *(roska)* rubbish. **-puhe** nonsense.

pöyh|eä puffy; fluffy. **-istellä** *kuv.* strut, swagger. **-iä:** ~ *pielus* shake up a cushion.

pöyhk|eillä be cocky, ride the high horse; *-eilevä käynti* swaggering gait. **-eys** conceit; arrogance, haughtiness. **-eä** conceited, high and mighty, swanky, *puhek.* stuck-up.

pöyristytt|ää horrify, appal; *-ävä* appalling, horrifying, revolting.

pöytä table; *pöydän ääressä* at the table; *istua ~än* sit down to dinner (lunch etc.); *ruoka on pöydässä* dinner (lunch etc.) is served; *panna pöydälle asia* table a question. **-astia** ~*t* tableware. **-astiasto** dinner (lunch, breakfast) set. **-hopeat** table silver. **-keskustelu** conversation at table; table-talk.

pöytäkirja minutes; report of the proceedings; record; *pitää ~a* take down the minutes; *merkitä ~an* enter in the minutes, record; *~n ote* extract from the minutes; *~n pitäjä* keeper of the minutes; *tarkistaa ~* verify (check) the minutes.

pöytä|laatikko drawer. **-levy** top of the table; *(irto-)* leaf. **-liina** table-cloth. **-rukous** grace; *lukea ~* say g. **-tavat** table manners. **-toveri** partner at table.

R

raadanta toiling; drudgery.
raadella tear.. to pieces;
lacerate; *kuv.* tear.
raaha|ta drag, trail. **-utua** be
dragged along [by the train,
junan alla].
raais|taa brutalize, coarsen.
-tua be (become) brutalized.
raaja limb; ~*t* (*m.*) extremities.
-rikko *s.* cripple. **-rikkoinen**
crippled, maimed, disabled.
raaka 1. (*laivan*) yard. **2.** raw;
crude (*m. kuv.*); (*kypsymätön*)
green [fruit, *hedelmä*],
unripe, not ripe;
(*käytökseltään*) rude, coarse;
brutal. **-aine**, ~*et* raw
material. **-kumi** crude rubber.
-lainen barbarian. **-laisteko**
barbaric action, inhuman
deed. **-laisuus** barbarism.
-mainen brutal; (*karkea*)
coarse, rude. **-maisuus**
brutality. **-purje** square sail.
-silkki raw silk; shantung.
-sokeri raw (unrefined) sugar.
-tuotanto primary production.
-tuote unrefined product. **-öljy**
crude oil.
raakile green fruit; omenan ~
green apple.
raakkua (*varis*) caw; (*korppi*)
croak.
raakuus rawness, crudity;
rudeness, coarseness; brutality.
raama|ttu the Bible, the
Scriptures. **-tullinen** biblical.
raamatun|historia Bible history.
-kohta Bible passage. **-käännös**
translation of the Bible,
Bible translation. **-lause**
biblical quotation.
raapai|sta scratch; graze; ~
tulta strike a light. **-su**
scratch.
raape|kumi ink eraser. **-vesi**
ink remover.
raapia scratch, (*joskus*) claw,

(*kaapia*) scrape.
raapu|ttaa erase, rub out. **-tus**
-(kohta) erasure.
raast|aa tear, pull; (*laahata*)
drag [along]; (*vihanneksia
ym*) grate. **-e:** *juusto~* grated
cheese. **-in(rauta)** grater.
raastu|pa courtroom. **-vanoikeus**
magistrates' court, *Am.*
municipal court.
raata|a toil, drudge; *puhek.*
slave away, (*esim. koulussa*)
grind away [at one's studies].
-ja drudge.
raate|leva rapacious [beast,
eläin], predatory. **-lu**
laceration.
raati council. **-huone** town hall,
city hall. **-mies** magistrate.
raato carcass.
raavaanliha beef.
raavas *ark.* grown-up; robust;
koll. cattle.
radikaali, -nen radical;
nuoret ~*t* the r. young.
radio radio, wireless [set];
~*ssa* on the radio, on
(over) the air; *hän esiintyy*
~*ssa huomenna* he will be on
the air tomorrow; *aukaista*
(*sulkea*) ~ switch on (off) the
radio; ~ *soi* the radio is on
(*pauhaa. . at full blast*); *hakea*
~*sta jk asema* tune in to. .;
vääntää ~ *hiljemmäksi* turn
down; *tulokset ilmoitetaan*
~*ssa* the results will be
announced on the radio.
-aktiivinen radioactive; ~
laskeuma r. fall-out; ~ *säteily*
nuclear radiation. **-aktiivisuu|s**
radioactivity; *r-den valvonta*
radiation control. **-asema**
broadcasting station. **-esitelmä**
broadcast talk.
radioi|da broadcast; radio
(*imp. & pp.* **-ed**). **-nti**
broadcasting. **-tse** by radio.

radio|kuunnelma radio play.
-laite radio set; *-laitteet* r.
equipment. **-luotain** radio-
sonde, radiometeorograph.
-lupa wireless licence. **-lähetin**
radio transmitter. **-lähetys**
radio transmission; broadcast;
lopettaa ~ go off the air.
-nkuuntelija listener.
-ohjelma broadcast
programme; *lähettää* ~*a* be
on the air. **-peilaus** radio
location. **-puhelin** radio
telephone. **-putki** valve, *Am.*
tube. **-sähköttäjä** radio
operator. **-selostaja** radio
commentator. **-suunnin**
[radio]direction finder.
-vastaanotin radio set,
(matka-) transistor set. **-yhtiö**
broadcasting corporation.
rae hailstone; *(jyvänen)* grain,
granule; *rakeet, rakeita* hail;
sataa rakeita it is hailing.
-kuuro hail-shower, hailstorm.
raha money; *(lantti)* coin;
(valuutta) currency; ~*t* money;
funds; *puhtaana* ~*na* in ready
money, *(käteisenä)* in cash;
lyödä ~*a* coin, mint; *muuttaa*
~*ksi* convert into money,
realize; *olla rahoissaan* have
some cash; *olla vähissä*
rahoissa be short of money;
saada vastinetta ~*lleen* get
one's money's worth. **-ansio**
earnings. **-apu, -avustus**
pecuniary aid. **-arpajaiset**
lottery with money prizes.
-arvo monetary value. **-asiat**
money matters; finances; *-lla*
on huonot ~ is financially
embarrassed.
raha|-automaatti coin machine.
-huolet financial worries.
-järjestelmä monetary system.
-kanta monetary standard,
standard of currency. **-kas**
moneyed. **-ke** *(kaasu-)*
gas-meter disk. **-kirje** letter
containing money. **-kokoelma**
collection of coins. **-kukkaro**
purse. **-kysymys** question of
money. **-lahja** money gift.
-laina loan of money. **-laitos**
financial institution. **-llinen**
pecuniary, monetary; financial;
~ *etu* pecuniary advantage.

-llisesti financially. **-lähetys**
remittance. **-markkinat**
money-market. **-mies** financier,
capitalist. **-määrä** amount of
money.
rahan|ahne greedy of money.
-arvo money value; ~*n*
aleneminen inflation, drop in
the value of money. **-keräys**
collection; *panna toimeen* ~
start a c., have a
whip-round. **-lyönti** coining
[of money]; minting.
-niukkuus scarcity of money.
-puute lack of money. **-saanti**
supply of money. **-sijoitus**
investment. **-tarve** demand for
capital. **-vaihtaja**
money-changer. **-vaihto** money
exchange. **-väärentäjä**
counterfeiter.
raha|paja mint. **-palkinto**
money prize. **-palkka** wages.
-pula money difficulties; *olla*
~*ssa* be short of money, be
[hard] pressed for money, be
hard up. **-pussi** purse. **-sakko**
fine. **-staa** collect. **-staja**
collector, cashier; *(linja-auton)*
conductor. **-sto** *(pohja-)* fund,
(lahjoitettu, m.) foundation;
(valtion kassa) treasury;
(~nhoitaja treasurer). **-stus**
collection. **-summa** sum [of
money]. **-taloudellinen**
financial. **-talous** finances;
monetary policy. **-tiede**
numismatics. **-toimi** finances;
(~kamari municipal finance
department). **-toimisto** finance
office. **-ton** impecunious,
penniless, *sl.* [stony-]broke.
-valta plutocracy.
-varainhoitaja treasurer. **-varat**
means, funds, financial
resources. **-yksikkö** monetary
unit, unit of currency.
rahdata freight, *(laiva)* charter.
rahina rattle, *lääk.* rales.
rahkasuo sphagnum bog.
rahoi|ttaa finance. **-ttaja**
financier.
raht|aaja charterer, freighter.
-aus chartering, freighting;
(-kirja charter party (C/P).
rahti *(laiva-)* freight; *(maa-)*
carriage, *Am.* freight; rate; ~
maksetaan perillä freight [to

be charged] forward, carriage forward; ~ *maksettu(na)* carriage paid, *(meri-)* freight [pre]paid. **-kirja** way-bill, consignment note; *mer.* bill of lading *(lyh.* B/L); *lentok.* air waybill. **-laiva** cargo ship, freighter. **-liike** carrying trade. **-maksu** freight [charge] *vrt. rahti;* ~*tta* freight prepaid, carriage paid. **-tavara** freight; *lähettää* ~*na* send by goods train, send as ordinary freight.

rahtu bit; a little; *ei* ~*akaan* not a bit, not in the least. **-nen:** *-sen parempi* a little [bit] better, a trifle better; ~ *suolaa* a pinch of salt; ~ *pippuria* a little pepper; *unen*~ a wink of sleep.

rahvaanomainen vulgar, *(talonpoikais-)* peasant, rustic. **rahvas** common people, *(maalais-)* countryfolk; *(massat)* hoi polloi.

raidallinen striped.

raide track; line; *suistua raiteilta* be derailed, go off the rails. **-leveys** gauge. **-vaihde** switch.

raidoittaa stripe; streak.

raihnai|nen sickly, ailing; decrepit [with age]; ~ *henkilö* invalid; *vanha ja* ~ aged and infirm. **-suus** weakness, decrepitude.

raik|as fresh; *(viileä)* cool; *(heleä)* clear, bright; *(sää, m.)* crisp. **-kaus** freshness; coolness.

raiku|a clang, ring, *(kaikua)* resound; *-va* ringing; *suosionosoitusten* *-essa* amid loud applause.

railakas brisk, jaunty, carefree; ~ *ilta* a convivial evening.

railo crack; *(avattu)* channel in the ice.

raina film strip; *(kuultokuva)* slide, transparency.

raion rayon.

raippa rod; *(piiska)* whip; lash; *antaa raippoja* flog, whip. **-rangaistus** whipping, flogging.

raisk|ata ruin, destroy; *(nainen)* rape. **-aus** rape.

rais|u frisky; boisterous, romping. **-uus** wildness, boisterousness.

raita 1. stripe; streak. **2.** *bot.* [goat-] willow. **-inen** striped; streaked, streaky.

raiteinen *(yhd.)* -track; *yksi-, (kaksi-)* single- (double-) track; *kapea*~ narrow-gauge.

raitio|tie tramway, *Am.* streetcar line; (~**liikenne** tramcar traffic; ~**pysäkki** tram stop). **-vaunu** tram[car], *Am.* streetcar; *ajaa* ~*lla* go by tram, take the tram; *nousta* ~*un* get into a tram; *poistua* ~*sta* get off a tram.

raitis fresh, *(viileä)* cool; *(ei juopunut)* sober, *(ehdottoman* ~) teetotal, *s.* teetotaller; *haukkaamassa* ~*ta ilmaa* taking the air. **-henkinen** soberminded. **-taa** freshen; *kuv.* sober. **-tua** be refreshed; become sober, become an abstainer.

raittiisti coolly *jne.; tuulee* ~ there is a cool (an invigorating) breeze.

raittius freshness; *(väkijuomiin nähden)* temperance, teetotalism. **-aate** [cause of] temperance. **-juoma** non-alcoholic drink, soft drink. **-liike** temperance movement. **-mies** total abstainer, teetotaller.

raiv|aamaton uncleared; ~ *ala* unbroken ground. **-ata** clear; *kuv.* pioneer; ~ *tieltä(än)* clear. . out of the way, do away with; ~ *tie metsän läpi* cut a road through the forest; ~ *tietä (kuv.)* pave the way, open the way (for); break new ground; *hän on -aava tiensä (menestykseen)* he will forge ahead. **-aus** clearing; (~**traktori** bulldozer; ~**työ** *kuv.* pioneer work).

raivo rage, fury; *(mieletön)* frenzy; *olla* ~*issaan* be in a rage, be furious, *jstk* at. **-hullu** *a.* raving mad; *s.* violent lunatic. **-isa** furious, frantic, mad. **-kkuus** fury; violence. **-npurkaus** outburst of rage. **-stua** fly into a

passion, become furious.
-stu|ttaa make.. furious,
drive.. mad, infuriate, enrage;
-ttava maddening. **-ta** rage;
(olla vallalla) run riot, be
rampant. **-tar** fury. **-tauti**
rabies, hydrophobia.
raja limit, bound; *(maiden ym)*
boundary [line], border;
(valtiollinen) frontier;
kaupungin ~t town
boundaries, *Am.* city limits;
~nsa kaikella one must draw
the line somewhere; *olla jnk
~lla* border (on); *jnk ~lla
oleva* bordering (on),
adjoining; *jnk rajoissa* within
the limits of; *pysyä
kohtuuden rajoissa* keep
within the bounds of
moderation; *tulojensa rajoissa*
within one's income; *mennä
~n yli* cross the frontier;
panna ~ jllek put a limit to;
vrt. rajoittaa. **-arvo** *mat.*
limit. **-hinta** [price-] limit.
-kahakka border skirmish.
-kaupunki frontier town.
-kkain bordering each other
~ oleva(t) adjoining,
contiguous; *olla ~* adjoin
[each other]. **-maa** border
-[land]. **-nloukkaus** frontier
infringement. **-pyykki** boundary
stone, *kuv.* landmark. **-riita**
frontier controversy. **-selkkaus**
frontier incident. **-seutu**
frontier, border. **-tapaus**
borderline case. **-ton**
unlimited, unbounded;
(ääretön) boundless; endless,
infinite; *hänen riemunsa oli
~* his joy knew no bounds.
-ttomasti without bounds,
beyond measure,
unrestrictedly. **-ttomuus**
boundlessness; infinity.
-vartio(sto) frontier guard.
-viiva boundary line, line of
demarcation.
rajoi|ttaa border; limit, restrict,
confine [one's activity to,
toimintansa jhk]; *Suomea
~ idässä Neuvostoliitto* the
U.S.S.R. borders Finland to
the east; **-tettu** limited;
restricted; *(ehdollinen)*
qualified. **-ttamaton** unlimited,

unrestricted; absolute. **-ttava**
restrictive. **-ttua** *(jhk)* border
[up]on, *kuv.* restrict (confine)
oneself (to); *(asioista)* be
limited (to). **-ttuneisuus**
limitation[s]; narrow outlook.
-tus limitation, restriction;
limit; *eräin -tuksin* subject to
certain reservations
(qualifications); *-tuksitta*
freely, without restrictions.
raju violent, vehement;
(hillitön) ungovernable, unruly.
-ilma storm; *~ on tulossa* a
storm is brewing. **-us**
violence, vehemence; fury.
rakas dear, beloved; *(läheinen)*
intimate; *rakkaani* love,
honey, ducky, sweetie. **-taa**
love; *-tava* loving,
affectionate; *-tettu* beloved,
sweetheart. **-taja** lover. **-tajatar**
mistress. **-tavaiset** lovers. **-tella**
make love, *jkta* to. **-telu**
love-making. **-tettava** amiable;
lovable. **-tettavuus** amiability;
lovableness. **-tua** fall in love,
jkh with; *-tunut..* in love
(with).
rakeinen granular.
rakenne structure; construction;
on rakenteilla is under (is in
course of) construction. **-lma**
structure.
rakennus building; *(komea)*
edifice; *(kokoonpano)*
structure; construction. **-aika**
building time. **-aineet** building
materials. **-elementti** building
unit. **-insinööri** building
engineer. **-jätteet** rubble.
-kustannukset cost of building.
-lautakunta Board of Works.
-levy [fibre] building board.
-mestari [master-] builder.
-palikka brick. **-ryhmä** group
of buildings. **-sarja** kit
(do-it-yourself kit). **-taide**
architecture. **-taiteellinen**
architectural. **-telineet**
scaffolding. **-tyyli** [style of]
architecture. **-työläinen**
building worker.
-työmaa building site.
raken|nuttaa have.. built
(erected, constructed). **-taa**
build; construct; *(pystyttää)*
erect; *~ jälleen* rebuild,

reconstruct, re-erect; ~ *jtk jnk varaan (kuv.)* build. . (found. .) upon; *-netut alueet* built-up areas. **-taja** builder. **-tamaton:** ~ *tontti* vacant lot. **-taminen** building. **-tava** constructive [work, *työ*]. **-teellinen** structural. **-teilla** under construction. **-teinen:** *solakka* ~ of slender body build. **-tua:** ~ *jllek* be founded (based) upon.

raketti rocket; missile; ~*aseet* missiles; *raketinheitin* rocket launcher, bazooka. **-merkki** signal rocket.

rakkaasti affectionately, tenderly.

rakkauden|tunnustus declaration of love. **-työ** deed of charity.

rakkaudeton loveless, devoid of love.

rakkaus love (of; for *t.* towards a p.); *(uskollinen)* devotion (to); *rakkaudesta* for love, *(jkh)* out of love for. **-asia, -juttu** love-affair. **-avioliitto** love-match. **-kirje** love-letter. **-romaani** love story. **-seikkailu** love-affair.

rakki, -koira cur.

rakkine [the] thing, contraption.

rakko *(virtsa- ym)* bladder; *(ihossa)* blister; *tyhjentää* ~*nsa* relieve oneself, pass water; *hänen kätensä olivat rakoilla* his hands were blistered.

rakkula blister, vesicle. **-inen** blistery.

rako slit; chink; slot; *(seinässä ym)* crack; cleft; *jättää raolleen* leave. . ajar. **-valkea** log fire.

raksahtaa crack, snap; click.

raksi strap; *(silmukka)* sling; *(takin ym)* tag.

raksuttaa *(kello)* tick.

rakuuna dragoon.

ralla|ttaa troll. **-tus** trolling.

ralli rally.

rampa crippled; *(ontuva)* lame; *tehdä rammaksi* maim; *jäi rammaksi loppuiäkseen* remained a cripple for the rest of his life. **-utua** be crippled, be disabled, be maimed.

ramppi front of the stage; *(-valot)* footlights. **-kuume** stage fright.

rangais|ta punish; *(kurittaa)* correct, discipline. **-tava** punishable, penal. **-tus** punishment; *(et. sakko)* penalty; *kielletty -tuksen uhalla* prohibited under penalty; (~**aika** term [of punishment]; *kärsiä r-nsa loppuun* serve one's sentence; ~**laitos** penal institution ~**potku** penalty kick; ~**siirtola** penal colony; ~**vanki** convict).

rankai|sematon unpunished. **-sematta** with impunity; unpunished. **-su** punishment; (~**toimenpide** punitive measure).

rankasti heavily; *sataa* ~ it is raining hard, it is pouring.

rankka heavy; profuse. **-sade** heavy rain, downpour.

ranne wrist. **-hihna** *(suksisauvan)* hand-strap; *ks. kello.* **-kello** wrist watch. **-rengas** bracelet.

rannikko coast; shore. **-asukkaat** coastal inhabitants. **-kalastus** inshore fishing. **-kaupunki** seaside town. **-laiva** coasting-vessel, coaster. **-laivasto** coastal defence fleet. **-puolustus** coastal defence. **-rata** coast line. **-seutu** coastal region, coast. **-tykistö** coast artillery. **-vartiosto** [body of] coast-guards. **-väestö** maritime population.

Ranska France; ~*n (m.)* French; ~*n Saksan (sota)* Franco-German.

ranska, ~*n kieli* French. **-lainen** *a.* French; *s.* French|man, -woman; *-laiset* the French. **-laisystävällinen** pro-French. **-nleipä** French roll. **-ntaa** translate into French. **-tar** Frenchwoman.

ranta shore; *(hiekka-)* beach; *(äyräs)* bank; *run.* strand; *meren rannalla* on the seashore, at the seaside; *ajautua rannalle* be washed ashore; *kautta* ~*in* circuitously. **-hietikko** sands;

beach. **-kaistale** strip of shore **-kallio** cliff. **-käärme** grass snake. **-pato** sea-wall. **-penger** bank. **-törmä** *(jyrkkä)* bluff. **-viiva** coast-line.

rao|llaan ajar. **-ttaa** open. . a little.

rapa dregs; *(kura)* mud; *(sohjo)* slush; *(lika)* dirt. **-kivi** rough red granite, »rapakivi» porphyry. **-kko** mud hole.

raparperi rhubarb.

rapata plaster, [face with] roughcast.

rapautua weather, disintegrate.

rapi|na rustle; *(esim. kynän)* scratching. **-sta** rustle, *(sateesta, m.)* patter. **-suttaa** rustle.

raportti report, statement; *antaa ~ (jstk)* report (upon).

rapp|aaja plasterer. **-aus** plastering, facing, *(karkea)* roughcast.

rappeu|tua fall into decay; *(rakennus)* become dilapidated; *(rotu, ihminen)* degenerate; *-tunut (rakennus ym)* dilapidated, tumbledown,. . out of repair, *(siveellisesti)* degenerate. **-tuneisuus** state of decline; dilapidated state; degeneracy.

rappio decline, decay; ruin; *olla ~lla (esim. viljelys)* be in a neglected condition, *(rakennus)* be dilapidated; *hän on kokonaan ~lla* he has gone to the dogs. **-alkoholisti** meths drinker, dosser. **-tila** [state of] decay, decline; *(siveellinen)* degeneracy; decadence.

rapsi rape.

rapsodia rhapsody.

rapu crayfish, *Am.* crawfish.

rasah|dus, -taa rustle.

rasavilli *a.* boisterous, wild; *s.* mischief [-maker], *(tyttö)* tomboy.

rasia box; case; *marja~* punnet.

rasi|te encumbrance, *(-oikeus)* easement, way leave. **-ttaa** strain; *(painaa)* burden, weigh down; *lak.* encumber; *~ itseään liiaksi* overstrain oneself, overtax one's strength, overwork; *~(jkta) liiaksi* be

too great a strain (upon); *verojen -ttama* burdened with taxes. **-ttava** strenuous, trying; *(raskas)* burdensome. **-ttua** strain oneself; *~ liiaksi* be [come] overworked (overwrought), overstrain oneself; *-ttunut* strained; overwrought. **-tus** exertion; strain, stress; *lak.* encumbrance; charge; *liika~* overstrain, overexertion; *olla jklle -tuksena* be a burden to.

raskaasti heavily; severely; *(sikeästi)* soundly.

raskas heavy; *(esim. tyyli)* ponderous; weighty; *~ liikuttaa* cumbersome; *raskaalla mielellä* in low spirits, heavy-hearted; *~ rikos* serious crime; *~ syytös* grave (serious) charge; *~ tykistö* heavy artillery; *~ uni* sound (deep, heavy) sleep; *on raskaana* is pregnant; *tulla raskaaksi* become pregnant. **-mielinen** melancholic. **-mielisyys** melancholy, *lääk.* melancholia. **-sarja** *urh.* heavy-weight class.

raskaudentila pregnancy.

raskau|s weight, heaviness; gravity; *lääk.* pregnancy. **-ttaa** *lak.* aggravate; *(vaivata)* burden, oppress; *-ttava seikka* aggravating circumstance.

rastas thrush, *(räkätti)* fieldfare.

rasti tick; *urh.* checkpoint; *merkitä ~lla* tick off, check off.

rasva fat; *(kone-)* lubricating grease; *olla ~ssa* be greasy. **-aine** fat, fatty substance. **-happo** fatty acid; *monityy-dyttymättömät -hapot* polyunsaturates. **-inen** fat [meat, *liha*]; greasy; *(iho)* oily. **-isuus** fatness; greasiness. **-kerros** layer of fat. **-nahka** oiled leather. **-nmuodostus** accumulation of fat. **-rauhanen** fat gland. **-sydän** fatty degeneration of the heart. **-ta** grease; *(öljytä)* oil, *(koneita, m.)* lubricate; *(voidella)* smear. **-tahra** grease spot, smear. **-tyven** dead calm. **-us** greasing; oiling, lubrication.

rata track; *(rautatie-, m.)* line; *kuv.* course; *(taivaankappaleen)* orbit; *(ammuksen)* trajectory; *ampua (raketti) radalleen* put into orbit; *asettua radalleen (avaruudessa)* go into orbit; *kulkee ~ansa (avaruudessa)* is orbiting. **-kierros** lap. **-kisko** rail.

ratamo greater plantain.

rata|osa [railway] section. **-penger** railway embankment. **-piha** [railway] station. **-pölkky** [railway] sleeper, *Am.* cross-tie. **-urheilu** *ks. kenttä-.* **-vaihde** [railway] points. **-vartija** linesman.

ratas wheel.

ratifioida ratify.

rationalisoida rationalize; improve efficiency.

rati|na, -sta crackle.

ratkai|sematon unsettled, undecided; unsolved, unresolved; *~ ottelu* draw. **-seva** decisive; conclusive; *~lla hetkellä* at the critical (decisive) moment; *tehdä ~ päätös* make up one's mind definitely. **-sta** decide, settle, determine; *(selvittää)* solve; resolve; *(ristisanatehtävä)* work; *~ kysymys* settle (decide) a question; *~ riita* settle a controversy; *~ tehtävä (mat. ym)* work out; *teidän tehtäväksenne jää ~* it is for you to decide; *~vissa oleva* solvable,. . capable of solution; *vaikeasti ~va. .* hard to solve; *kysymys on -sematta* the question is [still] open. **-su** decision, settlement; solution; *(asia) joutuu ~un* will come up for decision; *päästä ~n asiassa* get the matter settled, reach a decision; *(~valta* power to determine; authority).

ratk|eama rip. **-eta** rip [open]; come unstitched; *(tulla ratkaistuksi)* be settled; *~ itkuun* burst out crying; *~ juomaan* take to drink; *~ saumasta* burst at the seam. **-oa** rip [up]; *(sauma)* take out, unpick.

ratsain on horseback.

ratsas|taa ride [a horse]; *-tava (m.)* mounted. **-taja** rider; *(merkki)* tab; *taitava ~ (m.)* skilled horseman; *(~patsas* equestrian statue).

ratsastus riding. **-housut** riding breeches. **-kilpailu** horse-race. **-puku** riding outfit. **-rata** [race] track. **-retki** ride. **-saappas** riding boot. **-taito** horsemanship. **-urheilu** equestrian sports.

ratsia round-up, raid.

ratsu mount, *run.* steed, charger; *(šakki-)* knight. **-hevonen** riding-horse. **-mestari** cavalry captain. **-mies** rider; *sot.* cavalry-man, trooper. **-palvelija** groom. **-piiska** whip, crop. **-poliisi** mounted policeman. **-väki** cavalry.

rattaat wag [g] on, *(kaksipyöräiset)* cart; *(vaunut)* carriage.

ratti *(ohjauspyörä)* wheel; *ratissa* at the w. **-juoppo** drunken driver. **-juoppous** driving under the influence of alcohol, drunken driving.

ratto pleasure. **-isa** gay, jolly; *meillä oli ~a* we had a jolly good time (a lot of fun). **-poika** playboy.

raudikko chestnut.

raudoi|ttaa mount. . with iron. **-tettu** *(m.)* reinforced with iron. **-tus** iron mountings, iron fittings; reinforcement.

raueta weaken, lose strength; *(jäädä sikseen)* be dropped; *~ tyhjiin* come to nothing, fall through; *antaa asian ~* drop the matter; *asia raukesi* the matter was dropped; *voimat raukeavat* the strength is failing.

rauha peace; *(tyyneys)* quiet [ness]; *~n aikana* in time [s] of peace; *tehdä ~* conclude (make) peace; *hieroa ~a* negotiate peace; *jättää jku ~an* leave . . in peace; *let . . alone; palauttaa ~n kannalle* put on a peacetime footing; *~ssa (m.)* at peace [with, *jkn kanssa*]. **-isa**

peaceful; quiet. **-llinen**
peaceful; calm, unperturbed,
undisturbed, still, tranquil;
-llista tietä peaceably; by
peaceful means; *pysyä -llisena*
keep one's peace. **-llisuus**
peacefulness, calm[ness],
tranquillity. **-naate** pacifism;
r-aatteen ajaja pacifist. **-naika**
time of peace; (~**inen**
peacetime). **-nehdot** terms of
peace.

rauhanen gland.
rauhan|häiritsijä disturber of
the peace, mischief-maker.
-neuvottelu(t) peace
negotiations. **-omainen**
peaceful. **-politiikka** policy of
appeasement. **-rikkoja**
disturber of the peace.
-rikkomus breach of the
peace. **-sopimus** peace treaty.
-tarjous peace offer. **-tekijä**
peacemaker. **-teko** conclusion
of peace. **-tuomari** justice of
the peace. **-turvajoukot** peace
corps, peace-keeping force.
rauhaskudos glandular tissue.
rauha|ton restless; *(huolestunut)*
uneasy; *-ttomat ajat* unsettled
(troubled) times. **-ttomuus**
unrest, restlessness; *sattuu
r-muuksia* disturbances occur.
rauhoite *lääk.* tranquillizer.
rauhoi|ttaa calm, quiet; soothe,
appease; set [a p.'s mind] at
rest; *(vaikuttaa vakuuttavasti)*
reassure; *(riistaa)* protect
[game] by law; ~ *maa*
pacify a country; *-ttava*
soothing, *(lääke)* sedative;
(vakuuttava) reassuring,
(lohdullinen) comforting. **-ttua**
calm oneself; calm down;
compose oneself. **-tus**
pacification; *(riistan)*
protection [of game]; (~**aika**
close season; ~ *lääke*
tranquillizer).
rauk|aista make.. feel faint;
minua -aisee I feel tired. **-ea**
faint, languid; fatigued.
-eaminen *(asian, sopimuksen)*
falling through, dropping. **-eus**
faintness; languor, lassitude.
raukka *s.* poor creature, poor
thing, poor fellow; *(pelkuri)*
coward, dastard; *a.* poor;

lapsiraukat poor children.
-mainen cowardly, dastardly.
-maisuus cowardice.
rauni|o ruin; *(ihmis-)* wreck;
olla ~ina lie in ruins. **-oittaa**
lay in ruins, ruin. **-oläjä** heap
of ruins.
rausku *zo.* ray, skate.
rauskuttaa crunch.
rauta iron; *raudat (pyydys-)*
trap; *(kahleet)* irons; *panna
rautoihin* put in irons. **-betoni**
reinforced concrete,
ferro-concrete. **-esirippu** iron
curtain. **-inen** [.. of] iron; ~
tahto will of iron; ~ *terveys*
iron constitution. **-isannos**
iron ration. **-kaivos** iron
mine. **-kanki** iron bar.
-kauppa ironmonger's [shop],
hardware store. **-kauppias**
ironmonger, dealer in
hardware. **-kausi** Iron Age.
-koura iron hand. **-lanka**
wire; (~**aita** wire fence;
~**verkko** wire netting, *(hieno)*
wire gauze). **-levy** iron plate,
sheet iron. **-malmi** iron ore.
-pelti sheet iron; *(paksu)* iron
plate. **-pitoinen** iron-bearing.
-ristikko iron grating;
(vankilan) bars. **-romu**
scrap-iron. **-sänky** iron
bedstead. **-tammi** holm oak.
-tavara hardware,
ironmongery. **-tehdas**
ironworks. **-teitse** by rail.
-teollisuus iron industry.
rautatie railway, *Am.* railroad.
-asema railway station. **-kisko**
rail. **-liikenne** railway traffic
(t. service). **-linja** railway line.
-läinen railway employee.
-matka railway journey.
-onnettomuus railway accident.
-raide railway track. **-ravintola**
railway restaurant, refreshment
room. **-silta** railway bridge.
-solmu junction. **-vaunu**
[railway] carriage, coach,
Am. railroad-car; *(tavara-)*
wag[g]on, *(avo-)* truck.
-verkko network of railway
lines. **-virkamies** railway
official. **-ylikäytävä** level
crossing.
ravata trot.
ravi *(hevosen)* trot; *ajaa ~a*

trot [one's horse]. **-kilpailut** trotting race.

ravin|ne nutrient. **-teinen:** *niukka* ~ of low food value.

ravinto food, nourishment; nutriment. **-aine** nutritive substance; nutrient; ~*et* foodstuffs. **-arvo** nutritive value. **-järjestys** diet.

ravintola restaurant. **-henkilökunta** restaurant staff. **-lasku** bill. **-liike** restaurant business. **-nemäntä** manageress of a restaurant. **-nisäntä** restaurant proprietor. **-vaunu** dining car.

ravintoloitsija restaurant-keeper.

ravintorasva edible fat.

ravirata trotting track.

ravis|taa shake; *(sekoittaa)* shake up; *(pois)* shake off. **-tella** *kuv.* shake up. **-tua** get leaky; *-tunut* leaky.

ravit|a feed; nourish; *kuv.* foster; *(ylläpitää)* support; *(tyydyttää)* satisfy; *-tu (kylläinen)* satisfied. **-semus** nutrition; nourishment. **-seva** nourishing, nutritious. **-sevuus** nutritiousness.

raviurheilu trotting.

ravustaa catch crayfish.

reaali|aine modern subject. **-koe** general knowledge examination. **-koulu** modern school. **-linja** modern *(t.* non-classical) side.

re|agoida react [to *jhk;* against, *jtk vastaan]*. **-aktio** reaction; *(~käyttöinen* jet-propelled; *ks. suihku).*

realistinen realistic.

reelinki railing.

refer|aatti *(selostus)* report; *(yhteenveto)* summary. **-oida** report; give a summary of. .

refleksiivinen *kiel.* reflexive.

reformaattori reformer. **-oitu:** ~ *kirkko* Reformed Church.

rehelli|nen honest; square; *(suora)* straight, forthright, sincere; ~ *peli (kuv.)* fair play. **-sesti** honestly, squarely; *menetellä* ~ play fair. **-syys** honesty, integrity; ~ *maan perii* honesty is the best policy.

rehen|nellä put on airs; show off; swagger; *-televä* swaggering, blustery, overbearing. **-telijä** braggart, swaggerer. **-tely** showing off.

rehe|vyys luxuriant growth, luxuriance. **-vä** flourishing, luxuriant, lush; *(esim. rikkaruohot)* rank. **-västi** luxuriantly. **-vöityminen** overfertilization [through water pollution]. **-vöityä** be overfertilized.

rehot|taa flourish, luxuriate; *paheet -tavat* evil is rife.

rehti upright, fair and square, straightforward, *vrt. reilu.* **-ys** uprightness, rectitude.

rehtori headmaster; principal; *(yliopiston) Am.* president, *Engl.* vice-chancellor, *Skotl. ym* rector. **-nvirka** headmastership, principalship.

rehu feed, animal feedstuffs, *(et. korsi-)* fodder, *(heinä-)* forage. **-kakku** feeding cake, oil cake. **-staa** forage.

rehvastella bluster, swagger.

rei'ittää perforate, punch.

reikä hole; *(aukko)* opening, aperture; gap; *(rako)* slot. **-inen** perforated. **-kortti** punch[ed] card. **-meisti** punch. **-ompelu** hemstitch.

reilu straightforward, reliable; *(kunnon)* proper; ~ *ateria* a good square meal; ~ *kaveri* a decent (jolly good) fellow; ~ *käytös* sporting conduct; ~ *peli* fair play.

reima brisk; bouncing.

reimari spar-buoy.

Rein the [river] Rhine.

reipas brisk, active, lusty; vigorous; *(rivakka)* alert; *reippaassa tahdissa* at a rapid pace. **-tua** regain one's strength, improve in health, become stronger. **-tuttaa** invigorate, refresh, cheer up.

reipp|aasti briskly, promptly, in a spirited manner; vigorously. **-ailla, -ailu** *ks. ulkoilla.* **-aus** briskness; alertness.

reisi thigh; *(lampaan)* leg of mutton. **-luu** thigh-bone. **-paisti** *(naudan)* round of beef, *(sian)* ham. **-valtimo** femoral artery.

reitti course, route; *(väylä)* channel; *(matka-)* itinerary.
reivata take in sail.
reiällinen . with holes [in it]; perforated.
reki sleigh, sledge, *(us. pieni)* sled; *ajaa reellä* [go by] sleigh. **-keli** sleighing; *mainio* ~ good sleighing.
rekisteri register; *(luettelo)* list, roll; *(kirjoissa ym)* index; *(~kilpi* number plate; *~tonni* register [ed] ton). **-öidä** register, record; book, *(nimiluetteloon)* enrol [l]. **-öimismaksu** registration fee.
rekka-auto articulated lorry.
rekki *voim.* [horizontal] bar.
relatiivi *s. & a.* relative. **-lause, -pronomini** relative clause (pronoun).
rele, -oida relay.
remahdus: *naurun* ~ burst (peal) of laughter.
remburssi *liik.* documentary credit, *Am.* letter of credit.
remontti repairs; *ks. korjaus.*
rempallaan: *asiat ovat* ~ things are in a bad way (shape).
rem(p)seä free and easy, jaunty.
remu noise, clamour; uproar; *(riemu)* boisterous merriment. **-ava** [very] noisy, rowdy. **-ta** be noisy.
renessanssi the Renaissance; *(kirjall.)* the Revival of Learning.
rengas ring; *(ketjussa ym)* link; *(auton)* [car] tyre, *Am.* tire. **-kirja** loose-leaf book. **-mainen** ring-shaped. **-matka** circular tour, round trip. **-rikko** puncture. **-tuma** *liik.* ring, pool.
renki hired man, hired hand; farm hand.
renkutus jingle.
rento limp, slack, relaxed; [free and] easy, easy-going. **-us** slackness, *(tapojen)* easy ways. **-uttaa, -utua** relax.
renttu disreputable fellow, [useless] layabout, lout. **-mainen** seedy-looking.
rentukka *bot.* marsh marigold.
repale rag. **-inen** ragged, tattered.

repeytyä tear, be torn. **-ämä** rent, tear; *lääk. ym* rupture.
repiä tear; rip [open, *auki*]; *et. kuv.* rend; *(rikki)* tear up, tear to pieces; *(irti)* tear off, tear out; ~ *auki* rip up, tear open; ~ *rakennus* pull down a building; *repivä (esim. arvostelu)* destructive.
repliikki repartee, rejoinder, *teatt.* lines, *(loppu-)* rag.
report|aasi report; coverage (of). **-teri** reporter.
repostella *jtk* handle (use) roughly, manhandle.
reppu knapsack, rucksack.
repu|t: *saada* ~ fail [in an examination], muff an examination, *sl.* be ploughed. **-ttaa** fail, flunk.
repäi|sevä thrilling, drastic. **-stä** tear, *(irti)* tear out, tear off; ~ *rikki* tear to pieces, tear asunder; ~ *kätensä (esim. naulaan)* tear open one's hand.
reseda *bot.* mignonette.
resepti *lääk.* prescription; *(keitto- ym)* recipe.
reservi reserve, the reserve [s]. **-läinen** reservist. **-upseeri** officer of (in) the reserve.
resiina [railway] inspection trolley, hand-car.
reti roadstead; *on ~llä* is lying in the roads.
retiisi radish.
retikka black radish.
retkahtaa flop down.
retkei|lijä excursionist; *(päivän)* day-tripper; *(jalan)* hiker, walker; *(tutkimus-)* explorer. **-llä** make excursions; *(jalan)* hike; *(samoilla)* ramble. **-ly** excursion [s], outing [s]; *(jalan, m.)* rambling, hiking; *(~maja* hikers' *t.* youth hostel).
retki trip; *(huvi-)* picnic, outing, excursion; *(kävely-)* walking tour; *(tutkimus- ym)* expedition; *tehdä* ~ go for a picnic; make a trip (an excursion) (to). **-kunta** expedition.
retkottaa hang loose, flap; *maata* ~ loll, sprawl.
retku *ks. renttu.*
rettel|ö trouble, difficulties, *(selkkaus)* dispute, tangle;

(~**haluinen** .. looking for trouble). **-öidä** make trouble; (*ahdistellen*) worry sb. **-öitsijä** trouble-maker.

retuperä: *olla ~llä* be in a neglected (a run-down) condition.

retusoida retouch, touch.. up.

retuuttaa drag [along], lug.

reuma *ks. nivel~*.

reum|aattinen rheumatic. **-atismi** rheumatism, (*kivut*) rheumatics.

reuna edge, border, margin (*m. kirjan*); (*lasin ym*) brim; *reunoja myöten täynnä* brimful; *vuotaa yli reunojen* run over, overflow; *jyrkänteen ~lla* on the brink (edge) of the precipice; *metsän ~ssa* at the edge (skirt) of the woods. **-inen** -edged, -bordered. **-merkintä, -muistutus** marginal note. **-pitsi** lace edging.

reunus edge, margin; border; (*takan*) mantelshelf. **-nauha** tape; trimming. **-taa** edge, border; (*esim. katua*) line; (*koristella*) trim.

revalvoi|da revalue upward, upvalue. **-nti** upward revaluation.

revanssi revenge.

reve|htymä rupture. **-tä** rend, tear; ~ *kahtia* be torn in two.

reviiri (*eläimen*) territory.

revolveri revolver.

revontulet aurora borealis, northern lights, (*etelässä*) aurora australis.

revä htää rupture; (*silmät*) -*hiivät suuriksi* flew wide open.

rieha antua become boisterous (unmanageable). **-kas, -kka** boisterous, romping.

riehua rage; ~ *tarpeekseen* (*esim. myrsky*) spend its fury; ~ *valloillaan* be rampant, (*esim. himot*) have free reins, run wild.

riekale rag, shred, tatter; *kulua ~iksi* be worn to rags (to tatters). **-inen** tattered.

riekko *zo.* willow grouse, *Am.* willow ptarmigan.

riemas|tua rejoice, (*suuresti*) be

carried away with joy. **-tus** [great] rejoicing, exultation, jubilation. **-tuttaa** make.. exultant, delight.

riemu joy, delight; rejoicing; (*ilonpito*) merriment. **-huuto** cry of joy. **-isa** joyful, joyous. **-ita** rejoice (at, in); exult (at, in, over); *-itseva* exultant, jubilant. **-juhla** celebration, festival, (*esim. 50-vuotis-*) jubilee. **-kaari** triumphal arch. **-kas** joyful; exultant. **-päivä** day of rejoicing. **-saatto** triumphal procession. **-vuosi** year of jubilee.

rienata blaspheme.

rien|to: *riennot* interests, aspirations, ambitions, activities; (~*askel: edistyä ~askelin* make great strides. **-tää** hurry; hasten; (*kiitää*) speed; *aika* ~ time flies.

riepottaa (*eläimestä*) worry, (*myrskystä*) rip through.

riepu rag, cloth.

riesa nuisance.

rieska flat, thin barley loaf.

rie|tas impure; indecent, obscene, lewd. **-ttaus** impurity; *vrt. ed.*

rihkama frippery, finery, baubles, gewgaws, knick-knacks; (*kama*) trash. **-kauppa** fancy goods (small-ware) shop. **-kauppias** haberdasher.

rihla|t rifling, grooves. **-ta** rifle.

rihma thread; yarn; (*nyöri*) string. **-rulla** reel of thread (*t.* cotton).

riidan|aihe cause of quarrel, bone of contention. **-alainen.** subject to dispute. disputed... at issue; disputable. **-alaisuus** disputableness. **-halu** quarrelsomeness. **-haluinen** quarrelsome. **-ratkaisija** arbitrator, referee.

riidaton undisputed, uncontested.

riidellä quarrel, have a row; (*kinastella*) squabble, wrangle, bicker.

riihi drying-house.

riikin|kukko peacock; *-kukon naaras* peahen.

riimi rhyme.

riimu headstall, (*-nvarsi*) halter.

-kirjoitus runic inscription.
-kivi runic stone.
riipai|sta *kuv.* cut. . to the quick; *sydäntäni -si* it wrung my heart; *-seva* heart-rending, harrowing.
riipiä strip [. . off].
riippu|a hang, be suspended from; hang loose; *kuv.* depend (on); *-en siitä, (on) ko* . . depending [up]on whether. . **-lukko** padlock.
-maton independent, *(valtio, m.)* sovereign; *(taloudellisesti, m.)* self-supporting. **-matta** *(jstk)* regardless of, irrespective of [whether, *-ko, -kö*]; *toisistaan ~* independently [of each other]. **-matto** hammock.
-mattomuus independence.
-valaisin suspended lamp.
-silta suspension bridge.
-vainen dependent (on); *(päätös on) ~ hyväksynnästä* subject to approval. **-vaisuus** dependence (on); *(~suhde* interdependence, correlation).
riipu|s *(koru)* pendant; *olla -ksissa* droop, hang down; *pää -ksissa* with drooping head. **-ttaa** [let] hang.
riisi rice; *(paperi-)* ream.
-puuro boiled rice, rice porridge. **-suurimot** rice. **-tauti** rickets. **-tautinen** rickety.
-vanukas rice pudding.
riista game. **-maa** hunting-ground[s] ; preserve. **-nsuojelu** protection of game; *(~alue* game preserve).
-nvartija gamekeeper.
riis|to exploitation. **-täjä** *(työläisten ym.)* exploiter.
-täytyä wrench (tear) oneself away; *~ irti (hevonen, ym)* break loose. **-tää** deprive [a p. of], *(esim. kuoleman kautta)* bereave (of); *(ryöstää)* rob; *(take [away], dispossess (of); *(temmata)* wrench, tear; *(nylkeä)* exploit; *~ jklta henki* take a p.'s life; *-tetyt* the [dispossessed and] exploited.
riis|ua *(vaatteet)* undress; take off [one's dress, *pukunsa*]; *~ alastomaksi* strip; *~ aseista* disarm; *~ valjaista* unharness

a horse; *~ kengät jalastaan* take off one's shoes. **-unta** undressing *jne.; aseista ~* disarmament. **-uutua** undress [oneself], take off one's clothes.
riita quarrel, *(meteli)* row; *(kiista)* dispute, controversy; *(eripuraisuus)* disagreement; *(kina)* squabble, wrangle; *(suku-)* feud; *haastaa ~a* kick up a row, pick a quarrel (with); *joutua ~an ks. riitaantua; riidassa* at variance, not on good terms (with); *olla riidassa (m.)* be at odds (with). **-antua** fall out (with); have a disagreement (with). **-inen, -isa** quarrelsome; *-iset suhteet* strained relations. **-isuus** difference [s], disagreement; strife; controversy. **-juttu** civil action, suit. **-kapula** bone of contention. **-kirjoitus** controversial article. **-kohta** point of controversy. **-kysymys** controversy; matter in dispute. **-puoli** *lak.* party. **-raha:** *panna ~ kahtia* split the difference.
riite thin coat of ice.
riittoisa *on ~* . . goes a long way, [it will] last long.
riittä|mättömyys insufficiency, inadequacy. **-mätön** insufficient, inadequate. **-vyys** sufficiency; adequacy. **-vä** sufficient; adequate; *~n suuri* large enough, sufficiently large; *~t todisteet* sufficient evidence, ample proof. **-västi** sufficiently; enough.
riittää be enough, be sufficient, suffice; *jo ~* that's enough, that will do; *mikäli tilaa ~* as far as there is room, as far as space allows; *siihen minun voimani eivät riitä* it is beyond my strength; *~kö ruokamme?* will our food last? *~kö öljy yli talven?* is there [enough] oil to last out the winter?
riiva|ta: *jnk -ama* possessed by. .
riivinrauta grater.
rikas rich (in); *(vauras)* wealthy, opulent. **-aatteinen**

rich in ideas. **-sisältöinen.** .
rich in meaning. **-taa** *tekn.*
concentrate, dress. **-tua** get
rich, make a fortune.
-tuminen getting rich.
-tuslaitos concentrating plant.
-tuttaa enrich.
rike offence, misdemeanour.
rikka dust particle; cinder; *et.
raam.* mote; *rikat* sweepings;
refuse, *Am.* garbage; *minulla
on ~ silmässä (tav.)* I have
something in my eye; *ei
panna ~a ristiin* not lift a
finger. **-kuilu** refuse *(Am.*
garbage) chute. **-lapio** dustpan.
-läjä rubbish heap. **-ruoho**
weed. **-säiliö** dustbin, litter
bin.
rikkaus wealth, riches *(pl.),*
kuv. richness, *(runsaus)*
abundance (of).
rikki 1. broken, *(palasina)* in
pieces; *(kulunut)* worn
through, worn out; *lyödä ~*
break [to pieces]; smash;
mennä ~ break [to pieces].
rikki 2. *kem.* sulphur, *Am,*
sulfur. **-dioksidi** sulphur
dioxide. **-happo** sulphuric acid.
-kiisu iron pyrites. **-kukka**
flowers of sulphur. **-lähde**
sulphur spring.
rikkinäi|nen broken; *~ ihminen*
an inwardly disintegrated
person. **-syys** broken
condition; *(hajaannus)*
division, disunion.
rikki|pitoinen sulphurous. **-vety**
hydrogen sulphide. **-viisas**
[too] smart, too clever,
puhek. smart Aleck.
rikko|a break *(m. kuv.);*
(loukata) violate, infringe;
trespass (against); *~ lakia*
violate a law, commit a
breach against the law; *~
sanansa* break one's word; *~
jkta vastaan* offend against,
do. . an injury, wrong; *~
välinsä jkn kanssa* break off
one's relations with; *sopimus
on rikottu* the agreement has
been broken. **-ja:** *jnk ~*
transgressor of. ., violator
of. .; *lain ~* law-breaker.
-maton *kuv.* inviolate.
-mattomuus inviolability.

-minen *(jnk)* breach, violation,
transgression, infringement;
sopimuksen ~ breach of
contract; *lupauksen ~ (et.
avio-)* breach of promise.
-mus offence; *lak., m.*
misdemeanour; *urh.* foul.
-utua get broken, break; *kuv.*
be broken off.
rikkuri strike-breaker; blackleg.
rikoksen|tekijä criminal. **-uusija**
recidivist.
rikolli|nen *a.* criminal; *s.*
criminal; culprit. **-suus** crime,
delinquency; criminality.
rikos crime, criminal offence;
(törkeä) felony; *tehdä ~*
commit a crime. **-asia, -juttu**
criminal case. **-lainsäädäntö**
criminal legislation. **-laki**
penal law [s]. **-oppi**
criminology. **-poliisi** criminal
investigation department
(C.I.D.). **-toveri** accomplice.
rima lath, batten, *urh.* bar.
rimpuilla tug and pull,
struggle, wriggle; *~ vastaan*
make resistance, resist.
rimputtaa strum.
rinkilä ring- (or loop-) shaped
bun (biscuit).
rinnakkai|n abreast; side by
side. **-nen** parallel. **-sehdotus**
alternative proposition. **-selo**
co-existence. **-sluokka** parallel
course.
rinna|lla: *jnk, jkn ~* side by
side with, abreast of,
(vieressä) by, by [a p.'s]
side, beside, *(ohella)* along
with, *(tasalla)* on a level
with, *(verrattaessa)* [as]
compared with; *pysytellä jkn
~* keep up with, keep pace
with. **-lle** *ks. ed.; asettaa.* .
jnk ~ place. . at the side of,
(vertaiseksi) put. . on a level
with; *päästä jkn ~ (urh.)*
draw level with. **-n** *ks. -kkain
~ (jnk kanssa)* abreast [of].
rinnanympärys chest measure.
rinnas|taa place. . on a level
(with), consider equal (to);
draw a parallel between; *et.
kiel.* co-ordinate;. . *ei voida ~
jhk.* . cannot compare with;
-tettu co-ordinate [clause,
lause]. **-tus** parallel;

co-ordination.

rinne slope; hillside,
mountainside; descent, declivity.

rinnus *(paidan)* front.

rinta breast; *(-kehä)* chest;
(povi) bosom; *(jalan)* instep;
painaa ~ansa vastaan clasp to
one's breast. **-kehä** chest,
thorax. **-koru** brooch. **-kuva**
half-length picture; *(veisto-)*
bust. **-käänne** lapel. **-lapsi**
[breast-fed] infant, suckling.
-lasta breastbone. **-liha**
(teuraseläimen) brisket. **-liivit**
brassiere, *(tav. lyh.)* bra.

rintama front; *~lla* at the f.;
*asettua yhteiseen ~an (jtk
vastaan)* form a united front
(against). **-hyökkäys** frontal
attack. **-mies** *(entinen)*
ex-service man. **-palvelus**
service at the front. **-sotilas**
front-line soldier.

rinta|neula brooch. **-peri|llinen**
direct heir; *r-lliset (m.)* issue.
-sokeri barley sugar. **-tasku**
breast pocket. **-tilkku**
(esiliinan) bib. **-uinti**
breast-stroke [swimming]. **-va**
full-bosomed. **-varustus**
parapet; breastwork. **-ääni**
chest-note.

ripa handle; *tekn.* rib.

ripe|ys quickness; briskness. **-ä**
quick, prompt; brisk; alert.

ripillepääsy confirmation.

ripilläkäynti [partaking of]
Communion.

ripi|ttäytyä confess. **-ttää** hear
a p.'s confession, confess;
kuv. lecture, take. . to task.
-tys confession; *kuv.* talking
to, lecture.

ripottaa strew; sprinkle;
scatter; *~ sokeria jhk*
sprinkle. . with sugar.

rippeet remnant [s], rests;
(kuulon, näön) residual
[hearing, vision]; *vrt. tähteet.*

rippi confession; *(ehtoollinen)*
[Holy] Communion; *käydä
ripillä* go to Communion;
päästä ripille be confirmed.
-isä confessor; *(katol. kirk.)*
father confessor. **-kirkko**
Communion service. **-koulu**
confirmation school. **-lapsi**
first communicant. **-vieras**

communicant.

ripsi 1. *(-kangas)* rep. **2.**
(silmä-) [eye]lash. **-väri**
mascara.

ripsu fringe. **-a** whisk [off,
away].

ripuli diarrh[o]ea.

ripus|taa hang [up]; *(ulos)*
hang out; *~ jhk (m.)* suspend
from; *~ kaulaansa* hang. .
round one's neck; *~ naulaan*
hang. . on a nail. **-tin** *(vaate-)*
dress-hanger, clothes-hanger.

risa *(nielu-)* tonsil; *(kita-)*
adenoid.

risah|dus, -taa rustle.

risainen ragged, tattered;
(kulunut) worn out, frayed.

risa|tauti scrofula. **-tautinen**
scrofulous.

risiiniöljy castor oil.

riski risk; *ottaa ~* run a risk,
take the risk (of . .-ing).

ristei|lijä cruiser. **-llä** cruise;
maassa -lee rautateitä the
country is traversed by
railways. **-ly** cruise.

riste|ys crossing; junction; *(m.
~asema);* *tien -yksessä* at the
crossroads, at junctions. **-yttää**
cross [-breed], cross-fertilize.
-ytys cross [ing].

risti cross *(m. kuv.); mus.*
sharp; *(-kortti)* club, *(maa)*
clubs; *kirjap.* dagger; *panna
kätensä ~in* clasp one's
hands; *kädet ~ssä* with folded
hands, *kuv.* without lifting a
finger; *jalat ~ssä* with legs
crossed; *ei ~n sielua* not a
living soul. **-aallokko**
cross-swell, choppy sea. **-holvi**
groined vault. **-huuli** hare-lip.

ristiin crosswise; *mennä ~*
cross; *~ rastiin menevä*
interlacing, criss-cross [lines];
edut menevät ~ interests
conflict; *puhua ~* contradict
oneself. **-naulinta** crucifixion.
-naulita crucify; *-naulitun
kuva* crucifix.

risti|kirkko cruciform church.
-kko *(rauta- ym)* grating,
grille, *(säle-)* lattice, trellis;
(kalterit) bars. **-kkäin**
crosswise, across. **-kukkainen**
cruciferous. **-kuulustella**
cross-examine, cross-question.

-kuulustelu cross-examination.
-käytävä *(kirkon)* cross-aisle;
(luostarin) cloister. **-luu** *anat.*
sacrum. **-mänimi** Christian
name, first name.
ristin|merkki sign of the cross;
tehdä ~ make the sign of
the cross, cross oneself.
-muotoinen cross-shaped,
cruciform.
risti|pisto cross-stitch. **-retkeilijä**
crusader. **-retki** crusade.
ristiriita conflict, disagreement;
(erilaisuus) discrepancy; *olla
ristiriidassa jnk kanssa*
conflict with, clash with, be
in contradiction to, be out of
harmony with; *joutua ~an* get
into conflict, come into
collision (with). **-inen**
conflicting; contradictory; ~
aika time of conflict; *-iset
tiedot* contradictory reports.
-isuus contradiction;
(sovittamattomuus)
incompatibility, incongruence;
(epäjohdonmukaisuus)
inconsistency.
risti|sanatehtävä crossword
[puzzle]. **-selkä** sacrum, small
of the back. **-side:** *lähettää
-siteenä* send by book-post,
send as printed matter. **-siitos**
crossbreeding, interbreeding.
-tuli cross-fire. **-veto** draught.
risti|ä *(kastaa)* christen,
baptize; ~ *kätensä* clasp one's
hands; *-ttiin. . -ksi* was
christened [John]. **-äiset**
christening.
risu: ~*t* twigs, brushwood.
-kimppu fag [g]ot. **-kko**
thicket, brushwood.
ritari knight; *lyödä ~ksi* dub. .
a knight. **-kunta** order [of
knighthood]. **-laitos** chivalry.
-llinen chivalrous, *kuv. m.*
gallant; *-llisesti* gallantly.
-llisuus chivalry. **-merkki**
decoration. **-sääty** [order of]
knighthood.
ritsa sling, catapult, *Am.*
slingshot.
riuduttaa consume; wear away,
waste.
riuhtaista jerk; snatch; ~
itsensä irti break away
(from), break loose.

riuku pole.
riutta reef; *(särkkä)* bank.
riutu|a pine away; languish,
(kulua) waste [away]; *-nut
(vanhuuttaan)* worn with age;
näyttää -neelta look wan.
-minen, -mus pining away;
decline.
rivakka brisk, energetic.
rivi line; row *(esim. talo~* row
of houses); *(mies-, m.)* rank;
asettua ~in line up, draw up
in line; *kahdessa ~ssä* two
deep; *lukea ~en välistä* read
between the lines; *~en välissä
(sanojen alla) oleva* implied.
-mies common soldier. **-stö**
sot. column. **-talo** terrace [d]
house *(t.* bungalow).
rivo indecent, obscene, lewd.
-puheinen coarse-mouthed. **-us**
indecency, obscenity.
rodullinen racial.
rohdos: *rohdokset* drugs *(m.
huume)*; pharmaceuticals.
-kauppa chemist's, drugstore.
-kauppias chemist, druggist.
rohjeta dare, venture, *(ottaa
vapaus)* take the liberty (to).
rohkai|sta encourage; *(tehdä
rohkeaksi)* embolden; ~ *jkn
mieltä* inspire. . with courage,
infuse courage (into); *uutinen
-si meitä* the news bucked us
up; ~ *mielensä* gather up
courage; *-seva* encouraging.
-stua *ks. ed.;* take heart,
pluck up [one's] courage,
buck up. **-su** encouragement.
rohke|a courageous, brave;
(uskalias) bold, undaunted,
puhek. plucky; *(~puheinen*
outspoken). **-us** courage;
bravery; boldness, *puhek.*
pluck; *(moraalinen)* fortitude;
menettää -utensa lose heart;
-utta! buck up!
rohmuta hoard.
rohti|a *(pellavia)* dress, comb
[flax]. **-met** tow.
rohto medicine, drug.
rohtu|a get chapped. **-ma** chap.
roihu blaze; flare. **-ta** flame
[up], blaze [up].
roikale lout.
roikkua hang [down]; *(heilua)*
dangle.
roima sturdy, bouncing.

roina rubbish.

roisk|ahtaa splash, spatter. **-e** splash[ing]; spray; (~**suojus** splash guard, mud flap). **-ua** splash; *hänen takkiinsa -ui.* . her coat was spattered with. . **-uttaa** splash.

roisto scoundrel, knave, villain; rascal. **-mainen** knavish, villainous. **-maisuus** villainy.

roju rubbish.

rokko pock; *(iso-)* smallpox.

rokonarpi pock-mark.

roko|ttaa vaccinate, inoculate (against). **-te** vaccine. **-tus** vaccination; (~**pakko** compulsory vaccination; ~**todistus** certificate of vaccination).

romaani novel. **-kirjailija** novelist. **-kirjallisuus** fiction.

romaaninen Romance, *tait.* Romanesque.

romah|duksellinen catastrophic[al]. **-dus** breakdown, collapse; *liik.* crash, failure. **-taa** come down with a crash, crash down; tumble down; ~ *maahan* collapse; *toivo -ti* hope[s] fell flat, hope was dashed; *hänen terveytensä -ti* her health broke down.

Romania Roumania. **r-lainen** *a. & s.* Roumanian.

roman|ssi romance. **-tiikka** romanticism. **-tikko** romanticist, writer (painter) of the romantic school. **-ttinen** romantic.

rommi rum.

romu rubbish, lumber; junk. **-kamari** lumber-room. **-kauppa** junk shop, *(myynti)* scrap dealing. **-kauppias** scrap dealer. **-rauta** scrap-iron. **-ttaa** scrap, break up. **-ttua** be wrecked; *(auto) -ttui* became *(t.* is now) a write-off.

rooli part, role, rôle.

Rooma Rome.

roomalai|nen *a. & s.* Roman. **-skatolinen** Roman Catholic.

ropo *raam.* mite; *(rahanen)* penny, groat, farthing.

roska rubbish, trash *(m. kuv.);* litter; ~*t (jätteet)* refuse, garbage; *puhua* ~*a* talk

nonsense. **-inen** untidy, littered. **-kirjallisuus** trashy literature, garbage *(kuv.).* **-kuilu** rubbish chute. **-laatikko,** **-pönttö** dustbin, *(kadulla)* litter bin. **-läjä** scrap heap. **-mylly** garbage disposal. **-npolttouuni** incinerator. **-väki** rabble, mob, riff-raff.

rosmariini rosemary.

rosoi|nen rough, rugged; uneven. **-suus** roughness; unevenness.

rosvo robber, bandit, brigand. **-joukko** gang of robbers. **-juttu** *kuv.* blood-curdling story. **-radiolähetys** pirate broadcast. **-retki** plundering (looting) expedition; raid; *tehdä* ~*ä jnnek* raid a place. **-ta** rob; loot, plunder. **-us** robbery; looting, pillage.

rotan|myrkky rat-poison. **-pyydys** rat-trap.

rotev|a robust; sturdy; (~**jäseninen** large-limbed; ~**kasvuinen** strongly built). **-uus** robustness.

rotko gorge, ravine, chasm, cleft.

rotta rot. **-koira** ratter.

rottinki rattan, cane.

rotu race, breed, stock, strain; *hyvää* ~*a (oleva)* . . of good stock. **-eläin** pedigree animal, thoroughbred. **-ennakkoluulo** race prejudice. **-erottelu** racial segregation. **-hevonen** thoroughbred, bloodhorse. **-hygienia** eugenics. **-inen:** *jnk* ~ of. . breed; of. . race. **-karja** pedigree cattle. **-karsinoimaton** desegregated. **-karsinointi** racial segregation. **-kiihkoilija** racist. **-kiihkoilu** racism. **-sekoitus** mixture of breeds, *(ihmisistä)* mixture of races. **-syrjintä** racial discrimination. **-tunnus** racial characteristic. **-viha** race hatred.

rouh|e: ~*et* crushed grain, grits. **-ia** grind . . [coarse]; *(kiviä ym)* crush; *(malmia)* stamp. **-in** *(-kone)* crusher.

rousku|a, **-ttaa** crunch.

routa frost [in the ground]. **-inen** frozen.

rouva married woman; *(vaimo)* wife; *(puhutteluna)* madam; ~ *N.* Mrs *(äänt.* misiz) N. **-sväki** ladies.

rovasti »rovasti», *l.v. Engl.* canon.

rovio pyre; *polttaa ~lla* burn . . at the stake.

rubiini ruby.

ruhjevamm|a bruise, contusion; *sai -oja* sustained bruises.

ruhjo|a maim; *(mustelmille)* bruise; *(murskata)* crush; *kuoli auton -mana* was crushed under a car. **-utua** be maimed.

ruho *(teuraan)* carcass.

ruhtinaalli|nen princely. **-sesti** in a princely manner; royally. **ruhtinas** prince. **-kunta** principality. **-suku** princely house. **ruhtinatar** princess.

ruiku|ttaa, -tus whine, whimper. **ruis** rye. **-jauho(t)** rye-meal; *(seulottu)* rye-flour. **-kaunokki** cornflower.

ruisk|ahtaa spurt, squirt; spout. **-e** *lääk.* injection.

ruisku *(kastelu- ym)* sprayer; *lääk. ym.* syringe; *(palo-)* fire-engine. **-kannu** watering-pot(-can). **-ta** squirt; *(voimakkaana suihkuna)* spout. **-ttaa** *(kastella ym)* spray; *(paloruiskulla)* play the hose (on); *lääk.* inject; syringe. **-tus** *(puutarhan ym)* spraying; *lääk.* injection; (~**aine** spray; ~**laite** sprayer).

ruis|leipä rye bread. **-pelto** rye-field. **-rääkkä** *zo.* corn-crake.

rujo malformed, shapeless.

rukata regulate [a watch].

rukiin|jyvä grain of rye. **-tähkä** ear *(t.* head) of rye.

rukka *ks.* raukka.

rukka|nen mitten; *antaa jklle -set* refuse a p. ['s offer of marriage], turn a p. down.

rukki spinning-wheel.

ruko [hay]cock.

rukoi|lla pray [to God, *Jumalaa*]; *(hartaasti pyytää)* implore, entreat, beseech; ~ *jkn puolesta* pray for; ~ *armoa* beg for mercy; ~ *iltarukouksensa* say one's

evening prayer; *-levasti* pleadingly, imploringly. **rukous** prayer; supplication. **-hetki** hour of prayer. **-huone** chapel, meeting-house. **-kirja** prayer-book. **-nauha** rosary. **-päivä** *l.v.* intercession day.

ruletti roulette.

rulla roll; roller; *(lanka- ym)* reel. **-luistimet** roller skates. **-portaat** escalator. **-puu** bobbin wood. **-ta** *ilm.* taxi. **-tuoli** wheel chair, invalid chair.

ruma ugly, unattractive, *(ei kaunis)* plain, *Am.* homely; ~ *ilma* bad weather, *(puhek.)* nasty weather; ~ *juttu* ugly affair. **-sti** in an ugly (disagreeable) manner; *siinä hän teki* ~ that was mean of him.

rumentaa make. . ugly; *(arpi ym)* disfigure, cause cosmetic disadvantage.

rummu|ttaa drum, beat a drum; bang [on the piano]. **-tus** drumming, beating of drums.

rumpali drummer.

rumpu drum; *(silta)* culvert. **-kalvo** *ks. täry-.* **-palikka** drumstick.

rumuus ugliness.

runko stem; *(puun ym)* trunk; *(laivan ym)* hull; *(kehä)* frame [work], skeleton; *(auton)* frame; *lentok.* fuselage. **-ruusu** standard rose. **-tie** arterial road *(t.* highway), trunk road.

runnella mangle, mutilate; maul; *(hävittää)* ravage; *taudin runtelemat kasvot* a face marked with the ravages of disease.

runo poem; *(Kalevalan)* rune; ~*ja* poems, *koll.* poetry. **-elma** poem. **-ilija** poet; (~**lahja** poetic gift, gift of poetry; ~**tar** poetess). **-illa** write poetry. **-ilu** [writing of] poetry. **-jalka** foot. **-kieli** poetical language. **-llinen** poetic, poetical; ~ *vapaus* poetic licence. **-llisesti** poetically. **-llisuus** poetic quality. **-mitallinen** metrical. **-mitta** metre; *-mitalla.* . in

verse. **-niekka** versifier,
rhymer. **-nlaulaja** rune-singer.
-nlausunta poetry reading.
-pukuinen. . in verse form.
-ratsu Pegasus, winged horse.
-suoni poetic vein. **-tar** muse.
-teos poetical work; *(-kappale)*
piece of poetry. **-us** poetry;
(~**oppi** poetics).

runs|aasti. . in abundance,
plenty [of. .],. . in plenty;
amply;. . in profusion; ~ *10
puntaa* well over £ 10, a
good £ 10; ~ *30 dollaria*
30-odd dollars; ~ *kuvitettu*
richly illustrated; ~ *rahaa*
plenty of money; ~ *tietoja
(m.)* a wealth of information;
mitata ~ give a good
measure. **-as** abundant,
copious, plentiful, ample,
large; *(liikanaisen)* profuse;
-ain määrin in ample
measure, amply; *-ain käsin*
liberally; ~ *mitta* an ample
(a generous) measure; ~ *sato*
a rich harvest, a bumper
crop; *viipyi -aan tunnin*
stayed [well] over an hour;
(~**kätinen** liberal, generous;
open-handed; ~**lukuinen**
numerous). **-audensarvi**
cornucopia. **-aus** abundance,
plenty; profusion; wealth.

ruoan|jätteet leavings [of
food], scraps. **-käry** smell of
cooking. **-laittaja** cook. **-laitto**
cooking, cookery; (~**taito** art
of cookery). **-sulatus** digestion;
(~**elimet** digestive organs;
~**häiriö** indigestion; ~**kanava**
alimentary canal). **-tähteet**
scraps, remnants [of food].
-valmistuskone [food] mixer.

ruohikko grass; *(ruohokenttä)*
lawn.

ruoho grass. **-inen** grass-grown,
grassy. **-kasvi** herb. **-kenttä**
lawn. **-nkorsi** stem (stalk) of
grass; **-nleikkuu** cutting of
grass; mowing the lawn;
(~**kone** lawn-mower). **-sipuli**
chives. **-ttua:** *on -ttunut* is
grown over [with weeds etc.].

ruoka food; . . *on ruoalla* is
having lunch, dinner; *tässä
ravintolassa on hyvä* ~ the
cooking is good at this

restaurant; ~ *ei pysy potilaan
sisällä* the patient cannot
retain any food. **-aika**
meal-time; ~**an** at meal-time.
-aine: ~**et** food, foodstuffs.
-annos serving, portion of
food; *sot.* ration. **-astia** dish.
-halu appetite. **-haluttomuus**
poor appetite.

ruokai|lija boarder. **-lla** have
one's meals, eat [one's
meals]; *(olla ruoalla)* be at
table. **-lu** eating: (~**huone**
dining-room, *laitoksen*
lunch-room; ~**välineet** table
cutlery).

ruoka|järjestys diet. **-kaappi**
food cupboard; pantry. **-la**
eating-house; *(tehtaan)*
canteen. **-laji** dish; course.
-lappu bib. **-leipä** [plain]
bread. **-lepo** after-dinner nap.
-lista bill of fare, menu.
-lusikka table-spoon.
-lusikallinen: ~ *jtk* a
table-spoonful of. . **-multa**
mould, top soil. **-myrkytys** food
poisoning. **-pöytä** dining-table;
-pöydässä at table. **-rahat** cost
of board. **-ryyppy** appetizer.
-sali dining-room. **-säiliö**
pantry; larder. **-tavara(t)**
foodstuffs. **-tavaramyymälä**
provision store, *(iso
valintamyymälä)* supermarket.
-torvi [o]esophagus. **-tunti**
lunch break. **-valio** diet.
-varasto stock of provisions.
-varat provisions, food
supplies. **-vieras** boarder;
(ravintolan ym) customer,
diner. **-öljy** table oil.

ruokinta feeding, feed.

ruokki razorbill[ed auk].

ruokkia feed.

ruoko reed; *(sokeri-, bambu-)*
cane. **-keppi** cane. **-pilli** reed.
-sokeri cane sugar.

ruoko|ta clean, clean out;
dress; ~ *hevosta* groom a
horse. **-ton** untidy, filthy;
(säädytön) improper; obscene.
-ttomuus uncleanliness;
obscenity.

ruop|ata dredge. **-paaja**
dredge [r]. **-paus** dredging.

ruori rudder; helm, wheel.
-mies helmsman, steersman.

-**ratas** steering-wheel.
ruoska whip; *kuv.* scourge.
  -**nsiima** lash, thong. -**nsivallus**
  lash with a whip.
ruoskia flog; whip.
ruoste rust; *(vasken~)* verdigris;
  (viljan, m.) blight; *olla ~essa*
  be rusty; *~en syömä* corroded
  [by rust]. -**inen** rusty. -**pilkku**
  rust spot.
ruostu|a rust, become (get)
  rusty; *~ kiinni* rust up.
  -**maton** stainless [steel, *teräs*].
  -**nut** rusty, corroded.
ruoti rib. -**a** bone.
ruoto *(kalan)* bone; *(sulan)*
  shaft. -**inen** bony.
ruotsalai|nen *s.* Swede; *a.*
  Swedish. -**ssyntyinen** . of
  Swedish birth. -**stua** become
  Swedish.
Ruotsi Sweden; *r~ (kieli)*
  Swedish; *r-a puhuva*
  Swedish-speaking.
ruotsin|kielinen
  Swedish [-speaking],
  Swedish-language [newspaper,
  lehti]. -**taa** translate into
  Swedish.
ruotsitar Swedish woman.
rupa|ttaa, -tella chat. -**ttelu**
  chat [ting], small talk.
rupi scab, *(kuori)* crust; scurf.
  -**nen** scabby. -**sammakko** toad.
rupla rouble.
rusakko brown hare.
rusentaa crush *(m. kuv.)*.
rusikoida handle. . roughly,
  maul; batter.
rusina raisin. -**kakku** fruit-cake.
ruska *ks. syksy.*
ruskea brown. -**silmäinen**
  brown-eyed. -**tukkainen**
  brown-haired; *s. fem.* brunette.
ruske|htava brownish. -**ttua** get
  sunburnt; get tanned. -**tus** tan.
ruskistaa *keitt.* brown.
rusko red [ness], glow. -**hiili**
  brown coal, lignite. -**levä**
  brown algae *(pl.).* -**ttaa:** *taivas*
  ~ there is a red glow in the
  sky.
ruskuainen *(munan~)* yolk.
rusto cartilage, gristle. -**mainen**
  cartilaginous. -**ttua** form
  cartilage.
ruti|kuiva dry as dust. -**köyhä**
  penniless. -**vanhoillinen**

ultraconservative.
rutistaa squeeze, crush;
  (rypistää) crumple.
rutto the plague; pestilence;
  ruton saastuttama
  plague-stricken. -**paise** *kuv.*
  plague-spot.
ruudinkeksijä: *hän ei ole*
  mikään ~ he is no genius.
ruudu|kas, -llinen checked;
  (paperi) square-ruled.
ruuhi flat-bottom rowboat, punt.
ruuhka *(liikenne-)* traffic jam
  (block). -**aika** rush hour[s].
  -**antua** be jammed.
ruukku pot; crock; *ruukun*
  sirpale crock. -**kasvi** potted
  plant.
ruukun|tekijä potter. -**teko**
  potmaking, pottery.
ruuma hold.
ruumiilli|nen bodily, corporal;
  physical; *~ työ* manual work;
  -sen työn tekijä manual
  worker. -**sesti** bodily;
  physically. -**staa** embody,
  incarnate. -**stua** be embodied;
  become incarnate. -**stuma**
  embodiment.
ruumiin|avaus post-mortem
  [examination], autopsy.
  -**harjoitus** physical exercise.
  -**kulttuuri** physical training.
  -**liikunta** exercise. -**lämpö**
  [body] temperature.
  -**mukainen** tight-fitting. -**osa**
  part of the body, member.
  -**poltto** cremation. -**rakenne**
  constitution, physique. -**siunaus**
  funeral service, burial rites.
  -**tarkastus** personal search; *-lle*
  toimitettiin ~ was
  physically searched,
  (tunnustellen) was frisked
  [*esim.* for a gun],
  (riisumalla) was stripped and
  searched. -**vamma** [bodily]
  injury. -**vika** physical defect,
  deformity. -**voimat** bodily
  strength.
ruumiiton incorporeal,
  immaterial.
ruumis corpse, *(keho)* body.
  -**arkku** coffin. -**auto** hearse.
  -**huone** mortuary. -**myrkytys**
  ptomaine poisoning. -**paarit**
  bier. -**saarna** funeral sermon.
  -**saatto** funeral procession.

-**vaunut** hearse.
ruuna gelding.
ruusu rose; *(vyö-)* shingles.
-**inen** rosy. -**kaali** Brussels
sprouts. -**ke** rosette; bow.
-**nen:** *prinsessa R~* the
Sleeping Beauty. -**nmarja** hip.
-**nnuppu** rose-bud. -**npunainen**
rose-red, rose-coloured. -**papu**
scarlet runner. -**pensas**
rose-bush. -**puu** rosewood.
-**tarha** rose-garden. -**vesi** rose
water. -**öljy** attar of roses.
ruutana *zo.* crucian [carp].
ruuti gunpowder, powder.
-**tehdas** gunpowder factory.
ruutu *(ikkuna- ym)* pane;
(neliö) square; *(malleissa ym)*
check; *korttip.* diamonds;
hypätä ~a play hopscotch.
-**kortti** diamond. -**kuningas**
king of diamonds.
ruuvata screw; ~ *auki,* ~ *irti*
unscrew; ~ *(kansi) kiinni*
screw the lid on.
ruuvi screw; *(-lla) on päässään*
~ *irti* has a s. loose; *kiristää*
~*a* tighten a s. -**avain**
[screw-] wrench; spanner.
-**kierre** worm, thread. -**mutteri**
nut. -**pihdit** clamp. -**puristin**
vice, clamp. -**taltta**
screw-driver.
ruveta begin, start, set about;
take to [drink, *juomaan),*
take up [a trade, *jhk*
ammattiin], go in for; ~ *jksk*
become. .; ~ *englantia*
opiskelemaan take up the
study of English; ~ *jkn*
palvelukseen enter a p.'s
service; ~ *riitelemään* start
quarrelling, *Am. m.* -**eling**
ryhdikkyys erect (good)
carriage. -**käs** erect. -**stäytyä**
pull oneself up, *kuv.* pull
oneself together. -**ttömyys** poor
carriage; *kuv.* lack of
backbone, lack of character.
-**tön.** . with a poor carriage,
slouching; *kuv..* . with no
backbone, spineless.
ryhmi|ttyä group themselves,
form groups; *(autosta)* get in
lane, get into the proper
lane. -**ttää** group, classify. -**tys**
grouping.
ryhmy|inen knotty; knobby.

-**sauva** cudgel.
ryhmä group; *(joukko)* body;
(pensaita ym) clump; cluster;
(puolue-) faction; *(luokka)*
category; *sot.* squad. -**kunta**
group; clique, set. -**lento**
formation flight. -**sana**
collective noun. -**työ** group
work; teamwork.
ryhti *(ruumiin)* carriage,
bearing; *siveellinen* ~ moral
strength, morale.
ryhtyä begin, start, set about;
take up (sth.), go in for;
undertake (to), set to, take to
[-ing]; enter into
[conversation, *keskusteluun*];
embark on [an enterprise,
yritykseen], engage in
[speculation, *keinotteluun*];
(turvautua) resort to; ~ *(jtk*
tehtävää) hoitamaan (toisen
jälkeen) take over; ~
neuvotteluihin enter into
negotiations; ~ *toimenpiteisiin*
take steps, take measures,
~ *työhön* set to work, get to
work; tackle (get to grips
with) a job; ~ *uudelleen*
resume [work, *työhön*]; ~
väkivaltaan resort to violence.
ryijy [Finnish] rug.
rykelmä pile; conglomeration.
rykiä clear one's throat,
(yskiä) cough.
rykmentti regiment.
rykäistä *ks. rykiä.*
rymi|nä rumble, din. -**stä**
rumble.
rynnis|tys attack, [on] rush;
kuv. drive; *(ponnistus)*
exertion. -**tää** attack, rush; ~
eteenpäin press forward.
rynnä|kkö attack, assault,
charge; *vallata -köllä* [take
by] storm; *ryhtyä ~ön* launch
an attack; *(~kivääri* assault
rifle). -**tä** [make an] attack,
charge; *(syöksyä)* rush, dash.
ryntäys rush, run [on the
banks, *pankkeihin*].
rypeä wallow; ~ *paheissa* w.
in vice.
rypis|tymätön *(kankaasta)*
crease-resisting. -**tyä** get
crumpled; *(et. kangas)* crease;
-tynyt crumpled, crushed. -**tää**
crumple, *(kangasta)* crease;

(esim. otsaa) wrinkle; ~ *kulmiaan (m.)* knit one's brows, *(vihaisesti)* frown.

ryppy wrinkle; crease; *(poimu)* pucker, gather; *(vako)* furrow; *otsa rypyssä (m.)* with his brow knitted; with a frown. **-inen** *(puku ym)* creased, crumpled; *(otsa)* wrinkled.

rypsi turnip rape.

rypy|ttää gather, pucker. **-tys** gathering.

rypäle *(viini-)* grape. **-mehu** grape juice. **-sokeri** grape sugar; glucose. **-terttu** cluster of grapes.

rysk|e crash. **-yttää** pommel, pound [away] [at the door, *ovea*], thump.

rysty(nen) knuckle.

rysä fyke.

rysähtää crash.

ryteikkö tangle [of fallen trees].

rytmi rhythm. **-llinen** rhythmic [al].

rytäkkä tumult, uproar, hubbub.

ryve|ttyä get soiled. **-ttää** soil.

ryyni *ks. suurimo.*

ryyp|iskellä drink; *ark.* booze, tipple. **-py** drink, dram. **-päistä** sip; *(yhtenä kulauksena)* toss off. **-ätä** drink.

ryysy rag; ~*t* rags, tatters. **-inen** ragged; tattered. **-läinen** ragamuffin.

ryömi|ä crawl; creep. **-imiskaista** slow lane, crawler lane. *Am.* creeper lane.

ryöp|py shower; *(räiske)* spray; *parjausten* ~ *(kuv.)* torrent of abuse. **-ytä** *(lentää)* whirl, fly [about].

ryöstää rob (a p. of); *(mukiloida ja* ~) mug; plunder, loot, pillage, sack; *(ryöstellä)* maraud; *(siepata)* kidnap, abduct.

ryöstö robbery, *(mukilointi)* mugging; plunder [ing], pillage, depredation [s]; *(sieppaus)* kidnapping, abduction. **-käyttö, -viljely** ruthless exploitation, overexploitation. **-metsästys:** *harjoittaa* ~*tä* exhaust the stock of game. **-murha** murder and robbery. **-retki**

looting expedition, foray. **-saalis** booty, spoils. **-yritys** attempted robbery.

ryövä|ri robber. **-ys** robbery; robbing.

rähi|nä racket; *(esim. humalaisten)* brawl. **-nöidä** make a disturbance. **-nöinti** disorderly conduct. **-sijä** brawler. **-stä** brawl.

rähjä *a. (kurja)* wretched; miserable; *ukko*~ poor old man.

rähmä [mucous] secretion.

räike|ys glaringness; glare; *(värin)* gaudiness. **-ä** glaring; *(väristä, m.)* gaudy, garish, harsh; gross [injustice, *vääryys*]; flagrant [crime, *rikos*]; ~ *vastakohta* sharp (striking) contrast.

räisk|e *(roiske)* spray; *(pauke)* crackle. **-yttää** spatter; sprinkle. **-yä** splash, spatter; *(rätistä)* crackle; *(säkenöidä)* sparkle; *-yvän iloinen* ready to jump for joy, exuberant. **-äle** pancake.

räjähdys explosion, blast; *(paukahdus)* detonation. **-aine** explosive. **-kaasu** explosive gas. **-mäinen** explosive; *ks. väestönkasvu.* **-panos** explosive charge. **-vamma** blast injury.

räjäh|tämätön unexploded; ~ *pommi (»suutari»)* dud. **-tää** explode; *(ilmaan)* blow up.

räjäy|ttää explode, *(ilmaan)* blow up. **-tys** blasting.

räkä snot. **-inen** snotty.

räkättirastas fieldfare.

räme pine bog. **-ikkö** swampy tract, morass. **-inen** swampy; marshy.

rämeä cracked.

rämi|nä racket, *(auton)* rattle, clatter. **-stin** rattle. **-stä, -syttää** rattle.

rämpiä flounder, wade.

rämä ramshackle; rickety old [chair, *tuoli-*]. **-päinen** reckless.

ränni water spout, drainpipe.

ränsistyä [fall into] decay; become dilapidated.

räntä wet snow; sleet. **-inen** slushy.

räpistellä flounder, flap about.

räpy|lä *(uima-)* web; *urh.*

baseball mitt; (~**jalkainen**
web-footed). -**tellä** flap, flutter.
-**ttää** flap [its wings,
siipiään], flutter; ~ *silmää*
blink. -**tys:** *siipien* ~
wing-beat.
rästi arrears; *olla ~nä* be in
a. -**kanto** collection of [taxes
in] arrears.
räti|nä, -**stä** crackle.
rätti rag, cloth.
rävä|htää: ~ *auki* fly open.
-**yttää:** *silmää -yttämättä*
without blinking.
räyh|ätä make a disturbance;
brawl. -**ääjä** brawler.
räystäs eaves. -**kouru** gutter.
rääkkäys ill-treatment.
rääky|nä caw [ing]; croak [ing].
-**ä** caw; croak.
rääkätä torment; torment; *kuv.*
murder [a foreign language,
vierasta kieltä].
rääsy rag. -**inen.** . in rags,
ragged; tattered.
räätäli tailor. -**mestari** master

tailor. -**nammatti:** *harjoittaa*
~*a* be in the tailoring
business. -**nliike** tailoring
business.
röhkiä grunt.
röhönauru horse-laugh, guffaw.
röijy jacket; *(villa- m.)*
cardigan.
rökittää *sl.* wallop.
rönsy *bot.* runner.
röntgen|hoito roentgen (X-ray,
x-ray) treatment. -**kuva**
roentgenogram, X-ray [film].
-**laitteet** roentgen equipment
(*t.* facilities). -**ologi**
radiologist. -**säde:** -*säteet*
roentgen rays, X-rays.
röyh|elö frill. -**istää:** ~
rintaansa be puffed up [with
pride].
röyhke|ys insolence; arrogance;
impudence. -**ä** insolent;
arrogant, *(hävytön)* impudent,
cheeky.
röyht|äistä, -**äys** belch, burp.
röykkiö pile, heap.

S

saada get, obtain; receive;
(lupa) be allowed, be
permitted; *(apuv.)* may, *(voi)*
can; *(jku tekemään jtk)*
make. ., get. . to; manage [to
prevent, *estetyksi*]; *(saavuttaa)*
gain, win, acquire, secure [a
seat, *istuinpaikka*]; ~ *aikaan*
bring about, effect, perform,
cause; accomplish; ~ *hoitoa*
receive (be given) treatment;
~ *hyötyä (ym)* derive benefit
from, profit by; ~ *jku*
luopumaan jstk (m.) persuade
a p. to give up sth; ~ *lupa*
get permission; ~ *ostajia* find
purchasers; ~ *tauti* contract
an illness; ~ *tietää* get to
know, learn [from, *jklta; of t.*
about *jstk*], be informed [of,
jstk], be told, hear, gather;
~ *tunnustusta (osakseen)* gain
(t. win) recognition; ~ *vamma*
suffer an injury; ~*t mennä*
you may go; *hän sai lähteä*
sinne he was allowed to go
there; *se sai minut*
nauramaan it made me laugh;
sain odottaa I had to wait, I
was kept waiting; *kysyin*
saisinko. . I asked if I
might. .; *saisinko tulitikun?*
may I trouble you for a
match? *saisinko vähän voita*
will you pass the butter,
please? *saisinko puhutella. .* I
wonder if I could speak to. .?
saanko polttaa do you mind
if I smoke? *saanko avata*
ikkunan would you mind if I
opened the window? *kirjeenne*
saatuani on receiving (on
receipt of) your letter; *ei ole*
saatavissa is not to be had,
is not available.

šaahi shah.

saaja receiver, recipient;
(tavaralähetyksen, m.)

consignee; *(kirjeen)* addressee.

saakka *(jhk)* up to, as far as,
(ajasta) until, till, [up] to;
joulusta ~ [ever] since
Christmas; *tähän* ~ thus far;
until (till) now, up to now,
hitherto; *alusta* ~ from the
very beginning; *kotiin* ~ *(m.)*
all the way home; *loppuun* ~
to the end; *aivan viime*
aikoihin ~ until quite
recently.

saaliin|himo rapacity,
rapaciousness. **-himoinen**
rapacious; voracious.

saalis prey; *(ryöstö- ym)* booty,
spoils; *(et. kalan)* catch, haul;
(metsästäjän) bag, kill; *joutua*
jnk saaliiksi fall a prey to.
-taa prey, *kuv.* hunt, angle
for; *olla -tamassa* be on the
prowl; *elää -tamalla* live
[up] on prey.

saama|mies creditor. **-ton**
inefficient, incapable;
unenterprising. **-ttomuus**
inefficiency; lack of enterprise.

saanti: *kalan* ~ catch of fish;
veden ~ water supply.

saapas boot; *saappaat jalassa*
with boots on; *saappaan varsi*
boot-leg. **-pari** pair of boots.
-pihti bootjack.

saapu|a arrive (at, in), come
(to), get [there, *sinne*];
(lähestyä) approach; *(s-ville)*
appear; ~ *kaupunkiin* arrive
at (in) the town, get to the
town, reach the town; ~
maahan enter a country;
milloin juna -u Helsinkiin
when is the train due to
arrive in H.? when does the
train get to H.? *odotan*
hänen -van (tiistaina) I am
expecting her on. .;
saavu|ttaessa, -ttua(ni). . on
[my] arrival at (in). . **-minen**

arrival; *(maahan)* entry.
-mispäivä day of arrival.
-villa present; *olla* ~ be
present (at), attend. ., be
there, be on the spot. **-ville:**
tulla ~ appear [before the
court, *oikeuteen*], put in an
appearance, present oneself;
puhek. turn up, show up.
saarelainen islander.
saari island, *run.* isle; *saaressa*
on an island. **-asema** insular
position. **-ilmasto** insular
climate. **-nen:** *runsas~* studded
with islands. **-ryhmä** group of
islands· **-sto** archipelago,
skerries; (~**lainen**
islånder). **-valtakunta** island
kingdom *(t.* state).
saarna sermon; message;
(ripitys) lecture; *pitää* ~
deliver a sermon. **-aja**
preacher; *(vankilan ym)*
chaplain. **-nuotti** sermonizing
tone. **-ta** preach. **-tuoli** pulpit.
saarni ash. **-(pui)nen** ash [en].
saar|ros blockade; *olla*
saarroksissa be surrounded, be
encircled; *(satama ym)* be
blockaded. **-taa** surround,
encircle; *sot.* block. **-to**
blockade; *julistaa* ~**on** declare
a blockade (on); *saarron*
murtaja blockade-runner;
(~**liike** flank movement;
~**politiikka** policy of
encirclement).
saasta filth; impurity; taint.
-inen filthy, impure, unclean,
foul. **-isuus** filth; foulness;
sordidness.
saast|e *vrt. -uke;* pollution. **-ua**
be polluted (contaminated).
-uke pollutant; *teollisuus-*
-ukkeet industrial effluents *(t.*
wastes). **-uminen, -uneisuus**
(ilman, veden) pollution,
(esim. ruoan) contamination.
-uttaa pollute, contaminate;
(tartuttaa) infect, taint. **-utus**
contamination, taint.
saatana Satan. **-llinen** Satanic,
diabolic [al].
saatav|a *s.* claim; balance due
(to), balance in one's favour;
~*t (m.)* debts; *Teidän* ~*nne*
meiltä your account against
us; *ulkona olevat* ~*t*

outstanding debts, credits due;
-ana available. **-issa** available,
obtainable, handy, at hand;. .
on runsaasti ~ there is a
plentiful (an ample) supply
of. .
saati(kka) all the more so,
(puhumattakaan) let alone, to
say nothing of, not to
mention; ~ *sitten* much less
[so]; ~ *sitten hän* to say
nothing of him.
saatt|aa 1. *(seurata)*
accompany, go with. ., see [a
p. home, *kotiin*], *(laivalle ym)*
see . . off; *(suojaten)* escort;
mer. convoy; *(opastaen)*
conduct. **2.** *(kyetä)* be able
(to), be capable of [-ing];
may; ~ *niin olla* it may be
so; *hän on -anut tulla* he
may have come; *en saata*
tehdä sitä (m.) I am unable
to do it; I cannot bring
myself to do it; *sellaista* ~
tapahtua such things will *(t.*
may) happen. **3.** get, induce
[a p. to do a th., *jku*
tekemään jtk], make [a p.
laugh, *jku nauramaan*]; ~
aikaan bring about, cause, ~
paljon pahaa aikaan do a
great deal of harm; ~
epätoivoon drive. . to despair;
~ *kosketukseen jkn kanssa*
bring into contact with; ~
jkn tietoon bring to the
notice of (to a p.'s notice *t.*
attention); *tämä (toimenpide)*
-oi maan sotaan this involved
the country in war; *-aisi*
might. **-aja** companion; escort.
-o *(kulkue)* procession;
(~**väki:** *-väkeä oli paljon*
there was a great crowd to
see. . off). **-ue** escort;
(ylhäisen henkilön) suite;
(laiva-) convoy.
saavi tub.
saavu|ttaa reach; achieve;
attain; *(saada kiinni)*
overtake, catch up with;
(voittaa) gain, win, acquire;
(saada) obtain; ~
maisterinarvo take (attain)
the degree of mag. phil. *(t.*
M. A.); ~ *menestystä* win
success; ~ *jk pistemäärä*

score.. points; ~ *tarkoituksensa* gain one's end, attain one's purpose; ~ *hyvät tulokset* arrive at good results; ~ *voitto* win (gain) a victory; *-tettu taito* the skill attained; *(jkn) -tettavissa* within [a p.'s] reach; *-tettavissa oleva* attainable, obtainable. **-ttamaton** unattainable,.. beyond reach,.. out of reach. **-tus** attainment, achievement, accomplishment; *(tulos)* result.

sabot|aasi sabotage; *harjoittaa ~a* commit [acts of] s. **-oida** sabotage.

sadankomitea Committee of 100.

sada|nnes hundredth [part]. **-s** [the] hundredth.

sada|tella curse; swear (at). **-ttelu** cursing; swearing.

sade rain; shower *(esim. luoti~* shower of bullets); *sateella* in the rain, when it rains. **-aika, -kausi** rainy season, the rains. **-ilma** rainy weather *(-lla* in). **-kuuro** shower [of rain]. **-lla:** *satelee* it is raining. **-mittari** rain-gauge. **-määrä** rainfall. **-pilvi** rain cloud. **-pisara** raindrop. **-ryöppy** heavy shower of rain, downpour. **-takki** raincoat, waterproof, mac, mackintosh.

sadin trap; snare; *joutua satimeen* be trapped, *(kuv.)* be caught [in a trap].

sadoittain hundreds of. .,.. in hundreds.

sadonkorjuu harvest[ing].

saeta get (grow) thicker, thicken.

safiiri sapphire.

saha saw; *(-laitos)* sawmill. **-jauhot** sawdust. **-kone** sawing-machine. **-laitainen** toothed, *bot.* serrate [d]. **-laitos** sawmill. **-nterä** saw blade. **-pukki** saw[ing]-horse. **-reunainen** *(esim. veitsi)* serrated. **-ta** saw; ~ *poikki* saw off. **-tavara** sawn timber, sawn goods, *Am.* lumber. **-teollisuus** sawmill (timber *t. Am.* lumber) industry.

-tukki saw log.

sahrami, safrani saffron.

sahviaani morocco [leather].

saippua soap; *(-pala)* cake of soap. **-astia -kuppi** soap-dish. **-inen** soapy. **-kotelo** soap box. **-kupla** soap-bubble. **-tanko** bar of soap. **-vaahto** soap-lather. **-vesi** [soap-]suds.

saippuoida soap; lather.

sairaa|la hospital; infirmary; *(pienempi)* nursing home; *(laivan ym)* sick-bay; *otettiin ~an* was admitted to hospital; *(~lääkäri* house-surgeon, -physician). **-lloinen** sickly; ailing, infirm; *(patologinen)* morbid; *hän on* ~ she has bad (weak) health; **-lloisuus** sickliness, ill health. **-nhoitaja** [hospital] nurse, *(kurssinkäynyt)* trained *(Am.* graduate) nurse, registered nurse (R.N.); *-oppilas* student nurse. **-nhoito** nursing; *(~opisto* School of Nursing). **-nsija** bed.

sairas sick; *(et. predikatiivina)* ill; *(esim. kudos)* diseased; pathological, morbid; *(huonovointinen)* indisposed, unwell; *s.* sick person, *(potilas)* patient; *olla sairaana* be ill, be sick; *tulla sairaaksi* fall ill, get ill (sick), be taken ill; *ilmoittautua sairaaksi* report sick. **-huone** sickroom. **-kassa** sick-fund. **-kertomus** case record. **-koti** nursing home. **-käynti** home visit, [professional] call. **-lento** ambulance flight. **-loma** sick-leave. **-luettelo** sick-list. **-mielinen**.. sick in mind, mentally disordered. **-sali** ward.

sairas|taa be ill, *et. Am.* be sick; *(potea)* [be] suffer[ing], *jtk* from. **-tella** be in poor health, be sickly, be ailing. **-tua** be taken ill (with), fall ill, get ill; contract, catch [an illness, *jhk tautiin*]; *hän on -tunut flunssaan* he has caught (he is down with) the flu.

sairas|vaunu ambulance. **-voimistelija** *ks. lääkintä-.* **-vuode** sick-bed.

sairaus illness, sickness; *(tauti)* disease. **-eläke** sickness pension. **-tapaus** case of illness. **-vakuutus** [national] health insurance.

sait|a stingy, miserly, mean; tight-fisted. **-uri** miser, *ark*, screw. **-uus** stinginess, miserliness.

saivar|rella split hairs; be pedantic. **-telija** hair-splitter. **-telu** hair-splitting.

SAK *l.v.* T.U.C. *~lainen* affiliated to the SAK.

sakaali jackal.

sakara point[ed end]; *(kuun)* horn.

sakariini saccharine.

saka|risto, **-sti** vestry; *(katol. kirk.)* sacristy.

šakata checkmate.

saketti morning coat.

sake|a thick; *(tiheä)* dense. **-us** thickness; thick consistency.

sakki gang, crowd.

šakki chess; *pelata ~a* play c. **-lauta** chess-board. **-matti** [check-]mate. **-nappula** chessman. **-peli** [game of] chess. **-tehtävä** chess problem.

sakka sediment, dregs, *(kahvin)* grounds; *kem.* precipitate, deposit. **-utua** deposit a sediment.

sakko fine; penalty; *sakon uhalla* on pain of a fine; *tuomita ~ihin ks. seur.*

sakottaa fine; impose a fine [of. .] upon a p.

sakramentti sacrament.

Saksa Germany; *Saksan. . (m.)* German; *~n liittotasavalta* the Federal Republic of Germany (Federal Germany, West Germany); *~n demokraattinen tasavalta* the German Democratic Republic.

saksa *(kieli)* German. **-lainen** *a. & s.* German. **-laisranskalainen** Franco-German. **-laistua** become Germanized.

saksan|hirvi red deer, *(uros)* stag. **-kieli** [the] German [language]. **-kielinen** [. . in] German. **-kuusi** European silver fir. **-paimenkoira** Alsatian, German shepherd.

-pähkinä walnut. **-taa** translate into German.

saksatar German woman.

sakset [pair of] scissors; *(suuremmat)* shears.

saksofoni saxophone.

sala *(yhd.)* secret; *on ~ssa* is hidden, Is concealed; is latent; *pitää ~ssa* keep. . secret; hold back; *~ssa pidettävä (kahdenkeskinen)* confidential. **-a** secretly, in secret, in secrecy (privacy); *(piilotellen)* surreptitiously; on the sly; *isältään ~* without his father's knowledge. **-ammattilaisuus** shamateurism.

salaatti salad; *(lehti-)* lettuce. **-kastike** salad dressing. **-kuppi** salad bowl. **-lusikat (haarukat)** salad servers.

sala-ampuja sniper. **-hanke** plot; frame-up; *olla ~hankkeissa* plot, conspire (against). **-illa** conceal. **-inen** secret; hidden, concealed; underhand; clandestine; *(yksityinen)* [private and] confidential; *~ palvelu* Secret Service. **-isuus** secret; *julkinen ~* open s. **-juoni** intrigue; plot, conspiracy. **-kapakka** *Am.* speakeasy. **-kari** submerged rock. **-kauppa** illegal trade. **-kavala** insidious; treacherous; *~ menettely (m.)* underhand practices. **-kavaluus** insidiousness. **-kieli** code. **-kihlat:** *olla ~kihloissa* be secretly engaged (to). **-kirjain** cipher. **-kirjoitus** cipher[ing].

salakka bleak.

sala|kuljettaja smuggler. **-kuljetus** smuggling; *(~laiva* smuggler; *~tavara* contraband goods). **-kuuntelija** eavesdropper; *rad.* pirate listener. **-kuuntelu** listening without a licence, *(puhelimen)* tapping; *(~laitteet* bugging device). **-kähmäinen** underhand; clandestine. **-kähmäisyys** stealthiness. **-käytävä** secret passage. **-laatikko** secret drawer. **-liitto** conspiracy, plot. **-liittolainen** conspirator. **-lyhty** dark lantern.

salama [flash of] lightning; ~ *iski puuhun* a tree was struck by lightning; *kuin* ~ *kirkkaalta taivaalta* like a bolt from the blue. **-nisku** stroke of lightning. **-nleimahdus** flash of lightning. **-nnopea**. . quick (swift) as lightning. **-nnopeasti** with lightning speed. **-valo** *valok.* flash-light.

salamanteri *zo.* salamander.

sala|merkki cipher. **-metsästys** poaching. **-metsästäjä** poacher.

salamoi|da flash; *salamoi* it is lightening; *hänen silmänsä -vat* his eyes flashed fire, his eyes flashed [with anger].

sala|murha assassination. **-murhaaja** assassin. **-myhkäinen** secretive. **-myhkäisyys** secretiveness. **-nimi** assumed name; *(kirjailijan)* pseudonym, nom de plume; *-nimellä* under a pseudonym. **-oja** [underground] drain. **-ojittaa** drain. **-ovi** secret door. **-peräinen** mysterious; secretive. **-peräisyys** mysteriousness, mystery. **-poliisi** detective. **-poltto** *(viinan)* illicit distilling, *Am.* moonshining. **-seura** secret society. **-siittiö** *bot.* cryptogam.

sala|ta keep. . secret; conceal, keep [from, *jklta*]; ~ *totuus* hide the truth, keep the truth back, withhold the truth; *hän ei sitä -nnut* he made no secret of it.

sala|tarkoitus hidden purpose. **-tie:** *-teitse* through secret channels. **-tieteet** occult sciences.

salava brittle willow.

sala|vehkeilijä plotter. **-vehkeily** plotting; machination [s]. **-vihjaus** insinuation. **-vihkaa** furtively; in secret; on the quiet. **-vihkainen** furtive, stealthy.

saldo balance.

sali drawing-room; *(konsertti-ym)* hall, assembly hall; *(sairaalan)* ward.

salisyylihappo salicylic acid.

salkku briefcase, portfolio, document case; executive case.

salko pole; *(tanko)* staff.

salkuton. . without portfolio.

salli|a permit, allow; give. . permission; let; *jos aika -i* if time permits; *jos -tte* if you don't mind. **-mus** fate, destiny; *(kaitselmus)* Providence.

salmi sound; strait [s]; *Calais'n salmi* the Straits of Dover.

salmiakki sal ammoniac.

salo backwoods, the wilds. **-maa** backwoods, hinterland.

salonki drawing-room; *(esim. laivan)* saloon; *(kirjallinen ym)* salon; *kauneus~* beauty parlour. **-kivääri** small-bore rifle.

salpa bolt; *(telki)* bar; *on salvassa* is bolted, is barred; *lukon ja salvan takana* under lock and key. **-rauta** *(aspi)* hasp. **-utua** be bolted; be blocked up, be obstructed.

salpietari saltpetre, potassium nitrate. **-happo** nitric acid.

salskea *(mies)* tall and spare, upstanding.

salva *(voide)* salve, ointment.

salvaa put up [the framework of] [a house, *taloa*].

salvata bolt; bar; *pelko salpasi kieleni* I was speechless with fear; *salpaa hengen jklta* takes away one's breath; *henkeä salpasi* breathing was impeded.

salvia sage.

salvos timberwork.

sama [the] same; identical; ~*a kokoa (m.)*. . of a size; ~ *mies* the same man, the very man; ~*an aikaan kuin.*. at the same time as. .; simultaneously with; *olla* ~*a mieltä kuin* agree with; *olen aivan* ~*a mieltä* I fully agree; ~*sta työstä* ~ *palkka* equal pay for equal work. **-lla** at that very moment; *(-an aikaan)* at the same time; *(sen ohessa)* besides; ~ *kertaa* at one and the same time; ~ *kuin* at the same time as. ., *(sillä välin)* while; ~ *tavalla* in the same way, in like manner, alike; similarly; *vrt. samoin.*

saman|aikainen contemporaneous, simultaneous (with); *olla ~ kuin* coincide with. **-aikaisuus** coincidence. **-arvoinen.** . of the same value,. . of equal value; *~ kuin* equal to. . **-arvoisuus** equality. **-henkinen** congenial. **-ikäinen.** . of the same age. **-kaltainen.** . of the same kind (as), similar (to), like. **-kaltaisuus** similarity. **-keskinen** concentric. **-kokoinen.** . [of] the same size, similarly sized (as); *~ kuin.* . as large as. ., equal in size to. . **-laatuinen** similar; alike. **-lainen.** . of the same kind, similar (to); *ne ovat kaikki -laisia* they are all the same; they are all alike; *minunkin on ostettava ~* I must buy one [like that], too. **-laisuus** resemblance, similarity. **-luontoinen.** . of the same nature; similar. **-merkityksinen** . . equivalent in meaning (to), *kiel.* synonymous (with). **-mielinen** like-minded. **-muotoinen.** . of the same form (shape), similar [in shape]. **-niminen.** . of (with) the same name. **-näköinen** similar [in appearance], like; *he ovat hyvin -näköisiä* they are very much alike, they strongly resemble each other. **-pituinen.** . of the same length. **-sukuinen** related, allied. **-suuntainen.** . going in the same direction,. . to the same effect; *~ ehdotus* a proposition along the same lines. **-tapainen** similar,. . much the same. **-tekevä** all the same; *se on ~ä* it makes no difference, it is all the same [to me].

samapalkkaisuus equal pay. **sama|ssa** at that very moment; *vrt. samalla.* **-staa** identify (with); equate (with). **-ten** likewise;. . the same; *(hauskaa joulua!. .) samaten* [merry Christmas!. .] the same to

you! *hän teki ~* he did the same; *ja hän ~* and he likewise *(t.* as well).

same|a thick; turbid, cloudy; *(himmeä)* obscure; *kalastaa ~ssa vedessä* fish in troubled waters. **-ntaa** make. . muddy; *kuv.* trouble, cloud [a p.'s happiness, *jkn onnea*]; *(himmentää)* darken. **-ntamaton** undisturbed, untroubled. **-ntua, -ta** get muddy, become turbid; *kuv.* become clouded; *-ntunut (auton ikkuna)* fogged-up.

sametti velvet; *~jäätelö* soft ice. **-mainen** velvety. **-nen** [. . of] velvet.

sameus muddiness, turbidity; cloudiness.

sammakko frog; *sammakonpoikanen* tadpole. **-mies** frogman.

sammal moss. **-ikko** moss. **-lus** lisping, lisp. **-oitua** become covered with moss, become mossy (overgrown with moss). **-peitteinen** moss-covered. **-taa** lisp.

sammenmäti caviar[e].

sammio vat, basin.

sammu|a go out; be extinguished; *kuv. puhek.* pass out; *(hiipua)* die down; *(jano)* be quenched; *(suku)* become extinct; *-va (katse)* fading; *aikoja -nut rakkaus* a love long dead. **-ksissa:** *on ~* has gone out. **-maton** unquenchable [thirst, *jano*]. **-tin** fire extinguisher. **-ttaa** put out, extinguish; *kuv.* quench; *(kaasu)* turn off, *(sähkö, radio)* switch off; *~ janonsa* quench one's thirst; *~ kynttilä* put out *(puhaltamalla:* blow out) a candle; *~ savuke* stub out *(polkemalla:* stamp out) a cigarette; *-tettu kalkki* slaked lime. **-ttamaton** unextinguished; *~ kalkki* quick-lime. **-tus** putting [the fire] out, extinguishing; fire fighting; *(~kalusto* fire-extinguishing apparatus; *~laite* fire extinguisher).

samoi|lla ramble, rove, roam.

-lu rambling.
samoin in the same way
(manner); likewise,. . the
same; *kiitos,* ~ thanks! [the]
same to you!. . *ja* ~ *olin
minäkin.* . and so was I.
samota ramble, roam.
sampi sturgeon.
samppanja champagne.
samuus sameness; identity.
sana word; *(sanoma)* message;
(oppi-) term; ~*sta* ~*an* word
for word, *(~n mukaisesti)*
literally, verbatim; ~*lla
sanoen* in a word, *(lyhyesti)*
in short, to put the matter in
a nutshell; *pitää* ~*nsa* keep
one's word, be as good as
one's word; *~nsa pitävä mies*
an man of his word; *(antaa)*
~ *~sta* tit for tat; *lähettää* ~
send word; *toisin sanoin* in
other words; *ylistävin sanoin*
in terms of [high] praise;
sanoin ja kuvin in text and
pictures; *sanoin kuvaamaton*
indescribable, beyond words.
-harkka: *joutua* ~*an* have
words (with). **-inen** *(yhd.):
jyrkkä* ~ sharply worded.
-jalka bracken. **-järjestys** word
order; *suora (käänteinen)* ~
normal (inverted) w. o.
-kiista dispute, controversy.
-kirja dictionary; *katsoa* ~*sta*
look up in a d.; *~n tekijä*
lexicographer, compiler of a
dictionary. **-käänne** phrase;
phrasing. **-leikki** play upon
words, pun. **-llinen** verbal.
-luettelo list of words,
vocabulary. **-luokka** part of
speech. **-muoto** wording.
sanan|lasku proverb; *~n tapaan*
proverbially; *S~t (raam.)*
Proverbs. **-mukainen** literal.
-mukaisesti literally, word for
word. **-mukaisuus** literalness,
exactness. **-parsi** saying;
byword; *on tullut -parreksi*
has become proverbial.
-saattaja messenger; herald.
-tapa expression; saying.
-tuoja messenger. **-vaihto**
exchange of words; *kiivas* ~
(m.) altercation. **-valta** voice;
(-llä) ei ole ~*a asiassa* has
no say in the matter. **-vapaus**

liberty (freedom) of speech.
-vuoro turn [to speak]; *vrt.
suunvuoro.*
sana|ristikko crossword.
-runsaus abundance of words.
-seppä coiner of words. **-sota**
dispute, controversy, war of
words; *olla ~silla* have a
heated argument. **-sto**
vocabulary, glossary; *(oppi-)*
terminology; nomenclature.
-sutkaus witticism. **-tarkka**
literal. **-ton** speechless,
tongue-tied; *tulla -ttomaksi* be
dumbfounded (nonplussed).
-tulva flow (torrent) of words.
-valmis. . quick at repartee.
-valmius ready wit. **-varasto**
vocabulary.
sandaali sandal.
saneeraus redevelopment;
(talon) re-fitting; *(slummin)*
slum clearance.
sane|lla dictate; ~ *vala*
administer an oath (to). **-lu**
dictation; *kirjoittaa* ~*n
mukaan* write down from
dictation, take dictation,
(esim. kirje) take down a
letter; *(~kone* dictaphone,
~ratkaisu dictate).
sangallinen. . with a handle.
sangen very; ~ *hyvin* perfectly
well; ~ *paljon* a good deal, a
great many.
saniainen fern.
sanitääri first aid assistant.
sanka *(ripa)* handle; *(kukkaron
ym)* frame; *silmälasien sangat*
frame of spectacles.
sankari hero. **-aika** the heroic
age. **-kuolema** death of a
hero; *sai ~n* died a hero's
death. **-llinen** heroic. **-llisesti**
heroically. **-llisuus** heroism.
-npalvonta hero-worship. **-tar**
heroine. **-työ** heroic deed.
sankaruus heroism.
sankka thick, dense.
sanko pail, bucket.
sannikas sandal.
sannoittaa sand.
sano|a say; tell; *(nimittää)*
call; *(lausua)* state, express; ~
jäähyväiset bid farewell;
voitteko ~, *missä.* . can you
tell me where. .? *niin ~kseni*
so to speak, as it were;

-**kaamme** (50) [let us] say
[fifty]; **sanaakaan** -**matta**
without saying (uttering) a
word; **sano minun** -**neen** mark
my words! **lyhyesti** -**en** in
short; **toisin** -**en** that is to
say; **on** -**mattakin selvää** it
goes without saying, it is a
matter of course; **sanotaan** it
is said, they say [that. .];
hänen -**taan olevan**. . he is
said to be. .; **niin** -**ttu**
so-called; **ei ole** -**ttu, että**. . it
does not follow that; **ei**
-**ttavassa määrin** not in any
degree worth mentioning, not
appreciably. -**ma** message;
news; tidings.
sanoitt|aa: *jkn* -**ama** words by.
sanomalehden|myyjä newsvendor.
-**toimittaja** editor [of a
newspaper] . -**toimitus** editorial
staff of a newspaper.
sanomalehdistö the press.
sanomalehti newspaper, paper.
-**ala** journalism. -**ilmoitus**
[newspaper] advertisement.
-**katsaus** press review. -**leike**
press cutting. -**mies** journalist,
pressman. -**myymälä** newsagent's;
(kadulla) news-stand. -**paperi**
newsprint; *(painettu)*
newspaper. -**poika** newsboy.
-**uutinen** newspaper item.
sano|maton unspeakable,
unutterable, inexpressible;
-**mattoman kaunis** exceedingly
beautiful, beautiful beyond
description. -**nta** expression;
tiet. term; *(tyyli)* style;
arkinen ~ colloquial phrase;
(~**tapa** mode of expression,
phrase). -**ttava:** *mitä sinulla
on* ~*a* what have you got to
say? *ei* ~**sti** nothing to speak
of. -**utua:** ~ *irti* give notice,
(esim. jstk politiikasta)
dissociate oneself from; ~ *irti
(virasta)* resign from. .
santa sand, *(sora)* gravel.
santarmi gendarme.
santelipuu sandalwood.
sao|staa *kem.* precipitate, -**stua**
be precipitated, settle. -**stus**
precipitation. -**ta** get thicker,
thicken.
saparo tail, *(hius-)* pigtail.
sapatti Sabbath.

sapekas. . full of gall,. . full of
bitterness; *(myrkyllinen)*
venomous, virulent.
sapeli sabre; sword.
sapettaa gall; stir up a p.'s
anger.
sappi gall; bile; *se kuohuttaa
sappeani* that makes me boil
with rage; *purkaa sappeansa*
vent one's anger (spleen).
-**kivi** gallstone. -**rakko**
gallbladder. -**tauti** gallbladder
disease.
sapuska grub.
sara *bot.* sedge.
sarake column.
sarana hinge. -**istuin** tip-up
seat. -**tuoli** folding chair.
saras|taa dawn; *päivän* -**taessa**
at dawn, at daybreak. -**tus**
dawn. .
sardiini sardine.
sarja series; set; *(jakso)*
succession; *(rivi)* line; *kevyt,
raskas* ~ light-(heavy-)weight
class. -**filmi** [TV] series.
-**julkaisu** serial publication.
-**kukkainen** umbelliferous.
-**kuva** comic strip, strip
cartoon; ~*t* comics, (~**lehti**
comic book). -**numero** serial
number. -**tuotanto** serial
production.
sarka 1. *(pelto-)* plot, strip; **2.**
(kangas) frieze, homespun.
sarveis|aine keratin. -**kalvo**
cornea. -**kerros** horny layer.
sarve|llinen horned. -**ton**
hornless.
sarvi horn; *(hirven ym)* antler.
-**karja** horned cattle. -**kuono**
rhinoceros, *(lyh.)* rhino.
-**mainen** horny, corneous.
-**päinen** horned, *(hirvistä ym)*
antlered.
sata a *(t.* one) hundred; *satoja
vuosia* [for] hundreds of
years; *satoja kertoja* hundreds
of times; *useita satoja miehiä*
many hundreds of men,
several hundred men; *viisi~a*
five hundred.
sataa rain *(m. kuv.);* ~ *vettä*
it is raining; ~ *lunta* it is
snowing, snow is falling; ~
rankasti it is raining heavily;
~ *kaatamalla* it is pouring,
the rain is pelting down;

satoi(pa) tai paistoi rain or shine; *äsken satanut lumi* freshly fallen snow.
sata|-asteinen centigrade. **-kertainen** hundredfold; *satakertaisesti* a hundredfold. **-kieli** nightingale. **-kunta** about a hundred, a hundred or so. **-luku:** *kahdeksansataaluvulla* in the ninth century.
satama harbour, port; *et. kuv.* haven; *poiketa ~an* call at a port; *saapua ~an* make harbour; put into a port; *lähteä ~sta* sail from a port. **-allas** [wet-]dock. **-järjestys** harbour regulations. **-kapteeni** captain of the port, harbour-master. **-kaupunki** [sea]port. **-konttori** harbour-master's office. **-laituri** quay. **-maksut** harbour-dues, port charges. **-nsuu** entrance to a port. **-rata** harbour railway. **-työläinen** dock-worker; docker, longshoreman. **-viranomaiset** port authorities.
sata|määrin in (by) hundreds; *niitä oli siellä ~* there were hundreds [and hundreds] of them. **-vuotias..** a hundred years old; *s.* centenarian. **-vuotinen** centennial, centenary.
satavuotis|juhla centenary, centennial [celebration]. **-muisto:** *viettää (jnk) ~a* celebrate the hundredth anniversary (the centenary) of..
sateen|kaari rainbow. **-suoja** shelter from the rain; = *seur.* **-varjo** umbrella.
sateeton rainless.
sateinen rainy; *~ päivä (m.)* wet day.
satelliitti satellite; *sää~* meteorological s.
satiini (*silkki-*) satin; (*puuvilla-*) sateen.
satiiri satire. **-kko** satirist. **-nen** satiric[al].
sato yield; crop, harvest (*m. kuv.*). **-isa** high-yielding, (*runsas*) plentiful, abundant. **-isuus** productiveness; fertility. **-toiveet** harvest prospects.
sattu|a happen, chance;

(*tapahtua*) occur, come about; take place, come to pass; (*osua*) hit [the mark, *maaliin*]; (*jkn osalle*) fall [to a p., to a p.'s lot]; *jalkani -i kiveen* I hit (I knocked) my foot against a stone; *kivi -i häntä päähän* the stone struck him on the head; *polveeni -i* I hurt my knee; *se -i häneen kipeästi* it hurt his feelings deeply; *kaikki, mitä eteeni -u* everything that comes my way; *jos hyvin -u* if all goes well; *sepä -i hyvin* why, that was lucky! *jos hän -isi tulemaan* if she should come; *joulupäivä -u tiistaiksi* Christmas day falls on a Tuesday; *~ yhteen* coincide; *satuimme yhteen* we happened to meet; *esteen -essa* in case of hindrance; *sodan -essa* in the event of war; *-neesta syystä* for certain reasons, owing to unforeseen circumstances. **-ma** chance; (*tapaus*) incident; *jättää (kaikki) ~n varaan* leave [things] to chance, let chance decide; *on ~n varassa..* it is a mere chance [if..]; *onnellinen ~* a lucky chance. **-malta** by chance, by accident, accidentally; *aivan ~* quite by accident; *hän oli ~ siellä* he happened to be there. **-manvarainen** accidental, fortuitous, haphazard.
sattuva.. to the point, telling; striking [example, *esimerkki*]; (*sopiva*) apt, appropriate; *huomautus oli ~* the remark struck home; *vastaus oli erinomaisen ~* the answer was very much to the point, the answer hit the nail on the head. **-sti** to the point.
satu fairy-tale; (*kertomus*) story, tale. **-kirja** book of fairy-tales, story-book. **-kuningas** legendary king.
satula saddle; *heittää jku ~sta (m.)* unhorse, unseat a p.; *ilman ~a* bareback. **-loimi** saddle-cloth. **-seppä** harness-maker. **-vyö**

[saddle-]girth.
satuloida saddle.
satu|maa(ilma) fairyland, wonderland. **-mainen** fabulous, fantastic.
satunnai|nen accidental, chance [meeting, *kohtaaminen*]; casual, fortuitous; *(tilapäinen)* temporary; *-set menot* incidental expenses; *-set pikkutyöt* odd jobs. **-sesti** accidentally, incidentally, occasionally.
satu|näytelmä dramatized fairy-tale. **-prinssi** fairy prince.
satuttaa *(loukata)* hurt; ~ *itsensä* hurt oneself.
saukko otter.
sauma seam; *(liitos)* joint. **-ta** seam; *(puusepän)* joint. **-ton** *kuv.* smooth.
saun|a sauna [bath]. **-ottaa** bath. **-ottaja** attendant in sauna.
sauva staff; stick; rod; *(marsalkan)* baton; *(taika-)* wand; *(piispan)* crosier.
sauvoa pole; punt.
saven|valaja potter. **-valanta, -valu** pottery.
savi clay. **-astia:** ~*t* earthenware, stoneware, pottery. **-kukko** toy ocarina. **-kuoppa** clay-pit. **-kyyhkynen** clay pigeon. **-maa** clayey soil; loam. **-maja** mud hut; *(savitiilistä tehty)* adobe. **-nen** clayey. **-puoli** ringworm, tinea. **-ruukku** crock; earthenware pot. **-tavarat, -teokset** earthenware, pottery, ceramics.
savu smoke. **-hattu** cowl. **-inen** smoky. **-kanava** [smoke] flue.
savuke cigarette; *savukkeen pätkä, sytytin* c. butt *(t.* end), c. lighter; *haluatteko savukkeen* will you have a c.? **-kotelo** cigarette case. **-rasia** packet *(Am.* pack) of cigarettes.
savun|haju, -katku smell of smoke. **-harmaa** smoky grey, smoke-coloured.
savu|naamari smoke-helmet. **-patsas** column of smoke. **-piippu** chimney; smokestack, *(laivan ym)* funnel. **-pilvi** cloud of smoke. **-pommi**

smoke-bomb (-ball). **-silli** smoked herring, kipper.
savus|taa smoke; *(palvata)* cure; *(huone)* fumigate; *-tettu* smoked, *(liha)* smoke-dried.
savu|ta smoke; *(levittäen pahaa hajua)* reek. **-ton** smokeless. **-torvi** chimney. **-ttaa** smoke. **-ttua** get smoky. **-verho** smoke-screen.
se it; that; the; *se kirja, jonka ostin.* . the book [that] I bought; *se, joka* he (she) who, whoever; *se, mikä* that which; *se siitä!* that's that! *sen parempi* so much the better; *se on* that is *(lyh.* i.e.); *sen ajan.* . of that period; *sen johdosta, että* owing to the fact that; *sen jälkeen* after that, afterwards, subsequently, thereafter, thereupon, since; *sen jälkeen kun* since, after; *sen lisäksi* in addition [to that]; *sen sijaan* instead [of that]; *sen tähden, sen vuoksi* therefore, for that reason, consequently; *siinä kaikki!* that's all! *siihen aikaan* at the (that) time; *sille taholle* that way; *sillä hetkellä* at the time; *sinä vuonna* that year; *vrt. siitä, sillä, sitä, ne, niitä jne.*
sea|ssa: *jnk* ~ among. ., in the midst of. **-sta:** *jnk* from among. .
seemiläinen *s.* Semite; *a.* Semitic.
seepra *zo.* zebra.
seerumi serum.
sees, -teinen clear, bright; serene. **-tyä** clear up; brighten.
seideli tankard, mug.
seikka circumstance, *(sattunut)* incident; *(asia)* thing; matter; *se* ~*, että* the fact that; *nämä seikat (m.)* these points, these considerations.
seikkai|lija adventurer; *(~luonne* adventurous spirit; *~tar* adventuress). **-lla:** *lähteä s-lemaan* go out in search of adventure. **-lu** adventure; *(~halu* adventurous; *~nhalu* love of adventure; *~nhaluinen* adventure-loving, adventurous).
seikka|peräinen detailed,

minute, circumstantial.
-peräisesti in detail, minutely,
circumstantially. **-peräisyys**
fullness of detail; minuteness;
circumstantiality, particularity.
seimi manger, *(talliasetelma)*
crèche; *lasten~* day nursery,
crèche.
seinä wall; *lyödä päänsä ~än
(kuv.)* run one's head against
a wall; *panna ~ä vastaan*
drive sb. into a corner; *päin
seiniä* all wrong. **-kosketin** *ks.*
pistorasia. **-maalaus** wall
painting, mural painting. **-mä**
wall. **-pallo** *(peli)* squash.
-paperi wallpaper. **-peili** wall
mirror. **-pylväs** pilaster.
-valaisin wall light; bracket
lamp, sconce. **-verho** tapestry.
seireeni siren.
seis stop! *voim.* stand! *sot.*
halt!
seisaa|llaan standing. **-lleen:**
nousta ~ stand up, rise [to
one's feet].
seisah|dus stop [ping], stoppage,
halt; standstill; *(esim.
liikenteessä)* block; *et. kuv.*
stagnation; *joutua -duksiin*
come to a standstill,
(liikenteestä) be blocked, be
held up; *on -duksissa* is at a
standstill, *(tehdas, kone ym)*
is not running. **-duttaa** stop;
bring .. to a stand [still]; *~
hevonen* stop, pull up [a
horse]. **-taa, -tua** stop, come
to a stop; come to a
standstill.
seisake halt.
seiso|a stand; be at a
standstill; *nousta -maan* stand
up, rise; *jäädä -maan* remain
standing; *panna (esim. tehdas)
-maan* put out of operation;
kelloni seisoo my watch has
stopped. **-mapaikka** standing
place, standing-room. **-skella**
stand about. **-ttaa** stop.
seitsemän seven. **-kymmentä**
seventy. **-nes** seventh [part].
-toista seventeen.
seitsemäs [the] seventh.
-kymmenes [the] seventieth.
-osa [one *t.* a] seventh.
-toista [the] seventeenth.
seitsen|haarainen sevenbranched.

-kertainen sevenfold. **-kymmen|-
luku:** *-luvulla* in the seventies.
-kymmenvuotias *a.* . . . seventy
years old; *s.* a man
of seventy, a septuagenarian.
seitsikko septet.
seitti cobweb, [spider's] web.
seiväs pole; *(aidan, m.)* stake.
-hyppy pole vault. **-tää** stake,
(lävistää) pierce.
sekaan: *jnk ~* among; *panna
(jhk) ~* mix . with. **-nus**
confusion, disorder; *puhek.*
mix-up. **-nuttaa** confuse. **-tua**
meddle [in other people's
business, *toisten asioihin*],
interfere (with *t.* in);
(sekoittua) mix; *(kuv.)* get
mixed up (with), be
implicated [in an affair,
juttuun], be involved (in); *~
puhuessaan* be [come]
confused, lose the thread.
-tuminen interference,
meddling (with); intervention
(in).
seka-avioliitto mixed marriage.
sekai|nen mixed; *(sekava)*
confused, *(sotkuinen)* tangled;
muddled; *(samea)* muddy;
hiekan~ mixed with sand.
-sin all mixed up; in
confusion, jumbled together,
upside down; *tilit ovat ~*
accounts are not in order;
on päästään hiukan ~ [he]
is not all there, he is dotty.
seka|kuoro mixed choir. **-lainen**
mixed; miscellaneous; various;
-laisia kuluja sundry expenses,
sundries. **-melska** mess,
medley, muddle. **-muoto(inen)**
hybrid. **-päinen** muddle-headed.
-rotu mixed breed. **-rotuinen.** .
of mixed breed, cross-bred;
(ihmisistä). . of mixed blood.
-sikiö hybrid; cross. **-sorto**
confusion, disorder; chaos.
-sortoinen disordered; chaotic.
-sotku jumble, mess, *(puhe)*
gibberish. **-tavara** sundry
wares, sundries; *(~kauppa*
general shop, general store).
-työmies unskilled workman.
-va confused; muddled [in
the mind]; *(hajanainen)*
incoherent; *(sotkuinen)*
tangled; involved; *-vin tuntein*

with mixed feelings. **-vasti** in
a confused manner;
incoherently. **-vuus** confusion,
confused state.
sekki, šekki cheque, *Am.*
check; *10 dollarin* ~ a c. for
10 dollars. **-tili** cheque *(Am.*
checking) account. **-vihko** c.
book.
sekoi|tin mixer. **-ttaa** mix
[up], *(joskus)* blend;
(hämmentää) stir; *(sotkea)* stir
up, muddle [up]; *(lisätä)* mix
in, put in; *(erehdyksestä jhk)*
mistake. . for, *(toisiinsa)* mix
up; ~ *kortit* shuffle the
cards; ~ *käsitteet* confuse the
ideas; ~ *suunnitelmat* upset
the plans. **-ttamaton** unmixed;
(aito) pure, genuine. **-ttua**
mix, *jhk* with; blend;
intermix, intermingle. **-tus**
mixture; mix; *(tee-, ym)*
blend; admixture.
seksi sex. **-kkyys** sexiness. **-käs**
sexy.
sektori sector.
sekunda second-rate; seconds.
sekundantti second.
sekunti second. **-kello**
stop-watch. **-osoitin**
second-hand.
sekä and; ~ . . *että* both . .
and, . . as well as . .
selailla turn over the leaves
[of a book], leaf [in a
book].
selin *ks.* **selkä.**
seli|tettävä. . to be explained;
-tettävissä oleva explicable,
explainable; *asia on helposti*
-tettävissä the matter can
easily be accounted for *(t.* is
easily explained). **-ttämätön**
inexplicable; *(ei -tetty)*
unexplained; . . not cleared up.
-ttää explain, account for;
(tulkita) interpret; *(selvittää)*
make out; *(esim. jtk. teoriaa)*
expound; *hän -tti olevansa*
halukas he declared himself
willing (to); *tämä* ~ *sen,*
että. . this accounts for the
fact that. .; ~ *jk*
olemattomaksi explain. . away;
~ *väärin* misinterpret,
misconstrue; ~ *syynsä (m.)*
give one's reasons; **-ttävä**

explanatory. **-tys** explanation;
(-ttävä lausunto) statement;
comment; ~, *selitykset*
(ratkaisu) key [to a
problem], *(kuvan, kuvion)*
legend; *selitykseksi* as an *(t.* by
way of) explanation.
selja elder.
seljetä clear up; brighten;
(ilma) alkaa ~ it is clearing
up, it is getting brighter.
selke|ys clearness, clarity;
distinctness; lucidity. **-ä** clear,
bright; *(selvä)* distinct; *vrt.*
selvä.
selkka|us *(rettelö)* trouble,
difficulty; *(riita)* conflict,
clash; *(sotku)* tangle; *joutua*
-ukseen viranomaisten kanssa
get into trouble with the
authorities.
selko clearness; *(tieto)*
information; *ottaa* ~ *jstk* find
out, inform oneself (about);
inquire into; *saada* ~*a jstk*
find out; *tehdä* ~*a jstk* give
an account of; account for;
hankkia tarkka ~ *jstk* make
a close inquiry about. .
-selä|lleen, -llään wide open;
avata ovi ~ open the door
wide.
selkä back; *(järven-)* open
lake; *(vuoren)* ridge; *antaa*
~*än jklle* beat, spank, dust a
p.'s jacket; *saada* ~*änsä* be
beaten; *kääntää* ~*nsä jklle*
turn one's back on *(t.* to);
istua selin jhk sit with one's
back towards. .; *selälleen,*
-llään on one's back, *(auki)*
wide open; *kaatua selälleen*
fall backwards; *jkn selän*
takana (m. kuv.) behind a
p.'s back; *Jumalan selän*
takana at the back of
beyond. **-inen** -backed. **-liha**
(teuraan) sirloin. **-mys** back.
-nikama vertebra *(pl.* -e).
-noja back rest, [seat] back.
-pii: ~*täni karmi* a tingle ran
down my spine; ~*tä karmiva*
spine-chilling. **-puoli** back;
rear. **-rangaton** spineless,
invertebrate. **-ranka** backbone
(m. kuv.); spine, spinal
column. **-rankainen** *a. & s.*
vertebrate. **-reppu** knapsack,

rucksack. **-sauna** whipping, thrashing; *antaa ~ (m.)* spank. **-uinti** back-stroke. **-ydin** spinal cord.

sellai|nen such,. . like that;. . of that kind; *~ mies* that sort of man; *-sta ei olisi tapahtunut.* . such a thing would not have happened; *ei mitään -sta* nothing of the kind; *-sessa tapauksessa* in such a case; *ihailen -sia henkilöitä* I admire people like that; *-sta sattuu* such things will happen; *-senaan* as such, as it stands; *ja sen -sta* and what have you.

selleri: lehti ~ celery; *juuri~* celeriac.

selli *(koppi)* cell.

sello *mus.* [violon] cello. **-nsoittaja** [violon] cellist.

sellofaani film, *(eräs laatu)* cellophane.

sellu|loidi celluloid. **-loosa** cellulose, chemical pulp; *(~tehdas* cellulose mill; *~teollisuus* cellulose industry; *~vanu* cellulose wadding).

selonteko account (of), report (on), *(selvitys)* exposition, description; explanation.

selos|taa give an account of, report (on); describe; *~ jtk laajasti (lehdessä ym)* give wide coverage to. **-taja** reporter, *(esim. radio-)* commentator. **-tus** report, *(esim. urh.)* commentary; *(~vihkonen* prospectus, leaflet).

selusta back; *sot.* rear; *hyökätä ~an* attack. . in the rear.

selve|nnys [further] light (on); *pyytäisin ~tä tähän kohtaan* I should like to have this point [further] clarified. **-ntää** make. . clear [er], make. . plain [er], clarify; *(valaista)* illustrate. **-tä** *(seljetä)* clear up; *(selvitä)* become clear [er]; clarify.

selvi|ke *(kahvin)* clarifier. **-lle:** *käydä* ~ become clear (evident); *tutkimuksesta kävi ~ että* . . the investigation showed that; *edelläolevasta on käynyt* ~ it will be clear

from the foregoing; *päästä* ~ *jstk* find out. **-llä:** *olla jstk* ~ be clear on, be well informed (about); *olen siitä täysin* ~ it is perfectly clear to me. **-ttämätön** unexplained; *~ kysymys* unsolved *(t.* open) question. **-ttää** clear up, clarify; *(vyyhti)* disentangle; *(järjestää)* adjust, settle; *(selittää)* explain; *(tehdä selväksi)* make clear, bring. . home [to a p., *jklle*]; *mer.* clear; *liik.* liquidate, wind up; *(ratkaista)* solve; *~ kantansa* make one's position clear; *~ kuolinpesä* wind up a deceased person's estate; *~ asia oikeudessa* settle a matter in the court; *~ raha-asiat* straighten out (settle) one's affairs. **-tys** clearing up; adjustment, settlement; *(laivan)* clearing; *(rikosten)* detection; *antaa* ~ *jstk* give an account of; *hankkia ~tä asiaan* look further into the matter. **-tysmies** *(kuolinpesän)* administrator, executor, *(konkurssipesän)* liquidator. **-tä** *(seljetä)* clear up, brighten; *(tulla selväksi)* become clear; *(päästä)* get off [with 2 months, *2 kk rangaistuksella*], escape [alive, *hengissä*]; *(päihtymyksestä)* sober up; *(tointua)* recover; *asia -si* the matter was cleared [up]; *hänelle -si* it dawned on him, he realized (that); ~ *tyrmistyksestään* recover from one's amazement. **-ytyä** *(suoriutua)* come off [well, *hyvin*], get out of [a fix, *pulasta*], cope with [a task, *tehtävästä*]; pull through [an illness, *taudista*]; clear [a fence, *aidasta*]; ~ *hengissä* escape alive; ~ *voittajana* come off victorious; ~ *vaikeuksista* get over difficulties. **-ö** axiom.

selvyys clearness; clarity; distinctness; *(käsialan)* legibility; *(järjen)* lucidity.

selvä clear; distinct, plain; *(ilmeinen)* obvious;

unmistakable; *(raitis)* sober; *(järjenjuoksu)* lucid; ~ *totuus* the plain [unvarnished] truth; ~*t todistukset* clear proof, manifest evidence; ~ *valhe* evident lie; ~*ä puhetta* plain talk; *itsestään* ~ self-evident; *on itsestään* ~*ä* it goes without saying; *pitää (itsestään)* ~*nä* take. . for granted; *ottaa* ~ *jstk* find out, inform oneself on (about); ascertain, *(tutkia)* inquire into; *saada* ~ *jstk, jk selville* find out; make out, discover, detect; *en saa tästä* ~*ä (kirjoituksesta ym)* I can't make this out; *tehdä* ~*ä jstk* account for; *hänelle kävi* ~*ksi, että* he realized that; *hän ilmaisi asiansa hyvin* ~*sti* he was quite explicit [about the matter]. **-järkinen** clear-thinking (-headed). **-kieli:** *tulkita -kielelle* decode, decipher. **-näkijä** clairvoyant. **-näköinen** clear-sighted. **-näköisyys** clear-sightedness; clairvoyance. **-piirt|einen** clear-[cut], [sharply] defined; pronounced, marked; *s-eisesti* in a clear-cut manner. **-piirteisyys** distinctness [of outline], clear-cut character. **selä|ke** *keitt.* fillet, undercut. **-llään** on one's back. **-ttää** *urh.* force into a fall. **-nne** *(vuoren)* ridge. **sementti** cement; *kiinnittää sementillä* cement. **seminaari** teachers' training college; *(pappis-)* seminary; *(yliop.)* seminar. **-lainen** trainee in education, student teacher. **semminkin** particularly; ~ *kun* all the more because, the more so as. **semmoi|nen** *ks. sellainen;* *-senaan* as such; as it is. **senaa|tti** senate. **-ttori** senator. **sen|aikuinen.** . dating from that time,. . of that time;. . at that time. **-ikäinen.** . of that age. **-jälkeen** after that; afterwards; *ks. se.* **-kaltainen** such,. . of such nature. **senkin;** ~ *roisto* you

scoundrel; ~ *pelkuri* what a coward you are! **senkka** *puhek.* sedimentation rate (ESR). **senmukai|nen** consistent with. . **-sesti** accordingly, in conformity therewith. **sensaatio** sensation. **-lehdistö** yellow press. **-mainen** sensational. **-uutinen** sensational piece of news. **sens|ori** censor. **-uroida** censor. **-uuri** censorship; ~*n avaama* opened by censor. **sen|tapainen** such,. . like that, *(saman-)* similar; *jotakin -tapaista* something like that, something to that effect. **sentimentaali|nen** sentimental. **-suus** sentimentality. **senttimetri** centimetre, *Am.* -meter. **sen|tähden, -vuoksi** for that reason, therefore, because of that; ~ *että.* . because. . **sentään** yet, still; for all that; *(mutta) hän ei* ~ *voinut sitä tehdä* yet he could not [bring himself to] do it; *tulithan* ~! you did come after all! **seos** mixture, mix; *(metalli-)* alloy. **seota** mix, blend (with); *(henkisesti)* get confused, *(järki)* become mentally disordered. **sepeli, -kivi** road metal, macadam; *päällystää* ~*llä* macadamize. **sepel|kyyhkynen** ring-dove, wood-pigeon. **-valtimo** coronary artery; *(~tukos* coronary thrombosis). **sepi|te, -telmä** [piece of] composition. **-ttää** make, *(keksiä)* make up, invent, coin [words, *sanoja*]; *(panna kokoon)* put together; *(kirjoittaa)* write, compose. **seppel|e** wreath, garland. **-öidä** decorate with wreaths; festoon, garland; ~ *laakereilla* crown. . with laurels. **seppä** blacksmith; smith; *ei kukaan* ~ *syntyessään* no one is a born artisan; *oman onnensa* ~ the architect of one's own fortune.

sepus|taa make up, fabricate, forge [lies, *valheita*]; (*»keittää kokoon»*) concoct; (*keksiä*) invent; (*kyhäillä*) scribble. **-taja** scribbler. **-tus** scribble.

sepä: ~ *kummallista* that's strange! how curious! ~ *se* that's [just] it! exactly!

serbia|lainen *a. & s.* Serbian; *s.* Serb; **-n kieli** Serbian, Serb.

serenadi serenade.

serkku cousin; *he ovat serkukset* they are cousins; *hän on äitini* ~, ~*ni poika* he is my first cousin once removed.

serpentiinit ticker-tape, streamers, confetti.

seteli [bank-]note, *Am.* bill; 5 *punnan* ~ a five-pound note. **-nanti** note issue, issue of bank-notes. **-pankki** bank of issue. **-raha** paper money (currency).

setripuu cedar.

setä [paternal] uncle.

seul|a sieve, strainer; (*hiekka-ym*) screen; (~*tutkimus* screening test[s]). **-oa** sift; *kuv.* pick out, separate (.. from); *hän ei -o sanojaan* he does not choose his words.

seura company; (*yhdistys*) society; (*huvi-*) party, assembly; *olla jkn ~ssa* be in a p.'s company; *pitää ~a* (*jklle*) keep a p. company, entertain [the guests]; *~a karttava* unsociable, uncompanionable; ~ *rakastava* (*eläin*) gregarious; *vrt.* *seurallinen;* *~n vuoksi* for company; (*jku*) ~*naan* with [*esim.* a dog] for company.

seuraa|ja successor. **-mus** consequence. **-va** following, ensuing; subsequent, succeeding; (*ensi*) next; ~*na päivänä* the next day, [on] the following day, the day after; ~*na oli..* next came..; *oli ~nlainen* was as follows. **-vasti** as follows, in the following way (*t.* terms = -*vin sanoin);* thus; *kuuluu* ~

runs a follows.

seura|elämä social life; *ottaa osaa ~än* move in society. **-ihminen** sociable person; society man (woman). **-koira** pet dog. **-kunnallinen** congregational. **-kunta** parish, (*jumalanpalveluksessa*) congregation. **-kuntalainen** parishioner. **-lainen** companion; (*saattaja*) escort. **-leikki** parlour game. **-llinen** sociable, companionable. **-llisuus** sociability. **-matka** group (*t.* conducted) tour. **-mies:** *hän on hauska* ~ he is very good company. **-nainen** lady's companion. **-narka** averse to society; unsociable. **-nhaluinen** sociable. **-näytelmä** amateur play. **-piiri** circle of friends; ~*t* society.

seura|ta follow; (*mukana*) accompany; (*virassa ym*) succeed; (*noudattaa*) observe; (*olla seurauksena*) be a consequence of, ensue from; (*katseellaan*) watch; ~ *aikaansa* keep abreast of the times; ~ *esimerkkiä* (*m.*) follow suit, follow [a p.'s] lead; ~ *jkn neuvoa* (*m.*) take (act on) a p.'s advice; *-a neuvoani* take my advice! ~ *ohjeita* follow [the] instructions; *tästä -a, että* it follows that; *hakemusta tulee* ~ *selvitys..* the application should be accompanied by an account of..; *hänen mukanaan -a hänen vaimonsa* he will be accompanied by his wife. **-us** consequence; issue; *-uksena jstk* as a result of; *siitä oli -uksena..* it resulted in..; *vastata -uksista* take the consequences; *sillä -uksella että* with the result that..

seuru|e (*seura*) party, company; (*ylhäisen henkilön*) suite, entourage; *kymmenhenkinen* ~ a party of ten. **-stella** associate (with), keep company (with); (*poika ja tyttö*) go together, (*vakituisesti*) go steady with; *he -stelevat paljon* they spend a lot of time in each other's company. **-stelu** associating [with people], social life, social intercourse; *(nuorten)* courtship; *antautua ~un jkn kanssa* take up with; (**~sääntö** social etiquette; **~taito** social talents; **~tapa** manners [of polite society]).

seutu region; area; *(lähi-)* neighbourhood, vicinity; *(paikka)* locality; *(piiri)* district; tract; *näillä seuduin* in this neighbourhood, in these parts. **-villa:** *jnk ~* in the region of. ., near. .; *(ajasta)* [at] about.

sfinksi sphinx.

sh = s *tai* š.

shekki cheque, *ks. sekki.*

Siam *ks. Thaimaa.*

siamilainen *a. & s.* Siamese.

sian|hoito pig-breeding. **-ihra** lard. **-kyljys** pork chop. **-liha** pork. **-liikkiö** ham. **-nahka** pigskin. **-paisti** roast pork. **-puolukka** bearberry. **-saksa** jargon, gibberish. **-sorkka:** *-sorkat* pig's feet. **-syltty** brawn.

side band, tie, bond *(et. kuv.);* *(kääre)* bandage; *(kirjan)* binding *(m. suksi-);* *panna siteeseen* tie up, *(lääk.)* bandage, dress. **-aine:** *~et* [surgical] dressings. **-harso** gauze. **-kalvo** conjunctiva. **-kudos** connective tissue. **-sana** conjunction. **-tarpeet** bandaging materials.

sido|nta binding; bandaging. **-ttaa:** *~ haava* have a wound dressed (bandaged); *~ kirja* have a book bound [in leather, etc]. **-ttu** *(kirja)* bound, hardbound; *kuv.* tied [up].

siedettä|vyys tolerableness. **-vä** tolerable, bearable; *~sti* tolerably [well].

siekai|lla hesitate; have scruples (about); *-lematta* unhesitatingly.

sie|llä there; at that place; *~ täällä* here and there; *~ ylhäällä* up there; *~ oli paljon ihmisiä* there were a lot of people there; (**~olo**

stay there). **-ltä** from there; *~ täältä* from different (various) quarters; (**~päin** from that direction).

sielu soul; *(mieli)* mind. **-kas** soulful. **-kellot** passing bell. **-kkuus** soulfulness. **-llinen** mental, psychic [al]. **-messu** requiem.

sielun|elämä mental life. **-hoito** care of souls, pastoral care. **-kyky:** *-kyvyt* mental faculties; *-llä oli kaikki -kyvyt tallella. .* was in charge of his faculties. **-paimen** shepherd of the fold, pastor. **-rauha** peace of mind. **-ravinto** spiritual food. **-tila** mental state. **-tuska** mental agony. **-vaellus** transmigration of souls; (**~oppi** doctrine of reincarnation). **-vihollinen** the arch-enemy.

sielu|tiede psychology. **-tieteellinen** psychological. **-tieteilijä** psychologist. **-ton** soulless.

siema|ista gulp [down]. **-us** gulp; pull [at the bottle, *pullosta*]; *täysin -uksin* in deep draughts; to the full.

siemen seed; *(taudin, m. kuv.)* germ; *(tähkäpäässä)* grain [of seed]; *(appelsiinin ym)* pip. **-aihe** *bot.* ovule. **-etön** seedless. **-kauppa** seedsman's shop. **-kauppias** seedsman. **-kota** capsule. **-neste** semen. **-tyä** [run to] seed. **-vilja** seed-corn (-grain).

sienestää gather mushrooms, go mushrooming.

sieni fungus *(pl. -gi), (tav. herkku-)* mushroom, *(myrkky-)* toadstool; *(pesu-)* sponge. **-muhennos** mushrooms in white sauce. **-mäinen** spongy, *lääk.* fungoid.

siepata snatch, grab; *(tarttua)* catch, seize; *(henkilö)* kidnap, abduct; *(anastaa)* lay hold of; *(matkalla)* intercept [a letter, *kirje*].

sieppo fly-catcher.

siera whetstone.

sierain nostril.

sierettyä get rough; *(halkeilla)* get chapped, chap.

sieto(kyky) tolerance.
sietämä|ttömyys unbearableness, intolerableness. **-tön** unbearable; insufferable, intolerable; unendurable; excruciating [pain, *tuska*].
sietää bear, endure, stand; *(suvaita)* tolerate; put up with; *sitä ~ miettiä* it is worth thinking over; *hänen terveytensä ei sitä siedä* his health will not permit it; *vatsani ei siedä kahvia* coffee does not agree with me at all; *sietäisit saada selkääsi* you deserve a beating; *(asiaa) sietäisi tutkia* it does bear examination.
sievis|tellä *tr.* embellish; *intr.* be affected. **-tely** embellishment; affectation.
siev|oinen nice; handsome [fortune, *omaisuus*]. **-yys** prettiness; handsomeness. **-ä** pretty, attractive; handsome, *Am. m.* cute.
sifoni(pullo) siphon.
šifonki chiffon.
sihi|nä hiss [ing], wheeze. **-stä** hiss.
sihteeri secretary. **-ntoimi** secretaryship. **-stö** secretariat.
siihen there; *~ asti* up to that time, until (till) then; *(paikasta)* thus far, so far, [up] to that point; *ei ole ~ aikaa* there is no time for that.
siika lavaret.
siili hedgehog.
siilo silo.
siima line; *(ruoskan)* lash.
siimes shade, shadow.
siintää be dimly seen (visible).
siinä in that, in it, therein; *(siellä)* there; *~ kaikki* that's all; *~ määrin* to such an extent, so much so (that); *~ olet oikeassa* you are right about that; *~ teet oikein* you're right in doing so; *~ syy* that's why; *~pä se* that's just it!
siipi wing; *tekn.* blade, *(tuulimyllyn, m.)* vane; *~ensä suojaan* under one's wings; *~en väli* wing span. **-karja** poultry; *(~nhoito* poultry-farming)* **-rakennus**

wing. **-ratas** paddle-wheel.
-rikko. . with clipped wings, with a broken wing.
siirappi syrup, sirup, *Engl. m.* treacle. **-mainen** syrupy.
siirr|ettävä movable, [trans]-portable; *liik.* transferable. **-ännäinen** transplant.
siirto removal, transfer; *(peli-)* move; *(elimen)* transplantation; *(tileissä)* [amount] brought forward, *(alareunassa)* carried forward; *(vekselin)* endorsement. **-kirja** deed of transfer. **-kunta** settlement. **-la** colony.
siirtolai|nen emigrant, *(maahanmuuttava)* immigrant; colonist; settler. **-slaiva** emigrant ship. **-stulva** flow of emigrants. **-suus** emigration, *(maahanmuutto)* immigration.
siirtolapuutarha allotment garden.
siirtolippu transfer ticket.
siirtomaa colony. **-tavara** colonial produce; *~t* groceries; *(~kauppa* grocer's [shop], *Am.* grocery).
-politiikka colonial policy.
siirto|työläiset foreign labour. **-väki** displaced population; evacuees *(pl.)*.
siirty|minen removal; shift [ing], change-over; *(kokouksen ym)* postponement. **-mä** transition; *(~kausi* transition [al] period). **-vä** movable.
siir|tyä move; shift; *(toiselle, toisaalle)* be transferred (to); *(lykkäytyä)* be postponed; *(toiseen maahan)* emigrate; immigrate; *~ paikaltaan* move [from its place], stir, be dislodged; *~ toiselle paikkakunnalle* move to another locality; *~ puhumaan jstk* proceed to [talk about], turn to [another matter]; *~ syrjään* step aside; *~ toisiin käsiin* change hands; *-tyy isältä pojalle* is handed down from father to son. **-täjä** *(vekselin)* endorser. **-tää** move, *(pois)* remove; transfer; transport, *(esim. tekn.)* transmit; shift; *(elin)* transplant, *(kudosta, m.)* graft;

kirjanp. carry forward *(t. over);* *(luovuttaa)* make. . over; *lak. m.* convey, assign; hand over; *(vekseli ym)* endorse; *(paikaltaan)* dislodge; *(tunkea syrjään)* displace; ~ *kello eteenpäin* put forward, *(taaksepäin)* put back; ~ *luokalta* move. . up; ~ *jk summa (kirjoissa)* carry a sum over *(t. forward),* bring a sum forward; ~ *tuonnemmaksi* put off, postpone, *(esim. maksupäivää)* defer; ~ *verta* transfuse blood; ~ *vuoria (kuv.)* move mountains.

siis thus, so; therefore, consequently, accordingly; ~ *sinä ymmärrät* then you understand; *olin* ~ *oikeassa* so I was right.

siist|eys tidiness; clean[li]ness. **-i** tidy, neat; *(puhdas)* clean; cleanly; *(siivo)* decent. **-imätön** *(esim. huone)* untidy, not tidied up; untrimmed. **-iytyä** tidy oneself up. **-iä** tidy [up], clean [up]; put things straight [in a room]; *vrt. sijata.*

siit|epöly pollen. **-in** penis. **-os** breeding; *(~ori* stud-horse). **-tiö** spermatozoon *(pl. -zoa).* **-tää** beget, *(eläin)* breed; *avioliitossa -etty (lak.)* conceived in wedlock; ~ *jälkeläisiä (m.)* procreate [offspring].

siitä 1. of it, of that, about it, about that; from it; ~ *kun* since; ~ *johtuu, että* hence it is *(t.* follows) that; ~ *en tiedä mitään* I know nothing of that (about it); *kerro minulle kaikki* ~! tell me all about it! ~ *on jo kymmenen vuotta* ten years have passed since [then]; *joko* ~ *on kauankin* was it long ago? *hän aukaisi laukun ja otti* ~. . she opened the bag and took out. .; ~*kin huolimatta* even so; *se* ~ [well,] that's that.

siitä 2. *v.* be begotten; *(eläimistä)* breed, be bred *(m. kuv.);* *(saada alkunsa)* be produced.

siive|käs, -llinen winged; ~ *sana* household word. **-nkärki** wing tip. **-tön** wingless.

siivil|ä strainer. **-öidä** strain, pass. . through a strainer. **siivittää** *run.* lend wings to. **siivo** *a.* *(säädyllinen)* decent; *(hyväntahtoinen)* good-natured; *s. (kunto)* condition, state; *(järjestys)* order; *(huono s.)* disorder; *voi sitä ~a (puhek.)* what a mess! **-amaton** untidy,. . in disorder. **-oja** charwoman, *(hotellin)* chambermaid, *(sairaalan ym)* cleaner, *(laivan)* [cabin] stewardess. **-sti** decently; *(hiljaa)* quiet[ly]; *pysyä* ~ keep quiet, behave oneself. **-ta** clean; put. . in order, tidy [up]; ~ *perinpohjin (m.)* give. . a thorough cleaning; ~ *huoneensa* do one's room. **-ton** untidy; unkempt [hair, *tukka*]; *(rähjäinen)* messy, bedraggled; *(säädytön)* indecent. **-ttomuus** untidiness; indecency. **-us** cleaning, house-cleaning; *(säädyllisyys)* decency; *(~takki* overall).

sija room, space; *(paikka)* place; *kiel.* case; *jnk ~an* instead of, in place (in lieu) of, *(korvaukseksi)* in return for; *sen ~an* instead of that, *(sitä vastoin)* on the other hand; *sen ~an, että* instead of [-ing]; *kun sen* ~ whereas; *sinun ~ssasi* in your place, *(sinuna)* if I were you; *ensi ~ssa* in the first place, first and foremost; *asettaa jnk ~an* substitute. . for; *asettaa ensi ~lle* place. . first, give. . precedence; *se antaa* ~*a muistutuksille* it leaves room for criticism; *hänellä on huomattava* ~ he holds a prominent position [among,. . *joukossa*]; *mennä sijoiltaan* be dislocated; *on sijoiltaan* is out of joint. **-inen** substitute, deputy, stand-in (for); *(esim. lääkärin)* locum [tenens]; *olla jkn -isena* act as a p.'s substitute, deputize (for); *-sena toimiva (m.)* acting. **-nti**

site, location.
sijais|hallitus regency. **-kärsimys** vicarious suffering. **-opettaja** substitute teacher. **-uus** *ks. viran* ~
sijaita be situated, be located, lie, stand, be.
sijamuoto case.
sijata do [one's bed].
sijoiltaanmeno dislocation.
sijoi|ttaa place, locate; *(jhk tilaan)* accommodate; *liik.* invest; *(pankkiin)* deposit; *(myydä)* dispose of; ~ *joukkoja (sot.)* station troops; ~ *vartio* post sentries; ~ *jku luokseen yöksi* accommodate (put up) a p. for the night. **-ttua** place oneself, *urh.* be placed; *(pysyvästi)* settle. **-tus** *(rahan)* investment; (~**paikka** location, site).
sika pig, *(ruokana, m.)* pork; *et. kuv.* swine *(pl. = sg.); ostaa* ~ *säkissä* buy a pig in a poke. **-la** piggery. **-humala:** ~*ssa* dead drunk. **-mainen** swinish; *kuv. m.* beastly, dirty [trick, *teko*], bloody [lie, *valhe*]. **-maisuus** swinishness.
sikari cigar. **-imuke** cigar-holder. **-kotelo** cigar-case. **-laatikko** cigar-box; box of cigars. **-npolttaja** cigar-smoker. **-npätkä** cigar-stump.
sikermä group, cluster.
sike|ys heaviness; soundness. **-ä** heavy [sleep, *uni*]; *olla* ~*ssä unessa* be fast *(t.* sound) asleep. **-ästi** soundly.
sikinsokin pell-mell, topsy-turvy, upside down, in a mess.
siki|ävä(inen) prolific, fecund. **-ö** f[o]etus; *(alkio)* embryo; ~*t (jälkeläiset)* offspring, progeny; *kyykäärmeitten* ~*t* generation of vipers; (~**oppi** embryology).
siko|lätti pigsty. **-paimen** swineherd. **-tauti** mumps, parotitis.
sikseen: *jättää jk* ~ drop; abandon, give up; *jäädä* ~ be dropped; *asia saa jäädä* ~ the matter may rest there, we will drop the matter; *matka jäi* ~ the trip did not materialize; the trip was

abandoned.
siksi therefore, for that reason, because *(t.* on account) of that; *(niin)* so; *(siinä määrin)* to such a degree, to such an extent; ~ *kun(nes)* till, until; ~ *pitkä* so long, of such length [that]; *jos* ~ *tulee* if it comes to that, come to that; *se on* ~ *liian pieni* it is too small for that [purpose].
sikuri, -salaatti chicory.
sikä|li in that, in the respect that; ~ *kuin* in so far as, in as much as; according as; ~ *mikäli* to the extent that. ., to that extent. **-läinen.** . there,. . at (of) that place; living (residing) there; **-läiset** *olot (m.)* the local conditions.
silakka Baltic herring.
silat harness.
sila|ta plate; ~ *kullalla* plate with gold, gild; **-ttu** [gold-] plated. **-us** plating; *et. kuv.* varnish; *loppu~ (kuv.)* finishing [touches].
sile|ys smoothness; evenness. **-ä** smooth; *(kiiltävän)* sleek [hair, *tukka*]; *(tasainen)* even; (~**karvainen** smooth-haired).
silikaatti silicate.
silinteri *ks. sylinteri; (-hattu)* silk hat, *(kokoon painettava)* opera hat.
sili|tellä smooth down; smooth out; *(sivellä)* stroke. **-ttäjä** ironer, *(pesijä ja* ~) laundress. **-ttää** smooth [out], *(esim. tukkaa)* smooth down; flatten [out]; *(sivellä)* stroke; *(silitysraudalla)* iron; press. **-tys** ironing; (~**kone** electric ironer; calender; ~**lauta** ironing-board; ~**rauta** flat-iron, iron; *säätö-* automatic iron; *höyry-* steam iron).
silkin|hieno silky. **-viljelys** silk culture, sericulture.
silkka pure, sheer; ~ *totuus* the plain truth; ~*a pötyä* utter nonsense.
silkki silk. **-huivi** silk scarf. **-kangas** silk material; *-kankaat (m.)* silk-stuffs, silks. **-kutomo** silk-weaving mill. **-lanka** silk [thread]. **-mato**

silkworm. **-mäinen** silk-like,
silky. **-nauha** silk ribbon. **-nen**
[. . of] silk. **-paperi**
tissue-paper. **-perhonen**
silk-moth. **-pukuinen.** .
[dressed] in silk. **-vuori** silk
lining. **-äispuu** mulberry [tree].
sill'aikaa [in the] meantime,
meanwhile; ~ *kun* while.
sillan|arkku bridge support,
abutment. **-korva** head of a
bridge. **-pää,** ~**asema**
bridgehead.
silleen: *jäädä* ~ remain as it
is, remain unchanged; *asia jäi*
~ it was left at that; *jättää*
~ let the matter rest.
silli herring; *tiukassa kuin* ~*t*
tynnyrissä packed like
sardines. **-npyynti** catching
[of] herring. **-nsaalis** catch of
herring. **-parvi** school of
herring. **-salaatti** salad of
pickled herring and
vegetables; *kuv.* jumble, mess.
šillinki shilling.
silloi|n then, at that time, at
the time; ~ *tällöin* now and
then, now and again, at
times. **-nen.** . at (of) that
time;. . then prevailing,. . then
existing; ~ *pääministeri* the
then Prime Minister; ~ *aika*
that time, those times; *-sissa*
oloissa in the circumstances
as they then were.
silloittaa bridge, span [a river,
joki].
sillä for; because, as; with it;
mitä ~ *tarkoitat?* what do
you mean by that (it)? ~
lailla in that way, like that,
(huud.) that's the way! ~
välin [in the] meantime.
-hän for that reason; ~ *hän*
teki sen that's why he did it.
silmi|kko mesh; *vrt. silmu;*
(kypärän) vizor. **-koida** *puut.*
bud. **-nnähtävä** apparent,
obvious, manifest; *(ilmeinen)*
evident. **-nnäkijä** eye-witness.
-ttömästi violently, beyond
reason; ~ *rakastunut* over
head and ears in love; ~
suuttunut beside oneself with
rage. **-tön** *(sokea)* blind;
(häikäilemätön) ruthless;
violent; ~ *säikähdys* panic

fright; ~ *raivo, viha* blind
rage (hate).
silmu *(kasvin)* bud. **-kka** loop,
(esim. ansan, hirttonuoran)
noose; *(neule-)* stitch;
(kiemura) coil; *(verkon)* mesh;
(pieni) eyelet.
silmä eye *(m. neulan ym);*
(verkon) mesh; *(kutimen)*
stitch; ~ *kovana* intently; ~*t*
suurina wide-eyed; ~*stä* ~*än*
face to face; *katsoa vaaraa*
~*stä* ~*än* face danger; *pitää*
jtk ~*llä* keep an eye on,
watch, supervise; see to [it
that, *että*]; *jtk* ~*lläpitäen*
having regard to, taking into
consideration; *vasten silmiä* to
one's face; *jnk silmien edessä*
under a p.'s eyes; *kadota jkn*
silmistä disappear out of a
p.'s sight; *minun silmissäni* in
my view; ~ *juoksee;* *ks.*
silmäpako. **-hermo** ophthalmic
nerve. **-illä** have a glance (a
look) at, glance over; look
at, view, survey;
pintapuolisesti -illessä when
glancing. . over [superficially].
-inen: *sini-* blue-eyed. **-istä**
(jtk) take a look at;
hätäisesti ~ *jtk* give. . a
hasty glance. **-kulma** corner
of the eye. **-kuoppa**
eye-socket. **-lasit** [eye-]glasses,
spectacles; *(suoja-)* goggles.
-läpito watching [over],
superintendence, supervision,
surveillance. **-luomi** eyelid.
-lääkäri eye specialist,
ophthalmologist. **-mitalla** by
[the] eye. **-muna** eyeball.
-määrä *(tarkoitus)* aim, object;
olla ~*nä (m.)* have in view.
-neula needle.
silmän|isku wink [ing].
-kantama eyeshot.
-kantama|ton: *s-ttomiin* out of
sight. **-kääntäjä** conjurer;
(~temppu conjuring trick).
-lume eyewash; ~*eksi* to
delude; ~*tta* bluff. **-luomiväri**
eye shading. **-palvelija**
eye-servant. **-rajausväri** eye
liner. **-ruoka** feast for
the eyes; ~*a (m.)* a sight for
sore eyes. **-räpäyksellinen**
instantaneous. **-räpäys** moment,

instant; *-räpäyksessä* in a moment, in the twinkling of an eye, instantly, in no time at all; (**~valokuva** snapshot). **-tekevä:** ~*t* top people, VIPs; *kaikki* ~*t* everyone of note. **-valkuainen** white of the eye. **-vilkutus** winking.

silmä|pako ladder, *Am.* run. **-puoli** one-eyed [person]. **-ripset** eyelashes; *vrt. ripsi.* **-tauti** eye disease. **-terä** pupil; *kuv.* apple of one's eye. **-tikku:** *olla jkn* ~*na* be an eye-sore to. **-tyksin, -tysten** face to face, eyeball to eyeball; *olla* ~ *jnk kanssa* be confronted (faced) with. **-vamma** eye lesion. **-ys** look, glance; *(silmäily)* survey; *luoda* ~ *jhk* [take a] glance at; *ensi -yksellä* at [the] first glance, at first sight. **-änpistävä** conspicuous; striking; *olla* ~ stand out.

silo|inen smooth. **-ttaa** smooth; *(paperia ym)* calender. **-ttelu** smoothing, finish.

silpiä hull.

silpo|a mutilate, maim; *(kuv., esim. valtakunta)* dismember. **-herne** garden-pea. **-utua** be mutilated.

silppu chopped straw; roughage; *(ape)* mash. **-kone** chaff-cutter.

silputa chop, cut up.

silta bridge; *(raitiovaunun ym)* platform; *vrt. laituri; polttaa sillat takanaan* burn one's boats.

silti however; yet, still; *(siitä huolimatta)* even so, nevertheless, for all that; *se on ihmeellistä mutta* ~ *totta* it is strange, and yet it is true.

siluetti silhouette, *(esim. kaupungin)* skyline.

sima *(-juoma)* mead. **-suinen** mellifluous, honey-tongued.

simpanssi *zo.* chimpanzee.

simpukankuori mussel shell.

simpuk|ka *zo.* mussel, clam, scallop; *sieniä -oissa* scalloped mushrooms.

simputtaa *l.v.* bully.

sinapin|siemen mustard seed;

raam. grain of mustard seed.

sinappi mustard. **-tölkki** mustard-pot.

sine|lmä bruise. **-rtävä** bluish.

sine|tti seal; (**~lakka** sealing-wax; **~sormus** signet-ring). **-töidä** seal, affix a seal (to).

sinfonia symphony. **-konsertti** symphony concert.

sing|ahtaa hurtle; fly [out]. **-ota** hurl, fling, *(m. intr.)* hurtle.

sini 1. [the] blue; blue colour; **2.** *mat.* sine. **-happo** prussic acid. **-harmaa** bluish grey. **-jäljennös** blue print. **-kettu** blue fox. **-musta** blue-black. **-nen** blue. **-piika** wood-nymph. **-pukuinen.** . dressed in blue. **-punainen** violet, *(vaaleampi)* lilac. **-raitainen** blue-striped. **-silmäinen** blue-eyed. **-valkoinen** blue and white. **-vihreä** bluish green. **-vuokko** hepatica.

sinkauttaa hurtle, hurl.

sinkilä staple.

sinkkaus dovetail.

sinkki zinc. **-levy** zinc plate. **-pelti** sheet zinc. **-valkea** zinc white. **-voide** zinc ointment.

sinko recoilless rifle. **-illa** fly [around]. **-utua** be hurled.

sinne there; ~ *mentäessä* on the way t.; ~ *tänne* here and there, up and down, hither and thither. **-päin** in that direction, that way; *(suunnilleen)* thereabouts; *jotakin* ~ something like that; *ei ole ~kään* it is nothing of the kind. **-tulo** arrival [there].

sinooperi cinnabar.

sinunlaisesi: ~*mies* a man like you.

sinutella be on Christian-name terms (with).

sinä you; *sinun* your; yours; ~*kö sen teit?* was it you who did it?

sinänsä as it is, as such.

sionistinen: ~ *liike* Zionist movement, Zionism.

sipai|sta graze; brush; *-si seinää* glanced against the

wall; ~ *jkta korvalle* give sb.
a box on the ear.
Siperia Siberia; ~*n rata*
Trans-Siberian railway.
s-lainen *a. & s.* Siberian.
sipsu|ttaa trip. **-tus** trip [ping],
mincing walk.
sipuli onion; *(kukka-)* bulb.
-kasvi bulbous plant, bulb.
sireeni 1. *bot.* lilac; **2.** *(sumu-*
ym) siren.
siri|stellä: ~ *silmiään* screw up
one's eyes [in the sun].
-tää: *sirkka* ~ the cricket is
chirping.
sirkka *zo.* cricket. **-lehti**
seed-leaf, cotyledon.
sirkkelisaha circular saw.
sirkku, -nen *zo.* bunting.
sirkus circus.
sirku|ttaa chirp, twitter,
chirrup. **-tus** chirp [ing],
twitter, chirrup.
siro *(hieno)* graceful, delicate;
(solakka) slender. **-muotoinen**
well-shaped (-formed), well *(t.*
beautifully) modelled.
-rakenteinen. . neatly built,
shapely; *(esim. laiva).* . of
graceful lines. **-tekoinen** neatly
made, neat.
siro|tella strew, sprinkle.
-telusikka sifter. **-tesokeri**
castor sugar. **-ttaa** strew,
sprinkle; *(hajottaa)* scatter
[about].
sirous gracefulness, neatness.
sirpale splinter; *(palanen)*
fragment. **-enkestävä**
splinter-proof.
sirppi sickle.
sirri *zo.* sand-piper.
siru chip, fragment; splinter.
sisar sister. **-ellinen** sisterly.
-enpoika nephew. **-entytär**
niece. **-puoli** step-sister,
half-sister. **-us** *tiet.* sibling; *he*
ovat -ukset they are sisters
(t. brothers), *(pojasta ja*
tytöstä) they are brother and
sister; *(~piiri* family circle).
-uus sisterhood.
sisempi inner, interior.
Sisilia Sicily. **s-lainen** *a & s.*
Sicilian.
sisilisko lizard.
sisi|mmäinen, -n innermost,
inmost; *-mmässään (he. .)* in

their inmost hearts.
sisko sister.
sissi gue[r]rilla, *(meri-)*
freebooter. **-joukko** irregulars.
-päällikkö chief of a guerrilla
band. **-sota** guerrilla war [fare].
sisu perseverance; grit, *puhek.*
guts; *paha* ~ headstrong
disposition; *purkaa ~aan* give
vent to one's anger. **-kas**
persistent; headstrong.
-npurkaus fit of temper.
sisus, -ta the inside, the
interior; *sisukset (puhek.)*
innards; *sisuksiani kaivelee.* .
(sth.) gnaws at my innards.
-taa *(kalustaa)* furnish;
(vuorilla) line. **-tamaton**
unfurnished; not lined. **-te**
lining. **-tus** fittings;
furnishings; *(kiinteä)* fixtures;
(huonekalut) furniture;
(~taiteilija interior decorator).
sisä *ks. -llä, -ltä jne. -asia:* ~*t*
(pol.) internal affairs.
-asiainministeri Interior
Minister; *Engl.* Home
Secretary. **-asiainministeriö**
Ministry of the Interior;
Engl. Home Office. **-elin**
internal organ. **-eritys** internal
secretion; *(~rauhanen*
endocrine gland). **-inen** inner,
internal, *et. kuv.* inward;
interior; intrinsic [value,
arvo], inherent [quality,
ominaisuus]; *hänen* ~
minänsä his inner man.
-kkäin one within
the other. **-kkö** housemaid,
Am. chamber-maid.. **-korva**
internal ear. **-kuva** interior
[view]. **-lle** inside; *käydä* ~
go in, enter. **-llinen** inner;
internal. **-llisesti** internally;
inwardly; ~ *(nautittavaksi)* for
internal use. **-llissota** civil
war. **-llyksetön** meaningless:
empty. **-llys** contents; *(aihe)*
subject-matter; *hän kirjoitti*
kirjeen, jonka ~ *oli seuraava*
(m.) he wrote a letter to this
effect; *jnk pääasiallinen* ~ the
substance of. .; *(~luettelo*
table of contents). **-llyttää**
include; incorporate. **-llä** in,
within, inside; *(huoneessa)*
indoors. **-llökäs** full of

meaning *(t.* information).
-lmys: *-lmykset* entrails,
viscera; bowels; *poistaa*
-lmykset clean; *(kaloista)* gut;
(linnuista) draw. **-ltyä** be
included, be contained, be
comprised (in); form a part
of; *-ltyykö se sopimukseen*
(m.) does that enter into the
agreement; *tähän summaan ei*
-lly vuokraa this sum does
not include the rent. **-ltä**
from the inside, from within,
(huoneesta, m.) from indoors;
(-puolelta) [on the] inside.
-ltää contain; include; *(astia)*
hold; *(käsittää)* comprise; *se*
~ suuren vaaran it involves
great danger; *hänen sanansa*
-lsivät myös sen, että. . his
words also implied that. . **-ltö**
contents. **-luku** reading.
-lähetys home mission. **-maa**
interior of the country; *~ssa*
inland; *~han* inland, up
country; *~n ilmasto* inland
climate. **-meri** inland sea.
-moottori *(vene)* inboard
motor-boat. **-oppilas** boarder.
-oppilaitos boarding-school.
-osa inner part, the interior
(of). **-poliittinen:** *~ kysymys*
question of internal politics.
-politiikka domestic politics;
Suomen ~ the internal policy
of Finland. **-puoli** the inside,
the interior; *jnk -puolella*
inside, within. **-rengas** *(auton)*
tube; *-renkaaseen kuuluva*
(kuv.) insider. **-renkaaton**
tubeless. **-seinä** inside wall.
-ssä: *jnk ~* in. ., within. .,
inside. . **-stä:** *jnk ~* out of.
-tasku inside pocket. **-tauti**
internal disease; *(~lääkäri*
specialist in internal diseases,
Am. internist).

sisävesi: *sisävedet* inland
waters. **-kalastus** fresh-water
fishing. **-liikenne** inland
navigation.
sisään into; *ikkunasta ~* in
through the window; *päästää*
jku ~ admit; *astukaa ~* come
in, please! **-jättö** handing in,
Am. filing. **-kirjoitus**
enrol[l]ment; *(~maksu*
entrance fee). **-käytävä**

entrance. **-painunut** sunken,
hollow. **-päin** inward [s], in;
~ kääntynyt (luonne)
introverted; *s.* introvert.
-pääsy admission, admittance;
~ on vapaa admission free.
-tulo entry.
siten thus; so; in that way;
(sen kautta) by that means,
thereby.
sitke|ys toughness; *kuv.*
perseverance, persistence. **-ä**
tough; *(nesteestä)* viscous,
sticky; *kuv.* persevering,
dogged, tenacious; *sen henki*
on ~ssä it is hard to kill;
(~henkinen tough-lived;
~syinen stringy). **-ästi** toughly;
persistently.
sitkis|tyä, -tää toughen.
sito|a bind *(m. kuv.); (solmita)*
tie [up]; *(kiinnittää)* fasten
(to); *(haava)* bandage, dress;
(kirja) bind; *(itsensä jkh)* tie
oneself to; *~ jhk kiinni* tie,
fasten to; *~ jkn silmät*
bandage a p.'s eyes, blindfold
a p.; *en halua ~ itseäni* I
don't want to be tied down,
(lupauksilla) to bind myself
with promises; *tauti -i hänet,*
vuoteeseen the disease
confined her to her bed;
-matta Teitä without
obligation on your part.
-maton unbound. **-mo** bindery.
-umus obligation, engagement,
commitment; *(sopimus)*
agreement, contract; *(velka-)*
liability. **-utua** bind oneself,
engage oneself (to); commit
oneself (to); *(ottaa*
tehdäkseen) undertake to; *~*
hankkimaan contract to
deliver; *~ maksamaan* pledge. .
-utumaton uncommitted;
non-aligned. **-va** binding;
conclusive [proof, *todiste*],
firm [offer, *tarjous*]; *(aine)*
solidifying.
sitra zither.
sitruuna lemon. **-happo** citric
acid. **-mehu** lemon juice.
-nkuori lemon rind. **-npuristin**
lemon-squeezer. **-viipale** slice
of lemon.
sittemmin afterwards,
subsequently, later [on].

sitten then; *(sen jälkeen)* after that; afterwards; ~ *joulun* since Christmas; *aikoja* ~ long ago; *vuosia* ~ years ago; *kuka hän* ~ *on* who is he then? *mitä* ~ *tapahtui?* what happened next? **-kin** however, yet, still; *(siitä huolimatta)* nevertheless, for all that, after all; *hän on rikas, mutta* ~ *onneton* he is rich, yet he is unhappy; *vioistaan huolimatta hän on* ~ notwithstanding *(t.* with all) his faults he is. . **-kään:** *hän ei* ~ *tullut* he did not come after all.

sittiäinen dor.

sitä it; the; ~ *ennen* before that; ~ *paitsi* besides, in addition [to that], moreover; ~ *parempi* so much the better; ~ *suuremmalla syyllä, kun.* . all the more because, with all the more reason as, the more so because; ~ *vastoin* on the contrary, by contrast, conversely; *kun* ~ *vastoin* while, whereas.

siun|ata bless; *Jumala -atkoon sinua* God bless you! ~ *ruoka* say grace. **-auksellinen** blessed,. . full of blessings. **-aus** blessing.

sival|lus slap; lash. **-taa** slap; *(huitaista)* lash; *(lyödä)* strike (at), deal a p. a blow.

sivee|llinen moral; ~ *kysymys* question of morals; *-llisessä suhteessa* morally, from a moral point of view. **-llisyys** morality; morals *(~käsite* conception of morality; *~rikos* sexual crime; outrage against public decency). **-ttömyys** immorality; obscenity. **-tön** immoral; unchaste, *(julkaisu)* obscene.

sive|llin brush; *(hieno, m.)* hair pencil; *-ltimen veto* stroke of the brush. **-llä** stroke; apply, *jhk* to; *(levittää)* spread, *(voita jhk)* butter.

siveys chastity; virtue. **-käsite** moral concept. **-opillinen** ethical. **-oppi** ethics. **-saarnaaja** moralizer, sermonizer.

siveä chaste, virtuous; *(puhdas)* pure.

siviili civilian; *puhek.* . in civvy street. **-avioliitto** civil marriage; *mennä* ~*on* be married at a registry office. **-henkilö** civilian. **-ilmailu** civil flying. **-oikeus** civil law. **-puku:** *-puvussa (ark.)* in one's civvies; *vrt. seur.* **-pukuinen.** . in civilian *(t.* plain) clothes,. . in mufti. **-rekisteri** civil register. **-sääty** marital status. **-väestö** civilian population.

sivis|tyksellinen educational, cultural. **-tymättömyys** lack of education (culture). **-tymätön** uneducated, uncultured; *(tavoiltaan)* ill-bred, unmannerly. **-tyneistö** educated class. **-ty|nyt** educated, cultured; civilized; well-bred; *s-neessä seurassa* in polite society; ~ *maailma* civilized world, civilization.

sivistys *(koulu-)* education; civilization; *(kulttuuri)* culture. **-elämä** cultural life. **-historia** cultural history. **-kieli** *l.v.* cultural language; *suuret -kielet* the (most) important languages of the civilized world. **-laitos** educational institution. **-maa, -maailma** civilized country, world. **-olot** educational conditions. **-pyrkimykset** educational pursuits. **-sana** international word. **-sanakirja** dictionary of international words, phrases and quotations. **-taso** standard of education. **-valtio** civilized state.

sivistyä become civilized (educated).

sivu 1. *s.* side; *(kirjan)* page; *(siipi)* wing. **2.** *(ohi)* by, past; *kulkea jnk* ~ pass [by]; *ks. sivu\|lla, -lle, -lta.* **-aja** geom. tangent. **-asia** minor point, side issue. **-elinkeino** subsidiary trade, secondary occupation. **-haara** *(suvun)* collateral branch. **-henkilö** subordinate character. **-huone** adjoining room. **-itse** by, past. **-joki** tributary. **-katu** side

street. **-kulkija** passer-by.
-kuva side view. **-lause**
subordinate clause. **-liike**
branch. **-lla** on (by) the side
(of); aside. **-lle** to the side
(of); aside; (~**päin** to the
side; outwards). **-llinen**
outsider; *-lliset* those not
concerned. **-lta** from the side;
avasin kirjani ~ 20 I
opened my book at page 20.
sivu|maku extraneous flavour,
peculiar taste; *(lisä-)* smack.
-mennen in passing; ~ *sanoen*
by the way; incidentally.
-merkitys secondary meaning.
-myymälä branch shop. **-määrä**
number of pages. **-osa**
supporting part. **-ovi** side
door. **-raide** side-track, siding.
-rata branch [line]. **-seikka**
minor point, unessential
[point]. **-ssa** on (at) the side;
aside. **-sta** from the side; *s.*
flank; (~**hyökkäys** flank
attack).
sivuta be tangent to, touch;
(ennätystä) equal; *kuv.* touch
[upon].
sivu|tarkoitus *ks. taka-ajatus.*
-tehtävä subordinate part. **-tie**
byway. **-toimi** secondary
occupation, side-line. **-tulot**
extra income. **-tuote**
by-product. **-tusten** side by
side. **-tuuli** side wind, cross
wind.
sivuu|ttaa pass [by], go by;
overlook; *(syrjäyttää)*
supersede, supplant; ~
kysymys pass over (disregard)
a question; ~ *vaitiololla* pass
over in silence; *keski-iän*
-ttanut. . past middle age.
sivu|vaikutus side effect. **-vaunu**
side-car.
skaala scale.
skandaali scandal.
skandinaavi(nen) Scandinavian.
Skandinavia Scandinavia.
skeptikko sceptic.
sketsi sketch.
skootteri scooter.
skorpioni *zo.* scorpion.
skotlannitar Scots|woman *(pl.*
-women).
Skotlanti Scotland; **s-lainen** *s.*
Scot, Scots|man *(pl.* -men); *a.*

Scotch, Scottish; *skotlannin*
kieli (murre) Scotch, Scots.
slaavi|lainen *s.* Slav; *a.*
Slav[on]ic.
slovakki Slovak.
sloveeni Slovene, Slovenian.
slummi slum. **-utua** be reduced
to a slum.
smaragdi emerald.
smirgeli emery. **-paperi** emery
paper.
smoking, smokki dinner-jacket,
Am. tuxedo *(pl.* -s, -es).
sodan|aihe cause of war.
-aikainen wartime. **-edellinen**
pre-war. **-haluinen** war-minded;
warlike, bellicose. **-julistus**
declaration of war. **-jälkeinen**
post-war. **-käynti** warfare.
-lietsoja warmonger. **-uhka**
threat of war.
sohia poke, *jtk* at.
sohjo *ks. lumi~, jää~.*
sohva sofa; settee; *(lepo-)*
divan, *Am.* couch.
soi|da ring; *(kuulua)* sound;
(kaikua) resound; clang;
(esim. kirkonkelloista) peal,
chime, toll; *kello soi* the bell
is ringing, *(ovikello)* there is
a ring at the door. **-din:**
ampua soitimelta shoot
[birds] at mating-time.
soihdunkantaja torch-bearer.
soihtu torch. **-kulkue** torchlight
procession.
soija soy. **-kastike** soy[a]
sauce. **-papu** soybean.
soik|ea oval. **-io** oval; *mat.*
ellipse.
soikko tub.
soima|ta reproach, reprove;
scold, rebuke. **-us** reproach,
reproof, reprimand.
soinen swampy, marshy.
soin|nillinen *kiel.* voiced. **-niton**
kiel. voiceless. **-nukas**
sonorous; melodious; ~ *ääni*
(m.) rich voice, full-sounding
voice. **-nukkuus** sonorousness,
melodiousness. **-nuton**
tuneless, toneless, flat. **-nuttaa**
tune; *(yhteen)* bring. . into
accord. **-ti** ring, clang; tone.
-tu sound, ring, tone;
harmony, accord. **-tua** sound,
ring; *(kaikua)* resound; ~
yhteen harmonize, chime in,

(*esim. värit*) tone in well with. **-tuoppi** harmonics. **-tuva** sonorous; melodious.
soiro batten, (*kapea*) scantling.
soitannollinen musical.
soitanto music.
soitin [musical] instrument. **-kauppa** music-dealer's, music-store. **-kauppias** music-dealer. **-musiikki** instrumental music. **-nus** instrumentation. **-taa** instrument.
soitt|aa (*kelloa*) ring [the bell]; (*soittimella*) play; (*puhaltaa*) blow [a horn, *torvea*]; (*jklle puhelimessa*) telephone, *puhek.* phone sb., ring sb. up, *Am.* call sb. [up]; (*valita numero*) dial a number; (*hoitajaa ym.*) ring for; (*pianoa, viulua*) play the piano (the violin); ~ *suutansa* jabber [away]. **-aja** player; musician; (*soittokunnassa*) bandsman.
soitto music; (*soittaminen*) playing; (*kellon*) ring; peal [ing], toll [ing]; *puhelin-* ~ call. **-kappale** piece of music. **-kello** bell. **-kone** musical instrument. **-kunta** band; (*orkesteri*) orchestra. **-lava** bandstand. **-niekka, -taiteilija** musician. **-rasia** musical-box. **-taituri** virtuoso. **-tunti** music-lesson.
sokais|ta blind (*m. kuv.*); (*häikäistä*) dazzle. **-tua** be blinded, be dazzled; (*hullaantua*) be infatuated.
soke|a blind (*m. kuv.*); (*kuv.* = *ehdoton*) implicit; *hänen toinen silmänsä on* ~ he is blind in one eye; *hän tuli ~ksi* he went blind, (*sodassa*) was blinded [in the war]. **-ainkirjoitus** braille. **-ainkoulu** school for the blind.
sokel|lus cluttering, slurred speech. **-taa** clutter, (*kuin juopunut*) talk thick.
sokeri sugar. **-astia** sugar-basin. **-herne** string-pea. **-juurikas** sugar-beet. **-kakku** sponge cake. **-keko** loaf of sugar. **-leipomo** confectioner's. **-leipuri** confectioner. **-mainen**

sugary, saccharine. **-pala** lump of sugar. **-pihdit** sugar-tongs. **-pitoinen** . . containing sugar. **-pitoisuus** percentage of sugar, sugar-content. **-ruoko** sugar-cane. **-tauti** diabetes. **-tautinen** diabetic. **-tehdas** sugar refinery.
sokeroida sugar, sweeten.
soke|us blindness. **-utua** go blind.
sokkanaula cotter-pin.
sokkelo labyrinth, maze. **-inen** labyrinthine.
šokki shock. **-hoito** shock treatment. **-tila:** ~*ssa* in shock.
sokko blindman; (*-leikki*) blindman's buff. **-lento** instrument flying. **-silla:** *olla* ~ play hide and seek.
sola pass, (*ahdas*) gorge, defile.
solahtaa slide, slip.
sola|kka slender, slim. **-kkuus** slenderness, slimness.
solidaarinen loyal. **-suus** solidarity.
soli|na, -sta tinkle, babble.
solis|lihas subclavian muscle. **-luu** clavicle, collar-bone.
solisti soloist.
solkata: ~ *suomea* speak broken (*t.* halting) Finnish.
solki buckle; (*haka-*) clasp; (*nipistin*) clip; *panna solkeen* buckle [up]; *päästää soljesta* unbuckle. **-kenkä** buckle shoe.
solm|ia tie; (*sitoa*) bind; (*suhde*) establish, set up; ~ *liitto* enter into alliance (with); ~ *avioliitto* enter into matrimony; ~ *rauha* conclude peace, make peace. **-io** tie, necktie; (~*neula* tie-pin).
solmu knot (*m. mer.*); *olla* ~*ssa* be tied in a knot; *panna* ~*un* tie in a knot; *päästää* ~*sta* untie. **-ke** bow [-tie]. **-kohta** [railway-]junction. **-staa** crochet.
solu cell.
solua slide, glide, slip.
solu|ketto cell membrane. **-kudos** cellular tissue. **-lima** cytoplasm. **-neste** cell sap. **-njakautuminen** cell division. **-oppi** cytology. **-ttaa** make. . glide, *kuv.*, **-ttautua** infiltrate.

-tuma nucleus [of a cell].
-tus *kuv.* infiltration.
solv|**aaja** slanderer. **-aava**
insulting, slanderous. **-ata**
insult, offer an insult (to);
(parjata) abuse; slander. **-aus**
insult, affront; abuse; slander.
soma pretty, sweet, nice,
(sorja) dainty, neat, *Am.* cute.
somist|**aa** adorn, decorate;
trim, *Am.* fix. . up; *kukin*
-ettu decked with flowers. **-aja**
(ikkunan) window-dresser.
sommi|**tella** put. . together,
compose [a letter, *kirje*];
(laatia) draw up; *(piirustus*
ym.) design. **-ttelu**
composition; *(luonnos)* draft;
design.
sompa ring [on ski stick].
somuus prettiness, neatness,
daintiness.
sonaatti *mus.* sonata.
sondi *lääk.* probe, bougie.
sonetti sonnet.
sonni bull.
sonta dung; muck.
sooda soda; *(puhdistettu)*
bicarbonate of soda. **-vesi**
soda-water.
soolo solo. **-laulaja** soloist. **-osa**
solo. **-tanssija** solo dancer.
soopeli, -nnahka sable.
soper|**rus** mutter[ing], murmur.
-taa mumble, mutter, murmur;
(tapailla sanoja) falter;
(änkyttää) stammer.
sopeu|**ttaa** *(jhk)* adapt. . to,
gear. . to. **-tua** accommodate
oneself, *jhk* to, adapt oneself
(to), become adjusted to,
(alistua) reconcile oneself to;
-tuva adaptable.
sopi|**a** fit; suit; *(olla sovussa)*
agree; *(et. väreistä)* match;
(tehdä s-mus) make an
agreement, agree (on, upon,
about); *(tehdä sovinto)*
become reconciled; *(riita ym)*
settle, make it up (with);
takki sopii hyvin (hänelle)
the coat fits [him] well,. . is
an excellent fit;. . *sopii*
huonosti. . fits badly,. . is a
bad fit; *minulle ei -nut* it
did not suit me, it was not
convenient for me; *musta*
sopii hänelle black suits (is

becoming to) her; *he eivät*
sovi keskenään they do not
get on [with each other],
they don't hit it off; *kahvi ei*
sovi minulle coffee does not
agree with me; ~ *jhk, jksk*
be fit[ted] *t.* suited for; *en*
sovi opettajaksi I am not cut
out to be a teacher;. . *ei sovi*
hienolle naiselle it does not
become a lady (to); ~
tapaamisesta make an
appointment, arrange to meet
sb.; ~ *yhteen* fit in with,
(väreistä ym) match, go
together, go with, *(henkilöistä)*
suit each other, *(pari)* be
well matched; *sovittuun*
hintaan at the price agreed
upon; *sovittuun aikaan* at the
appointed time; *sopii*
mainiosti [that] suits me
fine! *jos se sopii sinulle* if
that's all right by you;
autoon sopii viisi henkeä the
car accommodates five
persons. **-maton** unfit, not fit
(for); unsuitable (for),
inappropriate; inconvenient;
(ajan puolesta) untimely,
ill-timed; improper
[behaviour, *käytös*];
(säädytön) indecent; *hänen*
arvolleen ~ unworthy of him.
-mattomuus unfitness,
unsuitability, inconvenience;
impropriety; indecency.
sopimu|**s** agreement,
(kirjallinen) contract; *valt.*
pact, *(esim. rauhan-)* treaty;
(välipuhe) arrangement; *-ksen*
kohta stipulation; *tehdä* ~
make a contract, enter into
an agreement; *hieroa ~ta*
negotiate; *päästä -kseen* reach
(arrive at) an agreement,
come to terms; *-ksen*
mukaisesti according to
agreement, as agreed upon;
yhteisestä -ksesta by common
consent; *(~***kirja** [formal]
contract; deed).
sopiva suitable, fit (for);
suited, fitted (for); *(mukava)*
convenient; *(asianmukainen)*
appropriate, proper; *(arvolle*
ym) [be]fitting; *(säädyllinen)*
decent; *(ajan puolesta)*

opportune, timely, well-timed;
(edullinen) expedient; *ei ole*
~*a (m.)* it is not proper
(good form); it is not
becoming [for a lady] (to);
~*n aikaan* at a convenient
time, opportunely; ~*lla tavalla*
in a suitable manner, in
some suitable way, suitably;
niinkuin ~*ksi näette* as you
see fit; *siihen* ~ *nauha* a
ribbon to match it;
tarkoitukseen ~ suited
(adapted) for the purpose;
juuri minulle ~ just the thing
for me. **-isuus** suitability,
suitableness; appropriateness;
fitness; propriety; *-isuuden
rajoissa* within the bounds of
propriety.
soppi corner, nook; recess.
sopraano soprano. **-osa** soprano
[part].
sopu harmony, concord;
(ykseys) unity; good
fellowship; *olla sovussa jkn
kanssa* be on good terms
with. **-hinta** reasonable price.
-isa peaceable; *(sävyisä)*
accommodating, compliant.
-isuus peaceableness, easy
temper. **-ottelu** fix.
sopukka corner, nook, recess;
(kätkö) cranny.
sopuli *zo.* lemming.
sopu|sointu harmony, accord,
unison; *(yhtäpitävyys)*
conformity; *olla -soinnussa* be
in harmony, harmonize (with);
be in keeping (with).
-sointuinen harmonious,
harmonic. **-suhta** symmetry;
proportion. **-suhtainen**
well-proportioned;
symmetric [al]. **-suhtaisuus**
symmetry.
sora gravel, grit. **-htaa**
(vihloen) grate, jar [upon a
p.'s ears]. **-inen** gravelly.
-kielisyys rhotacism. **-kuoppa**
gravel pit. **-tie** gravel road.
-ääni discordant note *(m.
kuv.).*
sore|a graceful; pretty,
handsome. **-us** gracefulness;
handsomeness.
sori|na *(esim. puheen)* murmur,
hum [of conversation]. **-sta**

murmur.
sorkka [cloven] hoof;
(vasaran) claw; *sian sorkat*
pig's trotters. **-rauta** crowbar,
(et. varkaan) jemmy, *Am.*
jimmy. **-tauti:** *suu- ja* ~
foot-and-mouth disease.
sorkkia poke; *(tonkia)* grub,
root; tamper (with); ~
puutarhassa potter [and
totter] in the garden.
sormeilla finger (at).
sormen|jälki finger-print. **-liike:**
yhdellä -liikkeellä at a flick
of the finger. **-pää** finger-tip.
sormi finger; *osoittaa
sormellaan* point one's finger
(at); point. . out; *katsoa (jtk)
läpi* ~*en* wink (at), turn a
blind eye to. **-aakkoset**
manual alphabet. **-harjoitus**
five-finger exercise. **-kas**
[knitted] glove. **-tuppi**
finger-stall. **-tuntuma:** *-lla*
instinctively; roughly.
sormus ring. **-tin** thimble;
(~kukka foxglove).
sorr|ettu, -onalainen oppressed,
subjugated.
sorsa wild duck, mallard.
-npoika duckling, young duck.
-poikue brood of wild ducks.
-stus duck shooting.
sort|aa oppress; keep. . in
subjection; *(polkea)* trample. .
under foot; tyrannize over.
-aja oppressor. **-o** oppression;
(~järjestelmä, ~*valta* regime
of violence; ~*kausi* period of
oppression). **-ua** fall [down],
tumble down, crash to the
ground; *(luhistua)* collapse,
(esim. seinä) fall in, *(esim.
maa)* give way; *(menehtyä)*
succumb (to); ~ *taakkansa
alle* sink (break down) under
one's burden; ~ *huonoille
teille* get (fall) into bad ways;
-unut (ääni) broken.
sortsit shorts.
sorv|aaja turner. **-ata** turn [in
a lathe]; *taitavasti -attu
(kuv.)* well-turned. **-i**
[turning-]lathe.
sose mash; *peruna~* mashed
potatoes; *omena~* apple
sauce. **-keitto** purée.
sosiaali|avustus social security

benefit. **-demokraatti** social democrat. **-demokratia** social democracy. **-huolto** social services. **-ministeri** Minister for the Social Services. **-nen** social. **-politiikka** social policy. **-toimisto** social security office. **-turva** social security.

sosialis|mi socialism. **-oida** socialize; nationalize. **-ti** socialist. **-tinen** socialist [ic].

sosiologi social scientist. **-a** sociology, social science.

sota war; *(sodankäynti)* warfare; *(taistelu)* fight [against.. *jtk vastaan*]; *nyt on* ~ there is a war on; *käydä* ~*a* wage war (on); *rotta*~ war on rats; ~*a käyvä* belligerent; *olla sodassa (jkta vastaan)* be at war (with); *sodan sattuessa* in the event of war. **-aika** war time. **-ase** weapon of war. **-harjoitus** manoeuvres; military exercises. **-historia** military history. **-huuto** warcry, battlecry. **-inen, -isa** war-like; militant. **-isuus** warlike disposition. **-joukko** army, troops. **-juoni** stratagem. **-kanta:** *-kannalla* on a war-footing; *asettaa -kannalle* mobilize; *olla -kannalla (kuv.)* be at enmity, be at daggers drawn [with]. **-kelpoinen**. . fit for war service. **-kieltotavara** contraband of war. **-kirjeenvaihtaja** war correspondent. **-kirves** battle-axe. **-korkeakoulu** [General] staff college. **-korvaus** reparations, war indemnity. **-kulut** war expenses. **-laina** war loan. **-laitos** *(maan)* army, navy and air force. **-laiva** war-ship. **-laivasto** navy. **-laki** martial law. **-marsalkka** Field Marshal. **-mies** soldier; *(tavallinen, m.)* private, *Am.* enlisted man, G.I.; *(kortti-)* jack, knave. **-ministeri** minister of war; *Engl.* Secretary of State for War, *Am.* Secretary of War. **-ministeriö** *Engl.* War Office.

-neuvottelu council of war. **-näyttämö** theatre of war. **-oikeus** court martial. **-palvelus** military service; *kutsua -palvelukseen* call up; *olla -palveluksessa* be in the services. **-polku** war-path. **-ponnistus** war effort. **-päällikkö** military commander, general. **-ratsu** charger, steed. **-retki** military expedition, campaign. **-rikollinen** war criminal. **-saalis** war booty, spoils of war; *(voitto-)* trophy. **-sankari** military hero. **-satama** fortified port, naval base. **-taito** art of war; strategy. **-tarvikkeet** war material, war supplies, munitions. **-tarviketeollisuus** munitions industries. **-tiede** military science. **-tila** state of war. **-toimet** military operations. **-vahinko** war damage. **-vammai|nen** disabled soldier *(t.* ex-serviceman); *-set (m.)* the war-disabled. **-vanke|us** captivity; *joutui -uteen* was taken prisoner of war. **-vanki** prisoner of war *(lyh.* POW). **-varustukset** armament [s]. **-velka** war debt. **-veteraani** veteran. **-voima** *(sotilaallinen* ~*)* military power. **-vuodet** the war years. **-väki** soldiers, troops; military forces; *-väen otto* recruiting.

sotia wage war, make war (against), war (against); *(taistella)* fight (against); *(olla ristiriidassa)* conflict with, jar with; *sotii järkeä vastaan* is contrary to reason.

sotienvälinen inter-war.

sotilaalli|nen military, *(sotilaalle ominainen)* soldierly. **-sesti** in a military manner.

sotilas soldier; *(vakinaisessa väessä)* regular; *(šakki-)* pawn. **-ammatti** the military profession. **-arvo** military rank. **-asiamies** military attaché. **-diktatuuri** military dictatorship. **-henkilö** military man, soldier. **-ilmailu** military aviation. **-karkuri** deserter. **-koti** soldiers' canteen.

-koulutus military training.
-lentokone army plane.
-lentäjä airman. **-liitto** military
alliance. **-lääkäri** army (naval,
air-force) medical officer.
-mestari *l. v.* warrant- officer.
-pukuinen. . in uniform,
uniformed. **-sairaala** military
hospital. **-soittokunta** military
band. **-ura** military career.
-valta military rule,
militarism. **-valtio** militaristic
state.

sotisopa fighting equipment;
(haarniska) armour.

sotk|ea *(sekoittaa)* mix; *kuv.*
(polkea) tread; *häntä ei saa*
~ *(juttuun)* he must not get
involved (mixed up) in; ~
mielessään (kaksi henkilöä)
mistake a p. for another; ~
taikinaa knead the dough; ~
vyyhti tangle a skein. **-eutua**
get entangled, *jhk* in;
(sekaantua) be involved (in);
(hämmentyä) become confused,
get stuck, lose the thread. **-u**
tangle; *(sekamelska)* jumble,
muddle, mess. **-uinen**
[en]tangled *(m. kuv.)*
muddled; *(mutkikas)* involved,
intricate, complicated.

šottis schottische.

soturi warrior.

soudella row; *lähteä*
soutelemaan go for a row, go
out in a boat.

sout|aa row; *(pientä venettä,*
m.) scull; *souda kovemmin*
pull harder. **-aja** rower,
oarsman. **-u** rowing; *(~kilpailu*
boat-race; ~**retki** boat-trip,
rowing-trip; ~**urheilu** rowing,
boating; ~**vene** rowboat,
rowing-boat).

soveli|aisuus suitability;
propriety. **-as** suitable, fit
(for); appropriate, proper;
(mukava) convenient.

sovel|luttaa apply, *jhk* to; *ks.*
-taa. **-lutus** adaptation. **-taa**
apply, adapt (to); fit (to); ~
käytäntöön adapt. . to use,
put . . in practice; *-lettavissa*
oleva applicable; *-lettu* tiede
applied science. **-tua** *(jhk)* be
suited (adapted) to, suit. ., be
suitable [for, *jklle*], fit [the

occasion, *tilaisuuteen*], be
appropriate; *(ajan ym*
puolesta) be convenient; *-tuu*
jhk (on omiaan) lends itself
to. **-tumaton**. . unsuitable
(for); inapplicable (to); not
suited, unfitted (for). **-tuva**
suitable (for), applicable (to),
adapted (to *t.* for). **-tuvuus**
suitability; (~**koe** aptitude
test).

sovinnai|nen conventional.
-stapa conventionality,
convention. **-suus**
conventionalism.

sovinnolli|nen conciliatory;
(rauhallinen) peaceable. **-suus**
conciliatory disposition;
peaceableness.

sovinnonhieroja peacemaker.

sovinto reconciliation; *(sopu)*
harmony, amity; *(järjestely)*
settlement, adjustment; *tehdä*
~ *be*[**come**] reconciled, make
it up; come to an
arrangement; *olla sovinnossa*
(keskenään) be on good
terms; *selvittää asia*
sovinnossa settle a matter
amicably. **-kuolema** expiatory
death. **-oikeus** arbitration
court; *jättää -oikeuden*
ratkaistavaksi submit. . to
arbitration. **-politiikka** policy
of appeasement. **-tuomari**
arbitrator. **-tuomio** arbitration.
-uhri expiatory sacrifice.

sovi|tella adjust, adapt [to, *jnk*
mukaan); (riitaa) mediate,
conciliate. **-telma** *mus.*
arrangement. **-ttaa** suit, adapt,
accommodate (to, *jnk*
mukaan]; *(toisiinsa, yhteen)*
fit in, combine; *(jhk)* build
into, incorporate into;
(sovitella) adjust; arrange;
(hyvittää) make amends for,
usk. ym. atone for, expiate;
(riitapuolet) conciliate;
(välittää) mediate (between);
~ *paikoilleen* fit. . in, fit. .
into its place, put (place). .
in position; ~ *pianolle*
arrange for the piano; ~
puku fit on (try on) a suit
(a dress); *-ttava* conciliatory.
-ttamaton irreconcilable; *(esim.*
rikos) unexpiated,

(anteeksiantamaton)
unforgivable. **-ttelija** mediator,
(työriidan, m.) conciliator.
-ttelu: *(työriidan ym)*
conciliation, mediation;
*(~***ehdotus** proposal for
settlement). **-ttu** agreed
[upon], appointed, fixed. **-tus**
adaptation; *usk. ym.*
atonement, expiation; *(puvun)*
fitting; *mus.* arrangement.
speditööri forwarding agent [s].
spektri spectrum *(pl.* -ra).
spekuloida speculate.
spinetti *mus.* spinet.
spiraali spiral.
spiritis|mi spiritualism. **-ti**
spiritualist. **-tinen**
spiritualistic; ~ *istunto* seance.
spitaalitauti leprosy. **-nen** leper.
spontaaninen spontaneous.
sprii spirit.
stadion stadium.
standard|i standard. **-oida**
standardize.
standartti standard *(lyh.* std).
statiivi tripod.
statisti supernumerary, [stage]
extra; *olla ~na* have a
walk-on part.
stereo: ~*laitteet* stereo
equipment. **-foninen:** ~
äänentoisto stereophony; ~
äänilevy stereo disc. **-tyyppi,**
~**laatta** stereotype. **-typoida**
stereotype.
steriili sterile.
steriloi|da sterilize. **-nti**
sterilization.
stilisti stylist. **-nen** stylistic.
stipendi scholarship; grant,
student award, bursary. **-aatti**
scholarship student; [Fulbright
etc.] grantee.
stoalai|nen *a.* stoic [al]; *s.*
stoic.
strategi strategist. **-nen** strategic.
stratosfääri stratosphere.
strepto|kokki streptococc|us *(pl.*
-i). **-mysiini** streptomycin.
strutsi *zo.* ostrich.
struuma *lääk.* goitre, *Am.*
goiter.
strykniini strychnin [e].
subjekt|i subject. **-tiivinen**
subjective. **-iivisuus** subjectivity.
sublimoida sublimate.
substantiivi noun, substantive.

-nen substantive, substantival.
subvent|io [state] subsidy.
-oida subsidize.
suden|korento dragon-fly.
-kuoppa pitfall. **-pentu**
wolf-cub.
sugge|roida influence. . by
suggestion. **-stio** suggestion;
~*lle altis* suggestible.
suhah|dus whiz [z]. **-taa**
whiz [z] [by, *ohi*], whistle,
swish.
suhda|nne, -nteet business *(t.*
market) conditions; *-nteille
herkkä* cyclically sensitive;
alhainen ~ depressed state of
the market; *nouseva* ~
favourable trend; *(~jakso*
trade cycle; ~**taantuma**
recession; ~**vaihtelut** economic
fluctuations). **-ton**
disproportionate,. . out of
proportion; *(liiallinen)*
excessive.
suhde relation, proportion;
relationship, *mat.* ratio;
suhteet (m.) connexions,
connections; *suhteessa jhk* in
relation (to), in proportion
(to); *eräässä suhteessa* in one
respect; *monessa suhteessa* in
many respects; *tässä suhteessa*
in this respect (regard);
samassa suhteessa in
proportion. **-luku** ratio.
-toiminta public relations, PR
activity; (~**virkailija** PR
officer).
suhditus *tait.* conditioning.
suhi|na *(tuulen)* sigh [ing],
murmur [ing]; whiz [zing];
(korvien) buzzing in the ears.
-sta sigh, murmur; whistle.
suhta proportion.
suhtau|tua *mat.* be to. . [as. .
is to. . *niinkuin.* .], be in a
ratio of [3 to 2]; ~ *jhk*
take an attitude, take a stand
[in a matter, towards a
question]; *miten hän siihen
-tui* how did he respond?
what was his reaction? ~
suopeasti (jhk) be favourably
inclined (towards). **-tuminen**
stand, attitude; reaction.
suhtee|llinen proportional,
proportionate; relative,
comparative; ~ *vaalitapa*

proportional representation; *-llisen hyvä* relatively (comparatively) good. **-llisesti** in proportion (to), proportionately. **-llisuus** proportion; (~**teoria** theory of relativity). **-n:** *jnk* ~ in regard to, regarding, *(jtk koskien)* concerning, as to; *sen* ~ *(m.)* on that subject; as far as that is concerned. **-ton** disproportionate, . . out of [all] proportion; *-ttoman suuri* disproportionately large. **-ttomuus** disproportion, lack of proportion.

suhteuttaa proportion, *jhk* to.

suhuäänne sibilant.

suihku jet, *(voimakas)* spout; *(roiske)* spray; *(kylpy- ym)* shower. **-huone** shower bath. **-kaivo, -lähde** fountain. **-(lento)kone** jet plane. **-ta** spurt, spout. **-ttaa** spurt, spout; *puut.* spray.

suikale strip, band.

suin|kaan: *ei* ~ by no means, on no account; *(ei tosiaankaan)* certainly not, surely not. **-kin** *(vain)* only; *(mahdollisesti)* possibly; *jos* ~ *(on) mahdollista* if at all possible; *niin pian kuin* ~ as soon as possible, at your earliest convenience.

suinpäin headlong, head over heels.

suipen|taa make. . narrower, make. . pointed. **-tua** become narrower, narrow [off]; taper.

suippo narrow; *(suippeneva)* tapering; *(terävä)* pointed. **-kaari** pointed arch. **-kärkinen** pointed, peaked.

suistaa hurl, throw; ~ *kiskoilta* derail.

suisto, -maa estuary, delta.

suistua fall, tumble down; ~ *kiskoilta* be derailed, leave the rails; ~ *hevosen selästä* fall off one's horse; ~ *tieltä (auto)* run off the road, leave the road, *(luisua)* slither off the road; *auto alkoi heittelehtiä ja suistui tieltä* the car began to swerve and bounced off the road.

suits|et bridle. **-ittaa** [put the]

bridle (on).

suitsu|ttaa burn incense. **-tus** incense; (~**astia** censer).

sujauttaa slip (in, into).

suju|a: *miten työ sujuu* how are you getting on with the work? ~ *hyvin* progress well, *(esim. asiat)* go well, *(onnistua)* be a success. **-t** quits. **-va** fluent; easy; ~ *kynä* fluid pen. **-vuus** fluency; ease, flow.

suka *(hevos-)* currycomb.

sukan|neulomakone stocking-frame (-loom). **-suu** top of a stocking. **-terä** foot of a stocking. **-varsi** stocking leg.

sukel|lus dive; *olla -luksissa* be submerged; *mennä -luksiin* submerge; (~**kello** diving bell; ~**kypärä** diver's helmet; ~**laite** *(kevyt)* aqualung [apparatus]; ~**vene** submarine). **-taa** dive; *(sukellusveneestä, m.)* submerge; *(syöksyä)* plunge [into]. **-taja** diver; (~**npuku** diving dress, diver's suit). **-tautua:** ~ *esiin* emerge.

sukeu|tua *(johtua)* ensue, arise; *(kehittyä)* develop [into]; *väittely -tui vilkkaaksi* a lively discussion ensued.

sukia *(hevosta)* curry.

sukka stocking; *(miehen, puoli-)* sock; *koll. m.* hose. **-housut** tights, panti-hose. **-nauha** [stocking] suspender, *Am.* garter *(Engl. säären ymp. kiinnitettävä)*; (~**ritaristo** Order of the Garter). **-puikko** knitting-needle. **-sillaan** in one's stockings.

sukkela quick, swift; *(älykäs)* clever, bright. **-sanainen** quick-witted, quick-tongued, *(vastauksissa)*. . quick at repartee. **-älyinen** ready-witted; *on* ~ has quick wits.

sukkeluus cleverness, ready wit; *(pila)* witty remark, witticism, joke.

sukkula shuttle; ~**n muotoinen** spindle-shaped.

suklaa chocolate; cocoa. **-levy** slab of chocolate. **-nruskea** chocolate.

suksi ski. **-sauva** ski-stick. **-side** [ski] binding. **-voide** ski wax.

suku family; kin; *(-kanta)*
strain, stock; *(-perä)*
extraction, lineage; ancestry;
(syntyperä) birth; *(hallitsija-)*
house; *bot. & zo.* genus; *kiel.*
gender; *olla ~a jklle* be
related to; *kaukaista, läheistä
~a jklle* a distant (a near)
relation of; *ylhäistä ~a. .* of
noble birth; *omaa ~a H.*
born H.; *hän on omaa ~a. .*
her maiden name is. .
-kartano family estate; *lak.*
entail. **-kieli** related language.
-kirja pedigree, genealogy.
-kunta generation. **-lainen**
relative, relation; *(harvemmin)*
kinsman, -woman; *-laiset (m.)*
kindred; *lähimmät -laiset* next
of kin; *hän on -laiseni (m.)*
he is a connection
(connexion) of mine.
sukulais|kansa kindred people.
-side *-siteet* family ties.
-suhde relationship, family
connection. **-uus** relationship.
suku|luettelo genealogy. **-nimi**
family name, surname. **-perä**
descent, lineage, parentage.
-polvi generation. **-puoli** sex;
(~elimet genitals; *~nen*
sexual; *~ kanssakäyminen*
sexual intercourse; *~ viehätys*
sex appeal; *~tauti* venereal
disease; *~valistus* information
on sexual matters; *~vietti* sex
instinct; *~yhteys* sexual
intercourse).
suku|puu genealogical tree,
family tree. **-puutto** extinction;
hävittää ~on exterminate;
kuolla ~on become extinct;
~on kuollut extinct. **-rutsaus**
incest. **-selvitys** [account of]
ancestry. **-taulu** genealogical
table. **-tutkimus** genealogy.
-vika family weakness.
-yhtäläisyys family likeness.
-ylpeys ancestral pride.
sula melted, molten; *(juokseva)*
liquid, fluid; *(jäätymätön). .*
not frozen; *(pelkkä)* sheer; *on
~ (= suoja)* it is thawing; *~
maa* unfrozen ground; *~ vesi*
open water; *~ voi* melted
butter; *se on ~a hulluutta* it
is sheer madness; *se on ~
mahdottomuus* it is utterly

(absolutely) impossible;
sulimmat kiitokseni my most
sincere thanks.
sulaa melt; *(metall. ym)* fuse;
(liueta) dissolve; *(ruoasta)* be
digested; *~ yhteen (esim.
väreistä)* blend (melt) into
each other; *lumi on sulanut*
the snow has melted [away].
sula|ke *sähk.* fuse; *-kkeen
palaminen* blow-out; *polttaa ~*
blow a fuse. **-maton** *(ruoasta)*
indigestible; undigested.
-mispiste melting-point.
-tejuusto cream cheese, cheese
spread. **-ttaa** melt;
(rautamalmia) smelt; *(ruokaa)*
digest, *kuv.* put up with,
stomach; *(oppimansa)* take in;
~ toisiinsa fuse, amalgamate,
(tehden samankaltaisiksi)
assimilate. **-tto** smelting
works, smelting house,
smeltery. **-tus** *(jääkaapin)*
defreezing; *(~pannu*
melting-pot; *~uuni* smelting
furnace). **-utua** fuse, merge,
(et. väreistä) blend; *~ jhk*
become merged (incorporated)
in. **-va** melting; *(ruoasta)*
digestible; *(nuortea)* supple;
(siro) graceful; *vaikeasti ~*
indigestible. **-vuus** suppleness;
grace [fulness].
sulf|aatti sulphate, *Am.* sulfate.
-iitti sulphite, *Am.* sulfite.
sulha|nen fiancé; *(vihille
menevä)* bridegroom. **-spoika**
best man, groomsman.
sulje|ttu closed; *~ järjestys*
close order; *joutua -tuksi
(esim. kaivokseen)* be trapped
in.
sulka feather; *(iso)* plume.
-kynä quill. **-pallo** shuttlecock,
(-peli) badminton. **-sato**
moulting [season]; *olla
-sadossa* moult. **-töyhtö** plume.
sulke|a close, shut, shut up;
(esteillä) bar, obstruct; block
[up]; *~ kaasu-, vesihana* turn
off the gas (the water); *~
radio* switch off the radio; *~
jku jstk* shut a p. out; *~
pois* exclude, rule out, *(estää)*
debar from; *~ jkn huomioon
recommend. .* for a p.'s
consideration; *~ kirje* seal a

letter; ~ *piiriinsä* comprise, embrace; ~ *satama* close the harbour; ~ *syliinsä* fold in one's arms, hug, embrace; *sulkisitteko ikkunan?* would you mind closing the window? **-et** [*haka-* square] brackets; *-issa* in brackets, in parenthesis; *-isiin pantu* bracketed. **-misaika** closing-time. **-utua** close, shut; *(lukon taakse)* lock oneself in (into one's room, *huonee-seensa); ~ kuoreensa* withdraw into one's shell (into oneself); *-utunut* uncommunicative; reticent, reserved.

sulku sluice; *(kanavan-)* lock, flood-gate; *(pato)* dam; *(katu-)* barricade; *(este)* obstruction, block[ing]; *panna ~ jllek* put a stop to; *sulun vartija* lock-keeper. **-laitos** lock. **-maksu** lockage. **-merkki** parenthesis, bracket. **-pallo** *(ilmatorjunta-)* barrage balloon. **-portti** lockgate. **-telakka** dock. **-tuli** *sot.* barrage, curtain-fire. **-viiva** barrier line.

sullo|a pack, stuff, cram, bundle (into). **-utua** crowd, pack.

sulo *s.* charm, grace. **-inen** sweet; lovely; charming, delightful, pleasing. **-isuus** sweetness, loveliness; charm. **-sointu** sweet melody. **-stuttaa** sweeten. **-tar:** *-ttaret* the Graces. **-ton** . without charm, graceless. **-tuoksuinen** sweet-scented, fragrant. **-us** sweetness; charm, grace.

sulttaani sultan.

suma drive [of logs], [log-] jam.

sume|a misty; hazy; fogged-up. **-ilematta** without [any] scruples. **-ntaa** shroud . . in mist; darken, obscure; *kuv.* dim, cloud [a p.'s mind, *jnk järki*]. **-ntua** become misty.

summa sum; *(määrä)* amount; *(kokonais-)* [sum] total; *nousta jhk ~an* amount to. **-kauppa** wholesale purchase; *-kaupalla* in the lump, in

bulk. **-mutikassa** at random.

summeri *tekn.* buzzer.

summittai|n wholesale; summarily. **-nen** summary.

sumppu *(kala-)* fish-chest (-well).

sumu fog; mist; *(auer)* haze. **-inen** foggy, misty; nebulous. **-isuus** fogginess, mistiness. **-merkki** fog-signal. **-peitteinen.** . shrouded (wrapped) in fog. **-sireeni,** **-torvi** fog-horn.

sunnuntai Sunday. **-numero** Sunday issue (number). **-sin** on Sundays.

suntio verger.

suo swamp, marsh, bog; fen.

suoda grant; afford, allow; bestow (on); give; *soisin, että niin olisi* I wish it were so; *suokaa anteeksi!* excuse me! *jos Jumala suo* God willing; *hän ei suonut minulle silmäystäkään* he did not vouchsafe me a glance; *hän ei suo itselleen lepoa* he allows himself no rest; *hänelle suotiin kunnia.* . he had the honour (of -ing); *hänelle suotiin lämmin vastaanotto* he was given a warm welcome; *olla suomatta* [be]grudge a p. sth.

suoda|tin filter; (~savuke filter-tipped cigarette). **-ttaa** filter. **-tus** filtration; (**-paperi** filter paper).

suodin filter.

suodos filtrate.

suoja 1. shelter; *(turva)* protection; *sot.* cover; *(pakopaikka)* refuge; *~n puoli (mer.)* leeward; *(jnk) ~ssa* under the shelter of, *(jkn)* under a p.'s protection; *ottaa suojiinsa* take. . under one's protection, take. . under one's wing; *mennä ~an* find (take) shelter; *olla ~ssa jltk* be sheltered from, be protected from. **2.** *a. (leuto)* mild; *s. (-sää, -ilma)* thaw; *on ~* it is thawing. **-inen** sheltered. **-koroke** street island (refuge). **-kypärä** crash helmet. **-lasit** [protective] goggles. **-muuri** defensive wall. **-npuoli** *mer.*

leeward, lee side. **-paikka**
shelter. **-peite** tarpaulin. **-puku**
overalls; boiler-suit.
suoja|ta shield; guard,
safeguard (against), protect
(against, from); *-ttu* sheltered.
-tie pedestrian crossing, *(iso)*
zebra crossing. **-toimenpide**
protective measure. **-ton**
unprotected; defenceless. **-tti**
protegé, *fem.* protegée. **-tulli**
protective duty. **-utua** protect,
[safe] guard oneself (against),
find shelter from, *sot.* take
cover. **-väri** protective
colouring, mimicry.
suoje|lija protector; patron. **-lla**
protect (against, from);
(varjella) preserve from;
[safe] guard; ~*ksemme*
itseämme ikäviltä yllätyksiltä
to guard ourselves against
unpleasant surprises; *-leva*
protective; *(lääk.)* prophylactic.
-lu *ks. seur.;* (~*alue*
protectorate; *vrt. riistan-),*
suojelus protection; defence;
safeguard; patronage. **-enkeli**
guardian angel. **-kunta** civil
guard. **-pyhimys** patron saint.
suojus shield, guard, protector;
shelter; cover [ing]; *(kotelo)*
case, casing, *(-kaihdin)* screen;
(kirjan päällys) jacket;
polven~ knee-pad. **-lehti** *bot.*
bract. **-tin** guard, protector,
pad.
suola salt, *(karkea)* rock salt.
-amaton unsalted. **-astia**
salt-cellar. **-happo** hydrochloric
acid. **-inen** salt, salty; ~ *vesi*
salt water. **-kala** salt [ed] fish.
-kurkku pickled cucumber,
(pieni) gherkin. **-liha** salt [ed]
meat. **-liuos** saline solution.
-pitoinen. . containing salt,
saliferous. **-ta** salt; salt down,
cure; ~*ttu (m.)* corned. **-ton**
saltless, unsalted; ~ *vesi*
fresh *(t.* sweet) water. **-vesi**
salt water; brine.
suoli intestine, bowel; gut.
-jänne catgut. **-mato** intestinal
worm. **-sto** intestines, bowels,
guts; (~**taudit** intestinal
disorders).
suomaa marshland, marshy
land.

suomalai|nen *a.* Finnish; *s.*
Finn. **-ssyntyinen.** . of Finnish
extraction (descent). **-staa**
make. . Finnish; ~ *nimensä*
adopt a Finnish name.
-sugrilainen Finno-Ugric.
suomen|kielinen [. . in]
Finnish; *(suomea puhuva)*
Finnish-speaking; ~
sanomalehti a Finnish-
language newspaper.
S-lahti the Gulf of Finland.
-mielinen pro-Finnish.
-mielisyys pro-Finnish attitude
(views). **-nos** translation into
Finnish; *-nnoksena* as a
Finnish translation, in
Finnish. **-sukuinen.** . related to
the Finns, Finnic. **-taa**
translate into Finnish. **-taja**
translator [into Finnish].
Suomi Finland; *Suomen kansa*
the Finnish people; *s~*
(suomen kieli) Finnish, the
Finnish language; *suomeksi* in
Finnish.
suomia *(piestä)* whip, thrash,
kuv. criticize [severely].
suomu scale; lamina. **-inen**
scaly. **-peite** scaly covering.
-s: *-kset* scales. **-staa** scale.
suomuurain [arctic] cloudberry.
suonen|isku bleeding, letting of
blood. **-sykintä** pulse,
pulsation. **-veto** cramp.
suoni *anat.* blood vessel,
(laskimo, lehden ~) vein;
(malmi-) seam; *nopea* ~ rapid
pulse. **-kohju** varicose vein [s].
suonkuivatus reclaiming
(draining) of swamp [s].
suopa soft soap.
suope|a favourable; kind,
well-disposed; *-in silmin*
favourably. **-amielinen**
favourably disposed (inclined)
(towards). **-us** favour,
propitiousness, kind [li] ness;
goodwill.
suo|peräinen swampy, boggy.
-pursu marsh tea.
suopunki lasso.
suor|a straight; *(tukasta, piikki-)*
lank; right [angle, *kulma*];
(välitön) direct; *kuv.* straight
[in one's dealings];
straightforward, forthright;
frank; *s. (viiva)* straight line;

~ *lähetys* live broadcast; ~ *puhe* plain (*t.* straightforward) language; ~ *toiminta* direct action; ~*a päätä* straight, directly, right away; ~*lta kädeltä* off hand, straight [off], out of hand, (*lausuttu*) off-the-cuff; -*in sanoin* in plain terms, straight out; -*in tie* the shortest route; *seisoa* ~*na* stand straight, stand erect, *kuv.* not bow [in the storm]. **-aan** straight, direct (to); (*vilpittömästi*) frankly, openly; ~ *sanoen* frankly speaking, to tell the truth; *käydä* ~ *asiaan* come straight to the point; *kirjoittakaa meille* ~*!* write to us direct! ~ *verrannollinen* directly proportional.

suora|kaide rectangle; -*kaiteen muotoinen* rectangular. **-kulmainen** right-angled [triangle, *kolmio*]; rectangular. **-luontoinen** straightforward, upright. **-nainen** direct, immediate [cause, *syy*]; (*todellinen*) actual; (*selvä*) plain, downright [lie, *vale*]. **-naisesti** directly. **-puheinen** outspoken, plain-spoken, frank. **-sanainen** in prose; prose. **-ssa** straight; erect. **-staan** downright; simply; (*ehdottomasti*) absolutely, positively; *ellei* ~ if not; not to say. .; *hän ei sitä* ~ *sanonut, mutta* he did not exactly say so but. . **-sukainen** straightforward, plain-spoken, forthright. **-sukaisuus** straightforwardness, outspokenness. **-viivainen** rectilinear.

suori|a *mer.* clear [a ship, *laiva*]. **-staa** straighten [out], rectify; ~ *vartalonsa* straighten up. **-stautua** draw oneself up, stretch oneself [to one's full height]. **-ttaa** perform; do, make; execute [an order, *tilaus*]; carry out, carry through; effect; (*ratkaista*) solve; (*selvittää*) settle; (*maksaa*) pay; defray [the expenses, *kustannukset*]; (*tutkinto ym*) pass; ~

asevelvollisuutensa serve one's time as conscript; ~ *kurssi* take a course, (*loppuun*) follow a course through; ~ *laskuesimerkki* do (work out, solve) a problem; ~ *maksu* pay, make payment; *maksun jäädessä -ttamatta* in case of non-payment, failing payment; ~ *tehtävä* perform (execute) a task; ~ *tilaus* execute an order; ~ *tutkinto* pass (take) an examination, (*loppu-*) sit for one's finals; ~ *velka* pay (settle) a debt, meet [one's] liabilities; *hän on -ttanut suurenmoisen elämäntyön* he has performed (done, accomplished) a magnificent life's work. **-ttamaton** unexecuted *jne.*; (*maksamaton*) unpaid, unsettled; outstanding. **-tus** performance; settlement; (*maksu*) payment; settlement; (*aikaansaannos*) achievement; *laskunne -tukseksi* in settlement of your account; (~**koe** performance test; ~**kyky** performance; ~**kykyinen** efficient; ~**tila** liquidation; *joutua s-an* go into liquidation; *liike on s-ssa* the business is being wound up; ~**yhteiskunta** meritocracy). **-utua** get along, manage; cope with [a task, *tehtävästä*]; ~ *hyvin tutkinnosta* do well in an examination; ~ *vaikeuksista* overcome [the] difficulties; ~ *voittajana jstk* come off the winner; *hän -utui voittajana väittelystä* he got the better of his opponent in the debate.

suortuva tress; curl, lock.

suoruus straightness, directness; frankness.

suosi|a favour; patronize; (*kannattaa*) support; -*ttu* popular,. . in favour; -*tuin* most favoured [nation, *kansa*]; *kaikkien -ma* the favourite of everybody. **-ja** patron. **-kki** favourite; (~**iskelmät** pop songs; ~**järjestelmä** favouritism).

suosio favour; (*yleisön*) popularity; *olla* (*suuressa*)

~*ssa* be in [high] favour, be [very] popular; *olla jkn* ~*ssa* be in a p.'s good graces, *(esim. oppilaiden, yleisön)* be popular with; *päästä yleisön* ~*on* gain popularity; *osoittaa jklle* ~*taan* applaud; *saavutti* ~*ta* went down well, met with applause. **-llinen** favourable, kindly disposed; *jkn -llisella avulla* with a p.'s kind assistance; *jkn -llisella luvalla* by courtesy of. . **-llisesti** favourably, with favour. **-llisuus** favourable attitude; benevolence. **-n huuto** *-huudot* acclamation. **-nmyrsky** storm (burst) of applause; *esitys nostatti* ~*n* the performance brought down the house. **-nosoi|tus** favour; *-tukset* applause.

suosi|tella, -ttaa recommend [a p. for a position, *jkta jhk toimeen*]; *-teltava.* . to be recommended; advisable. **-ttaja** reference; *olen maininnut Teidät* ~*na* I have mentioned you as a r. **-ttelu** recommendation. **-tuimmuus** preferential treatment. **-tus** recommendation; *-tukset* references; *jkn -tuksesta* on a p.'s recommendation; (~**kirje** letter of introduction).

suostu|a consent, agree (to); assent (to); *(hyväksyä)* accept; ~ *myönnytyksiin* grant (agree to) concessions; ~ *jkn pyyntöön* grant (comply with) a p.'s request; ~ *tarjoukseen* accept an offer; ~ *jkn toivomuksiin* gratify a p.'s wishes. **-mus** consent (to); acceptance; *(hyväksymys)* approval; *antaa -muksensa jhk* consent, give one's consent to, assent to; *jkn -muksella* with a p.'s consent (permission). **-tella** persuade, induce [a p. to do sth.]. **-ttaa** *ks. ed.; saada jku -tetuksi puolellensa* win a p. over [to one's side]. **-ttelu:** *monien* ~*jen jälkeen* after much persuasion; (~**kyky** power of persuasion). **-vainen** willing, inclined (to); *(valmis)*

ready. **-vaisuus** willingness, readiness.

suotav|a desirable,. . to be desired, advisable; *erittäin* ~*a* highly desirable. **-uus** desirability.

suotta *(turhaan)* in vain, to no purpose; *(syyttä)* unnecessarily; *se on* ~ it is useless.

suotui|sa favourable, propitious; *(edullinen)* advantageous; *(sopiva)* convenient; suitable. **-suus** favourableness; advantageousness.

suova *(heinä-)* stack. **-ta** stack.

supa|ttaa, -tus whisper.

super|fosfaatti superphosphate **-latiivi** superlative. **-vallat** super powers.

supi 1. ~*suomalainen* pure (genuine, true) Finnish; purely Finnish. **2.** *zo* raccoon. **-koira** raccoon dog.

supi|na, -sta whisper; mumble.

supis|taa reduce; *(rajoittaa)* limit, restrict; *(vähentää)* cut down, cut, curtail; *(tekstiä ym)* abridge, *lääk. ym* contract, constrict; ~ *kustannuksia* cut down expenses, retrench; ~ *murtoluku* cancel a fraction; ~ *sanottavansa lyhyeen* be brief, cut it short; *-tetussa muodossa* in a condensed form. **-tava** restrictive; *(esim. kasvovesi)* astringent; ~ *jstk (m.)* condensed from. . **-tua** *(esim. lihas)* contract; be reduced (to), be limited, be restricted (to); *hänen ansionsa -tuvat hyvin vähiin* he has few if any merits. **-tus** reduction; restriction; curtailment; *mat.* cancellation. **-tuva(inen)** contractile; contracting.

suppe|a concise, succinct, brief; *(liian)* incomplete, uninformative; *(täsmällinen)* terse. **-asti** concisely, briefly. **-us** conciseness; condensed form.

suppilo funnel. **-mainen** funnel-shaped.

suppu: *vetää suunsa* ~*un* purse up one's lips.

sure|minen mourning, grief.
  -ttaa grieve, give pain (to).
  -ttava sad, grievous.
suri|na buzz[ing], hum[ming];
  (esim. mehiläisen) drone. **-sta**
  buzz, hum; *(kone)* whir,
  drone.
surkas|tua *(kasvussaan)* be
  checked in its growth,
  be[come] stunted; *(lakastua)*
  wither [away]; *(näivettyä)*
  atrophy. **-tuma** rudiment.
surk|ea sad, deplorable, dismal;
  (kurja) miserable, wretched;
  (surkuteltava) lamentable,
  pitiful; *~ssa tilassa* in a sad
  state; *loppua ~sti* [begin with
  a bang and] end with a
  whimper. **-eus** sadness;
  miserableness; pitifulness.
surku: *minun tulee jkta ~* I
  feel pity for. **-hupaisa**
  tragicomic. **-tella** pity, be
  sorry (for); *(valittaa)* regret,
  deplore. **-teltava** pitiful,
  pitiable; *(valitettava)*
  regrettable, deplorable,
  lamentable. **-teltavuus**
  pitifulness; miserableness.
  -ttelu pity[ing], commiseration.
surma death; *saada ~nsa* be
  killed, meet one's death. **-najo**
  fatal drive. **-nisku** death-blow.
  -nsilmukka *ilm.* looping the
  loop; *tehdä ~* loop the loop.
  -ta slay; put.. to death;
  (tappaa) kill; *(joukoittain)*
  massacre. **-uttaa** have.. slain
  (killed).
surra grieve (at, for), be
  grieved (at); regret; mourn
  (for, over); *~ jkta* mourn
  [the loss of] a p.; *~
  joutavia* worry over nothing
  (over trifles).
suru sorrow; grief, *(-aika)*
  mourning; *(huoli)* worry;
  ~kseni to my sorrow, to my
  great regret; *kuulin ~kseni
  (m.)* I was grieved to hear;
  ilossa ja ~ssa in weal and
  woe. **-aika** [period of]
  mourning. **-harso** mourning
  veil, *(kangas)* mourning crêpe.
  -llinen sad, sorrowful; grieved;
  -llisen kuuluisa notorious.
  -llisuus sadness, mournfulness.
  -marssi funeral march. **-mielin**

with a heavy heart. **-mielinen**
  sad [at heart], melancholic.
  -mielisyys sadness [of heart];
  melancholy. **-nvalittelu**
  condolence. **-nvoittoinen**
  [rather] sad, melancholy.
  -puku mourning; *olla -puvussa*
  wear mourning; *pukeutua ~un*
  go into mourning. **-pukuinen.**.
  in mourning. **-reunainen:** *~
  paperi* mourning paper.
  -saattue funeral procession.
  -talo house of mourning.
  -ton.. free from care,
  care-free; *(välinpitämätön)*
  unconcerned; *(maailmallinen)*
  worldly [-minded]. **-ttomuus**
  freedom from care;
  light-heartedness; unconcern.
surv|aista thrust. **-in** pestle. **-oa**
  crush, pound.
susi wolf *(pl.* wolves); *kuv. sl.*
  dud; *~ lammasten vaatteissa*
  a wolf in sheep's clothing.
  -lauma pack of wolves.
suti brush, scourer.
sutkaus sally [of wit],
  witticism, quip.
suu mouth; *(aseen ym.)*
  muzzle; *(aukko)* opening,
  aperture; *(sataman)* entrance;
  (lasku-) outlet; *(kannun)* lip;
  syödä ~ hunsa eat [up]; *~
  kiinni* be quiet! hold your
  tongue! shut up! *pudota
  suulleen* fall on one's face;
  joen ~ssa at the mouth of
  the river; *oven ~ssa* at the
  door; *illan ~ssa* towards
  evening; *~hunpantava(a)* ark.
  grub; *~sta ~hun menetelmä*
  the kiss of life,
  mouth-to-mouth resuscitation.
  -della, -delma kiss. **-hinen**
  (soittimen) mouthpiece.
  -kappale mouthpiece, nozzle.
  -kapula gag. **-kko** kiss. **-kopu:**
  pitää ~a bandy words, *(jstk)*
  wrangle (about). **-lake** nozzle.
  -laki plate; *(~halkio* cleft
  palate). **-las** garrulous,
  loquacious; talkative. **-laus**
  garrulousness. **-llinen** oral;
  verbal [message, *sanoma*].
  -llisesti orally; by word of
  mouth. **-nliike** movement of
  the lips.
suunnan|muutos *pol.* change of

policy. **-osoitin** *ks. vilkku.*
suunn|ata direct (towards);
(tähdätä) aim (at), point (at);
(kääntää) turn [one's eyes to,
towards]; level [accusations
at, *syytöksiä*]; *(kulkunsa)*
direct one's steps to [wards],
make for, head for; *(esim.
laiva)* steer to [wards]; *(esim.
ajatukset toisaalle)* divert.
-a|ton enormous, immense,
vast, huge; colossal; *kasvaa
s-ttomaksi* grow [to]
enormous [size]; ~ *määrä
velkoja (m.)* no end of debts.
-attomuus enormity,
immensity, vastness, hugeness.
-ikas *geom.* parallelogram.
-illeen about; *(arviolta)*
approximately; *(noin)*
something like, some [60
people, *60 henkeä*], much
[the same, *sama* [; *(lähes)*
nearly; ~ *niin* something like
that. **-istaa** *urh.* orienteer.
-istautua get one's bearings,
orient oneself. **-istautuminen**
orientation. **-istus** *urh.*
orienteering. **-itella** plan;
design, project; outline, map
out [one's work, *työnsä*]; lay
out, draw up.
suunnitelma plan, scheme;
project (for); *(luonnos)* design,
draft. **-llinen** methodical,
systematical; planned
[beforehand]; laid out on a
regular plan. **-llisesti**
according to plan. **-llisuus**
methodicalness. **-nmukainen**
ks. -llinen. **-talous** planned
economy. **-ton.** . without a
regular plan.
suunnitt|eilla under
consideration, [in process of]
being planned; . . *on* ~ plans
are in being to. . **-elu**
planning.
suun|pieksijä gabbler, windbag.
-soitto idle talk, gabble.
suunta direction, way, course;
(taho) quarter; *(mielipide-
ym.)* trend [of opinion],
tendency, drift; *joka suunnalta*
from all directions; *jnk* ~*an*
in the direction (of); *jotakin
siihen* ~*an* something to that
effect; *käy samaan* ~*an (m.)*

follows along the same lines;
kääntyä toiseen ~*an (m.)* take
another course; *joutua pois
oikealta suunnalta* get off
one's course; *katsoa
molempiin suuntiin* look both
ways; *oli suunniltaan* . . was
beside himself (herself). ·
-numero code *(t.* routing)
number. **-us** trend, tendency;
line; policy. **-utua** be directed,
jhk towards, at; *(tähdätä)* aim
(at); *(kääntyä)* turn (towards);
tend (towards). **-viitta** *(auton)*
[direction] indicator. **-viiva**
line; *seuraan näitä -viivoja* I
shall proceed on *(t.* along)
these lines.
suunti|a take the bearings.
-mislaite direction finder,
radio compass.
suun|täysi mouthful. **-vuoro**
chance to speak; *en saanut*
~*a* I did not get a word in
edgeways.
suu|ontelo oral cavity. **-pala**
morsel; bite. **-paltti**
chatterbox. **-pieli** corner of
the mouth. **-puhe** hearsay.
suure *mat.* quantity. **-hko**
rather big, fairly large;
largish, sizeable. **-llinen**
grandiose, [. . on a] grand
[scale]. **-mpi** greater; larger,
bigger; *olla jtk* ~ *(m.)* exceed
[in number], be in excess
[of, *kuin*].
suuren|moinen grand,
magnificent, splendid, great;
imposing. **-moisesti** in grand
style, grandly, splendidly.
-moisuus grandeur,
magnificence, splendour. **-nella**
magnify; *(liioitella)* exaggerate.
-nus enlargement;
magnification; *(~lasi*
magnifying glass). **-nuttaa**
have. . enlarged. **-taa** enlarge,
widen; magnify *(m. kuv.);*
(lisätä) increase, raise.
-televainen . . disposed to
exaggerate. **-telu** exaggeration.
-tua become larger (bigger);
enlarge; *(lisääntyä)* increase;
grow; *(laajeta)* widen, extend.
suure|sti greatly, highly; [very]
much; *(melkoisesti)*
considerably; *pahoittelen* ~ I

deeply regret (that). **-ta**
increase [in size].
suurherttua Grand Duke.
-kunta Grand Duchy. **-tar**
Grand Duchess.
suuri great [honour, *kunnia;*
calamity, *onnettomuus*]; *(iso)*
big, large; high; *(laaja)* wide,
extensive; *suureksi osaksi* to
a great extent, largely; *~n
määrin* in great numbers, in
great quantities; *~ määrä* a
large number; *suuret
kustannukset* high costs.
-arvoinen. . of high (great)
value, very valuable. **-lukuinen**
numerous. **-lukuisuus:** *niiden
~ their great number* [s].
-luuloinen pretentious.
suurimo: *~t* grits, groats,
hulled grain; *riisi~t* rice;
kaura~t rolled oats.
suuri|n greatest, largest,
biggest; *~ osa* the greater
part, the main part, the
majority; *-mmaksi osaksi* for
the most part, mostly, chiefly;
*mitä -mmalla tarkkuudella
(m.)* with extreme care;
-mmillaan at its height.
-ruhtinas Grand Duke;
(~kunta Grand Duchy).
-ruutuinen large-checked.
-sanainen grandiloquent; *vrt.
seur.* **-suinen** blustering, . who
talks big; *(kerskaileva)*
boastful, bragging.
-suuntainen . on the grand
level, grandiose,. . outlined on
a large scale. **-töinen**
laborious.
suur|jännite *sähk.* high tension.
-kaupunki big city;
metropolis; *(~lainen* inhabitant
of a big city, metropolitan).
-lakko general strike.
-lähettiläs ambassador;
kiertävä ~ roving a.; *~tasolla*
on an ambassadorial level.
-mestari grand master. **-mies**
great man. **-myymälä** *ks.
tavaratalo.* **-piirteinen**
large-minded, broad-minded;
(esim. suunnitelma) [. . on a]
grand [scale]. **-politiikka** high
politics. **-pujottelu** giant
slalom. **-riista** big game. **-risti**
Grand Cross. **-siivous** general

[house-] cleaning. **-syömäri**
big eater. **-teollisuus**
large-scale industry. **-tilallinen**
owner of a large farm.
-tuotanto large-scale
production. **-työ** great
achievement.
suurui|nen: *jnk ~* of the size
of; *sadan markan ~ summa*
a sum amounting to a
hundred marks.
suurus thickening; *(aamiainen)*
breakfast. **-taa** thicken.
suuruuden|hullu megalomaniac.
-hulluus megalomania, illusion
of grandeur.
suuruus greatness; bigness,
largeness; magnitude; *(koko)*
size; *(laajuus)* wideness,
extent; *huoneen ~ (m.)* the
dimensions of the room;
tuntematon ~ unknown
celebrity *(t.* quantity). **-luokka**
order [of magnitude]. **-suhde**
proportion.
suurvalta great power.
suutahtaa become angered,
flare up.
suutari shoemaker, cobbler;
(kala) tench; *(puhek.,
räjähtämätön ammus)* dud.
suute|lo kiss. **-lu** kissing.
suutin nozzle, *(pölynimurin, m.)*
tool.
suuttu|a become (get, grow)
angry, *jstk* at, *jkh* with a p.;
be [come] annoyed (at; with a
p.), *Am. puhek.* get mad (at
a p.); *hän -u helposti* he is
quick to take offence; *siitä
-isi kuka tahansa (m.)* that is
enough to vex a saint. **-mus**
anger; *(harmi)* indignation.
-nut angry, *jstk* at, *jkh* with
a p., exasperated (at, about),
Am. puhek. mad (at);
annoyed (at; with a p.); *olla
~ (m.)* be in a huff.
suutu|s: *olla -ksissaan* be
angry, be indignant [at, *jstk*].
-ttaa make. . angry, anger,
rouse a p.'s anger; *(ärsyttää)*
vex, provoke, annoy.
suuvesi mouth-wash.
suvait|a tolerate, stand, put up
with; *(alentua)* condescend
(to); *hän ei suvainnut vastata*
he did not deign (condescend)

to answer; *jos* -**sette** if you
please. -**sematon** intolerant.
-**semattomuus** intolerance.
-**sevainen** tolerant. -**sevaisuus**
tolerance.
suvanto dead-water, still water.
suvereeni sovereign. -**suus**
sovereignty.
suvi (*kesä*) summer.
suvu|llinen *biol.* sexual.
-**njatkaminen** propagation. -**ton**
asexual, sexless. -**ttomuus**
sexlessness.
Sveitsi Switzerland. **s-läinen** *a.*
& *s.* Swiss (*pl* = *sg.*).
syankalium potassium cyanide.
syden|polttaja charcoal-burner.
-**poltto** charcoal burning.
sydämelli|nen hearty, cordial,
heartfelt [congratulation];
kind; ~ *tervehdykseni* (*m.*)
my kindest regards. -**syys**
heartiness, cordiality.
sydämen|asia affair of the
heart; *ottaa* ~*kseen* have. .
much at heart. -**muotoinen**
heart-shaped. -**siirto** cardiac
transplantation. -**tuska**
heartache. -**tykytys** heartbeat;
(*nopea*) palpitation.
sydäme|ttömyys heartlessness.
-**tön** heartless.
sydämistyä become angry
(exasperated); fly into a
passion.
sydän heart; (*puun*) pith;
(*pähkinän, siemenen ym*)
kernel, (*keskus*) core (*m.
kuv.*); (*kynttilän*) wick; *laskea
jk jkn sydämelle* enjoin upon
a p.; *on jkn sydämellä* is
near. .'s heart; *koko
sydämestäni* with all my
heart; *olla* ~ *kurkussa* have
one's heart in one's mouth.
-**ala** pit of the stomach,
epigastrium. -**eteinen** auricle.
-**halvaus** heart failure. -**juuri:**
~*a myöten kauhistunut*
shocked to the roots of one's
being. -**kammio** ventricle [of
the heart]. -**kesä** middle of
the summer; midsummer; ~*llä*
at midsummertime, at the
height of summer.
-**keuhkokoje** heart-lung
machine. -**kohtaus** heart
attack. -**käpy** darling. -**lihas**

myocardium. -**läppä** cardiac
valve. -**maa** backwoods. -**päivä**
midday. -**suru** heartache. -**talvi**
depth of winter, midwinter.
-**tauti** heart disease. -**täsärkevä**
heartbreaking. -**veri**
heart['s]-blood; (~**tulppa**
coronary thrombosis,
myocardial (cardiac)
infarction). -**vika** [organic]
heart disease. -**yö** midnight;
~*llä* at m.
syinen fibrous.
sykerö (*hius-*) knot.
sykintä beat[ing], pulsation.
sykkiä beat, pulsate; throb.
sykkyrä kink; *mennä* ~*än*
kink, become kinky;
(*sotkeutua*) get tangled.
syksy autumn, *Am.* fall; ~*llä*
in [the] autumn; *viime* ~*nä*
last autumn; (*metsä, puut*) ~*n
väriloistossa.* . fired by
autumn tints. -**inen** autumn-like,
autumnal.
sykä|hdys beat, throb. -**hdyttää**
make. . beat (throb); *minua
-dytti* I was thrilled. -**htää**
throb; start; *sydämeni -hti* my
heart jumped [at the sight],
sen nähdessäni. -**ys** impulse.
sylei|llä embrace; hug. -**ly**
embrace.
syli 1. arms, (*helma*) lap; 2.
(*-mitta*) fathom, six feet;
(*halko-, l. v.*) cord; *sulkea
*~*insä* clasp in one's arms;
ottaa ~*insä* take. . on (in)
one's lap. -**koira** lap-dog.
-**kummi** godmother [who
holds the baby at its
christening]. -**lapsi** baby,
infant. -**llinen** armful.
sylinteri cylinder. -**mäinen**
cylindric [al].
sylkeä spit; expectorate.
sylki spittle; *tiet.* saliva;
(*yskös*) sputum, expectoration.
-**rauhanen** salivary gland.
sylky spitting. -**astia** spittoon.
syltty brawn.
sylys armful.
symbaali cymbal.
symbol|i symbol. -**iikka**
symbolism. -**inen** symbolic [al].
-**(is)oida** symbolize.
symmetri|a symmetry. -**nen**
symmetrical.

symp|aattinen sympathetic; *(miellyttävä)* attractive. **-atia** sympathy.

synagooga synagogue.

syndikaatti syndicate.

synkis(tyt)tää make gloomy, cast a gloom over; darken.

synkkyys gloom [iness], dreariness, bleakness; melancholy.

synkkä gloomy, dreary; *(kalsea)* bleak; *(pimeä)* dark; *(jylhä)* desolate; moody, sullen; *synkät ajatukset* gloomy (black) thoughts; *synkät pilvet* dark (lowering) clouds. **-mielinen** melancholic. **-mielisyys** *lääk.* melancholia.

synkronoida synchronize.

synnilli|nen sinful. **-syys** sinfulness.

synnin|päästö absolution. **-tekijä** sinner. **-tunnustus** confession [of sins]. **-tunto** contrition, consciousness of one's sins.

synni|ttömyys freedom from sin. **-tön.** . free from sin, sinless.

synnyin|maa native country. **-seutu** native place, *(-paikka)* birth-place.

synnynnäinen innate, inherent, inborn, inbred; congenital [defect, *vika*]; *hän on ~ sotilas* he is a born soldier.

synny|ttäjä parturient, woman in labour; [expectant] mother. **-ttää** give birth to, be delivered of; *kuv.* give rise to, bring about, cause, arouse, create, call forth, produce, *(kehittää)* generate [heat, *lämpöä*]; *~ epäilystä* arouse suspicion; *voima ~ liikettä* energy produces motion. **-tys** delivery, childbirth; *(~laitos* maternity hospital; *~lääkäri* obstetrician; *~oppi* obstetrics; *~tuskat* labour [pains], pangs of childbirth).

synonyymi synonym. **-nen** synonymous.

synte|ettinen synthetic [al]. **-tisoida** synthe|size, -tize.

synti sin; *tehdä ~ä* sin. **-enanteeksianto** forgiveness (remission) of sins.

-inlankeemus the Fall [of man]. **-luettelo** list of sins. **-nen** *a.* sinful; *s.* sinner. **-pukki** scapegoat. **-syys** sinfulness. **-taakka** burden of sin.

synty birth; *(alkuperä)* origin, rise; *~jään suomalainen* Finnish by birth. **-inen** *(yhd.): suomalais~* .. of Finnish descent (extraction). **-isin** by birth; *(omaa sukua)* born, née; *~ venäläinen* Russian-born.

syntymä birth. **-aika** date of birth. **-kaupunki** native city (town). **-merkki** birth-mark, mole. **-paikka** place of birth. **-päivä** birthday; *parhaat onnitteluni ~si johdosta!* many happy returns! **-todistus** birth certificate. **-tön** unborn. **-vuosi** year of birth.

synty|nyt born. **-perä** origin, descent, birth; *~ltään saksalainen* of German extraction; *alhaista ~ä.* . of humble origin. **-peräinen** native; *~ amerikkalainen* a n. of America. **-sana** magic word. **-vyys** birth-rate; *-vyyden säännöstely* birth control.

synty|ä be born; be brought forth, be produced; *(saada alkunsa)* originate, arise, come into being, spring up; *-nyt vuonna.* . born in. .; *milloin hän on -nyt* when was he born? *-essään* at his birth, when he was born; *heille -i poika* a son was born to them; *-i tappelu* a fight came about, there was a fight; *-i kiusallinen vaitiolo* there was a painful silence, a painful silence ensued; *-i vihollisuus* enmity sprang up; *siitä voi ~ riita* that may give rise to a quarrel; *syntykö siitä mitään* will anything come of that?

sypressi cypress.

syrji|ntä discrimination. **-ttäin** edge|ways, -wise. **-ä** discriminate (against).

syrjä edge, border; margin; *(sivu)* side; *~än* aside; out of the way; *jäädä ~än* be ignored; be disregarded;

panna ~*än* put (lay) aside, put by; ~*ssä* aloof; *pysytellä* ~*ssä* keep at a distance (from), stand aloof (aside); *vetäytyä* ~*än* withdraw (from). **-askel** side step. **-hyppäys** *(poikkeama)* digression (from); *(esim. avioliitossa)* escapade. **-inen** out-of-the-way, outlying; *(etäinen)* remote, distant. **-isyys** out-of-the-way location; remoteness. **-katu** back street. **-kaupunki** outskirts [of the town]. **-kulma** outlying part (of). **-silmäys** sidelong glance. **-tysten** edge to edge. **-tä** edge, trim. **-yttää** oust; set aside; supersede, *(tullen itse tilalle)* displace, supplant.

sysi charcoal; *menköön syteen tai saveen* for good or ill, for better or worse. **-miilu** charcoal-pit. **-musta** coal-black, jet-black.

sysiä keep pushing, hustle, poke.

systemaattinen systematic [al].

sysä|tä push, shove; give.. a push; thrust; *(tyrkätä)* poke; ~ *kumoon* push (knock).. over, upset; ~ *luotaan* push.. away, *(kuv.)* repulse, rebuff. **-ys** push; *(työntö)* thrust; *kuv.* impetus, encouragement, impulsion; *antaa jklle* ~ prompt [a p. to..]; *-yksittäin* by fits and starts.

sytty|minen ignition; *(puhkeaminen)* outbreak. **-mätön** uninflammable. **-väinen** inflammable. **-ä** kindle, be kindled *(m. & et. kuv.)*; light, *(tuleen)* catch fire, take fire; ignite; *(leimahtaa)* burst into flames, blaze up; *(puhjeta)* break out; *talo on -nyt palamaan* the house has caught fire; *tulipalo on -nyt* a fire has broken out; *sota -i* the war broke out; *hänen vihansa -i* his anger was kindled; *puut -vät helposti* wood kindles (lights) easily.

syty|ke kindling. **-tin** *(ammuksen)* fuse, primer, *(savukkeen)* lighter. **-ttävä** inspiring, stirring. **-ttää** light, kindle *(m. kuv.)*, *(tuleen)* set

fire to, set.. on fire; *(panos ym)* fire; *tekn.* ignite; ~ *tuli* light a fire; ~ *talo tuleen* set a house on fire; ~ *piippunsa* light one's pipe; ~ *tulitikku* strike a match; ~ *sähkövalo* switch on the light. **-tys** ignition; *(~laite* igniting apparatus, igniter; **~lanka** fuse; **~tulppa** sparking *(Am.* spark) plug).

syven|nys depression; *(seinä-)* recess, niche, alcove. **-tyä** get engrossed in, become absorbed in, go deep into; *mietteisiinsä -tyneenä* lost in meditation, deep in thought. **-tää** make.. deeper, deepen.

syv|etä become deeper, deepen. **-yinen:** *10 jalan* ~ 10 feet deep *(t.* in depth). **-yys** depth; deep; *(kuilu)* abyss; (**~pommi** depth-charge).

syvä deep; *kuv.* profound; ~ *lautanen* soup plate; *kulkea* ~*ssä (laiva)* draw deep; ~*ssä unessa* sound asleep. **-llekäypä** *kuv.* deep, thorough-going. **-llinen** deep, profound; *(perusteellinen)* thorough. **-llisyys** depth; profundity. **-mietteinen** deep, profound. **-mietteisyys** profoundness, depth of thought. **-nmerenkalastus** deep-sea fishing. **-nne** deep place; hollow, deepening. **-paino** photo-gravure. **-satama** deep-water harbour. **-ys** draught.

syy 1. cause, *jhk* of; reason (for), occasion; *(peruste)* ground; *(vika)* fault; *mistä* ~*stä* for what reason? on what ground[s]? why? *siitä* ~*stä* for that reason, because of that, on that account; ~*stä, täydellä* ~*llä* with good reason; ~*stä tai toisesta* for some reason or other; ~*ttä* without a (any) reason, without cause; ~ *on hänessä* he is to blame, *(minussa)* it is my fault, I am to blame; *ilman omaa* ~*tään* through no fault of his own; *esittää* ~ *jhk* state the reason for; *ottaa jk* ~*kseen* bear the blame; *panna, lukea (jk) jkn*

~*ksi* lay the blame on a p.'s shoulders, blame a p. for, attribute (a th.) to. .; *onko* ~*tä* is there [good] reason to. .? *(perusteltua)* is there a case for (. . -ing)? *on hyvä* ~ there is [good] reason to . ., there is a good case for (. . -ing); *minulla on* ~*tä*. . I have reason to. .

syy 2. *(kuitu)* fibre; filament.

syyh|elmä itch, *(kotieläimillä)* mange. **-y** itch. **-yttää** itch; *(kyhnyttää)* rub, scratch. **-yä** itch.

syylli|nen *a.* guilty; *s.* culprit, offender, the guilty person; *-seksi todistettu* convicted, *jhk* of. **-styä** *jhk* make oneself guilty of; commit [a crime etc]. **-syys** guilt; *kieltää -syytensä* deny one's guilt, plead not guilty.

syylä wart.

syyn|alainen guilty. **-takeeton** irresponsible; *hän on* ~ he is not responsible (not accountable) for his actions. **-takeettomuus** irresponsibility. **-takeinen** responsible. **-takeisuus** responsibility.

syy|peräinen causal. **-pää** guilty; *olla* ~ *jhk* be guilty of, be to blame for.

Syyria Syria; **s-lainen** *a. & s.* Syrian.

syys|kesä late summer, latter part of the summer. **-kuu** September. **-kylvö** autumn sowing. **-lukukausi** autumn term. **-myöhä:** ~*llä* late in the autumn. **-päivä** autumn day; (~**ntasaus** autumnal equinox). **-talvi** early winter.

syysuhde causality.

syyte indictment; *(oikeusjuttu)* action; prosecution; *nostaa* ~ *jkta vastaan* bring an action against, take legal proceedings against; *joutua syytteeseen* be prosecuted (for). **-kirjelmä** bill of indictment. **-tty** defendant, the accused.

syytteen|alainen . charged (with),. . accused (of); *olla -alaisena* be under an indictment; *panna -alaiseksi* indict.

syy|ttäjä accuser; *lak.* prosecutor; *yleinen* ~ state prosecutor, *Am.* prosecuting attorney. **-ttää** accuse, *jkta jstk* a p. of, charge (with), make (lodge) a charge (against sb. for); *lak. m.* prosecute (for); *(moittia)* blame, lay the blame (on); *syyttäkää itseänne* you have yourself to blame; *hän* ~ *huonoa terveyttään* he gives ill health as an excuse; *hän -tti tietämättömyyttään (m.)* he pleaded ignorance; *-tettynä jstk* on a charge of; *hän loi minuun syyttävän katseen* he glanced at me reproachfully. **-ttömyy|s** innocence; *vakuuttaa -ttään* protest one's innocence. **-ttömästi** innocently.

syytää *(solvauksia ym)* heap *(t.* shower) abuse upon a p.; *(savua, saastetta)* emit, belch [forth], spew.

syy|tön free from guilt, guiltless (of); *(viaton)* innocent; *lak.* not guilty; *julistaa -ttömäksi* acquit; *-ttömäksi julistaminen* acquittal. **-tös** accusation, charge.

syö|dä eat; *(eläimistä, m.)* feed (on); *(aterioida)* have one's meals; *(kalasta)* take; ~ *aamiaista (ym)* have breakfast; ~ *liiaksi* overeat; ~ *sanansa* break (go back on) one's word. **-jätär** gorgon; ogress.

syöksy rush; *ilm.* dive. **-hammas** tusk. **-kypärä** crash helmet. **-lasku** *urh.* downhill [race]. **-pommitus** dive bombing. **-ä** rush, dash; throw oneself; plunge [into the water, *veteen*]; topple [into a ravine, *kuiluun*]; *(tulla syöstyksi)* be thrown; fall; *lentok. auto ym.* crash; *lentokone -i pellolle* the aeroplane crashed down on to the field.

syöm|inki banquet, feast. **-älakko:** *ryhtyä* ~*on* go on hunger-strike. **-ätön:** *olla -ättömänä* go without eating, fast.

syöpy|ä eat [its way] into; *(kemiallisesti)* corrode, be[come] corroded (eroded); *(mieleen)* be impressed on a p.'s mind; *(esim. tavat)* become ingrained; *syvälle -nyt* deep-rooted, deep-seated, inveterate.

syöpä cancer, carcinoma. **-kasvain** cancerous growth, malignant tumour.

syöpäläiset vermin.

syöstä throw; plunge [the country into war, *valtakunta sotaan*]; ~ *jkn kimppuun* fall upon; ~ *tulta* spit (emit) fire; ~ *vallasta* overthrow; ~ *valtaistuimelta* dethrone; *vrt. syytää.*

syöstävä shuttle.

syö|**tti** bait; *(houkutus)* decoy; *panna syöttejä koukkuihin* bait the hooks. **-ttäjä** *urh.* feeder. **-ttää** feed *(m. tekn.):* *(lihottaa)* fatten; *(tennis)* serve; ~ *hevoselle heiniä* feed hay to the horse; feed the horse on hay; ~ *juttu jklle* make.. swallow a story.

syöttö feeding; *urh. (tennis)* service, *(jalkap.)* pass; *jatkuvalla syötöllä* in a steady stream, non-stop. **-elukka, -karja** cattle kept for fattening. **-laite** feeder. **-putki** feed-pipe. **-vasikka** fatted calf.

syötävä *a.* eatable, edible [mushroom, *sieni*]; *s.* food, eatables, something to eat; ~*ksi kelpaamaton* uneatable, inedible; *onko sinulla mitään* ~*ä* have you anything to eat?

syövy|**ttää** corrode, *(esim. vesi)* erode; *(etsata)* etch; *ruosteen -ttämä* affected by rust; *vesi -tti kannaksen poikki* the water cut (wore) a channel through the neck of land; *-ttävä* corrosive, caustic. **-tys** corrosion; etching; (~*aine* corrosive, caustic; ~**neula** etching needle.).

säde ray; beam; *mat.* radius; *toivon* ~ a ray (gleam) of hope;.. *-n säteellä* within a radius of. **-htiä** radiate, emit rays. **-hoito** radiotherapy, irradiation. **-kehä** halo. **-tys**

[ir]radiation.

säe *(rivi)* line; *(runon)* verse.

säen spark.

säes|**tys** accompaniment. **-täjä** accompanist. **-tää** accompany.

sähi|**nä** hiss[ing], wheeze. **-stä** hiss, wheeze.

sähke telegram, wire; *(kaapeli-)* cable; ~*itse* by wire. **-osoite** telegraphic address.

sähkö electricity; ~*llä käyvä* electrically operated. **-aita** electrified fence. **-asentaja** electric fitter, electrician. **-hoito** electrotherapy. **-inen** electric, electrical;.. charged with electricity. **-insinööri** electrical engineer. **-isku** electric shock. **-istys** electrification. **-istää** electrify. **-johto** electric wire; *(liitäntä-)* cord, flex; *-johdot* wiring. **-juna** electric train. **-kello** electric clock; *(soitto-)* electric bell. **-koje** electrical appliance. **-käyttöinen** electrically driven, run by electricity. **-laite: -laitteet** electric fittings. **-laitos** electric [power-]plant, electricity works. **-lamppu** electric lamp, *(hehku-)* electric bulb. **-lanka** electric wire. **-lasku** electricity bill. **-liesi** electric cooker (range, stove). **-lennätin** telegraph. **-liike** electric outfitters. **-lämmitys** electric heating. **-mittari** electricity meter. **-moottori** electric motor. **-oppi** electricity. **-parranajokone** electric shaver. **-rata** electric railway.

sähkösanoma telegram, wire. **-lomake** telegraph form. **-maksu** charge for telegram. **-nauha** tape. **-taksa** telegraph rates. **-toimisto** telegraph office.

sähkö|**teitse** by wire. **-tekniikka** electrical engineering. **-teknikko** electrician. **-ttäjä** [telegraph] operator; *mer.* radio officer, *puhek.* sparks. **-ttää** telegraph, wire, *(kaapelitse)* cable. **-tuoli** electric chair. **-tuuletin** electric fan. **-tys** telegraphy. **-valaistus** electric lighting. **-valo** electric

light. **-vatkain** [electric]
mixer, whisker, *(pieni)*
hand-held mixer. **-virta** electric
current. **-voima** electric power,
(vesi-) hydroelectric power.
säie *(syy)* fibre, *(köyden)*
strand, *(lanka)* filament.
säihky sparkle; lustre. **-ä** flash;
(säkenöidä) sparkle; *(säteillä)*
beam; glow; *hänen silmänsä
-ivät* her eyes were sparkling,
(tulta) her eyes flashed fire.
säi|kkyä shy, *jtk* at; be
frightened (at). **-kyttää**
frighten, scare; *(hätkähdyttää)*
startle. **-kähdy|s** fright; shock;
selvisi -ksellä got off with a
fright, was none the worse
[for the accident]. **-käh|tää**
be scared, *jtk* by, at; take
fright, be frightened; *en
milloinkaan ole niin s-tänyt* I
never had such a fright.
säiliö tank, cistern, *(suuri)*
reservoir. **-auto** tank truck,
road tanker. **-idä** store. **-laiva**
tanker. **-vaunu** tank car.
säilyke tinned *(Am.* canned)
goods. **-hedelmät** tinned fruit.
-rasia tin, *Am.* can; *~n
avaaja* tin-opener. **-tehdas**
canning factory. **-tölkki**
preserving jar, *(lasi-, m.)* glass
jar.
säily|ttää keep, store; preserve,
conserve [ancient relics,
muinaisaarteita]; retain,
maintain, sustain [friendly
relations with]; *~ järjestys*
maintain order; *~ tulevia
tarpeita varten* preserve (keep,
store) for future needs; *~
malttinsa* maintain (keep) one's
composure; *~ jku (rakkaassa)
muistossa* treasure a p.'s
memory. **-tys** preservation,
conservation; maintenance;
(pankissa) [open] safe-deposit;
vietiin -tykseen went into
store; *(~aine* preservative;
~huone store-room, *(ruoan)*
pantry; *~keino* preservative,
means of preservation;
~lokero safe, *(matkatavaran)*
luggage locker). **-ä** be
preserved; *(pahentumatta)*
keep; be maintained, be
retained; *(varjeltuna)* be

safeguarded (against); *(kestää)*
last, endure; *(säästyä)* be
spared, escape [destruction,
tuholta]; *~ hengissä* escape
alive, survive; *~ nuorekkaana*
preserve one's youthful
appearance; *hyvin -nyt* well
preserved; in a good state of
preservation.
säilä blade [of a sword];
(miekk.) sabre.
säilö: *jättää ~ön
(matkatavara)* leave at the
left-luggage counter, *(esim,
turkki)* leave in storage;
varmassa ~ssä in safe
keeping; *poliisin ~ssä* in
custody. **-ä** preserve.
säkeistö stanza.
säken|e spark. **-öidä** sparkle;
scintillate; *-öivä* sparkling.
säkillinen a sack [full], *jtk* of,
bagful.
säkki sack; *(pussi)* bag; *panna
suu ~ä myöten* cut one's coat
according to one's cloth.
-kangas sacking; sackcloth.
-pilli bagpipe.
säkä *(eläimen)* withers.
säle splint[er], slat, lath. **-aita**
paling, fence. **-ikkö**
lattice [-work], trellis [-work],
(metalli-, koriste-) grille-work.
-kaihdin Venetian blind.
sälpä *miner.* spar.
sälyttää burden, load; *~ jtk
jkn niskoille (kuv.)* impose
[duties] on a p., saddle a p.
with.
sälöillä splinter.
sämpylä [French] roll.
sängyn|katos canopy. **-peite**
(päällys-) counterpane,
bedspread. **-pylväs** bedpost.
sänki stubble.
sänky bed, bedstead. **-huopa**
blanket. **-vaatteet** bedding;
bed-clothes.
sänti|lleen *ks. täsmälleen.*
-llinen punctual; regular;
(tarkka) exact, precise. **-llisyys**
punctuality, precision.
säppi latch; clasp; *panna ~in*
latch.
säpsäh|tää give a start, be
startled (at), start; *-din (kun
hän. .)* he gave me a start. .
säpäle splinter, shiver; *on ~inä*

is [all] in pieces; *mennä* ~*iksi* be smashed to pieces (*puhek.* to smithereens).

säristä rattle, crack.

särkeä break, (*murskata*) smash, *et. kuv.* shatter; *päätäni särkee* my head is aching, I have a headache; ~ *ovi* break [down] a door; ~ *jnk suunnitelmat* ruin (spoil) a p.'s plans.

särki *zo.* roach.

särkkä (*hiekka-*) ridge of sand, dune; (*vedessä*) [sand-]bank.

särky ache, pain.

särky|mätön umbreakable. -tabletti *puhek.* pain-killer. -vyys fragility. -vä fragile, brittle.

särky|ä break, be broken; (*pirstaksi*) go to pieces, be shattered, (*haljeta*) crack; burst; (*musertua*) be crushed; -*nyt ääni* cracked voice; -*nyt onni* wrecked (shattered) happiness; *heidän välinsä -i* their relations were severed.

särmi|käs angular; jagged. -ö prism; (~**mäinen** prismatic). särmä edge. -inen angular; (*yhd.*) -edged. -isyys angularity.

särähtää give a crack[ing sound], crack.

särö crack, fissure, (*vika*) flaw. -inen cracked.

sätei|llä radiate, *kuv. m.* beam; -*levän iloinen* radiant (beaming) with joy. -ly radiation, *kuv.* radiance; (~**suojaus** protection against radiation; ~**ttää** irradiate; ~**tys** irradiation; ~**valvonta** radiation control). -ttäinen radial; radiate.

sätky|nukke marionette, puppet. -tellä struggle [to get free], (*esim. kala*) flounder [in the net, *verkossa*]; (*kiemurrella*) wriggle. -ttely wriggling.

sätkä hand-rolled cigarette. -kone roll-your-own-cigarette machine.

sättiä scold, upbraid.

sävel tone; (*sävelmä*) tune, melody. -askel tone. -asteikko [musical] scale. -järjestelmä tonality. -korkeus pitch. -kulku intonation. -laji key. -lys

[musical] composition. -mä piece of music, melody, air. -taide [art of] music. -taiteilija musician. -täjä composer. -tää compose; (*jk*) set. . to music, write [the] music (for).

sävy (*äänen ym*) tone; (*vivahdus*) tint, touch; (*säväys*) flavour; ~*ltään tummempi* darker in tone; *määrätä jnk* ~ set the tone (for). -isyys quiet disposition; tractability; docility, gentleness. -isä even-tempered; tractable, manageable, docile; meek, mild.

säväh|tää flinch; *hänen sydämensä -ti* her heart jumped; *katsomo -ti* the audience thrilled; -*ti punaiseksi* blushed suddenly. säynävä *zo.* ide.

säyse|lys gentleness; quietness. -ä gentle; quiet; meek; (*mukautuva*) compliant; (*hyväntapainen*) well-behaved.

sää weather; *kauniilla* ~*llä* in fine weather; *olipa* ~ *millainen tahansa* in any weather; ~*n salliessa* weather permitting.

säädylli|nen decent; (*sopiva*) proper, decorous; (*kunniallinen*) respectable. -syys decency, propriety; tact; respectability; *loukata -syyttä* outrage public decency.

säädy|ttömyys indecency, impropriety; immodesty. -tön indecent, improper, immodest; (*sivistymätön*) unseemly, unmannerly.

säädös edict, decree; (*laki-*) statute, act, provision of the law.

sää|ennuste weather forecast. -havainto meteorogical observation. -kartta weather chart. -katsaus weather report.

sääli pity (for), compassion; *minun on* ~ *häntä* I pity him, I feel sorry for him; *on* ~ *häntä* he is to be pitied; ~*stä häntä kohtaan* out of pity for him; *olisi* ~ *lähteä* it would be a pity to go; ~*ttä* pitilessly, without pity.

-**mättömyys** uncharitableness, lack of pity; hardness. -**mättömästi** pitilessly, mercilessly; cruelly. -**mätön** pitiless, uncharitable; *(armoton)* unmerciful, merciless; ruthless, relentless; ~ *kohtalo* unmerciful (hard, cruel) fate. -**ttävyys** pitifulness; miserableness. -**ttävä** pitiful, piteous, pitiable; *(henkilöstä, m.)..* to be pitied; *(kurja)* miserable, wretched. -**ttää** arouse pity; *hän* ~ *minua* I pity him, I feel sorry for him. -**väinen** pitying,.. full of pity; compassionate. -**väisyys** pity, compassion. -**ä** pity, take pity, *jkta* on, feel pity (for); *(armahtaa)* have mercy (on); *(säästää)* spare; -*västi* pityingly; with pity; -*kää meitä* have compassion (pity) on us.

säämiskä chamois, shammy leather.

sään|ennustaja weather prophet. -**muutos** change of weather. **säännellä** regulate, adjust. **säännölli|nen** regular; *(järjestystä noudattava)* orderly; -*sissä oloissa* under normal conditions; *asiain* ~ *meno* due course of things; -*sin väliajoin* at regular intervals. -**sesti** regularly; as a rule; normally. -**syys** regularity; normal state. **säännön|mukainen** regular; normal; *(asianmukainen)* due. -**vastainen..** contrary to the rule [s]; ~ *peli t. isku* foul. **säännö|s** regulation; provision [of the law]. -**stellä** regulate; *(elintarvikkeita ym)* ration. -**stely** rationing; ~*n alainen* rationed. -**ttömyys** irregularity. -**tön** irregular; *(tavallisuudesta poikkeava)* abnormal. **sääntö** rule; *(säännös)* regulation; *on yleisenä* ~*nä* it is a generally accepted rule; *säännöt (yhdistyksen)* rules of orders, constitution [and standing orders]; ~*jen mukainen..* in accordance with the rules. -**määräinen** statutory. -**perintö** entail.

sääoppi meteorology. **sääri** leg; shank; *(pohje)* calf. -**luu** shin-bone, tibia. **säärys, -tin** gaiter, legging. **sääski** gnat; *(hyttynen)* mosquito. -**harso** mosquito-net. -**parvi** swarm of mosquitoes. **sääste|liäs** economizing. -**llä** economize, *jtk* with; be sparing (of); ~ *(voima)varojaan* husband one's resources. **sääs|tyä** be saved, be left over; *(tulla varjelluksi)* be spared, be preserved (from); escape [infection, *tartunnalta*]. -**täväinen** economical; thrifty; sparing, chary [of words, *sanoissaan*]; careful [with one's money]. -**täväisyys** economy; thrift [iness]. -**tää** save; *(säälitellen)* spare; *(olla säästeliäs)* economize; *(koota)* save up, *(varata)* reserve, keep; ~ *voimiaan* conserve one's energies; ~ *jku huolista* spare a p. concern; *er -tä ylistystään* is not sparing with praise; -*täen* economically; sparingly; -*tä henkeni!* spare my life! *vaivojaan -tämättä* sparing no pains. -**tö** saving [s]; *(jäännös)* balance; *panna* ~*ön* save [up]; *(~liekki* pilot light *t.* burner); ~**lipas** savings box, money-box; ~**pankki** savings bank; ~**tili** savings account; ~**varat** savings). **säästöön|panija** depositor. -**pano** *(talletus)* deposit. **sää|suhteet** weather conditions. -**tiedotus** weather report. **säätiö** foundation; endowment. **sääty** *(asema)* station, position; *(luokka)* class; *(arvo)* rank; *(valtio-)* estate. -**ennakkoluulo** class prejudice. -**erotus** class distinction. -**henkilö** person of rank. **säätää** prescribe; *(määrätä)* direct; *tekn.* regulate, adjust; ~ *lakeja* make (*t.* enact) laws; *ihminen päättää, Jumala* ~ man proposes, God disposes; *kuten laki* ~ as the law directs; *lain säätämässä järjestyksessä* in the order

prescribed by law; *säädettävä* adjustable, [automatically] controlled; *säädetty nopeus* regulation speed.
säätö regulation, adjustment.

-laite adjuster, control device; *rad.* tuning device; *-laitteet* controls. **-vipu** control lever.
söpö *Am.* cute; *eikö hän ole ~?* isn't she a darling?

Š

ks. S

T

taaj|a thick, dense; -oissa
riveissä in close ranks; -aan
asuttu densely (thickly)
populated. -ama densely
populated community.
-aväkinen ks. ed. -uus
denseness; tekn. ym frequency.
taakka burden; load; (paino)
weight.
taakse (jnk) behind. ., (tuolle
puolen) beyond; asettua jkn ~
(kuv.) back; katsoa ~en look
back, look behind one. -päin
backward[s], back; ajassa ~
ulottuva retrospective; (~meno
going backward, backward
movement, kuv. m. decline).
taannehti|a retroact. -va
retroactive, vrt. takautuva.
taannoi|n not a very long time
ago. -nen past, bygone; recent.
taan|nuttaa set back; keep
back, (estää) impede. -tua
suffer a set-back; (huonontua)
decline; olla -tumassa be on
the decline. -tuminen
retrogression. -tumuksellinen
reactionary. -tumus reaction,
set-back, (taloudellinen)
recession, (huononeminen)
decline; (~suunta reactionary
tendency). -tuva retrogressive,
declining.
taapert|aa toddle, (hanhi)
waddle. -aja toddler.
taara tare; dead weight.
taas again; (uudelleen) anew,
afresh; (kerta vielä) once
more; (sitä vastoin) on the
other hand; kun ~ while;
whereas. -kin again, once
more.
taata guarantee, (harvemmin)
warrant; (mennä takuuseen)
give (furnish) a guarantee;
(varmistaa) ensure; sen takaan
I guarantee that; I assure
you that; en voi ~ tiedon

todenperäisyyttä I cannot
vouch for the truth of the
statement;. . takasi hänelle
toimeentulon. . assured him a
livelihood.
taateli date. -palmu date-palm.
taattu guaranteed, warranted;
(turvattu) safe; (luotettava)
reliable, trustworthy.
taatusti assuredly;. . ovat ~
oikeita are guaranteed
(warranted) genuine.
tabletti tablet.
tabu taboo.
tadikko fork.
tae 1. (sepän-) blacksmith's
work. 2. (vakuus) guarantee,
guaranty; antaa takeita jstk
guarantee; hankkia takeet
provide sureties; henki-
vakuutus voi olla lainan
takeena a life-insurance policy
can serve as security for a
loan.
taem|maksi, -pana farther back,
farther behind.
tafti taffeta.
taha|llaan on purpose,
purposely; (aikomuksella)
intentionally; (harkiten)
deliberately. -llinen intentional;
(harkittu) deliberate,
purposeful, wilful [murder,
murha]. -nsa ever; kuinka
paljon ~ however much, no
matter how much; kuka ~
anybody, (jokainen joka)
whoever; olkoon hän kuka ~
whoever he may be, no
matter who he is; mikä ~
whichever, whatever; missä ~
anywhere, [in] any place;
minne ~ hän meneekin. .
wherever he goes. .; olipa se
miten hyvä ~ however good
it is, be it ever so good.
-ton unintentional,
unpremeditated; involuntary.

tahdas paste.
tahdi|kas tactful, discreet.
-**kkuus** tact [fulness],
discretion. -**ton** tactless;
indiscreet, inconsiderate.
-**ttomuus** tactlessness, lack of
tact.
tahdon|ilmaus manifestation of
will. -**lujuus, -voima** strength
of will, will-power; volition.
-**ponnistus** effort of will.
tahdoton involuntary; ~
välikappale jkn käsissä a
mere tool in the hands of.
tahko (-kivi) grindstone,
whetstone. -**kone**
grinding-machine. -**ta** grind.
tahm|a coating. -**ainen** sticky,
(kieli) coated. -**ea** sticky,
viscid, viscous. -**eus** stickiness,
viscidity.
tahna paste.
taho (suunta) direction,
quarter; *joka ~lta* from every
quarter; *jkn (henkilön) ~lta*
[esim. unkind treatment] at
the hands of. -**kas:** *moni~*
polyhedron.
tahra stain, spot, (esim.
muste-) blot (kaikki m. kuv.);
(et. rasva-) smear; (maali-
ym.) daub; *kuv. m.* blemish,
taint, flaw. -**amaton** unstained,
unsoiled. -**antua** become
stained (soiled). -**inen** stained.
-**npoistoaine** stain remover.
tahra|ta stain, soil, *kuv. m.*
taint; (liata) dirty; smear; ~
maineensa disgrace oneself.
-**ton** spotless; untainted,
unblemished, *kuv. m.*
immaculate.
tahti time; *mus. m.* measure,
bar; (nopeus) tempo; (kävely-)
step; *tahdissa* in time; in
step; *lyödä, viitata ~a* beat
time; *pysyä tahdissa* keep
time; *soiton tahdissa* in time
with the music; *joutua pois
tahdista* get out of time (of
step). -**jako** measure. -**kello**
metronome. -**laji** time.
-**viiva** bar-line. -**puikko** baton.
tahto will, (toivomus) wish;
hyvä ~ good will; good
intention [s]; *hänen viimeinen
~nsa* his last wish; *viedä
~nsa perille* get one's way,

have one's [own] way;
omasta tahdostaan of one's
own accord. -**a** want; wish,
desire; (olla halukas) be
willing (to + inf.); (tehdä
mieli) like; (aikoa) intend;
tahdon (m.) I will; ~ *lisää*
want some more; -*en tai
-mattani* whether I will or
no [t], whether I wanted or
not; -*mattani* unintentionally,
not meaning to [do it]; -*isin,
että jäisit* I should like you
to stay; *tahtoisitteko antaa
minulle.* . [would you] please
give me. ., may I trouble you
for. .; -*isin ennemmin jäädä
kotiin* I would rather stay at
home; *hän tietää mitä hän -o
(m.)* he knows his own mind;
jos tahdot if you like, if you
wish [it]; *tee miten tahdot*
do as you like (please, wish,
want)! [you can] suit
yourself! *puut eivät tahdo
palaa* the firewood won't
burn.
tai or; *olipa suuri ~ pieni* be
it large or small, whether
great or small.
taide art. -**aarre** art treasure.
-**arvo** artistic value. -**esine**
work of art. -**historia** history
of art. -**kauppa** art dealer's.
-**kauppias** art dealer.
-**kokoelma** art collection.
-**koulu** art school. -**lasi** art
glass. -**maalari** artist, painter.
-**museo** art gallery. -**nautinto**
artistic enjoyment. -**näyttely**
art exhibition. -**ompelu** art
needlework. -**teollisuus** arts
and crafts, crafts and design.
-**teos** work of art.
taido|kas skilful; elaborate;
-**kkaasti** *tehty* beautifully
made. -**kkuus** skill;
elaborateness. -**nnäyte**
specimen of skill. -**ton**
unskilful.
taika magic, witchcraft;
(lumous) charm, spell. -**esine**
fetish. -**hulu** magic flute.
-**isku:** *kuin ~sta* as if by
magic, like magic. -**kalu**
charm, talisman, amulet.
-**keino:** *~illa* by magic. -**sauva**
magic wand. -**temppu**

conjuring trick. **-usko(isuus)**
superstition. **-uskoinen**
superstitious. **-varpu**
divining(dowsing)-rod. **-voima**
magic [power].
taikina dough; *(ohukais- ym.)*
batter; *(tahdas)* paste. **-mainen**
doughy. **-marja** alpine currant.
taikka *ks. tai.*
taik|oa conjure, use magic,
practise witchcraft. **-uri**
magician, sorcerer, wizard;
(temppujen tekijä) conjurer.
-uus magic; *(noituus)*
witchcraft, sorcery.
taimen trout.
taimi seedling, *(vesa)* sprout,
(puun) sapling. **-lava**
[garden-] frame, nursery bed,
seed bed. **-sto, -tarha** nursery.
tainnos: *olla tainnoksissa* be
unconscious; *mennä
tainnoksiin* faint, *(»sammua»)*
pass out. **-tila** [state of]
unconsciousness.
taipale stretch [of road],
distance; *(matka)* way; *lähteä
~elle* set out, set off [on a
journey]; *olla ~ella* be on
the road; *elämän ~* course of
life.
taipu|a bend; *(koukistua)* bow;
curve; turn [down, *alas*];
(mukautua) comply [with a
p.'s wishes, *jkn tahtoon*];
(alistua) submit (to); *(antaa
perään)* give way, yield (to);
(suostua) give in; agree (to);
kiel. be inflected, *(verbi)* be
conjugated, *(subst.)* be
declined; *~ kohtaloonsa* resign
oneself to one's fate; *hän ei
-nut tekemään sitä* he could
not be persuaded (prevailed
upon) to do it. **-isa** flexible,
pliable, pliant [nature,
luonne]; *(notkea)* lithe; supple.
-isuus flexibility, pliability.
-maton inflexible; *et. kuv.*
unyielding, unbending;
immovable; intractable,
inexorable; *kiel.* indeclinable.
-matto|muus inflexibility;
hänen -muutensa his
uncompromising nature.
taipu|mus inclination (to),
aptitude (for); *(lahjat)* talent
(for); tendency; *-mukset (m.)*

leanings; *~ jhk tautiin*
predisposition to a disease;
hänellä on ~ta laiskuuteen he
is inclined to laziness; *olla
~ta jhk (m.)* feel drawn to;
*hänellä on soitannollisia
-muksia* she has musical
talent. **-vainen** disposed,
inclined (to), *(halukas)* willing,
ready; *(altis)* prone, liable
(to); *olla ~ jhk (m.)* feel
inclined to. **-vaisuus**
disposition, inclination;
willingness, readiness;
tendency (to), leaning
(towards).
taiste|lija fighter, combatant.
-lla fight (with, against),
battle (against); contend [with
difficulties, *vaikeuksia
vastaan*]; *(kamppailla)*
struggle; *~ jtk vastaan (m.)*
combat [diseases, *tauteja
vastaan*].
taistelu fight; struggle; *(sota-)*
battle; action; *~ elämästä ja
kuolemasta* life-and-death
struggle; *ryhtyä ~un* engage
the enemy. **-halu** desire to
fight. **-haluinen.** . combative;
militant. **-harjoitus** manoeuvre.
-henki fighting spirit; morale.
-joukot combat troops.
-järjestys order of battle.
-kaasu war gas. **-kenttä**,
-tanner battlefield. **-kinnas**
gauntlet. **-koske|tus** joutua
-tukseen establish contact
(with). **-laiva** battleship.
-rintama line of battle, *(sota-)*
front. **-toveri**
companion-in-arms. **-voimat**
fighting forces. **-välineosasto**
ordnance department.
taitaa *(osata)* know; *(kyetä)* be
able (to); *(apuverbi)* is likely
(to); *hän ~ useita kieliä* he
has command (complete
mastery) of several languages;
~ (niin) olla it may
be so, I think so; *(Onko hän
täällä? —)* *Ei taida olla* I
think not.
taita|maton unskilful, unskilled,
incompetent, *(tottumaton)*
inexperienced; *(kömpelö)*
clumsy, a poor hand, poor
(at); *jtk ~* not familiar with,

knowing no. ., ignorant of; *(jtk)* kieltä ~ unable to speak. . **-mattomuus** lack of skill, incompetence; inexperience, clumsiness. **-va** skilful, skilled [in one's trade, *ammatissaan*], proficient; *(näppärä)* clever (at), handy; *(mestari)* expert (in, at); ~ *ammattimies* an able craftsman; olla ~ *jssk (m.)* be [very] good at. . **-vasti** skilfully, with skill; capably; cleverly. **-vuus** skill; [great] ability, proficiency; dexterity; expertness.

taite *(laskos)* fold; *uuden ajan taitteessa* at the dawn of a new era; *vuosisadan taitteessa* at the turn of the century.

taiteelli|nen artistic. **-sesti** artistically. **-suus** artistic quality, artistry.

taiteen|arvostelija art critic. **-harrastaja** amateur in art; *(-ystävä)* lover of art. **-suosija** patron of art. **-tuntija** connoisseur [of art].

taiteilija artist. **-luonne**: *hän on* ~ he has an artistic temperament. **-nero** artistic genius. **-nimi** stage name. **-tar** [woman] artist.

taite|katto curb roof, mansard roof. **-kohta** turning-point. **-lehtinen** folder.

taito skill; *(kyky)* ability; *puhek.* know-how, *(tieto)* knowledge; *(hyvä)* proficiency (in); *kielen* ~ knowledge of a language; *taidolla* skilfully, with skill. **-inen**: *hän on suomenkielen* ~ he knows Finnish, he speaks Finnish; *hän on kirjoitus*~ he can write. **-lento** stunt flying. **-lentäjä** stunt airman. **-luistelu** figure skating. **-parsinta** invisible mending. **-voimistelija** equilibrist, acrobat.

taittaa break; *(kääntää)* fold; *kirjap.* make up [into pages]; ~ *kokoon* fold up; ~ *valoa* refract the light.

taitto *kirjap.* make-up, making up; *(kuvalehden)* lay-out. **-vedos** page proof. **-vika** *lääk.* error of refraction.

taittu|a break [off], be broken; *(valosta)* be refracted. **-ma** break. **-minen** *(valon)* refraction.

taitur|i virtuoso; master; *viulu-* ~ virtuoso on the violin. **-illinen** masterly, skilful. **-uus** virtuosity; mastery; *(taito)* skill; ~, *jolla se suoritettiin* its masterly execution.

taivaa|llinen heavenly; celestial; *ei tuon -llista* nothing whatever.

taivaan|kansi firmament. **-kappale** heavenly body. **-napa** zenith. **-ranta** horizon. **-sininen** azure, skye-blue. **-vuohi** *zo.* common snipe.

taivaaseenastuminen ascension.

taival *ks.* taipale; *katkaisi (100 km) taipaleen* covered a distance of. . **-taa** journey; wander.

taivas sky, skies; heaven; *kehua maasta taivaaseen* praise to the skies; *pudota taivaalta* drop from the skies; *taivaan ja maan luoja* maker of heaven and earth. **-alla**, **-alle** in the open air, out of doors.

taive bend; fold.

taivu|tella try to persuade; ~ *jkta tuumiinsa* try to influence a p. in favour of one's plans. **-ttaa** bend; *(kaarelle)* bow; *kuv.* induce, persuade; *kiel.* inflect, *(verbejä)* conjugate, *(nomineja)* decline; ~ *jku tekemään jtk* persuade (induce) a p. to do sth.; *-tettu* curved. **-ttelu** *kuv.* persuasion. **-tus** bending; *kiel.* inflexion, inflection, *(nominien)* declension, *(verbien)* conjugation; *(~luokka* class; declension; *~muoto* inflexion [al form]; *~pääte* inflexion).

taju consciousness; *olla ~issaan* be conscious; *palata ~ihinsa* recover consciousness, come round; *huumorin*~ sense of humour. **-nta** consciousness; *(käsitys)* conception, comprehension, apprehension. **-ta** realize, grasp, comprehend, apprehend; *(esim. soitantoa)*

have a taste for; *hän -si aseman heti ensi silmäyksellä* he grasped (took in) the situation at a glance. **-ton** unconscious, senseless, insensible. **-ttava** comprehensible; intelligible. **-ttomuus** unconsciousness.
taka- *(yhd.)* back, rear; hind.
takaa from behind; from the back (rear); *voimainsa ~ with* all one's strength; *ajaa ~* pursue; *omasta ~* on one's own; *.. on jtk omasta ~ is* self-supporting in. . **-ajaja** pursuer. **-ajo** pursuit; chase.
takaaja guarantor; *olla jkn ~na* stand surety (security) for.
taka|-ajatus ulterior thought *(t. motive)*. **-ala** background.
takaapäin from the back, from behind; *sot.* in the rear.
taka|hammas back tooth; molar. **-inen:** *talon ~ pelto* the field behind the house; *rajan~.* . situated beyond the frontier; *atlantin~* transatlantic.
takaisin back; *(verbien yht. usein)* re-; *maksaa ~ pay* back, repay, refund, reimburse, *(kostaa)* retaliate; *saada ~ get back, recover; regain; *tulla ~* come back, return; *tulen heti ~* I shall be back presently. **-kutsu** recall. **-maksu** repayment, reimbursement, refund [ing].
taka|isku set-back; *(moottorin)* back kick. **-istuin** back seat. **-jalka** hind leg; *nousta -jaloilleen* rear. **-kohtainen** *kiel.* relative. **-listo** hinterland. **-lukossa** double locked. **-maa** remote district. **-na** behind; at the back; *hänellä on ~an.* . he is backed by. .; *mitä siinä on ~ what is at the bottom* of that? **-osa** back. **-ovi** back door, rear entrance. **-paju:** *jäädä ~lle* be left behind, get behindhand; *olla ~lla* be backward, be behind [in one's work, *työssään*]. **-pajuinen** backward; underdeveloped. **-perin** backward [s]; *viikko ~ a* week ago *(t.* back). **-peroinen**

wrong, backward, absurd, perverted. **-peroisesti** the wrong way. **-peroisuus** perverseness. **-piha** back yard. **-portti** rear entrance; back door *(m. kuv.); kuv.* loophole. **-puoli** back; *(kääntö-)* reverse side; *(ihmisen)* seat, posterior, behind, *(eläimen)* hind quarters. **-pyörä** back (rear) wheel. **-raajat** hind legs. **-raivo** back of the head, occiput. **-rivi** back row. **-sivu** back page. **-talvi** return of winter, winter weather in spring. **-tasku** hip-pocket.
taka|us security, surety, guarantee; *(oikeus-)* bail; *vrt. takuu; mennä -ukseen jkn puolesta, jstk (oikeudessa)* go bail for; *olla jklle -uksessa* stand surety for; *saada laina -usta vastaan* obtain a loan on security; *hänet vapautettiin ~ta vastaan* he was released on bail. **-mies** surety, security. **-sitoumus** guarantee. **-summa** guarantee.
takau|(tu)ma *elok.* flashback. **-tuva** retrograde; *maksetaan ~sti* will be back-dated [to . . *jstk lähtien*].
taka|valo rear *(t.* tail) light. **-varikko** confiscation, seizure; *ottaa ~on* confiscate, seize. **-varikoida** *ks. ed.; (sotilastarkoituksiin)* commandeer.
taker|tua get stuck, stick (in), fasten (in *t.* to); *~ kurkkuun* stick in the throat; *hänen takkinsa -tui koneen rattaisiin* his coat caught in the wheels of the engine; *kertaakaan -tumatta (kuv.)* without once getting stuck; *~ halukkaasti (jkn virheeseen)* leap at.
takia: *jnk ~* for the sake of, *(vuoksi)* because of, on account of; *sen ~* for that reason, *(johdosta)* in consequence of that; *hänen ~an* for his sake, on his account; *sairauden ~* owing to illness; by reason of illness.
takiainen bur [r] *(m. kuv.)*, burdock.

takila rig[ging], tackle; *riisua* ~ strip (dismantle) a ship.

takimmainen hindmost,.. farthest back,.. farthest behind.

takinkaulus coat collar.

takka fireplace; hearth. **-valkea:** ~*n ääressä* by the fireside.

takki coat; *(lyhyt, m.)* jacket.

takkirauta pig iron.

takku shag; *olla takussa* be shaggy, be tangled. **-inen** shaggy, tangled. **-isuus** shagginess.

tako|a *(rautaa)* forge; *(vasaroida)* hammer; *(hakata)* beat; *(nyrkeillä)* pound, pommel; ~ *silloin kun rauta on kuumaa* strike while the iron is hot; *taottava* malleable. **-mateos** article of wrought iron. **-mo** forge. **-rauta** wrought iron.

taksa rate[s], tariff; *halvan* ~*n aikana* when the cheap rate is on.

taksi taxi[-cab], cab; *mennä* ~*lla* go by t., take a t.; *tilata* ~ call a t., phone for a t. **-asema** taxi-(cab-) rank, *Am.* taxi-stand. **-mies** taxi-driver.

taksoi|ttaa assess (at); rate; estimate. **-tus** assessment; (~**lautakunta** assessment committee; ~**mies** assessor).

takt|iikka tactics; policy. **-ikko** tactician. **-ikoida** manoeuvre. **-illinen** tactical.

takuu guarantee *vrt. takaus; antaa* ~ furnish a g.; ~*ta vastaan* on security; *kellosta on* ~ there is a guarantee on the watch.

tali tallow. **-kynttilä** tallow candle. **-rauhanen** sebaceous gland. **-tiainen** great tit.

talja *mer.* [lifting] block; *(vuota)* pelt, *run.* fleece.

talkki talc; talcum powder.

talkoot work party, *(esim. rakennus-)* house-building bee.

tallata trample, tread (on, upon), tread.. down; ~ *jalkoihinsa* trample under foot.

talle|lla left. **-lokero** safe deposit box. **-ntaa** preserve; *(ääninauhalle t. -levylle)*

record. **-ssa:** *hyvässä* ~ in safe keeping. **-ttaa** *(pankkiin)* deposit; *vrt. tallentaa;* ~ *jtk jkn huostaan* lodge with sb. **-ttaja** depositor. **-tus** deposit; (~**korko** interest rate on deposits; ~**tili** deposit account; ~**todistus** deposit receipt).

talli stable. **-renki** groom, stable|man (-boy).

tallustaa tramp; *(vaivalloisesti)* trudge [along, *eteenpäin*], plod [on].

talo house, *(iso, kerros-)* block of flats, *Am.* apartment block; *(maa-)* farm. **-llinen** [owner-] farmer.

talon|emäntä housewife, lady of the house. **-isäntä** *(vuokra-)* landlord; *(talollinen)* farmer, peasant proprietor. **-mies** caretaker, *et. Am.* janitor. **-omistaja** house-owner. **-poika** peasant; farmer. **-poikainen** country[-], peasant, rustic.

talonpoikais|kieli rustic speech. **-talo** farm[-house]. **-vaimo** peasant woman. **-väestö** peasantry; agricultural population; farmers.

taloudelli|nen economic; financial; *(säästäväinen)* economical. **-sesti** economically. **-suus** economy.

talouden|hoitaja manager, steward, *(nainen)* housekeeper. **-hoito** economy; management; *vrt. seur.* **-pito** housekeeping.

talous economy; *(yksityinen)* household, house; *pitää taloutta* keep house. **-apulainen** domestic help. **-arvio** budget. **-askare:** ~*et* domestic duties. **-elämä** economy; economic life. **-huoli:** ~*huolet* household cares. **-kalu** household utensil. **-kone** household appliance; *(yleis-)* mixer. **-koulu** housekeeping school. **-käsineet** *tav.* rubber gloves. **-lama** depression. **-mies** economist. **-opettaja** home economist. **-oppi** economics. **-politiikka** economic policy. **-pula** economic crisis. **-rahat** household allowance.

-raken|nus: *-nukset* offices.
-sprii *l.v.* methylated spirits.
-tavarat household articles
(goods). **-tiede** economics.
-tieteellinen economic.
-tieteilijä economist. **-työ**
housework. **-yhteisö** economic
community; *Euroopan* ~ the
Common Market, EEC.
talteen: *panna* ~ put away,
store [up]; *ottaa* ~ take care
of, keep; ~ *otettu* found.
taltta, taltta chisel.
taltioida *(nauhalle)* record.
talttu|a abate, subside, go
down; *(kesyttyä)* be tamed.
-maton untamable, tameless.
taltuttaa *(tyynnyttää)* quiet [en],
calm, make.. subside; *(hillitä)*
check; tame.
talu|ttaa lead [by the hand,
kädestä]; *koiria on -tettava
hihnassa* dogs must be led.
-tushihna dog lead. **-tusnuora**
leading-string; *kulkea (naisen)*
~*ssa* be tied to a woman's
apron-strings.
talvehtia winter, spend (pass)
the winter; *(säilyä)* survive
[the winter] ; *t-iva (kasvi)*
hardy.
talvi winter; *talvella in* [the]
w., during the w.; *viime
talvena* last w. **-asunto** winter
residence; winter quarters.
-kausi winter; winter season;
-kaudet throughout the winter.
-nen wintry, winter.
-olympialaiset Winter
Olympics. **-omena** winter
apple. **-pakkanen** severe cold;
-pakkasilla during the cold
spells in winter. **-puku** winter
dress. **-puutarha** conservatory.
-päivä winter ['s] day;
(~*nseisaus* winter solstice).
-rengas snow tyre. **-sin** in
winter, in the winter-time.
-säilö: *panna* ~*ön* put away
for the winter; ~*ssä* in
winter storage. **-takki** winter
coat. **-tamineet** winter clothes,
winter outfit. **-tela:** *panna
-teloille* lay up for the
winter; *olla -teloilla* be laid
up for the winter [season].
-uni winter sleep, hibernation;
maata -unessa hibernate.

-urheilu winter sports.
tamburiini tambourine.
tamineet equipment; outfit.
tamma mare. **-varsa** filly.
tammenterho acorn.
tammi oak; *ks. -peli.* **-kuu**
January. **-lauta** draughtboard.
-nen oak,.. of oak, oaken.
-peli draughts, *Am.* checkers.
-puu oak.
tanakka thick-set, sturdy;
(jäykkä) rigid, *(vahva)* heavy,
strong; steady; substantial
[meal, *ateria*]. **-rakenteinen**
(person) of heavy body-build.
tanhu [folk] dance.
tankata refuel; *(änkyttää)*
stammer; *(vatvoa)* keep saying
or asking; nag; *(päähänsä)*
pound into one's head.
tankki tank; *täyttää* ~ refuel;
täyttäkää ~ fill her up. **-laiva**
tanker. **-vaunu** tank car.
tanko pole; rod; *(sauva)* staff;
(saippua- ym) bar, *(lakka-
ym)* stick.
tanner field; *(maa)* ground.
Tanska Denmark. **t-lainen** *a.*
Danish; *s.* Dane. **t-n kieli**
Danish. **t-tar** Danish woman.
tanssi, ~*t* dance. **-a** dance;
mennä -maan go dancing;
~*taanko?* shall we dance?
-aiset dance, *(suuremmat)*
ball; *koulu*~ *(Am.)* prom.
-aispuku ball dress. **-askel**
dance step. **-ja, -jatar** dancer.
-koulu dancing-school. **-lava**
dance hall. **-mestari** expert
dancer. **-nopettaja** dancing
master *(fem.* mistress). **-sali**
ballroom. **-sävelmä** dance
tune. **-ttaa** *(jkta)* dance with.
tantieemi percentage of (share
in) profits.
taonta forging.
tapa manner, way, fashion;
custom, *(tottumus)* habit;
usage, *(käytäntö)* practice;
mode; *tähän* ~*an* in this way
(manner), thus, like this, this
way; *suomalaiseen* ~*an* in
Finnish fashion; *sillä tavalla*
in that way, thus, so; *tavalla
tai toisella* some way or
other, in one way or another;
ei millään tavoin by no
means; *kaikin tavoin* in every

[possible] way; *minulla on ~na*. I usually. .; *minulla oli ~na* I used to. .; *oliko sinulla ~na*. used you to. .? *on ~na* it is customary, it is the custom (of *jkn*); *heillä on ollut ~na* their practice has been; *kuten on ~na sanoa* as the saying is; *ottaa tavaksi* make a habit of (. . -ing); *tulla tavaksi* become a habit; *olen ottanut tavaksi nousta aikaisin* I make it a rule to rise early; *tavaksi tullut* customary, established; *~ni mukaan* true to my habit; *paha ~* bad habit; *hienot tavat* refined (polished) manners; *hyvät tavat* good manners; *(se) on vastoin hyviä tapoja* it is bad form; *tavan takaa* every now and then, time after time.

tapah|tua happen, occur, take place; *(sattua)* come to pass, come about; *-tui mitä -tui* whatever happens, come what may; *on -tunut onnettomuus (m.)* there has been an accident; *siten -tuu hänelle oikeus* in that way justice will be done to him. **-tuma** occurrence, event; incident, happening; *(~paikka* scene; *~sarja* series of events).

tapailla *(hapuilla)* grope (after, for); fumble (for); *~ sanoja* be at a loss for words.

tapai|nen like. ., of. . kind; *tämän ~* of this kind (sort); *jotakin saman -sta* something like that, *(puheesta)* something to that effect; *se on hänen -staan* it is [just] like him. **tapain|kuvaus** *maal.* genre. **-turmelus** depravity. **tapamuoto** *kiel.* mood. **tapaninpäivä** Boxing day. **tapaturma** accident; *minulle sattui ~* I had (I met with) an accident. **-inen** accidental. **-isesti** in an accident; *kuoli ~sesti (m.)* was accidentally killed. **-laukaus** shooting accident; *se oli ~* the gun went off accidentally. **-vakuutus** accident insurance. **tapaukseton** uneventful.

tapau|s case, instance; event; *(tapahtuma)* occurrence; *siinä -ksessa, että (hän ei saavu)* in case [he does not come]; *siinä -ksessa* in that case; *parhaassa -ksessa* at best; *ei missään -ksessa* under no circumstances, on no account; *(arvostella) kunkin -ksen mukaan* from case to case, on its own merits. **-selostus** case report.

tapella fight; be at blows. **tapet|it** wallpaper; *panna ~* hang (put up) w., *(uudet)* repaper, redecorate. **-oida** paper.

tappaa kill; *(ottaa hengiltä)* put. . to death, *(surmata)* slay.

tappara battle-axe.

tappe|lija fighter. **-lu** fight; *(nujakka)* scuffle, rough-and-tumble; *(mellakka)* riot; *joutua ~un* come to blows, get to fighting; *(~kukko* fighting-cock, game-cock; *~nhalu|inen* full of fight, pugnacious; *näyttää t-iselta* show fight; *~pukari* rowdy, swashbuckler, bⅰawler, ruffian).

tappi *(veneen ym)* plug, *(tynnyrin)* tap, *(tulppa)* stopper, plug, *(esim. saranan)* pin; *(liitoksen)* tenon.

tappio defeat; loss; *~t* losses, *(sot. m.)* casualties; *kärsiä ~* suffer defeat, be defeated, *(kaupassa)* suffer (incur) a loss; *joutua ~lle* be beaten, be conquered, be defeated; *(myydä) ~lla* [sell] at a loss; *~ta tuottava* losing [concern, liike]; *saada ~ta (m.)* lose (on, by); *olla ~lla* have the worst of it, be the loser. **-llinen**. involving loss, losing. **-mieliala** defeatism. **-tili** loss account.

tappo killing; *lak.* [voluntary] manslaughter. **-raha** bounty, *jstk* on.

tappurat tow.

tapuli pile [of timber]; *(kello-)* campanile.

taputtaa tap, *(lujemmin)* clap; *(hyväillen)* pat; *~ käsiään* applaud.

tarha enclosure; *(piha)* yard, cattle-yard, *Am.* corral; *(pieni)* pen; *(kettu- ym)* farm. **-käärme** *ks. ranta-.* **-us** *(minkki- ym)* farming.

tariffi tariff; *(rautatie-, ym)* schedule, list of rates; *palkka~* rate of wages.

tarin|a tale, story, narrative. **-oida** talk, chat; *(kertoa)* tell [stories].

tarjeta stand the cold.

tarjoi|lija waiter; *(laivassa ym)* steward; *(baari-)* barman, bartender. **-lijatar** waitress; stewardess; barmaid; *vrt. ed.* **-lla** serve, wait [at table, *pöydässä*]; *(kiertää t-llen)* hand around; *~ jklle* wait [up]on; *-llaan kerman kera* is served with cream. **-lu** service; serving, waiting [at table]; *juhla-, merkkipäivä- ym)* catering. **-lupöytä** *(ruokahuoneen)* sideboard; *(ravintolan)* counter, *(baari)* bar.

tarjo|kas volunteer; *(pyrkijä)* candidate. **-lla** on offer; *nykyisin ~ oleva .. available* at present; *ehdotuksia on ~ useampia* many suggestions have been put forth. **-lle: panna ~ *(ruokia)* set out. **-na: vaara on ~ danger is at hand; *oli ~ vaara että. .* there was immediate danger that. . **-nta** supply; *kysyntä ja ~ demand and s. **-oja** bidder; *enimmin (vähimmin) ~ the highest (lowest) b.* **-ta** offer, *jstk* for; *(huutokaupassa ym)* bid; *(kestitä)* treat [a p. to a glass of wine, *jklle lasi viiniä*]; *(pöytätoverille)* pass [some bread, *leipää*]; *~ enemmän kuin jku* outbid a p.; *~ vähemmän* underbid [a p.]; *~ myytäväksi* offer. . for sale; *~ palveluksiaan jklle* offer (tender). . one's services; *~ jklle päivällinen* invite a p. [out] to dinner; treat a p. to dinner; *hän -si kaikille lasillisen* he stood everybody drinks; *-si tilaisuuden. .* afforded an opportunity (to). **-tin** tray; salver. **-us** offer,

tender; *(huutokauppa-)* bid; *(ehdotus)* proposal, proposition; *pyytää -uksia* invite tenders; *tehdä ~ jstk* make an offer [of an article, *myytäessä;* for. ., *ostettaessa*]. **-utua** offer (to), volunteer [to do sth.; for a task]; *~ auttamaan jkta* offer one's services to, offer to help; *kun tilaisuus -utuu* when an opportunity arises (presents itself).

tarkalleen exactly; precisely.

tarkas|taa examine; inspect [a factory, *tehdas*]; *(käydä läpi)* look over, go through; *(esim. jnk tuoreus, kokoomus)* test; *(esim. laskuja)* check; *(kirjallisesti)* revise; *kirjanp.* audit; *sot.* review; *(tarkata)* observe [closely], watch [closely]; *~ passit* examine the passports; *~ matkatavarat* examine (search) the luggage; *merkitä -tetuksi* check off; *vrt. tarkastella.* **-taja** inspector; *(joissakin laitoksissa)* controller, comptroller; *sot.* inspecting officer; *(koulun, m.)* superintendent; supervisor; *maidon ~* inspector (tester) of milk. **-tamaton** unexamined; uninspected; untested; unverified. **-tella** examine, *(silmäillä)* survey; look (at); consider; study; *asiaa voidaan ~ monelta kannalta* the matter may be viewed from many angles; *lähemmin -teltaessa* on closer consideration; *-teltavana* under examination. **-telu** critical examination; scrutiny. **-ti** accurately; closely; carefully; *kuunnella ~* listen attentively; *pitää ~ kiinni* adhere strictly [to the rules etc.]; *(kello)* käy ~ keeps exact time. **-tus** examination; inspection; *sot.* review; *(valvonta)* supervision, control; *(etsintä)* search; (~asema control, checkpoint; ~kertomus report [of inspection]; *tilin~* auditor's report; ~matka inspection tour).

tark|ata watch [closely]; observe; *tarkatkaa, mitä sanon* heed (listen carefully to) what I say; *tarkkaa, että saat kunnon tavaraa* mind [that] you get good quality; *-kaavasti* attentively.
tarke|kirjoitus phonetic transcription. **-mmin** more accurately *jne.; ~ asiaa ajateltuani* after reconsidering the matter; *katso ~* look more closely; *(puhumme asiasta) ~.* in more detail. **-ntaa** *valok.* focus.
tarkis|taa adjust; *(laskuja ym)* check; *(jnk vahvistamiseksi)* verify; *(et. kirjallisesti)* revise; *-tettu painos* revised edition. **-tamaton** unchecked; unrevised. **-tus** adjustment; checking, *(kirjallinen)* revision.
tarkk|a accurate; exact; precise; *(tiukka)* close; *(ankara)* strict; *(huolellinen)* careful; detailed, particular; *(säästäväinen)* economical; *(varma)* sure; *(terävä)* sharp, keen; *~ aika* exact time; *~ korva* accurate ear, keen ear; *~ jäljennös* exact copy; *~ tutkimus* close inquiry; *olla ~ kunniastaan* be jealous of one's honour; *pitää ~a huolta jstk* take good care of, be careful (be very particular) about; *pitää ~a lukua jstk* keep [a] strict account of; *ei se niin ~a ole..* it does not matter so much [if..]. **-aamaton** inattentive. **-aamattomuus** inattentiveness, inattention. **-a-ampuja** sharpshooter. **-aan** *ks. tarkasti; katsoa jtk ~* look at.. closely; *kuunnella ~* listen attentively. **-aavainen** attentive; *(valpas)* watchful, heedful; observant; *-vaisesti* attentively; *hyvin -vaisesti* with keen attention, intently. **-aavaisuus** [close] attention; attentiveness.
tarkkai|lija observer. **-lla** watch, observe. **-lu** watch, observation; supervision. **-n** TV monitor.
tarkka|kuuloinen.. with keen

hearing. **-näköinen** sharp-(keen-) eyed; *kuv.* discerning. **-näköisyys** *kuv.* keen-sightedness, discernment. **-piirteinen** sharply defined.
tarkkuus accuracy, exactness, exactitude; precision; strictness; keenness; *10 asteen t-uudella* to within (with an accuracy of) 10 degrees. **-kello** chronometer. **-työ** precision work.
tarkoi|n closely, *vrt. tarkasti; ~ asiaa harkittuani* upon mature deliberation. **-ttaa** mean; have.. in view; *(aikoa)* intend; *~ jkn parasta* have a p.'s welfare in mind; *~ totta* be in earnest, mean it seriously; *en saa selville, mitä tämä ~ (m.)* I am unable to make out the meaning of this; *ketä sinä -tat* who [m] do you mean? *mitä sillä -tatte* what do you mean by that? *numerot tarkoittavat..* the figures denote *(t.* refer to).. **-ttamaton** unintentional, undesigned. **-tuksellinen** intentional; purposeful, deliberate. **-tuksellisesti** intentionally, purposely, on purpose.
tarkoituksenmukai|nen adapted (suited) to its purpose,.. serving the purpose; appropriate, expedient;.. *on hyvin ~* is very much to the purpose; *on ~* answers (serves) the purpose. **-sesti** [in a manner well adapted] to the purpose; suitably. **-suus** fitness [for the purpose], appropriateness; expediency; *(~syistä* for expediency).
tarkoitukse|ton purposeless, pointless.. without point; aimless; *(hyödytön)* useless; *se olisi ~ta* it would serve no purpose. **-ttomuus** lack of purpose, purposelessness.
tarkoitu|s purpose; *(päämäärä)* object, aim; *(aie)* intention; *(ajatus)* meaning; *-ksella* intentionally, advisedly; *mihin -kseen* for (to) what purpose? *missä -ksessa* with what intention? with what end in

view? for what purpose? *siinä -ksessa* for that purpose, to that end; *oppimis -ksessa* with a view to (with the object of) learning; *(meni) hyvään -kseen* to a good cause; *hyvässä -ksessa* with good intentions; *hänen -ksensa oli. .* he intended to. .; *-kseni ei ollut. .* I did not mean to, I had no intention of (. . -ing). **-sperä** object, aim.

tarmo energy; vigour. **-kas** energetic; active. **-kkaasti** energetically, vigorously; with energy. **-kkuus** energy, vigour. **-ton.** . lacking energy; inert, lethargic. **-ttomuus** lack of energy.

tarpee|ksi sufficiently; *(kyllin)* enough [money, *rahaa*]; ~ *iso* large enough; *jtk on* ~ there is enough of. ., . . . suffices; *enemmän kuin* ~ more than enough, enough and to spare. **-llinen** necessary, *jklle* for a p., needful; *(tarvittava)* required, requisite; *(asianmukainen)* due; *(välttämätön)* indispensable; *olla* ~ *(m.)* be needed, be wanted. **-llisuus** necessity; *(tarve)* need. **-n:** *olla* ~ be needed, be necessary; ~ *vaatiessa* when necessary, when required. **-ton** unnecessary, needless; *(aiheeton)* uncalled-for; *(hyödytön)* useless; *(liika)* superfluous; undue; *-ttoman* unnecessarily; *tehdä -ttomaksi (työväkeä)* cause redundancy. **-ttomuus** needlessness.

tarpoa plod; ramble.

tarra- self-fastening. **-kuva** sticker.

tarr|ata grasp, clutch, grab [a th.], seize [a p. by the collar, *jnk kaulukseen*], lay hold of. **-autua:** ~ *kiinni jhk* fasten [up]on, cling to.

tarttu|a grasp; *(lujasti)* clutch, grip, *(äkkiä)* grab; catch, snatch (at); seize, catch hold of; bite [at the hook, *koukkuun*]; *(kiinnittyä jhk)* stick (to, in), get stuck (in), lodge (in); *(taudista)* be infectious, *(kosketuksen kautta)* be contagious; be transmitted (by); ~ *aseisiin* take up arms; ~ *asiaan* intervene, interfere (in); ~ *kurkkuun* stick in the throat, *(jkta)* grasp a 'p. by the throat, clutch a p.'s throat; ~ *jkn käteen* take *(lujasti:* seize) a p.'s hand; ~ *työhön* set to work; *tauti -i minuun hänestä* I caught the disease from her. **-va** infectious, *(kosketuksen kautta)* contagious.

tartu|nta infection; *(kosketus-)* contagion; *levittää* ~*a* spread infection; *saada* ~ catch the infection, catch the disease; *(*~**aine** contagious matter; ~**tauti** infectious disease). **-ttaa** infect [sb. with], transmit sth. to; *jnk -ttama* infected with.

taru legend; *(sankari-)* saga; *(jumalais-)* myth; *todellisuus on* ~*a ihmeellisempi* fact is stranger than fiction. **-henkilö** legendary character. **-mainen** fabulous. **-nomainen** legendary; mythical.

tarve need, want; *(välttämättömyys)* necessity; *(vaatimus)* requirement; *tarpeet (=* tarveaineet*) ks. tarvike; tarpeen vaatiessa, tullen* when necessary, if required; *as necessity arises; omaa* ~*tta varten* for one's own use; *olla jnk tarpeessa* have need of, be in want of, need; *olla tarpeen vaatima* be needed, be necessary; *saada tarpeekseen jstk* have enough of; *täyttää jk* ~ supply (meet, satisfy) a need; *toimittaa luonnolliset tarpeensa* obey the call of nature. **-aineet** material [s]. **-kalu** implement; tool. **-puut** timber.

tarvi|ke: **-kkeet** requisites; material [s], supplies, *(lisä-)* accessories, *(varusteet)* equipment, outfit, material [s], supplies.

tarvi|s: *ei ole* ~ *sinun tehdä sitä* it is not necessary for

you to do it, you need not do
it. **-ta** need, be in need (in
want) of, have need of;
require; ~ *kipeästi jtk* need. .
badly; be in urgent need of;
-ttaessa when needed, if
necessary. **-tsevainen** needy.
-ttava necessary;. . required;
siihen ~t varat the requisite
funds.
tasa: *jnk ~lla, ~lle* on a level
with; *(samassa viivassa)* flush
with; *ajan ~lla* up to date;
saattaa ajan ~lle bring. . up
to date, update; *kehityksen
~lla* abreast of developments;
pysyä jnk ~lla keep up with;
hän ei ole tilanteen ~lla he
is not equal to the occasion.
he is not able to cope with
the situation; *olla tehtävänsä
~lla* be equal to one's task.
-antua become steady, acquire
steadiness.
tasa|-arvo equality. **-arvoinen**
equal. **-arvoisuus** equality.
-astuja ambler. **-inen** even;
level, flat; *(sileä)* smooth;
(yhdenmukainen) uniform;
steady; ~ *vauhti* even *(t.*
uniform) speed. **-isesti** evenly,
smoothly. **-isuus** evenness *jne.*
-jako equal division, equal
distribution (of). **-kurssi** par
[of exchange]. **-lla, -lle** *ks.*
tasa. **-luku** even number.
-lämpöinen *zo.* warm-blooded.
-n evenly, equally; *(tarkalleen)*
just, exactly; *jakaa* ~ divide
(distribute). . equally, *(esim.
kustannukset)* share. . equally,
go halves; *pelata* ~ draw; ~
ei käy onnen lahjat Fortune's
gifts are not equally divided;
ottelu päättyi ~ the match
ended in a draw. **-nko** plain,
(-maa) flat country; *(ylä~)*
plateau.
tasapaino balance, equilibrium;
~ssa [well] balanced; *pysyä
~ssa* keep one's balance;
joutua pois ~sta be thrown
off balance; *valtiollinen* ~
balance of power. **-illa**
balance oneself (on). **-inen**
balanced, well-adjusted.
-taituri acrobat, *(trapetsi-)*
trapeze artist. **-tila**

equilibrium. **-ton** unbalanced.
-ttaa [counter] balance.
-ttelu *pol. m.* trimming.
tasa|paksu. . of even thickness.
-peli draw. **-pinta** plane; level.
-pohjainen flat-bottomed.
-puolinen impartial, fair,
unbias [s]ed, *(ohjelma)*
balanced. **-puolisuus**
impartiality, fairness.
-suhtainen well-proportioned,
symmetrical.
tasata divide into equal parts,
divide evenly (equally)
(among, between), distribute
evenly (among).
tasavalta republic. **-inen,**
-lainen republican. **-isuus**
republicanism.
tasa|vertainen equal. **-virta**
direct currect. **-väkinen**
equally matched; *he ovat
-väkiset* they are equal [in
strength].
tase *liik.* balance, statement of
accounts. **-tili** balance sheet.
tasku pocket; *pistää ~un(sa)*
pocket. **-ase** pocket pistol.
-kello pocket watch. **-kirja,**
-romaani paperback. **-koko,**
~inen pocket size. **-lamppu**
torch, *Am.* flashlight. **-matti**
pocket-flask. **-raha**
pocket-money; *(naisen)*
pin-money. **-sanakirja** pocket
dictionary. **-varas** pickpocket.
-varkaus: *tehdä* ~ pick
[sb.'s] pocket.
taso plane; *(korkeus-)* level;
(esim. työn) standard; *olla
samalla ~lla* be on a level
(with), be on the same level;
poliittisella ~lla on the
political plane.
tasoi|ttaa make. . [more] even,
even, level [the ground,
maata]; *(silittää)* smooth
[out, down]; *(leikaten)* trim
[the hair, *tukka*]; *(kuv. =
tehdä samanlaiseksi)* equalize;
(summa) round [it off], *(tili)*
balance; ~ *tietä (kuv.)* pave
the way (for). **-tus** levelling;
trimming; *urh.* odds *(~merkki
mus.* natural).
tasoylikäytävä level-crossing.
tassu paw.
tataari Tartar.

tattari buckwheat.
tatti boletus.
tatuoi|da, -nti tattoo.
taudin|kohtaus attack of illness.
-oire symptom [of disease].
-pesä seat of the disease.
tauko pause; interval; *mus.*
rest. **-amaton** incessant,
uninterrupted, continuous.
taula German tinder,
touchwood.
taulu picture; *(maalaus)*
painting; *(esim. koulun)*
board; *(taulukko)* table;
(kellon) dial. **-kko** table;
(graafinen) graph. **-koida**
tabulate, draw up a table.
-kokoelma collection of
pictures, picture-gallery.
-nkehys picture frame.
tauo|ta cease, stop [. . -ing];
come to a stop; *taukoamatta*
without stopping; without a
break; continually. **-ton**
non-stop.
tausta background. **-peili**
(auton) driving mirror,
rear-view mirror.
tauti disease; *(sairaus)* illness,
sickness, malady; complaint;
disorder; *kuolla jhk ~in* die
of *(t.* from); *mitä ~a hän
potee* what is he suffering
from? **-suus** morbidity,
sickness rate. **-vuode** sick-bed.
tavalla, tavat *ks. tapa.*
tavallaan in a manner, in a
way; in a fashion, in a
manner of speaking; *(jossakin
määrin)* to a certain extent;
omalla ~ in his (her, their)
own way; *hän kertoi sen
omalla ~ (m.)* he gave his
own version of it.
tavalli|nen usual; ordinary;
(usein esiintyvä) frequent;
common: *(yleinen)* general; ~
mies the average man; ~
sotamies common soldier,
private; *-set ihmiset* ordinary
people; *-sessa puvussa* in
informal dress; *-seen tapaan*
as usual; *-sissa oloissa* under
ordinary *(t.* normal)
conditions; *kuten -sta* as
usual, as is customary; *-sta
suurempi* unusually
(exceptionally) large; *-sta*

enemmän more than usual.
-sesti usually, commonly;
(yleensä) generally;
(säännöllisissä oloissa)
ordinarily. **-suus** commonness;
frequency; *-suuden mukaan* as
usual; *-suudesta poikkeava. .*
out of the ordinary,
extraordinary; *-suudesta
poiketen* contrary to one's
usual practice.
tavan|mukainen, -omainen
customary, usual, habitual,
accustomed; *-omaiset aseet*
conventional arms. **-takaa**
time and again, every little
while.
tavara goods, *(et. yhd.)* ware
(esim. tinware), wares;
(kauppa-) merchandise;
article [s]; *(omaisuus)*
property; *(tuotanto-)* product;
~t (m.) [personal] effects,
belongings. **-erä** parcel, lot.
-juna goods train,
freight-train. **-katos** goods
shed. **-käärö** parcel, package.
-laji line (kind) of goods.
-leima trade-mark. **-liikenne**
goods traffic. **-luettelo**
inventory. **-lähetys**
consignment, shipment of
goods. **-merkki** trademark,
(-laji) brand. **-nvaihto**
exchange of commodities,
trade. **-näyte** sample, *(malli)*
pattern. **-säiliö, -tila** *(auton)*
boot, *Am.* trunk. **-talo**
department store; *(halpa)*
discount house, self-service
department store. **-teline**
(pyörän) luggage carrier,
(auton katolla) roof-rack.
-toimisto goods office *(et. Am.*
freight) office. **-varasto** stock
on hand, store of goods.
-vaunu goods waggon, luggage
van, *Am.* freight car.
tava|ta 1. meet; *(sattua yhteen)*
come across, run into, happen
upon; *(yllättää)* come upon;
(pahanteosta ym) catch;
saisinko ~.. can I see (t.
speak to)..? *toivon tapaavani
Teidät pian* I hope to see you
soon; *en ole koskaan häntä
tavannut* I have never met
her; *on -ttavissa (kotonaan)* is

at home; *hänet -ttiin
varkaudesta* he was caught
stealing.
tavata 2. *(kirjain kirjaimelta)*
spell.
tava|ton unusual, uncommon;
extraordinary;
(poikkeuksellinen) exceptional;
(kuulumaton) unheard-of;
-ttoman unusually [large,
suuri], exceedingly [beautiful,
kaunis], extremely [difficult,
vaikea]; ~ *hinta* excessive
price; *meillä oli -ttoman
hauskaa* we enjoyed ourselves
greatly (immensely); *niitä oli
-ttoman paljon (m.)* there
were ever so many of them.
-ttomasti unusually *jne.*
tavaus spelling. **-virhe** mistake
in spelling.
tavoin in .. way, like ..; *millä
~?* in what way? how?, *ks.
tapa.*
tavoi|te aim, object; *(esim.
myynti-)* target. **-tella** try to
catch; aspire (after), be after;
~ *kuuta taivaalta* reach for
the moon; ~ *mainetta* aspire
to fame; ~ *rikkautta* strive
for riches; *-teltava* desirable,
covetable; *-teltu kaunotar* a
sought-after beauty. **-ttaa**
catch [a ball], catch up with,
overtake [a p.]; *(auto)* catch
[a bus], find [a taxi], *(jku
kotoa t. puhelimella)* reach;
(koettaa ~) try to get hold
of, *(jkn katsetta)* try to
catch; ~ *menettämänsä aika*
make up for lost time;
*(samoja lukuja) ei tänä
vuonna -teta. .* will not be
attained this year; *lähti
-ttamaan rikollista* left in
pursuit of the [escaped]
criminal. **-ttelija** claimant (to),
vallan ~t seekers after power.
-ttelu *(jnk)* pursuit (of).
tavu syllable; *jakaa ~ihin*
divide into syllables. **-inen** . .
of. . syllables; *moni~*
polysyllabic.
te you; *teille* to you, for you;
teitä you; *onko tämä Teidän*
is this yours? (. . *hattunne.*.
your hat?)
teatteri theatre; *~ssa* at the t.;

käydä ~ssa go to the t. **-ala:**
ruveta ~lle go on the stage.
-arvostelija dramatic critic.
-arvostelu dramatic criticism.
-kappale play. **-kärpänen:** *-lla
on ~ (haluaa näyttelijäksi). .*
is stage-struck. **-kiikari**
opera-glasses. **-koulu** dramatic
school. **-lava** stage. **-mainen**
theatrical. **-njohtaja** theatre
manager. **-näytäntö**
[theatrical] performance;
show. **-ohjelma** programme;
(juliste) play-bill. **-seurue**
touring company. **-ssakävijä**
theatre-goer, playgoer. **-talo**
theatre. **-yleisö** theatre-going
public, *(katsomo)* audience.
tee tea; *keittää ~tä* make tea;
juomme ~tä kello neljä we
have tea at four; *voitteko
tulla ~lle?* could you come to
tea? **-illallinen** high tea.
-kannu tea-pot. **-kuppi** teacup.
-kutsut tea-party. **-lusikallinen**
teaspoonful. **-lusikka** teaspoon.
teema *mus.* theme, motif;
(verbin) principal parts [of a
verb].
teennäi|nen affected; unnatural;
artificial; *(pakkoinen)* forced.
-sesti affectedly; in an
affected manner. **-syys**
affectation.
teepensas tea shrub.
teerenpisama freckle.
teeri black grouse; *(koiras)*
blackcock, *(naaras)* grey-hen.
teesken|nellä pretend [to be
ill], feign [ignorance], affect
[friendship], simulate; make
believe; assume an air (a
look) of [innocence,
viattomuutta]; *(esiintyä
t-nellen)* be affected; *-nelty*
affected; feigned.
-telemättömyys unaffectedness,
artlessness. **-telemätön**
unaffected; unfeigned; artless;
(vilpitön) sincere. **-televä**
affected; *(ulkokullattu)*
hypocritical. **-telijä** hypocrite.
-tely affectation, pretence,
make-believe.
teettää have. . made; ~ *uusi
takki* have a new coat made.
tee|tölkki tea caddy. **-vati**
saucer.

tehdas factory, mill, works. **-alue** factory grounds. **-kaupunki** manufacturing town. **-laitos** manufacturing plant, factory. **-mainen;** ~ *valmistus* factory production. **-maisesti** on an industrial scale *(t. basis)*. **-seutu** manufacturing district. **-tavara** manufactured goods (articles). **-tuote** factory product. **-työ** factory work;. . *on ~tä* is factory-made. **-työläinen** factory worker. **-valmisteet** manufactured goods.

tehdä do; make [a coat, *takki*; a p. happy, *jku onnelliseksi*]; *(suorittaa)* perform, accomplish, execute, carry out; *(jtk pahaa)* commit; *(laatia)* draw up; ~ *jksk* render, make; ~ *hyvää* do good; be beneficial; *se tekee hyvää hänelle* it does him good; ~ *ihmeitä* work wonders; ~ *kauppa* make (conclude) a bargain; ~ *rikos* commit a crime; ~ *jk työ* do a piece of work, do a job; ~ *kysymys* ask. . a question, put a question (to); ~ *matka* make a journey; ~ *merkintöjä* take notes; ~ *työtä* work; ~ *velvollisuutensa* do one's duty; *ottaa ~kseen* undertake (to); *mitä se tekee?* what does it matter? what of that?;. . *tekee (yhteensä) 15 sh.* it makes 15 sh., that'll be 15 sh.; *teit oikein kun menit sinne* you did right in going there; *mitä minun on tehtävä?* what am I to do? *onko mitään tehtävissä?* is there anything to be done [about it]? *minulla on paljon tekemistä* I have much to do; *olla tekemäisillään jtk* be about to. .; *olla tekevinään* pretend to. .

teho effect, action, *(koneen)* capacity, output; efficiency, [effective] power; ~*a tavoitellen* [she did it] for effect. **-kas** effective, efficient. *(~ava)* impressive. **-kkaasti** effectively. **-kkuus** effectiveness, efficiency,

efficacy. **-osasto** *ks. -staa.* **-sekoitin** liquidiser, *Am.* electric blender. **-staa** render. . more effective; heighten, intensify; *(esim. valvontaa)* tighten up; *(korostaa, esim. tausta)* set off, serve as a foil to; highlight; *-stetun hoidon osasto* intensive-care unit. **-ste:** *ääni~et* sound effects. **-stus** intensification; setting off; *itse~* self-assertion. **-ta** be effective, have (produce, exert) an effect (on), act (on); have the desired effect; *(miellyttää)* impress;. . *-si voimakkaasti.* . was very impressive. **-ton** ineffective, ineffectual, *(kem. ym.)* inactive; *olla ~ (m.)* be of no effect. **-ttomuus** ineffectiveness, inefficiency.

tehtaan|hinta maker's *(t. factory)* price. **-isännöitsijä** factory superintendent. **-piippu** chimney stack.

tehtailija manufacturer, factory owner.

tehtävä task; *(velvollisuus)* duty, *(virka-)* function; commission; *(elämän- ym)* mission [in life]; *(lasku- ym)* problem; *(koulu-)* lesson; *antaa jklle jk* ~ set a p. a task, assign [a task] to; *antaa jk jkn ~ksi* commission a p. to, charge a p. with; *täyttää ~nsä* perform one's task, fulfil one's duty; *minun* ~ *(nä)ni on.* . it is my business to; *ryhtyä hoitamaan (uutta)* ~*ä* take over [a job]; *hoitaa tehtäviään* discharge one's duties (responsibilities).

teidän your; yours.

teikäläinen one of you, one of your people; ~ *ajatustapa* your way of thinking.

teilata *kuv.* destroy.

teini sixth-former, *Am.* senior-highschool pupil. **-ikäinen** *l. v.* teen-ager, *a.* teen-aged.

teippi [adhesive] tape.

teititellä address [a p.] formally, not be on Christian-name terms.

tek|aista do (make). . in haste,

make hastily; *(keksiä)* make up, fabricate, invent; *tekaistu* trumped up [story, *juttu*], fictitious. **-eillä** in [course of] preparation; *on ~* is being made (prepared), is under construction, in course of preparation; *mitä on ~ (m.)* what is up? **-ele** [unpretentious] piece of work. **-e|minen** doing *jne.; joutua t-misiin jkn kanssa* come into contact with; *sillä ei ole mitään t-mistä . .n kanssa* it has nothing to do with; *olla -misissä jkn kanssa* have dealings with; *en halua olla missään t-misissä hänen kanssaan (m.)* I am through with him. **-e|mätön** undone; *tehtyä ei t-mättömäksi saa* what is done cannot be undone. **-eytyä:** *~ jksk* pretend to be. ., sham [illness, *sairaaksi*], feign, affect [ignorance, *tietämättömäksi*]. **-ijä** maker; *(kirjan-)* author; *mat. ym* factor; *tärkeä ~* an important factor; *työ ~änsä kiittää* a workman is known by his work; *(~noikeus* copyright. *~npalkkio* author's remuneration, *(prosentti)* royalty.

tekn|iikka technics, technology, engineering, *(tekotapa)* technique. **-ikko** technician; technologist. **-illinen** technical; *~ korkeakoulu* Institute *(t.* School) of Technology, technical *(t.* technological) university; *~ opisto* college of advanced technology; *~ koulu* technical school. **-nen** *ks. ed.*

teko deed, act; *(työ)* work; *(menettely)* action; *(saavutus)* achievement; *hyvät teot* good actions, *(raam.)* good works; *paha ~* evil deed; *tavata jku itse teosta* catch. . in the act, catch. . red-handed; *sanoin ja teoin* in word and deed; *suomalaista ~a* of Finnish make. **-hammas** false tooth; *-hampaat* denture. **-hengitys** artificial respiration; *vrt. suu.*

-jäsen artificial limb. **-kuitu** man-made fibre; synthetic fibre. **-kukka** artificial flower. **-kuu** satellite. **-nahka** imitation leather. **-palkka** pay, charge [for making. .]; *paljonko otatte ~a* how much do you charge for your work? **-pyhyys** hypocrisy. **-pyhä** hypocritical; *s.* hypocrite. **-silkki** artificial silk; rayon. **-silmä** artificial eye. **-syy** pretext; subterfuge; *etsiä -syitä* try to find excuses, resort to evasions; *sillä ~llä, että hän oli sairas* on the pretext that he was ill, under the pretext (the pretence) of being ill. **-tapa** method of preparation; technique. **-tukka** false hair.

tekst|ata print [by hand], write in print; *-atut kirjaimet* block letters. **-i** text; *(paino~)* print; *(filmin)* caption, *vrt. seur. (sanat)* wording; *(päivän ~ (raam.)* lesson. **-itys** *elok., TV* subtitles.

tekstiili textile; *ks. kutoma-.*

tela roller, roll, cylinder: *telat (laivan)* stocks, slipway; *laskea teloilta* launch; *lähteä teloiltaan* leave the slipway, be launched. **-ketju** caterpillar tread; *(~traktori* caterpillar tractor). **-kka** dock, shipyard. *tulla ~an* dock. **-koida** dock. **-kointi** docking. **-pölkyt** stocks.

tele|objektiivi telephoto lens. **-skooppi** telescope.

telepatia telepathy.

televisio television, TV, *(koje)* t. set; *puhek. (telkkari)* the telly, the box; *~ssa on* television; *katsella ~ta* watch television. **-ida** televise. **-kuuluttaja** television announcer. **-lähetin** t. transmitter. **-lähetys, -puhe** t. broadcast. **-nkatselija** televiewer, watcher of TV. **-toiminta** t. broadcasting.

teline stand, rack; *(kehys-)* frame; *~et (rakennus-)* scaffolding; *(voim.)* apparatus. **-harjoitukset** [gymnastic] exercises on apparatus.

teljetä bolt, bar; *~ jku jhk*

shut sb. (into), lock up.
telki bar; bolt; ~*en takana*
under lock and key.
telkkä goldeneye.
telmiä romp, be boisterous.
teloi|ttaa execute. **-ttaja**
executioner. **-tus** execution.
teltta tent; *(suuri)* marquee;
pystyttää ~ pitch a tent.
-katos canopy; canvas cover.
-sänky camp bed.
temmata pull; wrench;
(nykäistä) jerk; ~ *jkn käsistä*
snatch.. from a p.'s hands; ~
mukaansa (kuv.) carry [the
audience] with one, sweep
(carry) [the reader] along.
temmel|lys tumult; turmoil;
(~**kenttä** arena). **-tää** *(esim.
myrsky)* rage; ~ *vapaasti*
have free rein[s], run high.
temp|aus pull; jerk; *urh.*
snatch; *kuv.* drive; *mainos*~
publicity stunt. **-autua** *(irti)*
wrench oneself away (from),
break loose; ~ *mukaan* be
carried away. **-oa** jerk, pull.
temppeli temple. **-herra** Knight
Templar.
temppu trick; dodge; *rohkealla
tempulla* by a bold stroke.
-ilu trickery.
tenava kid, tot.
tendenssi tendency, trend, drift;
(kirjan ym.) purpose.
-näytelmä [a] play with a
message.
tenho *(-voima)* enchantment,
glamour, charm, fascination;
~*ava* glamorous. **-ta** enchant,
charm, fascinate.
tennis *(-peli)* [lawn-]tennis;
pelata ~*tä* play t. **-halli**
indoor tennis-court[s]. **-kenttä**
tennis-court. **-kilpailu** tennis
tournament.
tenori, -laulaja tenor. **-ääni**
tenor voice; *(-osa)* tenor
[part].
tentti examination, *puhek.*
exam; *suorittaa* ~ pass an e.;
pitää ~ conduct an e. **-ä**
examine [sb. in .., on his
knowledge of]; *(jtk jklle)* be
examined by.
tenä: *tehdä* ~*ä* resist, offer
resistance.
teolli|nen industrial. **-staa**

industrialize. **-suudenharjoittaja**
industrialist.
teollisuus industry, *us.*
industries. **-elämä** industrial
life. **-kaupunki** industrial
(manufacturing) town. **-keskus**
industrial centre. **-lait|os**
manufacturing establishment,
industrial plant; *-okset*
industries. **-mies** industrialist.
-pomo tycoon, captain of
industry. **-seutu** industrial
area. **-tuotteet** manufactured
products (goods).
teologi theologian. **-nen**
theological.
teonsana *kiel.* verb.
teoree|tikko theorist. **-ttinen**
theoretic[al].
teoria theory.
teos work; *(tuote)* product,
production; *(kirja, m.)* volume.
teosofi theosophist. **-a**
theosophy. **-nen** theosophic[al].
tepastella *(lapsesta)* toddle.
tepsi|ä be effective, have an
effect; *ne sanat -vät* the
words produced the desired
effect;.. *ei -nyt* had no effect
[on him].
terap|eutti therapist. **-ia**
therapy.
terha|kka brisk, lively;
vigorous; *(vanhus)* hale and
hearty, spry; *-kasti* briskly,
boldly. **-kkuus** spirit;
briskness; enterprise.
teriö *bot.* corolla.
termi *(oppisana)* term.
termiitti termite.
terminologia terminology.
termos thermos. **-kannu**
vacuum pitcher. **-pullo**
thermos [flask], vacuum flask.
-taatti thermostat.
ternimaito beestings.
teroittaa sharpen; *(esim. kynää,
m.)* point; *(hioa)* grind;
(mieleen) impress on a p.,
imprint on a p.'s memory.
terrori, -smi terrorism. **-sti**
terrorist. **-soida** terrorize.
-teko terrorist outrage.
terssi *mus.* third.
terttu cluster, *tiet.* raceme.
terva tar. **-inen** tarry. **-npoltto**
tar-burning. **-pääskynen** swift.
-skanto resinous stump, *kuv.*

(adj.). . sound to the core. **-ta**
tar; give. . a coating of tar.
terv|e healthy; *(predikatiivina)*
well; sound [in body and
mind], *(-järkinen)* sane; *olla*
~enä be healthy, be well, be
in good health; *tulla ~eksi*
recover, be cured; ~
arvostelukyky sound judgment;
~ *järki* common sense; *~ellä*
pohjalla on a sound basis;
terve! hello! *(lähtiessä)*
cheerio, *(maljasi)* cheers; ~
tuloa nice you could come!
(joskus) welcome. **-eellinen**
healthy, healthful, wholesome;
(hyväätekevä) beneficial,
salutary. **-eellisyys** healthiness.
-eesti soundly; sanely.
terveh|dys greeting; salutation;
(sotilas-) salute; *(joulu- ym)*
compliments of the season;
*(~***käynti** call, courtesy call;
mennä t-käynnille jkn luo pay
one's respects to; *~***puhe**
address of welcome, words of
welcome). **-tiä** greet, *sot.*
salute; *(kädestä)* shake hands
with; *(kumartaa)* bow,
(nyökäyttää) nod, *(nostaa*
hattua) raise one's hat (to);
~ *jkta iloiten* greet. . with
joy; *käydä -timässä jkta* pay
sb. a visit, call on a p.; *käy*
-timässä come and see me!
look me up! *hän ei -di*
minua kadulla (m.) he cuts
me in the street. **-dyttäminen**
(esim. talouselämän) putting
the economy on a sound
basis), reorganization,
[economic] reconstruction.
-tyminen recovery. **-tyä**
recover, get well.
tervei|set regards,
(kunnioittavat) compliments,
respects; *-siä . . -lle*
remember me to; *sano -siä*
jklle give my kind regards
(to); *parhain -sin* with kindest
regards; *rakkaat ~ -lta* love
from . .
terve|järkinen sane,. . sound in
mind. **-tuliaiset** welcome.
-tuliaispuhe welcoming speech.
-tullut welcome; *lausua jku*
-tulleeksi bid a p. w. **-tuloa:**
~ . . you are welcome [at

t. in Helsinki, at this
occasion]; *vrt. terve.*
-yde|llinen hygienic; sanitary;
-lliset olot sanitary conditions.
terveyden|hoito care of the
health; hygiene; *(yleinen)*
public health [measures];
*(~***lautakunta** board of
health). **-huolto** public health;
(kansallinen) National Health
Service. **-tila** [state of] health.
terveys health; *huono ~* bad
health, ill-health; *terveydeksi*
your health! here's to you!
juoda jkn terveydeksi drink to
a p.'s health. **-lähde** mineral
spring, spa. **-opillinen**
hygienic. **-oppi** hygiene. **-side**
sanitary towel. **-sisar** public
health nurse. **-suola** salts.
-syy: *-syistä* for health
reasons. **-vesi** medicinal water.
terä blade; *(koneissa ym)*
cutter, bit, *(reuna)* [cutting-]
edge; *(hampaan)* crown;
(kynän) nib; *bot.* corolla;
aurinko loistaa täydeltä ~ltä
the sun is shining in full
splendour. **-ase** sharp-edged
weapon.
teräks|enharmaa steel-grey.
-inen. . of steel *(m. kuv.)*,
steel.
terälehti *bot.* petal.
teräs steel. **-betoni** reinforced
concrete. **-kynä** steel pen.
-kypärä steel helmet. **-köysi**
steel cable, wire rope. **-lanka**
steel wire. **-piirros** steel
engraving. **-täytyä** steel oneself
[against, *vastaan*]. **-tää** steel,
harden. **-villa** steel wool.
terä|vyys sharpness, keenness,
edge, *(kuv. m.)* acumen. **-vä**
sharp, keen [intellect, *äly*];
(kärjekäs) pointed; acute
[angle, *kulma*]; *(pureva)*
cutting, biting, trenchant,
mordant; ~ *huomautus* sharp
(caustic) remark; ~ *katse*
sharp (piercing) look; ~ *kieli*
a sharp tongue; ~ *tyttö* a
sharp (clever) girl; *(luokan)*
-vin oppilas the brightest
pupil; ~ *vastaus* sharp retort,
(sukkela) witty answer; *~t*
laskokset knife pleats.
terävä|järkinen keen- (sharp-)

witted, acute, astute. **-järkisyys**
sharpness. **-kulmainen**
acute-angled. **-kärkinen**
pointed. **-näköinen**
keen-sighted, *kuv.*
sharp-sighted. **-näköisyys**
keen-sightedness; discernment.
-päinen clever, intelligent,
(fiksu) brainy; acute, shrewd.
testamen|tata bequeath, leave
[by will]. **-tintekijä** testator,
fem. testatrix.
-tintoimeenpanija executor [of
a will]. **-tti** will; *et raam.*
testament; *kuolla ilman ~a*
die intestate; (**~lahjoitus**
legacy; **~määräys** stipulation
in a will).
test|ata, **-i** test.
teuras|karja beef cattle,
slaughter-cattle. **-taa** slaughter.
-taja butcher. **-tamo**
slaughter-house, abattoir. **-tus**
slaughter; *kuv.* butchery,
(joukko-) massacre. **-uhri**
sacrifice.
Thai-maa Thailand; **t~lainen**
Thai.
tiainen titmouse.
tie road; way; *(kulkutie)*
passage, pathway; *kysyä ~tä*
ask sb. the way; *olla jkn
~llä* stand in a p.'s way, be
in the way; *pois ~ltä!* get out
of the way! *hän meni toista
~tä* he took another road,
(matkusti) he went by another
route; *rauhallista ~tä* by
peaceful means; *mennä
~hensä* take oneself off; *mene
~hesi!* go away! *minun olisi
paras laittautua ~heni* I had
better make tracks; *kulkea
omaa ~tään (kuv.)* take a
line of one's own.
tiede science. **-akatemia**
academy of science [s]; *Engl.*
the Royal Society. **-kunta**
department, faculty. **-mies** *(et.
luonnontieteilijä)* scientist.
tiedoksianto notification, notice.
tiedollinen instructional.
tiedon|antaja informant. **-anto**
information, communication,
notice, *(selostus)* report;
(esim. päivittäinen) bulletin;
(**~toimisto** inquiry office).
-haara branch of knowledge.

-haluinen. . eager to learn,
studious.
tiedostaa *psyk.* recognize.
tiedote announcement,
statement; bulletin,
communiqué, *(lehdistölle, m.)*
handout.
tiedo|ton unconscious;
(tunnoton, m.) senseless.
-ttomuus unconsciousness,
insensibility.
tiedo|ttaa make known; notify
[a p. *jklle*]; announce, report.
-tus notification, notice,
report, communication;
announcement; (**~palvelu**
intelligence [service];
~tilaisuus *l.v.* press
conference; **~väline** medium;
~välineet [mass] media [of
communication]).
tiedus|taa *ks. -tella;* ~ *asuntoa
ym (m.)* look about for. .
-telija *(vakoilija)* scout. **-tella**
inquire [about. ., concerning. .
jtk asiaa], make inquiries;
sot. reconnoitre; ~ *jkta*
inquire *t.* ask for *(jkn vointia
after);* ~ *jkn mielipidettä* ask
a p.'s opinion, consult a p.;
~ *tietä* ask the way. **-telu**
inquiry; *sot.* reconnaissance,
reconnoitring; (**~lento**
reconnaissance flight; **~osasto**
intelligence department; **~retki**
reconnoitring expedition).
tiehyt duct, canal, channel.
tiehöylä road scraper.
tien|haara *(et. kuv.)* parting of
the ways. **-mutka** curve (bend)
of the road.
tien|oo neighbourhood; tract,
region; *näillä -oin* in these
parts, in this neighbourhood;
kello viiden -oissa about 5
o'clock.
tien|raivaaja *kuv.* pioneer.
-raivaus clearing the way;
kuv. pioneer work. **-rakennus**
road building, road making;
(**~suunnitelma** road project).
-risteys crossing of roads,
crossroads, junction. **-vieri**
roadside, wayside; *~llä* by the
side of the road, along the
road. **-viitta** signpost.
tie|puolessa by the wayside.
-sulku road block; *vrt. katu-.*

tieteelli|nen scientific. **-sesti** scientifically. **-syys** scientific character (nature).
tieteen|haara branch of science. **-harjoittaja** man of science, scientist.
tieteillä pursue scientific studies.
tieteisromaani science fiction book.
tieten knowingly, consciously; ~ *tahtoen* wilfully and knowingly; of set purpose; intentionally; *minun* ~*i* with my knowledge. **-kin** of course; naturally. **-kään:** *eipä* ~ of course not, certainly not.
tieto knowledge; *(ilmoitus)* information; notice; intelligence; *tiedot* information; data; *lähemmät tiedot* particulars; *antaa tiedoksi* make.. known; *antaa* ~ *jstk* notify, inform [a p.] of, give notice of, let.. know; *saada* ~ *(jstk)* be informed of, receive information of; *saattaa jtk jkn* ~*on* bring to a p.'s knowledge; *tulla* ~*on* become known, *(esim. salaisuus)* get out; *tulla jkn* ~*on* come to a p.'s notice; *hankkia* ~*ja* gather information (about); *saamamme tiedon mukaan* according to information received; *vastoin parempaa* ~*aan* contrary to his better judgment; *pitää omana* ~*naan* keep.. to oneself. **-inen** conscious, *jstk* of; *olla* ~ *jstk* have knowledge of, know about, be aware of; *täysin* ~ *(jstk)* fully conscious of; *-isena siitä, että* knowing that.. ; *pitää.. -isena* keep a p. informed (of), keep.. posted. **-isesti** consciously. **-isuus** consciousness; knowledge. **-jenkäsittely** data processing. **-kilpailu** quiz [programme]. **-kirja** instructional book. **-kone** computer. **-liikennesatelliitti** communications satellite. **-puolinen** theoretical. **-rikas..** of wide knowledge, knowledgeable. **-sanakirja**

encyclopedia. **-toimisto** *(uutis-)* news agency.
tietous knowledge; lore *(esim.* folklore, bird lore).
tie|tty known; a certain, a given; *se on* ~ of course, certainly; *tietyssä mielessä* in a certain sense; *pitää* ~*nä* take for granted. **-ttävä:** *tehdä* ~*ksi* make known. **-ttävästi** so *(t.* as) far as is known; for all we know, to the best of my (our) knowledge.
tiety|mätön *(epävarma)* uncertain; *kadota t-mättömiin* disappear without leaving a trace. **-sti** of course; certainly! *(luonnollisesti)* naturally.
tietyö road-making. **-läinen** road labourer.
tietäjä soothsayer, seer.
tietämys knowledge.
tietä|mättä ~*ni* unknowingly, without my knowledge; *tieten tai* ~*än* wittingly or unwittingly. **-mättömyys** ignorance (of). **-mätön** ignorant, unaware (of), unacquainted (with), in the dark (about).
tietää know; have knowledge of; be aware, be conscious of; *(merkitä)* mean, signify; ~*kseni* as *(t.* so) far as I know, for anything I know; *ei minun* ~*kseni (m.)* not to my knowledge, not that I know of; *saada* ~ learn [from, *jklta*], be informed (of; by a p.), gather, (from a p.); *haluaisimme* ~ we should like to know; *hän ei ole tietävinään minusta* he ignores me, he takes no notice of me; *hän ei ole siitä* ~*kseenkään* he acts as if he knew nothing about it; *mitä tämä* ~ what does this mean (signify)? *tiesinhän sen* I knew as much.
tie|tön pathless, trackless. **-verkko** network of roads, road system.
tihe|ikkö thicket. **-ntää** make.. thicker (denser); ~ *käyntejään* visit.. more frequently. **-tä** become thick[er], thicken,

grow denser. **-ys** thickness, density, denseness; *(lukuisuus)* frequency. **-ä** thick, dense [fog, *sumu*]; close, *(kirjoitus)* cramped; *(usein tapahtuva)* frequent; ~*än* thickly, densely [populated, *asuttu*]; *tuhka-* ~*än* in rapid succession, thick and fast; *tietoja saapui* ~*än* reports arrived at frequent intervals; *niitä on* ~*ssä* they are close together.

tihku|a ooze, exude; trickle; seep [through]; *julkisuuteen, m.)* dribble, filter [through the town, *kaupungille*]. **-sade** drizzle.

tihrusilmäinen blear-eyed.

tihutyö evil deed, outrage.

Tiibet Tibet. **t-iläinen** Tibetan.

tiikeri tiger, *(naaras)* tigress. **-npentu** tiger cub.

tiilen|poltto brick-making. **-punainen** brick red. **-värinen** brick-coloured.

tiili brick; *(katto-)* tile. **-katto** tile [d] roof. **-kivi** brick. **-rakennus** brick building. **-tehdas** brickyard, brick-works. **-uuni** brick kiln.

tiine pregnant, big with young; *(hevonen)* with foal, *(lehmä)* with calf.

tiinu tub.

tiira *zo.* tern.

tiirikka picklock; *avata lukko tiirikalla* pick a lock; *tiirikalla aukeamaton* burglar-proof.

tiistai Tuesday; ~*na* on T.

tiiviisti tight [ly], close [ly]; *mennä* ~ *kiinni* shut tight.

tiivis tight; *(kangas)* tightly (closely) woven; *(tiheä)* dense, compact; *(veden-, ilmanpitävä)* water-(air-)tight. **-te** packing, gasket; *(uute)* extract. **-telmä** summary, abstract; ~ *jstk* condensed from. . **-tys** tightening, *tekn.* packing; *(höyryn)* condensation; (~*aine* packing; ~**lista** [window-]stripping; ~**rengas** washer). **-tyä** tighten, become tight; *(kaasuista ym)* be condensed, condense. **-tää** tighten; *(täyttää)* stop [up], *(esim. saumoja)* caulk; *tekn.*

pack; *(ikkuna)* seal up; *fys.* condense.

tiiviys tightness; closeness; denseness, density; compactness.

tikanheitto darts.

tikapuut ladder, stepladder.

tikari dagger; *(pieni)* stiletto.

tikata stitch; *(peitettä)* quilt.

tiki|tää tick. **-tys** tick [ing].

tikka woodpecker. **-peli** darts.

tikkaat stepladder, ladder.

tikki *(pelissä)* trick, *lääk.* stitch. **-takki** quilted coat.

tikku *(esim. sormessa)* splinter; *(isompi)* stick; *ei ole pannut* ~*a ristiin* has not lifted a finger. **-karamelli** lollipop.

tila room, space; *(sijoitus-)* accommodation; *(olo-)* state, condition; *(asema, yhteiskunn. ym)* status; *(maa-)* estate, *(pieni)* farm; ~*a vievä, ottava* bulky, voluminous; *ensi* ~*ssa* at the first opportunity, at your (my) earliest convenience, *(paluupostissa)* by return [of post]; *tehdä* ~*a jklle* make room for;. . *vie paljon* ~*a.* . takes up a great deal of space (of room); ~ *ei salli* space does not permit; *sairaan* ~ the patient's condition; *valtasi toisen* ~*n* was placed second; *asettaa jtk jnk* ~*lle* substitute sth. for, replace. . by; *tulla jkn* ~*lle* take a p.'s place, supersede a p.; *salissa on* ~*a 500 hengelle* the hall accommodates (seats) 500 people.

tilaaja subscriber (to). **-määrä** number of subscribers.

tilais|uus occasion; *(tarjoutuva)* opportunity, chance; *(virallinen, m.)* function; *(esim. juhla-)* social occasion; *-uuden sattuessa* when occasion offers; *käyttää -uutta* seize (avail oneself) of an opportunity; *päästää* ~ *käsistään* miss (waste) an opportunity; *tässä -uudessa* on this occasion.

tilallinen farm-owner, farmer; estate-owner.

tilan|ahtaus lack *(t.* limitation)

of space (of room), cramped conditions. **-hoitaja** steward, bailiff, manager of an estate.
tilan|ne situation; *(asema)* position; *olla -teen herrana* have the situation well under control; *-teen tasalla* equal to the occasion; *aina -teen mukaan* according to the circumstances. **-netiedotus** communiqué.
tilan|omistaja ks. *tilallinen*. **-puute** lack of space.
tilapäi|nen occasional, casual; *(väliaikainen)* temporary, provisional. **-sesti** temporarily, for the time being. **-sruno** poem for a special occasion. **-styöt** odd jobs.
tilasto statistics. **-llinen** statistical. **-tiede** statistics. **-tieteilijä** statistician.
tilata order, *jklta* from; *(lehtiä ym)* subscribe (to); *(paikka)* book, reserve; ~ *aika* make an appointment [with a doctor, a hairdresser etc.]; ~ *jstk liikkeestä (m.)* place an order [with a firm] for. .
tilaton: ~ *väestö* landless population.
tilaus order; *(sanomalehden)* subscription (to); *tilauksen mukaan tehty* made to order, *(puku)* made to measure, *Am.* custom-made; *hankkia (lehden) tilauksia* collect subscriptions (for); *toimittaa* ~ carry out (execute, fill) an order; *tilauksessa* on order. **-hinta** subscription; *-hinnat* subscription rates. **-lento** charter flight. **-lista** order sheet, *(aikakauslehden)* subscription list. **-maksu** subscription. **-pukimo** tailor. **-puku** *Am.* custom-made suit.
tilav|a spacious, roomy. **-uus** cubic contents, cubic capacity; *(kappaleen)* capacity, volume; *(~mitta* measure of capacity, cubic measure).
tilhi *zo.* waxwing.
tili account *(lyh.* a|c); *tehdä* ~ *jstk* give (render) an account of, account for; *avata* ~ open an account (with); *maksaa ~in* pay on account; *merkitä*

jkn ~*in* enter in *(t.* on) a p.'s account, put. . down to a p.'s account; *pitää* ~*ä* keep accounts; *tehdä* ~ *jkn kanssa* settle (square) one's accounts with; *vaatia jkta* ~*lle jstk* call sb. to account for, take sb. to task for. **-asema** balance. **-kirja** account-book. **-llepanokortti** paying-in form. **-mies** accountant. **-npito** keeping of accounts. **-npitäjä** accountant. **-npäätös** closing (balancing) of the books; *(kuv. ym)* balance sheet. **-ntarkastaja** auditor, *(valantehnyt)* chartered accountant; ~*in lausunto* auditors' report. **-ntarkastus** audit, auditing [of accounts]. **-nteko** reckoning; *t-teon päivä* day of r. **-pussi** pay packet. **-päivä** pay-day. **-ttää** render an account, account for. **-tys** [statement of] accounts. **-vapaus** discharge; *myöntää* ~ grant d. **-velvollinen** responsible. **-vuosi** financial year, fiscal year.
tilk|e *tilkkeet* oakum. **-itä** caulk; make tight, stop.
tilkka drop.
tilkku scrap, *(paikka)* patch. **-peitto** patchwork quilt.
tillittää *(itkeä)* blubber.
tilukset estate; *(maa)* land [s].
timantti diamond; *(lasinleikkaajan)* glazier's diamond.
timotei timothy [-grass].
tina tin; ~ *ja lyijyseos* pewter. **-kaivos** tin mine. **-kalut** tinware. **-levy** tin-plate. **-paperi** tinfoil. **-sotamies** tin soldier. **-ta** tin; *(sisältä)* line with tin. **-us** tinning; tin lining.
tinka: *viime tingassa* at the last moment.
tinkimisvara margin (allowance) for reduction.
tinki|mättömästi unconditionally, unreservedly. **-mätön** unconditional; absolute, unreserved; *(rajaton)* unqualified. **-ä** bargain [. . down to, *jhk hintaan*]; haggle; ~ *hinnasta (myyjänä)*

take off; -mättä unconditionally, without reserve.

tinneri thinner; ~n nuuhkiminen t.-sniffing.

tip|ahtaa drop. **-oittain** in drops, drop by drop.

tipotiessään: on ~ has disappeared without a trace; is gone for good.

tippa drop; tipat drops. **-leipä** [sugared] [May-day] fritter. **-pallo** drop bottle.

tippu|a drop, drip. **-kivi** stalactite, (kohoava) stalagmite.

tippuri gonorrh[o[ea.

tiputtaa drop; veteen -etaan muutamia tippoja. . a few drops of. . are added to the water.

tiputus lääk.: suoneen ~ intravenous drip. **-pullo** medicine dropper.

tirkis|tellä, -tää peep, peer. **-tysreikä** peep-hole.

Tiroli the Tyrol; t-laishattu alpine hat.

tirsku|a, -nta giggle, titter.

tiski counter.

tisla|aja distiller. **-ta** distil. **-us** distillation; (~astia retort; ~koje still).

titaani Titan; (metalli) titanium.

tiu score; twenty.

tiuhaan in quick succession, thick and fast.

tiuk|asti tightly; closely; (kiinteästi) firmly, steadily, fixedly; pitää jtk ~ silmällä keep a sharp eye on. **-ata** (vaatia) demand; insist upon [getting]; ~ jklta jtk (m.) press. . for. **-entaa** tighten [up], (kuria, m.) make. . more strict (more rigid); otettaan tighten one's hold. **-ka** tight; (kova) hard, keen [competition, kilpailu]; (tarkka) close; (kudos) tightly (closely) woven; (ankara) strict [discipline, kuri], severe; ~ nuttu tight[-fitting] coat; ~ ohjelma crowded programme; ~ valvonta rigid supervision, strict control; kun ~ tulee if it comes to a pinch, at a pinch, when the crunch comes; raha on -alla

money is short; joutua -alle get into a tight place; panna jku -alle press. . hard; (~katseinen stern-looking). **-kuus** tightness; strictness jne.

tjuku [small] bell.

tiusk|aista, -ata speak sharply, snap (at). **-aisu** harsh speaking, snap.

toalettipaperi toilet paper (t. tissue).

todella really; truly; todellako! really? indeed? you don't say so? **-kin** really, indeed.

todelli|nen real, (oikea) true; (tosi-) veritable; **-set** olosuhteet actual conditions. **-suus** reality; -suudessa in reality, in fact, actually; (~kuvaus picture of real life; ~pohja: siltä puuttuu t. it is not based on reality).

toden|mukainen truthful. **-mukaisuus** truthfulness, veracity. **-näk|öinen** probable, likely; ~ syy the most probable cause; on hyvin -öistä there is every likelihood [that. .]. **-näköisesti** probably; hyvin ~ (m.) in all probability. **-näköisyys** probability; likelihood; (~laskelma probability calculus). **-peräinen** real, (tosi) true, veracious; (oikea-) authentic. **-peräisyys** reality; truth[fulness]; accuracy; kieltää jnk ~ deny the accuracy of; varmentaa ilmoituksen ~ authenticate. **-taa** verify. **-teolla** really, actually, truly; (tosissaan) in earnest.

tode|ta find, note, ascertain; establish [the truth of], verify; (esim. taudin aiheuttaja) identify; (väite) -ttiin vääräksi was found to be false; puhuja totesi the speaker stated (indicated). .

todis|taa prove; witness [a p.'s signature, jkn allekirjoitus], testify (to), give evidence (of), bear witness (to); mat. m. demonstrate; ~ oikeaksi certify [the correctness of], verify; oikeaksi -tettu jäljennös certified copy; ~ jku *syylliseksi jhk* convict.. of; ~ *testamentti* attest a will; ~ *jkta vastaan* bear testimony against; *se ~ hyvää makua* it is indicative of good taste; *todistaja -ti, että..* the witness testified that; *tapaturmaa ei kukaan ollut -tamassa* there was no witness to the accident; *mikä oli -tettava* which was to be proved. **-taja** witness; *kutsua ~ksi* call in evidence; *kuulustella -tajia* hear witnesses, take the evidence; *olla jnk tapahtuman ~na* witness an occurrence; *~in lausunto* testimony, evidence. **-tamaton** uncertified; unverified; unproved. **-te** proof, evidence; *ks. tosite.* **-telu** argumentation. **-tettavasti** as can be proved, demonstrably. **-tus** proof (of), testimony; *et. lak.* evidence; *(kirjallinen)* certificate; *(palvelus-)* testimonial; *(koulu-)* school report; *on -tuksena jstk* bears witness to, testifies to; *~aineisto* evidence; *(~jäljennös* copy of a testimonial; *~kappale* [piece of] evidence; exhibit; *~kelpoinen: t. henkilö* competent witness; *~voima* weight of evidence; *jllak on suuri ~ ..* is powerful evidence).

tohtia dare.
tohtor|i doctor; *lääketieteen ~ d.* of medicine *(lyh. M. D.).* **-inarvo** doctor's degree, doctorate; *saavuttaa ~* take one's doctor's degree. **-inväitöskirja** doctoral thesis *(Am.* dissertation).
tohveli slipper. **-sankari** henpecked husband.
toimeen|paneva executive. **-panija** executor. **-panna** execute, carry out; *(järjestää)* arrange; make [improvements, *parannuksia*]. **-pano** execution, putting into effect; *(~valta* executive power). **-tulo** living, livelihood, subsistence; *toimeentuloon riittävä palkka*

a living wage; *(~lähde* source of livelihood).
toime|kas active; busy; *(yritteliäs)* enterprising. **-kkuus** activity. **-ksiantaja** client; principal. **-ksi|anto** commission; *jkn -annosta* by order of. **-liaisuus** activity. **-lias** active. **-npide** measure; step; *(teko)* action; *(menettely)* procedure; *ryhtyä -npiteisiin* take measures, take steps (to), take [a matter] in hand, take action (on a matter), *tarmokkaisiin -npiteisiin* (m.) adopt vigorous measures; *ei anna aihetta mihinkään -npiteisiin* does not call for any action. **-ton** idle; inactive; *(ilman tointa)* unemployed; *olla ~na (m.)* be idle, do nothing; *~ jäsen* passive member. **-ttomuus** idleness; inactivity.

toimi occupation, employment; *(paikka)* position, situation, post; job; *(virallinen)* office; *(askare)* business; affair; function; *käytännöllisen elämän toimet* practical affairs; *antaa jtk jkn toimeksi* entrust a p. with; charge.. with; *astua toimeen* enter upon one's duties, *(jkn jälkeen)* take over; *ottaa toimekseen* undertake; *panna toimeen* put into effect, carry out; *ryhtyä toimeen* take action; take measures (to), *(työhön)* set to work; *saada toimekseen* be charged with [.. -ing], be commissioned (to); *toimeksi saanut* by order; *tulla toimeen* manage, get along, get on [with, *jkn kanssa*]; *tulee hyvin toimeen* is doing well; *tulla toimeen ilman jtk* do without; *jkn toimesta* through a p., through a p.'s agency.
toimi|a work, operate; function; be in operation, be in action, act; *(jssk asiassa)* go about a th.; *~ jnak* act [as host, *isäntänä*], *(esim. elimistä)* function (as); *~ komitean jäsenenä* serve on a committee; *~ lääkärinä*

practise medicine; ~ *sen mukaan* act accordingly; ~ *jssk mukana* take an active part in; ~ *jkn hyväksi* work for a p. (on a p.'s behalf); ~ *jkn neuvon mukaan* act upon a p.'s advice; *kone -i hyvin* the machine works (runs) well; *-va jäsen* active member. **-aika** term of office. **-ala** line [of business]. **-henkilö** functionary; *vrt. johto-.* **-kausi** period of office. **-kunta** committee. **-lupa** concession; (~**alue** concession). **-nimi** firm. **-nnallinen** functional.

toiminnanjohtaja executive director.

toiminta action, function[ing]; operation; activity; activities; *olla toiminnassa (laitos)* be in operation, be in action, *(kone, m.)* be running. **-ala** sphere of activity, field of action. **-halu** eagerness to work. **-haluinen.**. willing to work. **-kertomus** report. **-kyvytön** incapacitated. **-ohje** instruction, direction; directive. **-periaate** policy. **-säde** range of action. **-tapa** mode of action. **-tarmo** energy; vigour. **-tarmoinen** energetic, vigorous. **-terapia** occupational therapy. **-vapaus** liberty of action. **-vuosi** *(tili-)* financial year.

toimipaikka post; *t-paikan osoite* business address.

toimisto office; bureau. **-aika** office hours. **-apulainen** office employee. **-päällikkö** office manager, head clerk. **-tilat, -huoneisto** office premises.

toimitsija functionary.

toimi|**ttaa** do, perform, carry out [a task, *tehtävä*]; liik. *(perille)* deliver, *(hankkia)* supply; *(sanomalehteä ym.)* edit; *(huolehtia)* arrange, see to, attend to; *(virkatehtäviä)* discharge [the duties of. .]; *(laatia)* compile [a dictionary, *sanakirja*]; ~ *asia* do an errand; ~ *jumalanpalvelus* conduct (officiate at) a

service; ~ *mielipidetutkimus* take a poll [on a matter]; ~ *painosta* publish, issue; ~ *jklle sana* give a p. a message; ~ *takaisin* restore, return [a th. to its owner, *omistajalleen*]; ~ *tilaus* execute an order; *vaali -tetaan huomenna* the election will take place (will be held) tomorrow; *valmiina -tettavaksi* ready for delivery. **-ttaja** editor; *esim. uutis-* news editor *t.* broadcaster; *(ohjelman)* producer; *(joskus)* correspondent; *(sanakirjan)* compiler. **-tus** performing, execution; function, ceremony; liik. delivery, *(lähetys)* dispatch; *(sanomalehden)* editorial staff, *(-konttori)* editorial office; *-tukset (seuran)* proceedings; (~**aika** term of delivery; ~**johtaja** manager, managing director; ~**kunta** editorial committee; ~**mies** executor; ~**ministeristö** caretaker government; ~**palkkio** commission; ~**sihteeri** sub-editor). **-tuttaa:** ~ *tutkimus* cause an investigation to be made. **-va** acting, active *(m. tulivuori)*; operative. **-valta** authority.

toinen *a.* another, *(muu)* other; *(järjestyslukuna)* second; *s.* another [one], the other; ~ *teistä* one of you; ~ *tai* ~ one or the other; ~ *toisensa jälkeen* one after the other, one after another; ~ *toistaan* each other, one another; *toisilleen* to each other, to one another; *toiset* the others, other people; *kaikki toiset (m.)* all the rest; *joka* ~ *päivä* every other day; *joku* ~ someone else, somebody else; *jonakin toisena päivänä* some other day; *hän tuli toiseksi (urh.)* he finished (came in) second, he was the runner-up; *toisella tavalla kuin.*. differently from, in a different way from; *olla toista mieltä* be of a different opinion; *toisella puolella* on the other side of, beyond; *toiselle puolelle* to the other side (of), across; *toiselta puolen. . toiselta puolen* on the one hand. . on the other hand; *toisen kerran* another time, the second time, for the second time; *jonkun toisen (gen.)* someone else's; *se on aivan toista* it is quite another thing, it is a very different matter.

tointua recover, *jstk* from; recover consciousness, come round, come to.

toip|ilas convalescent; (~*aika* convalescence; ~*koti* convalescent home). **-ua** recover [from an illness, *taudista*]; *hän on toipumassa (m.)* he is convalescing, he is mending, he is picking up [quickly, *nopeasti*]. **-uminen** recovery.

toisaa|lla somewhere else, elsewhere. **-lle** in another direction; somewhere else; *kääntyä* ~ take another direction; *suunnata (esim. ajatukset)* ~ divert. **-lta** from another direction, from somewhere else; on the other hand; *etsiä jtk* ~ look for. . elsewhere.

tois|arvoinen secondary; ~ *kysymys* question of s. importance, secondary matter. **-eksi** secondly; in the second place; ~ *paras* second (next) best. **-enlaatuinen, -enlainen.** . of another (a different) kind (*t.* sort), different (from).

toisin otherwise, differently, in a different way; ~ *kuin* unlike; *järjestää* ~ rearrange; ~ *sanoen* in other words, that is to say; *ellei* ~ *ilmoiteta* unless informed to the contrary. **-aan** sometimes; now and then, occasionally; at times. **-to** variation, variant.

tois|kertainen: ~ *rikos* second offence. **-luokkainen** second-class (-rate). **-paikkakuntalainen** non-resident. **-puolinen** one-sided.

toissa: ~ *päivänä* the day

before yesterday; ~ *vuonna* the year before last.

tois|taa repeat; *(yhä uudelleen)* reiterate; ~ *pääkohdittain* recapitulate. **-taiseksi** for the present, for the time being, for now; so far; until further notice; *vielä* ~ as yet; *lykättiin* ~ was deferred [indefinitely]; *hänen* ~ *paras teoksensa* his best work yet *(t.* hitherto). **-tamiseen** [for] a second time, [over] again, once again, once more. **-tanta** repetition. **-te** another time; *(joskus ~)* some other time; *tulkaa ~kin* come again! **-to** repetition. **-tua** be repeated, repeat itself, recur, occur again. **-tuva** repeated; ~*sti* repeatedly.

toito|ttaa blow [a trumpet etc], toot [on] a horn; *(töräyttää)* hoot; ~ *maailmalle* noise abroad, blazon forth. **-tus** tooting.

toive hope; wish; *huonot* ~*et* poor prospects, poor outlook; *antaa (jklle)* ~*ita jstk* hold out hopes (of), lead. . to expect; ~*eni on täyttynyt* I've got my wish; ~*ita herättävä* hopeful; *siitä on hyviä* ~*ita* it promises well; *paranemisesta ei ole* ~*ita* there is no hope of recovery;. . *ei vastaa* ~*ita* . . falls short of expectation; *yli* ~*iden* beyond expectation. **-ajattelu** wishful thinking. **-ikas** hopeful; promising. **-ikkuus** hopefulness.

toivio|retkeläinen pilgrim. **-retki** pilgrimage.

toivo hope; *jnk* ~*ssa* in the hope of; *heittää kaikki* ~ give up hope; *kaikki* ~ *on mennyttä* there is no hope.

toivo|a hope (for), wish; ~ *parasta* hope for the best; ~ *jkn parasta* wish a p. well; *-en jtk* in the hope of; *-en, että* hoping that, in the hope that; ~ *suuria (odottaa)* expect much; *kävi niinkuin -inkin* it went according to my wishes; *hän -i, vaikkei toivoa ollut* he hoped against hope; *-isin tietäväni* I wish I knew. **-minen** hoping; *sen suhteen on paljon -misen varaa* it leaves a great deal to be desired, it leaves plenty of room for improvement. **-mus** wish; desire; *lausua -muksena, että* express a desire (the hope) that; *täyttää jkn ~* fulfil (comply with) a p.'s wish; *-muksenne mukaisesti* in compliance with your wishes. **-npilkahdus** gleam of hope. **-ton** hopeless; desperate. **-ttaa** wish; *~ jklle onnea* wish a p. good luck (*t.* happiness), express one's best wishes to, (*onnitella*) congratulate a p. (upon); *-tan onnea (ennen tenttiä)* best of luck, (*syntymäpäivänä*) many happy returns! *~ jklle hyvää yötä* say good night to a p.; *~ tervetulleeksi* bid. . welcome. **-ttava** desirable,. . to be desired; *on ~a* it is to be hoped (that). **-ttavasti** we hope [you will come, *tulette*], it is to be hoped [that. .], (*vastauksissa = sitä toivon*) I hope so; *~ en* I hope not. **-ttavuus** desirability. **-ttomasti** hopelessly, desperately. **-ttomuus** hopelessness; despair. **-ttu** desired; hoped-for, wished-for.

tokaista blurt out; (*väliin*) throw in.

toki: *eihän ~* oh, no! surely not! *eihän hän ~ liene mennyt* you don't mean that he has gone! *sano ~ meille* do tell us; *sekin on ~ jotakin* still that is something.

tokka dock.

tokko whether, if; *en tiedä, ~* I don't know whether; *~pa vain!* I wonder!

toksiini toxin.

tola: *on oikealla ~lla* is on the right track; *asiat eivät ole oikealla ~lla* something is wrong.

tolkku sense; *saada ~a jstk* make sense out of. ., make. . out; *en saa tästä mitään ~a* I cannot make this out, this is all Greek to me.

tolku|ton confused, senseless; (*jota ei ymmärrä*) unintelligible; *puhua -ttomia* talk nonsense. **-ttomuus** confusion; lack of sense.

tollo, tolvana fool; (*tyhmyri*) ignoramus, dunce.

tomaatti tomato. **-kastike** tomato sauce. **-sose** tomato ketchup.

tomppeli dolt, fool; (*aasi*) ass. **-mainen** silly, foolish.

tomu dust; (*vainajan*) ashes, remains; *~ksi* to dust. **-inen** dusty. **-maja** mortal clay. **-pilvi:** *nostatti -pilven* raised a cloud of dust. **-sokeri** icing sugar. **-ta** be dusty. **-ttaa** dust.

Tonava the Danube.

tonkia root up, dig, grub.

tonni ton; *2000 ~n alus* two-thousand-ton ship. **-kala** tunny. **-luku** tonnage. **-sto** tonnage.

tontti [building-]site, *Am.* building lot. **-vero** land tax.

tonttu brownie.

topaasi topaz.

topakk|a resolute, domineering, *puhek.* gutsy; *on ~* has a mind of her own. **-uus** self-assertion.

toppaus padding; quilting.

tora quarrel; wrangle, squabble. **-hammas** fang; (*norsun ym*) tusk. **-illa, -ta** quarrel; bicker, squabble. **-isa** quarrelsome.

torakka cockroach.

tori market-place; (*aukio*) square; *mennä ~lle* go to the market. **-hinta** market price. **-kauppa** market trade, marketing.

torju|a ward off, fend off; avert; (*ei hyväksyä*) reject; (*tuholaisia*) destroy; *psyk.* repress; *~ hyökkäys* repel (repulse, beat off) an attack; *~ isku* ward off a blow; *~ luotaan (ajatus)* dismiss a thought from one's mind; *~ luotaan (jku)* turn away, (*tarjous*) turn down, (*pitää loitolla*) keep. . at a distance; *luotaan -va (luonne)* forbidding; *~ syytös* deny an accusation; *~ vaara* avert a danger; *~ väite* refute an argument. **-minen** warding off *jne*. **-nta** = *ed*.; rejection; *(tuholaisten)* destruction; *palon~* fire-fighting; (**~hävittäjä** *ilm*. interceptor; ~**ohjus** anti-missile missile).

torkah|dus nap, doze. **-taa** take a nap, doze off.

torkkua be drowsy.

torni tower; *(suippo, kirkon)* steeple; spire; *(pieni, m. panssari-)* turret; *(šakki-)* rook. **-haukka** kestrel. **-nhuippu** spire. **-pääsky** swift.

torpedo torpedo. **-ida** torpedo. **-vene** torpedo-boat.

torppa *Skotl. & Engl.* croft. **-ri** tenant [farmer], leaseholder, crofter.

torstai Thursday. **-sin** on Thursdays.

torttu cake; *(hedelmä-)* tart; *tortut* pastries.

toru|a scold; ~ *jkta (m.)* give. . a scolding. **-t** scolding; rebuke.

torven|soittaja trumpeter. **-toitotus** blast of a trumpet.

torvi horn; trumpet; *anat. ym* pipe, tube; *(kannun)* spout; *auton ~* car horn. **-mainen** tubular. **-soitin** brass instrument. **-soittokunta** brass band.

tosi *s.* truth; *a.* true, veritable; *olla ~ssaan* be serious *(t.* in earnest); mean it seriously; *käydä toteen* come true, come to pass, be fulfilled; *näyttää toteen* prove [the truth of], demonstrate [the truth of], *(lak.)* substantiate; *osoittautua todeksi* prove [to be] true; *toden totta* truly, in truth; *toden teolla* really; *puhua totta* speak the truth; *totta puhuakseni* to tell the truth; *totta puhuen* strictly speaking; *ihanko totta* really? *vrt. totta*. **-aan** [and] indeed; *pyydän ~ anteeksi* I do apologize [for coming, *että tulin*]; *onpa ~kin* it certainly is; yes, indeed; *en ~kaan tiedä* I'm sure, I don't know; *ei ~kaan ole niin helppoa* is isn't all that easy. **-asia** fact; *tapahtunut ~* fait accompli.

-asiallinen actual, real,. . founded on fact. **-asiallisesti** in fact, actually, in effect. **-n**. . it is true; *hänellä on talo, ~ pieni, mutta*. . he has a house, a small one to be sure, but. . **-seikka** fact. **-ssaan:** *olla aivan ~* be in earnest, mean it [quite] seriously, mean business. **-tapaus** true event. **-tarve** actual need. **-te** voucher; *tositee|ksi, -na* for reference.

tosikko *puhek.* sober-sides.

tossut *(vauvan)* bootees, *(kumi-)* sneakers, sandshoes, gym shoes.

totaalinen: ~ *sota* total *(t.* all-out) war.

totali|saattori totalizator, *puhek.* tote; *~veikkaus* tote-betting. **-taarinen** totalitarian.

totella obey; *(seurata)* follow; answer [the helm, *peräsintä*], respond to; be obedient to.

toteu|ttaa carry out, put into effect, realize [a plan, an ambition, *suunnitelma, aikomus*]; *(saattaa loppuun)* fulfil, accomplish, carry through; *(panna toimeen)* put into practice; *mahdollinen ~* practicable; realizable. **-ttaminen** realization; *itsensä ~* self-fulfilment. **-tua** come true; materialize, be realized, be fulfilled; come off, work out. **-tumaton** unfulfilled. **-tuminen** realization, materialization.

toti|nen serious, grave, earnest. **-sesti** truly, in very truth. **-suus** seriousness, earnestness.

totta: *eikö ~ ks. (eikö) niin; ~kai* certainly! [yes,] indeed! of course! oh yes! *~han sinä tulet* you will come, won't you? *niin ~ kuin elän* as sure as I am alive today; *niin ~ kuin Jumala minua auttakoon* so help me God.

tottele|maton disobedient; insubordinate; *olla ~ jkta kohtaan* be disobedient to, disobey a p. **-mattomuus** disobedience; insubordination. **-vainen** obedient, dutiful. **-vaisuus** obedience.

tottu|a become accustomed to, get used to, accustom oneself to; *olla -nut jhk* be used to (accustomed) to; *-nut purjehtija* experienced (trained) yachtsman; *-neella kädellä* with a trained hand; *totuttuun tapaan* in the usual (customary) manner. **-maton** unaccustomed, *(jhk)* unused to, not used to; unfamiliar with. **-mattomuus** unfamiliarity (with), inexperience. **-mus** custom, habit; *(harjoitus)* practice; *vanhasta -muksesta* from force of habit; *~ta aiheuttava (lääke ym)* addictive. **-neesti** in an experienced manner, *(taitavasti)* skilfully.

totu|nnainen conventional. **-ttaa** accustom, make.. accustomed (to); make.. familiar (with); *(karaista)* inure. **-ttautua** [try to] accustom oneself; get used to; *(jhk tapaan)* get into the habit [of smoking etc.].

totuude|llinen, -nmukainen truthful, veracious. **-nmukaisuus** truthfulness, veracity. **-nrakkaus** [love of] truth.

totuus truth; *hän sai kuulla totuuden* he was told the [whole] truth; *katkera ~ a* home truth.

touhu bustle; fuss; *(kiire)* flurry. **-kas** busy; bustling; *(palvelushaluinen)* officious. **-ta** be busy; bustle [about].

toukka larva *(pl. -e)*; *(et. perhosen)* caterpillar, *(et. kovakuoriaisen)* grub; *(juustossa ym)* maggot. **-aste** larval stage.

touko [spring] sowing. **-aika** sowing season. **-kuu** May.

touvi hawser.

toveri comrade; *(kumppani)* companion; mate; *opettaja~* fellow teacher; *koulu~* schoolmate, schoolfellow; *ylioppilas~* fellow student. **-henki** fellowship. **-llinen** companionable, comradely, *puhek.* matey. **-llisuus** sociability, camaraderie. **-piiri** *(ystävä-)* circle of friends.

toveruus comradeship, fellowship; companionship.

traagi|nen tragic [al]. **-suus** tragicalness; *sen ~ (m.)* the tragedy of it.

traani whale-oil, train-oil.

trag|edia, -iikka tragedy.

trakooma trachoma.

traktaatti tract, *(sopimus)* treaty.

traktori tractor, *(tela-)* caterpillar t.

transistoroi|da transistorize; *kokonaan -tu* all-transistorized.

transitiivinen *kiel.* transitive.

trapetsi trapeze. **-taiteilija** t. artist.

trasseli cotton waste.

tratta *liik.* draft.

treen|ata train. **-aus** training.

trigonometria trigonometry.

trikiini trichina *(pl. -e)*.

trikoo knitwear, jersey, tricot. **-puku** knitwear *(t.* jersey) suit (dress). **-tavarat** knitwear. **-t** tights, *Am.* leotards.

trimmata *(loistokuntoon)* condition; *(moottori)* tune up.

Troija Troy. **t-lainen** *a. &. s.* Trojan.

trokari *(viina-)* bootlegger.

trooppinen tropical.

tropiikki tropics.

trotyyli trinitrotoluene, TNT.

trubaduuri troubadour.

trukki truck (fork t., loading t.).

trumpetti trumpet.

trusti *liik.* trust, combine.

tsaari Tsar, Czar. **-tar** Tsarina, Czarina.

tšekkilä|inen *a. &. s.* Czech.

Tšekkoslovakia Czechoslovakia. **t-lainen** *a. & s.* Czechoslovak.

tuberkkelibasilli tubercle bacillus.

tuberkuloo|si tuberculosis. **-ttinen** tuberculous, tubercular.

tuhan|nes thousandth, *(-osa)* thousandth [part] (of). **-nesti** a thousand times. **-sittain** by (in) thousands, by the thousand; *~ ihmisiä* thousands of people.

tuhat a (one) thousand; *yksi mahdollisuus tuhannesta* one chance in a thousand; *tuhansissa kodeissa* in

thousands of homes; ~ *ja yksi yötä* Arabian Nights.
-jalkainen myriapod; *(juoksu-)* centipede. **-kertainen** thousandfold. **-määrin:** . . *oli* ~ there were thousands [and thousands] of. . **-taituri** jack of all trades. **-vuotinen** ~ *valtakunta* millennium.

tuher|taa dabble; *(tuhria)* daub. **-taja** bungler, dauber.

tuhis|ta hiss; *(sieraimiinsa)* sniff, snuffle.

tuhka ashes; *kuin* ~ *tuuleen* as ashes before the wind; *kaupunki on* ~*na* the town is laid in ashes. **-kuppi** ash-tray. **-nharmaa** ash-grey, ashen. **-rokko** measles. **-tiheään** in rapid succession, very frequently.

tuhkimo Cinderella.

tuhl|aaja spendthrift; (~**poika** the prodigal son). **-aavainen** wasteful, extravagant. **-aavaisuus** wastefulness, extravagance. **-ata** squander; *(haaskata)* waste; ~ *rahaa turhuuksiin* spend money recklessly; ~ *lahjoja jklle* lavish presents on; ~ *aikaa* waste time. **-aus** extravagance.

tuhm|a naughty; *vrt. tyhmä.* **-uus** naughtiness.

tuho ruin, *(esim. jnk valtakunnan)* fall; *(hävitys)* destruction, havoc; ravage; *(täydellinen)* annihilation; *(vahinko)* damage; *tehdä* ~*a* cause destruction, play havoc [among, with *jssk*]; *alkoholi oli hänen* ~*nsa* drink was his undoing; *tulvan* ~*t* damage by the flood; ~*a tuottava* destructive, ruinous. **-aseet** weapons of [mass] destruction. **-eläin, -hyönteinen, -lainen** pest. **-isa** disastrous, destructive; calamitous; *(kuolettava)* fatal (to). **-isuus** disastrous character; destructiveness. **-laismyrkky** pesticide. **-laistyö** sabotage. **-polttaja** incendiary. **-poltto** arson, incendiarism.

tuhota destroy, ruin; *(autioittaa)* lay waste,

devastate; *(vahingoittaa)* damage; *(viimeiseen mieheen)* annihilate; *(kuv. usein)* wreck [a p.'s happiness, *jkn onni*], undo.

tuho|tulva flood. **-työ** work of destruction; devastation, damage. **-utua** be destroyed, be ruined, perish; *(et. laiva)* be wrecked.

tuhr|aantua get dirty, get soiled. **-ata, -ia** soil.

tuhto [rower's] seat, thwart.

tuijo|ttaa stare, gaze (at); *(vihaisesti)* glower, glare (at); *(rakastuneesti)* make eyes at, ogle. **-tus** staring, stare.

tuike twinkling, twinkle.

tuike|a sharp; *(ankara)* stern; grim. **-us** sharpness; sternness.

tuiki quite; altogether; *(ylen)* extremely; ~ *kelvoton* utterly worthless; ~ *mahdoton* simply (absolutely) impossible; ~ *tarpeellinen.* . of utmost necessity.

tuikkia twinkle, glimmer, gleam.

tuim|a sharp; grim; *(ankara)* severe; stern, hard; ~ *katse* sharp (grim) look; ~ *pakkanen* severe (biting, bitter) cold. **-uus** sharpness; severity, grimness.

tuisku [driving] snowstorm; blizzard. **-ta** be whirling; be flying; *lumi -aa* the snow is blowing about; *umpeen -nnut* snowed up, blocked with snow [-drifts].

tuiterissa tiddly, tipsy.

tuittu|päinen hot-tempered; ill-tempered, *(äkäinen)* cross, irascible. **-päisyys** hot (quick) temper. **-pää:** ~ *tyttö* ill-tempered girl, *vrt. ed.*

tukah|duttaa suffocate; smother, stifle, keep back, repress; ~ *kapina* suppress (quell, put down) a rebellion; ~ *tulen valta* smother (extinguish, put out) a fire; *-dutettu huuto* stifled cry; *-dutettu kiukku* repressed anger. **-duttaminen** smothering *jne.;* suppression, repression. **-duttava** suffocating; sultry, sweltering [heat, *kuumuus*]; *(painostava)* oppressive. **-tua** be smothered, be stifled *jne.*

tukal|a hard, difficult,
(kiusallinen) awkward,
embarrassing; *~ssa asemassa*
in an awkward situation, in
difficulties. **-uus** difficulty;
(pula) embarrassment.

tukan|kuivauslaite hair-dryer.
-leikkuu hair-cut [ting]; *(~kone*
clippers).

tukea support *(m. kuv.),* give
support (to); prop [up];
(vahvistaa) strengthen, sustain;
(esim. valtio) subsidize; *jkn
tukemana* supported by,
backed by.

tukeh|dus suffocation. **-duttaa**
choke, suffocate; *vrt.
tukahduttaa;* asphyxiate. **-tua**
be suffocated, die from
suffocation.

tukev|a steady, firm; stable;
(vahva) heavy; substantial
[meal, *ateria*]; *(tanakka)*
sturdy; *~sti paikoillaan* firmly
(securely) in position.
-atekoinen . of solid make,
stout. **-uus** steadiness,
firmness, stoutness, heavy
(strong) quality.

tuki support; *(kuv. esim.
perheen)* mainstay; *(pönkkä)*
prop, strut; *(esim. -sidos)*
brace, *(jalan alla)* instep
(metatarsal arch) support;
antaa tukea jllek give support
to, support; *jnk tueksi* in
support of. **-aiset** *leik.* ks.
-palkkio. **-kohta** *sot.* base.
-mies *jalkap.* half-back.

tukinuitto timber (log) floating.
tuki|palkkio subsidy; *(hinta-)*
price support. **-pylväs**
supporting pillar; *kuv.*
mainstay. **-rauta** clamp.

tukistaa: *~ jkta* pull a p.'s
hair.

tukka hair. **-laite** coiffure, hair
style, *puhek.* hair-do.
-nuottasilla: *olla ~ (kuv. =
kiistellä)* be at loggerheads.

tukkeutua become blocked
(obstructed), *(putki, m.)* be
clogged, *(liikenne)* be blocked.

tukki log; beam *(m. kangas-);
(kiväärin)* stock.

tukkia stop, stop up; *(sulkea)*
shut [up]; *(esim. liikenne)*

block [up]; *(tulpalla)* plug
[up]; *(estää)* obstruct; *~
reikä* stop (plug) a hole,
(vuoto) stop a leak.

tukki|lainen lumberjack. **-lautta**
raft. **-puu** timber. **-suma** jam
of logs. **-työ** logging.
-työläinen lumberjack. **-yhtiö**
lumber company.

tukko *(tukku)* bunch, *(esim.
hius-)* tuft; *(heinä- ym)* wisp;
(side) dressing; *harso~* swab;
vrt. vanu~; sormi~ finger
stall; *olla tukossa* be blocked,
be obstructed.

tukku bunch; *(seteleitä)* wad;
ostaa tukussa buy wholesale.
-hinta wholesale price.
-kauppa wholesale [trade].
-kauppias wholesale dealer,
[wholesale] merchant. **-osto**
bulk buying.

tukos *lääk.* occlusion.
tukuittain wholesale.
tuleentua ripen.
tuleh|dus inflammation;
(~peräinen inflammatory).
-duttaa cause inflammation.
-tua become (get) inflamed;
-tunut inflamed.

tulema *mat.* answer.
tulen|arka inflammable; *~ aine*
combustible. **-arkuus**
inflammability. **-johto** fire
control. **-kestävä** fireproof;
(liekin-) flameproof; *~ lasi*
heat-resisting glass; *~ tiili*
firebrick; *~ vuoka* oven-proof
dish, ovenware. **-lopettami|nen:**
antaa t-skäsky issue a
cease-fire. **-vaara** fire risk;
danger of fire.

tuleva coming; future;
(seuraava) next; *(aiottu)*
prospective; *~ elämä* the life
to come; *~lla viikolla* next
week; *~t sukupolvet (m.)*
generations to come; *(säästää)*
tulevien päivien varalta [put.
by] for a rainy day; *mitä
minulle on ~a* what is due
to me; *~n kuun 1. päivänä*
on the first of next month.

tulevaisuu|s future; *sen on ~
osoittava* time will show, only
time can tell, this is a
problem for the future; *-den
näkymät* outlook, prospects

[for the future]; *-den suunnitelmat* plans for the future.

tuli fire; *(valo)* light; *tulessa* afire, aflame; *on tulessa* is on fire, *(ilmi-)* is ablaze; *mennä vaikka tuleen jkn puolesta* go through fire and water for sb.; *avata* ~ open fire (on); *vastata tuleen* return the fire; *ei ottanut tulta (kuv.)* did not catch on. **tuli|aiset** [home-coming] present [s]. **-ja** comer. **tuli|ase** fire-arm. **-kaste** baptism of fire. **-kivi** brimstone. **-koe** ordeal by fire. **-kuuma** red-hot. **-linja** firing line. **-mmainen:** *tuhat -mmaista* confound it! **-nen** fiery; *(palava)* burning; hot; *(kiihkeä)* passionate, ardent; hot-headed; ~ *kiire* great haste; *-sen kuuma* burning hot; *koota -sia hiiliä jkn pään päälle* heap coals of fire on a p.'s head; *kuin -silla hiilillä* like a cat on hot bricks. **-palo** fire; *(roihu, m.)* conflagration. **-patsas** *raam.* pillar of fire. **-peräinen** volcanic. **-pesä** furnace. **-punainen** fiery red, scarlet. **-rokko** scarlet fever. **-sesti** hotly, passionately, ardently. **-staa** *(höyryä)* superheat. **-stua** lose one's temper, get excited, flare up. **-suus** fiery *(t.* hot) temper. **-taistelu** gun battle. **-tauko** cease-fire. **-terä** brand new. **-tikku** match; *(~laatikko* match-box). **-ttaa** fire (at). **-vuori** volcano.

tulkin|nanvarainen open to [various] interpretations. **-ta** interpretation.

tulkita interpret; *(salakirjoitus)* decipher, *(koodi)* decode; *(selittää)* expound, explain; ~ *väärin* misinterpret, misconstrue, put a false construction on.

tulkki interpreter.

tulla come; *(päästä)* get [there, *sinne*], *(saapua)* arrive (at, *iso paikka:* in); *(jksk)* become, get, grow; *tulee (pitää)* has to, shall, must;

jnk, jkn tulisi.. should,.. ought to; kun talvi tuli when the winter came (set in); ~ *iloiseksi* be glad (pleased), be [come] delighted; ~ *ajatelleeksi jtk* happen (come) to think of; ~ *sanoneeksi* happen to say, let slip; ~ *takaisin* come back, return; *tulen heti takaisin* I shall be back presently; *toinen bussi tulee pian* there will be another bus soon; *minun tuli jano, nälkä* I got [became] thirsty (hungry); *tulee kylmä* it is getting cold; *minun tuli kylmä* I became cold, I began to feel cold; *mitä minuun tulee* as far as I am concerned, for my part; *mitä siihen asiaan tulee* as for that, for that matter, as regards that; *tuletko mukaan* are you coming [along]? *sanokaa, että hän tulisi kello 10* tell him to call at 10 o'clock; *siitä ei tule mitään* it will come to nothing; *mikä pojasta tulee* what is the boy [going] to be; *hänestä tuli kirjailija* he became an author; *hänestä tulisi kelpo sotilas* he would make a good soldier; *kotiin tullessani* when I got (arrived) home; *mikä sinun tuli (on)* what is the matter with you; *tulisitteko (teatteriin yms.)* would you like to come to.., could you come to..; *hän tulee isäänsä* he takes after his father. *se tulee olemaan vaikeata* it will be difficult; *tuleeko siitä mitään?* will it come to anything? *kaupasta ei tule mitään* the deal is off. **tull|aamaton** uncustomed. **-ata** clear, examine at the custom-house; *onko teillä jotakin tullattavaa* have you anything to declare? **-aus** customs examination.

tulli customs; *(maksu)* duty; *maksaa ~a* pay duty (on); *silkin* ~ *on korkea* there is a heavy duty on silk. **-asema** customs. **-kamari** customs office; custom-house. **-käsittely**

ks. -tarkastus. **-laitos** the Customs. **-leima** custom-house stamp. **-maksu** duty; ~*tta* free of duty. **-muuri** tariff wall. **-nalainen** dutiable, subject (liable) to duty. **-nhoitaja** customs officer. **-politiikka** tariff policy. **-puomi** toll-bar. **-selvitys** customs clearance. **-sopimus** tariff treaty. **-taksa** customs tariff. **-tarkastus** customs examination. **-ton, -vapaa** free of (exempt from) duty, duty-free. **-tulot** customs revenue. **-vapaus** exemption from duty. **-varasto** bonded warehouse; ~*ssa* in bond. **-virkamies** custom-house officer, customs official.

tulo coming; arrival; *(sisään)* entrance; *(raha-)* income, *(et. valtion)* revenue; *mat.* product; ~*t* income, receipts, *(jstk kertyvät)* proceeds; returns; *(palkka)* earnings; ~*t ja menot* income and expenditure; *hänellä on . . ~ja vuodessa* he is making . . a year; *hänellä ei ole muita ~ja kuin palkkansa* he has no income other than his salary; ~*a tuottava* profitable, remunerative; *on ~ssa* is coming, is on the way; is drawing near, is approaching. **-arvio** estimate of income; *t-ja menoarvio* budget. **-asteikko** income scale *(t.* bracket). **-erä** item of income; sum received. **-kas** newcomer. **-ksellinen** productive,. . yielding results, successful. **-kseton** . . without result [s]; unsuccessful; *(turha)* of no avail. **-luokka** income bracket. **-lähde** source of income. **-njako** income distribution. **-politiikka** incomes policy. **-puoli** debit side.

tulos result; *(loppu-)* outcome; issue; *(seuraus)* consequence; *mat.* answer; *tiet. m.* finding; *tuloksetta* without result, to no purpose; *antaa hyvä ~* bring good results, yield a good return; *saavuttaa hyvä ~* obtain a good result; *keskustelun tuloksena oli, että*

the discussion resulted in . .; *vaalin tulokset* election returns. **-tase** profit and loss account. **-taulu** scoreboard.

tulovero income tax.

tulppa plug; stopper, bung.

tulppaani tulip.

tulv|a flood, *(suuri)* deluge; *kuv. m.* influx, torrent, flow; *olla ~n vallassa* be flooded, be inundated; ~*naan* in torrents; *-illaan* brimming (with); *joki on -illaan* the river has overflowed its banks. *(~alue* flooded area). **-anaika** season of floods. **-avahinko** damage by flood. **-avesi** flood. **-ia** *(esim. joki)* overflow [its banks]; break (burst) its banks, flood; flow; *(jhk, kuv.)* pour into; *joet -ivat* the streams flooded; *hänelle -ii kirjeitä* he is flooded with letters.

tuma nucleus *(pl.* nuclei).

tumma dark. ~ *puku* dark suit. **-hko** darkish. **-ihoinen** dark-skinned; dusky, swarthy. **-npunainen** dark red. **-tukkainen** dark-haired. **-verinen** dark, *(naisesta, m.)* brunette.

tumme|ntaa darken. **-ta** darken, become (grow) dark [er].

tummuus darkness.

tumpata stub out.

tunaroida bungle, fumble.

tunge|ksia [be] crowd [ing], throng, *(parveilla)* mill around. **-tella** *kuv.* intrude, obtrude oneself [upon, *jkn seuraan*]. **-ttelevainen** intrusive, obtrusive; importunate. **-ttelevaisuus** intrusiveness, obtrusiveness. **-ttelija** intruder, importunate person. **-ttelu** intrusion, obtrusion.

tungos crowd, throng; [traffic] congestion; crush; *tungokseen asti täynnä* crowded, packed (with), overcrowded, jammed [with people].

tunke|a press, force, *jhk* into; crowd; *(pieneen tilaan)* jam, squeeze into; ~ *läpi* penetrate; force one's way through, break through;

(nestemäisistä aineista)
permeate; ~ *tieltään* force. .
aside; displace; ~ *takaisin*
force (press). . back. **-illa** *ks.*
tungetella. **-utua** force one's
way, push; *(jkn seuraan)*
intrude; *(lävitse)* penetrate;
edge one's way through; ~
eteenpäin press forward, push
on; ~ *toisen alueelle (m.*
kuv.) encroach [up]on
another's land (property etc.);
~ *väliin (esim. auto)* cut in;
vihollinen -utui maahan the
enemy invaded the country.
tunkio rubbish-heap.
tunkki jack; *nostaa tunkilla*
jack up [the car].
tunne feeling, *(m. = liikutus)*
emotion; sense; sensation [of
heat, of pain]; *syyllisyyden* ~
sense of guilt. **-arvo**
sentimental value. **-elämä**
emotional life. **-ihminen:** *on*
~ is emotional, is a
spontaneous person.
tunneittain hourly, by the hour.
tunneli tunnel; *(jalankulku-)*
subway.
tunnelm|a sentiment;
atmosphere; *(mielentila)* mood;
~ *oli korkealla* spirits ran
high; *yleinen* ~ public
sentiment. **-allinen.** . full of
feeling, moving. **-oida** be
sentimental.
tunne|peräinen emotional. **-syyt**
reasons of sentiment;
-syistä for sentimental reasons.
tunne|ttu well-known; known
[for, *jstk*], noted, famed; *(us.*
pahassa merk.) notorious;
kansainvälisesti ~ *(m.)*
internationally acknowledged;
hän on ~ *hyvänä puhujana*
he is known to be a good
speaker; *jos se tulee -tuksi* if
it becomes known; if is gets
about; *tehdä nimensä -tuksi*
make a name for oneself;
kuten ~a as is well known;
-tumpi, -tuin better (best)
known. **-tusti** known to be
[good, *hyvä*], [generally]
accepted (as), *(joskus)*
admittedly.
tunnis|taa identify; recognize.
-tus identification.

tunnolli|nen conscientious. **-suus**
conscientiousness.
tunnon|rauha: *sai* ~*n* [his]
conscience was at rest
(peace). **-tarkka** conscientious,
scrupulous. **-tarkkuus**
conscientiousness,
scrupulousness, meticulousness.
-vaivat pangs of conscience,
remorse, compunction.
tunno|ton unscrupulous;
(tajuton) unconscious;
insensible; *tehdä -ttomaksi*
render insensible. **-ttomuus**
insensibility; unscrupulousness.
tunnus [distinctive] mark,
sign; emblem; *(kilpi)* badge;
(-sana) password, watchword.
-kuva symbol. **-lause** motto.
-merkillinen characteristic;
typical. **-merkki** [distinctive]
mark, sign; distinctive feature,
characteristic. **-sana** *sot.*
password; *(erikois-)* parole;
(isku-) watchword, slogan.
-sävel signature tune. **-taa**
confess; make a confession;
(jtk uskoa) profess; *(myöntää)*
admit; own [up to];
acknowledge, *(valtio)* recognize
[officially]; ~ *rikoksensa*
confess one's crime; ~ *itsensä*
syylliseksi (oikeudessa) plead
guilty; ~ *vastaanottaneensa*
acknowledge the receipt of; ~
vekseli accept a bill; ~ *väriä*
follow suit, *kuv.* show one's
colour. **-taja** *(vekselin)*
acceptor; *jnk uskon* ~
adherent to a faith. **-te**
(vekselin-) acceptance. **-tella**
feel [about] (for); *(hapuilla)*
feel one's way, fumble (for);
kuv. see how the land lies,
sound [a p.]; ~ *jkn*
mielipidettä (jstk) sound a p.
(about, as to). **-telu:** ~*t*
(kuv.) exploratory contacts;
tehdä ~ja (m.) put out
feelers. **-tuksellinen**
confessional. **-tus** confession
(m. usk.); usk. creed;
(hyväksymys, m. valtion)
recognition; appreciation;
-tukseksi hänen ansioistaan in
recognition of his merits;
saada ~ta win recognition;
~*ta ansaitseva.* . worthy of

recognition; ~*ta antava*
(kiitollinen) appreciative. **-tähti**
sign.

tunte|a feel; *(tietää)* know;
(olla tuttu) know, be
acquainted (with); *(jku jksk)*
recognize; *tunnen hänet* I
know him; *tunsin hänet heti*
I knew him (I recognized
him) at once; ~ *äänestä*
know (recognize) a p. by his
voice; *en ollut ~ sinua* I
could hardly recognize you;
oppia -maan get (come) to
know; ~ *iloa* feel joy; ~
itsensä onnelliseksi, sairaaksi
feel happy (ill); *tehdä*
tunnetuksi make known.

tunteelli|nen emotional; *(ylen)*
sentimental; *(herkkä)* sensitive.
-suus sentimentality;
emotionalism; sensitiveness.

tuntee|ton unfeeling,
unemotional. **-ttomuus** lack of
feeling; insensibility.

tunteilla be emotional, be
sentimental.

tunte|maton unknown;
unfamiliar; *(vieras)* strange; ~
henkilö a stranger [to me,
minulle]; *seutua* ~ unfamiliar
with the neighbourhood;
matkustaa ~*na* travel
incognito; *-mattoman sotilaan*
hauta the unknown warrior's
tomb. **-mattomuus** *(jnk)*
unfamiliarity (with). **-mus**
knowledge (of); familiarity
(with).

tunti hour; *(opetus-)* lesson; *45*
minuutin ~ 45-minute period;
antaa tunteja give lessons
(in), *(tutkintoa varten)* coach
(sb. in); *(10 mk) tunnilta* ten
marks an hour; *tunnissa* per.
hour; *tunnin matka* an hour's
journey.

tuntija *(jnk)* expert (in),
connoisseur (of); judge [of
horses etc.].

tunti|kausi ~*a* for hours [and
hours]. **-lasi** hour-glass,
sandglass. **-nen**:. . lasting. .
hours, . . hours'; 8~ *työpäivä*
eight-hour day. **-nopeus** speed
per hour. **-opettaja** part-time
teacher. **-osoitin** hour hand.
-palkka wages per hour;

(tehdä työtä) *-palkalla* [be
paid] by the hour. **-palkkio**
charges (fee) per hour.

tunto feeling, touch; *(tunne)*
sensation [of]; *(oma-)*
conscience; *(taju)*
consciousness. **-aisti** tactile
sense. **-elin** tactile organ.
-hermo sensory nerve. **-levy**
(sotilaan) identity disk.
-merkki mark of
identification; distinctive
mark; *(paikan)* landmark;
-merkit [personal] description.
-sarvi antenna, tentacle.

tuntu|a feel [soft, *pehmeältä*].
be [refreshing, *virkistävältä*].
be felt, make itself felt,
(esim. haju) be noticeable;
(näyttää) seem, appear; *-u*
hyvälle it feels good; *-u*
pahalta (mielessäni) I feel
uncomfortable; *minusta -u* it
seems to me [as if, *kuin*].
-ma: *pysyä* ~*ssa (urh.)* hang
on.

tunturi mountain, fell, fjeld.

tuntuva perceptible;
(huomattava) considerable,
marked. **-sti** perceptibly;
considerably; ~ *enemmän* a
good deal more, much more.

tuo that; *subst.* that one; ~*lla*
tavoin like that; ~*ssa* there;
~*ssa talossa* in that house;
~*n* ~*stakin* again and again,
time and again.

tuoda bring; *(jnnek, esim.*
tapa) introduce; *(noutaa)*
fetch; *(kuljettaa)* carry;
(perille) deliver; ~ *esille*
express; ~ *ilmi* disclose; ~
maahan import; ~ *mukanaan*
bring. . with one, *(kuv.)* bring
in its train.

tuohi birch bark. **-kontti**
knapsack of birch-bark.

tuoja bearer [of a message,
sanan-]; *(maahan-)* importer.

tuokio a [little] while; a
moment, a minute; *tuossa*
~*ssa* in [less than] no time,
in a moment, this minute,
right away. **-kuva** glimpse;
(valo-) snapshot.

tuokkonen [birch-bark] basket;
(pahvi-) carton, *(marja-)*
punnet.

tuoksina tumult.

tuoksu good (sweet) smell, scent, odour; fragrance; aroma. **-a** smell [good, *hyvältä*], be fragrant.

tuoli chair; seat; *(selkänojaton)* stool; *-n käsinoja* arm [of a chair]. **-rivi** row [of chairs]; *porrastetut ~t* tiers of seats.

tuolla [over] there; ~ *alhaalla* down there; ~ *puolen* beyond; ~ *ulkona* out there.

tuollainen *a.* such,. . like that, such a [man, *mies*];. . of that kind; *s.* such a one.

tuolta from there.

tuomari judge *(m. palkinto-);* justice; *Engl. m.* magistrate; *urh.* umpire, *jalkap.* referee; *(riidanratkaisija)* arbitrator; *(oikeust.kand.)* Bachelor of Laws, L L. B. **-ntoimi** office of a judge.

tuomaskuona basic slag.

tuomi bird-cherry.

tuomio judg[e]ment; *(rikosjutuissa)* sentence; *(lautakunnan, m. yl.)* verdict; *(yl. merkit.)* doom, condemnation; *(esim. palkintotuomarin)* award; *langettaa* ~ pronounce judg[e]ment; *viimeinen* ~ the last judg[e]ment. **-istuin** court [of justice]; tribunal; forum. **-kapituli** Chapter. **-kirkko** cathedral. **-kunta** judicial district. **-päivä** day of judg[e]ment, doomsday. **-rovasti** dean; *(~kunta* deanery. **-valta** judicial power; jurisdiction.

tuomiset [home-coming] presents.

tuomi|ta *(rikollinen)* sentence; *(arvostella)* judge; condemn *(m. kuv.); (etuja jklle)* adjudge; award; ~ *kuolemaan* sentence. . to death; ~ *sakkoihin* fine [a p.], impose a fine [of. . upon a p.]; ~ *jku syylliseksi* convict a p. (of), *(lautakunta)* pass a verdict of guilty upon; ~ *jku vankeuteen* sentence. . to [three years', *elinkautiseen:* life] imprisonment; *-ttu* condemned, *(jhk kohtaloon)*

doomed [to failure, *epäonnistumaan*]; *-tseva* ready to judge, censorious; condemnatory. **-ttava**. . to be condemned, condemnable.

tuommoinen such,. . like that.

tuonela realm of the dead, Hades.

tuonne [over] there. **-mmaksi** farther that way; farther away; *lykätä* ~ postpone, put off. **-mpana** farther away (off); *(myöhemmin)* later on, *(alla)* below. **-päin** that way, in that direction.

tuonti import, importation; *(-tavarat)* imports. **-kielto** import embargo, ban on [the] import (of). **-liike** import firm. **-rajoitus** import restriction. **-tavarat** imported goods, imports. **-tulli** import duty. **-vero** *(ylimääräinen)* import surcharge. **-voittoisuus** unfavourable balance of trade.

tuoppi stoup, tankard.

tuore fresh; *(kostea)* moist, *(rapea)* crisp; *(äskeinen)* recent; *~et uutiset* the latest news; ~ *leipä* fresh [ly] baked; ~ *puutavara* unseasoned timber; *se on hänellä ~essa muistissa* it is still fresh in his mind, he retains a lively recollection of it. **-mehu** juice. **-us** freshness.

tuo|ssa there. **-sta** from there; *(asiasta)* of that.

tuotanto production; *(määrään nähden)* output. **-komitea** Works Council *(t.* Committee). **-kustannukset** cost of production. **-kyky** productive capacity. **-linja** assembly line. **-määrä** output.

tuote product *(kalu)* article; *tuotteet (m.)* produce. **-esittelijä** demonstrator.

tuott|aa produce; yield; *(aiheuttaa)* cause; ~ *hedelmää* bear fruit; ~ *häpeää* bring disgrace [up]on; ~ *kunniaa jklle* be a credit to; ~ *ulkomailta* import from abroad; ~ *vahinkoa* cause damage; ~ *voittoa*. . yields a profit, *(liike, m.)*. . is a paying concern; *se* ~

vaikeuksia it presents difficulties; ~ *hyvän sadon* gives a good yield (return);.. *-i hyvän hinnan* fetched a high price; *se ei -anut minulle mitään iloa* it gave me no pleasure, I derived no pleasure from it. **-aja** producer. **-amaton** unproductive; unprofitable. **-ava** productive; *(tuloja-)* profitable, remunerative, paying. **-avuus** productivity, productiveness; profitableness. **-elias** productive, *(kirjailija)* prolific. **-o** yield, returns; *(voitto)* profit; *vrt. tuotanto.* **-oisa** *ks. tuottava.*

tupa hut, cottage, cabin; *(huone)* living-room [in a farmhouse]. **-antulijaiset** house-warming. **-jumi** furniture beetle.

tupakan|haju smell of tobacco. **-polttaja** smoker. **-poltto** smoking; *hän on lopettanut -polton* he has left off smoking, he is an ex-smoker; ~ *kielletty* no smoking. **-tuhka** tobacco ashes.

tupakka tobacco; *panna tupakaksi* have a smoke. **-kauppa** tobacconist's. **-kauppias** tobacconist. **-kukkaro** tobacco pouch. **-mies** smoker. **-tehdas** tobacco factory. **-vaunu** smoking-carriage; *(-osasto)* smoking-compartment.

tupakoi|da smoke. **-maton** *s.* non-smoker. **-nti** smoking.

tupat|a force, press, push; *-en täynnä* chock-full (of).

tupeeraus *(hiusten)* back-combing, back-brushing.

tuppautua: ~ *jnnek, jkn seuraan* intrude.

tuppi *m. tiet.* sheath; *(miekan, m.)* scabbard; case, casing. **-suu** silent person; *olla ~na* not say a word.

tupru|ta whirl, blow about; puff; *lumi -aa* the snow is whirling about. **-tella** *(piippuaan)* puff [at one's pipe].

tupsahtaa: *tulla* ~ come unexpectedly.

tupsu tassel; tuft. **-lakki** tasselled cap.

turbaani turban. **-päinen** turbaned.

turbiini turbine.

turha unnecessary, needless; *(hyödytön)* useless,.. of no use, futile, vain; ~ *pelko* groundless fear; ~ *työ* useless (wasted) work; ~ *vaiva* vain efforts, lost labour; ~*t toiveet* vain hopes; *tehdä ~ksi* baffle, frustrate;.. *osoittautui ~ksi.* . proved fruitless (futile, in vain). **-an** in vain, to no purpose; *(suotta)* unnecessarily. **-mainen** vain, *(pöyhkeilevä)* vainglorious. **-maisuus** vanity. **-nkaino** prudish; ~ *ihminen* a prude. **-npäiten** unnecessarily. **-npäiväinen** futile, *(mitätön)* trifling, trivial. **-npäiväi|syys** futility; *t-syyksiä* trifles. **-ntarkka** too particular, overparticular; fussy; *(nirso)* fastidious; pedantic; ~ *henkilö* pedant. **-u(tu)ma** *psyk.* frustration.

turhuus vanity; futility.

turilas cockchafer.

turkis: *turkikset* furs, *(muokkaamattomat)* pelts, skins. **-eläin** fur-bearing animal. **-kaulus** fur collar. **-kauppa** fur trade; *(myymälä)* furrier's [shop]. **-kauppias** furrier. **-lakki** fur cap. **-metsästäjä** trapper. **-reunusteinen** fur-trimmed. **-sisuste** fur lining. **-sisusteinen** fur-lined. **-takki** fur coat. **-tarhaus** fur- (mink etc) farming.

turkki *(eläimen)* fur, coat, *(nyljettynä)* pelt; *(takki)* fur coat.

Turkki Turkey. **t-lainen** *a.* Turkish; *s.* Turk.

turkkuri furrier.

turkoosi turquoise.

turma ruin, destruction.

turme|lematon unspoilt, unspoiled, undamaged. **-lla** spoil; *(vahingoittaa)* damage, do damage (to), injure; mar; harm, hurt; *(tuhota)* ruin, destroy; *(moraalisesti)*

deprave; ~ *terveytensä* ruin one's health. **-ltua** be spoiled, be[come] damaged. **-ltumaton** unspoilt, undamaged; uncorrupted. **-ltunut** spoilt, damaged; *(moraalisesti)* corrupt. **-lus** *(tapain ym.)* depravity, demoralization; *(rappio)* decay, decline.

turmio ruin; *syöksyä* ~*on* plunge headlong to destruction; *se vei hänet* ~*on* it was his undoing. **-llinen** pernicious, noxious; injurious, harmful; *(-ta tuottava)* ruinous, destructive. **-llisuus** pernicious (detrimental) character; harmfulness; destructive effect[s].

turna|jaiset tournament, tourney. **-us** tournament.

turpa muzzle; *(sian ym.)* snout.

turpe|a bloated; swollen; turgid; *(huuli)* thick. **-us** bloated condition.

turruttaa make numb, render insensible, *kuv.* [be]numb.

turska cod.

turt|a numb, insensible. **-ua** become numb; *kuv.* be dulled; become apathetic.

turturikyyhky turtle-dove.

turva *(suoja)* shelter; *(suojelus)* protection; *(-paikka)* refuge; *(-llisuus)* security, safety; ~*ssa* in safety, safe, secure (against *t.* from); *olla* ~*ssa jltk* be safe (safeguarded) from, be protected from; *ottaa jku turviinsa* take.. under one's protection; *vanhuuteni* ~ the support (mainstay) of my old age. **-kokous:** *Euroopan* ~ Conference on European Security. **-llinen** safe; *(varma)* secure. **-llisesti** safely, securely; *(luottamuksella)* with confidence. **-llisuus** safety, security; (~**kokous** *ks.* turva-; ~**neuvosto** Security Council). **-paikka** place of safety, haven [of refuge]; (~**oikeus:** *pyytää t-oikeutta* apply for political asylum). **-säilö** protective custody. **-ta** protect, secure (from), safeguard, guard (against); *(luottaa)* trust (in a p., to a th.); *(vakuuttaa)*

ensure; ~ *jkn lupauksiin* trust to a p.'s promises. **-ton** unprotected, defenceless; ~ *tila* exposed condition. **-tti** ward, protegé, *fem.* protegée. **-ttomuus** defencelessness; *(epävarmuus)* insecurity. **-ttu** secure, protected. **-utua** resort to, have recourse to, fall back upon; turn to; ~ *lääkäriin* seek medical assistance; *jhk t-tumatta* without resort to. **-vyö** safety belt, seat belt.

turve turf; sod; *(suo-)* peat. **-pehku** moss litter. **-suo** peat bog (moor).

turvo|s: *olla -ksissa* be swollen. **-ta** swell. **-tus** swelling, oedema.

tusin|a a dozen *(lyh.* doz.); *kaksi* ~*a* two dozen. **-akaupalla** by the dozen. **-oittain** dozens of..

tuska pain; *(hätä)* agony, distress, anguish; *(kidutus)* torment; *kärsiä tuskia* suffer pain; ~*a lievittävä lääke* painkiller. **-illa** be impatient; *(olla levoton)* be anxious, be restless. **-inen** .. filled with agony; restless. **-llinen** painful; agonizing [doubt, *epätieto*]. **-llisuus** painfulness. **-nhiki** cold sweat. **-nhuuto** cry of agony. **-stua** become (get) impatient. **-stuttaa** make.. impatient; irritate; *t-ttava* irritating, vexatious. **-ton** painless. **-ttomuus** painlessness.

tuskin hardly, scarcely; *hän* ~ *paranee* he will hardly (he is not likely to) recover; ~ *mitään* scarcely anything; ~ *milloinkaan* hardly (scarcely) ever; *olin* ~ *päässyt perille, kun* scarcely had I arrived when; ~ *nähtävä* barely visible.

tuskitella fret (over), vex oneself.

tušši India ink, drawing ink.

tutista shake; tremble; *tutiseva (m.)* doddering.

tutka radar.

tutkain point; *potkia* ~*ta vastaan* kick against the pricks.

tutki|a examine; investigate,

study; test; explore [arctic regions, the possibilities etc.]; ~ *jtk asiaa* look, inquire [into a matter]; *lak. m.* hear; interrogate [a prisoner]; *tiet.* do research work [on, *jtk*]; *-va katse* searching (scrutinizing) look. **-elma** study, treatise, paper (on). **-ja** investigator; *(tiedemies)* scientist; research-worker; *(kuulustelija)* examiner; (~**lautakunta** *(vero-)* tax-appeal board). **-maton** unexamined,. not investigated; *(maa-alue)* unexplored; *(jota ei voi tutkia)* inscrutable; impenetrable [mystery, *salaisuus*]. **-mattomuus** inscrutability. **-mus** examination; investigation (of, into), study, research; *(esim. alueen)* exploration, inquiry [into, *jnk asian*]; *(oikeudellinen)* trial; *suorittaa -muksia* make (carry out) investigations; (~**laitos** research institute; ~**matkailija** explorer; ~**pöytäkirja** records of an investigation; ~**retki** exploring expedition; ~**työ** research work). **-ntavanki** prisoner committed for trial; ~*na* in custody pending trial). **-nto** examination; *-nnon suorittanut* qualified; (~**lautakunta** board of examiners; ~**vaatimukset** examination requirements). **-skella** study; meditate (on); consider. **-vasti** searchingly, inquiringly.

tuttava *s.* acquaintance; *vanha ~ni* an old a. of mine. **-llinen** familiar, intimate; *liian ~ too (t.* unduly) familiar; *olla -llisissa väleissä* be on intimate terms. **-llisuus** familiarity, intimacy. **-piiri** *(jkn)* circle of [one's] acquaintances, [one's] friends. **tutta|vuus** acquaintance; *(läheinen)* intimacy; *solmia ~* strike up an acquaintance; *ehdotan lähempää -vuutta* I suggest we use our Christian names; (~**suhteet** influential

acquaintances).
tutti baby's dummy, *(pullon suulla)* nipple. **-pullo** feeding bottle.
tuttu familiar, acquainted (with); *(tunnettu)* known; *on ~a jklle* is familiar to a p.; *oletteko ~ja* are you acquainted? do you know each other? *hyvän päivän ~* a speaking acquaintance.
tutunomainen familiar.
tutus|tua become acquainted (with), make [a p.'s] acquaintance; *(perehtyä)* become familiar (with); ~ *jhk lähemmin* come to know a p. better. **-tumistarjous** introductory offer. **-tuttaa** acquaint, familiarize (a p. with), *(m. esittää)* introduce (a p. to), *(perehdyttää)* initiate (into).
tuudi|tella, -ttaa lull [to sleep]; *(keinuttaa)* rock. **-ttautua** *(luuloon)* lull oneself [into believing..].
tuuh|ea bushy, tufty; *(tiheä)* thick; *(lehtevä)* leafy; (~**tukkainen..** with thick hair). **-eus** bushiness; leafiness.
tuulahdus breath of wind.
tuulen|henki breath of wind; breeze. **-puoli** windward; weather side. **-puuska** gust [of wind], squall. **-suoja** shelter [from the wind]; *mer.* lee; *olla ~ssa* be sheltered from the wind. **-tupa** castle in the air.
tuulet|in *(sähkö-)* electric fan; ventilator. **-taa** air, give.. an airing; *(huonetta)* ventilate. **-tua** become aired, be ventilated. **-us** airing; ventilation; (~**laitteet** ventilation system; ~**teline** airing rack).
tuuli wind; *(heikko)* breeze; *(ankara)* gale; *(myrsky)* storm; *kuv.* mood, humour; *käy kova ~* there is a strong wind, it is very windy; ~ *on etelässä* the wind is in the south, it is blowing from the south, there is a southerly wind; *tuulen puolella* [to] windward (of); *tuulen voima, nopeus*

tyky

wind force, velocity; *hyvällä tuulella* in a good humour (temper); *kun olen sillä tuulella* when I am in the mood [for it], when the mood takes me; *tuulesta temmattu.*. with no foundation [whatever]. **-ajo:** *olla ~lla* drift with the wind, be adrift; *joutua ~lle* be cast adrift *(m. kuv.).* **-hattu** fickle person, weathercock. **-kangas** wind-proof material. **-kannel** Aeolian harp. **-lasi** *(auton)* windscreen, *Am.* windshield; *~n pyyhkijä* w. wiper. **-mittari** wind-gauge. **-moottori** windmill pump. **-mylly** windmill. **-nen** windy; gusty; *(t-lle altis)* exposed to the wind. **-pussi** *ilm.* wind sock, wind sleeve. **-spää** squall, gust, *kuv.* whirlwind. **-viiri** weathervane; weathercock.

tuulla blow; *tuulee* it is windy, there is a lot of wind [today]; *alkaa ~* a wind is getting up, *(voimistuu)* the wind is rising; *alkoi ~* a wind got up.

tuum|**a 1.** thought, idea; *-asta toimeen* no sooner said than done; *yksissä -in jkn kanssa* together with a p. **2.** *(-mitta)* inch *(lyh. in).* **-ailla, -ata, -ia, -iskella** think; ponder, reflect (upon); *(aikoa)* plan; *mitä asiasta -aat?* what do you think of it?

tuumamitta inch-measure.

tuupata push, give.. a push.

tuupertua: *~ maahan* slump (sink) to the ground, drop [with fatigue, *väsymyksestä*].

tuup|**pia** push; jostle; *(hiljaa, esim. kylkeen)* nudge, poke; *(juoksijat) -pivat toisiaan* jostled (elbowed) each other.

tyhjen|**nys** emptying, evacuation. **-tymätön** inexhaustible. **-tyä** become empty, be emptied, be exhausted. **-täminen** *(kaupungin ym)* evacuation. **-tävä** *kuv.* exhaustive, thorough. **-tää** empty; *et. kuv.* exhaust [a supply, *varasto*]; *(asukkaista ym)* vacate [a building], evacuate [a town];

(postilaatikko ym) clear; *(kallistamalla)* tip out; *~ lasi* empty (drain) a glass; *~ pöytä (ruoista)* clear the table; *~ vesi veneestä* bail out a boat.

tyhj|**iö** vacuum, void. **-yys** emptiness; void, blank.

tyhjä empty; vacant [seat, *istuin*]; blank [page, *sivu*], bare; *(jtk vailla)* devoid of; *(joutava)* idle, vain; *~ jstk* empty of [meaning], void of [fish]; *~ksi poimittu* picked bare; *tyhjin käsin* empty-handed; *tyhjin suin* empty; *tyhjillään oleva* empty, vacant; *~ arpalippu* blank; *~ paristo* exhausted battery; *~ksi hakattu (metsä)* stripped bare; *~ä puhetta* idle (empty) talk; *~n takia* for nothing; *tehdä ~ksi* foil, thwart, cross [a p.'s plans, *jkn suunnitelmat*]. **-käynti** *tekn.* idle motion, idling; *käydä ~ä* idle, be idling. **-npäiväinen** trifling, insignificant. **-npäiväisyys** triviality; *(joutava asia)* trifle, trifling matter. **-ntoimittaja** idler, loafer, loiterer, good-for-nothing.

tyhm|**yri** stupid fellow, simpleton. **-yys** stupidity; folly; foolishness, silliness; *puhua -yyksiä* talk nonsense; *älä tee -yyksiä* don't make a fool of yourself. **-ä** stupid; foolish, silly; *(kovapäinen)* dense, dull, thick-headed; *(epäviisas)* unwise; *hän ei ole mikään ~ mies (m.)* he is no fool; *(~nrohkea* foolhardy; *~nylpeä* snobbish; *~sti* stupidly *jne.; tein ~sti, kun* it was stupid of me to..).

tykin|**ammus** shell. **-kuula** cannon-ball. **-lavetti** gun-carriage.

tykistö artillery. **-tuli** artillery fire.

tykki gun, *(harvemmin)* cannon; *~en jyske* booming of cannon, gun-fire. **-mies** gunner. **-tuli** gun-fire. **-vaunut** gun-carriage. **-vene** gunboat.

tykkänään wholly, altogether.

tyky|**ttää** pulsate, beat;

(kiivaasti) throb, palpitate.
-tys pulsation, beat[ing].
tykö: *jkn ~* to; *~nä ks. luona.*
tylli *(kangas)* tulle.
tylpistää make.. blunt[er], blunt.
tylppä blunt. **-kulmainen** obtuse-angled. **-kuonoinen** blunt-nosed, pug-nosed. **-kärkinen** blunt[-ended].
tyls|entää make.. [more] dull, dull. **-istyä** *kuv.* become [mentally] dull. **-istää** *kuv.* make.. [mentally] dull. **-yttää** blunt. **-yys** bluntness; *kuv.* dullness; stupor, apathy. **-ä** dull-edged; blunt; *kuv.* dull; *(saamaton)* inert; *(~mielinen* idiot; *~mielisyys* idiocy).
tyl|y unkind; *(karkea)* harsh, *(töykeä)* gruff, brusque; *~ vastaus* curt (brusque) reply. **-yys** unkindness, harshness, brusqueness.
tymp|eys flatness, staleness, *(vastenmielisyys)* distaste, disgust. **-eytyä** *(jhk)* take a dislike to, get sick of, become disgusted with. **-eä** flat, stale, insipid. **-äisevä** disgusting; nauseating, sickening. **-äistä** disgust; be repulsive [to a p.]; *(ikävystyttää)* bore; *jk -äisee minua* I am thoroughly disgusted with, I have a distaste for. **-ääntyä** be fed up, *jhk, jkh* with.
tynkä stump, stub.
tynnyri barrel; cask; *(pieni)* keg. **-nala** *l.v.* acre *(oik. 1.22 acres).* **-ntekijä** cooper. **-nteko** cooperage. **-nvanne** hoop [of a barrel].
typer|yys foolishness; stupidity. **-ä** foolish; stupid; *älä ole ~* don't be silly!
typis|tää dock [the tail, *häntä*], cut short, crop; *(lyhentää)* abridge; *(-tellä)* mutilate, maim.
typpi *kem.* nitrogen. **-bakteerit** nitro-bacteria. **-happo** nitric acid. **-lannoite** nitrogenous fertilizer. **-pitoinen** nitrogenous.
typykkä poppet, girl [ie]; *(pimu)* bird, birdie, dame.
typö: *~ tyhjä* quite (absolutely)

empty; completely deserted.
tyranni tyrant. **-mainen** tyrannical. **-soida** tyrannize (over); browbeat, bully. **-us** tyranny.
tyreh|dyttää stop; *(ehkäistä)* check; staunch [the flow of blood, *verenvuoto*]. **-tyä** stop; be checked; *hänen runosuonensa -tyi* his poetic vein dried up.
tyr|kkiä push, jostle *(tönäistä)* poke, *(kyynärpäällä)* nudge. **-kyttää** press (sth. on sb.), obtrude (on), *(mielipiteitä)* impose [one's views on], ply sb. with [arguments, drink]; *~ kaupaksi* [try to] foist sth. (on to sb.). **-kätä** *(lujemmin)* shove; poke [sb. in the side, *jkta kylkeen*].
tyrmis|tys consternation. **-tyttää** stupefy, dumbfound; *t -ttävä* staggering. **-tyä** become petrified, become motionless [with terror, *kauhusta*]; *-tynyt (m.)* thunderstruck, stupefied.
tyrmä dungeon; jail, gaol.
tyrmä|tä knock.. out. **-ys** knock-out.
Tyroli the Tyrol. **t-lainen** *a. & s.* Tyrolese *(pl. = sg.).*
tyrsky surge, surf; *~t* breakers.
tyrä hernia. **-vyö** truss.
tyttären|poika grandson. **-tytär** granddaughter.
tyttö girl. **-ikä** girlhood. **-koulu** girls' school. **-lapsi** [baby] girl. **-mäinen** girlish. **-mäisyys** girlishness. **-nen** little girl. **-nimi** maiden name; *-nimeltään* nee, born.
tytär daughter. **-puoli** step-daughter. **-yhtiö** affiliated company, subsidiary.
tyven *a. & s.* calm; *~en puoli* lee [side].
tyvi base; proximal part; butt [end]. **-laho** butt *(t. root)* rot.
tyydy|ttämätön unsatisfied; *(jota ei voi t-ttää)* insatiable. **-ttävä** satisfactory; *(arvosana, m.)* fair. **-ttää** satisfy; gratify [a wish, *halu*]; *(olla tyydyttävä)* give satisfaction; *~ tarve* satisfy (supply, meet) a demand. **-tys** satisfaction, gratification.

tyyli style. **-kkyys** good style, stylishness. **-käs** stylish; chic; .. *on* ~ .. has style. **-llinen** stylistic. **-nen:** *suomalais*~ .. in [the] Finnish style. **-niekka** stylist. **-puku** picture frock. **-tellä: -telty** *(tait.)* stylized. **-tön.** . without style.

tyyn|esti calmly, quietly; *suhtautua jhk* ~ take a th. calmly. **-eys** calmness, calm; tranquillity; *(mielen-, m.)* composure. **-i** *a.* calm; tranquil; placid; *(hiljainen)* quiet; *(ei hämmentynyt)* composed; *s.* calm; *-ellä mielellä* in a calm state of mind; with equanimity; *-ellä (ilmalla)* in calm weather; *-essä vedessä suuret kalat kutevat* still waters run deep; *Tyynimeri* the Pacific [Ocean].

tyynni: *kaikki* ~ all [of it], every bit of it, *(jok'ainoa)* every single one [of them].

tyyn|nyttää calm, quiet; soothe; *(lasta)* hush; *-nytti mieliä* reassured the public. **-tyä** calm oneself, calm down; become calm *(m. meri); (tuuli)* abate, subside.

tyyny cushion; *(vuode-)* pillow. **-liina** pillow case.

tyypillinen typical (of); ~ *esimerkki* typical example, a case in point.

tyyppi type; *ei ole minun ~äni* [he] is not my type; *sen ~set* [people] of that type.

tyyssija retreat; *(ahjo)* seat; nest.

tyystin carefully; thoroughly; altogether.

tyyten wholly, entirely.

tyyty|mättömyys dissatisfaction, discontent, displeasure (with); *t-myyden aiheet* grievances. **-mätön** dissatisfied, discontented (with), displeased; disgruntled; *-mättömät (m.)* the malcontents. **-väinen** satisfied, contented (with), content, pleased (with). **-väisyys** contentment, satisfaction (with). **-ä** *(jhk)* be satisfied (content) with,

content oneself with; *(mukautua)* acquiesce in; ~ *kohtaloonsa* resign oneself to one's fate; ~ *vähään* content oneself with little.

työ work, labour; *(-paikka)* job, employment; *(tehtävä)* task; *(teko)* deed, act; *saada* ~*tä* find work; *tehdä* ~*tä* work; *minulla on paljon* ~*tä* I have got a great deal of work; *onko sinulla paljon* ~*tä?* do you have much work? *ryhtyä* ~*hön* set to work; *ensi* ~*kseni* .. the first [thing] I did was to; ~ *miehen kunnia* work ennobles man; *olla* ~*ssä* be at work, *(jklla)* be employed by; *onko tämä sinun* ~*täsi* is this your work (your doing)? *hienoa* ~*tä* fine workmanship; ~*tä karttava* work-shy; ~*tä säästävä (kone)* labour-saving; ~ *tekevä* working, labouring. **-aika** time of work; working hours. **-ala** line, branch; field of work. **-ansio** earnings.

työehtosopimus agreement on wages and conditions of employment, *Am.* collective agreement. **-neuvottelut** collective bargaining.

työ|hevonen workhorse, cart horse. **-huone** work[ing-]room; *(verstas)* workshop; *(tiedemiehen)* study; *(taiteilijan)* studio. **-ikäinen** .. of working age. **-into** eagerness to work. **-kalu** tool; instrument; ~*t (m.)* implements, kit; (~**kaappi** tool chest; ~**vaja** tool shed). **-kenttä** sphere (field) of activity. **-kyky** working capacity. **-kykyinen** fit for work. **-kyvyttömyys** disability [for work]. **-kyvytön.** . incapacitated [for work]; disabled. **-leiri** labour camp. **-llistää** employ. **-llisyys** employment. **-lupa** work permit. **-läinen** worker; *vrt. työmies ym; -läiset (m.)* workpeople.

työläs laborious, arduous; *(vaikea)* hard, heavy, tough, troublesome. **-tyä** get tired (of).

työmaa work-place; job-site, *(rakennus-)* building site.
työmarkkina|järjestöt labour market organizations. **-suhteet** industrial relations. **-t** labour market.
työmies workman, worker, working man; labourer.
työn|antaja employer.
-haluinen. . willing to work.
-jako division of labour.
-johtaja foreman, overseer, *Am.* boss. **-johto** supervision of work. **-puute** scarcity of work. **-seisaus** stoppage of work, shut-down. **-sulku** lock-out. **-tekijä** worker, working man (woman), labourer *(esim.* farm l.). **-teko** working, work. **-tutkimus** work study, time and motion study. **-täyteinen** busy.
työn|työ push oneself; be pushed (forced, driven). **-tää** push, thrust; *(pakottaa)* force, drive; ~ *takaisin* force back, repel; ~ *vesille* shove off.
työntö|kärryt wheelbarrow, push-cart. **-ovi** sliding door.
-tuoli wheel chair.
työnvälitys employment exchange. **-toimisto** employment agency.
työ|näyte specimen of work.
-paikka work place; employment, situation, job.
-olot working conditions.
-paja workshop. **-palkka** wages, pay; *(-kustannus)* cost of labour; *(teko-)* cost of making. ., charges. **-palvelu** labour conscription. **-puku** working clothes. **-päivä** work-day, working day. **-pöytä** work table; writing-table.
-rauha industrial peace.
-ryhmä [working] team. **-riita,**
-selkkaus labour dispute.
työsken|nellä work, be working; be at work; be employed. **-tely** working; work.
työ|sopimus working agreement.
-stökone machine tool. **-suhde:** *olla kiinteässä -suhteessa* work on a permanent basis. **-taakka** burden of work. **-taistelu** industrial action; *ryhtyä ~un*

take i. a. **-takki** overall.
-tapaturma occupational accident (injury). **-teho** efficiency. **-teliäisyys** industry, industriousness. **-teliäs** industrious, hard-working; diligent. **-tilaisuus** job opportunity, vacant job.
-todistus testimonial, character.
-toveri fellow worker; *(esim. tiedemiehen)* co-worker, collaborator. **-ttömyys** unemployment; (~**avustus** unemployment benefit, the dole; ~**tilanne** state of unemployment; ~**työt** relief work; ~**vakuutus** unemployment insurance).
-tuomioistuin Industrial Relations Court. **-tätekevät** working people. **-tön** unemployed,. . out of work.
-valiokunta executive committee. **-velvollinen** labour conscript. **-voima** labour, workers; ~*n puute* shortage of labour. **-vuoro** shift.
työväen|kysymys labour question. **-liike** labour movement. **-luokka** working class. **-opisto** workers' evening school. **-puolue** *Engl.* the Labour Party. **-suojelu** industrial welfare; (~**laki** *Engl.* Factory Acts). **-yhdistys** workers' association.
työväestö workpeople.
työväki working men, workers, *(tehtaan, m.)* hands.
tähde remnant, *ks. tähteet.*
tähde|llinen important; pressing.
-llisyys importance.
tähden = *takia; minun tähteni* for my sake; *tämän* ~ for this reason, therefore.
tähden|lento shooting star.
-muotoinen star-shaped.
tähdentää emphasize, lay stress on, stress.
tähd|etön starless. **-istäennustaja** astrologer. **-istö** constellation.
tähdätä aim, *jhk* at, take aim; *(olla suunnattuna)* be aimed, be directed (at).
tähkä head, ear; *(kukintomuotona)* spike. **-pää** head; *t-päiden poimija* gleaner.

tähteet remains [of food], left-overs.

tähti star; *kirjap.* asterisk; *taivas on tähdessä* it is starlight. **-kirkas** starlit, starry. **-kuvio** constellation. **-lippu** the star-spangled banner, the stars and stripes. **-sumu** nebula. **-taivas** starry sky. **-tiede** astronomy. **-tieteellinen** astronomical. **-tieteilijä** astronomer. **-torni** [astronomical] observatory. **-yö** starlit night; *~ssä, ~nä* by starlight.

tähtä|in sight; *-imen jyvä* bead; *hänellä on jtk -imessä (kuv.)* he has. . in view; *katsoa jtk pitkällä -imellä* take a long view of: *pitkän -imen* long-term [programme etc]. **-ys** sighting, aiming; *pitkällä -yksellä* taking the long view; (*~laite* sight[s]).

tähys|tellä look. **-tys** lookout; observation; *lääk.* -scopy (*esim.* bronchoscopy); *~torni* lookout [tower]. **-täjä** lookout, observer. **-tää** keep a lookout, be on the lookout, scout about (for).

tähän here; *~ asti* this far, thus far, *(ajasta)* so far, hitherto, until now; *~ (päivään) mennessä* up to the present [time], to date.

täi louse *(pl. lice).*

täkäläinen. . in (at) this place, local.

tällainen. . like this,. . of this kind; such.

tällöin now; *(silloin)* then; at that time.

tämä this, this one; *tähän aikaan päivästä* at this time of the day; *tällä puolen* on this side of; *~n kuun 6. päivänä* on the 6th of this month; *~n jälkeen* after this; *10 vuotta ~n jälkeen* 10 years hence; *~n verran* this much; *tänä iltana* tonight; *tässä kohden* at this point, *(asiassa)* on this point; *tätä tietä* this way.

tämän|päiväinen today's,. . [of] today. **-tapainen** .. of this kind (sort).

tänne here. **-mmäksi** farther this way. **-päin** this way, in this direction.

tänään today; *~ aamupäivällä* this morning; *~ on tiistai* today is Tuesday.

täpl|ikäs spotted, spotty, *(pilkullinen)* dotted, speckled [with black etc]. **-ä** spot; speck.

täpär|yys: *ajan ~* the limited time; *hänen asemansa ~* his critical position. **-ä** short; *~ paikka* a near thing; *~ pelastus* a narrow escape; *hänen henkensä oli ~llä* he escaped by the skin of his teeth; *aika on ~llä* time is short; *voitti ~sti* won by a narrow margin, barely won; *se oli ~llä* it was a hairbreadth escape (a close shave).

täpö: *~ täysi, ~ täynnä* crammed; crowded, packed [with people, *ihmisiä*], chock-full.

täri|nä shaking; *(esim. ajopelien)* jolting; *(täristys)* tremor. **-stä** shake, *(esim. ajopelit)* jolt; *(vapista)* tremble. **-syttää** shake; *kuv.* shock; *t-ttävä* shocking, shattering.

tärke|ys importance; *(painavuus)* weight. **-ä** important; *(merkityksellinen)* significant; *(oleellinen)* essential; urgent; *hyvin ~* of great importance, *(ensiarvoisen)* of vital importance; *pitää ~nä (m.)* consider. . of importance, attach importance to; *minun on ~tä tietää* it is important for me to know.

tärk|kelys starch. **-ki** starch; (*~paita* starched shirt).

tärpätti turpentine. **-öljy** oil of turpentine.

tärvel|lä spoil; ruin, destroy. **-tyä** be spoiled; be ruined.

tärykalvo ear-drum, tympanic membrane.

täryyttää: *ajaa ~* bump [along the road].

täräh|dys shock; *lääk.* concussion [of the brain];

(räsähdys) clash, crack. **-tää**
clash; *(tåristä)* shake; *maa -ti*
the ground shook (trembled);
hänen päänsä -ti seinään he
knocked his head against the
wall; *-tänyt* dotty,.. [a bit]
cracked.

täsmentää define [.. further];
specify.

täsmäll|een exactly, precisely;
(määräajalleen) punctually; ~
kello 1 (m.) at one o'clock
sharp; *hän saapui* ~
(sovittuun aikaan) he kept his
appointment [exactly], he was
on time. **-inen** exact, precise,
accurate; *(såntillinen)*
punctual; *(tiukka)* strict; ~
kuin kello as regular as
clockwork. **-istää** define.
-isyys exactness, precision,
accuracy; punctuality.

täsmätä agree; tally.

tässä here; at this, in this; ~
saat (jtk annettaessa) here
you are! *vrt. tämä.*

tästedes henceforth; from now
on.

tästä from this; of this, about
this; *(täältä)* from here; ~
johtuu, seuraa.. hence (from
this) it follows (that); ~
lähtien from now on,
henceforth; *en tiedä* ~ *mitään*
I know nothing about this.

täten in this way (manner);
thus; herewith, by this means;
~ *ilmoitetaan, että..* this is
to give notice that.., it is
hereby announced that..

täti [maternal *t.* paternal]
aunt; *äidin t. isän* ~
great-aunt.

täydelleen completely; utterly;
vrt. täysin.

täydelli|nen complete; perfect;
(täysi) full; entire; *(ehdoton)*
absolute; ~ *nimi* full name,
[one's] name in full; ~
pimeys total (complete)
darkness. **-sesti** perfectly;
completely, entirely; *(täysin)*
fully, wholly; ~ *lyöty*
completely (utterly, totally)
defeated. **-styä** perfect oneself,
reach perfection. **-stää** perfect;
complete. **-syys** perfection;
perfectness; completeness;

-syyden huippu the pink of
perfection.

täyden|nys completion; *jkn*
-nykseksi to supplement. .;
(~osa l.v. supplement). **-tää**
complete, make.. complete,
make up [the number,
lukumäärä]; *(liittää t-nykseksi)*
supplement; *(varastoja)*
replenish; *täydentävä*
complementary, supplementary
[to, *jtk*].

täynnä full [of, *jtk*]; filled
(with); *(tupaten* ~) crowded,
crammed, packed (with); *sali*
oli ~ *viimeistä sijaa myöten*
the hall was filled to capacity.

täys|aikainen *ks. täysi-.*
-automaattinen fully automatic.

täysi full; *(täydellinen)*
complete; perfect; *(koko)*
whole; ~ *syy* every reason;
täydellä syyllä justly, rightly;
täydellä syyllä voidaan sanoa
it can be said with good
reason; *täydessä kunnossa* in
good repair; *oli* ~ *työ..* it
was hard work, it was all he
could do to..; *merkitä*
täyteen subscribe in full.
-aikainen full-term, mature.
-arvoinen *(raha)* standard.
-hoito board and lodging; *olla*
-hoidossa board [with a p.,
jkn luona]. **-hoitola**
boarding-house. **-hoitolainen**
boarder. **-ikäinen..** of age;
lak. major; *tulla -ikäiseksi*
come of age. **-ikäisyys**
majority, age. **-kasvui|nen**
grown-up, adult *(m. subst.);*
full-grown; *tulla -seksi* grow
up. **-kuu** full moon. **-lukuinen**
fully attended. **-lukuisuus** full
numbers. **-mittainen..** up to
[the] standard.

täysin fully; *(aivan)* quite;
(kokonaan) entirely, wholly,
totally; ~ *kehittynyt* fully
developed; ~ *levännyt*
thoroughly rested; ~ *maksettu*
paid in full; ~ *valmis*
completely finished, completed;
~ *yhtä hyvä* just *(t.* fully) as
good; *ottaen* ~ *huomioon*
with full regard to. **-oppinut**
master (of), expert (in).
-palvellut emeritus [professor].

täysi|näinen full. **-näisyys** fullness. **-painoinen**. . of full weight, *kuv.* of high standard. **-pitoinen** up to [the] standard.

täysistunto plenary session.

täysi|valtainen invested with full powers, fully authorized; ~ *ministeri* minister plenipotentiary. **-valtaisuus** full powers, full authority.

täys|järkinen sane,. . in full possession of one's senses. **-korjaus:** *asunnossa tehtiin* ~ the flat was completely refitted. **-käännös** about turn; ~ *oikeaan* right-about face! *teki (poliittisen) t-nöksen* reversed his policy. **-maito** whole milk. **-mittainen**. . of full length *(t. size)*, *kuv.* up to the standard. **-osuma** direct hit. **-työllisyys** full employment. **-vakuutus** *(auton)* comprehensive [motor-car] insurance. **-valmiste** finished product. **-verinen** thoroughbred [horse]. **-villa(inen)** pure wool.

täyte filling *(m. hammas-); (esim. vanu-)* padding; *keitt.* stuffing, dressing; *kuv.* makeweight. **-aine** filling. **-en:** *kaataa (ym.)* ~ fill [with, *jtk*]. **-kynä** fountain-pen. **-läinen** *(vartaloltaan)* plump, full-bodied, *(ääni ym.)* rich, mellow. **-paino** makeweight. **-sana** expletive. **-vaalit** by-election.

täytt|ymys fulfilment; realization. **-yä** get (become) filled (with), fill (with); *(toteutua)* be fulfilled, be realized, come true. **-ymätön** unfulfilled. **-äminen** filling. **-ämätön** unfilled; unfulfilled; ~ *lupaus* a promise which was not kept.

täyttää fill, fill up; *(reikä)* stop, *(eläin, m. ruoaksi)* stuff; *(lomake)* fill in *(t.* out); *kuv.* fulfil, *et. Am.* fulfil; *(toimittaa)* carry out, execute; ~ *tänään* he turns *et. forty* today; *hän* ~ *30 vuotta ensi kuussa* he will be thirty next month; *30 vuotta t-äneet*

those over thirty; ~ *hammas* fill (stop) a tooth; ~ *käsky* perform an order, execute (carry out) an order; ~ *lomake (m.)* complete; ~ *lupaus (m.)* keep one's promise; ~ *sitoumuksensa* honour one's engagements, fulfil one's obligations; ~ *tarpeet* meet the needs; ~ *kaikki vaatimukset* come up to the requirements, meet [all] the requirements, ~ *vajaus* cover the deficit; ~ *velvollisuutensa* discharge (do) one's duty; *se* ~ *koko sivun* it fills (takes up) an entire page.

täyt|yä have to be, be obliged to; *minun -yy* I must, I have to; *täytyykö sinun mennä?* must you go? do you have to go? have you [got] to go? *minun -yi* I had to; *hänen on -ynyt käydä siellä aikaisemmin* he must have been there before.

täytäntö fulfilment; *panna ~ön* carry. . into effect; execute; *mennä ~ön* be fulfilled, be realized, come true.

täytäntöön|paneva executive. **-pano** execution, carrying into effect; *(lain ym.)* enforcement [of the law]; *(~viranomainen* executive authority).

täällä here, in (at) this place. **-olo:** *~ni, ~si jne.* my (your) stay here.

täältä from here, from this place; *koska lähdet* ~ when are you leaving [this place]?

töher|rys daub[ing]. **-tää** scrawl, *(maalilla)* daub.

töhriä daub, smear.

töintuskin narrowly; only just; ~ *pelastui* had a near escape, (he) narrowly escaped [drowning, *hukkumasta*].

tökerö awkward; *tehdä ~sti* botch, bungle.

tökätä *(kyynärpäällä)* nudge.

tölkinavaaja tin opener.

tölkittää tin, *Am.* can.

tölkki jar; pot; *(säilyke-)* tin, *Am.* can.

tölli hut, cabin, shack.

töllistellä gape (at).

tömi|nä *(jymy)* rumble; thumping; stamping. **-stellä** stamp [one's feet]. **-stä** rumble.

tönäistä, töniä bump (into, against), jostle; *älä töni* don't push [me]!

tönö cabin, shack.

töppö|häntä bobtail. **-korvainen** crop-eared.

törke|ys coarseness; grossness. **-ä** *(karkea)* coarse; rude; *(vakava)* grave; gross [insult, *loukkaus*]; ~ *laiminlyönti* gross negligence; ~ *rikos (lak.)* felony; ~ *vale* gross lie; ~ *virhe* grave error, big mistake; ~ *vääryys* gross (glaring) injustice.

törky dirt, filth; *(roju)* rubbish; trash; *(jätteet)* refuse, garbage.

törmä bank; *jyrkkä* ~ bluff, *(rinne)* steep hillside.

törmä|tä: ~ *jhk* run into, *(esim. auto)* crash into; hit

(dash, strike) against; ~ *vastakkain (kuv.)* clash; ~ *yhteen* collide, crash [into each other]; *auto -si puuhun* the car crashed into a tree. **-ys** bump; crash, collision.

törröttää stick out, stand out.

törä|hdys blast [of a horn], *(auton)* hoot, honk. **-yttää:** ~ *torvea* blow a horn, *(auton)* hoot the car horn. **-htää** blare.

tötterö cone.

töyhtö *(linnun päässä)* crest; *(tupsu)* tuft. **-hyyppä** lapwing.

töyke|ys brusqueness, rudeness. **-ä** harsh; brusque; unobliging, discourteous, gruff.

töykkiä jostle.

töyräs bluff.

töyssäh|dellä bump along [the road]. **-tää** bounce.

töytäistä [give.. a] push, shove.

U

udar udder.

udella inquire [about;.. of a p.], question, sound [a p. about, *jtk*], be inquisitive.

uhalla *ks.* uhka.

uhanalainen threatened, exposed.

uhata threaten (with), menace; *uhaten* threatening [ly]; *uhkaava vaara* impending danger; *aseella uhaten*, *uhattaessa* at gunpoint.

uhi|tella be defiant. **-ttelu** defiance; bravado.

uhka threat, menace; *(vaara)* risk, hazard; *(uhma)* defiance, spite; *uhalla* out of [mere] spite; *kaiken uhallakin* at all costs; *jnk uhalla* at the risk of, *(sakon ym)* on pain (under penalty) of [£ 10]; *henkeni uhalla* at the risk of losing my life; *olla ~na jllek* be a threat to. **-ava** threatening, menacing, impending, imminent. **-illa** threaten. **-peli** gambling; *~n harjoittaja* gambler. **-rohkea** daring, rash, reckless; *(tyhmän-)* foolhardy. **-rohkeus** daring, rashness. **-us** threat, menace. **-vaatimus** ultimatum. **-yritys** hazardous (risky) undertaking; [bold] venture.

uhke|a splendid, magnificent, grand; *(komea)* gorgeous; *(rehevä)* luxuriant. **-us** magnificence; splendour.

uhkua brim over (with), flow (with); abound (in); *hän uhkuu iloa* she is exuberant with joy.

uhma defiance. **-ikä** the obstinate age. **-ileva** defiant. **-illa** *ks.* uhmata. **-ilu** defiance. **-mieli** [spirit of] defiance. **-mielinen** defiant (to, towards); refractory. **-ta** defy; *(vaaraa ym)* brave, challenge;

-ten jtk in defiance of..

uhra|ta sacrifice; lay down [one's life, *henkensä*]; *(omistaa)* devote [one's time to, *aikansa jhk*]; *(rahaa)* spend, go to the expense [of £ 100], go to great expense; *uhraamalla ihmishenkiä (m.)* at the sacrifice of human life. **-us** sacrifice. **-utua** sacrifice oneself; give oneself up (to), devote onseself (to). **-utuvainen** self-sacrificing. **-utuvaisuus** self-sacrifice.

uhri sacrifice, *(poltto- ym.)* offering; *(saalis)* victim, prey; *joutua jnk ~ksi* fall a victim to, *(tapaturman)* suffer an accident. **-eläin** sacrificial animal, victim. **-karitsa** sacrificial lamb; *virheetön ~* unblemished l.

uida swim; bathe; *(kellua)* float; *mennä uimaan* go swimming (for a swim); *menen uimaan* I am going to have a swim.

uikuttaa moan, wail; *(vikistä)* whine.

uima|-allas swimming-pool. **-halli** [indoor] swimming-bath [s]. **-housut** swimming trunks. **-huone**, **-koppi** bathing hut (cubicle). **-hyppy** [fancy] dive. **-jalka** web-foot. **-kalvo** web. **-kilpailu** swimming contest. **-la**, **-laitos** public swimming-baths. **-liike** [swimming] stroke. **-näytös** swimming display. **-opetus** instruction in swimming. **-puku** bathing costume (suit). **-rakko** *(kalan)* sound. **-ranta** bathing beach. **-ri** swimmer. **-taidoton** non-swimmer; *on ~* cannot swim. **-taito** [art of] swimming. **-taituri** expert swimmer. **-tyyny** swimming

float.
uimuri *tekn.* float.
uinahtaa drop asleep, snooze.
uinti swimming; *uinnin
opettaja* s. instructor. **-matka**
swim. **-tyyli** style [of
swimming].
uinua slumber.
uiskennella swim; *(kellua)* float.
uistin spoon-bait; *soutaa ~ta*
fish with a s.-b.
uittaa float.
uitto *(tukkien)* timber floating.
-kouru timber slide. **-mies**
timber-(log-)floater. **-yhtiö**
[timber] floating company.
ujellus whistle, *(suihkukoneen)*
scream.
ujo shy, timid; coy;
(hämillinen) self-conscious.
ujostele|maton unshy, at one's
ease, unconstrained.
ujo|stella be shy, feel
embarrassed [in the presence
of. .]; *-stelematta* without
blushing, unconcerned [ly],
unabashed; *älkää -stelko
minua* never mind me!
-stuttaa: *häntä u-tti* she felt
shy. **-us** shyness, bashfulness.
ukki grandpa.
ukko old man. **-mainen** senile.
-nen thunder [and lightning];
~ käy it is thundering; *on
-sta ilmassa* there is a
thunderstorm brewing, *(kuv.)*
trouble is brewing; *~ iski
puuhun* the lightning struck a
tree.
ukkosen|johdatin lightning
conductor *(Am.* rod). **-jyrinä**
thunder. **-jyrähdys** clap (peal)
of thunder.
ukkos|kuuro thundery shower.
-pilvi thunder-cloud. **-sade**
thunder shower.
ukonilma thunderstorm.
Ukraina the Ukraine.
ulappa the open sea;
(valtameren, m.) the high seas.
ula(radio) ultra-short wave,
V. H. F.
uli|na yelp [ing]. **-sta** yelp;
(ulvoa) howl.
ulj|as gallant, *(rohkea)* brave,
valiant; *(komea)* stately
[carriage, *ryhti*], splendid;
(ylevä) noble. **-uus** gallantry,

bravery; stateliness.
ulko- *(yhd.)* outer, exterior;
(-puolinen) outside, outward,
external; *~a* from outside,
from the outside; on the
outside; *oppia ~a* learn by
heart (by rote), memorize,
commit. . to memory. **-asia:**
~t foreign affairs;
(~inministeri minister for
foreign affairs; *Engl.* Foreign
Secretary, *Am.* Secretary of
State; *~inministeriö* Ministry
of Foreign Affairs; *Engl.*
Foreign Office, *Am.* State
Department; *~invaliokunta*
Foreign Affairs Committee).
ulko|asu [outward, external]
appearance. **-grilli** *Am.*
barbecue. **-huone** outbuilding;
(käymälä) privy. **-illa**
(patikoida) hike; *hän -ilee
- paljon* he is an outdoor
person *(t.* tage).
ulkoilu outdoor activities.
-tta|a: *~ koiraa* take the dog
for a walk; *koirien -minen
kielletty* no dogs allowed.
ulko|ilma [the] open air; *~ssa*
out of doors, outdoors;
(~kokous open-air meeting).
-kaihdin sun-blind, awning.
-kohtainen objective.
-kohtaisuus objectiveness,
objectivity. **-korva** external
ear. **-kullattu** hypocritical; *~
ihminen* hypocrite. **-kultaisuus**
hypocrisy. **-kuori** outer shell;
the exterior. **-laitamoottori** *ks.*
perä-. **-luku** learning by heart,
rote-learning. **-lähetys** *TV*
outside broadcast. **-läksy**
lesson [to be] learnt by
heart.
ulkomaa foreign country;
u-mailla, -lle abroad; *u-mailta*
from abroad; *~n uutiset*
foreign news. **-lainen**
foreigner, *lak.* alien; *-laiset
(m.)* foreign people. **-nkauppa**
foreign trade. **-nmatka** journey
(trip) abroad; *hän on ~lla* he
is [travelling] abroad.
-nvaluutta foreign exchange.
ulko|mainen foreign. **-ministeri**
ks. ulkoasiain-. **-muistista** by
heart, from memory. **-muoto**
appearance, looks, exterior; *~*

pettää appearances are deceptive; *-muodoltaan* in appearance. **-na** out [in the rain, *sateessa*]; outside, out of doors, outdoors; *on ~* is out, has gone out; (*~liikkumiskielto* curfew; *kaupungissa on ~* the town is under a c.; *~ kumottiin* the c. was lifted).

ulko|nainen external, outward; *-naisesti* externally, *lääk.* for external use. **-nema** projection, projecting part. **-neva** . . standing out, projecting, prominent [cheekbone, *poskiluu*]. **-näkö** ks. *-muoto; -näöstä päättäen* to judge from appearances, by the looks of him (her); *tuntea jku -näöltä* know . . by sight. **-osa** outer part, the outside (of). **-ovi** outer door; street door, (*pienen talon*) front door. **-politiikka** foreign policy. **-puoli** [the] outside, exterior; *-puolella* outside, (*pinnalla*) on the outside, (*jnk*) beyond. .; *-puolelta* from outside; *ulko- ja sisäpuolelta* outside as well as inside, within and without. **-puolinen** outer, outward; external; (*sivullinen*) s. outsider. **-reuna** outer (outside) edge. **-saaristo** outer (outlying) islands. **-salla** out of doors. **-työ** outdoor work. **-valta** foreign power. **-varustus** outer fortification.

ullakko garret, attic, loft. **-kamari** garret room.

ulo|ke projection, (*kallion*) ledge. **-mmaksi** farther out. **-mpana** farther out (off, away).

ulos out; (*ulkopuolelle*) outside; (*ulkoilmaan*) out of doors, outdoors; (*-käynti*) exit; *~!* get out! *ajaa ~* turn out; *viedä. . ~* take. . out. **-ajo** turning out. **-hengitys** breathing out, expiration. **-käytävä** way out; exit. **-marssi** walk-out. **-mitata** distrain (on a p.), put in the bailiffs. **-otto** distraint; *sähk.* outlet; *-oton alainen* distrainable; (*~mies*

distrainer). **-päin** outward [s]; out. **-pääsy** way out (*m. kuv.*). **-taa** evacuate [the bowels]; *en ole -tanut* my bowels have not moved [today]. **-tava** purgative. *~et* excrement, faeces, *lääk. m.* stools. **-tus** defecation, *vrt. ed.*; (*~aine* laxative, purge).

ulott|aa extend, stretch. **-ua** reach, extend, stretch; cover [a wide field, *laajalle*]; (*jstk jhk, m.*) range [from. . to]; *~ kauas menneisyyteen* go far back in time; *~ laajalle* (*m.*) be extensive; *en ulotu sinne* it is beyond my reach. **-uma**: *~n päässä* within reach (*esim. tykin* range) of. **-uvuus** dimension [s], extent, range. **-uvi|lla, -lle** within reach of; (*helposti*) *käden ~* within easy reach; *vihollistulen ~* within range of enemy fire.

ulpukka yellow water-lily.

ulsteri ulster.

ulvo|a howl; roar (*m. myrsky*). **-nta** howl[ing]; (*sireenin*) hoot[ing].

ummeh|tuneisuus stuffiness; mustiness; *kuv.* staleness. **-tunut** close, stuffy; (*maku*) musty, stale; *ahtaat, -tuneet olot* stifling conditions.

umme|ssa: *silmät ~* with closed eyes, with one's eyes shut. **-tus** constipation.

ummikko person who speaks only his own language.

ummistaa close, shut [one's eyes to, *silmänsä jltk*].

umpeen up; *kasvaa ~* (*haavasta*) heal [over]; *kulua ~* expire; *luoda ~* fill up (in); *vuoden ~sa* throughout the year. **-kulunut** expired.

umpi: *ummessa silmin* with one's eyes shut; *tie on ummessa* the road is blocked [by snow]. **-auto** closed car. **-erite** internal secretion. **-kuja** blind alley; *kuv.* deadlock, impasse; *ovat ajautumassa ~an* are heading for a deadlock; *joutua ~an* come to a dead end. **-kuuro** stone-deaf. **-lippu** *äänestää -lipuin* ballot. **-lisäke**

appendix. **-mielinen** uncommunicative, *(varovainen)* reserved. **-mielisyys** uncommunicative disposition, reticence. **-mähkäinen.** . made at random, haphazard, random; *(likimääräinen)* rough. **-mähkään** at random; haphazardly. **-nainen** closed; *(katettu)* covered. **-oida** preserve [by sterilizing at 100—120 C°]. **-solmu** overhand knot; hard knot. **-suolentulehdus** appendicitis. **-suoli** c[a]ecum; *-suolenlisäke* appendix; *-suolen leikkaus* operation for appendicitis. **-täynnä** full to bursting. **-vaunu** *(-auto)* closed car; saloon.

umppu bud.

undulaatti budgerigar, *lyh.* budge, budgie.

une|**ksia** dream (of, about). **-liaisuus** sleepiness, drowsiness; somnolence. **-lias** sleepy, drowsy; lethargic. **-lma** dream; daydream, reverie. **-lmoida** dream. **-nhorros** doze; *(tainnos)* stupor; *-nhorroksissa* dazed with sleep. **-nnäkö** dream. **-nselitys** interpretation of dreams. **-ton** sleepless. **-ttaa** *minua* ~ I feel sleepy; *-ttava* soporific. **-ttomuus** sleeplessness, insomnia.

unho *ks. unohdus;* ~*(la)* limbo.

uni sleep; *(unennäkö)* dream; ~*ssani* in my sleep; *nähdä unta* dream; *minä näin unen* I had a dream; *olla unessa* be asleep, be sleeping; *en saanut unta* I could not get to sleep; *en saanut unen rahtustakaan silmiini* I didn't sleep a wink. **-keko** sleepyhead, lie-abed; *seitsemän* ~*a* the seven sleepers. **-kirja** book of dreams. **-kko** poppy. **-lääke** sleeping pill (*t.* tablet). **-nen** sleepy; *raskas*~ a heavy (sound) sleeper. **-ssa** *kävellä* ~*an* walk in one's sleep; (~**kävijä** sleep-walker, somnambulist; ~**käynti** sleep-walking; somnambulism; ~**saarnaaja** trance preacher). **-tauti** sleeping-sickness.

univormu uniform. **-pukuinen** uniformed.

Unkari Hungary. **u-lainen** *a.* & *s.* Hungarian. **u-n kieli** Hungarian.

unoh|**dus** oblivion; *joutua, jäädä -duksiin* be forgotten, fall (sink) into oblivion. **-taa** forget; *-din kirjani kotiin* I left my book at home, I forgot to bring my book [with me]. **-tua** be forgotten; ~ *ajatuksiinsa* lose oneself in thought; *se -tui mielestä* it escaped my memory, I forgot it; *se -tui kotiin* I left it at home. **-tumaton** never-to-be-forgotten, unforgettable.

unssi ounce *(lyh. oz.).*

untuva down. **-inen** downy; fluffy. **-patja** bed of down. **-peitteinen** downy. **-peite** *ark.* downie.

uoma bed *(esim.* river-bed), channel; *palata vanhaan* ~*ansa (kuv.)* get into the old rut again.

upe|**a** stately, splendid, imposing, magnificent. **-us** magnificence, stateliness, splendour.

upo|**kas** crucible; melting-pot. **-ksiin:** *ampua* ~ sink. **-ksissa** under [the] water, submerged. **-ksista:** *nousta* ~ emerge. **-ta** sink; *(laivasta, m.)* go down, founder. **-ttaa** sink; *(kastaa)* dip; immerse; *(metall., puus.)* inlay; ~ *kultaan* set in gold; ~ *laiva (avaamalla pohjaventtiili)* scuttle a ship; *jhk -tettu (pienempi) kuva* inset, *(kartta)* inset map. **-ttaminen** *(nesteeseen)* immersion. **-tus** sinking. **-uusi** brand new, spanking new.

uppiniskai|**nen** insubordinate, *(esim. eläin, yskä)* refractory; obstinate. **-suus** insubordination, stubbornness.

uppo|**ama** *mer.* displacement. **-rikas** immensely (enormously) rich.

upseeri [commissioned] officer. **-kunta** the officers. **-narvo** rank of an officer; *saada* ~ receive one's commission. **-sto**

ks. -*kunta.*

ura *(elämän-)* career; *(suunta)* course; *(väylä)* channel; *minkä* ~*n valitset* what profession (what career) are you going to choose? *vanhaa* ~*ansa* along the beaten track. **-auurtava** pioneering.

uraani uranium.

urakka contract; *kuv. (tehtävä)* stint; *urakalla* by contract; *antaa työ urakalle* give. . out on contract; *ottaa urakalle* undertake. . on contract. **-palkka:** *saada* ~*a* be paid by the piece (by the job). **-tarjo|us** tender for a contract; *pyytää u-uksia* invite tenders. **-työ** contract work, piece-work.

urakoitsija contractor.

uranuurtaja pioneer; *olla jnk* ~*(na)* pioneer.

urhea brave; valiant; *(peloton)* intrepid; ~ *puolustus* gallant (brave) defence.

urhei|lija sportsman; athlete. **-lla** go in for sports (athletics).

urheilu athletics; *(laajemmin)* sport. **-asu(steet)** sportswear. **-auto** sports car. **-halli** field house. **-harjoitukset** athletic exercises. **-henki:** *(reilu)* ~ sportsmanship. **-hullu** sport fanatic. **-kalastus** sport fishing, angling. **-katsaus** sports review. **-kenttä** athletic ground [s], sports ground (field). **-kilpailut** sports meeting. **-laji** sport; event. **-lentäjä** private pilot. **-liitto** athletic association. **-maailma** sporting world. **-opisto** physical-training college. **-puku** sports suit. **-seura** athletic club. **-sukellus** skin-diving. **-sukeltaja** skin-diver. **-uutinen** sporting news.

urheus bravery, valour; courage.

urho hero *(pl. -es)*. **-kas** heroic. **-kkuus** heroism. **-ollinen** brave, valiant; *(rohkea)* bold; courageous. **-ollisuus** bravery.

urkinta spying, espionage.

urkki|a *(selville)* search out, spy [out]; *(nuuskia)* pry

(into). **-ja** spy.

urku|harmoni harmonium. **-jensoittaja** organ-player. **-jensoitto** organ music. **-konsertti** organ recital. **-parveke** organ loft. **-pilli** organ pipe. **-ri** organist.

uros male, *(-peura ym)* buck.

urotyö heroic deed; feat, exploit.

urpu catkin.

urut organ.

use|a many [a]; ~*t* many, several, *(eri)* various, *(lukuisat)* a great many, a [great] number (of); *useita kertoja* many times, many a time; ~*mmin* more often; *useimmat* most; *useimmissa tapauksissa* in most cases, in the majority of cases; *useita vuosia* [for] several years. **-asti** often. **-immin, -immiten** most often, most frequently; *(enimmäkseen)* mostly.

usein often, frequently; ~ *tapahtuva* frequent, [occurring] at frequent intervals. **-kin** often enough, ever so often.

uskali|aisuus boldness, daring. **-as** bold, daring, audacious; *(uskallettu)* hazardous, risky; venturesome. **-kko** daredevil.

uskal|lus daring, boldness; courage. **-taa** dare, venture; *(panna alttiiksi)* risk, hazard; *hän ei -la tehdä sitä* he dare not do it, he does not dare to do it; *-latko kysyä häneltä?* dare you ask him? *en -tanut kysyä häneltä* I didn't dare [to] ask him; *hän -si. . (= kehtasi)* he had the face to. . **-tautua** venture, run the risk [of. . -ing]; *minne kukaan ei -taudu* where nobody dares to venture.

usko belief (in); *usk. m.* faith; *hyvässä* ~*ssa* in good faith, bona fide; *olin siinä* ~*ssa, että.* . I was under the impression that. . **-a** believe (in); *(luottaa)* trust (in); *(huostaan)* [en]trust a p. with, *(itsensä)* trust oneself to; *(tehtäväksi)* entrust [a

task] to; *(salaisuus)* confide
[a secret to]; *ei ~ (m.)*
disbelieve; *~ todeksi* believe. .
to be true, give credit
(credence) to; *~ hyvää, pahaa
jksta* believe well (ill) of a
p.; *en usko häntä* I don't
believe him *(t.* what he says);
sitä en usko I do not think
so; *et voi ~, kuinka. .* you
cannot imagine how. . **-llinen**
faithful; loyal, true (to);
(kiintynyt) devoted; *~
alamainen* loyal subject; *~
kannattaja* staunch supporter.
-llisuudenvala oath of
allegiance. **-llisuus** faithfulness,
fidelity, loyalty; *(alamaisen)*
allegiance. **-maton** incredible,
unbelievable. **-mattomuus**
incredibility. **-mus** belief.
usko|asia matter of faith.
-kappale article of faith;
dogma. **-lahko** sect. **-lause**
dogma.
uskonnolli|nen religious. **-suus**
religiousness, piety.
uskonnon|opetus religious
instruction. **-vapaus** religious
freedom. **-vastainen**
anti-religious.
uskonno|ton irreligious.
-ttomuus irreligion.
uskon|oppi dogmatics, *(kristin-)*
Christian doctrine. **-puhdistaja**
reformer. **-puhdistus**
reformation. **-sankari**
champion of faith. **-sota**
religious war.
uskonto religion; *(kouluaineena)*
religious knowledge, Christian
doctrine. **-filosofia** philosophy
of religion. **-kunta**
denomination.
uskon|tunnustus confession of
faith, creed. **-vaino** religious
persecution.
usko|tella make. . believe
(that), pretend; *~ olevansa
(m.)* imagine that one is, kid
oneself (that); *(toisille) (m.)*
try to pass oneself off as;
(lehti) -ttelee lukijoilleen . .
leads its readers to believe;
*hänelle voi ~ melkein mitä
tahansa* he will believe almost
anything; *kuka on -tellut
sinulle sellaista* who ever put

that into your head? *sitä voit
~ toisille!* tell that to the
marines! **-ton** unfaithful (to),
disloyal, false, untrue. **-ttava**
credible; *(todennäköinen)*
plausible, likely; *tuskin ~a*
not very likely; scarcely
credible. **-ttavuus** credibility;
likelihood. **-ttelu** make-believe,
[self-]suggestion. **-ttomuus**
unfaithfulness, faithlessness;
disloyalty. **-ttu** *a.* trusted; *s.*
intimate, confidant, *fem.*
confidante; *~ mies* trustee;
ottaa jku -tukseen take sb.
into one's confidence. **-utua**
(jklle) confide in a p. (sth.
to. .). **-vainen** *a.* religious; *s.*
believer; *-vaiset (m.)* religious
people.
usuttaa set [the dog] on sb.;
(toistensa kimppuun) set. . at
strife, set. . by the ears.
usva fog, mist. **-inen** misty.
-isuus haziness; mistiness.
utare udder.
uteli|aisuus curiosity;
inquisitiveness. **-as** curious;
(kyseliäs) inquisitive; *~
tietämään. .* anxious (eager) to
know. .
utu mist. **-inen** misty. **-kuva**
illusive image.
uudelleen anew, afresh; *(taas)*
again, once more; *rakentaa ~*
rebuild; *istuttaa ~* transplant;
muodostaa ~ remodel,
reorganize, *(hallitus)* build a
new government. **-järjestely**
reorganization, *(hallituksen)*
Cabinet reshuffle.
uuden|aikainen modern,
up-to-date; *(huon. merk)*
new-fangled; *(kuosista)*
fashionable. **-aikaistaa**
modernize. **-aikaisuus**
modernity. **-kuosinen**
fashionable. **-lainen.** . of a
new kind (type).
uudenvuoden|aatto New Year's
Eve. **-kortti** New Year card.
-onnittelu(t) New Year
greetings, good wishes for the
New Year. **-päivä** New Year's
Day. **-valvojaiset:** *olla
u-jaisissa* watch the old year
out.
uudestaan = *uudelleen: yhä ~*

over and over again,
repeatedly; *alkaa* ~ begin
(start) afresh, make a new
start; resume; *istuttaa* ~
transplant.
uudesti|synnyttää regenerate.
-syntyminen rebirth,
regeneration. **-syntyä** be born
again, be regenerated.
uudin curtain; *uutimet (m.)*
hangings, draperies, *Am.*
drapes.
uudis|asukas settler, colonist.
-asutus settlement. **-raivaus**
newly cleared land; *suorittaa*
~*työtä (kuv.)* break new
ground. **-rakennus** new
building.
uudis|taa renew, innovate;
(kerrata) repeat; *(parantaen)*
renovate; *(järjestää uudestaan)*
reorganize; reconstruct; ~
vanha tapa revive an old
custom; ~ *vekseli* renew
(prolong) a bill of exchange;
vrt. uusia. **-taja** innovator.
-tua be renewed, be repeated;
be revived; recur. **-tus**
renewal; *(parannus)* reform;
innovation; (~*hanke* proposed
reform; ~**työ** reform work).
-viljelys newly cultivated land.
uuhi ewe.
uuma waist.
uumenet interior; *maan* ~ the
bowels of the earth.
uuni *(paistin-)* oven;
(lämmitys-) stove; *(sulatus-*
ym) furnace; *(kuivaus- ym)*
kiln; *(takka)* fireplace.
-koukku poker. **-kuiva**
oven-dried.
uupu|a become exhausted; grow
tired, become fatigued, tire;
uupuu (puuttuu) is lacking.
-maton indefatigable;
unwearying, untiring, tireless;
unflagging [zeal, *into*].
-mattomuus indefatigability.
-mus exhaustion, prostration,
fatigue. **-nut** exhausted; tired
[out], weary, fatigued, worn
out; *lopen* ~ dead tired.
uuras industrious. **-taa** be
busy; work hard (at); toil;
minun on -tettava I must put
my nose to the grindstone.
-tus hard work, toil.

uurna urn; *vaali*~ ballot box.
uur|re groove, furrow. **-ros**
(pykälä) notch. **-taa** groove,
furrow; *(naarmuttaa)* score;
(kovertaa) hollow [out]; cut
[a channel, *ura*]. **-teinen**
grooved, furrowed.
uus|asiallinen: ~
rakennustaide functional
architecture. **-hopea** German
silver, silver-plated ware.
uusi new; novel; *(veres)* fresh;
aivan ~ brand new; ~ *aika*
modern times; *Hyvää uutta*
vuotta! Happy New Year!
mitä uutta what news? *mennä*
~*in naimisiin* remarry; *tämä*
~ *onnettomuus (entisten*
lisäksi) this additional
misfortune. **-a** renew; *(korjata)*
renovate; *(kerrata)* repeat;
(vaihtaa) replace; *(kunnostaa)*
recondition; *-ttu (painos)*
[completely] revised. **-kuu**
new moon. **-nta** renewal;
repetition; modernization;
rad., TV repeat, *teatt.* re-run;
(~**painos** new impression;
~**rikos** repeated offence).
-utua be renewed; be
repeated; repeat itself; recur,
occur again; *(palata)* return;
tauti u-tui the disease
recurred, the patient had a
relapse; *säännöllisesti -utuva.*.
recurrent. **-utuminen** *(taudin)*
recurrence.
Uusi Seelanti New Zealand.
uuskolonialismi neocolonialism.
uuskreikka modern Greek.
uusnatsilaisuus neo-Nazism.
uuti|nen [piece of] news; news
item; *ikäviä -sia* sad news,
sad tidings. **-skatsaus** *TV*
newscast, *(filmi)* newsreel.
-slähetys news broadcast, news
transmission. **-ssulku** news
embargo.
uutisten|hankinta reporting.
-hankkija reporter.
uutis|tiedotus news bulletin.
-toimisto news agency.
-toimittaja news editor *(t.*
broadcaster). **-välineet** news
media. **-välähdys** news flash.
uutos, uuttaa extract.
uutter|a industrious, assiduous;
painstaking. **-uus** industry,

assiduity.
uut|ukainen: *uuden* ~
brand-new. **-uus** newness;
novelty; *uutuuden viehätys* the
charm of novelty; *uutuuksia*
novelties.
uuvu|s: *olla -ksissa* be tired

[out], be exhausted, be
fatigued, be dead tired. **-ttaa**
exhaust, tire [out], wear out,
fatigue; *-ttava* wearying. **-tus**
exhaustion; prostration;
(~**taistelu** war of attrition).

V

vaahdota foam, froth; *(saippua)* lather; *(juoma, m.)* effervesce.
vaahtera maple.
vaahto foam; froth; scum; *(et. saippua-)* lather. **-inen** foamy, frothy; foaming. **-kumi** foam rubber. **-muovi** foam [plastic]. **-päinen** foam-crested. **-sammutin** foam [fire-] extinguisher.
vaaja *(kiila)* wedge.
vaaka balance, *(talous-)* scales *(pl.)*; weighing machine; *kallistaa vaa'an jnk eduksi* tips the scale in favour of; *jk painaa vaa'assa* weighs heavy in the balance. **-asento** horizontal position. **-kuppi** scale. **-lauta:** *on -laudalla* is at stake. **-suora** horizontal; level; *~an* horizontally.
vaaksa span.
vaakuna [coat of] arms; armorial bearings. **-kilpi** coat of arms. **-tiede** heraldry. **-tieteellinen** heraldic.
vaalea light; pale; *(ihon, tukan väri)* fair; *~ puku* light-coloured dress; *~ tukka (m.)* blond[e] hair. **-nharmaa** light (pale) grey. **-npunainen** pink. **-nsininen** light (pale) blue. **-tukkainen** fair[-haired]. **-verikkö** blonde. **-verinen** fair, blond, *(naisesta)* blonde.
vaale|ntaa make.. pale, make light[er]; bleach. **-ta** *(henkilöstä)* turn pale; *(haalistua)* fade, be discoloured. **-us** lightness; paleness; light colour; fairness.
vaali *(~t)* election; *vrt. valinta.*
vaalia take [great, good] care of; *(esim. muistoa)* cherish; *(hoivata)* nurse [tenderly].
vaali|ehdokas candidate [for an election]. **-huoneisto** polling

station. **-juliste** election poster. **-julistus** appeal to the voters. **-kausi** election time. **-kelpoinen** eligible. **-kelpoisuus** eligibility. **-kelvoton** ineligible. **-kiihotus** electioneering; *harjoittaa ~ta* electioneer. **-laki** election laws. **-lause** motto. **-liitto** election agreement. **-lippu** ballot-paper, voting-paper. **-lista** election list, *Am.* ticket. **-luettelo** register of voters. **-oikeutettu** entitled to vote. **-petos** rigged election; *harjoittaa ~ta* rig an (the) election. **-piiri** electoral district, constituency. **-ruhtinas** Elector. **-saarna** probationary sermon. **-taistelu** election campaign. **-tapa** electoral system. **-tappio:** *kärsiä ~ be* defeated in an election. **-tulos** election returns (figures). **-uurna** ballot box.
vaan but.
vaania lurk, prowl, *(väijyksissä)* lie in ambush (for).
vaappua rock, swing, sway [to and fro]; *(käydessä)* waddle.
vaara 1. danger, peril; *(uhka)* risk, hazard, jeopardy; *olla ~ssa* be in danger, be endangered; *olla ~ssa menettää* run the risk of losing; *joutua ~an* get into danger; *on ~na jllek* is a danger to; *~ ohi (merkki)* [the] all clear. 2. [wooded] hill. **-llinen** dangerous; perilous; *(uskallettu)* hazardous, risky; *(kriittinen)* critical. **-llisuus** dangerousness, dangerous nature (character). **-nalainen** dangerous;.. exposed to danger; *(uhattu)* threatened; *on ~ (m.)* involves danger; *saattaa v-alaiseksi* expose.. to danger,

endanger, imperil. **-ntaa**
endanger, risk, hazard. **-ton**
not dangerous, devoid of
danger; harmless, safe; *tehdä
-ttomaksi (pommi)* defuse.
-ttomuus freedom from
danger; harmlessness.
-vyöhy|ke danger zone;
»v-kkeessä» at risk.
vaari 1. grandfather, grandpa.
vaari 2. *ottaa ~ jstk* pay
attention (to), pay heed (to),
heed; *pitää ~ jstk* see to it
[that. .], look after [one's
own interests], mind.
vaarna plug; peg.
vaate cloth; *(-aine)* material,
stuff; *vaatteet* clothes,
clothing; dress. **-harja** clothes
brush. **-htimo** ready-made
outfitters; *herrain ~*
gentlemen's outfitters. **-huone**
clothes closet. **-kaappi**
wardrobe. **-kappale** article of
clothing, garment. **-kerta** set
of clothes; *(vaihto-)* change of
clothes. **-komero** [built-in]
wardrobe, *Am. m.* clothes closet.
vaateli|aisuus pretentiousness.
-as pretentious; exacting;
(röyhkeän) presumptuous.
vaate|naulakko coat-rack,
clothes rack. **-parsi** dress.
-ripustin *(vaatepuu)* [coat]
hanger. **-säilö** cloakroom, *Am.*
checkroom. **-ttaa** clothe;
(pukea) dress. **-tus** clothing;
(~liike clothing store);
~teollisuus clothing industry).
-varasto stock of clothing,
(puku-) wardrobe.
vaati|a demand; claim;
(omakseen) lay claim to;
(vaatimalla ~) insist (on);
(tehdä tarpeelliseksi) call for,
require; *~ maksua* demand
payment, *~ (elämältä) paljon*
expect a lot of life; *(tämä
työ) -i häneltä paljon* places
great demands on him;
vaadittaessa on demand;
olojen -ma necessitated
(required) by the
circumstances; *siihen
vaaditaan aikaa* it takes
(requires) a great deal of
time; *jos tarve vaatii* if
necessary, if need be;

onnettomuus vaati 10 uhria
ten lives were lost in the
accident; *vaadittava* required.
-maton modest, unpretentious,
unassuming; simple.
-mattomuus modesty. **-mus**
demand, claim; *(pyyde)*
pretension; *(tutkinto-)*
requirement; *ajan -mukset* the
requirements of the times;
hänellä on suuret -mukset
he is exacting in his
demands, he demands a great
deal [of *jklta*]; *älä aseta
-muksia liian korkealle* don't
require to much; *esittää ~*
enter (put in) a claim;
täyttää (tutkinto-) -mukset
satisfy the examiners; *hänen
-muksestaan* in response to
his demand, at his request.
-va(inen) exacting. **-vaisesti** in
an exacting manner,
pretentiously. **-vaisuus**
pretentiousness.
vaatturi tailor. **-liike** tailoring
business.
vadelma raspberry. **-hillo**
raspberry jam.
vael|lus wandering; *(vaeltelu)*
rambling; stroll [ing]; *(joukko-)*
migration; *elämän~* way
(pilgrimage) through life. **-taa**
wander; stroll, roam; *(käydä,
m. kuv.)* walk; *-tava*
wandering; migratory [people,
kansa], itinerant [musician,
soittoniekka]; *-tava ritari*
knight-errant.
vaha wax. **-inen** [. . of] wax.
-kangas oil-cloth. **-kuva** wax
figure. **-kynttilä** wax candle.
-ntapainen waxy, wax-like.
-paperi wax [ed] paper. **-ta**
wax. **-tulppa** *(korvassa)* plug
of wax. **-us** waxing.
vahdinvaihto change of guard.
vahingoi|ttaa injure, damage;
harm; hurt; do damage (to);
mar; *ruosteen -ttama* affected
by rust. **-ttua** be injured, be
hurt, *(vioittua)* be damaged,
suffer [damage]. **-ttumaton**
undamaged; unhurt, uninjured;
(henkilöstä m.) safe and
sound, unscathed.
vahingolli|nen injurious,
harmful, noxious; detrimental.

-suus injuriousness, harmfulness.

vahingon|ilo malicious pleasure. **-iloinen** malicious, spiteful. **-korvaus** compensation, indemnification; *lak.* damages; *vaatia ~ta* claim damages; (**~vaatimus** claim for damages, compensation claim). **-laukaus** shooting accident; *se oli ~* the shot went off accidentally. **-teko** [doing] damage.

vahinko damage; harm, loss, injury; *(onnettomuus)* misfortune, misadventure; *aiheuttaa ~a* cause damage, do harm; *vahingossa* by accident, *(huomaamatta)* unawares, *(huomaamatta)* unawares, *(mikä ~* what a pity! *on ~, että* it is too bad that, it is a pity that; *~ vain, että* it is too bad that, *(sen pahempi)* unfortunately. .; *olla vahingoksi* be to [a p.'s] disadvantage; *oma ~si!* the loss is yours.

vahti watch; guard; look-out; *(vartija)* watchman; *olla vahdissa,* **-palveluksessa** *(mer.)* be on watch, have the watch; *vrt. vartio.* **-a** [keep] watch over, keep guard; *voisitteko ~* will you watch (over . .). **-koira** watch dog. **-mestari** [hall] porter; attendant; *(kirkon)* verger, *(koulun)* janitor. **-miehistö** watch. **-paraati** [parade of] soldiers mounting guard. **-vuoro** watch; *olla ~ssa* have the watch.

vahva strong, *(luja)* firm; *(kestävä)* durable, sturdy; thick; heavy; *(ateria, m.)* substantial; *~ kangas* heavy cloth, strong *(durable)* material; *~ usko* firm *(staunch, unwavering)* belief. **-rakenteinen** strongly built. **-sti** strongly, firmly. **-virta** power current.

vahvennus *sot.* reinforcement [s].

vahvis|taa strengthen; *(varmentaa)* confirm; corroborate; verify; ratify [a treaty, *sopimus*]; reinforce *(m.*

tekn.); ~ *nimikirjoituksellaan* certify. . with one's signature; attest; ~ *jkta uskossa* strengthen (fortify) a p. in his faith; ~ *valalla* attest. . on oath, confirm. . by oath; ~ *ääntä ym (sähk.)* amplify; *-tava lääke* tonic. **-tamaton** unconfirmed; unverified. **-tua** be [come] strengthened, grow in strength, gain strength; *(saada v-tusta)* be confirmed. **-tus** strengthening; confirmation; *(hyväksymys)* sanction; *(lisä-)* reinforcement; *huhuun ei ole saatu ~ta* the rumour has not been confirmed; *jnk -tukseksi* in corroboration (confirmation) of.

vahv|uinen *jnk ~* of the thickness of; *minkä ~* how thick? of what thickness? *2000 miehen ~ joukko* a troop 2000 strong. **-uus** strength.

vai or; *sinäkö ~ minä* you or I; ~ *niin* is that so? [oh,] I see! indeed! really? ~ *niin, et siis voi tulla* so you can't come; *hänhän on opettaja, ~ onko?* she is a teacher, isn't she?

vai|entaa silence, hush. . up. **-eta** become silent, cease [speaking etc.]; *(olla vaiti)* be silent, keep silence (about), keep. . quiet, conceal. .; *äänet vaikenivat* the sounds became hushed, the sounds died away; *vaieten* in silence, silently.

vaih|de *rautat.* switch, *Engl. m.* points; *(auton)* gear; *(muutos)* change; *-teen vuoksi* for a change, for the sake of variety; *vuosisadan -teessa* at the turn of the [19th to the 20th] century; *(~laatikko* gearbox). **-della** alternate; vary between. . and (from. . to), range (from. . to); fluctuate; *-dellen* alternately.

vaihde|mies pointsman. **-ttavuus** *(rahan)* convertibility. **-tanko** gear lever. **-vuodet** menopause.

vaihdo|kas changeling. **-s** change.

vaihe phase; *(aste)* stage *(m. raketin)*; *(elämän-)* vicissitude; *tässä ~essa* at this stage *(t. juncture)*; *jnk ~illa* about; *niillä ~illa* something like that; *vuoden 1930 ~illa* in 1930 or thereabouts, somewhere about 1930; *kaikissa elämän ~issa* in all vicissitudes of life, in all phases of life, through thick and thin; *olla kahden ~illa* be in two minds, hesitate. **-ikas** eventful; chequered, *Am.* checkered.

vaih|taa change; *(keskenään)* exchange, *puhek.* swap; *rautat.* switch; *(esim. paristo)* replace; ~ *ajatuksia* exchange ideas; ~ *junaa* change trains; ~ *omistajaa* change hands; ~ *parempaan* exchange .. for a better one; ~ *rahoja* change money; ~ *vaatteita* change, *(esim. iltapuku ylle)* c. into evening dress; ~ *vahti* relieve the guard; *voitteko* ~ *punnan?* can you give me change for a pound? ~ *(autossa)* ykkösestä kakkoseen change over from first to second gear *(t. speed)*. **-televa(inen)** changeable, variable, varying, varied; inconstant; *(oikullinen)* fickle, flighty; *-televalla onnella* with varying success; ~ *sää* changeable (unsettled) weather. **-televaisuus** changeableness, variability. **-telu** variation, variety, fluctuation; *(vuorottelu)* alternation; *~n vuoksi* for a change; *(~väli* range of variation).

vaihto changing, change; exchange, interchange; *(uuteen)* replacement. **-arvo** exchange value. **-avain** monkey wrench. **-ehto,** **-ehtoinen** alternative. **-ehtoisesti** alternatively; interchangeably. **-kauppa** barter[ing]; *tehdä ~a* barter. **-kelpoinen** interchangeable. **-kurssi** [rate of] exchange. **-lämpöinen** cold-blooded. **-pyörä, -ratas** gear. **-raha** [small] change. **-suhde:** *ulkomaankaupan -suhteet*

terms of trade. **-virta** alternating current. **-väline** medium of exchange.

vaihtua change, be [come] changed, *jhk* into; shift.

vaijeri cable.

vaikea difficult, hard; *(vakava)* serious; severe; tough, *puhek.* knotty, tricky; ~ *asema* awkward (precarious) position; *~t ajat* hard times, times of distress; ~ *tehtävä* difficult task, *puhek.* sticky proposition; *hänen ei ollut ~(ta) päästä ulos (m.)* he had no difficulty in getting out. **-laatuinen** severe; *vrt. pahan-*. **-nlainen** rather difficult. **-pääsyinen..** difficult of access,.. not [easily] accessible. **-selkoinen** hard to understand, abstruse. **-sti** [only] with difficulty; seriously [wounded, *haavoittunut*], badly; ~ *ratkaistava..* difficult (hard) to solve. **-tajuinen..** hard (difficult) to understand.

vaikeneminen silence.

vaiker|oida moan, groan; *(valittaa)* complain. **-rus** moan [ing], groan [ing].

vaike|us difficulty; *(koettelemus)* hardship; *olla -uksissa* be in trouble (in difficulties); *edessäni on (paljon) -uksia* I have difficulties to face, I am confronted by many difficulties; *saattaa -uksiin* involve.. in difficulties. **-uttaa** render (make) [more] difficult, hamper. **-utua** become [more] difficult.

vaikka [al]though; *(~ kohta)* even if, even though; ~ *kuinka paljon* any amount; ~ *kuinkakin pieni* however small; ~ *koska* [at] any time; ~ *kuka* anybody, no matter who; ~ *minne* no matter where; ~ *kohta oli vahva mies, ei jaksanut* strong though he was he could not..; *saat* ~ *kolme* you can have as many as three; *(koska lähdetään?—)* ~ *heti* now if you like; *(minkä*

valitset?—) ~ *tämän* let's say this [one]; *yksi menetelmä, ~pa hyväkin, ei riitä* a single method, albeit good, does not suffice; ~ *mikä olisi* whatever happens.
vaikku ear-wax, cerumen.
vaiku|te impulse; *saada -tteita jklta* be influenced by. **-telma** impression; *minulla on se ~, että* I am under the impression that. **-tin** motive. **-ttaa** have [a, an..] effect, exercise an effect (on); take effect; influence; *(koskea)* affect; act (on); *(myötä-)* contribute, be conducive, conduce (to); ~ *jltak* seem, strike [a p.] as being, give the impression of being.., make a [n].. impression; ~ *siltä kuin it* seems as if; *palkkojen nousu ~ hintoihin* wage increases react on prices; ~ *päätökseen* influence (affect) the decision; *sen -ttavat monet seikat* it is caused by various circumstances. **-ttava** effective; impressive; ~ *tekijä* influential (potent) factor. **-ttavuus** effectiveness. **-tukseton..** without [any] effect (influence); ineffective. **-tus** effect, *jhk* upon; influence (on, upon, over); action; *olla jnk -tuksen alainen* be under the influence of, be influenced by [a p.]; *jäädä ilman ~ta* fail to make an effect; *teki edullisen -tuksen* created a favourable impression; *pula-ajan -tukset* the consequences of the depression; *(~piiri* sphere of influence; **-tapa** mode of action; *~valta* influence, *jkh* [up]on; *~valtainen* influential).
vai|lla, -lle without; *olla jtk ~* lack; *jäädä jtk vaille* be left without; *hiukan vaille 100 markkaa* a little short of 100 marks; *kello on neljännestä ~ l* it is a quarter to one; *jäi vastausta vaille* remained unanswered.
vaillinai|nen incomplete; *(puutteellinen)* defective,

imperfect. **-suus** incompleteness; defectiveness, imperfection.
vaillinki *(raha-)* deficit.
vaime|a *(ääni)* muffled, subdued. **-nnus** moderation; alleviation; damping. **-ntaa** moderate, *(ääni)* muffle. **-ntua, -ta** quieten [down]; be alleviated; *(myrsky)* abate, die down, *(ääni)* die away.
vaimo wife *(pl. wives)*.
vain only, [nothing] but; merely; *(pelkästään)..* alone; ~ *hiukkasen (m.)* just a little; ~ *vähän toivoa jäljellä* but little hope left; *mitä vain* anything.
vainaja [the, a] deceased; *isä~ni* my late (my deceased) father.
vainio field.
vaino persecution. **-harha** delusion of persecution; *(~luuloisuus* paranoia. **-hullu** paranoiac. **-lainen** foe. **-ta** persecute; *nämä muistot -sivat häntä* these memories haunted him.
vainu scent; *tarkka ~* keen s. **-koira** sleuth-hound. **-ta** scent *(m. kuv.)*, *(koirasta, m.)* pick up the scent of..
vaippa cloak; *(kaapu)* cape, gown; *tekn.* mantle, casing; *(peite)* cover; *(vauvan)* napkin, *et. Am.* diaper.
vaipu|a sink *(m. kuv.)*; drop [with fatigue, *uupuneena maahan*]; *(jhk pahaan)* lapse (into); *ajatuksiin -neena* deep *(t. lost)* in thought.
vaisto instinct; *tyyli~* sense of style. **-mainen** instinctive. **-maisesti** instinctively, by instinct; *toimia ~ (m.)* act on instinct. **-nvarainen** instinctive; intuitive. **-ta** sense.
vaisu faint, feeble; dull.
vaiteli|aisuus taciturnity; reticence. **-as** taciturn; silent; reticent, uncommunicative.
vaiti silent; *olla ~* be silent, observe silence; *ole ~* be quiet! *käske häntä olemaan ~ (ark.)* tell him to shut up. **-ollen** in silence. **-olo** silence; *(~velvollinen..* bound to

secrecy; ~**velvollisuus**
professional confidentiality).
vaiva trouble; bother, worry,
annoyance; *(kipu)* pain; ~*tta*
without difficulty; *nähdä
(paljon)* ~*a* take [much]
trouble, take [great] pains
(with); *ei säästänyt vaivojaan*
he spared no pains (no
efforts); *olla jklle* ~*ksi* give. .
trouble, put. . to
inconvenience; ~*lla hankittu,
saatu* hard-earned, hard-won;
ei maksa ~*a* it is not worth
while. **-antua** *ks. vaivautua;
-tunut* self-conscious, ill at
ease. **-inen** *kuv.* miserable,
wretched; *s.* invalid, cripple;
~ *summa* paltry sum. **-iskoivu**
dwarf birch. **-isuus** misery,
wretchedness.
vaivalloi|nen troublesome;
(vaikea) hard, difficult;
(kiusallinen) trying,
wearisome; *(suuritöinen)*
laborious; arduous; onerous;
hyvin ~ *(m.)* involving much
trouble (difficulty). **-suus**
troublesomeness; laboriousness;
great difficulty.
vaivan|näkö trouble. **-palkkio:**
sain sen ~*na* I got it for my
trouble.
vaiv|ata trouble, give [a p.]
trouble, bother, worry,
inconvenience [a p.];
(kiusata) harass, vex; ~
taikinaa knead the dough; ~
itseään liiaksi overstrain
oneself; ~ *päätään jllak*
trouble one's head about; ~
silmiään strain one's eyes;
hänen käytöksensä -aa minua
his conduct annoys (vexes)
me; *häntä -aa päänsärky* he
is suffering from headache,
(yleensä) he is subject to
headaches; *mikä sinua -aa*
what is the matter with you?
what is wrong [with you]?
anteeksi, että -asin sorry to
have bothered you. **-aton**
(helppo) easy. **-attomasti**
without [any] trouble
(difficulty); easily. **-autua**
[take] trouble, take the
trouble [of . . -ing], trouble
oneself; *älä -audu!* please

don't bother; *-autunut
(hämillinen)* embarrassed. **-oin**
with difficulty; *(tuskin)* barely;
vain ~ only with great
difficulty.
vaja shed; *(kylkiäinen)* lean-to,
vajaa short, not full; ~ *mitta*
short measure; ~*t puolet*
rather less than half.
-kuntoinen, -kykyinen handi-
capped. **-liikkeinen** *(pakko-)*
spastic. **-lukuinen** numerically
incomplete, not fully attended.
-mielinen mentally deficient
(subnormal, handicapped).
-mielisyys mental subnormality
(deficiency). **-mittainen** short,. .
not up to the required size,
undersized; not up to
standard. **-painoinen** short
[-weight]. **-ravitsemus**
malnutrition. **-työllisyys**
underemployment.
vajanainen deficient.
vaja|us shortage, *(vaillinki)*
deficit. **-vainen** imperfect,
defective. **-vaisuus**
defect[iveness], imperfection,
deficiency.
vajo|ta sink, *jhk* in [to]; fall;
(laiva, m.) founder; ~
syvyyteen go down, *(pohjaan)*
go to the bottom. **-ttaa** sink;
hanki ~ the snow surface
does not bear.
vakaa firm, stable; steadfast;
steady; *vakain tuumin* wilfully.
-ja inspector of weights and
measures. **-nnuttaa** strengthen;
settle; establish, stabilize.
-ntua become firm (stable),
(sää) become settléd, *(hinnat)*
steady; *kuv. (henk.)* settle
down; *v-tunut mies* a staid
man. **-ntumaton** unsettled.
vakanssi vacancy.
vaka|umuksellinen . . based on
conviction. **-umus** conviction;
assurance; *v-mukseni on*. . I
am fully convinced (that);
kuolivat -umuksensa puolesta
died for their conviction [s].
-us testing [of weights and
measures]. **-uttaa** consolidate;
stabilize.
vakava serious, grave; *(luja)*
firm, steady, stable; ~ *asema*
secure position; *ottaa asia*

vala

~*lta kannalta* take a th.
seriously; *(aivan) vakavissaan*
in [dead] earnest. **-henkinen**
earnest, serious. **-nlaatuinen**
serious.
vakavarai|nen reliable, solid
[firm, *liike*], well-established;
(maksukykyinen) solvent,
[financially] sound. **-suus**
solvency, sound financial
position.
vakav|asti seriously; ~ *puhuen*
s. speaking, to be serious.
-uus earnestness, seriousness;
stability, firmness, steadiness.
vakiin|nuttaa establish [. .
firmly]. **-tua** become
established [in use,
käytäntöön]; *-tunut* [well-]
established, set, *(mielipide)*
fixed, settled; *vrt. vakaantua.*
vakinai|nen regular; *(pysyvä)*
permanent; standing; *(menot
ym.)* ordinary; ~ *virka*
regular (permanent) position;
~ *sotaväki* regular army,
standing army; ~ *palvelus
(sot.)* active service. **-staa**
(työsuhde) decasualize. **-suus**
permanence.
vakio *mat.* constant. **-ida**
standardize. **-koko** stock size.
-laatu standard quality.
-varuste(et) standard
equipment.
vakituinen permanent.
vakka bushel; ~ *kantensa
valitsee* birds of a feather
flock together, like will to
like; *panna kynttilänsä vakan
alle* put one's candle under a
bushel.
vako furrow.
vakoi|lija spy; *(urkkija, m.)*
secret agent. **-lla** spy;
(tiedustella) reconnoitre; ~
jkta spy on a p. **-lu** spying,
espionage; (~*juttu* spying
affair; ~**satelliitti** intelligence
satellite; ~**toiminta** espionage).
vakosametti corduroy.
vakuu|s security, guarantee.
-ttaa insure; assure [a p.
that. . *jklle*]; protest [one's
innocence, profess
[friendship]; *(selittää)* declare;
saada -ttuneeksi convince [a
p. of]; ~ *jnk varalta* insure

against; *-ttamalla* ~ affirm,
earnestly assure. **-ttamaton**
uninsured. **-ttautua** convince
oneself (of, about), assure
oneself (of), make sure
(about), ascertain. **-ttava**
convincing. **-ttelu** assurances,
protestations. **-ttua** become
conviced, *jstk* of; that. .
vakuutus assurance; *(palo- ym)*
insurance; *(selittävä)*
declaration; *lak.* affidavit;
affirmation; *vakuutuksen
ottaja* policy-holder, the
insured [person]. **-arvo**
insurable value; *(-summa)*
insurance. **-asiamies** insurance
agent. **-kirja** insurance policy.
-maksu insurance premium.
-yhtiö insurance company.
vala oath; *(pyhä lupaus)* vow;
vannoa ~ take (swear) an
oath; *vahvistaa* ~*lla* confirm
by oath; *väärä* ~ perjury;
tehdä väärä ~ perjure oneself.
valaa cast; *(muodostella)*
mould; *(kaataa)* pour; *tiet.
(parafiiniin)* embed; ~ *eloa
jhk* instil (infuse) spirit into;
~ *kynttilöitä* mould (dip)
candles; ~ *tinaa* seek omens
[for the New Year] by
melting down tin (lead) and
dropping it in cold water.
valaan|pyynti whaling; (~**laiva**
whaler). **-rasva** whale (train)
oil; *(ihra)* ·blubber.
valaehtoi|nen: ~ *todistus (l.v.)*
affidavit; *vakuuttaa -sesti*
declare under oath.
valai|sematon unlighted. **-seva**
luminous, *kuv.* illustrative
(of), elucidating; *kirkkaasti* ~
bright. **-sin** lighting (electric
light) fixture, lamp.
valais|ta light, light up,
illuminate; *kuv.* illustrate [by,
with *jllak*], throw (shed) light
[on the matter, *asiaa*],
elucidate; *huone oli hyvin -tu*
the room was well lighted
(well lit up); *ehkä voin* ~
sinua tässä asiassa perhaps I
can enlighten you on this
point.
valaistus light *(m. kuv.),*
lighting; illumination; *kuv.*
illustration. **-aine** illuminant.

-laitteet *(sähkö-)* electric light fittings.
valaja founder.
valakka gelding.
vala|liitto confederation.
-liittolainen confederate. **-llinen** sworn;.. on oath; ~ *todistus (m.)* affidavit; *kuulla -llisesti* examine.. under oath.
-miehistö jury. **-mies** juryman, juror. **-nta** casting. **-ntehnyt** sworn, *(tilintarkastaja)* chartered. **-pattoinen** perjured, forsworn.
valas whale.
valeasuinen. . in disguise.
valeh|della lie, tell a lie; *-televa* lying, mendacious. **-telija** liar.
vale|helmi false (imitation) pearl. **-hyökkäys** feigned attack. **-kuolema** apparent death, suspended animation. **-kuollut** apparently dead, in a state of suspended animation. **-kuva** mock appearance. **-liike** sham manoeuvre.
valella pour [water upon, *jtk vedellä*], sprinkle (with).
vale|nimi false name, assumed name. **-parta** false beard. **-puku** disguise. **-pukuinen** disguised,. . in disguise.
valhe lie, untruth, falsehood; *~enpaljastuskoje* lie detector. **-ellinen** false; *(ei tosi)* untrue,.. not true. **-ellisuus** falsehood.
valikoi|da choose; *(huolellisesti)* select, pick out. **-ma** selection, choice, assortment.
valimo foundry.
valin|kauha *kuv.* melting pot. **-nainen** optional. **-nanvara** choice, option.
valinta selection, choice; *muuta valinnan varaa ei ole* there is no other choice *(t.* alternative). **-myymälä** *(iso)* supermarket. **-vapaus** [right of] choice, [right of] option.
valio|joukko select [ed] body, picked troop, the élite [of..]. **-kunta** committee, *parl., m.* commission.
valis|taa enlighten; *(sivistää)* educate; illuminate. **-tua** become enlightened. **-tunut** enlightened. **-tus** enlightenment; *(sivistys)* education; *-tuksen aika (hist.)* the Age of Enlightenment; *(~työ* educational work).
valit|a choose; *(vaalissa)* elect; *(huolellisesti)* select; pick [out]; *hänet -tiin presidentiksi* he was elected President; ~ *jäseneksi* elect a p. member [of a society]; *-tavaksi kelpaava* eligible; *-tu* (woman) of one's choice; *-uin sanoin* in well-chosen words; ~ *uudelleen* re-elect.
valitetta|va deplorable, regrettable; unfortunate; *on ~a* it is to be regretted [that. .]. **-vasti** unfortunately; ~ *en voi tulla* I regret being unable to come.
valitsija voter; *~t = seur.* **-kunta** electorate; *(vaalipiiri)* constituency. **-miehistö**, electoral college. **-mies** elector.
vali|ttaa complain (of, about; to a p. about); *(voihkia)* moan, groan; bewail; *(surkutellen)* regret, deplore; be sorry; *(surua)* condole [with a p. *jkn*]; appeal [against] [a judgment, *tuomiosta*], lodge a complaint, [lodge a] protest [against an appointment *nimityksestä*]; ~ *jksta* make a complaint against a p.; *-ttaen suruanne* with my sympathy; ~ *korkeampaan oikeuteen* appeal to a higher court; *-ttava* complaining; *-tti syvästi* expressed his deep regret (that. .) **-ttelu** regret. **-tus** complaint; complaining; lament; *(vetoomus)* appeal; *(~aika* time for appeal; *~huuto* cry of distress; *~oikeus* right of appeal; *~virsi* lamentation).
valja|at harness; *on -issa* is harnessed; *päästää -ista* unharness. **-kko** team. **-staa** *(m. koskesta)* harness; put the harness on.
valjeta grow (become) light [er]; *(sarastaa)* dawn, *(kirkastua)* brighten [up].

valm

valju bleak; *(kalpea)* pale, pallid.

valkai|sematon unbleached. **-sta** bleach; *(kalkita)* whitewash.

valkama haven; harbour.

valkea *a.* white; *s. (tuli)* fire, *(valo)* light.

valkeus whiteness, *(valo)* light.

valko|hehku white heat.
-ihoinen *a.* white [-skinned]; *s.* white. **-inen** white; ~ *verisolu* white blood cell, leukocyte. **-kangas** *elok.* screen. **-pippuri** white pepper. **-pukuinen** .. dressed in white. **-sipuli** garlic. **-tukkainen** white-haired. **-viini** white wine. **-vuokko** wood anemone.

valkuai|nen white; albumen. **-saine** protein.

vallalla: ~ *oleva* prevailing, prevalent.

vallan quite. **-kin** particularly [when, as, since *kun, koska*].

vallan|alainen dependent (on); subject (to). **-alaisuus** dependence; subordination; subjection [to ..'s rule].
-anastaja usurper. **-himo** greed for power, mania for power.
-himoinen .. greedy for power.
-kaappaus coup [d'état].
-kumouksellinen *a. & s.* revolutionary. **-kumous** revolution; (~*hanke* revolutionary plan; ~*mies* revolutionary). **-perijä** heir to the throne; *olla lähin* ~ stand next in succession.
-perimys succession; (~*oikeus* right of succession). **-pitäjä:** ~*t* those in power, [the] holders of power.

vallas|luokka upper class.
-nainen lady of rank.

valla|ta occupy; *(liittää valtakuntaansa)* annex; *(tunteesta puh.)* overcome, overwhelm; *(mieli, -kuvitus)* capture; ~ *laiva* capture a ship; ~ *maata viljelykselle (t. mereltä)* reclaim land; ~ *takaisin* recapture; *kauhun valtaamana* seized (stricken) with terror, overcome by dread; *ajatus valtasi mieleni* the thought preoccupied my mind. **-ton** unruly;

undisciplined; ungovernable.
-ttomuus unruliness, unruly nature; *(v-ton teko)* mischief.

valli embankment, bank; *(suoja-)* dyke; *sot.* rampart.
-hauta *(vesi-)* moat.

vallit|a dominate; rule, reign; *(olla v-sevana)* be predominant, predominate, *(yleisenä)* prevail; *rauha -see maassa* there is peace in the country, peace reigns in the country. **-seva** prevailing, prevalent; *(hallitseva)* [pre]dominant, [pre]dominating; *-sevat olot* the prevailing (existing) conditions.

valli|ttaa entrench. **-tus** entrenchment, rampart.

valloi|llaan, -lleen on the loose, vrt. *valta.*

valloi|ttaa conquer *(m. kuv.)*; capture; take possession of; *kuv. m.* captivate. **-ttaja** conqueror. **-ttamaton** unconquered; *(jota ei voi v-ttaa)* unconquerable, impregnable. **-tus** conquest *(m. kuv.)*; capture; (~*retki* invasion; ~*sota* war of conquest).

valmen|nus training. **-taa** train.
-taja trainer. **-tautua** train; be studying for [a profession, *ammattiin*].

valmis ready, prepared, *jhk* for; *(valmistettu)* finished, completed; *hänellä on se valmiina* he has finished it; *rakennus on valmiina* the building is completed; *valmiina ostettu* ready-made [coat, *takki*]; *saada jk valmiiksi* get a th. finished (done), complete, finish a th. **-matka** [all-]inclusive tour, package tour.

valmis|taa prepare; make; *(tehdasmaisesti)* manufacture; *(tuottaa)* produce; *(valmiiksi)* finish, complete; ~ *tilaa jllek* make room for. **-taja** maker, manufacturer; producer.
-tamaton *(edeltä)* not prepared beforehand. **-tamatta** without preparation; *puhua* ~ speak extempore. **-tautua** get ready

(for), prepare [oneself], make preparations (for). **-tautumaton** unprepared (for). **-tava** preparatory; preliminary; ~ *koulu* preparatory school.
valmiste preparation; *(tehdas-)* manufacture, make; *on* ~*illa* is in [course of] preparation, *(talo)* under construction. **-lla** prepare. **-lu(t)** preparations, preliminaries. **-vero** excise.
valmis|tua be finished, be completed; get ready (for); *vasta -tunut opettaja* newly qualified teacher; *(talon) -tuttua* on completion [of the house]. **-tumaton** unprepared. **-tus** preparation; manufacture; *(valmiiksiteko)* finishing, completion; *(~hinta* factory price; ~*kustannukset* cost of production; ~*tapa* method of production).
valmius readiness; preparedness.
valo light; *(valaistus)* lighting; *kynttilän* ~*ssa* by candlelight; *jkn* ~*ssa (kuv.)* in the light of; *saattaa epäedulliseen* ~*on* put.. in an unfavourable light; *saattaa huonoon* ~*on* bring discredit on. **-hoito** artificial sun treatment. **-hämy** *tait.* chiaroscuro. **-ilmiö** optical phenomenon. **-isa** light; luminous; [well] lighted; clear; *(luonne)* positive; ~*t toiveet* bright prospects. **-isuus** light; luminousness; brightness. **-juova-ammus** tracer bullet. **-keila** spotlight. **-kopio,** ~**ida** photocopy.
valokuva photograph, photo; *(tuokio-)* snapshot. **-aja** photographer. **-amo** [photographer's] studio. **-ta** photograph, take a photo[graph] (of). **-uksellinen** photographic; *(v-ukseen sopiva)* photogenic. **-uttaa** have.. photographed; ~ *itsensä* have one's photo (one's picture) taken.
valokuvaus photography. **-kone** camera. **-levy** photographic plate. **-liike** sellers of photographic materials, photo shop. **-tarpeet** photographic

material.
valo|mainos illuminated advertisement, neon sign. **-merkki** light signal.
valon|heitin searchlight, *(julkisivun)* floodlight; *(auton)* headlight. **-herkkä** sensitive to light; *(paperi ym)* sensitized.
valo|-oppi optics. **-pilkku** bright spot. **-piste** *sähk.* outlet. **-puoli** bright side.
valos cast[ing].
valo|ton *(pimeä)* dark. **-ttaa** *valok.* expose, *kuv.* throw (shed) light on. **-tus** exposure; *(~mittari* exposure meter). **-voima** illuminating power; *(sähkölampun)* candle-power.
val|pas watchful, wakeful; alert, vigilant; *olla valppaana* be [on the] alert. **-ppaus** watchfulness; alertness, vigilance.
valssata *tekn.* roll.
valssi 1. *(tela)* roller. **2.** *(tanssi)* waltz; *tanssia* ~*a* waltz. **-tahti** waltz-time.
valta power (over); rule, domination; *(mahti)* might; *(toimi-)* authority; *hänellä on* ~ *tehdä se (m.)* it is in his power to do it; *päästä* ~*an* come (rise) to power; *saattaa* ~*nsa alaiseksi* subject, subdue, subjugate; *joutua jnk* ~*an (tunteen)* be overcome (overwhelmed) by; *olla vallalla* prevail; *päästä vallalle* become prevalent; *olla valloillaan* have free reins, run riot, run wild, *(raivota)* rage; *vallassa oleva puolue* the party in power. **-antulo:** *Hitlerin* ~ H.'s take-over. **-istuin** throne; *nousta -istuimelle* ascend the throne; *hänen -istuimelle noustessaan* at his accession; *(~puhe* speech from the throne; ~*sali* room of state).
valta|katu main street. **-kirja** power (letter) of attorney; *(lähettilään)* credentials; ~*lla* by proxy. **-kunnallinen** national, nation-wide.
valtakunnanoikeus: *asettaa syytteeseen -oikeudessa* impeach.
valta|kunta realm; *(valtio)*

state; *(kuningas-)* kingdom.
-merentakainen oversea [s];
transatlantic. **-meri** ocean;
(~laiva ocean-going steamer).
-osa majority, the bulk (of);
~ltaan predominantly. **-taistelu**
struggle for power. **-tie** main
road, high road.
valtaus capture; occupation;
annexation; *(kaivos-)* claim.
-joukot occupation troops.
valta|va huge, enormous;
immense; tremendous; *~
enemmistö* an overwhelming
(a vast, the great) majority.
-vuus hugeness, enormousness.
-väylä main channel.
valti|as ruler, master. **-atar**
mistress; sovereign. **-kka**
sceptre, *Am.* **-ter. -mo** artery
tunnustella jkn ~a feel a p.'s
pulse.
valtio state; *(hallitus)*
government; *valtion.. (m.)*
state [school, *koulu*],
government [bond,
obligaatio]; *~n kustannuksella*
at public expense; *~n
virkailija* government employee,
public *(t.* civil) servant.
-johtoinen state-controlled.
-kalenteri official yearbook.
-keikaus coup. **-liitto** union
([con]federation) [of states].
-linen state,. . of state;
government; national, public;
-lliset vaalit general election.
-mies statesman; *(~taito*
statesmanship; *~ura* political
career). **-muoto** system of
government; constitution.
-neuvosto cabinet, *(joskus)*
government [building].
valtion|hoitaja administrator,
regent. **-kirkko** state *(t.*
established) church. **-laina**
government loan. **-pankki**
national bank. **-päämies** head
of [a] state. **-tulot** public
revenue *(sg.).* **-varat**
government funds. **-velka**
national debt. **-vero** state tax.
-virka *-virassa* in public
service. **-virkamies:** *on ~ ks.
ed.*
valtio|-oppi political science.
-petos high treason.
valtiopäivä|mies member of

[the] parliament. **-t** Diet,
parliament.
valtio|salaisuus state secret.
-sihteeri undersecretary of
state. **-sääntö** constitution.
-taito statecraft. **-tiede**
political science; *-tieteellinen
tiedekunta* Faculty of Political
and Social Sciences. **-valta**
government; state *(t.* national)
power.
valtiovarain|ministeri minister
of finance; *Engl.* Chancellor
of the Exchequer, *Am.*
Secretary of the Treasury.
-ministeriö ministry of
finance; *Engl.* Treasury.
valtio|vierailu State visit.
-viisas diplomatic. **-viisaus**
kuv. diplomacy.
valtoi|n loose, free; *-(me)naan*
at large; unhindered; *(hiukset)*
hanging down, *(lapset)*
running loose, *(hillittömänä)*
on the loose.
valtti trump. **-ässä** ace of
trumps.
valtuus authority, power [s];
antaa jklle täydet valtuudet
invest a p. with full
power [s]; *täysillä valtuuksilla
varustettu* fully authorized;
ylittää valtuutensa exceed
one's authority. **-kirja** letter
of credence, credentials.
-kunta delegation. **-mies**
(kaupungin) town (city)
councillor. **-sto** town council,
(kunnan) local council.
valtuu|ttaa authorize, empower;
-tettu a. authorized,
empowered; *s.* authorized
agent, proxy; delegate. **-tus**
authorization, warrant.
valu|a flow; run [down, over],
flow [out], *(kynttilä)* gutter;
~ virtanaan pour [down];
sade -i virtanaan it was
pouring [down]. **-rauta** cast
iron. **-ri** foundry-worker. **-teos**
cast [ing]. **-teräs** cast steel.
valuutta currency. **-keinottelu**
speculation in foreign
currency. **-kurssit** rates of
exchange. **-markkinat** foreign
exchange market. **-rajoitukset**
currency restrictions.
valve: *olla ~illa* be awake.

-uttaa awaken, arouse. **-utua**
wake up; *v-tunut* awakened,
wide-awake; *(valistunut)*
enlightened.
valvo|a be awake; be wakeful;
watch [by a p.'s bedside, *jkn
vuoteen ääressä*]; *(kokeissa)*
invigilate; *(katsoa)* see (look)
to it [that, *että*], look after,
take care of; *(johtaen)*
superintend, supervise, have
charge of; ~ *jkn etuja* look
after (attend to) sb.'s
interests; ~ *järjestystä*
maintain order; ~ *myöhään
iltaisin* stay up late; keep
late hours; ~ *saataviaan
(konkurssissa)* lodge a claim
[in bankruptcy]. **-ja**
supervisor; *(kokeiden)*
invigilator. **-nta** control;
custody, charge; *(yli-)*
supervision, superintendence;
jkn -nnaan alaisena under the
supervision of, under control
of.
vamma injury, *lääk. m.* lesion;
saada ~ be injured, be hurt.
-inen handicapped, *(invalidi)*
disabled. **-uttaa, vammoittaa**
injure.
vampyyri vampire.
vanadiini vanadium.
vanamo linnaea, *Am.*
twinflower.
vanavesi wake; *jkn vanavedessä*
in the wake *(t.* track) of,
(joskus) in the backwash of.
vandaali *hist.* Vandal.
vaneri plywood; *(viilu)* veneer.
vangin|puku prison clothes.
-vartija jailer, prison warder.
vangit|a arrest, take.. into
custody; *(panna vankilaan)*
imprison, put.. in prison; *olla
-tuna* be under arrest; be in
prison. **-seminen** arrest;
capture; imprisonment.
-semismääräys warrant [for
arrest].
vanha old; ancient; *(iäkäs)*
aged; ~ *aika* ancient times,
antiquity; ~ *tekijä (kuv.)* an
old hand; ~*lla iällään* when
old, at an advanced age, late
in life; *elää hyvin* ~*ksi* live
to a great age; *vanhempi*
older; *vanhempi sisareni* my

elder sister; *vanhempi
liikekumppani* senior partner;
*hän on kaksi vuotta minua
vanhempi (m.)* he is two
years older than I, he is two
years my senior; *kahtatoista
vuotta vanhemmille* for
children over 12 years [of
age]; *vanhin* oldest; *(perheen)
vanhin poika* the eldest son.
-htava *puhek.* [slightly] dated.
-hko elderly, rather old.
-inkoti old people's home,
home for the aged. **-naikainen**
old-fashioned, .. out of date.
-naikaisuus old-fashioned
character. **-piika** old maid,
spinster. **-poika** bachelor.
-staan of old.
vanhem|mat parents; *-pain
neuvosto* parents' committee;
-pain rakkaus parental love.
-muus seniority.
vanhe|ntua grow old, *(velka
ym)* come within the statute
of limitations; *-ntunut*
antiquated, *(sana, sanonta)*
archaic, *puhek.* [out-]dated,
(käytännöstä jäänyt) obsolete.
-ta age, grow (get) old [er];
(käytännöstä) become obsolete,
become antiquated; *-neva*
ag[e]ing.
vanhoilli|nen *a. & s.*
conservative; *s.*
stick-in-the-mud. **-suus**
conservatism.
vanhurs|kas righteous, just.
-kaus righteousness, justness.
-kauttaa justify. **-kauttaminen**
justification.
vanhus old man (woman);
vanhukset old people, aged
people, the old.
vanhuuden|heikko decrepit.
-heikkous decrepitude; senility.
-höperö senile. **-turva** prop of
one's declining years. **-vaivat**
infirmities of old age.
vanhuus oldness; *(korkea ikä)*
old age. **-eläke** old-age
pension.
vanilja vanilla. **-kastike** vanilla
sauce. **-tanko** vanilla stick.
-sokeri vanilla sugar.
vankasti firmly, steadily; *syödä*
~ have a good (a proper)
meal.

vankeinhoito prison welfare.
vankeus imprisonment; *(et. sota-)* captivity; *tuomittiin kuudeksi kuukaudeksi vankeuteen* was sentenced to six months' imprisonment. **-aika** prison term.
vanki prisoner; *(rikos-)* convict; *olla ~na* be imprisoned, be in prison (in jail); *ottaa vangiksi* take.. prisoner; *joutua vangiksi* be captured, be taken prisoner. **-koppi** cell. **-la** prison, jail; *sl.* nick; *joutua ~n* be sent to prison; *(~njohtaja* governor *t.* warden of a prison). **-leiri** prison camp.
vankka firm, steady; *(tukeva)* solid; *~ ateria* substantial meal; *~ pohja* solid (firm) foundation; *~ ruumiinrakenne* robust (sturdy) frame. **-tekoinen** strongly built.
vankkumaton unflinching, staunch.
vankkurit wag[g]on.
vannas *(veneen-)* stem; *(auran-)* ploughshare.
vanne hoop; *(rauta-, m.)* band; *(pyörän)* rim.
vanno|a swear; take an oath, swear to it [that..]; *enpä mene ~maan* I can't swear to it. **-ttaa** *(jkta)* take a p.'s oath; *(pyytää hartaasti)* implore, entreat, beseech. **-utua:** *v-tunut vihamies* sworn enemy.
vanttera thick-set, robust, sturdy.
vanu cotton wool; *(täyte-)* wad[ding]. **-a** felt up, felt. **-kas** pudding. **-ke** pulp. **-ttaa** full. **-tukko, -tuppo** swab (pledget, ball) of cotton, *(esim. korvassa)* cotton-wool plug.
vapa rod.
vapaa free; *(ilmainen, m.)* gratuitous, exempt [from taxes, *veroista*]; *(joutilas)* disengaged; vacant [seat, *paikka*]; unattached; *(käytös)* unconstrained; *~na* at liberty; *~lla (vaihde)* in neutral; *~lla jalalla* at large; *päästää ~ksi* set.. free, release, liberate; *~*

toimi vacant situation; *~sta tahdostaan* of his (her) own free will, of his (her) own accord; *kaksi päivää ~ta* two days off; *~* näköala wide *(t.* open) view; *sai ~t kädet* was given a free hand. **-aika** spare time, leisure. **-ajattelija** free-thinker. **-ehtoinen** voluntary; *~ aine* optional subject. **-ehtoisesti** voluntarily, of one's own free will, of one's own accord. **-ehtoisuus** voluntariness, free will. **-herra** baron. **-herratar** baroness. **-kauppa** free trade. **-kaupunki** free city. **-kirje** franked letter; *(~oikeus* franking privilege). **-kirkko** free church. **-kirkollinen** free-church. **-lippu** free ticket, complimentary ticket. **-mielinen** liberal. **-mielisyys** liberalism. **-muurari** freemason; *(~us* freemasonry). **-oppilas** non-paying pupil. **-paini** free-style wrestling. **-pyörä** free wheel, coaster. **-päivä** day off, holiday. **-satama** free port. **-sti** freely; free [of charge], *(maksutta, m.)* gratis; *~ laivassa* free on board (f. o. b.); *saat ~* you are at liberty to.. **-uinti** free-style swimming. **-valtio** free state.
vapah|dus salvation; deliverance. **-taa** *usk.* save; *(päästää)* deliver. **-taja** Saviour.
vapaudenrakkaus love of freedom.
vapaus freedom, liberty; *ottaa (jk) ~* take the liberty [of.. -ing] , venture to.. *; ottaa vapauksia jnk suhteen* take liberties with. **-sota** war of independence. **-taistelija** champion of liberty. **-taistelu** struggle for liberty.
vapau|ttaa free (from), set free, release, liberate; *(pelastaa)* deliver; *(taakasta ym)* relieve (of), rid (of); *(veroista ym)* exempt (from); *lak.* acquit; *~ vankilasta* release.. from prison; *tuomio* acquittal. **-ttava** freeing; *-ttava tuomio* acquittal. **-tua** be freed, be released; get free; get rid of; be exempted

from; *(itsenäistyä)* be emancipated; *en voi ~ siitä ajatuksesta* I cannot get the thought out of my mind; *kaasua -tuu* gas is liberated (set free). **-tus** liberation, release, discharge; exemption (from); acquittal; emancipation.

vapi|sta tremble; *(väristä)* shiver; *(et. kammosta)* shudder; *(täristä)* shake; quake; *~ pelosta* tremble with fear; *-seva* trembling; tremulous; *-sevalla äänellä* in a trembling voice, tremulously. **-suttaa** make.. tremble.

vappu, vapunpäivä the first of May, May Day.

vara reserve; *parantamisen ~* room for improvement; *kutistumis~* allowance for shrinkage; *~t* means, *ks. hakus.*; *minulla ei ole ~a siihen* I cannot afford it, it is beyond my pocket; *rakentaa jnk ~an* build upon; *jättää.. jnk ~an* let.. depend upon; *panna kaikki yhden kortin ~an ks. kortti; ~lla* in readiness, ready; *jnk ~lta* in case of..; to provide against; *pahan päivän ~lle* against a rainy day; *kaiken ~lta* just in case; *kaikkien mahdollisuuksien ~lta* for any emergency; *siltä ~lta, että..* [just] in case.., in the event that..; *pitää ~nsa* take care. **vara-** spare; emergency; vice-.
-amiraali vice-admiral.
-inhoitovuosi financial year.
-joukko reserve troop. **-jäsen** deputy member. **-kas** wealthy, rich; well-to-do,.. well off.
-kkuus wealth[iness]. **-konsuli** vice-consul. **-kuningas** viceroy.
-llisuus wealth; means; (*~suhteet* circumstances). **-mies** reserve; deputy; *olla ~miehenä* deputize (for). **-nto** reserve fund. **-osa** spare part.
-puheenjohtaja vice-chairman.
-puhemies deputy speaker.
-pyörä spare wheel. **-rahasto** reserve fund. **-rehtori** *(koulun)* vice-principal, assistant headmaster. **-rengas** spare

tyre. **-rikko** bankruptcy, failure; *(-tila)* insolvency; *tehdä ~* go bankrupt, fail; *-rikon partaalla* on the verge of bankruptcy. **-rikkoinen** bankrupt; insolvent.
varas thief *(pl. thieves)*.
-joukkue gang of thieves.
-lähtö false start.

varast|aa steal; commit a theft; *~ jkn taskusta (m.)* pick a p.'s pocket; *hän -ti (urh.)* he jumped the gun; *hän (näyttelijä) -ti koko näytelmän* she stole the show; *hän -ti hetken levon* she snatched a moment of rest. **-ella** practise theft, thieve; *(näpistellä)* pilfer.
varasto store, stock; *(tarveaine-)* supply; *(-huone)* storehouse; *(ammus- ym)* depot; *kuv. m.* fund; *~t (m.)* supplies; *~ssa* in stock, in store; *kerätä ~on* stockpile, *(rohmuta)* hoard; *panna ~on* store, put in storage; *pitää ~ssa* keep in stock, stock.
-aitta storehouse. **-huone** store-room, storage room; warehouse. **-ida** store, store up, stock; lay in *(t. down)*.
-maksu storage. **-nhoitaja** stock-keeper, *(-mies)* warehouseman. **-myymälä** »Cash and Carry» shop. **-olut** lager.
varat means, resources; funds; assets; *~ ja velat* assets and liabilities; *varainsa mukaan* according to one's means; *omilla varoillaan* at one's own expense; *elää yli varojensa* live beyond one's means; *huonoissa varoissa..* of modest means, badly off.
varata reserve; *(panna syrjään)* put aside, set apart; allow [plenty of time, *runsaasti aikaa*]; *~ huone (m.)* engage a room; *~ paikka* reserve a seat, *(laivan ym)* book a berth; *~ jklle tilaisuus* give a p. an opportunity; *-ttu (m.)* taken; *~ itselleen aikaa* take time off.
vara|ton.. without means, impecunious, *(köyhä)* poor.
-ttomuus lack of means;

poverty. **-tuomari** *l.v.* Master of Laws, LL. M. **-uloskäytävä** emergency exit. **-uksellinen** qualified. **-uksellisuus** reserve. **-ukseton** unreserved. **-us** reserve, reservation; proviso; *-uksetta* without reserve; *-uksin* with reservations; *eräin -uksin* subject to certain reservations (*t.* provisos). **-utua** be prepared, get ready [for *jhk*]. **-vuode** spare (*t.* extra) bed.

varhai|n early, at an early hour. **-nen** early; *-sessa vaiheessa* at an early stage, early on. **-skypsä** precocious.

varietee variety. **-teatteri** music hall.

varikko depot.

variksenpelätti scarecrow.

varis crow.

vari|sta fall off, come down; *(lehdistä)* drop; *(hajalleen)* be scattered; *puusta -see lehtiä (m.)* the tree sheds leaves. **-staa** shed, *(pudistaa)* shake.

varje|lla protect, *jltk* from, against; preserve, keep (from); guard (against); *Herra -lkoon sinua* the Lord keep thee; *taivas -lkoon!* good heavens! *v-tava kosteudelta* keep dry. **-lu(s)** protection; keeping.

varjo shadow; *(siimes)* shade; *kuv.* pretext, *(verho)* cloak; *jnk -lla* under pretence (cover) of, *(esim. ystävyyden)* under the cloak (veil, semblance) of friendship; *asettaa ~on* throw into the shade. **-aine** contrast medium. **-inen, -isa** shady, .. affording shade. **-kuva** silhouette; shadow. **-mainen** shadow-like; shadowy. **-puoli** dark side; disadvantage, drawback. **-staa** shade; *kuv.* overshadow, *(seurata salaa)* shadow; *puut -stavat katua* trees shade the street. **-stin** shade; screen.

vark|ain stealthily; *(luvattomasti)* surreptitiously; *(salaa)* secretly. **-aus** theft; stealing; *lak.* larceny; *saatiin kiinni -audesta* was caught stealing; *(~juttu* case of stealing). **varm|a** sure, certain;

(turvallinen) secure [foundation, *pohja*], safe [investment, *sijoitus*]; *(luotettava)* reliable; *(esim. mielipide)* firm, decided, definite, fixed; *~ asiastaan* sure of one's ground; *~ esiintyminen* firm (decided) attitude, *(esiintymistapa)* air of assurance; *~ itsestään* sure of oneself, self-confident; *hankkia ~ tieto jstk* make sure about, ascertain; *ole ~ siitä* depend upon it; *oletko ~ siitä?* are you sure about it? *minusta tuntuu ~lta* I feel certain [that. .]; *olla jstk hyvin ~* be definite (positive) about; *voit olla ~ avustani* you may count on my aid. **-aan:** *ette ~kaan ole* I don't think you have. .; *en ~kaan* I am afraid I. . **-aankin** [very] probably, very likely, I expect. ., I suppose. . *(otaksuttavasti)* presumably; *se on ~ hän* it must be he, I suppose it is he. **-asti** surely; definitely; [most] certainly, to be sure; *en voi ~ sanoa* I cannot say for sure (for certain); *hän tulee ~* he is sure to come; *uskon aivan ~, että.* . I firmly believe that, I . am confident that, I am fully convinced that; *milloin hän on ~ kotona?* when is one sure to find him at home? **-ennus** confirmation, certification; corroboration. **-entaa** certify, *(vahvistaa)* confirm, *(lak m.)* countersign. **-istaa** confirm; *(lujittaa)* strengthen; *(todistaa)* certify, verify; *tekn. (ase)* put. . at safety, half-cock. **-istautua** *jstk* make sure (of, that. .). **-istin** safety catch. **-istua** be confirmed, be [further] strengthened; assure oneself; *~kseni* so as to make sure [that, *jstk*]. **-istus** confirmation; protection (against). **-uus** certainty; sureness; assurance; security; safety; *hankkia ~ jstk* make sure about, find out. . for certain; *(vain) varmuuden*

varo 436

vuoksi for safety's sake,
[just] to be on the safe side;
(**~lukko** safety lock; **~varasto**
stockpile).
varo|a look out, *jtk* for, be on
one's guard (against), be
careful (with, about); ~ *jtk*
tekemästä take care (be
careful) not to do a th.;
varokaa take care! look out!
watch out! beware [of the
dog, *koiraa*], mind [the step,
porrasta].
varoissa: *hyvissä* ~ well off,
(melko) comfortably off.
varoi|ttaa warn [of *jstk;*
against a p.]; ~ *jkta*
tekemästä jtk warn sb. not
to. ., caution sb. against (. .
-ing), dissuade a p. from;
-ttava esimerkki an example
which serves as a warning.
-tus warning, caution;
(nuhteleva) admonition;
(**~huuto** shout of warning;
~laukaus warning shot; **~taulu**
caution board).
varo|keino precaution,
precautionary measure; *ryhtyä*
~ihin take precautions.
-maton incautious, imprudent,
heedless, *(puheessa)* indiscreet;
(ajattelematon) inconsiderate,
thoughtless. **-mattomuus**
incautiousness,
inconsiderateness. **-vainen**
cautious; careful; *(valpas)*
watchful; *(järkevä)* prudent;
ole ~ be careful! take care!
look out! **-vaisuus**
cautiousness, caution;
carefulness, care; *on*
noudatettava suurta v-suutta
great care should be taken,
great caution must be
exercised; (**~toimenpide**
precaution). **-vasti** with care.
-venttiili safety valve.
varpaisillaan on tiptoe; *kävellä*
~ *(m.)* tiptoe.
varpata *mer.* warp.
varppi *mer.* warp, towline.
varpu [bare] twig. **-nen**
sparrow. **-shaukka**
sparrow-hawk.
varrantti *liik.* bonded
warehouse.
varras spit.

varre|lla *(vieressä)* on, by, by
the side of; *(kuluessa)* during;
elämäni ~ in the course of
my life; *joen* ~ [situated] on
a river; *matkan* ~ during the
journey, on the way; *vuosien*
~ in the process (course) of
years, down the years;
Unioninkadun ~ in Union
street. **-llinen.** . provided with
a handle; *bot.* . with a stem.
-lta: *jnk* ~ [from] along
the. .; *havaintoja elämäni* ~
observations gathered in the
course of my life.
varsa foal; *(ori)* colt; *(tamma)*
filly.
varsi handle; arm; *bot.* stalk,
(vahvempi) stem; *tekn. m.*
bar, shaft, *(poran)* brace,
(kirveen) helve; *hento*
varreltaan. . of slender build.
-kenkä boot.
varsi|n quite; *(hyvin)* very;
(erinomaisen) exceedingly,
extremely; ~ *hyvin* perfectly
well, very well; ~ *hyvä*
fair [ly good]. **-nainen.** .
proper; essential; *(todellinen)*
true, actual; *(vakinainen)*
ordinary; *sanan -naisessa*
merkityksessä in the proper
(strict) sense of the word.
-naisesti really, actually.
varsin|kaan particularly. **-kin**
particularly, especially [as,
since, *kun*].
vartalo trunk, body; figure,
stature; *kiel.* stem, radical.
-kuva full-length picture.
varta vasten specially,
purposely, for the particular
purpose [of . .-ing].
varteen: *ottaa* ~ take into
consideration (into account),
heed; pay attention to,
consider; *otan tarjouksen* ~ I
will consider the offer.
-otettava. : worthy of
consideration.
varten *(tähden)* on account of,
because of; *(jklle)* for; *mitä*
~ wherefore? why? for what
reason? *sitä* ~ for that
reason, therefore, because of
that; *sitä* ~, *että.* . in order
to.
vartija watchman, *(esim.*

puiston) attendant, keeper; *sot.* guard, sentry; *lakko~* picket.

varti|o guard; *(-aika)* watch; *(partio-)* patrol; *olla ~ssa* be on guard duty, stand sentry. **-oida** watch, guard, keep guard over; *-oituna* guarded, under guard, under escort. **-oimaton** unguarded.

vartio|laivue convoy. **-paikka** post; *-paikallaan* at one's p. **-palvelus** guard duty. **-sto** guard; *(saattue)* escort. **-torni** watch-tower. **-tupa** guard-room. **-väki** guard; *(linnan)* garrison.

varttua grow, grow up; *(kehittyä)* develop (into); *~ mieheksi* grow into manhood, grow to be a man; *varttunut* grown up, *(kypsynyt)* mature.

varui|llaan on one's guard; *(valppaana)* on the alert; *ole -llasi* look out! watch out! be careful!

varus|huone armoury. **-kunta** garrison. **-mestari** armourer. **-mies** conscript [in active service]; *Engl.* national serviceman, *Am.* draftee.

varus|taa fit [out]; equip; provide, furnish, supply, *jllak, with; (linnoittaa)* fortify; *-tettu* equipped (with); *hyvin -tettu* well equipped; well supplied, *(kaupp.)* well stocked. **-tamo** *ks. laivan~* **-tautua** equip oneself, fit oneself out (for); *sot.* arm. **-tautuminen** *sot.* arming, [re]armament. **-te** *~et* equipment, outfit. **-telu** *(sota-)* [re]armament. **-tus** equipment, outfit; *(linnoitus)* fortifications, *(puolustus-)* defences; *(~ohjelma* armament programme; *~teollisuus* armaments industries). **-väki** garrison.

varvas toe.

~vasa *(hirven)* elk calf.

vasalli vassal. **-us** vassalage. **-valtio** vassal state.

vasama bolt, arrow.

vasar|a hammer; *(puinen)* mallet; *~n kalke* pounding of hammers. **-oida** hammer, *jtk* at; *(jatkuvasti)* hammer away.

vaseliini vaseline.

vasemma|lla on the left [side, hand], *jnk* of, at the left, to the left (of); *mer.* on the port (larboard) side, to port; *hänen ~ puolellaan* on his left. **-lle** to the left (of), *mer.* to port. **-npuoleinen** left [-hand]; *~ liikenne* left-hand traffic.

vasemmisto the Left. **-lainen** *a.* left-wing; *s.* left-winger, leftist. **-puolue** leftist party. **-sanomalehti** left-wing paper.

vasempaan [to the] left; *käännös ~* left turn.

vasen left; *~ puoli, sivu* left [hand] side, *(laivan)* port, larboard; *vasemmalla puolellani* on my left. **-kätinen** left-handed.

vasikan|liha veal. **-nahka** calfskin, calf. **-paisti** veal joint, roast veal.

vasikka calf *(pl.* calves).

vaskenkarvainen copper-coloured.

vaski copper; *kuin helisevä ~* as sounding brass. **-tsa** blindworm.

vasta 1. *(sauna-)* whisk of birch twigs [used in sauna].

vasta 2. *(ei ennen kuin)* only, but, not until; *(äsken)* just now, a while ago; *~ leivottu* freshly baked; *~ nyt* only now, not until now [did I hear, *sain kuulla*]; *sepä ~ on jotakin!* why, that is something! *~kin* in the future; *käykää ~kin* call again.

vastaaja defendant; *(avioerojutussa)* respondent.

vasta|-alkaja beginner, novice. **-alkava** budding [poet, *runoilija*];.. *on ~.*. is a beginner.

vastaamaton unanswered; *tarkoitustaan ~* unsuited, inexpedient.

vastaan against; *(kohti)* towards; *lak., urh* versus. *(lyh.* v., *esim.* A. v. B.); *taistella jtk ~* fight against; *(hyvä) lääke nuhaa ~* a remedy for colds; *hän tuli meitä ~* he met us, *(vastaanottamaan)* he came to meet us; *panna jtk ~* oppose, object to; *minulla* *ei ole mitään sinne menemistä* ~ I have nothing against going there; *onko sinulla mitään sitä* ~ have you any objections [to it]? do you mind? *tarkastella jtk valoa* ~ hold a th. up to the light; *selkä seinää* ~ with one's back to the wall; *10 äänellä yhtä* ~ by 10 votes to one. **-hangoittelu** opposition. **-otin** receiver, [receiving] set. **-ottaa** receive; *(hyväksyen)* accept; *maksettava -otettaessa* to be paid on receipt, cash (collect) on delivery *(lyh.* C.O.D.). **-ottaja** receiver, recipient; *(kirjeen)* addressee, *(tavaran)* consignee. **-ottavainen** susceptible (to). **-otto** receipt; *(henkilöiden)* reception; *(lääkärin* ~*aika)* consulting hours; *tilata* ~ make an appointment [with a doctor]; *(*~*apulainen* receptionist). **-sanomaton** indisputable. **-sanomatta** without protest.

vastaava corresponding; ~*t (liik.)* assets; *tarkoitustaan* ~ .. which serves the purpose; ~*nlainen* similar; ~*sti* correspondingly; respectively. **vasta|ehdokas** rival candidate. **-ehdotus** counter-proposition. **-hakoinen** reluctant; unwilling. **-hakoisesti** reluctantly; against the grain, against one's will. **-hakoisuus** reluctance; unwillingness, disinclination. **-hyökkäys** counter-attack. **-inen** future, *(tuleva)* coming, prospective; *(v-kkainen)* contrary, opposed (to); *-isen varalle* for the future, for a rainy day; *tiistain -isena yönä* Monday night; *lain* ~ contrary to law, unlawful; *uskonnon*~ antireligious. **-isku** counterblow. **-isuus** future. **-kaiku** response; *herätti* ~*a* struck responsive chords. **-kirja** pass-book, bank-book. **vastakkai|n** against (opposite) each other; *(silmätysten)* facing each other; *kuulustella* ~ confront [a witness with another]. **-nen** opposite,

contrary [to]; *-set mielipiteet* conflicting (differing) opinions; *-sessa järjestyksessä* in reverse order; *-sessa tapauksessa* if the contrary be true; *oli aivan* ~ was in direct contradiction (to). **-suus** contrast; contradiction, antagonism, discrepancy; *tietojen* ~ the conflicting reports. **-svaikutus** contrasting effect.

vasta|kohta *(jnk)* contrast, the opposite (of), the reverse of; *(jyrkkä)* antithesis; ~*na jllek* in contrast to; *jnk täydellinen* ~ the exact opposite of; *olla räikeänä* ~*na jllek* stand in sharp contrast to. **-lahja:** ~*ksi* [as a present] in return. **-laskos** box pleat; inverted pleat. **-lause** protest. **-leivottu** freshly baked, new-baked, *kuv.* new-fledged. **-lypsetty:** ~ *maito* milk straight from the cow. **-merkki** check. **-myrkky** antidote, antitoxin. **-mäki** ascent, rise; upward slope; *-mäkeä* uphill. **-nainut** newly married; *-naineet (m.)* the newly-weds. **-näyttelijä:** *olla jkn* ~*nä* play opposite sb. **-paino** counterbalance; *jnk* ~*ksi* to counterbalance. . **-palvelu|s** return service; *tehdä jklle* ~ return a p. a service, reciprocate; *-kseksi* in return (for). **-pelaaja** opponent; *(toveri)* partner. **-puoli** opposite side; opposing party. **-puolue** the [party in] opposition. **-päinen** . situated (.. lying) opposite, opposite. **-päivään** counter-clockwise, against the sun. **-päätä** opposite, *jtk* [to]. .; *(kadun toisella puolella)* across the street; *toisiamme* ~ *(m.)* facing each other, vis-à-vis. **-rakka|us:** *hän ei saanut v-utta* his love was not returned (reciprocated). **-rinta** resistance (to), opposition (to); *asettua* ~*an* put oneself in opposition (to); *tehdä* ~*a* offer resistance, resist, oppose; *(*~*liike* resistance movement). **-ssa** against; *olla* *jkta* ~ meet a p. [at the station, *asemalla*]. **-syntynyt** newborn. **-syytös** counter-accusation.

vastata answer [a p. *jklle;* the demands, *vaatimuksia;* for *jstk*]; reply (to); give an answer; *(vierailuun, äänimerkkiin ym)* return; *(olla edesvastuussa)* answer for, be responsible (answerable) for; *(olla jnk mukainen)* correspond to (with), *(olla jnk veroinen)* equal; ~ *kysymykseen* answer (reply to) a question; ~ *tarkoitustaan* answer (serve) its purpose; ~ *tarvetta* meet the requirements; ~ *jkn tervehdykseen* return a p.'s greeting; *joutua vastaamaan jstk* be called to account for, be made responsible for; *laadun tulee* ~ *hintaa* the quality must correspond to the price.

vasta|tehty newly-made. **-ttavat** *liik.* liabilities. **-tullut** *a.* newly arrived; *s.* newcomer, new arrival. **-tusten** facing each other. **-tuuli** contrary (adverse) wind; *-tuulessa* in a head wind; *meillä oli* ~ we had the wind against us.

vastaus answer, *jhk* to, reply (to); *(joskus)* rejoinder; *(terävä)* retort; *vastaukseksi jhk* in reply to, in answer to [your letter], *(tekoon)* in response to; *odottaa* ~*ta* expect an answer; ~*ta pyydetään* a reply is requested, *(kortissa)* R.S.V.P.; ~*ta ei tullut* there was no reply.

vasta|vaikutus counteraction. **-vakoilu** counter-espionage. **-valittu** newly-elected. **-vallankumous** counter-revolution. **-vierailu** return call. **-virta:** ~*an* against the current, upstream. **-vuoroinen** reciprocal. **-vuoroisuus** reciprocity. **-väite** objection (to); argument (against). **-väittäjä** opponent. **vastedes** in the future, henceforth.

vasten against; ~ *silmiä* to one's face. **-mielinen** repulsive, repugnant; obnoxious; *(epämiellyttävä)* displeasing, disagreeable, unpleasant;. . *on minulle* ~ I have a dislike for. **-mielisesti** unwillingly, reluctantly; against one's will. **-mielisyys** *(jtk kohtaan)* dislike (of), distaste (for), antipathy (for, to, against); aversion (to); repugnance (against); *(esim. hajun, tehtävän)* repulsiveness.

vastike substitute; *(korvaus)* compensation; *jnk vastikkeeksi (sijaan)* in return for, in exchange for.

vastikään a while (a moment) ago; *(äskettäin)* only recently.

vastine counterpart; *(esim. sanan)* equivalent; counterword; *lak.* plea, rejoinder; *saada ~tta rahalleen* get value for one's money; get one's money's worth.

vastoin against, contrary to; in contrast to; ~ *jkn tahtoa* against a p.'s wishes; ~ *luuloa, odotusta* contrary to expectations. **-käyminen** adversity, misfortune; hardship.

vastuksellinen troublesome; difficult; trying.

vastus hardship; difficulty; *(vaiva)* trouble, bother; *sähk.* resistance, *(-kela)* r. coil, *(-laite)* resistor; *olla vastuksena* be a nuisance. **-taa** resist, oppose, make (offer) resistance; *(olla vastaan)* object (to); *asettua jtk vastustamaan* set oneself against, set oneself in opposition to; *ehdotustani -tettiin* my proposal met with opposition. **-taja** opponent; adversary, antagonist; *jnk* ~ *(usein)* anti-. **-tamaton** irresistible. **-tamattomuus** irresistibility. **-tamishalu** spirit of opposition. **-tus** resistance, opposition; *saada osakseen* ~*ta* meet with opposition; *(~kyky* power of resistance; ~*kykyinen*. . able to resist, resistant).

vastuu responsibility; risk; *meidän ~llamme* at our risk; *olla ~ssa* be responsible (answerable, accountable) (for); *ottaa ~* assume (shoulder) the responsibility, admit responsibility (for); *yhteinen ~* joint responsibility; *ks. karistaa.* **-llinen** responsible,.. involving responsibility. **-nalainen** responsible, *jstk,* for, answerable, accountable [to *jklle,* for *jstk*]: **-nalaisuus** responsibility. **-ntunne** sense of responsibility. **-ton** irresponsible. **-tuntoinen** responsible. **-vapaus** freedom from responsibility. **-velvollisuus** liability.

vati dish; *(esim. pesu-)* basin.

vatka|in beater, whisker, *(sähkö-)* mixer. **-ta** whisk, *(munia, m.)* beat, *(kermaa, m.)* whip, *(voita)* work.

vatsa stomach; *tiet.* abdomen. *(maha)* stomach; *tyhjin vatsoin* with an empty belly; *tyhjentää ~* purge. **-haava** *ks. maha-.* **-happo:** *liikaa ~ja* hyperacidity of the stomach. **-kalvo** peritoneum; *~ntulehdus* peritonitis. **-katarri** catarrh of the stomach. **-laukku** stomach. **-nkipu** stomach ache; *tiet.* abdominal pain. **-ontelo** abdominal cavity. **-tauti** stomach complaint.

watti watt.

vauhdi|kas brisk; *(eloisa)* vivacious; *(nopea)* quick; *-kkaasti* briskly; with verve. **-kkuus** briskness; speed. **-llinen:** *~ hyppy* flying jump.

vauhk|o shy, skittish. **-oontua** shy (at). **-ous** shyness, skittishness.

vauhti speed, rate, velocity; *kovaa ~a* at a great speed; *suurinta ~a* at top speed; *päästä ~in* get into full speed *(t. kuv.* full swing); *ottaa ~a* take a running start. **-hirmu** roadhog. **-pyörä** fly-wheel.

vaunu carriage, *Am.* car; *(rautatie-, m.)* coach, *(tavara-)* truck, waggon, *(umpinainen)* goods waggon. **-nlasti** waggon load. **-nosasto** compartment. **-npeite** tarpaulin. **-silta** platform.

vaura|s well-to-do,.. well off, affluent, wealthy; *~ yhteiskunta* the affluent society. **-stua** become prosperous, prosper, get on in the world, make one's pile. **-us** prosperity; wealth, affluence.

vaurio damage. **-ittaa** damage, injure. **-itua** suffer damage, be damaged.

vauva baby.

vavahtaa [give a] start.

vavist|a *ks. vapista.* **-us** tremor, shiver; shudder.

vedellä *ks. vetää; ei se vetele* that won't do, it will never do.

veden|alainen *a. & s.* submarine; *(kari ym)* sunken, submerged. **-haltija** water-sprite. **-jakaja** watershed, divide. **-korkeus** water-level. **-neito** water-nymph, naiad. **-paisumus** flood, deluge; *raam.* the Flood. **-pinta** surface [of the water]. **-pitävä** waterproof; *(astioista ym)* watertight. **-puhdistuslaitos** water-purifying plant, sewage disposal plant. **-puute** scarcity of water. **-saanti** water supply. **-suojelu** water conservation.

vedos *kirjap.* proof; *palsta~* galley p., *taitto~* page p.

vedota appeal, *jkh* to; *(puolustuksekseen)* plead [one's youth, *nuoruuteensa*]; *~ henkilökohtaisesti jkh* make a personal appeal to; *vetoamalla siihen, että..* on the plea that.. .

vedättää have.. hauled.

vegetaari vegetarian.

vehje *(koje)* device, apparatus; *(vekotin)* gadget; *vehkeet (juonet)* intrigues, plots, machinations.

vehkei|lijä plotter, schemer; conspirator. **-llä** plot; conspire (against), intrigue (against); *-levä* scheming, designing. **-ly** plotting, intrigues.

vehma|s luxuriant, rank; lush.

-us luxuriance, rankness, richness.
vehnä wheat. **-jauho(t)** wheat flour. **-njyvä** grain of wheat. **-nen** wheat bread. **-nleseet** wheat bran.
vehre|ys verdancy. **-ä** verdant.
veijari rascal, sly dog. **-romaani** picaresque novel.
veikata bet; *(kupongilla)* do the pools.
veik|eys mischievousness. **-eä** mischievous, *(esim. hattu, nukke)* cute. **-istely** coquetry.
veikkaaja pools punter.
veikkaus betting; *jalkap.* football pools; *voittaa v-uksessa* win on the f. p. **-kuponki** pools coupon. **-voitto** pools prize.
veikko mate, fellow, *Am.* guy; *(veli)* brother.
veisata sing [hymns].
veistellä whittle; cut.
veisto woodwork, handicraft, *(koulussa, m.)* carpentry. **-kuva, -s** piece of sculpture. **-taide** sculpture.
veistämö *(laivan-)* [ship] yard.
veistää cárve, cut; *(veistellä)* whittle, chip [away, *pois*]; *(hakata)* hew; ~ *marmoriin* hew in marble.
veisu song. **-u** singing [of hymns], chanting.
veitikka *leik.* rascal, rogue; *pikku* ~ you little rogue; ~ *silmäkulmassa* with a twinkle in his eye. **-mainen** roguish; mischievous. **-maisuus** roguishness.
veitsen|kärki point of a knife. **-pisto** stab. **-terä** knife-blade; *olla ~llä (kuv.)* hang by a thread.
veitsi knife. *(pl.* knives).
veiv|ata crank [up] [a car, *autoa*], grind [an organ, *posetiivia*]. **-i** *ks. kampi.*
vekara kid, *(poika-)* urchin.
vekkuli jolly fellow; wag.
vekotin gadget.
vekseli bill [of exchange] *(lyh.* B/E); draft; *asettaa* ~ draw a bill [for. .] on sb., draw an amount on sb. [at six months]; *lunastaa* ~ discharge (honour) a bill; *langennut* ~

bill due. **-nasettaja** drawer.
-nhyväksyjä acceptor of a bill, drawee. **-nsaaja** payee [of a bill].
vela|ksi on credit. **-llinen** debtor. **-ton.** . free from debt,. . out of debt; *(kiinnittämätön)* unencumbered.
velho magician, sorcerer, wizard; *(-vaimo)* sorceress, witch.
veli brother *(pl. ks. kieliopp.)* **-kulta** *ks. vekkuli.* **-puoli** half-brother, stepbrother.
veljei|llä fraternize, hobnob, rub shoulders (with). **-ly** fraternization.
veljelli|nen brotherly, fraternal. **-sesti** fraternally, like brothers.
veljen|malja toast of friendship. **-murha** fratricide. **-poika** nephew. **-tytär** niece.
velje|kset brothers; *he ovat -ksiä* they are brothers. **-skansa** sister nation. **-skunta** brotherhood, fraternity; order. **-srakkaus** brotherly love.
veljeys brotherhood, fraternity; brotherliness.
velka debt; *velat (liik.)* liabilities; *olla jklle velassa* be in debt (to), owe sb. [£ 10]; *us. kuv.* be indebted to; *velaksi* on credit; *joutua ~an ks. seur.* **-antua** get (run) into debt; contract (incur) debts; *v-tunut* involved in debt. **-inen.** . in debt. **-kirja** promissory note. **-pää** guilty, *jhk* of. **-taakka** burden of debt. **-vaatimus** claim.
velko|a demand (ask for) [the] payment of; *(vaatia)* claim; *(karhuta)* dun; *koetti* ~ *saataviaan* tried to recover his outstanding debts. **-ja** creditor; *~in kuulustelu* hearing of creditors.
velli gruel, porridge.
vello|a: -va (meri) storm-tossed.
veloittaa charge [. . to a p.'s account, *jnk tiliä*], debit [a p. with]; ~ *liiaksi* overcharge; ~ *tiliä* draw on (debit) an account.
veltos|taa make. . slack, slacken; *(heikentää)* weaken. **-tua** become slack; slacken;

-tunut slack [ened], weakened, effeminate.

veltto slack, inert; languid, indolent; *(hervoton)* limp; *veltot lihakset* flabby (flaccid) muscles. **-us** slackness, languor, inertia.

velvoi|te obligation. **-ttaa** bind, oblige [sb. to], put (place) sb. under an obligation; ~ *jku jhk (käskeä)* enjoin.. upon a p., charge (with); ~ *jku maksamaan sakkoa* impose a fine of.. on. .; *-ttava* binding, obligatory. **-tus** obligation.

velvolli|nen duty-bound, obliged, under obligation (to). **-suudentunto** sense of duty. **-suudentuntoinen** faithful, dutiful; conscientious.

velvollisuu|s duty; *-det (m.)* responsibilities; *tehdä -tensa* do one's duty; *laiminlyödä -tensa (m.)* fail in one's duty; *-den täyttäminen* fulfilment of one's duty; *-tensa unohtava* forgetful of one's duty, negligent.

venakko Russian woman.

vene boat, *(soutu-)* rowboat, rowing boat. **-ily** [motor] boating. **-kunta** [a boat's] crew. **-laituri** landing stage. **-laulu** barcarole. **-retki** boating excursion. **-vaja** boathouse.

Venetsia Venice; **v-lainen** Venetian.

vento: ~ *vieras a.* absolutely strange, utterly unknown [to me]; *s.* an absolute (a complete) stranger.

venttiili ventilator; *(läppä)* valve.

veny|mätön inelastic. **-tellä:** ~ *itseään* stretch oneself; *puhua -tellen* drawl. **-ttää** stretch [out], draw out, expand; *(liiaksi, kuv.)* protract. **-tys** stretching; *(~lujuus* tensile strength). **-vä** elastic *(m. kuv.),* resilient; *(sitkeä)* stringy; ~ *termi* a sweeping term. **-vyys** elasticity. **-ä** stretch, stretch out; become protracted; *(olla v-vä)* be elastic; *kokous -i pitkäksi* the meeting became long-drawn-out; *hänen*

kasvonsa -ivät pitkiksi her face fell.

venäh|dys strain. **-dyttää** strain [a tendon, *jänne*].

Venäjä Russia; ~*n-Suomen* Russo-Finnish; *v~ (kieli)* Russian.

venäjänkielinen Russian.

venäläi|nen *a. & s.* Russian. **-stää** Russianize.

veranta veranda [h]; porch.

verbi verb. **-muoto** verb form.

veren|himo bloodthirstiness. **-himoinen** bloodthirsty. **-hukka** loss of blood. **-imijä** bloodsucker. **-kierto** circulation; *(~*elimet circulatory system). **-luovuttaja** blood donor. **-myrkytys** blood-poisoning. **-paine** blood pressure. **-pisara** *(kukka)* fuchsia. **-siirto** blood transfusion. **-syöksy** pulmonary h[a]emorrhage. **-tahraama** blood-stained. **-tungos** congestion [of the brain, *aivoissa*]. **-vuodatus** bloodshed. **-vuoto** bleeding, h[a]emorrhage; *(~*tauti h[a]emophilia; *~*tautinen bleeder). **-vähyys** lack of blood; *lääk.* an[a]emia.

veres fresh; *saatiin kiinni verekseltään* was caught red-handed. **-tää** *kuv.* refresh [one's memory, *muistiaan*], brush up [one's English]; *-tävä (silmä)* bloodshot.

vere|tön bloodless; *lääk.* an[a]emic; *(kalpea)* pale, pallid. **-vyys** abundance of blood; high colour. **-vä** full-blooded, *(punakka)* ruddy [-cheeked].

verhiö *bot.* calyx.

verho cover [ing]; *kuv.* cloak; *(ovi-, ikkuna-)* curtain; *~t (m.)* draperies; *savu~* smoke screen. **-ilija** upholsterer. **-illa** upholster, do upholstering; drape (with). **-lehti** *bot.* sepal. **-ta** cover; wrap up (in), *(sisältä)* line (with); envelop; *(pukea)* clothe; *(suojata)* screen; *salaperäisyyteen -ttu* wrapped (shrouded) in mystery. **-utua** cover oneself (with), be [come] enveloped

(in, with), be shrouded (in).
veri blood; *on veressä* is [all]
bloody, is blood-stained;
~ssään bleeding; *~in syöpynyt*
deeply-rooted; *se on hänellä*
~ssä it runs in his blood, it
is inherent in him; *herättää*
pahaa verta arouse
indignation. **-heimolainen**
blood-relation. **-heimolaisuus**
relationship by blood,
consanguinity. **-hera** serum.
-koe blood test. **-koira** *ks.*
vihi-. **-löyly** massacre, carnage.
-nahka cutis. **-nen** bloody,
sanguinary [battle, *taistelu*];
gory. **-neste** blood plasma.
-näyte blood sample. **-palttu**
(m. ohukkaat) blood
pancake(s). **-pisara** drop of
blood. **-punainen** blood-red,
crimson. **-sesti** bloodily;
kostaa ~ take a bloody
revenge (on). **-solu** blood cell.
-stää be bloodshot. **-suoni**
vein; *anat.* blood-vessel; *(~sto*
vascular system; *~tauti:*
sydän- ja v-taudit
cardiovascular diseases). **-syys**
bloodiness. **-tahra** blood stain.
-tulppa embolus; blood clot,
thromb|us *(pl.* -i), thrombosis;
sydän~ coronary thrombosis.
-työ bloody deed. **-yskä**
h[a]emoptysis.
verka cloth. **-inen** [.. of]
cloth.
ver|kalleen slowly, slow, at a
slow rate; leisurely. **-kkainen**
slow, easy-going.
verkko net, network;
(hämähäkin ym) web; *kuv.*
toils. **-aita** wire-netting fence.
-kalvo retina. **-kassi** string
bag. **-keinu** hammock. **-mainen**
net-like, reticular.
verkko|pallo *ks. tennis.* **-silmä**
compound eye.
verkosto network.
vermutti vermouth.
vernissa, -ta varnish.
vero tax (on); *(kunnallis-)*
[local] rate; *(et. tavara-)*
duty; *(vieraalle vallalle)*
tribute; *~a maksava* tax-paying;
hän maksoi . ~a he paid £ . .
in taxes. **-asteikko** scale of
taxation. **-helpotus** tax relief.

-inen equal; *jkn (jnk) ~* a
p.'s equal, as good as, a
match for; *olla jnk ~ (m.)*
be equal to, equal . .; *pitää*
jnk -isena put. . on a level
with, consider. . as good as.
-ilmoitus [income-] tax return;
(~kaavake income-tax form).
-kuitti tax receipt. **-lautakunta**
assessment committee. **-lippu**
income-tax demand note, *Am.*
tax bill. **-merkki** revenue
stamp.
veron|alainen taxable [property,
omaisuus],. . liable to
taxation. **-huojennus**
modification (reduction) of
taxes. **-kantaja** tax-collector.
-kanto collection of taxes.
-kavallus cheating the income
tax, *(-pakoilu)* tax evasion.
-kiertäjä tax dodger. **-maksaja**
taxpayer. **-maksukyky** ability
to pay one's taxes. **-palautus**
tax refund. **-pidätys** tax
deduction; *ks. pidätys;*
v-tyksen jälkeen after taxes.
vero|taakka burden of taxes.
-tettava taxable. **-ton.** . exempt
from taxes, tax-free. **-ttaa** tax,
lay (impose) a tax (upon,
on); assess [sb. at. .]; *~*
liikaa overtax.
verotus taxation. **-arvo** taxable
value. **-järjestelmä** system of
taxation. **-peruste(et)** basis of
taxation.
vero|vapaus exemption from
taxes. **-velvollinen** *s.* taxpayer;
a.. . liable to taxation.
-virasto tax department; *Engl.*
l.v. Board of Inland Revenue.
-äyri tax unit, tax rate.
verran: *jonkin ~* to some
extent (degree), in some
measure (degree); *tämän ~*
this much; *metrin ~* about
one metre.
verrannolli|nen proportional;
(suhteellinen) relative;
kääntäen ~ inversely
proportional. **-suus**
proportion [ality].
verranto proportion; analogy.
verra|ta compare, *jhk* with; *jhk*
-ten compared with, in
comparison with *(t.* to); *on*
-ttavissa jhk (m.) is

comparable to, is equal to; *ei
ole -ttavissa tähän* is not to
be compared to this,.. cannot
compare with this. **-ten**
comparatively. **-ton**
incomparable,.. beyond
comparison, unequalled,
unparalleled, unrivalled;
(arvaamaton) invaluable;
-ttoman kaunis of matchless
beauty. **-ttain** comparatively,
relatively. **-ttava:** *jhk ~*
comparable to. **-ttomasti**
incomparably, pre-eminently;
by far [the best, *paras*];
immeasurably; *~ parempi*
better by far, vastly superior
(to).

verry|tellä limber up. **-telypuku**
[athletic] training suit, track
suit.

verso shoot. **-a** sprout, shoot
forth; *(nousta)* spring up.

verstas workshop, shop.

vert|a *(määrä)* extent, amount;
jonkin verran to some (to a
certain) extent; somewhat, a
little [earlier, *aikaisemmin*];
minkä verran to what extent?
how much? *monta ~a* many
times; *saman verran* [just] as
much; *sen verran* so much,
that much; *vetää vertoja jklle*
be equal to, be a match for;
~ansa vailla (oleva)
incomparable, unequalled.
-ailla compare; make (draw)
comparisons (between), draw
parallels; *(tarkistaa)* check;
-aileva comparative. **-ailu**
comparison; *~n vuoksi* for
the sake of c.; *kestää ~n jnk
kanssa* bears comparison with;
(~aste, ~muoto degree of
comparison). **-ainen** *a. & s.*
equal; *(kaltainen)* like; *s.*
match; *on jkn ~* is a match
for; *hänen -aisensa (miehet)*
his equals, *(kyvyiltään)* men
of his calibre; *vrt. veroinen.*

verta|uksellinen allegoric [al];
metaphorical. **-us** comparison;
raam. parable; *puhua -uksin*
speak figuratively; *(~kohta*
point of comparison: *~kuva*
symbol; *~kuvallinen*
allegoric [al], symbolic [al] ; *~
maksu* token payment).

vertavuotava bleeding.

veruke pretext, *(puolustelu)*
excuse; *(välttely)* evasion,
subterfuge; *hakea verukkeita*
seek pretexts (excuses).

veräjä [wicket-] gate; *päästä
kuin koira ~stä* get away
with it.

vesa shoot, sprout, *(suvun)*
scion; *(haara)* offshoot; *(lapsi)*
kid.

vesi water; *~ssä silmin* with
tears in one's eyes; *laskea
~lle (alus)* launch; *veden alla
oleva* submerged; *olla veden
varassa* be afloat, swim; *sai
veden herahtamaan kielelleni*
made my mouth water; *olla
~llä* be out in a boat; *lasi
vettä* a glass of water. **-eläin**
aquatic animal. **-hana** water
tap, *Am.* faucet. **-hauta** moat;
urh. water-jump. **-huolto**
water supply. **-höyry** water
vapour, steam.

vesijohto water main, water
pipes; *hist.* aqueduct; *talossa
on ~* there is water laid on
to the house; *~ ja
saniteettilaitteet* modern
plumbing. **-laitos** waterworks.
-liike plumber's [business].
-putki water pipe. **-vesi** tap
water.

vesi|kasvi water plant. **-katto**
roof. **-kauhu** hydrophobia,
rabies. **-kko** [European]
mink. **-klosetti** water closet,
W.C. **-lasi:** *myrsky ~ssa* a
storm in a tea-cup. **-lastissa**
waterlogged. **-leima** watermark.
-lintu *koll.* waterfowl; aquatic
bird. **-liukoinen** water-soluble.
-liuos aqueous solution (of . .).
-llelasku launching. **-lukko** *ks.
haju-.* **-lätäkkö** puddle.
-mäinen water-like, watery.
-määrä volume of water.
-oikeus *lak.* water rights
court. **-pallo(peli)** water polo.
-parannus hydrotherapy; *ks.
kylpylä.* **-patsas** column of
water. **-peräinen** wet; marshy.
-pisara drop of water. **-pallo**
water polo. **-poika** total
abstainer; *on ~* is on
the wagon.
-posti hydrant. **-putous**

waterfall, falls, cataract, *(pieni)* cascade. **-pöhö** [o]edema. **-raja** waterline. **-rakko** water-blister. **-rokko** chicken-pox. **-sanko** water bucket. **-stö** lake and river system, watercourse. **-suihku** jet of water. **-säiliö** [water] reservoir, tank. **-taso** hydroplane. **-tie** waterway, water route, sea route; *-teitse* by water, by sea. **-ttää** water down. **-vaaka** spirit level. **-voima** water-power, hydraulic power. **-väri** water-colour; (~**maalaus** water colour).
vessa *puhek.* loo.
vesuri billhook.
vetel|ehtijä loafer, slacker, layabout. **-ehtiä** loiter, idle, loaf [about], dawdle, lounge [about], slack. **-ys** sluggard. **-yys** looseness; slackness. **-ä** *(velli)* thin; *(hyytelö & kuv.)* floppy, *kuv.* sloppy; slack, indolent; ~ *ote* flabby handshake; *kävellä* ~*sti* slump, slouch; *älä istu* ~*ssä asennossa* don't slouch.
veteraani veteran.
veti|nen watery; wet. **-stellä** *(itkeä)* snivel.
veto draught; *(vetäisy)* pull; *(esim. kynän)* stroke; *(vetäminen)* traction; *(veikka)* bet; *lyödä* ~*a* [make a] bet, wager; *kellosta on* ~ *loppunut* the clock has run down, the watch wants winding up.
-hihna strap; *(koneen)* belt. **-inen** draughty; *kahden litran* ~*.* holding two litres; *laiva on 1000 tonnin* ~ the ship has a capacity of 1000 tons. **-isuus** cubic capacity; [gross, net] tonnage. **-juhta** draught animal. **-ketju** fastener, zipper; zip; *kiinnitetään* ~*lla* [the dress] zips [*esim.* down the back]; *vetää* ~ *kiinni* zip. . up **-numero** attraction.
veto-oike|us [right of] veto; *käytti* -*uttaan* exercised the veto, vetoed [the decision].
vetoomus appeal.
vetovoima pull; *fys.* gravitational pull, gravity; *(viehätys)* [power of]

attraction.
vettyä become watery, be soaked.
veturi engine, locomotive. **-nkuljettaja** engine-driver, *Am.* engineer; train-driver. **-lämmittäjä** fireman, stoker.
vety *kem.* hydrogen. **-pommi** hydrogen *(lyh.* H-)bomb. **-superoksidi** hydrogen peroxide.
vetä|listä pull [quickly], give. . a sudden pull; draw [a line, *viiva*]; *(siepata)* snatch. **-isy** [quick] pull; jerk. **-ytyminen** withdrawal, *sot. m.* retreat. **-ytyä** withdraw (from); retire (from); draw back; *sot.* retreat, fall back; ~ *pois jstk* pull out; ~ *syrjään* retire, step aside; ~ *velvollisuudesta* shirk a duty, evade one's responsibility; ~ *yksityiselämään* retire into private life.
vetää pull, *jstk* at; draw; *(kuormaa)* haul; *(laahata)* drag; *mer.* tug; *(sisältää)* hold; ~ *hammas jklta* pull out (extract) a tooth; ~ *kello* wind up a clock (a watch); ~ *lippu alas* lower (haul down) a flag; ~ *lippu tankoon* raise (hoist, put up) a flag; *suonta* ~ I have got a cramp; ~ *yhtä köyttä* pull together; ~ *yllensä* pull. . on; *astia* ~ *5 litraa* the vessel holds 5 litres; *ikkunasta* ~ there is a draught from the window; *savutorvi ei vedä* the chimney does not draw.
vialli|nen faulty, defective, imperfect. **-suus** faultiness, defectiveness; imperfect condition; *(ruumiin)* deformity.
via|ton innocent; *(asia)* harmless. **-ttomuus** innocence.
viedä take; *(kuljettaa)* carry, convey; *(johtaa)* lead (to, into); bring; *(riistää)* deprive [a p. of]; *(vaatia)* require; ~ *jkn aikaa* take up sb.'s time; ~ *kirjaan* enter; ~ *maasta* export; ~ *pois* take (carry). away, remove;. . *vie paljon aikaa* takes (requires) a great deal of time; *tämä vie jhk (kuv.)* will result in. .

viehe lure.

viehke|ys charm, grace [fulness]. **-ä** charming, graceful, attractive.

viehä|ttyä be charmed, be fascinated. **-ttävä** charming; lovely; attractive. **-ttää** charm, fascinate. **-tys** charm, grace; attraction; (**~kyky, ~voima** power to charm, attractiveness).

viejä bearer [of a message]; *(maasta-)* exporter.

viek|as cunning, sly; shrewd, crafty. **-kaus** cunning, shrewdness, craftiness; *viekkaudella* by cunning.

viekoi|tella [al]lure, entice; ~ *jklta jtk (m.)* cheat a p. out of [his money]; *-tteleva* tempting. **-tus** allurement, enticement; *(kiusaus)* temptation.

vielä still, yet; *(lisäksi)* more; further; only, as late as; ~ *eilen* only yesterday; ~ *60-luvulla* as late as the **1960's**; ~ *enemmän* still (even, yet) more; ~ *kerran* once. more; ~ *mitä* nothing of the kind; *ei* ~ not yet; *ei aivan* ~ not quite yet; ~ *on huomattava* it is further to be noticed; *haluatko* ~ *vähän teetä* would you like some more tea? *onko* ~ *teetä*? is there any more tea? ~ *nytkin* even now, even today; ~ *500 dollaria* another 500 dollars. **-pä** *(-kin)* even; *(lisäksi)* furthermore, besides.

viemäri drain; sewer; *(keittiön, m.)* sink; *(kylpyammeen, ym.)* plug-hole. **-järjestelmä, viemäröinti** sewerage, system of sewers. **-putki** drain-pipe, sewer. **-vesi** waste water, sewage.

Wien Vienna; *wienerleipä* Danish pastry. **wieniläinen** *a.* Viennese, Vienna; *s.* Viennese.

vieno mild, gentle; soft. **-us** mildness, gentleness.

vienti *(maasta-)* export; *(kirjaan)* entry; *Suomen vuotuinen* ~ the annual exports of Finland. **-kauppa** export trade. **-kielto** export

ban. **-liike** export business. **-lupa** export licence. **-palkkio** export bonus. **-tavarat** exports. export goods. **-tulli** export duty. **-voittoinen:** ~ *kauppatase* favourable balance of trade.

vieraan|tua become estranged. **-tuminen** estrangement; alienation. **-varainen** hospitable. **-varaisuus** hospitality.

vierai|lija visitor, guest. **-lla** visit [a p., a place], be on a visit (to), pay (sb.) a visit; *(käydä)* call (on). **-lu** visit; *(pitempi)* stay [with a p.]; (**~aika** visiting hours; **~käynti** call; **~näytäntö** special performance; *antaa* ~ give a special performance; **~puku** afternoon dress). **-silla, -sille** on a visit;. . *meni -sille.* . went to see (call on) [the Joneses].

vieras *a.* strange, *(tuntematon)* unknown, *jklle* to; *(ulkomainen)* foreign [language, *kieli*]; *s.* guest, visitor; *(muukalainen)* stranger; ~ *mies (todistaja)* witness; *vieraalla maalla* in a foreign country, abroad;. . *on jklle ~ta.* . is unfamiliar (foreign) to. .; *meillä oli vieraita* we had company. **-huone** guest room, spare room. **-kielinen** . in a foreign language. **-kirja** guest-book, visitors' book. **-käynti** visit, *(lyhyt)* call. **-maalainen** *a.* foreign; *s.* foreigner, alien. **-peräinen** . of foreign origin. **-taa:** ~ *jkta* be shy of. .

vieraus strangeness.

vier|een: *jnk* ~ by. ., beside. ., *(aivan)* close by; *viereeni* by me, by my side, next to me. **-einen** . close by, nearby, next [door, *ovi*]; adjacent; ~ *huone* next room. **-ekkäin** next to each other; side by side.

viere|llä: *tien* ~ by the side of the road. **-ssä:** *jnk* ~ beside. ., by the side of, next to. **-stä** from the side of, from close by. **-tysten** side by

side.
vieri side; ~ *vieressä* close [together]. **-nkivi** boulder. **-skellä** roll. **-tse:** *jnk* ~ by. ., past. . **-ttää** roll; ~ *syy jkn niskoille* lay the blame on. . **-ä** roll; *vuosien -essä* over the years.
vier|oa shun; *seuraa -ova.* . unsociable. **-oittaa** estrange (from), alienate; *(tavasta)* break sb. of a habit; *(vauva)* wean; *v-ttaminen (pahasta) tavasta* habit-breaking. **-oitus** weaning, *vrt. ed.* `-oksua ks. vieroa; työtä v-suva* work-shy.
viertotie causeway.
vierus|kulma *mat.* adjacent angle. **-ta:** *jnk* ~*lla* by the side of. **-toveri:** ~*ni* (*m.*) the man (woman) [sitting] next to me, [the lady] on my left (right).
vieräh|tää roll; *(kulua)* pass; *kyynel -ti hänen poskelleen* a tear trickled down her cheek.
viesti message, tidings; *(sana)* word. **-joukkue** relay team. **-joukot** Signal Corps. **-kapula** baton. . **-njuoksu** relay race. **-ntä** signalling; *(~välineet* communications; (~välineet media of communication). **-ttää** signal. **-tys** signalling. **-upseeri** signals officer.
vietellä allure, entice (into); *(nainen)* seduce; *(kiusata)* tempt.
viete|lijä *(naisen)* seducer. **-lijätär** temptress. **-lys** ,allurement, temptation.
vietti instinct, urge; *psyk. m.* drive.
vietto celebration.
viettäv|yys slope; declivity. **-ä** sloping, slanting, downhill.
viettää 1. *(juhlallisesti)* celebrate; *(kuluttaa)* spend, pass; ~ *jnk muistoa* celebrate the memory of. ., commemorate; ~ *säännöllistä elämää* lead a regular life; *häät vietettiin siellä* the wedding took place there. **2.** *(laskeutua)* slope [downward], descend, incline, *(esim. katto)* slant.
viha hatred (of, towards sb.),

run. hate; *(-mielisyys)* enmity; *(suuttumus)* anger; *purkaa* ~*ansa jkh* vent one's anger, take it out (on); *se pisti* ~*ksi* it angered (annoyed) me; *olla vihoissaan* be angry, *jklle* with a p., *jstk* at; *joutua jkn vihoihin* incur a p.'s displeasure, fall into a p.'s disfavour; *heillä oli vanhaa* ~*a* they had an old grudge (an old quarrel); *unohtaa vanhat* ~*t* bury the hatchet. **-inen** angry, *jklle* with a p., *jstk* at; annoyed (at), angered; *Am. m.* mad (at); ~ *koira* fierce dog. **-isuus** anger. **-mielinen** hostile (to), inimical; *(valtiolle)* subversive. **-mielisesti** hostilely, in a hostile manner. **-mielisyys** hostility, hostile attitude (towards); animosity (towards, for). **-mies** enemy, foe; *hankkia itselleen -miehiä* make enemies. **-nkauna** grudge; spitefulness, rancour. **-npurkaus** outburst of anger (wrath).
vihan|nekset vegetables. **-nesliemi** vegetable soup. **-noida** be green. **-nuus** verdure, green[ness]. **-ta** green, verdant; (~**rehu** green fodder).
viha|päissään in a fit of anger. **-stua** get angry, become exasperated (annoyed); *v-tunut* (*m.*) irate, enraged. **-stuttaa** make. . angry, *(suututtaa)* exasperate, *(raivostuttaa)* enrage. **-ta** hate; *(kammota)* detest; *-ttava* hateful, odious, detestable.
vihdoin at last; at length; *(lopuksi)* finally, in the end, ultimately, eventually; ~ *viimein* at long last. **-kin** at last.
viheliäi|nen miserable, wretched. **-syys** miserableness, wretchedness.
vihel|lys whistle; (~**pilli** whistle). **-tää** whistle; *(paheksuen)* hiss, *jklle* [at] a p., at sb.
viher|alue(et) green spaces. **-iöidä** be green, be verdant.

-kaihi *lääk.* glaucoma. **-tävä** greenish.

vihi: *saada ~ä jstk* get wind (scent) of, get an inkling of. **-koira** bloodhound, sleuth.

vihille: *mennä ~* be married.

vihj|ailla, -aista, -ata *(jklle jtk)* give sb. a hint (an intimation), hint to a p., drop sb. a hint; *vihjailetko, etten puhu totta?* are you suggesting that I am not telling the truth? **-aus, -e** hint, intimation; *puhek.* tip; *(viite)* reference.

vihki|minen wedding; *(jhk tarkoitukseen)* dedication; inauguration; *toimittaa ~ (avioliittoon)* officiate at a p.'s marriage. **-mys** dedication, consecration. **-mäkaava** marriage formula. **-mätodistus** marriage certificate. **-mätön** unmarried. **-sormus** wedding-ring. **-vesi** holy water. **-ytyä** dedicate oneself (to).

vihkiä *(avioliittoon)* marry, join in marriage; *(jhk tarkoitukseen)* dedicate (to); *(esim. rakennus)* inaugurate; *(pyhittää)* consecrate; *(et. papiksi)* ordain; *(maisteriksi ym.)* confer the degree of [mag. phil.] upon; *kirkkoa vihittäessä* at the dedication (consecration) of the church; *vihitty vaimoni* my wedded wife. **-iset** wedding [ceremony], marriage ceremony; dedication; inauguration; consecration.

vihko book *(kirjoitus-)* notebook; *(esim. koulu-)* exercise book. **-nen** leaflet, brochure.

vihl|aista cut, *(repiä)* rend; *päätäni -aisee* I have a shooting pain in my head. **-oa** *ks. ed.;* grate [upon sb.'s ears, *korvia*], *(hampaita)* hurt; *sydäntä -oi* my heart was wrung (by..).

vihma, -sade drizzle.

vihne awn.

vihoi|tella be angry, be annoyed, fume (at); *(haava)* become inflamed, begin to hurt. **-ttaa** make angry; offend.

viholli|nen enemy. **-sjoukot** hostile (enemy) troops. **-smaa** hostile country. **-suus** hostility; enmity; *alkaa, lopettaa -suudet* commence (suspend) hostilities.

vihoviimeinen the very last; *(huonoin)* the poorest [imaginable].

vihre|ys greenness; verdure. **-ä** green; *näyttää ~tä valoa (kuv.)* give the go-ahead; *panna ~n veran alle* sweep under the rug.

vihta whisk of birch twigs [used in sauna].

vihtrilli *kem.* vitriol.

vihuri gust of wind, flurry; *(myrsky)* gale. **-rokko** German measles, rubella.

viidakko jungle.

viiden|neksi fifthly. **-nes** fifth [part].

viides [the] fifth. **-kymmenes** [the] fiftieth. **-ti** five times. **-toista** [the] fifteenth.

viihd|e light entertainment; *(~musiikki* light music, pop music). **-yke** diversion. **-yttäjä** *(viihdetaiteilija)* entertainer. **-yttää** quiet[en], soothe; *(pientä lasta)* lull; *(hauskuttaa)* divert. **-ytys** diversion, amusement; *etsiä ~tä (lohtua)* seek solace (in).

viihty|isyys cosiness, comfort. **-isä** cosy. **-mys** comfort; contentment. **-mättömyys** dissatisfaction. **-vyys** *(työssä)* job satisfaction.

viihtyä get on, get along [well]; *(kasvi)* thrive; *~ hyvin (m.)* feel at home, enjoy one's stay (in, at); *~ huonosti* be uncomfortable, not feel at home, get on [poorly].

viikari young rascal, scamp.

viikate scythe. **-mies:** *tuonen ~* Death.

viikinki viking. **-alus** viking boat. **-retki** viking raid.

viikko week; *viikon* [for] a week; *kaksi ~a (m.)* a fortnight; *tällä viikolla* [during] this week; *~ sitten* a week ago; *viikon päästä* a week from now, this day week, after a week, *(viikon*

kuluessa) in (within) a week;
viikoksi for a week;. .
viikolta, viikossa. . a week,. .
per week; *kerran viikossa*
once a week, weekly; *en ole
nähnyt häntä* ~*on* I have not
seen him for a week. **-inen.** .
lasting [for].. weeks; *tämän*
~ this week's. **-katsaus**
weekly review. **-kaupalla** for
weeks. **-kausi** a week's time;
-kauden [for] a week; ~*a* for
weeks [and weeks]. **-kertomus**
weekly report. **-lehti** weekly
[paper]. **-palkka** weekly wages.
viikoittai|n weekly; every week.
-nen weekly.
viikon|loppu week-end. **-päivä**
day of the week; *(arki-)*
weekday.
viiksi: *viikset* moustache;
(kissan ym) whiskers. **-niekka**
a.. wearing a moustache,
mustachioed.
viikuna fig. **-nlehti** fig leaf.
-puu fig tree.
viila file. **-aja** filer. **-penkki**
bench vice. **-ta** file; ~ *poikki*
file off.
viile|ntää cool. **-tä** cool
[down].
viilettää speed, fly [past, *ohi*].
viile|ys coolness. **-ä** cool.
viili processed sour whole milk.
viilokki fricassee.
viilto incision, slash, [long]
cut. **-haava** incised wound.
viilt|ää slash, cut; incise;
(halki) slash, slit; ~ *auki* cut
(rip) open. **-ävä** *(kipu)*
shooting [pain], *(ääni)* harsh.
viilu veneer.
viima strong wind; cold wind;
draught, current of air.
viime last; ~ *aikoina* recently,
lately, of late; *(aivan)* ~
aikoihin saakka until [quite]
recently; ~ *kädessä*
ultimately; ~ *tingassa* at the
last moment (minute); ~
vuonna last year; ~ *vuosina*
in recent years, in the last
few years. **-aikainen** recent.
-in -finally; *vrt. vihdoin.* **-inen**
last; *(myöhin)* latest; *(loppu)*-
final; *(äärimmäinen)* extreme;
~ *numero (lehden)* current
number, latest issue;

toivomus last wish; *-isen
edellinen* the last but one;
-iseen asti to the [very] last,
to the utmost; *-iseen mieheen*
to the last man; *-isen kerran*
[for] the last time; *-iset
tiedot* [the] latest news,
last-minute news; *tulla -isenä*
come (arrive) last, be the last
one to arrive; *-isten
kymmenen vuoden aikana*
during the last ten years.
-inkin at last. **-isillään** on
one's last legs, *(raskaana)*
near her time.
viimeis|tellä put (give) the
finishing touches (to);
(kirjallista työtä) revise. **-tely**
finishing, finishing touch [es],
[final] revision. **-tään.** . at
the latest, not later than. .
viimeksi last; lastly. **-mainittu.** .
mentioned last, last-mentioned;
(jälkimmäinen) the latter.
viime|vuotinen. . of last year,
last year's. **-öinen:** ~ *halla*
the frost last night, last
night's frost.
viina spirits; *(väkijuoma)*
liquor; alcohol; *sl.* booze)
~*an menevä* addicted to
drink. **-pannu** still. **-npolttaja**
distiller [of spirits];
(pontikan) moonshiner.
viini 1. wine; **2.** *(nuoli-)*
quiver; *viljellä* ~*ä* cultivate
vines; grow grapes. **-happo**
kem. tartaric acid. **-kauppa**
wine business. **-kauppias**
wine-merchant, vintner. **-kellari**
wine cellar. **-kivi** tartar.
-köynnös [grape-]vine. **-lasi**
wineglass. **-marja** currant.
-nkorjaaja vintager. **-nkorjuu**
harvesting of grapes. **-nviljelijä**
wine-grower. **-nviljelys**
wine-growing, viticulture.
-pullo wine bottle. **-rypäle**
grape. **-sato** vintage; *vuoden
1970* ~*a* of the v. of 1970.
-tarha vineyard. **-tarhuri**
vine-dresser.
viinuri waiter.
viipale slice; *(silava-, ym)*
rasher; *(paksu)* hunk.
viipymättä without [a
moment's] delay, without loss
of time; immediately.

viipy|ä delay; linger; *(pysähtyä)* stay, stop [at, in a place *jssak;* with a p. *jkn luona*], stay on [after the others, *toisten mentyä*]; *(viivästyä)* be delayed; *(olla hidas)* be slow; dwell on [the details, *yksityiskohdissa*]; **-i hetken ennenkuin ..** it took a moment before. .; *en viivy kauan* I shan't be long; *hän -i siellä yön* he stayed (stopped) there overnight.

viiri streamer, pennant; standard. **-kukko** weathercock.

viiriäi|nen *zo.* quail.

viiru streak.

viisaasti wisely *jne.; menetellä* ~ act wisely, use discretion.

viisas *a.* wise; clever; *(järkevä)* judicious; in one's right mind, sane; *olisi viisainta lähteä* it would be a wise thing to go; we had better go; **~ten kerho** brains trust; **~ten kivi** philosophers' stone. **-telija** hair-splitter. **-tella** try to be smart; be splitting hairs; *-televa* [over]smart. **-telu** hair-splitting; sophistry. **-tua** become wise[r]; get more sense; *vahingosta -tuu* experience is a great teacher, once bitten, twice shy; *hän ei ole siitä -tunut* she is none the wiser [for it].

viisaus wisdom; cleverness; judiciousness.

viisi five; *välitän* ~ *siitä* I don't care [a bit *t.* a hoot]. **-kerroksinen** five-storey [ed]. **-kko** quintet [te]. **-kolmatta** twenty-five. **-kulmio** pentagon. **-kymmentä** fifty.

viisikymmen|vuotias.. fifty years old; [a man] of fifty. **-vuotisjuhla** fiftieth anniversary.

viisi|nkertainen fivefold. **-näytöksinen..** in five acts. **-ottelu** pentathlon. **-sataa** five hundred. **-toista** fifteen. **-vuotias..** five years old (of age), five-year-old [child], [a child] of five. **-vuotinen** five years'.. of five years' duration. **-vuotiskausi** period of five years. **-vuotissuunnitelma** five-year plan.

viisto oblique; *(kalteva)* slanting; **~ssa, ~on** obliquely, diagonally, askew; *riippua ~ssa* hang awry (crooked); *leikata kangas ~on* cut the cloth on the bias; *hioa, leikata ~on (tekn.)* bevel. **-us** obliqueness; slant.

viisumi visa; *hankkia ~ (m.)* get one's passport visaed. **-pakko:** *on* ~ a visa is obligatory.

viita|ta point, *jhk* at, to; point out [the defects, *puutteisiin*], indicate; *(kädenliikkeellä)* beckon, motion; *(tarkoittaa)* refer (to); *(tähdätä)* allude (to); hint (at); *(koulussa)* hold (put) up one's hand; ~ *hyvästiksi jklle* wave good-bye to a p.; **-ten viime** *kirjeeseenne* referring to your last letter; **-ttuun suuntaan** in the direction indicated; *hän viittasi minua istumaan* he signed (motioned) to me to take a seat; *kaikki viittaa siihen, että ..* everything indicates that, everything points to. .

viite reference; suggestion. **viitisenkymmentä** about fifty, some fifty, fifty or so.

viitoi|ttaa stake out; *(esim. tie)* mark out; *mer.* buoy [a fairway, *väylä*]; *hänen -ttamiaan suuntaviivoja* on the lines laid down by him.

viito|nen five. **-set** quintuplets.

viitsiä care to; *en viitsinyt* I couldn't be bothered to.

viitta 1. cloak; *(kaapu)* gown; *(hartia-)* cape. **2.** stake; *(tien-)* signpost; *mer.* spar-buoy, buoy.

viitt|ailla allude, *jhk* to, make allusions (to), hint (at); *(ilkeästi)* insinuate (that. .). **-ailu** allusion [s], insinuation [s]. **-aus** allusion (to), hint (at), intimation; *puhek.* tip; *(sala-)* insinuation; *(ehdotus)* suggestion; *(esim. sanakirjassa)* cross-reference. **-eellinen** suggestive. **-oa** make signs to; motion. **-oilla** gesticulate. **-oilu** gesticulation. **-omakieli** sign language.

viiv|a line; *(vetäisy)* stroke;

(ajatus-) dash. **-ata** rule; ~ *yli* strike out; *-attu* ruled.
-aamaton unruled. **-oitin** ruler. **-oittaa** rule, line.

viivy|tellä delay; *(jnk tekemisessä)* be long [in .. -ing]; *(aikailla)* linger; loiter; *-ttelemättä* without delay. **-ttely** delay. **-ttää** delay, retard; *(pidättää)* detain, take up [a p.'s] time; *en tahdo ~ sinua kauemmin* I won't keep you longer. **-tys** delay.

viivä|hdys short stay. **-htää** stay, stop [at a place for a while, *jssak hetkinen*], tarry. **-stys** delay; *hänen -stymisensä* his being late. **-styttää** *ks. viivyttää.* **-styä** be late, be delayed.

vika fault; *(puute)* defect, deficiency; *(rikkouma)* flaw; *~(a) näössä* defective sight; *missä ~ on?* where is the trouble? what is wrong [with it]? *~ on minussa* it is my fault, I am to blame; *kenen ~ se oli?* whose fault was it? *koneessa on jokin ~* there is something wrong with the machine; *lasissa on ~* there is a defect (a flaw) in the glass; *siihen ei tullut mitään ~a* no harm was done to it. **-antua** be damaged, be injured; suffer [damage]; *v-tumaton* undamaged. **-pisto** miss. **-pää** guilty (of).

viki|nä squeak[ing]. **-stä** squeak; whine, whimper.

vikkel|yys quickness; swiftness. **-ä** quick; swift.

vikla sandpiper.

vikoilla find fault.

vikuri restive, intractable.

vikuutt|aa damage, do damage (to); injure; *hallan -ama* nipped by frost.

vilah|dus, vilaus glimpse; *(välähdys)* flash; *nähdä ~ jstk* glimpse. .; *näin hänet vilaukselta* I caught a glimpse of him; *-duksessa* in a flash. **-taa** flash, twinkle; ~ *ohi* glance past, flit by.

vili|nä commotion; bustle. **-stä** swarm; *jssak -see jtk.* . is teeming with, is alive with. .

vilja corn, *Am.* grain; *(laiho)* crop[s]. **-aitta** granary. **-kasvi** cereal. **-laji** cereal, variety (kind) of grain. **-lti** in large quantities, in abundance, profusely, in profusion. **-pelto** cornfield. **-sato** grain crop[s]. **-va** fertile, fruitful; *(runsas)* rich. **-varasto** stock (supply) of corn (grain). **-vuus** richness [of the soil], fertility.

vilje|lemätön. . not cultivated, uncultivated, untilled, waste. **-lijä** tiller; *(et. yhd.)* grower; *teen ~* tea-planter. **-llä** cultivate; grow, raise; *(muokata)* till [the soil]; *(esim. helmiä, bakteereja)* culture;. . *eivät tahdo kasvaa viljeltyinä.* . are difficult to grow in cultivation. **-ly(s)** cultivation, tillage; *(et. yhd.)* culture *(esim. puutarha~* horticulture); *ottaa -lykseen* bring. . under cultivation; (*~kasvi* cultivated plant; *~kelpoinen* arable; *~maa* agricultural land, farmland).

vilkai|sta glance (at), [take a] look (at); *(silmäillä)* look over [quickly]; *-sen lehteä* I'll glance through the paper. **-su** glance, look.

vilkas lively, vivacious, animated, sprightly; vivid [imagination, *mielikuvitus*]; active, busy; ~ *kysyntä* keen (brisk) demand; ~ *liikenne* busy (heavy) traffic. **-liikenteinen** busy; crowded [street, *katu*]. **-tua** become [more] lively, get new life, become enlivened. **-tuttaa** make. . [more] lively; enliven, animate; *(uudelleen)* revive. **-verinen** sanguine; lively. **vilkk|aasti** in a lively way (manner), with animation, with verve; vividly; actively; *osoittaa ~ suosiotaan jllek* applaud. . heartily, acclaim [the winner, *voittajalle*]. **-aus** liveliness, vivacity, animation, spirit, life; *liikenteen ~* the busy traffic.

vilkku *(auton)* indicator [light]; *(-lyhty)* signalling lamp. **-a** twinkle, blink;

(värähdellä) flicker; *(välähtää)*
flash. **-loisto** beacon. **-valo**
winking (flashing) light.
vilku|illa glance [around,
ympärilleen], *(salavihkaa)*
glance furtively, steal a glance
(at); *(syrjäsilmällä)* leer (at).
-ttaa blink; wink [at a p.,
silmää jklle]; *(huiskia)* wave.
-tus blinking; winking; wave,
waving.
villa wool; ~*t (villapeite)*
fleece. **-inen** wollen, [.. made
of] wool; *(-peitteinen)* woolly;
painaa -isella (kuv.) gloss..
over; hush up. **-kangas**
woollen cloth *(t.* material),
wool. **-kankainen** woollen.
-kehräämö woollen mill.
-koira poodle. **-käsine** woollen
glove. **-lanka** woollen yarn,
worsted, wool. **-paita** woollen
shirt; sweater; *(esim.
merimiehen)* jersey. **-sukka**
woollen stocking *(lyhyt:* sock).
-takki cardigan, sweater.
-tavarat woollen goods,
woollens. **-teollisuus** wool
industry. **-va** woolly.
villi *a.* wild, savage [tribe,
heimo]; *s.* savage; *pol.*
independent; ~*t eläimet (m.)*
wild life. **-ihminen** savage.
-intyminen *(eläinten, kasvien)*
running wild. **-intyä** run wild;
(vain ihmisistä) become
uncivilized; *v-tyneet lapset*
young savages. **-kaali** henbane.
-kissa wild-cat. **-kko** madcap.
-peto wild beast. **-ruusu**
dog-rose, wild rose. **-sika**
[wild-]boar. **-tsijä** instigator.
-tys agitation; *viimeinen,
uusin* ~ the latest craze. **-tä**
(esim. kapinaan) stir up,
instigate, excite; *huvitteluhalu
on -nnyt nuorisomme* a
craving for pleasure has taken
hold of our youth. **-viini**
Virginia creeper. **-ys** wildness;
savageness, savagery.
vilpi|llinen deceitful, false,
fraudulent; *(epärehellinen)*
dishonest. **-llisyys**
deceitfulness; falseness;
fraudulence. **-stellä** be
deceitful; cheat. **-ttömyys**
sincerity; candour, frankness.

-tön sincere; *(avomielinen)*
candid, frank; *(suora)*
straightforward; *(rehellinen)*
honest, upright; *-ttömin mielin*
in good faith, bona fide.
vilpo|inen cool; *(raitis)* fresh.
-isuus coolness; freshness. **-la**
veranda [h], *Am.* porch.
vilppi deceit, double-dealing,
fraud; *harjoittaa ~ä* cheat.
vilske bustle, flurry.
vilu chill [iness]; cold; *minun
on* ~ I am cold, I feel cold.
-inen cold. **-npuistatus,
-nväristys** fit of shivering.
-nväreet cold shivers. **-stua**
catch [a] cold; *hän on
v-tunut* he has a cold.
-stuminen [catching] cold,
exposure to cold; *hyvä lääke
v-mista vastaan* a good cure
for colds. **-ttaa:** *minua* ~ I
feel cold.
vilvoi|tella cool [oneself], cool
off. **-ttaa** cool [.. off].
vimma fury, frenzy, rage;
saattaa vimmoihinsa make.
furious, infuriate, enrage;
vihan ~*ssa* in a fit of anger,
in a rage: **-stua** fly into a
passion, become infuriated.
-ttu furious, frantic, frenzied;
kuin ~ *(m.)* like hell. .
ving|ahdus squeal; creak [ing];
squeak. **-ahtaa** *(viulu ym)*
squeak. **-uttaa:** ~ *viulua*
scrape the fiddle.
vinha *(nopea)* swift, fast; ~*a
vauhtia* at a furious
(headlong) speed.
vinku|a *(viuhua)* whistle, *(luoti)*
whiz; *(hengitys)* wheeze;
(viulu ym) squeak; *tuuli
vinkuu* the wind is howling
(whistling). **-na** howling;
wheezing.
vinkkuraviiva zigzag line.
vino oblique; slanting; inclined;
distorted [mouth, *suu*]; ~*ssa*
on one side, askew, *(esim.
hattu)* at an angle; *jotain on
*~*ssa* something is wrong;
~*llä (painettu)* in italics.
-kirja|sin italic [type];
v-similla in italics. **-kulmainen**
oblique-angled. **-neliö** *mat.*
rhomb. **-silmäinen**
oblique-eyed, slant-eyed. **-us**

obliqueness, obliquity, bias; *(kasvojen)* distortion.
vintiö villain; rascal.
vintti 1. *(ullakko)* loft, attic;
2. *(kaivon)* [bucket] pole.
-koira greyhound.
vintturi windlass, winch, jack.
vinyyli vinyl.
vioi|ttaa damage, injure. **-ttua**
be damaged, suffer damage; be
injured, suffer an injury;
näkö -ttui sight was impaired.
-ttuma injury; lesion.
vipu lever.
viralli|nen official; ~ *syyttäjä*
public prosecutor; ~ *vasta-*
väittäjä ex-officio opponent.
-suus official character.
viraltapano removal from
office, discharge.
viran|hakija applicant (for).
-haltija holder of an office.
-omainen [proper] authority.
-omaiset the authorities.
-sijainen substitute; deputy;
vrt. sijainen. **-sijaisuus**
deputyship; *hoitaa jkn*
v-suutta act as a substitute
for. **-toimitus** performance of
the duties of one's office;
olla v-tuksessa (m.) be on
duty, attend to one's duties;
v-tuksen ulkopuolella off duty;
pidättää v-tuksesta suspend.
vira|sto office, *(valtion)* civil
service department. **-ton . .** out
of office.
vire tune; *vireessä (mus.)*
tuned, *(pyssy)* cocked; *panna*
~*ille* introduce, bring up;
~*illä oleva kysymys* the
question under discussion; *oli*
parhaassa ~essään in his best
form; *en päässyt oikein*
~*eseen* I couldn't get into
the right mood. **-ys** energy,
vigour; alertness; *henkinen* ~
mental agility. **-ä** alert, spry,
mentally active (agile).
virhe fault; error; *(erehdys)*
mistake, *(törkeä)* blunder;
(tahdoton, esim. kirjoitus-)
slip; *tehdä* ~*itä* make
mistakes; commit errors.
-ellinen faulty; erroneous,
incorrect; *(väärä)* wrong;
(epätarkka) inaccurate;
v-llisesti incorrectly,

wrong [ly]. **-ellisyys** faultiness;
incorrectness; inaccuracy.
-ettömyys faultlessness,
correctness; accuracy. **-etön**
faultless; flawless; *(oikea)*
correct; accurate;
(erehtymätön) infallible. **-lähde**
source of error. **-piste** penalty
point. **-päätelmä** fallacy.
viri|ke fuel; *(kiihoke)*
incitement, stimulus; impetus;
antaa ~ttä jllek stimulate;
add fuel to. **-ttäjä** *mus.* tuner.
-ttää *mus.* tune [up]; *rad.*
tune in [to Lahti *ym*]; *valok.*
wind on; *(ansa)* set; *(ase)*
cock; ~ *tuli* light (kindle) a
fire; ~ *laulu* strike up a
song; ~ *alemm*₍*a*₎*ksi* tune. .
down; ~ *salajuonia* intrigue
(against); ~ *pauloja (kuv.)* lay
snares for. **-tys** tuning. **-tä**
light, take fire; *et. kuv.* be
kindled; ~ *jälleen* flame up
again; be revived; *-si vilkas*
keskustelu an animated
discussion ensued.
virka office; *. asettaa ~an*
instal [1]. . in office, *(entiseen*
~*an)* reinstate in one's post;
astua ~an take office; *olla*
virassa hold (fiII, occupy) an
office; *panna viralta* remove. .
from office, discharge, depose;
sillä ei ole mitään ~*a* it is
no good; ~*a toimittava (v.t.)*
acting. **-aika** office hours.
-anasettajaiset inauguration.
-anastujaisesitelmä inaugural
lecture. **-arvo** official rank.
-asema official position. **-asia**
official matter; *-asioissa* on
official business. **-ero**
discharge; *hän sai ~n* he was
granted a discharge, his
resignation was accepted.
virkahtaa put in [a word],
utter.
virka|heitto dismissed [officer].
-huone office [-room]. **-ikä**
time in office, period of
service; *(korkeampi)* seniority
in office. **-ilija** employee;
official, functionary; *(esim.*
yhdistysten) officer; ~*t*
salaried persons, *(johto-)*
executives. **-into** zeal in
office. **-intoinen** [over]zealous

[in the performance of one's duties], officious. **-kirje** official letter. **-loma** vacation; ~*lla* on vacation, on leave. **-matka** official journey; *hän on ~lla* he is away on official business. **-mies** official; *(hallituksen)* civil servant; (~**hallitus** caretaker government; ~**kunta** body of civil servants; officials; ~**ura** official career). **-nainen** professional *(t.* career) woman. **-nimitys** appointment. **-puku** uniform. **-pukuinen**. in uniform, uniformed. **-syyte** action [against an official]. **virkata** crochet.
virka|tehtävä official duty; *hoitaa -tehtäviään* discharge (perform) the duties of one's office. **-todistus** *(papin-)* [official] extract from parish register. **-toveri** colleague. **-ura** career. **-valta** bureaucracy; *puhek.* red tape. **-valtainen** bureaucratic. **-valtaisuus** bureaucracy. **-vapa|us** leave [of absence]; *(-loma)* vacation; *nauttii v-utta* is on leave, *(sairauden takia)* is on sick-leave. **-veli** colleague; fellow [clergyman, doctor *ym*]. **-virhe** official misconduct (malpractice). **-vuosi** year of service. **-ylennys** promotion; (~**peruste** basis for promotion).
virke *kiel.* [complex] sentence.
virk|eys liveliness; vigour, vitality. **-eä** lively, spirited, animated; brisk; spry, *puhek. (esim. potilas)* perky; *(elinvoimainen)* vigorous; ~*llä mielellä* (*m.*) in a spirited mood; *vrt. vireä.* **-istys** refreshment; recreation; relaxation; *(esim. puiston)* ~*arvo* amenity value; (~**matka** recreation trip). **-istyä** refresh oneself, recuperate, gather new strength, recover strength; be [re]invigorated. **-istää** refresh; invigorate, stimulate; *puhek.* buck up; *-istävä* refreshing, invigorating.
virkkaa utter, say.
virkku brisk; spry; alert.

virkkuu crocheting. **-neula** crochet hook.
virma *(hevonen)* frisky. **-juuri** *bot.* valerian.
virna *bot.* vetch.
virnis|tellä grin, grimace, make a wry face; *(ivallisesti)* sneer, leer. **-tys** grin; grimace.
Viro Esthonia. **v-lainen** *a.* & *s.* Esthonian. **v-n kieli** Esthonian.
virota *(henkiin)* revive, be revived; *(tainnoksista)* recover consciousness, be resuscitated.
virran|jakaja distributor. **-katkaisin** *sähk.* switch.
virrata stream, flow; *(juosta)* run; *(valua, esim. sateesta)* pour, come pouring [down]; ~ *sisälle* pour into [the city, *kaupunkiin*].
virsi hymn. **-kirja** hymn-book.
virstanpylväs milestone, landmark.
virta current *(m. sähkö-);* *(joki)* stream; *kuv.* flow; torrent; *vuotaa ~naan* flow in streams; *(esim. veri haavasta)* gush out in streams. **-hepo** hippopotamus, hippo. **-piiri** circuit. **-us** current, stream; *kuv. m.* tendency. **-viivainen** stream-line [d].
virtsa urine. **-aminen** urination; *-amisvaivat* difficulties in u. **-happo** uric acid. **-putki** urethra. **-myrkytys** ur[a]emia. **-pakko** frequency of urination. **-rakko** [urinary] bladder. **-ta** urinate, *ark.* pee. **-tietulehdus** urinary infection.
virtuoosi virtuos|o *(pl.* -os, -i).
viru|a lie, be lying; ~ *pitkällään* lie outstretched; ~ *sairasvuoteessa* be bedridden; ~ *vankilassa* languish in prison. **-ttaa** *(huuhtoa)* rinse [out]. **-tus** rinsing, rinse.
virvatuli will-o'-the wisp, ignis fatuus.
virvel|i fishing rod with reel, *Am.* rod and reel. **-öidä** spin (for).
virvilä lentil.
virvoi|ttaa refresh, invigorate; *(henkiin)* revive, resuscitate. **-tus** refreshment; (~**juoma** soft drink, mineral water).

virvokk|eet, *-eita* refreshments.
visa curly birch. **-inen**. . of
.curly birch; ~ *kysymys* a
knotty question. **-koivu** curly
birch.
viseer|ata visa. **-aus** visaing.
viser|rys twitter [ing],
chirp [ing]. **-tää** twitter.
chirp, chirrup.
viskaali public prosecutor.
visk|ain *(vesi-)* bailer. *(viljan)*
fan. **-ata** throw; fling;
(kevyesti) toss; chuck; ~
syytös jkta vastaan hurl an
accusation against a p. **-ellä**
throw about.
viski whisky.
vismutti bismuth.
vispilä beater; whisk.
vissi *ks. tietty.*
visu stingy, niggardly. **-sti**
carefully; closely, strictly.
visva purulent discharge.
vitamiini vitamin; C~ vitamin
C. **-npuute** lack of vitamins.
-pitoinen vitaminous. **-rikas**
high-vitamin, rich in vitamins.
-valmiste vitamin preparation.
vitaminoida vitaminize.
viti|lumi powdery snow.
-valkoinen snow-white.
vitja: ~t chain.
vitka|lleen slowly, tardily.
-llinen slow, tardy, dilatory.
-stella be slow, be sluggish;
lag [behind], hang back,
loiter; *v-telematta* without
delay, without hesitation.
-stelu delay.
vitsa twig; *antaa* ~a spank;
give sb. a beating (whipping,
thrashing).
vits|ailija joker; punster. **-ailla**
joke, crack jokes, jest.
vitsaus *kuv.* plague, scourge.
vitsi joke, jest; *ymmärsi* ~*n*
saw (got) the point. **-käs**
witty; funny.
viuhka fan.
viuh|ina, -ua whistle, whiz.
viulu violin; fiddle; *maksaa* ~*t*
pay the piper. **-laatikko** violin
case. **-niekka** violinist. **-njousi**
[violin] bow. **-nkieli** [violin]
string. **-nsoittaja** violin player;
fiddler. **-nsoitto** playing the
violin. **-taiteilija** violinist.
vivah|dus shade, tinge; touch;

nuance; *synonyymienkin
merkityksissä on usein* ~*eroja*
even synonyms often have
different shades of meaning.
-taa have a shade (a tinge, a
touch) of, be tinged with.
vohkia *sl.* pinch.
vohla kid.
vohveli wafer; waffle.
voi! oh! ah! oh dear!
(valitettavasti) alas; ~ *kun
minulla olisi.* . I wish I had. .
voi butter.
voida *(kyetä)* be able (to), be
capable [of. .-ing], *(olla
tilaisuudessa)* be in a position
(to); *(terveyden puolesta)* be,
feel; *voi* can, *(saattaa)* may;
ei voi cannot, is not able to,
is unable to, is incapable of
[. .-ing]; *voi olla niin* it may
be so; *voi olla (ehkä)* maybe;
olen tehnyt voitavani I have
done all in my power, I have
done my utmost, I have done
my best; *sille ei voitu mitään*
there was nothing to be done
about it; *kuinka voitte?* how
do you feel? *voin hyvin* I am
well, I feel well, *(oikein
hyvin)* I am quite well, I am
all right; *voidaan sanoa* it
may be said; *hän ei ole
voinut sanoa niin* he cannot
have said so; *hän sanoi
voivansa tulla* he said he
could come.
voide ointment; *(kasvo- ym.)*
cream; *on hyvässä voiteessa*
is well greased (oiled). **-lla**
grease; *(öljytä)* oil; *(konetta,
m.)* lubricate; *(suksia)* wax;
kuv. anoint.
voihkia moan, groan.
voi|kimpale pat of butter.
-kukka dandelion. **-leipä**
buttered slice of bread, open
sandwich, *(kaksois-)* sandwich;
(~pöytä cold table, buffet
table; hors d'oeuvres).
voima strength; force; power;
(mahti) might; vigour;
(-peräisyys) intensity;
esimerkin ~ force of
example; *henkinen* ~ mental
power, strength of mind; *olla
~ssa* be in force, be valid,
hold good; *tarjous on ~ssa*

the offer stands; *ollen* ~*ssa*. .
-*sta lähtien* with effect from ..;
astua, tulla ~*an* come into
force, become valid, take
effect; *saattaa* ~*an* bring into
force, bring (put) into effect;
olla hyvissä voimissa be in
good condition; *se käy yli*
~*ini* it is too much for my
strength; *kaikin voimin* as
hard as one can (could);
radio soi täydellä voimalla
the radio was on at full
blast. -**anpano** putting
(bringing, carrying) into fórce
(into effect); *(lain)*
enforcement. -**antulo** coming
into force.
voimailu strength sports.
voima|kas strong; *(-llinen)*
powerful; forcible; *(valtava)*
mighty; *(-peräinen)* intense;
vigorous; *(ravinnosta)*
substantial; ~ *isku* powerful
(heavy) blow; ~ *mielipide*
strong (powerful) opinion; ~
puhe forceful (emphatic)
speech; ~ *väri* strong
(intense) colour; ~*sanainen*
strongly worded. -**kkaasti**
strongly; powerfully. -**kkuus**
strength; power [fulness];
vigour; force [fulness];
intensity. -**kone** engine; motor.
-**laitos** *tekn.* power-station.
power plant; *(vesi-)*
hydroelectric plant. -**llinen**
powerful, forceful, mighty,
potent. -**llisuus** power [fulness];
might [iness].
voiman|koetus test of strength.
-**lisäys** increase of strength.
-**lähde** source of strength.
-**ponnistus** exertion; effort.
-**siirto** [power] transmission.
voima|paperi kraft paper.
-**peräinen** intensive, intense.
-**peräistää** intensify. -**peräisyys**
intensity. -**sana** strong word,
swear-word. -**ssaoleva** . in
force, valid; *(vallalla-)*
prevailing. -**ssaolo** validity;
kontrahdin ~*aika* the term of
the contract. -**suhteet** relative
strength. -**ton** powerless,. .
without strength (power),
lacking [in] strength (vigour);
feeble. -**ttomuus** powerlessness;

lack of strength (of power, of
vigour); weakness; infirmity.
-**varat** resources. -**virta** power
current. -**yksikkö** unit of
power.
voimis|telija gymnast. -**tella** do
gymnastic (physical) exercises.
voimistelu physical training,
gymnastics, *lyh.* gym. -**kenkä**
puhek. gym shoe, *Am.*
sneaker. -**nopettaja** physical
training master (mistress).
-**puku** gymnastics suit. -**sali**
gymnasium, -**väline:** ~*et*
gymnastic appliances *(koll.*
apparatus)
voimistua be strengthened,
strengthen, become stronger,
gain strength.
voinen buttery.
vointi state of [one's] health,
condition; *(terveys)* health;
(kyky) ability; ~*ni mukaan* to
the best of my ability.
voi|paperi greaseproof paper,
sandwich paper.
-**sula** melted butter. -**taikina**
[puff] paste.
voitava: ~*ni* all I can.
voitelu greasing; oiling;
lubrication; *(kuninkaitten)*
anointment; *viimeinen* ~
extreme unction. -**aine**
lubricant, grease. -**kannu** oil
can. -**kuppi** oil cup. -**öljy**
lubricating oil.
voito|kas, -llinen victorious.
-**kkuus** victoriousness.
voiton|himo greed for gain;
cupidity. -**himoinen** greedy for
gain, profit-seeking. -**hurma,**
-**huuma** flush of victory. -**jako**
profit-sharing. -**jumalatar**
goddess of victory. -**merkki**
trophy. -**puoli:** *olla -puolella*
be winning, have the
advantage (over); *päästä*
-*puolelle* get the upper hand,
gain the advantage (over).
-**riemu** triumph. -**riemuinen**
triumphant. -**varma.** . sure of
victory.
voitt|aa win [a game, *peli;* in,
on, *jssk*]; *(esim. vaaleissa
paikkoja)* gain; *(vastustaja ym.)*
conquer, beat; *et. kuv.*
overcome [an illness, *tauti*];
gain [time, *aikaa*]; get the

better of; *(olla etevämpi)* be superior to, surpass, *(ylittää)* exceed; *(ansaita)* profit (by), derive profit (from); ~ *taistelu* gain a victory; ~ *palkinto* win (take) the prize, carry off the prize; *hän -i ensimmäisen palkinnon (m.)* he was awarded the first prize; ~ *itsensä* conquer oneself; ~ *korttipelissä* win at cards; ~ *lukumäärältään* be superior to. . in numbers, exceed in number; ~ *jku puolelleen* win. . over to one's side; ~ *ujoutensa* overcome one's shyness; *ansiot -avat puutteet* the merits outweigh the defects; *mitä siinä on voitettavissa* what is to be gained by that; *tämä* ~ *kaikki edelliset* this surpasses all previous ones; *aikaa ~kseen* [in order] to gain time. **-aja** victor; conqueror; *(et. kilpailuissa)* winner. **-amaton** unconquered; unsurpassed; *(jota ei voiteta)* invincible, unconquerable; *(et. esteistä)* insurmountable, insuperable. **-amattomuus** invincibility.

voitto victory; *(loistava)* triumph; *(liike-)* profit [s], gain; return, proceeds; *(arpajais- ym.)* prize; *myydä voitolla* sell at a profit; *saada, saavuttaa* ~ *jksta* gain (win) a victory (over); *on voitolla* has the upper hand; *päästä voitolle* be victorious, *(esim. riidassa)* have the best of it, *(mielipide)* prevail; *vie voiton jstk* surpasses, is superior to; *saada ~a jstk* derive profit from, make a profit out of; *tuottaa ~a* yield a profit; ~*a tuottava* profitable. **-isa** victorious. **-kaari** triumphal arch. **-kulku** triumphal march. **-kulkue** triumphal procession. **-osuus** share in the profits. **-saalis** trophy.

voivo|tella wail, moan, complain (of). **-tus** wail[ing], moan[ing], lamentation.

vokaali vowel. **-nmukaus** vowel

mutation. **-äänne** vowel sound.
volframi tungsten.
voltti somersault, *sähk.* volt.
vonkua howl.
vouhottaa fuss.
vouti bailiff; overseer.
vuodattaa shed; pour [out].
vuode bed; *(sänky)* bedstead; *vuoteessa* in bed; *sijata* ~ make a bed, *olla vuoteen omana* be laid up, be bedridden, keep *(t.* be confined to) one's bed; *panna lapsi vuoteeseen* put a child to bed.
vuoden|aika season. **-tulo** [the year's] crop, crops. **-vaihde** turn of the year.
vuode|nuttu bed jacket. **-peite** quilt; *(päivä-)* bedspread, counterpane. **-sohva** convertible sofa. **-vaatteet** bedclothes, bedding.
vuohen|maito goat's milk. **-nahka** goatskin.
vuohi goat; she-goat, nannygoat.
vuoka baking *(t.* cake) tin; *(tulenkestävä)* casserole dish, fireproof pan.
vuokko anemone.
vuokra rent, *(autosta ym.)* hire, *(maasta)* lease; *antaa ~lle* let (to); *~lla* on hire, *(maa)* on lease. **-aika** lease. **-aja** tenant; lessee; *(talonisäntä)* landlord. **-auto** taxi; *~n kuljettaja (m.)* taximan. **-huone** rented room; *asua (kalustetussa) ~essa* live in lodgings. **-huoneisto** rental *(t.* rented) flat (apartment). **-isäntä** landlord. **-kasarmi** tenement-house, *(kerrostalo)* block of flats. **-lainen** tenant; lessee, *(arentimies)* leaseholder; *(asukki)* lodger. **-lautakunta** housing committee. **-maa** rented land. **-sopimus** lease; contract.
vuokra|ta rent, *(esim. auto)* hire; *(toiselle)* let, rent, hire [out], *(alivuokralaiselle)* sublet; ~ *itselleen huone (m.)* take a room; ~ *laiva.* charter a ship; *-ttavana* to let, *(auto ym.)* for hire. **-tila** leasehold, *(pieni)* small holding. **-tilallinen** tenant farmer. **-ton** rent-free.
vuoksi 1. *(jnk)* for the sake

of, on account of, because of; in consequence of; *(puolesta)* on behalf of; *jkn ~* for a p.'s sake; *jonka ~* wherefore, for which reason; *sen ~* because of that, for that reason; *huvin ~* for fun.
vuoksi 2. *(meri-)* high tide, h:gh water, flood [-tide]; *~ ja luode* tide, ebb and flow.
vuol|aasti swiftly, rapidly; *(runsaasti)* copiously; in torrents. **-as** fast-flowing, swift; *~ virta (m.)* strong current; *kyyneleet valuivat -aana virtana* tears were flowing freely.
vuol|eksia whittle, *jtk* at. **-la** carve, *jtk* at; cut, chip (away).
vuolukivi steatite, soap-stone.
vuon|a, -ia lamb.
vuono fiord, *Skotl.* firth.
vuor|aamaton. . not lined;. . without weatherboards. **-ata** line; *(laudoilla)* put [the] weatherboards on; *(vanulla)* wad.
vuoren|harja mountain ridge. **-huippu** mountain top, summit, peak.' **-peikko** mountain sprite. **-seinämä** mountain [side], rock-face. **-varma** dead certain.
vuori 1. *(sisuste)* lining.
vuori 2. mountain; *(pieni)* hill; *(kallio, m. geol.)* rock; *voi~* butter surplus. **-ilmasto** mountain climate. **-insinööri** mining engineer. **-jono** range of mountains. **-kauris** steinbock, ibex. **-kide** rock crystal. **-malmi** rocky ore. **-nen** mountainous, hilly. **-neuvos** »councillor of mining» (title in Finland). **-saarna** the Sermon on the Mount.
vuoristo mountains, mountainous country. **-kiipeilijä** mountaineer. **-kiipeily** [mountain] climbing, mountaineering. **-lainen** mountaineer; highlander. **-rata** *(huvipuiston)* switchback, *(iso)* mountain railway.
vuori|teollisuus, -työ mining [industry]. **-öljy** rock oil, petroleum.
vuoro turn; *(työ-)* shift;

(tanssi-) figure; *~n mukaan, perään* in turn; *kukin ~llaan* each in his turn; *nyt on teidän ~nne (m.)* you are next. **-aikainen** intermittent. **-in** alternately, by turns; *~.., ~..* sometimes. ., sometimes. .; now. ., now. . **-ittain** in turn; alternately, by turns; *(vaihtovuoroin)* in shifts. **-ittainen** alternating. **-järjestys:** *v-tyksessä* in turn. **-kausi** day and night, day, twenty-four hours; *kaikkina -kauden aikoina* at all hours. **-keskustelu, -puhelu** dialogue. **-kone** air liner. **-laiva** regular steamer, liner. **-lento** scheduled flight. **-staan** in turn. **-tella** take turns, take it in turns (to); alternate [with each other]; occur alternately. **-tellen** by turns, in turn; . . and . . alternately. **-ttelu** alternating, alternation; *(esim. yön ja päivän)* interchange. **-työ** shift work. **-vaikutus** interaction, interplay. **-vesi** tide. **-viljelys** rotation of crops.
vuosi year; *~ sitten* a year ago; *(jo) ~a* for years; *joka ~* every year, yearly, annually; *~ vuodelta* year by year, year after year; *tänä vuonna* [during] this year; *vuonna 1950* in [the year] 1950; *~en varrella* in the course of years; *vuodessa* in a year, per year, per annum; *kerran vuodessa* once a year; *kolmatta vuotta* [for] more than two years; *eilen oli kulunut tasan ~ siitä, kun. .* yesterday marked exactly one year since. . **-juhla** annual celebration, anniversary. **-katsaus** yearly review. **-kausi** a year's time; *~a, ~in* for years, for many years, *puhek.* for ages; *(ei) ~in* for years. **-kerta** a year's issues, annual volume; *(viini-)* vintage; *vanhat -kerrat* back-volumes. **-kertomus** annual report; *hyväksyä ~* adopt the report. **-kokous** annual meeting. **-kymmen** decade, [period of]

ten years. **-luku** year. **-luokka** age class. **-maksu** annual subscription (fee); yearly premium. **-neljännes** quarter. **-palkka** yearly salary. **-päivä** anniversary. **-rengas** annual ring. **-sata** century. **-sataisjuhla** centenary. **-tilaaja** yearly (annual) subscriber. **-ttain** annually, yearly; every year. **-tuhat** a thousand years, millennium; *-tuhansia* for thousands of years. **-tulot** yearly income. **-tuotanto** annual output (production). **-voitto** annual profit.

vuota hide, *(lampaan ym.)* pelt.

vuot|aa leak, be leaky; *(virrata)* flow; *(nenä)* run; ~ *verta* bleed; *vene* ~ the boat leaks (has a leak, has sprung a leak); *silmäni -avat* my eyes are watering. **-ava** leaking, leaky, *(nenä)* running.

vuoti|as *(yhd.)*. years old,. . years of age, aged. .; *kaksi~ lapsi (m.)* a child of two, a two-year-old child. **-nen** *(yhd.)*. . years', lasting. . years.

vuoto leak, leakage; *(märän ym.)* discharge; *(veren)* bleeding; *saada* ~ *(mer.)* spring a leak.

vuotuinen annual, yearly.

vyyhdinpuut reel.

vyyhti skein; *sotkuinen* ~ *(kuv.)* a bad tangle. **-ä** reel, wind up.

vyö belt, girdle; waist-band; *(leveä; kangas-)* sash. **-hyke** zone; *(alue)* belt; ~*raja* zonal boundary; ~*tariffi* zone tariff; *kuuma* ~ torri ~one, tropics. **-ruusu** shingles.

vyöry slide, *(ei. lumi-)* avalanche. *-ä* roll, slide [down *-la*

vyö|ttää *-ed [up]*. **-täiset**, **-tärö** waist.

väentungos crowd of people.

väestö population; inhabitants. **-nkasvu** increase (growth) of population; *räjähdysmäinen* ~ population explosion. **-nlaskenta** census. **-nsiirto** displacement of population. **-nsuoja** air-raid shelter. **-nsuojelu** air raid precautions

(lyh. A. R. P.); civil defence. **-ntiheys** density of population. **-politiikka** population policy. **-tilasto** vital statistics.

vähe|ksyä belittle, disparage; *(halveksia)* despise. **-mmistö** minority; (~**hallitus** minority government). **-mmyys** inferiority in numbers. **-mmän** less; *siellä oli* ~ *kuin 10 henkeä* there were fewer than ten people; ~ *arvoinen* of less value; *sitäkin* ~ so much the less. **-mpi** less; *(pienempi)* smaller; *-mmässä määrin* in a less degree. **-neminen** decrease, falling off. **-nnettävä** *mat.* minuend. **-nnys** deduction, cut, curtailment; (~**lasku** subtraction). **-ntymätön** undiminished, unabated [interest, *mielenkiinto*]; undiminishing, unabating [zeal, *into*]. **-ntyä** decrease, diminish. **-ntäjä** *mat.* subtrahend. **-ntää** lessen, diminish; reduce [. . by one half, *jk puolella*]; decrease; cut [down], curtail; *(poistaa)* deduct (from), take off; *mat.* subtract, take. . from; *(arvoa ym.)* detract from; ~ *jkn palkasta* deduct from a p.'s salary; ~ *vauhtia* reduce (lessen, diminish, slacken) the speed, *(esim. juna)* slow down; *kun* 7:*stä -nnetään 4, jää 3* seven less *(t.* minus) 4 is 3. **-tä** lessen, grow less, diminish [in number], decrease; *olla -nemässä* be on the decrease (the decline).

vähi|mmin least; *kaikkein* ~ least of all; ~ *tarjoava* the lowest bidder.

vähimmäis- minimum. **-palkka** minimum wage.

vähi|n least; *(pienin)* smallest; ~ *määrä* minimum, smallest quantity; *ei* ~*täkään* not [in] the least, not in the slightest [degree]; *ei ole* ~*täkään epäilystä* there is no doubt whatever. **-ntään** at least, at the [very] least; *(ei alle)* not less than. . **-tellen** little by little; gradually,. by degrees; *(ajan oloon)* by and by. **-ten**

[the] least; *ei* ~ not least;
..-lla oli ~ *virheitä..* had the
fewest mistakes. **-ttäin** in
small quantities, retail; *myydä*
~ retail, sell [by] retail;
ostaa ~ buy retail. **-ttäinen**
gradual.
vähittäis|hinta retail price.
-kauppa retail business.
-kauppias retail dealer,
retailer. **-maksu** instalment;
~lla by instalments; *ostaa*
~lla buy on hire-purchase
terms; (**~järjestelmä**
hire-purchase system). **-myynti**
retail sale.
vähyys smallness; *(niukkuus)*
scarcity; shortage;
(vähälukuisuus) fewness.
vähä little; *ei ~äkään* not [in]
the least; *~n päästä* at
frequent intervals, every little
while; *olla vähissä* be scarce;
vähissä varoissa in narrow
circumstances; *olla ~llä* come
[very] near [.. -ing],
narrowly escape; *olin ~llä*
myöhästyä junasta I very
nearly (I all but) missed my
train; *~ltä piti, ettei hän*
hukkunut he came very near
drowning, he was within a
hair's breadth of drowning;
päästä ~llä escape (get off)
easily; *~t siitä* never mind
[about that]! no matter!
~äkään epäilemättä without
the slightest hesitation.
Vähä-Aasia Asia Minor.
vähä|arvoinen.. of little
value;.. of minor importance.
-eleinen unassuming. **-inen**
small; *(-pätöinen)* slight,
minor; *ei -isintäkään*
aavistusta not the remotest
(the least) idea. **-lukuinen**..
few in number. **-lukuisuus**
small number; *osanottajien* ~
the small attendance.
-mielinen *s.* imbecile.
-mielisyys imbecility.
vähä|n a little, little; *(hiukan)*
a [little] bit, a trifle; *(jnk*
verran) some; *(harvat)* few; ~
aikaa a short time, a little
while; ~ *parempi* a little (a
trifle, slightly) better; ~ *rahaa*
little money, *(jnk verran)* a

little money; *haluaisin* ~ *lisää*
teetä I should like some
more tea;.. *(vain)* ~, *jos*
ollenkaan little if any; *jäseniä*
oli liian ~ there were too
few members. **-osainen**,
-väkinen underprivileged.
-puheinen.. of few words;
uncommunicative, taciturn.
-puheisuus taciturnity;
reticence. **-pätöinen** slight,
trivial, trifling [sum, *summa*];
(-arvoinen).. of little
importance, unimportant,
insignificant; ~ *asia* trifle:
-pätöisyys slightness, trivial
nature; unimportance,
insignificance. **-varainen**.. of
small means,.. of modest
means. **-varaisuus** lack of
means. **-verinen** an [a] emic.
-verisyys an [a] emia.
väijy|s: *olla -ksissä* lie in
ambush, lie in wait (for). **-tys**
ambush, ambuscade. **-ä** lie in
ambush (for), lie in wait
(for); *(vaania)* lurk;
(odotellen) watch [for an
opportunity, *tilaisuutta*]; ~
jkn henkeä seek a p.'s life.
väi|kkyä glimmer, gleam,
glitter; ~ *jkn mielessä* loom
before a p.; *huulilla -kkyi*
ivallinen hymy a sneer
hovered about her lips.
väis|tyä give way, yield; *(astua*
syrjään) step (move) aside;
withdraw (from), recede; ~
jkn, jnk tieltä get out of a
p.'s way, give place to; ~
väkivallan tieltä yield to
force; *minä en -ty*
askeltakaan I will not yield
an inch. **-tämätön**
unavoidable, inevitable. **-tää**
parry, fend off, ward off [a
blow, *isku*]; *(auto)* give way;
(välttää) avoid; *(mutkitellen)*
dodge, evade; *(kumartumalla)*
duck; ~ *vaara* evade the
danger.
väi|te statement, assertion,
claim; allegation; *(väittelyssä)*
argument; *lak.* plea; *pysyä*
väitteessään maintain one's
point. **-tellä** dispute, argue
(about), debate (on); ~
tohtoriksi defend one's

doctoral thesis. **-telmä** proposition; thesis. **-tetty** alleged. **-ttely** dispute, debate, argument. **-ttää** claim; state, declare; *(varmuudella)* assert, maintain; allege; ~ *vastaan* object (to), contradict, *(asettaa kyseenalaiseksi)* challenge. **-tös** claim; (**~kirja** doctoral thesis, academic dissertation; **~tilaisuus** public defence of a thesis).

väkev|yys strength, power; intensity. **-ä** strong; powerful. **-öittää** *kem.* concentrate.

väki people, *puhek.* folks; *(miehet)* men; *kokouksessa oli vähän, paljon väkeä* the meeting was poorly (well) attended. **-joukko** crowd; mass of people, multitude. **-juoma** intoxicant; *~t (m.)* hard liquor, alcohol [ic drinks]. **-lannoite** fertilizer. **-luku** population. **-näinen** forced, constrained. **-näisesti** in a constrained manner, affectedly. **-pakko** compulsion; *-pakolla* by force. **-pyörä** pulley. **-rehu** concentrates, concentrated food *(Am.* feed). **-rikas** populous. **-rynn|äkkö** assault; *valloittaa v-äköllä* [take by] storm. **-sin** by force, forcibly. **-vallantekijä** perpetrator of an outrage. **-vallanteko** act (deed) of violence, outrage. **-vallaton** non-violent.

väkivalta violence; *tehdä ~a* commit violence, use violence (against), commit an outrage (upon), violate; *(naiselle)* rape; *väkivalloin* by violence, by force. **-inen** violent; *-isin keinoin* by means of violence; ~ *kuolema* violent death; *saada ~ kuolema (m.)* die by violence; *lempeää ~a käyttäen* using gentle compulsion; *ei ollut ulkoisen -vallan merkkejä* there were no outward signs of violence. **-isesti** violently. **-isuus** violence; *v-suudet* [deeds of] violence. **-politiikka** policy of violence. **-rikokset** crimes of violence.

väki|viina spirits, alcohol. **-voima:** *~lla* by sheer force.

väkä barb. **-inen** barbed. **-nen** *(koukku)* hook.

väli space [between . .], interval *(m. ajasta); (aukko)* gap; *(etäisyys)* distance; *~t (suhteet)* relations; terms; *olla hyvissä väleissä jkn kanssa* be on good terms with, get on well with; *joutua huonoihin väleihin jkn kanssa* fall out with; *selvittää ~nsä jkn kanssa* settle up with; *vähän ~ä* at frequent intervals; *every little while; jätä riittävästi ~ä* leave sufficient [blank] space; *ei sillä ~ä* it makes no difference; *mennä, tulla ~in* intervene, *(sekaantua)* interfere.

väli- intermediate. **-aika** intervening time, interval *(m. teatt.),* intermission; *lyhyin -ajoin* at short intervals. **-aikainen** temporary; provisional; ~ *hallitus* interim government. **-aikaisesti** temporarily; provisionally; for the time being; pro tempore *(lyh.* pro tem.); *hoitaa virkaa* ~ fill a position pro tem. **-aikaisuus** temporary nature; provisional character. **-aikamerkki** interval signal. **-aste** intermediate stage; transition stage. **-ensel|vittely, -vitys** showdown; settlement. **-erät** *urh.* semi-finals. **-ilmansuunta** intercardinal point.

väliin between; *(joskus)* sometimes; *jättää* ~ skip; *tokaista* ~ interpose; *tulla* ~ intervene. **-tulo** intervention.

väli|kansi steerage. **-kappale** means, medium; *(use)* instrument, tool. **-katto** ceiling. **-kirja** contract, agreement. **-kkö** passage, corridor. **-kohtaus** incident; intermezzo. **-korva** middle ear. **-kysymys** interpellation; *tehdä* ~ interpellate. **-käsi** intermediary, go-between; *olla pahassa -kädessä* be between the devil and the deep sea. **-lasku** intermediate landing, stop; *tehdä* ~ stop [over], make a stop [-over]; *ilman*

~*a* non-stop. **-lehti:** *-lehdillä varustettu* interleaved. **-lle** *(jnk)* between. . **-llinen** indirect. **-llisesti** indirectly. **-llä** between; ~ *oleva* intervening,. . lying (situated) between; *sinun pitäisi tehdä jotakin muuta* ~ you should do something else in between. **-matka** distance; *(pieni)* space; *pienen* ~*n päässä täältä* [at] a short distance from here.
Välimeri the Mediterranean.
väli|merkki punctuation mark; *panna -merkit* punctuate. **-mies** arbitrator; mediator. **-muoto** intermediate form; transition. **-n:** *sillä* ~ [in the] meantime. **-ne** *(keino)* means; medi|um *(pl. -a)*; *(ase) (m.)* equipment, apparatus. **-neistö** equipment, facilities (for). **-nen** *(jnk)*. . lying (situated) between; *(keskinäinen)* mutual; *valtioitten* ~ interstate.
välin|pitämättömyys indifference; negligence. **-pitämättömästi** indifferently, with indifference. **-pitämätön** indifferent, unconcerned; uninterested; *(huolimaton)* negligent; *(van muodon vuoksi jtk tekevä)* perfunctory.
väli|näytös interlude. **-pala** [in-between] snack; *haukata* ~*a* have a s. **-pitsi** lace insertion. **-puhe** agreement; understanding; *(ehto)* stipulation. **-päätös** temporary judgment. **-rauha** truce. **-rikko** breach, rupture, rift. **-ruoka** intermediate course. **-sarja** welterweight. **-seinä** partition; *erottaa* ~*llä* partition off. **-sisuste** interlining. **-ssä** between; *kirjan* ~ between the leaves of the book; *kahden tulen* ~ between two fires. **-stä** *(jnk)* [from] between; *(toisinaan)* sometimes. **-ttäjä** mediator; *(välikäsi)* intermediary; *liik.* agent, middleman, broker; *toimia* ~*nä (m.)* act as a go-between. **-ttävä** *kuv.* mediatory. **-ttää 1.** *(siirtää)*

transmit, convey; *rad. m.* relay; *(toimia välittäjänä)* act as an intermediary (in); *(sovittaa)* mediate; *(neuvotellen)* negotiate; *(järjestää)* arrange [a loan for a p. *laina jklle*], *(uutisia ym)* supply, *(pehuluja)* connect; *(hankkia)* provide. **2.** *(huolia)* care, *jksta* for a p., *jstk* about; mind; *(ottaa huomioon)* pay attention (to); ~ *liikennettä* carry on traffic, run, ply [between. ., *jnk välillä*]; *hän* ~ *kiinteistöjä* he is a real-estate agent; *hän -tti minulle huoneiston* he found a flat for me; *olla -ttämättä jstk (m.)* disregard; ~ *viisi jstk* not care twopence about; *ei välitä kysyä* does not care (take the trouble) to ask; *älä välitä minusta* don't mind me! *älä välitä siitä* never mind [that]! **-ttömyys** immediateness, directness; spontaneity. **-ttömästi** immediately, directly; spontaneously. **-tunti** break, recess.
välitys mediation; agency; *mek.* transmission; *kuv.* medium; *tiedon*~ news service; *hänen -tyksellään* through him, through his mediation, by his good offices; *jnk v-tyksellä* through the medium (agency) of. **-ehdotus** proposal for settlement. **-liike** agency. **-mies** intermediary, mediator. **-palkkio** brokerage, commission. **-pyörä** transmission gear. **-toimisto** agency; broker's office. **-tuomari** arbitrator. **-tuomio** arbitration; award. **-yritys** attempt at mediation.
välit|ön immediate; direct; *(vaistomainen)* spontaneous; *(luonteva)* natural, unaffected; *jnk -tömässä läheisyydessä* in close proximity to; *-tömät verot* assessed taxes. **-tömästi** immediately; spontaneously.
väli|vaihe intermediate stage. **-verho** curtain.
välj|entää make loose [r], loosen; enlarge. **-etä** become

loose[r]; widen. **-yys**
looseness; *(reiän ym)* calibre.
-ä loose; wide; *(vaatteista,
m.)* loose-fitting.
väljäh|tyä become flat (stale);
-tynyt flat, stale, insipid.
väl|ke gleam[ing]; glitter[ing];
brilliance. **-kkyä** gleam;
glitter; glimmer; *(leimahtaa)*
flash; *(säteillä)* sparkle. **-kyntä**
TV flicker.
välskäri army surgeon.
väl|tellä evade. **-ttyä** escape;
(virhe) olisi v-ynyt would
have been avoided [if. .]; *ei
voi ~ ajatukselta, että. .* one
cannot avoid thinking that. .
välttämä|ttä necessarily; *haluta
~* insist on [doing sth.], be
determined [to know, *tietää*].
-ttömyys inevitability;
unavoidableness; necessity;
v-myyden pakosta of necessity.
-ttömästi inevitably;
necessarily; *(pakosta)* perforce.
-tön inevitable, unavoidable;
(tarpeellinen) necessary; *(jota
ilman ei voi olla)*
indispensable; essential;
(pakottava) imperative; *on jnk
~ edellytys* is essential to. .
välttää passable; tolerable;
(arvosanana ym) fair; fairly
good.
välttää avoid; *(onnistua
välttämään)* escape; *(vältellä)*
evade, elude; *(pysyä loitolla)*
keep away from; *~ jkn
kohtaamista* [try to] avoid
meeting a p.; *~ksenne
väärinkäsityksiä* to provide
against misunderstanding.
välä|hdys flash; *(vilahdus)*
glimpse. **-htää** flash; *mieleeni
-hti* it struck me. **-yttää** give
glimpses (slants) [on. . *jtk*].
vänrikki second lieutenant.
väre ripple; *(vilun) ~et*
shiver[s]. **-illä** ripple;
shimmer; *(kuumuudesta)*
quiver; *(hymy ym)* hover.
-karvat *anat.* cilia.
väri colour; *(väritys)* colouring;
(-vivahdus) hue, tint; *(maali)*
paint; *(värjäys-)* dye; *korttip.*
suit. **-aine** colouring agent,
pigment. **-aisti** sense of
colour. **-kkyys** richness of

colour, colourfulness. **-kkäästi**
in rich colours. **-kuva**
coloured picture, *(kuulto-)*
colour slide. **-kynä** coloured
pencil; *(liitu-)* crayon, pastel.
-käs colourful, rich in colour,
[richly] coloured. **-laatikko**
colour box. **-liitu** crayon.
-llinen coloured. **-loiste**
brilliancy of colour[s]; *ks.
syksy.* **-malli** sample of
colour. **-nauha** [typewriter]
ribbon. **-nen** *(yhd.* -coloured);
ruohon~ grass-coloured,. . of
the colour of grass. **-npitävä**
fast-coloured.
värinä shiver[ing], quiver[ing];
trembling, tremor; vibration;
(välkyntä, TV) flicker; *lääk.*
fibrillation.
väri|paino colour-print[ing].
-sokea colour-blind. **-sokeus**
colour-blindness.
väris|tys shiver, shudder;
(vapistus) tremor. **-tä** shiver,
quiver; *(vapista)* tremble;
shake; *~ kylmästä* shiver with
cold; *-evä (ääni ym)*
tremulous.
väri|sävy colour shade, tint.
-tehdas dye factory; *(maali-)*
paint factory. **-tämätön**
uncoloured. **-ttää** colour; *kuv.*
embellish. **-ttömyys** lack of
colour. **-tys** colouring,
coloration, colour. **-tyyny**
inking pad. **-tön** colourless.
-valokuvaus colour
photography. **-vivahdus** shade,
tinge, tint, hue.
värj|äri dyer. **-ätä** dye; *(tukka,
m.)* tint; *(puuta, lasia ym. &
tiet.)* stain; *(värittää)* colour;
tätä kangasta on helppo ~
this material dyes well. **-äys**
dyeing. **-äyttää** have. . dyed.
-äämätön undyed. **-äämö**
dye-works.
värjöttää be shivering, shiver.
värttinä distaff. **-luu** radius.
värv|ätä enlist; recruit;
(asiakkaita) drum up; *~
ääniä* canvass for votes. **-äys**
enlistment. **-äytyä** enlist. **-ääjä**
recruiting-sergeant; *äänten ~*
canvasser for votes.
väräh|dellä vibrate. **-dys**
vibration; quiver, tremble;

(~liike vibratory motion,
vibration; ~luku frequency).
-dyttää cause. . to vibrate.
-tely vibration. -tää quiver,
tremble; vibrate.
väräj|ää *(prees. 3 pers.) ks.
ed.; -ävä* quivering *jne.,*
vibrant; *liikutuksesta -ävällä
äänellä* in a voice trembling
with emotion.
västäräkki wagtail.
väsy|ksissä *ks. väsynyt.* -mys
tiredness, weariness, fatigue;
(uupumus) exhaustion;
-myksen tunne tired feeling.
-mättömyys tirelessness,
indefatigability. -mättömästi
with untiring zeal, tirelessly,
indefatigably. -mätön untiring,
tireless, indefatigable.
unflagging. -neesti wearily.
-nyt tired, *jhk* of, weary (of);
fatigued; *(uupunut)* exhausted,
tired out; *(raukea)* languid.
-s: *olla -ksissä* be (feel) tired.
-ttävyys wearisomeness;
tiresomeness. -ttävä tiring,
fatiguing, exhausting;
(kyllästyttävä) tiresome. -ttää
tire, fatigue; *(uuvuttaa)* tire
out, wear out, exhaust; *minua
~* I am (I feel) tired. -ä
tire, get tired (weary), *jhk* of
[. . -ing]; become fatigued;
become exhausted; *olen -nyt
siihen (m.)* I am sick of it.
väsähtää get [a little] tired;
be overcome by weariness.
vätys good-for-nothing [fellow].
vävy son-in-law.
väylä channel, passage;
fairway; course.
vääjäämätön undeniable;
indisputable; *(peruuttamaton)*
irrevocable.
vään|ne turn, twist. -nellä turn
and twist; be twisting. -nys:
kasvot tuskasta -nyksissä his
face distorted by pain.
-telehtiä *(tuskissaan)* writhe;
hän v-lehti naurusta he was
convulsed with laughter. -tyä
turn; *(kiertyä)* twist, get
twisted. -tää turn; twist;
wind; *(muodottomaksi, m.
kuv.)* distort; *(kangella ym)*
prise; *~ auki* turn on [the
valve, *venttiili*], prise open [a

box, *laatikko*]; *~ kiinni* turn
off; *~ pienemmälle* turn down
[the gas, *kaasu*]; *~ poikki*
twist. . off; *~ vesi vaatteista*
wring out the clothes.
-töpuserrin *(pyykin)* wringer.
vääpeli sergeant 1st class.
väären|nys forgery; falsification;
fake; adulteration; *konkr. m.*
counterfeit. -täjä forger;
(rahan) counterfeiter. -tämätön
unadulterated; *(oikea)* genuine,
real; *(alkuperäinen)* authentic.
-tää falsify; forge; *(rahaa, m.)*
counterfeit; *(jtk sekoittamalla)*
adulterate; *~ jkn nimi* forge
a p.'s signature.
väärin wrong, wrongly, the
wrong way; amiss;
(erheellisesti) incorrectly,
erroneously; *(verbien yht.
usein)* mis-; *arvostella ~*
misjudge; *kirjoittaa ~*
misspell; *käsittää ~*
misunderstand; *käyttää ~*
abuse, misuse; *laulaa ~* sing
out of tune; *muistaa ~* not
remember. . correctly; *ellen
muista ~* if I remember
right [ly]; *tehdä ~* do wrong,
(jklle) offend against a p.;
kelloni käy ~ my watch is
wrong. -käsitys
misunderstanding;
misconception. -käyttö *(esim.
alkoholin, luottamuksen)* abuse
(of); misuse [of one's office,
virka-aseman]. -käytös
(varojen) misappropriation;
-käytökset irregularities,
malpractices. -pelaaja cheat,
card-sharper. -päin the wrong
way, wrong; *(ylösalaisin)*
upside down.
vääris|tellä twist [the meaning
of, *jnk merkitystä*], distort;
(esittää väärin) misrepresent,
put a false construction on,
misconstrue; *(tulkita väärin)*
misinterpret. -tely
misrepresentation, perversion
[of facts]. -tyminen *(äänen,
rad.)* distortion. -tyä get
(become) crooked (twisted),
become distorted; *-tynyt*
twisted, warped, distorted.
-tää make. . crooked;
(taivuttaa) bend; *(kiertäen)*

twist, *(kieroksi)* distort; *kuv.*
pervert, distort.
vääryydellinen wrongful, unjust.
vääryys crookedness; *kuv.*
injustice [to a p., *jkta
kohtaan*], wrong; iniquity;
vääryydellä by unjust (unfair)
means, wrongfully, wrongly,
unjustly; *vääryydellä saatu
(m.)* ill-gotten; *kärsiä vääryyttä*
suffer injury, be wronged;
tehdä vääryyttä jklle wrong a
p.; do sb. an injustice.
väärä *(koukistunut)* crooked;
(taipunut) bent; *(väännetty)*
twisted; *(ei oikea)* wrong,
incorrect, faulty, false [pride,
ylpeys]; *(epäoikeudellinen)*
wrongful, unfair, untrue;
(subst. ed. usein) mis-; ~
laskelma miscalculation; ~
ilmianto false information;
~ *kurkku; niellä jtk ~än
kurkkuun* swallow.. the wrong

way; ~ *kuva* wrong (false,
distorted) picture; ~ *oppi*
false doctrine; heresy; ~ *raha*
counterfeit money, false coin;
~ *tieto: olet saanut vääriä
tietoja* you have been
misinformed; ~ *todistus* false
testimony; ~*t sääret* bandy
legs; ~ *tulkinta*
misrepresentation; ~ *tuomio*
unjust sentence; *olla ~ssä* be
[in the] wrong, be mistaken,
be at fault; *kävellä (selkä)
~ssä* walk bent, stoop [as
one walks]; *osoittaa ~ksi*
prove.. [to be] false,
disprove [a statement, *väite*],
refute [a charge, *syytös*];
menin ~än bussiin I took (I
got into) the wrong bus.
-mielinen unrighteous, unjust.
-oppinen heretic [al]. **-säärinen**
bandy-legged, bow-legged.

Y

ydin marrow; *(kasvin)* pith; *kuv. m.* core, heart; *asian ~ (tav.)* the substance (the essence, the gist) of the matter; *se koskee luihin ja ytimiin* that cuts one to the quick. **-aine** medullary substance. **-ajatus** fundamental idea. **-ase** nuclear weapon; *(~koe* nuclear test; *~koekielto* nuclear test ban). **-fysiikka** nuclear physics. **-kohta** gist; heart; *(pää-)* essential point. **-kärki** *(ohjuksen)* nuclear warhead. **-luu** marrowbone. **-miilu** nuclear pile *(t. reactor).* **-sulkusopimus** nuclear non-proliferation treaty. **-taisteluvälineet** nuclear weapons.

yhdeksikkö nine.
yhdeksän nine. **-kertainen** ninefold. **-kymmentä** ninety. **-kymmenvuotias** *s.* nonagenarian. **-nes** ninth [part]. **-sataa** nine hundred. **-toista** nineteen.
yhdeksäs [the] ninth. **-kymmenes** [the] ninetieth. **-toista** [the] nineteenth.
yhden|aikainen simultaneous (with). **-kokoinen.** . of equal size;. . *ovat -kokoisia.* . are of a size, are equally large. **-lainen.** . of the same kind.
yhdenmukai|nen uniform; symmetric [al]; consistent; analogous; *ne ovat keskenään -set (m.)* they conform to each other. **-sesti** uniformly; in . accordance (with). **-staa** standardize, bring into line. **-suus** uniformity; conformity; symmetry; analogy.
yhden|näköinen similar [in appearance],. . [a]like; *vrt. saman-.* **-näköisyys** similarity of appearance; *heidän*

y-syytensä their resemblance to each other. **-suuntainen** parallel. **-suuntaisesti** parallel; *kulkea ~* run parallel. **-tekevä.** . just (all) the same; *se on ~ä* it makes no difference, it does not matter, it is all the same [to me], it is immaterial [whether. .]; *kaikki on hänelle ~ä* he is indifferent to everything. **-tyminen** integration. **-tyä** be [come] integrated. **-tää** integrate. **-vertainen.** . on a level,. . on a par; *(tasa-)* equal; equally good; *he ovat -vertaisia* they are equals. **-vertaisuus** equality.
yhdessä together; *toimia ~* co-operate, collaborate, act in concert; *kaikki ~ (m.)* in a body.
yhdestoista [the] eleventh; *yhdennellätoista hetkellä* at the e. hour.
yhdis|te *kem.* compound. **-tellä** combine. **-telmä** combination; [two-(three-)piece] set; *pusero- ja villatakki~* twin set. **-tys** association; *(seura)* society. **-tyä** be united; unite; combine; join; *Yhdistyneet Kansakunnat (Y.K.)* United Nations (U.N.). **-tää** unite, *jhk* to, with; unify; combine; connect; *(liittää yhteen)* join (to, with), attach (to); link up, link together; *(Haaga) -tettiin Helsinkiin* was incorporated into Helsinki; *Itävalta -tettiin Saksaan v. 1938* Austria was annexed by Germany in 1938; *-tetty kilpailu* Nordic Combined.
yhdyn|näinen compound [word]. **-tä** *(sukupuoli-)* coitus, sex act.
yhdys|elämä life together.

-kunta community. **-linja** *sot.*
line of communication. **-mies**
contact man. **-sana** compound
[word]. **-side** [connecting]
link, bond (between), tie.
-upseeri liaison officer.
Y-vallat the United States,
lyh. the U.S. [A.]. **-viiva**
hyphen; *liittää ~lla* hyphen.

yhti|aikaa at the same time
[as, *kuin*], simultaneously
(with); *kaikki ~ (m.)* all at
once; *tapahtua ~* coincide.
-aikainen simultaneous,
coincidental.

yhteen together; *juottaa ~* join
by soldering; *kuulua ~* belong
together; *laskea ~* add up,
add together; *liittää ~* join
[.. together], unite,
(kiinnittää) fasten.. together,
(kuv.) link; *ottaa ~* clash,
come to blows, join battle
with; *sattua ~* coincide,
(tavata) happen to meet;
sopia ~ go [well] with, *jnk*
kanssa; ~ kertaan once. **-ajo**
collision. **-kuuluva**.. belonging
together, associated.
-kuuluvuus solidarity; *y-uuden*
tunne feeling of togetherness.
-laskettu added [up]; *~*
summa sum total. **-lasku**
addition; *(-laskeminen)* adding
up; *(~tehtävä* sum).
-liittyminen union; coalition.
-otto clash, encounter;
confrontation. **-sattuma**
coincidence. **-sopimaton**
incompatible, inconsistent
(with). **-sulattaminen** fusion.
-sä altogether, in all; put
tehden ~.. making a total
of. **-törmäys** collision, crash.
-veto summary, abstract,
resumé; *esittää ~na*
summarize.

yhtei|nen common,.. in
common; joint [responsibility,
vastuu]; *~ ilo* general
rejoicing; *~ kansa* the
common people; *~ ystävämme*
our mutual friend; *-sin*
ponnistuksin with united
(concerted) efforts. **-sesti** in
common, jointly;
together.

yhteis|henki [spirit of]

solidarity; community spirit.
-hyvä common good, public
welfare. **-kasvatus**
co-education. **-koulu** mixed
[secondary] school,
co-educational school.
-kunnallinen social; *~ asema*
social status; *~ vaara* social
menace.

yhteiskunnanvastainen antisocial.
yhteiskunta society; community.
-asema social position. **-elämä**
community life. **-järjestys**
social order. **-kerros** stratum
(pl. strata) of society. **-luokka**
social class. **-olot** social
conditions. **-oppi** civics.
-rakenne social structure.
-tiede social science, sociology.

yhteis|laukaus volley, salvo;
ampua ~ fire a volley. **-laulu**
community singing. **-majoitus**
dormitory accommodation.
-markkinat: *Euroopan ~* the
Common Market, EEC.
-mitallinen *mat.*
commensurable. **-määrä** total
amount. **-omaisuus** common
property. **-takuu** joint security.
-toimi|nta co-operation; joint
(united, concerted) action;
team-work; *olla y-nnassa jkn*
kanssa co-operate with. **-tunne**
fellow-feeling; feeling of
solidarity. **-työ** joint work,
team-work; co-operation,
collaboration; **(~haluinen,**
~kykyinen co-operative).
-verotus joint taxation.
-voimat: *-voimin* with united
forces. **-ymmär|rys** mutual
understanding; *päästä*
y-rykseen come to an
understanding (to terms). **-yys**
community; *omaisuuden ~*
joint ownership. **-ö**
community.

yhtenäi|nen uniform; consistent;
homogeneous; *(sarja ym.)*
connected, *(jatkuva)*
continuous. **-skoulu**
comprehensive school. **-stää**
co-ordinate; unify. **-syys**
uniformity, consistency;
coherence; unity.
yhtenään continuously;
constantly.
yhtey|s connection *(Engl. m.*

connexion); association;
(teksti-) context; *(kulku-)*
communication, service;
(kosketus) contact; *(suhde)*
relation; fellowship, unity;
olla -dessä jnk kanssa be
connected with, have a
connection with, *(esim.
kirjeenvaihto-)* communicate
with, *(esim. liike-)* have
[business] connections with;
sen -dessä in connection (in
conjunction) with that; *joutua
lähemp*'*än -teen jkn kanssa*
get into closer contact (touch)
with, become more closely
connected (associated) with;
asettua -teen jkn kanssa
communicate with, get into
touch with; *pitää -ttä*
maintain communication, keep
in contact (with); *katkaista
vihollisen yhteydet* cut off the
enemy's communications;
pyhäin ~ communion of
saints. **-ttää** assimilate.
yhtiö company, *Am.*
corporation. **-järjestys** articles
of association. **-kokous**
meeting of shareholders,
(vuosi-) annual general
meeting. **-kumppani** partner;
ruveta jkn ~ksi enter into
partnership with.
yhtye *mus.* band.
yhtymä union; *liik.* concern,
combine. **-kohta** point of
contact; *(esim. rautateiden)*
junction; *(kahden viivan)* point
of convergence.
yhtyä unite, be united;
combine; join [each other];
join [the party, *seuraan*; in
the praise of. . *ylistämään
jtk*]; *(mielipiteeseen)* agree
with; ~ *lauluun* join in the
singing; ~ *lausuntoon* endorse
(concur in) a statement;
tiemme yhtyvät our ways
meet; *pankit yhtyvät* the
banks merge.
yhtä equally; [just] as good
as, *hyvä kuin;* ~ *aikaa* at
once, at he same time;
simultaneously [with, *kuin*];
~ *helposti* just as easily, with
equal ease; ~ *kaikki* even so,
still; ~ *suuri (m.)*. . equal in

size,. . of equal size; ~ *suuri
kuin*. . as large as. ., [of] the
same size as. ., equal to. . in
size. **-jaksoinen** continuous;
(keskeytymätön) unbroken.
uninterrupted. **-jaksoisesti**
continuously; without a break.
-jaksoisuus continuity;
unbroken sequence.
yhtäkkiä suddenly, all of a
sudden, all at once; abruptly;
pysähtyä ~ stop short, come
to a sudden standstill.
yhtä|läinen. . of the same kind,
similar; *(sama)* identical; ~
äänioikeus equal suffrage.
-läisesti in the same manner,
in like manner, similarly.
-läisyys resemblance,
similarity; *(~merkki* equation
sign). **-lö** *mat.* equation.
-mittaa *(alituisesti)* continually,
constantly. **-mittainen**
unbroken, uninterrupted;
continuous. **-pitämättömyys**
discrepancy. **-pitämätön**. . not
in agreement (with);
incompatible. **-pitävyys**
agreement, conformity. **-pitävä**
(jnk kanssa) in accordance
with, consistent with,
compatible with; *ne ovat
-pitäviä* they agree (are in
agreement). **-pitävästi**
uniformly, in conformity
(with).
yht|äällä, -äänne in one
direction. **-ään** any; *ei* ~ not
at all, not a bit, not any
[better, *parempi*].
yhä *(vielä)* still; *(alituisesti)*
ever, continually; ~ *enemmän*
more and more; ~ *enenevä*
ever-increasing, ever-growing;
~ *harvemmin* more and more
rarely; ~ *kasvava* continually
(constantly) growing; ~
paremmin better and better; ~
uudelleen over and over
again, again and again,
repeatedly; *on* ~ *kohoamassa*
continues to rise. **-ti** ever,
continually, perpetually.
ykkönen one.
ykseys unity.
yksi one; a; *(ainoa)* only, sole;
a single; ~ *ja sama* one and
the same; ~ *ja toinen* a few

people; *yhden hengen huone*
single [bed]room; *yhdestä
suusta* with one voice,
unanimously; *yhtenä miehenä*
to a man; *olivat yhtä mieltä*
were of the same opinion,
[they] agreed (on, about
sth.); ~*n tein* at the same
time; ~*ssä neuvoin jkn
·kanssa* jointly with. .; ~
*kaikkien ja kaikki yhden
puolesta* all for each and
each for all, jointly and
severally; *ei yhdessäkään
talossa* not in a single house.
-avioinen monogamous.
-avioisuus monogamy.
-jumalaisuus monotheism.
-kamarijärjestelmä one-chamber
system. **-kantaan**
monotonously. **-kerroksinen**
one-storey [ed]. **-kielinen . .** in
one language only;
(henkilöstä . .) speaking one
language only. **-kkö** unit; *kiel.*
singular; (~*hinta* price per
unit; ~*muoto* singular form,
singular). **-köllinen** singular.
-lö individual. **-löllinen**
individual; individualistic.
-löllisyys individuality.
-mielinen unanimous; ~
mielipide consensus of
opinion; *he ovat y-mieliset
(siitä, että)* they are agreed
that. . **-mielisesti** unanimously,
by common consent; *toteavat
~* agree in stating. **-mielisyys**
unanimity; *(sopu)* unity,
concord; ~ *on voimaa* united
we stand, divided we fall;
päästä y-syyteen jstk come to
an agreement (an
understanding) about, agree
upon; *varsin suuri ~ vallitsee
siitä, että* there is general
agreement that. .
yksin alone; by oneself;
(ainoastaan) only; ~ *senkin
hän tietää* he knows even
that; *hän ~ sen tietää* he
alone knows it; *hänestä ~
riippuu* it depends on him
alone; *hän teki tämän aivan
~ (ilman apua)* he did it
single-handed, she did it on
her own. **-huoltajaperhe**
one-parent family.

yksineuvoinen unisexual.
yksinkertai|nen simple,
uncomplicated; *(ei
moninkertainen)* single;
(vaatimaton) plain [dinner,
päivällinen]; *(henkilöstä)*
simple-minded; *(lapsellinen)*
naïve; *kirjanp.* [book-keeping]
by single entry. **-sesti** simply;
plainly. **-staa** simplify.
-staminen simplification. **-suus**
simplicity; plainness.
yksin|laulu solo singing; solo.
-lento solo flight. **-oikeus**
exclusive rights, monopoly;
-omaan exclusively, solely; ~
siitäkin syystä if only for
that reason, for that reason
alone. **-omainen** exclusive;
sole. **-puhelu** soliloquy;
monologue. **-tanssi** solo
dancing. **-valta** autocracy;
monarchy. **-valtainen**
autocratic. **-valtias** autocrat;
monarch, sovereign.
yksi|näinen lonely; solitary
[place, *paikka*]; *(syrjäinen)*
secluded; *(naimaton)* single; ~
äiti unmarried mother.
-näisyys loneliness, solitude;
isolation; seclusion; *y-syyden
tunteen valtaama* engulfed by
a sense of loneliness. **-nään**
alone, by oneself;
unaccompanied; on one's own;
matkustin sinne -näni I went
there on my own; *aivan ~*
all alone. **-näytöksinen** one-act
[play, *näytelmä*]. **-oikoinen**
uncomplicated. **-puolinen**
one-sided; unilateral.
-puolisuus one-sidedness.
-rivinen *(takki)* single-
-breasted. **-selitteinen**
unambiguous. **-stään** alone; *jo
~ vuokra* the rent alone.
-suuntainen; ~ *liikenne*
one-way traffic. **-taso**
monoplane. **-tavuinen** of one
syllable, monosyllabic. **-tellen**
one at a time; one by one.
-toikkoinen monotonous;
unvaried. **-toikkoisuus**
monotony; sameness. **-toista**
eleven. **-totinen** serious.
-ttäinen, -ttäis- single,
individual. **-tyinen** private;
(erikoinen) special, individual.

yksityis|alue: *-alueelle tunkeutuminen (kuv.)* invasion of privacy. **-asia** private (personal) matter; *se on kunkin ~ (m.)* that is everybody's own affair. **-asunto** private dwelling. **-auto** private car. **-elämä** private life; *~n suoja* safeguarding of privacy. **-henkilö** private person. **-kohdittain** in detail, minutely. **-kohta** detail, particular; item; *mennä -kohtiin* enter *(t.* go) into details. **-kohtainen** detailed; minute, circumstantial. **-kohta|sesti** in detail; minutely, circumstantially; *y-semmin* in greater detail. **-koulu** private school. **-käyttö:** *~ varten* for personal use. **-omaisuus** private property. **-opettaja** private teacher, tutor, coach. **-seikka** detail. **-sihteeri** private secretary. **-tapaus** individual case. **-tunti** private lesson. **-yritteliäisyys** private enterprise. **-yrittäjä** entrepreneur.

yksi|vakainen grave, serious. **-vuotias** one year old; *~ lapsi* one-year-old child, child of one. **-vuotinen** one-year [course, *kurssi*],.. lasting one year; *~ kasvi* annual [plant]. **-värinen** ,. of one colour; plain [material, *kangas*]. **-ääninen** one-part [song]; *~ laulu* singing in unison. **-ö** [one-room] flatlet.

yleensä in general, generally; as a rule; *~ katsoen* taken as a whole; on the whole.

ylei|nen general; *~ mielipide* public opinion; *~ sääntö* general (universal) rule; *~ tie* public highway; *tulla -seen käyttöön* come into general use; *-sessä käytössä* in common use; *on -sesti tunnettua* it is common knowledge.

yleis|avain master key. **-esikunta** general staff. **-esti** generally, in general; universally; *~ ottaen (puhuen)* by and large, generally (broadly) speaking; *~*

tavattava.. of common (of frequent) occurrence. **-eurooppalainen** pan-European. **-hyödyllinen..** for the public good; for purposes of public utility. **-inhimillinen:** *y-lliseltä näkökannalta (katsoen)* from the point of view of humanity. **-katsaus** [general] survey (of). **-kieli** standard *(sivistynyt:* polite) language. **-kokous** general assembly. **-kone** *(keittiön)* food mixer. **-kustannukset** overhead costs, overheads. **-kuva** overall view (of). **-käsitys** general idea. **-lakko** general strike. **-luontoinen** general. **-lääke** universal remedy; panacea. **-lääkäri** general practitioner. **-maailmallinen** universal. **-nero** universal genius. **-piirre** general feature. **-pätevyys** universal applicability. **-pätevä** generally applicable,.. of universal application. **-radio** broadcasting company, *Engl.* the British Broadcasting Corporation *(lyh.* BBC). **-silmäys** survey, *jhk* of; *luoda ~ jhk* survey.., make a survey of. **-sivistys** all-round education. **-tajuinen** popular. **-tiedot** general knowledge. **-tyminen:** *autojen ~* the increasing frequency of cars. **-tyä** become [more] common (frequent). **-tää** generalize. **-urheilija** athlete. **-urheilu** *Engl.* athletics, *Am.* track-and-field sports, track [and field]; *(~kilpailut* athletics meeting; *~maaottelu* athletics international) general impression. **-vaikutelma** general impression. **-yys** frequency, commonness; universality.

yleisö [the] public; *(teatteri- ym.)* audience; *suuri ~* the general public. **-menestys** public success;.. *lla oli suuri ~..* was a great success. **-määrä** attendance. **-nosasto** letters to the editor.

ylelli|nen luxurious; extravagant; sumptuous [meal, *ateria*]; viettää *-stä elämää*

lead a luxurious life, live
extravagantly. **-syys** luxury;
extravagance; (~**tavarat**
luxuries).

ylemmyys superiority.

ylem|mä(ksi) higher [up],
farther up; *(yli)* above; *muita*
~ above the rest. **-pi** upper,
top. **-pänä** higher [up],
farther up; above. **-pää** from
higher (farther) up.

ylen extremely, exceedingly;
(sangen) very; highly; ~
määrin abundantly, *(liikaa)*
excessively; ~ *onnellinen*
exceedingly happy, overjoyed.
-katse contempt, scorn.
-katseellinen scornful,
contemptuous, disdainful.
-katseellisesti scornfully,
slightingly; with an air of
superiority. **-katsoa** despise;
disdain; *(väheksyä)* look down
upon, slight, hold cheap;
-katsoen with scorn, with
contempt. **-määrin** *ks. ylen;
hänellä on* ~ *töitä* he is
snowed under with work.
-määräinen excessive;. . beyond
measure; *y-isen kohtelias*
overpolite; *y-isen työn
rasittama (m.)* worn out with
overwork.

ylennys promotion,
advancement, *(palkan-)* rise,
increase [of salary];
(~**peruste** basis for promotion).

ylen|palttinen abundant,
profuse; excessive. **-palttisuus**
superabundance, excess.
-syöminen overeating.

ylentää raise;. elevate; *(virassa)*
promote; *hänet ylennettiin
kapteeniksi* he was promoted
captain; *tulla ylennetyksi* be
promoted, obtain (win)
promotion.

ylettö|myys immoderation,
exorbitance; excess [iveness].
-mästi immoderately; beyond
measure, excessively.

yletä rise [in rank, *arvossa*],
be promoted.

yletön *(kohtuuton)* immoderate,
unreasonable; *(liiallinen)*
excessive; extravagant; *vaatia
ylettömiä* make unreasonable
(exorbitant) demands.

ylev|yys loftiness, sublimity;
nobleness. **-ä** lofty, high;
exalted, sublime; (~**mielinen**
high-minded, noble-minded,
magnanimous; noble;
~**mielisyys** high-mindedness,
noble-mindedness, magnanimity).

ylhäi|nen noble; high-born;
(korkea) high, lofty.
-ssukuinen. . of high (of
noble) birth. **-ssukuisuus** noble
birth. **-syys** highness; *hänen
-syytensä* His Excellency. **-sö**
the upper classes, *(ylimystö)*
aristocracy.

ylhää|lle up; high. **-llä** [high]
up; *hyvin* ~ at a great
height (altitude); *tuolla* ~ up
there; *(kuvassa) oikealla* ~
top right. **-ltä** from above;
from the top.

yli over; above; more than; ~
koko. . all over [the world];
summa oli ~. . the sum
exceeded. . (was in excess
of. .); *joen* ~ *vievä silta* the
bridge across the river; *käy*
~ *ymmärrykseni* is beyond
my comprehension. **-aika**
overtime. **-aistillinen**
supersensual. **-ajo** running
over. **-arvioida** overestimate,
overrate. **-arviointi**
overestimation.

yli|herra overlord. **-herruus**
supremacy, dominance. **-hinta:**
~*an* [buy. .] at a fancy price.
-hoitaja *(johtava)* director of
nursing service, *Engl. m.*
matron. **-huomenna**, **-huominen**
the day after tomorrow.
-ihminen superman. **-ikäinen**
superannuated,. . over age,. .
above the prescribed age.
-inhimillinen superhuman.
-insinööri chief engineer.
-johtaja [deputy] director
general. **-johto** *sot.* high
command. **-jäämä** surplus;
excess. **-jäänyt** remaining,
residual,. . left over.
-kansallinen supranational.
-kansoittunut overpopulated.
-kansoitus overpopulation.
-kersantti Senior Sergeant.
-kulku crossing; passage
[over]; (~**silta** flyover,
overpass). **-kuormittaa**

overload. **-kuormitus**
overload[ing]. **-käytävä** *(taso-)*
level crossing. **-luoden:**
ommella ~ overcast.
-luonnollinen supernatural.
-luonnollisuus supernatural
character. **-lääkäri** chief *(t.*
head) physician, chief surgeon.
-maallinen superterrestrial;
transcendental. **-malkaan** as a
rule, generally; on the whole.
-malkainen general;
(lähentelevä) approximate,
rough; *(sattumanvarainen)*
haphazard, casual; *-malkaisesti*
generally, in a general way,
in a summary fashion.
-malkaisuus casual (summary)
character. **-menokausi** *ks.*
siirtymä-. **-mielinen** arrogant.
presumptuous. **-mielisyys**
arrogance; presumptuousness;
haughtiness. **-mmilleen:** *nousta*
~ reach its greatest height
(intensity), reach its climax.
-mmillään at its highest, at
its greatest height; at its
peak. **-muistoi|nen:** *y-sista*
ajoista from time immemorial.
-mmäinen *ks. ylin;* ~ *pappi*
high priest. **-myksellinen**
aristocratic. **-mys** aristocrat.
-mystö aristocracy. **-määräinen**
extra, extraordinary; special;
~ *juna* special train. **-n**
uppermost, topmost, top
[storey, *kerros*]; *(korkein)*
highest, *kuv.* supreme, chief;
~ *johto* supreme command.
-nen *a.* upper; *s. (ullakko)*
loft, attic. **-nnä** uppermost, at
the top, highest. **-nopeus**
speeding. **-olkainen**
supercilious; nonchalant.
-opettaja senior teacher.
yliopisto university *(-ssa* at);
college; *kirjoittautua ~on*
matriculate. **-kaupunki**
university town. **-llinen**
academic [al], university.
-opinnot university studies.
-piirit academic circles.
-sivistys university education.
ylioppilas university student;
undergraduate; *oikeustieteen* ~
law student; *y-laana ollessani*
(m.) during my college years;
päästä y-laaksi qualify for

entrance to a university.
-kirjoitukset written
examination for entrance to a
university. **-koti** students'
hostel. **-kunta** students' union.
-lakki student's cap. **-todistus**
higher school certificate.
-tutkinto higher school
examination; *suorittaa* ~
Engl. pass the examination
for the G.C.E. (General
Certificate of Education) at A
(Advanced) level.
yli|ote advantage; *saada* ~ get
the upper hand, *jksta* of.
-paino excess weight; *~maksu*
charge for excess luggage.
-painoinen overweight.
-päällikkö commander-in-chief.
-päällikkyys supreme
command. **-päänsä** on the
whole; generally, in general;
tietääkö hän ~ *mitään* does
he know anything at all.
-pääsemätön insurmountable,
insuperable.
ylis|tys praise; *(~laulu* song of
praise; *~puhe* eulogy). **-tää**
praise, *(jkta, m.)* eulogize,
extol, sing the praises of;
(kirkastuttaa) glorify; *(runossa,*
laulussa) celebrate. . in song;
~ *pilviin asti* praise. . to the
skies.
yli|tarjonta oversupply.
-tarkastaja chief inspector.
ylitse over; across. **-kuohuva**
gushing. **-vuotava** overflowing;
exuberant.
ylittää exceed; surpass;
(valtuus) overstep; *(katu ym)*
cross; ~ *sallittu nopeus*
exceed the speed limit; *älä*
ylitä tietä don't cross the
road; *(hän) ylitti itsensä*
excelled himself.
yli|tuomari chief justice.
-tuotanto over-production. **-tys**
(tilin) overdraft; *(meren)*
crossing. **-työ** overtime work;
tehdä ~tä work overtime.
-valotettu overexposed. **-valta**
supremacy. **-valvoja** supervisor,
superintendent. **-valvonta**
supervision, superintendence.
-viinuri head waiter. **-voima**
superior power, superior
force; *väistyä ~n tieltä* yield

to superior numbers; *taistella (suurta) ~a vastaan* fight against [overwhelming] odds. **-voimainen** superior [in force, in strength, in numbers]; overpowering; *käydä jklle y-aiseksi* become too much for a p., overwhelm a p.; *suru oli hänelle ~* she was overcome by grief; *y-isin ponnistuksin* by superhuman efforts; *y-isesti* predominantly; *y-aisesti paras* by far the best. **-vääpeli** Master Sergeant.

ylkä bridegroom.

ylle on; *pukea ~nsä* put on [one's clothes]; dress [oneself], get dressed.

yllin kyllin enough and to spare.

ylly|ke incitement, incentive; *antaa ~ttä* encourage, give impetus to. **-ttäjä** inciter, instigator. **-ttää** incite; urge; egg on; instigate [sb. to crime, *jkta rikokseen*]. **-tys** inciting, incitement; agitation.

yllä above; *(päällä)* on, upon; *kuten ~ on sanottu* as stated (as mentioned) above; *(olla ~(än)* wear. **-esitetty** . given (stated, cited) above. **-kkötarkastus** raid. **-mainittu** above-mentioned. **-oleva** the above. **-pito** maintenance; support; upkeep; sustenance; *(~kustannukset* cost of maintenance). **-pitää** maintain; support; keep up; sustain; *~ järjestystä* maintain (keep, preserve) order.

yllä|ttyä be surprised, be taken by surprise. **-ttää** surprise, take. . unawares (by surprise); *~ jku varastamasta* catch a p. stealing; *yö -tti meidät* we were overtaken by night. **-tyksellinen** surprising; startling. **-tys** surprise; *(~hyökkäys* surprise attack).

ylp|eillä be proud, *jstk* of, take pride (in). **-eys** pride; haughtiness. **-eä** proud, *jstk* of; haughty; *puhek.* high and mighty, stuck-up.

yltiö fanatic. **-harras** bigoted. **-isänmaallinen** chauvinistic. **-isänmaallisuus** chauvinism.

-päinen fanatic[al]. **-päisyys** fanaticism. **-pää** fanatic.

ylt'|yleensä all over. **-ympäri** all over [the floor, *lattiaa*], everywhere.

yltyä increase [in violence]; *(pakkasesta ym)* get more intense, grow in intensity; *tuuli yltyy* the wind in rising.

yltä [from] above; at (from) the top; *(pois)* off; *riisua ~än* take off [one's clothes]; *~ päältä* wholly, altogether, all over. **-kyllin** more than enough, enough and to spare, plenty (of); an abundance (of); *rahaa on ~* money is plentiful. **-kylläinen** profuse, plentiful; *(runsas)* copious, abundant; *(ylen ravittu)* . . more than satisfied, surfeited. **-kylläisyys** abundance; *(vauraus)* affluence.

yltää reach; *~ jhk saavutukseen* achieve a result.

ylväs proud, lordly; *(jalo)* noble. **-telijä** boaster. **-tellä** pride oneself (on); *(kerskailla)* boast (of); *~ hieínoilla vaatteillaan* parade one's fine clothes. **-tely** boasting; swanking.

ylä upper; superior, higher. **-hanka** windward. **-huone** *(Engl. parl.)* the Upper House, the House of Lords. **-huuli** upper lip. **-ilma:** *yläilmoissa (kuv.)* in higher spheres. **-juoksu** upper course, headwaters. **-kansi** upper deck. **-kerros, -kerta** upper stor[e]y, top stor[e]y; *yläkerrassa* on the top floor, upstairs. **-leuka** upper jaw. **-luokka** *(koulun)* higher form. *Am.* upper grade **-luokkalainen** pupil in (of) a higher class (form, grade). **-maa** highlands; upland[s]. **-mäki** ascent, rise; uphill road; *-mäkeä* uphill. **ylänkö** highlands, uplands; *(~maa* high *t.* elevated land). **ylä|osa** upper part, top; *(~ton* topless). **ylä|pinta** upper surface, top. **-puolella** *(jnk)* above; *on kaiken kiitoksen ~* is beyond praise; *pöydän ~ (m.)* over

the table. **-puolelle** above.
-puolelta [from] above. **-puoli**
upper side, top. **-pää** upper
end, top. **-reuna** upper edge.
-ruumis upper part of the
body, trunk. **-tasanko** plateau,
tableland. **-vä** elevated.

ylös up, upwards; *jtk* ~ up a
th. **-alaisin** upside down, the
wrong side up; *(mullin
m'allin)* topsy-turvy; *(kumoon)*
over; *kääntää* ~ *(m.)* upset.
-nousemus resurrection. **-päin**
upwards; (~**kääntynyt**. . turned
up, bent upwards).

ymmä|lle *joutua* ~ become
perplexed, become bewildered;
saattaa ~ perplex, bewilder,
disconcert. **-llä** perplexed,
bewildered, confused; *olla* ~
(m.) be at a loss [what to
do]; (~**olo** perplexity,
confusion).

ymmär|rettävyys intelligibility.
-rettävä intelligible,
comprehensible; *helposti* ~
easy to understand, readily
understandable. **-rettävästi**
intelligibly; understandably.
-rys understanding;
intelligence; intellect; reason;
täyttä ~*tä vailla* non compos
mentis. **-tämys** understanding;
sympathy; *-tämyksen puute*
lack of understanding.
-tämättömyys lack of
judg[e]ment, lack of
[common] sense;
(ajattelemattomuus)
indiscretion. **-tämätön**
injudicious, unwise;
(ajattelematon) indiscreet;
(tyhmä) foolish; *on* ~ lacks
understanding. **-täväinen**
understanding; sensible.
-täväisyys [good] sense,
sensibleness. **-tää** understand,
(käsittää) comprehend; grasp,
realize; *(tajuta)* see; *en -tänyt,
mitä hän sanoi (m.)* I did
not catch what he said;
minun ~*kseni* as far as I
understand [the matter], as
far as I can see; ~ *väärin*
misunderstand; get a wrong
(a mistaken) idea [of,
about]; *en voinut* ~
(kirjoitusta) I could not make

it out; *minun annettiin* ~ I
was given to understand.
ymppäys grafting.
ympy|riäinen round, circular.
-rä circle; (~**nmuotoinen**
circular).
ympäri [a]round, about; ~
maata all over the country;
~ *vuoden* throughout (all
through) the year; *kääntyä* ~
turn round, *(esim. auto tiellä)*
make a U-turn; ~*llä oleva.* .
lying about (around),
surrounding; *katsella* ~*lleen*
look about one; *kerääntyä jkn*
~*lle* gather (flock) around a
p.; *kaupungin* ~*llä on vuoria*
the city is surrounded by
hills. **-leikkaus** circumcision.
-lle, -llä *ks. ympäri.*
-purjehdus circumnavigation.
-stö environment;
surroundings; setting; *(lähistö)*
neighbourhood, vicinity,
environs; (~**nsuojelija**
conservationist, environ-
mentalist; ~**nsuojelu**
environmental control *(t.*
protection, the Environment).
-vuorokautinen round-the-
clock.
ympärys circumference; *(kehä)*
periphery; *rinnan, vyötäisten*
~ chest (waist) measurement.
-mitta *ks. ed.*
ympäröidä surround; enclose,
encircle; envelop; ~ *jk aidalla*
fence in.
ympätä *(oksastaa)* graft (on).
ynistä *(lehmä)* low, moo.
ynnä and; [together] with;
mat. plus; ~ *muuta (ym)* et
cetera, etc.
ynse|ys disobligingness;
unfriendliness. **-ä** disobliging,
unobliging; unkind [ly],
ill-disposed (towards).
ypö: ~ *yksin* utterly alone.
yritteli|äisyys [spirit of]
enterprise. **-äs** enterprising.
yrittäjä enterpreneur.
yri|ttää attempt, try, make an
effort, endeavour; try ~ *parastaan*
do one's best, take pains,
(kaikin voimin) go all out;
anna minun ~ let me have a
try (a go)! *ei yrittänyttä
laiteta* there's no harm in

trying. **-tys** attempt;
(pyrkimys) effort, endeavour;
trial; *(liike-)* undertaking,
enterprise; *ensi yrityksellä* at
the first attempt; *uhkarohkea*
~ [bold] venture; *pako~*
attempt at flight, attempted
escape; (*~demokratia*
industrial democracy).
yrmeä cross [-grained], ·morose.
yrtti herb.
ysk|iä cough. **-ä** cough;
ymmärrän ~n I can take the
hint; (*~nkaramelli* cough-drop,
cough lozenge). **-ös**
expectoration, sputum.
ystävys: *y-vykset* friends,
puhek. chums. **-tyä** make
friends, become friendly, *jkh*
with, befriend a p.
ystävyydenosoitus token of ·
friendship.
ystävyys friendship; *(läheinen)*
close friendship, intimacy;
~- ja avunantosopimus Pact of
Amity, Co-operation and
Support. **-ottelu** friendly game.
-side tie (bond) of friendship.
-suhde friendly relations.
ystävä friend; *erota ystävinä*
part friends; *hän on hyvä*
~ni he is a good (a great)
friend of mine. **-llinen** kind,
kindly; friendly; amicable,
affable; *·saksalais~*
pro-German. **-llisesti** kindly,
in a friendly manner.
-llismielinen friendly. **-llisyys**
kind [li] ness, friendliness,
gentleness. **-piiri** circle of
friends. **-tär** [woman, girl]
friend.

ytime|kkyys *kuv.* pithiness;
terseness. **-käs** *kuv.* pithy;
terse. **-ttömyys** *kuv.* lack of
pithiness, staleness. **-tön** *kuv.*
insipid, stale, flat.
yö night; *yöllä* at (by) night,
in the night; *yötä päivää* day
and night; *olla yötä* spend
(pass, stay) the night [at a
place, with sb.]; *jäädä yöksi*
stay (stop) overnight, stop for
the night; *hyvää yötä* good
night! **-astia** chamber [-pot].
-hoitaja night nurse.
-juna night train. **-kausi:**
yökaudet night in and night
out. **-kerho** night-club. **-kylmä**
night frost. **-lamppu** bedside
lamp. **-lepo** night's rest.
-llinen nightly, nocturnal.
-maja doss house, casual
ward, night shelter. **-nuttu**
dressing-gown. **-paita** *(naisen)*
night-gown, *puhek.* nighty.
-perhonen moth. **-puku**
night-dress, pyjamas, *Am.*
pajamas. **-puu:** *mennä ~lle* go
to bed.
yöpyä ·stay (stop) overnight;
(olla yötä) spend (pass) the
night (at).
yö|pöytä bedside table. **-sija**
lodging for the night; *antaa*
~ put sb. up for the night.
-sydän midnight; *~nä* in the
dead of night. **-työ**
night-work. **-uni** night's sleep.
-vartija night-watchman.
-valvonta vigil. **-vartio**
night-watch. **-vieras** guest for
the night. **-vuoro** night-shift;
~ssa (m.) on night duty.

Ä

äes, -tää harrow.
ähky *lääk.* colic.
äidilli|nen motherly, maternal. **-sesti** in a motherly way; with motherly affection. **-syys** motherliness.
äidin|ilo a mother's joy, maternal joy. **-kieli** mother (*t.* native) tongue. **-maito** mother's milk; *ä-maidolla ruokittu* breast-fed. **-perintö** maternal inheritance. **-rakkaus** mother love. **-vaisto** maternal instinct.
äijä old man.
äitel|yys [cloying] sweetness. **-ä** [sickly] sweet, cloying, *kuv.* mawkish.
äiti mother; *äidin puolelta* on the mother's side. **-enpäivä** Mother's Day. **-puoli** stepmother. **-vainaja** deceased mother. **-ys** motherhood, maternity; (*~avustus* maternity benefit; *~huolto* maternity welfare; *~kasvatus, ~opetus* mothercraft).
äke|ys vehemence; crossness. **-ä** (*kiivas*) vehement; (*äreä*) cross, crusty; angry.
äkilli|nen sudden, abrupt [departure, *lähtö*]; precipitate; (*hätäinen*) hasty, (*taudista*) acute. **-sluontoinen** acute. **-syys** suddenness, abruptness.
äkisti suddenly, all of a sudden.
äkki|arvaamaton unforeseen, unlooked-for; (*odottamaton*) unexpected. **-arvaamatta** unexpectedly; when least expected; unawares, all of a sudden. **-jyrkkä** precipitous, abrupt, steep; *on ~ (m.)* descends abruptly. **-jyrkänne** precipice. **-käänne** sharp (sudden, abrupt) turn; (*mutka*) sharp bend (curve). **-näinen**

hasty, hurried; (*äkillinen*) sudden; abrupt. **-näisyys** suddenness. **-pikaa** suddenly; hurriedly. **-pikainen**. . short-tempered; rash; (*-arvaamaton*) sudden. **-pikaisuus** quick temper; *ä-suudessa* in a rash moment. **-rynnä|kkö:** *vallata ä-köllä* take by storm. **-syvä** precipitous, steep; *on ~* . . it gets deep suddenly here.
äkkiä suddenly, abruptly; *pysähtyä ~* stop short; *tule ~!* come quickly!
äks|y ill-tempered, cross; (*hillitsemätön*) unmanageable; (*eläin*) vicious, fierce. **-yillä** be fierce, be unmanageable. **-yys** fierceness; unmanageableness.
äkä|inen angry, cross; fierce; ill-tempered. **-isyys** anger; exasperation; fierceness. **-mystyä** become fierce (furious). **-pussi** shrew, vixen. **-pää:** *äkäpäissään* in a fit of anger.
älkää do not, don't; *älkäämme* let us not, don't let us. .; *älköön luulko, että.* . he should not think that. .
ällis|tellä gape. **-tys** amazement, astonishment. **-tyttää** amaze, dumbfound; stun. **-tyä** be dumbfounded, be taken aback; be amazed; *-tynyt (m.)* astounded, thunderstruck.
äly wit, brains; intelligence; acumen, astuteness. **-kkyys** intelligence; (*~koe* intelligence test; *~luku, ~osamäärä* intelligence quotient). **-kkäästi** intelligently. **-käs** intelligent; clever, bright, quick-witted; *erittäin ~* [very] highly intelligent. **-llinen** intellectual. **-mystö** intelligentsia. **-niekka**

wit, intellectual; *(älymystöön kuuluva)* high-brow. **-peräinen** intellectual. **-pää** superbrain, *vrt. -niekka.* **-ttömyys** lack of intelligence. **-tä** understand, comprehend; *(käsittää)* realize, grasp; catch [the meaning of]. **-tön** unintelligent.

älä do not, don't; ~ *huoli* never mind! ~*hän nyt!* you don't say so!

älähtää yelp, give a yelp; whine.

ämmä old woman.

ämpäri pail, bucket. **-llinen** pailful, bucketful.

änky|ttää, -tys stammer, stutter.

äpärä *a.* illegitimate; *s.* bastard.

äre|ys crossness; grumpiness; peevishness. **-ä** cross; grumpy, gruff, sullen, ill-tempered.

ärhennellä show fight.

äristä growl; *(murista)* snarl.

ärjy|ntä roar[ing]. **-ä** roar; *(ihmisestä, m.)* yell, shout.

ärjäistä shout, at, *jklle.*

ärsy|ke stimulus, irritant. **-ttyä** become irritated; *vrt. ärtyä.* **-ttää** irritate; provoke; *(kiusoittaa)* tease. **-tys** irritation.

ärty|inen, -isä irritable, touchy; fretful, peevish, petulant. **-isyys** irritability. **-mys** irritation. **-vä** irritable. **-vyys** irritability. **-ä** become (be) irritated; get inflamed.

ärähtää snap (at), *(koira)* snarl.

äske|inen recent; *(entinen)* former. **-n** just [now]; a while ago; *vasta juuri* ~ only just now, only a moment ago; ~ *mainittu* .. just mentioned. **-ttäin** recently, lately, of late; ~ *tapahtunut* recent; (~**en** recent).

ässä ace; *risti~* ace of clubs.

äveri|äisyys wealth. **-äs** rich, wealthy.

äyri öre; *kuv.* a penny.

äyriäinen crustacean; *(rapu)* crayfish.

äyräs bank; brink; edge; *joki on tulvinut yli äyräittensä* the river has overflown (broken) its banks.

äyskäri baler, scoop.

ääne|en(sä) aloud. **-kkyys**

loudness, noisiness. **-kkäästi** loud [ly]. **-käs** loud, noisy. **-llinen** vocal.

äänen|kannattaja mouthpiece; *(lehti)* organ. **-eristys** sound insulation. **-murros:** *hänellä on* ~ his voice is breaking. **-paino** stress. **-sävy** tone [of voice]. **-toisto** sound reproduction. **-vahvistin** amplifier. **-vaimennin** silencer, *Am.* muffler. **-värinsäätö** tone control.

äänes|tys voting, vote; *(lippu-,)* ballot voting; *salainen* ~ secret ballot; *toimittaa* ~ take a vote; *ensimmäisessä -tyksessä* at the first ballot; (~**alue** voting district; ~**koju** polling booth; ~**lippu** ballot-paper; ~**luettelo** register of voters; ~**oikeus** right to vote, the vote; ~**paikka** polling station; ~**prosentti** *oli korkea-*there was a heavy (70%) poll). **-täjä** voter. **-tää** vote; *(toimittaa ä-tys)* take a vote; *(lipuilla)* ballot; ~ *jstk* put sth. to the vote; ~ *jnk puolesta* vote for, *jkta* give one's vote to; ~ *tyhjää* vote blank; *käydä -tämässä* go to the polls, cast one's vote; *pidättyminen -tämästä* abstention.

ääne|ti silently, in silence; *olla* ~ be silent, keep silence. **-ttömyys** silence. **-ttömästi** silently; without a sound, noiselessly. **-tön** silent; soundless; *(hiljainen)* still; tacit [consent, *myöntymys*].

ääni sound; *(puhe-, laulu-)* voice; *(sävel, merkki-)* tone; *(äänestys-)* vote; *mus.* part; *(kuoronjohtaja) antoi äänen* gave the note; *hän on aina äänessä* he talks all the time; *160:llä äänellä 30:a vastaan* by 160 votes to 30; *hän sai 70 ääntä* he polled 70 votes. **-aalto** sound wave; *ks. ääntä-.* **-ala** range [of voice], register. **-elokuva** sound film, talking film. **-eristetty** sound-proof. **-huuli** vocal cord. **-kerta** *(urkujen)* register. **-laji** tone [of voice]. **-levy** record,

disc. **-merkki** sound signal.
-määrä number of votes.
-nauha recording tape. **-nen**
(yhd.) kaksi~ .. for two
voices, two-part. **-oikeus** right
to vote, the vote; the
franchise; yleinen ~ universal
suffrage; naisten ~ woman
suffrage; -oikeuden vasta
saaneet nuoret newly
enfranchised youngsters.
-oikeutettu.. entitled to vote.
-oppi acoustics. **-radio** sound
broadcasting. **-rasia** sound
box. **-rauta** tuning-fork. **-te,**
-tys recording. **-tehosteet**
sound effects. **-valli:** murtaa
~ break the sonic barrier.
-valta voice. **-valtainen**
qualified to vote.
äänne sound. **-llä** utter sounds,
articulate. **-merkki** phonetic
symbol. **-oppi** phonetics.
ään|nähdys [slight] sound; ei
~täkään not a (not the
slightest) sound. **-nähtää** utter
(breathe) a sound.
äänteen|mukainen phonetic.
-mukaisesti phonetically.
-mukaisuus: oikeinkirjoituksen
~ the phonetic spelling.
-mukaus vowel modification
(mutation).
äänten|enemmistö majority of
votes. **-keräily** canvassing for
votes, vote-catching. **-lasku**
counting of votes.
äänt|iö vowel. **-yä** be
pronounced. **-äminen, -ämys**
pronunciation.
ääntämis|merkintä phonetic
transcription. **-ohje:** ~et key
to the pronunciation.
-sanakirja pronouncing
dictionary. **-virhe** error in
pronunciation.
ääntä: ~ nopeampi supersonic;

~ hitaampi subsonic.
-vaimentava sound-absorbing.
ääntää pronounce; (äännellä)
articulate; ~ väärin
mispronounce.
ääreen: jnk ~ beside. ., at (by)
the side of; istuutua pianon
~ sit down at the piano.
ääre|llinen finite. **-llisyys**
finiteness. **-ssä:** ikkunan ~ by
the window; pöydän ~ at the
table. **-stä:** (esim. löytää)
beside, by; ei poistunut
hetkeksikään sairasvuoteen ~
never left the bedside for a
moment. **-ttömyys** endlessness;
infinity, infiniteness;
immensity, vastness. **-tön**
infinite; endless; (rajaton)
boundless; (suunnaton)
immense, vast, huge,
enormous; äärettömän. .
infinitely [small, pieni],
immensely [large, suuri],.
extremely [difficult, vaikea].
ääri limit, bound; (reuna)
edge; brim; ~ään myöten
täynnä brimful, (sali ym)
filled to capacity; kaikilta
maailman ~ltä from all parts
of the world; maailman ~in
to the ends of the world.
-mmilleen to the utmost, to
the limit. **-mmillään:** on ~
has reached its climax.
-mmäinen extreme, utmost;
ä-äisen extremely,. . in the
extreme. **-mmäisyys**
extreme[ness]; ä-syyteen asti
to the utmost; mennä
ä-syyksiin go to extremes;
(~ainekset lunatic fringe;
~mies extremist; ~puolue
extremist party; ~toimenpide
extreme measure, extremity).
-viiva contour; outline (m.
kuv.); ~t contours, outline.

Perusn

abide

arise

awake

be
bear

beat
become
beget
begin
behold
bend
bereave

beseech
beset
bet
bid

bind
bite
bleed

bless
blow
break

breed

bring
broadcast
build
burn

burst
buy
can (pre
cast
catch

chide
choose
cleave

cling	clung	clung	takertua, pitää tiukasti kiinni
clothe	clothed	clothed, clad	vaatettaa, pukea
come	came	come	tulla
cost	cost	cost	maksaa, olla hintana
creep	crept	crept	ryömiä
crow	crew, crowed	crowed	kiekua
cut	cut	cut	leikata
dare	dared, durst	dared	uskaltaa
deal	dealt	dealt	käydä kauppaa, jakaa
dig	dug	dug	kaivaa
do (he does)	did	done	tehdä
draw	drew	drawn	vetää, piirtää
dream	dreamt, dreamed	dreamt, dreamed	nähdä unta, uneksia
drink	drank	drunk	juoda
drive	drove	driven	ajaa
dwell	dwelt	dwelt	asua
eat	ate	eaten	syödä
fall	fell	fallen	pudota, langeta
feed	fed	fed	syöttää, ruokkia
feel	felt	felt	tuntea
fight	fought	fought	taistella
find	found	found	löytää
flee	fled	fled	paeta
fling	flung	flung	singota
fly (m. paeta)	flew	flown	lentää
forbear	forbore	forborne	pidättyä jstk
forbid	forbade, forbad	forbidden	kieltää
forecast	forecast(ed)	forecast(ed)	ennustaa
foresee	foresaw	foreseen	aavistaa
forget	forgot	forgotten	unohtaa
forgive	forgave	forgiven	antaa anteeksi
forsake	forsook	forsaken	hylätä
freeze	froze	frozen	jäätyä palelluttaa, pakastaa
get	got	got, (U.S.A. m.) gotten	saada, tulla jksk, päästä jhk
gird	girded, girt	girded, girt	vyöttää
give	gave	given	antaa
go (he goes)	went	gone	mennä, matkustaa
grind	ground	ground	jauhaa
grow	grew	grown	kasvaa, viljellä, tulla jksk
hang	hung	hung	riippua, ripustaa
	hanged	hanged	hirttää
have (he has)	had	had	olla jklla, omistaa
hear	heard	heard	kuulla
heave	heaved, hove	heaved, hove	nostaa, huoata
hew	hewed	hewn, hewed	hakata
hide	hid	hidden, hid	kätkeä

hit	hit	hit	iskeä, lyödä, osua
hold	held	held	pitää, vetää (astioista)
hurt	hurt	hurt	vahingoittaa, loukata
keep	kept	kept	pitää, säilyttää
kneel	kneeled, knelt	kneeled, knelt	polvistua
knit	knitted, knit	knitted, knit	kutoa, neuloa
know	knew	known	tietää, tuntea, osata
lade	laded	laden	lastata
lay	laid	laid	panna, laskea
lead	led	led	johtaa, taluttaa
lean	leaned, leant	leaned, leant	kallistua, nojata
leap	leapt, leaped	leapt, leaped	hypätä
learn	learned, learnt	learned, learnt	oppia
leave	left	left	jättää, lähteä
lend	lent	lent	lainata jklle
let	let	let	sallia, vuokrata
lie	lay	lain	maata, olla, sijaita
light	lighted, lit	lighted, lit	sytyttää, valaista
lose	lost	lost	kadottaa, menettää
make	made	made	tehdä, valmistaa
may (prees.)	might	—	saa, saattaa
mean	meant	meant	tarkoittaa
meet	met	met	tavata
mistake	mistook	mistaken	erehtyä
mow	mowed	mowed, mown	niittää
must (prees.)	(had to)	—	täytyy
ought (to)	—	—	pitäisi
outdo	outdid	outdone	viedä voitto
overcome	overcame	overcome	voittaa
overdo	overdid	overdone	liioitella
overhear	overheard	overheard	(salaa) kuulla
partake	partook	partaken	ottaa osaa
pay	paid	paid	maksaa
put	put	put	panna
quit	quitted, quit	quitted, quit	lähteä
read	read [red]	read [red]	lukea
rend	rent	rent	repiä
repay	repaid	repaid	maksaa takaisin
rid	ridded, rid	ridded, rid	vapauttaa
ride	rode	ridden	ratsastaa
ring	rang	rung	soida, soittaa
rise	rose	risen	nousta
run	ran	run	juosta
saw	sawed	sawn, sawed	sahata
say	said	said	sanoa
see	saw	seen	nähdä
seek	sought	sought	hakea, etsiä
sell	sold	sold	myydä
send	sent	sent	lähettää
set	set	set	asettaa, panna
sew	sewed	sewn, sewed	ommella
shake	shook	shaken	pudistaa, vapista

shall (prees.)	should	—	pitää, fut. apuverbi
shave	shaved	shaved shaven	ajaa parta
shear	sheared	shorn, sheared	keritä
shed	shed	shed	vuodattaa
shine	shone	shone	loistaa, paistaa
shoe	shod	shod	kengittää
shoot	shot	shot	ampua
show	showed	shown, showed	näyttää, osoittaa, näkyä
shrink	shrank	shrunk shrunken	kutistua, -taa
shut	shut	shut	sulkea, sulkeutua
sing	sang	sung	laulaa
sink	sank	sunk, sunken	vajota, upota, upottaa
sit	sat	sat	istua
slay	slew	slain	surmata
sleep	slept	slept	nukkua
slide	slid	slid, slided	liukua
sling	slung	slung	heittää, lingota
slink	slunk	slunk	hiipiä
slit	slit	slit	viiltää, halkaista
smell	smelt, smelled	smelt, smelled	haista, haistaa
smite	smote	smitten	lyödä
sow	sowed	sown, sowed	kylvää
speak	spoke	spoken	puhua
speed	sped, speeded	sped, speeded	kiiruhtaa, kiitää
spell	spelt, spelled	spelt, spelled	tavata, kirjoittaa
spend	spent	spent	viettää, kuluttaa
spill	spilt, spilled	spilt, spilled	kaataa, läikyttää
spin	spun, span	spun	kehrätä
spit	spat	spat	sylkeä
split	split	split	halkaista, haljeta
spoil	spoilt, spoiled	spoilt, spoiled	pilata
spread	spread	spread	levitä, levittää
spring	sprang, sprung	sprung	hypätä
stand	stood	stood	seisoa
steal	stole	stolen	varastaa
stick	stuck	stuck	pistää, tarttua t. pitää kiinni
sting	stung	stung	pistää
stink	stank, stunk	stunk	löyhkätä
strew	strewed	strewed, strewn	sirotella
stride	strode	strode, stridden	astua (pitkin askelin)
strike	struck	struck, (adj.) stricken	lyödä, tehdä lakko
string	strung	strung	pujottaa, jännittää
strive	strove	striven	pyrkiä

swear	swore	sworn	vannoa
sweep	swept	swept	lakaista
swell	swelled	swollen	ajettua, paisua
swim	swam	swum	uida
swing	swung	swung	heiluttaa, heilua, keinua
take	took	taken	ottaa, viedä
teach	taught	taught	opettaa
tear	tore	torn	repiä
tell	told	told	sanoa, kertoa, käskeä
think	thought	thought	ajatella, luulla
thrive	throve, thrived	thriven, thrived	viihtyä, menestyä
throw	threw	thrown	heittää
thrust	thrust	thrust	työntää
tread	trod	trodden	astua, polkea
undergo	underwent	undergone	kärsiä, kestää
understand	understood	understood	ymmärtää
undertake	undertook	undertaken	ottaa tehdäkseen
undo	undid	undone	avata, tuhota
upset	upset	upset	kaataa, järkyttää
wake	woke, waked	waked, woken	herätä, herättää
wear	wore	worn	olla yllään, kulua
weave	wove	woven, wove	kutoa
wed	wedded	wedded, wed	naida
weep	wept	wept	itkeä
wet	wet, wetted	wet, wetted	kastella
will (prees.)	would	—	tahtoo, fut. apuverbi
win	won	won	voittaa
wind	winded, wound	winded, wound	kiertää, kiemurrella, vetää (kello)
withdraw	withdrew	withdrawn	vetää pois, poistua
withhold	withheld	withheld	pidättää, olla antamatta
withstand	withstood	withstood	vastustaa, kestää
work	worked, wrought	worked, wrought	tehdä työtä, työskennellä, aikaansaada
wring	wrung	wrung	vääntää
write	wrote	written	kirjoittaa

Edelläoleva luettelo sisältää paitsi varsinaisia säännöttömiä kantaverbejä myös joukon sanakirjassa esiintyviä yhdysverbejä sekä *ns. vaillinaiset apuverbit*

Koska sanakirjan uudessa painoksessa tavutuksesta on ladonta-
teknisistä syistä luovuttu, annettakoon tässä englanninkielisten sanojen
tavutuksesta muutamia yleisohjeita:

Ääntämisellä on ratkaiseva merkitys, ei kirjoitustavalla. Tärkeitä
tekijöitä ovat vokaalin pituus ja tavun painollisuus.

Esim. Painollinen tavu (lyhyt vokaali): ag ony, char acter, feath er
      »   » (pitkä   »): ba by, pa tron, le gal, i vory
Painoton tavu: an i mal, dec o rate, pop u lar

Konsonanttiyhdistelmät ym.: fa ther, feath er, laugh ter
    con scious, se lec tion, ques tion
    so cial pi geon (poikkeuksia fash ion, fas cism)
Kahdennettu konsonantti ym: at tempt, ap ply, emp ty, punc tual
J:nä ääntyvän i:n edellä: sen ior, un ion, opin ion, al ien
    (mutta du bious, te dium)
Konsonantti +l (tai r) sananloppuisen e:n edellä: i dle, fum ble, jun gle,
li tre

Lyhyiden sanojen jakamista on vältettävä, myöskään ei mielellään
eroteta imperfektin ja partisiipin päätteitä.

aika: *vanha hyvä* ~ the good old days.
aikaraja time-limit, deadline
aina: ~ *kun* whenever.
ajastin timer.
ajatolla(h) ayatollah.
ajo|kortti *Am.* driver's license. **-rata** carriageway, *Am.* roadway.
akillesjänne Achilles tendon
akupunktuuri acupuncture.
alanumero *(puhelin-)* extension.
alennus *m.* price cut.
alennus- *m.* cut-price.
alku *(taudin)* onset.
aloitekykyinen . . . having initiative; *hän on* ~ he has i.
alppihiihto Alpine skiing.
altis: *vaikutuksille* ~ impressionable.
altistaa *m.* expose.
altistus exposure.
aluesuunnittelu regional planning.
amanuenssi *lääk.* houseman, house officer, *Am.* intern.
ammattikurssi vocational course.
ammus *m.* round of ammunition.
antiikkikauppa *m.* antique shop.
aprillipila April fool ['s joke].
apuhoitaja practical nurse.
apukoulu *m.* special school.
armomurha euthanasia.
armonanomus *m.* appeal for clemency.
artikkeli: *epämääräinen* ~ indefinite article; *määräinen* ~ definite a.
arvaamaton *m.* unpredictable.
arvolisävero value-added tax *(lyh.* VAT).
arvosana *Am.* grade.
asiantuntemus *m.* expertise.
asia|sisältö factual content. **-virhe** error of fact.
aste: *(koulun)* ala- *(ylä-)*~ lower (upper) level (forms, grades).
astianpesuneste washing-up liquid.
astronautti astronaut.

audiovisuaali|nen: *-set apuvälineet* audiovisual aids.
aurinkoenergia solar energy.
avain: *avaimet käteen -periaate* turn-key basis.
avio-onni married happiness.
avoliitto *l. v.* common-law marriage, cohabitation, consensval union.
avu *m.* asset.
blini blin, blintz[e].
briljantti brilliant.
bruttokansantuot: gross national product *(lyh.* GNP).
edellinen: *viimeistä* ~ *m.* next to the last.
edes: *hän ei* ~ *pyytänyt minua istuutumaan (m.)* he didn't so much as ask me to sit down.
edustava *(tyylikäs)* presentable.
edustusjoukkue representative team.
ehtiä: ~ *junalle (m.)* make the train.
ekumenia ecumenism.
elementti *m.* prefabricated component (element); section. **-rakentaminen** prefabrication, prefabricated contruction.
empatia empathy.
energia|lähde source of energy, energy source. **-nsäästötoimet** energy conservation measures.
energinen energetic.
epilep|sia epilepsy. **-tikko, -tinen** epileptic.
epä|hygieeninen unhygienic, unsanitary. **-metalli** *m.* nonmetal. **-poliittinen** non-political.
erehdys: *inhimillinen* ~ human error.
erittyä *m.* be excreted.
erityisopetus special education.
esimiesasema supervisory position.
esitellä *(tuotteita)* show, display; *(laitetta, m.)* demonstrate.
esit|tää: *-tävät taiteet* performing arts.

esteettömyystodistus m. certificate of no marriage impediment.

eteinen (sydämen) atrium.

etäispääte terminal.

evp.: eversti evp. NN Colonel NN (ret.).

evästys m. briefing.

fasis|mi fascism. **-tinen** fascist[ic].

fossiili fossil. **-nen:** ~ polttoaine fossil fuel.

grafiikka graphic arts, graphics.

grafologi graphologist. **-a** graphology.

haara m. crotch.

haihattelija m. visionary.

hallimestaruuskilpailut indoor championships.

halpa m. low-cost.

-han, -hän: ...mutta hänhän onkin upporikas [he can afford a trip around the world,] but then he is loaded.

hankausjauhe scouring powder; abrasive.

harjoi|ttelija m. trainee. **-tusaine** practical subject.

helluntailaisuus Pentecostalism, the Pentecostal movement.

henkilöllisyystodistus m. certificate of identification.

henkiparannus spriritual healing.

heroiini heroin.

hienomekaniikka precision mechanics.

hiu|kan, -kkasen m. a little bit.

homoseksuaali(nen) a. & s. homosexual; a. puhek. gay.

huh whew!

huippu|kokous summit meeting (conference), puhek. summit. **-kunto** top form.

humala: juoda itsensä ~ an get drunk.

humalainen attr. drunken.

hymykampanja campaign of smiles.

hyödyntää exploit, utilize.

hyötöreaktori breeder reactor.

hölk|kä (kunto-) jogging. **-ätä** jog.

idea idea.

ientulehdus gingivitis.

intensiivinen intensive, intense.

islamilainen a. Islamic; vrt. muhamettilainen.

itseoppinut m. self-taught.

jakomielitautinen a. & s. schizophrenic.

jo: [hän on asunut täällä] ~ kymmenen vuotta ...for ten years now.

johtamistaito managerial skill;

leadership.

joko: ~ hän on tullut? (m.) has he come yet?

joukko|kokous m. rally. **-oppi** set theory.

jälki-istunto detention.

järjestelmäkamera system camera.

järjestyspoliisi l. v. patrol police.

jää|halli ice-rink. **-tanssi** ice dancing.

kahdenvälinen bilateral.

kahviaamiainen m. continental breakfast.

kaikki: ~ en aikojen (m.) all-time (record, ennätys).

kaljuuntua lose one's hair, go bald.

kampaamo m. hairdressing salo[o]n, h. parlour.

Kamputsea Cambodia, Kampuchea.

kamputsealainen a. & s. Cambodian. Kampuchean.

kana m., vars. Am. [domestic] chicken.

kandidaatti m. bachelor.

kannustin m. incentive.

kantokahva carrying handle.

kapitalistinen capitalist[ic].

karenssiaika waiting time.

kasettinauhuri cassette [tape] recorder.

katse: heidän ~ensa kohtasivat their eyes met.

kattojärjestö umbrella organization.

kauko|-ohjaus m. telecontrol. **-ohjattu** remote-control[led], remotely controlled.

kaupallisuus m. commercialism.

kauppias m. stockist.

keilahalli bowling alley.

keskenmeno lääk. spontaneous abortion.

keskus|järjestö central organization, [con]federation. **-liitto** central union, [con]federation.

kestoaika duration [time].

kesäsijainen m. summer replacement.

kielitaju m. instinct of the language.

kierroslukumittari rev[olution] counter, tachometer.

kierrä|ttää tekn. recycle. **-tys** recycling.

kiihottaa m. arouse.

-kin vrt. **-han, -hän** (lis.).

kinofilmi [perforated] 35-mm film. **-kamera** 35-mm [miniature] camera.

kirjakieli m. standard language; suomen ~ (m.) standard Finnish.

kirja|ta: **-ttuna** by registered post.

kodin|hoitaja homemaker. **-koneet**

home appliances.

kolmivuotinen m. three-year, of three years.

kommandiittiyhtiö limited partnership.

konepaja m. machine shop.

konttorikone business machine, office m.

korkea|oktaaninen high-octane. **-tasoinen** high-level; of [a] high standard.

korkopolitiikka interest rate policy.

kuitu (ravinnossa. m.) roughage.

kulissientakainen behing-the-scenes, backstage.

kulkeutua m. find one's way.

kuntourheilu conditioning sport[s].

kuolemanjälkeinen: ~ elämä the afterlife.

kuoronjohtaja m. choirmaster.

kuorruttaa (kalaa, lihaa ym.) glaze.

kutsukilpailu invitation[al] event (competition, tournament).

kuulovammainen . . . with impaired hearing, attr. hearing-impaired; lievästi (vaikeasti) ~ [a child] with a mild (severe) hearing impairment.

kuulovika m. impaired hearing, hearing impairment.

kuumahierre thermomechanical pulp.

kuusinkertainen ks. kuudenkertainen.

kuvanauhuri m. TV recorder, video r.

lahonsuoja-aine wood preservative.

lama depression.

lapsenomainen childlike.

laskin calculator; elektroni~ electronic c.; tasku~ pocket c.

lastenvaatteet children's wear.

lehmäkauppa m. horse-trade (-kaupat m. horse-trading).

lento|kelpoinen airworthy. **-liikenne** air traffic.

lesbolainen a. & s. lesbian.

· **levyjarrut** disc (disk) brakes.

liennytys détente.

lifta|ri hitchhiker. **-ta** hitchhike.

liikenne: ajoneuvo~ vehicular traffic; joukko~ mass transit; julkinen ~ public transit.

liikenne|laitos: Helsingin ~ Helsinki Transport. **-silmä** road sense. **-turvallisuus** m. road safety.

liikuntavammainen . . . with a motor handicap.

lirkuttaa m. wheedle.

lisäarvovero value-added tax (lyh. VAT).

litistä squelch.

lumimies Abominable Snowman.

-luokkalainen former, Am. grader (esim. sixth- ~).

luontaistuotekauppa health food store.

lähekkäin m. close together.

lämmitysöljy heating oil.

lämpö|saaste thermal pollution. **-voimala** thermal power station.

maailmanmarkkinahinta world price.

maannousu uplift.

maastoajoneuvo all-terrain vehicle.

maatalouspolitiikka agricultural policy, farm p.

mahtua: ei mahdu ovesta [the piano] won't go through the door.

mainos: TV- ~ TV commercial.

maksu: kurssi~ course fee; tutkinto~ examination f.

maolai|nen Maoist. **-suus** Maoism.

massaurheilu mass sports.

matka|iluala the travel business. **-njärjestäjä** tour operator.

meluntorjunta noise control.

meteorologia meteorology.

metrijärjestelmä: siirtyä ~än change over to the metric system, go metric; ~än siirtyminen metrication.

metsäteollisuus forest[-based] industry.

mielisairaanhoitaja mental nurse.

mikroprosessori microprocessor.

miljardi a (one) thousand million, Am. billion.

miljoonakaupunki city with (of) a million [or more] inhabitants. millionaire city.

moni: meitä on moneksi it takes all kinds (sorts) [to make a world].

moni|käyttöinen, **-toimi-** multipurpose. **-puoluejärjestelmä** multiparty system.

muikku l. v. vendace.

muistikatko memory gap.

muotitietoinen fashion-conscious..

murskavoitto crushing (devastating) victory.

murtovesi brackish water.

musikaali musical [comedy].

myymälä|auto mobile shop. **-varkaus** shop-lifting.

naapuruussuhteet neighbourly relations.

naarmuuntumaton scratchproof.

naispappeus the ordination of women (*t.* women's ordination) [as priests (*t.* to the priesthood)].

nallipyssy cap pistol, cap gun.

nestekaasu *m.* liquefied petroleum gas (*lyh.* LPG).

niputtaa *kuv.* lump (together).

**niska: päästä ~n päälle (*kuv.)* get the upper hand (of).

niskatuki headrest.

nivel|bussi articulated bus. **-side** ligament.

noidankehä vicious circle.

nollakasvu no-growth.

näkövammainen visually impaired.

objektiivisuus objectivity.

olennaisuus essentiality, essential nature.

**omavarainen: ~ *jnk suhteen* self-sufficient in sth.

omistusoikeus *m.* ownership (of), title (to), property (in).

onnenkauppa *m.* lottery (marriage is a l.).

osatekijä contributory factor.

osuus *m.* proportion.

**pahanhajuinen: ~ *hengitys* bad breath, mouth odour.

pakko|avioliitto shotgun marriage. **-loma** lay-off.

paljastaa (*salaisuus ym. m.*) divulge.

palka|llinen paid, . . . with pay. **-ton** unpaid, . . . without pay.

palkinto (*kilpailussa voitettu, m.*) trophy; award.

palkka|liukuma wage slide, w. drift. **-taso:** *alhaisen -tason maat* low-wage countries.

palo|ntorjunta *m.* fire prevention, f. control. **-suojelu** fire protection.

palstatila: *antoi runsaasti ~ a* [the paper] gave wide coverage (to).

pankkiryöstö bank robbery.

pariluistelu pair skating.

perhesiteet family ties.

pessaari pessary; cap, diaphragm.

pessimis|mi pessimism. **-ti** pessimist.

pesuominaisuudet laundering qualities.

piennar: (*tien*) verge, *Am.* shoulder.

piirtoheitin overhead projector.

pinnoittaa (*rengas*) *m.* recap.

pitkäaikainen (*kauan jatkunut t. kestänyt*) long-standing.

poliisilaitos *m.* police department.

postinumero *Am.* zip code.

promille part per thousand; *veren alkoholipitoisuus ylitti 0,8 ~ a* the proportion of alcohol in the blood exceeded 80 milligrammes per 100 millilitres of blood.

prosentti: *paino~, tilavuus~* per cent by weight (by volume); *~yksikkö* percentage point.

provisio commission. **-palkkainen** paid on a commission basis.

puhel|invaihde [telephone] switchboard. **-unvälittäjä** *m.* telephonist.

**punainen: ~ *verisolu* red blood cell, erythrocyte.

puolapuut *m.* stall bar, wall rack.

puolustaja *jääkiekk.* defenceman.

puolustus|asianajaja *m.* defence counsel, d. lawyer. **-haara** service [of the armed forces].

puunsuoja-aine wood preservative.

**pyrkiä: ~ *rauhaan, neuvotteluihin* seek peace (negotiations).

pystykorva: *suomen~* Finnish spiz.

pysäköintirikkomus parking offence.

pyörä|tie cycle track, *Am.* bikeway. **-tuoli** wheelchair.

päivyst|ys: *m.* on-call duty; *lääkäri~* duty doctor service; *~korvaus* on-call allowance. **-ävä: ~ *lääkäri* *m.* duty doctor.

päällystää (*tie*) pave, surface.

pääomavirta capital flow.

pääte (*etäis-*) terminal.

päätty|ä: *hakuaika -y . . .* (m.) closing date [for applications] . . .

radiopuhelin (*pieni*) walkie-talkie.

rakennus|elementti *m.* building element (component), construction e. (c.). **-liike** building firm. **-urakoitsija** building contractor.

ratkaisematon *m.* outstanding.

rehevöityminen eutrophication.

retkipyörä touring bicycle.

rikkomus *m.* infringement, infraction (*m. urh.*).

rikosrekisteri criminal record. **-toimisto** c. record[s] office.

riski: *ottaa ~ (m.)* take a chance.

rivimie|s *m.* rank-and-filer; *-het* the rank and file.

rullalauta skateboard.

ruostesuojaus rust-proofing, r.

protection.

ruotia *kuv.* scrutinize; criticize.

ryhmä *m.* team. **-edut** sectional interests.

rytminen: ~ *voimistelu (nais-)* modern gymnastics, Moderne Gymnastics.

risti: *vero~t* back taxes; *vuokra~t* arrears of rent, back rent.

ryöstökalastus overfishing.

sala-ammattilainen shamateur.

samalla: ~ *kertaa (m.)* at once.

sarjafilmi *m.* [TV] serial.

se: ~ *että* the fact that.

seisokki shut-down.

sepelvaltimotauti coronary disease.

SEV the Council for Mutual Economic Assistance, CMEA, Comecon.

sitoa: *indeksiin sidottu* index-tied.

siistata de-ink.

sisään|käynti, -käytävä *m.* way in.

sorvaaja *m.* lathe operator.

sotilasjuntta military junta.

strategia strategy.

stressaava stressful.

stressi stress.

stuertti steward.

suihkumoottori jet engine.

suku: *omaa ~a H. (m.)* née H.

sukupuolivalistus *m.* sex education.

suoramainonta direct mail advertising.

suositushinta recommended price.

suunta|merkki turn[ing] indication, direction signal. **-vilkku** direction indicator, *Engl. m.* trafficator.

syrjäsilmä: *nähdä, katsoa ~llä* see (look) out of the corner of one's eye.

syyntakeeton *m.* non compos mentis.

syöttää *(jalkap., jääkiekk.)* pass.

särkylääke analgesic, pain-killing drug.

taluttaa *(eläintä)* walk, *(polkupyörää, m.)* push, wheel.

talvihorros hibernation.

tarjo|ta: *eniten -ava* the highest bidder.

tasan: *pelata ~ (m.)* tie; *[peli oli]* ~ *3–3* three all.

tasapaino|aisti sense of balance (equilibrium). **-häiriö(t)** disturbance of equilibrium, disequilibrium.

tasapeli *m.* tie.

taskulaskin pocket calculator.

teknologi|a technology. **-nen** technological.

tekojäärata artificial ice-rink.

Teneriffa Tenerife.

teollisuushalli advance factory.

teologia theology.

terveys|kasvatus health education. **-keskus** health centre.

tie: ~ *tä!* gangway!

tiedekunta: *lääketieteellinen* ~ *(m.)* school of medicine, medical school; *oikeustieteellinen* ~ *(m.)* law school.

tiedotustilaisuus *(sisäinen)* information meeting.

tilinauha pay slip.

toimihenkilö *m.* salaried employee; ~*t (m.)* salaried staff.

toimitusaika *m.* date of delivery, delivery date.

toisin: *ellei* ~ *ilmoiteta (m.)* unless noted (stated) otherwise.

toisinajatteleva dissident; ~*t (m.)* those who do not conform.

tonni: *metrinen* ~ *(1 000 kg)* tonne, metric ton.

tosiasia: *hänet asetettiin tapahtuneen* ~*n eteen* he was presented with a fait accompli.

tosin: *en* ~ *ole varma* I'm not sure, though.

toteuttaa: *mahdollinen* ~ *(m.)* feasible.

transistori transistor.

transsendenttinen: ~ *mietiskely* transcendental meditation.

tuhlata *(rahaa)* splash out.

tukiopetus remedial instruction.

tulliasema *m.* customs post.

tunnusmerkki *(kuv.)* hallmark.

tuntipalkka *m.* hourly rate.

tuotantoväline(et) means of production.

tuotevastuu product liability.

turhautu|a become frustrated. **-nut** frustrated.

turvatoime(npitee)t security (safety) precautions; *ankariin turvatoimiin ryhdyttiin* strict s. precautions were taken.

työ: *käydä ~ssä* go out to work; *omaa ~tä tekevä* self-employed.

työ|kokemus work experience, employment e. **-moraali** work ethic. **-paikka:** *-paikat (= työläiset)* shop floor; [*luottamusmiesten menettelyä ei hyväksytty*] *työpaikoilla* on the s. f. **-paikkasuhteet, -suhdeasiat** labour relations.

työsuojelu|asiamies safety officer.

-valtuutettu safety delegate, s. representative.

työtaakka *m.* work-load.

työttömyys: *kausi~* seasonal unemployment; *kitka~* frictional u.; *rakenne~* structural u.; *suhdanne~* cyclical u. **-aste** rate of unemployment, u. r.

työ|turvallisuus safety at work, s. of labour, industrial s. **-viikko** working week; *tekevät lyhennettyä -viikkoa* are on short-time working. **-voima** *m.* labour force, work force (*~ministeri* minister of labour (of employment)).

työ|yhteisö working community. **-ympäristö** working environment, w. surroundings.

ulko|ministeri *m.* foreign minister. **-suomalainen** Finnish expatriate.

unilääke *m.* hypnotic.

uros *vrt. koiras.*

uusiutu|maton *(energialähde ym.)* non-renewable. **-va** renewable.

vaa'ankieliasema: *on ~ssa* holds the balance.

vaaka|lauta: *on -laudalla (m.)* hangs in the balance.

vai: *~ niin (m.)* I see.

vaihde: *neljä ~tta eteen ja peruutus~* four forward gears (speeds) and reverse; *ykkös~* low gear. **-pyörä** multispeed bicycle.

vaihtaa *(auton vaihde)* change *(Am.* shift) gear; *~ kakkoseen (m.)* c. into second g. **-vaihteinen:** *kolmi~ polkupyörä, vaihdelaatikko* three-speed bicycle (gearbox).

vaihto-oppilas exchange student.

vaihtuvuus *(työvoiman, henkilökunnan)* turnover.

vakuut|taa: *hän -ti että* he gave an assurance that.

-valmisteinen: *venäläis~* Russian-made.

vamma: *selviytyä vammoitta* escape unhurt.

vapaa|-aika: *-ajan ongelma* leasure-time problem.

vapautusrintama liberation front.

varaslähtö: *ottaa ~* jump the gun *(m. kuv.).*

vastaanotto: *hänellä on ~ neljästi viikossa* he holds four surgeries a week.

vastaava: *löytää koulutustaan ~a työtä* find a job commensurate with one's education (training).

vesiensuojelu water conservation.

vesistö *m.* waterway.

vieraskielinen: *attr.* foreign-language.

viimei|nen: *-sen edellinen (m.)* next to the last.

viransijaisuus: *sai opettajan -den* got a substitute teaching position.

virhelyönti *(konekirj.)* typing error.

voimanosto power lifting.

vuodesohva *m.* sofa bed.

vuoristorata *(huvipuiston)* Am. roller coaster.

vyörengas radial-ply tyre.

vähittäismaksujärjestelmä Am. installment plan.

väistämättömyys inevitability.

välipal|a: *syödä -oja* eat between meals.

ydin|energia nuclear energy. **-voimala** nuclear power plant.

yhteyt|tää *m.* photosynthesize. **-täminen** *(viherkasvien)* photosynthesis.

yleensä: *miksi hän ~ (= ollenkaan) tuli tänne?* why did he come here in the first place?

yleisurheilumaaottelu *m.* international athletics match.

ystävyysseura friendship society.

yösija *m.* overnight accommodation.

älkää: *älköön kukaan luulko että* let no one think that.

ääneneristys *m.* sound-proofing.

äänieristetty sound-proofed.